115°00′
下围
热水
东源
（仙塘）
义合
黄田
叶潭
船坑
大田
南山
赤米坑
黄村
康禾
暗径
久社
河源市
柏埔
黄塘
高陂
紫金
（紫城）
附城
乌石
中坝
长布
周江
文葵
大都
双华
中兴
金坑
安流
余洞
梅林
棉洋
敬梓
华阳
马坑
塘湖
601 双髻山
桥江
西田
良田
临江
田坑
官田
火带径
水墩
瓦溪
青溪
义容
古竹
九和
龙窝
硝芳
登拳
上砂
揭西
（河婆）
龙潭
北回归线
九树
洋头
各安圩
下砂
五云
榴坑
凤安
蓝塘
黄洞
螺溪
好义
双罗
苏区
南万
陆河
（河田）
水唇
东坑
黄沙
五一
黄砂
水美
大和石
南岭
龙凹
上义
布心
石塘
洋梅坪
大岚
热汤
大围
马山
三江口
上屋仔
上护
石塔
大坪
坪天嶂
1069
上坪
山下
宝口
乌丘坪
苏松
松坑
安墩
高潭
黄羌
新田
河口
蚝溪
梁化林场
天井布
新庵
陶下
麦湖
霞塘
塘唇
上径
平东
梁化
双圳
公平水库
下径
大道
水口
白盆珠
1336
莲花山
吊贡
大安
西南
南溪
吉水凹
公平
八万
陂洋
增光
观公岩
莲花山
多祝
龙船窝
河西
惠东
（平山）
大陂布
墩头
海丰
（海城）
324
城东
博美
水尾径
可塘
潭西
陆丰市
（东海）
桥冲
碧山
大碧
三多松
赤石
梅陇
联安
陶河
上英
玄武山
竹园
稔山
深汕高速公路
鲘门隧道
红草
赤坑
大湖
金厢
碣石
鹅埠
鲘门
径西
黄泥寨
吉隆
马宫
东涌
内湖
碣石湾
田尾山
黄埠
小漠
芒屿岛
百安
汕尾市
新港
田墘
施公寮
田尾角
赤沙
铁涌
盐洲
江牡岛
汕尾港
东坑
金屿
巽寮
捷胜
大
东头
遮浪
中央列岛
红海湾
龟龄岛
礤头
大坪
莱屿岛
鹏洞
古灶
平海
桑洲
沙厂
港口
惠东港口海龟自然保护区
小星山
大三门岛
小山门岛
青洲
宁列岛
南海
0 10 20 30千米
115°00′

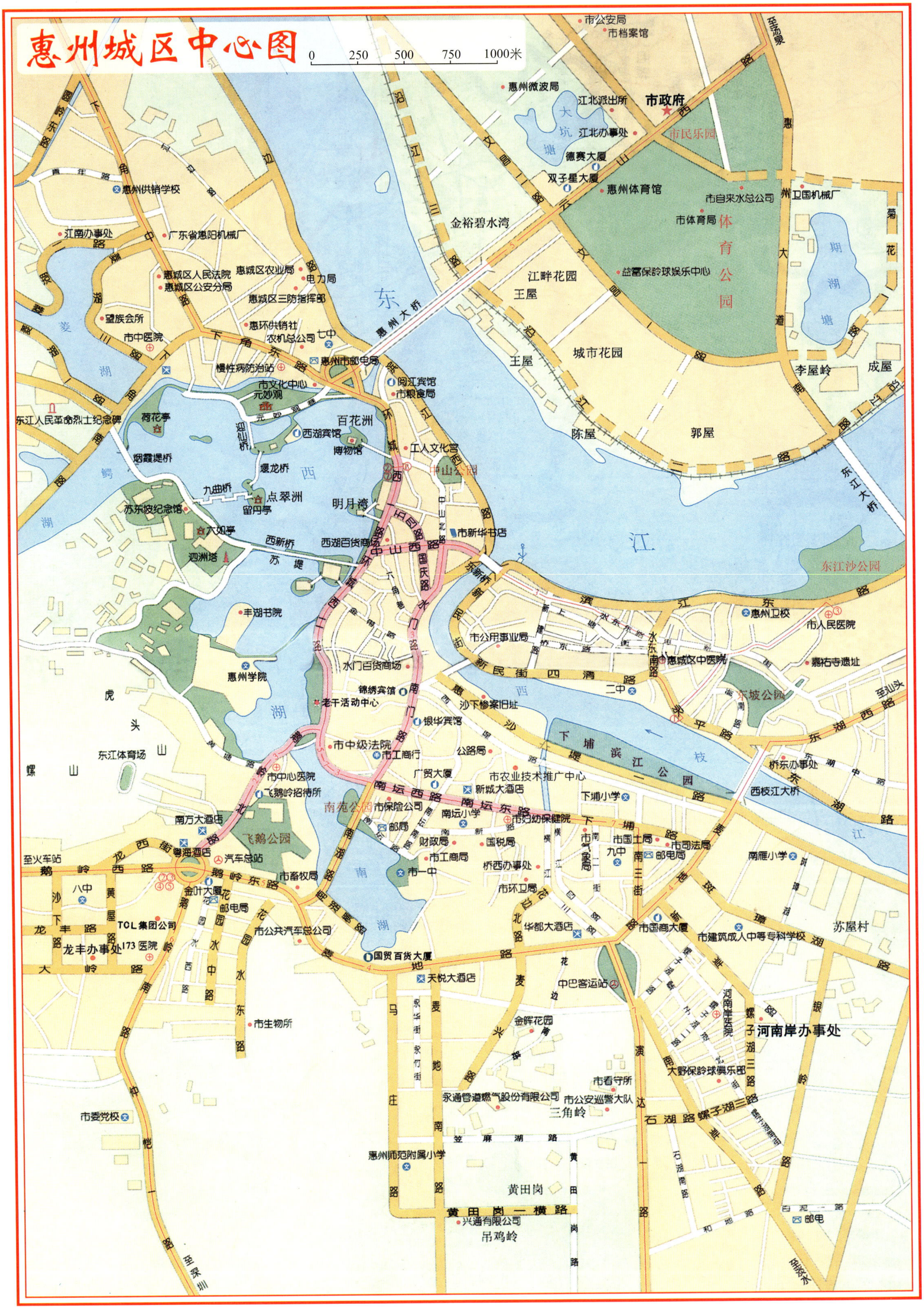
惠州城区中心图
0 250 500 750 1000米
市公安局
市档案馆
惠州微波局
江北派出所
市政府
市民乐园
江北办事处
德赛大厦
双子星大厦
惠州体育馆
市自来水总公司
卫国机械厂
市体育局
体育公园
金裕碧水湾
江畔花园
王屋
城市花园
李屋岭
成屋
陈屋
郭屋
东江
东江大桥
东江沙公园
惠州大桥
惠州供销学校
江南办事处
广东省惠阳机械厂
惠城区人民法院
惠城区公安分局
惠城区农业局
电力局
惠城区三防指挥部
望族会所
惠环供销社
农机总公司
七中
市中医院
慢性病防治站
惠州市邮电局
阅江宾馆
市粮食局
市文化中心
元妙观
东江人民革命烈士纪念碑
荷花亭
西湖宾馆
百花洲
博物馆
工人文化宫
中山公园
烟霞堤桥
堰龙桥
迎仙桥
九曲桥
点翠洲
留丹亭
明月湾
苏东坡纪念馆
六如亭
泗洲塔
西新桥
苏堤
西湖百货商场
市新华书店
中山西路
国庆路
东新桥
丰湖书院
惠州学院
水门百货商场
锦绣宾馆
老干活动中心
银华宾馆
沙下惨案旧址
市公用事业局
惠州卫校
市人民医院
惠城区中医院
嘉祐寺遗址
二中
东坡公园
下埔滨江公园
西枝江
西枝江大桥
桥东办事处
东江体育场
虎头山
螺山
市中级法院
市工商行
公路局
市中心医院
飞鹅岭招待所
广贸大厦
市农业技术推广中心
新城大酒店
市保险公司
南苑公园
南坛西路
南坛东路
南坛小学
市妇幼保健院
下埔小学
市国土局
市司法局
南方大酒店
粤海酒店
汽车总站
飞鹅公园
邮局
财政局
国税局
九中
邮电局
南雁小学
市工商局
桥西办事处
市一中
市环卫局
至火车站
鹅岭西路
鹅岭东路
八中
金叶大厦
市畜牧局
南湖
TCL集团公司
龙丰办事处
173医院
市公共汽车总公司
华都大酒店
市国商大厦
市建筑成人中等专科学校
苏屋村
国贸百货大厦
天悦大酒店
中巴客运站
市生物所
金晖花园
河南岸办事处
大野保龄球俱乐部
市看守所
永通管道燃气股份有限公司
市公安巡警大队
三角岭
石湖路
市委党校
惠州师范附属小学
黄田岗
黄田岗一横路
兴通有限公司
吊鸡岭
邮电
至深圳

惠州年鉴

HUIZHOU ALMANAC

2004

惠州市地方志编纂委员会办公室编

中　华　书　局　出　版

图书在版编目（CIP）数据

惠州年鉴. 2004/惠州市地方志编纂委员会办公室编.
—北京：中华书局，2004
ISBN 7—101—04408—5
Ⅰ.惠...　Ⅱ.惠...　Ⅲ.惠州市—2004—年鉴
Ⅳ.Z526.53
中国版本图书馆CIP数据核字（2004）第088612号
封面题字：杨　祥
责任编辑：金　锋
封面图片：惠州慈云图书馆

《惠州年鉴（2004）》
编　　著：惠州市地方志编纂委员会办公室
出版发行：中华书局
（北京丰台区太平桥西里38号　100073）
http://www.zhbc.com.cn
E-mail:zhbc@zhbc.com.cn
印　　刷：深圳市雅佳图印刷有限公司
2004年8月北京第1版
2004年8月深圳第1次印刷
开　　本：850×1168毫米 1/16　36.5印张　1200千字
书　　号：ISBN 7-101-04408-5/K·1872
定　　价：258.00元

惠州市地方志编纂委员会

《惠州年鉴》编辑部

撰稿员名单

巴　山　白　静　蔡剑斌　陈　雷　陈　莉　陈　平　陈　强　陈　伟　陈柏松　陈春雷
陈定国　陈非凡　陈建军　陈建学　陈锦良　陈伟民　陈伟青　陈文英　陈晓明　陈燕平
陈玉兴　陈远扬　陈韵仪　崔少萍　戴华圣　邓秉文　邓惠琴　邓胜章　邓友平　丁冲维
董艾保　杜振健　方如晓　冯素珍　高　彬　高延林　龚国民　郭三潮　郭双歧　郭县良
郭永芳　何　溦　何　霞　何南叶　何晓林　何召冰　侯　瑞　胡保平　胡锦河　胡鹏华
胡新民　黄　辉　黄　舒　黄　文　黄　勇　黄博珍　黄丹喆　黄德兴　黄剑辉　黄娟娟
黄俊堂　黄启宁　黄秋鸿　黄婉华　黄伟东　黄业斌　黄永华　黄远良　贾桃英　柯宇青
孔庆一　赖炳辉　赖林森　赖妙中　赖绍梅　赖永俊　冷　敏　黎　云　黎伟荣　李　静
李　俊　李　丽　李　娜　李春荣　李发昌　李关明　李晗倬　李惠华　李木坤　李汝求
李统升　李威进　李伟军　李卫华　李秀屏　李学锋　梁恒琪　廖少武　林　斌　林　旺
林　玉　林炳君　林国斌　林惠群　林乾森　林少章　林小龙　林小忠　林彰永　凌任达
刘　洋　刘楚周　刘飞标　刘飞航　刘建标　刘金贵　刘明霞　刘庆捷　柳锦州　卢云巧
陆晓峰　陆雪华　罗　军　罗国强　罗凯戈　罗莉红　罗全亮　罗玉华　骆伯军　马冀萍
欧　珍　欧伟延　欧阳志　潘志军　彭红星　丘王芳　邱少雄　曲　哲　任已章　沈贵强
宋日文　苏　锋　孙国华　谭绮华　谭醒阳　汤　俊　汤久红　唐爱军　陶惠芳　陶庆国
陶荣军　涂日犇　王　玲　王东红　王家延　王健斌　王宁翌　王绍雄　王小卡　王雪燕
王勇华　韦彦华　温松安　翁日红　巫宇东　吴国忠　吴耀犇　吴慧玲　吴庆华　吴仕雄
吴显如　谢　峰　谢文稳　徐　颂　徐国军　徐惠双　严南英　严泽良　颜　乐　杨　祥
杨伯凌　杨怀玉　杨剑辉　杨熙广　杨奕青　杨有义　杨振辉　杨忠东　姚治生　叶朝阳
叶礼全　叶韶阳　叶伟明　叶正新　于　泽　于加良　余汉平　余利平　余新平　袁　光
袁　毅　袁春生　袁德棠　袁国安　臧守祥　曾　鸣　曾　平　曾　韬　曾华流　曾旭彪
张　芳　张　颖　张存信　张冠强　张国锋　张锦相　张年才　张伟文　张伟珍　张文斌
张杏强　张源华　张展铭　张祖平　赵　旋　赵丽君　赵英玲　赵振宇　郑芳方　郑立忠
郑文胜　钟　亮　钟汉光　钟惠萍　钟慧芳　钟考祥　钟桥安　钟书美　钟育华　钟志明
周莉娅　周少亭　周思东　朱丹阳　朱观荣　朱俊华　朱晓琴　邹富联　邹宏坤　邹小兵

编 辑 说 明

一、《惠州年鉴》是由中共惠州市委、惠州市人民政府主办，惠州市地方志编纂委员会办公室组织编纂的地方综合年鉴，属信息性资料工具书。它以马列主义、毛泽东思想、邓小平理论和“三个代表”重要思想为指导，全面系统地记载惠州市上一年度的基本情况，包括在推进改革开放和现代化建设中，特别是在建立社会主义市场经济体制中的新成就、新经验、新事物、新问题和新趋势，为各级领导和各界人士提供可靠的综合信息和资料，为编修地方史志积累史料，为惠州市物质文明、政治文明、精神文明建设服务。

二、《惠州年鉴》2004年卷，由图片、文字两部分组成。按事物分类编辑。文字部分设35个栏目，其中百科部分分栏目、分目、条目3个层次。领导或主要负责人名单仅记2003年末在职者，市级领导列于相关栏目之首，各单位的领导列主要负责人集中列在《惠州概貌》表中。

三、条目的标目用黑体字加上【 】表示；条目下的子目用楷体字表示。为避免某些条目内容重复，采用“参见”方法处理。为便于检索，除中文目录外，还备有英文要目及索引。

四、先进集体和人物仅收录获部、省级以上单位授予荣誉称号者，材料由有关单位提供。

五、本年鉴稿件由惠州市辖区内有关单位提供，其中社会经济统计资料由市统计局提供。所有稿件均经供稿单位领导审阅。所选文献均照录原文。书中有的统计数据，由于资料来源不同或统计口径不一，可能存在对同一项目的数据记载不相一致的情况，引用时请注意。

七、稿件作者署名，特载、调查报告的作者标在文题下；条目作者标在条目之后。若同一作者撰写多个条目，则标在最后一个条目的末尾。

八、本年鉴编纂出版工作是在中共惠州市委、市政府领导下，依靠各单位撰稿员共同完成，并得到市直各单位、在惠中央和省直管各单位、各县（区）的领导以及社会各界人士的大力支持，在此一并表示衷心的谢意。由于我们水平有限，难免有疏漏差错之处，敬请批评指正。

《惠州年鉴》编辑部设在惠州市地方志办公室内
地址：广东省惠州市政府内　　电话：(0752)2808671
邮编：516003　　传真：(0752)2808337
电子信箱：dfz@huizhou.gov.cn

惠州市经济社会发展战略

2004年2月25～27日，惠州市委、市政府和省社科院共同主办惠州市经济社会发展战略规划研讨会。有来自国内包括两院院士在内的40多位著名专家、学者出席。

研讨会分课题负责人综合发言、专家讨论发言、主题发言三个阶段进行。广东省社科院宏观经济研究所所长、研究员、本次战略规划课题负责人刘品安就惠州市经济社会发展战略规划作综合发言；于光远、朱厚泽作专题发言；叶大年、陆大道、牛文元、张巨功、薛凤旋等分别作主题发言。

（本栏照片由张世开拍摄）

市委书记柳锦州在开幕式上致辞

市委副书记、代市长黄业斌主持开幕式

省社科院院长、研究员梁桂全主

会场

规划研讨会

于光远

朱厚泽

叶大年

陆大道

舒兴田

牛文元

▲出席研讨会的部分专家、学者

刘品安作综合发言

惠州东江（剑潭）水利枢纽

惠州东江（剑潭）水利枢纽工程是惠州市“八大民心工程”之一，2003年1月10日获省批准立项，2004年3月18日在惠州天悦大酒店举行项目签约仪式，5月25日举行项目奠基仪式。该工程以改善水环境、发电为主，兼顾航运、供水、灌溉等综合利用，计划2006年底建成使用。总投资8.8亿元，其中在社会效益工程部分的投资省给予30%的补助约1.2亿元。（本栏资料由市水利局提供）

惠州市委书记、人大主任柳锦州，深圳市委常委、常务副市长许宗衡为醒狮点睛

省委副秘书长曹南才、省水利厅长周日方为奠基石揭

程奠基

▶ 签约仪式

▼ 奠基仪式主席台

市委副书记、市长黄业斌在奠基仪式上致辞

给奠基石培土

奠基仪式

惠州市省农生产资料配送中心

该中心是惠州市供销社和广东省农业生产资料总公司合作兴办的农资配送机构，于2004年8月18日开业。省农提供资源，市社建立网点，目的净化农资市场，打击假冒伪劣产品，为农民提供更多价格实惠、质量保证的国内外化肥、农药等重要农资产品。全市现已建立首批加盟店20个。加盟店采用规范化运作，农民在“配送中心”或加盟店购买的化肥、农药，发现有假，可以投诉，损害利益，依法索赔。同时还邀请惠州市工商局、惠州市质监局做为质量投诉单位。

开业剪彩

位于惠州火车站货场南侧的惠州市省农生产资料配送中心总部

农资产品展示厅

加盟店牌匾

惠州大亚湾

经济技术开发区管理委员会

在中国的南海之滨，有一个优美的港湾——大亚湾。大亚湾上镶嵌着一颗璀璨的明珠：惠州大亚湾（国家级）经济技术开发区。

大亚湾经济技术开发区1993年5月经国务院批准设立，位于广东省惠州市南部，毗邻深圳、香港，地属经济活跃的珠江三角洲经济区范围。其外围的大亚湾规划区也由开发区统一管理，总辖陆域面积273.68平方公里，海域面积488平方公里。

大亚湾开发区自然条件得天独厚。拥有国内难得的天然深水避风良港，有大片地势平坦的工业腹地，淡水资源盈足，旅游资源丰富，是中国南部沿海一处极佳的海陆结合点，是发展临海型大工业和现代旅游业的理想之地。

经过多年的开发与建设，大亚湾开发区已经初步形成了比较完善的港口、道路、供水、供电、通讯等基础设施网络，完全能够承载大工业发展的需要。投资软环境也日益优化。中海壳牌、惠州LNG电厂、东风本田、中海1200万吨炼油等一批大项目相继落户，一座现代化的滨海石化工业新城正在崛起。

惠州市法制局

惠州市法制局是市政府负责法律事务的工作部门。

2003年，市法制局在加强规范性文件协调审查，强化行政执法监督，推进行政执法体制创新，建立健全行政执法责任制和执法考评工作，查禁公路“三乱”、办理行政复议应诉和执法投诉，加大政府法制宣传等各项工作中取得了一定的成绩，充分发挥了政府法制机构在政府法制建设和依法行政中的应用作用，为惠州市的改革、发展、稳定和生产力发展作出了贡献。

● 地址：惠州市江北云山西路6号　● 电话：0752-2809129

惠州市公安消防局

2003年，惠州市公安消防局紧紧围绕省公安厅消防局的工作部署，在市委、市政府、市公安局的领导下，以“三个代表”重要思想为指导，内强素质，外树形象，加强警务规范化建设。建立和完善内外消防监督机制，规范办事程序，切实做到“依法、便民、廉政、高效”。同时，扎实开展执勤岗位大练兵活动，按照“练为战”的要求，全面提高队伍的综合业务素质和战斗力。深入开展消防安全专项治理工作，全年组成87个检查组，检查单位829个，督促整改火灾隐患4860处，有效优化了社会消防安全环境。全市有3个消防站定期对外开放，接待受教育群众3万多人次，大大提高了广大群众的消防安全意识。全年消防部队接警出动319次，出动人员3484人次，出动各种消防车辆569台次，抢救42人，抢救财产价值697万元，为保卫国家、集体和人民生命财产安全做出了重要贡献。

2003年，惠州市公安消防局有2个单位被省消防总队评为基层建设标兵中队，1个单位被评为先进中队；有2个大队被评为警务规范化建设先进单位；支队被评为信息化建设先进单位；1个单位荣立集体三等功，5人荣立个人三等功；1个单位被评为省级“青年文明号”，1个单位被评为全省“优秀公安基层单位”。

地址：惠州市麦地路10号
电话：0752-2287888

惠州市公安局交通警察支队

春运誓师大会

交警文明执法

交警大练兵

交警支队是惠州市公安局的下属机构，属副处级建制单位。其主要职责是：依法负责对全市城乡道路交通进行管理，包括交通指挥，维护公路交通治安秩序，处理道路交通事故，分析研究道路交通安全状况，提出对策，开展交通安全宣传教育；指导、监督实施公路治安、刑事案件的前期处置；负责机动车辆安全检验和驾驶员考试及审验、机动车牌证、驾驶证的核发和管理；指导、参与道路交通安全设施的规划，负责路障管理以及交通标志、标线等安全设施的设置与管理等工作。

在市委、市政府、市公安局的领导下，交警支队狠抓队伍建设，队伍整体素质得到明显提高；紧紧围绕“压事故、保畅通”这个中心工作，加大了道路交通事故预防工作力度，实现了道路交通事故四项指数全面下降的目标；警务规范化建设按照“深化、完善、提高”的要求，全面推进。一年来，涌现了一大批先进典型，交警支队被省公安厅交管局评为“春运先进单位”，车管所被省委、省政府授予“广东省文明窗口单位”称号，高速公路一大队白云中队被团中央、公安部授予“青年文明号”称号，江南大队桥西中队被省公安厅评为“广东省优秀公安基层单位”，民警钟华汉被省公安厅评为“全省公安机关廉政勤政先进个人”，民警郑健人、王小波被评为“广东省优秀人民警察”。

地址：惠州市东平长湖北路1号
电话：0752-2309333

交警支队民警进行《道路交通安全法》考试

交警支队组织民警进行计算机应用技能测试

惠州市水利局

局党组成员在研究工作

近年来，惠州市水利局认真学习贯彻党的十六大精神，紧紧围绕市委、市政府的工作目标，结合水利工作实际，提出了抓好“五个结合”，掀起“三个热潮”，实现“一个目标”的水利工作新思路，即：①将水利建设与城市防洪、美化功能结合起来，掀起城市水利设施建设的热潮；②将大中型水库达标、小型水库除险加固建设与为农业产业化服务结合起来，掀起水利为农业现代化服务的热潮；③将水利工程的加固建设与科学管理、提高效益结合起来，掀起水利可持续发展的热潮；④将水资源的开发、利用、治理与节约、保护、科学配置结合起来，以水资源的可持续利用支持惠州经济社会的可持续发展；⑤将水利事业的发展与精神文明建设结合起来，确保惠州市水利现代化目标的实现。

按照新的水利工作思路，该局将剑潭水利枢纽工程、城乡水利防灾减灾工程、小型水库除险加固工程、市区防洪排涝整治工程、市三防指挥调度中心建设工程等“五大工程”作为全市水利工作的重点，全力加以推进。通过几年的努力，取得了明显的成效：剑潭水利枢纽工程2004年5月25日举行了奠基仪式，预计今冬明春实现大江截流；惠州大堤南堤加固工程已完成第一、二期工程，第三期工程正在实施之中；省人大议案小型水库除险加固工程已完成第一批143宗，第二批254宗的除险工程正在实施中；马过渡河防洪排涝整治工程已实施完成；市三防指挥调度中心建设工程已完成前期设计及招投标工作，将于近期动工兴建。上述工程深受基层群众拥护，被誉为“民心工程”、“德政工程”。

随着“五大工程”的顺利推进和全市水利工作全面展开，惠州水利正迎来一个新的春天。

惠州剑潭水利枢纽工程项目奠基仪式

按百年一遇防洪标准，采用“堤路结合”方式完成加固的惠州大堤二期工程

地址：惠州市紫西岭9号　电话：0752-2187766　2187768　传真：0752-2187771

惠州市林业局

▲全国人大常委会委员、全国人大农业与农村委员会主任委员刘明祖到惠州市检查贯彻执行《野生动物保护法》情况

▲市长黄业斌参加义务植树

2003年是惠州林业和生态环境建设实现大跨越的一年。全市林业系统认真学习贯彻中共中央国务院《关于加快林业发展的决定》，以发展为主题，以改善生态环境为基础，以富裕农民为根本出发点，以建设高标准的林业生态体系、高水平的森林资源保障体系和高效益的林业产业体系为目标，紧紧抓住林业发展的大好机遇，大力实施重点林业生态工程，强化森林资源管护，深化林业改革，加快机制创新，推进林业产业发展，各项工作取得突破进展，全面高质地完成了全年工作任务，为惠州林业实现跨越式发展开创了良好局面，奠定了坚实基础。

▲市委副书记黄仕芳参加义务植树

▶副市长林添好到惠东竹苗圃场调研

惠州市中小企业局政务公开信息

惠州市中小企业局是负责指导、协调、促进全市中小企业（民营企业和乡镇企业）改革与发展的行政机构。

一、主要职能

负责对全市中小企业的综合协调、指导和服务；指导和推进中小企业的结构调整、改革和发展及技术创新、技术改造工作；承担中小企业发展基金的管理工作；指导中小企业服务体系的建设；指导、规范为中小企业服务的各类中介组织的工作；承办市政府及市经贸局交办的其他事项。

二、科室设置

综合科（电话：2892161　传真：2892160）

发展与技术进步科（电话：2892162 2892163　传真：2892160）

三、投诉电话：2892196　传真：2892160

四、电子邮箱：zxqyj@huizhou.gov.cn

五、办公地址：市行政中心五号楼3楼

六、邮政编码：516003

惠州市投资管理公司

惠州市投资管理公司于1994年11月经惠州市人民政府批准成立，是一家全民所有制事业性公司，注册资金1亿元，公司不设董事会，实行总经理负责制。公司内设行政部、人力资源部、投资部、计划财务部、物业管理部、企业管理部和项目办7个部室；下辖惠州市汤泉开发有限公司、惠州市城市燃气发展有限公司、惠州市大众实业投资股份有限公司、惠州市兴通实业投资有限公司、惠州市大亚湾供水有限公司、惠州市大亚湾自来水总公司和广惠发展有限公司等7家企业。公司系统现有590名员工，其中硕士研究生学历8人；本科学历71人；具有高、中级职称73人。

公司主要职能：管理和运营市政府的投资和资产，为惠州市经济发展筹集资金；进行资产重组及资本运营，实现国有资产保值增值的基础上进行战略调整和有效扩张，促进全市经济的持续、快速、健康发展。

公司自成立以来，除了狠抓各直属企业的经营管理外，还承担了大量政府交办的对全市经济社会发展有重大影响的工作任务，特别是自1998年与市财政“脱钩”，实现公司经营管理机制的历史性转变以来，公司充分发挥自身在资本运作上的综合优势，加大了资本运营的工作力度，取得了较好的成效。如为中海壳牌石化项目配套工程融资13.37亿元，确保其资金链完整、健康、有序；整治开发市区东江北岸，总投资约6亿元，东江公园一期建设的完成，成为惠州新城市景观“亮点”；协助做好稔平半岛开发建设，促进惠州市东冀经济发展等等。

同时，公司紧跟时代步伐，在惠州市新一轮国企改革的洪流中，按照市委、市政府的部署，国有资产战略布局调整及资源重新整合的相关要求，为惠州市社会经济的发展和繁荣作出更大的贡献。

惠州海关

惠州海关于1989年11月11日经国务院批准在惠州城区设立，原隶属黄埔海关。根据海关总署的决定，惠州海关从2002年9月1日起由隶属黄埔海关调整由深圳海关管理，内设11个科室、1个办事处，在职干部177人，监管区域为惠城区、博罗县、龙门县，监管企业1779家。

自交接以来，惠州海关本着“惠州发展我发展，我与惠州共繁荣”的思想，认真贯彻执行了总关促进惠州经济发展的“五个一工程”和“九项措施”，实现了加工贸易EDI联网监管在惠州的实施，顺利渡过了交接期，实现了惠州海关“在平稳中求发展”的预定目标，促进了惠州地方经济的稳定发展。

在深圳海关党组和惠州市党政领导的关心指导下，惠州海关党组以“三个代表”重要思想为指导，深入贯彻“依法行政，为国把关，服务经济，促进发展”的工作方针，与时俱进，不断开拓创新。“在巩固中提高，在创新中发展”，以“突出一个中心，抓住两个重点，努力做好三个提升，达到四个满意”为工作思路，认真履行海关监管职能，努力为广大外资企业提供优质的海关服务，始终把优化惠州的投资软环境当成一件重要任务来完成，在业务建设、队伍建设和人文环境建设方面取得了一定成效，受到了深圳海关党组和惠州市各级领导的肯定和广大企业的欢迎。

▲惠州地区海关业务咨询、投诉电话：0752-2260110

惠州市信息产业局

2003～2004年，市信息产业局紧紧围绕市委、市政府的中心工作，大力推进全市信息化进程，以电子政务建设为重点，实现所有市直机关单位的网络互联，网络带宽达100M，上网终端1000多台，电子邮件用户1100个，互联网出口带宽达100M；电子政务专网延伸到3县3区，惠阳区、龙门县、大亚湾区办公自动化建设稳步推进，全市（含县区）近200个机关事业单位实现了公文交换的无纸化、自动化、网络化传送；市直机关业务信息系统全面推进，其中市安全生产监督管理系统荣获全省科技进步成果三等奖。惠州e城已在市区和大亚湾安装了53台触摸屏多媒体终端，正逐步向工业区、居民小区、各县区和城镇社区延伸发展；企业信用网建设已整合65500多家企业和个人信用数据信息；无线电管理实现了信息化，GSM，CDMA基站建设规范有序；信息服务业得到蓬勃发展，电话网、骨干传输网、宽带接入网和高速互联网“四大网络”得到迅速发展。2003年，全市电话普及率达97部/百人，信息网络普及率25户/百户，电视人口覆盖率达97.31%，广播人口覆盖率达98.81%，全市信息化综合指数为65.65%，比上一年增加10.57个百分点。2003年市信息产业局被国家信息产业部授予“全国信息产业系统先进单位”荣誉称号，2004年市政府公众信息网被评为全国优秀政府门户网站。

- 地址：惠州市行政中心1号楼13楼
- 电话：0752-2808473
- 传真：0752-2809118

惠州市地方税务局

2003年，惠州市地税局在省地税局、市委、市政府的正确领导下，紧紧围绕“收好税，带好队”两大中心工作，以“两个诚信”活动统筹全年各项工作，大力组织税费收入，强化税收征管，加快信息化建设，努力争创“六个一流”，积极推进依法治税，推动了惠州地税各项事业再上新的台阶。

一年来，全市地税系统共组织税收收入22.1亿元，完成省局下达年度任务18.5亿元的119.5%，提前2个月完成全年税收收入任务，同比增收5.4亿元，增长32.3%；全市社保费完成8.7亿元，同比增收1.2亿元，增长16%，圆满完成了全年地方税收各项工作任务，为建设惠州经济强市、现代石化数码名城作出了积极的贡献。

2003年，全市地税系统通过抓精神文明创建工作，调动和激发广大税务人员的积极性、创造性，增强了队伍的凝聚力、战斗力，涌现出一大批“双先”、“双优”、“七佳”等先进典型。惠州市地税局被省委、省政府评为“文明单位”、市局团总支被团省委评为“五四红旗团组织”，惠城区地税局被国家税务局总局评为全国税务系统信息化建设先进单位、城区地税局计划征收股被国家税务总局、共青团中央授予全国“青年文明号”荣誉称号，大亚湾分局被省委、省政府评为“文明窗口单位”。

地址：惠州市河南岸演达一路中段
纳税服务热线：12366-3
网址：http://dsj.huizhou.gov.cn

惠州市工商行政管理局

惠州市工商行政管理局领导班子

2003年，惠州市工商行政管理系统围绕惠州市建设经济强市、创建文明城市和打造现代石化数码名城的社会经济发展战略构想，认真履行职能，大胆创新机制，各项工作均取得了突破性进展，开创了工商行政管理新局面，为营造统一开放、竞争有序的市场环境，促进全市经济持续、快速、协调、健康发展作出了新的贡献。

年内，全市各级工商行政管理部门按照“内强素质，外树形象，建立服务型工商”的方针，大力加强队伍建设，着力打造一支“革命化、专业化、规范化、标准化、现代化”的工商行政管理队伍；认真落实全市经济工作会议精神，积极扶持引导，促进市场主体健康发展，通过放宽企业登记注册限制，降低市场准入门槛，下放登记注册权限，简化登记发照程序，为全市经济发展创造更加优越的投资环境；扎实开展“三项活动”和“万众评公务”活动，全力抗击“非典”，严厉打击传销和变相传销，全面推进基层建设；拓宽市场监管领域，加大行政执法力度，坚决打击扰乱市场秩序的违法行为，采取日常监管与重点清查、专项整顿与突击检查相结合的方法，先后开展了“元旦、春节”市场打假、打击走私贩私、非法拼装车、整治废弃食用油脂市场、打击违法经营野生动物、清查“毒鼠强”等22项专项整治行动，有力地维护了良好的市场秩序。

工商行政执法人员到商场巡查

广东省惠州市食品药品监督管理局

2004年7月28日，广东省惠州市食品药品监督管理局正式挂牌运作。新组建的广东省惠州市食品药品监督管理局为广东省食品药品监督管理局直属机构，综合监督惠州市食品安全管理和主管药品、医疗器械、保健品、化妆品监督管理工作。内设9个职能科室：办公室（加挂财务装备科牌子）、食品安全协调科、保健品化妆品监管科、药品安全监管科、流通监管科、医疗器械监管科、稽查科（加挂稽查分局牌子）、人事教育科、监察室（与纪检组、党办合署办公）。其职能：

1. 贯彻执行国家和省有关食品、保健品、化妆品、药品、医疗器械监督管理工作的方针政策、法律、法规和规章；按职责权限研究制定相关的实施办法并监督实施。
2. 负责保健品、化妆品的安全监管和行政执法工作。
3. 依法行使食品安全综合监督职能，组织协调有关部门承担的食品安全监督工作。
4. 依法组织、协调本地区重大、特大食品安全事故的调查处理工作；根据同级人民政府授权，组织协调食品安全专项执法监督活动；组织协调和配合有关部门开展食品安全应急救援工作。
5. 综合协调食品安全和指导实施保健品、化妆品安全的检测与评价工作，制定保健品、化妆品安全信息和会同有关部门制定食品安全信息的分析、预测及发布办法并定期向社会发布。
6. 监督实施国家药品法定标准、医疗器械产品和药品包装材料的国家及行业标准。
7. 监督实施药品、医疗器械的生产、流通、使用和中药材种植、医疗机构制剂、药物非临床研究、药物临床试验的质量管理规范。
8. 监督实施处方药与非处方药分类管理制度；负责药品（医疗器械）不良反应（事件）、药物滥用的资料收集、上报工作。
9. 监督抽查生产、经营和医疗机构使用的药品、医疗器械质量；依法查处制售假劣药品、医疗器械的违法行为和责任人。
10. 依法监督管理放射性药品、麻醉药品、医疗用毒性药品、精神药品及特种药械。
11. 监督实施药品流通管理制度、办法和中药材、中药饮片的购销规则。
12. 指导本地药品检验机构的业务工作。
13. 承办上级食品药品监督管理部门和同级人民政府交办的其他事项。

副市长许光到食品药品监督管理局指导工作

地址：广东省惠州市江北行政中心5号楼　投诉电话：0752-2818292　网址：http://hz.gdda.gov.cn

广东省博罗县烟草专卖局

局长：叶达文

近年来，局长（总经理）叶达文为首的现任班子，以“围绕网建抓基础，抓好基础促网建”为发展思路，通过实施品牌战略、企业管理、市场规范、队伍建设、信息化建设、人才引进和绩效考核七项主要工程，成功实现了卷烟销售网络城乡一体化的集中电话订货、集中物流配送和电子结算，有效整合商流、物流、信息流、资金流的“四流合一”。

一是下大力气、用真工夫，打好卷烟销售网络建设攻坚战，全面提升网络运行质量和管理水平，进一步发挥网建在经济运行中的功能；完善工效挂钩制度，推行和完善“赛马式的‘三工并存’动态管理”激励机制。强化培训和管理，打造出两支业务精通、作风优良、纪律严明、工作过硬的专卖队伍和营销队伍，全面提升了行业三个满意度。

二是树立科学的发展观、人才观，建设信息化管理体系，确立人才兴烟战略。广纳贤才，成立大学生俱乐部、人力资源开发部和客户服务中心，实施人才强烟、强智富局工程和信息网络化建设。现已拥有一支高学历、高素质、年轻化、专业化、知识化的中层管理团队，中层人员平均年龄28岁，大专至本科学历占80%以上。同时，全面实施信息网络化管理和推进无纸化办公，各部、室以及卷烟销售网络全部配置了计算机，计算机信息化管理贯穿到网络建设的全过程。

三是加强民主政治建设，围绕发展，抓精神文明和政治文明，抓好精神文明和政治文明促发展。局（公司）领导从思想上和行动上都统一到坚持“两手抓，两手都要硬”的方针，以领导班子建设、思想道德建设、企业民主建设、人才队伍建设为载体，全面推进“三个文明”建设相互促进，同步发展。

四是围绕全县中心工作，积极参与全县“万众评公务”活动，并与行风评议有机结合，贯穿干行风评议的全过程，通过抓问题整改和建章立制，树立良好行风。

当前，局（公司）班子精诚团结，作风优良，干部职工富有朝气和活力，整个企业管理和卷烟经营呈健康、持续、稳定发展的良好态势。经营效益连年增长，企业凝聚力、向心力明显增强，职工福利大幅度提高。至2004年上半年，企业资产总额2277万元。2002年及2003年两年卷烟总销售3.0824亿元。卷烟总销售1.2351亿元，实现利税总额1566万元，同比增长161%。专卖专营、网建工作多次被省、市局（公司）评为先进单位，局长叶达文被评为市、县级劳动模范。

• 地址：博罗县罗阳镇商业东街　• 电话：0752—6262613

惠州市惠阳区地方税务局

该局自1994年9月28日成立以来，认真贯彻党的路线、方针、政策和国务院关于“加强征管，堵塞漏洞，惩治腐败，清缴欠税”的工作方针，严格执法，文明征收，取得两个文明建设双丰收。**在队伍建设上**，实施“以人为本，从严治队”的方针，尤其是近几年来，开展争创“六个一流”和“诚信服务”等一系列教育活动，队伍的综合素质得到明显的提高，在社会上树立了良好的地税形象。**在税收征管改革上**，实施以计算机为依托的电子信息化和规范化管理，实现了多元化（电脑、电话、IC卡）的申报方式和网上办理税务登记业务，最大限度地方便了纳税人，使该局的税收征管逐步迈上现代化和电子信息化的轨道。**在组织收入上**，保持了持续稳定的增长，10年来全局累计组织各税收入20.05亿元，平均每年增长18.03%。社保费收入35641万元，平均每年增长38.23%。**在基层硬件设施建设上**，完成了局综合办税服务大楼、新圩分局、陈江分局、三和分局、镇隆税所等一大批基建项目，建筑面积22086平方米，较大幅度地改变了原来基层狭窄的办税、办公环境，为惠阳地税事业的后续发展打下了坚实的物质基础，也得到了上级局和惠阳市（区）委、市（区）政府的充分肯定，多年被惠州市地税局党组评为“好班子”。自1995年起，连续9年被中共惠阳市（区）委评为先进基层党组织，被中共惠州市委、市人民政府评为“惠州市社会主义文明建设先进单位”，1996、1998年分别被惠阳市人民政府授予“积极扶持发展个体私营经济先进单位”和“三五普法先进单位”，2002年被中共惠阳市委、市人民政府评为“五好单位”。

惠阳地税人决心在局党组的领导下，发扬十年艰苦创业，不甘落后，奋发向前，开拓创新，廉洁务实的惠阳地税人精神，以百倍的努力创造和描绘惠阳地税事业更灿烂、更辉煌的明天！

地　址：惠阳区淡水镇南亨西路税务大楼
电　话：0752-3823808
传　真：0752-3823807

该局领导检查办税大厅工作人员电脑操作情况

开拓、进取的局领导班子

惠阳区地税局综合办公大楼

惠州市惠阳区粮食局

惠阳区粮食局前身是成立于1949年11月的惠阳县人民政府粮食科。1950年6月粮食科撤销后，成立县粮食局。现任局长为成杰良。

该局是区政府主管全区粮食工作的职能机构，设办公室、财会科、业务科、仓储加工科、人事科。

其主要职责是贯彻落实国家和省、市粮食工作的各项方针、政策，研究、制定惠阳区粮食流通和行业发展规划，加强粮情监测、粮食质量监督和信息服务，建立粮食应急机制，监督储备粮规模落实和粮食风险基金的使用。

当前主要工作是指导国有粮食企业改革，并对粮食企业做好指导、协调、监督、服务工作。

拟订全区粮食中、长期规划，保障驻军粮油供应；做好惠阳区粮食市场调研、预测，确保粮食供求总量平衡，培育粮食市场体系，协同有关部门检查监督粮油市场价格。

负责检查、督促各级粮油储备计划任务的落实、完成情况。

抓好粮食仓库的建设、维修，确保粮油安全储藏，保证质量标准。

会同有关部门管理粮食风险基金、指导和监督粮食系统财会工作。

惠州市质量技术监督局

▲市人大副主任刘品谋和张国强局长在检查食品

该局是省以下垂直管理单位。有10个内设机构，下辖4个直属县、区局，直属3个检测检验技术机构和1个中介服务机构。该局主要负责宣传、贯彻执行国家和省有关质量技术监督工作的方针、政策、法律和法规，依法承担惠州市的质量、计量、标准化监督和综合管理工作，负责全市锅炉、压力容器与电梯、防爆电器等锅容管特法规设备的质量监督和安全监察工作，打击制、售假冒伪劣产（商）品违法行为，并承担惠州市政府"打假办"的日常工作。

近年来，该局加大综合管理、行政执法和安全监察力度。全市产品监检合格率不断上升，产品标准覆盖率96.3%，引导72家企业达到计量二、三级水平，36家企业的43种产品采用国际标准或国外先进标准。从涉及危害人体健康、人身财产安全、影响国计民生以及群众普遍反映的重点、难点、热点商品入手，以专项查处为重点，开展全方位的打假活动，为整顿和规范市场经济秩序做出了应有的贡献。坚持安全第一，预防为主的原则，在加强日常检查的同时，完成了锅容管特设备的普查登记工作。同时不断加强行风建设、精神文明建设和自身建设，获得"全国技术监督先进单位"、惠州市"五好"单位、文明单位等称号，有2个技术机构通过了国家实验室认可。质量技术监督检测大楼已交付使用，大大增强了社会服务能力。

◎地 址：惠州市行政中心5号楼
◎电 话：0752—2831268 ◎传 真：0752—2808451

惠 阳 区 新 圩 镇

广东省惠州市惠阳区新圩镇位于惠阳区的西南部，南与深圳市坪地镇为邻，西与东莞市清溪镇接壤，北与镇隆镇、东与秋长镇相连，面积158.4平方公里，有11个村民委员会和一个社区居民委员会，总人口近10万人，其中户籍人口为2.2万人。2002年被广东省定为"中心镇"。

新圩镇区位优越，交通便利，惠（州）深（圳）公路，惠（州）淡（水）公路和惠深高速公路贯穿全镇，惠深高速公路在新圩镇花边岭路段设有大型立交进出口，国道、省道、市道、镇道、村道，道道相连，畅通顺达，方便快捷，素有惠州"南大门"、"金三角"美誉。城镇功能不断完善，有2个11万伏变电站，有日供水量2.5万立方米的自来水厂，程控电话装机容量2.5万门，无线通讯电波覆盖全镇，镇内宾馆、酒店、文化娱乐、体育休闲设施配套齐全，社会治安良好，人文居住环境优美，是海内外客商投资置业的风水宝地！

新圩镇实施"工业立镇、农业稳镇、商业活镇、科教兴镇、文明美镇、依法治镇"的战略，加快工业化、城市化进程，搞好城镇规划建设，加大招商引资力度，大力发展外向型经济。目前，全镇外资企业528家，个体、私营企业数千家。2003年全镇工农业总产值47亿元，其中工业产值46亿元；财税收入7700万元；用电量4亿千瓦时，农村人均年纯收入4700元。

博 罗 县 劳 动 和 社 会 保 障 局

该局是博罗县人民政府负责管理全县5万多职工和10多万外来员工的职能部门。内设7股1室，下属有县技工学校、劳动监察中队、职业介绍服务中心等7个中心和罗阳管理所等19个基层管理所。主要有职工招调、职工工资管理、劳动争议处理与劳动合同鉴证、职业技能培训与职业技能鉴定、劳动执法监督检查、职业介绍、博罗县职工和外来员工的就业管理、境外人员就业管理等职能。

多年来，在博罗县委、县政府的领导下，博罗县劳动保障部门紧紧围绕培育和发展劳动力市场这一中心工作，不断深化劳动保障制度改革，推动劳动保障事业向前发展，维护社会稳定，为博罗县的经济和社会发展作出了应有的贡献。

地址：博罗县城商业街
电话：0752-6627793
投诉电话：0752-6637048

博罗县国土资源局
园洲国土资源所

园洲镇位于博罗县西南部，因地处东江与沙河环绕之中而得名，全镇总面积110.68平方公里，人口约6万人。园洲国土所自1986年7月成立以来，认真贯彻"十分珍惜，合理利用土地，切实保护耕地"的基本国策，突出保护耕地这个中心，积极推进土地使用制度改革，致力耕地保护和开发利用土地资源，努力为用地户提供优质服务。在县局和镇党委政府的领导和支持下，坚持"科学发展观，珍惜每一寸土地"，做好园洲镇的国土资源管理，结合园洲镇"以经济发展推动城镇建设，以城镇建设促进经济发展"的发展观，规划好《园洲镇土地利用总体规划》，为园洲镇实施可持续发展战略奠定了坚实的基础。连续几年被博罗县国土资源局评为"先进国土资源所"。

地址：博罗县园洲镇园洲大道
电话：0752-6822118
传真：0752-6822133

博罗县园洲镇人民政府

博罗县园洲镇位于珠江三角洲东部，东江中下游北岸，与东莞市企石、石排两镇隔江相望，与石龙镇一脉相连。全镇总面积110平方公里，其中城建规划面积40平方公里，已建成城区面积10平方公里，是“全国小城镇建设试点镇”；镇政府下辖27个村民委员会和1个居民委员会，总人口近15万人，其中户籍人口5万多人,外来人口近10万人；园洲镇是著名的侨乡，港、澳、台和海外同胞有近5万人。

园洲镇地理位置优越，交通方便，距广汕公路仅3公里，到广州、东莞、深圳、惠州等市区均不到70公里，是广、深、惠三地经济辐射带的腹地。2003年，全镇工农业总产值近23亿元，其中工业总产值近20亿元。

园洲镇重视基础设施建设，“以城镇建设促进经济发展，以经济发展推动城镇建设”为发展思路，多年来共投入10亿元完善基础设施建设，形成纵横交错的骨干道路网，建成火力发电站、35KV、110KV和220KV的输变电站各1座，全镇总供电量达20亿度；园洲第一自来水厂日供水4万立方米，正在建设的园洲第二自来水厂日供水达30万立方米。镇内饮食、服务、文化娱乐设施一应俱全，拥有一间三星级宾馆。面对入世的挑战，近几年，镇政府投入大量资金启动多项重点市政工程，使园洲的市政功能和市政品位得到进一步提高。与此同时，园洲镇以“工业立镇”为发展方向，坚定不移地实施外向带动战略，以园区建设为着力点，加强软、硬环境建设，提高办事效率和服务质量，不断探索和拓展招商引资新方法、新领域，采取“让利、减租、加强服务”等一系列措施，不断提高利用外资的总量和质量。质量目前，全镇已建成工业园区8个，在建大型园区4个；在园洲镇投资的各类企业有1000多家，其中外资企业近400家，涉及服装、电子、化工、轻纺、五金塑料、房地产开发等多个行业，并有20多个产品打入国际市场。

根据省、市、县关于博罗率先基本实现现代化的决策，园洲镇结合自身的实际，制定了2008年达到小康水平，2013年基本实现现代化的发展目标。

成就鼓舞斗志，蓝图催人奋进。相信不久的将来，一座高标准、多功能的现代化城镇将矗立在东江之滨。热忱欢迎海内外客商前来园洲投资创业，共同谱写成功的篇章！

园洲镇经济发展总公司　电话：0752-6812348　传真：0752-6682728
园洲镇工业发展办公室　电话：0752-6680288　传真：0752-6689212
园洲镇引进办公室　电话：0752-6680228　传真：0752-6684788
招商网址：http://www.toyuanzhou.com

人民广场

博罗县福田镇人民政府

福田镇是惠州市西大门，辖区面积86.7平方公里，有17个村民委员会和1个居民委员会，户籍人口约2.8万人，流动总人口约3万人。镇区交通极为便利，毗邻东莞，相连增城，距离广州新白云机场约100公里，到石湾红海海关只需15分钟车程。镇内资源丰富，百业兴旺，民风淳朴，太平盛世。背靠全国道教圣地、广东十大名山之一罗浮山，“罗浮山下四时春”是该镇繁荣昌盛的真实写照。到2003年底，该镇共引进发展各种行业企业150多家，其中3个工业企业的产值在全县占先进水平，3个农业企业分别被评为省、市、县级农业龙头企业，工农业发展在全县占有重要地位。

“福田菜心”是福田“福绿”品牌产品之一，以其独特的爽口、无渣、清甜而闻名珠三角、港澳地区。2002年，“福田菜心”种子经我国“神舟4号”飞船运载进入太空进行科学实验，推动了“福田菜心”知名度不断提升，市场需求不断扩大，产量和产值也相应成倍增长。目前，全镇“福田菜心”年种植面积近200公顷，年产量超过3000吨，年产值约600万元。福田镇委、镇政府认真贯彻实施县委、县政府关于大力发展农业产品品牌战略，积极培育扩大“福田菜心”种植规模，大力拓宽“福田菜心”销售渠道，提高产品效益，增加农民收入。

惠州顺兴家禽养殖加工有限公司，是该镇一家由福田人创建的集养殖、生产、加工、销售为一体的省级农业龙头企业。公司主要经营鸡、鹅、鸭、乳鸽等家禽养殖、加工、销售，建有1300万平方米的工业生产基地及养殖基地，年产值超过2亿元；销售市场网络辐射香港、深圳、东莞、上海、北京等地。“没有最好，只有更好！”是每个“顺兴人”的口号，也是福田镇委、镇政府及2.8万福田人民坚守的承诺，精诚所至，金石为开，衷心希望社会各界商贾名流和海外客商莅临福田参观指导，携手共创美好明天！

地址：博罗县福田镇政府内　电话：0752—6886388

石湾镇人民政府

石湾

该镇位于惠州市西南端，是广东省确立的中心镇之一，地处惠州、东莞、增城三市交界，面积83平方公里，人口10万多人，是较早期勇于走改革开放之路的乡镇，1993年获省计委授予“广东省体制改革示范镇”称号。广汕公路、广惠公路与镇内两条主干道石湾大道、永石大道形成纵横交通网络。水路通过东江航线，上可至惠州、河源，下可出珠江口至广州、香港等地。镇内建有两座大桥，分别与东莞石龙、石排两镇相连，村道均铺设水泥路面。

2003年，全镇实现生产总值12亿元，工业总产值26.88亿元，实际利用外资6000多万美元，农业总产值2.61亿元，可支配财政收入9000万元，农村人均年收入5617元，城镇人均年收入12007元，完成国地两税任务4000多万元。

商务环境优越，海关、检验检疫、边检、海事等口岸部门均设有办事处，金融、电信、邮政等机构一应俱全。到目前为止，全镇有工业企业543家，就业人数4万多人。总投资上亿元的企业1家，超5000万港元的1家，1000万港元以上的有65家。投资产业以电子、五金、纺织、服装、化工为主。2000年，有东南亚“塑胶大王”之称的台塑集团下属公司——南亚塑胶工业（惠州）有限公司正式签约落户该镇。2003年3月，该镇成功签订了预计总投资10亿元人民币的罗浮药谷项目意向书，在提升引资质量，扩大经济总量方面又迈进了坚实一步。

该镇是广东省十大农业示范区的一个功能区。目前建成了“田成方，路相通，渠相连，旱能灌，涝能排”的710公顷韭黄种植两个现代化农业示范基地，分别注册了“伴永康”稻米商标和“黄西韭黄”商标，还建成了农产品批发市场及农业科技信息中心等一批配套设施。2003年被省列为农业机械化示范镇。

经济的高速发展有力地推进了该镇各项社会事业的发展，“三个文明”建设成就喜人。目前，该镇市政建设不断完善，建成镇区面积6.8平方公里，随着该镇进入新一轮高速发展期，该镇预期2010年城镇规划总面积14.8平方公里，总人口16.6万人。

地址：博罗县石湾镇政府
电话：0752—6610026

博罗县湖镇镇人民政府

湖镇镇位于博罗县中部，全镇面积117平方公里，镇下辖17个村委会，1个社区居委会。目前全镇总人口约4万人，户籍人口2.5万人。湖镇镇是博罗县的电子工业大镇。2003年全镇实现国内生产总值2.23亿元，农业总产值1.53亿元，工业总产值21.58亿元，第三产业总产值4466万元，两税收入4300万元，镇可支配财政收入1000万元，农民人均收入4010元。2003年人均GDP8290元。湖镇镇着重培育高新技术产业，打造电子信息专业镇的区域品牌。2003年全镇有企业42家，其中省级高新技术企业4家，市级农业龙头企业和县民营企业50强企业各1家。华通电脑、联合铜箔、宝利得科技和创国机械等企业成为湖镇镇吸引众多外资、民资企业前来考察落户的企业品牌。

地址：博罗县湖镇镇政府内
电话：0752—6657233

龙门县龙华镇

书记：罗建中

镇长：黄伟雄

该镇位于东经114° 11'，北纬23° 36'，珠三角边缘，广东省龙门县中部，西林河贯穿全镇，属丘陵山区地带，总面积179平方公里。管辖9个村委会和1个居委会，人口1.45万人。

该镇属亚热带气候，年平均气温21℃。雨量充沛，年降雨量2030毫升；阳光充足，全年基本无霜。有耕地960公顷，森林覆盖率68%。主要矿产有高岭土、石灰石、大理石、煤、锡等，其中高岭土储量1亿吨、石灰石储量3500万吨。种植年桔2333公顷。

改革开放以来，该镇以经济建设为中心，扣紧发展主题，倾力打造年桔大镇、水泥强镇、旅游重镇、生态名镇，充分发挥资源和区位优势。抚今追昔，今天的龙华已发生深刻的变化：国民经济稳定增长，社会各项事业蓬勃发展，精神文明建设和民主法制建设取得了一定的成绩，人民生活逐步走向富裕。

今天的龙华，投资环境日趋完善，发展势头强劲，干事创业氛围良好，政府服务优质高效，社会环境平稳安定。龙华人相信，到龙华投资置业必有良好的回报。真诚希望来自五湖四海的客商到龙华投资考察，与龙华人一起共同开创美好前程。

龙华，以往是兵家相争的古埠，而今成为商家投资兴业的福地。

电话：0752-7360006　　传真：0752-7361000

龙华镇领导班子

龙华镇行政办公大楼

龙华镇行政办公大楼大门

龙门县龙城镇人民政府

龙城镇位于龙门县中部偏东，全镇处于丘陵地带，东南、西北部与王坪镇交界，西南与龙华镇接壤。2003年全镇总人口5.4万人，辖6个村委会和7个居委会，总面积25平方公里。改革开放以来，龙城镇国民经济和社会各项事业取得了前所未有的发展成就，综合经济实力明显提高，知名度和城镇形象不断提升，社会稳定有序。2003年全镇国内生产总值完成22080万元，比上年增长10%，其中第一产业完成3478万元，增长1%；第二产业完成11883万元，增长2.2%；第三产业完成15917万元，增长16.7 %。一、二、三产业比例为1:3.6:4.6。全镇财政一般预算收入392.1万元，农村人均收入达3444元。

龙城镇交通四通八达，各项基础设施完善，社会治安良好。该镇充分利用现有有利条件和基础，积极开拓创新，发展和构建新的优势，提高城镇的整体竞争力，有计划、有步骤地加快工业化、城镇化和农业产业化进程。龙城镇还积极用足用活上级政策，吸引外商投资。通过项目的带动效应，营造经济发展的新“亮点”，推动经济发展上新台阶。龙城镇是一块投资发展的热土，诚心欢迎海内外客商前来发展。随着新一轮经济的高涨，条件优越的龙城镇一定会呈现一派兴旺发达、欣欣向荣的景象。

地址：龙门县龙城镇城内路6号　　电话：0752-7780560

惠州市妇幼保健院

特色服务

院长：曾繁华

1．乳腺治疗中心：设于中山南门诊三楼，拥有国内先进的乳腺检查、治疗设备，技术力量雄厚，能开展乳腺肿瘤、囊肿、增生等手术治疗，该中心的设立填补了惠州市同行业的技术空白。咨询电话：2231518

2．弱视治疗中心：设于中山南门诊三楼，该中心拥有美国伟伦公司最新设备等视力治疗仪20多台，能快速地检测出近视、远视、散光、弱视等疾病，是惠州市首家开展儿童眼科疾病检查、治疗的中心，为广大视力患儿带来了福音。咨询电话：2231518

3．新生儿疾病筛查中心：该中心负责全市及城区新生儿疾病筛查工作，拥有国际领先的德国产新生儿疾病筛查设备，填补了惠州市该领域的一项技术空白。咨询电话：2891113

4．婴幼儿及儿童听力筛查：采用美国伟伦公司最新耳声发射听力筛选仪，开展新生儿（出生后3天）及儿童的听力筛查，能快速地检测出早期听力障碍等潜在的疾病。咨询电话：2180411

5．微量元素检测：利用先进的仪器设备，采用先进的原子吸收光谱法，具有灵敏度高、精度高、干扰小、速度快、可测元素多等优点。咨询电话：2180409

6．24小时免费专车接孕妇下产，南坛保健院值班电话：2223222
江北妇女儿童医院值班电话：2981113

7．凡在该院建卡做产前检查的孕妇，在该院分娩享受九折优惠，在该院出生的小孩一年内来院就诊，可享受九折的住院优惠和免门诊挂号费。

8．责任制助产：孕妇从住院开始到分娩结束由同一护士做全程陪伴，增进彼此的信任和了解，减轻孕产妇心理压力，并指导孕妇孕期保健、营养、育儿知识等。

9．无痛人流技术：该院设有无痛人流专科，由技术精湛的医师坐诊，服务质量一流，给患者带来零痛苦的感受，深受广大患者的欢迎。

电话：0752—2180411

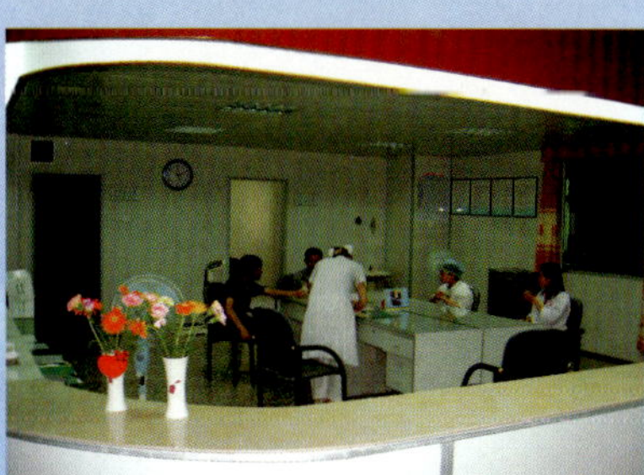

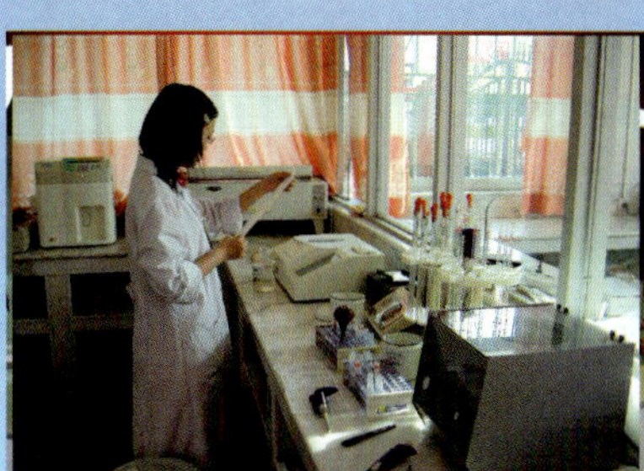

法定代表人：胡

“五一

洲至广州等省内跨市直达

跨县线路27条。日发班车

旅游车队豪华巴士运

公司以“旅客至上、

捷、及时、周到的服务。

惠州市道路桥梁勘察设计院

该院成立于1963年，1983年取得测设资格证书，1998年晋升国家乙级资质。2002年11月晋升甲级设计院，具有测设各类高级公路、特大、大中型桥梁、隧道的丰富经验。

该院拥有一流的技术装备：装备有完整的微机内部网络、整套完善的道路桥梁辅助设计系统软件，拥有GPS控制测量系统、GIS数据采集系统等高精度测量设备。全部设计均采用电脑CAD出图。拥有一支高素质的人才队伍，能完成各种复杂的高难度设计工作。

该院自“八五”以来，测设一级、二级公路1300余公里，特大桥梁、大中型桥梁、大型互通立交桥数拾座；完成了收费站、房屋等公路设施设计面积10万平方米。所承担测设项目质量优良，树立了良好的公共形象。

该院对外积极开拓市场，经营工作开展有声有色。2002年惠州市合江桥设计方案公开招标，该院以造型美观、设计新颖的钢筋混凝土坦拱方案中标，2003年，该院在投资11亿余元的“增城荔新一级公路改扩建工程项目”激烈的竞争中中标，为惠州赢得声誉。现正进行惠淡大道、惠深沿海公路两大项目的前期勘察设计工作，企业的经营发展步入良性循环的轨道。

该院以“科技强院”为己任，重视和加大科研投入，与省交通科研所、长沙交通学院联合开展“利用EPS超轻型材料处理软基及桥台跳车研究课题”，经省交通厅鉴定为国际先进水平，具有广泛的推广应用价值。该院勘察设计的官汕线K194+200～K213+577路段被省政府评为省样板工程；平龙线K36～K43+600路段被省交通厅评为优秀设计。

法定代表人、省政协委员、惠州市优秀专家拔尖人才：叶玉诚
地址：惠州市下埔大道3号　　邮编：516001
电话：0752-2112690　　传真：0752-2112027
邮箱：sjy@hzlq.sina.net

博罗县第四建筑工程公司

法人代表：黄耀平

博罗县第四建筑工程公司前身为博罗杨村建筑队，成立于1956年。经过几十年不断积累和发展，现拥有注册资金600万元；从业人员433人，其中，各类技术人员56名；机械设备183台，功率达3126千瓦。主要资质房屋建筑总承包三级，房地产开发四级，年平均总产值4000多万元。完成的主要业绩有：博罗供水大楼，框架8层，6760平方米；银田小区住宅群框架8层，2.6万平方米；杨村宝艺家私城，钢屋架厂房10万平方米；博罗人民医院大楼框架12层，造价5000万元。公司宗旨：诚信至上，质量第一。

地址：博罗县杨村镇杨新一路70号
电话：0752—6691189
博罗办事处：博罗县城中园三路47号
电话：0752—6223288

园洲镇自来水厂

博罗县园洲镇位于珠江三角洲东部，东江中下游北岸。园洲镇自来水厂目前担负全镇辖下的18个村民委员会和1个居民委员会、总人口9万多人的生产和生活用水。该厂自1992年成立以来，经历了几次的扩容，日供水量从1万吨提高到2万吨，2001年扩增到4万吨。

水厂在镇党委和镇政府的领导下，按照城镇建设的发展规划做好供水管网的铺设工作，为全镇的招商引资工作当好先锋，在具体的工作中处处想在前，做在先，把能为全镇的经济发展作贡献当作无尚的光荣，被镇评为支持城镇建设工作的“突出贡献奖”。

在经营方面，根据该镇自来水的使用情况，制定了切实可行的“园洲镇自来水厂供水管理暂行规定”、“工作管理规定”、“员工工作守则”和“奖惩条例”等管理制度。让水厂各部门的工作人员都明白自己的职责，管理条例落实到每个环节。近来，供水的回收率从原来的50%上升到97%，从而保证了水厂在“两个效益”上都取得了可喜的成绩，并在群众的心目中树起了良好的形象。被广东省爱卫会评为“广东省农村优秀水厂”，被县卫生局评为“卫生信得过单位”。

为了适应该镇经济建设的高速发展，将投资5500万元兴建一座规模日供水量为30万吨，首期为5万吨的大型水厂，此项目的建成，将预示着园洲镇的经济发展进入到一个新的发展时期，园洲镇自来水厂也将在新的发展时期创造新的辉煌。

地址：博罗县园洲镇东堤路3号　电话：0752-6680561　传真：0752-6823990

中海壳牌石油化工有限公司
CNOOC and Shell Petrochemicals Company Limited

公司简介

建设中的中海壳牌联合化工厂

中海壳牌石油化工有限公司(中海壳牌)投资43亿美元，在广东省惠州市大亚湾畔建设一座占地约4.27平方公里、具有世界级规模的石油化工联合工厂，这是中国目前投资额最大的中外合资项目之一。项目将于2005年底建成投产。

项目奠基

合营公司外方是壳牌南海私人有限公司，它是荷兰皇家壳牌集团的成员之一，占50%的股份；中方投资者为中海石油化工投资有限公司，占50%的股份，该公司是中国海洋石油总公司(持股90%)与广东投资开发公司(持股10%)的合资企业。

项目范围

合营公司将建设和经营联合化工厂，大部分产品将在中国国内市场销售。

联合化工厂将建成化工一体化联合装置，包括生产蒸气、发电等公用工程设施、储运设施以及废液处理和环保设施。大多数生产装置具有世界级规模，所有设计都按照国际标准。

联合化工厂的核心是一套以凝析油或石脑油为原料的乙烯裂解装置，可年产80万吨乙烯和43万吨丙烯。其下游生产装置如图所示：

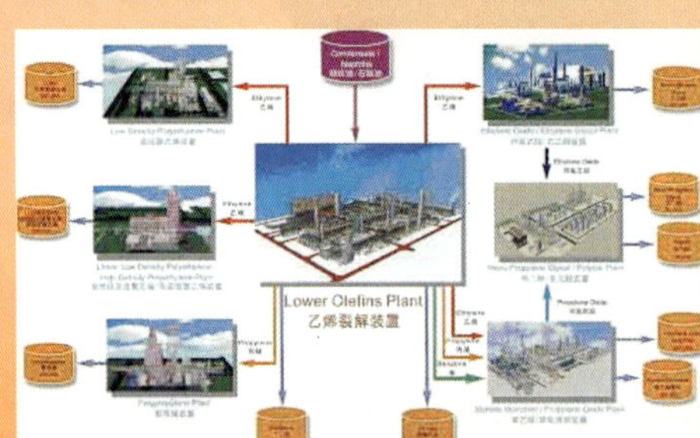

联合化工厂将每年生产约230万吨石化产品，年销售额约为17亿美元，产品主要供给广东省和对化工产品需求较大的中国东南沿海地区，部分产品将销往国外市场。

可持续发展

可持续发展是中海壳牌管理体制中不可或缺的组成部分，体现在项目设计、施工和运营阶段的所有商业决策中。这样可以保证项目有良好的经济效益，同时采用可靠的环保标准，并对当地人民承担应尽的社会责任。中海壳牌制定了七项原则

- 使收益率最大化
- 实施的可行性
- 对环境的影响降至最低
- 有效地利用资源
- 尊重和维护公民利益
- 促进社区效益最大化
- 让项目利益相关者参与

环境保护

中海壳牌南海石化项目严格遵循国际环保标准进行设计。在施工阶段，中海壳牌在控制噪音污染、减少水土流失、废物处理和保护动植物资源等方面采取了适当措施，确保对环境的影响降至最低。例如，2003年5月，中海壳牌将海上施工区域附近的珊瑚移植到10公里外的海底，以便珊瑚继续生长。

社会责任

中海壳牌在建设项目的同时，也积极促进周边社区发展，诸如提供就业和培训机会、支持政府的教育和健康服务等等。中海壳牌通过直接雇用、提供培训和支持、发展小型企业等方式，帮助岩前村和东联村两个因项目搬迁的村民恢复生计。到2004年6月底，为村民提供基本职业技能、英语等免费培训1000多人次。

◎地址：广东省惠州市大亚湾安惠大道1号大亚湾假日酒店4层　◎电话：0752-3682228　◎传真：0752-3681188
◎邮编：516084　◎网址：www.cnoocshell.com

中国人寿保险股份有限公司 惠州分公司

China Life Insurance Company Limited Huizhou Branch

分公司总经理 钟幸福

中国人寿保险公司是《财富》全球500强企业，在最新的《财富》全球500强企业排名中，排名241位，在进入世界500强的中国企业中排名第4位，在中国进入500强的金融企业中名列第1位，是中国保险业第一次入选《财富》500强的企业,是中国大陆最大的国有独资的全国性商业寿险公司，是目前中国规模最大,拥有客户数量最多的保险公司，拥有独一无二的全国分销和服务网络，具备雄厚的财务实力，业务规模及市场占有率稳居国内同业首位。2003年，保费收入达到1,620亿元，占有国内53.8%的市场份额被《欧洲货币》杂志评选为亚洲最好保险公司，12月17日、18日，分别在纽约、香港成功上市，是中国第一家在境外两地同时上市的金融企业，海外募集资金近35亿美元，是当年全球最大的IPO，引起全球资本市场的高度关注。

中国人寿惠州分公司是中国人寿保险股份有限公司的分支机构，现管理惠州、河源两市近120个保险网点。公司业务涉及到人寿保险、健康保险、年金保险、意外伤害保险四大类险种，以“与时俱进、争创一流”为目标，拓宽经营思路，加快业务发展，年年保费收入保持快速增长。2003年保费突破4.65亿,同比增长39%,实现了业务的跨越式发展,市场份额达67.2%，保持惠州、河源地区寿险业的龙头地位。2004年1~8月，实现保费4.08亿元,同比增长59%,其中总保费、自营保费、新单业务、期交业务增长率在全省系统排名第一，呈现高速增长的态势。公司至今承包客户累计135万人（次），保额365亿元。近几年赔偿、给付金额累计达3.5亿元，为惠州的经济发展和社会保障作出了贡献。

中国人寿惠州分公司广大员工秉承“成己为人，成人达己”的企业文化核心理念，开展优质服务。以诚信为本，长期致力于为客户提供热情、真诚、准确、高效的服务，理赔及时、迅速、准确。以遍布惠州、河源两市的营业网点、庞大的个人代理人队伍和“95519”服务热线为依托，为客户提供全方位、多层次的服务，深受广大市民信赖，连续4年被惠州消委会评为推介单位。

中国人寿惠州分公司将继续秉承“忠诚服务，笃守信誉”的经营理念，努力提高专业、优质的服务水平，为更多的市民提供全方位的寿险保障，提供更优服务、更优产品，以答谢广大新老客户对中国人寿的一贯厚爱、信任与支持。

地　　址：惠州市麦地路20号
咨询热线：95519
传　　真：0752-2273600
邮政编码：516008

环境优美的分公司服务大厅

位于麦地路20号的中国人寿保险大楼

惠州三星电子有限公司

惠州三星电子是韩国三星电子公司和惠州市地产总公司于1992年合资成立的股份有限公司，注册资金3000多万美元，投资总额5000多万美元，年销售额4亿多美元，厂区面积12万平方米，建筑面积4万平方米。主要有CD、VCD、DVD、MP3等音响产品，年生产能力500万台。产品销往世界各地。

公司一贯遵守法律和积极纳税。获得省、市“外商投资出口先进企业”、“花园式单位”、“纳税大户”、“高新技术企业”等荣誉。

面向新世纪，公司以“满足顾客”为方针，走数字化发展之路，建成顾客最信赖的环境亲和型企业。

地址：惠州市陈江办事处　电话：0752-3897274　传真：0752-3897388

华通电脑(惠州)有限公司

华通电脑(惠州)有限公司于1995年成立，落户广东省惠州市博罗县，占地19.6万平方米，1997年8月正式投产，投资总额2.55亿美金，截止2004年7月1日员工总人数3300人。

产品为印刷电路板，简称PCB（Printed Circuit Board）。通过印刷方式将线路图案印在金属板上，经过化学蚀刻后产生图案而制成印刷电路板，主要用于电脑外设基板、桌上型电脑主机板、笔记型电脑主机板、卫星通信系统、数据通信多媒体系统、接入网通信系统等设备用精密线路板，柔性线路板，半导体封装及其专用材料等各个领域。产品主要销往欧美，东南亚及其中国大陆地区。

该公司本着“守法、环保、健康”的原则，善尽社会责任与社区义务，致力高科技术产品的研究开放，设计，制造，加工和销售。1999年4月，被惠州市人民政府评定为“环保先进单位”，同年12月被广东省科委认证为“高新技术企业”，并通过下列国际认证ISO9000、ISO14000、QS9000，绿色环保认证等。

未来长期计划中，该公司拟以专业制造的Service Provider角色提升与竞争对手的竞争力，并持续专注于Research & Development领域，以求达到稳固发展及永续经营！

地址：惠州市博罗县湖镇镇湖广路168号
电话：0752-6301111
传真：0752-6657789

丰富美好生活的创造者——
南亚塑胶工业(惠州)有限公司

南亚塑胶工业（惠州）有限公司为台湾台塑关系企业——南亚塑胶工业股份有限公司之一环。台湾南亚塑胶公司主要生产塑胶、纤维及电子材料，为世界最大的PVC二次加工厂商，也是台湾最大的民营企业。

该公司主要从事PVC乳皮、PU合成皮等塑胶二次加工品及工程塑胶的生产。PVC乳皮、PU合成皮采用最先进生产设备制造，具有耐候性佳、强度高、手感好、易加工等特性，并顺应世界流行趋势，不断开发新的压纹与表面特殊处理的新产品，供应下游三次加工厂生产皮包、皮箱、鞋类等三次加工产品。品质优异，花色齐全，应用广泛。

新颖、质优、实用之产品，乃是商场竞逐之主要利器。秉持“追根究底”的开发精神，该公司之皮料及工程塑胶等制品无论色彩、材质、机能均与市场需求同步，对争取商机及提高附加价值，必能发挥举足轻重之作用，为大众开创更丰富、更美好的生活。

南亚塑胶工业(惠州)有限公司
NAN YA PLASTICS (HUIZHOU) CO., LTD.

地　址：博罗县石湾镇永石大道
电　话：0752-6926666
传　真：0752-6926888

惠州市中心人民医院

微创腔镜手术是20世纪末在外科领域中发展的一门新兴学科。它具有切口小，创伤小，病人痛苦小，恢复快，安全可靠，尤其是术后不留明显疤痕等优点，深受病人欢迎。

近年来，惠州市中心人民医院外科先后引进腹腔镜、纤维胆道镜、胰十二指肠镜、宫腔镜、输尿管镜、肾镜、尿道膀胱镜、神经外科内窥镜等先进医学腔镜器械设备，使外科微创腔镜手术广泛开展，传统意义上的用刀使剪，布满血迹的手术方式已逐渐被腔镜手术取代。泌尿科、妇科、外科也都开展了许多腔镜手术。

泌尿外科：泌尿系结石、肾囊肿、前列腺增生症、输尿管狭窄、膀胱肿瘤切除、前列腺疾病等。

妇科：子宫肌瘤、子宫附件肿瘤、卵巢囊肿、畸胎瘤、子宫内膜异位症、子宫内膜息肉、子宫纵隔畸形、异常子宫出血、宫外孕出血、不孕症等。

普外科：胆囊结石、胆囊息肉、胆总管结石、肝血管瘤、胆囊切除。

神经外科：脑积水、蛛网膜囊肿、脑内血肿清除、脑脓肿引流、脑瘤活检等。

目前，该院消化内科引进了电子胃镜、电子肠镜、十二指肠镜等消化内镜，并应用消化内镜诊断、治疗消化道各种疾病，取得良好疗效，尤其是对早期大肠癌及胃癌的诊治起着十分重要的作用。

(1) 内窥镜光纤
(2) 硬质内窥镜
(3) 内窥镜手术器械
(4) 内窥镜手术录象及显示系统

广东省民营科技企业
广东省医药行业名牌产品企业
惠州民营企业100强
GMP认证企业

博罗先锋药业集团

广东省博罗先锋药业集团有限公司（原博罗制药厂）是一家集医药生产、研发、商业流通为一体的综合性企业，创建于1970年，属国家中型企业，广东省民营科技企业、广东省医药行业名牌产品企业、惠州市民营企业100强，是目前惠州市医药行业最大的医药集团企业。

公司现有员工上千人，占地11万平方米，拥有片剂、小容量注射剂、胶囊剂、头孢类、干混悬剂等5个剂型车间，并所有剂型均通过国家GMP认证，年工业总产值达2亿元。公司有176个生产品种，在市场上广受客户欢迎的有鱼腥草注射液（静滴）、肿节风注射液、消炎利胆片、先锋Ⅵ干混悬剂、喉疾灵片、了哥王片等品种，其中喉疾灵片、了哥王片已被国家列为中药保护品种。

公司的销售网络遍布全国，在各个省份都设有办事处，公司事业欣欣向荣。

公司地址：广东省博罗县城义和宏博工业园
联系电话：0752—6625133
　　　　　0752—6317887

惠州小金口星球医务所

星球医务机构是曾求恩医生创办的个体特色门诊。曾求恩医生早年就读于医学院，毕业端了多年“铁饭碗”后，毅然下海创业，凭着精湛的医术和优质服务，事业日益壮大，声名鹊起。

星球医务的特色是中西医结合。曾求恩医生读过西医，又进修研习过中医。这种结合（西医治快、中医治慢）走出了一条攻克疑难杂症的新路。特别是在治疗慢性肝病、腰椎盘滑脱、骨质增生、骨质疏松、内风湿关节炎、肾胆结石等方面有着独特疗效。

曾求恩医生说：“要以人类健康思想为基础，医务要以全心全意为病人服务为准绳。一要认真诊病，二要对症下药”。正因为如此，星球医务多年被评为“文明单位”，2003年、2004年连续被市政府评为信用推介展示单位；并接获数十面（封）锦旗、感谢信件。

目前，星球医务正在规划新盖门诊大楼。来日，其事业将更为蒸蒸日上。

曾求恩医生为患者诊病

地址：惠州市小金口金源路294号　邮编：516023　电话：0752-2290399

惠邵绿化工程有限公司

总经理：刘军

惠州市惠邵绿化工程有限公司（原惠州市林业开发公司），于1991年成立，注册资金1200万元。是一家专门从事园林绿化工程、林业绿化、苗木、花卉、林产品开发及土石方工程的三级企业。公司集工程设计、规划、施工、贸易及管理于一体。

公司设有工程部、质检部、办公室、总监室、设计室、财务室、档案室。现有高级工程师10人，中级技术人员20人，管理人员30人，研究生1人，本科生4人，绿化专业人员1500人；具有专业的剪草机2台、绿篱机、挖掘机、打坑机、微机等先进的技术设备；高精密的手持定位导航仪（GPS）；有专业的园林绿化洒水车，苗木运输车4台；建有位于矮陂占地面积10公顷专业种植桉树的苗圃场及与惠州市林业局共同合资的博罗中心苗圃场，拥有花卉培育基地2个。

公司自成立以来，共承接达1万平方米以上的综合性园林绿化工程12项；园林绿化管理养护工程6项；1万亩以上的林业绿化工程45个；5万亩以上的工程18个，经检验全部达标。公司曾多次被评为“园林绿化先进单位”，为惠州市创建园林城市做出贡献。被审定为广东省园林绿化三级企业、惠州市造林工程施工资质丙级企业。公司在刘军总经理的领导下所作的工程，已经多次得到中央林业部及省林业厅的嘉奖，并在省林业厅开会推广了公司的育苗成功经验及管理经验。2004年6月被“中国少年儿童慈善基金会”授予全国慈善之星的光荣称号。并受到国家有关领导人的接见及表扬。

公司积极对外合作，拓展业务，与国家林业局、中南规划设计院，结成友好合作单位；在河源、东莞、深圳设有分公司；并配备了专门的苗圃、花卉基地。

该公司按照二级企业的资质要求，严守合同，坚持诚信为本、质量第一的原则，谋求更大发展。竭诚欢迎各公司、机关团体、酒店、室内外园林绿化、花卉管理单位前来洽谈业务。

惠州市鸿润房产开发有限公司

惠州市鸿润房产开发有限公司，是一家集房地产开发、水电安装、室内装修、物业管理于一体的综合型民营企业。公司注册资金1500万元，三级资质，目前拥有员工200人。2003年3月中央电视台《中国市场信息》栏目组对该公司作了“神州诚信质量房产”专题采访报导。2003年被市政府授予“惠州市民营企业100强”和“行业明星”称号；被惠城区政府评为“诚信纳税大户”。

从上世纪90年代初公司成立开始，公司就始终坚持“诚信为本、情系惠州”、“质量成就品牌、信誉赢得市场”的企业精神和经营理念。秉承对社会和业主高度负责的态度，高标准、严要求，全身心地做好每一个项目。经过十几年的艰辛和努力，在惠州市房地产界和广大业主中树立了良好的口碑和企业形象，成为惠州市享有盛名的民营企业。公司已开发和正在开发的项目有：市下埔北二街商住一区、二区9栋多层商住楼，建筑面积达4.58万平方米;麦兴路（升平苑旁）建筑面积2500平方米的6栋高尚别墅；投资上亿元全面启动占地3.5万平方米、总建筑面积8万平方米的丽园新村一、二、三期。其中丽园新村多次受到市规划建设局、市质检站的好评，并建议丽园新村二期参评市优良工程。

随着惠州市新一轮发展热潮的到来，鸿润房产开发有限公司将进一步加大投资力度，把企业做大做强，与惠州共同跨越，一起腾飞。

◆地址：惠州市演达一路丽园新村五栋203
◆电话：0752-2396996　2396488
◆传真：0752-2396768
◆网址：http://www.hzhongrun.cn

小区一角

小区中心花园

惠州市业成实业集团有限公司

惠州市业成实业集团有限公司成立于1988年，历经十多年的努力创业，现已发展成为以房地产开发为龙头，集房屋销售、物业管理、医疗器械、生物科技、油脂食品、旅游开发、餐饮娱乐于一体多元化经营的大型民营集团公司。

公司凭借雄厚的实力和对房地产业的准确把握，相继在惠州、上海成功开发出惠州“珍珠苑”、“瑶芳花园”、“瑶芳大厦”、上海“泰和新城”、“共富新村”等一批经典楼盘，积累了丰富的房地产开发经验和人才力量。

2003年，公司秉持“以人为本，崇尚自然”的房地产开发理念，加大房地产开发的步伐，组建蓝波湾分公司，倾力打造惠州市首个亲水Townhouse高尚住宅社区—— **蓝波湾！**

目前，在惠州市惠城区水口大湖溪上，栋栋红瓦绿顶的住宅错落在湖溪的碧波之上，掩隐于浓荫的绿树之间；一个全新展示自然生态生活的高尚住宅社区已然形成。蓝波湾，这座公司首创的亲水Townhouse高尚住宅社区，以其阳光亲水的社区主题、典雅精致的社区景观、丰富多样的住宅类型、全方位服务的社区配套以及彰显尊贵的人性化物业管理，给惠州房地产业带来了新兴的开发理念，正为惠州这一生机勃发的城市添上瑰丽的亮点！

地址：惠州市龙丰上排红花湖路35号之10
电话：0752-2390700
传真：0752-2262060
蓝波湾销售热线：**0752-2361666**

湯泉高爾夫假日俱樂部

TANSPRING RESORT

GOLF·HOTEL·SPA

·SPA水療養生館·

·凱泉渡假酒店·

地址：惠州市博罗汤泉　电话：0752-6203999 传真：0752-6203998
网址：www.hztangquangolf.com　E-mail: golf@hztangquangolf.com

博罗园洲食品公司

该公司在肩负园洲镇生猪屠宰以来，根据国务院《生猪屠宰管理条例》，遵照上级政府颁发生猪屠宰的政策及肉产品经营管理的办法等有关文件精神，多年生猪屠宰经营各环节都按照有关部门所制定的生猪屠宰政策及相关细则而运作，镇政府和各个职能部门的大力支持配合，使全镇的生猪屠宰肉食市场供应有序、顺利进行。

生猪定点屠宰最基本操作管理，坚持实行“定点屠宰、集中检疫、统一完税、分散经营”方针，并由镇政府组织各职能部门、税务公安、工商防疫、食品等生猪管理协调组，下设生猪执法队，主要任务是打击私宰生猪偷税漏税，维护生猪屠宰肉食市场正常运作。

随着市场经济、工农业生产飞跃增长，该公司在有关部门和镇政府的大力支持下，自筹资金，花了3年时间，投入170万元，建成了占地2700平方米的生猪屠宰场办公楼，配套完善、设施齐全，符合生猪屠宰规程要求，为保证肉食市场供应打下良好基础。

据公司生猪屠宰全过程的工作操作方法是积极配合防疫部门严格检疫代宰生猪入栏，发现病疫情立刻采取有效措施做出处理，场内宰后，严加检疫肉体检验合格后，在胴体加盖畜牧防疫部门验讫印章出场销售，彻底杜绝病死、毒死及死因不明的猪肉离场，确保广大群众消费者食上新鲜、无异味、卫生放心肉，深受各级领导及消费者好评。为把生猪工作肉食市场健康发展，公司将坚持不懈的继续努力奋斗。

地址：博罗县园洲镇福园大道边　　电话：0752-6820688

西湖宾馆

惠州市西湖宾馆是中外合作的三星级酒店，由香港海龙酒店有限公司投资经营。

西湖宾馆设有豪华中、西餐厅。中餐厅，装饰豪华，香港名厨主理，独家推出火腿鸡煲翅、驰名烧乳鸽、秘制各式鲍鱼等独具特色的品种。“绿茵”餐厅是惠州市区第一家拥有以水族墙体为特色的西餐厅，环境优美浪漫。宾馆还为宾客提供芬兰浴健康中心、商务中心、洗衣、医疗等服务。西湖宾馆园林式设计的客房，为来往惠州市的中外宾客提供一个环境优美的下榻的地方。

电话：0752-2181111　2228111

地址：惠州市西湖芳华洲　传真：0752-2228332　邮编：516001

信华精机有限公司

该公司由日本信和株式会社、惠州市华阳集团有限公司和香港金山集团合资经营。中方占30%的股份。公司专业制造家用／汽车音响机芯、WALKMAN机芯、线路板、镭射头、镭射机芯、投影机、CD转换器、VCD、DVD等影视音响产品；普通电话、无绳电话和集团电话等系列产品，是世界最大的汽车/家用音响机芯、CD/DVD镭射头生产基地之一。国内汽车用音响机芯大部分由该公司提供，约占80%以上；2002年DVD镭射头销售量约占全球的25%。2003年底家用DVD预计占据国际市场的25～30%的份额。2003年销售收入为36.5亿人民币。2001年被惠州市政府评为国税、地税“百强纳税人”及“百名诚信纳税人”。

该公司通过了世界著名认证机构DNV的审核，获得了RVC及NACCB两张ISO9002质量体系认证证书，1999年9月通过ISO9001认证和审核；1999年通过DNV的ISO14001环境体系认证证书。从1991年开始连年在全国最大500家工业企业榜上有名，排名逐年靠前。

地址：惠州市仲恺四路平南工业区平南中路8号
电话：0752-2602373　传真：0752-2602401

亚伦国际有限公司

ALLAN INTERNATIONAL HOLDINGS LIMITED

亚伦国际集团自1987年在广东省惠阳淡水镇成立第一家国内公司以来，经过全体员工不懈努力，于1992年11月在香港联合交易所上市。集团占地约15万平方米，厂房面积约10万平方米；拥有员工4000多人；在2003年4月通过了CQC ISO2000版的认证，产品符合UL、CSA、BEAB、VDE、CB等认证标准。凭借优质的服务，良好的品质，雄厚的研发力量，卓越的信誉，亚伦集团赢得了国际著名品牌公司的青睐，成为其长期制造商，产品主要销往欧洲，南北美洲及亚太地区。

电话：0752-3853388　E-mail：admin@allan.com.hk

惠州赛格电子广场

惠州赛格电子广场是中国电子商会会员单位。位于惠州市环城西二路68号，交通极为便利，地理位置得天独厚。电子市场内配备了自动扶梯、中央空调，为顾客提供了良好的消费购物环境，凭借一流的软硬件设施和赛格成功的管理经验，现已发展成为惠州市最活跃的市场之一。

电子市场经营面积4000平方米，商户近300家。集批发、零售、维修服务为一体，经营范围涵盖电脑整机、笔记本、组装电脑，电脑配件及耗材、电脑软件、电脑维修、电子元器件、电子仪器仪表、通讯设备、通讯器材、网络产品、承接网络工程、办公设备及自动化、数码产品、音像产品、安防产品、电话卡、IC卡、网卡、200卡等。市场内云集宏基、明基、联想、清华同方、海尔、三星、TCL、麦科特、现代、佳能、LG、朗科、飞利浦、七喜、华硕、技嘉、SONY、神州数码、金河田、KTC、爱普生、惠普、柯尼卡、微星、精英等名牌产品专店。

电子市场为商户提供代办营业执照、代办税务登记、代开发票等多项服务。面向二十一世纪，惠州赛格电子市场的发展目标是成为惠州市一流的专业电子市场。

地址：惠州市环城西二路68号　电话：86-752-2202608　2686368
传真：86-752-2207018　邮政：516001　Http://www.hzsaige.com

惠州市力信电子有限公司

公司始创于1978年，1990年8月设厂于广东省惠州市，属台商独资企业。专业生产电脑、彩电、监视器使用的变压器及线圈等配套零件。产品主要外销台商企业及欧美地区，目前公司致力发展通讯类产品变压器。

公司现有员工3000多人，生产能力约450万套/月。厂房占地3万平方米，生活区和厂区单独分开布置。全厂均独立安装中央空调。覆盖全厂每一个角落的广播系统上班时间播放音乐，舒缓工作压力。公司生活区配有4栋员工宿舍，2间餐厅，另有图书室、休闲室、娱乐室、电教室、医务室、商店、篮球场、校园卡电话（每个宿舍均有安装）等配套设施，并设有员工福利基金，同时公司为员工办理各类社会保险等。

目前公司的生产技术、方式、设备、能力均已达到同行业先进水平，并先后于2001年9月、2003年12月顺利通过ISO9002（2000版）和ISO14001系统国际认证。为进一步提升管理能力，追求更高品质，公司成功导入ERP系统。多年来，公司连续被市政府评为先进企业、海关信得过企业等。

地址：惠州市博罗县罗阳镇宏博工业城
电话：0752-6863222
传真：0752-6863235
网址：www.lse.com.tw

广电集团惠州供电分公司

领导班子：黄卫民副总经理（左一）、陈友琼副总经理（左二）、赖康书记、总经理（中）、钟仕超副总经理（右二）、郎布英副书记（右一）

2004年，公司被中华全国总工会和全国职工职业道德建设指导小组授予“全国五一劳动奖状”

广电集团惠州供电分公司是国有大一型企业，下属有惠阳、博罗、惠东、大亚湾4个供电分公司以及代管的龙门县供电局。2003年，企业供电量70亿千瓦时，供电可靠率99.969%，电压合格率99.32%。“八五”以来，惠州电网飞速发展，满足了地方经济对电力的需求。截至2004年7月，全市拥有500千伏变电站1座、220千伏变电站10座、110千伏变电站56座，110千伏及以上主变容量911万千伏安，固定资产41.8亿元。一个电压等级齐全，电网结构合理，电力供应充足，供电安全可靠，管理现代化的电力网络已初步形成。“十五”后期，惠州还将新建1座500千伏变电站、2座220千伏变电站、8座110千伏变电站。

在加快电网建设的同时，惠州供电分公司积极开展创一流供电企业活动，主网残旧设备全面改造，城市架空线路全部改为地下电缆，农村电网改造完成70%以上，企业管理逐步实现规范化、标准化、现代化，供电质量和服务水平不断提高，电力市场快速发展，农村用电实现一体化管理，住宅小区实现抄表到户，城乡各类用电实现同网同价，两个文明建设取得丰硕成果。企业先后荣获“广东省先进基层党组织”、“全国电力行业双文明单位”、“全国电力行业质量效益型先进企业”、“全国一流供电企业”、“全国职工职业道德建设十佳单位”、“全国用户满意企业”等称号。2004年，被中华全国总工会和全国职工职业道德建设指导小组授予“全国五一劳动奖状”。

● 地址：惠州市下角埔前街二巷12号 ●电话：0752-2228170 ●传真：0752-2221306

“粤东第一站”500千伏惠州变电站

目　录

中共惠州市委员会

惠州市人民代表大会

惠州市人民政府

政协惠州市委员会

中共惠州市纪律检查委员会

民主党派

社会团体

法　　治

地方军事

农业

工 业

城乡建设

环境保护

交 通 运 输

信 息 产 业

国内贸易

对外经济贸易·口岸

旅游业

财政·税务·审计

经济综合管理

科技·教育

文化艺术·新闻媒体

卫生·体育

社会事业

人　　物

县（区）

社会经济统计资料

调查报告

文献选编

附　　录

索　　引

Major Contents

Huizhou Committee of the National People's Congress

Huizhou People's Government

Huizhou City Committee of the CPPCC

Huizhou City Commission for Inspecting Discipline of the CPC

Democratic Parties

Mass Organizations

Legality

Local Military

Agriculture

Industry

Urban & Rural Construction

Environmental Protection

Communications & Transportation

Information Industry

Domestic Trade

Foreign Trade · Ports

Tourism

Finance · Taxation .Audit

Banking · Insurance · Securities

Economy Management

Science & Technology · Education

Literature & Art. News Media

Sanitation · Sports

Social Undertakings

Personages

Counties (Districts)

Statistics of Social Economy

Investigation Reports

Selected Documents

Appendixes

Index

（翻译：周庆锦）

求真务实　统筹发展
努力推动惠州经济社会实现新的跨越

——2004年3月25日在中国共产党惠州市第八次代表大会第二次会议上的报告

中共惠州市委书记　柳锦州

同志们：

这次大会是我市实行党代表大会常任制后的第一次全体代表会议，具有十分重要的意义。大会的主题是：学习贯彻党的十六届三中全会、中央经济工作会议精神以及省委九届四次全会精神，总结2003年工作，部署今年工作，动员全市广大党员和干部群众，牢固树立和认真落实科学发展观，抓住机遇，求真务实，统筹发展，努力推动惠州市经济社会实现新的跨越。

现在，我代表中共惠州市第八届委员会向大会报告工作，请予审议。

一、过去一年的工作回顾

2003年是极不平凡的一年。在省委的正确领导下，我们坚持以邓小平理论和“三个代表”重要思想为指导，深入学习贯彻党的十六大精神和胡锦涛总书记视察广东重要讲话精神，团结带领全市人民，锐意进取，扎实工作，赢得了防治“非典”疫情的阶段性胜利，战胜了强台风“杜鹃”的正面袭击，实现了国民经济快速增长和社会文明进步，全面建设小康社会、率先基本实现社会主义现代化开局良好。

——深入学习贯彻“三个代表”重要思想和党的十六大精神，为推进新的发展打下坚实的思想基础　我们按照“围绕主题、把握灵魂、抓住精髓、珍惜经验、明确目标”的要求，在全市开展“大学习、大宣传、大讨论、大落实”等活动，兴起了学习贯彻“三个代表”重要思想和十六大精神的热潮。市委理论学习中心组带头学习贯彻，举办大规模的县处级领导干部专题研讨班，邀请著名理论专家作辅导报告。各级党组织认真抓好广大党员干部和群众的学习，努力在学习深度、学习方式、学习实效上下功夫。同时，认真学习贯彻十六届三中全会精神和胡锦涛总书记视察广东重要讲话精神，学习贯彻省委九届四次全会精神，坚定立党为公、执政为民的思想，树立科学的发展观，统一思想，明确方向，形成聚精会神抓发展，同心同德奔小康的局面。

——理清思路，真抓实干，促进国民经济快速健康发展　在市第八次党代会上，市委提出了建设现代石化数码名城、组团式山水生态城市的发展定位和全面建设小康社会、率先基本实现社会主义现代化的奋斗目标，确立了“一二三四五”的新发展思路，重点推进数码信息产业、重化工业和文化产业等三大产业经济带建设，推动惠州市经济社会实现

“六大跨越”。各级党组织坚决贯彻市委决策和工作部署，带领党员干部群众真抓实干，努力拼搏，促进了国民经济快速健康发展。2003年，全市国内生产总值591亿元，同比增长13.9%，增幅创1999年以来的新高；税收总收入95.6亿元，同比增长25.8%；一般预算财政收入24.1亿元，同比增长25.7%；城镇居民人均可支配收入12674元，同比增长18.5%；农民人均纯收入4054元，同比增长3.9%。

——*沉着应对“非典”等突发性事件，有力维护社会稳定* 上年以来，我们经历了“非典”、禽流感等突发事件的严峻考验。特别是“非典”疫情发生后，我们高度重视，成立了统一指挥和协调机构，精心布置，严密防范，果断决策，充分发挥各级党组织和共产党员的先锋模范作用，动员全市人民奋起抗击，有效地防止了疫情扩散，全市无一例“非典”病人死亡，抗击“非典”工作取得了阶段性重大胜利。上年9月，强台风“杜鹃”袭击惠州市，我们坚持早防范、早部署，组织各级、各部门做好防台风工作，使灾害损失降到最低。灾后积极组织复产工作，使灾区人民生产生活迅速恢复正常。我们深入开展了“严打”整治斗争，严惩“两抢一盗”、“非法传销”、“六合彩”、“黄赌毒”等违法犯罪行为，社会治安明显好转。同时还加大了反走私力度，有力维护了经济秩序和社会稳定。

——*积极推进民主法制和精神文明建设，努力建立文明法治环境* 我们强化市委总揽全局、协调各方作用，坚持人民代表大会制度，保证人民代表大会及其常委会依法履行职能。坚持加强同各民主党派合作共事，建立健全“直通车”制度，认真听取人大代表、政协委员和民主党派、党外人士的意见，自觉接受社会公众监督和新闻舆论监督。加强统战工作，全面贯彻党的民族、宗教和侨务政策。重视发挥工青妇等群众团体的作用。进一步扩大基层民主，推行政务、厂务、村务公开，保证人民依法享有民主选举、民主决策、民主管理和民主监督的权利。深入开展群众性精神文明和文明城市创建活动，加快文化大市建设。继续抓好人口与计划生育综合改革试点工作，连续9年受到省委、省政府通报表彰。荣获了“广东省文明城市”、“全国双拥模范城市”、“中国人居环境范例奖”等称号。

——*认真解决关系群众切身利益问题，不断改善人民生活* 大力开展“帮村富民”、“结‘亲戚’，察民情，心连心”等活动，实施农村安居减负、劳动和社会保障、城市化、文化建设、环境保护、城乡卫生建设、交通基础设施建设、社会治安综合治理等“八项民心工程”，让群众真正得到实惠。认真解决年集体纯收入3万元以下的贫困村和村干部月报酬低于300元的问题。就业和社会保障工作得到加强，再就业率达62.2%，城乡居民最低生活保障制度全面落实。以解决“七老”、“八难”、拖欠农民工工资为重点，切实解决群众关心的热点、难点问题。积极推进农村税费改革，减轻农民负担，全市减负幅度达到88.1%。

——*大力加强党的建设，为经济社会发展提供有力保障* 我们按照“三个代表”重要思想的要求，在全市党员干部中深入开展“牢记‘两个务必’，正确对待‘进、退、留、转’”和“五个力戒”等主题学习教育活动，广大党员干部的政治理论水平和思想素质得到进一步提高。胜利召开了市第八次党代会，圆满完成市、县（区）领导班子换届工作，干部的知识结构和年龄结构得到进一步优化；出台了《中共惠州市委关于加强自身建设的若干意见》，加强集体领导，建立常委分管工作重大决策报告制度、会议制度和宣传报道制度等，加强了市委常委会自身建设和各级领导班子建设，各级党组织领导能力进一步提高。全面实施固本强基工程，加大对问题突出的镇和村的整治工作力度；提出基层党建工作“五大板块”齐驱并进的思路，深化完善农村党员联系村务工作责任制；加强非公有制经济组织党建工作，应建党组织组建率达100%；加大城镇社区、社会团体和社会中介组织党建工作力度，扩大了党的群众基础。积极推进党代表大会常任制试点，逐步建立党代表各项工作制度，组织党代表积极开展各类活动，发挥党代表在议党议政、监督党政事务等方面的作用。坚持标本兼治、综合治理的方针，加强党风廉政建设。开展反腐倡廉示范警示教育，建立市委巡视工作制度和科级以上领导干部任前廉政谈话制度，坚持和完善重大工程同步预防腐败体系和制度，继续推进“万众评公务”活动，机关作风得到进一步改善。

总的来看，过去一年全市各项工作都有新进展，发展势头很好。但也存在一些困难和问题：区域发展不平衡，经济运行质量不高，第三产业发展仍然滞后，解决“三农”问题进展不快，城乡居民收入差距有所扩大；新形势下人民内部矛盾中，还存在一些急需解决的突出问题；党的组织建设还有不少薄弱环节，推进固本强基工程任务还很艰巨，党风廉政建设还需进一步加强，少数党员干部仍存在精神状态不振、办事不公、以权谋私、损害群众利益等问题，人民群众对我们的工作、作风和服务还有不少意见。对上述存在的问题我们必须高度重视，努力加以解决。

二、关于今年工作的意见

今年是实现“十五”计划目标的关键一年，也是全市加快发展、力促各项工作取得新成效的重要一年。总体要求是：**以邓小平理论和“三个代表”重要思想为指导，认真贯**

彻党的十六大、十六届三中全会、中央经济工作会议和省委九届四次全会精神，围绕市第八次党代会和市委八届二次全会提出的奋斗目标和发展思路，坚持科学的发展观和正确的政绩观，求真务实，统筹发展，突出抓好乡镇经济、工业经济、外源经济、民营经济和资源经济建设，大力推进物质文明、政治文明、精神文明建设，加强和改善党的领导，推动我市经济社会实现新的跨越。

贯彻这个总体要求，做好今年的工作，必须全面落实中央和省委有关会议精神和工作部署，牢固树立和认真落实科学发展观。要从惠州的实际出发，按“五个统筹”的要求，正确处理好城市建设与农村发展，发展速度与经济质量，重点推进与全面发展，内源型经济与外源型经济，当前利益与长远目标，发展经济与关注民生，改革、发展与稳定，物质文明与政治文明、精神文明等经济社会发展的八个关系，促进我市经济社会全面、协调、可持续发展。

贯彻这个总体要求，做好今年的工作，必须认清和科学判断当前的形势，增强跨越式发展的紧迫感和使命感。当前我市正面临实现新的跨越式发展的有利形势和条件：国际产业转移加快，国内经济发展内在活力增强，内地与港澳更紧密经贸关系（CEPA）的实施和泛珠三角经济圈区域合作的加强等等，为惠州加快发展提供了良好的外部环境；中海壳牌南海石化等一批重大项目相继建设，为惠州大发展提供了强劲的拉力；最近成功举办的市经济社会发展战略规划研讨会，进一步明确了今后的发展思路和方向；中央、省“两会”的召开，为我们创造了和谐宽松、团结向上的政治氛围。总体来说，我们现在的发展形势很好，潜力很大，后劲很足。但是，我们也要清醒看到不利因素和挑战，就省内而言，上年全市的 GDP 增长还只达到全省的平均水平，不少兄弟市特别是经济发达地区发展势头比我市强劲，一些相对落后的地区也在奋力直追，大有赶超之势。我们虽有中海壳牌南海石化等不少大项目，但如果不抓紧，大项目带动的相关项目和产业就很可能外流，机遇也就会在等待观望中消逝。“百舸争流，不进则退”。我们决不能盲目乐观，夜郎自大，而必须进一步统一思想，振奋精神，不断增强发展意识、机遇意识、忧患意识和创新意识，抓住机遇，乘势而上，努力使我市经济社会发展再上一个新台阶。

（一）坚持科学发展观，推动经济实现新的跨越。

科学发展观的核心是以人为本，全面、协调、可持续发展。坚持科学发展观，是我们党对社会主义现代化建设事业的新要求，是必须长期坚持的指导思想和基本原则。坚持和落实科学发展观，必须调动一切积极因素，借助外力，凝聚内力，发掘潜力，增强活力，以强大的合力推动我市经济持续快速健康发展。当前，要突出抓好五个方面的工作。

夯实乡镇经济　乡镇经济既是县域经济的基础，更是解决“三农”问题的关键所在，强市富民之基在于强镇。要大力实施“强镇富民”工程，把发展乡镇经济作为经济工作的重中之重来抓，走农村工业化、城镇化和农业产业化的路子，培育特色经济，壮大集体经济实力。大力开展招商引资，发挥工业园区集聚效应，发展壮大乡镇工业。以规划为先导，以经营城镇为手段，以生产要素聚集为支撑，加快中心镇和小城镇建设，提升城镇特别是中心镇吸纳农村人口、带动农村经济发展的能力。推进农业产业化经营，大力发展“三高”农业、生态农业、创汇农业和农产品加工流通业。加强农村土地保护和合理利用。理顺县镇财政体制，以确定基数和增长比例，超收返还、奖勤罚懒为原则，建立激励型县镇财政增长机制。认真研究农村税费改革后镇级财政出现的新情况、新问题，加大财政转移支付力度，确保镇级财政收支平衡，良性运作。认真落实市委制定的鼓励镇村干部干事创业的各项政策措施，稳定镇村干部队伍，充分调动他们的积极性。坚持“多予、少取、放活”的方针，巩固发展农村税费改革成果，争取明年免征农业税，切实减轻农民负担。加强农村劳动力技能培训，鼓励引导富余劳动力向非农产业转移，发展城镇二、三产业，增加农民非农收入。

做强工业经济　工业经济是全市经济发展的生命线。要继续坚持扶优汰劣、抓大放小的发展思路，以“做大行业、做强企业、做优产品”为目标，以科技创新为手段，以体制创新为动力，以管理创新为突破口，大力提高工业经济的整体水平。做大做强数码信息产业，加快发展石油化工产业，扶持发展汽车装备制造产业，鼓励发展服装、制鞋、建材等传统优势产业。继续实施“航母舰队”战略，加强政府支持，通过松政策、扩空间、优服务，鼓励和扶持 TCL、德赛、华阳、侨兴等大企业集团，充分发挥“榕树效应”，加大“走出去”步伐，推动他们尽快成长为国内外知名大企业。扶持中小企业主动承接大企业集团零部件、配件生产，延伸产业链条，向“高、精、特、新”方向发展，形成在某个领域、某个行业内的局部竞争优势，构筑起大中小企业相互配套、密切协作、竞相发展的格局。大力实施名牌战略，加强质量标准化管理，高度重视对名牌的培养、认定和保护，鼓励更多的企业创国家驰名商标、省著名商标，使更多的惠州产品成为国内外知名品牌。

扩大外源经济　利用外资发展经济是惠州市经济发展的成功经验。今后发展仍要千方百计借助外力，坚持把发展外源经济作为一项重要工作来抓。牢固树立“环境是第一竞争力”的观念，完善设施，优化服务，改进作风，营造低成本、高效率、安全文明的投资环境。进一步加大招商引资力度，在继续加强对港澳台、欧美日韩等发达国家和地区招商引资的同时，主动承接珠三角发达地区和长三角等地产业和项目转移。抓好现有企业的增资扩产，加强已引进项目尤其是大项目的跟踪服务和落实，促成其尽快上马建设，尤其要抓好中海壳牌南海石化大项目配套建设，确保项目于明年10 月如期投产。加快工业园区资源整合，高标准、高起点建设好大亚湾经济技术开发区、大亚湾石化工业区、仲恺高新技术产业开发区和数码工业园等四大工业园区，使之更有效发挥招商引资的载体作用。加强对外贸易与合作，适应国家出口退税政策调整，推进外贸主体多元化，支持企业发展高增值加工贸易、转口贸易、服务贸易等多种贸易方式，提高出口产品质量和效益。同时，要积极申办出口加工区。

壮大民营经济　民营经济是增强全市经济抗风险能力的重要力量，更是“草根经济”和“老百姓经济”。民营经济发展了，群众才能“殷实”。要进一步营造有利于民营经济发展的良好氛围，以宽松和谐的发展环境全面激活民间资本，充分调动起全民创业的积极性，全面提高社会参与程度。继续落实好省、市促进民营经济发展的各项政策措施，加强政府支持和保护，解决制约民营企业发展的融资渠道、土地供应、人才信息、营商环境和权益保障等突出问题，放心、放手、放胆支持民间资本参与国企改革、基础设施和公用事业项目建设。积极推动民营企业体制创新、技术创新和管理创新，促进民营企业上档升级，推进民营经济快速健康发展。

发展资源经济　全市具有丰富的自然资源和人文景观资源，要在坚持保护、规划、建设和管理并重的原则前提下，尽快使资源优势转化为产业优势和经济社会发展优势。发掘旅游资源潜力，进一步完善旅游基础设施，提升特色旅游景区档次。努力把西湖、罗浮山、南昆山和巽寮湾等建成国内外知名的风景名胜区、旅游度假区，着力发展休闲游、生态游、文化游、商务游。今年将举办“惠州生态休闲旅游节”，把惠州建设成为立足粤港澳、面向东南亚的著名休闲度假旅游胜地，使旅游业成为我市第三产业的龙头和新的经济增长点。充分发挥海岸线长、海岛多、海域面积大的海洋资源优势，合理规划、科学开发和依法保护海洋资源。重点抓好惠东稔平半岛工业基地建设和惠州港建设，提高海洋综合开发能力，使我市成为广东省重要的海洋强市之一。

在加快发展“五大经济”的同时，还要坚持分类指导、梯度发展的方针，按照“舞起龙头，突出中心，振起两翼，建设后花园”的发展思路，着力推进三条产业经济带建设，发挥地缘优势、资源优势和产业优势，特别是要加快山区发展，加快老区奔康致富步伐，统筹推动区域内各地经济协调、有序发展。同时，又要以 CEPA 的实施为契机，以更加开放的姿态，加强与香港、深圳、广州、东莞等周边地区的联系，尤其是与深圳、东莞的联系合作，选择错位竞争的路径，发展现代制造业，通过产业互补、市场互通、发展互利，尽快融入珠三角东部经济发展主轴。高度重视和加强与泛珠三角经济圈合作联动，实现互动发展，使惠州成为珠三角乃至泛珠三角经济圈重要的一员。

（二）坚持深化改革，增强经济社会发展的动力。

改革是经济社会发展的动力。要认真贯彻落实《中共中央关于完善社会主义市场经济体制若干问题的决定》和我省的实施意见，积极推进各项改革。

深化国企改革和国有资产管理体制改革　加快德赛、华阳等一批国有企业股份制改造，积极吸收国内外战略投资者加盟，鼓励非公有制经济参与国企改革，发展国有资本、集体资本和非公有资本参股的混合所有制经济，实现投资主体的多元化；完善产权结构和法人治理结构，逐步使股份制成为公有制的主要实现形式，有条件的企业争取上市或通过重组借壳上市。推广 TCL 改革经验，增强国有资本扩张力和市场控制力，做大做强一批主业突出、综合竞争力强的大企业集团。加强对中小企业改革的指导，采取改组、联合、兼并、租赁、股份合作等措施，推动其加快改革与发展。抓好国企产权转让和职工安置工作，加快劣势企业退出步伐。深化国有资产管理体制改革，市决定成立国有资产管理委员会，强化国资管理，优化国资配置，探索建立国有资本经营预算制度和企业经营业绩考核体系，进一步落实国有资产经营责任，确保国有资产保值增值。

积极推进投融资体制改革　坚持市场化的改革，充分发挥财政投资的导向作用，广开融资渠道，逐步形成投资主体多元化格局。严格界定政府投资范围，规范政府投资行为，对确需财政投入的建设资金，重点通过参股投资、贴息方式引导，放大财政资金效应。建立政府投资责任追究制度。增强经营城市理念，推行特许权经营、BOT 等多种方式，鼓励吸引社会资金和外资投资建设和经营城镇基础设施。按照“谁投资、谁决策、谁收益、谁承担风险”的原则，进一步扩大和落实企业投资自主权。放宽投资审批，推行网上审批，开辟社会投资绿色通道。贯彻《国务院关于推进资本市场改革开放和稳定发展的若干意见》，完善资本市场，严格金融监管，促进投融资市场健康发展。

加快行政管理体制改革　重心下移，理顺关系，合理划

分市、县（区）、乡镇三级政府在经济社会管理等方面的权限和责任。进一步搞好行政审批制度改革，稳步推进市、县、镇政府机构和事业单位改革。积极稳妥地推动财税体制改革，深化部门预算、国库集中支付、政府采购和收支两条线管理改革，加快建立公共财政体系。

（三）坚持以人为本，努力建设文明惠州、法治惠州、平安惠州。

落实科学发展观，必须坚持以人为本，促进经济与社会、人与自然的和谐发展。要以改善人民的生活质量、提高群众文明法制意识为出发点，以争创全国文明城市、建设文化大市和现代法治城市为载体，提升城市品位，塑造惠州文明、法治、平安新形象。

争创全国文明城市 上年，惠州市荣获“省文明城市”称号。我们要以此为新起点，再接再厉，更上一层楼，力争通过 3～5 年的努力，摘取全国文明城市金牌。切实加大文明城市创建力度，推动全市城乡精神文明建设，提升惠州市的知名度和美誉度。当前，要按照“统一规划，分类指导，分步实施，整体推进”的方针，对惠城区、惠阳区、大亚湾区等三个中心城区的城市规划、建设、管理和创建工作进行总体部署和实施，使各地的创建工作既有侧重、有特色，又能优势互补、共同提高。以“优美环境、优良秩序、优质服务、优化管理”为主要内容，认真贯彻《公民道德建设实施纲要》，加强思想道德建设，特别是要加强未成年人思想道德教育，推进群众性精神文明创建活动，提高干部群众的综合素质；加大城市规划建设管理力度，抓好基础设施建设，进一步完善城市功能，提高城市管理水平；加强资源、环境保护和生态建设，提高环境质量；加强人口与计划生育工作，继续开展人口与计生综合改革试点工作，搞好计生服务，稳定低生育水平，提高人口素质；加强国防教育和民兵预备役工作，深入开展双拥共建活动，进一步巩固和发展军政军民团结，再创全国双拥模范城。

推进文化大市建设 文化是城市的灵魂，文化建设是现代化建设的重要组成部分。必须牢牢把握先进文化的前进方向，用“三个代表”重要思想统领文化建设。按照建设文化大市的要求，深化文化体制改革，努力培育先进文化体系，提高城市综合文化实力。重视地域文化资源的研究和整理，加强地方特色文化资源开发利用，办好“惠东鞋文化节”、“南昆山旅游文化节”，发掘和弘扬东江、东纵、东征、东坡等“四东”文化，不断提升我市文化的艺术品位和市场价值。抓好文化精品工程，着力打造文化知名品牌，繁荣文艺创作，加快发展广播影视、新闻出版等现代文化形态，做大做强文化产业。加大对文化设施建设的投入，加强文化基础设施和文化阵地建设，繁荣城乡文化事业。加大“扫黄打非”力度，抓好文化市场培育管理。坚持把教育放在优先发展的战略位置。加强素质教育，深化教育改革，加强教师队伍建设，提高教育质量，努力推进教育现代化。构建终身教育体系，建设学习型城市。加快科技体制改革创新，大力发展科技事业，加强科普工作，重视发展哲学社会科学。积极推动体育和公共卫生事业发展，广泛开展全民健身运动，提高人民群众的身体素质和健康水平。

加强民主法制建设 坚持市委领导班子成员与人大、政协常委联系制度，强化人大及其常委会的各项职能，拓宽民主党派、工商联和无党派人士参政议政的渠道，巩固和发展统一战线。支持工会、共青团和妇联等人民团体依照法律和各自章程开展工作。完善村民、居民自治，健全职工代表大会和其他形式的企事业民主管理制度，保障人民群众依法享有的民主权利。严格依法行政，强化公正执法，维护司法公正。抓紧开展综合行政执法试点。深入开展“四五”普法教育，提高公民法制意识，增强公职人员的依法办事能力。拓展和规范法律服务，完善法律服务体系，积极开展法律援助。

切实维护社会稳定 维护稳定是维护最广大人民群众根本利益的一项极其重要的工作。要坚持稳定压倒一切的方针，切实把改革的力度、发展的速度与群众的可承受程度有机统一起来，努力维护稳定和谐的社会局面。高度重视信访工作，建立健全基层信访网络和机制，进一步落实信访工作领导包案责任制、信访量化考核和责任追究制度，立足于解决群众反映的实际问题，疏导情绪，化解矛盾，预防和依法妥善处理群体性事件。加强政法工作，依法严厉打击黑恶势力和各种犯罪活动，坚决与邪教组织作斗争，坚决扫除社会丑恶现象，切实保障人民群众生命财产安全。加强基层基础工作，全面落实社会治安综合治理的各项措施，完善群防群治网络，提高社会治安防控能力。整顿和规范市场经济秩序，坚决打击制假贩假，偷税漏税，走私、贩私、护私等严重影响经济秩序行为。

（四）坚持立党为公、执政为民，着力改善人民生活。

不断提高人民生活水平，是立党为公、执政为民的根本要求。各级领导干部要常怀爱民之心，恪守为民之责，善谋富民之策，多办利民之事，使人民群众充分享受经济社会发展的成果，以实际行动实践“三个代表”重要思想。

加快推进民心工程建设 去年，惠州市作出了实施八项民心工程的决策。各县（区）也根据本地实际，提出实施一批事关群众切身利益的民心工程。现在关键是要抓落实、抓

质量、抓进度，切实把民心工程建成“信誉工程”、“放心工程”。各地、各有关部门要将实施好民心工程作为当前一项重大政治任务，狠抓每一项工程的落实，加强检查督促，确保质量和时效，切实把民心工程办好、办实，为群众带来看得见、摸得着的实惠。市委将把这项工作纳为各级领导班子政绩考核的重要内容。

加强公共安全体系建设 各级领导干部要牢固树立“安全责任重于泰山”的思想，切实加强公共安全体系建设，提高预防、应对、处理突发事件能力，保障人民群众生命健康。加强公共安全体系建设，建立体制完备、高效运行的公共安全应急救援机制，紧急预警系统和应对灾害综合防御体系。特别要加强公共卫生防疫体系建设，提高应对重大传染病等突发公共卫生事件的能力。加强农村医疗卫生基础设施建设，改善农村医疗卫生条件。加大对食品卫生安全的监督查处力度，深入开展爱国卫生运动，从源头上切断疾病滋生和传播的途径。高度重视安全生产，加强对重点行业、重点企业和重点场所的安全生产检查，坚决消除安全隐患，全力遏制重特大火灾、交通事故等公共安全事故的发生。

突出解决群众生产生活问题 维护和实现广大人民群众的根本利益是各级党委、政府义不容辞的责任，特别是困难群众基本生产生活必须得到保障。要重点做好以下工作：一是全力以赴做好再就业工作。坚持劳动者自主择业、市场调节就业、政府促进就业的方针，增加再就业资金投入，拓宽就业渠道，创造就业岗位，落实再就业各项扶持政策，对下岗群众特别是 40～50 岁下岗困难群众实行再就业援助。今年力争新增就业岗位 3.5 万个，城镇登记失业率控制在 3%以内。二是继续推进社会保障工作。不断完善养老、失业、工伤、医疗保险制度，扩大社保覆盖面。继续做好“两个确保”工作，搞好三条保障线的衔接，稳步推进国有企业下岗职工基本生活保障向失业保险并轨，确保下岗困难群众基本生活保障。积极推进以大病统筹为主的新型农村合作医疗体制改革，解决农民看大病难问题。三是认真解决拖欠农民工工资问题。切实保障农民工工资按时足额支付，加强对劳动力市场的监管，探索建立劳动工资监控预警机制，从源头上防止新的拖欠。四是继续实施“帮村富民”工程。加大山区扶贫开发力度，探索建立长效帮扶机制，增强“造血”扶贫功能。此外，还要妥善解决好移民、拆迁户及其他困难群众遇到的自然灾害、救济、生活出路等问题，多做暖人心、得人心、聚人心的工作。

（五）坚持加强和改善党的领导，努力提高执政能力和领导水平。

推动全市经济社会实现新的跨越式发展，必须加强和改善党的领导，大力提高各级党组织的执政能力，激发干部人才队伍的活力，增强党的基层组织的战斗力，依靠全市共产党员的共同努力。

加强思想政治工作，努力建设坚强有力的领导班子 领导班子是一个地方和部门的领导核心，其精神面貌、能力和水平直接影响着这个地方的工作成效和事业发展。要进一步健全和完善党的领导体制。各级党委要按照总揽全局、协调各方的原则，在坚持谋大局、把方向、管大事的同时，加强对人大、政府、政协、群众团体以及社会各方面的领导，支持各方依法履行各自职责，善于使党委的主张和意图通过法定程序贯彻下去，化为广大干部群众的自觉行动。严格执行地方党委工作条例，按照集体领导、民主集中、个别酝酿、会议决定的原则，讨论决定重大问题和重要决策，推进决策民主化、科学化、制度化。进一步抓好各级领导班子的团结。认真开好民主生活会，加强班子成员之间的交心通气，及时解决班子中存在的问题，形成同心、同向、同步抓好惠州发展的整体合力。进一步提高领导艺术，改进领导方式和方法。集中精力抓全局性、战略性和前瞻性的重大问题，抓事关群众切身利益和社会普遍关注的热点、难点问题，提高统领“三个文明”建设的能力，提高在错综复杂的矛盾中驾驭全局、统筹协调和应对风险的能力。

加大党管人才工作力度，努力造就高素质的干部人才队伍 实现党的坚强领导，必须有一大批德才兼备的优秀干部和人才作组织保证。各级党委要把干部人才工作作为惠州现代化建设事业的一件大事抓紧抓好。改进干部管理方法，严格执行《党政领导干部选拔任用工作条例》，加快干部人事制度改革步伐，逐步建立科学的干部选拔、任用、考察、评价、监督、激励机制，不断扩大干部工作中的民主，切实落实群众对干部选拔任用的知情权、参与权、选择权和监督权。建立和完善科学的干部考核体系和奖惩制度，使求真务实、干净干事的干部得到褒奖重用，使虚夸浮躁、趋利媚俗的干部受到惩戒，形成竞争择优、优胜劣汰、能上能下、能进能出、充满生机与活力的用人机制，从制度上保障干部队伍整体素质的提高。坚持党管人才的原则，牢固树立“人才资源是第一资源”的观念，加强党对人才工作的领导。突出抓好党政干部、企业经营管理者、专业技术人才队伍的建设，努力吸引国内外优秀人才来我市建功立业。上半年准备召开全市人才工作会议，贯彻落实中央和省人才工作会议精神，研究制定惠州市人才发展战略和政策。

加大固本强基工程推进力度，努力建设富有战斗力、凝聚力的基层党组织 党的基层组织是党的全部工作和战斗力的基础，必须加强对党建工作的领导。要坚持不懈地推进固

本强基工程。实现省提出的实施固本强基工程三年规划目标，今年是关键。要驱动农村、非公、国企、社区、机关事业单位党建工作“五大板块”齐头并进。坚持和完善党员联系村务工作责任制，全面打造农村基层组织建设优质工程和名牌产品。认真落实市委即将出台的《关于加强乡镇党委建设的意见》，以“三级联创”活动为抓手，以“五个好”为目标，把乡镇党委建设成为坚强有力的基层党组织。坚持抓组建与规范管理并进，加快非公有制经济组织党建工作步伐。坚持“双向进入、交叉任职”原则，抓好国有企业的党建工作。加强街道党工委领导班子和社区党组织领导班子建设，加大城市社区党建工作力度，认真抓好机关、学校和社会中介组织的党建工作。

加强探索创新，认真做好党代表大会常任制工作 党代表大会常任制是推进党内民主、提高党的执政能力一个新的尝试。惠州是全省试点的唯一地级市，这是省委对我市各级党委的高度重视和信任。要在去年已取得初步成绩的基础上，总结经验，大胆创新，努力探索出一条党建工作新路子。抓好党代表大会常任制 7 项工作制度的落实和完善，积极组织党代表开展视察及各种调研活动，力求在一个时期内解决好几个突出问题，在让群众受益的同时，提升党代表的地位和影响力。

加强党员教育，努力发挥党员的先锋模范作用 加快惠州现代化建设，必须依靠全市广大共产党员的共同努力。要按照中央和省委部署，认真开展科学的发展观、求真务实的政绩观和正确的人才观、群众观教育以及保持共产党员先进性教育活动。全市广大共产党员在推进惠州现代化建设中负有重大责任，必须认真学习实践“三个代表”重要思想，当好勤奋学习的标兵；努力创造一流工作业绩，当好爱岗敬业的榜样；忠实地为人民群众谋利益，当好实践党的宗旨的模范，以实际行动保持党的先进性，维护党的光辉形象。

（六）坚持党要管党，从严治党，扎实推进党风廉政建设。

党的作风关系党的形象，关系人心向背，关系到我市现代化建设事业的成败。要认真贯彻胡锦涛总书记在中纪委三次全会上的重要讲话精神，大力弘扬求真务实精神，大兴求真务实之风，加强党风廉政建设，努力实现党风的根本好转。

认真学习贯彻两个《条例》，强化党内民主监督 最近，中央颁发实施了《中国共产党党内监督条例（试行）》和《中国共产党纪律处分条例》，这是发展党内民主，加强党内监督，严明党的纪律，防治党内腐败，维护党的团结统一的一项重大举措，是党内政治生活的一件大事。要把全面学习贯彻两个《条例》作为当前一项重要政治任务来抓，各级党委要集中一段时间，认真组织广大党员干部特别是领导干部学习，使各级领导干部精通两个《条例》，全体党员熟悉两个《条例》，全社会了解两个《条例》。党员干部要增强履行监督职责和接受监督的意识，自觉接受党内外监督，强化党的纪律观念，做到遵守党的纪律不动摇，执行党的纪律不走样。

标本兼治，从源头上预防和解决腐败 反腐倡廉工作一定要紧紧抓住教育、制度和监督这三个环节，才能做到标本兼治。要加强廉洁自律、廉洁从政教育，使党员干部筑牢防腐拒变的思想防线。积极探索新形势下党风廉政建设的规律，坚持党风廉政建设责任制，巩固和完善党委统一领导、党政齐抓共管、纪委组织协调、部门各负其责、依靠群众支持与参与的领导体制和工作机制。继续开展“万众评公务”活动。严格执行建设工程招标投标、经营性土地使用权出让、产权交易和政府采购等四项制度，加强重大工程同步预防腐败工作。严格执行中纪委三次全会提出的四大纪律八项要求，进一步规范领导干部的从政行为，加大查办大案要案力度，严厉打击各类经济犯罪和职务犯罪，坚决查处损害群众利益的不正之风。

大兴求真务实之风，实现党风进一步好转 大兴求真务实之风就要做到：一是深入调查研究，务决策之实。要深入基层，深入群众，深入到条件艰苦、群众意见多、工作难开展的地方去察民情，体民意。重大事项和决定，必须在广泛听取群众意见和征询专家意见的基础上，按照民主集中制原则，作出科学的决策。二是必须真抓实干，务发展之实。要坚持正确的政绩观，正确看待政绩，科学衡量政绩，做出群众认可、经得起实践和历史检验的政绩，切忌“花拳绣腿”，搞表面文章；要发扬脚踏实地、埋头苦干的好作风，扎扎实实地把各项决策和工作落到实处，真正做到“为官一任，造福一方”。三是高度关注民生，务为民之实。为政之要在于安民。要牢固树立“执政为民”和“群众利益无小事”的观念，高度关注民生，时刻把人民群众的利益放在第一位，继续开展“结‘亲戚’、察民情、心连心”活动，多为群众办实事，做好事，解难题，送温暖，及时把各种矛盾和问题解决在基层第一线，真正做到权为民所用、情为民所系、利为民所谋。

同志们！惠州正迎来新的发展高潮，全市人民寄予我们殷切的期望。让我们紧密团结在以胡锦涛同志为总书记的党中央周围，在省委、省政府的领导下，高举邓小平理论和“三个代表”重要思想伟大旗帜，团结和带领全市人民，以更加旺盛的斗志、更加务实的作风、更加扎实的工作，努力开创惠州改革开放和社会主义现代化建设新局面！

政 府 工 作 报 告

——2004年3月30日在惠州市第九届
人民代表大会第二次会议上

惠州市代市长 黄业斌

各位代表：

我代表市人民政府向大会作政府工作报告，请予审议，并请市政协各位委员和其他列席人员提出意见。

2003年工作回顾

2003年，在省委、省政府和市委的正确领导下，在市人大及其常委会和市政协的监督支持下，市政府以邓小平理论和“三个代表”重要思想为指导，深入学习贯彻党的十六大、十六届三中全会、省委九届四次全会和胡锦涛总书记视察广东时的重要讲话精神，以发展为第一要务，坚持一手抓防治“非典”，一手抓经济建设，取得了抗击“非典”和经济社会发展的双胜利，战胜了13号强台风的正面袭击，顺利完成了市九届人大一次会议确定的各项目标和任务。

——国民经济快速发展，效益质量同步提高 经济增长创五年来新高。2003年实现地区生产总值（GDP）591亿元，比上年增长(下同)13.9%，增幅为1999年以来最高水平。三次产业比例由上年的14：57.6：28.4调整为12.5：58.8：28.7。全年税收总收入95.6亿元，增长25.8%；地方财政一般预算收入24.1亿元，增长25.7%；一般预算支出38.8亿元，增长17.5%；加上中央和省的税收返还以及各项补贴，收支平衡，略有节余。金融机构各项存款余额571.9亿元，各项贷款余额313.8亿元，分别比年初增长19.4%和18%。

农业和农村经济稳步发展。农业结构继续调整优化，高效农作物种植面积进一步扩大，粮经比例为41.5：58.5。林、牧、渔各业取得新的发展。农业产业化步伐加快，农业龙头企业突破100家，带动农户9.7万户，户均增收2184元。农业科技水平不断提高，农作物良种覆盖率超过90%，科技对农业的贡献率达46.5%。农村基础设施进一步改善，全年投资4亿多元，新建县镇公路105公里，完成水库除险加固10宗，修建加固江海堤围35.4公里，农网改造覆盖面超过60%。

工业经济快速增长。全年工业增加值312亿元，增长13.6%。电子信息产业不断发展壮大，规模以上电子工业增加值154亿元，增长21.4%。高新技术企业快速发展，新增国家级高新技术企业1家、省级20家，累计有国家级高新技术企业6家、省级88家，各级工程研究开发中心21家。高新技术产品产值472亿元，占全市工业总产值的35%。企业集团不断做强做大，TCL、德赛、华阳、LG 4家企业集团入选广东工业企业50强。TCL集团实现销售收入393亿元，成为广东最大的工业制造企业。TCL集团与法国汤姆逊合并重组电视机、DVD生产业务，成为全球最大的彩电生产商。工业园区建设顺利推进，大亚湾开发区发展步伐加快；仲恺开发区整合基本完成，规模进一步扩大；石化工业区、数码工业园建设进展顺利。

第三产业稳步发展。交通运输、旅游、餐饮等受“非典”影响严重的行业迅速恢复。房地产业、连锁经营、现代物流业和金融业快速发展，文化、教育、体育、信息、咨询、中介、医疗保健等服务业较快增长。第三产业实现增加值170亿元，增长14.1%，增幅同比提高3.5个百分点。

——三大需求快速增长，经济发展后劲增强 重点项目建设顺利推进，投资大幅增长。全社会固定资产投资225亿元，增长1.1倍。新建和续建重点项目43项，完成投资120亿元。广惠高速、惠河高速二期建成投入使用，高速公路总里程282公里，跃居全省前列。中海壳牌南海石化项目累计完成投资12.1亿美元，完成总工程量的39%，各项配套工程建设进展顺利。广东第二抽水蓄能电站、LNG发电厂、市区过境公路等工程正在加紧建设。投资结构进一步优化，制造业、基础设施、公共事业投资大幅增加。

对外经贸进一步发展。全年新签各类利用外资合同581宗，其中世界500强企业8宗；实际利用外资16.9亿美元，增长27.4%。外贸出口成效显著，全年出口71.5亿美元，增长

21.3%。其中一般贸易出口3.7亿美元，增长42.3%。高新技术产品、机电产品出口所占比重提高到81.7%。

消费市场趋于活跃。消费环境进一步改善，消费结构逐步升级，住房、汽车、保健、文化、教育、体育健身渐成消费热点。商品房销售面积73.7万平方米，销售额15.8亿元。全社会消费品零售总额181.7亿元，增长12.8%。

——*民营经济加快发展，整体实力不断壮大* 全年新增私营企业2003家，增长32%，累计8178家，注册资本124亿元。新增个体工商户8979户，增长14%，累计7.4万户，注册资本17.2亿元。个体私营企业从业人员超过28万人，实现税收占全市税收的15.6%。民营经济逐步向集群化、规模化发展，产值超亿元的民营企业26家。民营科技企业发展加快，全年新增民营科技企业33家，累计84家，其中省级高新技术企业18家。侨兴、富绅等6个品牌被评为省著名商标。

——*各项改革继续深化，市场经济体制日趋完善* 国有企业改革迈出新步伐。国有大企业产权多元化改革稳步推进，国有资本退出步伐加快。TCL完成了股份制改造，实现集团整体上市；德赛集团创新自主知识产权成效显著。中小企业产权股份化改革有较大进展，劣势企业退市不断推进。行政审批制度改革继续深入，取消、调整、合并行政审批事项282项。财政管理体制改革和公共财政建设不断完善。投融资体制改革进一步深化。土地市场秩序逐步规范，经营性用地招标、拍卖和挂牌出让制度全面推开。社会保险制度改革进一步推进，社保覆盖面不断扩大，下岗职工基本生活保障逐步向失业保险并轨，全市参加养老、失业、医疗保险的人数分别为44.2万、37.4万和30.6万，分别增长9%、2%和4%。杨村和潼湖两个华侨农场完成改制。农村税费改革成果显著，各项配套改革协调推进，农民减负总额1.5亿多元，人均减负97.86元，减负率达88.1%。

——*城市建设不断推进，城市化进程加快* 城市发展有新突破。完成了行政区划战略性调整，惠阳撤市设区，惠州实现了由沿江城市向沿海城市的跨越。结合行政区划调整，启动了经济社会发展战略规划工作，对城市发展、产业发展、基础设施建设、文化建设、生态环境建设进行了规划研究。新建了市民乐园、江北滨江公园、市体育馆等一批公共设施，完成了西湖清淤整治和市区主要街道灯光工程，完成了惠州大道、市区南出口、仲恺大道、先科大道等城市干道改造工程，惠淡大道、市区过境公路等工程先后开工建设，惠阳、惠东、博罗、龙门和大亚湾城镇建设成效显著，城市整体环境进一步改善。

城镇化进程加快。以13个中心镇为重点，加快城镇基础设施建设，提升生产生活配套能力，形成了水口、陈江、秋长、吉隆、黄埠、石湾、圆洲、湖镇等一批产业集群区域。城镇化水平不断提高。

——*城乡居民收入继续增长，生活质量不断改善* 人民生活水平稳步提高。城市居民人均可支配收入12674元，增长18.5%。农民人均纯收入4054元，增长3.9%，总额和增幅均超过全省平均水平。

就业和社会保障工作得到加强。全年净增就业岗位3.2万个，8563名下岗失业人员实现了再就业。年末城镇登记失业率为2.7%。“两个确保”工作进一步巩固，“三条保障线”的衔接不断加强。企业最低工资标准进一步提高。城乡居民最低生活保障制度全面落实。

实施“八项民心工程”取得初步成效。对灾区和贫困地区的帮扶力度加大，困难群众的生产生活逐步改善。投入400多万元用于13号台风的灾后重建，受灾群众及时得到妥善安置，150户房屋全倒户全部住进了新房。市财政转移支付给惠东、龙门2400万元。向贫困地区中小学生提供助学金、减免学杂费1787万元。农村危房改造、饮水工程加快实施，水库移民遗留问题逐步解决。军烈属、伤残和复退军人以及残疾人生活得到妥善安排，军转干部生活困难问题得到解决。

——*精神文明建设取得新进展，社会各项事业全面进步* 精神文明建设进一步加强。“三个代表”重要思想和十六大、十六届三中全会精神的学习贯彻富有成效。创建文明城市成绩显著，首次荣获“广东省文明城市”称号。社会公德、职业道德和家庭美德教育广泛开展，精神文明“五个一工程”建设继续保持全省前列，创文明机关、文明学校、文明社区等活动不断深入，涌现出一大批先进单位和个人。“双拥”工作继续推进，再次荣获“全国双拥模范城”称号。

教育事业蓬勃发展。中小学校布局调整取得新成绩，撤并规模小、布局不合理的小学103所、初中11所。全面完成“改薄”任务。新课程改革顺利推进，九年义务教育在巩固中提高。初中毕业生升学率为63.4%，高中毕业生升学率达83.7%。普通高中、职业技术教育和高等教育发展加快，创建全国重点中职学校和全国示范性高中进展顺利，社会力量办学规模扩大。

科技创新能力得到加强。以企业为主体的技术创新体系逐步完善，全年共投入研发经费14.6亿元，增长16%，实施重大科研项目33项，获省科技进步特等奖、一等奖和中国专利优秀奖各1项。全年专利申请854件，专利授权532件，分别增长21%和20%。科技进步对工业增长的贡献率达50.6%。首次荣获“全国科技工作先进市”称号。

文化建设步伐加快。推进文化体制改革，文化产业加快发展，文化设施进一步改善，完成了省人大关于加强山区文化建设议案的办理任务。文艺创作、新闻出版、广播影视、社会科学事业进一步繁荣。

环境与资源保护进一步加强。控制大气和工业固体废物污染、造林绿化、江河治理、水资源保护、海洋生态建设等工作稳步推进，环境质量保持全省领先水平。国土、海洋资源开发保护得到加强，土地市场秩序整治取得明显成效，矿产、海域、海岛开发进一步规范。

卫生、计划生育等各项事业健康发展。抗击“非典”取得阶段性重大胜利。制定了突发公共卫生事件应急预案，疾病预防控制和传染病救治体系建设得到加强。新建社区卫生服务中心和服务站59个，农村初级卫生保健工作提前2年达标。人口与计划生育工作在巩固中提高，建立了流动人口计划生育管理与服务新机制，完成了省下达的人口控制指标，人口自然增长率5.1‰。全民健身运动广泛开展，体育事业蓬勃发展。民政、人事、老龄、民族、宗教、外事、侨务、对台、人防、民兵、档案、史志、气象、三防、地震等工作取得新成绩。工会、妇联、共青团、社科联、侨联、文联、残联、科协等人民团体工作不断推进。

——民主法制建设不断加强，社会保持稳定　民主法制建设继续推进。改进向人大报告工作和向政协通报工作的制度，认真执行人大决议和决定，大力支持政协及各民主党派、群团组织参政议政。全年共办理人大代表建议126件、政协提案208件，办复率100%，满意和基本满意率100%。“四五”普法工作广泛开展，各级干部学法、守法、用法，依法行政的自觉性进一步增强。法律援助和法律服务得到加强。

政府作风建设不断加强。深入开展“万众评公务”活动，政府行为进一步规范，机关作风有了较大的改进。认真落实领导干部廉洁自律的各项规定，继续纠正损害群众利益的不正之风，审计、监察等监管力度不断加大，廉政建设成果进一步巩固。

社会治安综合治理力度加大。坚持“打防并举，标本兼治，重在治本”的方针，着力解决影响社会治安的突出问题。开展“禁毒03工程”，完善群众性治安网络，全年刑事发案数下降7.8%。走私活动继续得到有效遏制。认真做好群众来信来访工作，妥善解决群众关心的热点难点问题，积极化解人民内部矛盾。加强市场监管，市场环境进一步改善。深入开展各种安全生产专项整治，安全生产形势稳定。

各位代表，过去的一年，我们遇到的困难比预料的大，取得的成绩比预期的好。这些成绩的取得，是全市人民艰苦奋斗、共同努力的结果，是省委、省政府和市委正确领导的结果，是市人大、市政协监督支持的结果，是社会各界同舟共济、团结拼搏的结果。在此，我代表市人民政府，向全市广大工人、农民、知识分子、干部职工、驻惠部队和武警官兵、公安民警以及各界人士，向关心和支持惠州建设的各民主党派、人民团体，港澳台同胞、海外侨胞和国际友人，表示崇高的敬意和衷心的感谢！

在肯定成绩的同时，我们也清醒地看到，全市经济社会发展还存在一些困难和问题，主要表现在：经济结构性矛盾比较突出，第三产业发展仍然滞后；区域发展不平衡，城镇化进程还不够快；民营经济总量不大，质量不够高；就业和再就业形势依然严峻；农民增收难度大，城乡居民收入差距有所扩大。对这些问题，我们必须高度重视，在今后的工作中采取有力措施加以解决。

2004年工作安排

2004年是惠州市改革和发展十分重要的一年。政府工作的指导思想是：**以邓小平理论和“三个代表”重要思想为指导，认真贯彻党的十六大、十六届三中全会和胡锦涛总书记视察广东重要讲话精神，全面落实市第八次党代会和市委八届二次全会工作部署，坚持以人为本，树立和落实科学的发展观，抢抓机遇、发挥优势，稳中求快、有效增长，统筹兼顾、协调发展，进一步解放思想，求真务实，深化改革，扩大开放，全面推进经济强市和文化大市建设；大力发展社会各项事业，努力改善人民生活；加强民主法制建设，正确处理改革、发展和稳定的关系，推进依法治市；努力加快发展、率先发展、协调发展，争当全面建设小康社会、加快推进社会主义现代化进程的排头兵。**

今年全市经济社会发展的主要预期目标是：地区生产总值比上年（下同）增长12.5%；全社会固定资产投资增长20%；实际吸收外商直接投资增长8%；外贸出口增长5%；全社会消费品零售总额增长10%；居民消费价格总指数略有上升；城镇登记失业率控制在3%以内；人口自然增长率控制在8‰以内；城市居民人均可支配收入增长8%；农民人均纯收入增长3.5%。

贯彻上述指导思想，实现预期目标，政府工作必须牢固树立科学的发展观，正确处理八个关系，努力做到三个协调发展，力争实现五个突破。

树立科学的发展观，就是要树立全面、协调、可持续的发展观。要着眼于速度、结构、质量和效益的统一，集约发展；着眼于经济和人口、资源、环境的协调，可持续发展；着眼于物质文明、政治文明和精神文明的协同性，全面发展；着眼于经济增长、政治民主、文化繁荣和人民生活质量改善的统一性，系统发展。

正确处理好城市建设与农村发展，发展速度与经济质量，重点推进与全面发展，内源型经济与外源型经济，当前利益与长远目标，发展经济与关注民生，改革、发展与稳定，物质文明与政治文明、精神文明等经济社会发展的八个关系，努力做到城乡与区域协调发展，经济与社会协调发展，速度、结构、质量和效益协调发展。

力争实现五个突破，就是县镇经济发展要有新突破，重点项目建设要有新突破，石化中下游项目招商要有新突破，民营经济发展要有新突破，各项改革要有新突破。

实现2004年的工作目标，要重点抓好以下十二方面工作：

一、高度重视“三农”工作，统筹城乡协调发展

“三农”工作是政府全部工作的重中之重，必须高度重视，切实抓紧抓好。

1、加强农业和农村基础设施建设。今年计划改造县道100公里、村道300公里，市财政给县道每公里30万元、村道每公里10万元的补贴。推进城乡水利防灾减灾工程，投入5.3亿元，完成56宗中小型水库除险加固、惠州大堤三期和一批江海堤围建设任务。继续推进农村电网改造。加强农业科研和农科人才培养工作，完善农业技术推广网络，推广农业先进适用技术，扩大良种覆盖面，提高农业生产效益。推进农业机械化，市财政安排180万元用于发展农业机械化。加快农业信息网络建设，实现镇级网络互联。鼓励农村信用社增加农户小额信用贷款和农户联保贷款，支持农民发展生产。

2、加快农业和农村经济发展。落实基本农田保护措施，对种粮农民实行直接补贴。大力实施“一镇一品”战略，建设农业标准化示范区，带动农业产业化和现代化。积极发展畜牧业，切实做好高致病性禽流感等动物疫病的防治工作。保护海洋生态环境，扶持渔民转产转业，积极发展水产增养殖业。加快发展农业龙头企业，鼓励建立各类农民专业合作经济组织，培养农民经纪人，提高农业社会化和专业化程度。市财政安排300万元用于农业龙头企业的贷款贴息。提高水果、蔬菜等农产品的加工、储运能力，争创农业知名品牌，抓紧惠州农产品批发中心项目的前期工作，力争年内开工建设。

3、全面推进城镇化进程。落实中心镇发展的各项优惠政策，有计划、有重点地加快中心镇建设，增强小城镇特别是中心镇吸纳农村人口、带动农村发展的能力。继续推进镇村撤并工作，降低农村行政成本。取消农民进城的歧视性政策和不合理收费，改善农民进城就业环境，加强对农民工的培训，增加培训经费的投入，今年计划培训1.8万人，转移农村富余劳动力3万人。

4、促进农民减负增收。巩固农村税费改革成果，争取明年免征农业税，实现农业税零税率，使农民整体减负达到100%。严格执行农村义务教育“一费制”和人均年收入1500元以下的贫困家庭子女免收书杂费制度。加大农业执法力度，防止坑农害农行为。实行最严格的耕地保护制度，完善土地征用程序，逐步探索土地征用补偿长效机制，确保农民利益。今年投入300万元，推进固本强基工程；投入100万元，加快山区、革命老区的扶贫开发。

二、调整和优化产业结构，提升经济发展的总量和质量

1、加快发展第三产业。以旅游业为龙头，加快商贸流通、交通运输、教育、中介咨询、电子商务等服务业的发展。以生态为特色，以历史和文化为内涵，加快罗浮山、南昆山、巽寮湾等重点风景区建设，打造惠州由南到北的百里生态旅游长廊。加快推进巽寮湾旅游风景区项目的开发，力争今年动工建设。办好生态悠闲旅游节。大力推进专业批发市场建设，推广连锁经营、物流配送、电子商务等现代营销方式，发展现代流通业。推动文化、教育、体育服务市场建设，繁荣消费市场。规范发展房地产业。

2、大力发展石化、能源、钢铁等重化工业。以中海壳牌南海石化项目为龙头，加快石化中下游项目的招商引资，力争有一批项目落户石化区。抓好LNG发电厂、广东第二抽水蓄能电站等能源重点项目建设，加大电网和地方电源建设力度。大力发展汽车相关产业。努力争取国家批准1200万吨炼油项目立项，认真做好大亚湾钢铁项目、中远修船项目的前期准备工作。

3、集中力量建设三条产业带。进一步发展电子信息产业，提升产业竞争力和可持续发展能力。加快用高新技术和先进适用技术改造传统产业的步伐。以培育产业集群、提高产业协作能力为目标，推进三条产业带建设。依托大亚湾的大项目和港口优势，加快稔平半岛开发，建设临海重化工业带；依托惠澳大道便利的交通条件和周边丰富的土地资源，建设电子信息产业带；依托惠州学院的教学科研基础，引进国内外名校联合办学，在惠淡大道沿线建设文化产业带。集中力量推进产业带内大亚湾开发区、仲恺开发区、石化工业区、数码工业园的开发建设，提高园区配套能力，尽快使三条产业带形成经济规模，成为新的经济增长点。

三、充分利用“两种资源、两个市场”，进一步扩大开放

1、千方百计招商引资。在继续吸收香港、台湾地区投资的同时，对外招商以欧美、日韩为重点目标，抓好各项招商活动;对内招商以珠三角、长三角和内地老工业基地为主要目标，重点吸纳发达地区转移外迁的制造企业和向外寻求发展空间的国有大型企业。以CEPA实施为契机，推进与港澳的优势互补，加强在现代物流、服务业等领域的交流合作。积极推进与港澳的中小企业合作，提升制造业水平。创新招商方式，大力开展专业招商、合作招商和委托招商，建立和完善外商投资联席会议制度和招商引资奖励制度。

2、努力扩大出口。加快口岸新区建设,推行加工贸易联网监管，推进大通关建设，改善通关环境。提高行政服务水平，加快出口退税，减轻出口退税政策调整对出口企业的负面影响。加快培育一般贸易主体，简化自营出口权申报手续，加强经贸信息服务，推动企业开拓国际市场。继续抓好重点企业和重点产品的出口，完善出口大户挂钩联系制度和重点外商企业联络员制度。组织企业参加国内外各种展销会、交易会、洽谈会。加快大亚湾出口加工区的报批和建设。

3、高度重视开拓国内市场。积极参与泛珠三角经贸合作，扩大与内地企业经贸合作规模。清理不合理收费，改善消费环境，推动消费转型与升级。发展假日经济、旅游经济和会展经济。继续培育和扩大住房、汽车、资讯、教育、医疗、健身和文化娱乐等消费热点。加快农村流通市场建设，发展城镇连锁经营，拓展农村消费市场。

四、继续深化改革，不断完善社会主义市场经济体制

1、加快国有企业改革。完善国有资产监督管理体制，不断提高国有资产运营效益。以建立现代产权制度为核心，深化国有企业产权多元化改革，完善法人治理结构。加快德赛、华阳等一批国有企业的股份制改造，积极引入国内外战略投资者，发展混合所有制经济，提高企业核心竞争力。鼓励、支持大企业集团开展资本运营，盘活存量资产，支持有条件的企业整合优势项目上市。进一步放开搞活国有中小企业，加快劣势国有企业退出市场步伐，力争有新的突破。

2、推进投融资体制改革。确立企业投资主体地位，全面推行社会投资基本建设项目登记备案制度。完善政府投资体制，规范政府投资行为。增强经营城市理念，加大城市经营力度，推行BOT等多种方式，促进城市公共资源和基础设施产权多元化。

3、推进政府管理创新。把政府管理职能转变到主要为市场主体服务和创造良好发展环境上来，加强政府对公共事务的管理。推进新一轮市、县政府和事业单位机构改革。深化行政审批制度改革，把行政审批纳入规范化、制度化的轨道。加快电子政务建设，完成“网上审批”项目首期建设。

4、继续整顿和规范市场经济秩序。进一步规范市场主体和市场行为，加快建设企业信用体系，努力创造公平、竞争、有序的市场环境。加大行政执法力度，建立打假长效机制，坚决查处、严厉打击各种制售假冒伪劣商品、合同欺诈等严重扰乱市场秩序行为。整顿和规范土地市场、建筑市场、文化市场，坚持不懈地打击各种骗税、偷税、逃汇、骗汇、传销和走私贩私等违法犯罪活动。努力塑造惠州文明、法治、开放的新形象。

五、全力推进重点项目建设，增强经济发展后劲

1、抓好重点项目建设。今年全市计划安排重点项目46项，总投资749亿元，预计当年投资205亿元，其中新开工项目22项、续建项目24项，列入省重点工程11项。加强协调，扎实推进中海壳牌南海石化项目、MMA、LNG发电厂等项目建设；加快市区过境公路、惠深沿海一级公路、惠莞高速公路、惠淡大道、惠澳铁路二期、广东第二抽水蓄能电站、剑潭水利枢纽工程、500千伏博罗输变电工程和220千伏金源输变电工程等项目的建设。力争在建项目如期完工，新建项目尽早开工。充分运用市场手段，落实项目建设资金。继续坚持向重大建设项目派驻财务总监制度和审计监督制度，加强对重大建设项目的监督管理，坚决杜绝“豆腐渣”工程。

2、确保中海壳牌南海石化项目配套工程和石化工业区顺利建设。加快大亚湾引水工程和110千伏岩前变电站的建设进度，推进大亚湾火车站、惠澳铁路中海壳牌专线的建设。进一步修编完善石化工业区总体规划，尽快编制东部区域控制性详细规划。加快石化工业区基础设施建设和大亚湾东、西部土地开发，为公用工程项目和石化中下游产品项目的落户提供保障。

六、加快发展县域经济，统筹区域协调发展

1、落实扶持山区发展的各项措施。认真落实好省、市山区工作会议精神，增加对山区的财政转移支付，加快以道路、水利、电力为重点的基础设施建设，今年县道、村道改造重点安排山区镇，改善山区发展环境。因地制宜发展劳动密集型、资源开发型产业。发展扶贫农业龙头企业，带动农户脱贫奔康。今年安排200万元，扶持山区贫困农户发展竹产业。大力开展“帮村富民”工程，重点扶持453个集体经济年纯收入3万元以下的行政村发展经济。更加有效地开展科技扶贫、教育扶贫、卫生扶贫和对口帮扶工作。

2、增强中心城区的辐射带动能力。高起点、高标准做好中心城区的发展规划。惠城、惠阳两区以工业园区为依托，大力发展数码信息产业和文化产业，强化城市产业集群的辐射效应与带动效应。大亚湾着力围绕中海壳牌南海石化项目，抓好石化工业区、西部工业区和惠州港建设，大力发展石油化工、港口物流及汽车制造等产业。

3、促进两翼和山区壮大经济实力。以工业化为核心，推动城镇化和农业产业化。充分发挥惠东、博罗和龙门的区位优势和资源优势，发展特色经济，重点是推进农业产业化经营和生态旅游。今年要重点抓好环球水泥、坂田工业区、南昆山温泉等项目的建设。全力支持龙门1200万吨光大水泥项目上马建设，从今年起市财政每年对龙门增加转移支付专项补贴200万元，5年共1000万元。加大招商引资力度，积极主动承接港台及珠三角产业辐射和企业转移，发展县域工业。积极引导中小企业加入产业分工协作体系，生产配套零部件。坚持工业发展与资源保护利用相结合，防止污染企业向山区转移，严格把好环保关。

七、努力营造宽松环境，促进民营经济发展

1、认真落实扶持民营经济的各项政策。落实好省委、省政府《关于加快民营经济发展的决定》以及惠州市扶持民营经济发展的政策措施。努力为民营经济的发展创造良好的法制、政策、政务、市场和舆论环境。大力扶持和推动科技型、外向型、吸纳下岗人员再就业型、农产品加工型民营企业的发展。

2、加大对民营经济的扶持力度。制定扶持民营企业贷款贴息办法，帮助民营企业解决融资难问题。从民营经济地方所得税收增量部分拿出一定的资金，设立民营经济发展基金。今年市财政安排民营企业科技三项经费300万元，扶持民营经济发展。继续组织民营企业参加国内外的各种市场开拓活动。支持优势民营企业开展资本运营。

3、加强对民营企业的引导。积极引导民营企业推进制度创新、管理创新、科技创新，加快建立现代企业制度，实现规模经营和集约经营。实行民营经济重点镇定向联系制度，扶持民营企业发展制鞋业、纺织服装业、电子产品制造业、“三高”农业等产业，打造各具特色的专业镇。引导民营企业参与大企业的协作配套，支持民营企业做强做大。加快组建行业协会和商会。

八、抓好城市规划建设管理，推进城市化进程

1、认真抓好城市规划建设。抓好经济社会发展战略规划研讨会成果的实施。按照“东进西拓、南联北扩”的思路，尽快制定市域城镇体系规划，修编城镇总体规划，突出抓好13个中心镇的规划修编和建设。抓紧编制一城两区重点部位、重要地段的控制性详细规划，科学控制旧城改造，加快新区建设，拉开城市发展框架。强化一城两区意识，做好供水、排污、防洪、垃圾处理等基础设施的统筹规划和协调管理，避免重复建设，提高基础设施效能。加快江北新区建设，推进“两江四岸”整治工程和剑潭水利枢纽工程，加强对西湖周边环境的整治，还湖于民，还绿于城，改善城市景观。进一步完善城市公共设施，提高城市功能品位。搞好环境治理和绿化、美化、净化工作，推进城市生活垃圾“三化”处理，合理利用和保护土地资源，最大限度减少环境污染，提高城市管理水平。

2、加快交通基础设施建设。抓紧修编交通发展规划，完善以高速公路和高等级公路为主骨架、县镇公路为基础的现代化交通体系。加快建设和完善惠澳大道、惠淡大道、惠州大道和市区过境公路，打造一城两区半小时城市生活圈。筹建盐灶背至碧甲一级公路、惠莞高速公路和惠深沿海一级公路，改造广汕公路惠州段。完善城市交通网络，力争年内开工建设下角东江大桥，着手解决市区交通拥挤和堵塞问题。加快惠州港和惠澳铁路二期建设，建立港口应急反应中心。推进市新汽车总站建设，整合一城两区城市公共交通系统与道路交通系统，改善交通秩序。

3、加强环境保护和综合整治。严格实行环境保护任期目标责任制。新上项目首先要过环保评估关。继续开展城市环境综合整治，加强东江流域水质达标管理，确保水环境质量和饮用水安全。加大污染防治力度，严格执行污染物排放登记许可制度。治理机动车尾气排放和噪声污染。加快城镇生活污水、生活垃圾、医疗垃圾、危险废弃物等处理设施建设，动工建设梅湖水质净化中心二期工程、惠阳区污水处理厂等一批环保项目。推进环保设施建设市场化进程。强化生态环境监管，加强土地、森林、海洋、水资源和野生动物保护，积极开展创建林业生态县活动，创建生态文明城市。

九、进一步做好就业和社会保障工作，改善人民生活

1、努力扩大就业。千方百计增加就业是政府的重要职责。今年力争新增就业岗位3.5万个，城镇登记失业率控制在3%以内。强化目标责任制，加快推进城乡统筹就业。全面落实各项政策措施，把财政资金、信贷支持和税费减免等政策落到实处。完善服务体系，加强技工教育和职业技能培训，今年计划培训3.3万人次。加大对就业困难人员的就业援助，下岗职工再就业率达到60%以上。加强劳动监察，努力解决拖欠农民工工资问题，今年基本解决建筑企业拖欠工人工资问题，维护劳动者合法权益。积极做好高校毕业生、

复员转业军人、城镇新增劳动力和农村富余劳动力的就业指导和服务工作。

2、完善社会保障制度。扩大社会保险覆盖面，重点做好个体私营等非公有制企业、灵活就业人员参保工作。提高社保统筹层次，今年7月1日起实现社会保险市级统筹。巩固“两个确保”成果。加大社保基金的征缴和稽查力度，确保社会保险参保人数和基金征缴总额增长10%以上。推进城镇职工基本医疗保障制度改革。强化城市居民最低生活保障制度，继续完善农村最低生活保障制度，努力实现城乡居民无饥寒。

3、切实关心困难群众生活。以对人民高度负责的态度，加快实施“八项民心工程”，使广大群众在改革和发展中得到更多的实惠。以提高农民和城镇困难群众的收入为重点，积极帮助他们解决基本生活和子女上学、就医、打官司、住房等方面遇到的困难。投入300万元解决龙门、惠东山区群众看电视难问题。从2003年到2007年，每年安排300万元解决水库移民遗留问题。加强城市生活无着流浪乞讨人员救助管理。做好救灾救济工作。

十、做好财税金融工作，为经济社会发展提供财力支持

1、确保财政收入稳定增长。大力培植新的税收增长点。挖掘非税收入潜力，规范和加强对非税收入的管理。整合财政资源，统筹使用和调度各类资金。严格依法治税，加大征收稽查监督力度，确保应收尽收。认真落实出口退税改革方案，积极推行纳税信誉等级评定制度。

2、加强财政管理和监督。大力推进预算管理制度改革，完善部门预算和综合财政预算，强化对财政资金的监督检查和追踪问效，提高财政资金使用效益。逐步推行国库集中支付制度，完善政府采购制度。继续调整和优化支出结构，确保“三农”工作、公共卫生体系建设、再就业、社保、扶贫解困等重点支出，教育、科技、文化等公共事业支出的增加部分向农村倾斜。加强审计监督，严格执行“收支两条线”。

3、进一步健全公共财政体制。建立激励型财政转移支付制度，继续完善镇级财政体制改革。在理顺和规范市本级与惠城区的事权管理和财政分配关系基础上，逐步理顺市本级与大亚湾、惠阳区的财政分配关系。

4、充分发挥金融支持经济发展的作用。鼓励金融机构支持地方产业结构调整、基础设施建设和企业改制，增加对个人消费、再就业、技术改造、中小企业和解决“三农”问题的信贷支持。加强监管，防范金融风险，妥善处理地方金融不良资产和政府债务，防止转化为财政风险。整治信用环境，健全逃废债曝光制度，依法制裁逃废债行为。规范证券、保险、信托市场行为。努力打造信用惠州。

十一、大力发展科教文卫事业，统筹经济社会协调发展

1、扎实推进精神文明建设。以创建全国文明城市和申办省运会为契机，大力发展教育、科技、文化、卫生、体育事业，推动经济社会协调发展。突出先进文化建设在社会主义精神文明建设中的地位和作用。加强社会公德、职业道德、家庭美德、青少年特别是未成年人的思想道德教育。广泛开展富有地方特色的社区文化、校园文化、企业文化、广场文化等群众性文化活动，满足群众的精神文化需求，提高城市品位，增强城市凝聚力和吸引力。

2、加快教育改革和发展。坚持优先发展教育，推进素质教育。增加教育投入，重点向义务教育特别是农村义务教育倾斜。对学校建设项目实行收费减免。全面推进新课程改革。调整学校布局，巩固提高“普九”和“改薄”成果。进一步推进高中教育，普通高中招生增长15%，中等职业教育增长30%。加快创建全国示范性高中进程。继续创新办学体制，鼓励和规范社会力量办学。全面实现外来工子女就地入学。认真治理教育乱收费行为。加强教师队伍建设，逐步提高教师待遇，营造尊师重教氛围。

3、大力培养和引进人才。积极支持惠州学院建设，推进联合办学，提高高等教育质量；筹建惠州高等职业技术学院，发展中等职业教育，扩大职业教育规模；办好广播电视大学，发展成人教育。继续实施“1155工程”，落实各项吸引人才的优惠政策，吸引更多优秀人才来惠州干事创业。今年计划招录30-50名硕士以上研究生到党政机关工作。

4、积极推进科技进步。深化科技体制改革，强化以企业为主体的科技创新体系。大力培育高新技术产业，加速发展科技型中小企业。加大科技投入，市级科技投入占财政支出2%以上。加强企业技术开发，组建4家省级工程中心、2家省级农业技术创新中心和一批市级工程中心。科技进步对工业经济增长贡献率达到52%。筹建市科技馆。加强科普工作，提高全体市民的科学文化素质。做好知识产权工作，依法保护知识产权。

5、大力加强文化建设。深化文化体制改革，建立多元化的文化投入体制。加强和完善基层文化设施建设，尽快建设好慈云图书馆并向市民开放。抓好市广电新闻中心、市博物馆新馆、市文化艺术中心（含市群艺馆、演艺中心）以及“东江、东征、东纵、东坡”主题公园等文化设施的规划建设。实施文化精品战略，繁荣文化艺术，开展丰富多彩、健康向上的群众文化活动。发展新闻出版事业。加大文物和民间文化的保护力度，挖掘地域文化资源，努力创建融东江古代文化、民俗文化、革命历史文化、宗教文化于一体，具有地方特色和丰富内涵的文化名城。拓展文化市场，加快文化产业发展，推动对外文化交流。

6、完善公共卫生体系。加大公共卫生经费投入，完善和规范疾病预防监控体系、卫生执法监督体系和医疗救治体系。健全突发性公共卫生事件应急机制，加强重大疾病防治工作，重点预防和控制“非典”等严重危害人民健康的疾病。基本完成市、县疾病预防控制中心和医疗救治体系建设任务，筹建市第三人民医院。深化医疗卫生、药品流通体制改革，完善社区卫生保健网络。继续整顿和规范食品药品市场秩序，完善药品集中招标采购制度。发展中医药事业。深入开展全民爱国卫生运动。实施农村初级卫生保健发展纲要，逐步建立新型农村合作医疗制度和医疗救助制度，今年新型农村合作医疗覆盖面达到40%以上。加强农村医疗卫生基础设施和队伍建设，3年内每年投入300万元，改造基础薄弱的镇级卫生院，重点建设一批中心卫生院，提高农村预防保健和基本医疗服务水平。

7、发展社会各项事业．推动社会服务信息化进程，加快惠州e城建设。做好外事侨务工作，争取与美国苗比达市缔结友好城市，与美国休斯顿市建立化工方面友好合作关系。认真做好申办第十三届省运会的筹备工作，加快体育设施建设，筹建市游泳跳水馆，着手万人体育场的规划选址。积极开展群众性体育活动，提升竞技体育综合实力。发展体育产业。加快青少年宫、老年活动中心和老干活动中心建设。建立人口与计划生育工作新机制，奖励农村计划生育行为，稳定低生育水平，提高出生人口素质。加强国防教育、国防动员、民兵预备役和人防工作。深入开展拥军优属和军（警）民共建活动，认真落实优抚安置政策。关心和支持工会、共青团、妇女、儿童、老龄、残疾人、红十字会等事业，继续做好民族、宗教、对台、档案、地方志和关心下一代工作。

十二、加快民主法制建设步伐，推进依法治市

1、加强民主制度建设。依法接受人大及其常委会的监督，及时向人大及其常委会报告工作，落实各项决议、决定。积极支持政协履行政治协商、民主监督、参政议政职能，主动听取各民主党派、工商联及各人民团体的建议和意见。认真办理人大议案、建议和政协提案，提高办理质量。推进决策科学化、民主化、制度化。建立社情民意反映制度、重大事项社会公示和社会听证制度，完善专家咨询论证制度，扩大政府决策及实施的社会基础。推进政务公开、厂务公开和村务公开，保障人民的知情权和参与权。不断发展基层民主，保证人民依法直接行使民主权利，管理基层公共事务和公益事业。努力建设文明惠州。

2、推进依法治市。认真学习贯彻实施修改后的宪法，抓好以宪法为核心的法制宣传与教育，提高全社会的法治意识。认真执行行政许可法，修改或废止与其不一致的规定，严格依法行政。理顺行政执法体制，在城市开展相对集中行政处罚权工作，着力解决职责交叉、多头执法、重复处罚、执法扰民等问题。加强行政执法监督和行政复议工作。建立公职律师制度，降低政府法律事务成本。推行仲裁法律制度，做好惠港仲裁合作工作。扩展和规范律师、公证等法律服务，积极开展法律援助。努力塑造法治惠州。

3、确保社会安全稳定。加强社会治安综合治理，依法严厉打击各种犯罪活动，坚决扫除社会丑恶现象。强化城市公共安全管理，严密防范和打击敌对势力、恐怖犯罪、“法轮功”邪教组织及各种非法宗教组织的破坏活动。搞好基层安全创建活动，确保人民群众安居乐业。全面实施安全生产法，加强对重特大事故危险源的监管和监察，完善应急救援机制。严格安全生产督查考核和责任追究制度，减少各类事故，杜绝重特大事故。高度重视信访工作，认真负责地解决群众反映的问题，积极化解人民内部矛盾，妥善处理群体性事件，促进社会和谐稳定。努力打造平安惠州。

4、切实加强政府自身建设。坚持“两个务必”，牢固树立科学的发展观、正确的政绩观和“为民、务实、清廉”的执政观，大力弘扬求真务实作风，坚决克服官僚主义、形式主义以及急功近利的行为。按照提高标准、提高效率的要求，建立以民为本、行为规范、政令畅通的服务型政府，建立公正公平、开明透明、干净干事的阳光政府。继续深入开展“万众评公务”活动，强化社会监督。建立健全突发事件应急机制，提高政府应对公共危机的能力。积极推行电子政务，提高行政效率。加强廉政建设，进一步规范事权、财权，从源头上预防和治理腐败。加大对违法违纪案件的查处力度。坚决纠正损害群众利益的不正之风。进一步加强公务员队伍建设，不断提高公务员素质，树立政府机关工作人员的良好形象。

各位代表，实现新世纪新阶段的发展目标，需要全体代表和全市人民的共同努力。让我们高举邓小平理论和“三个代表”重要思想伟大旗帜，更加紧密地团结在以胡锦涛同志为总书记的党中央周围，全面贯彻党的十六大和十六届三中全会精神，在省委、省政府和市委的领导下，与时俱进，求真务实，开拓创新，奋发进取，为全面建设小康社会、率先基本实现社会主义现代化而努力奋斗！

抗击“非典”取得重大胜利

2003年初，惠州市发现非典型肺炎病例后，中共惠州市委、市政府高度重视，按照中央和省的部署迅速应对，采取果断措施，使非典疫情得到有效控制。全市累计收治的10例“非典”患者全部治愈出院，实现了零死亡的目标，抗击“非典”取得重大胜利。

高度重视，加强领导，把“非典”防治工作当作头等大事来抓

迅速学习传达中央领导重要讲话和上级文件，层层动员落实　省内“非典”病例发现后，惠州市反应迅速，春节过后召开的第一次市委书记办公会就对“非典”防治工作进行了认真研究。此后，市委、市政府多次召开专题会议，认真学习和贯彻胡锦涛总书记视察广东时对我省进一步做好“非典”防治工作的重要指示、温家宝总理在全国“非典”防治工作会议以及全国农村“非典”防治工作会议上的重要讲话。认真落实省委、省政府关于切实做好“非典”防治工作的一系列批示和工作部署，先后下发了《关于非典型肺炎的情况通报》、《关于进一步加强非典型肺炎防治工作的通知》、《关于继续加强非典型肺炎防治和宣传工作的通知》和《关于进一步做好我市非典型肺炎防治工作的紧急通知》等文件，及时转发省委、省政府和卫生厅的一系列文件，指导全市开展“非典”防治工作。

主要领导高度重视，快速应对　2月14日，惠州市发现首例由广州感染的病例后，市委书记肖志恒当即作出重要批示，要求全力救治病人，做好医护人员的防护，及早部署全市的预防工作。期间，肖志恒还对市内有人哄抢板蓝根等药物一事，指示有关部门采取果断措施加强市场管理，保证社会经济秩序的稳定。市长柳锦州也多次指示市卫生部门按省卫生厅要求，及时掌握疫情动态，落实各项防治措施，不惜一切代价救治病人，防止疫情扩散。分管副市长徐志达与市卫生局按照省卫生厅的指导，结合惠州市实际，研究制定防治措施，布置相关工作，迅速落实市委、市政府主要领导的指示精神。5月初，针对惠州市一些地方出现有关“非典”的传闻和谣言，市主要领导及时指示，市委办、市府办发出《关于打击“非典”谣传维护社会稳定的紧急通知》，维护了社会稳定。

建立机构，强化组织领导　市卫生局2月10日成立惠州市非典型肺炎防治协调小组、医疗救护专家指导小组、流行病学调查技术指导小组、病原学检测技术指导小组，各县（市、区）同时成立了相应小组。4月下旬，市委、市政府成立以市委书记肖志恒为组长的惠州市非典型肺炎防治工作领导小组，建立联席会议制度，将“非典”防治工作作为压倒一切的大事抓紧抓好。成立市长柳锦州任总指挥、29个单位负责人为成员的惠州市非典型肺炎防治工作总指挥部。市、县（区）成立应急救治中心（市电话：11111），实行24小时值班。截至6月5日止，共受理来电10809宗，指挥派送车辆接诊591次。

行动迅速，措施到位，全力以赴做好“非典”防治工作

市委、市政府根据疫情发展变化及早研究，制订了一系列针对性措施，如防治工作要做到“三个不漏”：不使一个“非典”患者漏报，不使一个患者漏治，不使一个疑似病人漏查；突出“四个重点”：突出做好对农村、三资企业、学校、幼儿园、一线医护人员等重点部位和重点人员的防治工作；做到“五个全面”：全面治愈患病者，全面隔离疑似病者，全面控制接触者，全面监督相关者，全面检查入境者；落实“十大措施”：（1）建立市、县两级救治应急中心，24小时值班；（2）对全市重点部位和场所进行全面消毒；（3）减少和取消不必要的群体性活动；（4）对劳动密集型企业采取相对封闭的措施，尽量减少人员流动；（5）不具备良好卫生条件的影剧院、录像厅、劳动市场暂不开放；（6）劳教所、看守所、戒毒所设立隔离室；（7）全市餐饮业提倡分餐制和公筷制；（8）窗口单位提倡带口罩上岗；（9）加强对公共场所人员的监控和监测；（10）向农村派出医疗队，宣传预防知识，搞好医疗卫生服务。在具体工作中突出抓好如下几点：

开展多种形式的宣传教育　加强正面宣传力度，充分利

用宣传栏、板报、防治知识展览和印发宣传资料等方式，大力宣传防治知识。全市共印发宣传资料239万份，发出了致学生家长、致与“非典”病人密切接触者、致外商投资企业公开信。全市各行政、企事业单位及街道办事处出版了“非典”防治宣传栏近2万个，制作展板45个。5月2日，惠州市率先开设“非典”防治工作专业网站(http//p.sars.huizhou.gov.cn/)。到6月5日止，惠州日报社、电视台、广播电台共编发“非典”防治报道138篇。这些举措起到了很好的舆论引导作用。

全力做好诊治工作　指定6间诊治“非典”病人医疗机构，设立呼吸系统疾病专科诊室及发热病人专用诊室，力求做到早发现、早报告、早诊断、早隔离、早治疗。各医疗卫生单位成立治疗小组、院内感染控制小组、疫情处理小组，设置发热诊室、留观室、专用X光检查室和收治“非典”病人的隔离病房，添置呼吸机等医疗设备，加强院内感染控制和医疗人员的防护。

强化疾控措施的落实　全市实行每天零报告制度，各医疗单位发生可疑病例即时报告，市疾控中心和各县防疫站即时进行流行病学调查，对全部密切接触者进行登记、检查和医学观察，对疫点进行彻底的终末消毒。2月14日，博罗县某医疗机构运送病人的救护车放下病人后未经消毒便返回，市卫生局接到报告后，当即要求疾控部门拦截车辆进行消毒处理。市疾控中心和博罗县疾控中心迅速派人驱车追赶近20公里，对该车进行全面消毒处置后才予放行。市疾控中心和卫生防疫部门还采取综合防治措施，先后多次到惠州火车站、汽车客运站、影剧院、娱乐场所等人群密集的地方进行环境空气消毒。

加强业务培训　市卫生局于2月14日邀请广州军区陆军总医院黄文杰教授对市、县、镇三级的医疗骨干及卫生管理干部进行“非典”防治业务知识培训。举办各类“非典”防治人员培训班5期，共培训各类医务人员3000多人（次），协助基层单位培训业务骨干5360人（次）。研究制订《惠州市中小学、幼儿园预防非典型肺炎措施指引》、《工厂、企业预防非典型肺炎措施指引》、《农村非典型肺炎预防控制工作指引》、《医院收治非典型肺炎措施指引》、《医院收治非典型肺炎病人消毒隔离工作指引》、《公共场所预防控制非典型肺炎工作指引》，编印《惠州市农村防治非典型肺炎文件汇编》，为各有关单位提供了培训教材。

确保经费投入　4月下旬，由市财政拨出300万元设立防治“非典”专项基金，用于购买相关医疗设备，补助一线医护人员，帮助需要救治的困难群众。各县（市、区）政府也安排了“非典”防治专项经费。其中，惠城区203万元，惠阳市370万元，博罗县67万元，惠东县216万元，龙门县38.7万元，大亚湾经济技术开发区58.5万元。全市各级财政、各机关部门、各乡镇、各企事业单位共投入4937.7万元。各医疗卫生单位积极自筹资金，添置了一批X光机、呼吸机等设备，充实一线防治工作需要。一些企业在做好本单位本部门的预防工作的同时，还出资赞助全市“非典”防治工作。据统计，全市共收到企业以及个人赞助518万元（含物资）。

全民动员，群防群治，打一场“非典”防治的人民战争

制订并落实了防治工作责任制　各地、各单位按市委、市政府有关要求，迅速制订“非典”防治工作责任制，并切实抓好落实。各单位对干部职工进行“非典”防治宣传，加强对办公地点和公共场所的清洁、消毒，引导本单位人员服食预防药物。

落实省委、省政府部署的“三项运动”　一是开展“非典”防治知识普及运动。二是积极开展全民爱国卫生运动，努力改善环境卫生，提高全民卫生意识。要求各单位、各学校、幼儿园、社区通过开展爱卫活动除“四害”，消除卫生死角，提高健康水平。4月24日下午，市四套班子主要成员参加了“五月爱国卫生月”启动仪式。5月19日下午，市、区四套班子全体成员参加了“五月爱国卫生月”活动第二阶段清洁社区大行动。全市共组织174.3万人（次）参加了城乡爱卫清洁行动。三是积极开展全民健身运动，向社会宣传健身防病知识，增强群众参与的积极性。

各部门紧密配合，群防群治　各学校、幼儿园进行全方位清洁消毒，组织学生参加有益身心健康的活动，实行健康晨检制度，要求家长配合学校做好预防工作。5月27日，全省2003年普通高校招生考试和防“非典”工作电视电话会议召开，副市长徐志达要求有关部门认真加强学校“非典”防治工作，严格按照高考期间“非典”防治应急预案，检查、落实各个工作环节，全力做好高考期间的“非典”防治工作。铁路、交通部门制定了应急处理预案，交通工具每天消毒2次，为旅客测量体温，发现发热病人立即隔离观察。工商、物价部门严格检查防治“非典”的药品价格。药品部门认真做好防治“非典”药物的储备和供应。此外，公安、农业、文化、检验检疫、规划建设、经贸等有关部门也按各自职能，认真做好防治工作。至6月5日，惠州市各行业、各单位使用消毒剂8万多公斤，灭菌净5万多公斤，预

防性消毒近1020万平方米，对1300多间学校、13500多间工矿企业、8300多处公共场所、15600多家餐饮单位进行了定期消毒。

4月16～20日，在中国惠州第二届国际数码节期间，参观人数达15万多人（次）。市委、市政府高度重视数码节“非典”防治工作，专门制订预案，卫生、公安、经贸等部门通力合作，确保了数码节的顺利举办。

落实“三不得”政策，有效控制农民工返乡

5月4日，市政府专门召开会议，传达省政府《关于继续做好严格控制农民工返乡工作的紧急通知》精神。副市长林惠纯在部署工作时，要求各级各部门采取有效措施严格控制农民工返乡，全面落实《通知》要求的“三不得”（不得与非典型肺炎或疑似病例的职工解除劳动关系；不得采取放长假、回乡医治等方式，将患者推向社会；不得大范围疏散农民工）政策。5月5日，市委书记肖志恒、市长柳锦州、副市长林惠纯、许光到企业检查“非典”预防工作情况。要求严格按照国家和省关于控制农民工返乡的通知精神，全力做好控制农民工返乡工作，防止“非典”疫情向农村蔓延。由于工作扎实，全市41万民工极少返乡。

建立防控网络，加大农村非典防治工作力度

4月中旬，市、县卫生部门组织了160支医疗队近千名医务人员下乡，深入农村，广泛宣传“非典”防治知识，并为农民送医送药。4月底，市委、市政府审时度势，把防治工作重心向农村转移，市四套班子领导率工作小组分赴各地农村，指导“非典”预防工作。同时，全市组织1100个工作队深入农村，帮助农村基层组织落实“非典”防治工作。全国、全省农村防治“非典”工作电视电话会议后，惠州市随即召开全市农村“非典”防治工作电视电话会议。会上，市委书记肖志恒提出要建立“七大防控网络”的措施，对农村进行布控。一是建立疫情信息反馈网络，市、县、镇、村甚至村民小组都要确保通讯畅通；二是建立医疗系统的救治网络，各县（市、区）要有专门指定的医院收治“非典”患者和专门的隔离室，镇要建立隔离室，村要有卫生监督员收集、上报“非典”信息；三是建立村民自防自控网络，对外来人员和外出人员实行严格的健康检查，对各种种养窝棚进行重点防范；四是建立学校、家庭互动网络，落实学生家中测体温制度，并每天向学校报告；五是建立交通运输安全网络，各乡镇对进出车辆坚持每天消毒，并为客车配备体温计，方便对乘客进行体温检查；六是建立旅游景区防护网络，搞好消毒和其它防护工作；七是建立城乡协调共管网络，对农民工返乡问题，严格按上级要求抓好落实。市长柳锦州提出“四个到位”，要求思想认识到位，组织领导到位，工作措施到位，专项经费到位。由于各项措施抓得紧，抓得实，惠州市农村没有发现一例病例。

突出抓好社区和中心镇的防治工作

5月上旬以来，根据中共中央政治局委员、省委书记张德江视察广州“非典”防治工作时的重要讲话精神，以及副省长李容根、许德立在惠州市检查工作时提出的要求，惠州市结合实际，制订一系列有效措施，突出抓好社区和中心镇的防治工作。一是以城市社区为重点，认真抓好四个层次（个人、家庭、环境、公共场所），八大场所（交通、学校幼儿园、市场、宾馆酒店餐饮、企业、旅游景区、屠宰场及排污沟、公厕等公共设施）的卫生工作。发动社区居民人人动手，户户行动，搞好卫生消毒工作，并在此基础上，建立健全卫生制度。二是以中心镇为重点，全力做好防、堵、查工作。按城市社区的标准，搞好宣传发动，抓好四个层次的卫生，搞好卫生院的建设。三是进一步落实责任，各司其职，狠抓落实。要求各县（市、区）尚无应急医疗队的，要尽快建立起来，进一步完善隔离、防治措施。

加强督促检查，确保工作落实

领导带头督查 在市委、市政府多次研究应对非典型肺炎措施并召开专门会议作出部署后，4月24日下午，市领导肖志恒、柳锦州、叶月坚、杨维、李汝球、刘耀辉、陈仕其、吴石牛、林添好等兵分八路，赴惠州市各县（市、区）、市直有关单位，进一步检查督促“非典”防治工作情况。副市长徐志达和市卫生局的领导到市区两家定点医院，与一线医务人员一起研究如何进一步做好“非典”病人的隔离、防治工作。“五一”期间，市领导先后多次到博罗、惠阳等地农村及惠州市部分企业进行“非典”防治工作的督导。与此同时，市领导肖志恒、柳锦州等一直十分关心战斗在“非典”防治第一线的医务人员。4月30日，肖志恒、柳锦州等领导慰问市中心医院、市疾控中心的医务人员。5月3日，受市委书记肖志恒、市长柳锦州委托，副市长徐志达等赴惠阳看望一线医务人员，战斗在“非典”防治前线的医务工作者深受鼓舞。

督查重点部位和人员 对于农村、三资企业、学校和幼儿园、一线医护人员等4个防治工作重点有关防治情况，市委、市政府督查办经常进行督促检查。卫生、教育、经贸、交通等部门也不断加强检查督导，促进各项防治工作的落实。4月1日，市委领导肖志恒、郑永和、李秀峰等，连夜

登门拜访中海壳牌公司总经理蓝仲凯先生，向他通报惠州市“非典”防治工作的情况，打消他的顾虑，确保大项目顺利进行。4 月 3 日，副市长徐志达与市卫生局、市疾控中心领导前往中海壳牌公司，研究“非典”防治工作预案，确保“非典”防治各项措施落实。4 月 25 日，召开外资企业防治工作会议，副市长黄柏青对外资企业“非典”防治工作作了部署。4 月 26 日，市委书记肖志恒和副市长许光又到惠州市台商协会，向 100 多位台商通报了惠州市“非典”防治情况，使在惠的 1100 多家台资企业和广大台商安心生产、放心生活。

派出专家组、医疗组、督查组指导落实　惠州市发现第一例非典型肺炎病例后，市卫生部门及时组织疾控和医疗组赴各县（市、区）指导和检查工作。3 月 28 日，惠阳市发现输入病例后，省、市专家组次日上午及时赶到惠阳指导工作。5 月 16 日，市委、市政府再次派出 6 个督查组深入各县（市、区）以及市直有关部门检查督导各地“非典”防治工作，督促各项防治措施的落实。

正确处理“非典”防治与发展经济、维护稳定的关系

市委、市政府面对“非典”这场突如其来的灾害，沉着应对，一手抓防“非典”，一手抓经济发展，做到两不误。5 月底，省委召开全省学习卫生系统党组织和共产党员抗击“非典”先进事迹电视电话会议后，惠州市迅速掀起学习先进事迹高潮。市委、市政府要求各级各部门：要通过学习抗击“非典”一线的先进典型，进一步加强领导班子思想作风建设；大力实施固本强基工程，加强基层党组织建设；推进文明城市创建工作，加强精神文明建设和民主法制建设；抢抓机遇，争分夺秒，确保完成各项经济任务。惠州市在有效控制疫情的同时，国民经济也保持快速健康发展。在整个防治工作中，生产、生活秩序正常，教学秩序井然，社会治安和市场秩序良好。

在抗击“非典”取得阶段性胜利后，市卫生局根据上级有关部门的部署，未雨绸缪，切实做好今冬明春的“非典”防治工作。制订《惠州市防治非典型肺炎预案》，进行防治“非典”演练，全员培训各级医务人员。10 月份，召开全市“非典”防治暨卫生工作会议，全面部署“非典”防治工作，真正做到思想不放松，领导不削弱，工作不松懈，严防“非典”疫情卷土重来。

附：2003 年惠州市卫生系统抗击“非典”中受省委、省政府表彰的先进单位和个人

模范集体

惠州市中心人民医院传一区

惠阳区第一人民医院内三区

先进单位

惠州市卫生局

惠州市中心人民医院

先进集体

惠州市疾病预防控制中心流行病学调查和预防控制指导组

惠州市人民医院传染科

惠东县人民医院感染科

博罗县疾病预防控制中心流行病学科

嘉奖单位

惠州市疾病预防控制中心

惠阳区卫生防疫站

嘉奖集体

惠州市中心人民医院急诊科

惠州市卫生监督所医疗消毒杀菌监督科

惠阳区卫生防疫站防疫科

龙门县人民医院“非典”病区工作组

大亚湾区人民医院内科

一等功人员

许岸高

二等功人员

邓光华　李胜新　张舜玲（女）　刘庆荣　周仲志　廖晓辉　陈浩　潘治民　任永礼　杨振彭　刘定南　李秋梅（女）　梁立环　张国良　黄爱萍（女）

三等功人员

邝文　喻超英（女）　黄尧生　梁小丽（女）　黄福涛　李继友　邓小珊（女）　刘雪梅（女）　魏文辉　陈其光　邱欢余　刘志红　揭培华　郑文宽　骆洪生　王春胜　刘良安　罗素霞（女）　蔡子田　林小列　刘海东

先进个人

周思东　庄穗香（女）　何克辉　钟铁锋　田裕福　吴汉朋　李伟强　李少驰　韩祖梅　梁素娥（女）　张玉娟（女）　邹添明　陈晓萍（女）　曾天柱　邓瑾瑜　钟柳杨（女）　翟鸿鹰　练红来　刘俊　邓明辉　练巧玲（女）　练添贵　李国平　郑如添　甘丽娇（女）　王国标　李其昌

（周思东）

惠州市开展党代表大会常任制试点工作

2003年初，省委决定在惠州市开展党代表大会常任制试点工作。惠州市委高度重视，多次召开常委会、全委会研究党代表大会常任制试点工作问题，拟定试点工作方案。6月，市第八次党代表大会讨论通过了试行党代表大会常任制的决议和相关制度。年内，市委按照党的十六大精神和省委部署，借鉴外地经验，结合本市实际，从抓基础性工作入手，推进党代表大会常任制试点工作，进行了6个方面的探索和尝试。

（一）扩大代表的覆盖面，保证党代表具有较强的代表性和广泛性

在当年召开的市第八次党代表大会代表选举中，市委提出3条新规定：每个乡镇、街道办事处至少应有1名党代表；各县（区）四套领导班子成员中安排进党代表名额一般不超过8名；新增设非公有制经济组织界别方面的党代表，非公有制经济组织中的党代表应占一定的比例。在418名市党代表中，妇女代表106名、占25%，少数民族代表4名、占1%，均高于妇女党员和少数民族党员占全市党员总数17%和0.5%的比例，为惠州市历届党代会最高；非公有制经济组织党员代表6名，占代表总数的1.4%；离退休党员9名，占代表总数的2.2%。全部代表均达到中学（含中专）以上文化程度，具有大专以上文化的383名，占91.6%，其中，博士研究生1名，硕士研究生11名，在职研究生60名，大学学历131名。50岁以下的中青年代表327名，占78%。

（二）设置组织机构，建立常设的党代表联络办公室

3月底，市委成立惠州市党代表大会常任制试点工作领导小组，市委书记为组长，市委副书记为副组长，市委常委为成员。7月，市委正式成立试点工作的常设办事机构——中共惠州市委党代表联络办公室，具体负责市党代会常任制试点的日常工作。办公室设在市委组织部，初定编制6名。主任由市委常委、组织部长陈训廷兼任，余汉平任专职副主任。内设综合科、联络科。

（三）健全党代表活动制度，出台一整套工作制度

为使党代会常任制工作能顺畅有序地开展，使代表团和代表的活动有章可循，市委建立7项与常任制工作相配套的制度：《中国共产党惠州市代表大会常任制制度（试行）》、《中国共产党惠州市代表大会闭会期间代表活动制度（试行）》、《惠州市党代表意见、建议征集处理制度（试行）》、《关于惠州市党代表资格的暂停、消失和代表增补的规定（试行）》、《关于市委委员、代表、党员、群众四级联系的制度（试行）》、《关于代表大会、全委会、常委会的职责和工作制度（试行）》、《中共惠州市委党代表联络办公室职责及工作制度》。

（四）引导党代表履行职责义务，编发《党代表手册》

为便于党代表了解党建工作知识，明确目标任务，更好地履行职责，充分发挥作用，使党代表真正成为推动党代表大会常任制工作的组织者和实践者，市委依照有关政策法规，结合惠州的实际，及时编印《党代表手册》一书。8月19日举行隆重的首发式，向党代表发放了《手册》，供党代表在学习工作中参考使用。该《手册》属全国首创，深受党代表和党务工作者欢迎。

（五）组织党代表参与党内事务和视察活动，探索发挥代表作用的一些途径和方法

2003年，配合市委、市政府组织的“万众评公务”活动和市委召开的党政领导班子民主生活会，组织了向市党代表征求意见活动。同时，还组织两次党代表视察活动：一是组织市直机关、企业部分党代表参加“万众评公务”整改情况的视察活动；二是组织全市10个示范镇党委书记、各县（区）委组织部长和市规划、国土、农业部门领导等党代表，参加以“互动学习、共促发展”为主题的示范镇党委建设情况视察活动。另外，市直企业代表团还自行组织了本团部分市党代表到市肉联厂视察调研，就企业如何让市民吃上“放心肉”问题提出意见。

（六）加强市委与党代表沟通联系，创办《党代表通讯》

市委党代表联络办公室在10月创办内部刊物《党代表通讯》。该刊为惠州市开展党代表大会常任制工作的指导性刊物，旨在传递市委、市政府的工作情况，反映党代表心声，展示党代表风采，交流外地试点工作经验，追踪党代表关注的社会热点，探讨新时期党建工作问题。该刊物不定期发行，2003年刊发2期。

（余汉平）

惠州市“八项民心工程”

为深入贯彻“三个代表”重要思想，坚持立党为公、执政为民，实现建设经济强市和创建文明城市的目标，全面建设小康社会，确保全市人民安居乐业，市委、市政府决定，在全市实施八项民心工程，并于2003年11月10日向各县（区）党委、政府和各市直单位下发《关于实施八项民心工程的通知》。

《通知》首先阐述实施八项民心工程的重大意义。实施八项民心工程，是惠州市全面贯彻落实“三个代表”重要思想，坚持立党为公、执政为民的具体行动；是建设经济强市，创建文明城市，全面建设小康社会，率先基本实现社会主义现代化的重要任务；是维护社会稳定，优化发展环境的重要保障；是加强党的建设，贯彻党的宗旨，密切党群关系，提高执政水平，建设政治文明的重要内容。这八项民心工程的实施，事关人民群众最现实、最直接的利益，事关改革发展稳定大局，事关全面建设小康社会宏伟目标的实现，具有重大意义。各地、各单位务必把实施八项民心工程作为一项重大政治任务，恪尽职守，全心全意，狠抓落实。

《通知》提出，惠州市实施八项民心工程的指导思想是：以“三个代表”重要思想和党的十六大精神为指导，落实胡锦涛总书记视察广东时的重要指示精神，坚持立党为公、执政为民，围绕惠州市全面建设小康社会、率先基本实现社会主义现代化的总目标总任务，针对群众生产生活的实际困难，立足当前，着眼长远，突出重点，尽力而为，政府引导，社会联动，以实施八项民心工程为载体，切实解决群众生产生活困难，推动惠州市经济社会协调发展。为贯彻落实这一指导思想，各级党委、政府和各部门、各单位要按照八项民心工程的要求，既要做好全面规划，又要扎扎实实解决好当前的突出问题；既要下最大的决心，尽最大的努力，又要充分考虑解决问题的可能条件；既要有各级党委、政府强有力的领导，又要有全社会的积极参与。各级党委、政府和各单位要按照市委、市政府的要求，根据各自职能，迅速组织力量，结合本地、本单位实际，认真制定切实可行的实施方案，做到目标明确，措施有力，操作性强，真正解决问题。

《通知》要求各级党委、政府要坚持走群众路线，依靠群众办好群众的事情。要深入群众，体察民情，集中民智，珍惜民力，善于在新的条件下解决群众的实际问题。要通过深入细致的思想工作和扶贫济困的实际行动，引导群众破除“等、靠、要”和不思进取、无所作为的思想观念，坚定信心，积极进取，自强自主。要通过广泛的宣传发动，激励广大干部群众“致富思源”、“富而思进”，动员全社会各方面力量积极参与八项民心工程的建设。要发扬艰苦奋斗的优良传统，坚持勤俭办事的方针，勤俭节约、精打细算，力争花小钱办大事。要遵循市场规律，采取市场化、社会化的办法，切实把实事办好，把好事办实。

《通知》号召各级党委、政府和各单位，要以高度的责任感和使命感，把实施八项民心工程列入重要议事日程，切实抓紧抓好。要按照市委、市政府的部署和要求，迅速行动起来，落实工作责任制，党政一把手负总责，分管领导具体抓，一级抓一级，把各项具体工作落实到具体单位和人员。有关领导和部门要加强协调，深入实际，及时帮助承办单位解决问题，确保办理工作顺利进行。各级人大要加强对实施八项民心工程的支持和监督，保证各项工作依法进行。各级政协要积极为实施八项民心工程建言献策。各级纪检、监察、检察机关及审计部门要加强对实施八项民心工程的监督检查。工青妇和其他社会团体要发挥各自的优势和作用，动员社会各界力量投身于民心工程建设。各新闻媒体要加大宣传力度，在全社会营造齐心协力、真抓实干的良好舆论氛围。实践中要及时总结经验，树立典型，推动工作落实。各级党委、政府要把是否做好这项工作纳入各级领导班子政绩考核的重要内容，加强检查督促，切实把八项民心工程落到实处。

2003年11月20～22日，省政协视察组到惠州市视察贯彻落实省十项民心工程情况，对惠州市的工作给予好评，同时对实施八项民心工程提出很好意见。视察组建议要总结经验，对八项民心工程作进一步的完善、深化。要对照省十项民心工程，分清轻、重、缓、急，突出重点，进一步细化济困助残、外来工权益保护、农村危房改造、农村饮水、教育扶贫等方面的工作，做到办一件，成一件，巩固一件。市委、市政府对省政协视察组的意见和建议高度重视，对照省十项民心工程，结合惠州市实际，在征求相关单位意见的基础上，对惠州市的八项民心工程作了相应补充。2004年3

月9日，市委、市政府下发了《关于印发〈八项民心工程的补充内容〉的通知》，要求一并组织实施，抓紧落实。

附1：

八项民心工程

为深入贯彻“三个代表”重要思想，落实胡锦涛总书记视察广东时的指示精神，坚持立党为公，执政为民，实现建设经济强市和创建文明城市的目标，全面建设小康社会，确保全市人民安居乐业，市委、市政府决定，在全市实施八项民心工程。

一、农村安居减负增收工程

（一）确保城乡居民无饥寒。妥善解决好城镇特困户住房问题，从年纯收入1500元以下的贫困户入手，分期分批做好农村危房改造和渔民上岸居住的工作。

（二）发展壮大村集体经济。继续采取部门帮扶、政策帮扶、科技帮扶等形式，大力发展村集体经济。到2005年底，全市所有村集体经济年纯收入达到3万元以上，大部分达到5万元。

（三）切实做好农民减负增收工作。落实农村税费改革的各项政策，确保农民负担减轻50%以上，实现农民户户减负。积极推进“并镇”、“并村”、“并校”和精简机构、精简人员等配套改革。

（四）做好13号台风的救灾复产工作。多渠道筹措资金，用于灾后救灾复产，帮助全市150户房屋全倒户群众重建家园，确保2004年春节前住上新房。

该项工程由市委基层办、市农业局、民政局、海洋与渔业局、移民办和教育局负责制定方案并组织实施。

二、劳动和社会保障工程

（五）努力实现社会保险市级统筹。抓紧理顺社会保险经办机构管理体制，落实人员经费，力争2004年6月底前实现社会保险市级统筹。

（六）加快基层社会保障服务机构建设。按照每个劳动保障所配备3-5人的要求落实好人员编制，解决好工作经费、场地等问题，力争在2003年10月底前，完成88个镇（办事处）劳动保障事务所和98个社区劳动保障工作站的建设。依托基层平台，力争2003年底实现《再就业优惠证》100%发放。

（七）尽快理顺原在再就业服务中心的国有企业下岗人员的劳动关系。多渠道筹措资金，解决国有企业下岗人员的经济补偿和原企业拖欠的社会保险费，力争2003年底解除已出再就业服务中心的国有企业下岗人员的劳动关系。

（八）做好再就业工作。“十五”期间计划每年新增就业岗位3万个，2003年实现下岗失业人员再就业率达到60%，其中“4050”人员再就业率达到65%。继续落实“两个确保”和“三条保障线”的衔接工作，切实保障弱势群体的基本生活。

该项工程由市劳动和社会保障局负责制定方案并组织实施。

三、城市化工程

（九）加快惠州大道四期和先科大道建设。2003年内完成惠州大道四期改造工程。加快先科大道建设，力争2004年春节前完工。

（十）改造惠淡大道。按照惠州大道、仲恺大道的建设标准，力争2005年6月底完成全长32.3公里的惠淡大道建设工程。

（十一）推进东江剑潭水利枢纽工程。该工程建成后，将东江水位提高4米，全面改善惠州市区两江四岸景观。该工程力争今冬明春动工，2006年建成使用。

（十二）加快江北江岸整治建设。做好水北村村民的搬迁工作，力争2004年春节前完成搬迁任务。高起点规划、高标准建设，搞好江北江岸整治工程。按百年一遇标准建设3.6公里江岸防洪堤，力争2004年建成一条堤路结合的旅游观光大道。

（十三）推进“水利三大会战”工程。多渠道筹措资金，加大投入，力争用3年时间，按50年一遇标准，搞好城市防洪建设；力争用5年时间，搞好江海堤围建设和大中小型水库除险加固达标建设。

该项工程由市规划建设局和水利局负责制定方案并组织实施。

四、文化建设工程

（十四）建设大学园区。按照省、市提出的建设文化大省和文化大市的要求和思路，在惠州学院附近规划1万亩土地建设大学园区，引进国内外名校进园办校，发展文化产业，为创建文明城市和建设现代石化数码名城提供人才和文化支撑。尽快完成总体规划，积极引进名校，力争早日动工建设。

（十五）推进中专学校办学体制改革。市技工学校以培养石化和电子信息制造业方面的高级实用型技工人才为办学方向，办学规模以中期3000人、远期5000人为目标，2003年内成为省重点技工学校；2006年建成国家级重点技工学校。组建惠州商业学校教育集团并实行授权经营，力争2年内提升为国家级重点中专学校。力争2年内把惠州农业学校提升为国家级重点中专学校。

（十六）创建国家级示范性普通高中。加大投入，推进教育改革，力争在 2005 年前，将市第一中学、市实验中学、市第八中学、惠阳高级中学、惠阳崇雅中学、惠东高级中学、博罗中学等 7 所学校创建为国家级示范性普通高中学校。

（十七）扶助贫困生上学。在落实好省政府对农村困难家庭子女义务教育阶段免收书杂费政策的基础上，市政府每年拨专款 100 万元、县（区）政府拨款 30～50 万元作为市扶助贫困生基金，用于扶助我市困难家庭子女完成义务教育阶段的教育。同时，充分发动社会各界资助贫困生完成各阶段学业，每年资助贫困生 2 万人以上，确保义务教育阶段的学生和考上大学的学生不因家庭经济困难而辍学。

（十八）搬迁市第四中学。搬迁市第四中学校舍至火车西站，解决火车西站及上排片区初中学生入学难的问题。新校建设工程力争 2004 年 8 月完成，秋季开始招生。积极做好市特殊学校的搬迁工作。

（十九）加快慈云图书馆建设。工程占地 4158 平方米，建筑面积 16990 平方米，力争 2004 年 5 月建成使用。

（二十）完善市体育馆设施。加快完善体育馆配套设施建设，力争 2003 年 11 月底前竣工，2004 年元旦投入使用。

（二十一）建设市科学馆。工程用地 2 万平方米，建筑面积 1.2 万平方米，力争 2006 年底建成使用。

（二十二）建设市青少年活动中心和老干部活动中心。力争 2004 年投入使用。

该项工程由市教育局、劳动和社会保障局、文化局、体育局、科技局、老干局和团市委负责制定方案并组织实施。

五、环境保护工程

（二十三）加快市区水质净化工程建设。抓紧惠阳区污水处理厂（6 万吨/日）建设，力争 2005 年建成使用；抓紧梅湖水质净化中心二期工程（10 万吨/日）的规划和建设。

（二十四）加快县城生活污水处理设施建设。力争用 2-3 年时间，完成县城镇生活污水处理厂建设并投入使用。

（二十五）加快中心镇生活污水处理厂建设。用 3-5 年时间建设中心镇、重点镇以及居住人口在 1 万人以上的东江沿岸镇生活污水处理厂。

该项工程由市环保局和规划建设局负责制定方案并组织实施。

六、城乡卫生建设工程

（二十六）加快农村和城市社区卫生服务体系建设。分级投入，用 3 年时间完成全市 34 间镇级卫生院的危房改造工程。力争 2003 年底前在全市农村建立起农村合作医疗制度，合作医疗人口覆盖率达到 15%以上，到 2005 年达到 60%。到 2005 年，改造和新建 10 个城市社区卫生服务中心，66 个社区服务站。

（二十七）提高疾病预防控制能力。兴建集疾病控制、卫生检测、卫生监督、卫生行政于一体的市疾控中心综合大楼，力争 2004 年 10 月前投入使用。2005 年以前重建和改建县级疾控中心，添置县级疾控中心设备，完善卫生监督体系。

（二十八）建立快速、高效的传染病防治应急体系。在现有医院中整合资源，改建一间传染病医院。各县（区）综合医院的传染病区力争在 2004 年按省的标准建成并投入使用。

（二十九）加强医疗服务设施建设。新建占地 4 万平方米、建筑面积 5.4 万平方米的市中心人民医院江北院区。引入市场机制，用 3 年时间建成市妇幼保健院和市皮肤病专科医院。

该项工程由市卫生局负责制定方案并组织实施。

七、交通基础设施建设工程

（三十）加快市区过境公路建设。市区过境公路全线总长 26.14 公里，工程于 2002 年 11 月动工，力争 2004 年底完工。

（三十一）建设惠深沿海一级公路。该项目路线总长约 46 公里，力争 2003 年冬 2004 年春开工建设，2006 年底建成使用。

（三十二）建设惠莞高速公路。全线总长 60.3 公里，按六车道高速公路标准设计，力争工程早日上马建设。

（三十三）加快惠澳铁路二期建设。惠澳铁路二期含澳头站分别至惠州荃湾和中海壳牌南海石化厂区两条支线，力争 2003 年底动工，2005 年建成。

（三十四）搬迁市汽车总站。建设一个占地 15 万平方米的市汽车客运中心站，力争 2003 年底动工，2005 年底建成使用。

（三十五）加大县乡公路建设力度。多渠道筹措资金，加大投入，力争在 2005 年前基本完成县道砂土路改造，2010 年基本完成通行政村公路改造。

该项工程由市交通局负责制定方案并组织实施。

八、社会治安综合治理工程

（三十六）建设市区治安综合智能监控系统。在惠城区七大出口和 9 个重点部位安装治安综合智能监控系统，力争在 2004 年 6 月底前完成。

（三十七）建设综合戒毒基地。2003 年内建成能容纳 2000 人的规范强制戒毒区，争取在 3 年内建成能容纳戒毒人员 3000 人以上的病房宿舍和 2 万平方米标准加工厂房的综合戒毒基地，并在戒毒基地内建设 1000 人规模的安置就业区。

该项工程由市综治办、公安局负责制定方案并组织实施。

附 2：

八项民心工程的补充内容

一、在第一项“农村安居减负增收工程”第一条“确保城乡居民无饥寒”中补充“农村危房改造”的内容，在第一项“农村安居减负增收工程”中增加“农村饮水”方面的内容，共二条。

（一）确保城乡居民无饥寒。从2004年开始，力争用5年时间，对全市10626户农村危房分批进行改造，从年纯收入1500元以下的贫困户入手，先期改造4378户农村贫困户的危房。要加大投入，多方筹集资金，各级财政要补助贫困户危房改造，确保2008年全市农村危房改造全部完成。从2004年开始，用1年时间，解决20户渔民上岸居住的安置问题。

此项工作由市农业局牵头，市海洋与渔业局、市扶贫办协助，提出方案，落实资金并组织实施。

（二）切实解决农村“饮水难”问题。要结合驻村帮扶工作，加大扶贫资金投入，通过寻找水源，合理打井，修建山塘水库和蓄水池，扩建乡镇农村供水管网，加强环保工程建设等多种形式，抓紧解决分布在龙门和惠东两县的 409 个村共 69.5 万人饮水难的问题。

此项工作由市卫生局牵头，市爱卫办、市水利局协助，提出方案，落实资金并组织实施。

二、在第二项“劳动和社会保障工程”中增加“济困助残”、“外来员工合法权益保护”方面的内容，共五条。

（三）进一步完善城乡居民最低生活保障制度。要认真做好低保工作的动态管理，加大低保资金支付力度，逐步提高低保标准。尽快建立农村税费改革后的农村五保户及优抚对象补助抚恤标准自然增长机制，落实在乡老复退军人医疗费用补助和义务兵家属优待补助，从根本上保障五保户及优抚对象与当地人民群众生活水平同步提高。

此项工作由市民政局负责提出方案，落实资金并组织实施。

（四）关心残疾人，发展助残事业。积极推进残疾儿童康复、无障碍环境建设和残疾人优惠扶助计划的实施，力争 2005 年前，全市 10.6 万残疾人及其家庭的生活及康复服务得到明显改善，逐步提高残疾人的入学率、就业率和社会保障率。

此项工作由市残联牵头，市卫生局、市规划建设局、市教育局、市劳动和社会保障局协助，提出方案，落实资金并组织实施。

（五）积极开展社会化救助活动。认真落实国务院《城市生活无着的流浪乞讨人员救助管理办法》，认真做好流浪乞讨人员的救助管理工作。建立完善志愿服务机构，动员全社会力量，对重大伤残、特殊重病、特困家庭等实行社会援助行动，形成有难必助的社会机制。

此项工作由市民政局负责提出方案，落实资金并组织实施。

（六）依法维护外来员工合法权益。从政治上关心外来员工的成长进步，注意吸收先进分子入党、入团。认真执行《劳动法》，健全政府主管部门、工会、雇主三方劳动关系协调机制，保障外来员工在签订劳动合同、最低工资保障、参加社会保险等方面的合法权益。认真解决拖欠职工工资特别是外来员工工资及工伤赔偿问题，及时排解劳资纠纷，吸收外来员工参与职工互助保险。做好外来员工的普法教育和法律援助工作。对外来员工开展多种形式的普法教育。对符合法律援助条件的外来员工，热情提供法律咨询和援助，支持外来员工维护自身权益。

此项工作由市劳动和社会保障局牵头，市总工会、市司法局、市中级法院、团市委协助，提出方案，落实资金并组织实施。

（七）解决外来员工入户、子女入学入托等问题。完善“异地招工”或“农转非”入户管理，积极为符合入户条件的外来员工办理入户。鼓励社会力量办学，扩大招生规模，积极创造条件，努力满足外来员工子女受教育的需求。

解决外来工入户工作由市劳动和社会保障局牵头，市公安局协助；解决外来员工子女入学、入托工作由市教育局牵头，提出方案，落实资金并组织实施。

三、在第三项“城市化工程”中增加“城乡防灾减灾工程（气象）”方面的内容，共一条。

（八）加强城乡防灾减灾工程（气象）建设。要加强气象综合探测系统和探测环境建设，加强气象科学研究和技术开发工作。发展城乡应急公共信息网和数字电视气象频道，加强人工影响天气工作，完善气象依法行政体系。加强部门合作和气象灾害评估系统建设，进一步提高惠州市气象探测、预报、预警能力，最大限度减轻自然灾害损失。

此项工作由市气象局提出方案，落实资金并组织实施。

（何南叶 辑）

第二届“万众评公务”

惠州市“万众评公务”活动领导小组办公室

惠州市第二届“万众评公务”活动从2003年6月17日召开动员大会后，经历宣传发动、实施评议、公布结果、意见反馈、诫勉谈话、考核整改等阶段，与第一届相比，开展评议规模更大，范围更广泛，内容更丰富，方法更科学合理，在社会各界引起震动，得到广大人民群众的支持，促进了机关作风的好转。省监察厅副厅长武田到惠州检查党风廉政建设和反腐败工作后，认为惠州市“万众评公务”活动富有创新性。省委副书记、纪委书记王华元在《广东纪检监察信息》上作了批示，充分肯定了惠州市的“万众评公务”活动。

一、主要做法

（一）领导重视，精心组织。市纪委、市政府办等牵头单位制订“万众评公务”活动实施方案，印发评议意见表，下发《关于开展2003年惠州市“万众评公务”活动的通知》，确定评议意见表发放范围，调整“万众评公务”活动领导小组及办公室。市委、市政府召开了“万众评公务”活动动员大会，惠州市委书记肖志恒、市委副书记、市长柳锦州作重要讲话，市委副书记、纪委书记李汝求作动员报告。市委、市政府领导深入分管工作单位动员部署，检查督促，指导帮助整改。各有关单位主要领导思想重视，工作到位。各单位都成立了评议工作领导小组，制订了工作方案，召开了党委会、干部职工大会、存在问题查摆分析会、专题民主生活会和各种形式座谈会等，落实各项评议和整改。2003年安排被评议单位112个，分为市直党群机关和非执法部门、市直执法部门和“窗口”单位、中央和省属单位三大类参评。各县、区也按照市统一部署开展这项活动。全市上下形成了市委决策，领导亲自抓，社会各界积极参与的工作局面。

（二）发动广泛，参与面广。“万众评公务”活动动员大会后，领导小组办公室于6月19日在《惠州日报》、电视台、电台、政府网站等媒体上发出《关于开展2003年惠州市“万众评公务”活动的通告》，设立“万众评公务”活动公众网和公共投票意见箱，公布“万众评公务”活动的联系和监督电话。各部门、单位利用标语、宣传栏、专题会、简报等形式广泛宣传，动员和鼓励社会各界、各阶层积极参与评议活动。全市有近10万人参加评议，比上年增加5万人。市评议办发放评议意见表4039份，比上年增加1123份。收回评议意见表3435份，回收率85.1%，比上年增加10.5个百分点。收集整理意见1141条，其中表扬意见194条，批评意见772条，建议175条。

（三）公平公正，认真评议。为确保“万众评公务”活动的公平公正，市评议办做到抓住评议内容开展评议不走样，排除各种干扰不迁就，严格把好评分排名关不放松。在操作上，一是在制表发放范围上尽量考虑到社会各个阶层，增加市民代表、企业代表特别是台资企业代表的份额，新增加全国、省、市党代表、人大代表、政协委员参与评议。二是采取有效预防措施，及时排除干扰，避免不公正因素产生。三是对评议办人员和统计人员经常提醒督促，在每个操作环节上都严格把好关。评议办将回收的3000多份《评议意见表》分党代表、人大代表、政协委员、机关、企业、县区和市民等七个类型的填表人进行编码、数据录入统计、计分和汇总，随机抽查复录总错误率控制在国家数据统计允许的范围内，并按照得分高低对被评议单位进行排序。

（四）及早介入，边评边改。各单位把整改贯穿于评议活动全过程，做到边评边改，针对群众反映强烈的热点、难点问题，及时开展便民活动。市公安交警支队举行“警务开放日”活动，向社会许下十项便民服务承诺。市国土资源局结合“全国土地日”，开展“便民服务日”活动。市城管办开展“与群众贴心、让群众称心、使群众放心”服务活动。市计划生育局开展“万人评计生”活动等等，营造争创先进、不甘落后的良好氛围。

（五）疏理意见，狠抓整改。一是分类指导整改。市“万众评公务”活动情况通报会后，市领导、评议领导小组成员和主管部门领导作了分工，对排序末5位和意见较多的单位，采取召开整改动员会、专题民主生活会、座谈会和上门走访等形式，帮助分析排序靠后原因，查找存在问题根源，提出整改要求。同时组织市党代表、人大代表和政协港澳委员到排序末5位和群众意见较多的单位进行视察，督促整改。二是迅速展开整改行动。各单位，尤其是排序末5位和群众意见较多的单位，及时召开党委班子会议，讨论研究整改对策，对群众提出的意见和反映的问题，及时疏理分类，逐条对照检查，分析主客观原因，研究制订工作方案，落实领导分工和责任，明确整改时限。三是坚持边整边改。各单位把整改作为评议活动的重点，注重解决群众反映强烈的热点难点问题。市政法委作出规定，从2003年9月1日起，凡被道路交管“电子眼”拍摄到的交通违章“粤O”、粤警号牌车辆，按规定与用车号牌车辆同等处理。四是建立健全规章制度。规范完善政务公开制、服务承诺制、首问责任制、工作时限制、办事回执制、岗位负责制、领导值岗制等制度。市劳动和社会保障局加大窗口服务部门的政务公开力度，全面实行一次性告知制度。凡手续齐全的一次办理完毕；手续不齐的，耐心解释清楚，发放业务告知书，补齐手续后办理，绝不让群众跑第三趟。市公安消防局实行消防执法错误“一票否决”制，只要查出单位存在一宗消防执法错误，就取消该单位年度评先评优资格。市中级法院研究制订《司法为民、司法护民、司法便民四十二项措施》、《审判流程管理制度》、《文明司法十五项承诺》，通过新闻媒体向社会公布，接受全社会监督。

（六）责任考核，兑现奖惩。评议结果公布后，市委、市政府组织考核组，对排序末位单位的领导班子、领导干部进行责任考核，帮助被考核单位摸清问题，剖析原因，分清责任，落实整改，作出组织调整、黄牌警告、写出检讨、限期改正等处理意见。同时，对评名靠前、分数较高的市委办公室、市政府办公室、市气象局等10个单位进行通报表彰。

二、取得的成效

（一）营造了争创先进、不甘落后的竞争氛围，进一步促进了机关作风的转变。

各部门从群众提出的意见建议着手，采取得力措施，迅速行动，在服务质量、执法水平、办事效率、廉政建设等方面全面加强整改。特别是上年排名较后的和群众意见较多的单位深受触动，提前几个月收集群众意见建议，抓住重点和关键问题，有针对性地开展整改活动，抓好建章立制，落实责任到人，确保整改措施的落实，取得了明显成效。市公安局通过推行“便民服务十六项举措”，结合贯彻执行公安部“五条禁令”、纪律教育学习月等活动，改进工作作风，提高办事效率、服务水平和执法水平。市交警支队举办“警务开放日”活动，结合公安“大讨论”和执法“大轮训”活动，努力创造“建一流警队，创一流业绩”的交警队伍，呈现了全新的面貌。市城管办开展“与群众贴心、让群众称心、使群众放心”服务活动，制作《城管大家谈》电视专题节目，方便了群众，密切了与群众的联系。以上3个单位在第二届“万众评公务”活动中摘掉了末位的帽子。2003年被评为末位的单位和群众意见较多的单位，也不甘心落后，加大宣传力度，转变工作作风，提高服务水平。

（二）提高了办事效率和服务质量，进一步优化了发展环境。

一是促进政务公开，提高办事透明度。各单位加大政务公开力度，将办事内容、办事依据、办事程序、办事条件、办事时限、收费项目、收费依据、收费标准等人民群众关心的事项公布于众，对群众存在的疑问也做好耐心解释，提高了办事的透明度。市劳动和社会保障局把收费标准、收费依据公布上墙，实行亮证收费，深受群众欢迎。二是促进机关作风和工作机制转变，提高办事效率。各部门加强机关作风建设，密切与群众的联系，缩小与群众要求的差距，机关服务态度差、违反服务承诺、延误群众办事的现象得到遏制。城管办加大城管“110”服务建设力度，通过实施24小时受理跟踪落实反馈案件工作制度，较好地解决一批群众关注的热点难点问题。市环保局推行了办事服务承诺制，每半月召开一次局务会，审查建设项目环境影响报告书，确保项目审批等服务承诺真正得到落实，企业反映良好。三是加快行政职能转变，变管理型机关为服务型机关。各部门切实转变行政观念，强化服务意识，推进行政审批制度改革，规范审批程序，简化审批事项，减少收费，下放权力，避免了部门间相互推诿和“吃、拿、卡、要”等现象发生，缩短了审批时间，方便了群众、企业和投资者。市国税局规范办事程序，将有关办税业务前移到办税大厅，提供包括受理、承办、回复等环节的服务，加大职能部门间的相互协调，缩短办税时间，提高了办税效率。

（三）提高了执法水平，完善了执法机制，进一步改善了文明法治环境。

一是加强了执法队伍建设，执法水平不断提高，执法人员执法不严、执法不公、滥用职权、执法粗暴的现象已基本得到遏制。近年来群众反映较为强烈的公安部门对无牌无证驾车上路整治不力，不按规定处理交通事故，随意设卡查车罚款，城监支队着装不整、语言不文明、行为粗鲁等现象都得到较好的解决。二是不断完善行政执法责任制和行政执法过错责任追究制等制度，用制度管人，用规范约束人，不断推动执法部门依法行政和依法管理水平。公安部门以“孙志刚事件”为教训，切实抓好执法规范化建设和“五条禁令”的贯彻落实。市环保局不断完善和严格执行环境执法责任制和执法过错责任追究制，规范执法管理行为，做到依法行政，执政为民，取信于民。

（四）促进了党风廉政建设，进一步强化了广大干部的执政为民意识。

一是促进了党风廉政建设。大多数领导、干部都能正确对待评议活动，正视存在问题，并主动改进，端正了地位观、权力观和利益观，增强了公仆意识和服务意识，提高了工作积极性，树立了崭新的干部形象。各部门以“万众评公务”活动为契机，认真完善和落实党风廉政建设责任制，把源头治理工作纳入责任制，合理分解责任，落实到人。市卫生监督所严格执行行政处罚“四分离”制度，即罚款与缴款相分离制度、卫生审核与现场监督相分离制度、行政处罚与调查取证相分离制度、罚没物品与集中拍卖相分离制度。市环保局从制度入手，禁止任何工作人员特别是领导干部接受可能涉及公务的宴请、钱物和娱乐活动，禁止任何工作人员特别是领导干部参与承领、推荐、介绍环保工作，禁止任何工作人员借监管企业为名，介绍或指定由某一家公司经营供应化工原料，从源头上杜绝腐败的发生。二是密切了党群干群关系。“万众评公务”活动发动面广，群众积极参与，通过评议表、电子邮件、热线电话等各种途径发表意见建议，帮助被评议单位查找问题。被评议单位高度重视，认真查找差距，深挖根源，狠抓整改，并通过在公共场所开展“警务开放日”、“全国国土日”、“便民服务日”、“万人评计生”等活动加强与社会各界的联系和沟通。

三、对排名末位单位的考核结果和处理意见

（一）排名末位单位的责任考核情况。

根据评议结果，市委决定对排序末位的市中心人民医院、市社保基金管理局、市劳动保障局、市电视台进行责任考核。责任考核情况如下：

市中心人民医院　抓队伍建设不够有力，抓医德医风专题教育、抓典型宣传教育以及对医务人员进行世界观、人生观、价值观教育力度不够；规章制度执行不够严，管理工作不到位，班子成员工作作风不够深入，管理与业务“双肩挑”协调处理不够好；监管工作不到位，对违反规章制度的人和事处理不严，尤其是对医务人员收受“红包”、随意开“检验单”、“大处方”问题，没有采取强有力的措施予以查处，当“老好人”，有怕得罪人的思想；医院的机构、体制改革以及人事、分配制度的改革力度不够大，优胜劣汰的机制没有很好地建立和健全起来，医务人员缺乏危机感和竞争意识，个别医务人员服务质量不高，办事效率低，服务态度差，对群众感情不深，对病人冷漠，未能耐心解答病人提出的问题。中心医院领导班子在这些问题上应负主要责任，院党委书记、院长应负主要领导责任，其他领导班子成员也应负相应的领导责任。医务人员个人负有直接责任。

市社保基金管理局　班子业务不够熟悉，抓队伍教育和管理不够有力，队伍素质较低；制度不够完善，没有形成严格的层层管理的责任制，有些工作人员作风松散，没有严格按规定办事；与其它部门之间沟通协调不够，关系不够顺畅，办事程序繁琐；部分工作人员服务意识不强，服务质量不高。个别同志宗旨意识不牢，对群众感情不深，办事讲条件、摆架子，在一定程度上存在门难进、脸难看、事难办的现象；对社保政策宣传不够，群众对社保的相关政策规定和办事程序了解不多、不理解，甚至产生误解。市社保基金管理局班子在这些问题上应负主要责任，局的“一把手”应负主要领导责任，其他班子成员也应负相应的领导责任。

市劳动保障局　班子抓队伍建设的力度不够大，班子成员“老好人”思想比较突出，对下面科室和工作人员不能大胆管理，教育不严，帮助不力，指导不到位。制度不够完善，管理不够到位，作风不够扎实。工作布置多，检查督促少，分工不够具体，责任不明确；局班子听汇报多，深入科室、窗口了解具体情况较少，对科室的业务指导不够，对劳动保障的新情况、新问题、新办法研究不够。队伍素质不高，结构不够合理。部分干部职工年龄偏大，文化程度偏低，业务不精，政策水平不高，能力较差。对干部职工开展全心全意为人民服务的宗旨教育不够深入扎实，一些干部职工的宗旨意识较为淡薄，对群众的感情不够深，个别工作人员态度较差，服务质量不高。少数工作人员，尤其是近两年新调进来的个别同志，缺乏学习培训，业务不够熟练，服务意识、法律意识不强，处理问题随意性较大，透明度不够高，执法水平较低。市劳动保障局班子在这些问题上应负主要责任，局党委书记、局长应负主要领导责任，其他班子成员也应负相应的领导责任，有关科室、“窗口”单位负责人及具体工作人员应负直接责任。

市电视台　班子成员创新意识不强，对如何把电视节目办成贴近生活、贴近实际、贴近群众的“三贴近”认识不足，办法不多，措施不够得力；抓队伍建设、抓员工职业道德教育不够有力，执行规章制度不够严，管理不到位，不敢理直气壮地抓管理，存在“老好人”思想；激励机制没有形成，存在“吃大锅饭”现象；经营管理意识不强，创收能力较弱；电视节目品位不够高，节目质量较差，有的广告把关不严，影响惠州形象；新闻节目中会议新闻和领导活动的内容相对较多，时间相对较长，而面向群众，与普通百姓密切关注的焦点、热点、难点问题报道偏少。人员调入把关不够严格，对干部职工业务培训少，部分干部职工整体素质不高。电视台党总支、领导班子在这些问题上应负主要责任，

台党总支书记、台长应负主要领导责任，其他领导班子成员也应负相应的领导责任，干部员工个人负有一定的责任。

（二）对排名末位单位的处理意见。

根据市中心人民医院、市社保基金管理局、市劳动保障局、市电视台等单位的不同情况，市委作出以下处理决定：

调整市中心人民医院班子 组成政治、理论、业务水平高，管理能力强，有责任心和事业心的新领导班子；责成该院限期 3 个月整改，并将整改情况以书面形式报告市委、市政府；同时，责成市卫生局帮助该院加大改革力度，提高思想认识，认清形势，采取有力措施，进一步抓好班子的自身建设和队伍建设，不断提高班子成员领导、管理能力，有计划、有步骤地对医务人员进行教育和培训，不断提高医务人员整体素质；加大整改力度，切实把中心人民医院建设成为医疗技术高、医德医风好、服务质量优、就医环境好、群众满意的一流医院。

给予市社保基金管理局“黄牌”警告 市领导对该局领导班子成员实行诫勉谈话。责成该局“一把手”就“万众评公务”评议结果写出深刻检讨；同时，责成限期 3 个月整改，并将整改情况以书面形式报告市委、市政府。帮助该局班子提高思想认识，吸取教训，增强凝聚力和团队精神，采取有力措施，进一步转变观念，改进工作作风，重塑社保新形象。

给予市劳动保障局“黄牌”警告 市领导对该局领导班子成员实行诫勉谈话。责成该局“一把手”就“万众评公务”评议结果写出深刻检讨；同时，责成限期 3 个月整改，并将整改情况以书面形式报告市委、市政府。帮助该局班子提高思想认识，认清问题，查明原因，增强凝聚力和团队精神，采取有力措施，进一步转变观念，改进工作作风，以新的形象取信于民。

给予市电视台“黄牌”警告 市领导对该台班子成员实行诫勉谈话。责成该台“一把手”就“万众评公务”评议结果写出深刻检讨；责成限期 3 个月整改，并将整改情况以书面形式报告市委、市政府。帮助该台班子提高认识，吸取教训，增强凝聚力和团队精神，采取有力措施，进一步转变观念，改进工作作风，树立新闻队伍良好形象。同时，责成市广播电视局督促市电视广告中心、市有线电视网络中心对存在问题进行整改。

四、建立“万众评公务”的长效监督机制

为自觉接受人民群众监督，与人民群众保持紧密联系，拓宽民众反映意见的网络渠道，促进民主评议行风工作经常化、制度化，进一步规范“万众评公务”活动，市委、市政府制订出台《惠州市“万众评公务”活动暂行规则》，在建立“万众评公务”活动长效监督机制方面进行了积极探索，提出了明确要求。

（一）建立激励机制。把“万众评公务”评议结果与各单位的“评先创优”结合起来，对“万众评公务”评比前五名的单位公开表彰。“万众评公务”排名末五位的单位，不能参与当年各种“评先创优”活动，不能授予“文明单位”、“优秀党支部”等光荣称号。采纳、重视群众意见并改正得好的单位被群众认可后，下一年度才能参与“评先创优”活动。“万众评公务”评议结果与党政干部的“评先创优”结合起来，在“万众评公务”活动中被评为末位的单位，领导班子成员在当年的年度考核等各种评比中不宜评为“优秀”档次。规范奖惩制度，做到奖罚分明，特别是在岗位津贴等待遇方面拉大奖励差距，对成绩显著、有突出贡献的有功人员给予重奖，进一步提高带头人和骨干力量的工作积极性。

（二）建立和完善竞争机制。党政机关的干部工作必须引入竞争机制，建立和完善交流轮岗和竞争上岗的工作制度，让能者上、平者让、庸者下，激发干部危机感和努力工作的责任感。把好进人关和用人关，重点单位、重点岗位要定期进行交流轮岗。尤其是在“万众评公务”活动中排末位单位的领导和中层干部必须加大交流轮岗的力度，以便及时发现和解决问题，堵塞漏洞，扬长避短，避免产生新的工作失误和更加严重的问题。把“万众评公务”的评议结果作为选拔任用干部的重要依据，对群众不满意的干部进行调整处理，对群众公认政绩突出的干部给予提拔重用。

（三）建立责任追究机制。“万众评公务”活动不能走过场，必须建立责任追究机制。根据评议结果，对群众意见较多和被评为末位的单位进行诫勉谈话或重点责任考核，给予提醒、警告直到对该单位的主要领导进行末位淘汰或组织处理。各部门要在制度规范约束人上有新突破，切实落实责任制，明确职责，一级抓一级，层层抓落实，保证各项制度的落实。对违纪违规的问题既要追究主管领导的责任，又要追究具体人的责任，严肃纪律，决不姑息。

（四）建立提前预警机制。通过“万众评公务”等形式，广泛动员人民群众参与监督，营造群众主动参与监督的氛围，建立起使干部不犯或少犯错误提前预警机制。通过“万众评公务”活动，加大勤政廉政教育的力度，提前打招呼，促进党风廉政建设和干部制度改革向纵深发展。

（五）建立利民便民服务机制。一是继续深化政务公开，努力推进依法行政。各部门、各单位要在全面实行办事内容、办事程序、办事权限、办事时限、办事结果“五公开”的基础上，进一步实行决策预告制和公示制，为企

业提供诚实守信、法制规范、公平安全的市场环境。加快电子政务建设，提高政府工作效率。市政府要继续办好公众网站、“市长电子信箱”、“万众评公务网页”，逐步建立完善市行政效能投诉机构，受理各级行政机关及其工作人员履行职能的质量、效率和工作作风等方面的投诉，协调组织处理存在问题及申诉。二是改善投资环境，提升投资服务水平。要进一步完善和拓展投资服务中心的服务职能，完善“一站式”服务窗口，为公有企业、“三资企业”、民营企业提供咨询服务、政策解答、受理投诉、协调解决问题等，实行联合年检办公、现场办公。以最快捷的办事效率和优质的服务，降低投资者投资成本。三是加快机关职能和作风的转变，提高办事效率和服务水平。深入开展行政审批改革工作，继续清理、削减行政审批项目，规范行政事业性收费，坚决取消各种不合理的行政收费、罚款和摊派，并向社会公示。机关工作人员要牢固树立公仆意识，切实保障人民权利，做到政令畅通，廉洁奉公，高效务实，利民便民。

中海壳牌南海石化项目建设进展顺利

2003 年在市委、市政府的正确领导及各有关部门的大力支持下，中海壳牌南海石化项目的各项工程均按进度安排，顺利进入全面建设期，向建设具有世界级规模和水平的石化工业区迈出坚实的一步。大亚湾石化工业区规划建设顺利进展，一批中下游外资项目落户大亚湾。

南海石化项目进入全面建设期

项目进展　截至 2003 年底，中海壳牌公司已签定 129 个工程建设合同（约占应签署合同总数的 77%）。已完成总工作量的 43.4%。完成投资总额 14.13 亿美元。其中 2003 年全年完成投资总额 9.3 亿美元。约 1.1 万人在项目场地进行施工，1900 多人在世界各地从事项目设备的采办工作。场地内多个装置及界外工程的多个工作面正进行各种基础、管廊架、地下管道及部分地面结构的施工。重件码头已正式启动，已有两船主要设备通过重件码头运抵项目场地。已投入 2000 万人工时，损失工时事故率为 0.06，控制目标是在 0.5（即每百万个人工时发生 0.5 次损失工时事故）以下。2004 年 3 月后将进入建设高峰期，预计 2～2.5 万人在现场施工。

征地拆迁安置　中海壳牌南海石化项目征地拆迁安置工作于 2000 年 11 月正式展开，涉及征地共 1.77 万亩，安置东联和岩前两个行政村共 2707 户、8351 名村民先后迁入上杨和黄鱼涌两个新安置区，在两年的过渡期内，每人每月发给 200 元生活补助费。安排 600 多名搬迁村民在中海壳牌项目场地及其他服务行业就业。将价值 1036 万元的市场转交给村委会经营。安排 46 万平方米土地让村委会的公司承建招商造价在 50 万元以下的小项目。中海壳牌南海石化项目征地拆迁工作全部完成，搬迁村民生产恢复，生活稳定。

安置区工程建设　在市、区建设部门和各有关单位的共同努力下，圆满完成总面积达 70 万平方米的上杨和黄鱼涌安置区工程建设任务。安置区村民独立住宅完成 1593 栋，建筑面积 144902 平方米；建成安置区公寓楼 11 栋计 452 套房，建筑面积为 77966.22 平方米；建成学校 2 所，总建筑面积达 14763.5 平方米；教师公寓 2 栋，面积为 5872 平方米；建成市场 2 栋，面积为 11706.81 平方米；建成幼儿园 3 所，面积为 5340.59 平方米。同时，按城市小区的规划要求，建成了完善的供电、供水、通信、给排水、有线电视、市政道路等基础设施工程。

大亚湾引水工程　大亚湾引水工程于 2003 年 10 月正式动工。由东江至风田水库再送至石化区全长 55.98 公里、取水流量为 4.8 立方米/秒、日供水量达 33 万吨。东江至风田水库段 47.74 公里，投资 3.87 亿元，由广东省水利水电建设有限公司投资、建设和营运，计划 2004 年 12 月底建成投入使用。风田水库至石化区段 8.24 公里，双管铺设，投资 1.37 亿元，由市投资管理公司投资建设，计划 2004 年 10 月建成投入使用。全线工程保证在 2005 年 1 月前建成投入使用，确保中海壳牌石化项目 2005 年下半年试车和投产用水需要。

供电　依据地方政府与中海壳牌公司签订的《供电合同》规定，在生产期内由风田、秋长两个 220KV 变电站组成的双回路 110KV 输电线路供电系统向南海石化项目提供容量 30MW 电力及备用容量 40MW 电力，并保证供电的连续不间断和安全、稳定、可靠。风田变电站至南海临时变电站110KV输电线路已于2003年7月15日投产运营。秋长变电站至南海临时变电站110KV输电线路正在进行征地拆迁工作。同时，大亚湾石化区内岩前110KV变电站全线施工正在逐步展开。

惠澳铁路　惠澳铁路将从京九线惠州站接轨，终至惠州大亚湾澳头镇，全长52公里，建设总投资7.68亿元。惠澳铁路已于2003年12月3日通过工程初步验收，工程质量达到优良，2004年1月8日开通运营。惠澳铁路二期工程——进港铁路于2003年12月中旬开工建设。中海壳牌铁路专线线路长度约4公里，从澳头站接轨，铁路等级为工业企业铁路III级，预留II级。

石化工业区规划建设顺利进展

规划和总体设计　2001年初，工程建设指挥部正式委托上海医药工业设计研究院编制大亚湾石化工业区总体规划。2001年8月9～10日，省发展计划委员会和惠州市政府联合召开惠州大亚湾石化工业区总体规划（城市规划和产业规划部分）第一版成果评审会。与会专家一致认为第一版成果达到了规定深度，予以评审通过。2002年底和2003年底，上海医工院分别完成第二版和第三版总体规划，并获得专家评审通过。《惠州大亚湾石化工业区区域环境影响评价报告》由国家环保总局华南环科所编制完成，并已通过专家评审后获省环保局批准。《大亚湾石化工业区环境保护规划》已通过省环境技术中心组织的专家评审，上报省环保局审批。《大亚湾石化区防洪（潮）规划》已于2002年11月19日获得专家评审通过。大亚湾石化工业区发展集团公司经过公开邀请招标，确定中国寰球工程公司为大亚湾石化区的总体服务单位，并同时委托进行石化区控制性详细规划的编制工作。

基础工程　为解决开发资金不足，降低开发成本和投资风险，遵照市委、市政府的指示，大亚湾区委、管委会决定将大亚湾石化区分成东西两部分分别进行协作开发。2003年9月28日，石化发展集团与惠阳联宏投资有限公司签订石化区（东部）协助开发合同，联宏公司已全面介入石化区东部工程的建设与管理，大大加快了石化区内工程项目的施工进度。11月23日，石化发展集团与深圳市绿湾投资有限公司签订《惠州大亚湾石化工业区西部区域土地开发协作合同》，拉开了石化区西部土地平整、基础设施建设的序幕。

石化区内的填海工程、澳霞大道改建、岩前河和柏岗河河道整治、临时道路工程、临时供水工程、MMA项目场地平整、欧德油储项目用地围堰修筑工程、滨海大道与石化区主题公园规划设计等工作按计划顺利推进。

其它主要项目

南海石化1200万吨炼油项目　该项目可行性研究报告于2002年12月上报国家发展与改革委员会，国家发展与改革委员会已委托中国国际工程咨询公司进行了评估。项目环境评价报告于2003年3月上报国家环境保护总局，于5月19日通过国家环境保护总局审查。该项目已列入中国能源发展新战略规划，确定为我国在“十五”期间新上的两个炼油项目之一。

LNG电厂项目　LNG电厂一期工程3台350MW燃气-蒸汽联合循环机组，最终规模6台350MW机组。该厂同时获得大亚湾石化工业区热电联供项目，正规划建设4台175MW燃气-蒸汽联合循环热电联产机组为石化区提供蒸汽服务。2003年10月11日，国务院批准了广东LNG一体化项目。LNG电厂项目可研报告已于2003年7月17日通过国家发展和改革委员会委托中国国际工程咨询公司的评审。该项目初步设计工作已经展开。项目场地平整工程于2003年2月28日开工，预计2004年6月基本完成。发电项目主要设备已与外商签订供货合同，预计第一台机组将于2006年建成并投入商业运行。热电项目按用汽方要求，计划于2005年8月向大亚湾石化工业区供汽。

石化中下游项目　在中下游项目招商方面，在中海壳牌公司的大力协助下，经过3年努力，日本三菱丽阳MMA项目、美国科腾化学SBS项目及美国普莱克斯气体公司工业气体项目、欧德油储码头仓储项目、LNG电厂工业蒸汽项目等一大批中下游项目正式落户大亚湾。此外，德国巴斯夫公司、美国哥伦比亚化学公司、沙多玛公司、台湾石化合成公司、荷兰阿克苏.诺贝尔公司、日本三菱化学公司均对相关的石化中下游项目进行深入研究，有望作出投资决策落户大亚湾石化工业区。

（钟志明　李秀屏）

惠州大道改造工程基本完工

实施惠州大道改造工程是惠州市委、市政府为改善惠州交通环境，美化惠州，提高惠州整体形象，促进沿线地区的经济发展而作出的决策和部署，是惠州市政建设工程重点项目和八项民心工程之一。惠州大道改造工程全长 18.1 公里，总投资规模达 20006 万元，分四期实施。2003 年底，改造工程已基本完工。经过全线整治，惠州大道路面宽阔整洁，交通顺畅，景观优美，配套完善，已成为惠州市目前规模最大、档次最高、品位最优的精品样板路。

惠州大道首期改造工程于 2001 年 8 月开始动工，2002 年 11 月底完成第一、二期的改造建设，第三、四期工程分别于 2003 年 2 月和 9 月陆续推进。首期工程从新开河桥至三新市场，全长 4.3 公里。第二期工程于 2002 年 9 月 1 日动工，当年 11 月底完工。实施路段从三新市场至惠州火车北站，全长 3.2 公里。第三期工程从 2003 年 2 月开始实施，实施路段从新开河桥延伸至惠澳大道立交路口，全长 1.5 公里。第四期工程于 2003 年 9 月 10 日正式启动，起点为火车北站站前广场，终点为汤泉景区，全长 9.1 公里。工程建设全面铺开，到 2003 年底工程主体部分基本完工，2004 年春节后可全面竣工通车。

惠州大道改造工程实施项目包括房屋拆迁、残旧路面维修、道路扩建、绿化设施、路灯亮化、排水设施等，并涉及包括供电、供水、电信、部队等各种管线设施。实施重点以拆迁、道路、路灯、绿化为主。

惠州大道总拆迁面积为 3.1 万平方米，拆迁总金额 3000 万元。其中：拆迁补偿 2800 万元，涉及拆迁单位 22 个，居民 250 户，其中多为村民，全部为合法产权房屋。拆迁的重点难点是与村民打交道多，门市店铺多，补偿标准相对偏低。动迁工作人员加班加点，齐心合力，积极高效地做好拆迁工作，耐心劝解一些“钉子户”转变思想，保障了惠州大道建设的顺利进行。

为确保道路铺装质量，惠州大道路面施工首先采用水泥混凝土结构路面拉毛，然后采用改性沥青混凝土罩面进行全面铺装，全线共铺装改造沥青路面面积 29 万平方米。铺装人行道采用机制预制砖总面积 11.2 万平方米。为顺利完成各种管线迁移工作，保证道路工程能按时开工，市公用事业管理局成立管线迁移工作小组，由一名局领导任组长，专门负责扩建工程管线迁移的协调实施工作，经过多方面的组织协调，较好地完成了各种管线迁移任务。路灯安装力求新颖，造型美观，高标准、高规格全面实施，完成投资共 1132.79 万元，主体工程以安装 8 米、10 米、13 米双头飞碟灯为主，还有 14 米三盏头射灯、25 米高杆灯分隔于中间绿化带间，整条大道灯光璀璨，焕然一新。

全面建设绿地和拓宽绿化带，绿化实施注重近期效果与远期效果相结合，确保最佳的绿化效果。采用规划式布局造景，以红花、黄花及红叶为主色调，配以球形和圆柱形灌木及两排高大乔木。绿色主调品种有大王椰子树、长叶榕柱、小叶榕、加拿列海枣。用红花、灌木作为基色调，主要有希美丽、大花美人蕉、花叶假连翘、黄榕、毛杜鹃等品种。

惠州大道是经过惠州市的重要过境公路 G324 国道的一段，为提高市政建设的档次，已将道路宽度控制扩展。其规划设计要求是：规划红线控制宽度为 130 米，其中包括人行道 2×5M，慢车道 2×3.5M，两侧分隔带 2×3.25M，主车道 2×11.5M，中间绿化分隔带 8M，两侧绿化走廊道 2×26M。一期为两侧双车道，二期按一期道路断面设计，为双向 6 车道，从三环路与惠州大道交汇处至火车北站，改为双向 8 车道设计，三期、四期的主车道宽度不变，道路两边增宽慢车道和人行道。整体道路通畅，规划宽度扩展辅助了车道的空间。惠州大道的建成，对提升惠州市城市建设的档次和品味，推动沿线区镇的经济发展，特别是对促进汤泉旅游开发区的发展有着举足轻重的意义。

（叶韶阳　何　霞）

中国惠州第二届国际数码节成功举办

2003年4月16日，备受国内外瞩目的中国惠州第二届国际数码节在市体育中心隆重开幕。出席开幕式的有：全国政协副主席李蒙，原全国政协副主席叶选平；中国人民解放军总装备部科技委顾问叶正大中将；全国人大华侨委员会副主任张帼英；全国政协常委、香港太平绅士、香港广东社团联合总会会长余国春；国家商务部司长王淑敏；广东省委副书记欧广源，省人大常委会副主任李近维，副省长宋海，省政协副主席彭禹贤；原广州军区政治部副主任邓正明少将；中海壳牌石油化工有限公司副总裁翟鸿兴；韩国驻广州总领事申铉洙；市委书记、市人大常委会主任肖志恒，市委副书记、市长柳锦州，市政协主席汤聘辉等。国家有关部门、广东省有关部门领导，港澳台知名人士，省内各兄弟城市有关负责人，海内外客商，惠州市四套班子其他领导以及干部群众，上万人参加开幕式。因公不能前来的原全国人大常委会副委员长布赫、广州军区司令部参谋长叶爱群，北京大学校长许智宏，北大青鸟集团中国科学院杨芙清院士、王阳元院士发来贺电。

欧广源在致辞中首先代表省委、省政府对中国惠州第二届国际数码节的成功举办表示热烈的祝贺，向前来参加这次活动的海内外嘉宾表示热烈的欢迎。欧广源说，中国惠州第二届国际数码节不仅是惠州市的盛会，也是广东省的一次重要经贸活动。省委、省政府十分重视信息产业的发展，电子信息制造业已成为广东省工业的第一大支柱，产品产量和规模位居全国前列。惠州作为广东省主要的电子信息制造业基地之一，在加快我省信息产业的发展中起到了重要作用。欧广源指出，改革开放以来，惠州的数码信息产业加速发展，引进一批国际著名的电子信息企业，培养一批本地的大型电子信息企业，成为全省乃至全国重要的电子信息产业大市，成为国际性电子信息制造基地。惠州举办国际数码节为国内外的数码信息企业界提供观摩、交流、合作的大好机会，也为展示惠州及广东的风采，让世界更加了解惠州和广东，为推动信息产业发展打造了一个很好的平台。广东省委、省政府全力支持惠州办好每一届国际数码节，力争办出特色、办出成效，一届比一届办得更好、更隆重、更精彩！欧广源最后说，“数码时代，宽广未来”，衷心希望惠州人民抓住机遇，再接再厉，加快数码信息产业的发展，积极推进新的发展潮，为广东建设经济强省、全国建设小康社会，率先基本实现社会主义现代化做出新的更大贡献。希望海内外各界朋友踊跃到惠州、到广东参观考察、投资兴业、共展宏图！

柳锦州发表了热情洋溢的开幕词。他说，惠州举办国际数码节，目的是全面展示世界最新的数码信息产品，交流世界先进的数码信息技术，研讨数码信息技术的发展方向，聚集和引进更多数码科技人才。在数码信息技术飞速发展，数码信息产业正在成为我们走新型工业化道路的巨大推动力的今天，举办有众多国内外知名电子信息企业和科研机构参加的国际数码节，对促进中国电子信息科技和制造业的发展，是非常有意义的。柳锦州说，惠州是一座历史文化名城，又是一座新兴工业城市，上年全市实现国内生产总值525亿元，工业总产值1249亿元，其中电子信息产业产值560多亿元，占46%，使惠州成为全国重要的电子信息制造业基地。目前来自世界35个国家和地区的投资者在惠州办起了8000多家“三资”企业，世界500强企业有17家落户惠州，累计实际利用外资超过100亿美元。随着大批海外财团和跨国公司的进入，以及一批新型国有大企业集团国际化进程的不断推进，惠州日益融入全球经济链，在更高层次上参与国际市场分工，逐步发展成为一个国际性的数码信息产品重要的制造基地。柳锦州说，进入新世纪，惠州掀起了新的发展潮。上年11月，中海壳牌南海石化项目全面动工建设，奠定惠州百年发展格局。LNG天然气发电厂、象头山抽水蓄能电站等一批重量级大项目的立项、建设，更使惠州如虎添翼。我们计划到2010年全市国内生产总值达到1700亿元，比2000年翻两番，努力把惠州建成经济强市和文明城市，全面建成小康社会，率先基本实现社会主义现代化。展望未来，惠州有着广阔的发展空间和无限的发展机遇，我们诚邀海内外朋友来惠投资创业，携手共创更加美好的明天。

为期5天的中国惠州第二届国际数码节在圆满完成各项预定活动，达到预期目标后，于4月20日下午辉煌落幕。本届国际数码节取得丰硕成果，招商引资、项目洽谈、重点项目及贸易成交的总额都达到新的水平，在国内外都产生了积极的影响，进一步凸现“数码惠州”这一城市品牌。

本届国际数码节共有来自11个国家和地区的199家企

业参展，共展出五大类上千种高新尖数码技术产品。参观展馆人数超过 15 万人次，其中有相当一部分参观者来自海内外及本省周边城市。

本届国际数码节期间共签约项目 197 个，引进外资、内资、重点项目及贸易成效额累计突破 41 亿美元。其中，外商投资项目 109 个，投资总额 12.9 亿美元；国内投资项目 2 个，总投资 1.8 亿元人民币（折合 0.22 亿美元）；国际数码节现场签约企业有 16 家，签约项目 85 个，合同（意向）金额 14.97 亿元人民币（折合 1.80 亿美元），贸易成交额 2.78 亿元人民币（折合 0.34 亿美元）；达成重点项目协议 1 宗，由北京国华电力有限责任公司、惠州市人民政府合作建设“国华惠东电厂”，投资总额达 220 亿人民币（折合 26.58 亿美元）。

本届国际数码节举办了院士报告会、“数码时代的工业设计”论坛、“工业生产信息化与新经济”研讨会。中国科学院院士张景中、中国工程院院士牛憨笨以及中国设计界、信息产业界知名专家、学者、教授、知名企业高层人士等分别作了学术报告和精彩演讲。

本届国际数码节举办了大型文艺晚会——“相聚 e 时代”，著名歌手彭丽媛、黄安、张咪、屠洪刚、汤灿、田震、潘美辰、张镐哲等登台献艺。此外，还举办“德赛杯”全国机器人大赛及表演、航模表演，为本届国际数码节营造了浓郁的节日气氛。

本届国际数码节期间，还举行了人才交流活动及惠州市首届 IT 人才交流会。惠州市部分大企业集团、行政事业单位、各县（市、区）共 500 多家用人单位进场设点，招聘人才，吸引了省内外 5000 多名求职者前来应聘。

来自海内外的 70 多家新闻媒体 160 多位新闻记者现场采访了本届国际数码节，并以国际化的新视角对惠州进行深入、全面、大量的报道，极大地提高了惠州知名度和美誉度，“数码惠州”的城市品牌形象更具现代文化底蕴，更加深入人心。

（何南叶）

惠州体育馆落成

惠州体育馆是惠州市人民政府投资兴建的一座综合性、多功能的现代化体育设施。2001 年 11 月 23 日动工兴建，2004 年 2 月 8 日竣工。总占地面积 15 万平方米，建筑面积 3.2 万平方米，总投资 2 亿多元。

体育馆位于江北云山西路南侧，市行政中心对面。建设内容包括主体育馆、训练馆、会议中心、商业服务房、音乐喷泉及停车场等设施。主馆钢网架纵向最大跨度 126 米，横向跨度 112 米。馆内设 6554 个座席，具备一流的灯光、音响、智能网络、电子屏幕、中央空调，国际标准的木地板，伸缩自如的活动看台和座椅。馆外有相互贯通的绿色庭院。主馆两侧有商业服务房，房顶采用拉膜结构，以 10 个羽状的飘逸形体和洁白的色调，强化了体育馆的总体形象。主馆广场视野开阔，两个半月形的音乐喷泉和体育雕塑对称融合，四周绿地、树木、花草环抱，与主馆有机呼应。

体育馆总体造型突出鹅城形象化标志，整个建筑形似洁白高雅、展翅高飞的天鹅，象征惠州文明建设突飞猛进的新形象，体现了健与美的鲜明特征。

2004 年 2 月 8 日市体育馆全面竣工，惠州市委、市政府举行隆重庆典活动。市委书记柳锦州和市委副书记、代市长黄业斌执笔为醒狮点睛，宣告了惠州市标志性建筑之一的市体育馆在经过 3 年多的紧张建设后全面竣工。省体育局副局长田新德，市领导刘耀辉、黄柏青、黄雁行、陈幼荣、陈恩强、庄志鹏、易敬典、黄锦辉，省彩票管理中心主任麦良，象棋特级大师吕钦等出席庆典仪式，并为市体育馆落成剪彩。各兄弟市体育局局长到场祝贺。黄业斌在庆典仪式上作了重要讲话。他表示，惠州市将深入贯彻落实党的十六届三中全会精神，统筹经济社会发展，加快全市体育事业和体育产业发展。他要求全市体育部门以此为契机，大力开展群众性体育活动和全民健身运动，为惠州市全面建设小康社会做出新的贡献。

（胡新民）

大 事 记

责任编辑：吴世忠

1月

1日 东坡纪念馆修葺竣工，开馆预展。

△惠州数码商业街落成。

△惠阳市镇隆中学教导主任李玉强收藏的万余枚古钱币，在该校展出。

3日 京九铁路南端支线惠澳铁路全线铺通。

△中国民生银行与市政府在深圳签订全面合作协议，为惠州民营经济的发展提供全方位的金融支持。

7日 市妇联七届五次执委（扩大）会议动员和组织农村妇女依靠科技致富，推进产业结构调整和城镇改革。

9日 惠州检验检疫局对受聘于惠州某企业的尼日利亚籍丹某作传染病监测时，发现丹某HIV-1抗体阳性，广东出入境检验检疫局确认丹某为艾滋病病毒携带者，于13日提请惠州公安机关令丹某出境。

10日 惠州火车北站新站场正式启用。

中旬 中央电视台《走遍中国·惠州专辑》摄制组抵惠州，作为期15天的采访、拍摄。4月14日央视开始播出。

△中国远洋运输集团开通惠州港至世界各地的国际航线。

11日 中共惠州市委召开七届八次全体（扩大）会议，动员全体共产党员和干部、群众，抢抓机遇，实现惠州经济社会发展新跨越，实现惠州在2015年全面建成小康社会目标。

12日 由肖志恒、柳锦州等29人组成的惠州市代表团赴广州出席广东省第十届人民代表大会。

14日 全市安全生产工作会议召开，强调抓好春节、春运和全国、全市“两会”期间安全保卫。

△中海壳牌石化销售有限公司在中国工商银行惠州市分行开立人民币基本账户。

15日 省长卢瑞华与惠州市出席省十届人大会议的代表们一起讨论政府工作报告，指出南海石化项目的建成，惠州大亚湾完全有可能、有条件成为广东、中国乃至东南亚的一个相当先进的工业基地。

16日 惠州市柳锦州、李东生、陈雪英、黄细花在省十届人大一次会议上，被选为广东省出席第十届全国人民代表大会的代表。

17日 惠州市八届人大常委会第三十九次会议召开，审议批准市区管道燃气价格调整方案。

1月17日～2月25日 春运期间，惠州市安全运送旅客269.47万人次，实现春运工作目标。

18日 全国人大常委会副委员长吴阶平抵惠，出席在惠州召开的中医中药全蝎生物克癌疗法成果汇报会，并为中医院肿瘤、老年病康复中心的中医中药克癌疗法专区挂牌揭幕。

△以西蒙·罗德威尔为团长的英国中英贸易委员会投资环境考察团一行12人抵惠考察访问。

20日 上年12月25日动工的北丰湖整治工程告竣，并于1月21日开始复水。

21日 市委组织部在麦科特酒店举行市管拔尖人才新春座谈会，表彰和奖励万明坚等12名2002年度优秀市管人才。

23日 惠州购书中心开业。

△惠州市中级人民法院受省高级人民法院委托，依法对轰动全国“10·8”特大研制冰毒案进行终审宣判，判处林棋桐、李雪岚死刑，伍其昌死缓。

25日 省人大常委会副主任李近维率慰问团来惠州慰问水库移民困难户。

26日 惠州市政府发布《关于惠州市城区国有土地使用权分割转让及登记实施办法》。

27日 惠州市政府上报《关于调整惠州市行政区划的请

示》省政府讨论通过。3月6日国务院以国函[2003]36号文签发《国务院关于同意广东省调整惠州市行政区划的批复》，撤销惠阳市，设置惠州市惠阳区，行政区划调整后，惠州市辖惠城、惠阳2区和惠东、博罗、龙门3县。6月10日，惠阳区挂牌。惠阳撤市改区，成为惠州市中心城区的一部份。惠州市成为市区面积2600多平方公里，人口140多万的广东二类沿海城市。

△粤惠阳16104号渔船在大亚湾海域发生海难事故，除1名女船员获救外，其余15名船员失踪。

2月

8日　春节后上班的第一天，市委召开第一次市委书记办公会，研究部署非典型肺炎防范工作。

11日　搭乘“神州四号”宇宙飞船遨游太空的4个“太空种子”返回博罗。

△中国歌舞团首次来惠州演出。

12日　“中海壳牌”主要装置3个EPC（设计、采办、施工）项目总包合同，在天悦大酒店签字。

13日　市委、市政府办公室发出《关于破除谣言维护市场秩序和社会稳定的紧急通知》，制止由于防非典，盲目抢购食盐、药品、大米和醋等现象。

14日　市民活动中心（市民乐园）建设工程启动。

2月14日～5月6日　在全国抗击“非典”期间，惠州市中心人民医院和惠阳市第一人民医院共接收的10名非典病人，至5月6日全部康复出院。

15日　惠州市在博罗县龙溪镇发现首例输入性非典型肺炎病例。

20日　惠州市区东江河段175户834人船民即日起陆续上岸居住，至3月20日获妥善安置。

20～22日　市委、市政府在香港举行投资环境介绍会，介绍惠州的自然、人文环境和经济社会发展情况。

23日　越南总理智囊团访问惠州。

25日　省工商银行为南海石化项目提供20亿元贷款，在惠州宾馆举行政银签字仪式。

△市政府发布关于修改《惠州市改善外商投资环境若干规定的通知》。

28日　惠州LNG（液化天然气）电厂在大亚湾经济技术开发区奠基。

△省、市执法部门在惠州与河源两市交界处摧毁一假烟原料基地，缴获劣质烟叶15吨、烟丝9.5吨、烟梗12.5吨。

△惠州市药品检验所大楼在江北34号小区奠基。

下旬　国家建设部公布2002年度“中国人居环境奖”获奖名单，惠州市获城市绿化及生态环境建设范例奖。10月22日获“中国人居环境范例奖”金牌。

2月　龙门县邮政局邬志灵被国务院授予“第五次全国人口普查国家级先进个人”称号。

3月

3日　全市外经贸工作会议在惠州宾馆召开，要求千方百计引外资、抓出口，改进服务抓落实。

4日　省防汛工作检查组来惠州检查防汛工作，省三防副总指挥黄庆良强调，做好防汛抢险各种准备，以确保安全度汛。

△惠州市军警民千余人在红花湖公园植树，种植近万株树苗。

△惠州市、县两级农业技术推广中心开展“百场农业科技下乡”活动。促进惠州市农业科技进步。

5日　惠州市政府印发《惠州市区城市道路电子泊车管理暂行办法的通知》。

7日　全市人口与计划生育综合改革工作会议召开，强调抓计生工作必须坚持每年“从零开始”。

8～9日　“中国乒乓球队惠阳热身赛”在新落成的惠阳体育馆举行。国家乒乓球队总教练蔡振华率领孔令辉、马林、王励勤、王皓、刘国正、闫森、王楠、张怡宁、牛剑锋、李楠、郭焱、郭跃等18名男、女国家队队员参加热身赛。

9～19日　惠州市经贸考察团，考察中国台湾和韩国的部分世界级企业，推介惠州市的投资环境，密切惠州与这些企业的沟通和合作。

上旬　惠州市组团赴珠海、佛山、东莞学习考察，探索科技、教育结合园区推进科教强市举措的经验。

12日　总投资3.5亿元，按五星级标准设计的惠州康帝国际酒店在市区渡口所动工。

12～13日　惠州市外经贸考察团赴中山、东莞取经，以推进惠州市招商引资和外贸出口工作。

20日　惠州市春季科技扶贫活动启动，惠东县梁化镇四民村为第一站，该项活动将持续到4月份。

△广东发展银行惠州分行与惠州市大众汽车销售服务有限公司在汽车交易中心，举行银企合作综合授信 1.5 亿元签字仪式。

24 日 惠州市委召开常委（扩大）会议，学习贯彻全国“两会”精神，研究部署惠州市经济和社会发展、行政区划调整、维护社会稳定和创建文明城市等工作。

25 日 惠州市野生动植物保护办工作人员在红花湖库区放生乌龟、水鸭、斑鸠、山鸡等一批野生保护动物。

△由中国企业主办的“中国企业网 2003 年全国巡讲活动——惠州站暨罗马尼亚商务参赞与惠州企业面对面活动”在惠州宾馆举行。

26 日 由香港电子业商会等多个 IT 商会联合组成的中华资讯科技商会参访团抵惠，就发展惠州 IT 产业与惠州市有关部门、企业界人士进行讨论，共商合作大计，促进 IT 产业发展。

△惠州市召开 2003 年党风廉政建设和反腐败工作任务分解会，开展反腐倡廉活动。市党风廉政建设责任领导小组下发《关于我市 2003 年党风廉政建设和反腐败工作的分工的通知》，落实到相关的 40 多个市直部门和单位。

27 日 市委、市政府在陈江召开会议，全面铺开创建文明小城镇活动。

△惠东县白花镇坂田工业园奠基。

28 日 “惠州电子 e 城”、“惠州信用”和“惠州市政府电子公文交换平台”开通。

△国家计委产业化示范工程项目，中科英华联合铜箔（惠州）有限公司研发的“18 微米镀锌铜箔”通过验收。这一“惠州制造”科研成果，填补了国家空白，打破日本垄断。

29 日 国道 324 线新开河大桥扩建工程开工。

△惠州市首家仓储式医药配送中心重庆医药广惠（惠州）有限公司在云山东路开业。

30 日 惠州市新建的教师新村在麦地演达 1 路 9 号小区奠基。

31 日 惠州日报报业大厦落成。

△惠州市垃圾焚烧发电项目初步设计方案获中科院环境科学院专家组通过，该发电厂建设于 5 月 20 日开工。

下旬 小金口镇建成都市型梅花鹿、良种猪、淡水鱼养殖及蔬菜、花卉种植等 15 个商品生产基地，实施“公司+基地+农户”经营模式，扶持起嘉兴农场、远强花卉场等一批农业龙头企业。

4 月

1 日 丽日企业集团投资 8 亿元人民币兴建的丽日百合花园、工商银行大厦、丽日大厦、丽日购物广场江北店，在江北云山西路奠基。

2 日 国家调研组来惠州，就职业卫生课题进行调研，调研组认为惠州的职业病防治工作，做到政府重视，部门配合，措施落实，形成了齐抓共管的局面。

2～3 日 市委书记肖志恒、市长柳锦州率队赴佛山市，考察行政区划调整和发展民营经济情况。

3 日 全市为期 1 个月的整治食品、医疗市场大行动在市老干部活动中心广场启动。

4 日 省政府授予惠州市政府“广东省 2001 年粮食工作达标单位”称号。

6～9 日 惠州市考察团一行前往浙江省温州市，学习考察发展民营经济工作经验。

8 日 市委宣传部、惠州电视台与央视联手制作的《梦想剧场·惠州专辑》开播。

9 日 惠州市政府发布《惠州市行政处罚监督办法》。

△中国工商银行惠州市分行与大亚湾石化工业区发展集团有限公司签订综合授信 18 亿元银企合作协议。

11 日 中国工程院院士、广东省建筑设计研究院院长容柏生应邀来惠州作高层建筑结构概念设计学术讲座。惠州学院聘请容柏生院士为名誉教授。

△杨村华侨柑橘场撤场设杨侨镇，隶博罗县管辖。

△坐落在江北云山西路的德赛大厦落成。

11～12 日 省文明办常务副主任顾作义一行来惠州作文明城市创建工作调研，肯定惠州市着眼长远抓规划，围绕发展为民造福抓创建，建立长效机制抓管理的举措。

12 日 惠州市政府发布《惠州市行政赔偿程序规定》。

13 日 惠州市在象头山自然保护区放生 500 多只（条）野生动物，其中有国家二级保护野生动物虎纹蛙和省重点保护野生动物大头龟、石蛙和蛇类。

15 日 上午，市委、市政府在天悦大酒店举行中国惠州第二届国际数码节记者招待宴会。下午，在市行政中心举行新闻发布会，来自海内外 70 家新闻媒体 160 多位记者参加新闻发布会。

16 日 惠州钱币学会成立，其职能是配合有关部门开展人民币反假斗争，从上年至今全市缴获假币 1 亿多元。

16～20 日 以“数码时代、宽广未来”为主题的中国惠州第二届国际数码节在市新建成的体育中心开幕。来自国家、省、市有关领导和中国香港、韩国有关人士出席了开幕式。开幕式举行了航模表演、机器人大赛。晚上，在新落成的市民乐园举行“相聚 e 时代”大型文艺晚会，著名歌手彭丽媛等登台献艺。数码产品展出期间，分 3 个展馆分别展出来自 11 个国家和地区的 199 家企业上千种高新尖数码技术产品。参观人数超过 15 万人。期间市人才交流中心举行首届 IT 人才交流会，500 多家用人单位设点，5000 多求职者应聘。同时，开展招商引资活动，签约 197 个，引进外资、内资、重点项目及贸易额累计 41 亿美元。

18～19 日 广州军区司令部副司令员龙谷成中将、参谋长叶爱群少将，省委常委、组织部长刘玉浦，省委常委、常务副省长李鸿忠参观中国惠州第二届国际数码节数码高新尖技术产品。

22 日 市委、市政府在惠东县召开全市推广农户小额贷款暨创建信用村试点经验现场会议，推广惠东梁化镇创新农村信贷管理模式和开展创建“信用村”活动的试点经验。

23 日 惠州市四套班子领导专程赴革命老区惠东县高潭镇中洞村接受革命传统教育。

23～24 日 市领导肖志恒等赴惠东县高潭、马山、宝口等革命老区，就实施固本强基工程加强农村基层组织建设、加快山区发展和老区建设开展调研。

24 日 惠州市区“爱国卫生月”活动启动。

26～30 日 省维稳及综治和严打工作考评组来惠州考评，认为惠州市基本达到中央和省委提出的“两年为期社会治安工作取得明显进步”的目标。

29 日 惠州市环保局召开东江综合整治工作联席会议，部署 2003 年东江综合整治工作及主要考核内容与指标。

△惠州市召开全市建立和完善离休干部的离休费、医药费、保障机制和财政支持机制工作会议。

30 日 广东省召开劳动模范和先进集体表彰大会，惠州市 10 人被评为广东省劳动模范，4 个单位被评为广东省先进集体。2 人被评为全国“五一”劳动奖章获得者。

下旬 惠州市农村合作医疗工作在全市农村全面铺开。

5 月

9 日 广东省副省长许德立来惠州访问中海壳牌石化项目工地。

△惠阳市新墟镇台资企业硬岩陶瓷有限公司发生员工食物中毒事件，至 5 月 15 日有 21 人中毒。

上旬 坐落在罗浮山的东江纵队纪念馆主体工程竣工，12 月 1 日开放。

12 日 省委常委、常务副省长李鸿忠率省直 7 个部门的有关负责人来惠，就推进惠州市列入省十项工程和省重点项目的 15 个项目建设进行现场办公。

△中海壳牌南海石化项目 80 万吨乙烯裂解装置建设工程在大亚湾奠基。

16 日 由省委组织部、省委宣传部，市委、市政府主办的“三个代表”重要思想在广东的实践图片展惠州展开幕式在市区数码商业街举行。

19 日 市八届人大常委会第四十一次会议，通过决定授予惠州三星电子有限公司总经理姜信等 48 人为惠州市荣誉市民称号（其中在惠投资的台商 19 人）。

△全市禁毒工作会议召开，深入开展“惠州禁毒 03 工程”工作、创建“无毒社区”活动，市委、市政府与各县（市、区）及市直禁毒成员单位签订禁毒 03 工程目标管理责任书。

20 日 惠州市政府发布《惠州市摩托车管理暂行规定》，《规定》从 7 月 1 日起执行。

21 日 市委召开民主协商会，市各民主党派和工商联负责人及无党派人士代表出席会议。肖志恒在会上强调，要充分发挥各民主党派和工商联的优势和作用。

△工商银行惠州分行与惠州港业股份有限公司签订银企合作协议，授信 5 亿元支持惠州港建设。

22～26 日 市政协第九届委员会第一次会议在市文化中心大剧院召开，会议通过政协惠州市第九届委员会第一次会议决议，选举叶月坚为政协惠州市第九届委员会主席，杨有义、吴石牛、谢端、李靖国、谢仕强、叶青、廖锦堂、刘冠贤为副主席，周兴成为秘书长。

24～29 日 惠州市第九届人民代表大会第一次会议在惠州会议中心召开。会议通过关于惠州市人民政府工作报告等 6 项决议；选举肖志恒为九届人大常委会主任，郑永和、刘品谋、林燕华、陈幼荣、陈恩强、庄志鹏、易经典为副主任；柳锦州为惠州市人民政府市长，黄柏青、许光、林惠纯、林添好、徐志达、黄锦辉为副市长；何碧霞为市中级人民法院院长，黄新林为市人民检察院检察长。

31 日 市领导肖志恒等看望市特殊学校孩子们，指出对有困难的少年儿童，更应多一份关爱。

下旬 省、市有关部门对西湖崇道山古墓葬进行抢救性发掘，共发掘清理了宋、元、明、清、民初的墓葬 6 座，出土罐、盆、碗、杯、铜镜、铜花钱、棺钉、墓砖等文物 30 多件。

6月

1 日 因防“非典”，禁锢多日的旅游市场，“六一”重新开放。

△原惠州北站更名为惠州站，原惠州站更名为惠州西站。

2 日 大亚湾华德石化有限公司增建原油库及配套设施项目开工。

3～6 日 中共惠州市第八次代表大会在惠州会议中心召开。全会选举产生中共惠州市第八届委员会常务委员会委员、书记、副书记。以肖志恒为书记；以柳锦州、李汝求、陈仕其、刘耀辉、黄仕芳为副书记；以黄柏青、马新民、李秀峰、陈训廷、杨富生、黄雁行为常委。会议通过市纪委一次全会选出的领导机构，以李汝求为书记。还通过《关于实施固本强基工程全面加强党的基层组织建设三年规划》、《中共惠州市委关于加强自身建设的若干意见》和《中共惠州市委八届一次全会决议》。

6 日 广东省环保局公布2002年各城市环保综合整治定量考核结果和地级以上市政府环境保护目标任期责任制考核结果，惠州列全省“城考”第二，其中环境质量指标居第一；惠阳列县级市“城考”第六。

8 日 惠州市在大亚湾海区大辣岛南人工鱼礁区放流名贵鲷种鱼苗22万尾，在惠东港口海区投放1200万尾对虾苗。

10 日 惠州市政府公布《惠州市人民防空实施规定》。

上旬 坐落于惠州数码工业园南区的惠州市民营科技园项目启动。

△惠州一中考生姚获笔以总分900分的成绩成为广东省高考“状元”。

11 日 省委书记张德江来惠州视察TCL集团时，种下一棵榕树，勉励TCL发挥“榕树效应”，做强做大，形成“榕树经济”。

△新加坡港务集团国际企业高级副总裁、驻中国首席代表黄承治访问惠州，表示国际企业愿意参与惠州港建设。

12 日 龙门县功武村古建筑群列为省第四批文物保护单位。

△香港工业总会高层代表团访惠，双方交换了意见，表示密切加强惠港高层次、宽领域接触和合作。

12～13 日 广东省韶关钢铁集团公司投资考察团一行13人来惠州，就建年产200万吨（首期）钢铁厂项目进行选址考察。

15 日 中海壳牌石化项目配套工程建设指挥部和广东省水利水电建设有限公司签订大亚湾引水工程投资及经营合同。9月20日开工。建成投产后日供水量达33万吨。

16 日 肖志恒、柳锦州等就加速惠州抽水蓄能电站项目建设赴象头山现场办公。该项目计划总投资80亿元在象头山建设一座惠州抽水蓄能电站。这是省内第二座大型抽水蓄能电站，也是“西电东送”配套工程。

△柳锦州主持召开新一届市政府常务会议，提出“齐心协力，各尽所能”，建设一个“奋发有为，一心为民”的政府。

17～18 日 17日召开实施固本强基工程动员大会，18日市领导率22个工作组进村驻点，实施固本强基工程，加强农村基层组织建设。

6月17日～8月14日 惠州市开展第二届“万众评公务”活动。6月17日召开动员大会。活动期间，发放《评议意见表》4039份，收回3435份，回收率85.1%。参加评议人数10万人，被评议单位112个，收集具体意见和建议1141条。其中表扬意见194条，批评意见772条，建议175条。处理办法：对排序末5位的单位和群众意见较多的单位的领导班子成员进行集体诫勉谈话；对排序末5位单位进行责任考核，作出处理；责成群众有意见单位限期整改，并向社会各界公布整改结果。

19 日 中共广东省委决定：肖志恒同志任省委秘书长、办公厅主任，不再任惠州市委书记、常委、委员职务。25日，省委常委、组织部长刘玉浦在惠州市领导干部会议上，宣布省委关于肖志恒任免决定；并宣布省委决定市委副书记、市长柳锦州主持市委全面工作。

△广东省委、省政府表彰抗击“非典”先进集体和先进个人，惠州市受表彰的有模范集体2个，先进单位2个，先进集体5个，嘉奖单位2个、嘉奖集体5个。先进个人：记一等功1人，二等功15人，三等功21人，先进个人27人。6月25日 在省委举行全省抗“非典”宣传工作总结表彰大会上，市委宣传部获表扬，6个个人获表彰。

△联想控股有限公司常务副总裁、神州数码集团董事会主席李勤访惠，市领导表示大亚湾石化区欢迎“联想”加盟。

20 日 惠州市政府奖励获“中国名牌产品”和“中国驰名商标”企业，TCL王牌彩电、TCL电话、德赛电话、侨兴电话等4个名牌产品及TCL中国驰名商标分获30万元重奖。

24 日 中海壳牌石油化工有限公司在大亚湾与日本月岛机械株式会社就蒸发浓缩装置和废物处理焚化的设计、制作及安装施工，签订总承包合同。

26 日 惠州市政府发布《惠州市地名管理实施办法》。

△全市农村税费改革试点工作动员大会在惠州会议中心召开，全市农村税费改革全面铺开。宣布从7月1日起，农

民只须缴纳农业税。

下旬 惠州日报社通讯员陈祥福，在惠阳区镇隆镇塘角村的刘族祠堂上厅，发现一块立于1914年的“禁赌牌”，牌名为“合族禁赌条约”，内容“赌博一事，害不胜言，丧名败德，典屋卖田……”。

7月

3日 市领导率队检查城乡结合部环境卫生状况，并现场办公整治脏、乱、差。

4日 市长柳锦州主持召开惠州市创建文明城市工作领导小组全体成员会议，向全市发出动员令，全力以赴迎省检，志在必得夺“金牌”。

4～5日 全国人大执法检查组来惠检查贯彻执行《野生动物保护法》的情况，检查组认为惠州保护野生动物成效明显。

7日 惠州市获“全省维稳及综治优秀市”称号。

8日 惠州市开展以“艰苦奋斗、廉洁从政”为主题的市纪律教育学习月活动。

△由台湾环球水泥股份有限公司投资1.2亿美元、年产200万吨水泥的惠州“环球水泥”落户龙门县平陵镇。

△国际（SOS）救援中心高层人士访惠，就解决中海壳牌南海石化项目及其配套工程建设阶段专家就诊问题，与惠州市有关负责人会谈。

8～9日 省长黄华华一行12人来惠调研，视察侨兴集团、德赛光电、TCL王牌彩电生产基地、TCL移动通信有限公司，游览西湖、步行街、市民乐园。考察大亚湾南海石化项目工地等地，寄语惠州力争成为全省两翼跨越式发展最亮点。

9～12日 副市长林惠纯率惠州市经贸代表团参加广东省政府在香港举办的2003年粤港经济技术贸易合作交流会，在会上共签约外资项目33宗，总投资额2.5亿美元。

10～11日 市九届人大常委会召开第一次会议，决定任命叶泽雄等33人为市政府组成人员，叶泽雄为政府秘书长，并颁发任命书。

△广东省卫生厅副厅长张寿生率省抗击“非典”先进事迹报告团抵惠作首场报告。

11日 全市民兵预备役基层建设与改革工作会议在市国防教育基地召开，柳锦州强调创新国防后备力量建设。

△朱森林等考察龙门功武村古建筑群时，称赞这是不可多得的研究岭南地方建筑、清代农村农业及农民生活状况、龙门地方文化史等的史料，称赞其是研究岭南地方建筑的“活标本”。

15～19日 省委督导组一行4人来惠州市检查指导实施固本强基工程。

16日 市委宣传部长刘耀辉率工作组进驻惠东县宝口镇，帮助宝口人民脱贫致富。

18日 市经济适用房、廉租房在河南岸17号小区奠基。

20日 国家海洋局海域司副司长潘新春率检查组抵惠，检查《海域法》及配套制度执行情况，称赞惠州为海域管理提供了经验。

21日 惠州市政府公布《惠州市企业产权交易管理暂行规定》。

22～24日 市人大常委会执法检查组检查贯彻实施《关于禁毒的决定》、《强制戒毒办法》和《广东省易制毒化学品管理条例》情况。

22日 交通部副部长洪善祥考察惠州大亚湾海域，要求确保水上安全，防止海域污染，肯定惠州市防止海域污染工作。

△惠州市召开“三农”（农民增收、农业增效，农村稳定）工作研讨会。

25日 惠州市举行学习贯彻“三个代表”重要思想宣讲团启动仪式，市领导要求结合惠州实际讲深讲透，为惠州发展提供精神动力。

26～28日 全国政协副主席、台盟中央主席张克辉率台盟中央考察组一行16人访惠。

27日 惠州市政府公布《惠州市城市公共汽车客运管理暂行办法》。

30日 惠东县四季鲜荔枝专业合作社被省确认为省级农民专业合作经济组织试点单位。

31日 惠州市政府公布《惠州市市属财政性基本建设项目审计实施办法》。

△中海壳牌南海石化项目银团贷款签字仪式于7月31日和8月1日分别在香港和深圳举行，8月5日中海壳牌南海石化项目27亿美元的融资贷款全部签字。其中，国内银行提供19.77亿美元等值的人民币及美元的基本和备用贷款，境外银行提供7亿美元的境外贷款。9月10日中海壳牌石油化工有限公司成功提取首笔合计3.5亿人民币和4.96亿美元的境内、外银团贷款。9月中旬在北京钓鱼台国宾馆举行融资庆功会。

7月31日～8月1日 省建设厅、华南理工大学等单位部份专家组成的检查组抵惠，检查惠州市区生活垃圾实现无害化处理情况。

8月

4 日 省委决定：柳锦州同志任中共惠州市委书记，黄业斌同志任中共惠州市委委员、常委、副书记，吴华立同志任中共惠州市委委员、常委。14 日，在市领导干部会议上，省委组织部副部长许光超宣布省委决定。

5 日 惠州市政府印发《惠州市土地储备实施办法》的通知。

6 日 市领导陈仕其在惠东县高潭中洞中共东江特委旧址为市青少年爱国主义教育基地揭匾。

△市社保服务大楼在江北三新南路动工。

7 日 同济大学、中国城市规划设计研究院等 4 个单位规划编制有关专家应市委、市政府邀请抵惠，指导并参与惠州城市发展概念规划编制。

上旬 深圳市中级人民法院判处因受贿人民币 55 万元、港币 204 万元的原惠州港海关关长朱浩棠无期徒刑。

△惠州检验检疫局研发的“出入境集装箱电子检疫监管系统”和“机电产品远程电子检验监管系统”通过监定。

11 日 市人大常委会召开农村税费改革工作进展情况汇报会，要求实现确保农民负担得到明显减轻、不反弹，确保镇级机构和村级组织正常运转，确保农村义务教育经费正常需要。

13 日 由监察部驻国家环保总局监察局副局长谷茂宽、国家环保总局华南督察中心主任许振成等组成的联合督查组抵惠，检查惠州市清理整顿不法排污企业，保障群众健康环保行动进展情况。

△省公安厅长梁国聚率省公安厅调研组抵惠，调研和检查社会治安综合治理、禁毒“03”工程等工作。

△全国扫黄打非工作调研组抵惠调研，称赞惠州市扫黄打非工作卓有成效，形成齐抓共管局面。

15 日 惠州粮校更名为惠州外贸学校。

16 日 国家科技部企业技术创新调研组一行考察 TCL、德赛和华阳集团。

18～20 日 惠阳区投资环境推介会在惠阳大剧院举行，共签约 55 项，大部份是中海壳牌南海石化下游产品项目，总投资额达 9.2 亿美元。

19 日 市第四次文代会召开，大会表决通过了工作报告的决议和市文联章程，选举产生了市文联第四届委员会委员和主席、副主席，主席李景文，副主席安想珍。

△市委党代表联络办公室挂牌。

20～24 日 惠州市民营企业赴韩国考察团赴韩国考察，双方就加强惠州和京畿道的经济、科技、文化方面的合作问题进行交流，并就引进韩国的中小企业来惠州投资合作开发电子产品、服装、酒店、服务业等事项达成初步意向。

21 日 市领导在市中心人民医院领导班子民主生活专题会上，提出以高尚医德医风创建品牌医院。

△惠州市第一个党员干部教育基地在惠东县高潭镇中洞革命旧址“百庆楼”挂牌。

23 日 中国企业联合会和中国企业协会，以 2002 年企业营业收入为标准，排出 2003 年中国企业 500 强。惠州市 TCL 集团、德赛集团、华阳集团、惠州三星电子公司、侨兴集团，排序为 59、180、393、394、416。

24～26 日 国务院督查组抵惠，督查惠州市治理整顿土地市场秩序情况。督查组表示，惠州土地市场向规范化发展。

25～26 日 国家环保总局调研组一行 18 人，就珠江三角洲环境保护规划问题抵惠州调研。对惠州在经济建设和环境保护方面取得的成绩给予高度评价，并希望争创“全国生态城市”，并称中海壳牌环保理念国际领先。

27 日 市九届人大常委会第二次会议通过，决定任命黄业斌为惠州市人民政府副市长，并决定黄业斌为惠州市人民政府代市长。

29 日 市县工作组在左潭镇召开解决经济相对落后问题现场办公会，市农业局等 8 个单位支援左潭镇建水电站。

8 月 惠州市物资贸易公司因历史负债沉重，严重资不抵债，由惠州市中级人民法院依法宣布破产。

9月

1 日 中国名牌战略推进委员会，经国家质量监督检验检疫总局授权公布：TCL 手机获“中国名牌”称号。

1～2 日 省科技进步工作考核组来惠州考核，肯定惠州市以大企业集团科技创新带动整体科技水平提高的科技进步格局，构成鲜明惠州区域特色。

2～3 日 晚上 7 时 50 分，13 号台风“杜鹃”登陆惠东港口，登陆时中心附近最大风力 12 级，并伴有暴雨、大暴雨，局部有特大暴雨。全市有 73 万余人受灾，9 人死亡，8 人受伤，倒塌房屋2945间，直接经济损失4.9亿元。

6日 中海壳牌公司董事长、中海石油公司副总经理罗汉和中海壳牌副董事长、壳牌东北亚集团主席陈逸嘉访惠，就中海壳牌南海石化项目建设问题与惠州市领导柳锦州、黄业斌及中海壳牌总裁蓝仲凯、副总裁翟鸿兴等会谈。双方对大项目进展表示满意，并坚信中海壳牌2005年将如期建成。

7日 由省海洋与渔业局副局长麦贤杰率领的省调查组抵惠调研，肯定惠州市依法管海，保护环境、保护海洋资源可持续发展，在发展海洋经济中，海洋养殖，海上交通运输、滨海旅游等海洋管理工作。

△由香港亚视高级副总裁邝凯迎、关伟率领的“走马南粤——广东高层的新思维”采访组抵惠采访，全面提升惠港合作层次。

8日 副省长谢强华率领的省政府调研组抵惠，专题调研惠州市就业再就业和社会保障工作。

△惠州市绿色食品有限公司生产的“悠久牌”梅菜获首批农业类“广东省名牌产品”称号。

10日 惠州大道四期改造整治工程启动。

12日 惠州市行政事业性收费公示工作进入清理整顿阶段，全市共取消收费项目40项。

△惠州大道、先科大道、仲恺大道、惠淡大道建设拉开惠州大城市发展新架构。市委副书记、代市长黄业斌等检查城市建设工作时提出“打造惠州半小时城市生活圈”。

15～16日 省文明城市检查团抵惠，检查惠州市创建文明城市工作，对惠州市“创建”工作给予充分肯定，并指出，大手笔大气魄带来惠州的大变化。

17日 全市农村集体财务管理工作会议在博罗县召开，提出要在全市推行农村会计委派制和代理制，规范农村集体财务管理。

18日 日本住友投资2990万美元兴建的大型汽车零部件生产企业——“惠州住金锻造”，在大亚湾响水河工业园奠基。

19日 中国·惠州大亚湾发展推进会在大亚湾区行政大院召开。这次大型国际性专题招商活动共签约石化中下游产业、电子信息、码头开发建设、旅游房地产等项目41个，投资金额29亿美元。

△惠州市金迪星苑、东湖花园获评省首届“绿色社区”。

△市卫生局开始恢复“非典”疫情零病例报告制，重新修订《惠州市防治传染性非典型肺炎应急预案》，制订《惠州市传染性非典型肺炎疫情监测报告实施方案》，实行网络直报和监测疫情的零距离报告。10月13日市政府召开市防治非典型肺炎应急预案工作会议，研究《惠州市防治非典型肺炎应急预案》，预防今冬明春非典疫情重来。

21日 惠州恒进彩色印刷有限公司新厂在仲恺高新技术产业开发区惠台工业园区落成。

23日 市委、市政府召开全市再就业工作会议，要求把再就业工作放在更加突出的位置，抓住重点，突破难点，完成去年提出的开发3万个就业岗位、其中再就业1.5万人的工作目标。

△市政府召开全体（扩大）会议，黄业斌指出，当前要加快开辟电子信息产业经济带、文化产业经济带、临海重化工经济带，要求抓好10个方面工作，全面完成今年各项目标任务。

23～24日 市九届人大常委会第三次会议召开，听取和审议了市政府关于兴建惠州市传染病专科医院的议案办理方案的报告。

△博罗县横河镇重点工程——油甘潭、石桥头和石湖3座水电站建设工程开工。

24～28日 由市老龄委和惠州日报社联合主办的“惠州市最佳金婚伴侣”评选活动揭晓，王占奎、杨敏等20对夫妇获“惠州市最佳金婚伴侣”称号。

25日 市直宣传文化系统召开专门会议，传达广东省文化大省建设工作会议精神，力抓落实，推进文化大市建设。

△惠州广播电视新闻中心大楼在江北新区奠基。

△惠州市纪念《献血法》颁布实施五周年暨首届无偿献血表彰大会在惠州宾馆召开，表彰1998～2003年度惠州市无偿献血先进单位和个人。徐志达等92人获无偿献血奉献奖，高巨广等10人获无偿献血十佳居民，惠阳区等25个单位获无偿献血先进单位。

25～26日 省委、省政府再就业工作督查组来惠州检查再就业工作。惠州有1.8万名下岗失业人员再就业，省督查组对惠州市再就业工作予以肯定。

27日 惠州市大学城筹建工作领导小组召开首次全体成员会议，部署建设大学城有关问题。市大学城所选地址，与市数码工业园相连，与市一中马庄新校区相邻，占地1万多亩。

27～30日 惠州市党政代表团赴西藏林芝考察，惠州援藏3项工程竣工。

△惠州地区海关举行授衔仪式，223名海关人员分别被授予一、二、三级关务督办及以下关衔，并颁发命令证书。

29日 代市长黄业斌赴惠阳区新圩镇的台资企业东亚科技集团惠阳厂调研，要求各级政府、各有关部门大力支持高科技企业发展，做大做强数码产业。

△总投资额100亿元博罗县20项工程项目奠基和签约，

其中包括投资80.58亿元的惠州抽水蓄能电站工程项目。

△香港中恒伟业斥资1.5亿元兴建的南昆山生态度假村动工。

△占地约11600平方米的西湖南门入口公园建成开放。

30日 代市长黄业斌率市固本强基工程工作组和惠城区主要领导，赴驻点村惠城区矮陂镇泰安村调研，要求想法解决农村实际困难，增加农民收入。在惠城区横沥工业园现场办公时提出做好服务，多为投资商解决实际困难。

下旬 市委、市政府公布东江纵队纪念馆、中洞革命遗址、平山三次农民起义遗址百丘田、小星山战斗烈士纪念碑、惠宝人民抗日游击队旧址育英楼为惠州市第二批爱国主义教育基地。

△《惠州年鉴》2003年卷出版发行。

10月

1日 2003年“新西湖杯”中华东坡宴荟萃展在浙江省杭州市开展，惠州市汤泉酒店获中华东坡宴“弘扬光大奖”，两道菜被评为“经典东坡宴”菜品。

1～4日 在惠州市房产交易中心举办的2003年惠州房产展销会期间，共认购成交商品房368套，成交金额1.426亿元。

8日 香港东江供水考察团抵惠，对惠州市保护东江水质所采取的环保措施，表示赞赏。

8～9日 由惠州市台商投资企业协会主办的第七届“平和杯”高尔夫球邀请赛在汤泉高尔夫球场举行，来自全国各地的台商协会会长、台湾工商界人士等近400人参加，经过2天角逐，决出净杆的前35名和总杆的前4名。

9日 惠州市重点建设专业市场——陆洲建材批发市场在江北奠基。

10日 市九届人大常委会第四次会议召开，审议通过了关于延期召开惠州市第九届人民代表大会第二次会议的决定。

△市环卫局获广东省政府授予的“广东省城市市容环境卫生先进集体”称号。

上旬 中海壳牌南海石化项目化工码头泊位动工。

△大亚湾经济技术开发区在中海壳牌南海石化项目工地前兴建的“三棵树”观景点竣工，向游客开放。

12日 中国民主促进会惠州市会员代表大会在惠州宾馆召开。

13日 市委召开全市政协工作会议，总结和交流政协工作的经验和做法，对新时期政协工作进行了研究和部署，探索开创政协工作局面。这是市政协成立15年来，第一次由市委召开的政协工作会议。

14日 惠州市在惠东县九华农贸有限公司高效农业示范点举办马铃薯机械化生产现场演示会。

△美国华商总会一行14人访惠。

15日 “神舟五号”飞船成功发射，博罗种子随“神舟五号”遨游太空。其中有观音阁红瓜、湖镇冬瓜、平安大桔、公庄豆角种子，将成为优良“太空种子”。

17日 惠淡大道工程建设开工，全长32.4公里，计划在2005年6月30日完工。

17～20日 2003广东——湖北（武汉）经济贸易合作洽谈会（“武洽会”）在武汉市举行。TCL等企业与华中地区客户签订经济合同16宗，签约金额达15.24亿元。

18日 惠州工业科技学校挂牌。

18～19日 省检查组对惠州市生物防火林带工程和自然保护区建设表示肯定：落实省人大议案5年来营造生物防护林带3982.4公里，面积4553.352公顷；目前已建立28个自然保护区，1538个自然保护小区。两项工作走在全省前列。

18～20日 卫生部妇幼保健工作检查团来惠州，检查妇幼保健机构及母婴保健法律证件管理时，认为惠州市妇女保健工作特色突出，成效明显。

19日 “省卫生先进镇”检查组检查验收惠阳镇隆、龙门龙城、博罗湖镇和大亚湾澳头办事处争创“省卫生先进镇”的创建工作，检查组认为惠州市创建“省卫生先进镇”力度大，措施得力，成效明显，6大方面和22个指标体系的定量考核均达到2003年“全省卫生先进镇”考核标准。

20日 市委、市政府召开全市民营企业100强代表座谈会，强调为民企大力营造公平营商环境，推动惠州市民营经济快速发展。

中旬 惠州市首批37个海岛立碑。

21～31日 惠州市经贸代表团前往韩国和日本招商引资，与LG电子部品株式会社签约增资8000万美元项目；与日本签约2个项目，签约金额计1.122亿美元。

23日 加拿大“奥坎铝业”考察团表示在惠州增资扩产，建设规模大、实力强的生产基地。

△国家级重点中等职业学校评估专家组抵惠，对惠州农业学校申报国家级重点中等职业学校进行评估。25日惠州农校创“国重”成果获肯定。

△市国有粮企改革工作会议提出，以制度创新，打造新

型粮食企业。

24日 国家农业部农业技术推广中心专家团抵惠，检查国家级水稻区试项目完成情况，对惠州市农科所首次承担并顺利完成国家级水稻区试项目，给予肯定。

26日 香港亚洲电视台摄制组来罗浮山采风，拍摄景区内新兴的高空滑翔、漂流、野战、射击等精品项目。

26～28日 国家级中等职业学校评估专家组对惠州商校创建“国重”工作进行全面评估，称赞商校改革创新举措有示范性。

28日 博罗县仍图镇并入惠城区汝湖镇。

30日 惠城区芦岚镇和芦洲镇合并组成新的芦洲镇。

31日 省防治非典工作督查组来惠州市督查防“非典”工作，赞扬惠州市防非工作成绩突出，为全省提供了宝贵经验。

10月31日～11月1日 武汉大学考察组参观考察大亚湾区等地。惠州、武汉大学合作办学框架协议在市政府签订。

下旬 公安部长周永康签署命令，给惠州市公安局“11·25”侦破特大制贩假币案件专案组记集体一等功；省公安厅厅长梁国聚签署命令，给郑则丰、黄闻坚两人记个人一等功。

△“TCL科技创新工程建设”和“东深供水改造工程建设技术与管理”两个项目获广东科技奖项特等奖。

△德赛数码龙产品在香港电子产品展览会期间，与近500家客户签约金额达8000万美元。

△惠阳区入围2002年100个中国最发达县域，列52位。

11月

4日 信息产业部部长王旭东一行7人抵惠，就惠州市电子信息产品制造业、软件产业、通信业、信息化建设情况进行调研，肯定惠州电子政务及社会信息化建设的成绩。

△荷兰皇家壳牌集团董事长范德伟及夫人来惠州考察中海壳牌南海石化项目建设情况。

△日本普利司通株式会社考察团考察惠州市工业园区。

△市委召开市全面推进固本强基工程工作会议。市委书记柳锦州要求，抓住农村和非公经济组织党建工作两大重点，促使农村、非公、国企、社区、机关事业单位五大板块党建工作齐头并进，精心打造优质工程和名牌产品。

△TCL集团与法国汤姆逊公司举行彩电业务合并重组意向书签约，合资成立TCL——汤姆逊电子公司，以打造全球最大彩电企业。

6日 中海壳牌国际学校落成开学。

△惠州经贸团参加在珠海召开的“粤港澳投资环境推介会”，签约8个项目，总投资额1.0778亿美元。

6～7日 省人大执法检查组检查惠州市贯彻实施《职业病防治法》情况，对惠州职业病防治工作予以肯定，并希望增强职工自我保护意识。

7日 惠州市政府与国家开发银行广东省分行签署50亿元的开发性金融合作意向书。

△市领导为市直3家新组建的非公经济组织党支部揭牌。

8日 日本松下电器株式会社社长中村邦夫一行抵惠与TCL集团高层洽谈有关合作事宜。

上旬 越南白蚁防治专家吴知会一行访惠。

11日 市大学城筹建领导小组召开第二次全体成员会，号召全市各级、各部门要加大工作力度，加快大学城建设，推进惠州市经济社会发展。

△国家信息化领导小组办公室调研组来惠考察调研电子政务网络和信息安全情况，称惠州e城网络建设有特色。

△市林业局组织市自然保护区与野生动植物保护办公室、市森林公安分局联合行动，查获1100多只保护动物，其中500多只活体放生红花湖。

11～15日 惠州经贸考察团赴吉林、长春等市考察，双方认为应加强南北合作，促进共同发展。

12日 86岁的博罗东纵老战士钟成去世了。临终前，他把从敌人手中缴获的、珍藏了半个世纪的驳壳枪套、匕首捐献给东纵纪念馆。

△德国海格集团在中国投资的唯一一家企业惠州海格电气有限公司新厂在市仲恺高新技术产业开发区惠台工业园落成启用。

13日 湖北省黄冈中学与惠州市英才投资有限公司合作办学意向书签字仪式14日在惠州宾馆举行。

14日 市领导与武汉大学副校长黄从新在惠磋商，双方就在惠州创办研究院和有特色的专科医院等合作项目达成共识。

15日 全国反走私工作组来惠州检查，称惠州反走私做法值得借鉴。

△中海壳牌南海石化重件码头通过验收，投入使用。

△来自世界五大洲的近万只昆虫标本和活体在惠州大剧院展厅展出。

16～17日 全国政协视察团来视察惠州城市流动人口中

妇女儿童权益保护问题。

△全国妇联调研组来惠州调研，称惠州市妇女工作有成果、有经验、有亮点。

△省委常委、常务副省长钟阳胜来惠考察经济社会发展情况，寄望惠州要在经济全球化中抢占经济发展制高点。

17～20日 惠州市在秋、冬季水生野生动物保护联合执法行动中，查获国家重点二级保护水生野生动物花鳗鲡16条和杂交鲟鱼28条，省重点保护水生野生动物宽额鲈（俗称龙趸）10公斤，依法没收并责令限期接受处理。

18日 市领导柳锦州、黄业斌、叶月坚等现场检查先科大道、惠州大道、水北村拆迁安置点等重点工程项目进展情况。

△惠州市血站采血实现100%无偿捐献目标，无偿捐献率居全省地级市首位。

18～20日 市人大常委会检查组检查市八届人大五次会议议案办理情况，检查结果：农业龙头企业100家带动农户9.4万户，户均增收2052元。

18～21日 全省党史宣传教育工作现场会在惠州市召开，总结推广惠州市党史宣教工作经验。

19日 共青团中央书记处第一书记周强来惠，考察惠州经济社会发展情况。考察大亚湾石化工业区和中海壳牌南海石化项目工地。

△孙中山孙女孙穗芳博士率“爱我中华走进惠州”参观考察团访惠。

△市委、市政府召开大会，动员和部署启动8项“民心工程”。20日决定实施8项民心工程作为落实省10项民心工程的重点内容。

20日 惠州市光耀实业有限公司与95140部队在江北世纪新苑签订协议，共建文明社区，“光耀”向95140部队捐献2万元支持文化建设。

△惠州市国防动员委员会召开第六次全体（扩大）会议，推动国防建设与经济建设协调发展和水平的提高。

中旬 惠州市DMS（旅游目的营销系统）建成并通过验收，进入运营阶段。

△龙门县唐伯龙的《中国龙首松》，在香港第七届“世界华人艺术大会”上获特别金奖。

20～21日 省高新技术产业竞争力调研组来惠州调研高新技术产业发展情况，认为惠州市“产业延伸、独树成林、科技催生”的高新技术产业发展模式很有特色，基本搭就了发展高新技术产业的架构。

20～22日 省政协视察组视察惠州市贯彻落实省10项民心工程情况。

20～23日 全国人大代表视察组抵惠视察土地使用和管理情况，评价：“惠州在土地使用和管理上有好的经验和做法，特别是大项目土地利用可为全国提供范例”，具体做法：保障被征地农民合法权益，多形式解决农民生活出路，及对耕地先补后占，把农业产业化与生态农业结合起来。

21日 市委、市政府在罗浮山召开现场办公会，提出整合资源，理顺体制，把罗浮山打造成“岭南第一山”旅游品牌，力争3至5年成为全国著名风景名胜区和旅游度假胜地。

24日 市委、市政府召开全市文化建设工作会议，研究部署促进文化与经济协调发展，提出到2010年，把惠州市基本建设成为具有先进文化和社会主义现代化沿海城市。为实现这一目标，要深入推进文化素质、文化事业、文化产业、文化经济、文化品牌、文化设施、文化环境、文化队伍8个方面的建设。

25日 由东莞市天洋农业投资有限公司投资2000多万元在惠东县宝口镇种植5万亩速生丰产林示范基地协议在惠东县林业局签订。

△全国开展“2003年渔业院士行”活动，6位院士抵惠，就沿海渔民转产转业、养殖区域优化布局和渔业发展前景及技术需求等课题展开调研。他们高度评价惠州市培养优质鱼种推动渔业发展的举措。

11月25日～12月9日 惠州市经贸代表团赴美国、加拿大招商，洽谈一批项目，并就惠州市与美国纽彼特市结为友好城市与美方达成共识。

△大亚湾石化工业区赴美招商考察团考察美国三藩市、休斯敦及洛杉机等城市，拜访了部分拟在大亚湾石化区投资企业，于12月3日在休斯敦举行中国·大亚湾石化工业区投资环境介绍会。

26日 一只硬壳背上刻着“广东汕尾2001年放生高贯理”字样的鲎，被惠城区马庄市民买到，杨晓东女士又从该市民转手买来，到大亚湾霞涌放生。

27～28日 市九届人大常委会第五次会议召开，常委会成员高度关注环保问题，认为要进一步强化可持续发展的观念，真正把环境保护摆到重要位置，找准发展经济与环境保护的结合点，从源头上控制污染，决不能再走先污染后治理的老路；通过市老干部活动中心重新选址决议案。

△市领导柳锦州等就打造惠州城市文化品牌开展调研，察看市区丰山、高榜山、飞鹅岭、红花湖等地，就如何挖掘惠州丰富的历史文化资源，建设一批文化主题公园，进行调研和磋商。

△省林业局批准惠州市建立汤泉、梁化两个省级森林公园。

27～29日 省政协香港委员视察团沿东江流域，跨河源、惠州、东莞3市，对东江供水工程情况进行视察。目前，惠州市水环境污染得到有效控制，地表水基本符合功能区水质标准，地下水水质优良。东江干流（惠州段）达到国家《地表水环境质量标准》的二类水质标准，西枝江水质基本保持稳定。

11月27日～12月4日 位于江北新区的金裕碧水湾项目，获“广东省最佳生态健康规划示范区”奖项，广东电视台公共频道《置业安居》栏目特别推出电视专题片，系统、全面宣传金裕碧水湾。

28日 博罗县搭乘中国第18颗返回式卫星遨游太空顺利返回的第二批航天种子，包括观音阁红瓜、湖镇冬瓜、公庄豆角和平安大桔种子。目前，该县有8个品种的航天种子正在进行品牌注册。

29日 惠州市客家文化研究会在城区龙苑酒家召开成立大会。

△由省政府教育督导室组织的两个“省一级学校”评估专家组结束对惠州市惠阳一中、崇雅中学、惠阳高级中学、龙门龙城二小等4所中小学申报“省一级学校”的验收评估，对4校创建“省一级学校”的成果给予充分肯定和好评。

30日 惠阳区党史研究室等单位在市文化中心大厅举办“纪念广东人民抗日游击队东江纵队成立60周年大型书画展”。

下旬 龙门县畜牧水产局在增江河龙门西林河段放流草鱼、鲢鱼等鱼苗50万尾。

△英国5所学院代表抵惠，为开展校际交流、结交友好学校，进行参观访问。

△侨兴集团组建广东省首家3G移动通信技术研发中心，总投资8318万元，产业化经济效益每年15亿元以上。

△德赛第四工业园（电池工业园）正式启用。

11月底 首期投资6000万元的惠东平山污水处理厂奠基。

11月 惠州市加大投入防治生活污染，7座污水处理厂完成立项。

12月

1日 中海壳牌南海石化项目通关服务合同在大亚湾签署。

△惠州市公安局侦破一宗涉案金额达1.3亿元的特大伪造、变造金融票证案，抓获犯罪嫌疑人8名。

1～2日 副省长游宁丰在惠考察，会见与TCL合作的汤姆逊高层，表示省府全力支持合资企业发展。

1～3日 惠澳铁路经初验委员会查验，工程质量优良，投入使用。

1～19日 市劳动和社会保障局开展农民工工资支付情况检查，追回拖欠工资330多万元。28～29日劳动和社会保障部派调研组来惠检查企业拖欠农民工工资问题，要求惠州市各级领导及劳动和保障部门，对企业拖欠工资做到早知道、早介入、早安排，保证农民工及时足额领到薪水。

2日 省人大组织的“中华世纪环保行——东江环保行”考察采访团抵惠，考察、采访惠州市保护东江水源水质情况。

△市领导柳锦州、黄业斌等专程赴港拜会长江实业（集团）主席李嘉诚。

3日 濒临灭绝的国家二级保护水生动物——镇海疣螈，惊现惠州。在惠阳永湖的一条数百米长的山沟中发现100余条疣螈。市海洋与渔业局有关人员表示，若符合相关条件，将申报建立疣螈保护区。

4日 市委书记柳锦州在惠州宾馆会见来访的日本三菱丽阳化成品·树脂事业部部门长镰原正直专务一行，双方表示加强合作，加快三菱丽阳MMA项目进程。三菱丽阳MMA项目是中海壳牌南海石化项目的中下游产品项目，项目选址大亚湾石化工业区。

4～5日 惠州市妇女第八次代表大会在惠州会议中心召开，通过第七届执行委员会工作报告，选举产生第八届执行委员会。

5日 市委组织部分市党代表视察惠城区小金口、水口两个市级示范镇。市领导要求把示范镇建成省、市样板镇，创建惠州市农村党建工作品牌。

△中国关心下一代工作委员会执行主任王照华一行5人来惠州调研，强调要以学习型、调研型、服务型、创新型关心下一代。

6日 由真维斯国际（香港）有限公司、中国服装协会、中国服装设计师协会主办的，2004中国真维斯杯休闲服装设计大赛华南分赛区预选赛，在惠州会议中心举行。

8日 市委召开常委（扩大）会议，学习贯彻中央经济工作会议及省委常委（扩大）会议精神，励精图治，全面推进惠州新发展潮。

△TCL移动通信公司首届全球供应商大会在惠州会议中心举行。

△TCL移动通信公司惠州第二生产基地落成。

9日 市政府召开全市农业和粮食工作会议，黄业斌指出，严格执行耕地保护制度，建立健全粮食安全长效机制，确保惠州市粮食安全。

△国家工商总局和卫生部经检查确认，惠州市控烟成效突出，市区内没有出现烟草广告，维护了“全国无烟草广告城市”称号。

△惠州检验检疫局截获来自韩国有害植物种子的货物作退运处理。

9～10 日 惠州市总工会第十二次代表大会在惠州会议中心召开，审议、通过市总工会十一届委员会工作报告，选举产生十二届委员会。

10 日 位于博罗响水镇埔头村 110 千伏埔田变电站投产，可保证三峡“西电东送”工程换流站设备正常运转。

11 日 省信息产业厅调研组认为惠州 e 城不仅速度快，而且政府搭台，企业市场化推广。

△柳锦州、黄锦辉等察看南丰湖整治工地、西湖南门公园、东江小学、东江沙公园、中洲阁建设选址地等处，督促检查加快高品位山水丽城建设项目进度。

12 日 由台湾统一企业集团投资 1.5 亿美元的“大统营科技（惠州）有限公司”签约，落户惠东县白花镇。

14 日 “中国质检口岸行”记者团来惠州市 TCL 王牌电器有限公司和大进制衣厂，采访“大通关”工程启动以来，惠州检验检疫局系统支持惠州市外贸出口取得成效。

15 日 惠州市新闻出版局、版权局挂牌。

15～16 日 香港慈云阁资助 30 万元，启动天鹅养殖工程，20 只天鹅落户鳄湖。

15～17 日 惠州市召开城市发展概念规划咨询会，中国工程院、中国科学院院士周干峙等专家应邀出席。

16～17 日 共青团惠州市第十一次代表大会召开。

△省检查组来惠检查减轻农民负担和农村税费改革情况，肯定惠州市农村税改，认为惠州税改工作走在全省前列。

19 日 珠江综合整治“一年初见成效”考核检查组抵惠，检查惠州市东江综合整治情况，肯定整治工作成绩。

△韩国 50 多家企业代表组成的韩国企业考察团考察惠州市数码工业园和民营科技园，表示愿与惠州各界一道开创新事业。

△惠州市中小企业局挂牌。

20 日 广（州）惠（州）高速公路、惠（州）河（源）二期高速公路通车。

22 日 惠州市三防指挥调度中心大楼在市区江北 5 号区奠基。

△惠州市首条由市政府命名的“放心消费商业街”在市区下埔数码商业街挂牌。

22～23 日 惠州市第七次归侨侨眷代表大会在惠州会议中心召开。

23 日 市政府及省、市消委会向惠州丽日购物广场颁发“全国商业服务企业诚信单位”牌匾。

23～25 日 省安全生产督查组来检查惠州安全生产形势。

24 日 经广东省委批准，惠州市获评“广东省文明城市”。

25 日 潼湖侨场撤场设镇，正式移交惠城区管辖。

△惠州市企业文化建设成果展示会在市区举行，40 家企业参展。市企业文化协会给惠州电信、中国银行惠州分行等 19 家企业授“企业文化建设示范单位”牌匾。

26 日 广东省首个危险废物综合处理示范中心一期工程在惠东县梁化镇石屋寮林场奠基开工。

29 日 惠州市财政服务大楼于江北 16 号小区奠基。

△总投入 40 万元，其中市固本强基工作组出资 28 万元的惠东县大岭镇鹤楼村办公楼落成。

30 日 鹅城青少年体育俱乐部在市体育公园挂牌。

30～31 日 中共惠州市委八届二次全会在市行政中心召开。

下旬 南丰湖清淤后开始从红花湖引入清水，恢复正常水位。

12 月 惠州西湖通过国家旅游局“创 A”评审组检查验收，成为惠州市第一个“4A 级”旅游区。

自然环境

【位置　面积】　惠州市位于广东省东南部，东江下游地区、珠江三角洲东部。行政区域在北纬 22° 24′~23° 57′ 和东经 113° 51′~115° 28′ 之间。东接汕尾市，南临南海，西与广州、东莞、深圳 3 市交界，北与韶关、河源两市为邻。距广州市区 140 公里，离深圳市区 79 公里。入香港，从大亚湾区走沿海高速公路不足 60 公里；走海路 47 海里。惠深、惠河、广惠高速公路已通车，广汕公路、深汕高速公路及广梅汕铁路、京九铁路均经惠州。还有惠州机场和惠州港，可通国内外。

全市陆地面积 11158 平方公里，占珠江三角洲经济区的 1/4。拥有海域 4500 多平方公里，是广东省海洋大市之一。

（丁冲维）

【地质】　惠州市所处大地构造单元属华南褶皱系。地层岩性多样，以花岗岩等岩浆岩为主，地质构造褶皱和断裂发育。断裂构造的展布，以东北向为主，主要有罗浮山断裂带、紫金——博罗断裂带、莲花山断裂带。岩性多样形成种类多样的土壤。变质岩类主要分布于莲花山大断裂带、紫金——博罗断裂带北部、罗浮山山麓部分，发育的土壤一般土层在 1 米以上，质地较细，粘粒含量较高，磷、钾养分较富。红色砂页岩主要分布在博罗、惠东等地，由不同粒径的砾石、砂、粘粒组成，土层一般浅薄。河流冲积物遍布各地，土层深厚，质地较均匀，粘粒含量和土壤养分较高，适应性广。海滨沉积物主要分布在沿海的惠东、惠阳等地，土壤土层深，养分含量丰富，潜在肥力高，但含盐量高，有的还可能受酸、碱危害。

惠州由于地质构造复杂，岩浆活动强烈，成矿条件好，矿产资源品种丰富。已探明的有 40 余种。但蕴藏量不大，大中型矿床少，能源矿产探明的储量很少。

【地貌】　惠州市北依九连山，南临南海，为粤东平行岭谷的西南段，地貌类型复杂。地势北、东部高，中、西部低，中部低山、丘陵、台地、平原相间，在丘陵、台地周围以及江河两岸有冲积阶地。其中，中低山约占全市陆地面积的 7.7%，丘陵占 26%，台地占 35%，平原阶地占 31.3%。

北部和东部有天堂山、罗浮山、白云嶂和莲花山集结形成的中低山、丘陵，多为东北——西南走向、平行排列的中低山。境内海拔 1000 米以上的山峰有 30 余座。惠东的莲花山海拔 1336 米，为全市第一高峰。

中部和西部主要为东江、西枝江及支流侵蚀、堆积形成的平原、台地或谷地，主要有惠州平原、杨村平原和西枝江谷地。

南部连南海，海岸线曲折多湾，全长 223.6 公里，属山地海岸类型，岬角、海湾相间排列，形成复杂的侵蚀——堆积基岩港湾海岸。在大亚湾黄鱼涌一带尚有红树林分布。海底地形特点是湾底呈槽形，底平、水深。

在龙门平陵、龙江、永汉及博罗公庄一带见喀斯特岩溶地貌。

（梁恒琪）

【水文】　2003 年，惠州市平均降水量 1618.0 毫米，比多年平均值偏少 14.7%，属偏枯年。市区降水量 1421.0 毫米，比多年平均值偏少 13.4%，降水天数 97 天。

降水量空间分布不均匀，总的趋势为自上游而下游逐渐偏大。

降水量时间分配也不均匀，其降水天数自下游而上游逐渐偏多。降水量主要集中在汛期 4～9 月，约占全年降水量的 89.7%。6 月降水量最多，占 28.6%；其次是 8 月，占 17.3%；12 月降水量为 1.9 毫米，为全年最小。

降水量的高值区、低值区的分布与多年平均等值线图高、低值区分布大体一致。年降水量高值区在惠东县吉隆镇吉隆站、新庵镇石涧站、博罗县象头山范家田站，分别为1858.8毫米、2756.6毫米、2186.5毫米。低值区在惠阳区大岚镇大岚站、惠东县安墩镇九州站，分别为1391.0毫米、1380.0毫米。博罗县博罗水文站降水日数最少，为91天。

4月入汛后，惠州市区惠阳水位站出现过3场洪水。6月16日0时水位9.05米，为市区的最高洪水位，低于13米的警戒水位3.95米。12月10日8时出现3.84米的年最低水位，比历史记录最低水位低0.39米。东江下游控制站博罗水文站的年径流量188.8亿立方米，年平均流量599立方米/秒，年最大流量3150立方米/秒。年输沙量为115万吨，年平均输沙率36.4公斤/秒，年输沙模数45.3吨/平方公里，年平均含沙量为0.061公斤/立方米。

2003年东江惠阳水位站出现建站以来的最低水位。其原因是：受东江、西枝江干流梯级水库电站蓄水发电调节的影响；近年在东江、西枝江河段大量采沙，造成主河段河床下切；天气干旱降水量偏少。

（王雪燕）

【气候】 2003年惠州市境的天气气候特征是：春季降雨量严重偏少，盛夏炎热多雷雨，秋季台风影响严重，冬季冷空气活动频繁；全年日照充足，气温偏高，蒸发量偏大，雨量偏少。有4个热带气旋影响惠州，有1个在惠州市境沿海登陆。

年平均气温　龙门21.3℃，比多年平均值偏高0.4℃；博罗22.9℃，偏高0.9℃；惠东22.1℃，偏高0.1℃；惠阳（含惠城区）22.7℃，偏高0.7℃。

年降雨量　龙门县年降雨量1552.7毫米，比多年平均值偏少31.4%；博罗县1488.9毫米，偏少20.2%；惠东县1694.8毫米，偏少11.7%；惠阳（含惠城区）1609.5毫米，偏少9.2%。

年日照时数　由于降水量偏少，全年日照充足。惠东县日照总时数2482.8小时，比多年平均日照时数偏多20%。其它各县（区）偏多6%～8%，在1808.4～2024.4小时之间。龙门县总日照时数最少，为1808.4小时；惠阳和博罗年日照数分别为2020.6和2024.4小时。

春季（3～5月）　气温略偏高，平均气温22.0～23.2℃，比多年同期平均气温偏高0.8～1.2℃。总雨量305.7～457.0毫米，比多年同期平均雨量少25%～48%。

3月，月平均气温17.4～18.6℃，接近或略低于多年同期平均值，冷空气较为活跃。

4月，月平均气温22.7～24.0℃，比多年同期平均气温偏高1.3～1.7℃。降雨明显偏少，惠阳、惠东分别为74.6毫米和41.6毫米，比累年平均偏少62%和70%；龙门、博罗降雨量196.1毫米和128.8毫米，分别偏少31%和42%。出现不同程度的干旱。

5月，月平均气温25.9～27.1℃比历年同期偏高1.4～1.7℃。降雨增多，分布不均匀。5月4～5日，受锋面低槽影响，全市出现暴雨，进入汛期。

夏季（6～8月）　气温偏高，平均气温27.8～28.8℃，比多年同期平均气温偏高0.2～0.9℃，极端最高气温出现在7月中旬。总雨量805.4～991.9毫米，降雨主要发生在6月和8月。

6月，平均气温26～27℃，略低于多年同期平均值0.1～0.8℃。雨日增多，“龙舟水”属一般年景，月雨量414.3～510.2毫米，比多年同期平均降雨量多20%～53%。中旬中期和下旬分别出现暴雨局部大暴雨的降雨过程。

7月，光照强烈，日照时数比历史多年平均值多2～3成。气温明显偏高，各地月平均气温28.9～30.1℃，比历史同期平均气温偏高0.9～1.7℃。7月15日出现全年最高气温，龙门县37.7℃，博罗37.5℃，惠阳37.2℃，惠东36.7℃。是惠州市有气象记录以来最炎热的7月。降雨偏少50%～77%，是1993年以来降雨量最少的7月，各地出现不同程度的伏旱。7月24日，0307号台风“伊布都”在粤西登陆，受其外围环流影响，惠州市出现一次暴雨到大暴雨降水过程，伏旱得到一定程度的缓解。

8月，月平均气温28.1～29.0℃，比多年同期平均气温偏高0.4～0.9℃。降雨分布不均匀。地处沿海的惠阳、惠东降雨量分别为324.2毫米和356.2毫米，比多年同期平均降雨量多17%；博罗、龙门的降雨量分别为252.1毫米和240.5毫米，较历史同期平均降雨量少11%～12%。25日，0312台风“科罗旺”在雷州半岛登陆，受其外围环流影响，24～25日，惠州市各地先后出现阵风6～7级的短时雷雨大风天气，局部地区出现暴雨以上的降水。

秋季（9～11月）　气温正常，平均气温22.0～24.0℃，接近多年同期平均值。降雨偏少，总雨量196.5～363.3毫米，降雨主要集中在9月上、中旬，9月下旬开始，降雨日数和降雨量大幅减少，至基本无降水，出现秋旱。

9月2～4日受0313号台风“杜鹃”影响，全市普降大雨到暴雨，并有10～12级的大风。14～16日，受东风扰动和冷空气共同影响，全市普降暴雨，局部大暴雨。

10月13日，较强冷空气首次南下影响市境，14日各地平均气温普遍下降4～5℃。全市出现4～7天的寒露风（日平均气温≦23℃）天气过程。

11月，冷空气活动频繁，晴好天气多，辐射降温明显，昼夜温差大。月平均气温18.3～20.5℃，比多年同期平均气温偏高0.3～1.0℃。全月降雨日数4～6天。龙门县月雨量42.0毫米，比多年同期平均降雨量略多；其它县（区）

月雨量 12.2～19.0 毫米。28 日，出现中等强度的冷空气过程，平均气温下降 3～4℃，30 日龙门县最低气温降至 4.6℃，为入秋以来的首次低温天气过程。

冬季（12～2 月） 平均气温 12.6～14.8℃，略高于多年同期平均气温 0.1～0.5℃，总雨量 84.9～106.8 毫米。

12 月，月平均气温 11.7～14.5℃，比多年同期平均气温偏低 0.5～1.5℃；月雨量 0～5.6 毫米，博罗、惠阳全月未降雨。13 日，龙门县出现低温霜冻天气。

1 月，月平均气温 11.9～13.8℃，接近多年同期平均气温。上旬冷空气较弱，气温偏高；中旬开始冷空气不断加强补充南下，低温阴雨、晴冷霜冻天气交替出现；下旬后期起，日平均气温 10℃以下的寒冷天气持续至 10～12 天。全年极端最低气温：龙门-1.3℃，惠东 3.2℃，惠阳 3.6℃，博罗 3.7℃，出现在 1 月 22 日。时逢春节，天气阴雨转晴，气温大幅下降，各地最低气温降至入冬以来最低值，大范围出现霜冻或冰冻。这是近 10 年来最寒冷的春节。

2 月，前期气温偏低，上旬有 7～8 天日平均气温≦10℃的低温阴雨天气，中旬开始气温逐日回升。

【天气灾害】 2003 年的最严重的天气灾害由 0313 号台风“杜鹃”所致。8 月 30 日“杜鹃”在菲律宾以东的西太平洋洋面上生成，9 月 2 日凌晨进入南海东北部海面后加速移向广东沿海，9 月 2 日 19 时 50 分在惠东县港口镇登陆，登陆时中心附近最大风力 12 级（40 米/秒）。在港口登陆后，沿海岸线西行，21 时左右再次登陆大亚湾，中心附近最大仍有 12 级。“杜鹃”是自 9509 号台风以来对惠州市境影响最严重台风。全市有 73 万多人受灾，死亡 9 人，重伤 8 人，直接经济损失 4.91 亿元。除台风外，8 月 4 日和 8 月 25 日的局地雷雨大风天气，也造成一定程度的经济损失。

（崔少萍）

行政区划

【概况】 惠州市为广东省辖市，下辖惠城区、惠阳区、惠东县、博罗县、龙门县。大亚湾经济技术开发区为国家级经济技术开发区，所设管理委员会为惠州市人民政府的派出机构，行使相当于县一级的行政、经济管理职能。2003 年 12 月 31 日统计，全市有 69 个乡、镇（除龙门县蓝田乡外，均为镇建制），14 个街道办事处，1032 个村委会，199 个社区居委会。

【惠阳撤市设区】 3 月 6 日，国务院批复，同意广东省调整惠州市行政区划，撤销惠阳市，设置惠州市惠阳区，并将原惠阳市的陈江、潼湖、潼侨、沥林、水口、马安、横沥、矮陂、芦洲、大岚等 10 个镇及博罗县仍图镇的行政区域划归惠城区管辖。惠阳区于 6 月 10 日正式挂牌。6 月 12 日，惠阳、博罗划入惠城区的 11 个镇同时挂牌。10 月 28 日仍图镇并入汝湖镇。12 月 25 日惠阳区潼侨镇（4 月挂牌）移交惠城区管辖。行政区划调整后，惠州市辖惠城、惠阳两区和惠东、博罗、龙门 3 县，总面积无变化。

【调整乡镇行政区划】 年内，惠州市按照中共广东省委、省人民政府发出的《关于调整我省乡镇行政区划的通知》和中共惠州市委、市政府的要求，进行乡镇撤并：惠城区河南岸、惠环、水口、陈江 4 镇改设街道办事处；惠阳区淡水、秋长、霞涌、澳头 4 镇改设街道办事处，撤销芦岚镇并入芦洲镇，增设潼侨镇；惠东县撤销石塘镇并入安墩镇，撤销巽寮镇并入平海镇；博罗县撤销蓝田镇并入石坝镇，撤销义和镇并入罗阳镇，撤销平安镇并入柏塘镇，撤销九潭镇并入园洲镇，增设杨侨镇；龙门县撤销南昆山镇并入永汉镇，撤销田美镇并入王坪镇。

按照省民政厅的要求，在 2003 年 4 月完成勘界电子文档的上报，建立和完善了界线档案资料的归档和规范管理系统。

2003 年 12 月惠州市行政区划表

表-1

区 分	单位	合 计	惠城区	惠阳区	惠东县	博罗县	龙门县
土地面积	平方公里	11158	1410	1262	3396	2795	2295
海岸线曲线长	公里	223.6		51.8	171.8		
乡、镇	个	69	11	6	20	18	14
街道办事处	个	13	9	4			
村委会	个	1032	180	131	247	321	153
居委会	个	199	79	26	36	32	26

2003年12月全市县（区）、镇（乡、办事处）一览表

表-2

县（区）别	乡镇		街道办事处	
	数量	名称	数量	名称
合计	69		13	
惠城区	11	潼湖镇 潼侨镇 沥林镇 马安镇 横沥镇 矮陂镇 芦洲镇 大岚镇 汝湖镇 小金口镇 三栋镇	9	桥东 桥西 江南 惠环 水口 陈江 江北 龙丰 河南岸
惠阳区	6	沙田镇 新圩镇 镇隆镇 永湖镇 良井镇 平潭镇	4	淡水 秋长 霞涌 澳头
惠东县	20	平山镇 大岭镇 白花镇 梁化镇 稔山镇 铁涌镇 平海镇 港口镇 吉隆镇 黄埠镇 盐洲镇 增光镇 多祝镇 新庵镇 安墩镇 松坑镇 高潭镇 马山镇 宝口镇 白盆珠镇		
博罗县	18	罗阳镇 石坝镇 麻陂镇 公庄镇 杨村镇 泰美镇 柏塘镇 响水镇 湖镇镇 横河镇 龙溪镇 龙华镇 长宁镇 福田镇 园洲镇 石湾镇 杨侨镇 观音阁镇		
龙门县	14	龙城镇 王坪镇 平陵镇 龙江镇 路溪镇 龙华镇 沙迳镇 永汉镇 麻榨镇 铁岗镇 左潭镇 地派镇 天堂山镇 蓝田乡		

（陈晓明）

【政区沿革】 今惠州市辖境，在上古时期就有人类居住。在新石器时代晚期的生产、生活的遗迹和遗物已发现多处。先秦时期属百粤（越）范围。公元前214年（秦始皇三十三年）在今博罗北部“缚娄”族居住地方置傅罗县后，此地为南海郡傅罗县（后称博罗县）的一部分。西汉前期近百年间，处于赵氏南越国治理之下。公元前111年（汉元鼎六年），汉武帝统一岭南，结束南越国统治。东晋析南海郡立东官郡，博罗县先后析置海丰、欣乐、安怀3县，博罗、欣乐两县隶南海郡，而安怀县隶东官郡。南宋，安怀、欣乐两县隶东官郡，博罗县隶南海郡。至南齐，安怀县改名怀安县，博罗县析置罗阳县隶南海郡。至503年（梁天监二年），南海郡析置梁化郡，设郡治于梁化屯。怀安县并入欣乐县，罗阳县并入博罗县。博罗县与欣乐县同隶梁化郡。588年（陈祯明二年）欣乐县改名归善县。

590年（隋开皇十年）废梁化郡置循州。今市境隶循州。607年（隋大业三年）循州改称龙川郡。唐代先后易名循州、雷乡郡、海丰郡、循州。917年（五代南汉乾亨元年）循州析置祯州。1020年（宋天禧四年）祯州改称惠州，1120年（宣和二年）改称博罗郡，1279年（元至元十六年）后属惠州路。明、清时期今市境属惠州府。龙门县于1496年（明弘治九年）设立后隶广州府。

1912年（民国元年）归善县改名惠阳县。1914年6月，惠阳、博罗两县属潮循道，龙门县属粤海道。1920年废道后先后隶东区善后督办处或绥靖处（临时性政区）。1925年（民国14年）7月，隶属广东省东江行政区。1932年（民国21年）1月，隶属东绥靖区。1936年后隶属广东省第四行政督察区，1947年隶属专署行政督察区第五区。1949年5月后惠阳、博罗两县属第二行政督察区，龙门县隶属第六行政督察区。

新中国成立后，市境行政区划及其归属调整多次。1949年12月，隶东江专区。1952年1月东江专区撤销，惠阳县划归粤东行政区，博罗、龙门两县划归粤中行政区，至1956年1月这3县同隶新设立的惠阳专区。1958年4月，惠阳县析置惠州市（由惠州镇改，县级）、惠东县。11月龙门县并入增城县，隶属广州专区。1959年3月撤销惠阳专区，惠州市、惠东县，仍归入惠阳县，惠阳、博罗两县划归佛山专区。1961年10月，恢复龙门县，划归佛山专区。1963年7月恢复惠阳专区，惠阳、博罗、龙门3县划归惠阳专区。1964

年10月惠阳县再析惠州镇立惠州市（县级），1965年7月恢复惠东县。1970年10月惠阳专区改称惠阳地区。惠阳、惠东、博罗、龙门等4县及惠州市仍隶之。1975年3月，龙门县划归广州市。1988年1月7日，国务院批准撤销惠阳地区建制，分别设立惠州、东莞、汕尾、河源4个地级市，惠州市管辖惠城区、惠阳县、博罗县、惠东县和龙门县。1994年5月惠阳撤县改市（县级），由惠州市代管，2003年3月6日又改市设区隶惠州市，6月10日挂牌。

（杨奕青）

人口与民族

【人口】 2003年末，惠州市户籍总人口286.36万人，其中：男性146.14万人，占51.03%；女性140.22万人，占48.97%，男女性别比为104.23。

全市有暂住人口54.47万人，其中：男性24.43万人，占44.85%；女性30.04万人，占55.15%。来自广东省内的有7.94万人，占14.58%；来自广东省外、港澳台及国外的有46.53万人，占85.42%。以务工为目的前来暂住的有44.46万人，占81.62%。

全市全年出生2.08万人，出生率9.48‰；死亡1.24万人，死亡率4.40‰；净增人口1.43万人，自然增长率5.08‰，比上年上升0.2个千分点。

人口密度256.64/平方公里。年末总户数73.83万户。

（赵英玲）

【民族】 惠州市除汉族外，还有蒙古、回、藏、苗、彝、布依、朝鲜、满、侗、白、土家、傣、黎、水、仫佬、毛南、锡伯、乌孜别克、京、畲、瑶、壮等49个少数民族。据2001年底统计，全市少数民族人口有52601人，其中，土家族12229人，壮族11605人，苗族10730人，瑶族8739人，侗族2631人，布依族2482人，畲族1237人，蒙古族978人，回族602人。

惠州市的少数民族居住分散，生活、工作在境内各地。瑶族主要集中在龙门县蓝田瑶族乡。畲族主要分布在惠东县增光、大岭、多祝镇7个自然村和博罗县横河镇嶂背村，约1000人。其他少数民族多分布在各地企事业单位。

（刘金贵）

经济体制改革

【加强行政审批制度改革】 2003年，惠州市为提高行政效率和服务水平，增强行政透明度，改善投资环境，加大行政审批事项清理力度。年内，取消各类行政审批事项57项，下放县（区）管理事项14项，转移各类审批事项1项，转为日常管理事项88项，调整、合并同类型事项116项，划入年检（审）事项处理6项，共减少各类审批事项406项；取消各类年检事项20项，下放各类年检事项5项，转为内部职能20项。

按照“谁审批、谁负责”的原则，制订《惠州市行政审批责任及其追究办法》，规定审批责任，简化审批手续，规范操作程序，提高办事效率；按照“审、监分离”的原则，建立内部监督机制，同时接受监察、法制等部门的监督管理。

对取消审批事项后仍需加强监管的事项，要求各部门根据事项的性质、内容和要求，尽快制定后续管理办法，运用经济和法律的手段履行监管职能，防止出现管理脱节和管理真空。

行政审批制度改革存在的问题主要是：法律法规滞后，制约改革进程，改革还不够彻底，改革意识有待增强，中介机构不够完善。

【加快国有企业改革】 年内，惠州市深化大企业集团的改革，促进企业做大做强。TCL集团公司做好重组兼并和申报集团整体上市，德赛、华阳集团公司在改制后规范运作，麦科特集团提出内部重组改制方案意见。电力集团公司、市汽车运输总公司、路桥开发总公司、粮食集团公司等企业寻求有效的改制方式，协调解决改制过程中遇到的有关问题。这些企业改革取得不同程度的进展。

按省、市有关“放开、搞活中、小企业”的政策规定，引导企业通过改组、联合兼并、租赁、承包经营和股份合作制等形式，加快实现产权多元化进程。市供销社系统企业和市新华书店开展改制。全年全市有150多家国有企业实施改革，有50多家已改制企业进行深化改革，已改制或转制的企业占应改制国有企业数的90%。

贯彻执行市属国企监事会暂行办法，组建华阳集团公司、丰达能源开发公司等企业的监事会，落实经贸局的企业监督职能。做好劣势国有企业退出市场的有关工作，协调有关部门配合做好中央企业广东卫国机械厂和省属企业广东省有色金属惠州分公司破产工作，提出并组织实施市利山水泥厂关闭破产方案，安置职工。

推动国企产权转让。9月，提出加大全市国企产权转让力度的意见。市政府同意市经贸局上报的意见，并要求由市经贸局制订实施方案。市经贸局组织人员到珠海、深圳、东莞3市考察学习后，借鉴外地的做法和经验，结合惠州市企业的实际，拟订《惠州市属国有产权转让实施意见》，并上报市政府。市国有产权转让工作领导小组讨论后，对今后产权转让提出要求，确定了第一批转让的企业。市经贸局组织实施。

（陈伟民　林乾森）

【继续推进投资管理体制改革】　年内，惠州市逐步建立市场引导投资、企业自主决策、银行独立审贷、融资方式多样、中介服务规范、宏观调控有效的新型投融资管理体制；加快市政公用行业产业化、市场化步伐；缩小投资审批范围。对企业使用非政府投资建设的符合国家产业政策、非重大项目和非限制类项目，逐步实现由审批制向登记备案制转变。实施《社会投资基本建设项目登记备案暂行办法》，建立和完善社会投资基本建设项目登记备案网，实现市、县与省联网，全部社会投资基本建设项目网上登记备案，提高投资项目审批效率。

（朱晓琴　黄俊堂）

【深化国有商贸企业改革】　年内，惠州市商贸资产经营有限公司区别所属企业的不同情况，确定“有进有退、以退为主”的深化国有企业改革的工作思路，积极稳妥地推进国有企业改革。制定出《市直商贸企业深化改革的总体方案》，争取用2～3年，通过改制、重组等方式，对20余家资产较优质、具有发展潜力的企业进行公司制改造；对10余家资产质量较差但尚能正常运作的企业实行先托管后改制；对其余100多家劣势企业则实施破产、关闭，规范有序地退出市场。

深化体制改革主要采取整体出售、全员赎买、零价格出售和以部分抵押资产承担相应债务等方式，组织惠州对外贸易运输公司、市小汽车出租公司等7家企业实施改制。资产较优质、经营效益较好的市金叶综合贸易发展公司等企业，实行经营目标考核责任制管理，以确保国有资产的保值增值及国家、集体和个人增加收益。

对所属劣势企业，主要采取民事破产、关闭和人、债分离等形式，规范有序退出市场。年内已获批准破产企业19家，关闭企业12家，获政府拨付安置费1105.46万元，安置职工358人。此外，实行人、债分离的企业8家，安置职工350人，支付安置费1123.64万元。

（陈伟民　林乾森）

【国有粮食企业改革产权制度】　年内，惠州市粮食部门按照市政府《关于惠州市国有粮食企业改革的实施意见》和粮食流通体系改革总体目标的要求，加快粮食企业改制步伐。按照现代企业制度和建立法人治理结构要求，对140家国有粮食企业开展产权制度改革。拟改制为国有独资的企业7家、国有控股企业20家、国有参股企业23家，关闭停产企业60家。改革以“为政府分忧、为企业服务、为职工利益着想”为原则，从确保社会稳定的大局出发，积极稳妥地推进企业改制和职工分流安置，制定详细的人员分流安置和经济补偿方案，推动再就业工程。通过政府补贴、企业自筹、资产变现、土地置换等形式，筹措改革资金1.4亿元，确保改革顺利进行。

（曾　韬）

【医疗保险制度改革深入发展】　惠州市的医疗保险制度改革于2001年6月启动。至2003年底，已取得了阶段性的成果。基本医疗覆盖面不断扩大，参保人数和征缴的医保基金稳步增长，基本医疗保险的支付能力得到提高。全市基本医疗保险参保人数达305759人，征收基本医疗保险基金25620.26万元，共支付各项医疗保险待遇15415.26万元。在防治“非典”期间，按规定及时为市内6名参保患者提供基本医疗保障，支付了14.2万元的医治“非典”费用。同时，继续完善业务操作和医疗结算办法，加强与定点医疗机构的电脑网络建设。市直社保经办机构已与中心人民医院等37家定点医疗机构实现电脑联网，加快了医疗信息的流通，方便了广大参保职工就医就诊。

（凌任达）

【推行农村合作医疗保障制度】　经近一年试验，惠州市在全市农村推行农村合作医疗制度。市农村合作医疗管理办公室制订出《关于建立和完善农村合作医疗保障制度的实施意见》，发至各县（区）执行。从2003年起连续4年，市财政每年将按参加人数每人2元的标准，拨出专项引导资金，每年再安排50万元支持各县（区）建立救助基金。至4月底，各县（区）已按标准拨出引导资金和救助资金；各地农村建立的合作医疗保障制度有两种模式：一种是镇（乡）办的，即以镇（乡）为单位确定筹资标准、报销比例和最高补偿封顶钱；另一种是镇（乡）、村联办的，即镇（乡）统一的指导性方案、章程和管理办法，再根据各村经济发展水平，确定不同的筹资标准、报销比例和最高补偿封顶钱。至6月中，全市87个乡镇中的46个乡镇，基本建立起农村合作医疗保障制度，约有10万农民参加农村合作医疗。

（曾　平）

【卫生改革又有进展】　年内，市卫生局按“公平、公正、择优”的原则，在全省率先实行公开招标办法，设置惠城区5个新增社区卫生服务站。至此，全市已建成社区卫生服务中心7个、社区卫生服务站49个，形成较为完善的社区卫生服务体系。

药品集中招标采购取得明显成效。全市医疗机构药品集中招标采购金额达1.55亿元，平均降低16.8%，让利2600万元；医用耗材招标采购金额900万元，平均降低20%，让利180万元。招标采购任务完成率达106.8%，超额完成省下达的目标任务。

另外，经市委组织部、市人事局批准，在医疗卫生单位全面实行中层领导干部竞争上岗。市直单位的竞争上岗工作已基本完成，优化了中层领导干部队伍。各县（区）工作正在深入开展，医院分配制度和后勤社会化的改革也在进行之中。

（叶礼全）

【农村税费制度改革】 年内，中共惠州市委、市政府把改革农村税费制度作为实践“三个代表”重要思想的具体举措。6月25日进行全市农村税费改革试点工作动员，6月27日市政府将全市各县（区）农村税费改革实施方案上报省政府。7月3日获得批准后，全市各级机关选派干部深入全市85个乡镇、1102个行政村，进行指导。他们依靠群众，严格清查、核实所有农业生产用地，并编号登记造册，同时评定土地等级，测算税额，定税到户。在摸清耕地使用情况的基础上，把农民耕种和占用的应负担农业税的土地面积，在农户签字认可后张榜公布，以接受群众监督，增强政策的透明度，调动群众积极性。经过实事求是确定计税面积和常年产量，全市农业税计税面积原有205万亩，核减到127万亩，核减约1/3。

这次税改还取消了乡统筹、村提留、农村教育集资等专门向农民征收的行政性收费和政府性基金，取消屠宰税、农业特产税、农业税附加，取消劳动积累工和义务工，对农民只征收农业税，从而减轻了农民负担。据统计，税改前，全市农民税费年负担总额为19704万元，农民人均负担111.11元；税改后，农民负担总额为2349.8万元，人均负担仅13.25元。全市减负幅度达88.1%。

税改后，政府以农民减负而减收。据测算，市财政收支缺口达17354万元，除省财政每年补助9562万元外，市财政每年安排专项补助资金1503万元，县（区）要解决5230万元。财政部门积极筹集、调度资金，调整支出结构，增收节支，确保改革的顺利推进。

为了长期稳定减轻农民负担政策，不致于出现农民负担的反弹回潮，市委、市政府启动农村税改的配套改革，实行并镇、并村、并校，精简机构和人员，减少行政开支，规范镇、村机构职能，从根本上保持减轻农民负担的稳定性。到目前为止，全市已撤并16个乡镇（其中撤镇改街道办事处8个），占原有乡镇总数85个的18.8%。下一步计划再撤并6～8个镇、办事处。并村的调查摸底已完成，撤并方案正在拟订。2000～2003年，全市撤并学校85间，其中小学72间，初中13间；撤销小学教学点39个，小学高年级49个。计划至2005年，全市将撤并农村中、小学354间，其中小学330间，初中24间。

同时，严格执行农村税费改革政策纪律，规范农村收费管理，建立农民负担监督机制，对各种涉农收费实行公示制度，绝不允许出现乘机向农民清收税费尾欠的现象。市、县（区）、镇设立农民负担监督举报电话，接受群众投诉。市财政局还发出《关于及时足额清退预征农业税的紧急通知》，要求各地在新的农业税任务下达到农户后，立即将预征时多收部分退还农户，并不准抵扣任何款项。

（于泽　张芳）

经济社会发展

【概况】 2003年，惠州市贯彻落实中共十六大精神和胡锦涛总书记视察广东时重要讲话精神，坚持以发展为第一要务，沉着应对突如其来的“非典”疫情，取得防治“非典”和经济社会发展的重大胜利。国民经济继续保持良好的发展势头，宏观调控主要预期目标基本实现。全市实现地区生产总值590.97亿元，比上年增长（下同）13.9%，增幅高出年初预期目标1.9个百分点，创下1999年以来增长新高。宏观经济的结构、效益和质量得到改善，经济步入新的发展期的特征较为明显。地区生产总值位居全省第七，外贸出口和固定资产投资均居全省地级市第六位，实际利用外资位居全省第四位。

产业结构得到优化。其中：第一产业增加值73.91亿元，增长0.5%；第二产业增加值347.43亿元，增长17%；第三产业增加值169.63亿元，增长14.1%。三次产业构成为：12.5∶58.8∶28.7，比上年第一产业下降1.5个百分点，第二产业上升1.2个百分点，第三产业上升0.3个百分点。三次产业对GDP的贡献率分别为0.2%、68.4%、31.4%。

（黄博珍）

【工业生产快速增长】 全市实现工业增加值312.02亿元，增长13.6%。完成工业总产值1349.97亿元，增长16.7%，对经济增长的贡献率为53.46%。电子工业继续保持优势产业地位，完成总产值721亿元，增长17.8%，占全市工业总产值的53.4%。移动电话、微型电子计算机、彩电等主要电子产品产量大幅增长，分别为53.8%、54.7%和66.1%。大企业集团经济增长强劲，规模优势明显。五大集团实现总产值478亿元，增长23.1%，占全市工业总产值的35.4%。

【农村经济稳步发展】 全年农业总产值达114.75亿元，增长5.3%。在确保粮食生产的基础上，以市场为导向，大力调整农业结构，增加经济作物种植面积。粮、经比例由上年的45∶55调整为41.5∶58.5。农业基础设施投入增加，完成一批县级公路和水库除险加固工程，农村电网改造完成投资1.2亿元，农网改造覆盖面超过60%。农业产业化建设步伐加快，全市具有一定规模的各类农业产业化组织200家，各级农业龙头企业100多家。建立起一批农产品生产基地、农产品出口基地，初步形成具有惠州特色的"一镇一品"的种植格局，带动了一批农户增加收入。科技兴农的力度加大，主要农作物良种覆盖率逐步提高。

【社会固定资产投资大幅增长】 全年全社会固定资产投资完成224.5亿元，增长1.1倍。其中：基本建设投资完成151.2亿元，增长2.6倍；更新改造投资完成13.5亿元，增长2.7%；房地产开发投资完成23.2亿元，增长46.2%。投资结构进一步优化，制造业、城市建设和社会事业投资有较大幅度增长。固定资产投资高速增长，有力地拉动了经济增长。

【对外经济有较大发展】 年内，外贸出口总额完成71.5亿美元，增长21.3%，比年初预期目标高11.3个百分点。其中一般贸易出口增长42.3%。私营企业出口大幅增长，出口0.6亿美元，增长4倍。实际利用外资完成16.9亿美元，增长27.4%，总额居全省第四位。其中外商直接投资14.1亿美元，增长30%。新签各类利用外资合同581宗，合同规定外商投资额17.3亿美元，增长12.2%。

【财税收入稳步提高】 全市地方财政一般预算收入完成24.13亿元，增长25.8%，增幅高出年初计划14.8个百分点。税收总收入完成95.61亿元，增长25.8%。其中，中央、省、市县三级税收分别增长27.2%、22.5%和22%。

【金融形势稳定】 年末，金融机构各项存款余额571.91亿元，比年初增长19.4%。城镇居民储蓄存款余额327.7亿元，增长19%；农村居民存款余额51.9亿元，增长18.6%。各项贷款余额313.82亿元，比年初增长18%。个人消费贷款57.8亿元，增长47%。

【消费市场平稳发展】 全市社会消费品零售总额完成181.67亿元，增长12.8%，比年初预期目标高出1.8个百分点。批发零售贸易商品销售总额305.6亿元，增长21.5%。城乡集市贸易成交额70.3亿元，增长6.5%。汽车、房屋等大宗耐用消费品消费畅旺，商品房销售面积73.7万平方米，销售额15.8亿元，分别增长30.7%和19.1%。居民消费价格止跌回升，总指数上升0.5%，其中食品类价格指数上升2.6%，消费品价格指数上升0.7%。

【民营经济活力增强】 年内，新增私营企业2203家，增长32%；新增个体工商户8979家，增长14%。年末共有私营企业8178家，个体工商户7.4万家。民营经济创造税收14.9亿元，为推动经济发展、增加就业岗位作出积极贡献。民营企业加强技术创新，提高科技含量，活力增强。民营科技企业比上年增加33家，注册资本、总产值和出口创汇额均有较大幅度提高。

【高新技术产业迅速发展】 新增一批国家级和省级高新技术企业，全市新认定21家高新技术企业，申报省级以上科技项目100多项，组建省级工程技术研发中心2家。全年实施重大科研项目33项，获省科技进步特等奖、一等奖各1项。全市高新技术产品产值472亿元，增长30.4%，占全市工业总产值的35%。

【创建文明城市成效显著】 惠州市在巩固创建"四块金牌"成果的基础上，市政建设力度加大，市容市貌焕然一新，首次荣获"省文明城市"称号。全年完成城市公共事业投资6.7亿元，新建了市民乐园、江北滨江公园、东江沙公园等一批公共设施，完成惠州大道、市区南出口、仲恺大道等道路改造和市区"穿衣戴帽"工程。各县（区）的城镇建设成效明显。

【生态环境建设得到加强】 继续实施"两江四岸"综合整治，梅湖水质净化中心及配套工程、西湖北丰湖综合整治工程基本完工。全市森林覆盖率达59.8%。有各级自然保护区24个，保护区面积15.61万公顷。城镇生活污水处理率达33.8%。

【人民生活水平得到提高】 全市城市居民人均可支配收入12674元，增长18.5%；农民人均纯收入4054元，增长3.9%，总额和增幅均超过全省平均水平。在岗职工年平均工资13265元，增长17.2%。城镇居民人均住房使用面积25.3平方米，农村居民人均居住面积22.6平方米。社会保障体系逐步完善，养老保险社会化发放率达100%；城镇职工参加养老保险、医疗保险、失业保险、工伤保险人数分别增长9%、4%、2%和11%。就业状况有所改善，再就业率达62.2%，年末城镇登记失业率2.7%。困难群众生产生活问题得到进一步解决。

【社会事业稳步发展】 人口工作取得新成效。全市人口自然增长率为5.08‰，低于年初确定的控制目标。卫生事业受到高度重视，医疗及公共卫生设施建设进一步加强，初步建立起突发公共卫生事件预警机制和应急机制。教育事业有新发展，学龄儿童入学率和小学毕业生升学率达100%，初中毕业生升学率达63.4%，高中毕业生升学率达83.7%，全年考入大学人数0.88万人，比上年增长35.8%，高等学校在校学生人数1.07万人。

【存在突出的问题和困难】 主要是：经济总量不够大，综合竞争力不够强；经济结构性矛盾较突出，第三产业发展滞后；区域发展不平衡，欠发达地区比重大；民营经济总量偏小，质量不够高；部分群众生活比较困难，城乡居民生活水平有待进一步提高；精神文明建设和民主法制建设还存在不少薄弱环节；投资环境尤其是软环境还需继续改善优化。对此，必须高度重视，进一步采取有力措施，逐步加以解决。

（朱晓琴）

民营经济发展

【概况】 2003年，惠州市把发展民营经济摆到更为突出的位置，召开高规格的全市民营经济工作会议，出台扶持民营经济发展的一系列优惠政策，健全机构，优化环境，加强管理、指导和服务工作，促进了全市民营经济快速、健康发展。

至年底，全市有私营企业8378家，注册资本124.1亿元；个体工商户74398家，注册资金17.17亿元。全年新增私营企业2203家，注册资本27.31亿元，分别增长26.3%、22%；新增个体工商户8979家，注册资金5.02亿元，分别增长12%、29%。个体私营企业从业人员超过28万人。全年实现个体私营经济税收总额75174万元，增长21.11%；占全市税收的15.6%。

年内，惠州市一批先进私营企业和个体工商户受到表彰：侨兴集团被省委、省政府授予“省优秀民营企业”称号，永昶集团董事长李伟良和裕华集团董事长刘观送荣获“省优秀民营企业家”称号，侨兴集团公司等100家私营企业被评为“惠州市民营企业100强”，桂香园酒家等100家个体工商户被评为“惠州市先进个体户”。

【全市民营经济工作会议召开】 3月3日，市委、市政府在惠州大剧院召开了惠州市规模、规格空前的民营经济工作会议。会议传达贯彻全省民营经济工作会议精神，总结近年惠州市发展民营经济工作经验，全面部署今后发展民营经济的各项具体工作。同时，表彰全市“民营企业100强”和“100户先进个体工商户”，以及荣获全省民营经济工作会议嘉奖的“省优秀民营企业”侨兴集团、“省优秀民营企业家”永昶集团董事长李伟良和裕华集团董事长刘观送。这是惠州市再次掀起民营经济发展新高潮的大会。

【促进民营经济发展的文件出台】 为促进惠州市民营经济快速发展，市委、市政府根据省委、省政府《关于加快民营经济发展的决定》，于4月25日出台了《关于加快民营经济发展的实施意见》，从7个方面提出28条具体的实施意见，即：落实公平待遇、力促民营经济发展，发展园区经济、扩大产业规模，重点扶持四类民营企业和“市民营企业100强”，提高民营企业素质、增强全市整体竞争优势，完善民营企业信息服务，加强对民营经济的法律服务与支持、切实保护民营企业的合法权益，加强对民营经济工作的领导等。全市各县（区）和市直工商、检察、纪监、公安等有关部门，根据市委、市政府的要求，也分别出台了有利于民营经济发展的具体措施。另外，对全市有符合扶持民营经济发展精神的文件、规定进行清理，加强督促检查。

【赴佛山、温州考察民营经济】 年内，市委、市政府提出发展民营经济要“近学佛山，远学温州”的口号。4月分别由市委书记、市长率市直有关部门主要领导和部分民营企业家组成的党政考察团，先后赴佛山、温州参观考察，学习外地经验，寻找差距，理清思路，明确方向。随后，各县（区）也先后组织考察团，赴长江三角洲和珠江三角洲等民营经济发达地区参观学习。

【惠州市鞋业商会成立】 5月19日在惠东县政府大院3号楼会议室举行成立大会。全市150多家制鞋企业的代表参加。该商会拥有会员159人（家），属非营利性的民间社团组织，旨在加强制鞋企业之间的合作和交流及对外联系，促进惠州鞋业做大、做强。

【民营企业家选入政坛】 在上半年市、县（区）两级人大、政协换届时，惠城区、惠阳区分别选举1名民营企业家担任同级政协副主席，并推荐了一批民营企业家和个体工商户分别担任市、县（区）两级人大代表和政协委员。

【民营科技工业园奠基】 市政府为加快惠州市民营经济发展，根据中共惠州市委七届八次全体（扩大）会议关于“抓紧民营科技园的建设”精神，决定在惠州数码工业园内设立民营科技工业园，由民营企业惠州市海联置业集团有限公司牵头开发建设。该园于5月16日举行奠基仪式，占地50万平方米，预计建筑面积8.5万平方米。

【召开民营企业代表座谈会】 10月20日，市委、市政府在惠州宾馆举行，“惠州市民营企业100强”代表参加。会上，通报全市民营经济的发展情况，听取民营企业代表的意见和建议，研究解决民营企业发展中遇到的困难和问题，对全市民营经济发展工作提出明确意见和要求。

【惠州市中小企业局成立】 为贯彻落实《中小企业促进法》，促进惠州市中小（民营）企业的改革和发展，市编委会同意在市经贸局内设市中小企业局。负责指导、协调、促进全市民营企业和乡镇企业的改革和发展。12月19日，挂牌运作。该局为副处级建制的行政机构，核定编制13人，经费由市财政供给。同时，撤销市发展个体私营经济办公室和市农业局的乡镇企业办公室，其职能和人员编制全部划归市中小企业局。

（林　旺）

【做好为民营企业服务工作】 年内，市经贸局举办“金融服务恳谈会”，促成部分民营企业与金融机构达成贷款意向，较好解决了民营企业贷款难的问题。配合市政府在惠东召开现场办公会，重点解决惠东鞋业出口难问题。为了保护民营企业的合法权益，帮助解决隆生集团关于统一按每平方米10元的标准交纳人防工程异地建设费问题、新国华工贸公司关于要求实施“国华四期”原规划方案的问题、泰豪实业有限公司要求尽快解决麦地小学建设有关问题等。此外，还推荐一批民营企业家和个体工商户担任各级党代表、人大代表和政协委员，提高政治待遇。

（陈伟民　林乾森）

【存在问题】 有些地方和部门对发展民营经济的重要性仍认识不足，对鼓励和扶持民营经济发展的政策措施贯彻、落实不力，扶持力度不大，主动服务意识不强，“吃、拿、卡、要”和“三乱”等侵犯民营企业合法权益的现象时有发生；民营企业融资难、用地难、招工难、政策落实难、市场准入难、出口退税难及部分企业用电、用水难等问题，仍未得到很好的解决；民营企业和从业人员整体素质不高；不少民营企业经营管理方式滞后，建立现代企业管理制度步伐缓慢，不适应加入WTO后的形势要求；民营企业总量不多、规模不大，名牌产品少、科技含量低、市场竞争力弱，整体素质和水平有待提高。

（林　旺）

市场建设

【专业批发市场建设进展顺利】 市政府确定“十五”计划期间市区新建八大专业批发市场。在有关职能部门的密切配合下，八大专业批发市场的总体建设正按既定程序稳步推进，进展顺利。汽车交易市场、水果批发市场、粮油食品批发市场和数码街、三环装饰城、泰安居装饰家居城已建成投入使用，并产生效益。陆洲建材批发市场、会展中心、服装批发市场已做好规划设计方案、正在施工建设或正在筹措资金准备上马。

批发市场存在的主要问题：水、电费用标准收取过高；有相当一部分批发市场经营规模偏小，服务内容单一，信息化水平不高，专业人才缺乏；批发市场的基础设施、技术装备、管理流程、信息化等也缺乏统一的标准，亟待建立全国统一的批发市场标准化体系。

（陈伟民　林乾森）

【房产交易活跃】 2003年，惠州市住房一级市场供应充足，为市民提供了较大的选择空间。同时，带动住房二级市场发展，房改房上市逐步放开，住房梯级消费方式逐渐形成。年内，全市完成交易13642宗，比上年同期增长45%；交易面积235.24万平方米，增长26%；交易金额38.25亿元，增长32%。其中市区完成交易10326宗，交易面积134.40万平方米，交易金额22.45亿元，分别增长了53%、61%、39%。市区房屋交易平均价每平方米1670元，下降13.6%；商品房平均交易价每平方米2070元；二手房平均价每平方米1037.6元。

（何晓林）

【人才交流市场】 2003年，惠州市人才交流服务中心大胆创新，拓宽服务渠道，丰富服务内容。相继开设人才培训业务和学历认证业务，启动“人才工作（居留）证”工作，开发、启用“惠州市大中专毕业生就业指导管理系统”，还开通人才引进的“绿色通道”。

年内，举办人才交流会123场（次），比上年增加13次，接待招聘单位11378家（次），增加2238家（次）；有7万人次进场应聘，增加1万多人次；接受委托招聘单位3209家（次），增加1840家（次）；发展“惠州人才热线”人才网站网络会员700多家，增加近600家；网上人才数据库存31393人，增加13393人。人才市场取得人才效益、社会效益和经济效益“三丰收”。

全年，全市接收大、中专以上毕业生达7750人，创历年新高。其中：博士生9人，硕士生66人，本科生2380人，大专生1838人，中专3457人；非师范类6654人，师范类1096人。比2002年，接收大、中专毕业生增加1450人，增幅为23%。本科学历以上人才增加1260人，其中博士生增加6人，硕士生增加42人，本科生增加1212人。另外，全市2003年接收外省、市生源毕业生1998人，比上年增加1016人，增幅103.5%。惠州市的用人需求和人才吸引力，正逐步提高。

年内，市人才交流中心共办理调入人员296人，调出人员399人，与43个单位签订人事关系代理手续，新增加242人集体挂靠，与269名计划内大中专毕业生和123名流动人员签订个人代理合同。到年底，共与221个单位签订了人事关系代理协议，有3495人办理人事代理（含已转出的人员759人），为历年来新高。

【举办数码节人才交流活动】 4月17～20日，市人才交流服务中心根据市委、市政府的《中国惠州第二届国际数码节实施方案》，组织举办“中国惠州第二届国际数码节人才交流活动”。印制参会邀请函1.6万多份，编印《惠州市人才交流指南》5000多册，制作“服务社会，服务人才”职能卡片5000多张、宣传彩旗22面，标语、条幅30多条。据统计，在数码节人才交流活动期间，有414家用人单位进场设点招聘，65家单位委托人才市场招聘，在网上发布480多家用人单位的3000多条招聘信息，有4000多人进场求职，其中与招聘单位达成意向的达23.5%；接待人事人才政策咨询2000多人，派发宣传资料3000多份。

（朱俊华　陈春雷　黄伟东）

经济开发区建设

·惠州大亚湾经济技术开发区·

【概况】 惠州大亚湾经济技术开发区于1993年5月经国务院批准成立，面积9.98平方公里。包含开发区在内的大亚湾规划区于1991年6月由广东省人民政府批准设立，总辖陆地面积265平方公里，海域面积488平方公里。

大亚湾开发区地处中国沿海地区，具有发展成为一个超大规模经济体和区域经济中心的优良条件。开发区位于惠州市南部，西接深圳，陆路距香港60公里，海路47海里。海域宽、航道短、淤积少，是天然深水避风良港，拥有国家一类对外开放口岸——惠州港。已初步形成比较齐全的港口、主干道路、供水、供电、通讯等基础设施网络。又紧连惠阳区，距惠州和深圳市区均40公里左右，有城市依托，生活设施配套。开发区地处中国经济最活跃的地区之一珠江三角洲东部，对化工产品需求量大。开发区内大项目相对集中，中海壳牌南海石化项目、天然气（LNG）发电厂、华德石化原油库正在紧张施工，1200万吨炼油项目已获得有关部门批准，上报国务院，待国家批准后，即可开工建设。区内除执行国家给予的国家级经济技术开发区的各项优惠政策外，还根据自身实际，制定有一系列具有本地特色的优惠政策及措施，营造“洼地效应”，实施“无费区”管理和“三零”（即服务零距离、投资零门槛、办事零费用）服务体系。全区机关干部面对激烈的市场竞争，在环境建设中做到“人无我有，人有我优”，增强危机感、紧迫感，确立长远战略、大局意识和世界眼光，实现高标准、现代化的管理和服务。

【经济总量大幅增长】 2003年，开发区全年完成国内生产总值35.02亿元，比上年同期增长86.8%；工业总产值37.29亿元，增长50.38%。惠州港吞吐量已突破1000万吨大关，达1050万吨，增长14.74%。其中：荃湾港区吞吐量247.75万吨，增长41.9%；东马港区吞吐量695.51万吨，增长1.98%。实现国税、地税“两税”总量33.23亿元，增长54.34%，剔除海关代征税26.38亿元，总量为6.86亿元，增长1.3倍。地方财政一般预算收入2.67亿元，增长103.27%。完成国内固定资产投资总额108亿元，增长5.5倍。社会消费品零售总额2.02亿元，增长15.9%。实现农村社会总收入9.75亿元，增长6.5%；农村人平纯收入4005元，增长6.8%。

【南海石化项目进入全面建设期】 年内，临时重件码头和临时供电、消防水、生活用水、污水排放等工程先后建成并投入使用，80万吨乙烯裂解装置进行地下管道的安装，蒸气发电装置的基础土建工程开始施工。至年底，完成整个项目施工总量的39%。

配套建设工程方面，大亚湾引水工程于9月动工建设，风田220KV变电站已竣工投产，岩前110KV变电站的主体综合设施已封顶，固体废弃物填埋场项目进入筹备阶段，惠澳铁路投入运营，二期进港线正在进行施工图设计，中海壳牌南海石化项目铁路专线即将动工建设。

【石化工业区建设有序推进】 《石化区总体规划（三版）》已获专家评审通过，其控制性详细规划编制工作即将完成。石化发展集团与惠阳联宏公司、深圳绿湾公司分别签订了关于合作开发利用石化区东、西部土地的法律文本，联宏公司已全面进行土地开发。海堤工程及海堤围堰工程正在推进。澳霞大道东段电力、通讯缆沟工程等已进入尾声。LNG 电厂场平工作即将完成。1200 万吨南海炼油项目纳入国家规划可行性研究报告，已获国家发改委通过，并报国务院审批。100 万立方米华德油库一期工程正在进行油罐的基础施工。

【西部工业园区发展迅速】 响水河工业园内投产企业运营良好，在建和新引进项目 9 宗，另外还有一批项目正在洽谈中。全年实现工业产值 20.45 亿元，占全区工业总产值的 55%。园区的基础设施和生活配套设施进一步完善，园区二期 1.68 平方公里用地的规划设计等相关工作正在展开。

东风车城工业园企业增资扩产，新增投资 1.5 亿元，扩建厂房 7000 多平方米。全年实现工业产值 11.48 亿元，比上年翻了一番多，占全区工业总产值的 31%。其中东风本田年产汽车零部件生产能力突破 12 万台（套）。汽车工业已成为大亚湾区的重要产业。

【外源型经济发展壮大】 年内，大亚湾开发区实施“外向带动”战略，设立投资服务中心，制定出一系列招商引资政策，“走出去、请进来”，推动外源型经济跨越式发展。全年共引进外商投资项目 26 宗，比上年增长 85.7%，其中有 2 家属世界 500 强企业；合同利用外资 2.18 亿美元，增长 26.4%；实际利用外资 5.02 亿美元，增长 2.2 倍；外贸直接出口总额 3.37 亿美元，增长 25.5%。日本三洋电机公司确定投资 5000 万美元在大亚湾建光学研发中心和生产光学仪器，将于 2004 年 4 月建成投产。欧德油储仓储码头项目和普莱克斯工业气体项目成立独资公司，签订用地合同。MMA 项目获国家有关部门批准，场平工作进入尾声。水务、科腾 SBS、管廊、热电联产（蒸汽）等项目已签订了合同或合作意向书。台达 ABS、三菱化学、台湾 MEK、炭黑、石化仓储码头等项目正在洽谈。惠州港招商引资取得新突破，与国际著名企业签订了合作意向书。

【市政建设力度加大】 全年投入近 2 亿元，重点推进大亚湾大道、红树林生态保护公园等工程的建设，西 A 路、西三大道续建工程、北澳大道改造工程等已完工或即将完工。港口建设加快，5 千吨级通用泊位正在兴建，3 万吨级码头泊位正在扩建，并推进堆场改造工程建设。

此外，社会公共服务设施建设不断推进。假日酒店、千帆阁海滨广场、望海楼、南海渔港等相继建成并投入使用，熊猫碧富新城初具规模。城市规划编制工作和执行力度加大，市容市貌得到较好的整治，绿化、美化、净化、亮化工作上了新水平，环保工作得到加强。房地产业有序发展。

【财税收入大幅增长】 2003 年开发区财税收入取得历史性突破。全年实现财政总收入 3.19 亿元，比上年增长 68.51%。国税提前 3 个月完成年度税收任务，全年实现税收收入 2.83 亿元，增长 143%；地税提前 5 个月完成年度任务，全年实现税收收入 4.03 亿元，增长 141%。

【金融运行稳健】 至年底，全区金融机构各项存款余额达 30.56 亿元，比年初增长 62.6%；贷款余额达 12.22 亿元，比年初增长 21%。

【大亚湾发展推进会举行】 由市委、市政府主办，大亚湾开发区承办，中海壳牌石油化工有限公司协办的 2003 年中国·惠州大亚湾发展推进会于 9 月 18～20 日隆重举行。这是该区首次举办的大型国际性招商活动。广东省委副书记欧广源、副省长雷于蓝、中国开发区协会会长刘培强及省、市有关部门领导、中外记者 70 多人，20 多个国家的千余名嘉宾出席了推进会。会间有 41 个项目签约，涉及投资金额 29 亿美元。

（林彰永）

·惠州仲恺高新技术产业开发区·

【概况】 惠州仲恺高新技术产业开发区是 1992 年经国务院批准成立的国家级高新区，规划面积 19.7 平方公里，其中已开发近 10 平方公里。位于惠州市西南面，距市区仅 5 公里。陆路距深圳 40 分钟车程，距香港 90 分钟车程，距广州、东莞 100 分钟车程。区内有惠深、惠河、广惠、莞惠高速公路和京九、惠澳铁路通过，水陆交通便利。

仲恺高新区经过多年的开发建设，已成一个初具规模的现代化工业区。其产业布局合理，功能齐备，基础设施配套完善，管理机构精简高效，服务优质，环境优雅，为投资者提供全方位的服务，具备良好的投资环境。

目前已有美、英、法、德、意、日、韩、葡、澳及台湾、香港等 16 个国家和地区的近 300 家中外企业在区内投资，其中有索尼（SONY）、惠信（SPG）、双叶（FUTABA）、可口可乐（COCACOLA）、LG、西门子（SIEMENS）、海格（HAGER），奇胜（CLISPAL）、安特（AMTEK）、讯强（COOLMASTER）、TCL、金山集团、华阳集团、航天科技、德赛等国内外知名企业。主要生产各种镭射光头、高级音响、彩电、电话机、手机、液晶显示屏等，形成以电子信息、通讯产品、新材料、光电一体化为主导的产业框架，是国内外重要的电子信息产业基地。

近年来，仲恺高新区充分发挥资源、区位、品牌的优势，提升产业结构水平，创办留学生创业园、软件园，建立科技孵化基地和科技基金，发展高新技术企业、技术密集型和资金密集型企业，经济获得了持续、快速、健康发展。

【主要经济指标创新高】 2003年仲恺高新区实现工业总产值378亿元，技工贸总收入464亿元，工业增加值88亿元，分别占全市的28%、39%、36%。实际上缴税额4.99亿元，出口创汇26亿美元。新引进项目15家，合同外资金额4521万美元，实际利用外资3268万美元。完成固定资产投资8.5亿元，科技活动经费投入9.5亿元。各项主要经济指标创高新区11年新高。

【电子信息产业高速发展】 2003年，仲恺高新区电子工业总产值362亿元，占高新区工业总产值的95%，占全市电子工业总产值的48%。区内TCL王牌彩电生产基地是全国最大彩电制造基地，年产销能力可达1800万台，2003年彩电销量1159万台。TCL手机年生产能力达到4200万部，2003年销量手机982万部，是国内较大手机制造基地之一。索尼在高新区建立全球最大的激光头制造基地，年制造激光头近4000万只，年产值近20亿元。LG电子成为世界最大的CD-ROM生产工厂，2003年出口额11.7亿美元，占全市出口总额的1/7。高新区的电子信息产业保持高速的发展势头，“龙头效应”显著。

【出口创汇增长强劲】 仲恺高新区有2/3企业是“三资”企业。2003年，出口企业143家，出口创汇总额达26亿美元，占全市出口总量的46%。惠州市有6家企业获全省外经贸工作先进单位出口奖励，仲恺高新区就占了3家，即乐金电子（惠州）有限公司、惠州市华阳多媒体电子有限公司和TCL王牌电器（惠州）有限公司。

【招商引资成绩显著】 2003年，仲恺高新区审批项目23宗，其中工业项目19项，基础设施项目3项，房地产项目1项。总投资4.22亿元。批准建筑面积26.78万平方米，核准基础设施建设项目工程3项，转报上级部门办理招投标项目工程1项。双叶电子、德赛电池、东洋等8家企业相继建成投产，协和医院等10多家单位和企业开工建设。

落户仲恺高新区的许多企业以经济效益好，扩大投入。索尼增资1220万美元，LG增资8600万美元，金山增资1.1亿港元，讯强增资7000万元人民币。

截至年底，高新区累计落户企业254家，其中，外资企业150家；高新技术企业33家；产值超亿元的企业有20家。实际引进资金54.8亿元，吸引外资7.2亿美元。

【整合工业园区】 2003年，中共惠州市委、市政府整合仲恺高新区、松山工业园、惠台工业园区和平南工业区，由仲恺高新区管委会代表市政府对高新区内的开发建设实行统一领导、统一规划、统一建设、统一管理，以便加快仲恺高新区的经济发展，发挥国家级高新区的政策优势和辐射功能，实施区域协调发展战略。

从8月1日起，对仲恺、平南、惠台、松山4个工业园实施整合，实现对仲恺高新区几个工业园区的统一规划和建设，统一管理，有了一个产业结构升级的良好发展平台，形成了发展合力。

整合之后，行政、政策等多种资源得到共享，形象有了很大提高，吸引了大量国内外客商前来投资创业。仲恺高新区着力于整治区域环境，耗资1.1亿元的仲恺大道经彻底改造，加速高新区城市化进程。完善区内各个工业园的路面、供水、供电等设施建设，供电线路全部下地铺设，配套设施日趋完善。同时，实施美化、亮化、绿化工程，改善卫生环境，面貌得到较大改善。专项整治安全生产，保证区内企业正常的生产、生活秩序；“严打”整治，营造良好的社会治安环境。仲恺管委会连续3年被市评为社会治安综合治理和维护稳定先进单位。掀起“二次创业”新高潮，推进仲恺高新区的经济腾飞，促进惠州市经济发展。

【举行仲恺高新区成立11周年庆典】 9月8日，仲恺高新区在仲恺广场举行高新区成立11周年暨项目签约、奠基、落成庆典。有20个项目分别签约、奠基、落成。其中，国家开发银行3.5亿元贷款等8个项目签约，总投资6.8亿元；留学生创业大厦等6个项目奠基，总投资7.3亿元；还有金山等6个项目落成，总投资约7.5亿元。这些项目，对推动仲恺高新区优化投资环境，完善配套服务，提升科研水平，壮大经济总量，将起重要作用。

【仲恺高新区留学生创业中心成立】 仲恺高新区管委会为吸引留学人员回国创业，搭建留学人员与企业之间的桥梁，于7月15日成立留学生创业中心。该中心负责留学归国人员在仲恺高新区工作、创业的咨询服务和认定，为留学人员提供创业基地和科研成果、高科技项目“孵化”生产基地；同时利用留学人员带来的投资项目和全新的国际市场合作与竞争的经营理念，以及国际先进水平的科研成果、国际化企业的先进管理经验，促进高新技术产业发展。

（朱丹阳）

精神文明创建活动

【概况】 2003 年，惠州市精神文明建设坚持以“三个代表”重要思想为指导，围绕创建文明城市，建设经济强市的奋斗目标，开展群众性精神文明创建活动，以提高市民的文明素质和城市文明程度，取得了较好的工作成效，被评为“广东省文明城市”。

【创建广东省文明城市活动】 自 2002 年 3 月中共惠州市委、市政府提出创建省和全国文明城市的奋斗目标后，把创建文明城市活动列为“一把手”工程。全市逐级完善目标责任制，建立健全坚强有力、齐抓共管的领导协调和监督检查工作机制，形成“政府主导、行业协调、部门配合、城乡联动、军民共创、全民参与”的工作格局。建立起“四套班子”和各职能部门领导的联席会议制度，加强对创建文明城市活动的统筹、协调、指导，发挥职能部门作为创建工作主力军的作用，贯彻落实各项创建工作。在创建活动中，坚持行业主管，强化职能部门的作用，明确责任。规划建设、公用事业、园林、环保、卫生、旅游、环卫、城管、爱卫等部门，既是主管行业，又是创建主要责任单位。这些部门制订创建工作计划、实施方案，组织实施，真抓实干，落实创建任务。

市规划建设局编制出市区城市雕塑、广告布局、市民广场、东平中心绿地等专项规划及环城西路等 9 条路街的“穿衣戴帽”规划，东平片区、江北南区控制性详细规划等 6 项规划也在编制中。

市公用事业局完成主要道路的建设配套和市政路灯项目改造。市区主要街道形成一路一灯一景，具有现代气息。同时更新多条线路的公交车辆和站名牌、候车亭等，有效地改善了市区公交设施和乘车环境，提高了城市公交文明程度。

市环保局全面推行环保政务公开，加大环保宣传教育力度，强化环境监督管理，确保全市城镇空气质量达到国家空气质量二级标准，东江干流惠州段水质和城市饮用水源水质达到国家地表水环境质量Ⅱ类标准，西湖水质得到明显改善，为创建文明城市营造了良好的城市生态环境。

市园林局在惠州大道、滨江公园、市民乐园等的建设整治中，全力以赴抓好绿化、美化，使绿树、红花、公园小景，成为一道城市风景线。

部门协作，整体推进。创建文明城市工作是一项面广线长的庞大系统工程。市规划建设局高标准抓好各项建设和整治的规划、设计和实施，争分夺秒抓好江岸整治等工程建设，与园林局一起完成“夜西湖”工程和市区绿化美化工程。市公用事业局夜以继日地完成西湖截污引清工程、市区道路和人行道改造工程。市城管办在市区主要路段设置多块大型宣传标语，配合规划建设局等部门拆除大量的违章建筑，治理乱摆乱卖、乱倒乱贴、占道经营行为，维护良好的经营秩序和卫生秩序。市环卫局加班加点搞好清洁卫生，保障市区道路整洁卫生。卫生局深入一线抓好饮食卫生管理，整顿医疗市场。市工商局抓好市场管理，整顿市场秩序。市交通局大力抓好绿色通道建设、车站等窗口单位的整治和出租汽车管理。市公安局加强治安综合治理，110 报警电话日夜畅通，反应迅速。市交警支队高标准完成了交通标志的设置，整顿了交通秩序，保证道路畅通、安全。市电力局投入巨资，完成市区供电线路下地工程。麦科特、德赛、TCL、华阳等企业集团大力支持创建工作，出资改建了麦科特大道、德赛大道、鹅岭路、横江三路、麦地南路、大岭路等市区道路和麦科特广场。惠城区委、区政府配合各项创建工作，抓好精神文明建设和卫生防疫，整治市区街道卫生和治理污染企业。此外，市委宣传部、团市委开展的文明城市系统工程、教育部门开展的育人工程、各县（区）的市容市貌整治工程以及新闻媒体的一系列宣传报道，驻惠部队官兵的“军民共建”等等。都为夺取省文明城市这块金牌做出了贡献。

【做好文明城市申报准备工作】 惠州市高标准严要求地做好省文明城市的各项申报准备工作，向省委、省政府提交了《惠州市创建文明城市工作报告》和《自评得分报告》；对照《2003 年广东省文明城市、创建文明城市先进单位评选考核细则和评选标准》进行自查自评，建立惠州市创建文明城市台账资料，拍摄了创建文明城市电视专题片《新世纪，新惠州，新发展》；编印出一套包括《惠州市创建文明城市文件资料选编》、《惠州市创建文明城市新闻报道选编》、《迈向文明之路》、《鹅城聚焦》画册等在内的《创造惠州新文明》丛书。9 月 15～16 日，省文明城市检查团来惠州检查创建文明城市工作，听取市委书记柳锦州的汇报，进行实地检查，并浏览了市容市貌。对惠州的创建文明城市工作给予高度的评价，认为惠州的创建工作扎实，成效显著。被评为“广东省文明城市”。

【分类开展精神文明创建活动】 在城市，广泛开展创建文明一条路（街、交通线）、文明社区、文明学校、文明家庭、文明企业（市场、商店、酒店、旅游景区）、文明机关等活动。组织评选惠州市精神文明建设先进单位和先进个人活动、创建文明城市“文明百佳”活动等。这些创建活动形式鲜活，创建成效显著。4月，评出127户惠州市文明家庭；5月，在创“五好”的基础上，在全市范围内开展创“文明机关”活动；6～9月，进行为期3个月的惠州市“万众评公务”活动等。在农村，广泛开展创建文明小城镇、文明村镇，创评文明户，科技、文化、卫生、法律“四下乡”等活动，形成以村带户、以户促村共建文明的良好态势。涌现出一批“环境优美、服务优质、管理优化、秩序优良”的文明行业、文明窗口、文明单位。惠城区陈江镇先后被评为“全国创建文明村镇工作先进镇”和“广东省文明示范镇”，涌现出全国杰出青年万明坚等一大批先进个人。

【开展公民道德建设活动】 年内，在学习、贯彻《公民道德建设实施纲要》过程中，引导广大市民自觉遵守社会公德，养成讲卫生、树新风的良好生活卫生习惯。开展“改陋习，树新风”万人签名活动，全市近50万人参加了签名。与中国移动通信公司惠州分公司、中国联通公司惠州分公司联合举办“发文明短信息，做现代文明人”活动，对市民进行文明行为规范教育，引导市民争做文明市民。举办“公民道德建设大家谈”、公民道德故事连环画展，编印《美哉，鹅城》——惠州市惠城区公民道德建设模范人物故事连环画等生动活泼的主题教育。宣传普及非典防治知识，从省文明办领取《非典型肺炎防治指南》和防治非典知识宣传挂图一大批发放到全市农村，让广大群众了解非典、预防非典。各级组织通过举办各种生动活泼的学习教育活动，广泛发动群众参与其中，使群众在参与活动中得到教育，得到熏陶，从而提高干部群众的思想道德水平，促进了人民群众综合素质的提高。

【实施文化精品工程】 年内，惠州市宣传文化事业蓬勃发展，奋力打造文化精品工程，以提高人民群众的文化生活质量。按《惠州市2002～2003年度精神文明建设“五个一工程”工作方案》，增强“五个一工程”工作的系统化、科学化，推进宣传文化精品工程。在本届“五个一工程”评选活动中，惠州市推荐了13个作品参评，推动和繁荣群众性文艺活动。

为了促进农村三个文明建设，惠州市文艺工作者深入农村体验生活，以惠城区马安镇鹧鸪村委会主任赖榕根为原型，创作出大型话剧《村官》。该剧在惠州巡演，受到了农村广大干部群众的欢迎，引起强烈反响。到省里演出，获得省领导高度评价。另外，每逢重大节庆活动，还举办突出主旋律、具有导向性和示范性的大型文艺晚会和烟花焰火晚会。组织开展广场文化活动，繁荣社区文化。市区下埔滨江公园文化广场每星期都安排有文艺演出或放电影活动。开展文化下乡活动，丰富农民群众的业余文化生活。宣传文化部门、文艺工作者坚持送戏下乡，送电影下乡，送书下乡，建立和完善村级文体活动室。年初，在全市开展“文明之光”电影巡映活动等。在城乡广泛实施文化精品工程，丰富群众的业余文化生活，陶冶群众的思想情操。

（张锦相）

2003年末惠州市及在惠省以上直管机构一览表

说　明

1. 本表主要参照2001年6月《惠州市市级党政机构改革方案表》及有关资料整理而成。
2. 表中仅列各机构2003年12月在位的主要负责人及其职务，所列办公地址、电话系该机构办公室或秘书科的。

中共惠州市委工作机构

表1

机构名称	主要负责人	职　务	办公地址	电　话
办公室	吴卫华	主　任	行政中心1号楼	2808072　2808079
办公室机关党委	温仕婵	书　记	行政中心1号楼	2808126
组织部	陈训廷	部　长	行政中心1号楼	2808365　2808964
宣传部	刘耀辉	部　长	行政中心1号楼	2808911
统战部	谢仕强	部　长	行政中心1号楼	2808906
市委办公室机要局	范炳茂	局　长	行政中心1号楼	2808955
保密办公室（市国家保密局）	何建章	主任（局长）	行政中心1号楼	2808960
信访局	丘鉴秋	局　长	行政中心1号楼	2808991
台湾工作办公室（政府台湾事务局）	黄小妮	主任（局长）	行政中心5号楼	2808907
政法委员会	黄仕芳	书　记	行政中心1号楼	2808251
社会治安综合治理办公室	徐南生	主　任	行政中心1号楼	2808747
政策研究室	邬柳成	主　任	行政中心1号楼	2808570
直属机关工委	黄雁行	书　记	行政中心1号楼	2808235
市直机关纪工委	唐正胜	书　记	行政中心1号楼	2808973
编委办公室	魏志健	主　任	行政中心1号楼	2808157
老干部局	刘城云	局　长	行政中心1号楼	2808243
督查办公室	许　峰	主　任	行政中心3号楼	2814866
党校	陈仕其	校　长	鹅岭南路60号	2381988
党校	黄石松	常务副校长	鹅岭南路60号	2381988
党史研究室	洪汉文	主　任	行政中心1号楼	2809234
党的基层组织建设工作领导小组办公室	吴献民	主　任	行政中心3号楼	2809834
市委干部保健委员会办公室	黄佛青	主　任	行政中心3号楼	2808682
防范与处理邪教办公室	邓启奕	主　任	行政中心1号楼	2817610

惠州市人大常委会工作机构

表 2

机构名称	主要负责人	职务	办公地址	电话
办公室	钟伟宁	主　任	行政中心 4 号楼	2808080
	李建华	副主任		
选举联络人事任免办公室	洪笃汉	主　任		2808601
	秦志坚	副主任		
内务司法工作委员会	万树林	主　任		2808484
	曾振平	副主任		
财政经济工作委员会	彭威源	主　任		2809613
	叶园青	副主任		
城乡建设与环境保护工作委员会	宋正春	主　任		2808427
	赖小莹	副主任		
农村工作委员会	陈东彬	主　任		2808163
	黄瑞划	副主任		
教育科学文化卫生工作委员会	黄松森	主　任		2808397
	杨观全	副主任		
侨务外事民族宗教工作委员会	黄松森	主　任		2808397
	杨观全	副主任		
依法治市办公室	易敬典	主　任		2808805
	黄友宏　巫民慧	副主任		

惠州市人民政府主要工作机构

表 3

机构名称	主要负责人	职务	办公地址	电话
办公室党组	叶泽雄	书　记	行政中心 1 号楼	2808052
	陈力强	副书记		
办公室	陈力强	主　任		2808052
	张爱中　陈茂良　范志益	副主任		
办公室直属机关党委	张伟超	书　记		2808052
发展计划局	梁万祥	局　长	行政中心 4 号楼	2808361
科学技术局	严曙光	局　长	行政中心 5 号楼	2808799
经济贸易局	刘运添	局　长		2808833
交通局	黄　光	局　长	江北文明路	2829380
对外贸易经济合作局	叶荣辉	局　长	南门路 45 号	2231649
规划建设局	侯经能	局　长	下埔路 16 号	2117186
计划生育局	谢朝武	局　长	南门横街 15 号	2223547

（续上表）

机构名称	主要负责人	职　务	办公地址	电　话
体育局	邓穗玲	局　长	体育公园内	2807407
公安局	吴华立	局　长	江北三新南路	2801999（总机）
民政局	黄春林	局　长	行政中心1号楼	2808727
司法局	许建发	局　长	下埔路22号	2103404
财政局	温镜明	局　长	南新路16号	2225724
人事局	魏志健	局　长	行政中心1号楼	2808078
劳动和社会保障局	唐德元	局　长	南坛东路2号	2225137
监察局	卢桂良	局　长	行政中心1号楼	2808265
审计局	罗伟谊	局　长	行政中心4号楼	2809725
环境保护局	何奕珊	局　长	下埔横江3路4号	2112919
物价局	欧阳皆	局　长	行政中心4号楼	2808810
文化局	黄子新	局　长		2808501
教育局	庄焕照	局　长	麦地路2号	2286381
卫生局	邓光华	局　长	飞鹅岭北路横街13号	2120365
海洋与渔业局	李业忠	局　长	麦岸路6号	2275831
行政督促检查办公室	练伟光	主　任	行政中心1号楼	2808215
惠州铁路办公室	张力群	主　任	下埔路南3街9号	2108354
统计局	黄博珍	局　长	行政中心4号楼	2809709
林业局	陈就和	局　长	南坛东路9号	2228400
口岸局	朱　强	局　长	行政中心1号楼	2808195
外事侨务局	李雪娇	局　长		2809663
法制局	李过好	局　长	行政中心2号楼	2809129
农业局	刘仕启	局　长	行政中心4号楼	2808831
国土资源局	麦镜儒	局　长	下埔路18号	2101097
水利局	李健波	局　长	紫西岭东9号	2231262
旅游局	詹小东	局　长	长寿路29号3楼	2230701
信息产业局	钟一尔	局　长	行政中心1号楼	2808473
惠州市白盆珠水库工程管理局	李建林	局　长	惠东白盆珠镇	8286128
安全生产监管局、安全生产办公室	罗佛昌	局长、主任	行政中心5号楼	2808368
中小企业局	谭子健	局　长	行政中心5号楼	2808363
市城调队、社调队	陈新祥	队　长	行政中心4号楼	2809435
驻北京联络处	曾建生　谢远区	副主任	北京丰台区	010-67614768
驻广州办事处	柯楚将	主　任	广州市惠州大厦	020-83594774

惠州市人民政府主要事业机构

表 4

机构名称	主要负责人	职　务	办公地址	电　话
档案局（馆）	严佩馨	局（馆）长	江北三新南路	2827083
移民办公室	邹日亮	主　任	南坛北路麻渣下 9 号	2232542
园林局（西湖管理局）	陈贵兴	局　长	下角南路园林大楼	2230304
市容卫生环境管理局	刘东生	局　长	下埔横江 3 路 4 号	2105621
社会保险基金管理局	余国新	局　长	下埔路 19 号	2118372
农技推广中心	李国强	主　任	下埔惠沙堤 12 号	2102965
人才交流服务中心	吴鹏忠	主　任	紫西岭 2 巷 26 号	2211559
市场物业管理总站	张远强	站　长	桥东下板塘市场 2 楼 1 号	2212101
房产管理局	李桂生	局　长	麦地路 48 号	2270256
机关事务管理局	黎秉清	局　长	行政中心 1 号楼	2808172
公用事业管理局	方建飞	局　长	桥东路南 6 巷 23 号	2233616
广播电视局	郑玉梅	局　长	鹅岭南路 29 号	2280626
接待处	朱湘晖	处　长	西湖惠州宾馆内	2224417
地方志办公室	林惠群	主　任	行政中心 1 号楼	2811678
供销社	黄江晋	主　任	南坛东路 12 号	2231684
新闻出版局	李观雄	局　长	行政中心 1 号楼	2808034
公路局	钟振荣	局　长	惠沙堤 12 号	2248888
卫生监督所	瞿鸿鹰	所　长	下角中路 12 号	2230802
疾病预防控制中心、卫生检验中心	刘庆荣	主　任	飞鹅横街 5 号	2127942
中心人民医院	许岸高	院　长	飞鹅北路 41 号	2288108
第二人民医院	尹诈平	院　长	下角大宝山下	2235982
中医院	廖承建	院　长	下角菱湖 3 路	2232123
仲裁委员会	梁静珊	主　任	环城西路 80 号	2376680

惠州市政府主要议事协调机构

表 5

机构名称	主要负责人	职　务	办公地址	电　话
人民防空办公室	李进发	主　任	长寿路 29 号 2 楼	2230200
打击走私综合治理办公室	蔡浩枢	主　任	南坛南路 15 号	2227064
爱国卫生运动委员会办公室	李其昌	主　任	行政中心 4 号楼	2808370
老龄工作委员会办公室	李惠丽	主　任	行政中心 4 号楼	2805885
城市管理委员会办公室	李锦富	主　任	下埔路 2 号	2117028
三防指挥部办公室	蒋仕瑜	主　任	紫西岭 9 号	2231402
绿化委员会办公室	钟运强	主　任	南坛东路 8 号	2233635

政协惠州市委员会工作机构

表 6

机构名称	主要负责人	职　务	办公地址	电话
办公室	黄玄潭	主　任	行政中心 5 号楼	2815962
	汤伟聪	副主任		2809023
提案和法制委员会	李　荧	主　任		2808655
	苏　娥　杨志康　肖炳森　罗运来	副主任		
学习和文史资料委员会	朱德尊	主　任		2808636
	魏腾辉　孟国忠　吴献民　罗志源	副主任		
经济和港澳台侨委员会	陈观友　曹丽云　陈志强　屈　波	副主任		2809428
教科文卫体委员会	谭木兴	主　任		2808543
	黄太平　华　红　严燕英　陈柏培　翟蓓莉	副主任		

中共惠州市纪律检查委员会工作机构

表 7

机构名称	主要负责人	职　务	办公地址	电　话
办公室	曾红胜	主　任	行政中心 1 号楼	2808265
第一纪检监察室	张建忠	主　任		2808705
第二纪检监察室	黄秀珍	主　任		2808804
监察综合室	娄兆杰	主　任		2808732
党风廉政建设室	陈萍嫦	主　任		2808607
调研法规室	卢桂才	主　任		2808704
干部室	刘月香	主　任		2808707
执法监察室	于　泽	主　任		2808050
案件审理室	张绪贵	主　任		2809703
纠风室	刘定清	主　任		2808265
信访室（举报中心）	王循莅	主　任		2808706
宣传教育室	韩书云	主　任		2809173

惠州市中级人民法院、市人民检察院

表 8

机构名称	主要负责人	职　务	办公地址	电　话
中级人民法院	何碧霞	院　　长	长寿路 23 号	2180515
	张桂云　叶俊青　罗道恩	副 院 长		
市人民检察院	黄新林	检 察 长	江北文明 1 路	2827330
	利汉顺　丘水来　李爱庭　陈明辉	副检察长		
反贪局	黄新林	局　　长		2827383

惠州市民主党派

表9

名称	主要负责人	职务	办公地址	电话
中国国民党革命委员会惠州市委员会	廖锦堂	主委	行政中心5号楼	2809775
中国民主同盟惠州市委员会	林燕华	主委		2808572
中国民主建国会惠州市委员会	徐志达	主委		2808490
中国民主促进会惠州市委员会	谢端	主委		2808421
中国农工民主党惠州市委员会	刘冠贤	主委		2809475
中国致公党惠州市委员会	李靖国	主委		2808165
九三学社惠州市委员会	许玩宏	主委		2808780

惠州市各县（区）、开发区

表10

单位名称	中共县（区）委书记	人大常委会主任	县（区）长（主任）	政协主席	纪委书记
惠城区	李选民	梁海清	李韶春	林玉坤	陈树秋
惠阳区	王寿铨	王寿铨	邓炳球	魏志业	叶启灵
惠东县	李敏	林潭玉	杜海棠	刘桂儒	钟日强
博罗县	邓庆忠	蔡民寿	黄树正	林畅雄	李小红
龙门县	杨灿培	杨灿培	邓木林	杨绍冲	李茂云
大亚湾经济技术开发区	李秀峰		朱挺青		曾小辉
仲恺高新技术产业开发区	宋逢林		宋逢林		

在惠省以上直管主要单位

表11

单位名称	主要负责人	职务	办公地址	电话
惠州市国家安全局	李远植	局长	江北云山西路	2808290
惠州市工商行政管理局	张水生	局长	南坛南路15号	2225730
广东省惠州市质量技术监督局	高富荣	局长	行政中心5号楼7楼	2808931
广东省惠州市药品监督管理局	钟新力	局长	行政中心5号楼7楼	2809546
惠州市气象局	郑君友	局长	下埔路6号	2107457
广东省水文局惠州分局	刘纪清	局长	环城西1路6号	2239392
惠州市国家税务局	谢鼎九	局长	麦地南路5号	2382688
惠州市地方税务局	叶健胜	局长	演达1路	2536018
惠州市电信局（广东电信公司惠州分公司）	罗洪基	局长(总经理)	江北文明1路	2813661

（续上表）

单位名称	主要负责人	职　务	办公地址	电　话
惠州长途电信线路管理局	肖定波	局　长	江北文昌3路	2890521
惠州微波通信局	罗伟雄	局　长	江北三新南路22号小区	2818613
惠州市邮政局	陈旺烈	局　长	下角东路3号	2248992
广东省东江食盐专卖局（东江盐业总公司）	高明奇	局长(总经理)	桥东路38号	2231315
惠州市烟草专卖局	陈惠忠	局　长	飞鹅南路3号	2285006
惠州市酒类专卖管理局	陈天枝	局　长	紫西岭5号	2217145
广东省九三五地质队	周来强	队　长	下角大中堂1号	2224024
广东省东江航道局	钟仕钦	局　长	麦地路40号	2275435
中华人民共和国惠州海事局	朱金海	局　长	澳头镇进港西路74号	5560286
中华人民共和国惠州海关	欧阳晨	关　长	澳头镇进港大道79号	2269539
中华人民共和国惠东海关	严博坚	关　长	惠东平山镇旱坑仔	8927770
中华人民共和国惠州港海关	刘美焕	关　长	大亚湾进港大道79号	5576942
中华人民共和国惠州海关走私侦查支局	蒋卫泉	局　长	口岸大道海关楼内	2265929
中华人民共和国惠州出入境检验检疫局	刘仁陆	局　长	飞鹅南路93号	2260430
中华人民共和国惠州港出入境检验检疫局	杨丕智	局　长	大亚湾澳头丽山庄	5573798
惠州电力工业局（广电集团惠州供电分公司）	赖　康	局长(总经理)	下角埔前街2巷1号	2247999
中华人民共和国惠州港务管理局	黄茂良	局　长	大亚湾荃湾港区	5566719
惠州银监分局	陈云青	局　长	麦地路28号之二	2051028
中国人民银行惠州市中心支行	陈玉海	行　长	麦地路28号之二	2380864
中国工商银行惠州市分行	徐　勇	行　长	长寿路5号	2224742
中国农业银行惠州分行	朱正罡	行　长	环城西1路20号	2249201
中国银行惠州分行	叶祝华	行　长	麦地路22号	2289331
中国建设银行惠州市分行	张为民	行　长	南门路4号	2696609
中国农业发展银行惠州市分行	陈启耀	行　长	东湖西路72号C座	2359088
广东发展银行惠州分行	郑作群	行　长	下埔路19号	2119896
中国人民保险公司惠州分公司	张带喜	总经理	南坛西路5号	2680822
中国人寿保险公司惠州分公司	钟幸福	总经理	麦地路20号	2276379
中国平安人寿保险股份有限公司惠州中心支公司	顾育匡	总经理	麦地路7号之一5楼	2183100
广东移动通信有限责任公司惠州公司	梁春火	总经理	江北文明1路	2828222
中国联通有限公司惠州分公司	刘坚隆	总经理	下埔路39号	2102789
惠州证券有限责任公司	徐　刚	董事长	下埔路14号	2119392
	李　翊	总经理		

惠州市主要社会团体

表 12

单位名称	主要负责人	职务	办公地址	电话
惠州市总工会	李建平	主席	行政中心 5 号楼	2808525
共青团惠州市委员会	刘巧慧	书记		2809255
惠州市妇女联合会	张新云	主席		2808248
惠州市工商联合会	陈成才	主席		2808849
惠州市归国华侨联合会	曹丽云	主席		2808735
惠州市科学普及协会	朱碧岩	主席		2809011
惠州市社会科学联合会	罗川山	主席	行政中心 3 号楼	2890707
惠州市残疾人联合会	林添好	主席	行政中心 4 号楼	2808556
	张彩堂	理事长		
惠州市文学艺术界联合会	李景文	主席	行政中心 5 号楼	2808452

惠州地方军事机构

表 13

机构名称	主要负责人	职务	办公地址	电话
惠州军分区	马新民	司令员	麦地路 47 号	2232989（总机）转
	柳锦州	第一政委		
	魏同斌	政委		
	杨金明	副司令员		
	刘曼彬	司令部参谋长		
	程法敏	政治部主任		
	李运东	后勤部长		
武警支队	李谷生	支队长	江北三新 34 小区	2802222（总机）
	吴华立	第一政委		
	钟彰程	政委		
	罗全才	副支队长		
惠州边防分局	陈源	局长	鹅岭西路 1 号	2267222（总机）转
	陈进新	政委		
惠州边防检查站	庄永军	站长	大亚湾进港大道 77 号	5577144（总机）转
	邓永光	政委		
惠州公安消防局	梁苏猷	局长	麦地路 10 号	2287888（值班室）
	赖蓉	政委		

惠州市部分企业

表 14

企业名称	主要负责人	办公地址	电　话
TCL 集团有限公司	李东生	鹅岭南路 6 号 TCL 工业大厦 9 楼	2288399
德赛集团有限公司	姜　捷	江北云山西路	2183811
麦科特集团有限公司	芦昭群	麦地路 63 号	2119682
百路宝集团有限公司	张卓明	下埔路 7 号	2100852
华阳实业集团公司	张浩先	下埔路 19 号	2118189
侨兴集团有限公司	吴瑞林	汤泉侨兴科技工业园	2820290
工交资产经营有限公司	陈启亮	下埔路 24 号信托大厦 15 楼	2117883
商贸资产经营有限公司	张东帆	下埔路 24 号信托大厦 14 楼	2117136
地产总公司	李永新	下埔路 19 号发展银行 11 楼	2801426
轻工业总公司	张雁来	黄塘路 11 号	2129614
石油化学工业总公司	梁玉驹	河南岸国商大厦 20 楼	2501568
二轻工业总公司	刘瑞如	环城西 2 路 62 号	2231751
燃料工业总公司	邬育贤	南坛路 1 号	2219975
省石油企业集团惠州分公司	辛建强	麦地路 79 号	2250746
燃气发展有限公司	黄祖球	花边南路 26 号	2381070
医药总公司	廖堪民	中山西路 32 号	2246927
物资总公司	蒋新华	鹅岭南路 2 号 7 楼	2287784
惠州数码工业园	罗志成	麦科特大道 63 号麦科特国际大厦	2118218（总机）
汽车运输总公司	胡茂容	飞鹅北路 15 号	2260050
惠深（盐田）高速公路惠州有限公司	李迁生	南东横街 5 号	2101811
惠州路桥开发总公司	崔永明	鹅岭西路 3 号	2266449
惠州公共汽车总公司	叶　林	麦地路 6 号	2289200
投资管理公司	何前锋	下埔路 24 号 8 楼	2119111
港务集团公司	刘子明	大亚湾荃湾港区	5553132
广惠集团公司	关惠东	南坛东路 5 号 6 楼	2183288
旅游总公司	薛亦伟	下埔南 3 街侨裕楼 2 楼	2101326
自来水总公司	曾汉云	江北 1 号小区体育路 7 号	2807968
粮食集团公司	李　彪	环城西路 80 号	2226431
电力集团公司	周卫中	下埔路	2103473

惠州市部分大学、中专学校

表 15

机构名称	主要负责人	职　务	办公地址	电　话
惠州学院	张岳恒	院长	丰湖、金山湖	2529180
惠州电视大学	周本华	校长	麦地路 2 号	2392070
惠州市体育运动学校	潘允忠	校长	鹅岭北路 14 号	2120619
惠州农业学校	邹建中	校长	汤泉	2821201
惠州市技工学校	张才明	校长	江北 32 号小区	2804702
广东省惠州机电工业学校	丘　文	校长	下角丰山 1 路 4 号	2180606
惠州商业学校	邓庆宁	校长	江北文华 2 路	2829103
惠州旅游学校	吴景青	校长	下角中路 45 号	2249142
惠州外贸学校	张余庆	校长	江北文华 1 路 80 号	2823206
惠州市建筑成人中专学校	张新华	校长	河南岸斑璋湖路 20 号	2508287
惠州卫生学校	吴汉鹏	校长	惠新中街 67 号	2250547
惠州市第一中学	古昌平	校长	南坛南路 28 号	2229830
实验中学	邓凡用	校长	南环西路 7 号	2260707

2003年度全市省、部级先进单位一览表

单位	荣誉称号	授予或批准单位	授予时间
惠州市公安局森林分局	全国严打整治斗争先进单位	国家林业局	2003年2月
侨兴集团有限公司	广东省优秀民营企业	中共广东省委、省政府	2003年2月
惠州市教育局	全国支教工作先进单位	国家人事部、教育部、民政部等7部委	2003年2月
惠州市计划生育局	广东省2003年度人口与计划生育先进单位	广东省政府	2003年2月
惠州市公安局森林分局	集体二等功	国家林业局	2003年3月
侨兴集团有限公司	中国电子信息百强	国家信息产业部	2003年3月
惠州市园林管理局	创建园林城市先进单位	国家建设部	2003年4月
惠州市园林管理局	广东省先进集体	中共广东省委、省政府	2003年4月
广东省电信有限公司惠州分公司	广东省先进集体	中共广东省委、省政府	2003年4月
惠州市惠环司法所	残疾人维权示范岗	司法部、中国残联	2003年4月
惠东县公路局	先进集体	中共广东省委、省政府	2003年4月
惠州市小金口镇人民武装部	民兵预备役基层建设先进单位	广东省军区	2003年4月
惠州市自来水公司江北水厂	青年文明号	国家建设部、共青团中央	2003年4月
惠州市桥东新建社区团总支	全国五四红旗团支部（总支）	共青团中央	2003年4月
惠州市农业局	广东省动物防疫工作先进集体	中共广东省委、省政府	2003年4月
惠阳市淡水镇人民武装部	民兵预备役基层建设先进单位	广东省军区	2003年5月
惠州市桥西办事处青少年新世纪书屋	中国青少年新世纪书屋计划优秀青少年新世纪书屋	共青团中央	2003年5月
广电集团惠州供电分公司变电部	广东省先进集体	中共广东省委、省政府	2003年5月
广电集团惠州市惠阳分公司工会	全国模范职工之家	中华全国总工会	2003年5月
博罗县疾病预防控制中心流行病专科	抗非典嘉奖集体	中共广东省委、省政府	2003年5月
惠州市中心人民医院急诊科	抗非典嘉奖集体	中共广东省委、省政府	2003年6月
惠州市疾病预防控制中心	抗非典嘉奖单位	中共广东省委、省政府	2003年6月
惠阳区疾病预防控制中心	抗非典嘉奖单位	中共广东省委、省政府	2003年6月
惠阳区疾病预防控制中心疾控科	抗非典嘉奖单位	中共广东省委、省政府	2003年6月
惠州市卫生监督所医疗消杀监督科	抗非典嘉奖集体	中共广东省委、省政府	2003年6月
龙门县人民医院非典区工作组	抗非典嘉奖集体	中共广东省委、省政府	2003年6月
大亚湾区人民医院内科	抗非典嘉奖集体	中共广东省委、省政府	2003年6月
惠州市疾病预防控制中心流行病学和预报控制指导组	抗非典先进集体	中共广东省委、省政府	2003年6月
惠州市卫生局	抗非典先进单位	中共广东省委、省政府	2003年6月
惠州市人民医院传染科	抗非典先进集体	中共广东省委、省政府	2003年6月
惠东县人民医院感染科	抗非典先进集体	中共广东省委、省政府	2003年6月
惠州市公路局	先进集体	中共广东省委、省政府	2003年6月
惠阳区第一人民医院内三科	抗非典模范集体	中共广东省委、省政府	2003年6月
惠州市中心人民医院传一区	抗非典模范集体	中共广东省委、省政府	2003年6月
惠州市人民政府移民办公室	移民工作先进单位	广东省人民政府	2003年6月
惠东县公安局南湖派出所	全国优秀公安基层单位	公安部	2003年6月
惠州市小金口镇	全国严打整治先进镇	中共广东省委、省政府	2003年7月
惠州市	广东省维稳及社会治安综合治理优秀城市	中共广东省委、省政府	2003年7月
惠州市汽车运输总公司党委	先进基层党组织	中共广东省委	2003年7月
惠东县公路局黄排道班	模范职工小家	中华全国总工会	2003年9月
惠州市公安局“11·25”特大制贩假币专案组	集体一等功	国家公安部	2003年9月

（续上表）

单　位	荣 誉 称 号	授予或批准单位	授予时间
惠州市市容环境卫生管理局	广东省城市市容环境卫生先进集体	广东省政府	2003 年 10 月
惠州市惠城区	全国村民自治模范区	国家民政部	2003 年 11 月
惠州军分区党委	先进党委	广东省军区	2003 年 12 月
惠阳区人民武装部党委	先进党委	广东省军区	2003 年 12 月
惠阳区人民武装部	先进武装部	广东省军区	2003 年 12 月
惠城区人民武装部	先进武装部	广东省军区	2003 年 12 月
惠州市	广东省文明城市	中共广东省委、省政府	2003 年 12 月
惠城区陈江镇	广东省文明示范镇	中共广东省委、省政府	2003 年 12 月
惠东县园洲镇上南村	广东省文明示范镇	中共广东省委、省政府	2003 年 12 月
惠城区江南街上湖塘社区	广东省文明社区	中共广东省委、省政府	2003 年 12 月
惠城区江北街文昌社区	广东省文明社区	中共广东省委、省政府	2003 年 12 月
惠城区桥东新建社区	广东省文明社区	中共广东省委、省政府	2003 年 12 月
惠阳区淡水镇红星社区	广东省文明社区	中共广东省委、省政府	2003 年 12 月
惠州市公安局交警支队车管所	广东省文明窗口单位	中共广东省委、省政府	2003 年 12 月
惠州市建设工程交易中心	广东省文明窗口单位	中共广东省委、省政府	2003 年 12 月
惠州市电信局	广东省文明单位	中共广东省委、省政府	2003 年 12 月
惠州市地税局	广东省文明单位	中共广东省委、省政府	2003 年 12 月
惠州市第一中学	广东省文明单位	中共广东省委、省政府	2003 年 12 月
惠州市侨兴集团有限公司	广东省文明单位	中共广东省委、省政府	2003 年 12 月
惠州市卫生局	广东省文明单位	中共广东省委、省政府	2003 年 12 月
惠州市九惠制药厂	广东省文明单位	中共广东省委、省政府	2003 年 12 月
惠州市疾病预防控制中心	广东省文明单位	中共广东省委、省政府	2003 年 12 月
广东省广电集团有限公司惠州惠东供电分公司	广东省文明单位	中共广东省委、省政府	2003 年 12 月
博罗县电信局	广东省文明单位	中共广东省委、省政府	2003 年 12 月
龙门县龙门中学	广东省文明单位	中共广东省委、省政府	2003 年 12 月
惠阳区总工会	全国新建企业工会组建工作先进单位	中华全国总工会	2003 年 12 月
惠阳区	全国计划生育优秀服务先进县（市、区）	国家人口和计生委员会	2003 年 12 月
惠阳区国土资源局	全国土地登记和土地调查先进单位	国土资源部	2003 年 12 月
博罗县物价局	2002～2003 年度全国农产品成本调查工作优秀单位	国家发展改革委员会	2003 年 12 月
共青团惠东黄埠镇团委	全国五四红旗团委	共青团中央	2003 年 12 月
共青团惠州市委少工委博罗县实验小学	2003 年度“中国少年儿童平安行动”优秀组织奖	共青团中央、全国少工委	2003 年 12 月
惠州市信息产业局	全国信息产业系统先进单位	国家信息产业部	2003 年 12 月
惠州电信公司 10000 号	全国信息产业系统先进单位	国家信息产业部	2003 年 12 月
共青团博罗县委员会	全国保卫母亲河先进单位	共青团中央	2004 年 2 月
惠阳区	人口和计划生育工作先进单位	广东省政府	2004 年 2 月
惠州市公路局工会女职工委员会	全国先进基层女职工组织	中华全国总工会	2004 年 2 月
中国农业银行惠州分行	资产负债管理先进单位	中国农业银行	2004 年 2 月
惠州市计划生育局	广东省计划生育先进单位	广东省政府	2004 年 3 月
广东移动通信有限责任公司惠州分公司	全国五一劳动奖状	中华全国总工会	2004 年 4 月
惠州市	中国人居环境范例奖	国家建设部	2004 年 4 月
惠州市公安局交警支队高速公路一大队白云中队	全国青年文明号	共青团中央、公安部	2004 年 4 月

说明：此表收录获得省、部级的授予荣誉称号的单位，根据有关单位提供的材料整理而成，按授予时间先后排列。

（赖兆周）

中共惠州市委员会

责任编辑：林惠群

市委领导名单：

书　　记：柳锦州

副 书 记：黄业斌　李汝求　陈仕其　刘耀辉　黄仕芳

常　　委：柳锦州　黄业斌　李汝求　陈仕其　刘耀辉　黄仕芳　黄柏青　马新民　李秀峰　吴华立　陈训廷　黄雁行

秘 书 长：黄雁行

副秘书长：吴卫华　邬柳成　李建扬　欧阳翠华　林国斌　丘鉴秋

综　　述

【推动经济社会快速发展】　2003年，中共惠州市委坚持邓小平理论和“三个代表”重要思想，深入学习贯彻党的十六大精神，牢记“两个务必”，大兴求真务实之风，坚持科学发展观和正确政绩观，团结带领全市人民，锐意进取，扎实工作，取得了防治“非典”疫情的阶段性胜利，战胜了特大强台风“杜鹃”的正面袭击。坚持以经济建设为中心，不断修正和确立新的发展思路，推动了国民经济快速增长和社会文明进步，形成聚精会神抓发展，同心同德奔小康的良好局面。积极推进民主法制、精神文明建设，创建文明、法治的环境。大力实施“帮村富民”和民心工程建设活动，解决关系群众切身利益的问题，提高人民生活水平。不断深化各项改革，增强经济社会发展的动力。全面扎实推进党的建设，坚持依法执政，科学决策，提高执政能力和领导水平，为经济社会快速发展提供坚强保障。实现了全市经济持续、快速、协调发展。全市生产总值591亿元，同比增长13.9%；国税、地税收入95.6亿元，增长25.8%；地方一般财政收入24.1亿元，增长25.7%；外贸出口总额71.5亿美元，增长21.3%；实际利用外资16.9亿美元，增长27.4%；城镇居民人均可支配收入12674元，增长18.5%；农村居民人均纯收入4054元，增长3.9%。全市经济再上新台阶，人民生活水平不断提高。社会各项事业取得同步发展。开展争创“文明城市”活动，摘取“广东省文明城市”金牌。双拥工作成果显著，荣获“全国双拥模范城”称号。城市功能不断完善，投资环境进一步优化，城市综合实力不断增强，综合竞争力位居全国城市第22位，荣获“中国人居环境范例奖”。

（丘王芳）

重 要 会 议

【市委七届八次全体（扩大）会议】　1月11日召开。会议传达贯彻党的十六大和中央经济工作会议以及省委九届二次会议精神，部署有关工作。市委书记、市人大常委会主任肖志恒作报告和会议总结，市委副书记、市长柳锦州就2002年全市经济运行情况和2003年经济工作作重要讲话。

【市委七届九次全体（扩大）会议】　5月20日召开。会议审议并通过七届市委第八次党代会报告、关于召开中国共产党惠州市第八次代表大会决议、关于开展党代表大会常任制试点工作方案和相关制度；讨论市纪律检查委员会向市第八次党代会的报告；酝酿通过八届市委委员、候补委员、市纪委委员候选人预备人选名单和市第八次党代会主席团常务委员会委员建议名单；关于新一届市人大、市政府、市政协领导班子成员候选人人选提名情况说明；报告七届八次全会以来市委工作情况。

【中共惠州市第八次代表大会】　6月3～6日召开。出席会议的代表418人。大会审议通过七届市委报告、市纪律检查委员会工作报告；通过关于试行党代表大会常任制决议和中共惠州市代表大会常任制制度（试行）。大会选举产生市委委员34人，市委候补委员7人，市纪委委员29人。

【市委八届一次全会】 6月6日召开。会议选举中共惠州市八届委员会常务委员会委员、书记、副书记；通过中共惠州市纪律检查委员会第一次全体会议关于市纪委常委、书记、副书记选举结果的报告、关于实施固本强基工程全面加强党的基层组织建设三年规划、关于加强市委领导班子自身建设的意见、中共惠州市委八届一次全会决议。新当选的八届市委书记肖志恒讲话。

【市领导干部会议】 6月25日召开。会议宣布省委关于肖志恒任省委秘书长兼办公室主任，不再担任惠州市委书记、常委、委员职务；柳锦州主持市委全面工作的决定。

8月14日再次召开市领导干部会议，宣布省委关于柳锦州任中共惠州市委书记；黄业斌任中共惠州市委副书记的决定。

【市委八届二次全会】 12月30～31日召开。会议听取市委常委会工作报告，部署全市2004年工作；审议《中共惠州市第八届委员会第二次全体会议关于市委工作报告的决议》、《中共惠州市第八届委员会第二次全体会议关于召开中国共产党惠州市第八次代表大会第二次全体会议的决议》。市委书记柳锦州向全会作报告。市委副书记、市政府代市长黄业斌就2003年全市经济发展情况和2004年经济工作作讲话。

重大决策

【制定创建文明机关和文明小城镇活动实施意见】 3月17日，市委、市政府下发了《关于开展创建文明机关活动的实施意见》和《关于开展创建文明小城镇活动的实施意见》，在全市开展创建文明机关、文明小城镇活动。

【制定加快山区发展实施意见】 4月13日，市委、市政府下发了《关于加快山区发展的实施意见》，提出加快山区发展的16项措施。

【制定实施固本强基工程三年规划】 6月19日，市委下发了《关于实施固本强基工程，全面加强党的基层组织建设三年规划》。实施固本强基工程总体要求是：坚持以邓小平理论和“三个代表”重要思想为指导，认真贯彻党的十六大和省第九次党代会、市第八次党代会精神，紧紧围绕惠州市建设经济强市，创建文明城市，全力建设现代石化数码名城、全面建设小康社会、率先基本实现社会主义现代化的奋斗目标，以创新的精神、扎实的作风抓好固本强基工程，全面提高党员队伍素质，提高基层党组织的创造力、凝聚力和战斗力，使全市基层党组织政治更加坚定、组织更加坚强、作风更加务实、制度更加完善，真正成为贯彻“三个代表”重要思想的组织者、推动者和实践者。

【兴起学习贯彻“三个代表”重要思想新高潮】 7月11日，市委下发了《关于在全市兴起学习贯彻“三个代表”重要思想新高潮的实施意见》。要求各地、各单位充分认识兴起学习贯彻“三个代表”重要思想新高潮的重大意义，深刻领会“三个代表”重要思想的基本精神；致力在求新上下功夫，用活和创新兴起学习贯彻“三个代表”重要思想新高潮的基本形式；致力在求实上下功夫，有针对性地解决学习贯彻活动中的各种实际问题；周密部署，切实加强对兴起学习贯彻“三个代表”重要思想新高潮的组织领导。

【实施“八项民心工程”】 11月10日，市委、市政府下发《关于实施〈八项民心工程〉的通知》，在全市实施“八项民心工程”（即农村安居减负增收工程、劳动和社会保障工程、城市化工程、文化建设工程、环境保护工程、城乡卫生建设工程、交通基础设施建设工程、社会治安综合治理工程）。

（黄丹喆）

主要工作

【加强党对经济工作的领导】 年内，市委坚持以经济建设为中心，紧抓发展第一要务，重点推进数码信息产业、重化工业和文化产业三大产业经济带建设，坚持内源经济和外源经济一起抓，继续实施“航母舰队”战略，加快企业体制创新、技术创新和经营机制创新，发挥大企业集团“榕树效应”，增强内源型经济的整体实力。加大招商引资，大力发展外源型经济。加快工业园区开发建设，扎实做好中海壳牌南海石化等重大项目的相关工作，成功举办了第二届国际数码节、台资精品展示会等大型招商引资活动。以CEPA（即《内地与香港关于建立更紧密经贸关系的安排》）为发展契机，加强与泛三角经济圈的合作，形成产业互补、市场互通、发展互利的格局。

【打造三大产业经济带】 年内，市委为充分发挥惠城、惠阳、大亚湾中心区龙头带动作用，着力打造三大经济产业带：临海重化工业经济带，建设深圳——大亚湾——惠东等沿海公路，并以此为依托，发挥惠州港深水天然良港的优势，把大亚湾至稔平半岛一带发展成为临海重化工业基地。数码产业经济带，以惠澳大道为轴线，规划建设若干工业园区，引进一批数码信息产业跨国公司和先进技术项目落户，建成数码信息产业基地。文化产业经济带，改造、建设惠淡大道，使其成为连接惠城、惠阳两区的城市主干道，其大道两旁建设文化教育园区，使之成为教育、科研、文化产业发展基地。

【抗击“非典”疫情和台风灾害袭击】 年内，“非典”（非典型性肺炎）疫情发生后，市委高度重视，成立统一指挥和协调机构，精心部署，沉着指挥，科学判断疫情，果断作出决策，动员全市人民抗击“非典”，掀起开展防治“非典”运动、爱国卫生运动和全民健身运动，有效地防止疫情扩散，全市无一“非典”病人死亡，维护了社会稳定，取得了抗“非典”阶段性胜利。

年内，惠州遭遇强台风袭击，各级、各部门早防范、早部署，做好各项防台风工作，使灾害损失降到最低。灾后积极组织复产工作，使灾民生产、生活迅速恢复正常。

【“八项民心工程”实施】 年内，市委作出实施农村安居减负增收、劳动和社会保障、城市化、文化建设、环境保护、城乡卫生建设、交通基础设施建设、社会治安综合治理等8大项37细项的民心工程决定，将其作为一项重大政治任务，并纳入各级领导班子政绩考核的重要内容。体育馆、水北村拆迁安置、慈云图书馆等已完成或基本完成，市区过境公路、剑潭水利枢纽工程等正在规划或建设中。

【促进三个文明协调发展】 年内，市委正确处理好物质文明与政治文明、精神文明三个文明的关系，坚持“两手抓，两手都要硬”的方针，在加快经济发展的同时，深入开展文明城市创建活动，荣获“广东省文明城市”、“全国双拥模范城”和“中国人居环境范例奖”等称号。推进文化大市建设，建成东纵纪念馆、体育馆等一批文化设施，宣传、文化事业相关改革进展顺利。进一步调整教育结构，重组教育资源，教育事业得到新发展。高度重视信访工作，上访群众困难和问题得到较好解决。继续开展“严打”整治斗争，扫除“黄赌毒”等社会丑陋现象，集中精力查处“六合彩”和非法传销等违法活动，社会治安明显好转。积极推进民主法制建设，坚持依法治市，创建文明城市，建设文化大市，全市三个文明建设得到协调发展。

【全面加强党的建设】 年内，市委按照“三个代表”的要求，与时俱进，开拓创新，切实加强党的建设，进一步提高各级党组织的创造力、凝聚力和战斗力。

加强领导班子和干部队伍建设 组织党员干部深入开展牢记“两个务必”（即务必继续地保持谦虚谨慎、不骄不躁的作风，务必继续地保持艰苦奋斗的作风）和学习郑培民等教育活动。圆满完成市、县（区）及乡镇换届。市党政领导班子成员平均年龄49.2岁，其中：大学本科以上学历13人，占76.5%；研究生学历9人，占52.9%。换届后的县（区）党政领导班子共84人，平均年龄43.8岁，比上届党政领导班子平均年龄下降2岁。积极推进任前公示、干部交流、联合公选。1999年以来公开选拔4批共27名处级领导干部（其中部门正职6人），平均年龄36岁，全部具有本科以上学历，其中博士研究生2人，硕士研究生8人。顺利开展市党代会常任制试点，推行党内制度改革，充分发挥党代表作用，扩大和完善党内民主，为全省提供经验。

加强党的基层组织建设 完善和推广小金口镇党员联系村务工作责任制。年内，全市有3万多名农村党员参与联系村务工作，占全市农村党员总数的70%，联系农户11.9万户，占全市农户总数的31%。

加强党风廉政建设 开展“五个力戒”（即居安思危，力戒骄满；真抓实干，力戒空谈；修身立德，力戒浮躁；艰苦奋斗，力戒奢靡；和衷共济，力戒涣散）和反腐倡廉示范、警示教育，建立市委巡视工作制度和科级以上领导干部任前廉政谈话制度，坚持和完善重大工程同步预防腐败体系和制度；加大查处要案力度，党风廉政建设效果好。2002年以来，全市纪检监察机关受理群众来信、来访、电话举报4228件（次），立案调查514件，结案502件，给予党纪政纪处分594人，其中处级干部15人，科级干部113人，为国家和集体挽回经济损失6000万元。继续深入开展“万众评公务”和政务公开活动，机关作风得到明显改善。

【学习“三个代表”和中共十六大精神】 年内，市委按照“围绕主题、把握灵魂、抓住精髓、珍惜经验、明确目标”的要求，在全市兴起学习贯彻“三个代表”重要思想和党的十六大精神的热潮，开展“大学习、大宣传、大讨论、大落实”等活动。市委学习中心组带头学习贯彻，举办县处级领导干部专题研讨班，邀请著名理论专家作辅导报告。抓好广大党员干部和群众学习，在学习深度、学习方式、学习实效上下功夫。把学习“三个代表”重要思想和十六大精神作为惠州当前和今后一个时期的首要政治任务和工作重点。

【实施固本强基工程】 年内，市委按照省提出的实施固本强基工程三年规划目标，以巩固党的执政基础，提高党的执政水平为核心，全面实施固本强基工程，整治问题突出的镇和村，实行农村、非公、国企、社区、机关事业单位党建“五大板块”齐头并进，以市、县、镇“三级联创”为基点，以建设一个好班子、造就一支好队伍、弘扬一种好作风、建立一批好堡垒、开创一个好局面“五个好”为目标，搞好党的基层组织建设。从市、县、镇各级机关抽调5535名干部，组成1624个工作组进驻1051个镇、村，帮助加强村干部队伍建设，重点整治问题突出的镇、村，探索长效扶贫机制，取得明显成效。到2003年底止，市、县（区）共投入资金1600多万元，采取异地投资、合资经营、股份制和兴办小型实业项目等形式，帮助农村创办集体经济项目211个，办好事实事878件，解决相对突出问题161宗。全市共成立非公有制企业党组织1010家，组建率达100%，非公组织中的9176名党员全部纳入党组织管理。

（丘王芳　钟亮）

督查工作

【概况】 2003年，中共惠州市委督促检查办公室（简称市委督查办）围绕市委中心工作，以加强重大决策落实情况反馈、提高查办件质量和效率以及强化督查调研和工作协调为重点，不断改进督查方法，加大督查工作力度，增强督查工作实效性，取得了明显成效。全年办理督查事项56项，呈报督查报告68篇，编发《督查专报》16期，其中被省委办和省委其他单位采用8篇；编发市委办内部刊物《学习与交流》3期，办理省、市领导批办件16件，全部按时办结，较好地发挥职能作用，促进省、市各项决策和领导指示的落实。

【督查落实上级决定和领导批示交办事项】 年内，市委督查办办理上级决策督查、领导批示交办件12项，全部保质、保量、按时办结。主要督查落实胡锦涛总书记视察广东重要讲话精神、十六届三中全会精神、维护社会稳定、防治“非典”、实施固本强基工程、十项民心工程等的执行情况，向省委办作专题性、阶段性反馈。

【督查落实市委中心工作】 年内，市委督查办围绕市委中心工作和重要决策，督促检查催办事项28项。主要督办维护社会稳定、防治“非典”、“万众评公务”、实施固本强基工程、国际数码节、市、县、镇三级领导造林绿化办示范点、创建“文明城市”、建设文化大市、教育强市、市党政领导推动科技进步实绩考核、“八项民心工程”、43项重大建设项目等的执行情况，这些事项已全部办结，并将办理情况向市领导作书面报告。

【督查落实市委领导批示指示交办事项】 年内，市委督查办办理市委领导批示指示交办事项16项，主要有：市委党校“建设全省地级市一流党校”、党报党刊发行等事项的督查，确保市委领导批示、指示交办事项落到实处。

【做好督查专报】 年内，向省委办报送《督查专报》16篇，被省委办单篇采用1篇，送阅4篇，综合采用8篇。《TCL集团大胆探索走出国企改革与国资运营新路子》的文章，在省委办《督查情况》（第26期）上刊登。《惠州市创新民主评议行风工作，扎实开展“万众评公务”活动》、《惠州市建设现代石化数码名城的主要思路及当前亟需解决的几个问题》、《惠州市实施固本强基工程措施实开局好》等督查专报，引起省委、省政府有关领导重视。

【加强督查队伍建设】 年内，市委督查办进一步加强自身建设，健全4种机制：健全工作机制，健全向上级党委报告重大工作和重要情况的制度，建立和完善督查工作网络，制定请示汇报、上下班、请销假等制度。健全学习机制，开展“争做学习型干部”活动，积极参加有关部门组织的培训班学习。健全廉政机制，严格执行督查工作廉政制度，大胆坚持原则，如实向领导反映情况。健全指导机制，加强与部门、县区的联系和指导。

（余新平）

双拥工作

【概况】 2003年，惠州市双拥工作整体水平有新的提高，再次荣获“全国双拥模范城”称号。各级政府全年拨出950万元用于双拥工作。

【全面落实优抚政策】 年内，优待现役军人家属3040多户，投入抚恤金1959.21万元，兑现优待金787万元。全年发放抚恤补助经费900万元，比上年增加450万元。

年内，明确了各县（区）民政与卫生、劳动保障、财政等部门的工作责任，全市在乡镇的二等乙级以上伤残军人和孤老烈属、孤老复员军人的医疗问题得到解决。税费改革后，各级政府、民政、财政部门积极推动义务兵家属优待金社会统筹。市直义务兵家属和重点优抚对象的优待金纳入市财政预算，由惠城区民政局代为发放。惠城区优待金统筹由乡镇财政、区财政各负担50%。惠阳区将义务兵家属和部分优抚对象的优待金纳入财政预算，具体分一类镇和二类镇负担的办法，即将经济比较好的一类镇由区财政与镇财政各负担50%，经济相对比较差的为二类镇由财政全额负担。博罗县优待金统筹由镇财政负责，县财政每年拨出100万元作为镇财政补贴。大亚湾区由乡镇财政纳入当地的财政预算报区财政后回拨。

【做好退役士兵安置】 年内，全市接收安置退役士兵1118人，其中：城镇义务兵418人，城镇复员士官62人，农村义务兵611人，转业士官25人，复员干部2人。至年底，已安置退役士兵494人，安置率97%；农村义务兵开发使用580人，开发率95%；城镇退役士兵自谋职业64人，市直自谋职业率54%。财政投入自谋职业补助金266万元。

【落实好军休干部待遇】 年内，各级财政全年下拨经费400多万元，认真落实军休干部的两个待遇，加强军休干部的管理，使军休干部老有所养、老有所为、老有所乐。

（陈晓明）

组 织 工 作

【概况】 2003年，惠州市有中国共产党基层组织(包括党委、党总支部、党支部)6969个，党员140343人，其中年内发展新党员4926人。有5874个党支部的党员127940人参加党员民主评议，评出合格党员127909人，不合格党员31人，分别占99.9%和0.1%。全市各级党组织党员民主评议中，评出先进党员7465人，占5.3%。

年内，全市有各类干部83607人，其中：行政机关干部16069人，占19.2%；企事业单位管理干部和专业技术人员67536人，占80.8%。

年内，惠州市各级党组织贯彻全国、全省组织工作会议精神和市委的决策，坚持以邓小平理论为指导，实践“三个代表”重要思想，加强领导班子和干部队伍思想政治建设，大力推进干部制度改革，加强干部教育培训、干部监督、干部管理、基层组织建设和党建调研等，各方面工作都取得良好成绩。

【组织结构】 年内，全市有党委258个，其中：市、县（区）地方党委7个；市、县（区）派出工作委员会7个；基层党委252个（包括乡镇党委77个）。有党总支部272个，党支部6439个。

党组织构成：在街道、社区、镇、乡、建制村法人单位中，建立城市街道党委7个、城市社区党支部54个；建立镇党委77个、镇社区居委会党支部138个；建立乡党委1个；建立村党总支部22个、村党支部1025个。在1064个国有经济控制企业建立党委43个、总支部47个、党支部934个；在297个集体经济控制企业建立总支部3个、党支部246个。在3604个私有经济控制企业建立党委6个、总支部14个、党支部506个；在1822个港澳台商经济控制企业建立总支部2个、党支部145个；在44589户个体工商户中没有单独建立党组织。在1059个事业单位建立党委26个、总支部34个、党支部871个；在166个民办非企业单位建立总支部1个、党支部45个。在608个国家机关、政党机关和社会团体法人单位建立党委85个、总支部62个、党支部461个。

【党员构成】 年底，全市有党员140343人，其中：正式党员134354人，预备党员5989人；女党员26422人，占18.8%。

党员学历构成：具有大专以上文化34339人，占24.5%；中专、高中文化46040人，占32.8%；初中以下文化59964人，占42.7%。

党员年龄结构：35岁以下35347人，占25.2%；36岁至45岁28726人，占20.5%；46岁至54岁27238人，占19.4%；55岁至59岁12377人，占8.8%；60岁以上36655人，占26.1%。

新党员结构：年内，全市发展党员4926人。其中：女党员1469人，占29.8%；少数民族党员30人，占0.6%；35岁以下青年党员3669人，占74.5%；大专以上文化1701人，占34.5%；中专、高中文化2124人，占43.1%；企业、农村生产、教学、科研第一线的党员2540人，占51.6%。

【民主评议党员】 年内，全市有5874个基层党支部开展民主评议党员工作，占支部总数91.2%。参加民主评议党员127940人，占党员总数91.2%。评出合格党员127909人，占评议党员总数99.9%，不合格党员31人，占0.1%，其中：开除党籍11人，取消党员资格、除名的19人；受其他党纪处分28人；限期改正错误10人。全市评出先进党员7465人，并给予表彰。

【党员教育】 年内，市委下发《关于在全市党员干部中兴起学习贯彻“三个代表”重要思想新高潮和做好今年党员干部培训工作的通知》，召开动员大会，成立“三个代表”重要思想宣讲团，到机关、企事业单位、乡镇(街道办事处)、村委会宣讲130多场次，听众达48000多人次。举办专题辅导讲座和专题学习会983场次，27万多党员干部参加聆听。结合抗“非典”，组织学习卫生系统党组织和共产党员抗击“非典”先进事迹。认真做好党员培训，全年共举办培训班342期，培训基层干部65676人次。

【领导干部民主生活会】 年内，市纪委、市委组织部联合下发《关于开好2003年度县以上党和国家机关党员领导干部民主生活会的通知》。全市有副处以上党员领导干部900多人参加民主生活会。9月18日，市委召开市党政领导班子民主生活会。省委副书记、省长黄华华参加会议。

【实施固本强基工程】 参见“市委主要工作”和“党的基层组织建设”栏目。

【县级领导班子换届】 年内，完成惠州所属5个县（区）的领导班子换届。在本次换届中，原领导班子成员留任现职81人，交流23人，新提拔进班子40人。换届后县（区）领导班子平均年龄43.8岁，比原班子下降2岁；人大、政协班子成员平均年龄48岁，比原班子下降5.2岁。五套班子成员大专以上学历143人，占总数97.3%，比原班子提高6.8个百分点，其中博士研究生1人；县（区）党政班子中均配备36岁以下年轻干部1人，女干部1人。有民营企业家2人担任县（区）政协副主席。

【联合公选干部】 年内，在配合全省联合公选20名副厅级和100名副县级领导干部的同时，拿出市直单位5个副处级领导职务和23个县（区）正科级领导职位参加全省联合公选。在全省100名副县级干部联合公选中，惠州被录用副县级干部9人，其中：女干部3人，输送到外市任职3人。市直5名副处级公选干部中具有研究生以上学历2人，博士学位1人；平均年龄36岁，最年轻的28岁。

【干部调配任免】 年内，市委常委会讨论干部调整、任免16次，决定任免干部496人次，其中：涉及市级五套领导班子换届人选37人次，涉及市委、市人大、市政协、市纪委委员任职157人次，涉及县、区领导班子换届调整239人次，涉及正团职军转干部安置10人，涉及公选干部任命20人。全年市委讨论市管干部中属提拔的122人次，其中：40岁以下58人，女干部15人，党外干部29人。

【干部教育培训】 年内，全市共举办各类干部培训班49个180期次，培训干部19662人次。由市委组织部举办主体班8个12期，培训干部2223人次。选送厅、处级干部7人参加中央党校或中央部委举办的培训班学习，市厅级干部1人、处级干部9人、年轻科级女干部4人参加省委党校进修培训，选派干部25人参加省级各类专项培训，1人参加省第五批出国培训进修，1人参加省高级公务员行政管理知识（英国）专题研究班。组织全市县处级领导干部学习贯彻“三个代表”重要思想研讨班2期，轮训县处级干部900多人。举办惠州市第16期中青年干部培训班、高级公务员公共行政管理（澳大利亚）培训班。

【干部挂职锻炼和选调生培养】 年内，全市接收中央和省下派挂职（含驻点调研）干部46人，其中：西藏林芝地区23人，湖南益阳市10人，云南少数民族地区干部8人，其他省属单位5人。

组织本市的省、市选调生参加省直单位公开招考，其中1人考入省直机关单位工作。督促接收单位加强对选调生的培养，有选调生9人进入基层班子。

【干部队伍结构】 年内，全市有各类干部83607人，其中：行政机关干部16069人，占干部总数的19.2%，比上年下降0.3%；事业单位管理人员、专业技术人员53992人，占64.6%，增长1.2%；企业单位管理人员、专业技术人员13546人，占16.2%，下降1%。在全市各类干部中，具有大专以上学历47453人，占干部总数的56.8%，中专学历28551人，占34.1%，高中及以下学历7603人，占9.1%。市级干部35人，县、处级干部957人。

妇女干部构成：年底，全市有妇女干部29523人，比上年增加265人，增长0.9%。在妇女干部中，行政机关干部2876人，占妇女干部总数的9.7%，其中：市级机关665人，县级机关1609人，乡镇机关602人；市级领导干部5人，县处级领导干部54人。事业单位妇女干部23652人，占妇女干部总数的80.1%，各类专业技术干部中，妇女干部20366人，其中：高级职称282人、中级职称5025人、初级职称13732人。企业单位妇女干部2995人，占10.2%，各类专业技术干部中，妇女干部1317人，其中：高级职称8人、中级职称270人、初级职称946人。

少数民族干部构成：年底，全市有少数民族干部567人，比上年增加95人，增长20.1%。少数民族干部中，行政机关干部92人，占16.2%。事业单位少数民族干部345人，占60.9%，其中：各类专业技术干部270人；高级职称21人，中级职称109人，初级职称117人。企业单位少数民族干部130人，占22.9%，其中：各类专业技术干部34人；高级职称2人，中级职称10人，初级职称19人。

【党管人才加强】 年内，全市有人才285301人，占全市人口总数的8.9%。具有中专毕业以上学历人才185957人，其中：博士104人、硕士736人、研究生（含在职）607人、本科27890人、大专53303人、中专103317人。全市有取得专业技术任职资格人员92920人，占全市人才总数的32.6%。其中：高级专业技术资格2217人、中级专业技术资格25235人、初级专业技术资格47974人、其他17494人。加强市管拔尖人才管理，组织拔尖人才外出考察、参观，表彰奖励科研成果突出人才12人。开展市管第五批拔尖人才评选活动，有优秀专家31人入选。

【干部监督】 年内，全面实施市委《关于加强组织部门干部监督工作的实施意见》，加大监督检查力度，认真调查核实群众反映的有关干部任用问题，及时纠正不按《党政干部选拔任用工作条例》（下简称《条例》）操作的行为。抽调干部监督员参与《条例》检查，不定期听取干部监督员反映情况。制定《关于贯彻执行〈党政领导干部选拔任用工作监督检查办法〉（试行）的意见》（下简称《意见》），按照《意见》检查6个县（区）的《条例》执行情况，下发《检查情况的通报》。全年审核破格提拔干部16人，否决破格提拔干部3人。调查核实群众反映领导干部问题的投诉9宗，要求被投诉干部或单位向组织回复群众反映问题的5宗，经调查核实纠正用人问题的2宗。落实中央、省对1949年10月1日至所在地解放期间参加地下革命工作的退休干部在生活上给予适当照顾的文件精神。审核干部要求确认和更改建国前参加革命工作时间和平反“冤假错案”工作，不同意更改为建国前参加革命工作时间的3宗，不予认定为“冤假错案”的1宗，认定更改建国后参队时间的1宗。

【党建调研】 年内，全市组织系统完成调研课题8个，形成调研报告11篇。市委常委、组织部长陈训廷担任课题组组长，撰写的《实行党代表大会常任制要把握的若干问题》，在全省评比中荣获二等奖。在全省“树组工干部形象”征文比赛中，惠州荣获一、二、三等奖各一个，优秀奖一批，并获组织奖。全市组工干部在市级以上报刊发表党建文章500多篇，其中：省级以上报刊发表188篇，被中组部《党建研究》采用3篇、《组工通讯》采用1篇。市委组织部被省委组织部评为《广东组工通讯》通讯报道先进集体和信息工作先进单位，被中组部办公厅定为广东省7个报点之一。

（刘庆捷）

宣传工作

【概况】 2003年，全市各级党组织和宣传思想战线坚持以“三个代表”重要思想统领各项工作，开拓创新，突出重点，强化落实，注重实效，推动宣传思想工作和文化建设，促进了惠州政治、物质、精神三个文明建设。

存在问题是：有的单位推进改革和创新不主动，组织协调不好，工作抓落实不够，效果不能实现最大化等。

【兴起学习贯彻“三个代表”重要思想新高潮】 年内，全市各级党组织高度重视，精心组织，以身作则，在“新、实、深”上下功夫，兴起学习贯彻“三个代表”重要思想新高潮。7月上旬，市委成立由市委副书记、宣传部长刘耀辉任团长、11名专家组成的市委宣讲团，到全市各地巡回作报告130多场次，听众达48000多人次。同月22日，市委召开兴起学习贯彻“三个代表”重要思想新高潮动员暨报告会，市委书记柳锦州作动员报告，著名理论家刘吉作专题报告。8月1日和13日，省委“三个代表”重要思想宣讲团成员、省委党校副校长陈鸿宇和省委宣传部副部长蒋斌分别为全市领导干部和博罗县各级干部作辅导报告。年底，市委组成联合工作组考核县（处）级单位党委（党组）中心组年度理论学习情况，推动学习的落实。

【对外宣传】 年内，围绕“中国惠州第二届国际数码节”、“中国惠州大亚湾发展推介会”等大型活动，组织对外宣传，争取中外80多家媒体560多名新闻记者采访，播发稿件2000多篇。与中央电视台联合摄制《走遍中国·惠州专辑》（7集），多次在央视播放，在央视CCTV-4《中国报道》以演播室访谈的方式采访市委书记。在美国、香港等华文报纸开辟惠州专版报道60多个，宣传市委、市政府中心工作、惠州经济建设成就和优越投资环境，提升惠州的形象。

【推荐评选爱国主义教育基地】 年内，完成第二批市级爱国主义教育基地评选，确定和公布东江纵队纪念馆、中洞革命遗址、百岖田——平山三次农民起义遗址、小星山战斗烈士纪念碑、育英楼——惠宝人民抗日游击总队等为第二批市级爱国主义教育基地。推选邓演达故居等5个基地参加第二批省级爱国主义教育基地评选。

【荣获“广东省文明城市”称号】 年内，精心实施“一把手”工程，成立由市委书记任组长，四套班子领导为成员的惠州市创建文明城市工作领导小组，成立由市委副书记刘耀辉任主任的创建办公室。全市上下逐级建立完善目标责任制，建立、健全领导协调和监督检查工作机制，形成强大合力。

狠抓落实　年内，市创建办、文明办制定、发布《惠州市创建文明城市活动实施方案》、《惠州市创建文明城市目标责任书》、《惠州市创建文明一条路、一条街实施方案》、《惠州市创建文明学校活动实施方案》、《惠州市创建文明小城镇活动实施方案》等20多个指导性文件。

精心打造宣传舆论强势　市创建办和惠城区创建办编印《创建简报》。在市区重要地段设置创建文明城市公益广告。广泛开展"三个代表"重要思想和"三个主义"（社会主义、集体主义和爱国主义）、"三观"（世界观、人生观和价值观）教育、中华民族优秀文化传统教育，深入落实《公民道德建设实施纲要》，坚持用邓小平理论和"三个代表"重要思想武装广大干部群众。

整体推进群众性创建活动　年内，在城市，广泛开展创建文明路（街、交通线）、文明社区、文明学校、文明家庭、文明企业（市场、商店、酒店、旅游景区）、文明机关等系列活动；在农村，广泛开展创建文明小城镇、文明村镇、文明户等活动；在窗口服务行业、行政执法部门，广泛开展"万众评公务"、"创五好"、行风评议等活动。市民综合素质和城市文明程度显著提升。9月，省创建文明城市检查团来惠州检查考核，对创建工作高度评价。12月25日，惠州荣获"广东省文明城市"称号。

【组织群众性文化活动】　年内，根据广大群众的精神需求，深入开展企业文化、校园文化、农村文化、社区文化、广场文化和科技、文化、卫生、法律"四下乡"、民间文化等活动，做到节假日有文艺晚会和各类文化活动。元宵节期间，组织中国歌舞团来惠演出大型歌舞《秘境之旅》，数码节期间，在市民乐园组织演出大型文艺晚会《相约e时代》等，活跃群众文化生活。年内，全市送书15万册、送戏605场、送电影下乡3489场；科技下乡7617人次，11.3万农民接受培训；医疗下乡415支，治疗农民25万多人。

【继续实施精神文明建设"五个一工程"】　年内，市宣传部门精心策划和组织实施省第五届精神文明建设"五个一工程"和市第二届精神文明建设"五个一工程"，创作和报送一批参选作品。有4件作品在省评选中获奖，市委宣传部荣获组织奖。话剧《村官》被邀在省城和惠州公演，受到良好的社会反响。

【宣传信息报送】　年内，继续抓紧宣传信息报送，全年向中宣部和省委宣传部报送信息560篇，被中宣部和省委宣传部分别采用167篇和194篇，被中宣部评为"舆情信息工作先进单位"，被省委宣传部评为"广东省宣传信息工作先进单位"。

【拉开建设文化大市序幕】　年内，组织全市宣传、文化、教育、体育、卫生、旅游等部门，深入开展文化建设工作调研活动。8月和9月，市委有关领导率领广播电视部门和全市文化单位负责人赴内蒙古和日本考察，学习借鉴国内、外文化产业改革经验。11月24日，市委、市政府召开全市文化建设工作会议，市委书记柳锦州作重要讲话，市委副书记、宣传部长刘耀辉对今后一个时期文化建设工作提出意见和要求，制定、下发《关于进一步加快文化体制改革和促进文化产业发展的实施意见》、《惠州市推进文化事业、发展文化产业规划纲要》、《惠州市关于加快文化建设的若干配套经济政策》等文件，拉开了建设文化大市的序幕。各县（区）和市直各单位也召开文化建设工作会议，正式铺开这项工作。

【推行广播电视和文化事业改革】　年内，组织市广播电视系统深入实施"五项工程"（宣传品牌、体制改革、人才优化、科技创新、广电形象），综合改革市电视台。积极推行市直文艺团体改革，6月底，将原市歌舞团、市实验剧团重组为市歌舞剧团。省新华发行集团以参股形式，将惠州新华书店改造为股份制公司已经启动。

【加快文化产业建设】　年内，成立由市领导挂帅、各部门领导参加的大学城建设领导小组，规划、选定建设用地1万亩。走访武汉大学、西安电子科技大学、四川大学等6所高等院校，接待武汉大学、兰州大学、深圳清华研究院等4所高等院校和科研机构，就合作办学进行实地考察和深入磋商。惠州印刷工业园区选址、规划工作取得进展。TCL文化公司投资2.5亿元的34条光盘生产线已成规模生产。

（胡鹏华）

统战工作

【概况】　2003年，惠州市各级统战部门坚持围绕中心、服务大局，突出重点，深入调研，完善机制，狠抓落实，以理论政策创新推动工作创新，巩固和发展统一战线团结、稳定、振奋、活跃的局面，为打造现代石化数码名城，全面建设小康社会，率先基本实现社会主义现代化提供广泛的力量支持。

年内，惠州市统战工作也存在不足方面，主要是理论学习不够扎实，调查研究不够深入，对各县（区）统战工作指导有待进一步加强。

【民主政治建设稳步推进】 年内，印发《中共惠州市委关于加强民主党派工作的意见》，进一步推进多党合作和政治协商的制度化、规范化和程序化。做好市、县（区）人大、政协换届党外人士安排，市政协九届委员会有党外委员176人，占61.97%；党外常委33人，占61.11%；市九届人大有党外代表114人，占34.13%；党外常委3人，占18.75%。到2003年底，有党外人士副市长1人，市人大副主任1人，市政协副主席4人，局级干部13人。首次在惠城区、惠阳区各安排一名民营企业家、工商联负责人为政协副主席。各县（区）党外人士副县（区）长5人，政府职能部门正职5人、副职19人，副镇（乡）长10人。积极推进基本政治制度落实，协助市委开好市民主协商会、征求意见会等；完善市委常委联系民主党派负责人制度；充分发挥参政党作用，推动民主党派搞好自身建设，协助民进市委会做好换届。建立市统战系统联席会议制度，由市委副书记李汝求担任召集人，市委统战部为牵头单位，市委统战部、市委台湾工作办公室（市政府台湾事务局）、市政府民族宗教事务局、市外事侨务局、市工商联（总商会）、市侨联、市台联、市社会主义学院等单位主要负责人为成员。

【海外统战有新拓展】 年内，市委统战部积极宣传《基本法》和“一国两制”方针，扎实做好争取人心回归工作，为香港稳定繁荣作出努力，受到省委统战部的肯定。以惠州海外联谊会为载体，加强与境外社团及代表人物的联谊联络，发挥优势，为经济建设服务。年内，海外联谊会和统战部协助引进项目3宗，协议引资1.2亿元。

【积极为经济社会发展服务】 年内，各级统战部门发挥自身优势和特点，围绕中心，服务大局，积极而富有成效地开展各项工作。组织统战系统和统一战线成员投身抗“非典”斗争，深入到少数民族地区、企业、宗教场所做好宣传指导，鼓励和动员党派成员中的医务人员投身抗“非典”一线，发动民营企业家捐款捐物折合人民币40多万元支持抗“非典”一线医务工作人员。发挥统一战线人才荟萃的优势，引导、协助市各民主党派开展以“加强党派建设，推进惠州发展”为专题的联合调研活动，开展贯彻全省、全市民营经济工作会议精神、抵御境外宗教势力渗透、台资企业现状和台资企业后续服务等专题调研。进一步加强民族宗教工作，及时处理影响稳定的事件，化解矛盾，着力建立防范和处置涉及民族宗教因素突发事件的工作机制，维护社会稳定。积极采取措施促进少数民族地区经济社会发展，龙门县蓝田乡成为全省民族地区经济发展交流会参观现场。充分发挥工商联的桥梁和助手作用，加强教育引导，强化服务手段，维护非公有制经济的合法权益，为他们排忧解难，推动民营经济加快发展。年内，全市发展民营企业2203家，新增注册资金27.31亿元；新增个体工商户8979户，新增注册资金5.02亿元；全市民营企业安排就业2万人，51家民营企业参与光彩事业42个项目，金额达2301万元。

【统战理论调研得到加强】 年内，市委统战部制定、印发《2003年全市统一战线理论研究课题计划》，建立健全调研工作机制，组织力量深入开展专题调研，上报省委统战部论文9篇，其中：《高素质参政党：政治文明建设中民主党派的目标定位》论文获省三等奖，《统一战线要发挥自身独特的优势和作用，进一步争取人心、凝聚力量，为全面建设小康社会服务》论文获省优秀奖。9～10月组织人力深入各县（区）开展民营企业调研，召开座谈会10多次，在调研的基础上撰写了《惠州市贯彻落实省、市民营经济工作会议精神的情况调查》，上报市委和省委统战部，为上级领导了解情况和决策提供依据。

（李关明）

对台工作

【概况】 2003年，惠州对台工作认真贯彻中央对台方针、政策，与时俱进，开拓进取，积极主动地开展各项工作，在服务台资企业，对台宣传，涉台调研，加强干部队伍建设等方面取得良好效果。

存在问题是：联络工作进展不大，有待加强；入岛对台宣传渠道较窄，有待拓宽；对台干部队伍整体素质有待加强。

【完善工作机构】 年内，市台办成立台商投诉协调科，按政策法规及公平原则处理台商投诉。完成各县（区）台联会换届。清理、整顿澳头台湾同胞接待站，做好接待站选址、资金预算等。年内，处理台商投诉30多起；为台资企业解决生产经营困难60多起；解决台胞台属就业50多人次，生产、生活困难20多起；澳头接待站共接待台湾渔船300多艘次。

【加强对台商协会管理和指导】 年内，市台办按照“抓大放小，不纠缠具体小事”的工作思路，加强对台商协会的指导与管理，抓好市台商投资企业协会（下称台协）9周年庆典和第七届“平和杯”高尔夫球邀请赛等重大活动的组织与协调，严把政治关。指导台协在防治“非典”、处理台商投诉、招商引资、对台交流等方面的工作。协助市台协做好会馆建设，解决会馆建设中的问题。

惠州市台商2003年新春座谈会会场一角　　（市台办供）

【做好台资企业后续服务】 年内，坚持深入台资企业调查研究，听取台商意见和建议，急台商之所急，帮台商之所需，营造"亲商、安商、乐商"的良好氛围。召开各涉台部门负责人与台商代表座谈会，协调处理台商生产、生活实际问题。年内，引进台资企业48家（不含三来一补企业），合同投资总额2亿美元。有200多家企业增资扩产，累计追加投资额达4亿多美元。

【扩大对台宣传】 年内，市台办采取面对面宣传与文字、图片、影像宣传相结合的方法，扩大对台宣传。邀请台湾来惠团组15个500多人次。通过电视台、电台、惠州日报播放、刊登涉台新闻10多节（篇），会同市广播电视局、市外经贸局、各县区政府、市台商协会联合制作《今日惠州》、《惠州投资环境推介》、《惠城区投资指南》、《惠阳区投资指南》、《惠州市台商协会会长杨平和先生在惠州投资创业历程》等音像制品和刊物，广泛宣传对台政策和惠州投资环境。

【重视涉台调研】 年内，市台办完成惠州市台资企业后续服务情况和惠州市台资企业现状调研专题，撰写了《关于我市台资企业后续服务工作的调查报告》、《关于惠州市台资企业现状的调查报告》，在《惠州调研》中刊出，并分别获得全省对台调研成果交流会"优秀奖"和"三等奖"。

【促进惠台两地交流交往】 年内，市台办积极排除"非典"影响，主动加强惠台两地交流交往，下发《关于积极恢复和促进惠台两地交流工作的通知》和《关于进一步加强和规范对台交流工作的通知》，调整年度赴台交流计划，组织惠州东风易进有限公司、TCL金能电池有限公司等7个22人次赴台学习培训团组，惠城区作家协会等3个36人次文化交流团组赴台交流，邀请台胞来惠交流考察达500多人。

【举办第七届"平和杯"高尔夫球邀请赛】 10月9日，市台协举办第七届"平和杯"高尔夫球邀请赛，邀请台湾"中国台商促进会"和全国各地台商协会会长等300多人参加活动。市委书记柳锦州致词并颁奖。

（张　颖）

老干部工作

【概况】 2003年，全市老干部工作按照全国和全省老干部工作会议的部署和要求，落实离休干部政治、生活待遇，健全和完善离休干部"三个机制"（离休费保障机制、医疗费保障机制和财政支持机制），加强和改进老干部思想政治工作，组织老干部开展各项有益身心健康的文娱活动，成效显著。

存在问题是有的老干部活动中心建设相对滞后。

【建立完善离休干部保障机制】 年内，市委老干部局与市委组织部、市财政局、市社会保险基金管理局联合召开全市建立和完善离休干部"三个机制"工作会议，研究部署推动全市离休干部"三个机制"的建立和完善工作。成立以市委副书记陈仕其为组长，市委常委、常务副市长黄柏青，市委常委、组织部长陈训廷为副组长，市委组织部、市委老干部局、市财政局等12个职能部门为成员的惠州市"三个机制"工作领导小组。深入各县（区）开展调研、督促、检查，进一步落实建立和完善"三个机制"工作。

【加强老干部思想政治工作】 组织政治理论学习　年内，市委老干部局给各县（区）老干部局、市直机关老干部党支部发放《老干部政治理论学习读本》；转发省委组织部老干部局《关于我省老干部2003年政治理论学习的意见》和《关于在离休干部中兴起学习贯彻"三个代表"重要思想新高潮的通知》。邀请市委党校副教授许英鹏为市直机关老干部作《贯彻学习十六大精神，全面建设小康社会》专题讲座。8月20～22日，与市委组织部、市委党校联合举办全市离退休干部党支部书记培训班，75名离退休党支部书记参加。9月25日，与市委组织部、市人事局联合召开庆祝2003年老人节暨“老有所为”表彰会，有市关心下一代工作委员会等30个先进集体，何春志等70名先进个人受到表彰。10月14日，组织1000多名市直机关离退休干部观看大型话剧《村官》。

通报工作　1月22日，举行老干部新春团拜会，市领导向100多位市直副厅级以上老干部通报惠州2002年经济社会发展情况和2003年发展目标，向全市老干部拜年。各县（区）主要领导也以茶话会、座谈会等形式向老干部通报工作情况。9月5日，召开市直老干部迎国庆贺中秋座谈会，市领导与原地、市老领导、老红军欢聚一堂，共庆佳节，畅谈惠州新发展。

组织参观考察　5～7月，组织部分市老领导、市关工委、市老年大学、市老干活动中心群团组织负责人、老干部代表120多人，参观市交警支队、市国土资源局、市教育局的创建文明机关活动。

走访慰问　元旦、春节、“七一”、“八一”、中秋、国庆等重大节日期间，市委老干部局坚持走访慰问老干部制度，陪同市委领导登门慰问老领导、老红军、老党员等。全年走访慰问老干部293人次，到医院慰问老干部189人次。

【重视老干部信访】　年内，全市各级老干部工作部门重视信访工作，帮助老干部理顺和解决在杨村华侨农场撤场设镇、惠阳撤市设区过程中离休费、医药费没及时发放到位等问题，及时解决了从惠阳区划入惠城区的75名离休干部的离休费和医疗费发放。

【老干部活动活跃】　年内，市老干部活动中心接待参加活动的离、退休干部18万多人次，阅文138人次。接待外县（市、区）的老干部到中心联欢、比赛和交流活动280人。开放使用会场104次共2420人次。出版学习专栏、健康知识专栏和老干部活动图片宣传栏各2期。组织金秋艺术团、京剧协会、粤曲、歌咏组、木兰拳队、象棋队、桥牌队、台球队在中心内举行比赛、演出共12场次，参加人数560人。组织金秋艺术团、京剧协会、粤曲组、门球队、乒乓球队、桥牌队在本市参加联欢比赛、交流学习16场次，参加人数364人。8月28～29日，组织市直离退休干部参加2003年“城市花园杯”乒乓球邀请赛，参加人数50人。11月2～6日，中心桥牌队在省老干部活动中心举办的桥牌邀请赛中荣获第2名。11月26～28日，在市第五届老年人运动会中，桥牌队取得第1名，门球一队取得第2名、门球二队取得第3名、乒乓球女队取得第5名、乒乓球男队取得第6名的成绩。11月29～30日，京剧协会在省第八届业余京剧汇演中，节目“京剧联唱”荣获优秀组织奖。

【办好市老年大学】　年内，市老年大学坚持“老有所学、老有所乐、增长知识、促进健康”的办学宗旨，2002年秋季招生的英语、书法、交谊舞、卫生保健、声乐、电脑等6个专业12个班，有516名学员结业。2003年秋季，增办声乐、书法、英语、交谊舞、电脑提高班，新办中医保健、古文诗词鉴赏、国画、摄影、民族舞、太极拳班。共开办12个专业9个班，参加学员605人，其中离休干部88人。优化教学条件，逐步完善教学设施，已设有4个课室，1个排练厅，均装有视听设备，其中2个课室装有投影仪。

【老干部关心下一代】　年内，各级关心下一代工作委员会（下称关工委）加强网络建设，壮大工作队伍。全市关工委组织的常务班子及骨干队伍有4000多人，比上年增长30%，有志愿者队伍2万多人。运用电影进校园、劳教所、戒毒所，到社区活动等形式，配合职能部门开展青少年思想教育和戒毒教育。放影片8部37场，观看人数3万多人。开办2期山区农村青年创业培训班，培训学员100人。市关工委拨出30000元帮助考上大学、家庭困难的学生解决就学费用。筹集书籍4955册、棉被108张、衣服和床上用品近6000件、鞋309双等送给戒毒所。

【东江老年书画研究会】　年内，东江老年书画研究会组织会员开展系列老年书画活动：参加市第二届文化艺术节书画摄影大赛36人；参加“惠州新港杯”新春艺术作品大赛，1人获优秀奖，1人特邀参展；参加省总工会主办的“庆祝‘五一’国际劳动节暨总工会成立五十周年‘劳动者风采’省职工书画摄影大赛”，有5人的作品入选；参加省公路局主办的摄影大赛，有1人获二等奖；参加省药品监督局书画摄影大赛，有1人获书法一等奖和美术作品优秀奖；参加省老龄委《踏遍青山人未老》有1人获摄影优秀奖。出版会员诗词作品《二春集》。

【逝世人物】　2003年，逝世的享受副厅级以上待遇离休干部有：惠州市航运总公司徐德茂、惠州市二轻工业总公司彭岩、惠州市水利局郑伯坤、中国建设银行惠州市分行朱克。

（黄剑辉　黄永华　杨　祥）

党的基层组织建设

【概况】 2003年，惠州市党的基层组织建设工作，按照省委的部署和市委《关于实施固本强基工程，全面加强党的基层组织建设三年规划》要求，抓住农村和非公有制经济组织党建工作两大重点，驱动农村、非公、国企、社区、机关事业单位党建工作五大板块齐头并进，打造固本强基优质工程和名牌产品，为全面推进党的基层组织建设做了大量工作。

【加强实施固本强基工程】 年内，市委高度重视实施固本强基工程，把它列为新一届市委的主要工作。市委书记柳锦州，市委副书记、代市长黄业斌上任后，深入惠城区、博罗县、龙门县等县（区）调研指导基层党建。市委4位副书记分别挂点4个存在相对突出问题的镇。成立市委党的基层组织建设工作领导小组，由市委副书记陈仕其任组长，下设办公室，做到领导机构、工作人员、办公场所、工作用车、办公经费五到位。各县（区）委、乡镇（办）党委也成立领导小组及其办公室，指导协调各基层组织实施固本强基工程。市委制定《关于实施固本强基工程，全面加强党的基层组织建设三年规划》，明确实施固本强基工程指导思想、总体要求、奋斗目标和主要措施。市直各单位、各县（区）、各乡镇（办）相应制订实施固本强基工程三年规划和工作要点。

年内，市委以“班子建设好、工作业绩好、群众评价好”为目标，在全市创建固本强基工程示范点80个。从4月起，各新闻媒体长期报道实施固本强基工程情况。10月，市委组织部、基层办集中采访报道市直和各县（区）实施固本强基工程26个先进单位、10位好村官。加大《惠州市实施固本强基工作简报》编发力度，全年编发简报52期128篇。

【建立领导包点责任制】 年内，对排查出存在相对突出问题的4镇21村，建立市、县领导包点责任制。对全市农村每个基层党组织，安排市、县、镇三级领导班子成员和市直、县直机关、企事业单位挂点帮扶，把包点、包片、驻村等责任落实到每位领导和有关单位。每月定期上报汇总各地、各单位固本强基工程进展情况，每季度定期召开一次工作例会。市委、各县（区）委定期或不定期地派出督查组，采取普遍检查与随机抽查相结合的方法，督促检查各地、各部门实施固本强基工程情况。市委、各县（区）委成立5个督查组，分赴各地督促检查非公有制党建。

【整体推进党的基层组织建设】 *农村基层组织建设有新进展* 年内，按照中央提出的新“五个好”目标要求，围绕“七抓”加强农村党建：抓帮扶，从市、县、镇各级机关抽调5535名干部，组成1624个工作组，进驻1051个镇、村开展帮扶。到12月30日止，全市投入资金6513万元创办220个镇、村集体经济项目，投入资金1059万元帮助农民增加收入，帮助农村基层解决相对突出问题251宗，组织整治村容村貌1034次，帮助建立健全管理制度22项，为群众办好事、实事2511件。抓关键，加强基层班子建设，全市各级党委共举办农村基层党员干部培训班170期，轮训党员干部17930人次。调整充实村干部28人。9月召开全市农村集体财务管理工作会议，推进农村财务管理规范化。抓中心，建立长效扶贫机制，采取异地投资、合资经营、股份制和兴办各类实业等形式，实行多级帮扶、多管齐下，发展村集体经济。在1032个村中有728个村集体经济年纯收入达到3万元以上。在此基础上，集中有限资金，以建扶贫工业园区、建综合市场、建水电站等形式，统一解决贫困村脱贫问题。抓“解突”，维护农村社会稳定，解决镇村存在的相对突出问题，市、县（区）共抽调148名干部，组成25个工作队驻点开展整治工作，市委4位副书记挂帅，投入1000多万元，上了6个经济项目。抓待遇，市委、市政府从2003年开始，连续3年每年从市财政中拨出200万元作为贫困村干部报酬补贴，各县（区）结合各地实际，制订“以奖代补”实施方案，对贫困村干部实行考核奖励，全市353个村2100多名村干部月报酬低于300元问题得到解决。抓硬件，采取省、市、县（区）、镇、村各出一点的方法，解决村无办公用房问题，全市157个无办公用房村中有102个村完成建设任务，有46个村正加紧施工，9个村因其他原因尚未动工。抓载体，深化党员联系村务工作责任制，开展“三级联创”活动，全市有30351名农村党员参与联系村务工作，占全市农村党员总数70%，联系农户118535户，占全市农户总数31%。

非公有制企业党建有新突破 7月，从组织、工商、外经等部门抽调5000多人组成普查队伍，对全市非公有制经济组织的党员进行普查登记，抽调18名处级领导干部组成7个督导小组，派驻市直和各县（区）督促检查和指导，各县（区）也抽调105人组成35个督导组，督查非公有制企业党建。市委4次举行非公经济党组织成立授牌活动。年内，新登记非公领域党员2668人，新建立非公领域党组织453个，全市应建非公有制经济党组织数1010个，已建1010个，组建率达到100%，党员100%纳入党组织管理，实现省委提出的两个百分之百的目标。

国有企业党建有新加强 年内，围

绕国有企业改组、改造、改制和脱困目标，加大企业改制后党建工作力度，按照现代企业制度要求，有85.6%的企业领导班子实行“双向进入、交叉任职”制度，加强了关、停、并、转、破产企业的党建。

机关党建有新变化　年内，机关党建围绕建设一支思想过硬、团结务实、服务高效、勤政廉政工作队伍的主题，通过创建“文明机关”、“万众评公务”、“纪律教育月”等载体，加强机关党建。

社区党建有新起色　年内，街道社区党组织推行党建工作“八个一”（即建设一个好班子，培育一支硬队伍，健全一个好网络，完善一套好机制，创建一个好场所，营造一个好环境，形成一种特色文化，建立一个服务中心）目标创建活动，广泛开展共育“四有”新人、共创优良环境、共保计生达标、共建社区安全和文明户、文明楼苑、文明街巷评比活动，加大安全文明小区建设力度。全市共建立安全文明小区736个，初步形成了文明和睦、安居乐业的社会主义风貌。

【存在问题】　有些农村基层党组织战斗力不够强，发展经济办法不多，部分贫困村脱贫难度大，干部群众“等、靠、要”思想严重，一些驻点单位存在厌倦松劲情绪；非公经济组织、国有企业、街道社区、机关事业单位等领域部分党组织作用不够明显；部分企业、社区基层党员先锋模范作用发挥不够好；党员教育管理有待加强。

（陶惠芳）

政策研究

【概况】　2003年，中共惠州市委政策研究室围绕市委、市政府中心工作和部署，积极主动、创造性地开展调查研究和决策服务。在国有企业改革与发展、中心镇建设、乡镇经济发展、工业园区建设、民营经济发展、现代石化数码名城建设、文化建设等课题和领域，组织调研活动10多次，撰写调研报告、理论文章、总结经验及会议材料30多篇20多万字。组编《惠州调研》12期，《决策参考》16期，《决策参考》增刊1期，刊发各类文章230多篇，其中：为市委领导起草《主动适应执政条件的新变化　加强地方党委执政能力建设》的文章，发表在《红旗文稿》第10期；《加快中心镇建设，加速农村城镇化进程》刊登在《广东调研》第9期；邬柳成撰写的《“项目推进法”是实现发展目标的有效方法》文章发表在中央政研室和国务院研究中心主办的《学习与研究》上。市委政策研究室主送的《认真贯彻十六大精神，全面推进小康社会》、《提前十年翻两番，努力实现惠州新跨越》、《大力实施名牌战略　加快建设经济强市》、《践行“三个代表”是解决“三农”问题的关键》等文章发表在《广东调研》上。

存在问题是：调研队伍年龄结构偏大，工作创新力度不足，操作运用现代办公设备能力不强，知识结构有待进一步调整。

【决策服务优质】　年内，市委政策研究室围绕市八次党代会，成立市委报告写作班子，负责起草工作，学习党的十六大报告和省九次党代会报告、学习胡锦涛在西柏坡考察讲话和视察广东重要讲话，学习省九届二次、三次全会精神，召开座谈会6次，广泛听取干部群众对七届中共惠州市委工作意见和对八届中共惠州市委工作的建议和要求。在学习、调研的基础上，形成《报告》写作提纲和初稿，报告初稿几经修改，形成征求意见稿，并广泛征求部门负责人、有关专家、党外人士和市七届委员的意见。报告历时半年，18次易稿，形成《实践“三个代表”重要思想，建设现代石化数码名城，为率先基本实现社会主义现代化而努力奋斗》的市八次党代会主题报告。

【调查研究深入】　年内，围绕市八次党代会提出的建设现代石化数码名城的目标任务，分析惠州现实基础、优势和差距，提出从打牢支柱产业基础，变革纳贤方式，保障项目建设用水用地需求，提高招商引资水平和提升惠州知名度和美誉度等5个方面的对策建议。针对惠州经济运行中出现的整体抗风险能力不强，投资结构不尽合理，工业产品市场竞争力下降，外向型企业应对国际市场变化能力弱，中小企业发展缓慢，第三产业促进措施效微，金融运转不活，支柱产业链条短，县和乡镇（山区）财政困难等问题，提出9项措施，化解面临的矛盾，力促国民经济持续、快速、协调发展。

（徐　颂）

党校教育

【概况】　2003年，中共惠州市委党校（市行政学院）充分发挥党校培训、轮训领导干部的主渠道作用，与时俱进、开拓创新，不断改善办学条件，改进办学方式、方法，在提高学员整体素质上下功夫，办好主体班，提高学历班质量，争创一流地级市党校。

【干部培训和轮训】　年内，市委党校根据市委组织部、市人事局干部培训计划，组织教学，培训、轮训干部。全年举办各种类型的培训、轮训班19期，参加人员2334人。其中：全市处级领导干部学习“十六”精神轮训班3期600人；处级领导干部学习贯彻“三个代表”重要思想培训班2期837人；乡镇党政“一把手”学习贯彻“三个代表”重要思想培训班2期160人；市直副科长公务员任职培训班3期184人；市直参照公务员制度工作人员初任培训班2期114人；还举办了市高级公务员公共行政管理境外研讨班、第十六期中青年干部培训班、县（区）、市直机关新进班子领导干部培训班、离退休干部党支部书记培训班等。

【继续办好学历教育】 年内，继续与中央党校、省委党校、湖南大学等院校联合举办大专、本科层次学历教育班。坚持“从严办学，狠抓质量，注重社会效益”的宗旨，严格教学管理，狠抓学风考风，加强督促检查，完善面授考勤、缺课补课、班主任责任考核等制度，教学质量有所提高。全年招收大专班学员105人，本科班学员114人。

【加强师资队伍】 全校有教师25人，其中：副教授7人、讲师15人、助教3人，专职教师20人、兼职教师5人。年内，学校重视对教师培养、使用；组织教师随学员到革命老区参观考察，到兄弟党校交流教学经验，下基层调查研究，跟班到学员中间了解社情、民意，开展公开课评教活动。教师的整体素质有了明显提高。

【加快教学改革】 年内，市委党校坚持以教学为中心，不断创新教学方法：在培训目标定位上，明确培训主题与“能力本位”，重在提高学员的政治素质与党性修养、领导水平与管理能力、创新与求实精神；在教学内容上，让学员接受更多富有时代感、现实感、前沿感的信息和知识，提升多方面的能力，拓宽思路，开阔视野；在教学形式上，坚持多样化，改变满堂灌、注入式的教学形式，采取案例分析、模拟角色演讲、能力测试、辩论赛、外出参观、考察调研等形式，提高学员参与度，实现教与学的良性互动，增强学员的综合能力，提高教学效果；在教学管理上，把到课堂签到改为对号就座，班主任对号检查学员到课情况，提高学员到课率。

【科研成果丰硕】 年内，市委党校围绕教学搞科研，搞好科研促教学，完善科研管理制度，调整科研成果奖励办法，鼓励教研人员多出成果、多出精品，形成科研与教学互动，教学与科研相长的良好状态，取得了丰硕的成果。全年在市级以上刊物上发表各类文章92篇，其中国家级18篇、省级37篇、市级37篇。编写出版《迈向文明之路》一书。《惠州研究》全年出版6期，编发《干部参阅》10期。《惠州研究》在惠州市内部刊物评优活动中荣获一等奖。市委党校在全省党校系统第五次优秀科研成果及科研工作组织奖的评奖活动中，被评为“组织奖”。有3名教师荣获科研成果二等奖，8名教师荣获三等奖。

【加强党校基本建设】 年内，市委党校投资180多万元对办公楼翻新改造，更新办公设施。南坛北路家属区进行整治和绿化。

【存在问题】 管理不够到位，一些岗位人员责任心不强、组织纪律观念差，科研精品不多，质量有待提高。

（陈玉兴）

党史研究

【概况】 2003年，惠州市、县（区）中共党史研究工作，围绕“存史、资政、育人”开展工作，充分发挥全市党史工作者的积极性，如期完成全年工作任务。各级党史研究部门编撰、出版《从峥嵘岁月走向辉煌时代——近现代东江革命历史图集》、《惠阳地区“大跃进”、人民公社运动历史资料汇编》、《“三个代表”与惠州发展》、《铁骨丹心——刘波传奇》、《中国共产党惠州地方史》、《曾文纪念文集》、《青少年时期的叶挺将军》、《中共惠东党史大事记》、《中共博罗大事记》、《中共龙门大事记》等10本党史书刊和《光辉历程——中国共产党一大到十六大》、《近现代东江革命历史》等2套党史挂图。市、县（区）党史研究部门在基本完成新民主主义革命时期党史征研的基础上，全面开展社会主义时期党史资料征集和编研。全市共征集党史资料1243份，461万字，其中社会主义时期党史资料1125份453万字。全市革命纪念地建设取得进展，东江纵队纪念馆落成，东江革命历史主题公园建设进入筹备阶段。党史宣传教育得到中央和省党史研究室的肯定，广东省党史宣传教育工作现场会在惠州召开。

年内，市委党史研究室与市委基层办合作，制作党史宣传挂图2种共6000余套，发至农村基层党支部和大中小学校进行党史教育。巩固完善学校党史教育实验基地，新建党史教育实验基地2个；开展读书活动、党史知识竞赛活动；组织党史知识挂图下基层；组织赞颂党的光辉历史文艺演出活动。

【广东省党史宣传教育工作现场会】 11月18～21日在惠州召开。广东省委党史研究室主任陈俊凤、副主任陈弘君、杨汉卿，中共惠州市委常委、秘书长黄雁行，全省各市党史部门负责人以及省委党史研究室处以上领导、惠州市“两纵”联谊会部分老同志出席大会。陈俊凤、黄雁行作讲话，市委党史研究室作题为《与时俱进，开拓创新，开创党史宣传教育工作新局面》的情况汇报。会上，党史教育实验基地惠州市第七中学和广东商盾律师事务所等单位作经验介绍。

【《从峥嵘岁月走向辉煌时代》首发式】 12月18日举行。市委副书记陈仕其、市人大常委会副主任刘品谋、副市长黄锦辉、市政协副主席廖锦堂以及“两纵”联谊会100多名老同志和市有关部门领导出席。广东省党史学会会长曾庆榴应邀出席首发式。首发式由市政府副市长黄锦辉主持，市委副书记陈仕其作讲话。《从峥嵘岁月走向辉煌时代——近现代东江革命历史图集》是东江革命历史的真实反映，是一部用图片全面、系统、真实反映东江革命的大型历史图集。图集由惠州市委、市政府主编，市委党史研究室负责编辑，中共党史出版社出版。

【“三环杯”党史征文比赛】 5月13日举行。由市委党史研究室组织，惠州市13个党史教育实验基地的学生代表参加。征文分大学组、高中中专组、初中组和小学组，共评出一、二、三等奖和组织奖共41名，惠州商业学校获组织奖。

【东江纵队纪念馆落成典礼】 12月1日，在博罗县罗浮山举行。省有关领导，市四套班子领导，博罗县各部门领导以及来自香港、广州、深圳等10多个地区的东纵老同志和社会各界人士近千人参加。市委书记柳锦州在会上讲话。

（宋日文）

市直工委工作

【概况】 2003年，市直工委围绕市委、市政府中心工作，落实“帮村富民”工程，做好市第八次党代会有关工作，举行纪念“七一”建党活动，表彰党内先进，抓好机关党建工作，提高机关党员干部整体素质，主动为改革、发展、稳定的大局服务，较好地完成各项工作任务，为市直机关三个文明建设提供思想、组织和政治保证。

【创“五好”活动表彰暨创建文明机关动员大会】 5月19日召开。市领导杨维、刘品谋、刘耀辉、陈仕其、徐志达、谢仕强等出席会议。市政府办公室等30个“五好单位”，市委办公室秘书一科等10个“作风建设示范点”，陈训廷等138名“五好工作者”受到表彰。

【做好市第八次党代会有关工作】 2月，市直工委召开市直机关部署市第八次党代会代表选举工作会议。3月，召开扩大会议，圈选出市直机关出席市第八次党代表大会代表候选人预备人选。5月，召开中共惠州市直属机关代表会议，选举出市直机关出席市第八次党代表大会代表73人。在市第八次党代表大会召开及闭幕期间，做好市直代表团会务和党代表常任制联络工作。

【表彰党内先进】 1月15日，市直工委召开先进党委办公室、优秀党务工作者表彰大会。市委常委、秘书长、工委书记刘品谋，市委常委、组织部长陈仕其参加会议。表彰了市规划建设局直属机关党委办公室等10个先进党办和韩滨等38名优秀党务工作者。6月25日，召开市直机关2001～2002年度先进党组织、优秀共产党员、优秀党务工作者表彰大会。中共惠州市交通局直属机关委员会等61个先进党组织，周仲志等160名优秀共产党员，廖少炫等60名优秀党务工作者受到表彰。市委副书记黄仕芳，市委常委、秘书长、工委书记黄雁行出席会议并讲话。

【纪念“七一”建党活动】 6月30日，市直工委举办“红心向党奔小康”文艺晚会。市领导柳锦州、叶月坚、李汝求、陈仕其、黄仕芳、黄柏青、马新民、陈训廷、黄雁行、郑永和、刘品谋、林燕华、陈幼荣、陈恩强、庄志鹏、林惠纯、林添好、吴石牛、谢仕强、廖锦堂、刘冠贤等与上万名干部群众一起观看演出。市委常委、秘书长、工委书记黄雁行作讲话。

【举办创建文明机关演讲比赛】 8月，市直工委举办创建文明机关演讲比赛。市规划建设局黄好丽、市文化局歌舞团尹红荣获一等奖；市电信局黄静、市中医院高巨雁、市政府办罗敏、市公安局交警支队吴小青荣获二等奖；市公安局丘文慧、市公路局陈惠敏、市政法委骆锋、市卫生局蔡白如、团市委李慧、市移动通信公司陈日娟荣获三等奖。市政协副主席、惠州学院副院长李靖国教授出席演讲比赛并作点评。

【加强研讨与培训】 4月和11月，市直工委举办第25期和第26期入党积极分子培训班。有788名入党积极分子参加培训。经考核合格783人，合格率达99%。8月12～13日，召开市直机关党委书记学习研讨会。市委常委、秘书长、工委书记黄雁行到会并讲话，市直机关70多名党委书记参加。9月22～24日，举办市直机关党办主任培训班。市直机关70多位党办主任参加培训。年内，市直工委举办中国共产党党务管理系统（3.0版）培训班3期，市直基层党组织120多名负责党内统计工作者参加培训。

【抓好基层党组织建设】 年内，市直工委履行职责，指导所属基层党组织换届和新党组织成立工作。全年批准新成立党委1个，党总支部2个和党支部23个，重新调整设置和更名党支部15个；有11个党委、2个党总支部和11个党支部换届或增补委员。4月，市直工委组织16个检查小组检查验收申报2002年“六有”达标党支部，落实党员领导干部过双重组织生活制度。

【实施固本强基工程】 年内，市直工委制定《市直工委领导成员工作联系点制度》，确定20个市直机关固本强基示范点（机关党组织１０个，企事业党组织１０个），推荐市交通局直属机关党委、市公路管理局党委为市固本强基示范点。市直副局以上单位均制定了固本强基工作计划和三年规划。

【协助省开展作风建设年活动】 年内，市直工委配合省直机关开展作风建设年活动，成立监督点领导小组，制定、下发《关于配合省直机关搞好作风建设年活动的实施意见》。11月4日，省直工委在惠州召开省直机关作风建设年活动评议工作会议。省直工委副书记王仁福在会上作评议动员。会前，发放评议表1000份，并于11月5日全部收回，上交省直工委。

【查处违法违纪案件】 年内，市直纪工委认真做好信访初查、案件审结。全年受理群众来信来访和电话举报15件（一般信访12件，重要信访2件，重复信访1件），初查核实14件，占受理信访总数的93%。其中：反映机关作风问题8件，已查结8件，查结率100%；反映党员干部违法违纪、违反计划生育条例等问题7件，已查结6件，尚有1件因证据不足需核实。

【存在问题】 因机关机构及企事业单位改革，党组织设置和管理仍未理顺，工委人员编制少，经费不足，给党建工作开展带来困难。

（严泽良）

信　访

【概况】 2003年，惠州市县级以上党、政部门受理信访总量23154件人次，比上年增加7591件人次，上升48.7%，其中：来信4904件，来访3389批15286人次，集体访677批10144人次。市信访局受理信访总量12678件人次，比上年增加3028件人次，上升31.4%，其中:来信2834件，增加558件，上升24.5%；来访1373批6880人次，增加354批1396人次，分别上升34.7%和25.4%，其中集体访298批4836人次，增加80批840人次，分别上升36.7%和21.1%；受理市长专线电话2652人次，增加762人次，上升40.3%；受理电子邮件312件，增加112件，上升56%；办理市领导批阅信件235件；市领导接访日接待群众来访490批1928人次，其中集体访83批1159人次。撰写《信访反映》22期（其中《专题信访反映》2期），《集体访通报》3期，《要信访摘报》30件，向《南粤信访》投稿12篇，被采用7篇。发函给各县（区）领导包案36宗。市信访局完成上级交办信访案件31宗。较好地完成了上级及本市领导交办的信访工作任务。

年内，惠州市各地群众集体到省上访共84批1184人次，比上年增加24批137人次，分别上升44%和13.1%。

信访反映的热点、难点问题是：干部作风，特别是农村基层干部作风问题；农村土地管理、征地补偿和山林土地纠纷问题；劳资和经济纠纷问题；困难企业、转制企业职工生产生活出路问题；城建拆迁问题；社会治安和交通事故问题；离退休干部待遇问题；城市管理、环境保护和卫生问题。

群众信访特点是：“六多”（即越级上访多、重复上访多、集体上访特别是大规模集体上访多、择机上访多、联名信多、涉法案件多）；信访反映的问题涉及面广，处理难度大；群众上访滞留时间长，有的长达22个小时；上访群众情绪激动，行为偏激，动不动就拉横幅、挂标语，在政府门口静坐，甚至围堵行政机关大门。

【群众上访对策】 年内，市信访局根据每阶段的信访形势，及时召开各县（区）信访局局长工作会议，分析群众上访情况和特点，了解群众信访重点、难点和热点问题，探讨解决信访问题的方法、路子。工作重点是：遏制群众集体越级到省、市上访；开展群众重复上访专项治理；强化责任，实行信访工作责任追究制度和量化考评制度；加强督查、督办力度，组织干部下访，把问题解决在基层，化解在萌芽状态。

【领导重视信访】 年内，市委、市政府重新调整分管信访工作领导，由市委副书记黄仕芳，市委常委、常务副市长黄柏青，市委常委、秘书长黄雁行分管信访工作。市委副秘书长丘鉴秋兼任信访局局长。成立市信访工作领导小组，3位市分管领导任组长，成员由市委副秘书长、市政府副秘书长及市直有关部门领导共19人组成。全国、全省“两会”期间，市委书记肖志恒和几位副书记两次到各县（区）、重点乡镇检查指导信访工作。下半年，分管领导黄仕芳、黄雁行经常到信访局了解信访情况，多次到基层调研，下访基层群众。

【落实领导包案制度】 年内，市信访局坚持落实重大信访案件领导包案制度。市领导包案3宗，包案领导亲自到乡镇或单位了解案情进展情况，指导办案。市信访局筛选出36宗重大信访案件，发函给各县（区）领导包案。至年底，所包案件全部结案。

【领导接访日】 每月15日（逢星期六改为14日，逢星期天改为16日）为惠州市领导接访日，由市委常委、市政府副市长值班，接待来访群众，与群众直接对话，掌握群众反映的热点、难点问题，解决了一批群众反映的实际问题和困难。全年接待群众来访490批1928人次（其中集体访83批1159人次），比上年增加63批667人次，分别上升14.7%和52.2%。

【市长专线电话和信访电子信箱】 年内，市长专线电话受理电话2652人次，比上年增加762人次，上升40%。民意反映强烈的问题主要是噪音扰民、环保卫生、道路交通、城建拆迁和城市管理、文化教育、社会治安、物价收费等问题。信访电子信箱受理电子邮件312件，比上年增加112件，上升56%。全部及时办理，并回复来电人。

【信访工作会议】 年内，市信访局坚持每周召开工作布置会，每月召开一次信访情况分析通气会，每季度召开一次各县（区）信访局局长和市信访局领导参加的信访工作业务会议，定期分析信访形势，通报信访信息，剖析具体信访案件，探讨解决处理办法，布置下一阶段信访工作。1月13日、15日，市委副书记叶月坚、杨维、李汝求、市委常委、秘书长刘品谋、市委常委、政法委书记黄仕芳及两办主要领导两次召开各县（区）分管信访工作领导、信访局局长会议，部署省“两会”期间信访工作。5月9日、8月13日，两次召开全市信访工作会议，学习中共中央政治局委员、省委书记张德江到省信访局调研时讲话和全省信访工作会议精神，通报群众上访情况，部署下一阶段信访工作任务。12月18日，召开全市信访案件包案汇报会。

【存在问题】 有个别单位和部门处理信访问题不及时，查处信访案件力度不够，造成重复上访多，市领导批示的个别信访件没有及时回报；基层信访机构建设、信访干部处理信访案件能力有待加强；有的群众法律意识较差，时有出现缠访现象。

（黄远良）

惠州市人民代表大会

责任编辑：张启东

市人大常委会领导名单：

副主任：郑永和　刘品谋
林燕华　陈幼荣
陈恩强　庄志鹏
易敬典

秘书长：林原树

综　述

【各项工作取得新成效】　2003 年是市九届人大常委会履行职责的开局之年。在中共惠州市委的领导下，新一届人大常委会以邓小平理论和“三个代表”重要思想为指导，围绕全市工作大局和经济建设这个中心，履行宪法和法律赋予的职责，各项工作取得新的成效：加强对依法治市的督促、协调和指导，推动全市各项管理工作的法制化进程；改进监督方式，增强监督实效，推动法律法规的正确实施和“一府两院”依法行政、公正司法；有效行使重大事项讨论决定权，保障了各项重大工作的健康发展；积极探索代表工作新路子，代表工作得到进一步加强。

市人大常委会适应新形势要求，加强自身建设，提高履职水平。一是加强素质建设。认真组织学习邓小平理论、“三个代表”重要思想和中共十六大精神，以及法律法规、人大业务知识，不断提高干部的理论水平和工作水平，增强做好人大工作的责任感和使命感。二是加强作风建设。在工作中注重调查研究，深入实际，深入基层，密切联系代表和群众。围绕人大工作和经济社会发展中的重点难点问题，开展调查研究，为全市人大工作提供重要参考依据。继续实施“帮村富民”工程，帮助 3 个挂钩点脱贫致富。三是加强制度建设。严格遵守常委会议事规则、主任会议议事规则、常委会讨论决定重大事项规定等制度，试行常委会领导接（约）访信案当事人的措施，制订实施市人大机关公文处理办法，不断推进常委会工作的规范化和科学化，提高办事效率和议事质量。

存在的主要问题是：监督力度有待加强；代表工作有待改进；信访工作的作用没有充分发挥；人大制度理论研究没有充分开展起来，人大工作创新力度不够。

重要会议

【市九届人大一次会议】　5 月 24～

在市九届人大一次会议上代表投票表决有关议案　（巫民慧供）

29日在惠州举行。会议听取和审议了市长柳锦州所作的《政府工作报告》、市发展计划局局长梁万祥所作的《惠州市2002年国民经济和社会发展计划执行情况与2003年计划草案的报告》、市财政局局长温镜明所作的《惠州市2002年预算执行情况和2003年预算草案的报告》、市人大常委会副主任欧珍所作的《惠州市第八届人民代表大会常务委员会工作报告》、市中级人民法院院长何碧霞所作的《惠州市中级人民法院工作报告》、市人民检察院代检察长黄新林所作的《惠州市人民检察院工作报告》。会议经过审议，作出相应决议，批准了上述报告。会议选举产生了市新一届国家机关领导成员。肖志恒当选为市九届人大常委会主任，郑永和、刘品谋、林燕华、陈幼荣、陈恩强、庄志鹏、易敬典当选为副主任，林原树当选为秘书长，万树林等17人当选为委员。柳锦州当选为市人民政府市长，黄柏青、许光、林惠纯、林添好、徐志达、黄锦辉当选为副市长。何碧霞当选为市中级人民法院院长；黄新林当选为市人民检察院检察长。

重要议案

【交办督办代表议案】 6月27日，市人大常委会组织召开议案交办会，对市九届人大一次会议确定的关于兴建惠州市传染病专科医院和关于重新选址兴建市老干部活动中心两件议案进行交办。常委会第五、六次会议分别审议通过了这两个议案的办理方案。市九届人大一次会议期间代表提出的126件建议也在交办会上交有关部门办理。

年内，常委会还组织了对正在实施的强化农副产品残留农药检测、扶持农业龙头企业、小型水库除险加固、加快绿色通道建设、保护红树林、东江水资源保护、城镇垃圾处理等省、市人大议案办理情况的跟踪督办，确保议案办理的顺利进行。

依法治市

【督促落实行政执法责任制】 2003年，市人大常委会组织检查了行政机关贯彻实施行政处罚法和广东省行政执法责任制情况，加强了对行政执法责任制落实情况和行政处罚的监督力度，督促行政执法主体及执法人员依法行政、依法办事，促进执法行为的规范化、法制化，维护公民、法人和其他组织的合法权益。

【检查督促社会治安整治】 市人大常委会与市维护社会稳定及社会治安综合治理委员会对贯彻实施全国人大常委会关于禁毒的决定、国务院强制戒毒办法和广东省易制毒化学品管理条例的情况进行了检查，督促有关部门加大对毒品危害重点地区的整治力度。积极参与检查社会治安重点地区整治情况和全市社会治安综合治理检查考评工作，推动"严打"整治工作的深入开展，集中整治了一些治安秩序不好的重点地区和突出问题，全市社会治安得到改善。

【推进法制宣传教育】 市人大常委会继续抓好"四五"普法规划的贯彻实施，协助中共惠州市委举办了两场市直机关领导干部法制讲座，组织领导干部任前法律知识考试，提高领导干部的法律素质和依法行使职权的水平。推动学校开展法制宣传教育活动，进一步强化学生的法律意识和法制观念。重视推动外来务工人员和农村基层的普法工作，把法制宣传教育推向深入。

【依法治市经验交流会召开】 11月19日，市人大常委会协助市委召开了全市依法治市工作经验交流会暨依法治市工作先进单位和先进个人表彰大会。大会总结交流1996年以来依法治市工作的成绩和经验，隆重表彰在依法治市工作中做出突出成绩的16个先进单位和22位先进个人，进一步深化了各级领导干部对依法治市工作的认识，增强了做好依法治市工作的使命感和责任感。

监督工作

【深化执法监督】 2003年，市人大常委会重点组织检查了对《法官法》、《建筑法》、《野生动物保护法》、《环境保护法》、《传染病防治法》、《土地管理法》、《检察官法》、《娱乐场所管理条例》等8项法律法规的实施情况。在常委会第三、四、五次会议上，分别听取和审议了执法检查报告和实施情况报告，并就存在问题提出有针对性的审议意见，交有关部门研究处理，要求在规定的时间内将整改措施和整改情况向常委会汇报，推动了存在问题的解决，促进了这些法律法规的贯彻实施。

【加强工作监督】 市人大常委会检查了农村税费改革情况，推动了全市农村税费改革工作的扎实开展，农民负担平均减幅位居全省前列。组织专题调研，针对民办教育事业发展、旅游资源保护开发与建设管理的薄弱环节，提出改进意见和建议，督促政府做好整改。多次视察、检查市疾病控制预防中心、市体育馆、市慈云图书馆等重点工程的建设情况，协调解决建设中的困难，督促政府确保资金到位和工程进度。

【推进司法监督】 市人大常委会检查了《法官法》和《检察官法》的执行情况，推动司法队伍建设。重点对市公检法机关清理纠正超期羁押、超期办案专项行动进行了监督检查，听取和审议了公检法机关有关情况报告，督促公安司法机关较好地解决了超期羁押、超期办案问题。重视督办公民、法人针对公安司法机关的申诉控告案件，对其中 21 件提出督办意见，收到承办单位函复结果 16 件。

【做好信访监督】 市人大常委会试行常委会领导接（约）信访案件当事人的措施，共接（约）访 23 人，加大了对信访案件的督办力度。年内，收到群众来信 821 件，接待来访 1288 人次。对全部信访案件进行了转办或作好解释，并做好转办案件的催办，使一些问题得到了较好的解决，较好地发挥了人大信访工作联系群众、监督“一府两院”和稳定社会的作用。

人事任免

【依法任免国家机关工作人员】 2003 年，市人大常委会依法任命常委会工作机构和“一府两院”人员 53 人，免职 16 人，接受辞职 3 人，确保了国家机关工作的正常运转。

坚持要求由常委会任命的“一府两院”人员提交年度述职报告，共收到述职报告 168 份。对市政府副市长林添好、市中级人民法院副院长罗道恩、市旅游局局长詹小东、市统计局局长黄博珍、市水利局局长李健波进行了述职评议，并采用无记名投票的方式，对述职人员的履职情况分满意、基本满意、不满意 3 个档次进行票决，使评议监督的刚性得到增强。评议副市长和以票决方式评议述职人，在惠州市均为首次。

讨论决定重大事项

【审议计划和预决算情况】 年内，市人大常委会听取和审议了市政府《关于我市 2003 年上半年国民经济和社会发展计划执行情况报告》，提出要认真分析经济形势，抢抓发展机遇，重视扶持中小企业发展，积极发展第三产业，大力实施“外向带动”战略等建议。听取和审议了市政府关于市 2003 年上半年预算执行情况的报告，针对有关问题提出重要意见，加强对预算执行的监督。听取和审议了市政府关于 2002 年市本级预算执行和其它财政收支的审计工作、2002 年市本级决算草案等报告，作出关于批准 2002 年本级决算的决议。

【审议专项资金使用管理情况】 市人大常委会听取和审议了市政府关于市本级住房基金和住房公积金使用管理情况的报告，首次要求审计机关对资金使用管理情况进行审计并向常委会提交报告。针对资金管理中存在的归集率和效益不高、管理和监控不力等突出问题，提出整改意见，要求采取措施增强资金效益和安全性，强化了对预算外资金尤其是本级专项基金的监督。

【授予荣誉市民称号】 为鼓励和表彰对惠州市经济建设、社会公益福利事业和促进惠州市对外友好关系作出重大贡献的外国及港澳台人士，5 月 19 日市八届人大常委会第四十一次会议根据惠州市人民政府的提请，决定授予姜信相、金永民、须藤博、三浦帮通、李亚美、大塚照夫、陈岳涛、张瑞霖、大场宏、张秋进、李明宗、江凯荣、麦绍棠、王庭聪、蔡金松、储健宏、马驮金、钟锦明、童家庆、吴钦仁、杨初坤、李济森、李建超、吴凤全、张正弘、杨祁智、陈概全、叶国盛、叶云照、杨洪、杨鑫、陈淡旺、关耀昌、朱建清、张天华、梁契权、朱润堂、杨平和、蔡政忠、杨荣义、叶葆定、刘皇发、苏来义、易序波、郑水源、张蓝助耕、闵荣基、迈克 黄惠州等 48 人为惠州市荣誉市民称号。9 月 11 日（中秋节）举行授予仪式。

代表工作

【组织市人代会换届选举】 2003 年初，起草市九届人民代表大会换届选举工作有关事项的请示、代表名额分配和选举问题的决定，拟订选举工作安排，规范选举。2 月 14 日召开市人大换届选举工作会议，部署市九届人大代表候选人推荐和选举工作。经过严格把关，认真处理选举过程中出现的问题，各选举单位顺利选出市九届人大代表 334 名。

【组织闭会期间代表活动】 组建代表小组，完善代表工作组织网络，加强对代表工作的指导，积极为代表履行职责服务。10～12 月，围绕《检察官法》、《法官法》、《土地管理法》、《环境保护法》等 12 项法律法规的贯彻实施情况和农村税费改革、减轻农民负担、城镇卫生整治等情况，委托各县（区）人大常委会组织市人大代表分 12 个小组进行集中视察，推动“一府两院”相关工作的开展。

9 月，配合“万众评公务”活动，组织 4 个视察组对排名靠后单位的整改工作进行督促指导，促进了市政务环境的改善。

11 月 17～20 日，市人大常委会配合全国人大代表视察组开展关于土地使用和管理情况的视察活动。此外，以“直通车”的方式快速办理代表提出的重要意见和建议，对人大代表反映的问题，全部及时交有关部门办理和答复。

12 月 1～5 日，市人大常委会根据省人大常委会的通知精神，组织在惠州市工作、居住的省人大代表对市民营经济的发展情况进行视察。受省人大常委会的委托，组织在惠州市工作、居住的省人大代表开展“代表活动日”活动，视察中海壳牌石化项目和大亚湾海域环境保护情况。

县（区）人大工作

【密切与县（区）人大联系】 2003 年，市人大常委会坚持邀请县（区）人大常委会负责人列席市人大常委会会议，加强与县（区）人大常委会在工作中的协作和配合。召开全市人大常委会主任座谈会，总结换届以来全市人大工作，研究部署新一年的工作。年底，各工委（办）分别召开与县（区）人大常委会对口工作部门座谈会，沟通情况，交流经验。

【指导县（区）人大换届选举】 市人大常委会重视县（区）人大换届选举工作，多次组织召开有县（区）分管选举工作的人大常委会副主任、选举联络人事任免室主任参加的县级人大换届选举汇报会，听取换届选举工作进展情况汇报，帮助分析问题，提出意见和建议。常委会领导多次深入基层了解情况，检查指导各阶段选举，及时解决选举过程中出现的问题，使全市县级人大选举有序进行。选举产生县级人大代表 1151 名，保证了各县（区）新一届人大一次会议的顺利召开。

（陈锦良）

惠州市人民政府

责任编辑：林惠群

市政府领导名单：

代 市 长：黄业斌

副 市 长：黄柏青　许　光　林惠纯　林添好　徐志达　黄锦辉

秘 书 长：叶泽雄

副秘书长：陈力强　谢朝武　郑欣光　巫汉强　李启明　李远植　朱湘晖　蔡浩枢　林　平　郭葆明　曾庆全　柯楚将

综　述

【开创经济社会发展新局面】 2003年，惠州市人民政府坚持以邓小平理论和“三个代表”重要思想为指导，贯彻落实党的十六大、十六届三中全会和胡锦涛总书记视察广东时的重要讲话精神，一手抓抗击“非典”，一手抓经济建设，调整和优化经济结构，推动三大产业快速、协调、健康发展，加大投资力度，安排新建、续建重点项目43项，完成投资120亿元，中海壳牌南海石化等重点项目建设全面推进；发展高新技术产业，实施名牌战略，完成仲恺高新技术产业开发区整合，石化工业区、数码工业园建设顺利推进；国有企业改革和大型企业集团“走出去”步伐加快，TCL集团实现整体上市，并与法国汤姆逊公司重组电视机生产业务，成为全球最大彩电生产商；成功举办香港推介会、第二届国际数码节，扩大招商引资；加快发展旅游业，统一规划和管理罗浮山等风景名胜区，建成龙门温泉、东纵史迹展览馆等旅游项目；组建中小企业局，出台《关于加快民营经济发展的若干意见》，推动民营经济发展；调整行政区划，惠阳撤市设区，实现惠州由沿江城市向沿海城市跨越；推进农村税费改革，农民平均减负率88.1%；加大城市基础设施建设力度，新建市民乐园、江北滨江公园、东江沙公园、南湖入口公园、慈云图书馆等一批公共设施，城市面貌改观；行政审批制度改革进展顺利，投资环境改善；坚持以民为本，实施“八项民心工程”，解决城乡困难群众的生产、生活问题，确保城乡居民无饥寒；劳动就业、社会保障、环境保护、民主法制等得到加强，科教文卫事业、精神文明建设取得新进步，荣获“广东省文明城市”称号。2003年，全市国民经济保持健康、快速发展，开创了经济社会发展新局面，实现地区生产总值591亿元，比上年增长13.9%。

（钟桥安）

重要会议

【市政府常务会议】 1月29日，市长柳锦州主持召开市政府常务会议，研究江北13号小区土地开发和8号小区安置房建设招标、制定扶持私营企业100强政策措施、市一中创建示范性高中、市区文明一条路“穿衣戴帽”整饰工程经费、市区南出口路改造工程等问题。

2月24日，市长柳锦州主持召开市政府常务会议，研究市华盛房产开发有限公司等12宗用地、行政区划调整申报、惠州港建设招商引资、东江剑潭水利枢纽工程筹建、第二届国际数码节筹备、重点道路建设改造、东江新城、江北13号小区、金山湖、数码工业园、民营科技园等地块规划建设问题。

4月21日，市长柳锦州主持召开市政府常务会议，研究推进行政区划调整、重点经济工作、投资环境建设、非典型肺炎防治、安全生产、市区摩托车整治等问题。

6月16日，市长柳锦州主持召开新一届政府第一次常务会议，明确市政府领导分工，研究行政区划调整、工业园区建设、第三产业和民营经济发展、创建文明城市、社会治安综合治理、机关作风建设等问题。

7月4日，市长柳锦州主持召开市政府常务会议，研究75200部队1号门前烂尾楼拆除和高榜山用地调整、市文化中心历史遗留、大亚湾供水工程建设资金和石化工业区二期移民资金、大诚油气库和惠阳发电厂（B厂）整合、市直部分事业单位纳入依照公务员制度管理、市直部分单位人员岗位津贴标准、市劳动保障服务中心等5个规划建设项目、市规划建设服务中心建设、惠河高速公路（一期）征地补偿款、市地产总公司市政工程欠款、市区经济适用房建设资金、设立市中小企业局、市区城市道路电子泊车收费标准、市图书馆原址改建为市少儿图书馆等问题。

8月13日，市长柳锦州主持召开市政府常务会议，研究南丰湖整治、退役士兵安置、江北三新集散中心历史遗留、市汽车总站新站址、原火车西站开发小区历史遗留、惠城区非中心区摩托车适量限制发展、利山水泥厂、解决惠州市区住房困难问题实施意见、惠州国家储备粮库道路建设资金、市三防指挥调度中心建设资金等问题。

8月27日，代市长黄业斌主持召开市政府常务会议，市委书记柳锦州参加会议。研究市政府工作规划、稔平半岛开发建设等问题。

9月16日，代市长黄业斌主持召开市政府常务会议，研究实施“八项民心工程”、国有粮食企业改革、市行政审批制度改革方案、扩大“收支两条线”管理范围、大亚湾开发区土地盘整实施办法、惠州市土地使用权交易市场管理办法、市气象局办公业务楼等3宗用地、加快市直国有企业产权转让、高考和中考奖励等问题。

10月21日，代市长黄业斌主持召开市政府常务会议，研究开展相对集中行政处罚权工作方案、市直机关公务员高额医疗费用专项资金管理、接收安置军转干部办法、知名商标认定和管理办法、理顺农村合作医疗管理体制、市区内街小巷路面及下水道改造建设经费、“非典”防治经费、武警支队机动中队和教导队营房营具维修经费、市强制戒毒所学员宿舍及配套设施建设资金等问题。

12月4日、5日，代市长黄业斌主持召开市政府常务会议，研究巽寮湾旅游度假区开发建设、事业单位机构和人事制度改革、大亚湾设立原油储备库、TCL大厦等3宗用地、东江汝湖渡口至横沥段砂矿采砂权挂牌出让、修订市直国有企业经营者年薪制试行办法、理顺市政府驻外办事处、市委党校培训楼建设资金、市公安消防局业务经费、市检察院办公大楼工程款、全市水库移民配套资金等问题。

12月24日，代市长黄业斌主持召开市政府常务会议，研究惠城区财政体制改革方案、部分企业军转干部生活困难、印发《惠州市社会保险市级统筹实施意见》、惠州市第三人民医院传染病区建设、申办广东省第十三届运动会、惠州市人民医院等4家医疗机构更名、惠东县龙门县山区广播电视覆盖、惠州教育数码网建设、学校建设项目收费减免、建立惠州市电子档案数据中心等问题。

【市政府工作会议】 1月10日，市长柳锦州主持召开市政府工作会议，专题研究市直部分企业改制问题。

2月26日，市长柳锦州主持召开市政府工作会议，专题研究白鹭湖旅游风景区项目配套建设问题。

3月21日，市长柳锦州主持召开东江剑潭水利枢纽工程建设领导小组会议，研究并决定工程筹建事项。

4月1日，市长柳锦州主持召开市长办公会议，研究水北村村民房屋拆迁补偿、中海壳牌合营公司惠州2%股份股本金、首届“惠州数码之星”评选、城市维护建设项目计划、市民乐园管理、经济适用房规划方案、麦地小学等7宗用地、整合仲恺高新区周边工业园区实施细则、制定《惠州市行政处罚监督办法》、市森林防火指挥中心建设、市直机关事业单位特殊人员高额医疗费用、市“三防”指挥调度中心建设、市区南出口路改造新增绿化工程等问题。

4月4日，市委书记肖志恒、市长柳锦州带队在博罗石湾镇召开现场办公会议，研究解决南亚塑胶工业（惠州）有限公司建厂遇到的消防、环保、外汇核销、口岸管理、社会治安等问题。

4月29日，市长柳锦州主持召开市调整行政区划工作领导小组成员会议，研究行政区划调整中区域划转、撤镇设办事处、机构编制、财税、事权划分等问题。

4月30日，市长柳锦州主持召开市长办公会议，研究大隆大厦规划设计方案和国华四期规划设计条件、惠州国际雕塑艺术展筹办、市农药厂拆迁补偿、斜下生态休闲度假区兴建、市港务局机构设置、市英达实业有限公司改制土地出让金返还、市体育馆工程增加投资预算、惠州市民营科技工业园建设、木墩湖土方工程补偿等问题。

5月19日，市长柳锦州主持召开工作会议，研究修编惠州市经济社会发展战略和实施惠州大道四期改造工程问题。

6月18日，市长柳锦州主持召开工作会议，研究城市规划修编和管理、市区城市道路建设和管理、重大基础设施项目建设、南丰湖整治、市区园林绿化维护管理、环卫工人宿舍建设经费、市区“穿衣戴帽”灯光工程维护等问题。

8月6日，市长柳锦州主持召开工作会议，专题研究创建全国示范性高中、市属中专（技）学校改革与调整、大学园区建设、解决麦地片适龄儿童读书难等教育发展问题。

9月5日，市委书记柳锦州、代市长黄业斌与广铁公司、广梅汕铁路公司主要负责人召开谋求共同发展洽谈会议，研究惠澳铁路开通运营、惠州站东区发展规划、惠深和惠花铁路立项建设、惠州市物流发展与铁路运输衔接等问题。

10月31日，代市长黄业斌主持召开市水利工作现场办公会议，研究惠州市城市水利防灾减灾工程建设、东江剑潭水利枢纽工程建设、小型水库除险加固、市区防洪排涝整治、市三防指挥调度中心建设等问题。

（陈文英）

重要决策

【推进机关作风建设】 6月，新一届政府第一次常务会议提出，继续组织好“万众评公务”活动，重点做好机关作风建设，要求政府工作人员做到：政治坚定、作风过硬；团结协作、顾全大局；勤勉务实、真抓实干；与时俱进、开拓进取；科学决策、依法行政；公正廉洁、取信于民。

【加强防治非典型肺炎和公共卫生建设】 年内，市成立防治非典型肺炎工作总指挥部、领导小组、普通高考非典型肺炎防治工作领导小组等临时工作机构，建立市非典型肺炎防治工作联席会议制度，多次召开会议，研究“非典”防治工作。6月，市政府出台《帮助部分企业减轻“非典”影响维持正常生产经营的若干措施》，帮助企业度过难关，维持正常生产经营，维护社会稳定。8月，“非典”防治工作由应急转入常态。9月，有关部门经过多次调查研究和可行性论证，修订建设惠州市传染病专科医院议案办理方案，并经九届10次市政府常务会议通过上报市人大常委会审议。10月，市政府全体（扩大）会议提出：力争用3年左右时间，建立健全公共卫生事件应急机制、疾病预防控制体系、医疗救治体系和卫生执法监督体系，提高应对各类突发公共卫生事件的能力。抓好市、县两级疾控中心和乡镇卫生院防保机构建设，提高各级疾病预防控制能力。加快农村乡镇卫生院建设。改造县、区级卫生监督所，设置15个镇级卫生监督分所。广泛深入地开展医疗保健知识普及运动、爱国卫生运动、创建卫生村镇活动和全民健身运动，提高公民健康意识，保障人民群众健康安全。同月，印发《惠州市防治传染性非典型肺炎应急预案》；召开全市防治“非典”暨卫生工作会议，市领导黄业斌、黄锦辉等作讲话，研究和部署加强全市公共卫生建设。并经九届7次市政府常务会议研究，安排“非典”防治经费239.72万元。年底，发出《关于加强防非值班及时通报情况的紧急通知》。组织观看防治“非典”科教片和专题电影。九届10次市政府常务会议决定，拨给市疾控中心抗“非典”经费、实验室标准化建设经费、办公设备购置费。

【派驻财务总监】 年内，市政府决定，采用委任方式向市投资管理公司、广播电视系统、土地储备中心、仲恺高新技术开发区、数码工业园派驻财务总监。以惠府令19号文发布《市级财政性资金投资基本建设重点项目财务总监管理暂行办法》。9月，根据《国家审计法》、《国家审计法实施条例》等规定，制定《惠州市市属财政性基本建设项目审计实施办法》，加强市属财政性基本建设项目的审计监督，维护财政经济秩序，提高投资效益。

【改革城镇住房制度】 9月，九届3次常务会议讨论通过，市政府转发市房管局《解决惠州市区住房困难问题的实施意见》。12月，市政府转发市审计局《关于市直住房资金征收管理使用情况的审计调查报告》，提出市直住房资金征收管理使用意见和建议，提高住房资金征收管理可操作性，推进住房制度改革。

【加快教育体制改革】 8月，柳锦州市长主持召开会议，专题研究创建全国示范性高中、市属中专（技）学校改革和大学园区建设等问题。10月，制定《惠州市属中等职业技术学校布局结构调整实施方案》，改革市属中等职业技术学校管理体制，将市农业学校等8所中等学校从部门条块管理中剥离出来，由市政府统筹规划，统一管理。

【筹办惠州国际快件监管中心】 9月，市政府商请惠州海关、惠州出入境检验检疫局筹办惠州国际快件监管中心，规范惠州区域快件物流市场，强化监管，提高报关、报检和查验效率，方便企业与国际市场接轨，为惠州经济发展提供良好的通关环境。

【推出相对集中行政处罚权工作方案】 11月，市政府在广泛调查研究和充分听取各方面意见的基础上，根据《国家行政处罚法》、《国务院关于进一步推进相对集中行政处罚权工作的决定》以及省政府有关文件规定，拟订《惠州市开展相对集中行政处罚权工作方案》。该方案已经九届7次市政府常务会议讨论通过，上报省政府审批

【推进劳动保障和再就业】 年内，市政府办公室下发《关于建立健全基层劳

动保障工作机构的通知》，设立乡、镇（办事处）和社区劳动保障工作机构，健全和规范市、县（区）劳动就业服务管理机构。12月，市政府决定，成立惠州市劳动能力鉴定委员会。出台劳保和再就业政策，主要有：从2004年1月1日起，惠州市一次性工亡补助金标准为48个月的全市上年度职工月平均工资；对符合规定的困难企业和困难职工社保费滞纳金提供减免政策；调整惠州市参加企业养老保险部分离退休人员养老待遇；执行《惠州市直机关工作人员高额医疗费用专项资金管理办法》，设立市直机关工作人员高额医疗费用专项资金，解决市直机关工作人员因患重病住院发生的基本医疗范围之外的高额医疗费用问题；下发《关于加快推进再就业工作的实施意见》，进一步做好惠州市的就业和再就业工作；转发市禁毒委等部门关于在市综合戒毒基地福利企业安置"三类"（即戒毒出所人员、刑事解教人员和社会轻度残疾吸毒人员）人员就业的意见，进一步解决"三类"人员生活出路需要。

【调研论证稔平半岛开发建设项目】 年内，市政府实行对稔平半岛开发建设的调研和论证。请求省政府支持，选派规划建设和产业布局方面专家组协助惠州做好稔平半岛开发建设的调研和论证，并提出开发建设的意见和建议。

【实施国有粮食企业改革】 10月，成立市直国有粮食企业改革工作领导小组。12月，印发《关于惠州市国有粮食企业改革的实施意见》。同月，市政府九届8次常务会议决定，安排300万元作为粮食企业改革专项资金，解决国有粮食企业政企不分，机制不活和"老人、老粮、老账"等政策性历史遗留问题。同时推进粮食购销市场化改革，实施国有粮食企业战略性重组。同月将惠州市各县、区国有粮食企业及市粮食企业集团公司改制方案上报省政府。

【改革行政审批制度】 年内，九届5次市政府常务会议研究决定，取消审批事项57项，下放审批事项14项，转移各类审批事项1项，转为日常管理事项88项，调整合并同类型事项116项，划入年检（审）事项处理6项，共减少各类审批事项406项，保留各类审批事项626项；同时取消年检（审）事项20项，下放各类年检（审）事项5项，转为内部职能20项，保留各类年检（审）事项77项。11月，公布惠州市行政审批及年检（审）取消、保留和调整事项目录。

【整顿土地市场】 9月，九届5次市政府常务会议通过，于10月发布施行《惠州市土地使用权交易市场管理办法》、《惠州市城区国有土地使用权分割转让及登记实施办法》，加强惠州市城区国有土地权属管理，规范房地产转让行为，完善土地登记制度，保护土地权利人的合法权益。

【推行农村税费改革】 7月，惠州市农村税费改革实施方案获省农村税费改革领导小组批准。同月，市政府转发省农村税费改革领导小组办公室《关于惠州市所属各县（区）农村税费改革试点实施方案的批复》，推进惠州农村税费改革。

【调整部分镇行政区划】 3月，经省民政厅同意调整惠州市部分镇行政区划。为确保惠城区、惠阳区、博罗县既（应）得利益，市政府组织工作组，审核惠阳市、博罗县划归惠城区管辖乡镇2002年财政收支账面数，以经核定的财政收支相抵后净额作为既（应）得利益基数进行划转。年底，制定市对区财政体制改革方案，并经九届10次市政府常务会议通过下发实施。同时，市政府成立市行政区划调整交接工作领导小组、市行政区划调整债权债务问题协调小组，保证交接工作顺利进行。

【加强企业产权交易管理】 8月，《惠州市企业产权交易管理暂行规定》开始实施，推进惠州产权交易市场建设，规范企业产权交易行为，促进经济结构调整，优化资源配置，维护产权交易当事人的合法权益，防止国有资产流失。

【预防道路交通事故发生】 6月，实施《惠州市预防道路交通事故联席会议制度的规定》。经省治理公路"三乱"督察队办公室批准，在辖区道路交通事故多发路段相关收费站设立6个预防道路交通事故临时工作站。7月，颁布《惠州市设立预防道路交通事故交警执勤点实施方案（试行）》，要求各有关单位精心组织，严格依法办事，文明执法，杜绝公路"三乱"现象，确保全市道路交通安全畅通，切实预防和减少道路交通事故发生。

【促进农业机械化建设】 年内，下发《关于加快农业机械化发展步伐的意见》、《关于扶持农业机械化发展的实施办法》，从2003～2010年，用8年时间建立和健全农业机械化三大体系，促使惠州农业机械化实现跨越式发展。

【加大固定资产投资】 年内，市政府决定建设三环路、先科大道、惠莞路、广汕公路、惠深沿海公路、惠州港和县区、乡镇沙土路改造等一批交通、城建基础设施项目，重点建设1200万吨炼油厂、LNG电厂、东江剑潭水利枢纽工程，抽水蓄能电站、惠东火力发电厂等项目。拟划出大亚湾经济技术开发区

3 平方公里用地设立出口加工区，8 月上报省政府及国务院批准。

【改革财政国库支付制度】 8 月，市政府制定《惠州市市直财政国库集中收付制度改革实施办法(暂行)》，下发《关于市直财政国库集中收付制度改革的通知》，成立市直财政国库集中收付制度改革工作领导小组，清理市直财政国库集中收付制度改革试点单位银行账户。

（黎 云）

行政督促检查

【概况】 2003 年，惠州市人民政府行政督促检查办公室(简称市政府督查办)围绕市政府的中心工作，以督促落实市委、市政府决策、决定和领导批示、指示以及办理人大建议、政协提案为重点，发挥行政督促检查职能，坚持原则，勤政廉洁，改善工作方法和工作作风，解决热点、难点和倾向性问题。全年督促催办市政府常务会议和市长办公会议决定事项 93 项，全部办结；办理市人大建议 126 件，市政协提案 204 件，全部办结答复市人大代表、政协委员；受理办结中央、省、市领导交办督查事项 102 件；向市领导报送督查、调查报告 72 篇，报表 10 多份，代拟文稿 9 篇。保障市政府政令畅通和各项工作贯彻落实，在政务活动中较好地发挥督查职能作用。

【督促落实市政府常务会议决议】 年内，市政府督查办及时督查催办市政府召开的 9 次市政府常务会议和 4 次市长办公会议所决定的 93 项决议事项，通过发督查事项通知单催办、电话催办、到承办单位现场督办等形式逐项督促催办。并以督查报告形式及时向市政府领导报告办理情况。做到事事有着落，件件有回音。

【督促检查创建文明城市】 年内，配合惠州创建国家、省文明城市活动，抓好督促检查。主要督促督查事项有：环城西路“穿衣戴帽”工程、横江沥、青年河整治、惠州大道两旁废品店整治和乱建乱搭、市区灯光工程完善、市容环境卫生整治、江北片环境美化和亮化整治、城市“牛皮癣”整治等。各项事项跟踪督查到位，整治效果明显。

【交办落实人大建议政协提案】 年内，办理市九届人大、政协一次会议建议 126 件（其中：人大议案转建议 55 件，建议、批评和意见 71 件），提案 208 件（闭会期间交办 4 件），做到早交办，及时交给 78 个单位办理。7 月中旬，催办落实 23 个会办单位是否按规定时限向 11 个主办单位报送会办意见。10 月中旬，会同市人大选联办、市政协提案委员会采取分片检查形式，检查市规划建设局、教育局、公用事业局、城管办、公安局等 17 个单位。同月下旬，及时催办未答复人大代表建议、政协委员提案的 4 个单位。年内，人大建议、政协提案全部办结并答复人大代表、政协委员，满意率达 97.6%。

【督促落实各级领导批示和指示】 年内，市政府督查办对中央、省、市领导批示、指示，以高度负责的精神和实事求是的态度，深入基层，进行实地仔细调查，摸清情况。做到以事实为依据，以政策、法规为准绳，客观、公正地处理每一事项。先后督查国家审计署审计罗浮山大道项目使用国债资金存在违纪违规问题、省领导批示港商投诉博罗县沙河大桥经营权益受到侵害问题、中央领导批示李小娴等人建设用地纠纷问题、省 10 项重点工程项目、白鹭湖旅游风景区用地争议问题、第二届国际数码节工作落实情况、惠州大道二期工程绿化整改问题、整治下角中路拉沙车、警车辆污染道路卫生、噪声扰民问题等 102 件中央、省、市领导批示、指示。做到办理及时，领导满意，群众满意。

【协助投资服务中心受理投诉】 年内，市政府督查办派出 1 人驻投资服务中心监督投诉站，负责受理投资者投诉。全年受理投诉事项 97 项，已办结 93 项，正在办理 4 项。

【协助华侨农场改制】 年内，市政府督查办抽调一名副主任参加潼湖华侨农场改制，负责督促协调有关部门制定改革方案，配合搞好农场综合改革。12 月 25 日，潼侨镇顺利移交给惠城区管理。

（赵丽君）

地方志工作

【概况】 2003 年，市地方志办严格按照国家和省政府的要求，以修志为中心，坚持时间、人员、精力“三集中”，力争编好年鉴和地方史志丛书，使地方志工作稳步推进，《惠州市志》总纂进入收尾阶段，《惠州年鉴》第五卷和《公安志》、《交通邮电志》、《城乡建设志》等一批专业志出版发行。

年内，市地方志办派员参加省史志办举办的第二届新编志书主编培训班、全省地方志与文化大省建设研讨会和组织到西北 4 省考察学习。市地方志人员撰写的《充分发挥地方志在惠州文化建设中的推动作用》一文，被选入《广东省地方志与文化大省建设研讨会论文选集》。政府换届后，及时调整了市地方志编委会。

年内，市地方志办向市委、市政府提供建设主题文化公园有关史料和建设性建议。收集、拍摄全市大型活动图片。全办全年在国家级刊物发表文章1篇、省级刊物发表文章2篇、市级报刊杂志发表文章15篇。

地方志工作存在的问题：市地方志办缺少办公用房，没有独立资料室，给查阅资料带来不便，容易造成资料流失；办公自动化程度不高，部分电脑相当残旧，亦无接入OA（办公自动化）系统及互联网，给修志正常开展带来困难；修志人员保健、提职、评职、评优等问题，应得到重视。

【扎实推进修志】 年内，《惠州市志》总纂进入冲刺阶段。市地方志办对《惠州市志》60多个分志逐个落实。至年底，95%以上志稿总纂1次，部分志稿总纂2～3次，总纂数字1200万字。少数志稿进度迟缓、质量较差、修改量及修改难度较大的单位也在年内协调好。年内，市地方志办召开协调会、交换意见会80多次，涉及单位上百个。为市领导、兄弟单位及社会各界人士提供咨询等服务45次。反复学习和贯彻落实市志总纂方案，加强总纂队伍培训，经常召开研讨交流会，使总纂人员在思想上、政治上、业务上与总纂目的、要求保持一致。

年内，市地方志办直接编纂《惠州市历史大事记》、《人物志》基本完成，《政府志》作进一步修改补充，《惠州国民经济综述》、《惠州市志总述》和《政区》初稿完成。

年内，市地方志办努力协调、指导县级修志。惠城区准备启动续修区志；根据省地方志审稿小组对县级《惠州市志》提出的意见，对志稿作进一步修改、补充；完成《惠州市志（县级）·艺文卷》修改稿再送审。惠阳区抓紧发行《惠阳县志》，筹划编纂《惠阳年鉴》。惠东县年底印刷出版《惠东县志》；《惠东人物》和《惠东历史大事记》抓紧编纂，准备出版。博罗县筹备经费启动续修县志，拟订《博罗县志·篇目》下发征求意见。龙门县续修县志，拟订《龙门县志·篇目》下发征求意见；点注民国《龙门县志》出版；收集大量地情资料；抓紧编纂《龙门年鉴》。

【编纂出版《惠州年鉴（2003）》】 市地方志办编辑《惠州年鉴（2003）》卷，总结前4卷编纂经验，制订篇目和撰写提纲，突出地方特色、时代特色，及早做好安排。2月28日举办年鉴新撰稿员培训班，分工布置。3月抓紧文字和宣传彩页组稿。5月编出初稿，返回原单位审核。6月收集整理反馈意见，对文稿作深加工和精雕细刻。7月初送编委会领导及中华书局审查，同时自查自纠，收集编委会领导和中华书局反馈意见后修改定稿。编辑部编制主题索引。7月底通过出版验收，办完出版手续。9月上旬该书付印，9月底由中华书局出版发行。

《惠州年鉴（2003）》卷编纂出版，得到各地各单位、各级领导的大力支持和全体撰稿员、编辑人员的密切配合。全市有274个单位、229名撰稿员提供294份文字稿件，有200多个单位提供宣传图片资料。年鉴在选题立目、存史价值、地方特色、条目规范、版式装帧等方面比前几卷更好、更美观大方。该书115万字，地图2幅，彩页112面，随文插图90幅，表格84个。内文部分有36个栏目、277个分目，收录百科条目1905条，主题索引2499条。

【编纂《惠州生活年鉴》】 年内，市地方志办为配合惠州建设文化大市，经过充分考虑和筹备，经请示市政府同意，决定编纂一部《惠州年鉴》系列丛书《惠州生活年鉴》，向建设惠州文化大市献礼。该书于11月初启动，预计2004年5月完成组稿，上半年出版。

（钟考祥）

机关工作

【概况】 2003年，市政府办公室认真贯彻执行党的路线、方针、政策和市委、市政府各项工作部署，以创“文明机关”和开展“万众评公务”活动为契机，按照“以人为本，内强素质，外树形象”，“全面抓建设，反复抓落实，整体求提高”的要求，开展思想政治工作，加强政府机关作风建设和办公室规范化管理，在参与政务、管理事务、搞好服务、做好党务、保障运转等方面，圆满完成全年各项工作任务，较好地发挥参谋助手和综合协调作用，保证市政府工作高效运转和各项决策贯彻落实。

存在问题是：学习抓得不够紧，制度建设有些滞后，主动服务做得不够，工作效率尚须提高。

【政务工作优质高效】 重大政事组织协调有力　年内，市府办积极协助市委、市政府举办惠州第二届国际数码节、争创省级“文明城市”、中海壳牌南海石化项目动工典礼、大亚湾投资环境推介会、抗击“非典”、实施固本强基工程等重大政事活动和处置各类突发性事件。协助市政府做好江岸建设拆迁，年内，已拆房屋1030户，丈量拆迁969户，签约搬迁925户，迁入新房155户。深入基层、深入群众调查研究，掌握第一手资料，亲力亲为当好市政府领导助手，协调好各方面关系，督促各项工作落实。

做好“三办”（办文、办会、办事）服务　年内，市府办坚持高标准、严要求，细致办文，认真办会，积极办事，把错漏失误等现象减少到最低程度，为服务对象提供优质高效服务，保证市政府各项工作正常运转。全年办理上级明传电报298件，来文来函433件，会议及活动58项，落实邀请市政府领导参加会议活动123次，接待客人134批，办理领导内事活动272项，协助处理重大事故39起，办理群众投诉260起，接收归档文件3240件，打印、制作文件、资料2073份。办理各单位来文2715件，起草、印发市政府、市政府办公室各种文件、电报1184件，办理市政府常务会议议题近300项。办理车辆定编、换编、未列定编等业务2200项，办理过户更新、报废更新、单位更名等业务96项，办理遗失补证83本，办理定编证和使用证年审9630本，发放定编证1180本、使用证1269本。登记转服预备役人员592人，为部队输送合格兵员11人。市投资服务中心全年完成各类投资审批、办证、注册、报建、年审业务6882件，比上年同期增长123.58%；其中注册外商投资企业328户，总投资额8.4亿美元。

文稿撰写和信息采编质量提高　年内，市政府办公室编发《参阅件》23期、《惠府信息》及增刊53期、《要情呈批》24件、《专报信息》（含紧急信息）100期、《业务通讯》7期，复刊发行《惠州经济》。完成市政府领导交办文稿100多篇、调研报告80篇。做好有关资料收集、整理、归档和年鉴组稿发行。

（林惠群）

【党务工作得到加强】　年内，市政府办公室认真做好人事教育、党务、纪检、工青妇、计划生育等工作。全年办理党务文书379件，组织干部职工理论、业务学习6次，协助完成党组中心组学习8次，发展新党员5名。全年任免科级干部16人，办理人事调动42人次，接收安置转业干部2人、复退军人4人、军嫂4人，完成干部任免备案、转接行政关系一批，完成6个下属单位人事组织关系的脱钩移交，完成在职干部职工、离退休人员工资调整报批1200多人次。宣传贯彻新颁发的《广东省计划生育条例》，逐个检查落实计生对象，完成计生工作考核、年报等，年内全办无违反计生条例的现象发生。继续抓好党支部“六有”达标，加强各个党支部建设的检查指导，及时调整党支部，理顺关系。

【干部队伍素质得到提高】　年内，市政府办公室制订学习十六大精神计划，订购学习书刊、辅导资料近千册，组织干部职工参加市委报告会、学习会，采取中心组、支部和科室学习、听讲座、听辅导、自学等形式，领会十六大、省委九届二次全会和市第八次党代会精神实质。鼓励干部职工岗位练兵、岗位成才，开展业务培训。年内，有45人英语考试达标，派出9名科级干部参加任职培训，新调入4人参加公务员培训，一批干部参加各种专业讲座和培训，并派出1人参加高级公务员境外培训班学习，派出多批干部外出参观学习，一批业务骨干到省政府办公厅跟班学习。制订市府办创建文明机关实施方案，积极参与“万众评公务”活动，接受各界评议和监督，针对存在问题进行整改，促进了机关作风和工作作风的转变，干部职工服务意识得到增强。

（郭永芳）

【机关事务管理工作正常运转】　2003年，市机关事务管理局围绕机关事务管理中心工作，以搞好机关服务为已任，结合创建文明机关和“万众评公务”等活动，抓住重点、突破难点，强化服务意识、改进服务手段、狠抓落实，较好地完成机关财务管理、行政中心管理、机关宿舍管理、物业管理、车辆以及安全保障等工作任务。年内，除担负市委、市政府及其办公室和市直有关单位日常后勤保障外，还承担江岸房屋拆迁安置、中国惠州第二届国际数码节、人大、政协“两会”及党代会等重大活动事项的后勤保障，确保了市机关工作的正常运作和重大任务的顺利完成。

行政中心环境逐步优化　年内，市机关事务管理局根据季节栽培各种时花，全年种植时花8万盆，自插时花苗2万株，自培室内乔木300棵，完成各类树木培土100立方米，改造绿化地面积1000多平方米。完成行政中心各时期时花摆放10次，保障会议时花摆放20场，更换领导办公室花木300多盆。坚持大院草地每月灭虫1次，割草修剪2次，保证行政中心和广场大楼一年四季如春。做好行政中心大楼水、电、冷气、消防、厕所、电话等维修和大楼维护改造以及卫生管理，保证行政中心大楼美观、整洁和各项设备设施正常运作。

财务监管有力　年内，进一步修改、完善《市政府办公室财务管理制度》，抓好市府办收支两条线日常核算，按时办理在职和离退休人员社保和医疗保险，确保市委、市政府两个办公室日常行政工作经费开支和机关人员工资的正常发放。完成了惠州第二届国际数码节、抗击“非典”、市委八届一次党代会等重大活动经费保障任务。

机关宿舍区设施维护加强　年内，市机关事务管理局继续抓好所管辖9个住宅小区的环境改造建设和安全保卫：拓宽江北新苑入区通道；在下埔紫荆苑第5栋旁边建立晒衣场1

个，投资5万元新建活动室1间，重新安置铁轧门、防盗栏杆、保安亭等设施；为宿舍区楼梯间安装节能开关；协助850多户办理国有土地使用证；做好各宿舍区防盗门、天面、下水道等公共设施的维修。

机关食堂服务档次提高　年内，继续加强机关食堂、招待所的管理和服务，把“吃得放心、住得满意”作为机关食堂、招待所的服务目标，增加食品花色品种，平均每天进餐保持在500多人次。招待所全年接待客人达1400多人次。

机关辖区内安全无事故　年内，继续做好行政中心、市投资服务中心和领导住宅安全保卫和车队安全行车，严格实行来访登记制度，加强与信访局和武警中队、消防公司的协作，做好防火、防盗、防事故工作，对司机抓纪律、保安全，对车辆抓管理、巧调度、常维护，增强安全防范意识。传达室全年共接待来访人员82498人次，处理转递各种信件237件，登记来访（上访）237批次共5738人次；协调处理大型上访事件110多宗，近5500人次，处理行政中心堵塞大门事件8宗。全年正点安全行车125万余公里，车辆维修保养1962台次，保证机关日常工作、各种会议和接待等用车需要。

机关物业清理顺畅　年内，市机关事务管理局严格规范管理物业，加强出租物业管理和圆通桥大厦后期工作，理顺物业产权关系和历史问题，处置和盘活物业。完成物业移交文件、资料400份，审计、签订出租合同264份，委托管理物业租赁合同143份，收回并管理有经营收入物业67宗，公开拍卖房产3批，处置物业2处，协助市政府办公室5家下属企业完成脱钩。

（王小卡）

人　事

【概况】　2003年，惠州市人事人才工作坚持以服务经济和社会发展为中心，以人才战略统揽全局，抓好人事制度改革和人才资源开发，干部队伍整体素质明显提高，为全市经济和社会发展提供人事人才保障。

存在问题是：理论学习和业务学习形式不够灵活，个别干部学习积极性不够高，对当前人事人才工作中出现的新情况、新问题对策性研究不够。

【启动人事仲裁】　年内，成立惠州市人事争议仲裁委员会，制定、出台《惠州市人事争议仲裁工作暂行规定》、《惠州市人事争议仲裁员管理办法》，使惠州人事争议仲裁工作有章可循。

【公务员管理继续加强】　年内，市人事局继续坚持“计划用人，凡进必考”和“公平、平等、竞争、择优”的原则，把好公务员“入口关”。全年为法院、检察院、公安局等16个单位招录公务员276人。抓好公务员初任培训、更新知识培训和任职培训，全年组织培训公务员163人。举办人事干部业务培训班2期，有148名人事干部参训。

【引进人才力度加大】　年内，制定、出台《出国留学人员来惠工作的暂行规定》。4月17～20日，人事部门举办惠州第二届国际数码节人才交流活动，印制参会《邀请函》16000多份，编印《惠州市人才交流指南》5000多册，制作“服务社会、服务人才”职能卡片5000多张，制作宣传彩旗22面，标语、条幅30多条。活动期间，有414家用人单位进场设点招聘，65家单位委托人才市场招聘，在网上发布480多家用人单位的3000多条招聘信息，有4000多人进场求职，与招聘单位达成意向占23.5%。接待人事人才政策咨询2000多人，派发宣传资料3000多份。

年内，有人事代理单位210个，挂靠人员2593人。接收审阅档案590份，移交、转递档案分别为158份和215份；办理送审确认职称65人；办理大中专生毕业生见习期考核鉴定165人；办理入户手续29人。

年内，市人才交流服务中心开设人才培训和学历认证业务，启动人才工作(居留)证，启用惠州市大中专毕业生就业指导管理系统，开通人才引进“绿色通道”。全年举办人才交流会123场(次)，比上年增加13场，接待招聘单位11378家(次)，增加2238家（次），有7万人次进场应聘，接受委托招聘单位3209家(次)，比上年增加1840家（次），发展“惠州人才热线”人才网站网络会员700多家，网上人才数据库存31393人，比上年增加人才13393人。

年内，全市接收应届毕业生7750人，比上年增加1450人，增长23%。其中：博士生9人、硕士生66人、本科生2380人、大专生1838人、中专3457人；非师范类6654人、师范类1096人。全年办理调入手续296人，调出手续399人，与43个单位签订人事关系代理手续，增加集体挂靠242人，与269名计划内大、中专毕业生和123名流动人员签订了个人代理合同。

【工资福利管理】　年内，审批年度考核后正常晋升级别工资和连续三年优秀奖励一级级别工资以及2002年优秀奖励一个月本人标准工资705人，其中：正常晋升级别工资560人，连续三年优秀越级晋升级别工资145人，2002年优秀奖励一个月本人标准工资的有594人。工作人员调动和晋升职务套改工资950人，军转干部工资套改72人。

大中专毕业生考核期满办理转正 1560 人。办理离退休人员 190 人。完成 2003 年 10 月正常晋升职务工资 15081 人。

年内，根据广东省人事厅、财政厅粤人发［2002］269 号文件精神，与市财政局联合制定“关于统一市直机关公务员岗位津贴的实施方案”，并按此方案发放公务员岗位津贴，人均增加 1000 元左右。

年内，根据国务院国办发［2003］93 号及粤人发［2003］285 号文件，完成机关、事业单位工作人员工资标准调整。参加本次调标总人数 15081 人，月人均增资 56.5 元，其中：机关总人数 5113 人，月人均增资 51.82 元，差额拨款的 6268 人，月人均增资 56.70 元，自收自支总人数 2316 人，月人均增资 65 元。

【机构编制管理加强】 年内，因行政区域调整，及时调整行政编制和专项编制，主要是：从原惠阳市党政群机关、乡镇机关、公安系统、法院系统等行政编制划转 718 名给惠城区；从博罗县公安专项编制、乡镇机关行政编制、司法所基层行政编制划转 9547 名给惠城区；从原惠阳市公安专项编制划转 95 名给市公安局。所划转编制除党政群机关有 20 名空编外，其他均连人带编划转。并调整市直规划、交通、公安、环保等部门机构编制，分别核定专项编制和事业编制。全年收回单列编制 6 人、临时编制 3 人。年内，市政府通过《关于开展我市事业单位机构和人员制度改革工作的请示》，上报省人事厅同意后下发实施。

年内，根据省事业单位登记管理局《关于做好 2002 年度事业单位法人年检工作的通知》，开展年检工作。市直参加年检的事业单位法人 257 人，占应参加年检单位的 98%，其中：年检合格单位 253 个。

【安置军队转业干部】 年内，制定下发《惠州市解决市直部分企业军转干部生活困难问题的实施意见》，较好地解决了部分企业军转干部生活困难问题。出台《惠州市军队转业干部安置暂行规定》。全年接收计划安置军转干部 118 人，其中：团职干部 29 人(正团职干部 9 人)、营职干部 58 人、连排职干部 21 人、技术干部 10 人。接收自主择业干部 17 人，占接收军转干部总数的 13%。接收军转干部随调家属 16 人。安置驻惠部队上报并经审查符合条件属干部身份的随军家属 47 人，其中：选择计划安置 45 人、选择自谋择业 2 人。

【评审认定专业技术资格】 年内，申报评审中级专业技术资格人员 2257 人，评审通过 1813 人。完成大、中专毕业生专业资格初次认定 550 人，流动人员专业技术资格确认 153 人。建立 5 个市级专业技术人员继续教育基地。全年组织市直专业技术人员继续教育公修课中的计算机应用知识培训 139 人，考核 684 人(含补考)。组织各类人事考试 11825 人。发放博士津贴 61 人，约 78 万元。

（朱俊华　陈春雷　黄伟东）

外事　侨务

【概况】 2003 年，惠州市外事、侨务工作贯彻执行党和国家的各项外事、侨务方针政策法规，坚持为国家总体外交服务、为祖国统一大业服务、为侨服务、为地方经济建设服务的宗旨，在因公出访管理、涉外及港澳事务管理、外事礼宾、国内外侨务等方面均取得一定成绩，杨村、潼湖华侨农场改制，缔结友好城市，推进惠港合作等取得实质性进展。

【重要团组出访】 10 月，市委书记柳锦州一行 20 人参加广东省经贸考察团赴日韩考察招商，举行投资环境推介会，拜访新老客商；副市长黄锦辉赴澳大利亚参加亚太地区市长高峰会议。11 月，市委副书记、纪委书记李汝求一行 10 人赴美国和加拿大考察招商；市委

2003 年 7 月 8 日，国际（SOS）救援中心中国地区常务董事詹·威廉（右五）一行 4 人访问惠州　（市外侨局供）

常委李秀峰一行10人赴美国考察石化工业；市政协副主席吴石牛率环卫系统一行10人赴美国考察垃圾发电厂项目。12月，副市长许光率德赛集团和仲恺高新技术产业开发区有关人员出访美国考察电子项目。

【因公出国（境）审批与签证】 年内，全市办理因公出国（境）审批签证签注手续2080批3116人次。其中：3个月一次或两次往返港、澳1139批1698人次，3个月或6个月多次往返港、澳819批1113人次，出国考察、商务洽谈、验收设备及技术培训122批305人次。

【涉外及港澳事务管理】 年内，为来自美国、英国、加拿大、俄罗斯、澳大利亚、韩国、南非、土耳其等24个国家的外国人士签发入境通知书171批248人次。会同公安等部门处理涉外（含港澳）事件10宗。

【外事礼宾】 年内，市外事侨务局接待外国政要、外交官、著名跨国公司领导等组成的外宾团组17批113人次。这些来访团组主要包括越南总理智囊团、澳大利亚BHP钢铁公司、国际SOS救援中心等。

【外事翻译】 年内，市外事侨务局完成了第二届国际数码节、大亚湾发展推进会等大型外经活动的翻译任务。与法制部门联手，把惠州市20多部规范性文件翻译成英文，并编印成册，登上互联网。

【国内侨务】 年内，市外事侨务局贯彻落实《中华人民共和国归侨侨眷权益保护法》、《广东省归侨侨眷权益保护实施办法》等法规，依法护侨，做好信访和落实侨房扫尾工作。全年处理侨胞来信、来访、来电110宗，处理遗留案件4宗。全年发放救济金4万元，慰问归难侨81户。

年内，做好华侨农场改制，调研历时180天，撰写调研报告4万多字，争取上级落实各项经费2亿多元，妥善解决华侨农场社会保障、财政转移支付等问题，理顺了行政体制。4月11日，杨村华侨柑桔场改为杨侨镇，移交博罗县管辖。12月25日，潼湖华侨农场改为潼侨镇，移交惠城区管辖。

【国外侨务】 年内，市外事侨务部门组团赴马来西亚、泰国、印尼访问，应邀参加第七届世界华商大会和马来西亚柔佛州惠州会馆成立67周年庆典活动。组团赴港拜会香港各区惠州同乡会。全年接待泰国、马来西亚、美国、香港等国家和地区华侨华人、港澳同胞17批301人次。主要包括香港惠侨英文中学一行80人、香港青年网络广东参观团一行40人、香港社会福利服务界国庆考察团等。

【缔结友好城市】 7月4日，苗比达市姐妹城市委员会一致通过与惠州结好申请案，并将提案送交市议会讨论。8月2日，苗比达市姐妹城市促进会一行6人访问惠州，市长柳锦州、副市长徐志达接见了访问团。12月1日，市委副书记李汝求率经贸代表团再次访问苗比达市，就两市进一步交流与合作进行探讨。惠州对外缔结友好城市取得实质性进展。

【推进惠港合作】 年内，市外事侨务部门抓住《内地与香港关于建立更紧密经贸关系的安排》（CEPA）签署的机遇，加强与香港各界的联系，推进惠港合作。11月，香港政务司司长曾荫权访问惠州，与惠州领导就CPEA框架下惠州与香港开展合作领域的方式等问题广泛交换意见。市外事侨务局与香港特区政府驻粤经贸办事处就如何开展惠州与香港在仲裁、法律和会计等行业的合作进行多轮磋商，惠港双方就仲裁、法律服务合作的可行性达成共识。促成惠州市仲裁委与香港仲裁司学会双方互聘仲裁员并建立“惠港联合仲裁模式”。

（徐国军）

接　待

【概况】 2003年，惠州市接待处本着“树良好形象、严策划管理、奉文明服务、创优化绩效”的宗旨，迎迓天下朋友，网集信息，互联五湖四海，为宣传惠州文化名城历史，介绍东江之滨华物秀质和惠州人民奔小康、建设社会主义现代化的光辉进程，作出了贡献。全年接待内、外宾客2888批31495人次，其中：接待吴阶平、叶选平、李蒙、张德江、黄华、张克辉、周铁农、胡启立、陈锦华等党和国家领导9批9人次；省、部级领导138批255人次；厅、局级领导563批1085人次；记者、专家、学者133批792人次；港商、澳商、台商、外商127批1956人次；其他宾客2053批27684人次。圆满完成上级领导机关交给的各项接待任务。

【完成重大活动接待任务】 年内，惠州举办第二届国际数码节、惠州大亚湾发展推进会等重大活动，市接待处承担全部政务性嘉宾、大型宴会的接待任务，包括国家和省的高层领导人、海外跨国公司和知名企业的高层决策者、驻穗各国领事馆官员以及境内外70多家新闻媒体记者等。全体人员进一步强化“人人都是投资环境，个个都是惠州形象”的意识，协同配合，巧于运作，加强与相关部门的联系协调，确保道路交通、安全保卫和卫生检疫等环节万无一失。做到整个接待过程有条不紊，环环相扣，活动内容丰富，获得国家和省有关领导的高度评价，受到国内、外客商的赞扬。

【健全接待运行机制】 年内，市接待处建立、健全科学严密的接待管理制度，明确规定接待范围、审批手续、迎送程序、经费开支等方面。加强机关内部制度管理，充实扩展工作制度和规程，内容包括接待工作人员岗位责任制、内宾接待制度、接待安排及收费标准、接待经费列支的范围及使用等7个方面，使接待工作有法可依，有章可循。

【加强接待基地建设】 年内，分期、分批改造惠州宾馆碧云楼、望湖楼、西新楼、八号楼、停车场、大门门楼、小岛小桥等设施，增强惠州宾馆品牌声誉。9月，惠州宾馆被国家旅游局评为四星级旅游涉外饭店。

年内，市接待处公开招聘机关工作人员1人。11月，举办一期全市接待业务培训学习班，邀请暨南大学教授讲授有关接待礼仪等知识。12月，调整惠州宾馆中层管理人员，提拔8人任宾馆部门经理。

【存在问题】 接待队伍服务水平有待提高，惠州宾馆接待基地硬件设施条件有待进一步加强。

（林小忠）

国土资源管理

【概况】 惠州市陆地面积1.12万平方公里，海域面积4520平方公里，海岸线长223.6公里。

2003年，惠州市国土资源局围绕保护和合理利用国土资源的基本国策，坚持土地管理与矿产管理并重，为惠州市创建文明城市、建设经济强市和创建现代石化数码名城提供国土资源保障。

年内，以建设国家海域使用管理示范区为契机，贯彻、落实《国家海域使用管理法》，加强法制建设，推进海域使用许可证制度和有偿使用制度的实施，海域使用管理步入科学化、法制化、规范化轨道，至年底，累计发放海域使用证948本，用海面积13922.6公顷，其中：年内发放海域使用证67本，新增持证用海面积1217公顷，征收海域使用金348.2万元。

【耕地保护得到加强】 年内，完成了惠州市第三期耕地保护目标任务，惠州基本农田保护区调整划定被广东省评为优秀等级。全市耕地保有量达228.1653万亩，是目标任务的100.07%。全市耕地增加4.79772万亩，是目标任务的133.27%。全市划定保护区面积2051334.9亩，其中增划面积350634.9亩，完成省下达指标的100.04%，并建立了保护区资料档案。

年内，市国土资源局编制全市土地开发整理专项规划，建立补充耕地项目库，组织中海壳牌石化、惠澳铁路、S119增马公路、惠河高速公路二期工程等补充耕地项目的实施，并经广东省验收合格。在博罗杨侨镇实施废弃果园和未成林荒地垦复建设，成为农业高新技术产业园区垦复示范生态园，规划面积29000亩，已完成首期2820亩土地开发整理，新增耕地1510亩，耕地质量达到省规定要求。

【经济建设用地得到保障】 年内，市国土资源局强化建设用地管理，严把用地审查报批关，确保国家、省、市重点工程所需用地，优先保障交通、能源、水利基础设施、高技术产业、教育事业以及民营企业用地。年内，审批用地710宗，面积21710亩，完成上报用地材料20宗，面积7006亩。完成剑潭水利枢纽工程、先科大道、过境公路、大亚湾引水工程、惠州大道整治、市区南出口和数码工业园第一期3.5平方公里的征地任务。

【土地盘整取得成效】 年内，市国土资源局采取挂账收地、异地置换和限期开发等方式，盘整金山湖127万平方米用地、南坛小学扩建用地和十一小新校址用地，补偿和调整安排惠海加油站、惠湘化纤（惠州）有限公司、东平翟屋村等用地。加大土地经营力度，实行土地收购储备制度。3月，成立惠州土地收购储备中心，制定《惠州市土地储备实施办法》，通过征、收、购、换等方式，对土地招标、拍卖、挂牌，依法出让土地。全年储备中心接管市政府清理土地类物业，有19个单位36宗地，面积263474平方米。全年盘整土地总面积135.3万平方米，其中：海关首期用地179747平方米，麦地小学用地18920平方米，政府储备605629平方米。完成数码工业园、先科大道、白鹭湖土地盘整，其中白鹭湖3000亩用地公开挂牌出让。

【经营性用地市场化配置加快】 年内，市国土资源局制定《惠州市土地使用权交易市场管理办法》，规定土地进场交易细则。全年办理土地使用权转让211宗，面积2010亩，成交金额45427万元，其中：以招标、拍卖、挂牌方式转让土地使用权16宗，面积270亩，成交价11498万元。办理土地使用权抵押223宗，面积5640亩，抵押融资200436万元。公开招标、拍卖、挂牌出让土地使用权19宗，面积222公顷，成交价33294万元。

全年为市政府创收地价收入达 1.7 亿多元，比上年增收 70%。

年内，开展城区范围内基准地价更新调整，完成原惠城区 400 多平方公里土地价格调查，建立了基准地价体系，于年初正式对社会公布实施。

年内，成立由国土资源、规划建设、发展计划、纪检监察、财政、审计、法制、农业等部门负责人组成的治理整顿土地市场秩序领导小组，召开 6 次全市性会议动员部署，制定治理整顿工作方案，组织实施。全市摘除开发（园）区牌子 123 块，清理出各类违法用地 908 宗，面积 146586.98 亩。基本达到国务院、省政府的要求。12 月，国务院、省政府组织检查验收，惠州是全省 22 个地级以上市的免检单位。

【矿业权市场得到培育规范】 年内，市国土资源局对惠城区矿场采矿权实行有偿出让，办理了符合采矿权有偿取得延续条件的 11 家矿山延续手续，签定有关合同和综合治理责任书，有偿出让合同金额 520 万元。全年收缴矿业权有偿出让金 163.75 万元。

年内，市国土资源局制定《惠州市采石场清理整治和复绿工作方案》，清理整治达不到要求的矿场。全年下发采矿许可证废止通知书 5 个，投资 87.6 万元复绿东江岸边的东江、大瑞坑和小金口镇惠宝 3 个废弃石场，复绿面积 66470 平方米。全年收取环境治理保证金 326.75 万元，征收矿产资源补偿费 97 万元，超额完成省国土资源厅下达的任务。5 月，惠州市区划调整后，增加水口、横沥、潼湖、马安、陈江等 10 个镇的 23 个石场、26 个砂场。市国土资源局逐一核实石场、砂场证照、开采范围、开采期限、年开采量（生产规模），完成了惠城区 17 个采石场现状调查，并逐个进行现场录像、拷制光盘。

【测绘市场有序发展】 年内，完成惠州市区 500 平方公里范围内 GPS-E 级点控制测量和杨村农业高新技术产业园区垦复示范生态园 20 平方公里、小金口 30 平方公里、梅湖剑谭水库枢纽 4 平方公里等 1∶500 数字化地形测量。完成惠城区 1∶500 数字化地形测量 158 宗，面积 1.515 平方公里。全年测绘创收 189.75 万元。完成全市 22 个测绘单位 2003 年度测绘资格证书年检。

2003 年 4 月 29 日，惠州市国土资源局服务大厅、交易中心获“青年文明号”称号挂牌。（市国土局供）

【信息化建设取得进步】 年内，市国土资源局完成办公自动化子系统和信息发布子系统的开发设计，并投入使用。7 月，开始系统第二期建设完成了地籍管理、土地储备等 11 个子系统的开发设计。11 月，国土资源网站被评为市十佳优秀网站。

年内，完成了市区 230 平方公里数字化地形图的完善和建库、19200 宗地籍档案数据的收集、整理和建库、市区基准地价数据的建库、土地查封和它项权利数据的收集和建库等等。全年编制和打印用地红线图 590 宗 1770 张、宗地图 7453 宗 14906 张，收入 402.7 万元。

【城镇住房用地登记发证稳步推进】 年内，市国土资源局全面推开城镇住房用地分割登记发证，利用报纸和电视传媒、发放宣传册、“土地日”专题咨询、“法制日”宣传等形式进行宣传，印制和发放宣传小册子 25000 本，宣传资料 30000 份，报纸 5 期 25000 份，电视播放 280 场（次）。召开多场研讨会、协调会和咨询会，解决疑难问题。在新世界长湖范、石湖苑、市汽运总公司等住宅小区先行试点。制定《惠州市城镇住房用地分割登记操作方法》，明确分割登记的政策界限和操作方法，全年全市完成分割登记发证 4500 多户。

年内，发放土地证书 1500 本，纠正 21 宗用地界线等错误。完成年度土地变更调查，掌握土地利用动态变化。全市变更图幅 47 幅，变更面积 22561.2 亩。全市全年建设占用耕地 1444.4 亩，土地开发整理新增耕地 1471 亩，实现耕地占补平衡。年内，开展耕地后备资源调查。查清全市有省级耕地后备资源 79197.3 亩，国家级耕地后备资源 41996.9 亩。

【国土资源执法监察有力】 年内，市国土资源局查处土地违法案件 3 宗，面积 50.7 亩，收缴罚款 11 万元。调处土地纠纷 4 宗，面积 685 亩。接待群众来访 320 人次，处理群众来信 97 件。清理统征地 6 个小区，拆除违法占地建筑物 7560 平方米。处理临时用地 51 宗，面积 33501.6 平方米，收缴临时用地费 44 万元。处罚砖瓦窑场 8 个。受理查封、解封及其他协助执行事项 163 宗；对历年来查封、解封资料登记入库（档案）429 宗。

（何召冰）

【完善地方海域管理制度】 惠州市有大小岛屿 140 个，其中无居民海岛 136 个。为防止无序开发无居民海岛资源，规范用海秩序，合理配置海域资源，1月8日，市政府颁布实施《惠州市无居民海岛及周围海域开发管理暂行规定》和《惠州市海域使用权招标拍卖管理暂行规定》，完善了惠州市海洋管理制度。

【查处违规用海】 年内，海洋管理部门完成了黄埠建龙公司涉嫌以所持有国土使用证为幌子进行突击填海造地案件的调查。调查了三门村违法在三门北扣湾修建酒店引发军民矛盾和村民与深圳海明珠公司纠纷案件。清理惠东考洲洋违法设置定置网223张，总长1700米，网塭50个，面积2700亩。

【海岛立碑标记和海域勘界】 年内，海洋管理部门对惠州市108个主要岛屿进行立碑标记，完成海岛立碑37个。成立惠州市海域勘界领导小组。至年底，完成惠东县与大亚湾之间海域分界的主张线。

（陶荣军）

投 资 管 理

【概况】 2003年，惠州市投资管理公司（以下称公司）继续以市政府赋予的市属资产运营管理工作为核心，积极探索，大胆尝试，盘活国有资产，整合大亚湾水务资产，加快两江四岸整治开发建设，做好中海壳牌南海石化项目配套工程融资和建设，完成上级交办的各项任务，实现公司既定目标。

【构筑国有资产运营新平台】 年内，公司以中海壳牌石化项目配套工程的引水工程为契机，提出《惠州市大亚湾引水工程风田水库至石化段供水工程投资建设方案》、《利用引水项目、整合相关供水资源，筹措引水工程建设资金及二期移民资金方案》，并经市政府批准实施。整体划入大亚湾供水公司、大亚湾自来水总公司，公司成为风石段引水工程、石化区净化水厂投资建设主体，改变了大亚湾水务资产投资分散、管理分散、成本费用增大的局面，形成集原水供应、中水处理、自来水供应、污水处理于一体的综合性运营主体，保证整个大亚湾区特别是壳牌石化项目工业用水和居民生活用水，使优质国有资产经过培育增值。

【加快两江四岸整治开发建设】 年内，公司在江岸拆迁安置、工程建设、银行融资等方面做大量细致工作。完成拆除位于整治范围内的东江化肥厂房屋1.8万平方米，化肥厂142户职工被妥善安置。完成水北1～7村共945户村民搬迁补偿。已签约并要求产权调换的612户家庭完成选房工作。总投资2000万元、全长约1.2公里的惠州大桥下游段防洪堤建设，已按百年一遇防洪标准设计建成，并通过验收，被评为优良工程。东江公园一期建设已于第二届国际数码节前完工。总投资1.5亿元、建筑面积16.8万平方米的江北8#区安置房建设基本完成。

【做好中海壳牌石化项目配套工程融资和建设】 年内，公司协调有关部门，完善银团贷款手续，做好信贷资金管理，全部落实12份资产抵押登记手续，严格按工程实际进度分步放款，累计拨付工程资金13.37亿元，满足各项工程用款需求，保障建设资金足额、准确无差错、及时到位。公司对项目资金运用及利息偿付严格按银团融资合同履行，维护了公司的良好信誉。完成大亚湾引水工程建设的二期移民项目所需约6亿元融资。

【整合和盘活国有资产】 年内，公司以资产运营方式统一调度境内外相关资产进行资产整合，以解决市属企业诚昌国际集团有限公司等境外企业历史债务问题。处理永通与城市燃气的债权债务及相关法律问题，排除社会不稳定因素。为市政改造建设融资8000万元，为市中级法院新建办公楼融资4000万元，融资2000多万元用于投资大厦（原惠坤大厦）遗留工程的配套和完善。加强和完善物业管理，盘活物业出租建筑面积比上年增加9%，出租率达90%。

【搞好直属企业经营】 年内，公司系统各直属企业转换经营机制，加强经营管理。燃气工程施工完成地下管网45公里，安装户内管7000户，新增点火5400户，分别比上年增长24.9%、34%和31.6%，收取开户费2250万元，比上年增加130万元，增长6.1%。汤泉酒店通过细化管理和落实"双向目标"，接待能力进一步增强，全年接待客人68363人次，营业收入1010.56万元，完成利税50.56万元，实现减亏。大众实业公司完成物业租赁收入47万元，销售收入27万元。新划入的大亚湾供水有限公司、大亚湾自来水总公司努力优化资产结构，改善财务状况，经营管理稳定，业务开展正常。

【存在问题】 公司承担政府大量重组历史债务任务，优质资产大多数用于抵押，公司资产状况不尽人意；公司部分直属企业包袱仍然较重；人员整体素质有待提高；经济效益不够理想。

（王健斌）

社会经济调查

【概况】 2003 年，惠州市社会经济调查队（简称市社调队）以提高数字质量为核心，采取多种措施开展业务建设；以创建文明机关、培养一流社调队伍为主要内容，加强精神文明建设，高质量完成各项调查任务，社调工作优质服务取得较好成绩。年内，市企调队获得省企调队评比综合奖和 6 个单项奖，市城调队获得全省城调业务考核评比工业品价格、城镇住户调查、统计分析和信息服务一等奖。

主要存在问题：社调工作法制化、规范化、信息化水平不够高；社调统计法治社会氛围没有形成，部分调查对象统计违法现象不同程度地存在；信息化水平不够高。

【实施数据质量监控】 年内，不断完善各项制度，建立季度业务工作会议制度和数字质量评估制度。住户、物价、工价 3 个专业形成规范评估报告，房价、景气两个专业也进行评估。坚持执行专业工作“百分制”考核制度，制定考核标准，做好考核记录，进行考核通报。加强统计普法，实施统计执法，使用统计法律手段确保调查数据质量。全年编印《社调统计普法园地》3 期 840 份，组织 149 名专兼职调查员参加《统计法》知识竞赛，发出《催报通知书》6 份，点名通报批评 30 家企业。

【开展社会热点问题专题调查】 年内，市社调队抓住贯彻落实党的十六大和市第八次党代会精神、“非典”、部分物价上涨等社会热点问题，开展惠州居民期望什么、“非典”对企业生产经营情况的影响、“非典”控制后居民消费情况、受“非典”影响较重行业享受政府优惠政策情况、市场猪肉、食油、粮食价格上涨对居民生活影响共 5 项社会热点问题调查，及时上报调查报告，受到市领导好评。

【承接政府和部门委托调查】 年内，市社调队承接完成惠州市规划建设局委托的对惠州市区 28 条公交汽车线路 290 辆公共汽车客流量跟踪调查和惠州市企业物流情况调查。完成市政府拆迁办委托的惠城区水北居委会辖区居民家庭种养、出租房屋情况调查。

【创建一流社调队伍】 年内，市社调队把“创建一流社调队伍”当作创建文明机关、精神文明建设的一项重要工作，采取 6 项措施确保创建一流社调队伍：制定《评选惠州市“先进调查企业”的试行办法》，在全市调查样本企业中开展评选“先进调查企业”活动；建立社调队“优秀统计分析奖”和“统计分析进步奖”制度；建立政治理论、业务知识学习考核制度；实施中层领导竞争上岗；完善修订督导员、收账员、编录员、采价员管理和业务培训考试制度；对科长进行综合能力、汇报能力、写作能力、分析研究能力强化训练，建立起规范的、有程序的季度业务工作会议和数字质量评估制度。

（谭绮华）

档案工作

【概况】 2003 年，惠州市各级档案部门创新务实，与时俱进，开拓档案领域，依法治档，加强档案建设，开发档案信息资源，推进档案事业全面发展。全市各级各类档案馆 8 个，全年接收进馆档案资料 54130 卷（册）、804 件。有 82 个机关单位、11 个事业单位、5 个乡镇档案达标升级。全年有 23 个农村村委会建档，历年累计 1020 个，村级建档率 97.8%。市直单位完成当年档案归档率达 90%，各县（区）完成归档率达 75%以上。

各级档案部门加强高新技术开发区、城建档案、房产档案的指导，抓好重点建设项目档案的收集和管理，抓好旅游、宗教和安全生产档案的调查研究。

市档案局举办业务局长和业务指导人员研讨班，各县（区）举办业务研讨班、专题班 12 期，参加人数 551 人次。惠州市档案局专业初级职称评委会评审档案初级技术人员 14 人。

全市有 21236 人次到档案馆、档案室查阅利用档案资料 35897 卷（册），档案效能作用得到发挥。

年内，惠州市档案学会召开学会年会暨学术研讨会，收到论文 12 篇。推荐 9 篇论文参加省档案学会学术研讨会，入围 8 篇，获一等奖 1 篇、三等奖 1 篇。

存在问题：个别地方和单位领导档案意识和档案法制观念不够强；部分档案工作者思想观念跟不上发展需要，开拓创新意识不够强；个别档案部门利用档案法制法规管理档案事业的力度不够；档案管理现代化水平不够高，信息化建设的步子不大。

【创新档案服务领域】 年内，全市各级档案部门围绕档案工作更贴近中心、贴近群众、贴近实际，多形式、多渠道、全方位开展服务工作。市档案局加强移民、社区、民营企业等新领域档案工作的指导，开展破产、退市企业档案处置和接收；开展荣誉档案、名人档案的接收和征集，加强档案寄存和委托代管档案业务；组织指导中海壳牌石化项目档案资料的收集和管理；开发档案信息资源，挖掘档案价值，完成《惠州改革发展实录》一书的定稿，与市党史研究室联合出版《惠阳地区“大跃进”、人民公社化运动资料汇编》一书，各县（区）编印一批史料和参考资料。

【开放现行文件】 年内，根据市委办、市政府办《关于在市档案馆开展现行文件阅览服务的意见》，市档案馆、惠城区、惠阳区、博罗县、龙门县档案馆和大亚湾机要保密档案科将收集369个单位自1998年形成的政策性、法规性、公益性、服务性的11173份现行文件（俗称“红头文件”）和一批资料向社会开放。其中，市档案馆于7月31日向社会开放89个单位的现行文件4860份、文件汇编资料670册，深受社会各界欢迎和好评。

【加强档案法制建设】 年内，全市各级档案部门不断完善档案行政部门的审批、审核、核准、备案事项的操作规程，规范行政审批责任制和审批监督制度。

全市档案部门多形式开展档案法律宣传。据统计，全市有1000多人次参与档案法制宣传活动。采取业务监督指导与执法检查、达标升级复查方式，开展行政执法检查30次，检查单位250个，针对存在问题，采取局部通报、限期整改措施，下发《关于市直单位档案移交接收情况通报》，对遗失档案和不按时移交档案单位通报批评，使依法管理档案收到良好效果。

【机关单位档案达标升级】 年内，全市各级档案部门采取一级抓一级、条块结合、系统横管、专业直抓、抓两头、促中间的方式，开展档案综合管理的咨询和指导。全年有82个机关单位达标升级，其中省特级24个、省一级5个、省二级53个，历年累计627个，惠阳区第一个实现县（区）机关达标升级满堂红。年内，对40个达标升级满五年单位进行达标升级复查。

【夯实农村档案基础】 年内，全市各级档案部门继续注重抓好农业和农村档案工作。惠城区抓好乡镇区域调整后档案交接和监督。全市有23个农村村委会建档，历年累计1020个，建档率97.8%。全市有5个乡镇档案工作达标升级，惠阳区乡镇一级达标率100%。

【加强企事业单位档案管理】 年内，全市各级档案部门继续抓好国有企业转制产权变动档案处置。对市直国有企业档案、民营企业档案进行调查和监督，妥善解决退市企业和破产企业档案归属问题。继续开展企事业单位档案目标管理，市德赛集团公司档案工作通过省级先进认证，全市有11个事业单位档案工作达标升级。

【档案馆工作加强】 全市各级各类档案馆全面开展档案收集、整理、保管、保护和鉴定，广泛征集声像档案、特色档案和反映本地区重要事件、重要活动的档案。年内，全市各级各类档案馆接收54130卷（册）、804件档案、资料进馆，其中：市档案馆接收12079卷、333件，惠城区档案馆接收13000卷，房产档案馆接收25000卷。市档案馆接收和整理梁镜球、丘振声、陈友莲等名人档案343件，添置档案设备一批，改善档案保管条件。

（邱少雄）

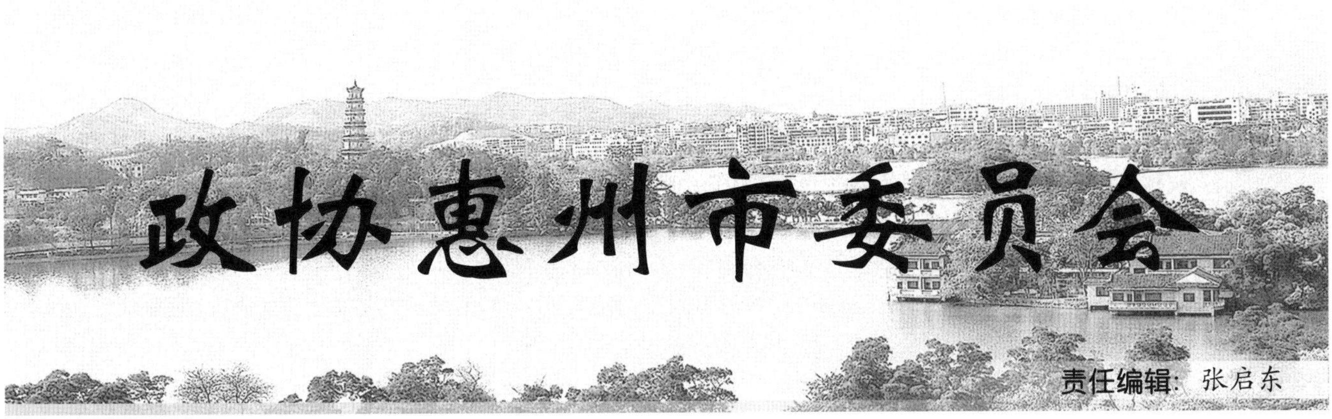

政协惠州市委员会

责任编辑：张启东

市政协领导名单：

主　　席：叶月坚

副 主 席：杨有义　吴石牛　谢　端　李靖国　谢仕强　叶　青　廖锦堂　刘冠贤

秘 书 长：周兴成

副秘书长：黄玄潭　陈润国

重要会议

【市政协九届一次会议】 中国人民政治协商会议惠州市第九届委员会第一次会议，于2003年5月22～26日在惠州市电影院召开。来自各界的268名市政协委员出席大会。会议审议通过政协惠州市第八届委员会常务委员会工作报告、关于提案工作情况的报告；审议通过政协惠州市第九届委员会第一次会议决议。委员们还列席了市九届人民代表大会第一次会议，听取和讨论惠州市人民政协工作报告和其它报告。会议表彰了市政协八届四次会议以来的18件优秀提案。委员们对政协工作和政府工作报告的实施提出许多富有建设性的意见和建议。市委、市人大、市政府和市纪委、市法院、市检察院等主要领导，以及在惠的省政协委员和各有关方面人士应邀列席会议，来自惠州市社会各阶层的人民群众60多人旁听了大会。会议选举叶月坚为九届市政协主席，杨有义、吴石牛、谢端、李靖国、谢仕强、叶青、廖锦堂、刘冠贤为副主席，周兴成为秘书长，于加良等44人为常务委员。市政协主席叶月坚在闭幕大会上作了重要讲话。

【市政协八、九届常委会议】 4月9日，市政协召开八届十九次常委会议。主席汤聘辉主持，审议通过关于市政协九届一次会议的日期、议程以及会议的、日程，关于表彰市政协八届五次会议以来优秀提案的决定等。

5月16日，市政协召开八届二十次常委会议。主席汤聘辉主持，审议通过九届政协的组成单位（界别）、委员名额和委员名单；审议九届一次会议主席团成员、主席团会议主持人和秘书长名单草案；审议九届一次会议常务主席、常务主席会议主持人名单草案；审议九届一次会议提案审查委员会名单草案；审议通过八届常委会工作报告和关于提案工作情况的报告；讨论和修改市政府工作报告（征求意见稿）等。

11月18日，市政协召开九届一次常委会议。主席叶月坚，副主席杨有义、谢端、李靖国、廖锦堂、刘冠贤，秘书长周兴成以及常委31人出席会议。会议采取无记名投票方式表决通过政协惠州市第九届委员会副秘书长名单和政协惠州市第九届委员会专门委员会主任、副主任名单；黄玄潭、陈润国为政协惠州市第九届委员会副秘书长；李荧为提案和法制委员会专职主任，苏娥为专职副主任，杨志康、肖炳森、罗运来为兼职副主任；朱德尊为学习和文史资料委员会专职主任，孟国忠为专职副主任，吴献民、罗志源、魏腾辉为兼职副主任；陈观友为经济和港澳台侨委员会专职副主任，石小勇、陈志强、屈波、曹丽云为兼职副主任；谭木兴为教科文卫体委员会专职主任，黄大平为专职副主任，华红、严燕英、陈柏培、瞿蓓莉为兼职副主任。

12月16日，市政协召开市政协九届二次常委会议。主席叶月坚主持，围绕“抓住行政区划调整机遇、加快城市化发展进程”进行专题议政。市领导柳锦州、黄业斌和市政协副主席杨有义、吴石牛、李靖国、谢仕强、叶青、廖锦堂，秘书长周兴成及有关部门领导参加。会上，黄玄潭、刘源、刘协亭、郑秀红、于加良、黄庭阳、邓勤等委员和专家作了议政发言。

【市政协八、九届主席会议】 4月3日，市政协召开八届二十八次主席会议。主席汤聘辉主持，审议通过关于召开市政协九届一次会议日期、议程、日程的建议，关于表彰市政协八届五次会议以来优秀提案的决定草案等。

5 月 15 日，市政协召开八届二十九次主席会议。主席汤聘辉主持，审议新一届政协的组成单位（界别）、委员名额和委员建议名单草案，九届一次会议主席团成员、主席会议主持人和秘书长名单草案，九届一次会议常务主席、常务主席会议主持人名单草案，九届一次会议执行常务主席名单草案，八届常委会工作报告（征求意见稿）等。市委组织部副部长刘惠忠、统战部副部长胡彦列席了会议。

6 月 19 日，市政协召开九届一次主席会议。主席叶月坚主持，研究决定主席、副主席分工及委员编入专委会的有关问题。

8 月 16 日，市政协召开九届二次主席会议。主席叶月坚主持，学习“三个代表”重要思想、胡锦涛总书记“七一”重要讲话以及省长黄华华来惠州调研时的讲话精神。

11 月 11 日，市政协召开九届三次主席会议。主席叶月坚主持，审议提交常务委员会批准的人事任免事项；拟定常委专题议政会议的议程、日程；通报近期的工作安排等。

12 月 11 日，市政协召开九届四次主席会议。主席叶月坚主持。会议讨论修改专题议政会议中心发言材料，还审议通过关于进一步做好专门委员会工作的意见。

【中共惠州市委召开政协工作会议】 10 月 13 日，中共惠州市委首次召开全市政协工作会议。总结和交流政协工作经验和做法，研究和部署新时期政协工作，探索开创政协工作局面。这是市委为加强党对新时期政协工作领导的重要举措。

主要工作

【协商议政】 2003 年，市政协围绕市委、市政府的中心工作，把有利惠州发展、促进惠州发展、实现惠州发展作为协商议政的出发点和落脚点，建诤言，献良策。

九届一次会议期间，委员们认真听取和讨论了市政府工作报告和其它有关报告，对全市经济建设和社会发展的重大问题进行广泛协商，以各种形式，坦诚进言。就解决“三农”问题、生态建设和环境保护、发展基础教育、发展旅游产业、健全保障体系、抗击“非典”等问题，发表具有独到见解的意见和建议，提交大会发言材料 17 份。此外，还组织召开“如何加快民营企业发展”和“继续改善投资环境，进一步加速惠州发展”两个专题座谈会。委员们的意见和建议得到市领导的充分肯定，不少意见和建议在决策和实践中，得到吸收和采纳。

常委会把行政区划调整，作为议政专题。组织调研组，历时 4 个月，多次赴惠城区、惠阳市及所属乡镇和外市进行调研，撰写了《抓住行政区划调整机遇，加快城市化发展进程》等 8 个专题材料。在议政会上，常委们向市委、市政府提出关于创新体制，理顺关系，加强区划调整工作的领导，确立“一城两区”观念，整体推进城市化进程等 6 点建议。会后，向市委、市政府报送了主席会议建议案，为市委、市政府解决、落实区划调整后的相关问题提供了决策参考。

8 月中旬，市政协常委会选择“乡镇干部队伍建设情况”作为课题，开展调研。前后历时一个多月，深入全市 5 个县（区）10 多个乡镇，同干部群众上百人座谈商讨，在调研报告中提出了 10 个方面的问题和改进建议。调研结束后，召开协商会，通报调研情况。与会的市、县（区）两级党委、政府及组织人事部门的领导，对调研成果给予充分肯定和高度评价，大部分建议被列为决策参考。

【加强民主监督】 2003 年，政协委员开阔思路，培育载体，认真开展民主监督。市政协会同市委督查办、市府督查办，采取电话联系、上门走访、召开座谈会等形式，与各提案承办单位沟通，督促提案的办理落实。全年立案 208 件提案，至年底前全部办复完毕。对其中涉及群众切身利益，关乎全市工作大局的 4 件提案，市政协领导领衔重点督办，取得明显效果。

充分利用《惠州社情民意》这一载体，及时反映人民群众的意见和批评。九届一次会议以来，共报送 21 期《惠州社情民意》，围绕优化生活环境、维护社会稳定、城市建设与管理等同百姓日常工作、学习，生产、生活息息相关的问题提出意见和批评 77 条。党委、政府和有关职能部门非常重视，促进了问题的及时解决。

年内，政协委员积极参与“行风评议”活动。一些委员担任部门的监督员，为机关的作风建设和廉政建设作出了贡献。200 多名委员参加“万众评公务”活动，帮助 112 个单位查找和解决机关作风存在的问题，及时向“万众评公务”活动领导小组反馈情况。

8 月，派出市政协常委和工作人员参加由市纪委和组织部牵头组织的市委巡视组，对市劳动社会保障局等 6 个市直单位领导班子，特别是党政主要负责人贯彻执行党的路线、方针、政策和市委决策、民主集中制、廉洁从政、落实党风廉政建设责任制等方面的情况，进行监督、检查，并将检查结果及时报告市委。

【视察人民关注的问题】 创建全国示范性普通高中，是全市人民十分关注的大事。2003年，市政协把它作为视察的重要专题。视察中，委员们细心听汇报，作调查，深入分析，对惠州市创建全国示范性普通高中工作所取得的成绩给予充分肯定。同时，对建设资金困难、部分学校用地不落实、教师编制难以解决、优质师资引进难度大等存在问题，提出建设性意见和建议。

生态环境保护与建设，是惠州人民关注的焦点。11月，市政协组织委员视察了象头山国家级自然保护区、惠东港口国家级海龟自然保护区、惠东红树林自然保护区。委员们对自然保护区的生态保护与建设，提出许多有前瞻性的意见和建议，并捐款24万多元，支持港口国家级海龟自然保护区和惠东红树林自然保护区的建设。

如何保护、开发和利用沿海旅游资源，是惠州发展旅游产业和沿海经济必须重视的问题。年内，市政协组织几十位委员对此进行了专题视察，并写出内容翔实、论据充分、建议具体的视察报告，还及时召开有关县、区领导和8个职能部门参加的研讨会。会后，《惠州日报》开辟专栏作了专题报道，引起各方的关注。

【加强团结联谊】 2003年,市政协协助党委、政府做好团结各方，鼓舞士气，维护稳定，促进发展的工作，发挥各民主党派、工商联、人民团体的作用。市政协领导和机关领导走访各民主党派市委、工商联，听取对市委、市府和政协工作的意见与建议。通过联合开展调研，联合召开研讨会、座谈会，加大民主党派提案办理力度等方式，扩大、深化与各方合作共事的层面。在使用干部、解决经费等问题上，主动协调，积极呼吁，争取支持，为民主党派在政协充分发挥作用创造条件。各专委会成立相应的界别工作小组，开展履行政协职能的各项活动，进一步发挥各界别委员的专长和政协的优势。

年内，为加强与港、澳、台侨人士的团结联谊，市政协应邀参加香港惠州同乡会联谊大会、香港广东社团总会举办的香港回归祖国六周年庆典等活动；走访香港委员和企业，了解关心他们的生产经营情况，协助他们解决困难和问题；组织市政协香港委员参观考察中海壳牌石化项目建设投资情况，并就进一步加强惠港经贸合作等问题进行探讨；组织2004年新春联谊活动，市主要领导、民营企业界委员、在港的市政协委员、香港部分知名人士欢聚一堂，共商惠港合作发展大计。此外，市政协领导还参加台商联谊会组织的活动。通过这些活动，宣传“和平统一、一国两制”的基本方针，表明坚决反对“台独”的态度，增进了解和友谊。各界委员尤其是香港委员和民营企业界委员，还十分热心社会公益事业。据不完全统计，年内，在扶贫济困、办学助残、修桥筑路等方面已捐资近千万元。

【加强政协自身建设】 九届一次会议以后，市政协马上策划、组织培训新委员，使新委员比较系统地了解人民政协的性质、地位、职能，明确委员的权利、义务和责任，尽快进入角色。各专委会还通过举办报告会、座谈会等形式，组织委员学习“三个代表”重要思想、胡锦涛总书记“七·一”讲话、中共十六届三中全会精神等，提高政治素质和参政议政能力，增强履行职能的责任感和使命感。

加强专委会建设，配齐各专门委员会主任、副主任、兼职副主任和办公室主任，充实力量。制订《政协惠州市委员会关于进一步做好专门委员会工作的意见》，各专门委员会按照“少而精”的原则，围绕中心，充分发挥委员的主体作用，加强与各方面的联系协作，专委会的作用得到较好的发挥。

密切联系县（区）政协。坚持邀请县（区）政协主席列席全体会议、常委会议，参加市政协组织的调研、视察活动；召开市、县（区）政协主席联席会和市、县（区）政协专门委员会主任座谈会；市政协领导多次到县（区）政协调研，探讨共同关心的问题，提出指导性意见。

搞好政协机关建设。以“万众评公务”为契机，发动干部群众查找差距，以创新和求实的态度抓好整改，着力解决影响机关建设的一些突出问题。以建设学习型、创新型、服务型、务实型机关为目标，提拔了一批优秀年轻干部。加强工作科、专委会办公室建设、党组织建设和党风廉政建设，建立和完善办事程序和工作机制，提高了机关工作效率和服务质量。

【存在问题】 需要进一步发挥委员的主体作用，使调研和其它活动更深、更精、更有针对性；创新履行职能的方式方法，使建言立论的水平和质量进一步提高；为委员提供更优质、更实际的服务等。

（袁　光）

中共惠州市纪律检查委员会

责任编辑：谢起章

市纪委领导名单：

书　记：李汝求

副书记：卢桂良　李林奎　张志明

常　委：李汝求　卢桂良　李林奎　张志明　钟旺兴　张以新　黄少俊　曾红胜　张建忠

综　述

【反腐倡廉取得成效】　2003年，惠州市各级党委、政府和纪检监察机关及有关职能部门以中共十六大精神和“三个代表”重要思想为指导，贯彻落实中共中央和广东省委关于党风廉政建设和反腐败斗争的一系列重大决策部署，结合惠州实际，深入开展党风廉政建设和反腐败斗争，各项工作顺利完成，取得了明显的效果。

年内，全市各级纪检监察机关狠抓领导干部廉洁自律工作，增强领导干部廉洁自律意识。突出重点，严肃查处了一批违法违纪案件。纠正部门和行业不正之风工作取得新的成果。从源头上预防和解决腐败问题取得新的进展。党风廉政建设责任制进一步完善，“党政齐抓共管、部门各负其责”的工作格局初步形成。党风廉政教育常抓常新，广大党员、干部特别是领导干部的党性和廉政意识进一步增强。通过学习、培训，严格队伍管理，干部轮岗交流，加强了纪检监察机关自身建设，促进了纪检监察干部的整体素质进一步提高。

【存在问题】　反腐倡廉的覆盖面还不够宽，力度还不够大；损害群众利益的案件和群众越级上访的问题时有发生；机关和部门的办事效率、服务意识和执法水平有待提高；查处诬告案件以及领导干部廉洁自律监督工作需要进一步加强。

重要会议

【市纪委七届八次全会】　3月5日召开，由中共惠州市委副书记叶月坚主持。会上，中共惠州市委副书记、纪委书记李汝求传达了中纪委和省纪委第八次全会精神，总结2002年惠州市党风廉政建设和反腐败工作，部署2003年的工作任务。中共惠州市委书记肖志恒作重要讲话，强调要认清形势，把握大局，与时俱进，开拓创新，不断地推进党风廉政建设和反腐败斗争，为惠州市社会经济快速、健康发展作出新贡献。为此，他要求认清形势，提高认识，增强深入持久地开展党风廉政建设和反腐败斗争的信心和决心；深入开展党风廉政建设和反腐败斗争，营造干净干事的良好环境；加强对党风廉政建设和反腐败斗争的领导，进一步形成全党齐抓共管的局面。

当日下午，会议通过《认真贯彻落实党的十六大精神，全面推进党风廉政建设和反腐败斗争》的工作报告和《中共惠州市纪律检查委员会第八次全体会议决议》。

【市纪委八届一次全会】　6月6日召开，李汝求受中共惠州市第八次代表大会主席团委托主持这次会议，市纪委委员29人出席。会议通过市纪委八届一次全会选举办法、选举监票人和计票人名单；选举产生以李汝求为市纪委书记，卢桂良、李林奎、张志明为市纪委副书记，钟旺兴、张以新、黄少俊、曾红胜、张建忠为市纪委常委的市纪委新一届领导班子。

主要工作

【强化领导干部廉洁自律措施】　年

内，市纪委认真贯彻中共中央和省委关于领导干部廉洁自律的有关规定，在全市通报了两起县处级领导干部违反建筑工程招投标法的案件，检查领导干部廉洁从政、不得插手建筑工程的有关规定的执行情况，增强了领导干部廉洁自律的意识。纠正了部分单位公车挂私牌、借（占）用外单位车辆的问题，按规定审核了党政机关购买公务用车；清理了党政机关工作人员使用无牌无证、假牌假证的车辆。清退用公款违规购买商业保险24人（次），共47万元。

【查处违纪案件】 年内，全市纪检监察机关受理群众来信、来访、电话举报1967件（次），受理初核违纪线索304件;立案查处210件，其中涉及处级干部7人，科级干部41人；结案283件，受到党纪、政纪处分者328人。

查办的主要案件有：市旅游学校校长陈汉球（副处级）违反组织人事纪律案；市直工委副书记、市“中海壳牌南海石化项目”配套工程建设指挥部办公室副主任沙军农（正处级）、大亚湾经济技术开发区管委会副主任张忠明（副处级）在“中海壳牌南海石化项目”第一期征地拆迁中严重失职案；原市委副秘书长刘学森通奸案；市供销社副处级干部黄彬田违反组织人事纪律案等。通过查办案件，为国家和集体挽回经济损失4728万元。

【治理中小学乱收费】 年内，全市教育系统层层签订责任书，严格实行“一费制”。市、县（区）两级纠风办会同物价、教育部门组成联合调查组，对各中小学收费情况经常进行突击检查。在检查中，对所发现的一些苗头性问题，及时采取措施予以纠正。博罗、龙门两县通过建立县、镇两级教育收支财务结算中心，对所属学校财务开支实行“分级集中、统一账户、分户管理”，从源头上防止中、小学乱收费。全市查办学校乱收费案件20宗，立案查处1宗，通报批评2人，取消教育收费项目1项，涉及金额580万元。通过实行“一费制”，减轻学生经济负担2831万元。

【纠正医药购销中的不正之风】 市纠风办选派人员到深圳、珠海等地学习有关经验，加强对专家库组成人员、竞标公司的审核。县级以上人民政府、国有企业等所办非营利性医疗机构按国家规定列入招标采购范围的药品，全部实行集中招标采购，并进一步扩大乡镇一级医院集中招标采购的覆盖面。全年安排集中招标采购3次，采购品种718个，采购金额17957万元，让利2476万元。加强对招标后履行采购合同的监督检查，纠正不履行合同行为。加大打击制、售假劣药品和医疗器械等违法行为的工作力度，整顿了药品市场秩序，规范了药品市场。

【减轻农民和企业负担】 全市纪检监察机关严格执行“一项制度”（农民合理负担一定三年不变的制度），做到“八个禁止”（禁止平摊农业特产税和屠宰税、禁止一切要农民出钱出物出工的达标升级活动、禁止一切没有法律法规依据的行政事业性收费、禁止面向农民集资、禁止各种摊派行为、禁止强行以资代劳、禁止在村里招待乡干部和取消村组招待费、禁止用非法手段向农民收款收物）。在博罗县等地推行农村会计代理制。继续开展涉农收费专项治理，全面推行农村税费制度改革，全市农民平均减负幅度达85%，减轻农民负担12629万元。落实村级订阅报刊“限额制”，减少农村村组征订报刊3041份，减轻农民订报负担47.04万元。取消向企业不合理收费项目49项，降低收费项目两项，2003年可减轻企业负担6469.29万元（包括抗“非典”期间对部分行业减免收费4244.29万元）。

【治理公路“三乱”】 “五一”节期间，市纠风办会同市法制局对全市公路“三乱”情况进行专项检查，确保公路顺畅和运送防非典物品车辆顺利通行。全市整顿、撤销道路站点3个，查处公路“三乱”案件和问题23宗，受到党纪、政纪处分者12人。

【开展“万众评公务”活动】 年内，市、县（区）两级行风评议与“万众评公务”活动一起部署，同步开展。在总结上年“万众评公务”工作经验的基础上，进一步扩大收集意见面，完善评议内容，制定更加科学合理的评议方法，对评议单位分成执法部门和窗口单位、党政机关非执法部门、中央和省属单位三大类进行评议。按照单位分类和比例，评出末位单位5个，并进行责任考核，视考核情况给予组织处理。同时，对三大类排名前五位单位给予表彰。通过“万众评公务”，促使机关改进作风，提高工作效率，建立廉洁、公正、高效的政务环境。

【从源头上防治腐败】 完善重大工程预防腐败体系　年内，全市实行重大工程项目领导责任制。县一级建立重大工程预防腐败体系，并与市一级联网。召开全市重大工程预防腐败工作汇报会和全市有形建筑市场工作会议，对大亚湾石化工业区和壳牌石化项目配套工程等重点工程建设进行系统监控。定期召开重大工程预防腐败工作联席会议，研究落实工程量清单计价等3个新法规，对仲恺大道改造工程、大亚湾石化项目配套工程、市区江岸开发整治工程、惠州大道改造工程、市体育馆工程等重大工程进行了有效监控，对市政府实施的43项重大工程项目进行跟踪监督检查，对罗浮山大道国债资金使用管理中巨额资金去向不明的问题进行了查处。

清理机关物业　年内，市政府对市直机关清理出来的物业进行了接收，与41个单位签订了物业交接书，收回181宗物业。清理机关物业后，推行工资福利制度改革，按照标准化、规范化、货币化的原则，统一财政供养人员的福利补贴。市直党政机关实行了通信话费货币化改革。

全面推行政府采购制度　年内，全市政府采购范围和采购规模不断扩大，采购预算资金13477万元，实际采购金额12450万元，对比节约资金1026万元，资金节约率达7.62%；全市实际采购总额比上年增长了约一倍。全市查处违反“收支两条线”规定案件4宗，涉及金额155万元，清理小金库金额102万元。

推进非公有制企业厂务公开　年内，全市有522家非公有制企业实行厂务公开。重点把投资大、影响大、职工多的民营企业、独资企业、合资合作企业、上市企业等非公有制企业纳入厂务公开的范围。将职工、管理阶层最关心的热点问题，纳入公开的内容。厂务公开可融洽企业主与员工关系，提高企业管理水平，促进企业发展。同时，市、县、镇级的政务公开和村务公开工作也在不断深化和完善。

【党风廉政教育】　*开展党风廉政专题教育活动*　年内，市委和市纪委为促进领导干部廉洁从政，针对市、县领导班子换届和部分县（区）行政区域调整的情况，从4月开始，在全市县（市、区）和市直副处级以上领导班子和领导干部中开展“牢记‘两个务必’，正确对待进、退、留、转”专题教育活动。通过开学习会、上党课、看电教片、参观惠东高潭中洞革命老区、开展谈心活动、召开民主生活会等形式，学习领会胡锦涛在西柏坡学习考察时的重要讲话精神，重温毛泽东、邓小平、江泽民关于牢记“两个务必”的一系列重要论述，使各级领导干部牢固树立正确的权力观、地位观和利益观，正确对待“进、退、留、转”，从而确保市、县（区）换届工作的顺利进行。

开展“纪律教育学习月”活动　6月下旬，市四套班子成员集中观看了省纪委拍摄的反腐倡廉电教片《忏悔与警示》和《不朽英魂》，并进行座谈和讨论。市纪委将录象片发放各县（区）四套班子和市直单位主要领导成员人手一套，供其与家属一起观看。全市订购党风廉政教育专题片3820盒，学习资料14500册。举办全市县、处级领导干部党纪政纪法纪教育学习班，市委书记柳锦州作动员讲话，市纪委书记李汝求作题为“艰苦奋斗、廉洁从政”辅导报告。还组织文化部门和演出单位编演以惠州市“人民的好村官”赖坤昌为原型的话剧《村官》，在全市巡回演出30场，3万多人观看了此剧，并赴省城汇报演出，收到良好的教育效果。此外，举办两期全市县、处级领导干部学习贯彻“三个代表”重要思想研讨班，联系实际，学习江泽民“三个代表”重要思想及其反腐倡廉的重要论述。

成立纪检监察学会　为推动反腐倡廉理论研究，创新反腐倡廉的思路、方法和措施，推动党风廉政建设和反腐败斗争的深入开展，年内惠州市成立了由177名会员组成的惠州市纪检监察学会。选举产生学会理事会和会长，拟订理论研究参考课题，开展专题调研，举办党风廉政建设理论研讨会，收集各单位撰写的论文152篇（其中优秀论文55篇），汇编出版《反腐倡廉的创新篇章》一书。

【完善权力监督约束机制】　年内，市委和市纪委建立对县（区）和市政府工作部门巡视工作制度，制订《中共惠州市委巡视工作暂行办法》，派出巡视组检查各县（区）和市政府18个工作部门。对各县（区）党政班子及其成员履行党风廉政建设责任制情况进行了届末考核，对19名严重失职的领导干部实施责任追究。建立和落实市窗口单位和垂直管理部门廉政工作汇报、科级以上干部任前廉政谈话、诫勉谈话、纪委常委同下一级党政负责人谈话等制度。对69名拟提任正科级干部、54名拟提拔县处级干部和换届调整后32个政府部门一把手进行集中廉政谈话。还会同经贸部门对市直12家国有企业领导班子及其成员落实党风廉政建设责任制情况进行考核，以促进市直国有企业党风廉政建设和领导人员廉洁自律工作的落实。对全市党风廉政建设和反腐败工作任务进行责任分解，将领导干部廉洁自律、纠风、查办案件、源头治腐等工作分解到29个单位，明确牵头部门。对全市135个副处级以上单位领导班子、601名副处级以上领导干部在2002年度党风廉政建设责任制考核档次进行评定。

【加强纪检监察干部队伍建设】　年内，市纪委组织全市纪检监察干部学习“三个代表”重要思想、中共十六大精神及胡锦涛在西柏坡和广东考察时的重要讲话精神，开展“两个务必”教育。同时，还在全市纪检监察系统召开江泽民论党风廉政建设和反腐败斗争专题学习会，制订纪检监察干部培训计划和在职自学活动计划。举办惠州市纪检监察领导干部培训班，重点对新进县（区）纪委班子的领导干部进行业务培训。首次组织全市纪检监察领导干部19人到中纪委培训中心学习，结合换届调整配齐、配强各级纪委班子，并以提高素质、优化结构、增强活力为重点，抓好新一届纪委班子的建设。

（唐爱军）

民主党派

责任编辑：汤迪银

中国国民党革命委员会惠州市委员会

【概况】 2003 年，民革惠州市委会有总支部 2 个，支部 12 个，共有党员 199 人，其中全年发展的新党员 13 人。民革党员中，具有中、高级职称者 101 人；当选省、市、县（区）各级人大代表的有 12 人，担任副县（区）长 2 人、县（区）政协副主席 2 人、副镇长 3 人；当选市、县（区）两级政协委员的有 26 人、市政协副主席 1 人。分别被聘任为市、县（区）“四员”（即特约监察员、特约检察员、特约审计员、特约教育督导员）12 人。

3 月 21 日在惠州宾馆召开 2003 年工作会议，总结上年工作，提出 2003 年任务，表彰了 2002 年度工作成绩突出的民革惠城区总支等 4 个先进集体和童雪莲等 39 位民革优秀党员。民革广东省委会副主委苏祖兰、市政协副主席、中共惠州市委统战部长谢仕强、黄埔军校惠州联络组有关负责人及民革惠州市委会历届主要领导等出席了会议。年内，民革惠州市委会注重加强党员的思想建设，着力提高参政意识与能力。认真贯彻惠州市九届人大一次会议和中共惠州市第八次代表大会精神，积极开展“三增强、四热爱”（即增强对中国共产党“三个代表”重要思想的认识、增强对社会主义制度优越性认识、增强中华民族的凝聚力；热爱中国共产党、热爱祖国、热爱社会主义、热爱人民）教育活动，推动了惠州民革各项工作。

重点，全面规划，高标准建设惠淡澳石化数码产业经济带，加快滨海城市建设步伐的几点建议”被评为优秀提案。主要领导参加中共惠州市委、市政府召开的民主协商会、情况通报会、座谈会等 20 多次。

民革惠州市委会参政议政工作小组到博罗县杨侨镇对当地村民饮用水情况进行专题调查　（民革惠州市委会供）

为了更好地履行参政议政的职责，年初，惠州民革组织专人负责此项工作，并于 12 月成立了参政议政工作小组，年内，党员围绕中共惠州市委、市政府提出的奋斗目标和各项中心工作，积极建言献策，共向全市各级人大、政协提出各类建议、提案 32 件。其中，“以区域调整为契机，抓住

年内，民革市委会发挥自身优势，利用各种形式，做好海内外同胞以及台湾岛内各界人士的工作，广泛宣传国家对台方针和政策，促进祖国的统一。市委会主要领导多次接待来惠访问的台湾商人，协助他们回大陆投资建厂。

年内，惠州民革恪尽职守，党员们在各自工作岗位上勤奋工作，为国家、为社会无私奉献。部分党员因表现突出，受到有关部门和社会各界的好评。市健康教育所何克辉在防治“非典”期间表现突出，被授予“广东省抗非英雄”称号。博罗培真幼儿园园长杨俊华被评为“广东省南粤优秀教师”。博罗先锋药业集团总工程师裘建社被评为“惠州市拔尖人才”。惠东县教育局副局长徐妙忠潜心研究教学，其专著《中小学教师导学技能操练》被国家教育部批准为全国重点课题。惠阳区进修学校校长黎运辉的论文《民办公助和公办民助学校的优势和不足》被广东省教育学会立项。

市委会还开展社会服务活动。5月10日，市委会组织惠州市民革20多位医务界党员，赴惠阳潼湖圩镇，开展防治“非典”宣传咨询活动，并派发药品，受到群众热烈欢迎。

年内，惠州市民革基层组织也开展多种形式的活动。有的参观叶挺纪念馆、惠东高潭红色根据地等革命遗址，接受爱国主义教育；有的对惠州山区的惠阳大岚镇、龙门永汉镇开展扶贫助学活动；有的到农村进行专题调研。

2003年，惠州市民革的工作虽然取得了一定成绩，但各方面的工作开展尚不够平衡，离成为一个适应新世纪形势发展要求的高素质政党的目标，还有一定距离，有待今后继续努力。

（吴仕雄）

中国民主同盟惠州市委员会

【概况】 2003年，民盟惠州市委下设3个总支，17个支部和1个小组。有盟员230人，其中，年内新发展盟员6人。绝大部分盟员分布在文教界。

年内，民盟市委会以参政议政为重点，按照民盟中央和民盟省委的要求，结合惠州市的实际，先后多次在不同层次、不同范围和以不同形式，组织学习中共十六大、民盟中央九大精神和“三个代表”重要思想。9月21日，举办学习班，全体盟员参加，并邀请中共惠州市委宣传部副部长在惠州宾馆作学习“三个代表”专题讲座，以加深对“三个代表”重要思想的精神实质和科学内涵的理解，更加坚定拥护中国共产党领导的信念，更加明确参政党成员的政治责任，增强民盟组织的凝聚力。

民盟市委会充分利用各种平台，围绕中共惠州市委、市政府中心工作建言献策，参政议政，卓有成效。继续发挥“两会”的参政议政主渠道作用，重视调研工作。年内以盟市委集体或个人名义向“两会”提交了“大力推进教育创新，加快惠州市基础教育发展”等提案28件、议案7件，其中关于增加农民收入、关于尽快安装惠沙堤河南岸路段路灯、关于大市区内设立巡警治安亭等3件提案被评为优秀提案，引起社会广泛关注。主委林燕华代表民盟市委参加中共惠州市委举行的3次民主协商会，就惠州市社会经济建设和人事安排等问题，提出许多建设性的意见和建议。副主委刘协亭参加或主持多次政协专题调研和劳动社会保障局等职能部门的行风评议，受到了有关方面的重视。

民盟惠州市委员会“以人才兴盟”作为组织建设中的核心，重视建设一支素质高、结构合理、能适应新形势、新要求的干部队伍。年内共发展了6位高素质的新盟员。给盟员压担子，调整和重新配备各部门和各专门委员会的班子，发挥成员的作用。积极举荐人才担任“两会”代表、委员及实职。2003年，共有13位盟员当选为市政协委员、3人为政协常委、5人为市人大代表、主委林燕华任人大常委副主任；县（区）人大代表3人，人大常委2人，高丽洁任惠城区人大常委副主任；县（区）政协委员15人，陈伟川任惠东县政协副主席。盟员邓穗玲被任命为市体育局局长，是惠州市各民主党派成员任政府部门正职的第一人，是惠州市实职安排的新突破。为提高自身素质，暑期组织支部主委以上盟员外出参观学习，陈史行、黄华菊、罗国强等3名专干参加了盟省委在省社会主义学院举办的专干学习班，专题学习中共十六大精神、“三个代表”重要思想和新时期统战理论，受到了较系统的培训。

民盟市委重视社会服务，办好光明小学，为山区捐书送教。12月16日，把盟员500本新著送到龙门平陵小学，受到该校师生欢迎。

（罗国强）

中国民主建国会惠州市委员会

【概况】 2003年，中国民主建国会惠州市委员会下属总支1个，支部3个，有会员109人。会员平均年龄54岁，具有中、高级职称43人，占会员总数39.5%；被选为各级人大代表3人、各级政协委员16人，有2人分别被惠州市有关单位与部门聘任为特约监察员和规划建设管理咨询委员。主委徐志达任副市长，副主委瞿蓓莉任市医药监督管理局副局长。

年内，民建惠州市委会加强领导班子建设。12月，增补市委委员、市直一支部主任王正印为副主委，调整直属支部。市委会根据《会章》要求，坚持“三个为主”的方针，年内发展会员4人，全部具有大专以上学历、中级职称，平均年龄31岁。

民建惠州市委会履行参政党职责。主要领导应邀多次参加中共惠州市委、市府召开的协商会、座谈会、通报会，提出真诚的意见和建议。市委会和各级政协委员向“两会”提交提案20件，内容涉及经济发展、民主与法制、城建管理、社会保障、科教文卫等方面。在市政协九届一次会议上，副主委王正印代表市委会作了题为《进一步加强水产技术推广体系建设，推动我市渔业经济发展》的发言，受到好评。市委会《进一步推进我市私营经济发展的几点建议》的提案，被评为优秀提案。会员张穗芬、吴丽娟和曹健分别与他人合作的提案被评为优秀提案。会员曾学智提出的《重视行政诉讼的应诉工作，树立依法行政的新形象》的提案，受到市政府高度重视。

民建惠州市委会响应中共惠州市委号召，发挥自身优势，把学习、贯彻“三个代表”重要思想落到实处。5月，市委会传达中央、省、市防治“非典”有关精神，并要求会员为防治“非典”出力，全会捐款4340元，会员李启光通过工商联捐款5000元。7月5日，市委会组织水产科技人员及有关会员到惠东县新庵镇开展科技扶贫活动，送鱼苗7万尾和《科学养鱼手册》一批。年内，城区总支各类扶贫捐款捐物合计人民币约7000元。民建惠州市委会被中共惠州市委、市政府评为惠州市防治“非典”捐款捐物先进单位。市直一支部被民建广东省委评为2002年度先进集体。会员瞿蓓莉、张玲峻当选惠州市妇女第八次代表大会代表，周旭、刘良安、庾永红被民建市委、广东省委评为2002年度优秀会员。刘良安被广东省委、省政府特记“抗非”三等功，被民建中央、省委授予“抗非英雄”光荣称号。蓝天被市商业学校评为优秀班主任。黄娟媚被市统计系统及TCL集团评为“统计先进工作者”及“优秀员工”。

民建惠州市委会兴起学习贯彻“三个代表”重要思想高潮，并把民建中央和民建省委关于开展“三增强”、“四热爱”的教育活动落实到行动上，开展形式多样的教育活动。1月5日，召开新春茶话会，传达民建全国八大精神。发挥参政党作用。6月11日，举行市委会（扩大）会议，学习贯彻全市“两会”及党代会精神，主委号召，全会要统一思想，振奋精神，为惠州市率先基本实现社会主义现代化而努力奋斗。7月19日，联合城区总支部到惠东高潭革命老区参观学习。8月3日，联合省委会召开学习“三个代表”重要思想研讨会，加强各级领导对“三个代表”重要思想的认识和理解。9月7日，举行贺中秋、迎国庆茶话会，传达惠州市各民主党派负责人暑期座谈会精神，会后组织会员参观惠州大道、市民乐园及体育中心。11月20日，召开市委会议，学习中共十六届三中全会精神。年内，还组织女会员和退休会员分别到市水产研究所和汤泉风景区参观学习，感受惠州市改革开放成果。

2003年，民建惠州市委会围绕中共惠州市委、市政府的中心任务开展卓有成效工作，同时也存在会员平均年龄偏高、信息工作有待继续加强等问题。

（张祖平）

中国民主促进会惠州市委员会

【概况】 2003年，中国民主促进会惠州市委员会有基层组织12个，其中总支部委员会1个、支部委员会11个；会员131人。会员中被选为市九届人大代表2人、市九届政协委员6人，其中政协副主席1人、区政协委员5人（其中政协常委2人）。被聘为市级“特邀四员”2人。任政府实职县处级2人。年内，民进市委会在搞好政治交接、组织建设、参政议政、社会服务等方面做了大量工作，为惠州经济和社会发展做出了贡献。

【举行新春茶话会】 1月12日，民进惠州市委会在西湖大酒店举行新春茶话会。主委谢端传达民进中央九大和民进省委五届二次全会精神，总结2002年工作，对2003年的工作作了部署。中共惠州市委副书记、纪委书记李汝求，市政协副主席、统战部长谢仕强出席，并寄语：与时俱进，团结奋进，为惠州全面建设小康社会建言献策。

【做好换届工作】 年初，民进惠州市委按民进省委和中共惠州市委的指示，做好换届准备。成立了换届筹备工作领导小组，按有关换届文件精神，制定出详细的换届工作方案，分步组织实施。市委会充分发扬民主，进行全员民主推荐新一届班子候选人。经过“两下两上”的民主推荐，确定第四届市委委员候选人名单，分别报民进省委和中共惠州市委批准。10月12日，在惠州宾馆召开民进惠州市会员代表大会，总结第三届委员会的工作，选举产生民进惠州市第四届委员会。谢端、刘惠茹、冯素珍、曹建忠、詹伦娟、苗国通、李旺才等人以高票当选为委员，谢端以全票再次当选为主委，刘惠茹当选为副主委。

【加强基层组织建设】 年内，民进惠州市委在组织发展工作中，坚持贯彻两个《纪要》精神和“发展是为了工作，在工作中发展”的原则，实行发展与巩固相结合、数量与质量相结合，重点与非重点相结合、骨干成员与一般成员相结合的方针。年内发展5位素质较高、代表性强、具有大专以上学历的中、高级职称年青教师和医卫界人士入会。

12月，市属各基层支部任期届满。各支部按照民进市委的统一部署，推选出支委候选人，民进市委对候选人进行全面考察，征求其所在单位党支部的意

2003 年 10 月 25 日，民进惠州市委会送医下乡暨医疗服务点揭幕仪式现场

（民进惠州市委会供）

见，并与当地统战部反复协商，提出候选人建议名单，按有关程序报市委统战部审批。

【参政议政】 年内，民进市委会围绕中共惠州市委、市政府的中心工作、服务全市大局，抓住群众普遍关心的热点、难点问题，选准课题，调查研究，参政议政。主委谢端多次代表市委出席中共惠州市委召开的协商会、征求意见会，并参与有关调研活动。

在 2003 年的“两会”期间，以民进惠州市委或政协委员的名义，向市政协共提交提案 11 件，立案 11 件。在市政协九届一次大会上，冯素珍代表民进惠州市委作了题为《建立和完善海域污染事故应急体系，实现惠州经济建设与环境保护同步协调发展》的发言，引起了政府和有关职能部门的高度重视，获优秀提案奖；谢端的《掀起新的科技发展潮，进一步实施科教兴市战略》获得市政协八届五次会议优秀提案奖和确定为重点提案；王师旺的《努力争取我市成为国家历史文化名城》获优秀提案奖。

【组织专家下乡送医送药】 年内，民进市委会本着“发挥优势、突出重点、量力而行、持之以恒、注重实效”的工作方针，巩固原有工作领域，开辟社会服务新领域，为会员提供施展才华、联系社会、了解社会、服务社会、建设社会、体现自身价值的平台，组织会员开展社会服务。10 月 25～26 日，与民进省委携手开展送医送药下乡活动。由省委常委、科工委主任杨关福和市委主委谢端率省、市民进会员中的名医专家翁世湘、陆巧、詹伦娟、张树平等 18 人组成的医疗队，赴偏僻的惠城区汝湖镇仍图开展“送医送药送温暖暨挂牌设立医疗服务点”的义诊活动，受到热烈欢迎。民进省委、惠州市委会向群众赠送药品、VCD 光碟、卫生知识学习资料及图片一批，折算人民币近万元。两天来就诊、咨询的人数达 1000 多人次，其中 438 人得到免费治疗、290 人取得部分免费药品。这样大规模、高水平的名医、专家下乡义诊活动，在当地尚属首次，在镇级医院设立义诊服务点，更是惠州市各民主党派的首创。

（冯素珍）

中国农工民主党惠州市委员会

【概况】 2003 年，中国农工党惠州市委会下属 1 个总支、6 个市直支部，共有党员 159 人，其中，新发展党员 25 人。党员中，医药卫生界占 60%，中、高级职称人士占 70%；在城市的占 96%；党员平均年龄为 50 岁；有 3 名党员当选为市人大代表、8 名党员当选为市政协委员，市委会主委刘冠贤当选为市政协副主席。

年内，农工党惠州市委会坚持建立学习型市委会，推进适应新世纪发展要求的参政党建设。7 月，组织市直支委以上党员骨干举行专题报告会，学习《“三个代表”重要思想学习纲要》和胡锦涛总书记“七一”重要讲话，兴起学习和实践“三个代表”重要思想的新高潮。8 月，赴大亚湾举办为期 2 天的党员学习班，来自市直各支部的近 40 名党员通过前往参观邓演达故居和聆听学习辅导报告，受了一场深刻的新时期统一战线理论和党章、党史教育，深化了党员的参政党意识。市委会还发挥会刊《惠州农工》在党内教育中的载体作用，增进党员间的沟通和交流，进一步增强了农工党组织凝聚力。

2003 年，农工党惠州市委会在工作中仍存在调研工作欠深入，参政议政的深度和广度不够；开展较大规模的党务和联谊活动较少，党员间学习交流的机会不多；各工作委员会的工作机制有待完善；对口单位的联系与合作有待加强等问题。

【参政议政】 年内，市委会主要负责人先后参加中共惠州市委、市人大、市政府、市政协及有关部门召开的各种民主协商会、座谈会、通报会共 10 余次。在这些会议上，市委会负责人就事关全市社会经济发展的重大问题和重要的人事安排，充分发表了意见和建议，以市委会名义向市政协递交集体提案 5 件，委员提案 20 余件。8 月，在中共惠州市委召开的暑期座谈会上，市委会就招商引资工作提出了建议。此外，党员中的各级特约“四员”和行风监督员，积极参加各项社会调研和评议活动，认真履行职责，进一步加强了民主监督工作。

【送医下乡防“非典”】 4 月，农工党市委会联合中共惠州市委“帮村富民”工作队，组织近 20 名党员，赴博罗县柏塘镇车田村，举行了一次规模较大的防治“非典”宣传暨送医送药下乡活动。向农民赠送预防“非典”的消毒液和宣传资料，接诊其他患者 300 多人（次），送出药品价值近 2 万元，得到当地政府和群众的好评。党员中医务工作者坚守岗位，防治“非典”中表现出大无畏精神和良好的职业道德。魏文辉在中共广东省委、省政府防治“非典”表彰大会上被授予“三等功”，刘冠贤被中共惠州市委、市政府授予防治“非典”先进个人，王宁生和邱小严被中共惠阳区委、区政府授予“非典”防治模范。

【筹建邓演达纪念馆】 市委会为加快邓演达故居的配套项目建设和进一步加强故居的内涵建设，做了大量的工作。4 月，市委会向莅惠的全国政协副主席、农工党中央常务副主席李蒙提出“关于将邓演达故居建设成农工党全党党史教育基地的建议”及建设邓演达纪念馆的设想，引起了李蒙副主席的重视；市委会主要负责人亲自参与邓演达烈士纪念馆筹备小组的工作。年内，先后 3 次参加惠城区召开座谈会和协商会，就邓演达纪念馆的建设问题进行了反复磋商，取得突破性进展。各项工作已有明确分工，纪念馆的立项、规划、建筑设计等工作正在实施中。

（张文斌）

中国致公党惠州市委员会

【概况】 2003 年，中国致公党惠州市委员会下属 7 个支部，党员 136 人，其中新发展党员 8 人。党员平均年龄 50 岁。党员中，高级职称 12 人，占 9%；中级职称 73 人，占 53.7%；女党员 59 人，占 43.4%。被选为市级人大代表 3 人、区人大代表 1 人；市、县（区）两级政协委员 15 人，其中市政协副主席、常委各 1 人，区政协常委 3 人（其中 1 人兼任市人大代表）。此外，还有 2 人被选为市行风评议团成员，3 人被市劳动社会保障局聘为行风监督员，1 人被市监察局聘为第五届特邀监察员。

致公党惠州市委会继上年换届后，继续搞好政治交接，深入学习、实践邓小平理论、“三个代表”重要思想与中共十六大精神，团结、带领党员与时俱进，开拓创新。在自身建设、参政议政、防治“非典”等方面取得新的成绩。2003 年致公党员徐冬玉获第四届全国中小学生素质教育英语知识能力竞赛优秀辅导教师奖。

存在主要问题：党员年龄偏大，需大力发展有社会影响力、有代表性、高层次的中青年人士加入组织；参政议政整体水平有待进一步提高；“侨”、“海”特色发挥不够，海外联谊渠道尚需进一步拓宽。

【参政议政】 5 月，致公党惠州市委会在市政协九届一次会议上，以市委会名义提交提案达 22 件，其中市委会在八届五次会议上提交的提案“关于调整中等职业学校布局、创办工科职业教育基地的建议”被评为优秀提案。在大会上，主委李靖国针对防治“非典”形势，代表致公党市委会作了题为《知往鉴今，决战决胜》的发言。

【学习“三个代表”重要思想】 7 月，致公党惠州市委会召开学习《“三个代表”重要思想学习纲要》会议，要求党员结合自己世界观、人生观、价值观进行学习，号召党员不断实践“三个代表”，使思想和行动统一到“三个代表”重要思想的高度。10 月 26 日，市委会组织委员学习中共十六届三中全会工作报告。

【捐资助学】 10 月，致公党惠州市委会慰问潼侨镇困难职工，并举行资助贫困学生捐赠仪式，共计捐款人民币 1 万余元，图书 1000 多本。11 月，响应致公党省委会号召，发动党员共募集捐款 3380 元，以资助“新长城——特困大学生自强项目”。

（钟慧芳）

九三学社惠州市委员会

【概况】 2003年，九三学社惠州市委会下属5个支社，有社员73人，其中：高级职称23人，占31.5%；中级职称50人，占68.5%。女社员24人，占32.9%。年内新发展社员10人（包含调入2人），新发展成员平均年龄37.9岁，其中有高级职称5人，学社市委社员中，被选为省人大代表1人、市人大常委1人、区人大代表3人；各级政协委员14人，其中市政协常委2人，委员6人，县（区）政协常委4人，委员2人。此外，九三学社惠州市委会被聘为各级特约“四员”6人。

年内，九三市委认真学习、实践"三个代表"重要思想，团结动员广大社员，围绕中心，服务大局，发挥优势。在防治"非典"中，坚守岗位，勇于奉献。加强自身建设，积极履行政治协商、民主监督、参政议政职能，努力学习中共领导关于多党合作理论、九三学社新章程和中央统战工作精神，社员的整体素质有明显提高。

年内，在参政议政中，九三市委领导班子成员先后参加了市委、市人大、市政府、市政协、市委统战部召开的各种协商会、通报会、座谈会、茶话会等15次，向市政协提交了关于加快惠州市第三产业发展、关于加快民营企业发展、关于筹建高分子材料研发中心、关于改进惠州市公共场所用水设施等30多件提案。2002年关于提升惠州市核心竞争力的提案获得市优秀提案奖，潘汉民获得2002年度反映社情民意先进个人。严建伟被评为2003年惠州市防治"非典"先进个人。

2003年9月，九三学社惠州市委员会市直支社、惠大支社换届后合影留念

（九三学社惠州市委会供）

年内，九三市委加强思想、组织和作风建设，顺利完成市直、惠州学院两支社的换届和城区支社领导班子的调整，增补于加良同志为九三学社惠州市委专职副主委。发挥自身优势，投身惠州市的三个文明建设，为惠州市科技发展和创新发挥作用。共发表专业论文6篇，完成课题2个、专著2部，参加社省委参政议政征文8篇，统战理论论文2篇。

（于加良）

社会团体

责任编辑：汤迪银

惠州市总工会

【概况】 2003年，全市各级工会组织围绕市委、市政府工作中心，坚持“主办的工作，全力以赴，争创一流；监督的工作，突出重点，务求实效；协办的工作，注意协商，尽力而为”的工作思路，履行工会基本职责。召开惠州市工会第十二次代表大会，市总工会领导班子顺利换届；在成立和发挥困难职工帮扶中心的作用、推进工会、基层工会的组织建设和作用发挥、工会干部协管、劳模的选评、管理和困难劳模的帮扶工作、维护职工的合法权益、尤其是维护外来员工的合法权益、提高职工队伍的综合素质、抓好工会干部队伍建设、尤其是市总工会机关建设等各项工作中取得较好成效。

但仍有部分企业未组建工会，部分职工未入会；个别非公有制企业工会发挥作用不突出；个别乡镇工会相对薄弱，工会干部年龄相对偏大，文化程度不高；外来工合法权益受侵事件仍时有发生。

【学习贯彻“三个代表”重要思想】 惠州市总工会下发了《关于兴起学习、贯彻“三个代表”重要思想新高潮的通知》，把学习“三个代表”重要思想同学习中共十六大和中国工会十四大精神结合起来，同学习省委主要领导对广东工会工作的重要批示和惠州市八次党代会精神结合起来。要求各级工会自觉地用“三个代表”重要思想统领工会工作。在组织市总工会机关工作人员系统学习的基础上，组织各县（区）总工会领导班子成员和市直各工会主席集中学习，要求每人写一篇心得体会，并在11月召开经验交流会。《惠州工会》第四期选登了一些优秀文章。同时，在全市职工开展了学习贯彻“三个代表”重要思想的“九惠杯”演讲比赛。

【市工会第十二次代表大会召开】 惠州市工会第十二次代表大会12月8～10日在惠州召开。280名正式代表及10名特邀代表、列席代表参加会议。省总工会副主席廖文正，市委书记柳锦州，市委副书记、代市长黄业斌，市政协主席叶月坚等四套领导班子和各社会团体负责人出席了会议。

廖文正代表省总工会、陈仕其代表市四套领导班子向大会表示祝贺，团市委负责人代表各社会团体致贺词。惠州市总工会主席李建平作了题为《以“三个代表”重要思想为指导，再创惠州工会工作新业绩》的报告。会议听取、审议并通过了惠州市总工会十一届委员会工作报告、财务工作报告和经费审查工作报告；选举产生了惠州市总工会第十二届委员会委员领导班子及有关机构。李建平再次当选为市总工会主席。

【工会组织规范化建设】 年内，各级工会与市委组织部联合，在全市开展“以党建带工建，以工建促党建”活动，在全市非公有制企业开展党建工建工作。发展工会组织202家，会员78386人，完成省总下达任务的92.22%。9月，市委副书记陈仕其带领市总工会领导，到水口镇、陈江镇和南旋毛织厂，就党建、工建和工会规范化建设情况进行调研，并指示工会要继续抓好规范化建设，注意抓好典型，以典型引路，推动全市工会工作。南旋毛织厂作为省总工会基层工会规范化建设联系点，得到省总领导和省总工作组的肯定。惠阳区总工会被省总工会评为广东省十佳县（区）总工会，其经验于9月在武汉召开的全国基层工会工作会议上作书面交流。陈江镇等7个镇被授予“广东省示范镇工会”称号，惠城区水口镇等6个镇被市总工会授予“惠州市示范镇工会”称号。形成了一批工会组织规范化示范镇，进而带动其它镇工会的规范化建设。

【加强工会干部队伍建设】 年内，惠州市总工会协助党委管理好工会干部，建立和完善工会干部协管机制。针对2003年大部分县（区）总工会换届的情况，协助地方党委选好、配强县级工会领导班子，使各县（区）工会领导班子整体素质有了明显提高。干部队伍趋向年轻化，全市6个县（区）总工会，现有班子成员19人，平均年龄44岁，年龄最小的只有33岁，40岁以下有7人，老、中、青合理搭配；文化程度较高，具有研究生学历1人，本科学历3人，大专学历12人，中专及高中毕业3人；具有中等以上专业技术职称4人。

加强干部培训。全市举办各类培训班49期，有2518人次参加培训。

注重在工会内部培养提拔干部。每个县（区）总工会都有一名副主席是从工会内部提拔产生的，激发工会干部的积极性和工作主动性。

【为困难劳模排忧解难】 2003年，惠州市获全国“五一”劳动奖章2人、省劳动模范称号10人、省先进集体2个。市总工会在做好劳模的评选、表彰工作的同时，注意对劳模进行经常化管理，及时为困难劳模排忧解难。年内，共筹集资金30万元，解决困难劳模医疗难问题。继续开展劳模间的“一帮一”活动，发动90名经济较富裕的劳模与90名生活较困难劳模结对帮扶，帮助困难劳模解决一些实际困难。国庆期间还组织他们“认亲”，加深了解，解决实际问题。继2002年以来，被帮扶的困难劳模家庭经济状况有了明显好转。为了开拓劳模视野，还组织了两批劳模外出考察。

【为困难职工办实事】 2003年初，市总工会承诺的为困难职工办八件实事，至年底全部落实。主要是：做好送温暖工作，共筹措420万元，对全市5202户困难职工进行了上门慰问。成立了“惠州市困难职工帮扶中心”，在“中心”的挂牌仪式上，通过市总机关工作人员和部分基层工会的捐款，赠给惠东县糖厂一名困难职工1万多元（助学金），解决其儿子上大学的费用。全市已有惠阳区成立了“困难职工帮扶中心”，陈江等镇也在积极筹建帮扶中心。开展“千人帮千户”活动，发动千名领导干部和工会干部对口帮助千户困难职工解决实际困难。劳模朱挺青将其劳模荣誉津贴全部拿出来，资助龙门一名困难学生上学，还经常上门慰问该学生家庭。

发挥“法律援助处工会职工权益部”的作用，接听职工维权热线电话，接待职工上访，为职工解答疑问，积极参与劳动争议调解和仲裁，依法维护职工合法权益，协助政府做好再就业工作。市总工会抽调一名干部参加市劣质企业退出办公室工作，在市直部分国企的破产退市工作中，较好地保护了职工的合法权益。做好劳动保护监督工作，重点是加强职业病的防治，与市卫生局合作，对全市的企业进行全面检查，对存在劳动安全卫生隐患的企业，限期整改，确保了员工的人身安全。

【维护职工合法权益】 年内，惠州市总工会通过建立健全维权机制和参与劳动争议调解、仲裁工作，更好地维护了职工合法权益。

推行平等协商、集体合同制度，抓尚未签订集体合同的新建企业的协商和合同签订，抓合同到期企业的续签，抓集体合同的进一步丰富和完善，抓集体合同对劳动合同的规范作用，抓工资集体协商和签订工资协议工作。

完善职代会制度，并以职代会为载体，全面实行厂务公开。全市在国有企业全部实行厂务公开之后，又有322家非公有制企业实行了厂务公开。全市的非公有制企业厂务公开工作得到省总工会的肯定，其经验在省总工会十届七次全委（扩大）会上作书面交流。

市总工会建立健全政府与工会的工作联席会议制度和劳动关系三方协商制度，并参与劳动争议调解和仲裁，市总工会多次派人作为首席仲裁员参与市仲裁工作。加强《工会法》、《劳动法》的执法检查，市总工会参加市人大对全市企业执行《劳动法》、《工会法》情况的督查，并接受省人大的检查。从检查情况看，全市执行两法情况较好，得到省检查组的肯定。

（刘楚周）

共青团惠州市委员会

【概况】 2003年，全市有14周岁至28周岁青年823196人，比上年增加45821人；共青团员139758人，增加1559人，增幅1.12%；新发展团员28274人，比上年底增加1107人，增幅4.07%；团员中加入中共党组织有4758人，比上年增加3.1%，占团员人数3.4%；团员与青年的比例为17%。

但团组织传统的教育青年手段不完全适应新形势下青少年价值取向和思想状况的新需求；服务青年的创新水平和能力不完全适应团员青年成长成才的需求。

【开展禁毒教育】 年内，团市委把“禁毒03工程”作为全市共青团组织的一项重要工作，召开禁毒专题办公会议，成立禁毒工作领导小组，下发《关于共青团组织加强禁毒宣传教育工作的通知》，并制定《团市委“禁毒03工程”

铁涌镇实施方案》，开展“禁毒宣传教育活动周”活动，填写《铁涌镇吸毒人员登记表》并落实毒品整治专项经费。此外，团市委还组织全镇的在校学生到禁毒宣传现场，向其讲解毒品及其危害，展出常见毒品实物的图片。通过禁毒宣传教育活动，推动“禁毒03工程”的深入开展。

【青年志愿者学雷锋】 3月1日，团市委、团惠城区委在下埔滨江公园联合举行“惠州市纪念毛泽东同志题词‘向雷锋同志学习’40周年暨青年志愿者文明直通车启动仪式”，在全市青少年中广泛开展“学雷锋，讲奉献，做文明使者”活动，使学习雷锋与创建文明工作有机结合，标志着惠州市青年志愿者活动进入一个新阶段——城市青年志愿者服务的社区化。全市有5000多名青年志愿者参加了启动仪式及相关活动。

【开展做“文明使者”活动】 4月14日，团市委组织市区近3000名“文明使者”到市民乐园举行“参与创建文明城市，做文明使者”活动。“文明使者”清洗了数码节展馆四周的广场、绿化带、停车场。市四套班子主要领导参加了活动。此项活动共3次，近万人参加。

【防治“非典”服务活动】 5月8日，团市委、市卫生局与市药品监督管理局在博罗举行惠州市健康直通车防治“非典”青年志愿者服务月启动仪式。一个月内，在全市组织63支“防治‘非典’青年志愿者服务队”，500多名青年志愿者参加了义务宣传活动。全市各级团组织共组织63支防治“非典”青年志愿者服务队到各个社区开展志愿服务，共派发10万份宣传资料，进入100多个社区及广大农村，受益群众约31万。

【开展农村税费改革宣传】 7月1日，为积极稳妥地推进农村税费改革工作，团市委各级组织与财政局组织大学生暑期志愿者社会实践服务月活动，共到达15个乡镇、43个村，派发宣传资料2.4万份，出动宣传车15次，举行报告会15场、宣传咨询会15场，上门服务群众1200户，共约11万名群众得到服务。

【第十一次团代会召开】 12月16日，中国共产主义青年团惠州市第十一次代表大会在江北会议中心召开。大会代表共211人，全部是共青团员或中共党员。男代表161人，占76.3%；女代表50人，占23.7%；代表的平均年龄27岁，其中25岁以下的63人，占30%；大专以上学历的代表167人，占79.1%；先进人物代表53人，占25.3%。大会选出新一届委员会成员45人（委员31人，候补委员14人）、常委会委员9人。刘巧慧当选为共青团惠州市第十一届委员会书记，朱向阳、韩维斌为副书记。

【继续推出创建“五四红旗团组织”活动】 年内，为激发全市13万名共青团员、3400多个基层团组织的活力与增强凝聚力，促进基层工作的制度化、规范化和正常化，团市委继续推出了创建“五四红旗团组织”活动。将此类表彰纳入共青团系统的权威奖项。制定了“五四红旗团组织”的评选标准和管理办法，指导基层的创建工作。创建工作围绕“班子建设好、主题活动好、支部建设好、阵地建设好”的主题，细化农村、机关企事业、学校、社区团组织的创建标准，并进行了试点工作。在试点工作的基础上，还举办了创建工作推进会，组织试点先进团组织介绍先进经验，并汇编成《实践与创新》和《创建五四红旗团委资料汇编》，让基层学有榜样，赶有方向。至年底，有3个集体单位荣获争创国家级“五四红旗团委”称号，8个集体荣获省级“五四红旗团委”称号，100个集体荣获市级“五四红旗团组织”称号。

（黄　舒）

2003年12月16日，共青团惠州市委第十一次代表大会主席台（团市委供）

惠州市妇女联合会

【概况】 2003年，惠州市妇联围绕市委、市政府的中心工作，以服务经济建设和维护妇女权益为主线，以提高妇女素质为主要任务，在加强妇联自身建设、推进妇女儿童事业发展、履行妇联的参与、教育、服务、联谊等各项职能方面取得了一定成绩。

【召开妇联主席座谈会】 2月18日，市妇联召开县（市、区）妇联主席座谈会，传达省妇联九届五次常委扩大会议精神。各县（市、区）妇联主席结合惠州市实际，查摆了当前妇女工作所面临的许多新情况和新问题，提出了加强和改进全市妇女儿童工作的意见与建议。

【纪念“三八”妇女节活动】 “三八”节前后，市“双学双比”协调小组，对2002年度农村妇女“双学双比”活动中取得显著成绩的陈仕花等30名先进个人以及惠城区妇联、惠东县妇联分别授予“巾帼科技带头人”和“创办农村妇女学校达标奖”荣誉称号；市“巾帼建功”活动协调小组也授名惠城区粮食局军粮供应站等12个单位为“巾帼文明示范岗”，授予惠阳市妇幼保健院等11个单位和黄欣等29人“巾帼建功先进集体”、“巾帼建功先进个人（工作者）”称号。

市妇联联合市法院、市司法局召开全市妇联系统陪审员和妇女法律援助工作座谈会，总结了新形势下做好妇女维权工作的经验。与惠州宾馆召开惠州市女企业家代表创业经验交流座谈会，交流创业经验、展示女企业家们大胆创业，敢于创新，追求卓越的崭新风貌。

3月7日下午，市妇联与市司法局、市劳动和社会保障局等单位在市区数码广场联合举办法律咨询活动。各县（区）也以咨询、讲座等形式开展妇女维权宣传咨询活动。晚上，由市妇联在市区下埔滨江公园举行惠州市各界妇女庆祝“三八”妇女节文艺晚会。

3月11～12日，市妇联关心先进妇女的身体健康，与市中心人民医院联合免费为全市市级以上女劳动模范，全国、省“三八”红旗手进行健康检查。

【开展“我家的好孩子”征文征画活动】 市妇联在全市开展“我家的好孩子”、“我做合格小公民”征文、征画活动，收到征文作品59篇，书画作品144幅。经市有关专家组进行评审，评出“我家的好孩子”征文一等奖5篇、二等奖10篇、三等奖15篇；“我做合格小公民”征画一等奖10幅、二等奖20幅、三等奖30幅。

【设立家庭暴力投诉站】 5月中旬，市妇联在惠城区桥东办事处上塘街社区居委会和河南岸办事处石桥社区居委会设立家庭暴力投诉站，并正式挂牌。家庭暴力投诉站设在社区警务室，成立协调小组，由社区居委会主任担任组长，当地派出所一名副所长任副组长，成员有办事处法律服务所所长、综治办副主任、妇联副主席、居委会妇女主任、社区单位干部和居民。家庭暴力投诉站平时接访工作主要由居委会妇女主任负责，派出所配合处理。

【召开执委（扩大）会议】 年内，市妇联在妇联会先后两次召开七届执委（扩大）会议。第五次会议主要是由市妇联主席张新云向全体执委等60多名与会者作了题为《解放思想、与时俱进、求实创新、努力实现妇女工作新跨越》的工作报告。第六次各县区妇联主席和市妇联各部室负责人近30人参加会议。会议审议通过了市妇联七届执行委员会向惠州市妇女第八次代表大会提交的工作报告（初稿）；增补了市妇联七届执行委员会委员；审议通过了惠州市妇女第八次代表大会代表名单、惠州市妇女第八次代表大会执行委员会委员预备人选名单。

【全国政协视察团来惠视察妇儿工作】 11月16～17日，全国政协副主席周铁农率全国政协视察团来惠视察惠州市城市流动人口中妇女儿童权益保护问题。全国妇联副主席、书记处书记莫文秀，全国政协外委会副主任、全国妇联原副主席王淑贤，省政协副主席周天鸿等领导参加了视察活动。市领导叶月坚、李汝求、徐志达、廖锦堂向视察团汇报了惠州市经济社会发展以及在维护流动人口中妇女儿童合法权益的情况。

周铁农指出，惠州近几年维护流动人口中妇女儿童合法权益工作重视发挥党的政治优势，把宣传教育放在解决问题的突出位置上；注意运用制度和法律来解决问题；把维护流动人口中妇女儿童合法权益工作纳入整个市场经济条件下的社会保障体系当中来考虑；把对外来人口权益的保护纳入了社会整体规划和目标当中。这些做法具有惠州特色，为全国处理好这个问题提供了很好的经验，值得重视，视察团表示，将在此基础上形成意见和建议，向党中央、国务院建言献策。

【全国妇联调研组抵惠调研】 11月16～17日，在省妇联主席赵东花、市政协副主席刘冠贤等人陪同下，全国妇联副主席、书记处书记莫文秀率调研组来惠州调研妇女工作。

调研组到惠城区小金口镇柏岗村妇女学校现场观摩了烹饪培训，并与小金口镇和全市各县（区）妇联有关负责人进行了座谈。莫文秀在听取了惠州市及各县（区）妇联工作汇报后指出：惠州各级妇联创造性地开展工作，做到建基地有成果，建学校有效果，抓实体有经验，抓维权有亮点。

【市妇女第八次代表大会召开】 12月4～5日，在惠州会议中心召开。来自全市各行业妇女代表211人，特邀代表14人，列席代表25人参加了会议。省妇联主席赵东花，市领导柳锦州、黄业斌、叶月坚等出席了会议。

市妇联主席张新云代表市妇联七届执委会向大会作报告，总结市妇女运动取得的新成绩和新经验，分析了存在的问题，提出了新世纪初惠州市妇女运动的奋斗目标，部署了今后5年的主要工作和任务。

大会选出市妇联第八届执行委员会，张新云当选为妇联主席，邹瑞霞、范毅桦当选为副主席。

省妇联主席赵东花和市委副书记陈仕其分别代表省妇联和市委、市人大、市政府、市政协向大会召开表示祝贺。

【英专家考察打工妇女权益保护情况】 12月10日上午，英国专家Kate女士和英国驻广州领事馆文化教育领事邝舒岚女士一行6人在省妇联权益部高穗生副部长陪同下，来惠州市考察打工妇女权益保护项目实施情况，并举办打工妇女权益保护项目第二期培训班。

考察组听取了市妇联副主席邹瑞霞对有关情况汇报，参观了市妇联维权工作室，查看了热线电话记录本，浏览了惠州妇女网和婚姻家庭咨询网页，走访了市信华精机（惠州）有限公司和西门子威迪欧（惠州）有限公司两个外来女工流动学校试点厂。对惠州市实施打工妇女权益保护项目所做的工作予以了肯定，对该项目收到的效果表示满意。

【开通市妇女网站】 年内，市妇联开通网站(网址：http://www.hzwoman.com)。该网站设有信息快递、走进妇联、维权驿站、妇儿发展、主体活动、儿童园地、直属单位、团体会员、婚姻家庭咨询等栏目，各栏目图文并茂，形式多样。

【存在问题】 妇联基层组织建设、工作条件与形势任务不相适应，妇联活动经费、妇儿工委工作经费不足，有些工作难于开展，特别是女干部教育培训规划缺乏经费保障而得不到全面落实，培养选拔女干部工作发展不平衡；有些地方对妇联干部的培养重视不够，在实施妇女儿童“两个规划”中，政府职能部门作用有待进一步发挥。

（王家廷）

惠州市工商业联合会

【概况】 2003年，市工商联学习胡锦涛总书记视察广东重要讲话和中共十六届三中全会精神，贯彻执行省、市民营经济工作会议精神，坚持“团结、教育、引导、帮助”的工作方针，推动民营经济发展，开展调查研究、参政议政，撰写了《关于我市贯彻省市民营经济工作会议精神的调研报告》，向市、县（区）人大、政协提交议案108件、提案98件。为防治“非典”捐款物合计228万元。各项工作取得了较好成绩。

【全市民营经济工作会议召开】 3月3日，中共惠州市委、市政府召开民营经济工作会议，总结经验，找出差距，提出新一年工作任务，表彰了一批成绩突出的民营企业。常务副市长黄柏青宣读了市政府《关于授予侨兴集团有限公司等企业“惠州市民营企业100强”和曾宪钊等100户个体工商户“惠州市先进个体户”称号的决定》，富绅服装实业有限公司、南方稀土金属材料有限公司等64家会员企业也受到表彰。

【开展会员培训】 年内，全市各级工商联采取多种途径开展会员的培训教育活动，以提高会员素质。惠城区工商联举办《合同法》培训班，组织民营企业负责人、企业会员参加学习。惠东县工商联举办“经济理论”研究会，邀请中山大学理工博士易江教授讲课，200多名民营企业主听课。惠阳区工商联组织“学习型企业——企业家成功论坛”报告会，邀请中山大学徐教授主讲，近150名会员参加报告会。全市各级工商联组织会员举办各种培训班13场次，参训会员750人次。

【《惠州商会信息》创刊】 年内，由市工商联创办了《惠州商会信息》期刊，重点刊登企业会员动态，宣传党和政府发展经济的政策和有关法规，为会员提供经贸动态、项目投资信息等。分送到市委主管领导、省工商联、市委办、市委统战部、各县（区）工商联和本会各有关会员。至11月底止，共编印14期，35篇（条）信息。该刊已逐渐成为反映会员心声和沟通上下信息的一个重要渠道。

【组织民营企业家赴韩国考察】 年内，为学习韩国民营企业管理先进经验，市工商联在全市组织了民营企业家共16人，赴韩国京畿道中小企业综合支援中心和京畿道世界贸易中心参观考察，学习和汲取他们如何为中小企业提供科学技术、人才培训、投资咨询、商贸合作、融资贷款等方面的经验。这次参观与考察，对惠州市筹建民营科技大厦和加强总商会服务中心的工作，得到有益的启示。

【推动光彩事业发展】 年内，市工商联会员企业新增投资光彩事业项目 7 个，总计投入资金 1501 万元人民币；新增安排就业人数 725 人、安排下岗再就业人数 886 人。其中，惠州侨兴集团有限公司安排清远、韶关贫困地区残疾人 359 名、下岗职工和富余人员 750 名。推动了惠州市光彩事业和社会公益事业的发展。

【为会员办实事】 年内，市工商联多次组织或协助会员企业参加“眼镜展”、“广交会”等国内外的展销和洽谈会，为 10 多家民营民企业的技术人员搞好职称评定；为会员企业出国（境）进行商务考察办理护照、通行证；协助会员企业解决在生产经营中的困难和问题 40 个，为会员企业发展筹措资金 1000 多万元。

【陈桥顿拥军受赞扬】 市工商联副会长、广东桥胜集团公司董事长陈桥顿，多年来主动关心军队建设，开展拥军活动，受到广大军民好评。自该公司与 75200 部队“结对子”后，先后出资 60 多万元改善部队官兵的生活和工作条件；慰问广州军区特种作战部队驻惠州训练基地、平潭机场部队、马过渡驻港部队和 42 集团军通讯团等；捐资近 10 万元为 75206 部队陈江教导大队修缮官兵食堂和安装柜式空调，捐资 20 多万元重新装修教导大队办公楼等等。陈桥顿的拥军事迹，在军地传为佳话，同时受到市委、市政府的肯定和赞扬。

【罗少林捐赠社会治安基金百万元】 6 月 11 日，市工商业联合会会员罗少林，向惠州市社会治安基金捐赠 100 万元。在市公安局举行了隆重捐赠仪式，市委副书记、市政法委书记黄仕芳，市委常委、公安局长杨富生等参加了仪式。罗少林的捐赠义举受到广大公安干警和市民好评。

【存在问题】 市工商联与县（区）工商联和会员的联系、服务方面有待加强，调研工作仍不够深入，自身建设需进一步抓紧。这既有客观上人员编制少、经费不足的原因，也有主观努力不够的因素。

（李威进）

惠州市归国华侨联合会

【概况】 2003 年，惠州市侨联围绕市委、市政府的中心工作，开展“侨联群众工作年”活动，在为侨服务、维护侨益、参政议政、海外联谊等工作中取得了新的成绩。

但在新时期为侨服务和维护侨益工作面临许多新的问题，需要不断探索；海外联谊工作还不够广泛；海外侨情的新变化、新情况的了解、掌握和分析研究等工作相对较薄弱等。

【做好上访归侨工作】 5 月初，市侨联接到省侨联信访办来电告知，潼湖华侨农场三区红岗居委会有 10 名归侨集体上访省侨联后，领导十分重视，组织人员深入到潼湖华侨农场了解矛盾纠纷产生的原因和化解情况。据上访人员反映：红岗居委会土地被征用后，村民主要靠在甲子河八百公尺河床（地名）捕捞鱼虾为生，由于八百公尺河床权属与潼湖镇发生纠纷，村民生活没有出路。经调解，红岗居委会在职职工，从 2003 年 3 月起至农场改制完成为止，由潼湖华侨农场每人每月补给生活费 90 元；甲子河八百公尺河床权属问题也协同有关部门得到解决。

【开展“送温暖、献爱心”活动】 年内，市侨联通过搭桥牵线，争取到香港慈辉（佛教）基金会的支持，在 2003 年春节、中秋两个传统节日，开展“送温暖、献爱心”活动。慰问杨村、潼湖华侨农场特困归侨侨眷共 460 户，发放救济款 4.6 万元、大米 2.3 万公斤、食油 2300 公斤；为杨村、潼湖华侨农场中学筹到善款 24 万元，维修校舍。市归侨侨眷福利基金会救济、慰问生活困难和有病的归侨侨眷 30 多户。

【推荐侨界人大代表、政协委员】 2003 年，市、县（区）两级人大、政协换届。按“各级人大代表中也有一定比例的侨界代表”的有关规定，市侨联向市人大、政协推荐参政议政意识强，关心侨联事业，能积极反映侨情民意的归侨侨眷参加省、市、县级人大代表、政协委员选举。换届后，全市归侨侨眷当选省人大代表 2 人，市人大代表 20 人，县（区）人大代表 20 人；市政协委员 10 人；县（区）政协委员 32 人。

【市第七次归侨侨眷代表大会召开】 12 月 22～23 日在惠州召开。出席“七代会”代表和特邀代表共 143 名，来自全市各地、各行各业，其中许多是先进模范人物，省、市、县人大代表和政协委员，还有不少是民主党派成员、爱国人士、实业家及港澳台和海外华侨华人社团的代表。这次代表大会审议和通过《惠州市侨联第六届委员会工作报告》，选举产生惠州市侨联第七届委员会，表彰先进集体和先进个人，聘请市侨联顾问、荣誉主席。市四套班子主要领导、省侨联主要领导、致公党惠州市委员会、市各人民团体和有关单位的负责人出席了大会。市委副书记陈仕其代表市四套班子作了讲话，市总工会主要负责人代表人民团体宣读贺词。中国侨联办公厅、河北、云南、青海、甘肃、海南等省侨联、广东省内19个兄弟市侨联和美国、澳大利亚、马来西亚、新加坡、泰国、香港、澳门等国家和地区的15个海外侨（社）团发来贺信、贺词、贺电。

【拓展海外联谊】 年内，市侨联通过“请进来，走出去”，加强与华侨华人世界性、区域性组织的联系，参与以地缘、血缘、业缘关系为纽带组成的华侨华人社团的联谊活动。接待了来自美国、英国、加拿大、马来西亚、新加坡、印尼、泰国、缅甸、香港、澳门等国家和地区的华侨、华人、港澳同胞20批，80多人次；参加了全球越、柬、老华侨华人恳亲大会、世界越棉寮华人团体联合会第十一届会员代表大会、第二届缅华同侨联谊大会、香港广东社团总会。在参加全球越柬老华侨华人恳亲大会中，向与会代表发送800册《惠州投资指南》，扩大惠州的影响，以吸引外商到惠州投资办厂。

【开展招商引资】 12月12日，市侨联引进香港飞车王俱乐部投资2亿元人民币，在惠州市建综合赛车场，该项目已签订了合同，将在2004年2月6日举行奠基仪式。10月23～24日举办亚太地区汽车拉力锦标赛暨中国（惠州站）拉力赛。经市侨联牵线搭桥，香港脑力磁电（惠州）有限公司投资500万美元生产精密注塑高科技件，于2003年6月建成投产。市侨联邀请了英国中央贸易委员会投资环境考察团一行12人，在英国驻广州总领事馆副总领事魏德万陪同下，于1月19日考察访问惠州市。考察团成员中有的在惠已有合作项目，有的曾来惠多次，此次来访旨在进一步扩大投资的领域，促进双方进一步合作。经市侨联荣誉主席、美国国际信誉集团董事会主席黄容光介绍，12月下旬，市侨联领导接触了韩国前首相的保镖朴斗福，向韩国现代企业集团提供了惠州市的投资项目信息。

1月9日，中华全国侨联副主席李祖沛一行来惠州市开展调研活动，市领导柳锦州、陈仕其等的热情接待　（市侨联供）

【全国侨联领导来惠访问】 1月9日，中华全国侨联副主席李祖沛一行来惠州市开展调研活动，受到市委、市政府领导柳锦州等热情接待。李祖沛希望惠州一如既往支持侨务工作，密切联系广大归侨、侨眷和海外侨胞，在为侨服务、维护侨益、参政议政等方面取得新的成绩。

6月13日，中华全国侨联副主席、世界杰出华人基金会主席、中国银行常务董事、南洋商业银行名誉董事长庄世平率香港工商界知名人士一行8人，在省侨联有关负责人陪同下，来惠州访问，受到市委书记、市人大常委会主任肖志恒、市委副书记、市长柳锦州等市领导热情欢迎、宾主双方进行了亲切座谈。

7月3日，由原中国侨联副主席黄军军率领的中国侨联法律顾问委员会调研组一行，来惠州开展维护侨益工作专题调研活动。市委副书记陈仕其和省、市侨联有关负责人陪同调研。

（罗玉华）

惠州市科学技术协会

【概况】 2003年，惠州市科协组织所属团体及科技工作者开展多种形式的学术交流、科技普及、科技帮扶等工作，充分发挥学术交流主渠道、科普工作主力军、国际民间交流主要代表的作用，为惠州市经济建设和社会进步作出了一定贡献。

市科协直属学会34个。年内，市科协协助市地震学会进行了重新登记，使之恢复活动。市医学会成立了急诊分会和医学心理卫生分会。市科协、惠城区科协协助惠阳机械厂和九惠制药厂成立了企业科协。

市科协机关加强了政治理论和业务知识学习，健全了机关管理制度，改进了机关工作作风，在全市“万众评公务”活动中，取得较好成绩。

【学术交流活动】 年内，市科协及市属学会共举办学术交流会议78次，4200多人次参加。市直学会有3000多人参加了全国和省级的学术会议。接待来访的国外科技组团11个、57人次。

为了促进全市的学术交流，不少学会办有会刊或编印论文集。市科协与市职改办主办的刊物《惠州学术交流》全年出版10期，刊登学术论文450多篇。

为提高科技工作者的学术水平，市、县（区）科协和学会举办各种学术讲座和面向科技工作者继续教育的培训班。市人才研究会在学术交流方面成绩突出，被省人才研究会授予先进集体称号。

根据新的《医疗事故处理条例》，市医学会承担了全市医疗事故技术鉴定任务。年内，共对22起医疗纠纷进行了技术鉴定。

【宣传《科普法》】 2～4月，在全市各县（区）举办了《科普法》知识图片巡回展。6月29日，为庆祝《科普法》颁布一周年，在市行政中心、步行街及市科协科普宣传栏举办了《科普法》知识图片展。市、县（区）科协共翻印《科普法》小册子8000多份分发给群众，把《科普法》知识挂图500套，发到全市各县或乡镇和城区各办事处张贴。市科协组队参加了广东省《科学技术普及法》电视知识竞赛，获优秀奖。在10月全市《科普法》实施情况检查中，市科协工作受到市领导的肯定和好评。

【开展防治"非典"科普宣传】 4～5月，市、县（区）科协和有关学会投入"依靠科学、战胜'非典'"为主题的科普活动。全市科协系统为防治"非典"，共举办了科普图片展100多场次，参观的群众约10万人次。发放防"非典"知识资料18万份，播放防"非典"VCD片80多场，利用电视台播放防"非典"知识6次，在报刊发表防"非典"科普文章21篇。

【建设科普宣传阵地】 市科协为配合惠州市创建文明城市及惠城区创建科普示范城区活动，联合惠城区科协，对城区54个社区科普工作情况进行了调查摸底，协助未设科普宣传栏的社区尽快建立宣传栏。具体帮助长湖苑等5个社区建起标准的科普宣传栏，指导江北办事处等单位建立了合格的科普长廊。惠东、惠阳、博罗、大亚湾科协也新建了科普长廊，惠东县科协还完成了县科技馆的主体工程和室外装修。

市科协组织科普图片供全市各科普宣传栏经常更换。配合中海壳牌南海石化项目的建设，制作了二套内容通俗易懂、图文并茂的科普图片介绍项目及石油化工基础知识，一套在南坛路市科协科普长廊展出，另一套在全市各地巡回展出。还联合南天白蚁防治中心，制作了白蚁防治图片供各地宣传。

【承办著名学者报告会】 年内，市科协承办了3场院士及著名学者报告会。1月13日，邀请了人民日报副总编、博导李仁臣教授作了"北极科学探险考察"科普报告。4月17日，惠州市第二届数码节期间，邀请牛憨笨、张景中两位院士分别作了"二十一世纪光电子技术展望"及"教育软件的发展"为主题的报告会。12月17日，邀请李文华院士作"生态城市建设"报告。市四套班子领导及有关方面专家、负责人参加了报告会。

【推进农村科普工作】 为推广农村先进适用技术，年内，市科协举办较大型的科普讲座、科技报告会20场，听讲人数约2500人。全市科协组织共举办各类科技培训和科技咨询活动350场，培训农民约5万人次。发放种植业与养殖业方面科技资料5万多份，科技书籍3200册。10月，邀请省有关专家在惠城区矮陂镇开展了为期3天的"惠州市无公害鲜梅菜综合标准"培训班。参加培训的农户按照标准种植和加工梅菜，降低生产成本，提高亩产。

年内，市科协联合市委组织部、惠州电视台拍摄6期"教你一手"农村实用技术节目。受到广大电视观众，特别是农民兄弟的欢迎。

【开展青少年科技教育活动】 年内，市科协选送12件小制作和漫画作品参加省青少年科技创新大赛，分别获得科幻绘画二等奖2名，三等奖3名；科技竞赛二等奖2名，三等奖4名，优秀组织奖5名。市青少年科技教育协会组织

2003年4月17日，中国惠州第二届国际数码节院士报告会现场　（市科协供）

优秀青少年科技辅导员到兰州观摩第十八届全国青少年科技创新大赛，组织部分中小学生赴东莞参加全省信息奥林匹克比赛。

市科协依托社会资源，建立了TCL王牌彩电、市农校、市水产研究所等市级青少年科普教育基地。

【实行科技帮扶】 年内，市科协联合省农科院帮助龙门县永汉镇建立香蕉无病毒育苗基地和60亩香蕉生产示范基地，使该镇香蕉种植从1000多亩发展到7000多亩。市科协和博罗县科协在响水镇，引进永春园（深圳）食品实业有限公司以公司+基地+农户的经营模式，建立了草菇生产基地，带动60多户农户生产草菇。惠东县马铃薯专业技术协会以同样的方式带动8000户农户种马铃薯2万亩，销售马铃薯2万吨，取得较好经济效益和社会效益。

年内，市科协与市二轻总公司派员在龙门县龙江村驻点，推广花生新品种和甜玉米种植，扶持整修道路和发展草菇等生产项目。

【存在问题】 科普经费不足，特别是县、镇两级科普经费缺口较大。部分县人均科普专项经费仅0.1元，部分镇既无专职科普人员又无科普专项经费；设施不足，市、县两级均没有建成科技馆，这与科技强市很不适应；在发挥所属团体和全市科技工作者的积极性，广泛开展科普工作方面做得不够。

（黄娟娟　陈建学）

惠州市社会科学界联合会

【概况】 2003年，是惠州市社科联成立的第二年。年内，市社科联按照明定位、打基础、建网络、抓重点的工作思路，秉着认识世界，传承文明，创新理论，咨政育人，服务社会的宗旨，发挥桥梁纽带、组织协调、咨询服务和宣传普及作用，以繁荣学术和惠州哲学社会科学事业，提高惠州人的社会科学素养为标杆，开展社会科学下基层和高层次、应用型公共管理人才的培训等社会科学宣传普及活动。针对当前的热点难点问题和党委、政府中心工作，开展调研活动；配合中心任务开展各种理论和学术座谈、研讨活动。组织广大社会科学工作者通过请进来和走出去等形式，进行国内外文化学术交流活动等等，取得了可喜的成绩。11月27日，在全国大中城市社科联工作会议上，惠州市社科联被评为“全国大中城市优秀社科联”。年内，市社科联还成立了3个直属学会。

【与省内外社科机构建立联系】 年内，市社科联与省社科联、社科院建立密切联系，积极争取其对工作的支持和指导；与全市各学会（协会、研究会）及各县（区）有关部门建立密切联系，形成点多面广的社科研究和普及网络；与市直有关理论部门、高等院校和相关职能部门加强联系，广联深交，取得其对工作支持，以拓宽业务范围；与省内外大中城市社科联建立工作联系，学习借鉴先进做法，得到许多启发；与中山大学等名校及澳门、日本等海内外社科研究机构展开交流，拓展业务及工作领域。

【启动社会科学下基层服务活动】 3月28日，市社科联为普及社会科学，策划并启动了“社会科学下基层服务”活动。这次活动邀请了省社科院温宪元等6位专家到惠城区小金口镇和江北办事处，就“农村工业化与城市化”、“集体经济管理”、“农村税费问题和减轻农民负担”等专题对基层干部、群众进行宣讲，并与听众进行互动式交流，向基层普及社科知识。受到了基层干部、群众的欢迎。

2003年3月28日，市社科联启动“社会科学下基层服务”活动（社科联供）

【开展学术研讨活动】 年内，市社科联与各学会（协会、研究会）坚持“双百”方针，举办学术研讨会20次，1000多人次参加。

1月17日，市社科联召集全市社会科学界代表，共话新春新发展。在茶话会上，市社科联领导向社科界发表了新春贺辞并通报市社科联成立后的工作及2003年工作计划，市旅游协会等6个学术团体代表作了发言，特邀广电局负责人就广电行业改革发展问题与与会者进行了交流探讨，市委领导就市社科联新一年的工作提出了要求。

6月28日，市委宣传部牵头与市社科联、市卫生局、惠州日报社联合举办“弘扬抗非精神，促惠州发展”理论座谈会。座谈会上，来自全市各界的社会科学工作者和战斗在“抗非”第一线的医务人员代表，从不同角度、不同侧面，就弘扬“抗非”精神、促进惠州发展作了深入的探讨和阐述。通过深挖和升华“抗非”精神，引导全市社会科学工作者着眼于社会生活，运用社会科学理论切实解决社会突发事件和危机。

为了挖掘市实验剧团自编自演的大型话剧《村官》的理论和现实意义，宣传《村官》的主人公赖榕根这一富有现实生命力的时代典型，充分发挥其教育示范作用，市委宣传部、市社科联于10月22日，共同召开了理论座谈会。来自各条战线的社会科学工作者先后从创新廉政宣传教育形式、加强农村基层党组织建设、推进固本强基工程等不同角度，对《村官》的思想内涵、理论价值进行了深入的挖掘、探讨。通过这次座谈会，促进了全市社会科学的研究更加贴近生活、贴近实际、贴近群众。

11月20日，市委宣传部、市社科联、市经贸局联合举办全市各界人士代表学习中共十六届三中全会精神座谈会。与会者结合实际，树立科学发展观，对三中全会提出的新思路、新观点、新论断、新举措进行深入分析和阐述，形成新的发展思路，开创全市各项工作新局面，奠定思想基础。

12月29日，市社科联与惠州日报社联合举办惠州市社会科学工作创新发展推进会。广大社会科学工作者围绕“社会科学工作创新发展”主题进行研讨交流，集思广益，形成一股社科发展推动热潮。

【社科联培训处挂牌】 为了履行社科联社科培训的职能，为社会培养有适应力、竞争力和领导力的高素质公共管理人才，9月27日，市社科联培训处挂牌，并与中山大学联合举办的首届MPA高级进修班同时开学。培训处设在市农业干部学校。

【赴日本文化学术考察】 9月12～18日，市社科联为履行组织国内外文化学术交流职能，组织了以市委副书记、宣传部长、市社科联名誉主席刘耀辉为团长的惠州市社会科学界赴日本文化学术考察团，对日本进行了考察交流。考察团成员在日本有关研究机构的安排下，广泛考察了日本社会经济文化发展的有关情况，并同日本著名国立京都大学的有关专家学者就中日两国的社会经济文化发展等专题进行了交流研讨。考察团所形成的考察报告《文化产业—未来世界经济发展的主动力》，在全市文化工作会议上作为会议材料印发给与会者。

【编辑出版社科联纪念册】 年内，为详细纪录惠州市社会科学发展的历史，市社科联编印了《惠州市社会科学界联合会成立纪念册》。纪念册完整地收集、整理了组织机构名单、成立大会文献、社会科学类学会（协会、研究会）风采等。

【存在问题】 社会科学普及经费尚无着落，社会科学的研究成果奖励机制还未形成，影响了社会科学工作者的积极性和创造性；社会科学研究力量、组织机构不够健全。惠州现有社会科学学会（协会、研究会）60多个，但骨干社团不多，有优秀研究成果、人才的偏少；缺乏社会科学学术交流场所与设施。

（柯宇青）

惠州市文学艺术界联合会

【概况】 2003年，惠州市文联有作家协会（简称作协）、美术家协会（简称美协）、音乐家协会（简称音协）、书法家协会（简称书协）、摄影家协会（简称摄协）、戏剧家协会（简称剧协）、曲作家协会（简称曲协）、舞蹈家协会（简称舞协）、民间艺术家协会（简称民协）等10个文艺协会，会员995人。

市文联加强思想政治建设，注重机关内部、协会班子成员的政治理论、业务知识学习，对原有人力、财力资源进行优化整合，重新制定《文联党组学习制度》、《民主生活会学习制度》等有关管理制度；改善现代办公环境，更新办公设备；注重抓好现代办公知识学习。

文联班子紧密联系协会，开展谈心活动，争取相互理解沟通，倡导昂扬向上、求真务实、团结和谐、干净干事的氛围。在抓好日常事务管理的同时，调动协会积极性，广泛开展各项文艺活动。

【举办文艺活动】 “惠州港杯”建设小康社会成就书画摄影迎春大展 1月，在滨江大厦举行开幕式，历时一个月，展览以书、画、摄影三种不同的艺术形式透视改革开放以来，惠州在建设小康社会的进程中取得的重大成果。春节后，在各县（区）进行巡回展，参观人数达5万多人次。

《飞鹅文丛》首发式 由惠州市10位作家的10部作品结集出版的《飞鹅文丛》，总计200多万字，4月11日举行首发式，中国作协、省文联和省作协的有关领导出席了仪式，市领导为丛书作序并作讲话。

全市首届中小学师生征文大赛暨颁奖文艺晚会 由市文联、市教育局、

1月，在滨江大厦举行"惠州港杯"美术 书法 摄影作品大展开幕式

（市文联供）

惠州日报社联合举办的以"爱我惠州"为主题的"光耀杯中小学师生征文大赛"，收到全市110所学校参与的近800篇稿件，其中36篇作品入围，编印"光耀专刊"向全市中小学发放，由市内面上学校的广大师生参与投票、评奖，并于9月8日在滨江公园举行颁奖文艺晚会。

【重大赛事获奖作品】 年内，市文联广大文艺工作者，深入生活、勤奋工作，创作了一大批优秀作品参加全省和全国比赛或展览。

在省级以上刊物发表作品和省级以上赛事入选、获奖人次总计196人，其中作家协会50人次，美术家协会61人次，书法家协会26人次，摄影家协会12人次，曲艺家协会11人次，剧作家协会4人次，音乐家协会8人次，民间文艺家协会7人次，舞蹈家协会1人次；交谊舞——体育舞蹈协会16人次。

各协会的获奖作者与作品如下：作协蒋勤国的《冯至评传》获广东省第十三届新人新作奖，申平的小小说《头羊》获2001～2002年度全国优秀小小说奖，刘明霞的散文《拜谒东江红都》获第13届中国新闻奖报纸副刊作品复评铜奖；喻成的杂文《也说饭不香了》获2003年全国报纸副刊年度评选一等奖。

美协全国展览获奖作品有3件，潘小明国画《青果》获第二届中国美术金彩奖作品优秀奖、国画《丹柿朝阳》获"海潮杯"全国中国画展优秀奖；季秀伟的国画《梦回故园》获第二届全国中国画展优秀奖。

音协毕践新作曲的《闪亮的军旗》，荣获中央电视台全国第二届"三角杯"军旅歌曲电视音乐大赛银奖；市书协主席蓝广浩的书法作品在广东省书法最高奖项的"广东省首届《南雅奖》书法篆刻展"中，获铜奖，秦国伟作品入选广州海珠博物馆举行的《海珠宝鼎铭篆刻展》，并被海珠博物馆收藏。

摄协3幅作品在第十届国际影展中入选、获奖。其中肖枚《马蹄声声》获艺术创意组铜奖，是继1997年孙泽宁作品入选第七届国际影展以来获得的最好影赛成绩。黄秉权《危情永救》获纪实组勋条，刘小杭《古镇喜事》入选。

市剧协苗建宏、李占元编剧的大型话剧《村官》的创作演出获得成功，入选省"五个一工程"奖，先后上演37场次之多，并受省纪委邀请，赴广州演出，受到省委、省纪委领导的高度赞扬。

市文联、市民协和龙门县文化局组织的民间舞蹈《舞春牛》参加省文联、省民协在阳江市阳西县举办的广东省第二届民间艺术节暨民间艺术大赛、民间艺术大巡游活动获铜奖和组织奖。

曲协隋修德创作的群口快板《神圣的使命》获全国曲艺评选三等奖。黄洁端创作的小品《中国结》获省级调演二等奖，并被送全国参赛。

舞协文艳平编导的舞蹈《校园网络》获省残联调演一等奖。

交谊舞——体育舞蹈协会文广清、黄朝辉等三对选手参加"太子杯"省港澳台国际标准舞公开赛，分获摩登舞业余B组第一名、第二名及摩登舞业余壮年组第八名。郑惠生、李来娣参加2003广东第三届"丽花杯"国际标准舞全国公开赛，获摩登舞企业家组第三名。刘炳忠、吴葵花获2003年第二届"岭南杯"国际舞公开赛公开组华尔兹第一名，单项组探戈舞第一名；新秀三项组摩登舞第六名。文广清、黄朝辉参加全国第十七届"安利芳"杯业余C组摩登舞四项获第八名。

【加强协会联络与协调】 市文联工作的宗旨是联络、协调、服务十大协会。新班子上任后，为加强对协会工作的团结和指导，对原本基础薄弱、工作起色不大的舞蹈家协会班子进行适当调整，并且继续督促指导他们逐步完善组织、健全机制、明确职责，争取早日将协会活动开展起来，使协会走上健康发展的道路。

在惠东三联农庄，开辟惠州市文艺家生活基地，并举行挂牌仪式。由市文联组织，市作协协助举行三联农庄笔会，并邀请《南方日报》、《羊城晚报》、《作品》杂志三家报刊主任编辑到会讲座，向作协会员传经送宝。

为扶植发展前景极大、群众基础较好的交谊舞——体育舞蹈协会，市文联与惠州市移动通讯公司联系，整合人力、财力、场地资源，合作开办交谊舞培训班，使交谊舞——体育舞蹈协会焕发生机，活跃全市企业职工业余文化生活。

【各协会活动】 作协 年内，市作家协会会员在《作品》、《山西文学》、《山东文学》、《当代文学》、《北方作家》、《南方日报》、《羊城晚报》、《小小说选刊》等报刊杂志上共发表各类作品50余篇。全国赛事获奖3人，省以上赛事获奖1人。2人加入中国作协，4人加入省作协，10 人加入市作协。组织全市重点作者50多人召开侨兴笔会，组织省以上作协会员在金迪星苑举行新春座谈会，倾听呼声，了解创作情况，组织部分作家深入陈江农村和基层干部及农民座谈，了解他们的生存状况，询问有关政策对农村生活的影响及近几年的发展变化。配合文联主办的各项活动，承办了“全市首届中小学师生作文大赛”、“惠州市文艺家生活基地”挂牌仪式等。

美协　年内，在全国获奖作品 3 件；省级获奖作品 1 件，入选 8 件，另有49件作品入选2003年广东省美术书法摄影联合展，其中 1 人获银奖，20 人获优秀奖。发展省级会员 7 人，另有申报国家级、省级的会员一批，是美协历史上发展上层会员人数最多的一年。加强艺术档案建设，对每次重大艺术活动都做记录和编册，为每位协会成员建立个人艺术档案，逐步规范档案管理。

音协　年内，歌曲创作数量、质量较往年都明显进步，涌现出《闪亮的军旗》、《大亚湾的孩子》、《喊哥哥》、《木棉红》等一批好歌，编发了《爱我惠州•唱我惠州》歌词集，成功举办音协会员个人演唱会。由市音协主席毕践新创作的《白衣姑娘》和大型音乐景观篇《东山•你好》参加省委宣传部、省文化厅、省电视台等多个重要晚会的演出，并担任晚会的创编工作。成立学术性、专业性强的分支机构“惠州市音乐家协会——键盘指导委员会；发展省音协会员 3 人；市级会员 14 人。

书协　在2003年改选新班子，重新登记会员、建档，建立通信联络，制订会费制。登记在册的会员 153 名，发放了第一批会员证。创办书协内部刊物《惠州书法》，办刊资金来源以社会赞助为主。全年，在省级书展中获奖 2 人，入选作品 24 人，总计 26 人次；新增省级会员 3 人。参与、策划“2003 广东省书法家协会会员院校联谊会”；“陈江杯”春联创作、春联书法大奖赛活动；惠东县百花镇举行的《情暖乡村》为农民写春联活动。以桥西办事处为活动基地，举办“广东省青年书法篆刻作品展”赛前创作作品观摩交流活动；举办专题讲座，迎接“全国第八届书法篆刻展”。

摄协　年内，组织摄协会员到广西、云南、浙江、四川、新疆、福建、内蒙等省、区进行采风、创作。聘请省内外名家主讲摄影专题讲座。4 人加入中国摄协，2 人加入广东省摄协。

在“第十届国际影展”中，惠州市摄协参赛者 33 人，选送作品 200 幅，获奖作品 3 幅；在“全国民俗风情摄影大奖赛”中，获奖作品 2 幅；在“‘福在中国’全国摄影艺术展览中”入选 2 人；在“中国红河风光、风情摄影大奖赛”中入选 5 幅。全年累计选送会员作品参加各级各类影赛、影展获奖和入选 100 多幅。

剧协　年初，召开了惠州市剧协第五次会员代表大会。出席会议的有市直及各县（区）代表 19 人，艺术顾问 3 人，经代表们民主选举，选出苗建宏为主席的新一届领导班子。让民营企业家进入班子，以适应现实需要。由剧协主席苗建宏、副主席李占元创作编写的大型话剧《村官》先后在省、市演出 37 场，入选省“五个一工程”奖。

民协　年内，各团体会员配合创建文明城市、发展旅游业等中心工作，积极开展健康有益的活动。步行街曲艺社每周排练两场，于上半年与市创建文明城市办公室联合在步行街举办《粤韵新声颂文明》专场演唱会；龙门县民协组织会员深入采风和调研，搜集整理了 20 多篇龙门风景名胜民间传说，部分在省市报刊上发表，部分编印成景区宣传画册，重点推介龙门旅游景点、发展旅游经济。为深入挖掘龙门民间艺术、打造旅游品牌当好排头兵。组织团体会员李家拳武术馆、步行街曲艺社等赴东莞观摩全国民间麒麟艺术表演大赛暨百头麒麟大巡游活动，开阔眼界，学习经验，为今后惠州组织类似活动提了范本。由省文联理论部、省民协举办的“民间文艺与市场经济”的专题研讨会应邀由市民协协办，在市民协的组织协调下，会议在石龙镇顺利举行，与会省文联、省民协领导及专家学者给予了高度评价。

曲协　年初，重组和整合领导层，选举出新一届领导班子。市歌舞团团长郑国培被推选为主席。在新班子的领导下，剧团的演出中尽可能安排协会会员进行曲艺表演，满足广大观众的曲艺需求，拓展曲艺的社会层面影响；积极组织、辅导业余曲艺活动，几位副主席、秘书长经常不计报酬到基层组织曲艺活动，有的还亲自参加演出，为有需要的单位创作曲艺台本；热心扶持、指导业余曲艺团体的各类曲艺活动，在创作思想、艺术表演上予以指导，在组织、演出等各项工作中予以无私帮助。曲协副主席蓝新德是中国古筝四大流派之一“客家筝”的唯一传人，古筝艺术造诣独具心得，由中国艺术研究院监制的CD《蓝新德客家筝独奏乐曲 10 首》在英国音乐界受到好评，媒体称为“来自中国的神奇音响”。年内，他赴英国伦敦布拉德大学进行古筝表演，受到热烈欢迎和高度评价，并获该校最高荣誉奖，被授予荣誉校徽。英国高级文化官员称之：“你美妙的琴声，使我们两国人民的友谊天长地久。”

舞协　年内，举办各类培训班多期，参加培训者达 2600 人次，为省舞蹈学校输送舞蹈专业人才 3 人。12 月 23 日博罗县舞协成立，推荐 5 人加入省会员，另有外地调入惠州市外省省级会员 5 人转会本省会员。

除每月组织会员间的学习交流、研

讨舞艺、召开舞会，还定期组织会员到各大企业进行表演，展示风采，扩大影响，丰富企业职工文化生活。为切实提高专业水准，聘请北京国际舞国家A级教师王宝龙来惠州市培训会员，并组织会员观摩深圳举行的全国第十七届国标舞公开赛。班子成员先后到TCL移动通讯有限公司、市供电局、市委秘书科等机关、企事业单位辅导、培训国标舞。举办各类培训班20多期，培训人数达1000多人次。

【存在问题】 各大协会没有活动场地，经费紧缺，严重影响各协会工作的全面开展，个别协会班子也存在主动性、开拓性不足，"等、要、靠"的思想较重。班子老化现象不同程度存在，各协会发展不够均衡。

（马冀萍）

惠州市残疾人联合会

【概况】 惠州市残疾人联合会属正处级建制，参照公务员管理。2003年9月市编委核定编制13名；内设办公室、教育就业部、康复部3个职能部（室）；下属有市残疾人康复中心、市残疾人劳动就业培训中心两个正科级事业单位及市残疾人用品用具供应站。年内，市残联在代表残疾人利益、维护残疾人合法权益、团结教育残疾人、全心全意为残疾人服务、动员社会力量、发展残疾人事业等方面，取得了一定成绩。

【市残联第四次代表大会召开】 7月9日，召开了惠州市残疾人联合会第四次代表大会，完成了市级残联换届选举工作。选举产生以副市长林添好为惠州市残疾人第四届主席团主席，陈力强、张彩堂、彭华君、曾伟强、范中杰、邝文、温旭彪为副主席；张彩堂为市残联执行理事会理事长，张木林、赖书扬、陈可辉为副理事长。聘请了市政协主席叶月坚为第四届主席团名誉主席，市人大副主任陈恩强和市侨兴集团总裁吴瑞林为第四届主席团名誉副主席。成立了5个残疾人协会组织，推举廖永钦为盲人协会主席，方玲为肢残协会主席，刘森泉为聋人协会主席，叶素爱为智力残疾人亲友会主席，戴福林为精神残疾人亲友会主席。

【设法完成康复任务】 年内，市残联落实"把任务与经费挂钩"的分配措施，以推动全市康复任务的完成。全年完成白内障复明手术1985例；低视力配用助视器13人；聋儿机构康复训练38名，并为其配戴了助听器；培训聋儿、弱智家长173名；肢残矫治手术12例；为重度下肢残疾人救助轮椅5部；脑瘫儿童康复训练30名；智残儿童机构康复训练26名，家庭训练29名（其中聋儿12名，弱智17名）；麻风畸残伤口清创20人，发放辅助用具20人，进行康复训练20人；残疾人用品用具供应630件，矫形器装配28件；为缺肢者安装普及型假肢37件。编写和印刷社区康复资料7000多份，购置社区康复员培训教材150本。

【打造残疾人康复品牌】 年内，贯彻以"机构康复带动社区康复，社区康复开展家庭康复，最后实现人人有康复服务"的工作思路，实行社会保障型的工作模式。克服"有钱有康复，没钱没康复"社会现象，打造惠州市的残疾人康复工作品牌。

市残疾人康复中心增加了康复经费50万元，在康复中心的9、10楼装修成1000多平方米的弱智、脑瘫训练部，使机构康复由原较为单一的聋儿功能康复部增加到3个服务内容。同时，实施社会保障型的康复工作模式，扩大公益性服务性质。

年内，在全市7个乡镇开展社区康复试点工作，取得初步成效。为全省农村的社区康复工作探索了一条切实可行的新路子，得到省残联的充分肯定。

【巩固"精神病防治"试点效果】 精神病防治工作自2002年在惠城区开展以来，目前已进入服药康复的攻坚阶段。惠城区残联年初召开了专题工作会

2003年7月9日，召开市残联第四次代表大会会场　　（市残联供）

议，制定了工作计划。市、区二级政府落实了专项经费，开办了第二期精防工作技术培训班，由市二院组成的防治技术小组，定期深入试点镇开展发药康复跟踪工作。为927名防治康复对象实施免费药物治疗，送专科医院免费住院治疗16人，解除关锁病人30人。

【创办残疾人就业新模式】 年内，惠州市开辟残疾人集中就业新渠道，得到民营企业侨兴集团的支持，创办了市残疾人侨兴电子培训就业基地。实行“定向培训、定向就业、集中管理”的安排残疾人就业的新模式，培训、安排残疾人就业50名，得到了省残联的充分肯定。

全年通过分散、按比例新安排残疾人就业165人，其中市直单位安排50人；稳定残疾人就业153人；集中组织安排残疾人就业120人。同时，鼓励残疾人自谋职业，共扶助残疾人个体从业350人。全市残疾人就业率稳定在85%以上。

【扶持残疾人脱贫奔康】 年内，开展了对全市年人均收入1500元以下的残疾人贫困户的调查、登记造册。11月召开了全市残疾人扶贫奔康工作会议，全面部署残疾人扶贫奔康工作。同时，加大了扶贫资金的投入，争取政府同意，从市直残疾人就业保障金中安排20%的资金用于残疾人扶贫奔康工作。

【残疾人文体活动有成效】 年内，市残联依托市特殊学校的场地和师资，创办了市级残疾人文艺、体育培训基地。10月20日，资助龙门县举办了全省首次县级残疾人运动会，参加人数达120名。12月组织编导了两个残疾人文艺节目，参加全省盲、聋、培智学校学生文艺汇演，其中舞蹈《校园网络》获一等奖，小品《妈妈》获三等奖，并全部被省选送参加全国盲、聋、培智学校学生文艺汇演。

【特殊教育有进展】 年内，市特殊学校新招生22人，在校聋哑学生达到150人，提高了全市“三残”学龄儿童入学率。协调有关部门，落实“两免一补”政策，共为残疾学生和残疾子女减免学、杂费1570人(次)，减免学、杂费近100万元。考入大、中专院校残疾考生4人，其中大学本科1人，中专3人。各级残联组织对考入大、中专院校的残疾考生还给了一定的经济援助。

【存在问题】 在落实残疾人工作法规方面，执法不严的现象比较突出，残疾人生活状况与社会年均水平相比还存在相当的差距；政府在残疾人康复、教育、就业、扶贫等方面的经费投入不足。

（孙国华）

东纵、边纵惠州市老战士联谊会

【概况】 2003年，惠州市“两纵”老战士联谊会下设7个分会，5个小组，会员366名。

年内，“两纵”联谊会把再学习、再教育作为工作的重点来抓。全体会员学习中共十六大精神、胡锦涛总书记七·一重要讲话和中央印发的“三个代表”重要思想学习纲要。电信局、金宝集团等多方的赞助，保证每个会员有一份《惠州日报》和《源流》杂志。同时还发动大家写学习心得，向报刊投稿，办好会刊《东江松林》。年内，编印了两期“松林”专刊。

同时，利用东江纵队成立60周年、联谊会成立15周年的庆典活动、东纵纪念馆的革命文物和图片、党史部门编纂的《东江纵队志》和其他革命史料等开展革命传统教育。

10月间，各分会还分别组织各种参观学习活动。财贸分会到革命老区高潭中洞村，参观瞻仰了中共东江特委、红二师旧址；农口分会组织会员游广州，参观广州新貌；宣教分会组织会员到万绿湖和河源参观。通过参观，使人耳目一新，精神振奋，心胸开朗。

通过全年的一系列活动，全体会员受到了教育，加深了友谊，增强了团结，也促进了身心健康。

【参加东纵纪念馆建设】 2001年冬，由“两纵”联谊会倡议，在罗浮山建立东纵纪念馆，香港和全省16个市、县的近20个联谊会代表均来参加，共同献计献策，出钱出力，共募得捐款216万元。惠州联谊会的有357人共捐款14万多元。会员张祥捐出文物13件和相片2张，黄靖捐出珍藏的两幅中国人民解放军大反攻地图，黄庭生捐出当年收藏的日式手榴弹一个，赖霞捐出一件军用毛毯。

通过多方不懈的努力，纪念馆终于如期在东纵成立60周年之前建成。

2003年12月1日，东纵纪念馆剪彩开馆和东纵成立60周年纪念大会在罗浮山东纵纪念馆前广场举行，市联谊会有200人参加。

【老战士奉献余热】 年内，联谊会会员从实际出发，力所能及地贡献余热。建委分会朱显任、丘其文、黄树藩接受市城市规划建设管理咨询委员会的聘请，为建设新惠州出谋献策。丘其文还接受惠城区文史办聘请，为惠城文史特约撰稿人，十多年为《惠城史料》选送和被采用文稿18篇近10万字。会刊《东江松林》主编张展铭、副主编陈荻，身体不好，对工作却一丝不苟，坚持把会刊办好。

联谊会常务副会长曾堃，在组织数百名会员参加罗浮山纪念东纵成立60周年大会中，与赖霞一起，从人员的通知、组织车辆、安排食宿、途中的安全和保健等等，亲临一线指挥，都安排得细致、周到，圆满完成任务。联谊会副秘书长田裕民，年事已高，身体不好，仍长期坚持值班，为大家做好服务工作。

计委小组梁在明写的《建设有中国特色老年事业》一文，被选入中国新时期人文科学优秀成果，由光明日报出版社出版，受到中国管理科学研究院人文科学研究所表扬，评为一等奖。年内，他写诗歌200首，名为《金秋风采》。交通局刘刚与人合作的革命回忆录《没有硝烟的战斗》，出版3000多册。

联谊会还与市老促会在惠东高潭镇办了一个“瘦肉型”猪苗场，建好栏舍2700平方米，发展母猪25头，种猪4条，已产仔600多条，出售400多头，存栏200多头，2003年底可获纯利6万元。

此外，联谊会肖可、赖霞、张雄东等会员和宣教分会的邓宗浩、农口分会刘惠、会员黄靖、陈慧、刁志标、财贸分会陈胜等都以不同形式参与青少年的教育。或参与对街道、社区青少年的帮教，或者在各级关工委(小组)的组织下，对学校学生进行思想教育，对失足、失学、失业青年进行帮教，对山区农村青年开展创业培训，都取得一定的成绩，受到省、市关工委的高度赞扬。

9月老人节前，市委组织部、老干局、人事局在评选表彰全市“老有所为”的大会上，联谊会被评选为先进集体，还有21名老战士被评选为“老有所为”先进个人，受到表彰。

【广泛开展联谊活动】 年内，联谊会除组织元宵茶话会、换届代表会、参加东纵成立60周年纪念大会和参观东纵纪念馆等较大型的活动外，各分会、小组均有不少聚会活动。多数分会(组)都有每月聚会一次的惯例。为了保证活动的经费，党群、政府、财贸、宣教等不少分会(组)领导，每年都想尽办法，到有关单位去“游说”、“化缘”，为会员服务。

年内，各分会（组）除了政治上不定期组织老战士学习外，派代表去看望、慰问住院的老战士70多人次。交委分会老战士赵福才，医疗费不落实，分会领导潘明亲自找汽运公司领导帮助解决。

年内，继续围绕“健康、平安”这一主题，动员老战士学习保健知识，继续参加全民健身活动。不少老战士从自己身体实际出发，开展健步走路、打门球、练太极拳剑、气功、唱歌跳舞、打桥牌、钓鱼等有益活动。张展铭为队长的老干中心门球队在2003年全市老年运动会和迎春门球赛中分别获得第二名和第一名。陈慧带领女子门球队，在“三八”妇女节门球比赛中，获得全市第二名。邓宗浩带领市老干桥牌队，在全省老干桥牌邀请赛中获得团体第二名，在市老年运动会中获得团体第一名。

（张展铭）

广东省黄埔军校同学会惠州市联络组

【概况】 2003年，全市黄埔同学会会员有31人。人员分布：市联络组办公专干3人，组长魏成、副组长徐惠双、秘书巫冠芳；惠城区18人，惠阳区1人，博罗县7人，龙门县2人。会员中，有中共党员3人，民革党员7人，民盟1人，基督教1人。被选为应届政协委员2人（惠州市1人、惠城区1人）。年龄最小的74岁，最大的96岁，平均82岁。

【开展校庆纪念活动】 6月16日，是黄埔军校建校79周年校庆日，全体会员以及黄埔后代及家属在惠州西湖大酒店举行庆祝会，并邀请市政协、统战部、台办等有关单位领导亲临指导。还举办了书画展，展出会员的书法、美术、诗歌等作品。会上，会员一起回顾了先烈们在东征北伐及抗日战争中的英勇事迹，均表示要为祖国和平统一发挥余热，再立新功。9月4日，联络组一行10人乘车前往广州长洲岛母校——黄埔军校旧址参观、学习，缅怀黄埔前期的革命前辈，再一次接受爱国主义教育。

【联络联谊活动】 年内，联络组会员

2003年6月16日，黄埔军校建校79周年纪念会上全体惠州黄埔同学与市有关领导合影
（黄埔军校同学会惠州市联络组供）

通过电话、书信、会见等形式，与港台及海外同学保持联系，并向他们宣传国内的大好形势，抨击陈水扁等台独分子分裂祖国的罪恶行径。全年与台海联系共计110人次，其中台湾同学45人次，海外同学12人次。

9月14日，台湾台北市惠州同乡会理事长、黄埔33期同学薛龄光等一行7人，由台北抵达惠州。当天黄埔同学会惠州联络组在西湖大酒店设宴为他们一行洗尘。次日，联络组的巫冠芳冒雨陪同他们到水口镇、陈江镇等地考察投资环境，为以后回大陆投资作好准备。

【接受中央电视台采访】 11月30日，中央电视台摄制组由广东省黄埔军校同学会副会长陈扬钊陪同，来惠州专题采访东征历史事迹。惠州市黄埔同学会联络组组长魏成等有关人员热情接待了中央电视台摄制组及陈扬钊一行7人，并详细地向采访者介绍了1925年第二次东征国民革命军攻克惠州城的情况。

（徐惠双）

中国国际贸易促进委员会惠州市支会

【概况】 2003年，惠州市贸促会在在伊拉克战争全面爆发、“非典”在局部地区肆虐的巨大负面影响下，全体职工齐心协力，克服困难，奋力开拓，各项工作仍取得了较好的成绩。

年内，签发货物出口原产地证明书10503份，比上年增长55%；代办使领馆认证153份，增长53%；各类证书68份；新增注册企业40家，增幅与上年持平；签发ATA单证1份，取得了零的突破；新增签发国际商事证明书业务，并签发国际商事证明书238份；实现网上签证2067份。

存在的主要问题是办公场地小，车辆太旧，影响业务展开与惠州形象，信息业务展开不够，实行会员制工作有待加强。

【民营企业欧洲进行商务考察】 9月14～27日，市贸促会组织惠州市27家民营制鞋企业负责人赴欧洲进行商务活动。参观了世界知名的第96届杜塞尔多夫国际鞋类展览会和意大利米兰国际鞋类展销会，领略了欧洲鞋业展览的规模、气度和实质内容；拜会了德国杜塞尔多夫集团和意大利商会负责人，进行了深入的交流；参观了巴黎、布鲁塞尔、阿姆斯特丹、科隆、米兰、罗马等大城市的大型百货商场、商业街等零售市场；购置了近20万元的各类鞋样回国研发。

【实行会员制发展会员】 年内，惠州市贸促会根据中国加入WTO和政府机构改革的进展情况，把实行会员制发展会员工作列入了重要的议事日程。年初制定了实行会员制的工作计划，争取在年内达到会员200家。2月28日，举办会员代表新春座谈会，28人参加。常务副市长黄柏青等出席座谈会。与会者就中小企业如何发展发表了意见，充分肯定贸促会的桥梁和纽带作用作，探讨如何开展会员工作。4月1日，成立实行会员制工作领导小组，设立会员部。年内吸收新会员74家。

【组织产品展销活动】 年初，市贸促会组织惠东县20多家中小企业参加了“2003中小企业名优产品（东莞）交易会”，展示惠东县制鞋业的规模、品种、花色及制作工艺等状况，促进全市鞋业开拓产品市场。6月13日，在天志家居广场举办了“惠州市首届现代家具展览会”，聚集全市及周边地区的100多家品牌家具厂商参加。展览面积达2万平方米，展示了各类家具（包括当今最潮流的时尚产品）1000余种。

【开展业务培训】 6月18日，市贸促会协调组织有关单位在惠东县举办了为期半天“制鞋业开拓欧洲市场实务讲座”。讲座由意大利全国制鞋联合会驻中国首席代表吴克和中国国际贸易仲裁委员会仲裁员孙圣爱主讲。系统地介绍了开拓欧洲市场的技巧和应注意的法律事项。惠东县制鞋业等100多家企业派员参加了讲座。

6月25日，在天悦大酒店举办了“惠州市中小企业国际市场开拓资金培训班”。有116家企业、单位的代表200余人参加，广东省对外经济贸易会计学会会长黄翠琼和广东省财政局张东明专家就如何使用和申领有关开拓国际市场资金的问题进行了专题讲座。

8月，举办了全市签、领证人员培训班，对注册签证的100多家企业和单位的130多名申、领证人员进行了申、领证业务培训。

【全省贸促工作会议在惠召开】 6月12～13日，广东省贸促会（广东国际商会）第十六次支会县（区）国际商会工作会议在惠州市天悦大酒店召开。到会代表86人。会议传达了胡锦涛总书记视察广东的重要讲话精神，研究探讨加强全省贸促机构加强自身建设、服务地方经济发展、开拓全省贸促工作新局面等问题。惠州市委常委、市政府常务副市长黄柏青致欢迎辞，并介绍了惠州市经济建设的状况。广东省贸促会党组书记、会长叶耀在会上要求全省贸促支会、县（区）国际商会，认真贯彻胡锦涛总书记重要讲话精神，加强自身建设，努力为地方经济建设服务。惠州市贸促会党组书记、会长刁国强介绍了惠州市贸促会近两年来开展贸促事业的经验。会议期间，与会代表参观了德赛集团光电科技有限公司、大亚湾壳牌石化项目。

【开办工商管理 CEO 高级研修班】 年内，由清华大学深圳研究生院主办、惠州市贸促会协办、为期一年的清华大学深圳研究生院工商管理 CEO 惠州高级研修班，于 4 月 12 日在惠州市委党校开学。副市长徐志达、清华大学深圳研究生院常务副院长林孝康、惠州市贸促会会长刁国强等出席了开学典礼。参加学习班的有全市塑胶、水泥、灯饰、彩印、金属材料、化工、服装、照明、能源、电子、物业管理、房地产开发、建筑安装、环保绿化、车辆维修、医疗保健、彩票、快件、审计、银行、餐饮等行业的各级企业董事长、总经理、私营企业家及国有企业负责人、高层管理人员等 79 人。

（谭醒阳）

惠州市女企业家协会

【概况】 惠州市女企业家协会 1989 年组建，2003 年有会员 95 人，其中新发展 20 人。会员中，曾先后一人获全国“三八红旗手”称号，1 人获全国“优秀女企业家”称号，4 人获中国“杰出创业女性”称号；38 人获广东省“优秀女企业家”和“先进协会工作者”称号。协会先后获中国女企协、广东省女企协系统“先进集体”称号。另有 4 人担任市党代表，5 人分别担任市、区级人大代表及政协委员。递交了建议与提案 6 件。

【提高女企业家的综合素质】 6 月，协会邀请市委党校常务副校长给会员作了“发扬艰苦奋斗精神，建设现代数码名城”的专题报告，会员 60 多人参加了报告会。协会组织会员参加 EF 英语培训班的学习，以适应中国加入世贸，企业尽快与国际接轨的需要。有会员 4 人参加了清华大学深圳研究生院举办的 CEO 培训班学习。5 月和 10 月间，协会先后两次举办女企业家文化沙龙活动，充实和提高商务礼仪知识和品位，规范个人的行为修养。11 月，协会组织 40 多位会员举办创业经验交流会。为协助搞好固本强基工作，协助会员企业组建党支部。在发展会员工作中，以质求量，侧重发展非公经济企业会员。

【开展巾帼建功活动】 年内，惠州市女企业家协会帮助、引导企业健康发展，同时倡导和组织会员参与创优争先、巾帼建功活动，先后荣获“中国女企业家协会先进集体”、“广东省先进女企业家协会”荣誉称号。会员企业广发行惠城支行得分 98.5 分，荣获“全国广东发展行系统标兵单位”荣誉称号。会员企业玉滩宾馆荣获“广东省首届南粤女企业家优秀企业”荣誉称号。有 14 名会员入编《中国女企业家大典》，1 名会员入编《中国百名杰出女企业家大典》。年内受中国女企业家协会表彰的优秀女企业家 1 人，受广东省女企业家协会表彰的优秀女企业家 1 人，优秀协会工作者 1 人。

【参与社会公益事业】 协会在春节、“八一”先后两次组织会员到 75203 部队慰问官兵。春节前夕，组织会员看望水口敬老院老人，送上贺年礼品，开展义诊服务。协会还组织会员捐资，支持修复革命老区—高潭红色纪念碑。据不完全统计，会员企业为 50 多名下岗职工优先安排工作。

【拓宽交流层面】 6 月，协会召开五届二次会员大会，总结表彰 2003 年度优秀女企业家、先进工作者。春节、中秋节，协会先后组织大型联欢晚会和茶话会，让会员在协会的大家庭里寓乐于交流之中。11 月，协会接待了顺德市女企业家协会。12 月，协会组织会员赴梅州参观学习，与梅州女企业家协会开展联谊活动。年内，协会还组织 20 多名会员赴日本学习考察。

（严南英）

惠州市台商投资企业协会

【概况】 2003 年，全市有台资企业 1232 家，合同投资 29 亿美元，台协会员 600 多家。惠州市台商投资企业协会（简称台协）是一个以在惠州投资台商为主体的社会团体。成立于 1994 年 4 月 23 日，以“团结，交流，服务，发展”为宗旨。坚持“一个中国”的原则，不断发展，把桥梁作用放在首位，协调政府各部门与台资企业的关系，加强惠州市台资企业与岛内台商的联系，帮助台商解决生产、生活中的困难，促进台资企业的发展壮大，在惠州市的招商引资工作中起到积极的促进作用。

台协于 1997 年下设台商联谊会，全市现有台商联谊会 17 个，由市台协统一领导，对辖区内的台资企业进行管理，加强协会与会员的联系，及时为台资企业排忧解难，在广大台商中形成“有困难，找台协”的共识。

【发挥桥梁作用】 台协通过聘请市政府有关领导及市直各涉台部门领导担任协会的名誉会长和顾问，邀请他们参加联谊活动，向他们提供台资企业的信息，使政府及时了解台资企业在生产、生活中遇到的各类问题，及时召开海关、商检、工商、税务等有关部门领导及台商代表参加的座谈会，共同协商解决办法，增强台商在惠州投资信心，促进台资企业发展。

【履行台协职能】 台协成立监事会、法律咨询、联谊交流等功能委员会，由会长、副会长分工负责，为会员企业提供如下服务：办理多次往返、驾驶执照、暂住证等证件手续；代订港台报刊；组织召开海关、工商、税务、出入境管理等政策、法规讲座；组织会员到省外参观考察，寻找商机；成立台协高尔夫球队，以球会友，加强会员企业联谊；定期出版《惠州台商》和印发《台协通讯》，互通信息，加强会员企业间的联系。开展招商引资，实行“以台引台”，广泛发动会员介绍同行、同仁和亲朋好友来惠投资办厂。到年底止，由协会会员引进的台资企业达200多家，合同投资总额达8亿多美元。

【热心公益事业】 台协成立以来，发动会员积极参与公益事业。据不完全统计，台协会员先后为华南、广东赈灾及当地的“教育基金”、“治安基金”、“希望工程”、“老年福利”等共捐款捐物折合人民币近6000万元。年内，台协会长杨平和等十九名台商荣获惠州市荣誉市民称号。

【台协会馆动工】 年内，由惠州市政府无偿划拨1.2万多平方米建设用地、台协会员自筹资金近千万元建设的协会会馆，集办公、接待、产品展示、集会等多种功能于一体。会馆工程从2003年开始动工，进展顺利，将于2004年6月投入使用。

【高尔夫球邀请赛】 10月9日，举办第七届“平和杯”高尔夫球邀请赛，邀请台湾“中国台商促进会”和全国各地台商协会会长等300多人参赛。中共惠州市委、市政府在天悦大酒店宴请各方来宾，市委书记柳锦州致词并颁奖。此次球赛是继2002年全国台商协会会长座谈会和中国惠州台资企业精品展示会后又一以招商引资为目的的大型活动。通过发放音像制品《今日惠州》和《惠阳区投资指南》及其相关刊物，宣传惠州市的招商政策及投资环境。

（张 颖）

惠州市港澳流动渔民协会

【概况】 2003年，惠州市港澳流动渔民协会贯彻广东省港澳流动渔民协会第六次代表大会精神，实践“教育、管理、协调、服务”方针，发展流动渔民会员及其渔船入户惠州，参与惠州海洋渔业经济建设，促进流动渔船产业结构调整，以实现规范化管理为目标，开展各项工作，取得较好成绩。

【对渔民宣传教育】 市渔协根据流动渔船生产较为分散的实际情况，在平时采取印发通知、电话联系以及在业务联系时见面交谈等形式，向流动渔民宣传上级和有关管理部门新制订的规定和制度，对出现违规行为的流动渔民进行正面教育，指导流动渔民做好办证申报工作，促使流动渔民知情和依法办事。在召开会议时，邀请港澳委员到会讲话，向流动渔民进行爱港、爱特区、爱国和拥护中国共产党的领导等方面的教育，要求广大流动渔民不要听信不利于国家建设的传言。

【吸收流动渔船（民）入会】 流动渔民与境内渔民经济关系十分密切，惠州市境内渔民在流动渔船上长期工作和临时工作总人数近千人。年内，全年新吸收的流动渔船在惠州市入会共82艘，主机功率33492马力。

【筹备发展大洋渔业】 受近海渔业资源衰退影响，近海捕捞生产效益欠佳。现在发展大洋性渔业条件已经具备，全市有3艘大船正筹备改装，预计2004年初可望投产。其它途径正处于探索阶段。

【换发新船牌】 2003年是换证年，所有船牌、簿到期的流动渔船都要换领新的“户口本”，同时还要喷刷新的船牌号。市渔民协会全年共办理换领新“户口簿”248本，出海船民证800张。喷刷新船牌工作则由基层港澳渔协会负责完成。

【实行渔民人身保险】 年内，市渔民协会要求渔民向保险部门交纳船上渔工的人身保险费。全市20艘南沙生产船的安全工作要求较为严格，除交纳人身保险外，还必须交纳涉外人身保险，渔船船体和设备必须经南海区渔政局检查合格、接受编队、听从指挥，才允许参加南沙渔业生产。

【存在问题】 2003年是港澳流动渔协协调工作最为顺利的一年。边防、海洋与渔业局及其渔政管理部门都能根据审核、审批和办理业务的需要，尽快为流动渔民办事。

但是，协调工作的困难很多，有关部门的领导经常变换，新领导往往不能理解流动渔民工作的特殊性，经常按境内办事程序来把关。特别是捕捞许可证从过去由渔政部门审批改为由渔业生产管理部门审核、审批后，出现脱节现象。原来粗线条管理也出现数字不准问题，流动渔船更换主机、改变功率数在港澳特区是允许的，而在国内怎么样核准也是一个问题。这些问题必须通过上级领导协商解决。

（高延林）

法　　治

责任编辑：吴国强

政　　法

【概况】　2003 年，全市政法部门围绕维护社会稳定，服务经济建设大局，做好各方面工作，为全市改革开放和经济建设创造了稳定的社会环境。

不足之处是：一些地区的政法综治基础工作薄弱，防范和打击的手段滞后；一些基层干部和少数民警存在重打击轻保护、重实体轻程序、重管理轻服务、重处罚轻教育等倾向；一些派出所和政法单位交通工具落后，办公办案经费紧缺。

【维护社会政治稳定】　市委 610 办加大防控措施，深化同“法轮功”邪教组织的斗争，加强对“法轮功”重点人员的管理控制和对社会面的巡查监控，做好重点时段、重点场所的防控工作，严密防范“法轮功”人员进京上省滋事、公开聚集闹事和进行广播电视插播活动。在各重大节庆活动期间，特别是全国、全省、全市“两会”和市第八次党代会、第二届国际数码节期间，未发生影响大的“法轮功”事件，确保了各项重大活动的顺利举行。全市连续三年保持了无“法轮功”人员进京到省滋事，无公开聚集滋事活动，无广播电视插播事件。

市维稳及综治办先后 8 次下发开展人民内部矛盾纠纷排查调处的通知，共排查出矛盾纠纷 136 起。并以市委、市政府两办名义转发了《关于落实领导包案认真开展矛盾纠纷调处工作的通知》，落实市、县（区）、镇领导包案的“五个一”调处机制。把问题解决在基层，化解在萌芽状态。全年，全市处置各类群体性事件 80 起、苗头 43 起，维护了社会政治稳定。

防治“非典”期间，成立了政法系统防控“非典”工作领导小组，建立防控工作情况一天一报制度。特别是对政法部门监管场所防控“非典”工作，实行重点保护、重点防控。确保全市各类监管场所未发生“非典”病例。针对“法轮功”等邪教组织利用“非典”问题进行造谣煽动这一动向，各地各部门还制定工作预案，防范监控，维护全市防治“非典”工作大局。

【组织“严打”整治斗争攻坚战役】　2003 年头 4 个月是“两年为期”的“严打”整治斗争的冲刺和检查验收阶段，根据中央和省委的目标，对照“五高一低”（破案、追逃、批捕、起诉、审判要高，发案要低）验收标准，市委政法委组织开展了“严打”整治斗争查漏补缺活动。市委副书记、政法委书记黄仕芳带领市委政法委领导班子，到市直政法各部门和各县（区）开展调研、检查指导“严打”整治查漏补缺工作，解决社会治安突出问题和工作中的薄弱环节，强化十项工作措施，推动“严打”整治斗争向纵深展开，如期实现了“两年为期”的奋斗目标。“两年为期”的“严打”整治斗争验收后，全市继续保持“严打”高压态势，社会治安秩序稳定，刑事发案持续下降。2003 年，全市共立刑事案件 12740 宗，比 2002 年下降 7.8%，杀人、爆炸、涉枪等严重暴力犯罪和“两抢一盗”等多发性犯罪均呈下降趋势，破获各类刑事案件 4607 宗，破案率为 36.2%，较 2002 年提高了 2 个百分点，抓获犯罪嫌疑人 6757 人，打掉犯罪团伙 275 个 1081 人，抓获网上逃犯 315 人；受理批捕案件 2283 件 3605 人，决定逮捕案件 2049 件 3143 人，受理起诉案件 2355 件 3966 人，决定起诉案件 1999 件 3171 人；审结刑事案件 2095 件 3178 人，判处五年以上有期徒刑直到死刑的 1241 人，重刑率为 39%；新收劳教人员 1088 人。

【开展打击“两抢一盗”犯罪专项行动】　9 月 12 日，省委政法委召开珠江三角洲打击“两抢”犯罪工作会议后，市委政法委结合惠州实际，组织政法各部门迅速行动，开展打击“两抢一盗”犯罪专项行动。市公安机关紧紧围绕“以抓现行、打团伙为突破口，以调整警力资源为保证，以建立长效机制为基础，以压减案件为目标”，成立反“两抢”专业队，改善110指挥手段，调整巡逻机制，整合警力资源，加大巡逻的密度，提高街面见警率。在重要路口设立出入口卡哨，并实行24小时值班，加强特殊行业、重点场所和外来人口出租屋的管理，通过各项措施的落实，控制了街面“双抢”等多发性案件的发生，压缩了刑事发案总量。9月12日至年底，全市共破获“两抢一盗”案件760宗，打掉犯罪团伙93个281人，抓获犯罪嫌疑人员783人，缴获摩托车91辆、汽车22辆、赃款5.3万元，赃物折款71.6万余元。检察机关对“两抢一盗”案件实行快捕快诉。各级法院对“两抢一盗”案件采取优先受理，整合办案力量，及时审判。

【推进重点整治工作】 年初，通过排查，全市确定了10个治安重点地区和部位，实行重点整治，市委成立重点整治工作领导小组，并组织挂点单位和督导组指导基层工作。10个重点整治的地区和部位所在地党委、政府也制定了切合实际的整治方案，组派强有力的工作组进行整治。7月初，市委副书记、政法委书记黄仕芳分别到10个重点地区和部位进行调研，实行面对面的指导。7月14日，市综治五部委召集10重点地区和部位的所在地党委书记专题汇报重点整治工作情况。11月和12月底，市委、市政府组织部分市人大代表、政协委员对10个治安重点地区进行检查考评，表示满意。

【展开“禁毒03工程”】 年初，根据省委政法委关于基层派出所“03工程”建设的统一部署，市委政法委组织公安机关开展调查研究，确定29个基层派出所纳入“03工程”建设范围。专门成立了“03工程”建设领导小组，加强工作组织领导，做到有专人负责，有专报机制，有监督体系。4月起，全市开展“禁毒03工程”，制定了《“禁毒03工程”工作方案》，层层召开动员大会，签订责任书。根据各地毒情调研，排查确定全市2个毒品危害重点县（区）和14个重点乡镇（办事处），市禁毒办制定了《惠州市毒品危害重点地区整治十项工作目标》。自开展“禁毒03工程”以来，全市摸查掌握在册吸毒人员5001人，共破获毒品案件253宗，抓获犯罪嫌疑人473名，缴获毒品海洛因1230克，制毒化学品258.9千克。“6·26”国际禁毒日期间，全市开展声势浩大的“九个一”禁毒宣传系列活动，使广大干部群众特别是中小学生受到了一次深刻的禁毒教育。创建了一批无毒村、无毒社区。11月初，市人大、政协委员视察检查组现场考评，对全市禁毒工作表示满意。

【健全“打、防、控”治安机制】 市维稳及综治办在实践中探索形成了五张治安防范网络、八种“严打”整治长效机制和十个控制目标，并以文件形式下发各地贯彻落实。各地结合自身实际，找准工作切入点，突出重点，以点带面，布建“五张治安防范网络”。4月4日，市委政法委在惠城区汝湖镇召开全市人民内部矛盾纠纷排查调处工作暨治安防范网络建设现场会。推广该镇“四级调处机制”网络的做法，即围绕“小纠纷不出村、大纠纷不出镇、矛盾不上交”的目标，在全市建立镇领导小组、职能部门调解中心、村调解会、调解小组的“四级调处机制”网络。全市已初步建成了以“三安”联动为核心的社会面治安防控网络，以“四级调处机制”为基础的人民内部矛盾纠纷排查调处网络；以“社区警务”为龙头的社区安全防范网络；以房东责任制和户管员目标管理责任制为依托的出租屋和流动人口管理机制网络；以人防物防技防“三防并举”为主体的治安信得过企事业单位、重点场所、要害部位的内部安全防范网络等具有惠州特点的“五张治安防范网络”，治安防范水平有所提升，预防和控制违法犯罪的能力有所增强。

【打击经济犯罪活动】 全市政法部门保持对经济犯罪的主动进攻态势，参与整顿和规范市场经济秩序的斗争，组织开展“秋季破案战役”、“打击制售假发票和建筑安装企业偷税等涉税违法犯罪专项行动”、“打击假烟犯罪专项斗争”，严厉打击制贩假币、制贩假烟、金融诈骗、合同诈骗、走私贩私等严重破坏市场经济秩序的犯罪活动，成功侦破涉案达1.3亿元的“12·1”特大伪造金融票证案件。加大查办和预防职务犯罪力度，开展反腐败斗争，依法调处民商事、行政案件，化解社会矛盾。全年，公安机关共破获各类经济犯罪案件131宗，涉案总额4.15多亿元，追回赃款赃物折合人民币6917万元，抓获犯罪嫌疑人460人；检察机关立案侦查贪污受贿案件30件40人，挪用公款案件9件9人，渎职侵权案件7件7人，追回赃款260万元；法院机关判处经济犯罪案件67件96人。同时，政法各部门推行各项便民利民措施，为经济建设保驾护航。

【创建系列安全活动】 年初，市维稳及综治办在征求有关部门意见的基础上，制定了《惠州市创建安全活动实施方案》。组织各地开展系列安全创建活动，在全市掀起了安全创建活动高潮，人民群众安全意识有明显提高。同时，各地结合创建文明城市活动，加强安全文明小区建设，推进社区警务建设，解决好收费和管理问题，提高管理水平和安全系数，创建了一批无案安全小区（社区）。10月份，市维稳及综治办组织公安、民政、房管等部门对市区安全文明小区（社区）进行调研，初步掌握了建设管理的基本情况和存在问题，探讨加强安全文明小区（社区）规范管理的路子和办法。

【政法队伍建设】 学习贯彻十六大精神和“三个代表”重要思想活动，强化全体干警忠诚于党和人民的观念。结合“万众评公务”活动，查摆整改了一批治安热点和执法不公、不严等群众反映强烈的问题，机关作风有了好转。公安机关组织开展“贯彻十六大，全面建小康，公安怎么办”为主题的大讨论和“公正执法树形象”集中教育活动，吸取“孙志刚事件”的教训，开展执法大轮训，举办了10期轮训班，共培训民警1643名，提高了公安队伍的法律素质和执法水平；开展警务规范化试点工作，确定了一批整改试点单位；执行公安部“五条禁令”，查处违禁案件2宗，处分当事民警2人，追究领导责任4人。法院系统开展司法大检查和司法为民教育，强化“公正与效率”意识；加大法官的选录和培训力度，提高法官业务素质；制定了《严禁在审判、执行中接受吃请、送礼的规定》和执行工作“廉政档案”及“社会不良反映告知”制度，加强法官纪律监督。检察系统从严格落实高检院“十条卡死”、省院“办公秩序十不准”抓起，深化主诉检察官责任制，逐步建立公正廉洁、科学高效的办案工作新机制；加大诉讼监督力度，从监督违反诉讼程序的问题入手，以惩治司法领域内腐败为重点，依法纠正一批执法违法、司法不公的问题。司法行政机关进一步推进劳教、公证和律师管理体制改革，拓展和规范律师公证等法律服务，做好法律援助工作。与此同时，政法各部门抓基层综治办、法庭、派出所和司法所的建设，确定了一批帮扶挂点单位，不断强化基层基础工作。

（欧阳志）

政府法制

【概况】 2003年，市法制局加强规范性文件协调审查，强化行政执法监督，履行行政复议等职责，开展各项工作。但是，在工作方法、工作思路上创新意识不强，思维观念有待进一步提高；保障措施不够有力，内部工作机制、管理制度有待完善。

【协调审查规范性文件草案】 年内，全市政府法制机构共协调审查政府规范性、政策性文件草案228件，其中，市局100件，惠城局16件，惠阳局15件，惠东局23件，博罗局42件，龙门局17件，大亚湾开发区15件。同时，市和部分县（区）法制机构还承办上级政府征求本级政府意见的地方性法规、政府规章草案30多件。

【开展规范性文件等执法检查】 10月，根据市府办《关于开展规范性文件备案等三项执法检查活动的通知》，组织市属各县（区）政府和市直部门开展自查的基础上，汇同市府办组成2个检查组对各县（区）政府及部分执法任务较重的单位进行抽查，发现的问题及时予以纠正，推进了规范性文件、重大行政处罚备案和行政执法案件建档管理监督检查，促进这三项工作的开展。

【治理公路“三乱”】 年内，全市共组织各级政府治理机构散发宣传资料1000多份，受理群众投诉37人次，上路巡查256人次，查处公路“三乱”案件19宗，撤销非法站卡2个，处理违法违纪责任人16人，狠刹公路“三乱”歪风，防止公路“三乱”反弹，确保全年全市公路、水路特别在防治“非典”期间各项物资的运输通畅快捷。年内，龙门县、惠城区、大亚湾经济技术开发区和市林业局、公路局实现了本地区、本系统所有公路基本无“三乱”目标。

【办理行政复议】 年内，全市政府法制机构共受理行政复议案件32宗，其中，市局23宗，惠阳局2宗，博罗局1宗，龙门局5宗，大亚湾区1宗。代理告本级政府行政诉讼案件28宗，其中，市局6宗，惠城局2宗，惠阳局4宗，博罗局14宗，龙门局1宗，大亚湾区1宗。市法制局受理行政执法投诉案件3宗。全市政府法制机构受政府或有关部门、单位委托无偿代理经济纠纷案件3宗，审查、修改以政府为合同主体的配套经济合同9份，协助有关部门处理山林土地权属等纠纷36宗，协调处理其他法律事务30宗，处理群众来信来访233人次，接受群众法律咨询200多人次，审查行政处理决定或代书法律文件24份，提供法律援助5宗。

【行政执法队伍建设】 年内，对纳入城市管理相对集中行政处罚权的地区和部门的行政执法队伍进行清理整顿。同时，抓好行政执法人员初始执法资格的培训、教育。全年，全市共举办行政执法人员综合法律知识培训班6期，培训人员907人，经培训合格的发给合格证，组织符合条件的人员申领广东省行政执法证。根据广东省的统一部署，组织3846名行政执法人员换领新版行政执法证，进一步规范惠州市行政执法证的使用管理。

【法制宣传】 年内，全市政府法制机构围绕群众关心的热点、难点和依法行政等问题，加大政府法制宣传力度，组织发行《新法规汇编》、《突发公共卫生事件应急条例释议》等法律法规一批；编印了《惠州市规范性文件汇编》（1988.3～2003.3上、下册）和《民营企业法律适用读本》，免费分发全市各级党群机关、政府部门和其他企事业单位。

（邓胜章）

依法治市工作

【概况】 2003年，惠州市依法治市工作深化行政管理体制和司法体制改革，促进依法行政和公正司法，推动各项管理工作法治化进程，为全市经济社会发展营造良好的文明法治环境。

存在主要问题是：行政执法、司法不公还时有发生，社会治安、城市管理执法问题和农村土地矛盾纠纷等仍然是群众投诉的热点，基层领导干部对依法治市工作重要性的认识不够深刻。

【普法工作】 年初，市委出台《2003年度领导干部学法考试实施方案》和《领导干部参加法制讲座的实施意见》，规范全市领导干部学法用法工作。10月，全市举行各级干部职工年度学法统一考试，近10万名干部职工参加学法考试。12月2日，市委举办领导干部法制讲座，市四套班子的领导及市直副处级以上单位主要负责人近200人参加依法行政专题辅导。16日，举办市四套班子领导及市直正科以上干部法制讲座，邀请九届全国人大常委会法制工作委员会副主任、十届全国人大法律委员会委员张春生就行政许可法实施问题进行专题辅导。

结合全市中小学校实际情况，组织学习宣传未成年人保护法，通过举办学校法制讲座、组织师生观看法制教育警示片、召开法制教育专题家长会以及集中聘任法制副校长等，强化学生的法律意识和法制观念。针对“非典”疫情，全市还开展对传染病防治法、传染病防治法实施办法、突发公共卫生事件应急条例的宣传学习，增强群众和医务人员处理突发公共卫生事件的意识和能力。

【推进政府管理法治化】 年初，市政府制定实施《惠州市行政处罚监督办法》和《惠州市行政赔偿规定》，加强对行政处罚的监督，规范行政机关行政赔偿。为推进相对集中行政处罚权工作，市政府于10月召开全市城市管理工作座谈会，研究探讨城市管理工作的新思路、新方法，想方设法解决体制不顺、机制不全等一些困扰城管工作的问题。全市各级政府认真落实《广东省行政执法队伍管理条例》和《广东省行政执法队伍申报审批公告办法》的规定，清理整顿行政执法队伍，加强行政执法队伍的建设和管理。全年全市举办行政执法人员法律知识培训班5期，参加培训人员837名。

【司法体制改革】 年内，全市各级人民法院开展“公正与效率”司法大检查活动，以案件评查为主要手段，查找和纠正审判方面、送达方面、案件执行方面和案件装订方面存在的问题。开展执行机构改革，实行执行案件流程管理，加强对执行工作中评估、拍卖的监督和管理，完善执行工作制度。全市检察机关突出立检为公、执法为民的宗旨意识，提高检察队伍的整体素质，履行审查批捕、起诉职能，查处和预防职务犯罪，着重抓好对中海壳牌石化工程和惠州大学图书馆等重点工程的同步预防，履行法律监督职责。全市各级公安机关深化警务规范化建设，严格执法质量考评，坚持政治建警、从严治警，强化公安机关的职能作用。市司法局从适应律师行业发展的需要出发，调整律师协会机构，宣传贯彻法律援助条例，做好劳教人员收容安置，加快推进基层司法所建设，发挥各项职能作用。年内，全市各级公检法机关开展超期羁押专项清理工作，共清理出超期羁押289人，并在10月份前全部纠正，实现无超期羁押人员。

【整治市场秩序和治安秩序】 年内，市政府针对“非典”疫情的发生，实行打假工作行政领导责任制及监督检查制度，加大打击制售假冒伪劣商品违法犯罪行为。全市各级工商、物价等职能部门加大行政执法力度，查处和打击制假售假、哄抬物价等扰乱市场秩序的行为，整顿规范市场经济秩序。全市各级政法部门围绕加快发展、率先发展、协调发展的中心工作，以维护社会稳定为首要任务，保持“严打”的高压态势，严厉打击各类刑事犯罪活动，实施“禁毒03工程”，稳妥细致地排查调处人民内部矛盾纠纷，严密社会面的防范控制，推进社会治安综合治理。惠州市荣获“全省维护稳定及社会治安综合治理优秀市”称号。

【基层依法治理工作】 年内，全市深入宣传贯彻村民委员会组织法、广东省村民委员会选举办法，健全基层自治组织和民主管理机制，落实“四民主两公开”制度。全面铺开农村税费改革试点工作，开展农村税费改革，执行税收政策，规范乡镇政府的职能，促进农村基层民主政治建设。惠城区惠环街道办事处探索村民自治的新路子，推出《村（居）民小组议事规则》，在调动农村基层党员干部工作积极性，提高农村工作管理水平，促进农村经济发展等方面取得成效。

【市依法治市工作经验交流会】 11月19日，市委组织召开全市依法治市工作经验交流会暨依法治市工作先进单位和先进个人表彰大会。会议总结交流1996年以来全市开展依法治市工作的成效和经验，表彰为依法治市工作做出突出贡献的16个先进单位和22位先进个人，深化各级领导干部对依法治市工作的认识，增强依法治市工作的责任感和使命感。

（胡锦河）

检　察

【概况】 2003年，惠州市检察机关突出“强化监督，公正执法”主题，严厉打击严重刑事犯罪活动，查办和预防职务犯罪，提高执法水平和办案质量，强化法律监督职能。积极进行司法改革实践，开展“强化法律监督，维护公平正义”教育活动，狠抓队伍建设。

存在主要问题：侦查有影响的案件较少，在侦查要案上没有突破；批捕、起诉案件的质量还有待提高；队伍总体上开拓创新精神不足，基层检察院，存在人才断层的危机；经费保障不足，技术装备还比较落后。

【刑事检察】 年内，全市检察机关共受理提请审查批捕案件2283件3605人，经审查依法批准逮捕2069件3146人；共受理审查起诉案件2246件3754人，经审查依法提起公诉1999件3171人。

检察机关围绕“严打”整治，调整、充实力量，突出不同时期的打击重点。全年共批捕走私、生产销售假冒伪劣产品等破坏社会主义市场经济秩序犯罪嫌疑人125人，起诉65人；配合省“禁毒03工程”，严惩毒品犯罪，批捕毒品犯罪案件175件249人，起诉123件174人；9月，根据省市的有关部署，检察机关投入打击“两抢一盗”犯罪专项斗争，共批捕“两抢一盗”犯罪案件249件383人，起诉299件486人，打击了犯罪分子的嚣张气焰。此外，检察机关还对3名组织和利用“法轮功”等邪教组织破坏法律实施的被告人提起公诉，维护了社会的政治稳定。

检察机关坚持从重从快的方针，贯彻“两个基本”原则，开展引导侦查取证工作。市检察院在办理的韩东海黑恶性质团伙案，“12·26”特大制贩假币团伙案，办案人员提前介入，引导做好证据收集和补充，确保案件顺利批捕、成功起诉，有力地震慑了犯罪。

检察机关严把案件质量关，开展刑事诉讼监督，全年不批准逮捕146人，追捕犯罪嫌疑人3人，退回补充侦查案件299件，不起诉32件45人，依法提起或支持抗诉8件8人。

【反贪污贿赂检察】 年内，全市检察机关受理贪污贿赂犯罪案件线索118件，经初查后立案39件52人，大要案比例为100%。其中涉嫌贪污17件30人，涉嫌贿赂12件12人，涉嫌挪用公款10件10人，50万元以上案件有12件，共追回赃款2600多万元，为国家挽回经济损失4800多万元。此外，还协助外地检察机关办理案件91件，调查取证材料426份，抓获在逃犯罪嫌疑人3名。市检察院和龙门县检察院在查办的中国银行某某支行原行长王某某涉嫌贪污一案中，追回流失的土地3万多平方米，挽回经济损失近千万，取得了较好的办案效果。

检察机关在查办案件中发挥自身职能，协助做好维稳工作。市检察院与惠东县检察院联合办理惠东县水泥二厂案件，通过办案惩治了犯罪，并挽回100多万元的经济损失，妥善处理了该厂群众长期集体上访事件，受到当地党委、政府的肯定。惠城区检察院先后派出5个工作组对群众反映较大、多次上访以及目前企业改制过程中出现的问题进行调查和化解工作，缓解了矛盾，维护了稳定。

【预防职务犯罪】 年内，全市检察机关继续贯彻“打防并举，标本兼治，重在预防”的工作方针，加强职务犯罪的预防工作。

市检察院在中海壳牌石化工程和惠州大学图书馆这两个省重点工程的同步预防工作上加大了工作力度；与河惠高速公路公司制定关于开展同步预防职务犯罪的工作意见。市检察院和大亚湾区检察院在中海壳牌石化工程二期用地征地、拆迁补偿、村民住宅和引水工程等配套项目上开展了同步预防，进行全程“贴身紧逼式”的跟踪监督。惠城区检察院对三栋数码园配套工程、先科大道的拆迁安置工程开展同步预防；龙门县检察院对龙门县会议培训中心大楼和X219线沙迳至麻榨路段工程开展同步预防；惠东县检察院对吉黄公路工程以及银基周边公路工程开展同步预防。

突出重点行业、重点领域开展系统预防。市检察院与市药监局签订了开展预防职务犯罪的备忘录，为惠州市药监局大力整顿药品市场提供法律支持，促进医药市场的整治，防止职务犯罪的发生。

全市检察机关还开展各种形式的预防、举报职务犯罪的宣传活动。年内的“举报宣传周”，采用了“新闻发布会”的形式，宣传检察机关工作职责和职务犯罪预防工作，市委分管领导及市预防职务犯罪领导小组成员单位的领导都参加新闻发布会，市委副书记、政法委书记黄仕芳作新闻发布，这是市检察机关有史以来的第一次。结合廉政共建活动，检察机关主要领导还参与职务犯罪预防的宣讲工作，分别到金融、电信、交通、医药、学校等系统、单位上课10多次，听课人数达3000多人次。

【查办渎职侵权犯罪】 年内，全市检察机关受理渎职侵权犯罪案件线索46件，立案侦查7件7人。市检察院与惠城区检察院在共同查办市看守所民警陈某某受贿、失职致使在押人脱逃案过程中，注意扩线深挖，对涉嫌严重玩忽职守的市看守所原所长郑某某进行立案侦查。并针对市看守所内部制度不健全和队伍建设上出现的问题，及时提出检察意见，协助进行整改。

全年，市检察院坚持采取“导、督、促、帮”四项工作措施，实行跟踪专人督办，重点督导等方式，促进基层检察院的办案工作。在龙门县、博罗县检察院查办两起公安、司法人员玩忽职守案件时，市检察院抽调精干力量，合力办案攻坚，帮助排除阻力，迅速取得案件突破，推动了全市渎职侵权案件的查办工作。

【控告申诉检察】 年内，全市检察机关以化解矛盾，维护稳定为主线，加强文明接访，处理各种来信来访，在工作中完善接访首办责任制和检察长接待日制度。全年受理群众来信252件，接待群众来访148批次383人。其中检察长接待日接访群众93批159人，办结案件59件，处理集体访10批次共105人。在全省检察系统的评比活动中，全市检察机关有4个单位的控申接待室被授予“文明接待室”称号。

检察机关努力端正执法思想，依法保护赔偿请求人的合法权利，解决赔偿案件的办理问题，全年受理刑事赔偿案件3件，其中1件已审结进入赔偿程序。

【民事行政检察】 年内，检察机关共受理各类民事、行政申诉案件78宗，比2002年上升34%，立案10宗，提请省检察院抗诉的2宗，提出检察建议的8宗，对其余未立案的申诉案件均做好息诉工作。民事行政检察部门工作上争取主动，多次走访有关法律部门加强沟通，宣传民行检察的职能，拓宽案源；加强与审判机关的沟通、协调，达成共识，力促检察建议的落实。

【清理超期羁押专项行动】 年内，按照最高人民检察院的统一部署，检察机关开展清理纠正超期羁押、超期办案专项行动。全市检察机关从维护公平、正义，实现执法为民，保护人权的高度出发，发挥检察职能和纠正超期羁押主力军的作用。在专项行动中，共向公安机关和法院发出口头建议300多次，书面检察建议8份，书面提出纠正意见182份，纠正超期羁押187人。至10月底，除省高级法院二审案件外，全市政法各部门所办案件超期羁押问题已全部清理纠正完毕。全市检察机关的纠超工作得到了上级机关和市人大“行动积极，措施得力，成绩突出”的好评。

【强化监所检察】 年内，检察机关立足于建立长效的监督机制，加强监所规范化建设。加大对派驻检察室规范化建设，完善业务工作管理制度，健全与监管机关的工作联系制度；规范罪犯留所服刑审批手续，保外就医疾病鉴定程序。监所检察部门密切配合看守所管理秩序专项整治工作，为完善看守所的管理，确保监管场所的安全稳定起到良好的作用。

加强对监管活动的法律监督，对罪犯留所服刑、减刑、假释、暂予监外执行进行认真审查，严格把关，纠正提请减刑不当21人，纠正呈报暂予监外执行不当2人，纠正呈报留所服刑不当4人，6名暂予监外执行条件消失或违反规定的罪犯被收监执行。

【宣传调研】 年内，市检察机关采用多种形式开展宣传调研。一是健全激励机制和目标责任制，使之更具有可操作性。二是召开首次调研工作现场会，推广博罗县检察院的调研工作经验。三是召开全市检察机关调研工作总结表彰会，表彰16位调研先进个人和12篇优秀调研文章。同时，对未完成调研任务的科室，实行年终评比先进一票否决。

全年收到调研文章127篇，其中被省级报刊、杂志采用的6篇，被市级报刊杂志采用的共97篇。黄新林检察长撰写的《努力实现三个转变，推动预防职务犯罪工作的深入开展》，市检察院课题组撰写的《发挥检察监督职能，保障和促进私营企业的发展》两篇文章获得广东省检察机关优秀调研文章二等奖。

【保护和促进民营经济工作】 年内，市检察院出台了《关于保护和促进我市民营经济大发展的工作意见》，从提高认识，发挥检察职能，提高执法水平，履行程序监督，建立沟通渠道等方面提出全市检察机关在保护和促进民营经济大发展的意见和措施，提出在依法维权和法律扶助上要向民营企业倾斜。该《工作意见》在全市民营经济工作会议上，还作为参阅文件提交与会代表讨论，检察机关的“六不准”得到民营企业的普遍欢迎。市检察院还召开全市知名民营企业家座谈会，开展“送法到民企”的活动。各县（区）检察院也相应出台了工作意见，加大对涉及民营企业案件的办案力度。

【司法改革实践】 年内，全市检察机关探索办案新模式，推行不起诉案件公开审查制度。根据最高检颁布的《人民检察院办理不起诉案件公开审查规则》

的有关规定，惠城区检察院和市检察院先后对两宗拟作不起诉的案件进行公开审查。公开审查活动邀请市人大、政协和法律界的代表参与对犯罪嫌疑人涉嫌案件的事实、证据的评断，审查意见综合之后将作为检察委员会定案的重要依据。

年内，市检察院“人大代表、政协委员直通车办公室”在年底正式启用。这是全市检察机关转变执法观念，树立监督者也要被监督观念的重要举措。“直通车”办公室为全市检察机关与人大代表、政协委员，进而到人民群众之间搭起沟通桥梁，促使全市检察机关主动、自觉地接受监督，改进工作。市有关领导和上级检察机关对市检察院的做法给予肯定，上级检察机关转发了市检察院的工作措施。

【队伍建设】 年内，全市检察机关采取自学和集中学习相结合的方式，抓好政治学习，不断提高干警的政治素质和业务素质。

全市两级检察机关贯彻省政法委和省检察院的统一部署，抓好规范化建设。市检察院机关结合实际，对 2000 年以来制定的 32 项规章制度进行清理，对一些不具体和不合时宜的规章进行修改。市检察院加强了对基层院建设的督促指导，抓好基层院向省示范院学习和与先进院“结对帮学”活动，加大对基层领导干部任免的协管力度。换届期间，5 名德才兼备的同志到基层院任职正、副检察长，充实了基层院的领导班子。

市检察院机关党委进行了换届改选，健全了各级党组织生活制度，将队伍教育管理，评功评奖、惩戒处分纳入党组织工作管理系统，使全体党员置于组织管理之中。年内，全市检察机关对 3 名违纪干警进行组织处理，8 个先进单位和 10 名先进个人受到省检察院表彰，26 人荣立三等功，36 人获嘉奖。

年内，全市检察机关开展为期半年的“强化法律监督，维护公平正义”教育活动。按省检察院“十查十看三改”和“十个结合”的要求，将教育活动与各项检察业务工作紧密结合，查摆队伍在执法思想、执法作风、执法水平方面存在的问题。结合“孙志刚案件”，结合本单位本系统干警近期发生的严重违法违纪、工作失职等问题开展学习教育活动，引导全体干警端正执法思想，改进执法作风，提高执法水平，严明执法纪律，解决“为谁执法，如何执法”的问题，提高干警“立检为公，执法为民”工作责任感。

全年，全市检察机关抓好检察官续职资格培训，组织了广东省检察机关第四期续职教育惠州班，全班 59 名学员经过考试，全部合格。组织干警“续本”学历教育，至年底，全市检察机关已有 144 名干警参加在职学历教育，占需要参加学历教育的 90%以上。组织在职业务培训，采取分类、分片、以会代训和专题培训班等形式，开展在职岗位练兵活动。把对典型案例的研究、分析、点评作为提高业务能力的方式，组织调研，编写了 10 余篇典型案例分析材料用于指导工作实践。

【科技强检】 年内，全市检察机关加大技术、基础建设上的投入。检察技术为办案工作提供支持，全年受理案件 64 件，提供技术协助 15 次，出具鉴定文书 48 份。其中法医检验受理 19 件，出具鉴定文书 14 份；文件检验受理 40 件，提供技术协助 10 次，出具鉴定文书 34 份；司法会计检验受理 5 件，提供技术协助 5 次，协助办案部门固定视听证据 64 次，参与现场勘察 5 次。

全市检察机关克服经费不足的困难，更新购置了一批交通工具，电脑及其他技术装备。省市二级网工程已经完工，市县（区）三级网已着手建设。市检察院机关实现人手一部办公电脑，完善检察专网配套建设，为办公局域网建设，提高办公自动化水平奠定了基础。

（陈 雷）

审 判

【概况】 2003 年，惠州市两级法院围绕“公正与效率”，落实司法为民，加强各项审判工作，推进规范化建设和队伍建设。全年两级法院共受理各类案件 16893 件（含旧存 1040 件），审（执）结 15845 件，结案率为 93.8%。审（执）结标的总金额达 610929.86 万元。其中市中院全年共受理各类案件 2341 件，审（执）结 2016 件，分别比上年上升 5.5%和 15%。

【刑事审判】 年内，全市法院坚持“严打”方针不动摇，尤其是故意杀人、伤害、爆炸、抢劫、绑架等严重暴力犯罪、毒品犯罪和破坏社会主义市场经济秩序犯罪，重点审结了江木舜等人伪造货币等重大案件，在该案中，江木舜等 12 人，从 1998～2002 年间，制造假币胶片，利用印刷设备及原材料，在惠州城区、惠东县及深圳宝安一带制售假币，涉案假币金额总数超过 1 亿元，经过惠州中院一审审理对 12 名被告分别定罪量刑，作出了死刑、无期徒刑、有期徒刑等相应刑罚的判决，打击了伪造货币犯罪分子的嚣张气焰。全年，全市法院共受理各类刑事案件 2100 件（含旧存 5 件），审结 2099 件，判处犯罪分子 3184 人，分别比上年上升 8.08%、8.41%和 11.32%，结案率为 99.95%，比上年提高 0.21 个百分点；其中受理二审刑事案件 171 件，审结 171 件，结案率为100%。

依法严惩贪污、贿赂、挪用公款等经济、职务犯罪，全年共审结该类案件15件，判处犯罪分子18人。

结合刑事审判，配合各级组织开展治安防范工作。如通过公开宣判、案例报导等途径宣传法制；严格依法办理减刑假释案件，促进罪犯改造；挂点基层组织开展禁毒工作等等。全年办理减刑假释案件373件，参与各项禁毒、打假打私等综合整治行动8场；召开宣判会18场次，旁听群众达11万人次。

【民商事审判】 全年全市法院共受理民商事案件7790件（含旧存276件），审结7550件，结案率为96.92%。

在民商事审判工作中，慎重、妥善处理改革和发展过程中出现的纠纷案件，注重法律效果和社会效果的统一。审理涉及企业改制、破产、买卖合同、金融纠纷、企业承包、租赁等案件，共审结这类案件4743件；审理农村承包纠纷案件和与农业发展相关的纠纷案件，共审结这类案件94件；审理劳动争议案件，按照《劳动法》和其他民事法律法规，保护劳动者和用人单位的合法权益，全年共审结这类案件299件；审理损害赔偿纠纷案件，共审结这类案件594件。

【行政审判】 全年共受理行政案件199件，审结196件，分别比上年上升9.94%和49.61%，结案率为98%。办理国家赔偿案件9件，决定赔偿3件，判赔率为33.3%。促进依法行政，维护公民、法人和其他组织的合法权益。

【受理执行案件】 2003年，全市法院共执结案件5034件，执结率为86.39%，比上年提高0.47个百分点，执结标的金额209104.9万元。其中市中院全年共执结案件435件，执结率为70.9%，分别比上年上升18.5个百分点。

在执行工作中，市中院采取了下列措施：一是调整充实执行人员，完善量化考核制度。年内，市中院执行局由8人增加到14人。对每位执行人员按照岗位规定最低结案数，未完成者，年终考核为不称职。二是改进执行工作方式、方法。对“老大难”执行案件，提请市委政法委挂牌督办，对涉及人民群众基本生活保障的案件，优先执行。全年，两级法院共执行拖欠工资、赔偿费、赡养费、抚养费、扶养费等涉及人民群众基本生活保障的案件260件，标的金额2036万元，受到人民群众的好评。对符合上网曝光条件的，统一报省法院公布曝光。全年上报曝光的赖债者共有16人次。三是强化督办职能，办理“三来”（来信、来访、来电）案件。市中院建立督办制度，指定专人跟踪落实，通过书面督办、电话督办、调卷督办等形式督促承办人或承办法院限期依法解决，并向投诉人做好解释疏导工作。对经督办而不认真办理的，指令换人、换法院执行、提级执行或者直接做出裁定。全年办理“三来”案件165件，决定指令交换执行120件，提级执行3件，直接作出裁定予以纠正1件。

【清理积案】 年内，全市法院把清理积案作为落实整改、实现司法为民宗旨的一项重要工作来抓，确定清案目标，建立清案岗位责任制，实行超审限案件周报制，对各法院、审判庭、审判人员的清案进度和积压案件情况每周通报一次，增强审判人员责任感，确保清案目标的实现。市中院开展清案工作以后，共清理出2001年7月以来超审限旧存案件197件，至2003年底，已办结193件。

【司法大检查活动】 2003年，全市法院开展为期3个月的“公正与效率”司法大检查以及机关作风建设年活动。围绕“公正与效率”这一主题，学习“三个代表”重要思想，增强公正司法和司法为民意识，检查并解决审判作风、效率和质量等方面群众反映强烈的问题。查摆队伍中存在的突出问题，并进行针对性的整改。还广泛听取社会各界人士和干警群众的意见，推出三方面九项便民措施，完善三项内部监督制约机制，加强对法官的管理和纪律监督。如：建立执行工作“廉政档案”、实行案件质量定期评查、制定《严禁在审判、执行中接受吃请、送礼的规定》等。提高了全市法院的审判、执行质量和效率，初步树立起严肃执法、文明司法、为民爱民的审判作风。

【落实司法为民新举措】 2003年，全市法院开展“立党为公、执政为民”的宗旨教育，促使审判人员牢固树立起司法为民服务思想，不断改进工作作风。市中院针对社会普遍关注、群众反映强烈的焦点、热点，制定实施《司法为民、便民、护民四十二项措施》主要有：一是实行民事诉讼风险提示。二是加强民事、行政诉讼指导。三是建立申诉信访和督办工作办理制度。四是落实审判公开制度，增强审判的透明度。推行便利群众旁听庭审的新举措，公民只要凭有效身份证即可以旁听庭审；执行异议案件，要召集各方当事人和异议人举行听证会；审判监督案件立案再审前举行听证等等。全年，市中院举行执行和审判监督案件听证会194场，此外，还邀请人大代表旁听庭审，聘请人民陪审员参加案件的审理。五是发挥庭外调解和协调作用。法院要求民事审判人员克服就案办案思想，加强法院调解工作，力求法律效果和社会效果的统一。对征用土地、农村承包合同、企业改制等涉及面广、发生在改革过程中的案件，积极与相关部门沟通、协调，保护群众合法利益，保障改革顺利进行。全年共参加 30 余场（次）案件协调会。六是开展法律援助工作。市中院推出三项救助举措：不预收执行费；优先服务困难群众；对因抚养、扶养、赡养、抚恤、伤害赔偿纠纷等无力支付诉讼费而要求减免的一律 5 天内审批完毕。至年底，市中院累计对困难群众缓减免诉讼费达 58 万余元，500 多人从中受惠。

【审判规范化建设】 年内，市中院针对审判、执行业务等在制度建设上存在的问题与不足，有的放矢地填缺补漏，规范司法行为。推出了四项审判管理制度：一是超审限案件通报制度。每个季度公布一次超审限案件，对于一年中不符合法定延长事由、未经审批程序超期未结案件达到 4 件以上的，取消评优、评先和办案能手的资格，对责任人进行诫勉谈话，查找超审限原因，根据情况

2003 年 9 月 20 日，惠州市两级法院法官在西湖平湖门开展法律咨询活动

（市中级法院供）

作进一步的处理。二是错漏法律文书责任追究制度。对于法律文书出现错漏，但未影响到判决结果正确表述的，给予通报批评、责令改正和取消评优评先资格等处罚；对于法律文书出现错漏，直接导致判决结果表述错误的，则要按照有关法官惩戒规定，予以处理。三是案件中止执行审批制度。规定中止执行案件的审批权限由主管副院长统一行使，报请审批时必须附有穷尽所有法律措施的报告。四是制定《执行款管理规定》。设立执行款管理专用账户，禁止执行员经手执行现金款，严格执行款划拨审批手续，确保执行款支付安全，防范执行人员以权谋私。此外，还制定办案量化管理规定、审委会工作规则等等。

【审判队伍建设】 2003 年，为加强法官培训工作，市中院成立了法官培训机构，先后组织全市法院执行法官资格考试、全市 110 名 3～5 级民商事和执行法官续职资格培训，并选拔了 1 名优秀青年法官赴港学习。同时。市中院开展竞争上岗，年初实行“双向选择”的活动，调整部分岗位，促进了人才的合理流动和分配。另外还通过公开招考录取了 10 名在编人员，其中 4 名已通过国家统一司法考试。

【审判宣传调研】 2003 年下半年，市中院将制定实施的《司法为民、便民、护民四十二项措施》、《文明司法十五项承诺》、《审判流程管理规则（试行）》在电视、报纸等媒体公开，宣扬法院司法为民的新举措。全年，共编写新闻、信息、简报 70 余篇，其中被最高院采用的 16 篇，省院采用的 8 篇，省委采用的 14 篇，各级新闻媒体采用的 56 篇。促使法院的公信力和社会认知度得到不断提高。

【存在问题】 少数法官的政治思想素质有待提高，职业道德修养有待加强；审判工作中开展法制宣传的意识不够；对基层审判工作的监督指导不够。

（李　丽）

公　安

【概况】 2003 年，全市各级公安机关继续贯彻“严打”方针，组织开展专项打击整治行动，完善侦查破案工作机制，加大对黑恶势力犯罪、杀人、绑架等严重暴力犯罪、“两抢一盗”等多发性侵财犯罪、毒品犯罪和经济犯罪的打击力度，强化社会治安行政管理，坚持政治建警，从严治警，依法治警，持续推进警务规范化建设，不断提高队伍的整体素质和正规化、科学化管理水平。年内，全市共立刑事案件 12740 宗，较上年 13812 宗少 1072 宗，下降 7.8%；破刑事案件 4607 宗，破案率为 36.2%，较上年提高了 2 个百分点；抓获犯罪嫌疑人 6757 人；打掉犯罪团伙 275 个 1081 人，较上年 234 个 952 人分别多 41 个 29 人。

【防治“非典”期间的社会稳定工作】 年内，在防治“非典”疫情工作中，全市各级公安机关密切配合有关部门，严防严守，在做好内部防治工作的基础上，全力做好防治“非典”期间的社会稳定工作，加强社会面控制，全面掌握社会动态，加强对医院、药店、大型商场等重点部位社会秩序的维护和控制；严厉打击制造、传播“非典”谣言的违法活动；配合卫生等部门做好防治“非

典”隔离区的安全保障，维护防治“非典”期间全市的社会治安稳定。

【打黑除恶斗争】 2003年，全市各级公安机关始终把打黑除恶作为稳定社会治安的突破口。年初，市公安局组织力量对全市的黑恶团伙犯罪情况进行排查，对摸查出来的黑恶团伙均成立专案组，集中调配力量，全力攻坚。一年来，全市先后打掉了罗仁生、陈平、邱军禄、童添来等带黑恶性质犯罪团伙。特别是成功打掉以罗仁生为首恶势力犯罪团伙，抓获团伙成员及涉案嫌疑人员25人，其中依法逮捕11人。该团伙自1990年以来，在惠阳、深圳龙岗等地肆意实施绑架勒索、故意杀人、持枪伤害、设赌诈骗等犯罪，涉案百余宗，涉案金额近千万元。

【打击“两抢一盗”等侵财犯罪】 2003年，省公安厅召开的“9·12”珠江三角洲八市打击“两抢”犯罪工作会议后，全市公安机关迅速启动打击“两抢一盗”犯罪专项行动，围绕“以抓现行、打团伙为突破口，以调整警力资源为保证，以建立长效机制为基础，以压减案件为目标”，发挥110指挥中心的协调、指挥、处置作用；成立反“两抢”专业队；组织机关警力义务巡逻，加大巡逻的密度，扩大巡逻覆盖面，提高街面的见警率。同时卡住市区主要路口，设立固定的全天候哨卡，加强对盗抢机动车辆和“两抢”犯罪嫌疑人的围追堵截。通过专项打击整治，全市“两抢一盗”案件持续下降。年内全市共立“两抢一盗”案件10831宗，较上年的12327宗少1495宗，下降12.1%。

【侦破重特大刑事案件】 年内，发生重特大刑事案件的市、区（县）公安局主要领导亲自上阵，组织精兵强将，采取得力措施，均快速予以侦破。全市先后侦破惠城区“3·12”抢劫80万元案、惠城区“3·15”绑架勒索百万元案件、龙门县“4·7”杀人案、惠阳区“5·7”蒙面持枪抢劫案、惠城区“9·8”特大入室杀人案、惠城区“10·16”抢劫杀害外国人案、博罗县“11·15”特大抢劫案、惠阳区“12·30”特大杀人抢劫纵火案等一大批重特大刑事案件，震慑了犯罪分子嚣张气焰，增强了严打的声威。全市杀人、爆炸、涉枪案件不同程度下降，分别较上年下降7.5%、77.8%、13%。

【打击经济领域违法犯罪】 2003年，市各级公安机关始终保持对经济犯罪的主动进攻态势，组织开展“秋季破案战役”、“打击制售假发票和建筑安装企业偷税等涉税违法犯罪专项行动”、“打击假烟犯罪专项斗争”，严厉打击制贩假币、制贩假烟、金融诈骗、合同诈骗等犯罪活动。参与整顿和规范市场经济秩序，加强与金融、财税、商贸等部门的联系与沟通，建立信息传递、线索协查、案件移送等各方面工作机制，提高了对经济领域犯罪活动的侦查破案能力。

年内，全市受理各类经济犯罪案件300宗，立案163宗，破案131宗，涉案总金额41531万元，追回赃款赃物折合人民币6917万元，抓获犯罪嫌疑人460人。6月7日，市局经侦支队和龙门县局在龙门县捣毁一非法制造假发票的地下工厂，缴获可填写面额达60亿元的假普通发票和增值税专用发票，抓获6名主要犯罪嫌疑人。12月1日，市局快速侦破一宗特大伪造金融票证案，涉案金额达1.3亿元，抓获8名犯罪嫌疑人。

【打击盗窃电力通讯设施犯罪】 年内，市各地公安机关与电力、电信、工商等部门密切配合，组织打击盗窃、破坏电力通讯设施犯罪，全面规范废旧金属收购市场治安秩序的专项整治行动。全市共查破盗窃、破坏电力设施案件50余宗，打掉犯罪团伙15个，抓获疑犯56人，缴获各类铜芯、铅芯电线等涉嫌赃物5吨，为国家挽回经济损失逾百万元，清查全市废品店近2000间，查封取缔无证经营废品店近百家。

【禁毒工作取得成效】 4月初，市公安机关在全市范围内开展调查摸底工作，全面普查吸毒人员底数5001人，全部建立个人档案，列入重点人员管理对象；掌握了一批打击对象，排查出一批毒品危害重点地区和重点部位，为“禁毒03工程”提供了准确的目标。年内，全市破获毒品犯罪案件349宗，对比上年多破106宗，抓获犯罪嫌疑人656人，缴获毒品海洛因3781克，冰毒813.33千克，追缴赃款赃物及制毒原料和制毒工具一批。收戒吸毒人员2542人，送600名复吸人员劳动教养。7月3日，惠州、惠阳两级公安机关联手作战，成功侦破惠阳镇隆制贩冰毒案，抓获犯罪嫌疑人15人，捣毁冰毒制造工厂1家和制毒窝点2处，缴获冰毒半成品6桶、制毒原料25桶及制毒工具一批。12月31日，市公安局侦破博罗铁场制毒案，抓获犯罪嫌疑人4人，缴获冰毒半成品133.5千克。

【打击“六合彩”赌博活动】 2003年，在全市开展的打击“六合彩”赌博专项整治行动中，全市共查处“六合彩”赌博案件384宗，抓获涉赌人员936名，打掉“六合彩”赌博团伙7个，捣毁“六合彩”玄机报复印点4个、“六合彩”投注点68个、缴获赌资38.11万元以及“六合彩”报、投注单及各种赌具一批。

【开展个人港澳游业务】 年内，市各级出入境管理部门开展出入境管理工作改革，成功开办个人港澳游业务。8～12月，全市办理个人港澳游4万多人。

【开展海上清港清湾行动】 边防部门开展清港清湾行动，打击海上偷渡和海上走私。年内共查获涉嫌走私案件53宗，查扣涉案船只60艘、摩托艇15艘，车辆24台，缴获走私物品一大批，价值1000多万元。

【队伍建设】 年内，全市各级公安机关开展主题为“贯彻十六大，全面建小康，公安怎么办”的大讨论活动。活动期间，有“我为公安献一策”、“公安改革发展大家谈”等专题讨论。所有活动围绕公安工作和队伍建设中存在的突出问题，剖析原因，并撰写出123篇调研文章，对改进公安工作、加强队伍建设提出了许多意见和建议。其中选送到省厅参加评选的12篇论文中，获优秀调研文章二等奖的1篇、三等奖3篇。

为切实从“孙志刚事件”中吸取深刻教训，提高全市公安民警的法律素质和执法水平，7月21日～9月26日，全市公安机关开展了执法大轮训活动。共举办培训班10期，培训学员1643名，经考试合格率为98.3%。另外，全市有45名市、县公安局领导和281名治安、巡警、交警、刑侦、经侦、监管等警种中队长以上正职领导参加了省厅举办的执法大轮训。年度执法考评中，全市6个被考评单位全部达标。

年内，全市各级公安机关贯彻公安部“五条禁令”，着力解决队伍在“枪、车、酒、赌”四方面存在的问题，共查处违反“五条禁令”案件2宗，处分当事民警2人，追究领导责任4人。

10月中旬，省公安厅在惠州市开展深化警务规范化建设试点工作。惠州公安机关围绕省厅提出的“以规范执法为核心，以规范服务、内部管理和廉政监督为重点，以信息化为手段，建立健全执法和服务规范化体系，完善内部管理制度”的工作目标，开展调查研究，做好深化警务规范化建设试点各项工作，并根据试点的实际，进行修改，为全省公安机关深化警务规范化建设积累经验。

【存在问题】 “双抢”、盗窃等多发性犯罪仍然高居不下，绑架、杀人等严重暴力性犯罪时有发生；严重威胁人民群众生命财产安全，重点地区的治安秩序、外来人口和出租屋管理等一些深层次的问题还没有得到根本解决；部分单位警务规范化建设仍存在薄弱环节；公安经费不足；民警的整体素质有待提高。

（谢　峰）

交警交通管理

【概况】 2003年，市交警支队提高正规化水平，增强管理服务效能，加大道路交通事故预防、交通安全教育和交通设施建设力度，营造良好的交通环境，确保全市道路交通安全有序畅通。警务规范化建设以点促面，初步形成执法者的服务型转变。完成了“春运”、“第二届国际数码节”、防治“非典”等道路交通管理的工作任务。年内，支队各级交警部门共出动警力192731人次，查处违章103223宗，全市发生一般以上道路交通事故1873宗，道路交通事故四项指数与上年同比分别下降了7.55%、5.45%、16.13%和20.84%，实现全面下降的工作目标。交警支队被省公安厅交通管理局评为“春运工作”先进单位，车管所被省政府授予“广东省文明窗口单位”称号，高速公路一大队白云中队被团中央、公安部继续授予“全国青年文明号”，江南大队桥西中队被省公安厅评为省公安系统先进集体；郑健人、王小波被评为全省公安系统先进个人。

【队伍建设】 年内，交警支队树立“以人为本”的理念，坚持政治建警、依法治警、以德育警和素质强警的方针，狠抓队伍建设，提高队伍的综合素质、执法水平和整体形象。支队班子围绕交通管理和队伍管理工作，学习政治理论。牢固树立正确的世界观和权力观，改进思想方法和工作方法，提高管理队伍、解决实际问题的能力。7月初至9月中旬，支队开展纪律作风教育整顿活动，把执行廉政规定情况作为班子剖析材料中的重点内容，增强了各级部门领导的廉政意识。支队组织9期共23名大队、中队正职领导到省交管局进行学习培训还组织10期共151名大、中队副职和科（室）领导到市局警官训练处学习培训。11月，又组织30名科级干部分三批到市委党校参加市直科级公务员任职培训。

在学习教育整顿中，支队下发有关教育整顿文件和声像资料供民警学习，并针对“万众评公务”活动中，群众对交警部门提出的58条意见和6条建议，逐一对照检查，进行整改。邀请社会各界人士及廉政监督员召开座谈会7场次，走访群众100多人次，解决众多热点、重点、难点问题，增强全体民警为人民服务的宗旨和法制意识。

【春运再获全省先进称号】 2003年春运，交警支队落实各部门的工作职责，与各大队签订春运交通安全责任状，深入开展春运道路交通安全宣传教育活动。40天的春运防护期，支队在全市共设立8个春运执勤点，实行24小时检查、监控，把好车门、站门、市门三关，支队领导亲自带队，组织12个工作组，分赴各县、区进行检查、督导，

4个驻点工作组进驻国道和重要省道开展工作；将2/3以上警力摆上路面，对主干公路实行24小时巡逻监控，防范和打击公路各种违法犯罪活动。春运期间全市交警部门共出警力41610人次，检查车辆206920辆次，纠正各类违章62026宗次，其中查处超载20%以上的客车50辆次，载客货车30辆次，依法拘留严重违章驾驶员755人次，卸客转运乘客3604人，查处报废、改装改型车辆26辆，吊扣证件1676本。交通事故发生154宗，死73人，伤150人，春运秩序良好，旅客有序流动，被省公安厅交管局评为"春运工作"先进单位。

【加大预防道路交通事故力度】 年内，支队推动预防道路交通事故工作新机制，完善道路交通事故预防工作联席会议制度，初步形成"政府负责，相关部门各司其职，社会各方面联动"的预防道路交通事故工作新机制。推出《事故防范对策研究制度》、《统计分析制度》、《自身管理问题调查制度》、《事故防范责任制度》、《事故防范群防工作制度》的"事故防范五项制度"。5月，由市安监局牵头，抽调公路、交通、交警部门有关人员组成调查小组，深入对全市各县、区道路交通事故多发点段进行调查，全面掌握全市典型道路交通事故多发点段的具体情况，共排查出事故多发点段28处，已治理25处，治理率达到89%。

4月25日开始，支队在全市范围内开展摩托车行驶秩序专项整治行动，至6月份全市共查处收缴无牌无证、假牌假证，非法拼装、报废摩托车5000余辆，并于6月30日举行公开销毁大会。支队还加强对特殊运输车辆管理，确保危险货物运输车辆技术状况符合规定要求；对市区运沙车辆实行许可证制度：对运沙车辆经营企业资质、驾驶员从业资质、车型、限载、密封要求等进行严格审查，并严格规定运沙车在市区的通行时间和行驶路线。

【道路交通事故情况】 年内，惠州市共发生一般以上道路交通事故1873宗，造成780人死亡，2126人受伤，直接经济损失1118.08万元。道路交通事故四项指数与上年同比下降7.55%、5.45%、16.13%和20.84%，完成了全年的预防道路交通事故预期目标。其中重大交通事故674宗，造成724人死亡，502人受伤，直接经济损失79.54万元；特大交通事故17宗，造成56人死亡，18人受伤，直接经济损失29.54万元，与去年同比分别下降5.56%、21.13%、83.18%和91.90%。

【完善交通基础设施】 年内，支队大力改造交通基础设施，加大科技投入，在惠州大道、德赛大道、麦科特大道、东平三角地及三新南路、仲恺大道等主要交通干道安装交通信号协调控制系统，对缓解道路交通拥挤起到良好的效果。在惠州大道（二期）沿线5个路口、惠州大道（三期）沿线3个路口、仲恺大道沿线8个路口、中心医院路口、鳄湖路部队路口等处设置了信号灯控系统及相应标志、标线；配合道路改造对东平大道、东湖西路、鳄湖路沿线信号灯及标志、标线进行改造，使之与改造后路面相适应。全年累计设置交通信号灯26处，数码电子警察65个，光纤传输视频监控系统16处，交通标志牌312块，施划交通标线63000平方米。

【创建"平安大道"和"畅通工程"】 年内，市交警支队在全市大力推进"畅通工程"和"平安大道"的创建工作，形成以交警部门为主力，由交通、城管、公共事业等各部门共同参与的局面，坚持在国道、高速公路推行联勤制度，在市区实行摩托车巡逻机制，加强监控，以维护好交通安全秩序。全年共建立"交通安全村（厂、学校）"等50个。市区环城西一、二路、德赛大道、麦科特大道也由"严管路"提升为"严管区"。经公安部、建设部检查验收后被评为城市"畅通工程"D类城市三等水平。

【深化警务规范化建设】 年内，支队推行警务规范化建设，重点抓好交通事故处理，交通违章处理和基层中队规范化建设以及各个窗口单位和交通民警执勤执法行为的规范。同时加强各交警中队勤务管理和执法规范工作，建立值班、巡逻、备勤规范制度，并通过实行"五定"工作责任制、巡逻签到和领导查勤制度，督促落实勤务管理。推进中队四级联网建设和佛山示范工程违章子系统的推广应用工作。10月，支队围绕省公安厅的"以规范执法为核心，以规范服务、内部管理和廉政监督为重点，以信息化为手段，建立健全执法和服务规范体系，完善内部管理制度"，突出抓好"五个一"工程的建设，明确执法依据，建立和完善执法程序、执法责任、执法监督制度，强化内部管理，提高执法水平和服务质量。

【一警多能】 年内，各级交警部门发挥路面巡逻监控作用和反应快速、装备较为精良和综合作战能力较强的优势，一警多能，既管道路交通又管道路治安，打击道路上各种违法犯罪活动，维护好道路的治安安全。交警支队在市公安局开展打击"两抢一盗"犯罪专项行动以来，发挥在打击、防范涉车涉路犯罪方面的职能优势，将打击飞车抢夺和查扣无牌无证摩托车作为一项重要的警务任务落实到交通管理工作中。至12月底，交警支队机关、直属大队共出动警力3900多人次，检查车辆17070辆次，查扣无牌无证摩托车725辆，查获涉嫌"两抢一盗"摩托车12辆，抓获“两抢一盗”犯罪嫌疑人 12 名。

【车管业务】 年内，支队车管部门以为民、便民、利民为工作目标，共办理机动车入户 69896 辆，办理汽车年检 44608 辆，办理市直、城区两轮摩托车年检 55937 辆；核发驾驶证 54065 本，办理驾驶员换证 71102 本。核发通行标识牌 55788 副。

【考训检测业务】 年内，考训中心以提高服务质量为中心，开拓业务，共完成交通法规理论培训 21000 人，摩托车驾驶员培训 3949 人，增驾大客车驾驶员培训 801 人。在机动车检测方面，完成汽车类检测 60103 辆（次），摩托车检测 64702 辆（次）。

在市民乐园举办的惠州首个“交警开放日”活动现场　　（市交警支队供）

【交通安全宣传教育】 年内，交警支队针对交通参与者不同文化程度、不同工作性质、不同年龄结构的人群、多形式地组织交通安全宣传教育活动，先后开展了“春运”、“预防道路交通事故宣传月”、“交通安全宣传周”、“安全生产月”、“交警开放日”等大规模群众性宣传活动。以开展宣传活动为龙头，把交通安全宣传的触角延伸到社区、乡村、企业、学校，积极开展“交通安全村”、“交通安全社区”、“交通安全学校”的警民共建活动，定期组织、协调辖区大队民警深入到各共建单位宣传交通安全知识。全年共印发宣传资料 25 万份，下发宣传教育 VCD350 套，在市区设置宣传栏 23 块，悬挂横幅标语 200 余条，制作电视专题 26 期，交通安全动画宣传片 11 个，全市共创建交通安全村（社区、学校）50 个，其中江北大队与金宝江畔花园共建交通安全社区、博罗交警大队与长宁镇松树岗村创建的交通安全村被省安监厅、公安厅评为创建工作先进单位。

全年组织往省、市等新闻媒体的稿件共 365 篇，其中电视专题 26 条，报刊通讯、专题 19 条，人物专访 1 条。省新闻媒体报道 32 条次。在市电视台《黄金时分》栏目开辟了“交通违章曝光”专栏；制作 11 个交通安全动画宣传片在市电视台播出；与市电视台联合举办“拒绝违章、共享平安”为主题的大型宣传活动；在江北市民乐园举办以“与你同行，共享平安”为主题的“交警开放日”活动，还组织拍摄了《春运》、《保平安创文明城市》、《违章驾车，害人害己》、《大力整治摩托车》、《交警开放日》、《文明交通大家谈》、《交警与出租车司机换位思考》、《“航标”闪处是通途——惠州现代化交通设施建设纪实》等多部电视专题片。

【存在问题】 道路交通事故四项指数偏高；基层大队巡逻监控力度有待加强，对道路交通违章行为整治力度不够；部分基层中队对辖区内的交通安全宣传教育工作较为薄弱；基层民警的业务素质尚需进一步提高。

（赖永俊）

消　　防

【概况】 2003 年，市公安消防部队按照“练为战”的要求，强化实战训练并以严防特大恶性火灾和群死群伤事故发生为目标，推进消防警务规范化建设，全面提高队伍的综合业务素质和战斗力，保证防火和灭火中心任务的完成。

全年，部队共接警出动 319 次，出动人员 3484 人次，出动各种消防车辆 569 台次，抢救 42 人，抢救财产价值 697 万元。

【火灾情况】 2003 年，惠州市共发生火灾 324 起，死 3 人，伤 16 人，直接经济损失 3479307 元。与上年同期相比，起数上升 77.0%，死亡人数上升 50.0%，受伤人数下降 40%，直接经济损失下降 16%。发生重大火灾 2 起。从发生火灾原因看，用火不慎、电气、放火是引起火灾的主要原因。用火不慎引起火灾 41 起，占总数的 12.7%；电气引起火灾 24 起，占总数的 7.4%；放火引起火灾 9 起，占总数的 2.8%。从起火场所看，房屋、交通工具、堆场火灾居多，其中房屋引起火灾 70 起，占总起数的 21.6%；交通工具引起火灾 18 起，占总起数的 5.6%。从行业类别看，工业、交通运输业、商业发生火灾最多，工业发生火灾26起，占总起数的8.0%；交通运输业发生火灾15起，占总起数的4.6%；商业发生火灾7起，占总数的2.2%。

【消防思想政治教育】 2003年，全市消防部队开展“四个珍惜”（珍惜岗位、珍惜声誉、珍惜政治生命、珍惜家庭）教育，打牢广大官兵立身做人的思想基础，队伍精神面貌大有好转，工作态度明显改善。年内，惠阳消防中队和惠东消防中队被省公安消防总队评为基层建设标兵中队，1个单位被评为先进中队；2个大队被评为警务规范化建设先进单位；支队被评为信息化建设先进单位；1个单位荣立集体三等功，5人荣立个人三等功；1个单位被评为省级“青年文明号”，1个单位被评为全省“优秀公安基层单位”。

【执勤灭火】 2003年，全市消防部队按照“练为战”的要求，强化实战训练，坚持全员施训，突出抓好执勤基础建设和辖区情况熟悉掌握，制定业务理论和战术训练教案、“六熟悉卡”、各类场所灭火预案，开展大型综合演练，灭火救援水平进一步提高。年内，全市消防部队组织近百次的灭火实战或模拟演习，其中包括大诚油气库和益富歌舞厅的大型综合演练。通过演习，达到了练谋略、练程序、练指挥、练协同的目的，锻炼了队伍，积累了经验，提高了部队整体作战能力。同时，各单位以“科学、简便、实用、可靠”为原则，革新挖潜，推出具有一定科技含量、较为实用的小发明、小创造。全年全市消防部队共有24项小发明、小创造，为业务工作的开展提供了技术支持。

全年消防部队共接警出动319次，出动人员3484人次，出动各种消防车辆569台次，抢救42人，抢救财产价值697万元。

【消防警务规范化建设】 年内，支队机关和各大队加强业务受理窗口建设，统一设立消防业务受理软件，初步实现了网上报建和审批，实行办事回执制度，全面推行阳光作业。同时，不断完善更新办公自动化系统，拨出近50万元用于网络改造，实现网络光纤连接。支队机关新购置30多台电脑，实现机关人手一台电脑。支队“办公自动化和消防综合业务信息系统”已调试完毕，初步实现了网上公文流转和网上审批。通过加强信息化建设，全市已完成四级联网，进一步改造119消防通信指挥中心，提升了警务规范化建设整体水平。

2003年，惠州市消防局及各县（区）消防大队业务经费比去年增长89.36%。全局共投入资金约180万元，购置水罐泡沫联用消防车1辆、水罐消防车2辆，并按配备标准购置了个人防护装备一批。

【消防监督】 2003年，全市消防部队推进社区消防和小城镇消防规划建设。有84个社区居委会完成消防建设工作，完成市政府规定的40%的目标任务。9月份，支队和市规划建设局组成联合检查组对全市的中心镇和重点镇进行检查，规定全市各县（区）中心城镇、重点城镇和经济较发达镇的市政消火栓要达到规范标准的85%。年底，全市13个中心镇、重点镇共有9个完成消防规划建设，达到了70%的目标要求。年内，开展公众聚集场所和人员密集场所消防安全疏散通道、安全出口等消防安全专项治理。全市公安消防部门共组成87个检查组，检查单位829个，督促整改火灾隐患4860处，优化了社会消防安全环境，确保重要节日以及两会、第二届惠州国际数码节、大亚湾发展推进会等重大活动的消防安全。

【领导班子建设】 2003年，惠州消防局制定实施干部量化考评、交流轮岗等干部工作规定，提升、调整和交流干部共54人次，内部调整营职干部8人，连、排职干部27人，交流面达到65%以上，学员任职授衔5人。

【消防宣传教育】 2003年，全市消防部队以消防站对外开放、惠州消防信息网和《惠州消防报》为固定阵地，逐步普及消防宣传教育，提高广大公民的消防安全意识和消防法制观念。全市有3个消防站定期对外开放，接待受教育群众3万多人次。全年共培训各类消防安全人员1万余人次。各地在消防安全大检查过程中，邀请当地新闻媒体进行跟踪报道，对存在的重大火灾隐患公开曝光。全年在市级以上刊物发稿18篇，在市级以上电视台播出消防新闻20条，消防专题片3个。

【存在问题】 消防装备、器材不足，不能适应严峻的火灾形势；公共消防设施不完善，城市抗御火灾的综合能力较差；消防业务经费紧缺，基础设施建设滞后。

（王勇华）

司法行政

【概况】 2003年，全市司法行政机关开展法律援助工作，推进“四五”普法，抓基层司法所建设，提高队伍素质，探索、创新，推动司法行政工作改革。年内，各级法律援助机构贯彻《法律援助条例》，降低法律援助门槛，扩大援助对象，共办理法律援助案件769件，解答法律咨询8082人次；各级人民调解组织调处各类纠纷4774宗，调解成功4376件；全市基层司法所（法律服务所）担任常年法律顾问872家，办理民事诉讼和非诉讼法律事务854件，协办公证986件，见证2254件，解答法律咨询10284人次；全市律师担任各级政府、企事业单位和公民的常年法律顾问656家，办理各类诉讼及非诉讼案件2504件，担任刑事辩护326宗；全市公证机关共办理各类公证22070件；市劳教所实现了收教以来连续第九个“四无”（无脱逃、无所内发案、无非正常死亡、无重大生产安全事故）安全年，被评为全省劳教系统先进单位。司法学校恢复干部培训职能，改制为司法干警培训处。

【市劳教所工作】 年内，市劳教所加强安全防范工作和所政建设，实现了收教以来连续第九个“四无”安全年，安全防范工作走在全省劳教系统的前列；开展执法为民教育活动，干警的执法执纪水平和综合素质不断提高，实现了干警零违纪。市劳教所被广东省司法厅荣记集体二等功一次，干警个人荣立二等功2人次，三等功共16人次；着眼于劳教办特色，推进管教工作改革，探索教育转化新方法和劳教人员习艺性劳动，拓展劳教人员解教就业之路；争取省、市两级财政支持，完善所政设施建设，全年共投入470余万元，扩建了劳教所进出道路，加大了对科技强警的投入。

【四级调处机制网络】 4月，市委、市政府在惠城区汝湖镇召开全市人民内部矛盾纠纷排查调处暨治安防范网络建设现场会。四级[市、县（区）、镇（办）、村（居、企业）]调处机制网络被提升为治安防范网络，与其他四张综治网络合称为具有惠州特色的“五张治安防范网络”，纳入社会治安综合治理防范网络建设的整体规划，统一筹建。全年，全市已建立各级调委会1314个，有调解员近7500人，人民调委会初步实现规范化运行。四级调处网络的建立和完善，促进人民调解工作从“单挑独干”向齐抓共管转变，实现了由“小调解”到“大调解”的格局。这一经验和做法被全省乃至全国推广。

【基层司法所规范化建设】 2003年，惠州市各司法所通过“内招”（从司法所在职在岗人员中考试录用国家公务员）和“外招”（面向社会公开招考）的形式录用国家公务员67人，充实基层司法所队伍。年内，惠东县白花司法所办公楼落成并投入使用，是全市第一家有自主产权的基层司法办公用房；先后举办了两期执法为民培训班，分别组织司法所长和新招录人员共123人学习“三个代表”重要思想和基层司法业务知识。

【普法工作】 年内，市普法办制定了《惠州市领导干部参加法制讲座的实施意见》，规范各级领导干部学法的内容、学法考勤考核标准。10月19日，全市各级干部（职工）近10万人参加了2003年度学法统一考试，这是近年来全市规模最大、考试面最广、各级领导干部参考率最高（98%以上）的一次普法考试。12月2日，举办了惠州市领导干部2003年度法制讲座。市委书记柳锦州、市委副书记、代市长黄业斌、市政协主席叶月坚和其他的四套班子领导，市直副处以上单位主要负责人共180多人参加讲座学习。

年内，市普法办启动民主法制示范村创建工作，开展禁毒专项法制宣传活动，并在“12·4”的全国法制宣传日期间，以“依法治国、执政为民”为主题，开展一系列法制宣传活动。防治“非典”期间，宣传《传染病防治法》、《突发公共卫生事件应急条例》、《野生动物保护法》等法律法规，增强广大群众依法防治“非典”的观念，稳定了民心。

【贯彻《法律援助条例》】 9月1日，中华人民共和国《法律援助条例》颁布实施，全市各级法律援助机构开展了一系列宣传学习活动：惠州电视台《政法时空》节目播出法律援助专题片，《惠州日报》刊登法律援助条例宣传栏，各县（区）开展形式多样的法律咨询，发放宣传资料2.5万册（份）。同时，各级法律援助机构把贯彻《法律援助条例》与实践“三个代表”重要思想及落实广东省“十项民心工程”结合起来，尽力保证社会弱势群体获得便捷、优质、高效的法律援助服务。

【公证和律协改革】 2003年4月，市公证处实行改制，由行政事业性收费单位改为经营服务性收费单位，实行自收自支。公证处改制后，事业单位性质不变、国有资产性质不变、公证职能不变。

10月23日，市律师协会改选，律协的领导机构全部由执业律师组成，从此，由司法行政机关公务员担任律协领导职务的历史划上了句号，律协逐步向独立设置的办事机构过渡。

【组织国家司法考试工作】 2003年，国家司法考试在惠州市设置1个考区，考试组织工作由市司法局负责。经省司法厅调整，原河源、汕尾两个考区的考生并入惠州考区，惠州考区参考人共有473人，其中惠州市有275人。考试期间未受“非典”影响。考试结果31人通过，通过率为11%。

【存在问题】 基层司法所办公用房没有完全解决；部分县区法律援助经费还没有纳入财政预算；调研信息亟需加强。

（王宁翌）

仲　　裁

【概况】　2003年，惠州仲裁委员会以发展为出路，以公正、效率、廉洁为宗旨，开拓业务、办理案件、提高仲裁员审理案件水平，加强内部工作人员管理教育。

存在主要问题是：落实仲裁条款，开拓业务不够；社会各界的仲裁意识不够强，受理案件数量与惠州经济发展规模不相适应。

【仲裁案件办理】　2003年，惠州仲裁委共受理案件51宗，涉案争议标的额5603万元，其中：商品房买卖纠纷36宗，合作合同纠纷3宗，租赁合同纠纷3宗，买卖合同纠纷3宗，项目转让纠纷2宗，股权转让1宗，借款1宗，运输合同1宗，建筑施工合同1宗；争议标的额百万元以上10宗，百万元以下10万以上的9宗，10万元以下万元以上的14宗，万元以下的18宗，最大案件标的额23211153.20元，最小的案件标的额5219.87元。商品房买卖纠纷案件占整个受理案件71%，已结案36宗，其中：裁决29宗，调解、和解撤销5宗，单方申请撤销2宗。

【仲裁队伍建设】　2003年，仲裁委制定了《惠州仲裁委员会仲裁员和仲裁秘书开庭注意事项》、《行政科及仲裁科工作人员岗位职责暂行规定》、《惠州仲裁委员会财务制度》、《公务接待规定》、《车辆管理制度》、《保密制度》、《学习制度》、《计划生育工作实施意见》等制度，以加强内部管理。

年内，仲裁委组织一系列学习教育活动：3月3日，学习国务院法制办协调司副司长卢云华在华东仲裁工作座谈会上的讲话精神；4月6～8日，派员到深圳参加中南六省区仲裁工作座谈会；11月19～21日，派员到广州参加2003年全国仲裁工作年会，参观“模拟庭审”；10月30日，学习《最高人民法院关于审理商品房买卖合同纠纷适用法律若干问题的解释》；12月29日，到革命老区高潭、中洞接受革命传统教育。

【宣传仲裁法律制度】　2003年，仲裁委先后派出人员到惠东县法制局、惠阳区、大亚湾工商局、公证处、中海壳牌南海石化项目指挥部、惠州市经贸委、工商局、房产局、台商协会、华融公司、TCL集团、德赛集团、数码工业园等单位，宣传、推行仲裁法律制度。针对金融单位存在着大量不良贷款情况，制定《惠州仲裁委员会追收不良贷款实施方案》，得到金融单位认可。又主动与工商行联系，受理了首宗金融案件，当天立案，当天开庭审理案件，受到当事人的好评。

年内，仲裁委与市普法办，把仲裁法编入了《惠州市“四五”普法学习资料》中，并把仲裁法内容，编入处级干部、正科级以下干部(职工)学法考试题。11月30日上午，仲裁委利用普法宣传日的机会，在滨江公园设点，向广大群众发放资料，宣传仲裁法律知识。

年内，仲裁委继续与广东宝晟律师事务所合作，在《惠州日报》举办仲裁知识问答专栏，每周一次登载有关仲裁知识文章。专栏从各个角度回答社会各界、广大群众对仲裁的疑问，使得社会各界、广大群众了解、支持仲裁。

年内，分管仲裁工作的徐志达副市长先后3次到仲裁委调研指导，并要求社会各界支持仲裁工作。

【对外交流与合作】　年内，清远、肇庆、桂林、柳州、厦门等城市仲裁委来惠交流，探讨开拓业务的方法。惠州仲裁委也派员赴桂林、柳州仲裁委学习考察。

2003年9月25日，惠州仲裁代表团访问香港法律和仲裁界，与香港高等法院法官和香港仲裁司学会有关人员留影　（市仲裁委供）

9月24～26日，以市政府副秘书长兼办公室主任陈力强为团长，仲裁委专职副主任兼秘书长梁静珊、仲裁员江晓华、徐明文为团员的惠州仲裁代表团赴港学习考察，参观香港仲裁国际中心，香港仲裁司学会，进行友好交流、探索两地仲裁合作方式，双方签订了合作协议。12月24日，在惠州宾馆小岛会议室召开惠港仲裁与服务业合作座谈会，惠州仲裁委与香港仲裁司学会就仲裁服务达成了合作意向。

（袁春生）

惠州军分区

【概况】 2003 年，惠州军分区坚持以军事斗争准备为龙头，政治思想工作为生命线，“抓班子、带队伍、打基础、上台阶”的工作思路，开展各项工作。分区党委班子和党员、干部队伍建设；“三个代表”重要思想和江主席“国防和军队建设”思想的学习教育；海上民兵组训；民兵高炮打靶；“两区一范围”（军事禁区、军事管理区和军事禁区安全控制范围）划定；征兵以及后勤社会化保障工作都有较大发展和提高。军分区党委连续第 5 年被省军区评为“先进党委”，所属惠阳区人武部被评为先进党委和先进人武部，惠城区人武部被评为先进人武部。

【政治思想建设】 年内，军分区党委坚持政治思想工作生命线地位，贯彻落实“三个代表”重要思想，加强军分区和各县（区）人武部党委班子建设。全年分四个专题系统地学习“三个代表”重要思想和江主席“国防和军队建设”思想。4 月，发出“建设学习型机关、培养学习型干部”的号召。5 月下旬，分区以研究伊拉克战争为切入点，以注重世界新一轮军事变革为着眼点，以落实十六大提出的国防和军队建设的“双重历史任务”，实现跨越式发展为着力点，围绕“建设学习型机关，培养学习型干部”的目标，结合分区部队建设实际，召开伊拉克战争研讨会，有 8 人就伊克拉战争给我军政治、军事、后勤保障的影响和启示交流了体会。4～8 月，建设“惠州军分区军史馆”和“惠州市国防教育展厅”。8 月 26 日，召开分区党委五届六次全体（扩大）会议，学习传达部队体制编制调整改革会议精神，研究贯彻落实措施。12 月，分区围绕“讲党性、正风气、强素质”的主题，召开党委常委民主生活会，学习有关文件，进行述职述廉、民主测评和交心通气，进一步增强党委班子的凝聚力和战斗力。

【整顿作风纪律】 2003 年春节后，军分区部队开展作风纪律教育整顿，明确了一个思路（抓班子、带队伍、打基础、上台阶），增强三种意识（大局意识、服从意识、责任意识）、树立五种形象（从严治军、求真务实、知难而进、清正廉洁、关心部属），把全体人员的思想统一到做好军事斗争准备，抓好全面建设上来。

9 月，军分区部队开展为期一周的落实“衡阳会议”精神的教育整顿，学习了“衡阳会议”出台的《广州军区封闭式管理规定》、《广州军区贯彻〈安全工作条例〉实施细则》、《广州军区人武部正规化管理若干规定》、《广州军区警备工作若干规定》、《广州军区士官队伍建设实施细则》、《广州军区贯彻〈全军士官培训总体规划〉实施办法》等 6 个规定。

【全民国防教育】 年内，国防大学金永南教授为全市科以上领导干部、惠州军分区马新民司令员给惠阳区科以上干部、惠州军分区魏同斌政委给惠州市民营企业家分别作国际国内军事斗争形势报告。根据《中华人民共和国国防教育法》，军分区新建的市国防教育基地投入使用，独立完成市直十所中学 4235 名高一新生基地化军训任务外，还协调平潭机场部队、惠州武警支队和各县（区）人武部对全市高中（含中专）新生进行军训。1 月 9 日，军分区与市委、市政府联合举办纪念延安双拥运动 60 周年及“东江凝结鱼水情，鹅城盛开双拥花”活动。10 月，军分区配合市委、市政府做好“爱国拥军模范”、惠州市民营企业家陈侨顿的事迹整理和宣传工作。11 月，军分区政治部与市委宣传部联合举办惠州市“金威杯”国防知识竞赛。利用征兵时机，军分区及各县（区）人武部以及基层武装部在全市采取挂横幅、贴标语、出墙报板报、流动宣传车以及通过电视、广播、报纸宣传等形式，对广大民众进行宣传教育。

【民兵预备役建设】 年内，惠州市民兵预备役建设围绕“打得赢”的目标，加快军事斗争准备步伐。2月，军分区组织了新的《军事训练与考核大纲》集训和参谋“新六会”业务集训，提高分区机关和人武部干部队伍的综合素质。

3月，军分区组织对全市基层武装部正规化建设检查及城市民兵工作进行调研。针对基层武装部正规化建设和城市民兵工作现状，7月11日，军分区协助市委、市政府召开惠州市民兵预备役基层建设与改革工作会议，学习“开平会议”精神，总结民兵预备役基层建设情况，部署民兵预备役基层建设及改革任务，表彰61个先进单位和35名先进个人，交流14份经验，出台《关于加强民兵预备役建设的决定》。

【军事设施的维护管理】 5月9日，军分区在惠阳召开对空观察哨建设现场会，部署各县（区）对空观察哨（船）建设任务，统一建设标准，明确完成时限，加强民兵高炮一体化建设。

8～11月，军分区组织协调惠州市军事设施保护委员会各成员单位，完成惠州市军事设施保护和国防工程维护管理工作普查和“两区一范围”划定工作。

【军事训练】 4月，军分区参加省军区参谋业务竞赛，取得了总分第八名的好成绩。参谋孙志翔获得军事理论单项第一名。

6月，各县（区）（惠城区除外）共同组织一个海上民兵作战营进行为期一个月的海训，完成了18个课目，240个小时的训练，取得总评良好以上的训练成绩，实现全市三年时间储备一个民兵团的海上作战兵力的第二步目标。

8月，惠城区民兵高炮营参加省军区组织的实弹射击，取得了击落2个拖靶的成绩。

【征兵】 10月下旬，全市征兵工作全面展开。结合惠州市实际，分为组织准备、宣传发动、体检政审、审批定兵、新兵运输和工作总结等6个阶段进行。代市长黄业斌、副市长林添好、军分区党委常委深入各县（区）进行宣传发动，检查征兵工作情况。兵役机关克服了任务重、条件兵多（约占征集任务的1/3）、新的体检标准要求比较高等困难，及早着手准备，广泛宣传发动，组织协调，按规定、程序办事，至12月下旬，完成全市新兵的征集任务。

【警备】 全年，警备共完成军事训练96天，政治学习48天，业务学习12天，共出动执勤兵力734人次，查扣违章军车297台（其中假军车281台，营运军车16台），收缴假军车号牌231副（块），假证件20本，受理群众投诉26起，抓获假冒军人3人。此外，还完成驻惠部队海训开进途中的道路交通保障，协助做好退伍补兵中转工作，联合公安、武警等部门整顿了军警车辆的运行秩序，妥善处理军警民纠纷，维护惠州军政军民团结以及军队的良好形象。

【后勤改革】 军分区贯彻全军和两级军区后勤保障社会化改革工作会议精神，坚持艰苦奋斗、勤俭建军的原则，突出抓了后勤社会化改革，充分依托社会力量办后勤，把后勤保障的改革融入到社会改革当中。4月，军分区出台《职工住房补贴发放暂行规定》；5月，出台《大件物品集中采购暂行办法》；10月，完成12名职工离岗退养工作，使后勤保障逐步实行社会化。

（张存信）

武　警

【概况】 2003年，中国人民武装警察部队广东省总队惠州市支队（以下简称惠州市支队），按“抓主官、带班子，抓落实、打基础，求发展、上台阶”的工作思路，加强思想政治建设和党委、支部班子建设，改进领导作风和工作作风，以密切内部关系为切入点，抓“五个重点问题”的治理和防治“非典”工作。贯彻佛山会议精神，开展专项教育整顿，抓部队正规化建设，开展以执勤、处置突发事件和反恐为中心的各项工作。惠东县中队被总队评为基层建设标兵中队，惠阳区中队被总队评为基层建设先进中队，惠东县中队、一中队二排、惠东县中队一班、惠阳市中队三班分别荣立集体三等功，全年支队有1名干部荣立二等功，10名官兵荣立三等功。

【执勤和处置突发事件】 年内，支队狠抓执勤训练工作，结合部队实际，进行形势、敌社情和职能教育，使官兵牢固树立“上一线、打头阵”的思想。狠抓勤务研究和防暴分队训练。5月，组织工作组，联合各中队主官、县(区)公安局领导和看守所对固定勤务在组织领导、落实制度、执勤设施及预防“非典”工作，开展“三个一遍”（定期对所有执勤目标检查一遍，到用兵单位走访一遍，将执勤情况分析一遍）活动，促进执勤设施进一步完善，提高了目标的安全系数和部队执勤正规化建设水平。8月，组织应急分队就新购非杀伤性武器和战救、抢险救生器材，开展有针对性的训练，提高“处突”和反恐能力，保障各项执勤任务的完成。年内，支队共担负临时性勤务150起，用兵1935人。其中警卫勤务7起，用兵55人；押解勤务61起，用兵191人；处置群体性事件56起，用兵1175人；安全保卫任务10起，用兵223人；抢险救灾1起，用兵60人；城市武装巡逻1起，用兵30人；其它临时性任务14起，用兵201人。

3月1日下午，一中队成功制止了一起企图焚烧市政府门牌的恶性事件。4月18日，惠东县中队派出10名兵力，协助公安干警在惠东县白花镇抓捕由省公安厅督办的一持枪杀人团伙，共抓获犯罪嫌疑人2名，缴获海洛因20克，砍刀1把。10月7日，支队长邹堪富带领一中队和惠城区中队60名兵力扑灭了惠盐高速公路左侧山火，受到地方政府领导的高度赞扬。

【武警军事训练】 年初，支队抓首长机关、部队各个层次和个人的军事训练，所有人员均完成大纲规定的年度训练科目。首长机关累计完成28个训练日，基层警官共完成19个训练日，机动分队共完成110个训练日，执勤分队共完成80个训练日。注重加强军事思想、高科技知识、敌社情和执勤目标研究、现代条件下执勤、“处突”和防卫作战理论的学习。训练的项目有：首长机关的手枪射击和体能训练；分队警官的军事训练组织和实施、勤务的组织指挥；分队的观察与报知、防暴器材使用、擒敌术、射击、单兵战斗动作、专勤专训、应急处突、反恐和体能训练。6月和7月支队分别举办一期勤训轮换和机关带基层的干部骨干教学法集训，7～10月，组织预提骨干集训，提高干部骨干的组训能力，杜绝训练事故，完成了全年军事训练任务，在年终支队组织的军事考核中，全支队军事训练总评成绩在良好以上。

【武警部队管理】 年内，支队狠抓了部队的行政管理。2月，支队派出工作组到各区、县进行清理，打击假武警假军车，共收缴假武警摩托车车牌23付。3月，开展“查隐患、抓整改，保安全、促稳定”作风纪律和勤务教育整顿。5月，先后在机关、基层开展“强素质、明责任、严纪律，高标准实现‘两个确保’教育整顿”活动，强化官兵的纪律观念和责任意识。8月，针对肇庆市支队“8·12”重大交通事故，派出工作组深入基层查找安全隐患，并制定了《安全大检查实施方案》，按照先个人后单位、先基层后机关，自下而上全面清查安全隐患，对每个单位的安全状况作出评估，建立档案，确保了部队安全稳定。9月，结合贯彻新《纲要》，派出工作组指导基层搞好“落实正规化管理规定、强化依法从严治警观念”的整顿，抓好思想骨干的培训和个别人的排查工作。10月，支队在惠东县中队召开军事训练和行政管理、后勤建设正规化现场会，提高支队正规化建设水平。

【武警政治思想教育】 2003年，支队党委结合部队官兵的思想实际，加强思想政治建设。深入学习三个代表基本观点，再次掀起学习贯彻中共十六大精神的新高潮。开展密切内部关系、教育增进官兵感情，加强道德建设、提高道德修养，加强思想政治建设、增强拒腐防变能力。抓好经常性思想教育，突出抓人生观教育、法纪教育和拒腐防变教育，深入揭批“法轮功”学习教育，开展健康向上的警营文化活动。年内，支队拨出8000多元专款给基层单位订阅杂志、购买图书，改善基层文体设施，完善荣誉室、娱乐室和图书室，开展文艺创作节目汇演、践行军人道德规范演讲比赛等警营文化活动。

【后勤建设】 2003年，支队按照《纲要》和《基层后勤管理条例》要求，抓后勤建设。全年地方政府支持经费265万元用于部队建设。建成干部公寓楼；为每个中队购置自助餐车；投入11万元购置部分非杀伤性武器和战救、抢险救生器材，为处突任务提供物质保障。抓中队农副业生产建设，全支队种菜8.5亩，种果苗316棵，养猪86头，养羊25头，养鸡1300只，产蔬菜2.5万多公斤，产肉6000公斤，农副业生产收益4.5万元，生产收益补助伙食费3万元。人均伙食费每天达到10元以上。

【双拥工作】 年内，支队深入开展警民共建活动。全年支队出动30人次参加地方打击“两抢一盗”的城市巡逻任务，义务植树2000多株，义务为群众看病、做好事100多件次；派出宣传骨干20人次到驻地向群众宣传党的路线方针政策和国防知识；举办联谊活动20多场次；派出500人次到惠州商业步行街等地打扫卫生、清理垃圾消毒；210名官兵帮助地方学校军训学生7000多名；协助地方成功扑救山火2次。此外，还有二中队官兵定期为驻地养老院做好事。城区中队官兵自愿捐款为一老红军提供路费返乡等等。为惠州市的“两个文明”建设做贡献。

【存在问题】 行政经费短缺；部队装备跟不上科技强警的时代要求。

（陆晓峰）

人民防空

【概况】 2003年，惠州市人防办按照《人民防空法》的要求，坚持“长期准备，重点建设，平战结合”的指导方针，做好对台军事斗争应对重大突发事变准备，人防各项建设取得新成绩。

存在问题：市级人防指挥所建设进展缓慢，人防指挥通信还不能适应当前形势的要求，缺乏应急保障能力，行政执法力度有待进一步加强。

【人防指挥通信警报建设】 年内，市人防办加大指挥建设力度，投入50万元，先后建成人防指挥自动化首期工程和办公局域网。拟制惠城区各办事处（镇）防空袭方案，开展人防专业队伍训练。新安装10台固定防空警报器，惠城区范围内所有固定警报器全部实现自动无线控制，组建由8辆防空警报车组成的流动警报分队，确保惠城区内警报音响覆盖率达到100%；完善无线对讲系统，初步实现通信保障手段的多样化。

【人防工程建设与利用】 全年市人防办共办理人防工程报建手续81宗，收取人防工程“易地建设费”500万元，比上年增长17%，落实新建防空地下室面积7.83万平方米，比上年增长71%，新增人防工程面积2.83万平方米，全市人均增加0.075平方米；签订人防工程设备制作和安装合同28宗，合同总金额1000万元，比上年增长25%。全面加强人防工程质量监督工作，对85个建设项目实施了质量监督，竣工验收9个人防工程项目；完成刘屋山工事等老旧人防工事的加固改造任务；人防工程平战结合利用率稳步增长，达到76.3%，发挥了人防工程的社会和经济效益。

【防空警报试鸣】 10月29日，全市连续第四次成功试鸣防空警报。市内所有固定警报器全部正常鸣响，由8台机动警报车组成的流动警报分队首次参加试鸣，同时采用电台广播、电视播放和移动短信等现代化通信手段传输警报信息，实现防空警报信号多渠道、全方位覆盖，市区内警报音响覆盖率达到100%。

【人民防空宣传】 全年市人防办在各新闻媒体刊发宣传报道共37篇（次），其中《中国人民防空》杂志3篇，《广东人防动态》6篇，市级报刊、广播电视28篇（次）。创办了《惠州人防工作通讯》，全年共刊发4期800份，宣传报道惠州人防建设的发展和人防法律、法规，传递信息、交流经验，扩大惠州人防的影响。继续加强“三防”知识教育，在市区11所中学普及开展“三防”知识教育，有79个初中班级共4650人接受了“三防”知识教育，普及率保持在100%。

10月19日，为纪念《人民防空法》颁布7周年，市普法办与市人防办在市区商业步行街开展大型人防宣传活动。市政府、惠州军分区领导及人防系统干部职工、部分师生代表和部队官兵共300余人参加活动。活动现场设置了咨询台和宣传栏，大型彩屏播放人防专题电视片，现场散发6000份人防法律法规资料汇编和人防知识宣传手册，收到良好的宣传效果。

【人防知识教育基地】 10月10日，由市人防办和市教育局联合兴建的惠州市“三防”知识教育基地落成投入使用。该基地位于惠州市国防教育基地内，由“三防”知识教育展厅和训练模拟场地两部分组成。展厅内设各种挂图，核、化、生武器模型，各种防护器材实物；训练模拟场地设置了供学生开展“三防”训练的土坑、土坎、沾染区等。教育基地的建成和启用，为惠州市中小学组织开展“三防”知识教育提供了一个规划合理、场地规范、设施完善、管理严格的学习和训练场所，同时也丰富了国防教育内容。

（陶庆国）

农　业

责任编辑：钟兆南

综　述

【农村经济持续协调发展】 2003年，市农业局围绕“农业增效、农民增收、农村稳定”的目标，解放思想，开拓创新，全力防治“非典”，减少自然灾害带来的严重影响，加大农业农村经济结构调整力度，实施科技兴农，推进农业产业化、农村工业化和城镇化，促进全市农业农村经济持续、协调、稳定发展。

全市实现农业总产值114.75亿元，按可比口径计算，比上年增长5.3%，其中：种植业产值61.57亿元，下降2.2%；畜牧业产值25.2亿元，增长7.33%。

年内，全市农民人均纯收入4054元，比上年同期增加151元，增长3.9%，达到全省平均水平，增幅比全省同期增长水平高出0.3个百分点。全年人均生活消费支出3005元，同比增长7.1%。

【调整农业结构】 2003年，惠州市粮、经比例由上年的45∶55调整到41.5:58.5。全市粮食播种面积200.1万亩，比上年调减32.2万亩，降低13.8%，总产量68.02万吨，同比降低16.8%；油料总产量6.59万吨，大豆总产量1.33万吨；蔬菜全年复种面积125.3万亩，总产量184.3万吨；水果总面积87.8万亩，总产量28.85万吨，增长6.4%；糖蔗总产量15.86万吨，增长4.9%。

按照区域比较优势的原则，实施“一乡一品”战略，建成粮食基地102万亩，水果基地75万亩，蔬菜基地38万亩。年内，全市有万亩以上水果基地的乡镇42个，万亩以上蔬菜基地的乡镇16个，连片种植100亩以上的蔬菜生产基地101个，30亩以上的花卉场70多个，万头以上瘦肉型养猪场30个，年出栏万只以上的养禽场245个，各类型畜禽饲养专业户5320户，规模场（户）畜禽出栏量占全市畜禽出栏总量的70%以上。具有惠州特色的农业区域经济群初步形成。

【发展农业产业化经营组织】 年内，全市具有一定规模和水平的各种类型农业产业化组织216家，拥有固定资产17.45亿元，各种类型产业化组织建立起种植业基地17.17万亩，牲畜饲养量69.56万头，禽类饲养量1845万只，水产养殖面积15.33万亩。全市有各级农业龙头企业108家，其中省级农业龙头企业3家，省级扶贫农业龙头企业3家（其中培育对象2家），市级农业龙头企业29家，县镇级79家。各级农业龙头企业拥有固定资产11.74亿元，总产值25.87亿元，占全市农业总产值的22.54%，龙头企业经营利润1.59亿元，出口创汇1795万美元。全市农业产业化经营组织带动农户11.98万户，占全市农户的30.48%，其中龙头企业带动农户9.67万户，户均增收2184元。

【加快科技兴农步伐】 年内，农业科技贡献率46.5%，引进推广农业新品种、新技术500多个（项），立项推广农业科技项目9项，有6项获市农业技术推广奖，其中一等奖2个，二等奖1个，三等奖3个。全市水稻、玉米良种普及率95%以上，花生、蔬菜良种率90%，水果良种率75%。水稻抛秧技术应用面积90%以上，配方施肥、中低产区优质稻及花生增产技术应用面积80%以上，农作物病虫害综合防治技术应用面积近200万亩。由农业局主持完成的“专用型马铃薯高产优质高效综合栽培技术”获得省农业技术推广奖二等奖，该技术通过省科技厅成果鉴定并获准省科技厅科技成果登记；市农科所培育的特优质稻“粳珍占4号”获得省科学技术三等奖。

【提高农业机械化程度】 年内，惠州市政府出台《关于加快农业机械化发展步伐的意见》和《转发市农业局〈关于扶持农业机械化发展的实施办法〉》，促进农业机械化的发展。全市拥有农机总动力90.89万千瓦，同比增长1%；实现农业机械原值5.78亿元，同比增长1.9%；机耕水平达到53%；机收水平达到12%，比上年增加2.4个百分点。全年召开农机现场演示会12场，组织30多家知名农机生产企业参加演示，推广植保机械600台，微耕机20多台，大、中、小型联合收割机36台。

7月，全省水稻生产全过程机械化现场演示会在博罗县石湾镇举行，来自全省20个地级市、50个商品粮基地县和20多家知名农机生产企业等近千人参加了演示会，取得圆满成功。

【农资打假】 年内，组织开展“春耕”、“双夏”等综合性打假行动及农药标签、种子、兽药、饲料、农机、杀鼠剂等专项打假行动74次，出动执法人员2815人（次），印发法律法规及其它宣传资料1.1万份，检查生产经营单位2650间次，取缔无证鼠药摊贩108个，查获涉案农资产品10.8万公斤，货值85万元。全市农业行政执法检查立案206宗，其中市局直接立案20宗，结案19宗，结案率95%。对全市农药经营人员全面开展经营管理法规和相关业务知识培训，参加人员600人。开展以打击“黑车、非驾”为重点的安全整治活动，全市参加田查路检965人（次），纠正违章行驶1346台（次），促进无牌机车上牌86台、无证机手参加培训考核150人。

【加快山区扶贫开发】 中共惠州市委、惠州市政府贯彻落实省委、省政府《关于加快山区发展的决定》，出台《关于加快山区发展的实施意见》和《关于推进区域协调发展的意见》，加大对山区贫困地区的扶持力度。年内，惠东、龙门两个山区县完成公路建设投资9142万元，新建公路164公里；水利设施建设完成投资5900万元，兴建水利项目731宗；造林投入资金2020万元，完成造林面积10.3万亩；旅游设施建设项目完成投资6000万元；招商引资项目92宗，合同投资总额19.7万元；教育基础设施投入3538万元，完成农村中小学危房改造93所。全市招录280名贫困农户子女免费就读技校，培训农村劳动力10843人（次），输出农村富余劳动力16465人。继续在龙门、惠东两个山区县开展“大禹杯”竞赛活动，4个项目投入资金360万元，综合治理农田0.53万亩。开展产业化扶贫和科技扶贫，全市有各类型扶贫农业企业236家，辐射带动农户9万多户，其中贫困户1.4万多户，户均增收1600元；组织农技人员到贫困村开展科技扶贫活动22场（次），发放农技资料1万多份。

【抓好减轻农民负担】 年内，惠州市继续贯彻中央、省有关减轻农民负担的各项方针政策，进行专项整治，取消涉农收费项目9项。没有进行要求农民出钱出物出工的达标升级活动，没有发生向农民乱收费、乱摊派、乱罚款、乱集资现象，没有发生加重农民负担的恶性案件和严重事件。农村电价实现城乡同网同价，统一降至0.73元/千瓦时。全市86个乡镇及其基层站所涉农收费单位、1031个村委会均设立收费公示栏、政务公开栏和财务公开栏，实行涉农收费公示制度。贯彻农村税费改革政策，推进农村税费改革。

【加强农村土地承包经营管理】 惠州市农业部门认真学习、宣传《农村土地承包法》，加强对农户土地承包经营权流转工作的指导，妥善调解和处理土地流转纠纷。年内，全市土地流转总面积22.55万亩，涉及农户5.2万多户。3月，惠州市的农村土地承包管理工作在全省农村经营管理工作会议上作了经验介绍，国家级杂志《农村经营管理》2003年第5期刊登了惠州市的经验材料。6月，省政协委员农村土地流转问题视察团到惠州市视察，充分肯定惠州市加强土地流转管理工作。

【开展农村集体经济审计监督】 健全会计核算制度和会计核算体系，会计账目混乱和会计人员不稳定问题得到初步治理。稳妥推进农村会计委派（选聘）和代理制，年内有34个镇完成此项任务，其它乡镇正在推进中。

建立县、镇级农村集体经济审计机构，依法开展经常性的审计监督。全市已审计单位2027个，审计总金额22.28亿元，其中审出贪污挪用案件9宗，金额37.8万元，已退赔金额27.6万元。农村集体经济审计已从财务审计拓展到农民负担专项审计、干部离任责任审计和重大工程专项审计等领域。

【农业综合开发项目进展顺利】 年内，国家农业综合开发项目县由原来1县增加到3县（区）。农业综合开发项目主要设在惠城区水口、惠阳区平潭和博罗县龙溪、园洲、柏塘等5个镇，改造中低产田2.95万亩，扶持博罗县敬春园食品发展有限公司发展家禽养殖加工。在博罗县的龙华、麻陂、观音阁3镇，建设节水农业示范基地1.6万亩，项目区的良种覆盖率达到95%，农产品商品率达到85%。4个“一乡一品”项目进展顺利，投入扶持资金108万元，扶持659户农户种植各种作物4823亩，通过项目实施带动面上农户625户发展种植2795亩。承担省“改低”示范项目和市农建“改低”点各1个，改造中低产田3100亩。

【加强农副产品残留农药监测】 6月16日，市政府将原属市科技局管理的市生物研究所（市农副产品残留农药监测中心）建制划归市农业局管理，并在此基础上，组建惠州市农产品质量安全监督检测中心。年底，惠州市云山蔬菜批发市场农产品质量安全监测站建成。截至2003年底，全市有市级农残检测机构1个，县级农残检测机构5个，镇级（含生产基地）农残田头检测站18个。年内，市农产品质量安全监督检测中心检测范围扩大到25个农贸市场、商场，基本覆盖了市区范围。同时对郊区市场进行不定期抽检。日均抽检蔬菜样本200个左右，全年检测蔬果样本4.5万个，其中检出残毒超标样品7500个，占样品总数的16.6%，查处高度残毒蔬果个案2400多宗，销毁高残毒蔬果近10万公斤。

【加快农业标准化建设】 年内，经省批准的农业标准化示范区建设项目6个，其中惠州梅菜标准化示范区和龙门年桔标准化示范区已经批准为国家级的农业标准化示范区。制订5个省级农业标准。通过省级无公害农产品认证的生产基地14个，国家级认证的生产基地1个，全市有18家企业的22个农产品获国家和省级无公害农产品认证。惠州市绿色食品有限公司生产的“悠久”牌梅菜获“广东省名牌产品称号”。

【抓好农技推广服务网络建设】 年内，各县（区）、乡镇两级计有种植、畜牧、农机、农经等类农技推广服务机构267个，在编农技推广服务人员1244人。举办农技干部培训班160期，培训7900多人；举办“绿色证书”培训班123期，培训农民3961人，获得证书人数2107人。开展送农科知识下乡活动765场（次），参加咨询人数23万多人（次），发放各种农科技术资料20多万份。超额完成省农业厅下达的“广东省农业信息网”用户直接入网50户的任务，建立基层农业信息服务网点46个，培训农村信息员108人。惠州的农情信息工作排在全省前列。

【基本完成农村税费改革试点】 从2003年下半年开始，惠州市推行农村税费改革，至年底，全市农村新的农业税已全部落实到户，农民平均减负88%，比全省平均减幅74%高出14个百分点。其中，惠城区减幅83%，惠阳区减幅92%，惠东县减幅91%，博罗县减幅84%，龙门县减幅84%，大亚湾区减幅98%。按照实事求是的原则确定全市农户土地计税面积127万亩，核定每亩常年产量为：博罗县和惠东县850斤，惠阳区800斤，惠城区760斤，大亚湾区707斤，龙门县680斤，比1998年前五年的亩产统计数减少1/3。全市在大幅度减轻农民负担的基础上，实现确保镇级机构和村级组织正常运转，确保农村义务教育经费正常需要，确保对“五保户”和优抚对象正常供给的目标。

【建立农村合作医疗制度】 至上半年止，全市86个镇中有46个镇建立起农村合作医疗保障制度，参加农村合作医疗人数近21万人，占全市农业人口的11.7%。筹集农村合作医疗保障资金930万元，通过合作医疗对300位因病住院的农民实施扶助。龙门、博罗两县已建立起县级农村合作医疗救助基金，筹集救助基金105万元。下半年，根据市编委关于将农村合作医疗工作职能划归卫生部门管理的精神，做好移交工作。

【13号台风造成农业重大损失】 13号台风“杜鹃”给惠州市农业生产造成重大破坏和经济损失。据统计，全市农作物受灾面积52.8万亩，其中，水稻10.4万亩，蔬菜15.6万亩，水果及其它经济作物26.9万亩。倒塌牲畜栏舍23.3万平方米，死亡猪、牛3688头，“三鸟”30.2万只。全市农牧业直接经济损失4.4亿元，其中农作物损失4.07亿元，畜牧业损失0.33亿元。

【存在问题】 农业结构仍然不够合理，农产品整体质量、品质和品种还不能适应国内外市场优质化、多样性的社会需求变化，经济效益还比较低，市场竞争力还不够强；农产品加工流通仍然滞后，产业链较短，附加值比较低；农业生产基础设施、技术设施和劳动手段与现代农业发展要求还不相适应；日益增长的大量农村富余劳动力尚未实现产业和地域转移，农民收入增长缓慢的问题仍未得到有效解决。

（周莉娅）

种植业

【推广农业先进技术】 年内，推广水稻抛秧栽培151万亩，占水稻面积的94%，比全省平均高出25%，居全省前列。推广秸杆还田100.5万亩，农作物配方施肥385.6万亩，平衡配方施肥技术推广20万亩，推广薄膜育秧43万亩、旱育秧22万亩。推广中低区花生增产技术32.5万亩、全层施肥10万亩。推广水稻、蔬菜、花生、甘蔗、柑桔、荔枝、龙眼病虫综合防治面积230万亩，农田灭鼠67万亩，化学除草265万亩。

【引进与推广农作物良种】 市农科所选育的水稻新品种泰香占4号在全市常规优质稻区试中，产量名列第一，平均亩产482.8公斤，比对照种粤香占增产6.2%。该所选育的水稻新品种二五占在全市晚造水稻区试中，产量也名列第一。市农科所选育的水稻新品种粤二占、泰四占和野籼占8号参加了早、晚造全省水稻新品种区试，水稻新品种野籼占6号通过了省级审定认证。

新引进良种有：秋优998、丰优丝苗、博优258、华优688、桂农占、丰美占。

推广种植的主要当家品种有：优质杂交水稻“培杂双七”8万亩、“博优998”5万亩、常规优质稻“粤香占”24.8万亩、“粳珍占4号”22万亩、“野籼占6号”15万亩；花生以汕油71、汕油523、粤油79等为主；马铃薯以粤引85-38、金冠、粤引86-2为主；番薯以广薯111、广薯62为主；玉米以穗甜系列和美国超甜新品种等杂交玉米为主；西瓜以新一代黑美人、新红宝为主。

（汤久红）

【开展农科试验】 全年市农技推广中心建立农技推广试验、示范基地（点）20多个，开展试验、示范项目10多项。主要试验示范项目有：“亚洲雨养地区农民直接参与粒用豆类改良计划”（国际合作项目）、“桔小实蝇发生规律及其综防措施研究”、“花生降解地膜栽培”、“水稻一次性控释肥应用技术”等项目的试验示范，取得一定成效。花生降解地膜配套栽培技术示范项目，对比花生传统栽培技术增产20%～30%，平均每亩增收150～200元。桔小实蝇控制示范推广防治面积20.93万亩，综合防治控制面积5250亩，挽回经济损失2000多万元；推广水稻施用一次性控释肥的示范结果，施用该肥，既节省劳力，又可增产5%～10%，平均每亩增收节支40多元。“亚洲雨养地区农民直接参与粒用豆类改良计划”和“桔小实蝇发生规律及其综防措施研究”项目被列入市2004年科技实施项目。

【引进推广优良新品种】 年内引进各种适应性广、抗病性强、高产、稳产的优质、高效新品种进行试种、示范、推广，全市良种覆盖率95%以上。重点试种示范水稻新品种有：培杂泰丰、华航丝苗、胜巴丝苗、绿特占、美香占、黄华占、粤农占、粤新占、矮秀占、丰丝占、丰富占等，并对10多个品种进行了表证试验。

引进和推广的优质花生新品种有粤油7号、粤油35、粤油85、粤油29、珍珠红1号等，其中粤油7号是近年来惠州新引进种植品种中最具丰产性的品种。

引进的水果新品种有枇杷早钟6号、晚钟6号等。

引进的萝卜新品种有白玉春、汉白玉和寒玉等。

优新品种的引进和推广，确保了惠州农业结构调整工作的顺利进行，提高了惠州农产品的质量和市场竞争力，利于农业增效，农民增收。

【实施沃土工程】 全年全市推广秸秆还田100.5万亩，其中稻草覆盖15万亩；推广种植专兼用绿肥占3万亩；推广使用有机肥160.5万吨。

【防治农作物病虫害】 全年全市农作物病、虫、草、鼠、螺发生总面积996.72万亩次（其中早造475.73万亩次），比上年同期增加142.64万亩次，发生程度属中等、局部偏重。防治面积951.8万亩次，比上年增加50.17万亩次，挽回作物损失87476.27吨，实际损失26903.35吨。其中：虫害发生421.29万亩次，比上年上升11.16%；病害发生248.82万亩次，比上年上升38.45%；农田螺害25.1万亩次，防治面积23万亩次；鼠害发生43.2万亩次，比上年减少7.6万亩次，毒鼠面积37万亩次；除草面积258.31万亩次，其中水田化学除草面积147.1万亩，占水稻插植面积97.2%。

【送农业科技下乡】 2003年，市农业技术推广中心组织开展“百场送科技下乡活动”。全年组织农业科技人员800多人次下乡，深入全市各镇、村，举办以栽培、植保、良种、新肥料等为主要内容的农业科技讲座148场，举办农业现场会、农科咨询、农科集市及播放农科录像等63场，展出农科图片3500多幅，推介新品种、新农药、新肥料28个，派发新农药21箱，发放农技资料约6万份，受训农民3.9万人次。科技下乡对普及农业技术，加强农民的科技教育，起到了推动作用。

【农技信息服务】 2003年农业技术推广宣传工作重点抓好《农作物病虫测报》、《惠州农技信息》期刊的编发工作，办好“惠州市农业技术推广信息网站”，通过《惠州日报·农家农事版》专栏，宣传先进农业科技信息。全年发报《农作物病虫测报》资料55期共3400多份，其中，市测报站发报14期共2500多份；编印《惠州农技信息》20期共3430多份。通过网站及时发布农科信息。在《惠州日报》专版刊登农技信息50多篇，在《广东农业》、《广东农业科学》、《惠州调研》等刊物上发表10多篇农业科技论文。2003年市农技中心被省科技厅批准为首批农村科技信息“村村通”工程建设项目承担单位。

【农业干部队伍培训】 2003年市农业干部学校举办农业与农业管理、乡镇企业管理，农业经济管理大专、本科、研究生班干部学历再教育培训，在读干部200多人。举办乡镇主管农业副书记或副乡镇长、农业技术推广站长，初、中级农业技术干部以及农村基层干部培训班15期，受训950多人次。培训内容以农业管理和先进农业技术包括植保、种子、新肥料、农科英语等为主。

【存在主要问题】 农技推广体系亟待健全和完善，农技推广经费不足，设备落后，管理体系较为松散，公益性农业技术推广职能弱化，农技推广手段、方法有待进一步提高。

（蔡剑斌）

林业

【概况】 2003年是惠州林业和生态环境建设实现大跨越的一年。全市林业部门认真学习、贯彻中共中央、国务院《关于加快林业发展的决定》，以发展为主题，以改善生态环境为基础，以富裕农民为根本出发点，以建设高标准的林业生态体系、高水平的森林资源保障体系和高效益的林业产业体系为目标，抓住林业发展的大好机遇，实施重点林业生态工程，强化森林资源管护，深化林业改革，加快机制创新，推进林业产业发展，各项工作取得突破进展，全面高质地完成了全年工作任务。

年内，造林绿化各项工作措施的落实，促进了全市森林资源的快速增长，实现了造林面积和造林株数双超历史记录。截至12月底止，全市完成造林面积25.14万亩（其中，完成荒山造林面积23.75万亩），完成低效林改造面积1.3万亩，中幼林抚育面积11.9万亩，育苗3795万株。参加义务植树166.56万人次，植树624.06万株，占计划500万株的124.81%。建立义务植树基地58个，面积18970亩。

【宜林荒山造林绿化】 2003年是贯彻市委、市政府《关于奋战三年，消灭宜林荒山、提高环境质量的决定》的最后一年。开春后，市林业局采取加强监督、检查等措施，督促各责任单位落实造林绿化；同时要求灭荒工作中，做到“六个结合”，即把消灭荒山造林绿化与林业分类经营结合起来，与林业重点生态工程建设结合起来，与全民义务植树运动结合起来，与绿色通道工程建设结合起来，与群众脱贫奔康结合起来，与培育发展林业龙头企业结合起来。经过全市各级各部门的共同努力，2003年完成荒山造林面积23.75万亩，占全年任务的89.80%。博罗县完成造林7.2万亩，占任务的110.7%。惠阳区造林工作做到早规划、早部署、早行动，提前完成全年任务。白芒、水东陂、油田、梁化林场造林工作扎实，完成任务好，造林质量高。

【调整与界定生态公益林】 从6月开始，全市开展生态公益林调整和界定工作，同时加大对生态公益林建设宣传力度。市、县（区）林业局相继举办生态公益林调整和界定工作培训班，统一技术标准、明确任务。至9月全面完成调整界定。期间，各县（区）林业局，积极组织调查组分赴各镇（场）对生态公益林开展外业界定。调整后，惠州市的生态公益林面积为363万亩。

【抚育管护林木】 3月4日，市委、市政府在惠阳镇隆召开造林绿化、幼林抚育现场办公会议，市四套班子领导及各县（区）政府主管林业工作领导、林业主管部门领导等参加了会议。会上，市委肖志恒书记部署了惠州市2003年造林绿化工作。据此会议精神，惠州市把2003年定为“抚育管护年”，从3月17日至4月17日开展一次全市性的幼林抚育施肥统一行动。为此，市林业局于3月17日专门召开全市幼林抚育施肥现场办公会议，由局技术干部进行抚育施肥示范，统一做法。在首次全市统一施肥行动中，市林业局派出7个督查组，投入300多万元，购买俄罗斯进口复合肥1500吨，组织1200多人，在一个月内，将市区七大出口及全市各主干线两旁42983亩新造林再次施上复合肥料。

【促进非公有制林业发展】 年内，惠州市全力实施非公有制林业建设工程，为非公有制林业发展创造一个宽松环境，促进非公有制林业健康、快速发展。充分尊重经营者的自主权，放手让其发展；深化林地产权制度改革，实行“两权”分离，稳定所有权，放活使用权，为非公有制林业发展提供基本条件；保护经营者的合法权益，使其有充分的安全感。林业政策的调整和比较效益的凸现，吸引了各类投资主体投资发展商品林和原料林基地，促进了惠州市非公有制林业的快速发展。

2003年全市有176户客商到惠州投资造林，投入资金3530万元，造林面积14.4万亩。其中，惠东县非公有制造林发展较快，年内引进客商75户，投资近2000万元，造林5.6万亩；此外，东莞天洋农业投资公司与惠东县林业局、增光、马山等镇签订了营造速生丰产林27万亩的意向书。博罗县民营个体造林100亩以上的有42户，投入资金169万元，造林面积5.629万亩。龙门县也加大了招商引资造林力度，取得显著成效。

【大力发展竹产业】 市委、市政府高度重视林业产业化的发展，把林业产业结构调整作为农业和农村经济结构战略性调整的重要内容；把林业产业的发展作为增加农民收入、优化农村产业结构的重要手段，作为整合资源配置、扩大产业规模、丰富产品种类、加快发展步伐的重要措施。

为发挥山区竹资源优势，大力发展

竹产业，增加农民收入。7月14～18日，市政府组织各县（区）政府主管林业领导、林业局领导及市直有关部门领导30多人前往韶关参观学习，学习后，市林业局制定了惠州竹产业发展规划，决定在龙门、惠东投资200万元建立2个竹子苗圃基地；同时，市林业局与市林科所、象头山林场在象头山林场建立毛竹示范基地800亩；使惠州的林业产业布局逐步得到优化，产业化经营呈现向纵深推进的良好发展态势。龙门、博罗把林特产品加工作为产业发展的重中之重；惠东、惠阳积极推进林木种苗产业。

2003年全市林业产业总产值9.6372亿元，比上年增长2.56%。

【保护森林资源】 进一步落实森林资源管护目标责任制，强化资源保护，加大依法治林力度，切实保护森林资源。各级林业部门贯彻落实《广东省森林采伐管理办法》，加强伐区督查，严格执行森林采伐限额管理制度。2003年，全市森林总消耗量为36.4万立方米，占限额总量50万立方米的73%；林木总生产量为106.9万立方米，审批采伐商品材面积15.45万亩，蓄积19.8万立方米（其中出材9.5万立方米，占2003年木材生产指标16万立方米的59.4%）；采伐毛竹103.2万根，占计划110万根的93.8%。

强化木材经营、加工管理，维护良好的木材流通秩序。

认真做好征占用林地审批手续。一年中上报征占用林地项目77宗，面积3141万亩，收取森林植被恢复费1055.7万元。

继续抓好林地林权登记换发证工作，年底，全市已有80个镇（乡）开展了林地林权登记换发证工作，占全市86个镇（乡）的93%；完成外业核实面积879.5万亩，占林地总面积的82.10%；完成内业输入面积652.1万亩，已换发林权证5391本，面积510万亩，占林地总面积47.6%。

加强山林纠纷调处，11月，由市委办发文，市直12个单位抽人成立了调处山林土地纠纷工作组，各县（区）也成立相应机构，调处纠纷、落实发证，维护社会稳定。年内，处理山林纠纷151宗，面积5.5万亩。

【打击破坏森林资源犯罪活动】 惠州市各级森林公安机关和林业行政执法队伍，推进林区社会治安综合治理，组织“春雷行动”、“绿剑行动”等专项严打斗争。年内，全市查处森林案件389宗，其中刑事案件55宗，林业行政案件284宗，治安案件50宗；依法打击违法犯罪人员495人，其中刑事拘留53人（转捕27人，判刑16人），林业行政处罚317人；治安拘留29人，治安罚款14人，警告和教育82人。收缴木材828立方米，查获野生动物7442条（只），其中包括国家一级保护野生动物9条，国家二级保护动物711只，省重点和“三有”（有益、有重要经济价值、有重要科研价值的动物）保护动物6722只（条），缴获民用枪支17支，为国家挽回经济损失300多万元。市森林公安分局被国家林业局评为全国林业系统严打整治先进单位，被国家林业局森林公安局授予集体二等功一次；汤泉森林派出所所长曾伟平被公安部授予“全国优秀人民警察”称号。

同时，市林业局配合全国防治“非典”，做好宣传，防止疫病在人与野生动物间的相互传染，并于5月28日通告全市立即停止猎捕、收购、出售、运输、进出口野生动物等活动，防止“非典”疫情传播，取得显著成绩。

【加强自然保护区的建设】 年内，将莲花山、白盆珠市级自然保护区合并升格为省级自然保护区，于11月中旬通过省专家组评审。新建县级自然保护区4个，使惠州的自然保护区总数达到26个，面积112.99万亩，占国土面积6.6%。继续抓好象头山、南昆山、罗浮山、古田自然保护区基础设施建设。为加快森林公园建设步伐，开展森林生态旅游，2003年9月，省林业局批准，惠州市建立梁化、汤泉2个省级森林公园，全市森林公园达到4个，面积达到10.75万亩。

【森林防火】 切实加强领导，严格执行森林防火目标责任制，打击与防范相结合，强化火源管理。一是组建专业扑火队伍，推广扑灭林火的先进技术，实现“打早、打小、打了”的目标。在2002年森林防火目标责任制的考核中，惠州市被评为全省第一名。建设生物防火林带，年内营造生物防火林带762.84公里，面积1.31万亩，分别占省下达任务长度741公里、面积1.24万亩的102.9%及105.52%；6月27～28日省人大领导和10月份省政府检查组到惠州市检查生物防火林带时，给予惠州市高度评价。此外，切实抓好惠州市林业系统安全生产工作，加强检查督促，确保安全生产和森林资源的安全。年内，全市无重大森林火灾，无人员伤亡，没有发生任何生产事故。

【检疫防治森林病虫害】 年内，市林业局组织技术人员对松材线虫病进行检疫和普查，严密控制松材线虫病传播和蔓延；同时加大种苗现场检疫和木材及其制品调运现场检疫力度。2003年，惠州市森林病虫害发生面积25.72万亩，实际防治面积17.55万亩（其中防治松材线虫病面积17.25万亩，防治竹蝗0.3万亩），占发生面积（不含两蚧）的80%；完成种苗检疫0.16万亩，检疫率为100%。

【人大议案办理】 西枝江水源林整治 2003年是延长西枝江水源林整治工作的第五年。根据市政府批转的整治方案，市林业局整治重点库区周围及西枝江沿岸的第一重山，采取集中连片造林的方式，选择适应性强、水源涵养能力高的阔叶树进行混交造林。年内，完成整治面积1.58万亩，占整治任务的83.2%，投入整治资金216万元。

红树林建设 年内，惠州市人工种植红树林1400亩，其中，惠东县种植1300亩，大亚湾种植100亩。完成育苗16万株（树种为白骨壤、秋茄、木榄等），外调无瓣海桑12万株，完成种植面积1200亩。

绿色通道工程建设 年内，惠州市各级林业主管部门把绿色通道工程建设作为造林绿化工作的重中之重来抓，狠抓了深汕高速公路、惠澳大道、惠盐高速公路、金龙大道、惠博沿江公路、市区七大出口绿化等绿色通道工程建设，完成抚育施肥面积6.18万亩。

【国有林场管理】 年内，惠州市国营林场重点，抓好资源管理、培育。完成造林面积1.06万亩，其中丰产林6609亩，营造生物防火林带52公里，育苗52.5亩；批准采伐面积9900亩，蓄积量5.68万立方米，生产木材3.18万立方米；生产毛竹17952根。为贯彻、落实中共中央、国务院《关于加快林业发展的决定》，市属国有林场的生态公益林面积已调整到占总面积的60%。此外，市属国营林场内继续深化“劳动、人事、用工”3项制度改革，加强经营管理，搞活经济，确保林区社会治安的稳定。

【林业法制建设】 抓好“四五”普法，加强全市林业普法，分期分批培训执法人员54人，提高队伍的素质；制定《惠州市林业局行政执法考评办法》，对全局16名执法人员进行考评，经市行政执法考评领导小组评审，市林业局2002年度行政执法考评成绩为优秀；加强普法宣传，市“四五”普法办把《森林法》、《野生动物保护法》列入考试内容，增强群众的法律意识。

【林业宣传】 抓好造林灭荒和义务植树宣传。植树节前夕，副市长、市绿委主任林添好发表了题为“与时俱进，把全民义务植树不断推向前进”的电视讲话。惠州日报于3月12日大幅推出绿化宣传版面，宣传消灭宜林荒山、造林绿化的重要意义。同日，市广播电台也反复播出全市造林绿化消息新闻，使全民义务植树深入人心，增强市民的绿化意识。

6月25日，中共中央、国务院颁布了《关于加快林业发展的决定》后，市委、市政府领导召开办公会议，要求全市迅速掀起学习、宣传《决定》热潮，制定加快林业发展的政策措施。9月18日，市委副书记黄仕芳发表电视讲话，号召全市人民为建设山川秀美的惠州努力奋斗。随后，市林业局陈就和局长就贯彻落实《决定》，回答记者提问。9月20日～10月15日，《惠州日报》、惠州电视台、惠州广播电台进行系列宣传。《惠州日报》在头版全文刊登了《决定》，林业局认购4000份，分发到各县（区）林业局、乡镇及市属国有林场等，还将印制《决定》单行本（8000本）发送到各级林业部门及有关单位，赠送有关领导。9月下旬组织各县（区）林业局局长、市属国营林场场长及局机关全体人员学习《决定》，迅速掀起学习《决定》高潮。同时组织人员下乡大力宣传林业，先后在省、市报刊上发表有关林业报道、信息等160多篇，主办《惠州林业》简报22期。

【存在问题】 绿化还有不少空档，个别地方虽绿化起来，但质量标准不高，重造轻管的现象仍然存在；有些县（区）和乡镇对林业重视不够，工作不够落实；无证采伐、无证经营、无证运输、乱砍滥伐林木、违法占用林地的现象还时有发生；部分地方对林业建设的重要性和紧迫性认识不足，措施不到位；思想不够解放，创新意识不强，对惠州的林业改革发展中出现的新情况、新问题缺乏深入的研究和探讨。

（周少亭）

畜 牧 业

【概况】 2003年，惠州市畜牧兽医部门继续贯彻落实中央、省、市农业农村工作会议精神，以调整和优化畜牧业产业结构为主线，促进畜牧业增产增效、农民增收、农村社会稳定，维护人民群众身体健康，推进畜牧业的规模化、产业化和现代化进程。重点抓好畜禽良种繁育、饲料生产、动物防疫和畜产品安全四大工程建设，强化依法制疫，加大兽药、饲料和饲料添加剂的打假力度，确保畜牧业的安全生产和稳定健康发展，使惠州的畜牧业在受“非典”和饲料价格上升的双重因素影响下仍保持了良好的发展势头。2003年全市畜牧业总产值（按现行价）25.20亿元，比上年增长7.33%。

【动物防疫和检疫】 防疫 全市免疫注射牲畜疫苗1059万头次，其中口蹄疫疫苗235万头次，猪瘟疫苗450万头次，其它牲畜疫苗374万头次；免疫注射家禽疫苗9300万只次，其中鸡新城疫疫苗2570万只次，禽流感疫苗1465万只次，其它家禽疫苗5265万只次。由于抓好重点动物疫病的强制免疫，动物主要疫病得到了有效控制。全市生猪、家禽的因病死亡率分别控制在1%和5%以下，均在省要求的控制范围内。

检疫　重点抓好生猪屠宰检疫和产地检疫。全市检疫肉类约20万吨，检疫牲畜238万头、家禽1829万只，检出染疫肉品和不合格肉品约200吨，检出病死畜4420头、病禽2.2万只。其中市兽医卫生防疫检疫站在市肉联厂进行宰前和宰后检疫生猪约25万头，检疫肉牛1312头，检出病死牲畜1189头，剔除非传染病病变组织58.3吨。这些检出的病畜禽和病害品，均按规定进行了无害化处理，防止了病畜禽和染疫肉品进入流通渠道，确保"放心肉"的上市。

【落实动物防疫责任制】　年初，市农业局召开了全市畜牧局长会议，会议要求各县（区）要进一步落实动物防疫责任制，重点抓好重点动物疫病的计划免疫和强制免疫，切实完成动物防疫任务。7月，市政府召开了全市动物防疫工作会议，全面部署2003年的动物防疫工作，要求各县（区）政府将动物防疫任务落实到各镇府、村委和乡镇畜牧兽医站，层层抓落实，并增加经费投入，使重点动物疫病的预防控制更加扎实和有效。据统计，2003年全市市、县两级财政安排动物防疫专项经费310万元，其中动物防疫项目建设配套经费90万元；市财政安排动物防疫专项经费143万元，确保动物防疫的顺利开展。年底，市政府组成考核小组对各县（区）2003年度贯彻落实动物防疫责任制的情况进行考核，考核结果惠城区、博罗县、惠东县和惠阳区为优秀等次，龙门县和大亚湾区为合格等次。

【动物防疫工作受省府表彰】　5月，惠州市动物防疫工作受到省政府通报表彰，市政府和市农业局同时获得广东省动物防疫工作先进集体称号，张志伟、廖志欢、温荫生、黄东宣等4人获得广东省动物防疫先进工作者称号。

【加强畜牧兽医行政执法】　全市开展兽药、饲料打假专项行动27次，出动车辆90多辆次、执法人员350人次，检查企业门店350多家，查获假伪劣饲料348.6公斤、假伪劣兽药143箱35431件（包、盒、瓶），查获假伪劣饲料、兽药货值约20万元，立案查处违法案件33宗，结案33宗，罚款6万多元。依法核发动物防疫合格证4200份，查处动物防疫违法案件176宗，罚款9.7万元，维护了动物和动物产品的生产经营秩序。同时，按照省农业厅的统一部署，开展3次突击检查"瘦肉精"等违禁药物的专项行动，检查饲料、兽药生产经营企业（店）、养殖场和屠宰场200多家，有效预防了畜产品安全事故的发生。

【实施动物强制免疫标识制度】　为加强和规范动物强制免疫，有效地控制重大动物疫病，根据《动物防疫法》和农业部《动物免疫标识管理办法》，惠州市2003年下大力气狠抓动物强制免疫工作，全面实施动物强制免疫标识制度。目前，惠州市动物佩带免疫耳标工作在全市各县（区）全面实施。动物检疫员在实施动物产地检疫时，将免疫标识作为出具检疫合格证明的必要条件之一，严禁没有免疫标识或免疫标识不符合规定的牲畜进入定点屠宰场。市、县两级畜牧兽医行政管理部门、动物防疫监督机构定期和不定期地对动物免疫标识制度的实施情况进行监督检查，使这项制度得到顺利实施。据2003年的动物防疫责任制考核抽查表明，惠州市动物免疫耳标的佩带率和口蹄疫免疫率均达到100%。

【规范种畜禽场管理】　市畜牧兽医部门把种畜禽场管理工作列入2003年畜牧兽医的重点，先后制定《惠州市种畜禽市场专项检查实施方案》、《惠州市整顿和规范种畜禽生产经营秩序专项行动方案》，发至各县（区）和各种畜禽场，着重抓好种畜禽生产经营许可证的发放与管理，种畜禽生产、经营和流通的监督管理，种畜禽合格证、种畜系谱证的使用，加强执法检查、严肃查处无证经营、超范围经营行为等几方面的工作，取得较好成效。全市已办证在册的二级种猪场9个，父母代种禽场1个，正在申报许可证的二级种猪场1个，父母代种禽场2个，一级种猪场2个，原种猪场1个。

【发展畜牧龙头企业】　全市发展省、市级畜牧龙头企业7家，其中唐顺兴家禽养殖加工有限公司和惠东东进农牧有限公司被认定为省级农业龙头企业。形成区域化生产基地7个。全市有年出栏万头以上瘦肉型猪的肉猪场30个，年出栏万只以上肉禽（含鸽）的大型养禽场245个，各类型饲养专业户5320户，分别比上年同期上升25%、9.87%和18.22%。规模场（户）的畜禽出栏量占全市畜禽出栏总量的70%以上。

【加强动物防疫网络和动物防疫队伍建设】　2003年，全市继续组织实施省人大《关于加强动物防疫工作的议案》，抓好县级动物防疫机构实验室和乡镇畜牧兽医站的达标建设，强化队伍培训。全市各级政府投入185万元用于动物防疫网络建设，除大亚湾经济技术开发区外，市、县两级兽医防疫检疫站的实验室建设已基本完成并投入使用。大亚湾区兽医防疫检疫站及21个乡镇畜牧兽医站也在筹建中。全市有170名在职动物防疫人员参加各类型的畜牧兽医专业学历教育，使动物防疫网络的服务能力增强，动物防疫队伍素质进一步提高。

【优化畜禽品种结构】 按照“稳定发展生猪和家禽生产，加快发展草食畜禽，适当发展珍稀动物，突出发展奶类生产”的畜牧业发展思路，引导牧业结构调整、优化。在发展原有的7个区域化畜禽产品生产基地的基础上，引导沿江畜牧业向山区转移，促进全市畜牧业向资源型、生态型方向发展；推广粮食作物—经济作物—饲料作物三元种植模式；推广种植优良牧草品种，增加草食动物的生产比例。推广良种良法和三元杂瘦肉型猪配套系饲养技术，2003年三元杂瘦肉型猪占全市出栏肉猪总量的65%，比上年提高15个百分点；推广三黄胡须鸡、广西黄、来航蛋鸡、狄高鸭、樱桃谷鸭、乌鬃鹅、王鸽、加利福尼亚兔、新西兰兔、黑山羊、荷斯坦奶牛等畜禽优良品种，鸡、鸭、鸽良种率达98%以上。畜禽品种结构进一步优化，畜禽良种率不断提高。

【存在问题】 畜牧业的品种改良和科技推广试验经费缺乏，影响畜牧业科技推广工作的开展，制约全市畜牧业的科技升级和现代化进程；畜产品市场价格波动大，影响了畜牧业的发展；动物疫情复杂，畜牧业生产成本增加；县、镇两级动物防疫机构的人员经费还未能按规定纳入县级财政预算，影响动物防疫队伍整体素质的提高和动物防疫的开展；有些县的动物防疫专项经费安排还比较少，无法保证动物防疫的需要；市、县两级饲料和畜产品安全监测体系仍未建立，畜产品安全存在隐患。

（李惠华）

水利建设

【概况】 2003年，惠州市水利建设按照人水和谐相处理念，发展水利工作新思路，以剑潭水利枢纽工程、小型水库除险加固工程、城乡水利防灾减灾工程、市区防洪排涝整治工程及三防指挥调度中心大楼建设工程等“五大工程”为重点；坚持以人为本，严抓“三防”工作；克服“非典”和0313号强台风所带来的不利影响，推进水利现代化建设。至年底，全市投入水利建设资金25102万元，完成土石方727.8万立方米，劳动积累工878万工日，维修加固江堤35公里，海堤0.4公里，维修渠道1590公里；提前完成小型水库除险加固工程8宗，治理水土流失面积20.70平方公里，恢复灌溉面积3.70千公顷，新增小水电装机8.30兆瓦，完成发电5.20亿千瓦时，改善灌溉面积5.83千公顷，改善治洪面积1.30千公顷，改善治涝面积1.82千公顷。

存在问题主要是：水利建设资金投入力度严重不足，特别是县（区）及乡镇配套资金不到位；水利规费的征收力度仍有欠缺，主要是大企业欠缴堤防费问题比较突出；一些基层水管单位体制仍未理顺，人员工资福利、办公经费没有保障，影响工程有效管理和充分发挥效益，存在非工程性的“安全隐患”。

【防御台风“杜鹃”袭击】 9月2日，0313号台风“杜鹃”在惠东县港口镇登陆，正面袭击惠州。该台风是1979年后，近24年来登陆珠江口附近最大的台风，在台风登陆的惠东县沿海地区平均风力超过12级（风速达40米/秒，阵风55米/秒）。该台风强度大、范围广、移速快、破坏力强，有两个风眼，在全省境内3次登陆，是名副其实的“怪风”。面对这一历史罕见的台风，惠州市各级领导高度重视、靠前指挥；三防、水利部门严密部署、严阵以待。9月1日晚23时，正在广州开会的市委书记柳锦州、代市长黄业斌、副书记黄仕芳等市领导在得知情况后，连夜赶回惠州，组织召开三防指挥部领导成员参加的防台风紧急会议，对全市防台风工作进行了统一部署。9月2日，市领导又分别率6个工作组赴各县（区）靠前指挥防台工作。由于充分贯彻“以人为本，确保安全”的指导思想，措施到位、指挥得力，最大限度地减少了台风造成的损失。台风中有全市各县（区）72万人受灾，倒塌房屋2945间，死亡9人，重伤8人，直接经济损失达4.91亿元，其中：农业牧渔业直接经济损失2.23亿元，工业直接经济损失0.99亿元，水利直接经济损失0.24亿元。9月3～4日，副省长李容根率省民政厅、农业厅、水利厅、交通厅等部门有关负责人组成的工作组到惠州察看遭受13号台风袭击情况，指导救灾复产工作；9月6～7日珠江水利委员会副主任陈泽健为组长的国家防汛抗旱总指挥部工作组来惠州察看灾情和了解救灾复产情况。

【宣传水法规】 3月22日是第十一届“世界水日”，22～28日是第十六届“中国水周”。全市水利部门，通过张挂水法规宣传标语、制作新水法宣传挂图、出动巡回宣传车等形式，重点宣传新《水法》及《广东省水资源管理条例》；林添好副市长就世界水日宣传活动及惠州治水新思路回答了记者的提问，内容在《惠州日报》上刊登；通过电视台播发宣传标语120次，在报纸上发表宣传文章4篇，张挂大小宣传标语2300多条及大幅新水法宣传挂图50幅。

【水利规费征收有所增加】 2003年，

市水利部门克服“非典”带来的不利影响，继续征管水利规费，全年征收市区堤围防护费2010万元，比上年增加392万元，增长约25%。全市征收水资源费、水土保持补偿费、河道占用费等3项水利规费633万元，比上一年度有所增加。但河道采砂管理费由于采用公开招投标后中标人拒交，未能收到。

【剑潭水利枢纽工程立项】 全市“八大民心工程”之一的东江剑潭水利枢纽工程于1月10日获省正式批准立项。该工程是一宗以改善水环境、发电为主，兼顾航运、供水、灌溉等综合利用的水利枢纽工程，总投资8.8亿元，其中在社会效益工程部分的投资方面省给予30%的补助，总补贴额约1.2亿元。年内，通过两次严格规范的业主招标程序，确定了项目候选业主并完成了初步设计工作。

【启动小型水库除险加固工程】 2003年，市水利局在完成省人大首批小型水库除险加固议案的基础上，对省人大第二批小型水库除险加固工程议案开始勘测、设计等。至年底，省水利厅批准下达任务54宗，工程总投资4163万元，争取到省补助资金2312万元，占总投资的55.5%。为保障小型水库议案工程各级配套资金及时足额、筹措到位，市政府出台了《惠州市实施省人大继续解决小型水库安全隐患问题议案筹集办法》，并制订了《惠州市实施省人大继续解决小型水库安全隐患问题议案工程建设管理办法》，为惠州市今后5年顺利、高质量地完成小型水库议案工程任务奠定了基础。

【水利防灾减灾民心工程开工】 该工程是省委、省政府确定的“十大民心工程”之一，要求用3至5年完成城市防洪工程建设，用5至8年时间完成江海堤围和大中型水库除险加固达标建设。全市经省确认的城乡水利防灾减灾工程建设项目15宗。其中市直2宗（惠州大堤南堤、北堤加固达标），博罗县4宗（县城防洪堤、显岗水库、黄山洞水库、梅树下水库加固达标），惠东县2宗（县城防洪工程、蟹洲海堤加固达标），惠阳区3宗（城市防洪工程、沙田水库、鸡心石水库加固达标），惠城区3宗（角洞水库、伯公坳水库、黄沙水库加固达标），龙门县1宗（县城防洪工程）。15宗工程总投资15.6亿元。其中已开工的工程有：惠州大堤南堤加固工程、惠东县县城防洪工程、蟹洲海堤加固工程、惠城区角洞水库工程等4宗。

为切实加强对这项工作的领导，全市成立了以代市长黄业斌为组长，市委副书记黄仕芳、副市长林添好为副组长，市水利局、财政局、国土资源局等有关部门主要领导为成员的惠州市城乡水利防灾减灾工程建设领导小组。11月18日，举行全市城乡水利防灾减灾工程建设动员大会暨惠州大堤(南堤)第三期加固工程开工仪式，并与5个县（区）分别签订了工程建设目标责任书，落实各项工程目标任务，使全市城乡水利防灾减灾工程建设工作顺利开展。

【整治马过渡河】 2月28日，全市开始整治马过渡河，整治河道堤总长4.097公里，工程总投资预算1588.33万元。至年底，已完成工程的主体部分。该工程完工后，将大大缓解仲恺高新技术产业开发区及惠环、陈江两镇的内涝压力。

【三防指挥调度中心大楼奠基】 该工程是提高全市三防指挥调度能力，改善市水利局、市三防办、市水文分局办公落后面貌的一项重要工程。在市委市政府和省水利厅的关心和支持下，该项目的用地、建设资金等问题均已得到落实，并已获准立项。12月22日举行了隆重的大楼奠基仪式。

李容根副省长（前排右三）视察惠州大堤加固三期工程　（市水利局供）

【惠州大堤加固第三期工程开工】 11月18日，惠州大堤（南堤）第三期加固工程正式开工。该工程总长11.92公里，总投资1.3亿元。其中第一标段为渡口所至下角糖厂堤段加高加固，长1

公里，投资预算为2357.55万元；第二标段为五眼桥排涝站建设，装机1200千瓦，投资预算为1976万元。主体工程预计在2005年底基本完成。

【治理东江沿岸水土流失】 2003年，全市继续实施惠州市人大东江水资源保护议案，治理水土流失面积20平方公里，完成投资544万元，其中市投资136万元，县及乡镇自筹408万元。

（黄秋鸿　韦彦华）

【白盆珠水库工程管理局概况】 2003年，惠州市白盆珠水库工程管理局以工程安全、发供电安全为总任务，统揽全局，以发展为主题，以效益为中心，围绕建章立制、打基础，“以人为本”抓管理的工作思路，完成年初提出的各项任务。呈现出“工作有成效、经营有效益、局风有好转”的良好局面。全年总发电量8050万千瓦时。

实现安全生产无事故　管理局把安全生产放在首位，坚持“安全第一，预防为主”的方针，安全教育常抓不懈，安全意识深入人心。通过层层分解，把安全措施和安全责任制落实到生产现场和具体人员，健全整个安全生产网络。坚持把事故消除在萌芽状态之中。设备完好率达99%，机组连续安全运行1262天。安全生产实现全年无考核事故。

减少发电耗水　管理局根据每月、每季度的降雨量和库水位情况，科学合理地编排用水发电计划，科学调度，充分利用水资源，提高经济效益。2003年库区总来水量10.6亿立方米，库区平均降雨量2094.0毫米。发电每千瓦时平均耗水11.5立方米。由于采取了科学调度，发电耗水率比多年平均耗水率下降了1.1%，即每发1千瓦时电量减少耗水0.13立方米。一年总计减少耗水1040万立方米，折合可增加发电90万千瓦时，产生经济效益35万元。

多种经营产业扩大　管理局围绕“发展是第一要务”的思路，转变传统单一的发电生产模式，开拓第三产业，充分利用自身的水、电、土地、技术设备等优势，寻找新的经济增长点。新引进3家厂商，空置的房地产得到充分利用，多种经营产业进一步扩大。全年多种经营总收入625万元，为缓解全局经济紧张状况作出贡献。

改善居住办公条件　着力调整住房结构，解决职工住房条件差的问题，职工告别了住瓦房的时代。办公楼前建设了一个6000平方米的休闲广场和一栋2200平方米的综合楼，使职工娱乐有去处，活动有场所。

但是也存在水库管理工作的运行机制与社会的发展步伐不相适应，经济总量不足，收支不平衡的矛盾越来越突出；管理工作中，人浮于事，有岗无事、出勤不出力的现象仍然严重。

（赖林森）

渔　业

【概况】 2003年惠州的水产品总产量157136吨，比2002年增0.06%，其中：海洋捕捞30473吨，增长0.15%，海水养殖55711吨，增长0.22%；淡水捕捞1230吨，下降0.24%，淡水养殖69758吨，下降0.03%。水产品总产值198871万元，下降0.09%。其中：海洋捕捞38556万元，下降0.02%，海水养殖85160万元，增0.56%；淡水捕捞945万元，下降0.39%，淡水养殖65380万元，下降0.30%。

2003年全市养殖面积35385公顷，比上年增加665公顷，其中：海水养殖面积12481公顷，增加936公顷；淡水养殖面积22904公顷，减少271公顷。

高位池养虾、工厂化养鲍以及甲鱼养殖等高档次养殖业继续发展。现有养虾场25个、面积3500亩，平均亩产1200公斤；养鲍场14个、7.8万立方米水体、产量480吨，育苗3500万粒、产值7300万元。

贝类浅海增殖护养迅速发展，面积扩大，单产提高。护养面积7.9万亩、产量8000吨、产值3200万元，比2002年面积增加1.3万亩、产量上升64.4%、产值增长一倍。拖围作业主要渔获品种变化大。优质鱼占的比例大幅度下降，低值鱼增加，生产增产减收。

【核发水域滩涂养殖证】 2003年，全市新发证713本，面积12.1万亩，累计核发养殖证2013本，面积24.3万亩，发证率55.0%。还完成了养殖证基础数据的整理和电脑录入，实现水域滩涂养殖证发放与全国同步进行数据化管理。

【核定水产种苗场】 年内全市通过年审，核定种苗场121家，淘汰不符合生产条件的种苗场42家。

【办理渔业捕捞许可证】 2003年，渔业捕捞行政许可职能由渔政部门移交渔业行政管理部门。全年办理流动渔民捕捞许可证24本；办理专项捕捞许可证50本。

【无公害水产品基地认证】 博罗鹰氏实业公司1000亩甲鱼场已被省海洋与渔业局认定为水产品无公害基地，并颁发证书。

【开展水产养殖先进技术示范】 年内全市各县（区）有14个示范点（片），面积9815亩，其中淡水养殖示范面积7010亩，总产量4821吨，总产值3397

万元，辐射带动面积4万亩；海水养殖示范面积2805亩，总产量1298吨，总产值1672万元，辐射带动面积2万亩，示范效果十分显著。

为了推动示范活动向纵深发展，各级水产科技人员经常深入示范点指导养殖户抓好生产，有针对性开展技术咨询和举办技术培训班，努力提高养殖户的技术水平，并将这些先进实用养殖技术向周边地区辐射推广。

【水产技术机构成立】 2003年，在上年惠州市各县（区）已成立水产技术推广体系改革的基础上，惠州市水产技术推广站报请市政府和省海洋与渔业局审批同意，在惠州市建立广东省区域性水产技术推广（惠州）中心。

为加强水产品质量管理，惠州启动水生动物检疫工作。于8月成立惠州市水生动物防疫检疫站。惠东县水生动物防疫检疫站也经县编委批准设立。

【水产科技人员培训与考核】 惠州市渔业主管部门组织科技人员开展科普下乡活动，2003年全市举办水产技术培训班和专题讲座27期，3200人次参加培训和讲座，发放资料2.3万份。

10月省渔业职业技能鉴定总站来惠州市举办首期淡水苗种繁育工（中级）职业技能培训鉴定（惠州）班，对从事淡水苗种繁育和培育人员近30人进行培训和考核，合格人员将由农业部职业技能鉴定指导中心统一发给职业资格证书。本次培训标志着惠州市渔业就业准入制度开始起步实施。

【水产科研取得进展】 2003年惠州市水产科学技术研究所进行制改革，准备将其改造成为广东省非营利性科研机构。为此，市水科所完善各项规章管理制度，制定了“科技体制改革实施方案”和“非营利性科研机构章程”，报省、市有关部门审批。

为提高科研水平，研究所新申报了8个科研项目，其中4项已落实：广东省科技厅重大专项种子种苗工程项目——“罗非鱼种质改良及产业化技术研究”；广东省财政厅项目——“惠州市名贵淡水鱼育苗基地”；广东省良种培育和引进项目——“淡水黑鲷引进及养殖技术推广”；市科技局农业攻关项目——“罗非鱼无公害养殖技术研究与推广”。

水科所还加强与省内外高等院校及科研部门之间的横向联系与合作，与中山大学、湛江海洋大学、华南师范大学、水科院南海水产研究所、大亚湾水产试验中心建立长期合作伙伴关系。全年共生产优质奥尼罗非鱼苗1150万尾、鲫鱼苗260万尾。选育出尼罗罗非鱼和奥利亚罗非鱼后备亲种13000尾，鲫鱼后备亲种2500尾，兴国红鲤后备亲种700尾。共销售奥尼罗非鱼苗880多万尾、鲫鱼176万尾、丰鲤12万尾，实现销售收入105万元。

【强化渔船安全管理】 2003年初，惠州市连续发生两起渔船海损海难事故，渔民生命财产遭受重大损失。为确保安全生产，渔政部门严把渔船进出港签证关，加强安全质量检验，查处“三无”渔船，制止渔船非法载客。各地区还成立了渔船渔港防台风防火指挥机构和应急分队，落实安全生产责任制。强制渔船按规定配齐消防、救生、航行信号灯等设备。年内，先后组织了3次联合执法行动，检查渔船1600多艘，查处违规船127艘。

至11月底，全市渔民还办理人身平安保险4435份，投保金额27.5万元，办理船保2艘。

【维护渔业生产秩序】 打击非法捕捞活动。至11月底，全市渔政船共出航814天，快艇出航1952小时，检查渔船3787艘（次），查获违规渔船1609艘（次），总罚没款241万元（其中支队91.7万元），没收电网、电线、电鱼机、鱼炮、炸鱼工具等一批。

清理取缔沙滩船厂和“三无”渔船，全市共清理取缔7家沙滩船厂，销毁“三无”渔船10艘。

加强渔港管理。维护和完善渔业航标，全市5个渔业航标全部通过省级认可，完成部分渔港港章的修订。清理整顿渔港港区水上加油船，制定海上加油船布点规划。

开展伏季休渔。上年全市休渔渔船245艘，其中本港渔船98艘，港澳流动渔船147艘。

开展渔业生产资料打假，重点查处假冒鱼药、鱼饲料、鱼苗、鱼具等。

组织开展打击渔船走私专项行动，配合海关、边防部门开展海上反走私工作。

【渔船管理费征收】 截至11月底，全市完成渔船签证率71.78%，征收资源费85万元，渔港费73万元，无线电管理费2万元，渔船检验费35万元。

【实施渔船到期报废登记】 对到期报废的371艘渔船进行分类和造册登记，对全市54艘（60匹以上）报废渔船实施延期报废检验，签发《渔业船舶技术状况检验报告》。

【加强内河渔船管理】 市渔政部门把全市现有的201艘内河渔船纳入规范化管理。至11月底，为1527艘渔船换发新证，换证率100%。还开展渔业船员培训工作，举办培训班5期，培训渔业船员166人，其中职务船员培训50人，“四小证”培训36人，审换证培训80人。

【核查流动港澳渔船】 2003年5～6月，惠州市港澳流动渔民办公室对全市入会的流动渔船进行全面核查、登记、造册。至年底，全市有入会流动渔船248艘，持作业证渔工235人，总马力127650匹。

【建造人工鱼礁】 按照《惠州市人工鱼礁建设规划》，从2002年至2011年，惠州市将建设6座生态公益型和准生态公益型人工鱼礁，4座开放型人工鱼礁。2003年上半年，按计划率先在全省完成了2002年度3.2万立方米人工鱼礁的建造与投放任务。2003年12月，开始建造2003年度人工鱼礁。

【保护水生野生动物】 为强化管理，规范水生野生动物驯养繁殖和经营利用行为，2003年惠州市渔业行政管理部门对全市的驯养繁殖及经营利用单位进行重新登记发证。共审核换发驯养繁殖许可证45份，经营许可证60份。多次组织联合执法行动，查获国家、省重点水生野生保护动物一批。

【人工增殖放流鱼虾贝苗】 2003年惠州市渔业部门放流海水鱼苗22万尾，对虾苗1200万尾，淡水鱼苗400万尾。在大亚湾海域投放贝苗175吨。

【开展海洋渔业资源环境监测】 6月，惠州市海洋与渔业局与国家海洋局南海分局签订了《共建惠州市海洋与渔业环境监测站协议书》，由南海分局提供监测仪器设备和技术支持。目前，市监测站已完成惠州海域海洋环境质量管理趋势监测点的布设确定工作，在大亚湾海域设5个监测点。开展海洋渔业资源动态监测，每月按时收集监测船的监测数据以及产量数据汇总上报，并开展休渔期间资源监测。配合省监测中心做好大亚湾海域海洋环境质量趋势性监测，对大亚湾的水质、沉积物、底栖生物、浮游动植物和海洋生物质量进行布点采样监测。联合有关科研机构对“赤潮”发生区海域连续进行跟踪检测监控，并及时通知养殖户采取相应措施，使“赤潮”造成的损失减少到最低限度。

2003年大亚湾水产资源自然保护区管理处建立，开始进行保护区内资源环境的监测和跟踪工作和本底调查的前期工作。

（陶荣军）

工　业

责任编辑：钟考祥

综　述

【工业行业快速发展】 2003年，惠州市围绕建设现代石化数码名城的工作目标，克服“非典”带来的困难，支持企业开发具有自主知识产权的技术和产品，扶持中小企业发展，提高企业竞争力。做好“广东省工业技术进步成果展”惠州展团的布展和参展，取得成功，获得“广东省工业技术进步成果展”的“优秀组织奖”和“优秀布展奖”。组织企业申报省优秀质量管理单位，有12个QC小组和2家企业被评为省优秀，其中惠州市电信分公司网络监控中心QC小组荣获“广东省南粤之星优秀质量管理小组”和“全国质量信得过班组”称号。

工业生产快速增长。全年完成工业总产值1349.97亿元，比上年增长（下同）16.7%；工业增加值312.02亿元，增长13.6%；规模以上工业完成增加值215.39亿元，增长16.8%。其中，国有及国有控股企业增加值增长15.7%；外商及港澳台投资企业增加值增长20%；民营企业增加值增长13%。

电子工业支柱地位增强。全年电子工业完成产值720.75亿元，增长21.4%。全年生产移动电话机803.6万部、彩色电视机726.8万部、收音机300.2万部、电子元件80亿只、微型电子计算机55.2部，分别增长53.8%、66.1%、24%、20.7%和54.7%。

五大集团全年完成产值478元，增长23.1%，占全市工业总产值的35.4%；TCL、德赛、华阳、LG等4家企业入选广东工业50强，其中TCL集团实现销售收入393亿元，成为广东最大的工业制造企业；支持全市电子信息企业申报全国电子百强，经评选，TCL集团排第4位，德赛集团排第21位，侨兴集团排第36位。

全年全市用电量达74.67亿千瓦时，增长22.8%；工业用电量49.17亿千瓦时，增长26.9%.

【加强企业技术改造】 年内，惠州市贯彻落实国家和省的鼓励政策，组织全市企业申报国家和省的重点技改计划。全市申报省重点技术改造项目60项，总投资约14.65亿元。有10个项目被列入省技改导向计划，并得到中央和省财政贴息资金2130万元。其中，德赛集团的LED显示屏技改项目被列入国债重点技改项目，得到1200万元贴息支持。另外，申报2003年全省中小企业技术改造项目26个，总投资3.77亿元，其中16项列入省中小企业技改导向计划，有7个项目得到省财政共计540万元的支持。加强跟踪监管重点技改项目，建立项目定期报告制度，保证重点项目顺利实施，使之尽快发挥效益。年内TCL集团和德赛集团的5个省级以上重点技改项目通过竣工验收。全年新上及在建工业项目274个，总投资达107亿元。

【完善企业技术创新体系】 年内，惠州市充分发挥市企业技术创新服务中心为企业提供技术、咨询、培训服务的作用，增强全市企业的科技创新能力和核心竞争力。全市年内申报省技术创新项目42个，总投资9亿多元，其中有23个项目被列入省计划，12个项目获省财政600万元的支持。大力支持企业建立技术中心，继TCL集团、德赛集团的企业技术中心成为国家级企业技术中心之后，华阳集团企业技术中心又被认定为省级企业技术中心。全市新认定高新技术企业21家，获省科技进步特等奖、一等奖各1项。全市高新技术产品产值472亿元，增长30.4%，占全市工业总产值的35%。

【推动工业产业结构调整】 年内，组织制订《惠州市（2005~2010年）工业产业发展规划纲要》，邀请华南理工大学专家组，调研全市产业结构，提出《提升惠州产业竞争力》的研究报告，以规划全市工业发展远景。实施产业结构调整，清理整顿汽车（摩托车）行业，检查淘汰一次性发泡塑料餐具，验收关闭“小水泥、小钢铁”工作。协调服务中海壳牌石化项目建设，调研全市汽车工业发展情况，提出发展汽车工业意见和建议。协助龙门引进台湾环球水泥项目，支持博罗罗浮山水泥有限公司100万吨、博罗固力水泥有限公司 100 万吨、惠阳双新水泥厂60万吨旋窑水泥粉磨项目上马。把电子信息产业作为支柱产业来培育。

【加强行业管理】 年内，做好电子、建材、医药等行业的统计分析，拟订行业发展规划，制订具体政策措施。按照《惠州市工商领域行业协会管理暂行办法》，规范行业协会管理和运作。组建建材行业协会、肉类协会，重组电力行业协会、电子行业协会，筹备酒类协会。

【保障电力正常供应】 惠州市经贸根据2003年的供电形势，迅速采取措施，成立专门的电网建设协调机构，建议政府建立惠州市电网建设会议制度，牵头协调解决惠汕Ⅱ回、东惠Ⅱ回、惠横输变电项目等省电网重点工程施工受阻问题，保证全省重点电网工程和西电东送配套电网的按进度施工投产。先后组织召开两次全市迎峰度夏保障电力供应工作会议，向省争取增加惠州市的省统调电力负荷指标，并组织供电部门制定和实施涉及200多条线路、600多家工业企业错峰10万千瓦用电方案、电价浮动方案、拉闸限电及顶峰发电方案。由于措施得力，全市在全省14个市出现强制限电的情况下，仍然未因供应问题出现拉闸限电现象，实现安全度夏供电的目标。

市经贸局根据全市实际和省电源布局，制订《惠州市十.五、十一.五电源规划意见》，并上报省纳入《广东省珠江三角洲地区小火电技术改造规划》。引进深能源集团和惠州电力集团公司在数码工业园南区合作建设以大代小天然气燃机技改项目，总装机2×18万千瓦，总投资12亿元。项目已通过可行性研究报告评审。

【存在问题】 工业产业结构调整力度不够大，公司制改制面仍然偏低，国有劣势企业退市难的问题还没有得到有效解决，行业管理还有待加强。

（陈伟民 林乾森）

电子工业

【概况】 惠州市电子工业经过20年的发展，形成以大集团为龙头，大小配套、合作企业为支干的庞大电子工业产业链体系。惠州已发展成为国内乃至全球的电话机、彩电、手机、激光头、机芯、印刷线路板、电池等重要生产基地。惠州是全国最大的电话机生产基地，其中TCL电话机销售连续12年全国排名第一，TCL集团公司又是全国最大的彩电、手机生产基地之一；惠州是全球激光头生产基地，惠州索尼公司累计生产激光头 2 亿只，占全球产量40%；惠州LG是全球最大的内存储器生产厂家，产量占全球22%，惠州德赛是全国乃至全亚洲最大的LED彩显生产厂家，华阳是全国最大的机芯生产厂家，惠州华通（电脑）、瑞花电路、科惠、华锋等多家电路板企业入选中国电子电路排行榜。

在惠州投资的电子企业年内不断增资扩产，LG、索尼等外国公司在惠州生产的光头、光驱等产品占世界市场40%以上，惠州电子企业在向世界级制造工厂目标迈进。

2003年，全市电子企业累计完成工业总产值721亿元，比上年增长（下同）21.4%；完成电子工业销售产值518亿元，增长18.57%；完成出口交货值457亿元，增长24%；全行业增速高于全市工业整体水平8个百分点。

2003年惠州市主要电子产品产销统计表

产品名称	单位	生产		销售		出口	
		数量	比2002年增长%	数量	比2002年增长%	数量	比2002年增长%
手机	万部	983	51	979	56		
电话机	万部	2988	-3	2988	-3	350	33.8
彩电	万部	1231	49	1177	40	410	162
组合音响	万部	1220	-13	1221	33	560	30
激光视盘机	万部	362	12	220	25	186	588
电子元器件	亿只	80	19	79.1	24.8		

（续上表）

产品名称	单位	生产		销售		出口	
		数量	比2002年增长%	数量	比2002年增长%	数量	比2002年增长%
电池（折一号）	亿只	24	100	10	12		
手机电池	万只	2355	36	2232	34		
照相机	万台	316	-27	317	-27		
LED彩显	平方米	2784	-18	2784	-18		
微型计算机	万台	157	138	157	324		

说明：本表数据包括惠州市在外地投资控股企业电子产品产销数量。

【电子集团销售收入大幅增长】 年内，TCL集团通过吸收合并通讯股份，整体上市，首创国内集团公司上市融资新模式。大大提升全市电子企业国际竞争力。TCL集团累计完成销售收入393亿元，增长23%。德赛集团通过改制，实现销售收入78亿元，增长24%。华阳集团通过股权转让，让经营者骨干持股，极大调动员工积极性，推动企业快速发展，累计完成销售收入60亿元，增长15%。该集团坚持走自主发展之路，加大研发力度，产品迅速打入国际市场，其下属华阳多媒体公司实现产值16亿元，增长241%；侨兴集团实现销售收入69亿元，增长115%。麦科特光电股份有限公司通过资产重组，注入资金，在原生产光机电产品的基础上生产手机摄像头等高新产品，扭转亏损局面。

【TCL与汤姆逊公司合并重组】 年内，TCL与国际知名企业法国“汤姆逊”公司强强联合，组成全球最大的彩电生产、销售公司，该公司将形成1800万台彩电年销量，约占全球彩电市场份额的10%。TCL与“汤姆逊”合并重组，将惠州市电子企业带入一个新的增长时代，惠州电子企业在国际化战略上迈出重要一步。

【彩电出口创记录】 年内，全市彩电出口量高达410万台，增长162%，创惠州市彩电出口历史最好水平。尽管5月中国彩电企业受美国有关公司的反倾销起诉，但惠州市彩电出口企业沉着应对，全年彩电出口总数占全省出口总数的41%以上，在广东彩电出口企业中排名第一。

【加强电子信息企业核心技术研发】 年内，全市电子信息企业加强研发，提升企业核心竞争力。在建立起2家国家级工程开发中心和1家省级工程开发中心的基础上，又增添“（侨兴）广东省移动通信终端工程技术研究开发中心”、“（科惠）广东省印刷电路工程技术研究开发中心”两个省级工程技术研究开发中心及“英特尔—TCL3C联合实验室”。全市形成规模的企业研发机构30多家，被认定为国家级高新技术企业5家、省级高新技术企业89家，被省、市认定的民营科技企业75家，国家、省、市组建的工程研究开发中心16家，形成比较完备的科技创新体系。TCL集团年内投入资金近12亿元，开发科技项目70多项。其研究开发的背投电视和等离子显示器（PDP）项目通过信息产业部的项目验收，成为全球第七家、中国第一家掌握PDP显示驱动与控制技术的企业。该集团研发的TCL2系列手机获“省科技创新一等奖”，TCL1388手机也获“中国专利优秀奖”，TCLCDMA20001X终端（手机）核心技术通过省级鉴定。这标志惠州在移动通信核心技术方面走在全国前列。

【创名牌效果明显】 年内，全市有中国驰名商标1个，中国名牌产品4个，省级名牌产品2个，省级著名商标2个，免检产品7个。其中TCL集团同时拥有3个省级以上名牌产品，成为全省获此荣誉产品最多的企业。2003年广东工业企业50强中，惠州电子企业占4家；2003年全国电子百强惠州企业占3强；2003年TCL品牌价值267亿元，在国内所有品牌中位列第六。

（张杏强　叶朝阳）

电力工业

【概况】 2003年，惠州供电分公司认真落实年初制定的工作任务，加快电网建设，保障安全供电，开拓电力市场，加强企业管理，推进精神文明建设，圆满完成各项工作任务。

公司贯彻上级安全工作指示精神，进行一系列安全生产教育和专项整治活动，落实安全生产责任制，健全安全工作网络，完善安全生产制度，按时召开安委会和安全生产例会，举办“劳动保护及防止人身伤亡事故知识”和消防知识讲座，组织安全管理人员参加《安全生产法》和《广东省安全生产条例》培训班，开展“全国安全生产月”宣传活动和人身安全问卷调查。组织春节、迎峰度夏、国庆安全大检查和《电网工程建设标识和安全文明施工规范》执行情况检查，开展人身安全、专项整治、安评整改和自查活动，并邀请省电力行业专家进行“安评”复查和指导。与市公安局、工商局等部门联合开展保护电力设施专项活动，全面清理废旧金属收购市场。加强设备巡视检查、反事故演习和故障抢修，及时发现惠州站2号主变、惠核线等设备线路缺陷并跟踪处理，提前做好迎峰度夏保供电各项准备，完成惠州第二届国际数码节、抗击非典、高考、两会和党代会等重大活动期间的保供电任务，做好防御“0313”号台风工作，组织抢修受损线路，及时恢复供电。企业安全生产局面稳定，完成安全生产3个100天。

全年完成本企业供电量70.1亿千瓦时，比上年增长（下同）23.39%，完成年计划的109%。其中购省网电59.48亿千瓦时，增长28.62%，购地方电10.62亿千瓦时，增长0.52%。售电平均单价540.32元/千千瓦时，销售收入34.45亿元。线损率实际完成7.77%，当年电费回收率100%，供电可靠率99.969%，电压合格率99.32%，完成3个100天安全生产纪录。利润比省公司下达计划减亏7405万元。

【电网建设快速发展】 全年投入电网建设资金10.95亿元，新增110千伏及以上主变容量199万千伏安，比上年增长31.58%，输电线路270公里。500千伏惠州至汕头二回、东莞至惠州二回、鹅城至横沥输电线路工程，500千伏惠州站3号主变扩建工程是省2003年电网建设的重点工程，惠州供电分公司争取政府重视支持，克服困难，千方百计加快建设进度，提前投产。建成投产的项目还有220千伏风田、九潭输变电工程，110千伏福田、白花、铁场、横沙、惠台、埔田、城东输变电工程和稔山、永湖、沙田站2号主变扩建工程，以及110千伏镇隆至沥林、镇隆至约场输电线路工程。在建的各项工程正在按计划进行。500千伏博罗输变电工程和220千伏金源输变电工程都已开工建设，110千伏澄海、潼湖、岩前输变电工程及龙溪站2号主变扩建工程已在安装设备，都田、左潭、宝口、大门埔输变电工程和杨村站2号主变扩建工程已做好前期准备工作。220千伏仰天、铁涌输变电工程已获省公司批复。至此，“十五”期间规划建设的“1620”（即建设1座500千伏、6座220千伏、20座以上110千伏变电站）工程已全面起动。

农城网改造工程进展顺利，完成10千伏农城网工程投资1.87亿元，其中2003年第一批项目已基本完成，第二批配网（含市郊）及县城配网项目按计划也在加紧进行。

完成2004年开工建设项目的申报和审批，《2004年底解决惠州电网“卡脖子”问题方案》已上报，惠州电网规划已进行初步选址，并征求地方政府和有关部门意见，纳入中国城市规划设计院和惠州市政府主编的《惠州市城镇总体规划》。新的电力调度大楼设计方案已确定并通过市规划建设局及有关职能部门审批，正进行施工图设计。

2月28日，广东LNG（液化天然气）一体化项目重要配套项目——惠州LNG电厂在大亚湾经济技术开发区举行奠基及场地平整开工典礼。该厂设计总装机容量200万千瓦，计划总投资85亿元，其中一期工程总装机容量100千瓦，将于2006年底前完成。

4月2日，惠州市和广东省粤电资产经营有限公司合作建设惠东8×600MW(兆瓦)电厂项目签字仪式在惠州宾馆举行。首先建设的2×600MW燃煤发电机组估算总投资52亿元。该项目由广东省粤电资产经营有限公司投资建设，惠州市协助其开展项目征地拆迁等前期工作及相关配套工程建设。

年内，市、县驻博罗县横河镇帮扶单位根据该镇实际，筹集资金450万元，帮助该镇建设油甘潭、石湖、黄竹3座水电站，预计2004年上半年投产，每年收益可达70多万元。

【变电站自动化建设成绩显著】 年内，完成500千伏惠州站监控系统更换和220千伏仲恺站、110千伏公庄站等9个变电站自动化改造，新建或扩建的15个变电站全部接入调度自动化系统，行政区划调整后的7个变电站转接入市调度自动化主站。用电MIS（管理信息系统）在惠城区11个供电所、博罗和大亚湾分公司得到应用，OAK（办公自动化）在惠城区11个供电所推广应用。完成20个站、所光纤通信工程。

【规范供电所管理】 年内，惠州供电分公司继续开展供电所规范化管理达标活动和班站建设，有34个供电所通过规范化管理达标验收。制定和实施各项工作目标考核办法，建立有效的激励约束机制，把考核评分与员工的工资挂钩。规范工程招投标和物资采购招投标。加强合同管理，经济纠纷案件得到妥善处理。惠阳、惠东分公司和龙门供电局综合档案通过上级达标复查，全公司的人事档案目标管理达标工作通过省公司考核验收，公司获“全国电力行业质量效益型先进企业”。开展QC小组活动，有4个QC成果获“省优”、1个获“部优”、1个获“国优”，公司获得“广东省质量管理优秀企业”称号。

【改革供电系统人事管理方式】 年内，惠州供电分公司完成主业岗位月薪工资测评、归级、分配以及主、辅岗位置换和行政区划调整人事交接，重新签订员工劳动合同，陈江、水口等11个供电所以及输变电设备和220千伏风田、镇隆、秋长站由市公司直接管理。

为提高职工整体素质，先后组织开展优秀年轻专业技术干部考核评级，组织员工参加省公司举办的可靠性管理、工程概预算、用电检查等培训以及调度员上岗考试。组织专业技术人员参加职称外语和计算机培训考试，举办优质服务、配电线路、抄核收等工种培训考试。另外接收应届毕业生92人，充实到各基层单位。

【促进电力市场发展】 年内，惠州供电分公司为服务当地经济建设，满足全市经济发展的电力需要，采取措施，及时解决供电“卡脖子”问题，合理安排停电检修，加强设备维护，确保安全可靠供电，促进电力市场发展。全年新增用电容量75.16万千伏安，增长99.4%。

【电网线损率下降】 年内，惠州供电分公司各有关部门开展线损理论计算，加强线损指标考核，加装无功补偿装置，合理安排电网运行方式，制定和实施《对检查、查获窃电和盗窃破坏电力设施有关人员的奖励办法》，开展反窃电和用电大普查等营销专项活动，降低技术线损和管理线损，较好地完成省公司下达的线损指标。当年线损率为7.77%，比上年下降0.24个百分点。

【采取有效措施回收电费】 年内，惠州供电分公司落实电费回收责任制和电费回收风险金制度，任务到人，责任到人。建立客户信用等级制度，对不同信用等级的客户提供不同的服务，采取不同的电费结算方式。对少数信用差的客户或濒临破产的客户进行监控，减少电费损失。开展依法追收电费专项活动。通过舆论宣传，上门催收，加收滞纳金，发律师函，依法停电、起诉等有效措施，确保电费回收。公司获“广电集团电费回收工作先进单位”称号。

【加强系统财务管理】 年内，惠州供电分公司认真做好迎审准备和年终会计决算，清理历年材料费和大修更改资金的使用情况，整理会计相关文件和资料，核对财务电算化系统数据和下属单位的历史往来账目，清查固定资产，全面清理银行账户和应收款项，加强乡镇供电所收支两条线财务管理，定期召开经济活动分析会议，及时结算大修更改工程和基建工程资金，加强预算监督与管理，财务管理水平得到提高。加强审计监督，开展经济责任审计、财务收支审计、清产核资审计、财务预算审计，完成农网改造工程和大修、更改、基建、小区改造工程的预决算审核。

【加强职工职业道德建设】 年内，惠州供电分公司开展“事事都讲服务质量、人人都是企业形象”优质服务系列活动。全面推广中国南方电网形象识别系统，加强供电服务热线95598的宣传，及时处理客户投诉和故障报修，为客户提供优质服务。电力客户服务中心被惠州市委、市政府评为“作风建设示范点”。在“万众评公务”活动中，公司受到市委、市政府的表彰，大亚湾分公司获得大亚湾区第一名，惠东分公司被评为“广东省精神文明建设先进单位”。

组织员工进行身体检查，修建离退休活动中心，在职工（包括离退休人员）中进行工作、生活及思想状况的问卷调查，对职工提出的建设性意见和合理要求，及时采纳和解决。变电部在“五一”前夕被广东省政府评为“先进集体”，惠阳分公司工会荣获“全国模范职工之家”称号。

【存在问题】 局部电网不能满足安全生产和可靠供电的要求；安全生产不平衡，存在许多薄弱环节；安全隐患仍然存在，违章建（构）筑物依然威胁电网安全，盗窃电力设施行为仍很猖獗；拖欠电费现象仍然存在，电费催收难度大；量化考核不到位。

（郑芳方）

其它工业

【推广散装水泥】 2003年，全市预收散装水泥专项资金280万元，其中县（区）预收75万元。完成散装水泥供应量83.09万吨，散装水泥使用量63万吨，分别比上年增长70.27%和65.35%，散装率达21.87%，超额完成省下达的年散装水泥供应任务。

在散装水泥设施建设方面，全市有商品混凝土搅拌站10家，设计生产规模290万立方米/年，拥有搅拌车74台，总装载量500立方米。

【石油化学工业总公司概况】 2003年，惠州市石油化学工业总公司积极探索，务实求新，调整充实新的领导班子，扎实抓好党建工作，保证公司内部团结稳定。公司经营贸易额和上缴税利均比上年有所增长。总公司落实市政府有关国企改革精神，保优淘劣，配合上级有关部门做好原下属5个公司破产关闭和退出市场工作。充分利用中海壳牌石化项目下游产品的开发，进行跨地区、跨行业的外引内联，分别与省内外等地厂家加紧筹划合作开发计划。

（钟惠萍）

【英达集团概况】 2003年，英达集团面对日益严峻的经营局面和“非典”疫情的影响，迎难而上，奋力拼搏，认真进行国有企业改制，加快劣势企业退出市场，以“稳定”作为全年工作的重点，基本保持经济的平稳运行。

年内，英达集团全系统直属各企业完成工业总产值34万元，比上年增长5.4%；实现商品销售额5156.30万元，下降64%；出口创汇220万美元，下降56.4%；实缴税金120万元，下降30.4%；经营性亏损上升7.9%。

造成商品销售额大幅下降和亏损增加的原因是市场竞争激烈，传统的经营模式已失去竞争优势；企业流动资金紧缺，制约生产经营的发展；银行贷款利息包袱沉重，财务、管理费用较高；劣势企业退出市场，需遣散、安置人员较多。

【机械工业总公司进入破产程序】年内，英达集团公司根据市政府关于加快做好市属国有劣势企业退出市场的要求，对所属的劣势企业采取注销、关闭、破产、转制等方式退出市场，妥善解决下岗、失业人员的出路和基本生活问题，按政策规定进行经济补偿。

市机械工业总公司因资不抵债，经市工交资产经营有限公司和市国有劣势企业退出市场工作领导小组批复，列为市属实施破产企业。10月17日，市中级人民法院受理该公司破产申请，12月9日宣告进入破产程序，确定第一次债权人会议在2004年4月12日召开。该公司正式进入破产实施阶段。

集团所属的劣势企业有1户实施改制，4户实施关闭、注销。

（李木坤）

【轻工业总公司概况】 2003年，惠州市轻工业总公司坚持“以人为本”，稳步发展的经营理念，对总公司内部实行改革。明确总公司与下属公司的产权、权责，建立现代产权制度的基本框架。挖掘员工自身潜能，以岗定员，减员增效，系统内人员合理流动，管理层级扁平化。完善各项规章制度。重新调整人事、考勤、工资等制度。

年内完成工业总产值2.5亿元，比上年同期2.33亿元增长7.2%，销售产值2.2亿元，比上年同期2.04亿元增长12%，出口产值1.60亿元，比上年同期1.56亿元增长2.5%，利税与上年基本持平。

公司由于历史原因，债务较重，“造血”功能不强。

【引进台湾一家电子企业】 年内，轻工业总公司牵头引进台湾昌盛电子集团公司投资的精密软磁项目签约仪式在博罗石湾镇举行。该公司是台湾一家电子企业，首期投资2500万元美元，用地10万平方米，主要生产软磁类磁环、磁芯、磁棒等，产品供应世界著名企业。该项目已进入土建施工阶段。

【达园饮料集团公司破产】 年内，根据市政府有关劣势企业退出市场的文件精神，将几年持续亏损，债务沉重，已无法生产经营的惠州市达园饮料集团有限公司、轻工糖纸工业公司、轻工食品工业公司等列入退市名单。年初，由总公司牵头组织，惠州市达园饮料食品集团有限公司召开职工大会，与职工充分协商，实施预清算关闭。总公司出面筹措资金，为该公司全体正式职工买断工龄。年底，该公司已依法进入破产程序，退市办已进驻该公司进行清产核资。此外，另几家国有企业已做好退市方案并上报市工交资产经营有限公司。

（李 静）

【惠东制鞋业概况】 2003年，惠东县各级政府加大对民营企业的扶持、引导力度，成立投资服务中心，继续发放“通行绿卡”，组织参加国内外大型鞋业展洽会，制订一系列优惠政策措施，在用地、信贷、资金、人才培养和引进、业主出入境、法律保障等方面对制鞋企业给予大力扶持，促进全县鞋业生产始终保护良好的发展态势。

年内，全县生产鞋产品3.8亿双，产值54亿元，占全县工业总产值的32.4%。至年底，全县有制鞋企业1938家，从业人员9.8万人，其中有126家企业投资额达500万元以上，有207家企业采用机械化制鞋流水生产线，98家企业建成花园式厂房，67家企业年产鞋50万双以上，54家企业年产值1000万元以上。

全县有47家制鞋企业获得ISO9000质量体系认证。评选出惠东鞋十大品牌，“仙客来”、“胭脂红”、“卡莱丽尔”等3个品牌被评为省皮革行业特色品牌，“牧羊女”被评为省著名商标。

全县制鞋企业在全国近100个大、中城市设立销售网点，有300多家制鞋企业上网促销，26家取得自营进出口经营权，132家建立出口基地，鞋产品远销俄罗斯、日本、美国及其它东欧国家和香港等地区。年内鞋产品出口总额达14.3亿元。

（郭县良）

【燃料工业总公司概况】 2003年，惠州市燃料工业总公司坚持“巩固、提高、创新、发展”的方针。提高综合素质、稳定职工队伍，改善职工生活，增强市场竞争力，降低成本，增加效益。在公司非常困难的情况下，全体职工为公司的生存和发展进行不懈努力，全力保障公司经济工作的正常运行，如期完成全年的各项工作任务。年内实现销售总额4541.41万元，比上年增加935.70万元，增长25.95%；亏损总额1359.26

万元；上交税金总额 103.10 万元，比上年增加 4.63 万元。

惠州市燃料工业总公司历史包袱仍然沉重，至今无法摆脱因贷款而引发的各种经济纠纷，过多地分散精力，严重影响公司正常运作；经营资金严重不足，设备老化，各种支出费用大，公司难以实施有效运作，阻碍经济创收；市场不景气，行业经营不规范、隐藏一些个体经营者的不法经营，扰乱市场秩序，无法提高市场份额，销售上升有限，给公司的运作造成极大冲击；队伍臃肿、年龄老化、综合素质较低，工作主动性积极不高，缺乏市场竞争力和进取心，造成工作很大的被动性。

（李发昌）

【粮食加工】 2003 年，按照市政府《关于惠州市国有粮食企业改革的实施意见》的要求和改革总体目标，全市加快粮食企业改制步伐。按照现代企业制度和建立法人治理结构要求，改革 140 家国有粮食企业的产权制度，拟改制为国有独资企业 7 家，国有控股企业 20 家，国有参股企业 23 家，关闭停产企业 60 家。改革“以为政府分忧、为企业服务、为职工利益着想”为原则，从确保社会稳定的大局出发，积极稳妥地推进企业改制和职工分流安置，制定详细的人员分流安置和经济补偿方案，推动再就业工程。通过政府补贴、企业自筹、资产变现、土地置换等形式，共筹措改革资金 1.4 亿元，确保粮企改革的顺利进行。

（曾　韬）

【肉类加工】 2003 年，惠州市生猪定点屠宰场有 88 家，生猪消费量 225 万头、肉牛 1.3 万头。进场屠宰生猪 138 万头，肉牛 3200 头。全市肉类销售额 2.35 亿元，上交税金 3000 多万元。

（陈伟民　林乾森）

盐　业

【概况】 2003 年，惠州盐业总公司专营责任得到全面落实，非盐经济收入稳定，企业改革取得重大进展，领导班子团结协作，各项工作进展顺利。全年总购进 22260 吨，完成计划的 133%；总销量 21546 吨，完成计划的 129%；食盐销售 18298 吨，完成计划的 137.6%，其中碘盐销售 14436 吨，完成计划的 137.5%；全年专营销售总收入 2580.5 万元，对比计划超 114.9 万元；非盐经济税利收入达 147 万元。

【加强食盐市场管理】 市、县两级政府加强食盐市场管理，打击各种违法加工、经营假冒劣质食盐的行为，保障全市居民吃上合格碘盐。全年组织开展多次专项行动，联合各职能部门深入到酒店、公共饭堂、市场、大排档等地方进行检查。年内出动检查 96656 人次，检查市场 1369 个，摊档 4078 间，生产企业 305 家，查获各种涉盐案件 103 宗，结案 90 宗，罚没金额 18.8 万元，发出责令文书 103 份，有力维护食盐市场秩序稳定。

【实行公司制改革】 公司为适应市场运营机制，从上到下进行大规模的资源重整、精简架构、优化配置的改造。在改造过程中，多渠道征求各方意见，集思广益，调整充实方案，公司制改革顺利进行。改革机构，调整管理职能，总公司对下属公司实行垂直管理，使计划得于执行，减少管理成本。改革财务核算管理，实行报账制。引入激励和约束机制，将业绩与工资挂钩，对负责人实行经济责任奖惩考核。改革劳动用工制度，对符合要求的人员办理内退，精简人员、优化人力资源配置，大胆提拔年富力强的骨干，使企业充满活力，提高企业竞争力。

【发展食盐销售网络】 公司为适应市场经济，建立现代化盐业流通网络，提高营销服务水平，制订中长期计划，加强销售网络建设和管理。抓好转批和零售许可证的发放和管理，与有关转批户和零售户签订工作责任书。发展销售网络，在建设批发点 7 个、转批点 135 个的基础上，新增零售户 420 户，累计达到 4000 户。调整销区管理，随行政区划分销区，并与当地销区政府取得共识，争取当地政府的支持。进行服务跟踪，提高售前售后服务水平，促进销量。

【存在问题】 盐业干部职工的思想观念还不适应盐业政策调整及市场变化要求；经营管理力度不够，有些分公司出现相当数额的亏损；非盐经济的管理比较薄弱；没有很好地启用预算制度，财务监督管理还有待进一步加强。

（钟汉光）

管道燃气

【概况】 2003 年，惠州市城市燃气发展有限公司股权发生重大变动，深圳妈湾电力有限公司以占 87.5%股份参与经营。新的经营班子按照董事会的工作部署，在当地政府有关部门的大力支持下，紧密结合惠州和企业发展实际，坚持以服务市民，加快企业发展为第一要务，积极有效地开展工作。经过一年的艰苦努力，顺利完成股权变动后的业务交接和后续工作跟进，公司形象、员工精神面貌发生根本改变，实现安全生产、稳定供气。

公司年内生产供应液化石油气21228吨，其中管道供气8927吨，瓶装供应12351吨。

【管道燃气用户增加】 年内，拓展新用户9176户，新增点火5497户，分别增长103.4%和34%。

【燃气工程建设加快】 年内，公司紧跟城市建设快速发展的步伐，新增工程建设投入1205万元，完成城市地下供气管网施工48公里，安装户内管8002户，分别增长25.4%、41.2%和53.2%。

【调整城市燃气发展规划】 为更好地发挥城市燃气在城市和经济发展过程中的作用，服务社会，5月聘请中国市政工程华北设计研究院技术人员，对《惠州城市燃气近期发展规划》进行重大调整。已经市规划建设部门通过省、市专家评审，上报政府申请纳入市政建设总体规划。规划在2005年内总投资约1.5亿元，在江北建设设计储气容积为1000立方米、年供气规模可达3.5万吨的大型气化站1座；以仲恺高新技术产业开发区、数码工业园等区域为重点发展方向，铺设市政地下管网77.4公里，以提高管道燃气的覆盖率。

【提高服务质量】 年内，公司针对工程施工、户内安装、通气点火等方面存在的问题，全面清理和整顿客户服务，开通“客户服务热线”，开通具备IVR语音电话，互联网派单、跟单、工程信息反馈等功能的“城市燃气呼叫中心”系统；加强员工培训，提高对外服务人员素质，实行客户投诉首问负责制，使公司内外沟通、业务跟踪和客户监督得到根本改善，服务质量不断提高。

（罗全亮）

乡镇企业

【概况】 2003年，惠州市有乡镇企业69523家，比上年下降1.76%；员工703829人，增长10.56%。实现总产值568.79亿元，增长3.55%；增加值145.27亿元，下降4.28%；营业收入549.30亿元，增长3.96%；利润总额40.39亿元，增长14.48%；上缴国家税金9.20亿元，增长17.05%；劳动者报酬50.23亿元，增长17.55%；年末固定资产原值198.58亿元，增长15.76%；出口产品交货值167.13亿元，下降12.74%。

【加快发展个体私营经济】 年内，全市乡镇企业根据省委、省政府《关于加快民营经济发展的决定》，掀起全市个体私营经济新一轮发展潮。市委、市政府出台《关于加快民营经济发展的实施意见》，各县（区）也相应出台一系列政策和措施，鼓励民营经济发展。惠东县个体私营企业发展到22820家，比上年增加300多家；从业人员160103人，增加10200人；总产值160.5亿元，增长12.4%，占全县乡镇企业总产值的85%以上。惠阳区注册资本逾1000万元的民营企业有41家。

【招商引资成绩显著】 年内，惠州从市到县到镇，各地都注重创造优良投资环境，抓住加入WTO及南海石化项目落户惠州的机遇，推进新一轮创业发展潮。惠东县制定招商引资的优惠办法和10项制度，改善投资软环境，落实招商引资目标责任制。惠阳区制定和落实一系列扶持乡镇企业发展的政策和措施，抓好招商引资工作。通过走出去，请进来，以及举行春茗会、茶话会、联谊会等形式，招商引资工作成绩显著。全区引进项目127宗，利用外资超过3亿美元。

【秋长镇引进外资成绩喜人】 年内，惠阳区秋长镇实施“工业立镇、外向带动”发展战略，优化投资环境，加大招商引资力度，利用外资跃上新台阶。全镇引进工业项目62宗，合同投资总额19473万美元。该镇引进的项目，数量多，投资规模大，科技含量高。其中新引进的西子庄园占地33万平方米，项目投资总额达6000万美元，建造五星级标准的综合旅游度假区；深圳市先科工贸有限公司投资3000万美元，建设占地60万平方米的叶挺科技园。

【抓好工业园区建设】 年内，惠州市各县（区）、乡镇把发展经济与小城镇建设结合起来，建设工业园区。惠阳区按高标准要求，建设3个新型工业园区，布局合理，功能齐全，各具特色。博罗县石湾镇在南亚塑胶项目投产后，又规划建设一个大型工业园区，已有一批企业落户在园区内。惠东县吉隆镇新规划2000亩用地，将圩镇内的制鞋企业集中迁至新的工业园区。

【罗浮山药业股份制改造后见成效】 罗浮山制药厂有30多年历史，2000年8月改制重组为一家民营企业。改制后该公司具有年产颗粒剂1000吨、油剂2亿瓶、针剂1.5亿支、胶囊剂1.6亿粒、片剂30亿片，中草药流、干膏1500吨的能力。年内生产总产值8000万元，销售收入7640万元，上缴税金180万元，利润总额380万元。该公司获农业部“全国诚信守法乡镇企业”、“惠州市民营企业100强”称号，公司的产品“罗浮山牌”百草油被评为惠州市名优产品。

【存在问题】 乡镇企业产业结构不尽合理，产品质量及企业整体素质有待提高；规模以上企业数量较少，农副产品加工业的规模与档次有待提升。

（陈　平）

TCL 集团股份有限公司

【概况】 TCL 集团股份有限公司拥有多媒体电子、通讯、家用电器、数码电子、电工、部品、文化等产业，主要从事彩电、激光视盘机、家庭影院、显示器、移动电话、电话机、空调、冰箱、洗衣机、电脑、网络设备、开关、插座、照明灯具、激光光盘、电池及零部件等产品的研、产、销及服务。其中彩电、手机、电话机等产品保持国内市场领先优势。

2003 年，TCL 集团名列“中国电子信息百强企业第四位”、“广东省大型企业竞争力 50 强第一名”。年内 TCL 品牌价值 267.12 亿元，居中国最有价值品牌第六位。按统计口径计算，TCL 集团实现营业收入 393 亿元，比上年增长 24.3%；出口创汇 15.7 亿美元，增长 42.6%；上交税金 18 亿元，利润增长 8.9%。TCL 彩电全年销量达 1159.36 万台，手机销量 981.7 万台。TCL 已经形成具有较强竞争力的主导产业群。年内 TCL 手机获得中国名牌产品称号，TCL 手机电池获得广东省名牌产品称号，TCLDVD 视盘机获国家质量免检资格。TCL 拥有 1 个中国驰名商标、3 个中国名牌产品和 7 个免检产品。

【国际化经营取得进展】 7 月，TCL 提出“龙虎计划”。“龙计划”就是在多媒体显示终端与移动信息终端两大业务上，建立全球竞争力；“虎计划”就是在家用电器、信息和电工照明以及正在发展的部品及文化产业上，达到国内领先优势，要将 TCL 集团建成具有国际竞争力的大型企业集团。围绕这一目标，TCL 大力开拓国际市场，并取得显著成效。

年内，TCL 不断巩固和拓展西欧、东南亚、中东、南美等国际市场，成立 TCL 俄罗斯公司。TCL 出口的增幅高于国内市场的增幅，产品出口对 TCL 集团整体收入增长和竞争力提高起到明显的拉动作用。全年出口彩电 371 万台，增长 183%，在美国、俄罗斯、南非、中东和东南亚市场增长显著。

2004 年 1 月 29 日，国家主席胡锦涛与法国总理拉法兰出席在法国总理府举行的“TCL-汤姆逊项目”正式签约仪式（右起四位为：法国总理拉法兰、汤姆逊公司首席执行官达哈利、中国国家主席胡锦涛及 TCL 集团总裁李东生）

（TCL 集团供）

【重组汤姆逊彩电业务】 11 月 4 日，TCL 集团与法国汤姆逊公司在广州举行彩电业务重组意向书签约仪式，打造年销量逾 1800 万台的全球彩电企业。按照双方签订的谅解备忘录，TCL 集团与汤姆逊公司计划合并其彩电及 DVD 资产。TCL 集团将把其在大陆、越南及德国的所有彩电及 DVD 生产厂房、研发机构、销售网络等业务投入新公司；而汤姆逊公司则将其所有位于墨西哥、波兰及泰国的彩电生产厂房、所有 DVD 的销售业务，以及所有的彩电及 DVD 的研发中心投入新公司。双方这次合并重组的总资产规模超过 45 亿元人民币，TCL 集团占有 67%的股份，居控股地位。

【TCL 股票上市】 12 月 30 日，TCL 集团首次公开发行股票的申请获得证监会发审委的核准。2004 年 1 月 30 日，TCL 集团股票在深交所挂牌交易。

【科技能力和水平有较大提高】 年内，TCL 集团加大企业研发投入。全年投入研发经费 11 亿元，开发科技项目 100 多项，增长 30%。全力推进“科技创新系统工程建设”项目，通过省级科技成果鉴定，并获省科技创新奖特等奖。TCL2 系列手机获省科技奖励一等奖；TCL3188 手机获中国专利优秀奖，是广东省 5 年来唯一获得全国专利优秀奖，并有两个产品获两项省级“工业设计银奖”。

年内，TCL 移动通信 e757 智能手机上市，标志着 TCL 在移动通讯终端技术上取得重大进展；多媒体研发的产品涉及 8 大类 200 多个品种，覆盖 14 到 60 英寸的所有机型，多媒体的 PDP（等离子）显示与驱动技术通过国家级鉴定、数字电视全面启动，TCL 拥有的多项核心技术已经达到国内领先或国际先进水平。

【主要问题】 TCL 开展国际化经营比较早，海外市场的拓展也比较成功，但依然感到海外经营经验欠缺，经营管理能力不足。主要表现在欠缺国际化经营人才，国际化经营的“游戏规则”还了解得不透彻，资金实力和企业规模还不足与跨国公司大打一场“海外战役”。还不能完全具备自主的核心技术能力，虽然在科技创新方面取得比较大的突破，但由于基础薄弱，真正属于自己知识产权的核心技术还不多，“拿来”的比重仍然较大，这一点与国外同行相比，差距明显。

（董文保）

德赛集团有限公司

【概况】 德赛集团成立以来，先后与多家国际著名企业合作，有各类合作、合资、全资公司近50家，是专业生产家电、通讯、能源、光电、金融电子、精密部件等产品和营销的大型企业集团，并有国家级技术中心和博士后工作站。

2003年，是德赛集团成立20周年。集团上下一心，努力拼搏，排除“非典”等不利因素的影响，集团经营经济效益稳定增长，各项事业均衡发展。4月11日，德赛大厦落成，市领导剪彩。德赛大厦位于江北云山西路的市行政中心旁，楼高24层，总建筑面积3.66万平方米，配备完善的网络、通讯等现代化办公系统和设施。年内，第五十一届世界小姐李冰出任德赛品牌形象代言人，将极大提高德赛品牌的知名度和美誉度。

年内德赛集团取得全国500强企业、电子信息产品出口成就优秀企业、国家免检产品（德赛DVD）、全国信息化500强、广东省最具竞争力50强、广东省50强企业、广东省优秀企业、广东省名牌产品（德赛电池）、广东省用户满意产品、广东省用户满意企业等十大荣誉。

集团年内销售收入95.9亿元，出口创汇7.8亿美元，利税7.6亿元，分别比上年增长22%、15%、29%。

【基础管理加强】 年内，德赛集团品牌企业在持续现场“3正5S”（正品、正量、正位置，整理、整顿、清理、清扫、修身或素养）管理的同时，又先后推进SQC（统计性品质管理系统）、QCG（品质管理圈）。信息化工作稳步推进，OA（办公自动化）系统、ERP（企业资源计划系统）实施全面展开且效果显著。

2003年7月8日，省委副书记、省长黄华华（左一）率领省政府调研组到惠州德赛集团进行调研（德赛集团供）

强化企业财务管理和审计监督，制定《内部会计控制制度指引》等12项制度，年度完成审计项目54个，参与投资基础上的前期论证并进行投资审计，有效防范投资风险。对外资企业的借贷担保、经营盈亏状况及其税收等政策影响做出具体的分析、决策，并制定投资汇报目标和工作计划，年内实现良好的投资回报。

在物业管理方面，优质的服务、良好的科学策划与调度，使得第四工业区德赛/双叶工业园当年筹建，当年投产，同时完成电池工业园建设和第三工业区物业及其水电调配资源的整合利用。

【开发新产品380多种】 年内，集团加大技术研发力度，提升技术管理水平，充实开发队伍，产品开发实力增强。全年集团开发新产品380多种，投入生产的有230多种，其中视听事业部的汽车多媒体、刻录DVD、数字电视智能刻录机，通讯事业部的高频数字无绳电话、小灵通，电池事业部的锂锰电池、锂电池保护电路、金融电子公司的多款税控机等多项技术与产品，已经成为集团拓展国内、国际市场的重要力量。

【拓展产业新项目】 年内，集团的产业结构调整与升级进展顺利，项目拓展收获大。新组建的准事业部充分发挥优势，主动出击，在制造、技术、市场等领域寻求合作，加快工作进度，从延伸产业价值链和扩张产业区域布局两方面拉开集团产业拓展的序幕，取得较为显著的阶段性成果。年内集团拓展新项目10个，获得政府支持资金项目8个。

年内，德赛集团成功并购“新理捷电机”，进军数字电视领域，开始试产机顶盒，推出德赛品牌的小灵通产品，完成汽车多媒体项目的技术及市场资源的整合，德赛精密公司开始生产汽车紧箍配件，德赛能源公司在浙江宁波建立手机电池厂，税控收款机项目已搭建起营销平台。

【推广德赛品牌】 年内，德赛集团品牌建设取得较好成绩，扩大了德赛品牌的知名度。上半年由于“非典”的原因，国内市场的开拓受到一定影响，国际市场方面也因商务往来的减少而未能持续开展。下半年集团加强营销队伍的管理和素质培训，加大营销资源整合和市场推广力度，并以20年庆典为契机，聘请德赛品牌形象代言人，加大市场宣传力度，强化品牌塑造能力，努力开拓国内外两个市场，实现品牌推广与销售业绩双丰收。

【德赛产品参展】 9月，第四十四届国际电子展在德国柏林举办，德赛集团作为大型的电子工业企业应邀参展，几十款高品质DVD闪亮登场。在6天会展期间，德赛集团接洽来自欧洲、美洲、非洲和亚洲30多个国家和地区的近600家客户，签订DVD销售合同金额8000多万欧元。

10月，在深圳举行的第五届高交会上，德赛集团展出其新近研发的新一代德赛品牌电子信息产品卫星DVD、信息电话机、锌空气电池、LED彩屏等上百种，前来洽谈的国内外客户逾百家，带去的资料被索取一空。

10月，在香港电子产品展览会上，德赛集团与来自世界各地10多个国家和地区的近500个客户签订8000万美元的经贸合同。

【组织变革初见成效】 准事业部制定的组织管理架构建立半年以来，充分调动支柱产业的自我发展能动性，产品创新、产业扩张、市场开发、管理创新、文化创新等各项工作已经紧锣密鼓地展开。

集团人力资源体系科学化、系统化建设基本完成。全面推进的绩效考核产生良好效果。通过强化高级管理人员和专业人员的培训，促进管理队伍专业素质提升和管理行为的规范。

【推广德赛企业文化】 年内，德赛集团通过开展“激情创业”系列活动，深入传播企业文化，提高员工对德赛文化的认同感，激发员工创业热情，增强凝聚力和向心力。推广德赛文化品牌，确定每年10月的第三个星期六为“德赛日”，举行首个“德赛日”、20周年庆典等系列活动。利用《德赛》报、《德赛沙龙》的有效传播，带动德赛文化由内向外辐射，提高外界对德赛文化的认知度，“勤、诚、学、勇、和”的德赛文化进一步弘扬。

【存在问题】 德赛集团几年来虽然经济指标连续稳步增长，但与行业先进企业相比仍有一定差距，其规模发展速度有待提高；人才工程建设有待持续开展。

（陈　莉）

麦科特集团有限公司

【概况】 2003年，麦科特集团坚持“加强稳健经营、实现稳步发展、强化规范管理、全面提高资产效益和经济效益”的经营思路，集团经营班子克服困难，推进企业经营管理，集团总体经营状况较上年同期虽有所下降，但其下降幅度已趋于平缓，主导产品和主营产业经营基本正常。

年内，针对麦科特集团现状，集团采取各种措施，维持企业正常的生产经营活动，保持集团在各金融机构的信用，尽量减少光电事件带来的负面影响，相继出台一系列措施，重组企业和资产，相应调整集团的生产和经营，适度调整2003年生产经营规模，重点支持具有较强市场竞争力项目的建设，压缩和淘汰部分竞争力差的企业和项目。

全年完成工业总产值29.89亿元，比上年下降36.76%；完成工业销售产值32.62亿元，下降33.35%；完成出口交货值22.58亿元，下降24.66%；利润总额439万元，下降107.10%。尽管集团克服种种困难，付出巨大努力，生产经营活动仍然首次出现亏损，其中亏损较严重的有摩托车、装订宝系列、电信设备等。年内生产摩托车7.02万辆，下降40.20%；照相机19.24万架，下降70.71%；集装箱142.08万立方米，下降50.69%。集团总体经济效益基本持平。

【推出红外线测温仪】 5月，麦科特光电股份有限公司推出手持式、通道式、门式等红外线测温仪抗“非典”产品，并免费赠送价值5万余元抗“非典”产品给惠州市红十字协会。

【存在问题】 因受“麦科特光电事件”影响，金融部门对麦科特集团及下属公司的信贷资金大幅收缩，使本来紧张的流动资金雪上加霜，导致集团生产和销售的流动资金严重不足，许多订单无法按要求完成，企业经营受到严重影响。

（刘　洋　陈柏松）

华阳实业集团公司

【概况】 华阳集团有限公司创立于1993年，经过10多年的探索和发展，形成以电子信息业为主导，涉及医疗器械、精细化工等行业，集工、科、贸于一体的大型高新技术企业集团，并成为广东省重点发展的大型企业集团。

集团拥有全资、控股、参股企业20余家，集团拥有员工1万余人，其中具有博士、硕士、学士学位及大专学历的员工900余人，建立了自己的科研开发中心，并与中国科学院、国内著名的高等学府及国际知名公司建立密切的技术合作关系。

集团主要产品有汽车音响、DVD/CD光头、车用DVD/CD机芯、家用机芯、DVD用激光二极管、扬声器、精密金属模具及冲压零件、精密注塑模具及注塑零件、电池钢壳、以太网交换机、路由器、彩票销售终端机、远传阀控水表模块、无线（水、电、气）表、无线网络家用仪表、全电子水表、远程教育软件、医用可吸收缝合线、光学变色油墨、紫外光固化手机涂料等。其中DVD光头产量世界第一，全球市场占有率为30%；各类音响机芯产量居全国第一；医用可吸收缝合线为国内独家研制生产，被国家科技部列入国家级“火炬”计划；光学防伪油墨为国内独家研制生产，填补国内空白。

集团重要客户有欧美的德尔福（DELPHI）、沃尔玛（WALMART）、飞利浦（PHILIPS）、西门子威迪欧（SIEMENS VDO）、博世（BOSCH）、汤姆逊（thomson）；Eltax（丹麦）、Dull（德国）、ZANON（荷兰）、FTI（意大利）。亚太地区的日本日立（HITACHI）、索尼（SONY）、松下（Panasonic）、东芝（TOSHIBA）、三洋（SANYO）、住友（sumitomo）、富士通（FUJITSU）、美能达（MINOLTA）、佳能（Canon）、建伍（KENWOOD）、先锋（Pioneer）、信浓绢丝（PLEXTOR）、信越（shin-etsu）、亚佳（AKAI）、韩国乐金（LG）、三星（SAMSUNG）、香港金山（GOLDPEAK）；国内的红塔集团、华为、TCL、长虹、步步高、夏新、万利达、凯歌禄达、徐港天宝、一汽奥迪、公安部等。

2003年，集团完成工业产值62.9亿元，比上年增长15.2%；工业销售产值56.9亿元，增长22.7%；出口交货值54.9亿元，增长24.4%；实现利润总额4.46亿元，增长44%。

年内，华阳集团进入中国企业500强排名393位，中国电子信息百强企业排名23位，在广东省50家工业龙头企业中排名39位，进入广东企业竞争力50强排名15位。

【华阳集团公司改制】 年内，华阳集团顺利地完成改制，按现代企业制度的要求，建立健全公司法人治理结构，完善公司内部管理制度，股东会、董事会、监事会和经营班子，都能按《公司法》和公司章程的规定和要求，各司其职，互相制衡，初步建立起现代企业制度，集团公司变为国有相对控股、员工混合持股的有限责任公司。

通过改制，以产权为纽带，把公司利益与员工个人利益紧密地结合起来，调动持股员工的积极性、主动性和工作热情。集团控股的企业和自主产业已呈现良好的发展态势。

【存在问题】 自主品牌推广和销售渠道扩展是集团发展的薄弱环节，制约集团的发展。

（黄　勇）

侨兴集团有限公司

【概况】 侨兴成立于1992年，主要从事通信终端产品的研究、开发、生产与销售，是国内大型的电话机、手机等通信终端产品制造企业。

侨兴在国内外建立3500个销售网点，产品进入20多个国家和地区。侨兴主要产品有电话机、无线固话、传真机、GSM手机、CDMA手机、对讲机、电子玩具；涉及领域有通信终端产品的工业设计、模具、咪头的开发设计和制造。生产的电话机及传真机、复读机、对讲机等产品共有款式200多种，年产量近1000万台；手机款式30多种，年产量380万台。

侨兴拥有5000多平方米的通信终端产品科研中心，分别在北京、上海、惠州、深圳设立手机、电话机、传真机、电子玩具研发中心，同时与国内多所高校建立研发基地。侨兴在惠州及漳州建立五大工业园区，总占地面积近500万平方米。

2003年，侨兴拥有20家从事通信终端产品、直饮水净化设备、海洋生物涂料、稀土金属等项目的开发、制造、销售的系统企业。有员工7832人，其中20%具有大学以上学历。实现产值69.6亿人民币，税收3.5亿元。侨兴年内首次进入“中国电子信息百强”企业，排名第36位。

【坚持技术创新】 坚持技术创新，打造侨兴独特的核心竞争力是侨兴2003年的工作中心。产品从原有的电话机、手机拓展至通信终端增值产品如无线上网卡、ADSL、无线固话等产品。在研发上加强人员及资金投入，在原有北京、惠州两个研发中心的基础上整合上海一家研发团队并收购为旗下研发企业——上海嘉阳通信，三大研发中心为集团自行研发高科技的通信产品打下坚实的基础。侨兴下属企业中电通信（CECT）向台湾最大手机代工企业之一的华冠出售一份价值2800万元的技术转让，是国内手机厂商首次成功的技术平台输出案例。

侨兴的研发紧盯科技的发展，在手机产品研发方面，引进韩国、美国及英国的高科技通信人才，还招聘大量“海归派”通信人才。侨兴在产品的成本及差异化上做努力，年内下属企业中电通讯（CECT0）推出50多款GSM、CDMA手机，其中6月推出Smart phone高端智能手机和TFT真彩系列手机。12月，侨兴自有品牌手机“T2旋影王”上市。还在惠州侨兴第一工业园建立4条手机生产线，年生产能力达到450万台。

侨兴生产的“家家e”固网短信息电话机，其硬件、软件是自行开发的。侨兴“家家e”短信息电话是与中国电信签订协议指定生产终端的4个厂家之一。侨兴还开发出网络电话，这种电话在电脑不甚发达的地区非常有市场，它能够直接利用电话机上网收发E-Mail,查看新闻、股票、天气等，还具有连接打印机直接打印信息的功能。

年内侨兴根据国外几大电信采购客户的需求，在电话机的功能及外观工艺设计上做了很大的改变，产品赢得国际第一零售商沃尔玛及英国电信商的定单，电话机出口增长近100%。

侨兴重视研发成果知识产权的保护。集团高层开始分管专利工作，并出台相关措施，鼓励广大技术人员搞发明创造，依照相关法律规定，申请技术专利。之后，随着公司的发展壮大，集团专门设岗，委派专人统筹负责企业的知识产权工作，成立技术委员会办公室，主管和统筹整个集团的知识产权工作，下属企业也设立知识产权工作专门机构，配备专职工作人员。为了规范管理，集团还制定《侨兴集团专利管理办法（试用）》，集团知识产权工作逐步走上制度化轨道。

【优化经营管理制度】 年内，侨兴优化经营管理，与时俱进设计管理制度和经营体系，提高企业效益。

在企业管理上，采用现代企业制度与家族式管理相结合的模式。并通过团队决策、家族监督、总经理责任制的管理手段，建立与侨兴各个时期相适应的管理制度和经营体系。体制设计采用家族式管理与现代管理模式相结合，营销策略采取合纵连横、深度分销，质量管理以国际质量管理体系为目标，成本管理方面加强供应链管理，提高利润空间。

激励原则采用多种激励方式并存，短、中、长期结合，物质和非物质手段结合。个人绩效与组织绩效挂钩，个人收入与公司效益挂钩。短期激励以结构工资、绩效奖励、目标达成奖励为主；中期激励以年度和项目奖金、效益提成、各种奖励基金为主；长期激励采取利润分享、股票期权、事业留人的办法。

在用人方面，实现人才与国际接轨，并表现出明显有别于其它同类企业的做法。为实现“百年企业”目标，创建世界级名牌企业，侨兴奉行“以人为本”的管理思想，营造良好的企业氛围，注重人才在企业的均衡发展。

【发展新材料新能源产业】 年内，侨兴引入5名从国外归来的新材料新能源专家、教授，新组建的公司25%的股份给予这些技术入股的学科领军者。侨兴通过收购及合作的方式，引进国家863计划中的高科技新材料项目，大连宇田的“仿生无毒舰船防污涂料高技术产业化”项目就是其中的一个。国家发展和改革委员会批准启动第一批共60个振兴东北老工业基地高技术产业发展专项，该项目就名列其中。

侨兴将新材料新能源作为构筑侨兴的一大支柱产业。年内开始构筑新材料平台，引入高科技新材料项目7项，其中4项正在建设中，其它3项目也开始启动。这些项目中，已投产的有侨兴罗氏水净化设备（发明人罗雁教授在5月中旬被联合国授予人口环境院士奖）、耐高温钕铁硼、磁力联轴器、ITO靶材、海洋环保生物涂料；正在进行中的有高强度压裂支撑剂、膜技术等国家863计划的新材料项目。

侨兴3个新材料工业园正在建设。第二工业园占地10万平方米，规划建筑面积为12万平方米，首期建设8万平方米，预计2004年5月正式投入使用，园区主要生产传真机、对讲机及手机配套产品、海洋生物涂料、耐磨材料及制品。已有手机配套件、耐磨材料及制品、海洋生物涂料、罗氏净化水设备等项目进驻园区。第四工业园总占地面积200多万平方米，主要生产海洋仿生涂料、新型润滑油、罗氏净化水设备、膜技术、石油压裂支撑剂、挖掘设备用斗齿（硬质合金耐磨材料）、耐高温钕铁硼及磁力联轴器、ITO靶材、消声器、复合结构轮毂式电机、建筑工业用耐磨材料、环保型水泥、饮水净化器等新材料新能源产品。侨兴第五工业园位于福建漳州芗城区金峰工业园区，占地3200亩，将兴建集工业房地产开发及空压机、净水器、安全玻璃、环保建筑材料、建筑机械、生化涂料、永磁机电等制造为一体的新材料产业化工业园。

【移动通讯研发中心成立】 11月，侨兴集团组建的“广东省移动通讯终端工程技术研究开发中心”项目，通过由省科技厅、省发展计划委员会和省经贸委主持的专家评审，标志着全省首家面向3G移动通讯技术的研发中心在惠州市正式组建。该中心计划投资8318万元，其中研发经费达4613万元，产业化经济效益每年将达到15亿元以上。

（罗莉红）

工交资产经营有限公司

【概况】 2003年，市工交资产经营有限公司坚持“稳中求进，进中求优，优中求效”的指导思想，克服“非典”疫情的不利影响，推动经济的稳步健康发展。深入贯彻市国有企业改革与发展工作会议精神，扎实推进企业改革和资本运营等各项工作的稳步开展。

全年实现产值109358万元，比上年增长3.3%，其中制药业完成总产值3600万元，增长18%；销售产值完成3500万元，增长21.7%。建筑施工业完成竣工面积20万平方米，总产值达到58500万元，增长62.8%；利润总额1380万元，增长55.85%。

【国企改革稳步推进】 年内，公司妥善处理好改革、发展、稳定三者之间的关系，继续稳步推进国有企业改革。采取改制、关闭或破产等形式，完成15家企业的改革，34家企业的改革在进行中，其中：改制企业16家，有5家已经完成，11家正在进行；实施关闭企业24家，6家完成人员安置且进入托管，18家正在进行；实施破产并经退市办批复企业11家，4家已经完成，5家立案。

公司各级领导班子始终注意把握好改革、发展、稳定的关系，坚持“退出无情，安置有情”的方针，把“人”的因素摆在重要位置，确保企业和社会稳定。公司通过自筹资金、财政拨款等方式取得安置经费，安置企业职工340人，与这些职工解除劳动关系，妥善解决这些员工（含离退休人员）的医保、社保等问题。

公司采取国家出让全部或部分产权的方式，调整所属18家企业所有制结构，已初见成效。属下的工业油料总公司，组建前是隶属于市经委的全民所有制企业，改制前有6家子公司，其中5家亏损严重，无法继续经营，已登报公告注销清算。2001年总公司的销售收入不到2000万元，利税总额不到10万元。工交公司接管该企业后，对其实施公司制改建。按照省、市企业改制优惠政策，由企业内部职工购买国有净资产230万元后，再吸收民营企业资金270万元注资参股，改造成为一家员工与民营企业混合持股的有限责任公司。新公司组建后，通过建立健全法人治理结构，创新企业经营机制，大力开展业务，迅速发展。年内销售收入达到两亿元，利税总额70多万元。此外，市航运总公司、金山实业总公司等通过改制创新了经营管理模式，促进了生产发展。

【加强企业的财务监控和审计】 年内，工交公司加强企业的财务监控和审计，防止国有资产流失。规范下属企业的会计基础工作，加强对各项财务基础制度的建立、健全情况，财务收支和经济效益情况的监督检查，提出科学理财、提高企业经济效益的建议、意见，帮助企业实现国有资产效益最大化，确保国有资产保值增值。加强审计工作，对所属企业进行内部审计、专项审计、企业负责人离任审计，掌握国有资产运营的真实状况，对下属6家企业的财务状况进行内部审计和企业法人离任审计，根据劣企退市的有关文件要求对4家待关闭企业的资产状况进行全面审计。

【搞好维稳及综治工作】 年内，工交公司成立维稳及综治工作领导小组，公司维稳及综治工作第一责任人与所属13个原副处以上单位的第一责任人签订《2003年度惠州市工交资产经营有限公司维护稳定及社会治安综合治理工作责任书》，确保年度维护稳定及社会治安综合治理工作任务的顺利完成。

【确保企业安全文明生产】 年内，工交公司贯彻落实《安全生产法》、《国务院关于特大安全事故行政责任追究的规定》、《广东省安全生产条例》等法律法规。结合6月开展的主题为“实施安全生产法，人人事事保安全”的“全国安全生产月”活动，在所属企业中开展多种形式的宣传教育活动，营造学法、懂法、用法的浓厚氛围。开展安全生产大检查，切实消除事故隐患。公司在3月、6月、9月、11月、12月对所属企业特别是工业园区安全生产责任制的落实、宣传贯彻法律法规、档案建立、责任查处等方面的情况进行全面检查，落实隐患整改。根据市政府的统一部署，开展道路交通和水上交通、建筑工地、制造业等行业或领域的专项整治，巩固安全生产专项整治成果，确保企业安全文明生产。

【搞好企业党建工作】 年内，工交公司党委围绕国有企业党建工作的目标，创造性地开展企业党建工作，加强基层组织建设，落实市委关于实施固本强基工程的文件精神，充分发挥党组织的政治核心作用。

建立健全内部监管制度，严格责任追究等手段措施，加强党风廉政建设，落实党风廉政建设责任制。查处建筑材料工业公司违规处置国有资产、顶风变相集体公费出国旅游和东江制药厂隐匿、转移国有资产等多起违法违纪事件。

抓好企业领导班子调整、换届，增强企业的决策指挥能力，先后完成市建筑设计院等 6 家单位领导班子的调整、市建设集团公司等 4 家单位党组织的换届选举。

加强对困难企业和退市企业党建工作的管理，做好发展新党员工作。及时做好退休、分流职工党员的说服教育和党员组织关系的接转。全年办理党组织接转关系党员有 41 人。抓好停产、关闭、破产、改制企业的党组织的管理，避免“有党员无组织，有组织无上级”的现象发生。全年发展新党员 28 人。

【存在问题】 流动资金匮乏，制约企业发展，企业贷款难度大，流动资金严重不足，影响企业扩大再生产和新产品的开发，导致企业无法满足订单的要求；改制、关闭、破产企业员工在全员解除劳动关系后的后续管理有待完善，这些不被新公司聘用上岗员工的党组织生活、计划生育和人事档案等后续管理问题还不十分完善；医保、社保不能以个人身份缴纳，退市职工绝大部分很难再找到接收单位，这给他们的医保、社保延续购买问题带来极大不便。

（叶正新）

生产车间一角　　（TCL 集团供）

城乡建设

责任编辑：张世开

综　　述

【全面加强城乡规划建设和管理】 2003年，惠州市规划建设部门结合本市的实际，全面加强城乡规划建设和管理。市行政区划调整后，按照建设部和省建设厅的要求，对惠阳区、惠城区规划局实行垂直管理，对其机构及职能分工作了调整，重新制订《惠州市规划建设局规划管理业务工作暂行规定》、《惠州市规划建设局各片办事处各镇规划管理工作职责暂行规定》等。明确规划管理的职能分工，成立规划成果审查验收小组，审查验收市区划调整以前编制的控制性详细规划，提高市区控制性详细规划的编制质量，保证规划成果的科学性、权威性和可行性。

年内，市规划建设部门健全了评审、联审专家组和规划委员会审查、审核机制，保证规划决策的民主化、科学化，制定项目经办人责任追究制度，提高责任意识。此外，组织专门队伍对惠城区的道路路网尤其是道路红线、建筑红线进行系统的审查，确保规划报建实施的合理性、严谨性。根据《惠州市管线规划建设管理规定》，实行管线竣工验收，逐步建立动态的管线规划报批信息管理系统。

为提高城市建设功能和档次，全面提升城市综合素质，加大了城市基础设施建设力度。年内，建成市民乐园、东平中心绿地、东江沙公园（暂名）、西湖南门公园、惠州火车站门前广场、惠州大道（三、四）期等一批上档次的城市标志性城市建设项目，实施完成LG大道、德赛大道、麦科特大道等道路的“穿衣戴帽”工程。

同时，市规划建设部门还全面加强机关作风建设，开展创文明机关活动，推行政务公开，设置政务公开栏，对原有的规章制度进行清理、补充和完善。此外，根据建设工程施工管理的需要，修订《惠州建设工程施工安全、文明施工管理规定》等，完善行政处罚程序，公平、公正、公开执法。

【编制城市规划】 年内，市区安排规划经费1352.5万元。重点编制《市域城镇体系规划》。这项规划是惠州市高层次的规划之一。初步规划完成后，市领导、各相关职能部门、各县（区）和有关乡镇进行了多轮论证，并广泛征求了市民和社会各界的意见。

规划设计单位根据各方面的意见反复进行修改和完善，并准备按程序召开专家评审会后上报审批。规划建设部门创新手法，重点推进《惠州市城市总体规划》编制，将总体规划编制分为三步走：第一步，委托省社会科学院进行惠州城市经济社会发展战略研究。第二步，委托同济大学、中国城市规划设计研究院等4家国内资深规划设计研究单位，对惠州市城市空间发展战略进行研究和咨询，编制《惠州城市发展概念规划》，明确惠州城市空间发展形态和走向。该规划于12月中旬召开了专家咨询会，专家意见已在媒体进行了公示。第三步在前两步的基础上编制《惠州市城市总体规划》，计划2005年年底前完成。

编制完成《大湖溪南片控制性详细规划》、《惠澳大道控制性详细规划》等6个控制性详细规划；完成惠州城区近期建设规划和城区综合交通规划的初步规划方案。

【城区建设和管理】 年内，惠州城区建设成区面积35.51平方公里。城区内完成建设工程报建审批650宗，面积358.8万平方米；建设工程竣工规划验收397宗，面积81.2万平方米；市政管线工程报建69宗，总长度5.7万米；办理建设用地规划许可证手续291宗，面积304.99万平方米；报市政府用地审批小组审批建设用地122宗，面积340万平方米。修测1∶5000地形图159幅，接收城市建设档案1153卷。

市规划建设部门加大对违法建（构）

筑物的查处力度。全年查处违法建设890宗、9.85万平方米，拆除违法建（构）筑物876宗、9.25万平方米。对城区脏、乱、差现象进行整治，拆除10余条城市道路两旁的临时建筑和违法建筑（构）物，拆除面积2.72万平方米。

【城市基础设施建设展新貌】 年内，惠州城区安排经费6.7亿元，实施市政公用事业建设管理项目88项（年度计划项目66项，续建项目22项），建成道路总长46公里，总面积109.6万平方米，其中沥青路面22万平方米，水泥路面70万平方米，人行道17.6万平方米。铺设下水道总长96公里，架设路灯3572座1.3万盏。

【市民乐园建成】 市民乐园是2003年惠州市的重点民心工程，市规划建设系统各单位仅用40多天时间便完成了该项工程的建设任务。该工程总投资5000万元，实施的项目包括花岗岩铺装、排水、供水、供电、灯光、音响、喷泉、电信、园林绿化等10多个系列工程，其中土建工程包括广场花岗岩铺装6万平方米、挖填土沙石方16万平方米、混凝土垫层5.5万平方米、石粉垫层9万平方米、下水管道铺设4800米、沥青路面铺设0.6万平方米、停车场铺设0.35万平方米，照明灯光1300多盏，园林绿化4万平方米。

【实施“穿衣戴帽”工程】 作为首期工程的惠城区环城西路“穿衣戴帽”工程，于3月1日开始实施。涉及的建筑物有29幢，产权单位29家、个体工商户100余家、居民102户。总投资250万元，翻新墙面2.4万平方米，拆除外露防盗网6800平方米，治理户外广告16个共650平方米。4月13日完工。

二期实施的LG大道、德赛大道、麦科特大道“穿衣戴帽”工程于5月中旬进场施工。涉及的建筑物约120栋，施工范围包括拆除阳台和窗户外露的防盗网、不规范的广告和招牌、有碍观瞻的临时建筑、废旧窗等。

【园林绿化实行“以费养事”制】 年内，市园林管理部门在城区相继完成市民乐园、东平中心绿地、南出口路改造、惠州大道三期、西湖南门公园等25个园林绿化建设项目，共投资9050万元，新增道路绿化面积51.56公顷，改造公共绿地面积12.32公顷。

为搞好城区园林绿化管理养护，使园林绿化养护管理体制层与作业层分离，改传统的“以费养人”为“以费养事”。从3月起，将江北行政中心周边道路及环城西路、麦科特大道等合计33万平方米的园林绿化养护公开向社会招标，中标金额244.23万元，为市区园林绿化养护探索出了一条新路子。

【加强市容环境管理】 年内，市容环境管理部门继续实行24小时管理和步行执勤制度，加强对城区各大市场周边乱摆、乱卖及夜间大排档占道经营现象的管理。各市场周边秩序良好，占道摆卖现象得到控制。

同时，抓好城区道路的清扫保洁、垃圾收运、公厕、垃圾转运点、果皮箱等的管理。城区全部街道不分等级，一律实行每天两大扫、18小时保洁制度。对城区随地乱丢、乱吐、乱张贴、乱刻画等现象进行了查处，全年处罚乱扔乱吐行为罚款53万元，罚扫地人数3235人。

年内，市容环境管理部门完成花边岭广场、水门桥东岸桥底的两座公厕和垃圾站的建设。设立建筑垃圾排放场6个，与加拿大瑞威环保有限公司合作建设的总投资2.9亿元、日处理垃圾600吨的惠州市垃圾焚烧发电厂于5月底开工，计划2005年建成使用。

【房地产市场迅速发展】 年内，市房产管理部门继续开展“广东绿色住区”选送及评定工作。绿色住区的健康、环保、可持续发展的理念越来越受到开发商的重视和购房者的关注。全市有5个小区获“广东绿色住区”，成为广东省获此荣誉最多的地级市。

全年接受各种投诉17宗。根据5月间市政府召开的处理“烂尾楼盘”会议精神，在24个停建烂尾楼盘中，有9个复工，5个涉及到拆除补偿或政府收回等问题，其余项目也基本有合作对象，或有他人收购盘活的信息。

惠州市房地产市场在国家和省扩大内需、促进住房消费的政策措施引导下，推出各类新型楼盘，以满足不同消费层次市民的购房需求。

惠州市房地产市场在中海石化项目的带动下发展迅速。全市全年完成投资27.27亿元，比上年增长71.8%；商品房施工面积335.77万平方米，增长59.20%；竣工面积103.95万平方米，增长19.11%。根据省委、省政府《关于解决特困群众“四难”问题的意见》精神，加快了经济适用房和廉租房建设。经过1年多的筹备，已完成经济适用房、廉租房建设工程基础工作。

【存在问题】 城市建设发展仍然受到资金不足和人才缺乏的困扰；一些村民的法律意识、城市意识、大局意识淡薄，城市主干道两侧村民违法建设现象较为严重，清拆工作阻力较大。

建筑业

【概况】 2003年，市规划建设部门继续深入整顿和规范建筑市场秩序，制订加强建筑市场管理的各种规章制度，完善建筑市场的准入和清出制度，加强建工程现场监管，把建筑施工安全生产和文明施工作为建筑管理的重点，全面提高安全生产、文明施工整体水平。

结合省整顿和规范建筑市场秩序精神，规范市场的运作行为，增强企业的质量意识。年内受理38家建筑企业的资质申报及资质增项工作，引导建筑企业争创市“双优”样板工程。至年底，全市有一级建筑企业5家，二级建筑企业24家，三级建筑企业94家，外市在市直备案登记建筑企业109家。全年新开工项目574项，建筑面积789.2万平方米，总投资43.45亿元。

【建设工程实行招投标】 年内，市规划建设部门按省建设厅的要求，全面贯彻执行《建设工程工程量清单计价规范》，规范建设工程计价、市场定价行为。市属有27项工程实行工程量清单计价招投标，总投资1.9亿元，综合下浮率9.55%，其中最高下浮率17.27%，最低下浮率3.75%，为国家节约投资2434.92万元。

全市有形建筑市场完成工程施工交易118项，工程造价10.96亿元。其中：公开招标工程112项，工程造价9.33亿元；邀请招标工程6项，造价1.63亿元。完成工程监理交易21项，工程造价6.84亿元，均为公开招标。实现应招标工程100%进行招标，应公开招标工程100%。

【做好工程造价审核】 年内，市规划建设部门履行造价管理职能，做好工程造价咨询单位资质申报审批，加大对工程造价审核、监督的力度。至年底，全市有乙级工程造价咨询单位11家。

市规划建设管理部门分别完成甲乙双方委托工程结算审核181项，送审造价6.95亿元，审核造价6.58亿元，核减0.37亿元；完成司法部门及仲裁机构委托鉴定3项、工程造价1.48亿元。

【施工安全与工程质量监督】 市规划建设部门以施工现场为核心，把安全监督管理贯穿于施工全过程。全年受理安全报监项目139项，面积135万平方米，工程造价14.9亿元。

按照《建设工程质量管理条例》、《工程质量监督工作守则》和国家相关法律法规，全年监督报建工程137项，比上年增加31项，增长29.2%；建筑面积184.54万平方米，增加86.54万平方米，增长88.3%；工程造价16亿元，增加4.3亿元，增长36.76%；竣工验收42项，面积37.28万平方米，合格率与备案率均100%。

【散装水泥供求超计划】 年内，全市预收散装水泥专项资金280万元，其中县（区）预收75万元。完成散装水泥供应量83.09万吨，散装水泥使用量63万吨，分别比上年增长70.27%和65.35%。散装率21.87%，超额完成省下达的年散装水泥供应量55万吨和45万吨的任务。

此外，加大散装水泥设施建设。全市有商品混凝土搅拌站10家，设计生产规模290万立方米/年，拥有搅拌车74台，总装载量500立方米。

【规范燃气管理】 年内，惠州市各燃气企业和销售点建立健全各项安全制度，严格按照制度进行管理，认真落实各项安全措施。全年管理部门对全市燃气企业进行34次安全生产检查，检查气站（库）28个，瓶装气销售点400多个，查处各种违法行为221宗，没收不合格钢瓶315个，强制送检钢瓶11825个。妥善处理183宗群众信访及“110”投诉案件。

此外，还认真做好全市燃气企业资质和市区燃气销售经营许可证的年审及换证，制订并下发《设立瓶装液化石油气销售点条件》、《申请设立燃气销售点应提交或验明文件》，印制发放《惠州市燃气行业管理、便民联系卡》。为规范燃气行业管理提供依据。

城镇规划建设

【完成部分城镇规划编制】 2003年，市规划建设部门按照整合资源、优势互补、分类指导、共同发展的要求，以推进城市化进程为目标抓好县镇规划。惠东县完成县城近期建设规划、巽寮滨海旅游度假区20.2平方公里总体规划及8.2平方公里控制性详细规划和吉隆、黄埠、盐洲3镇总体规划、《县民营工业园区规划》、《九龙峰旅游区规划》。龙门县完成县城近期建设规划及永汉、平陵两个镇总体规划和近期建设规划。博罗县完成总体规划和近期建设规划以及杨村、石湾等中心镇的总体规划。

【严把镇级规划建设关】 年内，全市规划建设部门都能严把农村土地使用和私人建房审批关，每一宗用地办证都进行现场核实，确保用地不涉及农田保护区、不占用耕地、不影响公路路网规划建设。加强对各镇规划建设办有关农民建房收费的检查、监督，防止巧立名目乱收费现象，减轻农民建房负担。

【新圩镇将有关收益用于基础设施建设】 年内，市属各县（区）加强城镇建设管理，优化城镇环境。其中惠阳区批准新圩镇的基础设施配套费、城市维护费、原划拨土地的租金和按规定集体非农业建设用地流转的土地收益，全部用于其道路、供水、排水等基础设施建设，推动了新圩镇的建设步伐。该镇新建成了4条长约2000米的道路以及排水、绿化等配套设施。

（卢云巧）

市政公用事业

【概况】 2003年，惠州市市政公用事业部门组织实施市政建设工程项目88项，其中本年度计划项目66项，续建完善项目22项。新建和改造道路34条，桥梁工程1项，广场1项，排水整治项目2项，路灯12项，市政动迁项目16项。项目总投资6.7亿多元，累计完成投资5.5亿元。

实施的主要项目包括惠州大道改造工程第三、四期，先科大道建设工程、惠淡大道首期建设工程、南岸路改造工程、西三环路建设工程、市民乐园建设工程、惠河高速公路市区连接段建设工程、云山南路建设工程、菊花一路建设工程、三新北路建设工程、文华一路建设工程，文明一、二路建设工程等。其中，市民乐园占地9.3万平方米，投资5000多万元，整个建设工程不到50天完工；先科大道、惠州大道和惠淡大道列入惠州市政府的“八项民心工程”。

惠州大道三新段

（市公用事业局供）

【维修城区交通设施】 至年底，惠州城区道路总长311.7公里，总面积509.2万平方米，人均道路面积7.42平方米。桥梁总数26座。维修沥青路面6736平方米，混凝土路面2400平方米，人行道方砖2001平方米。

年内查处销售假冒伪劣下水道井盖80多套、违章占道42宗、违章破路1宗，清除违章人行道护坡1226米。针对惠州城区使用时间较长的部分桥梁，聘请专门桥梁检测机构进行安全检测，制订出维修加固方案并加紧组织实施。

【城市供水产值创历史新高】 年内，惠州城区自来水实现售水量8554万吨，售水产值10800万元，完成税利3200万元，分别比上年度增长6%、14.6%和15.4%，全市全年自来水的产值和税利均创历史最高水平。管网水综合合格率98.7%，水质优于国家标准。为配合城市建设和经济发展，全年累计投入资金1287万元，铺设管径100毫米以上供水主管道35.6公里，使市区供水主管道总长增至636公里。市自来水总公司通过强化企业内部的经营机制，对残旧水表、供水管道进行改造，减少漏耗等措施，加强管理，保障城区供水。8月20日上午，市自来水总公司江北水厂隆重举行获全国“青年文明号”的挂牌仪式。

【城市排水设施完好】 年内，市有关部门加强城市道路排水设施管理，在城区主要路段都使用了按国家标准生产的防盗性能好、抗压力强的球墨铸铁防盗井盖，解决道路井盖、漏水板容易被盗和损坏的问题。至年底，惠州城区下水道总长425.5公里。清疏下水道3860米，清疏沙井、集水井5482座，更换各种排水井盖1165个。市政排水设施完好率98%。

【路灯装饰与“光亮工程”】 年内，惠州城区累计完成投资5000万元，新装路灯3572座1.3万盏，铺设线路200多公里，维修更换路灯6325盏，线路7211米，比上年增长19%。路灯投诉率同比下降22%，亮灯率和设施完好率98.4%，基本消灭“有灯不亮”的现象。年底，惠州城区路灯有3.5万多盏，是上年路灯总量的一倍多。年内建成的市民乐园灯光景点和西湖灯光景区，分别在广东省首届“光亮工程”评比中，被评为优秀景点和优秀景区。

【城市公交能力提升】 年内，市公共汽车总公司合理调整线网，强化调度管理，优化公共交通网络，不断加强企业技术创新，生产经营稳步发展，服务水平不断提高。全年完成客运量5400万人次，营运收入6196万元，分别比上年增长8%和6%。全年投入资金2170万元，新购92台豪华公交车，更新、更换了7条公交线路的营运车辆，增加4条线路的运力。至年底，惠州城区有公共汽车464辆，线路29条。

【市政动迁工程】 年内，惠州城区累计完成惠州大道四期、合江桥、惠淡大道首期、先科大道、河南岸中心小学、麦科特广场等项目的房屋拆迁工程，拆迁建（构）筑物总面积55万平方米，涉及拆迁单位44个，涉及拆迁住户1340户，拆迁补偿费用6320万元。

【规范城区临时占道停车】 4月，惠州全面完成电子泊车招投标工作。10月，在惠城区18条道路划出800个停车位，试行电子咪表泊车管理，以遏制城区车辆乱停乱放现象，实现市政府经营城市和管理城市的双赢目标。同时，惠州市还统一、规范了200多种市政工程用表，全面提升市政档案管理水平。

【存在问题】 市政动迁工作，中央和省有关部门已出台新的拆迁政策，惠州市的拆迁补偿标准与市场价比较有一定的差距，大部分拆迁户都不愿意接受现有的拆迁补偿标准，拆迁工作存在较大的阻力和困难。市政建设的任务逐年增加，技术和管理水平随着专业化、程序化、科学化、法制化和规范化的要求提高，高素质专业人才不足，给工作带来困难。历年市政工程欠款太多，引发矛盾、纠纷不断，带来一些不安定因素。市政公用事业体制改革工作尚未全面铺开，有待加强和推进。

（叶韶阳　何　霞）

城市园林绿化

【概况】 2003年，惠州城区园林绿地面积1506.1公顷，其中公共绿地面积416.35公顷，比上年增加51.56公顷。建成区绿化覆盖率47.6%，绿地率42.4%，均比上年增长0.1%；人均公共绿地面积11.87平方米，增加1.08平方米。惠州城区生产绿地面积66.58公顷，比上年增加3.2公顷。市园林局下属苗圃场培育苗木20多个品种273万株（袋），重大活动及节日摆花10.9万盆。

下埔滨江公园全年举行大型文化活动35场，西湖和红花湖景区人游量80.54万人次。12月，惠州西湖创建4A级旅游景区通过国家验收。

年内，市园林管理局被国家建设部和省委、省政府分别授予“广东省先进集体”和“创建园林城市先进集体”称号；柳锦州、陈贵兴、钟越海分别被建设部授予“创建园林城市优秀市长”、“创建园林城市先进个人”和“国家重点风景名胜区综合整治先进个人”称号。

【园林建设投资增加】 年内，惠州城区园林绿化建设投资9050万元，投资总额比上年增加2.5倍。主要用于市民乐园、东平中心绿地、城区南出口绿地、东江沙公园、东江公园（一期）、西湖南门公园、惠州大道（三、四期）、江北21号、22号小区、文华一路等25

东江沙公园　（市园林局供）

项园林绿化工程。绿化建设以大色块、流线型布局，突出生态与文化理念，绿化档次和园林艺术是近年来的最高水平。

【园林绿化试行市场化管理】 3月起，惠州市对城区园林绿化管理模式进行试点改革，将江北行政中心周边道路及环城西路、麦科特大道等合计33万平方米的园林绿化养护向社会招投标，实行市场化管理，以探索园林绿化管养分离的路子。市园林管理部门按照承包合同和管养规范，对管养工作每周一小查，每月一大查。管养质量与绿化养护招投标挂钩，评比得分前三名者加分，末位淘汰，调动了管养单位的积极性。同时，通过市场化改革，造就了一批园林管理技术骨干，培育了一批具有较高专业水准的园林企业，为惠州园林绿化的发展积累了经验。

【综合整治西湖】 年底，全面整治惠州西湖的南丰湖和一中湖，总面积26.5万平方米。实施了放水晒湖、湖底清淤、维修湖岸、恢复黄塘湖面、设置景观雕塑、修建亲水码头、建设环湖人行贴水桥、增设沿湖灯饰、完善景点及湖边绿化等项目。投入资金1300多万元。清淤是整治重点，平均挖深55厘米，总清淤量15万立方米。

年内，为规范西湖景区标志、标识牌，按照建设部规定的标准，设置国家重点风景名胜区标牌和引导性路牌共9块，同时完善游览指示牌一批。整治工作通过省建设厅检查验收。

【西湖水质保护调研】 12月25～26日，以中国环境科学研究院院士刘鸿亮为组长的水质保护专家组一行对惠州西湖水质保护情况进行调研。专家认为，惠州西湖水环境较好，对西湖“先截污、后治理”的整治措施，思路正确，方法对头。针对西湖清淤后湖水变黄、景观不佳的问题，专家建议挖泥清淤要与生态恢复相结合，挖完后要及时加做人工浮床，以改善水的混浊度，增加透明度。

【存在问题】 2003年，由于惠阳撤市设区，该区绿地系统规划相对滞后，绿化基本指标与惠城区差距较大，需采取措施，加大投入，力促两区园林绿化全面协调发展。

（林炳君）

城市管理和城建监察工作

【概况】 2003年，惠州市的城市管理与城建监察工作不断更新理念，创新工作思路，坚持以维护广大人民的根本利益为标准，开展了一系列的综合治理和专项整治活动，巩固了惠州市“四块金牌”的创建成果，推进了创建文明城市工作。同时，还在干部职工中开展了学习、工作作风和纪律整顿，提高了队伍的执法水平和服务质量。

但是，市民对城市管理的参与度还不高，管理者与被管理者双方的信息交流缺乏有效通道，管理缺乏现代化的手段与技术保障。“重建设、轻管理”的传统观念还没有真正扭转过来。在管理机制方面，政出多门、多头管理、职能交叉、职责不清、管理效能低下等问题还没有得到较好解决。

【协调解决城管热点难点问题】 年内，惠州市城市管理与城建监察工作围绕创建省文明城市的工作目标，认真履行“宏观指导，综合协调，检查监督”的工作职能，组织召开了近10次城管委员工作例会和现场办公会议，协调有关部门办理人大代表建议和政协提案共9件，有效地解决了群众关注的热点、难点问题。如“城中村脏乱差”、“市场周边占道经营、环境脏乱差”、“下角丰山紫眉路脏乱差”、“整治误导、夸大性医疗、医药广告”等。

【加强城管行政执法】 年内，查获各类违法建设案件401宗，计36249平方

城管执法人员在惠城区开展城市管理法律法规宣传活动　（市城管办供）

米；依法对944宗81765平方米的违章建筑执行强制拆除。继续施行24小时不间断的长效管理制度，加强上下班高峰期及夜间占道经营大排档的监控，及时发现城市管理中存在的热点、难点和焦点问题，并现场予以整改。同时，通过举办“城市管理大家谈”电视专题、组织上街咨询、开辟城管网站等形式，开展城市管理宣传活动，拓宽市民参与城市管理的渠道。

此外，还开展了惠州城区横幅标语、违规养犬、散体物料运载、废品收购站等治理工作。

【城管“110”发挥作用】 年内，“110”城管指挥中心网络单位受理噪音扰民、违章搭建、市政设施受损等涉及民生民情的投诉案件3500多宗，日平均近10宗，受案率100%，处置率98%以上。

【治理“城市牛皮癣”】 年内，惠州城区在上年开展治理“城市牛皮癣”的基础上，继续组织有关部门举行了6次清理大行动。清理各种“癣迹”近三四百万张（处），抓获涉嫌制假分子50多名；追呼各种办假证的电话号码近千个。同时，组织实施“城市牛皮癣”治理工作市场化有偿服务管理试点工作。

（林小龙）

房产管理

【概况】 2003年，惠州市房地产业在中海壳牌石化项目的带动下，上半年房产开发投资迅猛，市场供应充足，竞争加剧，下半年趋于平缓，全年呈稳步增长态势。全市房地产开发投资27.27亿元，比上年增长71.8%，其中：住宅投资17.17亿元，增长63.52%；商品房施工面积335.77万平方米，竣工面积103.95万平方米，实际销售面积86.12万平方米，分别增长59.2%、19.11%、52.8%。商品房空置面积略有上升，空置面积69.84万平方米，空置率26.36%，比上年提升6.3个百分点。全市房屋建筑总面积5786.2万平方米，其中住宅3657.54万平方米，人均居住面积28.30平方米。

但由于房产开发投资大幅度增长，短期内商品房的供求矛盾仍然突出；城镇住房制度改革有待深化；住房公积金管理仍需进一步规范；小区物业管理整体水平还需不断提高。

【房产交易活跃】 年内，惠州市房产交易市场活跃，住房一级市场供应充足，为市民提供了较大的选择空间；同时，也带动了住房二级市场发展，房改房上市逐步放开，住房梯级消费方式逐渐形成。全市住房市场完成交易13642宗，比上年同期增长45%；交易面积235.24万平方米，增长26%；交易金额38.25亿元，增长32%。其中城区完成交易10326宗，交易面积134.40万平方米，交易金额22.45亿元，与上年同期相比，分别增长了53%、61%、39%。惠州城区房屋交易平均价每平方米1670元，同比下降13.6%。商品房平均交易价每平方米2070元，二手房平均价每平方米1037.6元。

【办发房屋各类权证增加】 年内，市房管部门加强房地产交易市场建设，提高服务质量和办事效率，完善一站式服务，开展岗位练兵活动，把好办证质量关，加快办证速度。全年办发房屋各类权证26827份，比上年同期增长30%。其中：产权确认2963份，增长39%；发证面积185.8万平方米，增长43%；他项权办证12203份，增长53%；抵押面积364.4万平方米，增长64%。

同时，加强产籍管理和利用，市房产档案馆整理归档13427份，比上年增加10.1%。惠阳撤市设区，移交10个镇房产档案1.2万多份。

【物业管理水平明显提高】 年内，惠州市房产管理部门依照《物业管理条例》，对市区物业管理小区住房专项维修资金实行监管。至年底，市区已缴交资金的小区20个，金额16.9万元。同时，把好物业管理企业的市场准入关，对市区45家物业管理企业进行资质审查，核准临时资质企业32家，三级资质企业13家，其中隆生、金宝两家企业通过了省建设厅的二级资质核准，成为惠州市第一批具有二级资质的物业管理企业。全市物业管理水平明显提高，全年管理投诉案件比上年同期下降10%，服务不到位或乱收费现象已得到遏制。

【加强市区公房管理】 年内，惠州市为加速旧城改造，积极做好公房拆迁和安置工作。全年核发拆迁许可证18宗，拆迁面积10万平方米。6月，针对公房电线老化状况，市房管部门清查了惠州城区公房照明线路，并制订出改造方案上报。

7月，惠阳10个镇移交代管公房占地2.01万平方米，建筑总面积15.71万平方米。

全年实收租金489.39万元，收租率94%；追收历欠租金35.10万元。

【商品房预售公开化】 年内，惠州市加强商品房预售管理，实行预售公开化。在报纸上及时公布已办理商品房预售许可证的楼盘，杜绝内部认购和非法预售。全年核发商品房预售许可证75宗，比上年增长8.6%；核准预售面积

135 万平方米，增长 25%。

【住房公积金缴交率大幅增长】 年内，惠州市在进行公积金机构调整过程中，加强了住房公积金的管理和利用。全年全市公积金应缴交人数 9.8 万人，缴交率 65%，与上年持平。全市归集住房公积金 1.93 亿元，比上年增长 31%，累计归集 6.52 亿元，归集余额 4.5 亿元，增长 29%。为符合条件的职工支取个人名下住房公积金 7337 万元，增长 54%；为职工购房发放公积金贷款 1168 户，金额 9150 万元，增长 518%。

【惠州市物业管理协会成立】 惠州市物业管理协会成立大会于 12 月 24 日召开。广东省建设厅、广东省物业管理协会派员及市内各家物业管理企业负责人参加会议。物业管理协会是实现物业管理行业自律的一个有效载体。该协会成立后，主要是协助政府制订物业管理行业政策和规划，推行行业管理；开展行业调研，为市民提供物业管理方面的咨询、评估；维护会员合法权益，协调解决会员与业主以及其它机构的纠纷；组织专业培训，提高会员单位员工素质。

【经济适用房廉租房建设】 年内，惠州市根据省委、省政府《关于解决特困群众“四难”问题的意见》，加快住房制度改革，推进经济适用房廉租房建设。惠州城区河南岸 17 号小区经济适用房廉租房建设项目进展顺利。该项目由市房产管理部门组织实施。12 月已完成全部基础工程建设。计划在 2004 年 10 月竣工。该小区建成后，主要用于解决市直单位（未参加房改）中低收入干部职工、军转干部、大中专毕业生以及惠州城区住房困难户和无房户居民住房问题。

（何晓琳）

鹅岭南路 （市公用事业局供）

环境保护

责任编辑：张世开

综　述

【环境与经济协调发展】　2003 年，全市各级环境保护部门围绕经济建设这一中心，坚持以人为本和科学的发展观，进一步加强环境保护工作，基本实现环境与经济协调稳定发展。

年内，惠州市总体环境质量维持在良好水平。全市城镇空气质量达到国家空气质量二级标准，东江干流惠州段水质和饮用水源水质达到国家地表水环境质量Ⅱ类标准，近岸海域水质符合国家海水水质标准第一类和第二类要求，环境噪声污染得到控制，声环境质量有所改善。

2003 年度，在广东省"环境保护责任考核"中惠州市环境保护责任考核总得分 90.29 分，全省排名第二，获得优秀等次。

【查处环境违法案件】　年内，惠州市开展了清理整顿不法排污企业的行动，全年出动 1278 人次，检查 494 家（次）企业，发现未执行环保评议企业 13 家，未执行"三同时"（即建设项目与环保同时设计、同时施工、同时运转）企业 7 家，累教不改小企业 8 家，不正当使用污染防治设施企业 5 家。对这些违法企业依法进行了查处。全年查处环境违法案件 137 宗，罚款 87.3 万元，行政处罚案件执行率 100%。

7 月 8 日开始至年底，惠州市环保局到仲恺高新技术开发区、横沥镇、惠台工业区等地进行现场办公　（市环保局供）

【环保议案提案办理】　年内，市环保部门继续办理市人大《关于切实加强东江水资源保护议案》，加快城市生活污水治理基础工程建设。全年办理人大建议案 3 件，政协提案 8 件。全部按时办结和回复，并向代表或委员发出办理情况意见征求函。

【排污费征收量增加】　年内，惠州市环保管理部门根据"谁污染谁付费"的环境政策，实行"依法、全面、足额"征收排污费。全年征收排污费 3059 万元，其中惠城区 1202 万元、博罗县 651 万元、大亚湾 96 万元、惠东县 223 万元、龙门县 79 万元、惠阳区 808 万元，总量比上年增长 8.85%。

【环保投诉处理率高】　年内，市环境保护局继续实行 24 小时值班制，坚持局领导接访日制度，继续使用"12369"投诉热线电话。全年全市信访投诉案件 3618 宗，与上年比基本持平，其中惠城区 2893 宗（含"110"转入 1453 宗）、惠阳 167 宗、惠东 106 宗、博罗 227 宗、龙门182宗、大亚湾43宗。已处理3470宗，处理率95.9%。

【环境监测到位】 年内，市环保部门取得各类监测数据4.4万个，完成环保设施竣工验收的企业37家，污染源监督性监测662家，环评监测6家，城区机动车辆尾气路检962辆。

【环保投入增加】 年内，惠州市环境保护投资12.95亿元，占国内生产总值2.2%，其中工业污染源治理投入2.05亿元，城市环境基础设施建设投入8.49亿元，各种污染治理设施运行费用2.12亿元，环境管理能力建设投入0.29亿元。

【污水处理厂建设启动】 年底，惠东县平山生活污水处理厂和博罗县城生活污水厂建设启动，设计规模分别为日处理污水能力6万立方米和3万立方米，要求2005年上半年完成。另外，全市还有11个污水处理厂（包括梅湖污水处理厂二期）在规划建设中。

【整治东江初见成效】 年内，市环保部门落实省委、省政府关于综合整治珠江决定，综合整治东江。首先是全面整治江岸环境，推进生活污水处理厂建设；同时整治河涌（支流），强化工业污染源管理。再就是清理整顿养殖业。年底基本完成省委、省政府下达的“一年初见成效”任务，在全省珠江综合整治考核中取得优秀成绩。

【存在问题】 有个别地方仍然存在破坏环境换取眼前利益现象；部分企业环境意识不够强，偷排、漏排污染物事件时有发生；环境基础设施建设滞后；局部区域环境污染尚未得到有效遏制；噪声污染、辐射污染问题日渐突出；农村农业环境保护工作力度不够大；环保产业化程度不高。

环境状况

【大气环境质量达二级标准】 2003年，惠州城区大气环境状况达到国家《环境空气质量标准》的二级标准。全年空气污染指数范围值为23－99（其中优有101天，良有264天），其中二氧化硫年日平均值0.021毫克/立方米，二氧化氮年日平均值为0.014毫克/立方米。惠州城区降水pH值5.42，酸雨出现频率为41.2%。

【水环境质量达标】 年内，惠州城区饮用水水源水质良好，达标率100%。东江干流（惠州段）水质全年达到国家地表水环境质量标准的Ⅱ类水质标准；西枝江干流水质符合功能水质要求；惠州西湖经过全面整治，水质得到明显改善，达到国家Ⅳ类水质。

【城区噪声值与上年持平】 年内，惠州城区区域环境噪声平均值55.1分贝，交通干线噪声平均值67.5分贝。两类噪声与上年数值大体持平。

【生态环境良好】 至年底，惠州市森林覆盖率59.8%，比上年提升0.84个百分点。现有各类自然保护区24个，其中国家级2个，省级4个，总面积14.75万公顷，占全市国土总面积9.41%。生活饮用水源保护区43个，总面积3.46万公顷，占陆地总面积3.10%。惠州市绿化覆盖面积1690.87公顷，覆盖率47.6%。

【工业废水废气排放量】 年内，全市工业废水排放总量3432.38万吨，全市削减化学需氧量14757.89吨，石油类11.21吨。工业污染源排放化学需氧量1898.19吨，石油类2.65吨，氰化物0.44吨，六价铬0.32吨。

全市工业废气排放量186.79亿立方米，共削减烟尘14480.89吨、二氧化硫360.51吨、粉尘176914.81吨。工业污染源排放烟尘697.51吨，二氧化硫7947.43吨，粉尘1223.62吨。

环境管理

【把好建设项目审批关】 2003年，市环保部门受理项目547宗，其中工业项目344宗，饮食、娱乐、服务等第三产业项目203宗。已经审批的工业项目320宗，因选址不当等原因予以否决的项目12宗；已审批的饮食、娱乐、服务项目144宗，因选址不当等原因予以否决56宗。建设项目环境影响评价制度执行率100%，“三同时”执行率100%。

【饮食业使用清洁能源】 年内，市环保部门在审批饮食业项目报建时，把使用清洁能源作为审批的前提条件之一，对没有使用清洁能源的一律不予审批。全市饮食业使用燃气占95%以上。

【审理核发排污许可证】 年内，市环保局发放排污许可证994份，其中惠城区707份，其它县（区）287份。新核发工业企业排污许可287份，其中惠城区280份，其它县（区）7份。继续严把排污许可证年审关，对超许可量排放的企业立案处罚，充分发挥排污许可证的作用，有效控制污染物排放总量。全年审理排污许可证437份，其中惠城区300份，其它县（区）137份；未年审的排污许可证270份，其中惠城区127份，其它县（区）143份。核发建筑施工噪声许可证112份，批准符合条件的夜间连续施工申请67宗。

【固体废物污染防治】 年内，全市持有省环保局核发危险废物经营许可证从事危险废物经营的企业共7家，提供危险废物回收处理服务的企业88家，共收集、处理处置危险废物2700吨。

年内市环保局在全市对危险化学品安全管理进行专项检查，掌握了危险化学品的多项使用指标情况、贮存状况和生产工序中各环节的危险废物产生的种类、数量等。同时，安全处置过期和废弃剧毒化学品，共处置"毒鼠强"64公斤，氰化物13公斤，砒霜12公斤。

市环保局按照省环保局的要求，完善和简化进口废物申报程序，讲究服务质量，提高工作效率，使各企业能按照有关规定进行废物的加工利用。至年底，为21家企业上报申请书32份，获得国家环保总局进口废物批准证书32份。

【东寰危险废物综合处理示范中心开工】 由市环保局协助建设的广东东寰危险废物综合处理示范中心，是2003年省政府主抓的环保工程的重点项目。该项目包括4个基地，即危险废物综合处理的示范基地，危险废物处理处置、综合利用的技术研究、开发基地，危险废物处置管理人才和技术人才的培训基地，危险废物处置和生态建设相结合的宣传、教育基地。至年底，已完成工商、税务等行政注册手续，落实了建设经费2250万元，投入项目建设资金750万元，一期工程于12月开工。

【核应急与辐射环境管理】 年内，惠州市辐射污染源环境影响评价工作已经启动，广东移动通讯有限责任公司惠州分公司已完成70个发射基站的环保评议。处理有关辐射污染的群众投诉14宗。配合广东省核应急与辐射环境管理办公室，组织全市应急单位进行了8次室内通讯演习，按时完成预演。配合省辐射中心收贮惠州市11个废放射源，累计收贮11个单位的废放射源19个。完成《惠州市应急系统启动响应程序》的修编。

【辐射环境管理研讨会在惠召开】 10月22日，广东省辐射环境管理工作研讨会在惠城区天悦大酒店召开。会议总结全省辐射环境管理工作开展情况，并对下阶段的工作进行部署。国家环保总局核安全与辐射环境管理司副司长刘华、省环保局副局长李治燕，以及省内各地级市环保部门负责人、环保技术人员参加了研讨会。会议要求各地环保部门对照《放射性污染防治法》标准找差距，并逐项整改、落实。

环境科研与产业

【市垃圾焚烧发电厂方案评审】 惠州市垃圾焚烧发电厂建设项目1995年开始筹建，经多年的反复论证于2001年3月立项，8月与加拿大瑞威投资有限公司签订合作合同。2002年，该项目的初步设计方案由机电部第二设计院负责设计，并已完成。

该发电厂选址于惠城区西郊东江林场湖洋坑地段，其主要任务是处理城市生活垃圾和部分工业垃圾，设计处理能力为每日600吨，并利用其余热发电。工程采用的是控气型固体废物热分解焚烧炉第二代技术，为目前国际领先水平，工程具有投资成本较低、环保效果明显等特点。其中焚烧炉、尾气处理系统及相应的控制系统等关键设备，均由目前处于世界环保先进水平的加拿大瑞威投资有限公司提供。

3月31日，中科院环境科学研究院副主任刘鸿亮院士率领的专家组一行10人，对市垃圾焚烧发电项目初步设计方案进行评审。专家们在听取汇报、审阅有关资料，并到现场实地考察垃圾焚烧发电厂厂址后认为，该方案设计基本合理，资料较为齐全，主要工艺路线及设备技术先进，设计参数布局合乎规范，符合评审要求，专家组原则上同意该方案，并增加了一些补充意见。

【环保项目研究进展顺利】 年内，市环保局承担的广东省环保科研项目《惠州市典型土壤污染探察研究》、《惠州西

惠州市垃圾焚烧发电项目初步设计评审会会场一角　　（市环卫局供）

湖富营养化研究》两课题进展顺利。该局还主持完成《小金河水环境综合整治规划》研究课题。全年市环境科技工作者在国家、省、市刊物上发表论文16篇。

年内，市环保部门还完成环境影响评价报告书43篇，填报环境影响报告表900多份，为环境管理决策提供了科学的依据。

【市环科所建立国际认证体系】 年内，市环保部门巩固了ISO14001国际环境管理体系咨询和环境工程设计等项工作，完成多家企业废水处理工程设计和工程可行性研究报告编制，举办多期ISO14000系列标准培训班。从9月开始，惠州市环科所开始建立ISO9000和14000认证体系工作。

环保宣传教育

【环保宣传】 2003年“环保宣传月”期间，在城区开展了大型的环保咨询活动，组织了“行动起来，投身环保，共建环保健康社会”万人签名活动，派发各类环保宣传资料近2万册。11月，组织参加了“广州国际环保展览会”，宣传推介惠州的环境新貌，接待参观人员1万余人次。

【创建绿色社区学校（幼儿园）】 年内，市环保部门组织开展创建绿色社区、绿色学校（幼儿园）活动。全市有2个社区和6所学校（幼儿园）被评为省绿色社区、绿色学校（幼儿园），有25所中小学（幼儿园）被评为市绿色学校（幼儿园）。

【开设环保教育课程】 年内，全市各级党校、干部培训学校举办的各类干部培训班中均开设了环境保护课程，形成了“保护环境、人人有责、共同参与”的良好局面。全年，组织了3次校园专场环保教育课，参加听课人员1000余人。

（郑立忠）

6月5日世界环境日，市环保局在市区平湖门步行街举行大型环保咨询活动暨“行动起来，投身环保，共建环保健康家园”万人签名活动　　（市环保局供）

交通运输

责任编辑：舒仲顺

综　　述

【交通基础设施建设稳步发展】 2003年，惠州市交通行业认真贯彻国务院，省委、省政府关于加快农村和山区公路建设精神，抓住中海壳牌南海石化项目动工的良好机遇，采取有效措施，推进全市交通基础设施建设。

公路建设方面　年内，全市完成交通建设固定资产投资45亿元，全市公路总里程7355公里，其中高速公路282公里，公路密度65.67公里/百平方公里。

惠州城区过境公路全长26.14公里，估算投资10亿元，由中信集团深圳分公司投资建设，工程如期推进。

年内，开工的项目有县道X211线铁涌至盐洲段、X218线公庄至石下段、X219线沙迳至麻榨段，完成前期工作筹备的项目有县道X202线良井至白花段、X205线马安至水口段、X208线横沥至芦岚段、X210线巽寮至油麻园段、X215线观音阁至蓝田段。

广惠高速公路、惠河高速公路均于2003年12月20日完工、通车。两条高速公路完成投资60亿元以上，线路长155公里。这两条高速公路加上早已建成通车的惠深（盐田）、深汕两条高速公路，形成东西南北四大快速出口通道。

惠州城区南出口路改造工程和仲恺大道改造项目完成，惠州城区南大门畅通无阻；新圩至秋长一级公路改造、广汕公路新开河大桥加宽工程等重点项目进展顺利；省道S119线（原增马线）和省道S120线（原平西线）改造工程已完工通车。

站场建设方面　年内，市政府决定惠州市汽车中心站搬迁至河南岸三环路与惠淡路的交汇处，新客运站占地约15万平方米，估算投资约4亿元。市汽运总公司与四洲公司已签订有关合同，2004年初开工建设，预计2005年底建成使用。

铁路建设方面　惠澳铁路二期工程含澳头站分别至荃湾和中海壳牌南海石化厂区两条支线，中海壳牌南海石化厂区支线由壳牌公司自行修建，澳头至荃湾支线全长10公里，估算投资2亿元，完成报批手续，建设资金部分到位，2004年初正式动工，预计2005年建成使用。惠花铁路建设前期工作正在加紧进行。

【交通生产任务完成良好】 年内，全市完成货运量3305万吨，货运周转量271824万吨公里，客运量4136万人次，客运周转量196477万人公里。春运期间运送旅客269.47万人次，比上年同期增加3.09%，其中公路运输251.38万人次、铁路运输18.09万人次，实现了“及时、方便、安全、优质、有序”的春运工作目标，没有发生旅客滞留事件。

全市征收汽车养路费19112万元，征收摩托车、手扶拖拉机养路费4153万元，征收客票附加费2763万元，征收运管费2148.5万元，代征车购税15880万元。

公路养护和航道养护情况良好。

【清理整顿交通运输市场】 年内，全市各级交通主管部门分别与公安、公路、海事、航道、工商、城监、交警、巡警等部门联合开展整治活动，以打击非法营运行为和整治交通安全为重点；全市设立交通安全执勤点5个，并从下半年起恢复12个交通稽查站的稽查执勤工作；全年出动交通行政执法人员42236人次，检查车辆84089辆次，查处违章车辆34969辆次、非法营运车辆149辆次、非法营运摩托车4292辆次，取缔非法售票点7个、货运站场5个、维修点28个；全年追缴交通规费625.82万元。

道路运输市场管理方面　年内，《惠州市辖区内跨县、区客运标志牌经营权招投标办法》颁发实施，引进市场

经济观念，转变管理职能，变审批为招投标，变行政干预为市场调控。

加强对运输企业的业务引导，鼓励客运企业走出去参与市场竞争，拓展市场份额。年内，市汽运总公司又获得7条跨市客运线路经营权，先后在东莞、深圳设立分公司。

对全市426台公共汽车统一发放线路牌，调整公共汽车运行线路10条，新增各县（区）公交线路4条，全市新增运力34台，更新公交车辆140台。

开展道路运输客运班车企业经营资质评审工作和营业性道路运输驾驶员职业培训工作。全市举办培训班187期，培训营运驾驶员11284人，换发从业资格证7421个。

水路运输市场管理方面 年内，整治东江惠城区河段外地船舶长期乱停乱放问题取得较大进展。拆除广西籍住宿船175艘，船员834人全部上岸；会同惠州海事局、桥东派出所等单位对惠城区河段住宿船进行检查，要求滞留在惠城区河段的64艘住宿船迁移出城区河段；出台《关于惠州市城区河段余留住宿船问题的整治意见》。

年内，对全市43个渡口、68艘渡船进行全面检查。投入179万元对20艘老旧渡船和7个码头进行更新改造，并添置一批救生和消防器材，重新修订《渡口安全守则》。

年内，对海关转来的15份通报材料核查，有8艘属惠州市营运船舶，对其中6艘作停航整顿处理，其余2艘作取消经营资格处理，并在船舶年审、公司新增运力时给予相应的限制，配合打私部门打击水上走私。

年内，对船舶进行8次有重点的复查和抽查，共检查船舶90艘次，处理和纠正违章船舶21艘次，对全市船舶代理公司和船舶修造厂进行清理整顿，规范经营行为，从源头上消除事故隐患。

【依法治交成效显著】 年内，全市交通系统先后召开全市规范交通行政执法行为工作会议、加强交通基层站所和执法队伍建设现场会、惠州市交通行政执法队伍队列表演赛，在全市交通行业全面推进执法规范化建设。各级交通执法部门和执法队伍采取有效措施，完善依法行政工作机制，做到坚持一个宗旨（为人民服务）、增强两种意识（依法行政意识和服务意识）、加大三项工作（全面进行交通法规和执法的宣传教育、全面推进执法规范化建设、全面加强基层交管站所的建设）力度，在交通执法过程中用人格打动人，用法律知识征服人，用道理说服人，用感情温暖人，创造出一个为民、便民、利民的依法办事的好环境。

年内，组织有关单位和部门深入基层交通行政执法单位进行明察暗访，纠正交通行政执法人员执法行为不够规范、着装不整、填写文书不准确的错误。先后检查30多个基层执法单位，摸清全市交通行政执法队伍的基本情况，并形成详细的专题报告，着重分析全市交通行政执法队伍执法行为不够规范的表现，提出加强教育和整顿全市交通执法队伍的建议和措施。录制《惠州市交通行政执法队伍存在问题面面观》专题片，在全市交通基层站所和执法队伍建设现场会播放并发至县区交通局，对全市交通行政执法队伍触动很大。

年内，先后建立全市交通行政执法人员花名册和资料库，为符合条件的执法人员换发或申领交通行政执法证件，重新编印20多万字的《惠州市交通局行政执法责任制手册》。

年内，制订《2003～2005年惠州市交通行政执法人员教育培训规划》，计划用3年对全市交通行政执法人员进行一次全员轮训，以法律基础知识、职业道德教育、市场经济理论以及队列风纪等为重点内容，全面提高交通行政执法人员的文明服务意识、行政执法水平和实践工作能力。

固本强基工作进一步深入，基层交管站所和队伍建设得到进一步加强，交管站所的事权关系和管理职能进一步理顺。

年内，全市交通部门没有出现严重违法乱纪现象，没有出现公路“三乱”行为，没有当事人因不服处罚申请行政复议或到法院起诉，树立了交通行政执法队伍严格执法、公正执法、文明执法、热情服务的良好形象。

【机构改革深入开展】 年内，惠阳撤市设区，原惠阳市所辖陈江等10个镇和博罗县仍图镇划归惠城区管辖。为适应这一形势的变化，市编委同意设立惠州市交通局直属分局，正科级建制，对新划入惠城区的11个镇行使交通行政职能，所有交通基础设施规划、建设由市交通局直属分局统一管理。

根据交通部和省厅关于政、企分开的精神，市政府批准惠州市港务管理局与惠州港务公司正式分开运作，将政府行政管理职能和企业自主经营行为脱离出来，以营造良好的公平竞争环境。

为更好地贯彻执行国家有关交通政策、法规，加强交通行政执法指导工作，9月市政府批准成立交通局政策法规科。

【安全生产有成效】 年内，全市交通行业做好《安全生产法》、《广东省安全生产条例》和《广东省重大安全事故行政责任追究规定》的宣传教育，开展“安全生产月”活动。全市交通主管部门张贴宣传标语500条，悬挂横幅140条，开设宣传栏12个，发放《安全生产法》和《广东省重大安全事故行政责任追究规定》400本，举办学习班18期，培训有关人员1800多名。

年内，全市交通部门做好各项运输

设施的安全检查、检验工作，消除事故隐患，做到运力到位、应急措施到位、安全措施到位，全面达到让旅客走得便利、安全、有序、畅通的目标。惠州火车站、惠州火车北站配备了安检机，公路客运站场均指定专人负责“三品”的检查工作，防止旅客携带易燃、易爆、及其它危险品乘坐交通工具，做到防患于未然。

年内，交通部门协调公路部门排查、整治病害桥梁41座，事故多发路段35处，发现隐患134处，经过市公路局、地方公路管理总站的努力，全部整治完毕。

年内，交通部门严把企业审批关、车船技术关和从业人员心理素质关，开展安全大检查活动，发出限期整改通知书2份，停业整改通知书1份。

年内，分别成立惠州市道路运输企业安全生产评估指导小组和水上运输企业安全生产评估指导小组，对全市106家道路运输企业和23家水上运输企业的安全状况进行评估，提高全市运输企业的安全管理水平。

【加强队伍培训】 年内，交通部门组织干部职工参加市委组织部举办的中青年干部培训班、任职培训班等各类培训班，组织交通行政执法人员参加市法制局举办的“四法”培训和执法人员上岗培训。通过各类业务技能和知识更新培训，有效提高干部职工的业务能力和整体素质。

【文明单位创建活动成效显著】 年内，全市交通行业各单位继续在全市交通行业中开展建设文化大市、万众评公务、政务公开、“四项教育”等活动，加强政治理论教育、职业道德教育和反腐保廉教育，增强服务意识，提高办事效率，自觉接受社会公开监督。

年内机关工作人员上班时间统一穿工作制服，挂上岗牌、交通徽标等，改进工作作风，树立良好形象，增强干部职工集体荣誉感，激发工作热情。

年内，交通行业先后被国家和省市有关部门授予“广东省2003年春运工作先进单位”、“广东省依法治省先进单位”、“惠州市依法治市先进单位”、“省特级档案综合管理单位”、“惠州市档案综合管理先进单位”、“城管‘110’服务专线先进网络”等荣誉称号。

【存在问题】 交通基础设施建设资金不足，严重制约全市交通基础设施建设快速发展，道路站场建设仍然滞后；交通运输市场混乱现象仍然存在，违法违章行为屡禁不绝。

（林　斌）

公路建设

【概况】 2003年，市公路管理部门在建、管、养、征（收）等方面均取得优良成绩。全年完成新改建工程投资11301.4万元，各项公路建设工程施工进展顺利：国道324（广汕）线新开河大桥扩建工程完成投资282万元，占工程总投资的20%；省道119（增马）线龙门段、省道356高横（原平西）线惠东段改造工程交工验收；省道358线惠阳新圩至秋长段一级公路11公里改造工程累计完成4862万元，占工程总投资57.4%；省道254线惠澳大道完成多项遗留工程，投资364.4万元；省道353线土湖至溪口桥8.76公里改造工程完成投资440万元，占工程总投资20%。此外，广惠高速公路累计进资5000万元，惠河高速公路累计进资8120万元，两条高速公路于2003年12月20日完工、通车。沿海一级公路项目建设有关工作进展顺利，已完成工程可行性报告的修编。

市公路局养护里程1042.788公里。年均好路率83%，年末好路率88.6%。年内，完成大中修工程4401万元，其中，水泥混凝土路面修补工程20万平方米/3300万元；油路大中修工程8.43公里/374万元；路面改善工程3.8公里/417万元；桥梁维修加固与改造工程5座/310万元。完成水毁抢修工程25宗/280万元，创建GBM（公路标准化、美化建设）工程16公里/1500万元，道班房建设与维修18宗/467万元。

【公路路政管理】 年内，市公路路政管理部门依照《公路法》和《广东省公路条例》，坚持以法治路，加大路政执法力度，强化路政管理，确保公路安全畅通。全年查处路政案件230宗，结案率100%；清理路障5736立方米；拆除违章建筑742平方米、违章摆卖160处、违章广告牌788块；新植和补植路树16.9万株；创建绿色通道——惠澳大道全长51公里。

【公路规费征收超计划】 全年征收养路费19346万元，完成年度计划的111.8%，超收2046万元。征收客运附加费2783万元，收取车辆通行费17042万元，完成年度计划的109.9%，超收1542万元。

【增马公路龙门段改造工程完工通车】 省道119线增城至新丰马头龙门段，起点增城铁扇关，终点龙门县龙城镇，全长53.797公里，2000年2月开工，2003年3月18日完工通车。该段按平丘二级公路标准改造，工程总投资17217万元。

【省道356线惠东段验收】 该工程于2001年4月开工，2003年1月8日完工通车，11月19日通过交工验收。工程起点白盆珠白马桥，终点新庵松树坑，全长26.941公里，按山岭重丘三级公路标准改造，工程总投资1838.4万元。

【马星收费站开征】 3月19日，位于增马公路龙门段的马星收费站开征。马星收费站为惠州市公路管理局正科级事业单位，有员工38人，其中干部5人。当年征收车辆通行费575万元。

【征费电脑系统全省联网】 年内，市公路局投入近300万元，完善征稽所各项设施及设备建设，配合省公路局做好征费电脑系统联网工作。7月1日，实现与全省征费电脑联网。惠州市公路管理局与中国农业银行惠州市分行开通公路规费实时联网代扣系统，惠州市正常缴纳养路费的车主，在市或下属各县（区）公路规费征稽所开单，便可到农业银行办理代扣公路养路费业务。

【公路局更名为公路管理局】 9月15日，惠州市机构编制委员会批复市公路局更名为市公路管理局。所属各县（区）公路局也相应更名为公路管理局。更名后，原机构级别、性质、编制员额、经费供给渠道等不变。

【精神文明创建活动成效显著】 年内，市公路管理部门举办3期共123人参加的“大中专毕业青年党员政治思想工作培训班”；举办2003年“惠路杯”公路职工歌咏比赛和新春文艺汇报慰问演出，女子健美操队参加省公路局工会、省交通厅工会组织的比赛，均获一等奖；关心职工生活，为职工办实事办好事，慰问困难职工112人，发放补助金90080元，慰问患病职工49390元，为考上大学的困难职工子女发动募捐14550元；坚持开展“争先创优”活动，加强先进职工之家建设。

年内，惠州市公路管理局被省委、省政府授予“先进集体”称号，局工会被省总工会评为“先进职工之家”，局女工委被中华全国总工会授予“全国先进基层女职工组织”称号。

（袁德棠）

地方公路

【概况】 2003年，惠州地方公路通车、养护里程6088.4公里，桥梁750座24221延米。有省道10条212.2公里、县道31条716.9公里、乡道1207条5159.3公里。属一级路62.7公里、二级路365.1公里、三级路241.8公里、四级路5393.1公里、等外路25.7公里。

年内，全市地方公路管理部门抓好征费、保障畅通、促进改造、重视路政。在抗击“非典”关键时期，做到一手抓抗击“非典”，一手抓生产。全年全市地方公路工作安全有序，完成年度各项工作任务。市总站再次被省公路局评为年度“政务信息先进单位”，惠东县地方公路站、惠阳区地方公路局继续被评为“双文明”先进单位；三江口等37个道班，养护路段路况质量优良，道班工人精神面貌和班容班貌好，被评为“双文明”公路养护道班。

【公路养护质量有提高】 年末，全市地养省、县优良路况里程687.3公里，占全市地养省、县里程的74%，省道平均好路率88.9%，县道平均好路率80.5%，常年养护公路平均良好路面率71.8%，全年公路养护质量情况完成良好，达到省、市年初下达的养护路况指标。

完善公路桩号系统的埋设工作，完成公路普查乡道有关数据的录入和公路可视化系统桥梁、道班房、收费站数码图片的拍摄采集整理上报。省、县道路面大中修力度得到加强，投入479.1万元对部分省、县道的路面进行大中修或挖补维修，大修或挖补水泥混凝土路面22285平方米，大修沥青路面33800平方米，大修砂土路面34.96公里。

组织实施公路标准化、美化工程建设，有X205线等3条线路32.9公里通过省公路局检查验收。公路绿化全年完成新种和补植路树390.7公里，新植路树约180万棵。

水毁预防与抢修复措施得力，站班房建设有新的突破。年内，投入资金215万元，新改建S340中石线石坝道班、S242河汕线三江口道班、X205水永线稻园道班、X219沙麻线沙迳道班和麻榨道班、X210三港线巽寮道班等6座道班房。

全年完成危桥加固、改造37座1491延米。根据《惠州市道路交通事故多发点段治理方案的通知》精神，落实事故多发路段整治，对X208大芦线等9条线路78.3公里完善了交通标志、标线，对省道桥梁标划桥头反光标志。全年，地方公路没有发生任何大小安全生产责任事故。

【公路建设改造管理加强】 年内，全市地方公路部门全力做好县乡公路建设的管理和前期工作，在建项目管理到位，建设进度报表及时。山区县通镇公路省道S243蓝多线及S356高横线改造工程严格按照基建程序开展工作。做好项目建设的前期工作，完成招投标前的相关工作。观岚大桥续建工程已完成修改设计，进入咨询审查。

【摩托车、手扶机养路费征收任务超额完成】 2003年，摩托车、手扶拖拉机养路费的征收和管理，按“市级统管，分级征收，及时汇缴”的原则，执行“收支两条线”规定，进一步规范管理，新旧版养路费票据的替换有序完成。全市征收摩托车、手扶机养路费4153万元，超额123万元完成年度征收任务，再创历史新高。

【路政管理有序】 年内，地方公路路政人员依法上路巡查，及时检查制止各种侵占损坏公路、公路用地、公路附属设施及其它违反有关规定的行为，并做好巡查记录。

按时启用新规定的路政管理执法文书，2003年全市拆除永久性违章建筑4间190平方米、临时性建筑122间3144平方米、违章围墙10处380米、违章广告牌223块、违章管线5处5935米、违章电杆270根，清理各类障碍物3906立方米，有效维护路产路权，保障地方公路安全畅通。

【存在问题】 养护体制改革滞后；管理人员臃肿，等级技术工人和专业人员短缺；养护和改造建设资金缺口大，个别省县道路段得不到养护，省县道仍有20多座道班房需要建设，危桥加固改造数量多；地方公路超限运输问题严重；暴力抗缴摩托车、手扶拖拉机养路费现象时有发生；征费管理需进一步规范；县乡公路建设的施工现场管理有待加强。

（杜振健）

高速公路

【广惠高速公路概况】 广惠高速公路全长153.2公里。起点位于广州市白云区萝岗镇，途经增城市、博罗县、惠城区、惠阳区，终点位于惠东县凌坑。沿线与广州北二环、北三环（规划）、广深、惠深（盐田）、惠河、河梅、深汕、常（平）惠（东）（规划）等多条高速公路相连，与G324、G205两条国道相接，构成粤东四通八达的公路网。

市过境公路第四东江大桥施工现场　　（市路桥开发总公司供）

广惠高速公路于1999年10月动工，2003年12月20日正式通车，总投资67.19亿元。完成互通式立交15座、大桥23座、中桥67座、小桥173座、涵洞597道、隧道4处，完成土石方3278.8万立方米。广州至博罗石湾按双向六车道、博罗石湾至惠东凌坑按双向四车道建成通车。

广惠高速公路的建成，缩短广州至惠州公路里程30公里、广州至汕头公路里程60公里，对完善珠江三角洲东部地区的干线公路网，加强广州对粤东地区的辐射，促进区域之间的优势互补，改善惠州的投资环境，加速惠州与大珠三角区经济的融合具有重要的现实意义。

（钟书美）

路桥建设

【概况】 2003年，惠州市路桥开发总公司主要继续抓好市过境公路建设和南出口路改造工程，改善市区交通、完善投资环境。

【过境公路工程进展顺利】 惠州市区过境公路于2002年11月动工建设，中信惠州路桥有限公司加强施工管理，克服种种困难，开展“红五月”和“奋战120天，掀起过境公路建设新高潮”活动，推动各项工作的开展。

至年底，全线完成投资1.75亿元，约占工程建安费总额的33.7%。其中，桥涵工程累计完成43.4%；全线控制性工程——第四东江大桥完成投资6715万元，占合同总价的73.8%，已完成右幅边跨合拢，路基土石方累计完成76.8%；部分路段、路基已基本成型，排水、防护工程正陆续施工；征地工作已基本结束，拆迁工作在进行中。预计2005年上半年建成通车。

【惠州市区南出口路改造工程竣工】 该工程始于国道205线与惠深高速公路白云前立交，止于惠环镇政府处。改造路段分三线并排布局，分别为仲恺左线、惠深高速公路、仲恺右线，全线长2.12公里，其中仲恺左、右线各3车道，高速公路4车道共10车道，总投资5200

万元。2002年6月3日开工。2003年3月18日正式通车，11月6日，经有关部门专家验收，评为优良工程。

南出口改造工程完工，彻底打通了惠州市区南面出口的交通瓶颈，使惠州市区通往深圳、东莞及仲恺高新技术开发区的车辆畅通无阻。

（吴耀彝）

公路运输

【概况】 2003年，市汽车运输总公司有员工3431人，拥有营运客车627辆2.01万个座位，营运线路跨市85条、跨省62条、跨县27条。全年完成客运量1444.32万人次，客运周转量11.17亿人公里，分别比上年增长6.36%和16.84%；总营收超亿元。上缴公路建设基金及山区公路建设还贷基金、税金和缴纳过路(桥)费分别比上年增长17%、16%和下降9%。

【完成公路春运任务】 2003年春运期间，市汽车运输总公司投入营运客车586辆2.22万个座位。运送旅客146.42万人次，客运周转量1.24亿人公里。总公司完成春运任务，被评为“惠州市2003年春运工作先进单位”。

【新开通班线】 年内，市汽车运输总公司跨市开通惠州至花都、深圳机场、蛇口，东莞至从化；跨省开通惠州至湖南常德、江华，浙江缙云，广西平南、百色、宜州、横县、贵港；跨县开通惠州至黄埠。

【机关改革】 年内，市汽车运输总公司为适应市场经济发展要求，理顺企业内部行政职能部门设置关系，建立企业内部统一的并与现代企业制度相配套的管理体系，撤销总公司办公室、人事工资科、财务科、业务计划科、安全车技科，设立总公司综合办公室、人力资源部、财务审计部、运输经营部、安全车技部。人员实行聘任制，对管理人员实行能上能下、岗变薪变的管理制度。

【推行质量管理体系认证】 年内，市汽车运输总公司、市汽车运输总公司客运分公司为进一步规范企业内部管理，建立健全规范化、科学化的企业质量管理体系，优化成本，全面提高企业综合质量管理水平和市场竞争力，推行ISO9001：2000质量管理体系认证工作。制定“团结、文明、安全、优质、高效”的企业质量方针。12月25日，通过ISO9001：2000质量管理体系认证。

【汽运总公司改制】 年内，惠州市人民政府同意市汽车运输总公司实行股份制改造。为做好改制工作，制订《惠州市汽车运输总公司改制方案》，经总公司第十一届三次职代会讨论通过，在不断修改和完善的基础上，制订《关于市汽运总公司改制组建交运集团公司的请示》，待批准执行。

【线路标志牌投标中标】 4月，省交通厅向全省运输企业公开招标东莞和深圳两组项目的跨市客运线路标志牌，通过努力，市汽车运输总公司按时按质做好投标工作。6月，获得该两组项目共7条线路的跨市客运线路标志牌。

（李伟军）

城市公共交通

【概况】 2003年，市公共汽车总公司完成全年各项生产技术指标。全年营运收入6196万元，比上年增长6%；完成客运量5400万人次，增加412万人次，增长8%；载客里程2772万公里，增加75.5公里。

年内，市公共汽车总公司调整延伸2、3、5、14、24、28路6条线路，增加3、7、24、26B路4条线路运力，使线路设置更趋合理。

全年投入资金2170万元，新购车辆92台，更换5、7、17、18、24、26B、27路7条线路营运车辆，一大批豪华公交车登场，不仅为市民提供良好乘车环境，也创造较好经济效益。

在春节、五一、国庆长假及中国惠州第二届国际数码节期间，精心组织，抓好客流高峰的现场调度与管理，仅国庆“黄金周”营运收入达160.8万元，创历史新高。

【做好车辆技术保障配套工作】 在惠州城区内增设电子线路牌91个、安装车辆电子报站器107个。这批电子路牌和电子报站器在18条公交线路及车辆使用。

公司技术部门与维修技术人员配合，完成357台旧车翻新改造工作。斥资20255元，改造完成2、4、5、6、12、21、27路7条线路96台车辆281个车厢的灯光暗淡问题。

公司汽修厂开展保修技术研究和创新活动，解决车辆空调系统维护疑难问题。全年完成一保车辆4956台次、二保车辆1412台次、大修发动机108台次、整治车容车貌408台次、全车翻新喷漆90台次。

【行车责任事故有所减少】 针对惠州城区车辆剧增、道路堵塞及改道绕道行驶等因素给安全行车带来一定困难的情况，坚持预防为主，教育与处罚相结合、事故分析与稽查监控相结合的方法抓好日常安全生产管理工作。年内，安全生产各项指标明显下降，安全行车有责事故有所减少。年内发生行车乘车事故223宗（属对方责任87宗；在车厢跌伤事故23宗，其中43%为老人），经济损失42万多元。

【开展精神文明创建活动】 年内，继续开展以“五个文明”（文明线路、文明车组、文明司机、文明乘务员、文明修理员）为主题的文明创建活动和争当“十佳员工”、“爱车标兵”的劳动竞赛，做到每项有计划、每季有评比、每月有检查。评出文明车组39个、文明修理小组1个、文明司机18名、文明乘务员10名、文明修理工31名。对“十佳员工”和3名“爱车标兵”给予通报表彰和物质奖励。

全年通报表彰好人好事63宗，其中救死扶伤1宗、助人为乐3宗、见义勇为3宗、拾金不昧56宗（合计现金19217.2元、手机11部、手表2块及银行存折、信用卡、身份证等一批）。

采用新用工岗前培训和在岗技能提高培训相结合、培训理论（包括公民道德、职业道德、文明用语和驾驶员乘务员一日服务规范）和岗位实际操作考核相结合、学习培训考核与奖励相结合方式，调动员工学业务、学技能的积极性。全年培训驾驶员8批次、培训司机943人次，培训乘务人员935人次，对经考核成绩优异的6名乘务员以通报表扬和物质奖励。

【加强企业自身建设和管理】 在元旦、五一、国庆、春节等节日举办各种联欢会、球类比赛，营造员工团结奋进的集体主义氛围。

坚持把企务公开当作职工参政议政一项重要工作，落实员工对企业事项的知情权、参与权和监督权，使企务公开、民主管理制度不断完善。年内，举办企务公开专栏4期，对公司发展规划、生产经营、企业改革、人事任命以及企业投资状况等重大决定决策予以及时公布。

坚持开好职代会。在年内召开的第四届第一次职代会上，公司就企业规章制度、生产经营、生活福利等审议、答复职工提案共38条，其中采纳合理化提案和建议10条。

（吴显如）

铁　　路

【概况】 2003年，惠州市地方铁路管理部门督促、检查京九铁路复线建设收尾工程。协调处理沿线高压线铁塔的搬迁。妥善处理博罗李村小学噪声干扰教学问题和村民的上访、投诉。协调沿线因行政区划变动而需要理顺的事情。及时落实和答复人大代表和政协委员的意见和建议。

年内，惠州市地方铁路管理部门与广梅汕铁路公司加强联系，将有关筹建惠花铁路的问题及时汇报，并跟进这项工作，接受分配的任务。

（李晗倬）

港务监督

【概况】 2003年是海事体制改革进一步深化以及惠州水运事业快速发展的一年。惠州海事局围绕水上交通安全监督管理中心工作，以信息化管理为突破口，不断规范管理，提高业务水平，有效推动了惠州海事管理新模式的发展，维护了全市水上交通安全。全年辖区港口吞吐货物3109万吨，船舶进出港166126艘次，水上交通事故1宗。

【整顿水上交通安全秩序】 6月23～25日，惠州海事局在博罗礼村重点河段设卡检查过往船舶。监控过往船舶300多艘次，登船检查46艘，18艘船舶受到警告、罚款、停航等行政处罚。

年内，惠州海事局组织召开各载沙装卸点经营人座谈会，提高安全装运和规范操作意识，从源头上防止超载行为的发生。

在“安全月”活动期间，对惠城区河段水上交通安全秩序进行整治。检查船舶证件证书、配员及船员资历情况，拆除动力装置船舶7艘，暂扣3艘船舶证书，对未持有有效适任证书船员，罚款1250元。

【推动惠州港应急反应体系建设】 年内，惠州港务监督部门制订和完善《惠州市水上交通应急反应预案》、《惠州海事局防热带气旋工作预案》、《惠州海事局防雷雨大风工作预案》等灾害天气及事故应急方案。成立包括海事、环保、海洋、水产、公安、港务、航运等部门为实体的惠州港应急中心。

年内，惠州海事局参与大亚湾遇险事故应急救助4起。对大亚湾海上运输安全和环境风险以及大亚湾建立VTS（船舶交通管理系统）工程可行性和必要性进行了论证，编制《惠州港海域油类和化工品海上运输安全与环境风险评估及应急设施配备方案》和《大亚湾VTS工程可行性研究报告》，为惠州港建立完善的溢油应急反应以及事故应急反应系统提供技术、理论和法律支持。

【做好季节性安全监督管理】 在春运、“五一”、国庆期间，惠州港务监督部门重点对渡口渡船、沿海旅游船、危险品运输船舶进行现场巡查。西至龙门天堂山水库、东至惠东沿海、上至芦岚观音阁、下至东莞企石，实施全面检查，出动监督船艇134艘次，出动人员386人次。

在台风多发季节，做好防台工作。关注在西太平洋一带台风的形成、发展和移动，按照防台工作预案做好安全防范和应急工作，最低限度降低台风造成的损害。2003年13号台风“杜鹃”未对水上交通安全造成损害。

【规范海事管理】 年内，惠州海事局坚持“到位检验，检验到位”的原则，开展好船舶检验工作，全年检验发证船舶969艘次，检验到位率100%。

年内有2家公司《安全管理体系》通过了主管机关的审核，1家公司申请初次审核。

年内惠州港务监督部门严格执行“三级审批”制度，完成船舶登记换发证1048艘次。积极推行船员管理对标活动，规范船员考试、发证、管理等工作程序。此外还加强海上工程水上水下施工的审批，审批作业17项，发布航行通告20次。加强船舶进出口岸审批，全年审批船舶进出口岸247艘次。

【从源头治理安全隐患】 年内，惠州港务监督部门加强与船舶公司的日常联系，加大协助船舶安全管理，推动船舶管理公司化和鼓励船舶实行《国内安全管理规则》，规范船舶的准入、经营和安全营运行为。此外，对存在较大安全隐患的载运砂船、横水渡船进行检验，特别是加强对老旧船舶的检验，对自卸沙船的稳性重新进行审查，确保检验的质量。同时，联合交通、工商等有关部门加大非法船舶修造厂的取缔力度，切实堵住不适航船舶的建造源头。

年内，惠州港务监督部门按照船员对标活动要求，抓好船员培训发证关，加强异地船员管理，防止异地船员证件以假换真的现象发生。坚持船员航线培训工作，确保航行范围扩大的船员船舶操纵能力得到提高。全年海船船员换发证332人，异地船员培训换证36人，内河船航线培训104人。

【完善海事管理制度】 年内，惠州海事局完成《惠州海事局工作规则》、《中国共产党海事局委员会工作规则（暂行）》等22项制度的制订和完善，推动了工作制度化、规范化和程序化。起草《惠州市旅游船舶安全管理规定》和《惠州港海上交通安全规则》，报请市政府实施。

（涂日彝）

港口管理

【概况】 2003年，惠州市港务管理围绕“统一规划、理顺关系、归口管理、多元投资、加快发展”的工作思路，加强港口行政管理，推进招商引资工作，大力宣传贯彻《港口法》，港口的规划建设和经营管理都得到一定的发展。全年，惠州港货物吞吐量突破千万吨。

【港口行政管理】 年内，为适应社会主义市场经济发展和与国际港口市场运作接轨，根据国家交通部提出的要求和按照“一港一政，统一管理”的原则，7月，市港务管理局与市港口投资总公司实行政企分开，独立运作，从而把港务管理局的职能和工作重点转移到港口行政管理上来。

年内，市港务管理局对全市内河、沿海港口码头进行一次全面普查，进一步掌握和了解沿海港口码头设施、港口功能等现状，为下一步开展市沿海总体规划的修编和内河港口的总体规划编制提供可靠依据。此外，摸清港口企业的经济性质、机构设置、经营范围等情况，为明年1月1日起实施《港口法》和规范市港口行政管理工作打下良好基础。

年内，市港务管理局按照国家交通部有关文件精神，船舶引航权将从海事局移交给当地港口行政主管部门。有关船舶引航权的交接申请文件已呈报给国家交通部。

【港口法规宣传】 年内，惠州港务管理部门大力宣传贯彻《港口法》及其相关的配套法规，组织相关的港口企业学习《港口危险货物管理规定》，先后两次配合省交通厅在惠州市举办的《港口法》专题研讨和培训班。通过多次宣传贯彻和学习，使有关单位和人员懂得了国家《港口法》出台的历史背景、意义、相关条文的内容和作用，增强了港口经营人守法经营意识。

【港口基础性建设】 年内，惠州港港口建设投资2.56亿元。其中，荃湾港区堆场、仓库改造300多万元；中海壳牌重件码头投资2800万美元；东马港区油码头仓储投资2100万元。但没有新增生产性泊位。

年内市港务管理局先后主持召开两次评审会议，对大亚湾LNG电厂重件码头的规划设计方案进行研究论证和审查，促使该重件码头按质施工和按时竣工。

【港口生产经营】 全年，惠州港实现货物吞吐量1054万吨，比上年增加144万吨，增长15.8%。其中，原油690万吨；液化气、成品油141万吨；干散货27万吨；件杂货32.7万吨；集装箱32万TEU（比去年的20.2万TEU增长58.4%）。年内未发生安全生产重大责任事故。

【存在问题】 随着惠州经济快速发展和港口业迅猛发展，现行的惠州港总体规划已不适用港口经济发展的要求。因此，应抓紧对惠州港总体规划进行修编，对东江内河港口码头总体规划也应适时编制，以适应新时期港口形势发展的要求。

（黄 文）

航 道

【概况】 2003 年，东江航道局继续深化内部机构、管理形式、管理方法的改革，于 4 月成立了航政监理所；7 月，对航标船舶维修站、惠州分局、大亚湾分局、龙川直属站等单位领导班子进行调整，选拔任用 11 位中层干部。年末在职人员 212 人，离退休干部职工 270 人。在现职人员中有中专以上文化程度和初级以上技术职称的各类专门人才 69 人。有各类工作船、工程船、航标快艇 19 艘（条），航道、航标、船闸维护管理水平不断提高。

年内，东江航道局被评为“广东省先进职工之家”、2001～2002 年度“广东省交通系统先进职工之家”、2001～2002 年度“省航道系统安全生产先进单位”、“省航道系统纪检监察先进单位”、“省航道系统文明单位”。粤标 217 船被省交通厅评为“广东省水运系统安全竞赛优秀船舶”。

【航道维护与管理】 年内，东江航道局维护Ⅷ级以上航道 698 公里。由于全年枯水（只有 10 天达到设计水位），航道频繁出浅，为确保航道安全畅通，确保“战枯水、保通航”工作的完成，进行 4 次全程航道扫床和 18 次局部扫床，调整浅滩航道 192 次，清除散石 4000 多立方米、梢料 40 吨，打捞无主沉船 8 艘。1 月、5 月和 10 月分别对上头塘、水西尾和石滩、万年洲等浅滩实施应急疏浚，总工程量达 8.5 万立方米。通过一系列保障措施，使航道维护尺度和水深保证率 100%。

【航标维护与管理】 年内，东江航道局月平均维护标志 545 座，维护正常率 99.85%。由于全年枯水，为确保标志维护质量，在工作船无法出航情况下，派出扫床艇或工作艇巡查航道、航标 142 航次，调整标位 1531 座／次，更换钢丝绳 10480 米、尼龙绳 1370 米、铁链 290 米，更换铁锚和木锚 582 支，保养标志 486 座／次。

【加强航道行政执法】 4 月，成立东江航道局航政监理所，建立专业航道行政执法队伍。年内为 3 个采砂公司和 2 个沙场共 38 艘作业船舶办理了通航水域水上水下施工作业许可；收费、办证服务窗口已建成，配备电子触摸屏、电脑等硬件设施；建立服务承诺、办事公开等制度；落实了广惠大桥、东江第四大桥的清障和落实桥涵标、施工标志的设置等问题；处理 12 宗违章采砂个案。

【东江航道整治】 年初，东江“四滩”整治工程中的石滩整治工程通过验收，万年洲浅滩整治也已完工，配套工作船的改造已完成，码头已开工。至此，“四滩”的总工作量完成 95%以上。东江中游（河源至惠州）和东江下游（惠州至东江口）航道整治工程可行性研究取得实质性进展，其中惠州至东江口航道整治的工程可行性已通过评审，河源至惠州航道整治工程可行性基本完成。

【规费征收超计划】 东江航道局全年共进行 5 次统一稽查，查船 425 艘 8.25 万吨，发出交通违法行为通知书 72 份。全年完成航养费征收 1347 万元，完成省航道局下达任务的 232%，实际超收 767 万元，对比上年同期增收 327 万元，5 个收费单位的收费增幅均在 50%以上。

【安全生产无事故】 年内，东江航道局继续实行安全生产承包责任制，下发安全生产文件，制定 6 个竞赛、整治方案，进行 11 次专项检查。对工地施工安全和基础管理尤为重视，逐步完善安全生产预案，实现连续 21 年安全生产无事故。在 0313 号台风“杜鹃”来袭时，惠州、大亚湾、河源、汕尾 4 个分局都启动了防台应急预案。

【建立航道局互联网站】 东江航道局成立信息化建设小组，年底建成局域网，实现局机关计算机互联互通，资源共享。局门户网站建立单位简介、航道概况、航道行政等 18 个栏目。

（郑文胜）

水路运输

【概况】 2003 年，市航运有限公司完成客运量 0.28 万人，客运周转量 79 万人公里，分别下降 78%、68%。内河货运无生产，沿海港澳油料运输 3 个月的生产完成 1 万吨、107 万吨公里。内河港口吞吐量完成 14.4 万吨，下降 2.4%。船厂工业产值完成 260 万元，下降 13%。

【油料运输停产退市】 市航运总公司于 1992、1993 年建造投产经营港澳油料运输的大亚湾 1001、1002 两艘千吨级油轮，于 2003 年 3 月停产退市。

（王绍雄）

信息产业

责任编辑：张世开

信息化建设

【概况】 2003 年，惠州市信息化建设以“三个代表”重要思想为指导，围绕建设“现代石化数码名城”、率先基本实现现代化的战略目标，以电子政务建设为龙头，大力推进企业信息化和社会服务信息化，开拓进取，扎实工作，信息化建设保持良好的发展势头。网络基础设施建设快速发展，信息资源开发利用逐步扩大，电子政务应用建设稳步推进，信息技术在经济建设和社会发展中得到更广泛的应用。2003 年全市信息化综合指数为 64.36，比上一年提高 10.48 个百分点。12 月，惠州市信息产业局被国家信息产业部授予“全国信息产业系统先进单位”荣誉称号。

【政务信息网络建设不断完善】 年内，惠州市电子政务建设以“电子与政务并重，整合资源，加强应用”为目标，加强和完善网络基础建设，整合信息资源，建设重点政务应用系统。2003 年实现市直机关单位的网络互联，网络带宽 100 兆，上网终端 1000 多台，政府电子邮箱用户近 1000 个，互联网出口带宽达 100 兆，并成功将政务专网延伸到各县（区）。同时，电子政务信息安全工作得到加强，为电子政务建设保驾护航。

【电子公文交换系统投入使用】 3 月，惠州市电子公文交换平台开通运行，全市、县（区）近 200 个机关事业单位实现公文交换的无纸化、自动化、网络化传送。从 12 月 1 日起，以市政府或市政府办公室名义下发的公文，除密级文件外，一律通过政府电子公文交换系统发送。至 12 月底，发送文件 8376 封，收文 40041 封。

【政府公众网站升级改版】 年底，市信息产业局再次对政府公众信息网进行重大改版和升级，在版面设计、技术核心和服务功能等方面实现质的突破。推出“网上群众来信”、“网上办事大厅”、“政府行政审批信息公开”、“市民邮箱”、“网上视频新闻”等一批新功能的互动服务。“群众来信”栏目的开通，实现政府职能部门和普通市民在网上零距离接触，并拓宽人民群众办事和监督政府工作的渠道。

【信息资源整合取得新进展】 年内，通过市信息中心和惠州市一城管理中心的共同努力，全市企业数据库建设初具规模，政府部门所掌握的信息资源为社会各界广泛共享。惠州市信用网整合工商、国税、地税、质监（含打假办）、人行、外经贸、科技等 10 个部门共 65500 多家企业和个人信用数据信息。12 月，惠州信用平台纳入全省信用大平台统一管理。惠州市基础地理信息库、惠州宏观决策数据库和惠州市人口资源库进入建设筹备阶段。年内，全市党政机关建有 300 多个数据库，为市政府及其职能部门的业务决策提供科学依据。

年底，为彻底改变惠州电子政务建设过程中资源整合工作被动的局面，市信息产业局起草《关于做好市政府公众信息网信息资源整合报送发布处理工作的通知》，报市政府审批。

【业务信息系统全面开发使用】 年内，为维护市场经济秩序，打击各类严重经济犯罪活动，建立长效防范机制，市信息产业局联合市公安局、市经贸局、市统计局、惠州供电公司协同开发出惠州电力380伏工业用电监控系统、惠州电网重点项目跟踪系统、惠州市每天电力运行情况报告系统等业务应用系统。此外，惠州市安全生产监督管理系统正式投入使用，获得省领导和有关部门的肯定；“数字国土”系统全面启用，全市地理和自然资源管理水平得到较大提升；市中级法院、市发展计划局、市财政局、市统计局等多家单位的业务系统建设也取得一定成绩。

2003年，惠州市安全生产监督管理系统获全省科技进步成果三等奖。惠州市无线电管理信息系统的建设和应用水平排在全省的前列。

【实施山区信息化扶持项目】 年初，惠东县鞋业信息化项目被广东省信息产业厅列为山区信息化扶持试点项目，并正式实施。部分设备在年初到位，投入正常使用。龙门县的“旅游资源及农产品信息发布系统”年内报广东省信息产业厅争取立项，力争明年实施。

【举办首届机关网站评比活动】 11月，惠州市举行“2003年全市首届机关网站评比大赛”，由市委、市政府主办，市信息产业局承办，全市有59家政府网站参加。经过专家评审，市政府、惠城区政府、国土资源局、工商局、市物价局、市信息产业局、市国税局、市统计局、市公安局、惠州日报等单位的网站被评为“惠州市首届机关网站评比优秀网站”。

【规范市直机关信息工程建设】 《惠州市直机关事业单位信息工程建设实施办法》（以下简称《办法》）自2002年4月实施以来，市直机关事业单位信息工程建设得到较好管理。年内，市信息产业局会同市财政局和市监察局，建立对市直机关办公自动化设备采购联合审批的制度。全市有30多个市直单位在此项采购中受惠。

此外，市信息产业局、财政局还对劳动和社会保障局、地税局等重大信息工程的技术和资金进行审核和把关，对组织部、公安局、财政支付中心、国土局、统计局、人事局等数十家单位的信息工程项目在资金使用、设备采购、系统开发等方面提出合理化建议。

贯彻实施《办法》对规范市直机关事业单位信息工程报建程序、技术标准、工程招标、设备采购、资金利用等环节，起到良好的监督作用。

【推进企业信息化建设】 惠州市是广东省制造业信息化示范城市之一。2003年，市信息产业局采用“政府引导，市场推动”的方式，先后数次召开技术交流和方案研讨会，探讨企业信息化建设的路子。

在2003年数码节期间举办“惠州市工业生产信息化与新经济研讨会”，会议包括专家论坛、专家咨询和产品演示，约500人参会，包括惠州市内和市外的企业管理人员、IT（信息）主管及相关人员。

市信息产业局与市科技局、市经贸局和神州数码公司于6月10日联合举办惠州市企业信息化研讨会，参会企业90多家、170人。会后，ERP（企业资源计划系统）企业管理系统在部分企业得到较快的推广和应用。

市信息产业局组织TCL、德赛、侨兴、华阳、惠讯等企业申报广东省信息产业厅的“关键领域重点突破项目”共18件。同时，向省信息产业厅争取设立广东省集成电路设计中心惠州服务中心，以促进惠州市集成电路产业发展。

开展“广东省制造业信息化工程重点示范企业”申报活动，有10多家单位和企业进入初选。2003年惠州市有3家集团企业获得“中国企业信息化500强”称号，分别是：TCL集团股份有限公司（61名）、德赛集团有限公司（77名）、侨兴集团有限公司（453名）。

【筹建惠州市软件科学园有进展】 根据市委、市政府提出的“把惠州建成现代化的信息网络城市，建成国内重要的电子信息产品制造基地和重要的软件产业基地”以及中共惠州市委第八次代表大会提出的打造“现代石化数码名城”的战略目标，市信息产业局联合市科学技术局于8月报请市政府批准，确定建立“惠州市软件科学园”的规划目标。年内，市政府先后出台有关软件园建设的管理规定、优惠政策、入园条件等各项文件，并成立软件科学园建设领导小组。园区场地选择初步确定。

【推动软件企业发展】 年内，市信息产业局在市科技局、国税局、财政局的配合下，先后多次组织召开软件企业座谈会，贯彻国务院有关文件精神，交流企业发展中遇到的困难和问题。同时，选择惠州市九联科技公司作为试点单位，实现惠州市软件企业优惠退税工作“零”的突破。年底，会同市国税局、财政局、地税局拟订《惠州市软件企业、软件产品、集成电路产品办理减免退税操作细则》，并进行修订，计划于明年7月1日发布实施。

年内，惠州市软件和系统集成行业协会充分发挥行业协会的职能和民间组织的优势，为企业排忧解难，落实各项优惠政策，发展企业之间的信息交流和合作。年内，新增会员14家，有单位会员62家。由协会主办的《惠州IT瞭望》于12月23日创刊发行。该报宗旨是“为IT企业服务，推动惠州IT产业发展”，开设有新闻快讯、专家论谈、产品推介、解决方案、会员风采等15个专题栏目。

2003年，全市软件产业规模增长加快，有10家软件企业获得认定，产品39件，产值约3亿元。同时，惠州软件产品竞争力增强，外地软件产业界投资惠州的势头初步显现，大企业集团的软件和集成电路研发能力迅速增强，软件从业人员素质有较大提高。

【信息服务业快速发展】 年内，惠州市的电话网、骨干传输网、宽带接入网和高速互联网“四大网络”迅速扩张。全市电话普及率105.3部/百人，信息网络普及率14.73户/百户，电视人口覆盖率97.31%，广播人口覆盖率98.81%，全市信息化综合指数为64.36，比上一年增长10.48个百分点。

【打造惠州e城】 年内，由市委、市政府兴建的惠州e城成为网上惠州的亮点。其“政府立项，政策扶持、利用社会资源、走市场化道路，搭建为民服务的信息平台”的运作方式受到社会广泛关注。11月11日，国家信息化领导小组办公室调研组抵惠考察e城。12月11日，广东省信息产业厅副厅长邹生一行考察e城。通过调研，均对惠州e城的建设及运维模式给予充分肯定，认为e城的建设经验和经营模式值得推广。《人民日报》和《南方日报》等多家媒体均对惠州e城进行详细报道。

年内，惠州e城在惠城区和大亚湾开发区共安装53台多媒体触摸屏终端。年底，在市文化、工商、公安等部门的支持下，覆盖惠城区所有工业区、居民小区的惠州e城二期工程——e城信息站试点工作开始，并逐步向各县（区）和城镇社区延伸发展。

【帮助县（区）信息化建设】 年内，围绕惠州市建设“石化数码产业名城”、建设“数字惠州”的发展战略，市信息产业局继续指导和扶持各县（区）信息化工作。以电子政务建设为重点，先后帮助各县（区）建设政府门户网站、政务城域专网，安装和调试全省疫情管理系统、启动山区信息化项目，建设大亚湾开发区和惠阳区行政大院信息网络系统。全市信息化管理机构逐步建立和健全。

惠城区逐步完善区网络中心、培训中心的建设，完成区政府统一的电子政务信息平台、数据服务中心和行政中心内部办公网的建设。惠城区政府公众信息网站被评为2003年度全市10家优秀机关网站之一。惠城区地税局获“全国税务系统信息化先进单位”称号。

惠阳区在开发和建设政府部门业务管理信息系统、筹建行政中心大院信息网络集成工程等方面完成许多实质性的工作。惠阳区行政中心大院信息网络集成工程开工建设。2003年信息化综合指数47.57。

大亚湾开发区管委会网站进行大规模改版，更新信息内容。启动建设区电子政务平台。

博罗县信息办完成县政府大院网的总体设计方案，县政府讨论通过。全面完成惠州——博罗光纤专网的铺设、网络设备的安装与调试。

年内，惠东县、龙门县信息化建设开始起步。龙门县成立了信息中心，县直机关开通网上公文交换系统，并开通龙门县政府网站。由龙门县信息中心编制的《龙门县信息化建设工作方案》获得县政府通过。惠东县正在拟订信息化建设方案，筹组管理机构。

【存在问题】 在信息化建设过程中，不少政府部门及其领导把电子政务当作“形象工程”、“面子工程”、“政绩工程”来实施；有些部门则把电子政务当作争取财政支持的“筹码”，以求为本部门、本单位“圈”到更多的资金。“重电子、轻政务”、“重建设、轻应用”现象仍然比较明显。电子政务建设中，部门之间的合作严重不足，存在较为普遍的“信息孤岛”与重复建设的问题。信息化事业发展仍然不足，信息化基础工作薄弱。软件园久久未能建立，国家关于发展软件产业的一系列优惠政策仍然未能得到很好地落实，扶持软件产业发展的力度有待加强。

（汤　俊）

邮政通信

【概况】 2003年，惠州邮政抓住惠州经济大发展的有利时机，在优化中创新，在创新中提高，在提高中发展，取得明显的经济效益。全年完成邮政业务总量13068万元，比上年增长7.7%；完成业务收入12461万元，增长12.1%；完成收支差额552.18万元，增长84.1%。人均劳动生产率6.84万元。

年内，市邮政局和惠东县邮政局分别被市委、市政府和广东省邮政局授予“文明单位”称号；博罗县局博义路储蓄营业班和市直营业分局河南岸营业班分别被授予或继续认定为“广东省邮政系统文明窗口标兵”，龙丰营业班被授予“广东省邮政系统巾帼文明岗”；温露娟被授予“广东省邮政系统岗位女能手”，李惠英一家被授予“文明家庭”；刘勇平、黄学莹、吕诺伟等3人被授予“第二届广东省邮政优秀中青年专业技术人员。至年底，全市邮政创二星级营业窗口4个，一星级窗口29个。

年初，非典型肺炎流行，全市邮政系统全力做好进出口邮件和营业场所的消毒杀菌；向市卫生部门义捐一批抗“非典”邮品，价值1万多元。被市委、市政府授予抗击“非典”先进单位。

【邮政独立运营良性发展】 10月，邮政举办独立运营5周年活动，总结和回顾5年来艰苦创业历程。5年间，市邮政坚持改革、创新发展，从减亏、扭亏到增盈，走上了良性发展的轨道。2003年，全市邮政完成各项经济指标与1998年相比，邮政业务总量增长52%；邮政业务收入增长54%；人均劳动生产率增长91%；扭亏增盈6200万元。企业综合能力和发展能力明显增强，基础网络建设和服务功能日臻完善。

【调整城区邮政所网】 年内，由于行政区域调整，撤销惠阳市邮政局，成立惠阳区邮政局，完成划入惠城区的陈江、沥林、马安、水口、横沥、侨场、潼湖、仍图、大岚、芦岚、芦洲、矮陂、横沙、军垦场共14个邮政分（支）局（所）隶属变更，邮路、局网的割接与调整和接收。

【破获推销邮品诈骗案】 年内，市邮政行管执法部门针对不法分子借用邮政部门领导人名义，假冒高档珍邮，多次向市内一些党政机关、企事业单位负责人高价推销《中华名人》邮票册的诈骗行为，主动联合公安部门，采取跟踪调查和引蛇出洞的方法，连续在惠环、龙门、江北等地破获3起推销邮品诈骗案，抓获诈骗人员3人。

【信息反馈明信片发行】 年初，由市消费者委员会主办、市邮政局协办的《消费者信息反馈明信片》在惠州市首次发行。为消费者提供免费使用明信片进行消费维权，在省内尚为首例。

【开展邮政专业营销】 年内，全市邮政系统抓住节假日消费和会展经济商机，发挥邮政品牌优势，精心策划各专业营销活动。先后开展了"情人节有礼"、"中秋邮情"、"新年邮礼"等节日礼品寄递和中国惠州第二届国际数码节会展门票及个性化邮折、封片的营销，业务创收200多万元。

【储汇业务收入增长】 年内，市邮政储蓄柜员机业务与其它银行互联互通，对代收、代缴费软件系统进行了版本升级，并延伸到市区和各县（区）的综合网终端。储汇专业先后开展"爱我邮政、用我邮储"等多种形式的劳动竞赛。邮储余额比上年增长34%；汇兑业务则抓好回音卡业务的推广使用，业务收入比上年增长7.8%。

【开发商函广告业务量大幅增长】 年内，市邮政商函广告业务重点培育了通信、银行两大行业业务账单的开发，以及中国移动通信和TCL、德赛集团等大客户邮资封、明信片业务宣传函和代投、代送广告业务的开发，通过提升投递服务质量和到户率，赢得客户支持和信赖。全年开发商函业务量比上年增长45.4%，邮送广告业务量增长 50.2%；拉动函件业务量比上年增长11.3%。

【快包业务量增长】 年内，针对惠州市传统包件业务的下滑，加快快包业务的推广和营销，通过改善服务方式，缩短投递时限，确保普包业务向快包业务的转化。快包业务量比上年增长71.3%，缓解了包件业务收入日益下滑趋势。

【特快业务收入增长】 年内，市邮政部门在竞争中加大营销力度和市场策划，先后发展了TCL、德赛集团等单位的业务市场，开办代理"进出境通行证"专项便民速递业务，客户用邮量不断增加；并抓住"中秋节"、"情人节"等传统和纪念性节日消费有利时机，精心策划月饼、礼品和鲜花的业务营销，邮政速递的优质服务和品牌优势得到越来越多客户的认同，市场业务分额逐年上升。全年特快业务收入比上年增长22.7%。

【报刊订销量上升】 年内，市邮政部门加快用户和住宅小区信报箱群的投放安装。提升服务层次和增加投递频次，集订与零售相结合，热情上门订销、即到即投，市场分额不断上升。较好地完成党报、党刊发行任务。全年订销报纸3491.7万份，比上年增长16.4%；杂志225万份，比上年增长4.2%。

【不断拓展物流业务】 年内，市邮政部门继成功开发联想电脑配送业务后，先后拓展惠东鞋业、市工商银行结算凭证、市移动通信公司的后勤物资、平安保险和人民保险的保单、TCL电话机配送项目，并与惠州环宇国旅、海天印刷等一批大客户建立合作关系。物流业务收入比上年增长13%。

【集邮业务收入下降】 在国家局邮票总量逐年压减情况下，年内市邮政开发专题邮册和个性化邮票，集订销售定向邮品的收入占集邮收入90%以上，全年集邮业务收入比上年下降17.89%。

【存在问题】 市场策划和营销方法单调，个别员工服务素质不高，发生用户服务方面的业务投诉，全年受理业务投诉14宗。

（吴国忠）

电信通信

·广东省电信有限责任公司惠州市分公司·

【概况】 2003年，惠州电信面对挑战，加大改革发展力度，按照省电信公司"一手抓发展，一手抓改革，突出抓好三大业务会战、两项改革攻坚和创文明行业"的总要求，惠州市电信分公司党组制订了"快发展，早收入，低门槛"、"早发展，高收入，低成本"的发展策略，实施"春雷行动"、"夏季攻势"、"秋收会战"、"百万决战"四大战役。全体电信员工以高度的责任感和主人翁精神，精心组织，周密部署，调动一切积极因素，采取一切有效措施，保存量、激增量及市场拓展取得了新成效，完成了固定电话、小灵通、宽带等业务发展任务。

年内，惠州市电信分公司结合企业生产经营，继续开展群众性质量管理活动，取得成果12项，连续5年获“广东省质量效益型先进企业”称号。安全保卫部门加强安全检查督促，落实安全生产责任制，落实安全防范措施，领导以身作则，定期深入基层、现场检查落实，把事故苗头、隐患消灭在萌芽状态；全年没有发生责任伤亡事故和重大火灾事故，经省电信公司安全生产考核，获得98分的优秀成绩。

【全员竞争上岗一个月完成】 7月，惠州市电信分公司按照省电信公司的总体部署和要求，全员竞争上岗。在时间紧、任务重、涉及面广、政策性强、复杂程度高的改革中，坚持思想政治工作与企业改革同步，改革与发展同步，做到白天抓生产，晚上抓改革。全市2504名电信员工竞争上岗工作在一个月内完成。通过竞争上岗，员工的思想观念发生新的变化，企业生产组织、人力资源管理体系取得了新的成果，实现了定员、定岗、定编，全市一线生产人员比重增加3个百分点，管理人员比重下降6个百分点，后台支撑人员比重下降2个百分点。通过竞争上岗，强化员工危机感、紧迫感、责任感，打破行政级别，建立“以岗定薪，岗变薪变”的新机制，从机制上保证“岗位能上能下”、“职务能升能降”。

【薪酬凭绩效】 下半年，惠州市电信分公司在完成竞争上岗的基础上，及时改革薪酬制度，实行绩效工资与岗位关键业绩指标考核挂钩，将分配与业务挂钩，并逐步加大业务收入与绩效工资挂钩的比重，强化绩效考核的导向作用，体现“薪酬凭绩效”的分配原则。同时，实行人工成本切块管理，按岗位类别把绩效工资切成管理、后台支撑和大客户、一线生产、辅助岗位四大块，保证切块绩效工资总额落到实处。实施“同岗同绩效”政策，对电信员工和其他从业人员的绩效工资总额实行捆绑分配，并执行相同的绩效工资考核标准和奖励标准，形成具有激励作用的薪酬分配体系。

【全面推广营销渠道建设】 年内，惠州市电信分公司在本地网全面推行四个营销渠道建设，初步建立了以大客户经理制、商业客户经理制、社（片）区经理制、10000号客户中心为核心，面向客户的全覆盖、全业务的四大营销服务渠道。惠州市电信分公司在集团公司组织的渠道验收中取得98.2分的好成绩，为广东电信在渠道建设工作中获得全国第三名作出了应有的贡献。通过渠道建设，进一步细分市场，掌握需求，贴近客户，基本形成收入有人“背”，客户有人“盯”，流失有人“堵”的局面。通过渠道建设，开展营、维合一，局部优化了人员配置，将企业人多的劣势逐步转化为竞争的优势，增强了营销服务能力，提升了企业的综合竞争力。

【完善全面预算管理】 年内，惠州市电信分公司按照省电信公司的要求，继续完善全面预算管理，推行“预算编制与资产、收入挂钩，预算执行按市场、效益进行控制”的管理模式，增强市、县两级财务管控能力，企业收入结构得到有效控制，成本比重向市场倾斜，投资优化，资金使用效率提高。至年底，从机关到基层，从领导到员工，基本形成重视预算、学习预算、做好预算的良好氛围。

【开展全网预防性维护】 年内，惠州市电信分公司秉承“维护就是质量，维护就是服务，维护就是经营”的理念，开展以“传输网防阻断”、“交换网防瘫痪”、“数据网防阻塞”为重点的全网预防性维护，网络运行质量扎实提高；抓好七号信令网、小灵通网络优化和宽带维护，做好后台的服务支撑；挖掘网络技术潜力，盘活网络资源，以强大的网络和技术优势，维护中国电信的服务品牌。在“大客户满意行动”中，全面检测大客户的网络、环境状况，制定切实可行的应急预案，并进行演练，使客户在充分了解自身网络运行情况，同时也感受到惠州电信主动、用心的服务。电信惠州市分公司荣获2003年全省运维考核第一名。

【加强网络规划及工程管理】 年内，惠州市电信分公司围绕市场和效益，开展网络的规划和建设。在网络规划上，突出经济环境分析、市场形势分析和业务发展预测，着重加强管线工程项目“后评估”，围绕有效益的市场需求，在充分挖掘网络潜力的前提下，重点实施网络能力扩张和优化调整等工程。在网络建设上，严格执行基建程序和项目考核，实行工程施工、监理、设计以及材料供应、设备选型招投标，推行工程项目负责制，保证进度，提升质量，降低造价，完成2003年省电信公司下达的资本性支出任务，通信能力得到进一步增强。

【加强员工培训】 年内，惠州市电信分公司坚持以岗位培训为重点，结合流程重组、四个渠道建设、维护工作改革、竞争上岗等工作开展多形式、多渠道、多层次的员工培训。全年全市培训员工14684人次，其中，送省公司培训186期，参训382人次；自办培训班283期，参训14266人次。

【创建文明单位活动成效明显】 年内，惠州市电信分公司把创建文明单位工作列为企业发展的十大目标之一，以提升企业整体素质。“以用户满意为标准”，改进服务方式，提高服务水平，取得了精神文明大丰收。电信市分公司、博罗县分公司获省委、省政府“文明单位”称号；市分公司、博罗县分公司分别荣获省电信公司“文明单位标兵”和“文明单位”称号；10000 号先后获得“全国信息产业系统先进单位”、省电信公司“文明窗口”称号；惠东县分公司、龙门县分公司、惠阳区电信局、大亚湾区电信局、长途电信线路局获市委、市政府“文明单位”称号，惠州电信系统全部跨入市以上“文明单位”行列。

（张伟文）

·中国网通惠州分公司·

【概况】 2003 年，中国网络通信有限公司惠州分公司低调实干，精益求精，进一步加强管理，提高效率。年内，公司的关键业绩指标考核综合得分 111.4 分，在广东省名列前茅，其中产品贡献率、数据收入、回款率、折扣佣金、网络管理等指标均达到或超过预算目标，回款率居该系统全省第一，利润率、完成率居该系统全省第二，完成预算的 107%，比上年增长 13.6 个点，增长率 40%。

【投资收入比重上升】 年内，网通惠州分公司通过加强管理、挖掘潜力，提高公司效益。首先，“再专注”重点区域、重点用户。根据现有产品、客户、网络资源结构特点，将网络资源覆盖工业区、开发区的企业客户作为发展的目标用户，集中优势资源，重点发展，发挥局部规模效益，提高投入产出比。2003 年惠州分公司投资收入比为 0.5∶1，比上年提高 150%。

【保障服务质量】 年内，网通惠州分公司在财务、人事、行政、采购等部门引入共享服务，利用先进的信息管理平台，提高综合效率，实现规模效益，降低时间和人力成本。同时在公司内部建立关键业务流程、业务接口人制度，通过严密的制度流程，保障业务开通时间和故障恢复时间，确保优质的服务质量。

【提高员工业绩考评数字化程度】 年内，网通惠州分公司员工业绩考评工作更强调科学性、规范性和客观性，数字化考核程度更高。针对每个岗位、每位员工都制定了数字化的考核标准，分月度、季度、年度对员工进行目标设定和业绩考评，使考评过程成为与员工沟通、帮助员工提高的过程，让每人员工清楚了解自己的工作成绩、不足及下一步努力的目标，提高了员工队伍的整体战斗力。

【网络管理水平提高】 年内，网通惠州分公司突出抓好运营线员工队伍建设和运营流程化管理，保业务快速实现、网络质量稳定和成本费用降低。全年惠州分公司无一级故障发生，无内部原因造成的二级故障；总部及省网通公司的割接令和调度令完成率及成功率 100%；业务受理单开通及时率 95%，比上年上升 30%。建设工程实施完工率 100%，验收合格率 100%。在全国运维大检查中，网通惠州分公司获 B 类分公司第一名；全省建设工作评比第二名，并获得省网通公司最佳网络管理综合奖。

【注重企业文化建设】 年内，网通惠州分公司通过多种形式锻造企业文化，锤炼员工队伍，建立本地化的培训学习园地。培训内容紧扣核心工作，使工作带动学习，学习促进工作。创建“员工图书室”，开展读书评比活动，“多读书，读好书”，逐步培养学习型的组织。加强企业宣传活动，以“员工的家园，沟通的桥梁”为主题创办内部电子刊物《惠州网通》。以“阳光、竞技、沟通、参与”为主题，开展丰富多彩的团队活动，增强团队意识，加强内部沟通。惠州网通已逐步成为广东省系统内管理优秀、战斗力强的分公司。

【存在问题】 网通惠州分公司打入惠州市场时间不长，还处于成长阶段，后台支撑系统未能满足市场、客户灵活性的需要，有待进一步完善后台支撑系统，以适应公司的发展。

（邓惠琴）

长途电信线路管理

【概况】 2003 年，惠州长途电信线路局机构设有 4 部 1 室（办公室、人力资源部、计财供应部、安全保卫部、技术维护部）和 5 个分局（惠阳分局、小金分局、河源分局、忠信分局、龙川分局），从原干部制度改为企业等级岗位制度。实行全员竞争上岗后，局机构设为 1 部 1 室，即运行维护部和综合办公室，5 个线路分局。光缆设备维护量从上年的 10857 皮长公里增加到 11519 皮长公里。其中，长途一级干线线路 972 皮长公里，二级光缆干线和本地网光缆共 1930 皮长公里，农话光缆线路为 4925 公里，接入网光缆为 3692 皮长公里。年内，新增长途一级干线、二级干线，农话光缆和接入网光缆等共 662 皮长公里。

【加强光缆巡线组管理】 惠州长途电信线路局在前两年取得集体巡回经验的基础上，年内加强对巡线组的管理。抓好巡线组的集体维护工作，将巡回重点放在施工外力影响的地段，以便做到对线路上的施工动土状态早发现、早制止，把线路隐患处理在萌芽状态。同时，根据光缆线路所处的段落、受外力影响的程度等因素，将所维护的线路划分为红、黄、蓝、绿4种区域，并动态地调整巡回区域和巡回次数。在各种区域内实行不同的巡回频次，力争抓住重点，减少维护成本，提高劳动生产率。

标准的埋地光缆路由　　（惠州长线局供）

年内，惠州长途电信线路局出台《巡回日记填写办法》，要求巡线人员填报每日的巡回全部过程，便于检查和考核。鼓励巡线人员开动脑筋，统筹安排，协调配合，做到“用脑维护”。巡线组在线路巡回中，登记好难以完成或工作量大的维修工作，上报分局，由分局统一安排修理班集体处理，以减轻巡线组的压力，让巡线组精力集中放在预防外力障碍上。同时，要求分局加强检查巡线组工作，发现问题及时提出和纠正。每个巡线组每月对线路巡回不少于7轮次，车巡、步巡结合，全线巡回一轮次控制在3～5天。另外，根据实际情况增加巡回。

【预防外力危及光缆线路】 年内，惠州长途电信线路局以抓防外力为重点，确保线路的安全，对可能危及线路安全的地段落实“一围、二明、三盯、四勤”（即围禁区；埋深明、标志明；盯紧、盯死、盯到底；勤巡视、勤检查、勤宣传、勤汇报）的措施，并建立和健全外力施工动态跟踪责任制，层层落实责任，具体到人。同时，对新发现的外力施工工地，及时掌握是否存在机械施工和打桩等危及光缆的不安全因素。向施工人员宣传保护光缆的重要性，尽可能及时地与每一个施工单位签订保护光缆的安全施工协议。

年内，惠州城区东出口公路扩建、惠州大道第四期扩建、仲恺大道改造、新墟至秋长公路改造；河源市河源大道25 公里改造，和平、连平、龙川县城穿城公路开工，以及中国移动、中国联通等各电信运营商的管道施工。全年投入了 9855 个“三盯”工作日，总费用40 万元。其中惠阳分局投入 4143 个工日，小金分局 2678 个工日，河源分局1831 个工日，忠信、龙川分局也投入1000 多个工作日。

【完成全员竞争上岗】 年内，惠州长途电信线路局进行全员竞争上岗。此事局领导班子慎之又慎，多次研究和召开员工思想动员大会，做好各项岗位竞争的解释和实施工作，要求员工端正思想，理顺情绪，摆正位置，接受体制改革的考验。经过理论笔试考试，演讲和综合素质测评，以择优的原则选出各岗位的人员，并按照编制做好定员定岗工作。同时做好内退人员、特殊人员的思想工作。对组织安排人员，向大家解释，经过汇报和请示上级，最终给予调配。

【存在问题】 在“企业转型年”里，任务虽然完成，但也存在一些不尽人意的地方。教育培训计划受制于繁重的通信生产，抽不出更多时间搞集训；个别巡线组的巡回质量不高，未能及时发现处理沿线的线路施工问题；分局财务报账流程不畅；有些分局、维护中心对护线宣传重视不够，流于形式；车辆管理、安全教育有待进一步加强；维护工作检查跟踪不到位；带业务割接技术操作水平还需提高；思想工作方法有待进一步探索。

（沈贵强）

微波通信

【概况】 2003 年底，惠州微波通信局有干部职工 22 人，其中：本科生 1 人，大专生 10 人，中专生 4 人，高中以下 6 人；中级职称 6 人，初级职称 7 人。内部退养 3 人，退休 3 人。

年内，全省电信范围内全面推行竞争上岗和薪酬改革。惠州微波通信局做好思想发动，宣传改革的目的和意义，讲清改革的必要性和必然性。及时做好政治思想工作，要求党、政、工密切配合，把矛盾化解在萌芽状态，使员工从难以接受、到理解、到支持改革。同时制定竞争上岗实施方案，严格执行省微波通信局竞争上岗操作程序，整个过程气氛和睦，员工反应良好，没有过激的现象发生。体现了公开、公平、公正、民主，这次竞争上岗在短期内完成。

年内，惠州微波通信局贯彻广东省微

波通信局提出的“提高创新意识，拓展维护市场，确保网络质量，充分利用资源，展示无线实力，抓好文明建设”36字方针和运维工作会议精神，以通信质量为中心，“用户至上，用心服务”为宗旨，在通信质量、安全生产、综合管理、企业转型创新、创建文明单位等方面卓有成效。惠州微波局完成通信各项技术指标，安全无事故，用户满意度达99%。

【微波电路质量明显提高】 年内，惠州微波通信局围绕如何提高电路的可用率，为用户提供高效优质的电路，力争无阻断目标。在维护工作上加大了力度，在电路测试、整治以及基础维护上做工作，有针对性地解决电路设备存在的质量问题，电路质量明显的提高。全年微波设备处理故障53次，监控设备处理故障84次，电源设备处理故障46次。二级干线微波电路系统、农话微波电路系统（有、无业务）合格率100%，二级干线微波电路畅通率100%，农话微波电路畅通率100%，二级干线微波电路可用率100%，农话微波电路可用率100%，用户满意度为99%。

【介入电信小灵通建设】 年内，惠州微波局以无线市话在各地迅猛发展为契机，把无线市话作为实现转型的平台和锻炼队伍的空间，全员介入到惠州市电信小灵通的建设中。参与惠州电信分公司小灵通的建设，在合作中遵循“相互合作、相互补充”的原则。从3月初至12月底，全局参与小灵通无线技术支撑近千人次，车辆300多台次，整理出20多万字的材料，提供合理化建议上千条，建立了小灵通数据库，制作光盘7个、惠州地区小灵通基站电子板地图多个。参与小灵通建设初步实现从微波到无线领域的转型，锻炼了员工队伍，密切了与惠州电信分公司的关系。11月初，惠州微波局与惠州电信分公司签订惠城区江北、小金、龙湖、东平等区域总计366个小灵通基站委托维护协议。成为在无线市话维护支撑服务方面与惠州市电信公司合作的“惠州模式”。为给惠州市电信小灵通提供无线技术支撑，报省微波通信局批准，决定撤销惠州监控中心，5月8日交接。

【经济责任审计完成】 10月17日，惠州微波通信局局长4年经济责任审计工作完成。经省微波监察审计部审查，1999年至2002年财务账目清楚，使用合理，没有出现违规的现象。

【抓好安全工作】 年内，惠州微波通信局把安全工作放在各项工作首位，与各室签订了安全责任书，做到谁主管谁负责，层层落实，责任到人。利用一年一度的电信防火月、护线月、安全月、119消防月活动，进行安全教育。年内举办一次消防知识讲座，进行一次消防演练；组织主办以上管理人员观看大型文艺晚会《祝福平安》，以提高员工的安全意识。抓车辆管理及安全行车，每月组织驾驶员安全学习一次，执行车辆管理规定，做到集中管理，统一调配，包括领导用车，严格用车审派制度，控制无序用车，及时做好车辆日常维护保养工作，防止带病出车，全年行车近10万公里安全无事故。

（温松安）

移动通信

·广东移动通信有限责任公司惠州分公司·

【概况】 2003年，广东移动通信有限责任公司惠州分公司全面贯彻实施集团公司“服务与业务领先”战略，按照省级公司“提升资源价值，锻造品牌内涵”的总要求和经营思路开展工作，在服务营销、网络、管理、人力、文化等资源方面形成了新的亮点，为惠州120万户提供了“全球通”、“神州行”、“动感地带”、“神州大众卡”等移动通信服务，实现了“平均每月收入超亿元，全年超12亿”的目标。

【进行经营结构性调整】 年初，移动惠州分公司按照省公司提出的经营发展思路，结合惠州实际，进行3个结构性调整。在资费结构调整上，推出了被叫包月、优惠新干线、IP打折等营销措施，改变简单降价方式，使资费实现软着陆。在成本支出结构调整上，服务营销成本比上年增加；通过调整成本结构，变动成本占到总成本的一半以上，逐步实现了“三个合理”（资费结构，成本支出结构，收入结构），为公司未来收入的持续增长打下了基础。在收入结构调整上，主要方向是增加固定收入比例。

【合理利用网络资源】 至年底，惠州全网话务量跃居全省第6位。解决话务量迅速增长和网络容量不足的矛盾是2003年网络规划、工程建设和网络优化的重点。为此，移动惠州分公司加快扩容工程，同时，通过调整忙闲小区的话务，将现有载波的利用率实现最大合理化，整治部分因环境变化造成覆盖和通话质量下降的基站。

【提升人才资源价值】 年内，移动惠州分公司提升人才资源价值。建立公司新的职位体系，实现员工“能进能出”、管理者“能上能下”，体现“人性化管理”和“尊重员工自我价值实现”的核心理念。加强招聘人员培训，优化人才结构。年内招聘的一批员工，均进行市场营销和管理方面的培训。为进一步规范社会化用工管理，建立社会化用工职级体系和薪酬方案，完善社会化用工管理办法。

【拓展企业文化内涵】　年内，移动惠州分公司主要抓企业文化“显性化”工作，收集企业文化案例，组织“职业道德”建设演讲比赛，组织观看全省企业文化显性化事迹巡回报告团的演讲，感染、鼓舞和激发员工的力量和士气。继续以党、工、团活动为载体推进企业文化建设，组织学习和贯彻落实“三个代表”重要思想，创新思想政治工作和党建工作方式，学习抗击“非典”的英雄事迹，使广大党员干部深受鼓舞。进一步促进企业民主管理，加强“职工之家”建设，营销账务中心被中华全国总工会评为“模范职工之家”。关心员工、离退休老干部的生活，帮助解决生活中遇到的问题和困难。组织形式多样的劳动竞赛，丰富员工的文体生活。此外，开展企业精神文明创建活动，热心社会公益事业。移动惠州分公司被评为2003年度惠州市文明企业，并获“全国五一劳动奖”；1860咨询台被授予“广东省巾帼文明示范岗”的称号；惠阳服务厅和下埔服务厅被续评为2003年“广东省青年文明号”。

【存在问题】　从2003年下半年以来，话务量持续攀升，网络发展需加快。建议加快出台《电信法》，以完善电信市场的管理。

（邹宏坤）

·中国联通惠州分公司·

【概况】　2003年，中国联通惠州分公司为了满足广大用户和消费者的需求，根据自身实际，不断创新经营，加大市场开拓力度，以差异化经营模式塑造人性化服务方式，创建自身服务品牌。尤其在年底推出的CDMA1X技术，更是深受广大用户的喜爱，引起社会强烈反响。至年底，中国联通惠州分公司为惠州近百万的用户提供了移动通信、数据、193长途、IP电话、互联网等业务。

【整合资源搞立体营销】　年内，联通惠州分公司坚持以市场为导向，以移动工作为中心，以CDMA的发展为重点，抓CDMA营销模式的转型和精细管理，发挥联通综合业务的优势来推动整个经营工作的开展。根据市场情况，构筑了以市场为主线的组织流程，调整和充实了县级分公司机构和人员，建立和健全了大客户市场营销体系。年中，还通过社会价值链的方式开展无人值守卡式公话和专线卡式话机的建设。8月，安装无人值守话机5000多部，专线卡式话机3000多线，为用户提供快捷方便的服务。上半年，惠州联通建设了3家网苑，是省内自有网苑数量最多的地市分公司之一。网苑收入成为公司互联网专业的收入支柱，成为联通互联网业务的特色。另外，中国联通惠州分公司客户服务中心还采用电话营销的方式推广各种业务，包括中文秘书服务、193注册业务、17911业务、如意邮箱业务、CDMA1X业务等等。

年内，惠州联通以强势思维分先后、有主次、有重点的加快确立CDMA1X增值业务的差异化经营优势，提升CDMA的品牌号召力和品牌形象。通过增值业务的推进，来巩固和发展大客户市场，培育以“时尚”为需求的青少年市场。实施以CDMA本身环保、时尚、保密等优势为市场拉动力的业务转型工作。从10月中旬开始，在全市范围内组织CDMA1X增值业务的巡回路演，让消费者了解到CDMA是时尚和新潮的网络。另外，还在全市营业厅设立增值业务互动体验区，让用户亲身体念互动彩信、神奇宝典、掌中宽带和定位之星等业务。

【建立客户分级服务体系】　年内，联通惠州分公司加大对大客户实行差异化服务的力度，利用联通综合业务优势，不断创造差异化服务，推出多种组合产品和新业务，尽力满足大客户的不同服务需求。以优质目标网的建设与高效的支撑体系为基础，实施“客户满意工程”；建立客户分级服务体系，面向集团用户、战略客户、个人高端客户实行“一对一”服务，针对普通的大众用户则侧重提供最便捷的、标准的、明白无差错服务。

【完善网络工程】　年内，惠州联通完成传输本地网一期工程建设，为CDMA二期工程、GSM八期工程、数据接入网二期等工程建设提供了强有力的支持。累计完成架空杆路建设约200公里、管道60公里；铺设各类光缆约300公里；新装和搬迁设备共120台（套）；调度开通本地及长途2兆电路约600条、155兆接入3条；完成各类网络割接120次，为维护提供各类技术支持40余次。微波改光、光网络结构优化、光缆物理路由环路建设等方面的工作都大幅推进。从完善网络入手，在保证正常用户接入的基础上，以保证网络安全的投入为主，通过对惠州联通本地网网络结构的研究，决定对重要区域立环保护，对1+0微波，改为1+1方式，通过网络改造，增强了网络的安全性、稳定性和可靠性。

【存在问题】　随着市场竞争的日趋激烈，人员综合素质和管理水平有待进一步提高；全市互联互通问题比较明显，管理工作有待进一步的改善和完善。

（陈建军）

数码工业园

·惠州数码工业园·

【概况】 2002年12月，惠州数码工业园区管理委员会成立。市委、市政府提出的建设现代石化数码名城和建设惠澳电子信息产业带的战略决策。采取“政府主导、企业化运作、市场化经营”，以“高、新、名、特”的定位和高起点规划、高起点建设、高效能管理的思路，大胆改革创新，开拓进取，千方百计加快发展、协调发展、率先发展。一手抓建设，一手抓招商。想方设法筹集建设基金，克服各种困难，努力实现市委、市政府提出建设惠澳数码信息产业带的奋斗目标。

2003年是数码工业园开发建设突飞猛进的一年。

【完成园区总体规划】 年内，完成数码工业园区60平方公里总体规划及沙盘模型。区域分南、北区，主要设工业区、物流区、商务区、科研区、生态区。区域走向为沿惠澳大道两侧从惠城区金山湖向惠阳区永湖镇延伸。首期建设8平方公里，启动区面积3.6平方公里。其中，南区2.3平方公里，主要位于惠澳大道以东，淡水河以西，演达路侧；北区1.3平方公里，作为综合配套区，主要位于惠澳大道西侧，金山湖东南，竹仔园西北。

产业体系配置走多元化发展道路，多种形态并存，集现代高新科技与传统优势产业为一体。数码信息产业主要是软件技术、计算机及接口设备、产品制造、网络类产品及技术、电子系统工程等。高新技术产业主要是新材料产业、新能源产业、生物技术、光机电一体化产业、精细化工等。传统优势产业主要是传统电子产品、轻工业产品的生产，机械制造，加工装备等。

【土石方工程基本完成】 至年底，惠州数码工业园完成园区3.3平方公里的土地平整，共计土石方工程820万立方米，占土石方工程总量的97%。

【市政道路及配套工程建设逐步推进】 年内，惠州数码工业园完成南区华泰路和金钟路的施工，南区演达路西段混凝土路面正在施工；北区金湖路的路基已完成。完成金钟路路灯工程80%；华泰路路灯工程正在施工中。完成排水、排污管道总长度共计12.5千米；完成南区东部边沟挡土墙80米。完成供水管道共计2千米。完成通讯管道预埋1.6千米。完成南区广场土建、绿化工程；金钟路人行道、电缆沟、绿化工程完成70%；华泰路电缆沟、人行道工程正在施工。

【签订招商项目5宗】 年内，惠州数码工业园坚持“让客商发财，促惠州发展”的宗旨，提出“人人都是投资环境，个个都是园区形象”的口号，努力营造“亲商、安商、富商”的氛围，竭诚为投资主体服务，创造良好发展环境，以“优质的服务，优美的环境，优惠的条件”吸引客商。专门成立了投资服务中心，编制《投资服务指南》，拟订《惠州民营科技园投资优惠暂行办法》、《惠州民营科技园投资鼓励措施》等优惠政策。采取“一企一策”的税费收取办法，吸引近百家国内外投资企业与园区进行投资洽谈。投资者来自包括美国、德国、日本、韩国等国家以及港台地区，其中有日本住友、普利司通、韩国LG、美国可口可乐等世界500强企业。全年签订项目5宗。

【民营科技园土建工程完工】 6月27日，民营科技园（简称民科园）开工典礼在数码园南区举行。省科技厅副厅长廖兆龙，市领导黄柏青、郑永和、刘品谋、陈恩强、庄志鹏、林惠纯、杨有义等参加典礼。民营科技园规划面积1平方公里，首期建设用地30万平方米，规划建设12栋厂房和12栋宿舍，总建筑面积35万平方米。

年底，惠州数码园中的民科园的8栋厂房、宿舍（6.5万平方米）已全部封顶，其中两栋已完工，其余正在进行装饰工程；另外，完成600平方米临时办公楼的建设并已投入使用。

【普利司通与园区签订合作框架协议】 10月22日，日本普利司通株式会社副社长铃木启介率领的考察团到惠州数码园进行了深入细致的考察。市领导柳锦州、黄业斌、黄雁行、林惠纯陪同。11月21日，普利司通株式会社技术骨干一行5人，再次考察惠州数码工业园，就项目落户在园区的有关技术问题进行洽谈，当天，双方签订合作框架协议。

（刘建标）

·惠阳联想科技园·

【概况】 1994年开始建园，总占地80万平方米。至2003年，累计投资12.5亿元，建有厂房10.2万平方米，开发土地30万平方米。有员工4500人。主要生产电脑主机板、印刷线路、电脑整机等产品，产品销往国内外各地。

2003年，联想科技园生产电子计算机157万台，电脑主机板227万块，印刷线路板100万平方米，覆铜板28万平方米。实现工业产值56.06亿元，比上年增长27.7%；实现销售产值55.27亿元，增长23.8%；实现出口产值15.87亿元。

（张伟珍）

国内贸易

责任编辑：钟兆南

综　述

【贸易额增长】　2003 年，全市社会消费品零售总额累计实现 181.67 亿元，同比增长 12.8%。批发零售贸易商品销售总额 301.35 亿元，同比增长 19.8%。城乡集市贸易成交额累计实现 70.3 亿元，同比增长 6.5%。居民消费价格总指数上升 0.5%，食品类价格指数上升 2.6%，消费品价格指数上升 0.7%。

【加强商品交易市场的监控】　年内，市经贸局继续设立监测网络，加强“假日经济”和“非常时期”市场的研究，分析市场走向，合理引导消费，扩大内需，为政府及时提供有用信息。

2 月，出现“非典”疫情期间，市经贸局及时派员下驻大型购物网点，研究市场动态，宣传党的方针政策，通报疫情，填好《城市商品市场价格变化周监测表》。

10 月下旬，惠州市消费品市场部分商品价格上扬。市经贸局紧急召集有关负责人座谈，听取意见，分析市场走向，研究应对策略。并派专人到市区各大商场实地调研，了解市场行情，加强重点监控，对重点消费品价格走势和销售状况实行一日一报制度，平抑了物价，避免因为谣言而出现的市场动荡。

【引进名牌企业连锁店】　年内，惠州市逐步引进了较有商业信誉的大型专业连锁企业，国美、铭可达、环球等知名品牌陆续登场。这为广大市民提供了一个安全、舒适、一站式的购物环境，又丰富惠州市多业种业态的商贸流通局面。

【参加粤鄂经贸洽谈会】　按照省政府的统一部署，根据“政府搭台、企业唱戏”的办法，市经贸局组织市内 16 家企业 30 个展位近 3000 种商品参加省政府 10 月下旬在武汉举办的 2003 广东—湖北（武汉）经济贸易合作洽谈会。洽谈会期间签约 16 个项目，成交 15.24 亿元，取得良好的经济效益和社会效益。

【组织参加全省二手车交易大会】　为贯彻落实商务部关于“工商联手、商商联手、开拓市场”的精神，加快惠州二手车市场的发展，市经贸局组织市旧机动车交易中心（市场）10 多辆二手车参加省经贸委于 12 月 31 日在东莞市厚街镇举办的广东省二手车交易大会，取得良好效果。

【重点整顿市场经济秩序】　年内，市经贸局集中力量，突出重点，扎实开展实施食品（含药品）放心工程、毒鼠强专项整治、整顿经营主体和传销行为、土地市场及信用秩序、地方保护及行业垄断、道路交通安全为重点的专项整治行动。为确保各项专项整治工作的落实，惠州市整顿和规范市场经济秩序办公室制订了全年整顿和规范市场经济秩序实施方案，并多次与市直各职能部门一起，研究制定其它专项整治行动方案，多次对食品、药品市场的不正当经营行为进行联合整治行动，严厉打击和惩处假冒伪劣商品、欺行霸市、缺斤少两、故意哄抬物价等扰乱正常市场秩序行为。

【肉食品加工管理】　年末，全市生猪定点屠宰场 88 个，全年生猪消费量 225 万头、肉牛 13000 头，进场屠宰生猪 138 万头，肉牛 3200 头，全市肉类销售额 2.35 亿元，上交税金 3000 多万元。

【存在问题】　惠州市内的批发市场水、电费用标准收取普遍过高；有相当一部分批发市场经营规模偏小，服务内容单一，信息化水平不高，专业人才缺乏；批发市场的基础设施、技术装备、管理流程、信息化等也缺乏统一标准，亟待建立全国统一的批发市场标准化体系。

（陈伟民　林乾森）

供销合作

【概况】 2003年，惠州市供销社系统坚持为“三农”（农业、农民、农村）服务的办社宗旨，以发展为主题，在稳定基础上继续深化改革，为农服务实现新突破。加强农资产品流通，抓好专项经营业务，开展多种经营，积极盘活资产，提高经营管理水平和经济效益。除了原政策性亏损、欠债、挂账处理外，连续4年保持盈利，全系统经营总额10亿元，销售收入2.9亿元，实现利润24.8万元。

【深化改革稳步推进】 各级供销社继续抓好改制，全市已实行改制的基层社57个，占基层社总数的74%，其中10个基层社实行了全员改制，已完成改制的直属公司32家，占公司总数63%。一些县社在去年改革成功的基础上，根据实际情况进行了第二轮改革，对已改制企业进行重组。随着改革的深入，各级供销社积极做好稳定工作，化解改革中出现的各种矛盾，保证改革顺利进行和各项工作正常开展，

【地派橙柑桔产销业协会成立】 市社和龙门县社在该县地派镇进行依托基层社发展农村合作经济组织的试点工作，由地派供销社牵头组织当地种植户成立“地派橙柑桔产销协会”，10月23日正式挂牌成立，有会员160多人，会员橙柑桔种植面积3900亩，占全镇橙柑桔种植面积的65%。

协会成立后开展多形式的为“农服务”。聘请专家举办农业科技讲座咨询活动，有250多人次参加。为农户提供质优价廉的化肥、农药，并送到田间地头指导使用，仅一个月就销售化肥20多吨。广开销售渠道，为农户解决卖难问题，帮农户销售红光橙60多吨，占全镇红光橙销量的6成以上，且每吨销售价格比上年增加400多元，助农增收，实现社会效益和经济效益的提高。

【龙门县最大的农贸市场投入使用】 龙门县社通过盘活土地资源，筹资300多万元，建成占地15000多平方米、建筑面积4000多平方米、设施优良的供销农贸市场。该市场有门店42间，固定摊档172个，露天菜档100多个。于7月正式投入使用。解决当地324人就业，至年底完成交易额1700万元，成为目前该县最大的农贸市场。为搞活农副产品流通发挥重要作用。

【做好农资农采业务】 2003年全市农业生产资料经营网点565个，全年销售化肥15.1万吨，比上年增长8.3%。各地供销社配合政府整顿和规范农资市场的经营秩序。全系统组织业务骨干200多人组成农资商品质量管理小组81个，检查清理全市农资销售网点组织134批次。惠东县平山供销社把抓经济发展同为农服务结合起来，确保农资供应，农资批发部销售额近180万元，比上年增长36.3%。惠阳区秋长供销社根据当地蔬菜种植发展迅速的特点，及时调整业务重点。全镇菜场2000多亩，由供销社供应化肥农药的有1900亩，全年实现销售收入237万元，创历史新高。

农副产品采购业务大幅度增长。全系统从生产者购进农副产品3523万元，比上年增长17.3%；农副产品销售7502万元，增长33.9%。

【严格管理烟花爆竹经营】 各级供销社高度重视抓好烟花爆竹专项经营业务，落实责任，严格管理。全系统取缔无证经营点65个，查获伪劣烟花爆竹值43.2万元，确保烟花爆竹专营业务持续安全经营，没有发生安全事故。惠东县社5月份在政府和有关部门的支持下，对全县烟花爆竹市场进行清理整顿，成立烟花爆竹经营管理公司。博罗县供销社全年烟花爆竹销售500万元，比上年增长17%。

【废旧物资购销额增长】 为加强环境保护，各级供销社加大力度对废旧物资市场管理，全系统的废旧物资购销总值保持连续增长态势。年内全系统废旧物资购销额9775万元，比上年增长36.2%。惠城区社废旧物资购销额4560万元，增长30.51%；博罗县社废旧物资购销额2707万元，增长30.46%；惠阳区社废旧物资购销额2487万元，增长56.71%。

【盘活供销社资产】 龙门县社利用南昆山旅游区的旧房产改造兴建建筑面积1600平方米商住楼。博罗县长宁供销社利用旧房产改建商住楼，建起8间3层门店，使原资产增值50万元。惠东县社合股成立的众和公司，上半年投入资金100万元，平整5.8万平方米的土地，拟建厂房。吉隆供销社利用原有的办公楼改建成建筑面积3300平方米、有11间门市的商住楼，根据当地工业发展优势，利用闲置1500平方米的仓库用地，建成员工村对外出租。稔山供销社利用闲置多年的1500平方米房产，引资建立了“百惠购物城稔山分店”，活跃了当地市场。

【开展多种经营】 许多改制后的企业，根据本地经济发展情况和自身条件，发展一些特色经营项目，例如农贸市场、煤气供应、加油站、生猪屠宰、旅业餐饮、食品加工等经营项目，服务于农业生产和农民生活，取得良好的经济效益和社会效益。

【存在问题】 供销社系统改革进入攻

坚阶段，进一步深化改革面临重重困难；一些企业资不抵债，难以筹集改革资金，企业拖欠职工社保金、集资款，离退休人员的安置问题无法解决等，直接影响改革的顺利推进；改革后的基层社和社属企业重组工作进展缓慢，经营管理体制的改革和创新相对滞后；企业发展动力不足，改革过程中资产减少、业务流失、经营网络萎缩等负面因素，对经营产生一定影响；为农服务的职能作用需进一步加强，系统内农资经营业务的开展不平衡，农副产品购销业务量小，在惠州市农副产品流通方面的作用仍然不突出，缺少农业产业化发展的龙头企业。

（陆雪华）

商贸资产经营

【概况】 惠州市商贸资产经营有限公司（以下简称商贸公司）自 2001 年 8 月成立以来，市政府分五批划入商贸公司管理的企事业单位 206 家，资产总额 34 亿元，总负债 40 亿。按照“管资产与管人、管事相结合”的原则，商贸公司全方位承担所属企事业单位的资产、人事、党务、财务、安全生产及行政事务、扶贫等工作。年内，在深化国有企业改革、加快劣势企业退出市场、积极化解不稳定因素、加强安全生产监督管理、推进固本强基工程等方面取得了显著成绩。

【加强企业党建】 商贸公司党委不断加强和改进企业党建工作，实施固本强基工程，充分发挥企业党组织的政治核心作用。

年内，批复同意并参与指导了市花木公司、市拍卖行等 26 个基层党支部完成换届选举。检查了 64 个党支部的达标落实情况，并着重帮助达标一般和较差的党支部查漏补缺，限期达标。与市委组织部联合举办了一期市直属企业入党积极分子培训班，审核批准了所属单位 20 名为中共预备党员，32 名转为正式党员。发动所属单位和个人自愿捐资 3.8 万多元，专项用于支援挂点帮扶的龙门县麻榨镇约坑村，并向上级有关部门争取专项资金，为该村修建公路和启动经济项目解决了部分补助经费。

【“下访”解决基层问题】 年内，商贸公司处理市纪检和信访部门及市委、市政府领导批转的各类信访件 40 宗，接待上访群众 35 批次共 500 多人次。商贸公司变“上访”为“下访”，做好信访排查，尽量把矛盾解决在基层，化解在萌芽状态。及时妥善地处理惠州土产进出口公司破产退市和 214 名职工安置问题、市商业信托贸易总公司退休职工“急告件”反映的有关问题、市旅游友谊总公司职工反映该司领导班子侵吞国有资产问题等，为企业和社会稳定作出应有贡献。

【强化安全生产监督管理】 年内，商贸公司主要从“三抓”入手，大力开展所属企业的安全生产监督管理工作，遏制重特大事故的发生。

通过开展“全国安全生产月”、学习宣传贯彻《安全生产法》等法律法规知识、组织有关人员参加相应资格培训等活动，提高干部职工的安全生产意识、技能和水平。

组织 5 次大型安全生产检查活动，还组织了防 0313 号台风“杜鹃”、交通客运、建筑工地、危险化学品、制造业等安全生产专项检查，共检查企业 90 家，发出整改通知书 15 份。

健全安全生产工作管理网络，建立快速反应机制，实现安全生产的长效管理。

【元月市场流通量攀升】 1 月，全市消费品零售总额 16.5 亿元，比上年增长 10.12%；商品销售总额 29 亿元，增长 17.37%。居民收入增长较快是市场流通量继续攀升的一个重要原因。1 月份居民人均可支配收入 1221 元，增长 46.63%。节假日消费效应拉动消费市场活跃，春节期间，居民旅游购物、饮食消费，特别是餐饮业市场，以个人和家庭为主的中低档大众消费明显增长，1 月份餐饮业销售额 3.3 亿元，比上年同期增长 33%。

【第三产业增值】 年内，惠州围绕城市总体功能发展规划，改造传统产业，发展新兴服务业，呈现新局面。以服务业为主的第三产业增加值 149 亿元，比上年增长 11%。因致力改造商贸流通、交通通讯、市政服务等传统服务业，使其成为惠州服务业的主要支柱。其中，批零贸易、餐饮、旅游、房地产等大幅升温，零售额（总收入、销售额）分别比上年增长 15.6%、23.5%、16.04%和 33.3%。

【存在问题】 商贸公司所属企业大多数是老国有企业，资产质量差，经营难以为继，历史包袱沉重，遗留问题多且复杂；在实施劣势企业退出市场工作中，重点和难点是如何妥善安置企业的干部职工，解决历史遗留问题，化解职工与企业的矛盾，确保社会稳定。

（廖少武）

粮食储备管理与流通

【粮食工作达标受嘉奖】 2003 年，惠州市全面完成粮食考评指标：基本农田保护面积落实 113358 公顷，完成

100%；粮食储备落实 50166 吨，完成原计划的 101.5%；粮食风险基金到位 3965.4 万元，完成原计划的 104.4%；粮食总量平衡实现 294325 吨，完成原计划的 101.5%。通过粮食考评，粮食储备管理制度进一步健全，粮食风险基金实现预算、拨付和使用规范化管理，政府粮食宏观调控能力提高，粮食市场供应和军需民食得到进一步保障。从 2000 年实行粮食工作政府负责制以来，惠州连续 3 年被省政府评为“广东省粮食工作达标单位”，受到通报表扬和嘉奖。

【确保粮食储备质量安全】 省下达惠州 2003 年省级储备粮计划 3000 吨、2002 年新增省级储备粮计划 9000 吨，要求于 3 月入库完毕。为做好省级储备粮的收储入库，粮食行政管理部门督促各承储库点切实按照“交易合同”规定的品种、等级、数量、产地和质量标准验收，并加强仓储保管的监督检查，保证新增省级储备按时、按质、按量入库储存。为确保储备粮质量安全，按照储备粮管理规定，组织各承储库点将储存年限 2 年以上的储备粮进行轮换，并在夏、秋两造收购期间组织入库。据统计，年内市、县两级储备轮换粮食 22640 吨，轮换幅度 45%，达到“推陈储新”的目的，确保了粮食安全。

【建立粮食应急机制文件出台】 5 月，惠州出台《惠州市粮食应急机制预案》，建立健全市、县两级粮食应急保障体系。以保证发生严重自然灾害或重大突发事件等特殊情况时的粮食有效供给，确保全市粮食安全。

建立与国内主要粮食产区长期稳定的购销协作关系，确保粮源供给。

建立粮食应急加工系统，确定惠州市面粉厂为市级粮食应急定点加工企业,并在各县（区）指定 5 家以上日加工能力 30 吨以上的大型加工企业共同构建粮食应急加工体系，全市粮食应急加工能力达到 2361 吨/日，完全能够满足应急加工需求。

建立粮食应急供应系统，根据驻军、居民及城乡救济需要，建立粮食应急销售和发放点，供应网点主要由国有粮食企业承担，同时还指定了一些大型商场、超市等信誉较好的企业承担。

建立粮食应急储运系统，根据粮食储备、加工设施、供应网点布局，科学规划、确定粮食运输线路、临时存放点、运输工具，确保在应急条件下的粮食运输，确保粮食在紧急状态下调得动、用得上，进一步提高全市抵御粮食风险的能力。

【迅速制止抢购粮食风波】 2 月，各县（区）受“非典”影响，出现了抢购粮食现象，造成粮食市场波动。中共惠州市委、市政府发出《关于破除谣言维护市场秩序和社会稳定的紧急通知》，要求各级政府和有关部门做好宣传，严厉打击制造、传播谣言的行为。为维护粮食市场秩序，各级粮食、工商、物价等行政管理部门密切注视市场动态，迅速做出应对措施，做好调控预警方案；国有粮食企业主动做好粮食供应，平抑粮价；电视新闻等媒介单位联合加强正面报道，辟谣消谣，稳定民心。由于措施得力，抢购粮食风波得到迅速制止，群众心态渐趋理智，为全市夺取防治“非典”的取得阶段性胜利作出共同努力。

【加强粮油价格监管】 由于受全国粮食等农作物的产量减少和市场供求关系影响，从 10 月初开始全市粮油价格逐步上涨。年内，三号早米每公斤由 2.08 元涨至 2.64 元，涨幅 27%；三号冬米每公斤由 2.1 元上涨至 2.8 元，涨幅 33.33%；早籼谷收购价每市担由 70 元涨至 81 元，每担上涨 11 元；花生油每公斤由 11.2 元涨至 14 元，涨幅 25%。

为加强对粮油市场监管，市计划、物价、粮食等部门组成联合检查小组，对全市各县（区）的粮食储备、供应、粮油价格监管等进行摸底及督查，检查各县（区）10 个大型集贸市场和 10 个粮食储备库。从检查情况看，全市粮食储备库存充裕，供应渠道畅通，加工能力稳定，供求基本平衡，粮油价格有所回升的现象，在市场经济下是正常的、合理的。粮油价格在长期低迷后出现上涨，有利于促进粮、油生产和经营，有利于调整种植结构，增加农民收入。

为防止今后市场粮油价格激剧变化，检查小组共同研究出应对措施。及时成立粮食应急办公室，并向市政府和上级有关部门提交了《关于加强我市粮油与商品价格监管工作意见》的报告，为领导决策提供准确依据。针对当前国内粮食供求形势的变化，建立主要粮食品种库存品质结构旬报和粮食价格周报制度，及时掌握价格行情和库存情况，为政府制定粮食政策和宏观调控措施提供准确可靠的统计数据。

【完善军粮供应保障体系】 粮食行政管理部门本着“改善部队购粮条件，促进军粮供应工作发展”的宗旨，严格按照军粮供应“三二一”（即抓好三个建设：一是抓好军粮供应保障体系建设，二是抓好军粮供应管理机构和网络建设，三是抓好军粮服务体系建设；完善两项保障：一是军粮供应品种质量保障，二是军粮供应服务质量保障；加强一个管理：即是加强军供财务管理）工程要求，加强军供网点建设。1998 年至今，军供网点维修改造总投入资金 317 万元，除中央、地方财政拨付外，企业还自筹资金 107 万元，保证维修改造任务的顺利完成。粮食、财政部门加强资金使用监管，对维修改造工程质量实施有效监控。通过改造，全市军供粮站的站容站貌明显改观，购粮环境、基础设施、服务功能都得到升级和完善，受到驻军单位好评。为保证部队官兵吃上“放心粮油”，市粮食局加大军粮质量管理力度，继续实行军供粮油定期定点检验制度，并完善质检报告制度和定期抽检制度，做到防微杜渐，常抓不懈。

【监测粮油价格变动】 惠州召开全省价格监测会议，强调监测要围绕服务市场主体，当好市场监管的“耳目”和“参谋”。要求各地物价部门结合新时期价格监测的新情况、新问题，加强价格监测法制建设，创新工作思路、方法和手段。抓住政府机构调整契机，健全价格监测机构，做到职责、内设机构符合价格监测需要。并针对当前粮食、食用油价格全面上涨情况，继续做好一日一报，密切关注相关商品，生产资料价格变动情况，保证价格监测质量。

（曾 韬）

物资流通

·惠州市物资总公司·

【概况】 2003年，市直物资系统物资销售总额10029万元。汽车销售740辆。旧机动车辆交易450辆，交易额收入240万元。回收报废汽车1050辆、摩托车6968辆、人力三轮车598辆，比上年同期分别增长17%、220%、3%。

【劣势企业退市】 物资总公司根据市政府[2002]116号文件精神，专门成立了企业退市领导小组，加强企业退市工作领导。市物资贸易公司及时上报破产方案，并获得市政府批准。2003年8月27日市中级人民法院立案宣布依法破产，及时成立移交清算组，到11月底，该公司24名职工办理了解除劳动合同手续，其它工作正在进行中。

抓好市化建公司、市金属公司破产进度。两家企业在2002年9月4日市中级人民法院批准宣布破产和移交清算组后，配合市退市办、市中级人民法院和清算组，搞好两家公司破产工作。从2003年12月起，两家公司126名职工全部依法解除劳动合同，均拿到经济补偿金和得到安置，办完各种合法手续。目前两公司破产工作进入尾声。

【企业管理】 抓好教育 根据上级工作部署和年度工作计划，一年来，重点抓好八个方面的教育：一是党的“十六大”及三中全会精神教育；二是掀起学习“三个代表”重要思想新高潮教育；三是开展普及法律常识教育；四是开展7月纪律教育；五是抓好安全防事故教育；六是开展向抗非典党组织和优秀共产党先进事迹学习的教育；七是抓好规章制度和反腐倡廉教育；八是开展艰苦奋斗、爱岗敬业教育。通过上述教育，取得了良好效果。一是企业干部职工对党的“十六大”及三中全会精神有了新的认识；二是对“三个代表”重要思想有了更深刻的理解；三是党员干部、职工法纪观念普遍提高，本系统共有56名干部职工参加全市普法考试，全部取得了合格成绩；四是干部、职工努力工作和敬业精神发扬光大。

抓好行政管理 下属多数企业处于停产或半停产状态，困难比较多，矛盾比较突出。对此，加强行政管理显得更为重要。总公司对所属企业非常重视，定期分析企业现状，提出具体管理方案，多沟通、多协调，对重点工作，做到跟踪检查，抓好落实，收到良好效果。

抓好物业管理，保障职工基本生活 少数公司还有一些物业，特别是机电公司、回收公司等都能积极想办法，把现有的物业对外租赁、合作，效果比较好，使上岗职工基本生活得到保障。

【加强报废汽车回收经营管理】 市金属回收公司在回收报废汽车业务上，依据上级各项规定，规范报废汽车管理，积极争取有关职能部门支持和配合，加强规模经营。协调各种关系，效果明显。报废汽车非法交易得到了有效控制。防止和堵塞了报废汽车重返社会，消除社会隐患。全面提高效益。年内，金属回收公司销售金额470万元，回收报废人力三轮车598辆，废钢277吨；回收报废汽车1050辆，摩托车6968辆，分别比上年同期增长17%、220%。

【安全工作】 重视安全，抓好教育 注重抓好安全教育，做到了布置任务、经营过程中都对安全防事故工作提出具体要求和教育，使干部职工时刻绷紧安全防事故思想弦。各单位在各种会议场合，结合工作实际，都会对安全工作提出具体要求，落实安全教育。

健全组织，加强领导 年初，物资企业对安全防事故工作进行了专题研究，成立了以总经理蒋新华为组长，物资集团公司副总经理邓尧辉为副组长的安全防事故领导小组。各企业、各分公司和各部门都有兼职安全员，机关配有专职安全员，对全系统企业安全具体负责。

落实制度，经常检查 针对所属企业车场多、危险仓库多、重点区域多的特点，专门制定了安全防事故措施和制度，定期进行检查。一年来，曾组织4次大范围的安全防事故检查，小型检查每月坚持，发现问题，及时解决。由于领导重视，措施得力，检查到位，物资企业没有发生安全问题。

【抓好党建工作】 一是领导亲自抓，党委书记蒋新华具体负责党建，亲自组织和实施各种计划，落实各种党建工作。二是抓好学习，提高领导干部政治素质，党委成员通过学习后，写出了1～2篇学习论文。三是认真抓好各种规章制度落实，开展讲文明、讲道德、讲纪律等活动，说文明话，办文明事，提高办事效率。

加强廉政建设 提高遵纪守法的自觉性，领导干部和广大职工能自觉执行各种规定，特别是领导干部模范带头，做到不贪、不沾、不懒，自觉接受群众监督。一年来，市直物资企业没有违法乱纪问题。

开展创优争先活动 一是传达上级党委对党支部工作的要求，让每个党支部明确今年党建工作的目的、内容及要求，做到心中有数。二是今年7月，本单位有7名党员被惠州市商贸资产经营有限公司党委评为优秀党员，有2名被评为优秀党务工作者，其中1名被惠州市委评为优秀党务工作者。三是抓好党支部达标工作，一年来，本单位有总公司机关党支部等5个党支部均达到“六有”标准，受到惠州市商贸资产经营有限公司党委通报表彰。

抓好防御“非典” 根据上级指示和非典疫情，及时组织党员和职工学习中央领导同志对防御“非典”工作的重要指示，传达各级党委、政府的重要指示，收看广播电视有关报道，组织全体党员观看了省委政治部、宣传部联合制作的VCD《全省学习卫生系统党组织和共产党员抗击非典先进事迹报告会》实况，号召全体党员沉着应对，坚守岗位。采取发放预防非典药品，对办公室和职工住宅进行全面消毒等有效措施，党员职工真正做到了对疫情不惊慌，对工作不放松。

关爱困难职工及化解矛盾 一是年初在上级支持下，慰问了32名特困职工，并送上慰问金。二是今年9月份，对全系统内职工进行了全面的调查摸底，认真审核，申报了48名困难职工，24名职工得到了慰问。三是开展捐款救助活动，下属公司叶锡能家庭十分困难，加之本人患有严重的心脏病，总公司发动广大职工，积极行动，主动捐款。经过努力，收到职工捐款3960元，解决了该同志燃眉之急。

【存在问题】 1．少数干部职工在思想观念上还存在一些认识问题。2．少数企业在管理上还存在一些薄弱环节，不想管、不愿管、不会管仍然存在。3．少数企业在解决公司难点、热点、疑点问题上还有一些难度，有些问题还比较棘手。

·惠州市物资集团有限公司·

【概况】 2003年，市物资集团有限公司按照《公司法》和现代企业制度要求规范运作，各项工作蒸蒸日上，稳步发展，取得了较好的成绩。实现销售收入9559万元，其它各种收入259万元；集团汇总利润-48万元，比上年减亏12万元，流转费用560万元，流转费用水平5.86%，比上年同期3.64%上升2.22个百分点。

【旧机动车交易中心走向正轨】 自2002年12月旧机动车交易中心迁入新址后，确立了“开好头，起好步，做稳做大做强旧机动车交易中心”的指导思想。通过对内狠抓管理，对外加大宣传，做到“人气、车气、财气”三旺，实现经济效益和社会效益双丰收。

首先加强内部管理。利用开局之机，建立健全各种规章制度。制定年度经营管理方案，明确目标，责任明确，分工科学。在具体经营管理上，实行统一管理，统一受理业务，统一收款的模式，促使经营管理逐步走上正轨。制定二手车经销商进场经营规定，明确旧机动车交易中心与二手车经销商的权利义务关系，守法经营，按章交费。完善旧机动车交易中心的各项日常管理制度，使中心的业务受理、值班、车辆进出场登记、保管、保安、环境卫生等做到有章可循，稳步推进。

其次，加大对外宣传力度。广泛利用电台、电视台、报纸等媒体大力宣传有关旧机动车交易的法规政策，宣传中心的各种服务项目。在惠州电台《供求立交桥》节目中作特约宣传，在《惠州日报》上作长期的分类广告。制作企业形象画册，向客户广为发放。建立“惠州旧车交易网”，每天及时通过互联网发布中心的供求信息。抓好经贸、工商、公安等3个部门联合发布了《关于规范惠州市旧机动车交易秩序的通告》的宣传。通过大力宣传，使社会各界了解旧机动车交易的有关法规政策，大大提高中心的知名度。

再次，协助配合公安交警部门办理市区摩托车标识牌的发放，进一步密切与公安交警部门的关系，经济效益和社会效益明显提高。同时，积极参加广东省首届二手车交易会展，展示企业的良好形象和实力。

2003年，旧机动车交易中心买卖成交车辆439辆；代办过户车辆450辆，比上年同期增长29%。

【促进海关国际快件监管中心运作】 为使海关国际快件监管中心早日正式运作，一是严格按照深圳海关监管“高起点、高要求”的标准，全面改进中心内部查验系统、网络系统，完全达到海关的监管要求。

二是争取市政府大力支持。为能使海关、检验检疫部门早日进驻中心，经过多次向市政府请求。市政府先后三次分别向惠州出入境检验检疫局、深圳海关、广东出入境检验检疫局发出商请早日进驻中心。市领导还专门召集市府办、惠州出入境检验检疫局、市口岸局等有关方面负责人就检验检疫部门进驻中心召开协调会，使监管中心面临一个最大的难题迎刃而解。

三是抓好中心的内部管理，提升服务水平，尽力为海关、检验检疫部门、快件公司提供优质、高效、完善的服务。

由于工作扎实，措施得力，目前中心的运作正逐步走上正规化。

【提高现有资产效益】 加强天外天大酒店的管理。天外天大酒店在惠州酒店行业中有一定的知名度，成为前来惠州旅游、商务人士下榻的理想选择。为了搞好酒店的经营，加强了对各承租方的监管，协调各承租方之间的关系，促使各承租方之间团结合作，和气生财；协助各承租方解决经营中遇到的困难和问题，提供力所能及的帮助；对各承租方的具体经营活动进行跟踪，督促守法经营。

继续盘活资产。在经过充分的市场调查分析基础上，投入少量资金将闲置多年的中山西路35号大楼3至7层改造成商品房出售，由于该楼盘地理环境优越，价格适中合理，已于2003年底大部分销售出去，使闲置多年的资产得到了保值和增值。

配合市政府“穿衣戴帽”工程，对格宾大酒店进行美化亮化，使酒店形象有所改观，也使酒店的经营状况有所好转。

【促进汽车销售】 物资集团公司为提高汽车经营效益，改变过去品牌多、效益差的状况，年初制定了大力拓展优势品牌，及时清理库存积压，全面提高汽车经营效益的经营策略。全年，销售汽车740台，汽车销售收入8436万元。

首先，抓了猎豹汽车的销售。加强与厂家的沟通协调，主动争取厂家的支持与配合。加大猎豹汽车品牌的宣传推广力度，利用节假日在全市各县（区）举办6次猎豹汽车展示巡游活动，在《惠州日报》汽车周刊进行不间断的广告宣传促销。提升服务水平，想客户之所想，急客户之所急。2003年，业务部销售猎豹汽车112辆，实现销售收入2970多万元，同比增长300%。

其次，大力抓了吉利汽车的销售。为了拓展吉利汽车的销售，加大广告宣传力度，2003年投入广告费5万多元。通过赠送礼品、优惠折扣等促销方式扩大销售。各县（区）开展吉利产品展示活动。年内销售吉利汽车111辆，比上年同期增长近一倍。

再次，加大异地市场的拓展力度。河源分公司实施“品牌战略”，实行以猎豹、长安、中兴、龙马等品牌为主，其它品牌为辅的经营策略。改革内部经营管理体制，调动员工的积极性。全年销售汽车310辆，比上年同期增长40%，实现减亏。

【融集资金】 2003年物资集团公司争取向银行融资，向银行申请贷款、承兑汇票1150万元。同时，动员业务部门自行融集资金，仅业务部就自行融集资金100多万元。这在一定程度上缓解了集团公司的资金压力。

【抓好民爆器材、化工剧毒品经营】 在民爆器材和化工剧毒品项目上始终坚持“安全第一、预防为主”的方针，认真贯彻执行安全生产法规，严格遵守安全生产操作规程。年内，实现安全生产无事故。同时，对化建分公司进一步深化改革，充分调动和发挥员工的主动性和积极性，彻底打破原有的条条框框的束缚，经济效益迅速得到提高，呈现出一片勃勃生机。

【存在问题】 1. 市物资集团公司组建以来，尽管建立了一系列的规章制度，但还不够健全，有待进一步完善。2. 集团公司成立时间短，底子薄，流动资金紧缺，要融集到足以满足业务发展所需的流动资金十分困难的。3. 在业务一线，懂经营、善管理的营销人才非常缺乏，业务人员在经营理念、营销手段等方面，都还远远跟不上现代市场经济飞速发展的需求。

（胡保平）

烟草专卖专营

【概况】 2003年，惠州市烟草专卖局、广东烟草惠州市有限责任公司及属下各县（区）局（公司）按照国家局、省局（公司）的工作要求和部署，创造性地抓好各项工作，市公司及各县（区）公司均将业务部和网管办整合为营销部；惠州行政区划调整后，惠州、惠阳、大亚湾烟草专卖管理机构及经营体制进行了相应调整，市局（公司）对各县（区）局（公司）的管理、监督和考核更加经常化、制度化，劳动管理、财经管理、安全管理、纪检监察等进一步加强，全市烟草系统没有出现重大政治、经济和刑事案件及安全事故。在卷烟经营、网络建设、专卖管理、内部管理和精神文明建设等方面均取得了新的成效。惠州市局（公司）被中央精神文明建设指导委员会授予“全国精神文明建设先进单位”光荣称号。

【卷烟购销量大幅度提高】 全年全市卷烟经营业绩均比上年有大幅度提高。实现购进总量55万件，其中市公司20

万件；销售总量55万件，其中市公司20万件；购进总额108423万元，其中市公司39657万元；销售总额123322万元，其中市公司44133万元；毛利总额15492万元，其中市公司4608万元。全市平均毛利率为12.56%，其中市公司剔除转供烟实为15.8%；税利总额9344万元，其中，市公司3133万元，惠东2060万元，惠阳1640万元，博罗1297万元，龙门919万元，大亚湾295万元。

【卷烟销售网络建设提升】 全市完成卷烟销售网络信息系统升级工作，市公司及各县（区）公司都设立了配送中心，建立电话访销、集中配送、访送分离、专销结合的运营模式。全年全市市场占有率平均为98.1%，其中市公司为100%；入网销售率平均为95.2%，其中市公司为96.5%；持证零售户入网率平均为95.6%，其中市公司为95%；网点送货率平均为96%，其中市公司为93.4%。

【专卖管理成绩显著】 全年全市共出动卷烟打假、打私、打非和清理整顿卷烟市场工作人员25722人次；查处各类违法违章案件196宗；捣毁制假、售假窝点26个，其中惠州3个、惠东7个、惠阳4个、博罗9个、龙门2个、大亚湾1个；查没假烟4263件、烟叶烟丝119.55吨，其中惠州查没假烟404件、烟叶烟丝6.44吨；查获制假烟机55台，其中惠州6台、惠东13台、惠阳8台、博罗22台、龙门4台、大亚湾2台；罚没款135.93万元；举行烧毁假烟现场会8次，销毁假烟5269件。

【维护无烟草广告城市称号】 12月9日，由国家工商总局和卫生部有关人员组成的全国无烟草广告城市考核认定小组抵惠，对惠州的相关工作进行考核检查。全国考核小组认为惠州的控烟工作成效突出，市区没有出现任何形式的烟草广告，维护"全国无烟草广告城市"称号。1997年惠州被评为"全国无烟草广告城市"后，1998年6月市政府规定禁止吸烟公共场所的范围，有关部门不定期对市区内的主要街道和大型公共场所的广告牌进行督查，2002年11个单位被评为广东省"无吸烟单位"。

（杨熙广）

酒类专卖管理

【概况】 2003年，惠州市酒类专卖管理按照《广东省酒类专卖管理条例》的规定，整顿和规范酒类市场秩序，维护酒类产销企业和广大消费者的合法权益，保证全市酒类产销行业的健康发展。

全年出动行政执法人员678人次，检查市场70个、酒店53间、店档587个、生产厂35家。查处各类违法案件68宗，商品市场标值100万元，罚没金额68万元。查获假冒伪劣酒类6318支。年内全市有35家核发酒类生产许可证，18家核发酒类批发许可证，不予换证的20家。通过核发许可证，依法保障全市符合酒类生产条件的企业和酒类经营企业开展正常的生产和经营，促进全市酒类产销稳步发展。2003年全市酒类销售总额约为3.8亿元，纳税1500万元。

【加强酒类专卖人员培训】 全市酒类专卖管理部门加强对执法人员的教育和培训，有25人通过学习和考核，领取了由省人民政府核发的行政执法证，市局有2人通过国家工业产品生产许可证办公室举办的白酒生产许可证国家注册审查员资格考试。此外，还经常组织人员参加省酒类专卖局举办的各类型的酒类知识培训班和真假酒鉴别学习班。在机构改革中，龙门县、博罗县、惠城区将酒类专卖管理职能划归经贸局，并重新予以定性、定级、定编，保证酒类管理的正常运转。市政府为减轻市酒类专卖管理局的压力，于年底将原由市酒类专卖管理局管理的30名老干部划归市经贸局管理。

【存在问题】 工作和管理机制还不尽科学，硬件基础薄弱，所需的执法装备和办案工具不足，执法监管难以到位；在酒类生产方面，无证生产酒类的情况较为严重，无证生产的企业绝大部份分布在城郊结合部及乡镇，这些小酒厂厂房简陋，既酿酒，又饲养禽畜，卫生条件令人担忧，是酒类商品最大的安全隐患；在酒类流通方面，无证经营酒类和超范围经营等问题仍然存在；酒类专卖管理队伍的综合素质离形势发展要求存在一定的差距，管理上有待进一步规范。

（骆伯军）

药品销售

【概况】 2003年，市医药总公司继续开发市场，扩大销售网络。除改制企业外，全年完成销售收入9500万元，其中批发收入5300万元，零售收入4200万元，同口经统计比上年增长15%。同时，继续推进改制，11家从事药品销售业务的企业有9家完成改制。

根据国家药监局对GSP（药品经营质量管理规范）认证工作的部署，原属下所有药品经营企业全部通过GSP认证，进一步提升了企业经营管理水平。

【药品销售额增长】 年内，全一连锁公司拓展市场步伐加大，除在市区新开2家新店外，还在博罗县城新开1家，连锁店总数达15家。全年销售额4200万元，比上年增长50%。接待购药人数达39.6万人次，平均每月3.3万人次。在防“非典”期间，公司一方面积极组织货源，保证市民用药需求。同时，严格执行国家的物价政策，没有因“非典”而抬高药品的价格，保证了价格的合理稳定性。长寿药店在抓经营管理、服务态度上狠下功夫，被惠州市政府评为“十佳”文明商场。

【打造医药物流平台】 重庆医药广惠（惠州）有限公司是重庆市医药股份有限公司与惠州市广惠集团有限公司共同出资成立的一家现代医药批发企业。该公司集物流、配送、展示、交易等功能于一体，拥有2000平方米全阴凉仓库，经营药品品种和规格3000个以上。市领导希望该公司能打造自己品牌，做大规模，发展成一个大型物流中心，带动惠州医药物流的发展，发挥平台作用，促进东部与西部药业互动，走共同发展道路。

（陈燕平）

市场物业管理

【全力打造文明市场】 2003年，惠州市市场物业管理总站（以下简称物业总站）为配合创建国家文明城市，做好“穿衣戴帽”工程，投入集贸市场的软硬件建设。4～6月投资100多万元翻新整改市区所辖的7个集贸市场。制作33个市场防火、卫生、管理制度牌，7个市场示意图，3个市场门楼，828个摆卖支架，修补地面1000多平方米，新扫乳胶漆1万多平方米，拆除不合消防安全要求的旧式铁皮屋，修整地面和隔音墙，市场的格局趋向完善，面貌改观。

在卫生保洁方面，实行监督责任制，成立两级督查小组。不定期地对市场进行突击检查，以防出现应付式、走过场的现象。总站还与52名市场卫生保洁员签订责任书，实行24小时保洁，保证及时清理垃圾。各管理站清理了市场外围乱拉乱贴的广告，擦净墙面8万平方米，3080多人次清洗市区所辖的7个市场，疏通臭水沟80多条，清理垃圾330多吨，市场的清新洁净得到保证，受到各级检查组及群众的好评。

【积极预防“非典”】 年初，“非典”疫情迅速传播。为了控制疫情的传播和药物的哄抬，物业总站党委领导班子汇同工商、物价局等职能部门打击非法活动，开展爱国卫生运动，卓有成效。为了防御“非典”，每周煲3次中药，为全站干部职工服用解热祛毒。下角管理站煲凉茶不但供给本站工作人员，还顾及市场个体经营户和消费者，受到好评。总站对市场公共场所进行除“四害”专项活动，购买了大型消毒喷雾器2台，小型喷雾器4台，过氧乙酸消毒药水200多公斤，消毒药水150瓶，由专人到市场进行每周2次的消毒。小金口市场、下角市场利用墙报和广播宣传抗“非典”知识，消除市民的恐慌心里。对南门市场出现“非典”病人之事，总站领导亲临现场辟谣，讲明实情，安慰民心，减少市场经营户的经济损失。

5月20日，总站扶贫工作队到挂点村进行“非典”宣传，让村民更多地了解预防“非典”知识。在抗非工作中，总站投入2万多元，为净化环境，减少疾病作出贡献。总站长张远强被市爱国卫生委员会评为“抗非先进个人”。

【扶贫开发项目进展顺利】 总站把挂点扶贫村的扶贫工作当作自身事业发展的一部分。两年来，投资7万多元，进驻挂点村研究发展工作14次。第一期种植的南洋楹细叶桉，已长1米多高。5月，又为该村购买抗旱抽水机2台，为村校购置讲台3张。为了扶贫工作早见成效，达到固本强基的目标，10月18日总站组织所辖管理站站长、支部书记深入扶贫点，研究第二期开发工程，提出早见经济效益的目标，采用长、短期收益的方式开发项目，决定在2004年上半年再开发20亩短期收益的香蕉项目。

【存在问题】 惠州市市场物业管理总站人员多，岗位少，收支悬殊大，积存资金不足；目前，正在研究探讨发展的道路，以快速完善市场物业的各方工作。

（张源华）

对外经济贸易·口岸

责任编辑：钟考祥

外 经 贸

【概况】 2003 年，惠州市面对复杂多变的国际政治经济环境和“非典”疫情带来的负面影响，坚定不移实施外向带动战略，扩大外贸出口，拓展招商引资，外经贸继续保持良好发展态势，各项指标都有较大幅度的增长，获广东省 2003 年度外贸出口二等奖、吸收外商直接投资二等奖。

全市外贸进出口总值实现 131.31 亿美元，比上年增长 17.0%，其中：出口达 71.46 亿美元，总量比上年增加 12.5 亿美元，增长 21.3%；进口 59.85 亿美元，增长 12.2%；累计贸易顺差 11.61 亿美元。出口总值居全省第八位。

从贸易方式看，“三资”企业出口增长强劲，比重进一步上升，累计出口 55.97 亿美元，增长 25.5%，占全市出口总值的 78.3%；“三来一补”企业累计出口 11.78 亿美元，增长 0.7%，占全市出口总值的 16.5%，比重比上年下降 3.4 个百分点；一般贸易出口高速增长，比重略有上升，累计出口 3.72 亿美元，增长 42.3%，占全市出口总值的 5.2%。

从县（区）的出口情况看，惠东县、大亚湾区、惠阳区、惠城区、博罗县、龙门县分别增长 58.3%、26.7%、22.0%、19.4%、16.0%和 11.6%。

全市的蔬菜、保鲜家禽、活猪出口稳居全省首位，其中供港保鲜家禽 352 批、1.51 万吨，货值 1625.8 万元，分别增长 46%、53%和 57%；鲜菜出口 7691 批次、24 万吨，货值 3789 万美元，分别增长 50%、83%和 38%。

全市累计新批外商投资项目 581 宗；合同外资金额 17.34 亿美元，增长 12.2%；实际吸收外资 16.90 亿美元，增长 27.43%。其中：外商直接投资的新批项目 388 宗；合同外资金额 15.43 亿美元，增长 4.71%；实际吸收外商直接投资 14.07 亿美元，总量比上年增加 3.25 亿美元，增长 30.03%。

各县（区）吸收外商直接投资，均实现不同程度增长。大亚湾区、龙门县、惠东县、惠城区、博罗县、惠阳区分别增长 265.24%、33.16%、23.79%、19.81%、18.87%和 6.12%。

【吸收外资质量进一步提高】 年内，前来惠州投资的国家和地区增多，来自韩国、日本、维尔京群岛、德国、意大利、英国、美国、萨摩亚、文莱等国家

2003 年 10 月底，市领导柳锦州、林惠纯等在韩国参观 LG 公司（市外经贸局供）

和地区的资金同比增长8%。外商直接投资项目平均合同外资398万美元，比上年增加34万美元；新批总投资和净增资超1000万美元的外商直接投资项目46宗，合同外资89046万美元，占合同外资总额的57.7%。日本住友电工、住友商事、三菱化学等世界500强来惠新设立3家企业，合同金额1.29亿美元；另有5家世界500强在惠州设立的企业增资扩产，增资合同金额3320万美元。

【增进与韩日企业合作】 10月21日～11月1日，以市委书记柳锦州为团长，副市长林惠纯为副团长，市外经贸局、大亚湾经济技术产业开发区、仲恺高新技术开发区、数码工业园、惠台工业园、TCL集团、德赛集团、华阳集团主要负责人等组成的经贸代表团，赴韩、日参加2003粤港——韩日经济技术贸易合作交流会。在此期间，签约3宗项目，签约金额1.92亿美元，先后拜访和考察三星电子、LG集团、索尼、住友、普利司通、三菱丽阳等13家世界500强企业和一批国际知名企业，洽谈一批增资扩产项目和新项目，邀请一批新朋友来惠州投资考察，为进一步增进惠州与韩、日企业的合作奠定良好的基础。

【开展网上招商】 6月24～27日，省外经贸厅在互联网上搭建"广东招商广场"平台，举办"2003中国广东网上招商洽谈会"。惠州市组织54个项目参加网上招商，邀请205个客商到会，有1020个客户登陆访问惠州市对外公布的网上招商项目，达成合同（协议、意向）项目10个，投资总额21804万美元。

（黄启宁）

口　岸

【概况】 2003年，惠州市口岸管理部门面对突如其来的"非典"疫情，积极应对，及时采取有效措施，全市口岸取得零感染的好成绩。口岸管理部门以"服务口岸"为己任，做好口岸协调服务，为查验单位排忧，为企业货主解难。增强"窗口"单位服务意识，定时走访查验单位，及时掌握动态，做好协调。

惠阳口岸管理部门组织各查验单位简化手续，加快验放，减免费用，支持大项目建设。海关为此还专门成立服务中海壳牌通关领导小组，实行信任放行、统一担保、企业自管为主的通关模式，大大推动该项目的进展。

针对突发个案进行有效协调。惠东港口码头海关与检验检疫部门在查验过程中出现不协调而造成船舶严重滞港事件，市、县两级口岸管理部门多次召开协调会议，进行耐心细致的协调，终于达成共识，化解矛盾，恢复码头正常运作。

加强口岸干部职工安全生产知识教育，强化防范意识和自我保护意识，把安全生产责任制层层落实，责任到人，对安全生产设备做到勤检查、严要求，按时更新设施，并经常督促口岸现场各项安全措施的落实，杜绝口岸安全事故发生，确保口岸快捷畅通。

规范全市口岸车检场的管理，市口岸管理部门组织有关单位学习《广东省进出境货运车辆检查场管理规定》，并根据本地实际情况制定实施细则，对全市"港澳货运车辆检查场"按规定进行统一更名，在市区车检场率先实行封闭式管理。

年内，通过惠州口岸入出境货运车辆403532辆次，比上年增长4.8%；出入境船舶9837艘次，增长32%；进出口货物12023.35万吨，增长1.2%。

海关全年征收关税和进口环节税45.8亿元，增长19%。

全年检查入出境服务员工500334人次，检查入出境交通工具413369艘次。

出入境检验检疫局检验检疫出入境货物279112批次，货值936991万美元，其中：入境货物150075批次，货值528786万美元;出境货物129037批次，货值408205万美元；检验检测出入境人员1910人次；检疫出入境交通工具95555辆（艘），其中入境4813艘次，出境4742艘次；签发普惠制产地证70105份，签发一般原产地证24245份。

【加强口岸规划建设】 年内，市口岸管理部门遵照市领导指示，对惠州港口岸建设布局等问题进行深入细致的调查研究，在最短时间内形成惠州港口岸建设规划总体方案，力求使惠州港口岸的规划建设更加适应惠州经济大发展和建设大港口的要求。根据上级有关要求，结合惠州各县（区）经济发展需要和口岸发展的实际状况，在对惠州未来5年口岸需求量进行科学论证的基础上，编制出惠州"十一五"口岸发展规划方案。深入开展调研，就如何保持口岸健康、持续、快速发展进行专题调研，先后形成《与时俱进，全力打造口岸大通关环境》、《惠州口岸大通关建设的现状及推进的对策与建议》等调研报告。

市区口岸新区建设在上半年完成国土用地、规划报建证照办理、规划设计、地质勘探、项目融资贷款、施工及监理工程的招投标、招商引资、完善施工组织管理架构后，工程于8月中旬动工。

惠州港东联临时重件码头通过驻省各查验单位和有关部门的验收，正式交付使用。完成马鞭洲15万吨广石化原油码头二期工程建设任务。惠州港荃湾港区一期改造工程开工。完成华德石化黄鱼涌 100 万立方米储油罐工程的土地平整、土建投标。惠州港大诚油库扩建库容项目—总投资 600 万元扩建总容量为 3.4 万立方米的仓储油罐工程动工建设。

博罗红海口岸车检场搬迁建设有条不紊进行，工程已进入实质性施工阶段，第一栋海关办公大楼工程主体第二层已封顶，整个工程可望在 2004 年 7 月投入使用。

惠东口岸建设抓住海关总署批准惠东县 3 个水运口岸纳入扩大开放的重大机遇，加大投入，改造大澳塘码头堆场和添置碧甲码头装卸设备，力求尽快开放，建设惠东口岸应急指挥中心，开通惠东口岸局域网，与省口岸应急指挥中心广域网并网运行，实现口岸信息资源共享，完成办公设施的改造扩建，优化工作环境。

惠阳口岸建设根据检验检疫部门要求，把检验检疫设施建设纳入口岸统一规划，部分设施已动工兴建，在通关现场购置启用智能化系统，对出入境车辆进出监管区实行自动放行。

【开展共建文明口岸活动】 年内，市共建文明口岸领导小组总结上年共建经验，提出 2003 年口岸共建要围绕提高行政效率、优化投资环境这一主题，探索新的方法途径，形成《关于开展 2003 年惠州市共建文明口岸活动的意见》，指导全市口岸共建活动。3～4 月，组织相关查验单位走访大型企业和行业协会，开展调研，组织市区查验单位送政策上门活动。“八一”建军节期间，组织全市口岸查验单位和口岸管理部门到惠州边检站举行联欢活动。11 月，组织部分查验单位领导外出参观考察，学习外地先进口岸管理经验。

鼓励县（区）口岸部门根据自身实际开展“自建”。惠阳口岸部门以“群众性”为主题，掀起口岸体育健身热潮，举办迎春联欢晚会、口岸“七一”运动会和首届口岸艺术作品展等文体活动，激发口岸员工参与口岸共建活动的积极性，营造共同把关服务的良好氛围。惠州港口岸部门以“提高口岸队伍素质”为主题，以“强化口岸单位的团结协作”为重点，开展职业道德教育和勤政廉政建设，并寓“共建”于文体娱乐之中。惠东口岸部门开展结对、结片活动，重点安排口岸办对海关、检验检疫局对边检、海事局对船代结对活动，便于在活动中加强了解，推进工作。

（李学锋）

海　　关

·惠州海关·

【概况】 2003 年，惠州海关贯彻“依法行政，为国把关，服务经济，促进发展”的海关工作方针和“政治坚强、业务过硬、值得信赖”的海关队伍建设 12 字要求，抓好队伍、业务、人文环境建设，取得较好成绩。全年监管进出口货物 160.48 万吨，监管进出境车辆 16.28 万辆次、船舶 1579 艘次，征收税款 15.12 亿元，查获走私违规案件 102 宗，案值人民币 7341.67 万元。

【举行首授关衔仪式】 9 月，全国海关系统首授关衔，成为继部队、公安后第三支实行衔级管理的纪律部队。9 月 28 日，惠州地区海关授予关衔仪式在惠州市会议中心隆重举行，深圳海关党组书记、关长邹志武等领导，惠州市委副书记、代市长黄业斌，市委副书记、纪委书记李汝求等地方领导出席仪式，为惠州地区海关被授予一级关务督办以下关衔代表颁发命令证书。惠州地区海关机构 600 余人参加仪式。

【启用“重点企业专用窗口”】 11 月 3 日，惠州海关“重点企业专用窗口”正式启用，开始对惠州市重点企业实行“一站式”服务。该关辖下联网企业在“专用窗口”一个岗位即可办理预归类、备案、结转、核销、征免税证明、进出口货物申报、征税、签发付结汇及退税报关单证明联等各类内勤业务手续。该项服务在为企业节省经营成本、提高通关速度方面效果明显。

【构建“四管”机制】 年内，惠州海关努力构建“四管”（海关监管、企业自管、政府协管、社会共管）机制，把加工贸易管理置于市场经济中，放在地方行政管理的大格局中，加强地方政府对加工贸易的有效管理，充分发挥现有管理资源配置效用。在充分发挥海关管理功能的同时，与各行政管理部门开展行政协作，使行政管理效率最大化，改变光靠海关一家包打天下的局面，降低海关监管风险。帮助企业建立守法经营体制，与企业建立良性互动合作关系，最大限度地提高守法经营的比率，防止和减少加工贸易“死厂”等走私违规情况的发生，形成加工贸易综合管理局面，实现海关、政府、企业“三赢”。年内，建立惠州关区加工贸易联席会议制度，加强与地方政府部门、行业协会等的联系沟通。设立“海关协管员”和“海关联络员”，充分发挥企业和社会各界的监督作用。规范企业建账，11 月 26 日，与博罗县园洲镇签定《加工贸易规范管理试点镇谅解合作备忘录》，推出博罗县园洲镇为规范管理试点镇。

【推进业务科技一体化】 年内，惠州海关坚持“科技兴关”，在本部及驻博罗红海办事处安装网上远程监控、通道自动核放监管、二类码头闸口电子核放、车检场GPS监控系统。建立、完善海关数码样品库，2月19日正式启动园洲监管车场通关自动核放系统。

【加强进出口货物监管】 年内，惠州海关落实深圳海关各项措施，推广联网监管，创新监管模式，启动南亚塑胶(惠州)有限公司联网监管，推出“一站式”服务。至年底，惠州海关联网监管企业9家。开展园洲示范镇试点工作，促进企业建立守法自律机制。加大对转关车辆和小型船舶的监管，对进口废五金、废塑料实施重点“三个百分百”(百分之百过磅、百分之百检查、百分之百掏空)查验制度。全年监管进出口货物160.48万吨，货值51.5亿美元；监管进出境车辆16.28万辆次、船舶1579艘次；查获率达2.07%。

【打击走私】 年内，惠州海关贯彻落实全国打击走私工作会议和全国海关打击走私工作会议精神，确立“情报共享、行动互助、统一指挥”的指导思想，建立大情报机制及跨辖区行动互助机制的反走私统一战区。成立由市领导担任组长的惠州市打私工作领导小组，组织开展“十个一”(一个巡查小分队、一次跟班作业、一次知识测验、一次情况通报会、一次公布大会、一次综合摸查、一次转关车辆调查、一次面对面座谈、一次打私动态分析、一封公开信)行动和打击成品油走私、打击水客、毒品走私、打击废旧电器走私、打击牛皮产品走私、打击加工贸易渠道走私等5个专项行动，推进反走私综合治理，整体提升打私效能。查获走私违规案件102宗，案值7341.67万元人民币；查获光碟540万张、红油549.6吨。

【税收征管】 年内，惠州海关打击低伪瞒报价格行为，加强对重点企业和重点商品的分析监控，实行节假日照常纳税通关，强化征管，综合治税。12月10日，与中国电子口岸深圳数据分中心、中国银行惠州市分行及4家企业代表签署《网上支付税费服务协议》，正式开始网上支付业务。全年征收税款入库15.12亿元，增长5.7%。

【推出支持重点企业发展措施】 年内，惠州海关为促进惠州地方经济健康、快速发展，出台支持惠州市重点企业发展的新十项措施。即：实行关、局领导与重点企业的挂点联系制度；建立海关重大改革征询重点企业意见制度；全面推行联网监管，实现快速通关；设立专办窗口，实行一站式服务；简化海关业务审批手续；以企业通关需求为导向，提供个性化通关服务；对重点企业进出口货物实施直通式通关；建立与口岸海关的直接联系配合机制，提供“大海关”服务；建立与惠州口岸等单位的直接协调机制，提供“大通关”服务；对重大项目实行全程跟进式的服务。

【开展“阳光服务”行动】 年内，惠州海关全力打造阳光海关，促进地方经济发展。建立惠州地区海关110，在海关业务现场设立通关业务咨询投诉中心，受理惠州地区企业及社会各界的咨询、投诉，被企业誉为“通关好帮手、企业贴心岗”。每月15日举办一次“海关·企业　面对面”恳谈活动，宣传海关政策，了解企业呼声。开展“让海关了解企业，让企业理解海关”行动，先后走访TCL、LG、德赛、华通电脑等企业，主动上门服务。大力开展“开门评关务”行动，加强与地方党政部门和国检、外经贸、口岸等单位的协调配合，邀请市人大、政协委员来海关检查指导工作，并请特邀监督员评议关风。

【改善海关员工工作生活环境】 年内，惠州海关积极为员工办好10件实事，即改善办公、生活环境，维修办公大楼，修建新报关大厅，改善报关现场；修缮单身宿舍；提高膳食质量；更新办公设备和设施；建员工之家；单身宿舍配电视机；建网页及网吧；修缮篮球场；红海建文化长廊；修建停车场、维修招待所。海关环境面貌一新。

【存在问题】 随着惠州市外经贸经济的飞速发展，海关监管人力不足与业务量大之间的矛盾日益突出；车场办公场所狭小、配套设施跟不上监管要求，为进一步提高工作水平增加了难度。

（何　澂）

·惠东海关·

【概况】 2003年，惠东海关贯彻“依法行政，为国把关，服务经济，促进发展”的工作方针，深化业务改革，大力支持和促进惠东地方经济发展，严厉打击走私违法活动，以优异的成绩迎接海关关衔首授。全年征收税款2.11亿元，完成税收任务的264.05%;监管陆路转关车辆33312辆次、来往港澳小型船舶3263航次，分别比上年增长6.5%和736.7%;监管进出口货物174.4万吨，货值7.8亿美元，分别增长132%和162%；受理案件59宗，案值6236.9万元。

【落实反走私综合治理责任制】 年内，惠东海关加强与地方政府及公安、工商、边防等各部门的联系配合，充分发挥联合缉私体制效用，紧贴业务现场，加大贸易调查、市场调查、企业稽查、风险管理和综合治理工作力度，先后开展打击加工贸易渠道及货运渠道走私、打击废旧物资走私等多项联合专项行动，全方位监管，始终保持惠东地区打击走私的高压态势。反走私综合治理责任制得到全面落实，惠东地区基本消除大规模走私隐患，做到“守土有责，保一方平安”。

【规范海运码头管理】 年内，惠东海关以“确保海运进出口货物的有效监管、确保海关监管码头的科学管理，确保进出口经营企业的规范运作”为目标，规范码头各项管理，加大码头科技设备建设，先后完成电子地磅、远程监控系统及2M数字电路的投入使用，有效提升港口、碧甲两个码头的科学管理水平，并积极与各级地方政府沟通协调，与港口、碧甲两个码头公司签订码头管理合作备忘录，共同做好码头建设规划，保证正常的进出口秩序，促进地方物流业的发展。

【推进联网监管模式】 年内，惠东海关按照“精心准备、有序组织、逐步推进”的思路，推进加工贸易企业联网监管。对年出口额较大且科技运用达到一定水平、经营运作情况正常的守法企业“成熟一家，推广一家”，以“边推广、边完善”的原则解决企业遗留问题。努力实现“海关监管、政府协管、企业自管、社会共管”的加工贸易综合管理机制，提高海关监管效能，提升辖区企业管理水平。年内推广联网监管企业3家，联网企业外贸出口达3563.12万美元，占整个关区企业外贸出口的9.5%。

【提前实现全年税收目标】 年内，惠东海关牢固树立“税收一盘棋”思想，强化价格管理，拓宽价格信息资源，充实完善价格信息资料库，密切关注应税商品进口动向，加强对主要应税商品的调研，对本关主要税源商品废五金、钢材等进口情况、监管难点及对策进行综合分析和科学监控，提前71天实现全年1.57亿的税收目标。税收征管水平始终保持在高水平，确保国家税款应收尽收。

【深化通关改革】 年内，惠东海关结合辖区实际特点，制定和落实支持重点企业发展的各项措施，推出预约通关延时服务等优惠通关措施，解决企业为赶船期和赶货期的通关问题；推行关务公开，免费向企业发放《惠东海关对外办事程序》，在各业务现场公布海关工作程序及办事流程等，方便企业办理各项业务；设立“惠东海关110”，主动接受广大企业和社会各界咨询、投诉；展开大规模走访活动，举办业务宣讲会，现场解答企业通关疑难问题，“送政策”上门；设立现场科长值班、特事特办窗口，受理企业通关咨询。

（袁　毅）

·惠州港海关·

【概况】 惠州港海关地处惠州市大亚湾经济技术开发区澳头镇，是深圳海关隶属的正处级单位。全关有干部员工130多人，设14个科（室），派驻机构有惠州港海关驻淡水办事处（副处级）。前身是九龙海关驻澳头工作组，1985年设立澳头海关，1993年，海关总署批准更名为惠州港海关。

2003年，惠州港海关按照深圳海关的统一部署，创新求实，贯彻落实“巩固、提高、创新、发展”工作指导原则，围绕深圳海关党组的工作中心，从狠抓基础建设入手，大力抓好业务建设、队伍建设和人文环境建设，取得较好成效。全关全年征收关税及进口环节税28.57亿元，完成全年税收计划的114.27%；监管进出口货物867.72万吨、进出境运输工具156782辆（艘）次，有效维护惠阳区和大亚湾区的进出口经济秩序；查获走私违规案件146宗，其中走私案件4宗，案值达643.9万元；查处违规案件140宗，有力确保地区走私不回潮。

【保持反走私高压态势】 年内，惠州港海关认真研究本地区的反走私新形势和新特点，贯彻执行“打防结合，以防为主，由办案为主向查缉为主转变，由查处个案为主向规范企业行为为主转变”的打击走私工作方针。在工作中讲策略，抓情报，以智取胜，掌握反走私主动权，紧密依靠地方党政，密切注意加强与各执法部门的联系配合，坚持召开反走私形势分析例会、反走私情况交流会，形成打击走私合力，达到综合治理效果，确保惠阳地区走私不回潮。

（赵振宇）

检验检疫

·惠州出入境检验检疫·

【概况】 2003年，惠州出入境检验检疫局检验检疫出入境货物32.1万批，货值76.4亿美元，分别比上年22.5万批、61.9亿美元增长42.6%和23.4%，其中：出口报检16万批，货值407亿美元，分别比上年10.3万批，332.7亿美元增长55%和15.4%；进口报检15.1万批，货物总值33亿美元，分别增长25%和15.4%；检出不合格商品147批次，金额383万美元，分别增长1.9%和1073.8%。

检验检疫出入境货物木质包装32319批次，增长23%，其中：监督出境货物木质包装7085批次；受理进境货物木质包装25234批次，涉及货值9.5万美元。

对出入境人员传染病监测体检1423人次，增长12.1%，其中：发现病例106例，增长5%；预防接种241人次，增长15.1%。

检疫出入境交通工具(轮船)2989艘次，增长274.1%，其中：出境交通工具1491艘次，增长284%；入境交通工具1498艘次，增长264%。

检疫集装箱323065个，增长56%，其中：出境集装箱162847个，增长56.1%；入境集装箱160218个，增长55.9%。

签发检验检疫证书10802份，增长36%，其中出境10602份，增长38.9%，入境200份。

签发通关单238722份，增长8.28%，其中：出境140893份，增长3.43%；入境97829份，增长10.01%。

签发普惠制产地证40001份，下降1.17%，金额84921万美元，增长2.48%；签发一般产地证13663份，下降6.02%，金额20346万美元，下降17.22%。

鉴定外商投资财产38单，其中：7单为高价低报，原报价39.08万美元，鉴定价40.77万美元，升值率4.33%；23单为低价高报，原报价404.9万美元，鉴定价368.2万美元，降值率9.07%；8单为如实申报。

【改革监督检验模式】 年内，惠州出入境检验检疫局选定全国首家出口服装免检企业——大进制衣厂（惠州）有限公司作为试点单位，开通以电子邮件的形式网上审核验放，企业将报检资料发送到检验检疫局，在网上审核验放，企业从发送报检资料到出具通关单，由以往最快需要2小时减到现在的3分钟，实现由“人等单”到“单等人”的转变。

实施出口货物“绿色通道”制度，已有惠州玛琪摩托车有限公司等11家大型出口企业率先享受到这一优惠便捷的通关措施。对TCL王牌电器（惠州）有限公司试行无纸化检验检疫电子快速核放以及对LG伊诺特（惠州）有限公司等3家企业实行远程视频监控的电子化检验监管新模式。

应用出入境集装箱检验检疫电子监督系统加强对出入境集装箱的管理监督，加快通关速度。按照广东局提出检验检疫监督管理电子化的要求，惠州出入境检验检疫局与广东网通公司合作研制出《机电产品远程电子检验监管系统》，并成功应用在TCL王牌、LG伊诺特和源高电器公司等3家企业。该系统的应用，解决出口机电产品检验周期长、手续繁杂、人力资源浪费大的问题，加快通关速度，具有较好的安全性和保密性。

【机电轻工产品检验室获国家认可】 惠州出入境检验检疫局机电轻工产品检验实验室于3月通过CNAL专家组现场评审，5月授予CNAL资格，7月通过CCIBLAC评审，7月24日该室获得国家认可实验室挂牌。

惠州出入境检验检疫局机电轻工产品检验实验室是粤东地区唯一获得国家认可的实验室，同时也是广东检验检疫系统首家获得电话机和电池产品检测认可的实验室。获得国家实验室认可，标志着惠州机电轻工类产品的检测技术和检测业务的发展，走在全国检验检疫系统的前列。所出具的测试和校准结果将获得日本、美国、英国、德国、法国等50多个国家和地区同类检测机构的认可。惠州企业产品出口的检测手续大大简化，缩短检测周期。给周边的东莞、深圳等电话机、电池出口量较大的地区提供很好的技术支持，从而提升惠州检验检疫形象。

【检验检疫收费银行代缴】 年内，惠州出入境检验检疫局深化检验检疫收费改革，与建设银行惠州市分行共同研发惠州出入境检验检疫收费银行代缴业务管理系统，提供系统收费查询。已有31家企业采用该系统缴交检验检疫费用。实现高效快捷通关，保证收缴资金的安全，有效防止职业犯罪。

【大通关建设取得明显成效】 年内，乐金电子（惠州）有限公司、TCL王牌电器（惠州）有限公司等11家企业实施“绿色通道”制度，产品直接从深圳口岸予以放行，方便企业，提高通关速度，降低企业成本。通过对TCL王牌电器（惠州）有限公司实施远程电子监控系统，促进该企业1～8月彩电出口突破200万台，创历史最好水平。

【防治“非典”】 年内，惠州出入境检验检疫局按照上级的统一部署，认真防治“非典”。惠州出入境检验检疫局对辖区内监管的7个二类口岸防“非典”工作进行认真研究，4月初成立由惠州出入境检验检疫局牵头的惠州口岸“非典”防治工作领导小组，制定《惠州口岸非典型肺炎防制工作预案》。为加强在惠州口岸地区的宣传、监测工作力度，投入专用资金5万余元，制作防“非典”宣传橱窗2个，分发各种宣传资料2万多份。对出入境人员、口岸涉外单位从业人员、国际航行的船员以及出入境货柜车司机等进行传染病监测，近3万人次。

为切实做好“非典”防治工作，惠州出入境检验检疫局拟制3套“SARS疫情应急处理演习方案”，并组织相关人员进行多次预演，确保思想上不松懈，行动上不马虎。

【加强强制性产品认证认可工作】 年内，惠州出入境检验检疫局宣传3C认证制度。3月17日，在《惠州日报》第一版，刊登《实施强制性产品认证管理进入倒计时》文章，提醒企业重视强制性产品认证工作。3月21日，惠州出入境检验检疫局会同市外经局、外商投资服务中心、台商协会有关领导，召开100多家企业负责人参加的"强制性产品认证政策宣讲会"。通过全方位的宣传，帮助100余家企业向中国质量认证中心（CQC）提交认证申请书。

为申办认证企业提供优质服务，协助企业办理197份《免于办理强制性产品认证证明》，签发600份3C目录外确认证明。

做好质量许可证和卫生注册登记。年内受理出口质量许可证申请46家，对14家企业进行抽、封样，对其中7家企业进行预评审/审核，参与广东局组织的7家生产玩具、机械产品的企业评审。惠州出入境检验检疫局辖区出口质量许可证获证企业有306家。在出口食品卫生注册方面，受理卫生登记/注册/HACCP验证申请企业12家，其中已完成材料审核11家，预评审7家，通过评审发证的4家；按照ISO9000的要求，对44家已注册登记的出口食品生产企业进行年审。

内部管理方面，继上年9月通过ISO9001质量管理体系后，惠州出入境检验检疫局不断改进运行体系。9月10日，通过CQC年度监督审核。

【加强敏感商品的检验检疫和监管】 年内，加强供港澳鲜活商品的检验检疫和监督管理。广东是供港澳鲜活商品的主要基地，惠州则是广东最大的供港澳鲜活产地，保鲜家禽出口数量约占广东检验检疫系统报检供港的1/3，供应香港的广东蔬菜有超过40%由惠州地区企业提供。非典时期，惠州出入境检验检疫局对出口食品、动植物及其产品、供港澳活动物实施严格检验检疫，严把注册关、审核关、检验检疫关和政策关，为香港的繁荣稳定做出贡献。

加强对输美日用陶瓷生产企业的监督管理。惠州出入境检验检疫局年内重点抓好输美日用陶瓷厂获证后使用输美认证专用代号和标志的管理。通过下厂检验监督管理，促进企业提高生产质量管理和产品安全卫生意识，加强对原料检验把关，特别是对容易导致日用陶瓷铅、镉溶出量超标的釉料、颜料、花纸进行检验，促使企业树立较强的产品安全卫生质量意识。

加强对出口机电产品的监督管理。年内，惠州出入境检验检疫局检测质量不合格灯具95批、小家电7批、插头插座32批、自行车2批、收录音机38批。惠州出入境检验检疫局积极帮助企业进行整改，对整改好的产品，做好重新抽样送指定实验室检测，从而在源头上把住产品质量关。

加强对进口废旧物品和木质包装物品检疫，提高检出率。惠州出入境检验检疫局对进口废旧物品检疫做到"四必"，即每证必验、每柜必开、每箱必掏、每错必处。采取查验现场随机抽查，资料上指定抽查，由货主随机抽查等形式严格进行现场掏柜抽查。由于加大检验检疫力度，检出率不断提高。年内截获有害生物2702批，检出率走在系统前列。

【提高行政执法水平】 年内，按照广东局的要求，成立案件审理委员会，使案件审理工作制度化，保证行政处罚决定的合法性和合理性。在开展案件调查的过程中，执法人员不仅让企业明白违反了什么法，而且主动帮助企业分析原因，提出防范建议，使企业真正能从中吸取教训，了解检验检疫法规政策及关规定。

【报检员全国统考】 按照质检总局的统一部署，9月21日上午，惠州地区从事检验检疫报检业务的人员参加报检员资格全国统一考试。为了确保这次考试的顺利开展，惠州出入境检验检疫局从考试报名工作开始，就通过各种媒体进行宣传、设立咨询电话和窗口等，保证报检员考试严格按要求安全、有序进行。惠州地区有2518人报考，考试人数在广东检验检疫系统居第二。

【建立与重点企业联系制度】 3月18日，惠州出入境检验检疫局与首批20家重点进出口企业建立联系制度，并先后走访华通电脑、TCL王牌等重点出口生产企业。各部门也先后走访94家企业，宣传检验检疫有关政策法规，对涉及检验检疫工作中存在的问题，采取有效措施或协调有关部门及时加以解决。

【扶持民营企业机电产品出口】 年内，惠州出入境检验检疫局落实关于"抓好十个一工程，扶持一批民营企业"的重要指示，扶持惠州民营机电企业出口。对出口机电产品进行型式试验，全面评估其是否满足强制标准安全方面的要求，是否符合国际通行做法。对型式实验不合格的产品，要求企业及时整改，并对整改好的产品，立即重新抽样送检。加强对国外技术性贸易壁垒信息的收集，并将信息传达给各生产企业，引导企业在设计和生产中注意采用新技术。在惠州局机电科的悉心扶助下，惠州安吉尔制冷设备有限公司等民营企业来产销两旺，市场开拓和经济效益均取得很好成绩。

【帮助传统特色农产品出口】 年内，为帮助企业扩大出口，积极指导和帮助相关企业建立自己的品牌。经过努力，惠东县九华农贸有限公司、谦德企业（惠州）股份有限公司、龙门辉盈水产品加工厂以自己商标分别出口的 86 吨马铃薯、243 吨的盐渍姜和 1 吨干鱼膘顺利通过新加坡、美国等国官方的入境检验检疫，成功进入国外市场。

【加强机关作风建设】 年内，惠州出入境检验检疫局为配合开展“机关作风建设年”活动，成立作风建设年活动领导小组，制定《惠州检验检疫局作风建设年活动实施方案》，将此项活动分 4 个阶段进行实施。

加强党风廉政建设，举行第二届勤政廉政监督员聘任大会，聘任进出口企业和有关职能部门代表 23 人为第二届勤政廉政监督员。

全面推行政务公开和首问责任制，公布收费标准和办事程序，提高执法透明度。

5 月以来，向社会各界和进出口企业发放征求意见表 150 份，在服务效率等 8 个方面给予评议。结果显示对惠州出入境检验检疫局各方面工作的满意度达 97%。

【存在问题】 检验检疫工作人员业务水平与惠州经济质量不断提高有不相适应的地方；惠州出入境检验检疫局的检验监管、检测条件、实验室建设未能适应地方经济发展的需要。

（白　静）

·惠州港出入境检验检疫·

【概况】 2003 年，惠州港出入境检验检疫局检验检疫出入境货物 13677 批，其中出境 1210 批，入境 12467 批；货值 151308 万美元，其中出境 1539 万美元，入境 149769 万美元；检出不合格商品 22 批，金额 58.3 万美元；船舶检疫 5250 艘次，其中出境 2600 艘次，入境 2650 艘次；集装箱检疫 176971 标箱，其中出境 47384 标箱，入境 129587 标箱；传染病监测体检 548 人次，检出 HbsAg 阳性 76 例，丙肝抗体阳性 3 例，梅毒 6 例；签发普惠制产地证 1511 份，签证金额 2315 万美元，签发一般产地证 519 份，签证金额 307 万美元。

【建立防治“非典”机制】 防治“非典”是惠州港检验检疫局年内的一项重要工作，局党组十分重视，专门成立由局长任组长、分管副局长任副组长的领导小组，制定防治“非典”工作预案。结合辖区内 3 个码头和中海石化项目的实际，确定抓好出入境船舶卫生检疫、中海石化项目外籍人员监管、本局干部职工防护 3 个控制点的工作思路，构筑防线，全面落实。

加强港口一线出入境船舶检疫，对来自疫区的国际航行船舶、港澳小型船舶实施严格的消毒处理，对每艘出入境船舶实施登轮检疫。年内，惠州港检验检疫局检疫出入境人员 47696 人次，并从 4 月开始对出入境交通员工和体检对象实施严格的体温检查 20606 人次，发现体温 37.5℃以上的发热病人 4 例，均按有关要求进行排查处理。做好中海石化项目近 300 名外籍人员的疫情监控，建立信息反馈机制，要求他们每周汇报一次疫情情况。千方百计保护好本局干部职工及其家属的自身健康和安全，包括定期测量体温、组织爱国卫生运动等。

在防治“非典”期间，党组成员坚持节假日值班，一把手与分管局长亲临第一线，卫生检疫人员连续作战，以高度的工作责任感，同心协力，共同防御“非典”。还配合广东检验检疫局人员调配，派 1 名检疫人员到卫生监管处协助工作。

惠州港检验检疫局的工作措施到位，引起地方政府和口岸联检部门的重视。惠州市及大亚湾领导多次到惠州港检验检疫局视察，两次组织有关部门在惠州港检验检疫局召开现场办公会议，并采纳惠州港检验检疫局的建议，成立惠州港口岸系统防治“非典”领导小组，制定口岸系统防治工作措施；将惠州港口岸船舶联检模式从以往边检先登轮转变为检验检疫部门先检疫，进一步理顺国际船舶查验模式，并由地方政府把内贸船舶的防疫工作统管起来；还积极协调防化部队协助地方进行口岸消毒。在惠州港口岸形成齐抓共管的局面。到年底，惠州港口岸未出现输入性“非典”病例。

在此次防御“非典”工作中，惠州港检验检疫局二科获广东检验检疫系统和大亚湾防治“非典”先进集体，有 3 人分别获广东局、惠州市、大亚湾区防治“非典”先进个人。

【检验检疫鉴定进口油品】 年内，检验检疫鉴定进口原油 83 批，重量 696.6 万吨，货值 148193.7 万美元，进口重油 71 批，重量 31.4 万吨，货值 5495.3 万美元。随着中海石化项目、华德石化 100 万吨原油库项目以及 LNG1200 万吨炼油项目的相继动工建设，惠州港的油品业务将会成倍上升。

【进口废旧物品 100%开柜检验检疫】 年内，进口废旧物品 9910 批，重量 127 万吨，货值 35635 万美元。惠州港检验检疫局坚持 100%开柜，采取“每证必核、每票必验、每柜必查、柜满掏柜、违规必处、及时上报、积极沟通、加强宣传”的做法，确保检验检疫工作质量。查出不符合环保项目要求或含有严禁入境货物的进口废旧物品 15 批，均按规定处理。惠州港检验检疫局还查获假进口废物批准证书和假装运前检验证书各 2 份，没有发生工作质量事故。

【截获进境物品的有害生物】 年内，惠州港检验检疫局截获值得关注的有害生物45批，其中截获三类有害生物四纹豆象3批。重点加强进境木质包装检疫，特别是加强对来自日本、韩国和美国进境木质包装的检疫，截获滑刃线虫、小杆线虫、拟松材线虫、垫刃线虫、绿竹虎天牛、广帽胸长蠹等值得关注的有害生物12批次，均已作销毁处理。从进境外轮上截获值得关注有害生物30批次，查获媒介生物20例，其中美洲大蠊、黄胸鼠为惠州港检验检疫局加强医学媒介生物监测以来首次发现。惠州港检验检疫局还做好实蝇监测、伊蚊指数调查、霍乱疫源检索。

【加强进口食品检验】 7月开始，惠州港口岸进口食品业务量大幅增加，7~12月检验进口食品330批，4.8万吨，货值2300万美元，检验不合格9批。来货批次多批量小，品种复杂，为了确保工作质量，惠州港检验检疫局根据风险分析理论，将进口食品按食品原料、预包装食品进行分类，并从其他科室抽调检验食品业务人员充实技术力量，顺利完成进口食品检验。

【开展中海石化进口设备检验检疫】 年内，广东检验检疫局、惠州港检验检疫局和中海石化多次召开业务协调会议，研究协调有关中海石化进口设备的检验检疫问题，完成前期准备。8月，中海石化开始进口设备，至年底进口设备107批，货值1086.9万美元。检验检疫开展顺利，预计明年进入设备进口高峰期。

【探索检验检疫监管新模式】 年内，惠州港检验检疫局积极探索新的检验检疫监管模式。惠阳发电厂进口燃料油质量一直比较稳定，信誉好，经过充分调研论证，并与海关和企业协调，将以往的批批检验改为抽批检验，试行情况良好，没有发生质量问题，企业十分满意。对艺佳制衣有限公司出口服装采取监管形式，从原料的进口、入出仓登记、面料检验、裁缝各工序、各厂检环节及最终产品检验等各方面进行监管，减少抽批检验数量，又保证出口服装质量。

全国检验检疫“大通关”工作会议结束后，惠州港检验检疫局立即成立“大通关”工作小组。惠州港检验检疫局与地方政府联系汇报，并召开辖区企业会议，取得地方政府和企业的支持与配合。年内惠州港检验检疫局实现电子报检、电子签证两个百分百，电子转单业务运行也基本成熟，码头电子监控系统在建设中。

【加强廉政监督】 年内，惠州港检验检疫局纪检监察人员先后5次深入到企业、货主，明察暗访，掌握执法和廉政情况。对敏感及重要岗位的工作人员，局党组还经常与他们谈话，反馈企业意见，时时敲响警钟。这一做法得到惠州市纪委书记的肯定，纪检部门还将惠州港检验检疫局这种做法形成经验材料。

【加强协调沟通】 年内，惠州港检验检疫局为了更好地把好国门，服务地方经济，注重与地方政府、地方有关部门及口岸联检部门加强协调沟通，定期向地方政府及领导通报有关情况，宣传检验检疫法规，介绍检验检疫形势。多次召开地方政府有关职能部门及重点、大型企业参加的座谈会、通报会。国家质检总局、广东局和市委、市政府领导对惠州港检验检疫局的工作十分重视，多次莅临指导、检查，并现场调研解决问题，对检验检疫和基本建设等给予极大关注和支持。

在把关执法过程中，惠州港检验检疫局注重与海关协调沟通，双方不定期召开业务协调会，对工作中碰到的问题，共同探讨，互相支持，建立起良好的工作伙伴关系。双方签订《关于建立工作伙伴关系协议》，协同把关，共促地方经济发展。

（陈　伟）

打击走私

【概况】 2003年，惠州市各缉私职能部门、经济管理和行业主管部门，按照省政府提出的“党委、政府统一领导，打私办组织协调，部门各尽其职，行业密切配合，群众积极参与，上下齐抓共管”的反走私综合治理要求，为实现市委、市政府提出的反走私工作目标，努力工作。加强与各缉私职能部门的联系、配合，与海关、边防、地方缉私部门建立信息共享、立体防范、联动打击的反走私工作机制。完善落实反走私责任制，细化反走私工作目标和责任，狠抓反走私责任制的落实。深入开展基层创建反走私守法镇、村、户、个人活动，建立实行反走私工作责任过错追究制度和沿海县（区）镇领导干部反走私工作定点、挂钩联系制度，定期召开反走私联席会议，交流情况，互通信息，通报查获走私案件制度。设立举报走私光盘奖励，向社会公布举报电话，查获走私光盘每月通报制度，在全市形成任务明确、责任清晰、层层有人抓、各行各业有人管的反走私综合治理工作格局。

年内，组织召开19次打击走私工作会议，部署反走私工作，组织开展8次专项打击行动，8次公开销毁走私盗版光盘1388.7万张。全市查获走私案件197宗（含驻惠海关缉私分局），罚没总值估价约7000万元，查获各类走私船只52艘，摩托艇21艘，运载私货汽车183辆，处理走私人员89人，其中刑事拘留43人，逮捕16人，起诉17人，判刑13人。

惠州市反走私综合治理工作受到中央、省有关部门的充分肯定。11月中旬，海关总署党组副书记、副署长盛光祖率领海关总署、公安部、国家工商总局组成的联合检查组，对惠州市贯彻落实全国打私会议精神和开展专项斗争的情况进行检查指导。盛副署长及检查组对惠州市贯彻落实会议精神和专项斗争、反走私综合治理工作取得的成绩和许多做法给予充分肯定。12月上旬，海关总署、全国打私办组织《人民日报》、新华社、中央电视台、《国际商报》等6家中央新闻媒体组成的记者团，对惠州市的反走私工作情况进行全面采访。在中央广播电台、《人民日报》、《南方日报》、人民网站等新闻媒体给予宣传报道。全国打击走私综合治理办公室分别在全国打击走私《情况简报》第43、49、50期上，刊登惠州市落实中央领导批示彻底销毁走私盗版光盘、狠抓反走私领导责任制落实取得良好成效和惠东县认真落实反走私领导责任制的工作情况。7月25日，市打私办主任蔡浩枢被评为全国反走私工作先进个人。

【贯彻领导对反走私的重要批示】 年内，中央和省领导对反走私作了许多指示和批示。为贯彻落实领导重要批示，市政府及时召开专门会议传达学习，深刻领会批示精神，研究部署贯彻落实领导批示的具体意见，迅速开展打击专项行动。各缉私部门以领导的批示为契机和动力，借势造势，分析形势，查找问题，完善机制，始终绷紧反走私斗争的弦，加大打击走私力度。

【实现办公网络联网】 年内，市打私办根据省打私办《广东省打私（边防）系统信息化建设工作意见》的要求，制定《惠州市打私办（边防）信息化建设规划》，在有关部门支持下，完成网络建设，建立自己的网页，所有办公室均配置电脑，实现市打私办网与政府专网、省打私办互联互通，公布反走私工作有关政策规定和举报走私电话，为信息共享和工作效率提高奠定基础。

【加强调查研究】 年内，市打私办定期调研，及时掌握走私动态。坚持每月1～2次深入沿海进行实地调研，通过听取地方领导汇报，召开基层执法人员座谈，到农户家、上渔船（排）找渔民、找重点人员谈话，到沿海码头、港湾、滩涂、船舶停靠点实地察看，及时掌握各个不同时期的走私动态。

开展专题调研，掌握重点货物走私特点、规律。先后对光盘、红油走私、旧工程机械经营管理、“三资”企业经营管理等10多个专项调研。

开展随机适时调研。年内先后对旧机械、旧汽车配件、油料、光盘、电子产品等商品进行20次调研，通过对商品来源、市场价格、销售流向、运输方式等情况的调研，及时掌握上述商品走私的特点、规律和动向，适时组织开展打击行动，收到很好成效。

【抓好节假日反走私工作】 年内，市打私办为防止重大节假日走私活动出现反弹，着重加强节日期间的打击和防范。元旦、春节、“五一”和中秋、国庆节期间，及早研究制订防护打击行动方案，下发通知并及时召开专门会议，进行动员部署。元旦、春节开展专项打击行动，全市出动执法人员（含驻惠海关缉私分局）3980人次、船艇138航次、车辆700辆次，检查各类船艇493艘次、车辆1123辆次，查获走私案件39宗，查获走私物品有光盘98.5万张、红油65吨、电脑液晶显示器506个、手提电脑42台、电脑硬盘1000个、数码相机20台、旧汽车40辆及电子配件、旧汽车配件一批。

【开展打击走私联合行动】 8月，全国、全省打击走私工作会议召开。惠州市根据国务院关于从8月开始至2004年春节在全国开展一次打击走私联合行动与专项斗争的决定，迅速行动，在省还没有具体部署前，与驻惠海关共同部署，并结合全市实际，拟制下发在惠州地域开展联合打击非设关地走私专项斗争方案，成立行动领导小组，于8月13日专门召开会议进行具体部署。省政府部署全省打击走私联合行动后，市打私办再次开会研究部署，细化行动方案，突出打击光盘、红油走私，加强节日防范。先后4次开会分析形势，5次组织检查，保证专项联合行动顺利进行。行动期间，出动执法人员（含驻惠海关缉私分局）6700人次，船艇227航次，车辆1160台次。组织清港清湾行动8次，负责检查行动若干次，检查各类船艇1450艘次，运输车辆7500台次，油库（加油站）280个，家电及汽配门店650个，音像门店250个，检查各类市场150个。查获走私案件77宗，抓获涉案人员45人，刑事拘留10人，查扣运载走私货物船艇15艘，车辆84台，收缴摩托艇壳14艘。查获走私物品有红油1347吨、光盘656万张、胶卷25400卷、进口牛皮196箱、旧电视机290台、电脑硬盘1384个、电子产品800件、旧摩托车配件64包、盗版光盘外包装盒23万个、鱼翅、鱼肚原料30吨、香烟511箱、香港“六合彩”报纸1.8万份、小汽车切割件一批。

【开展打击走私专项斗争】 年内，驻惠海关及海关缉私分局与地方缉私部门密切配合，针对各个时期、各地区重点商品走私出现新情况、新特点，先后8次开展专项打击行动。配合周边地区开展打击“蚂蚁搬家式”走私成品油专项行动、整顿进口汽车及机械设备交易市场、打击旧汽车切割件、旧衣服、旧家电走私等联合行动。8次专项行动出动警力8815人次，查获案件122宗，市场估值5000万元。

【清理整顿船舶】 年内，市打私部门继续抓好各类船舶的清理整顿，规范管理，狠抓行业部门责任制落实，重新签订新一轮来往港澳运输船舶反走私责任书300多份。对4家管理规章不健全、反走私工作不到位的水运企业，限期整顿。对参与走私的20艘船舶进行处理。开展打击建造、修理、改装走私船舶专项行动，收缴并现场公开拆解“三无”渔船10艘，取缔无证照经营修造船厂7家。

【销毁走私盗版光盘】 年内，市委、市政府一直把打击走私盗版光盘作为打击走私的重点。为了加强已查获走私光盘的后续管理，市政府决定，查获的走私光盘由市打私办与查获单位共同监督，统一作粉碎销毁。9月，在大亚湾设立走私盗版光盘销毁车间，购买大型粉碎机械设备。先后4次组织公开粉碎销毁走私盗版光盘600多万张。中央广播电台、广东卫视和《惠州日报》、惠州电视台、惠州电台等新闻媒体作宣传报道。

（邹小兵）

惠州港码头　（市府办供）

旅 游 业

责任编辑：张世开

综 述

【旅游业绩比预期好】 2003年是极不平凡的一年，全市旅游行业振奋精神，迎难而上，齐心协力复苏旅游市场，使一度受到“非典”严重影响的旅游业得以迅速恢复和发展，全市旅游行业赢得了防治“非典”的阶段性胜利。全年接待国内外游客521.58万人次，其中接待过夜游客271.61万人次，分别比上年下降13.8%、9.8%；旅游总收入26.21亿元，旅游外汇收入5756万美元，分别下降15.6%、10.1%；酒店平均住房率55.5%，下降22.71%。但业绩好于预期。

【旅游市场复苏迅速】 年初，“非典”爆发，惠州市各项旅游经济指标从3月下旬开始直线下滑，4月下旬至5月旅行社停止旅游经营活动，旅游景区、旅游饭店惨淡经营。面对这场突如其来的灾难，惠州市贯彻上级主管部门关于防治“非典”的有关指示和部署，及时把工作中心转移到预防控制“非典”工作上来，严防“非典”通过旅游途径传播，惠州市取得无游客发生“非典”和疑似病例的佳绩。5月底，世界卫生组织宣布解除广东旅游警告后，于6月21日启动“阳光之旅——惠州游”万人行活动，大家齐心协力，惠州市旅游复苏工作取得成效。9月，人们数月积聚起来的旅游需求被激发出来，旅游热开始升温，在国庆期间达到高潮，并持续热到年底。全市国庆节期间，接待国内外游客47.3万人次，其中景区（点）接待40.3万人次，过夜游客达7万人次，分别比上年同期上升61.4%、71.7%、33.4%，实现旅游总收入1.26亿元，比上年同期上升29.9%，旅游市场呈现迅猛的复苏势头。

【引资兴建旅游项目】 年内，惠州市有投资近9亿元的12个旅游投资项目正在建设或扩建当中。在惠城区的惠州康帝国际酒店、白鹭湖旅游风景度假村、涛景度假村三大项目已投入资金5亿元。龙门县已签约的旅游项目有南昆山（永汉）温泉旅游大观园等4个项目，合约资金计2.3亿元。博罗县在投入3.5亿元扩大嘉宝田俱乐部规模，同时引进资金500万元开发澜石河旅游娱乐度假中心；引进首期资金500万元，开发福田道姑田生态旅游区；并计划引资2亿美元兴建富士山庄。形成以罗浮山景区为龙头，带动响水河漂流、福田道姑田生态旅游区发展，逐步实现景区的联动效应。同时，引导社会力量兴办旅游业，组建了该县第一支旅游车队。

【推出特色旅游产品】 年内，惠东县继续在农业生态游上做文章，投入500万元扩建，大岭“永记农庄”于年底开放，博罗推出的生态健康游，龙门的温泉浴、大亚湾的渔家乐等。各县（区）推出的特色旅游项目给惠州市旅游业注入了新的活力，增强了旅游产品的竞争力。

【争得旅游扶贫基金】 年内，在市、县两级旅游部门的共同努力下，龙门县向省旅游局争取到200万元的旅游扶贫基金，惠东县巽寮滨海旅游度假区旅游土特产品加工基地也争取到100万元。这两笔资金主要用在惠州市配套旅游基础建设方面。

【抓好旅游行政执法】 年内，市旅游局加强对旅行社门市部的管理和旅行社业务年检；以抓好五一、国庆、春节3个黄金周期间的旅游安全为重点，强化了对旅游区、旅游饭店、旅游车船、旅游娱乐场所、旅游购物点的安全管理；及时公正地处理旅游投诉，依法维护旅游者和旅游经营者的合法权益。查处了一起旅行社超范围违规经营旅游业务案件和一起非法经营旅游业务的案件，并对180多名导游员进行了计分管理专项检查工作，规范惠州市导游人员的行为。

年内，市旅游局修改和补充《旅游

行业量化管理实施细则》，使其更加符合惠州市旅游行业的实际，更具可操作性。

【加大罗浮山景区建设力度】 年底，市政府决定在理顺罗浮山管理体制的基础上，加大罗浮山旅游资源的保护开发力度，成立以市长为组长的罗浮山风景名胜区保护建设领导小组，制订《罗浮山整合资源理顺体制实施方案》，力争用3至5年，把罗浮山建成全国著名的风景名胜区和旅游度假胜地，并以此为龙头，带动全市旅游业的快速发展。

【西湖成为国家级景区】 年内，惠州市抓旅游事业新项目上马，同时注重老景区（点）的升级改造。西湖景区经过一年多的努力，于12月通过国家旅游局的检查验收，成为惠州市首家“4A”级风景区。

【旅行社增加】 年内，惠州市新增3家，吊销1家，共有旅行社33家。按类别分，有国际社3家，国内社30家。详见“附录”。

【星级饭店评定】 年内，全市评定7家星级饭店。至年底，惠州市有星级饭店40家，其中四星级2家，三星级20家，二星级16家，一星级2家。详见“附录”。

【存在问题】 旅游经济总量不够，全年旅游总收入26.21亿元，占全市GDP590.98亿元的4.44%，仅占第三产业增加值170.02亿元的15.4%，比2002年均有所下降。旅游经济上规模步伐因受“非典”影响减慢。

旅游行业信息化、网络化水平不高，虽然是全省第一个开通旅游目的地营销系统的城市，但大部分旅游企业联系业务仍以传真机为主，旅游电子商务处于起步阶段。

旅游资源

【概况】 惠州市旅游资源类型丰富，密集程度高、容量大，山、林、海、岛、湖、温泉、瀑布等自然景观品位高，文物古迹众多，现代旅游设施比较完善。有国家级惠东港口海龟自然保护区、博罗象头山自然保护区，龙门南昆山国家森林公园。国家级风景名胜区惠州西湖、博罗罗浮山，省级自然保护区惠东古田自然保护区，省级历史文化名城惠东平海古城。位于市郊的汤泉有“岭南第一汤”的美誉。沿海的大亚湾、巽寮湾、平海湾风光旖旎。2001年，惠州被评为“中国优秀旅游城市”。

目前惠州已有或在建的旅游项目有“一海、二湖、三山、四泉、五场”，“一海”即环大亚湾滨海旅游区，“二湖”即西湖、白鹭湖，“三山”即罗浮山、南昆山、象头山，“四泉”即汤泉、龙门温泉、沙田温泉、永汉温泉，“五场”即惠州、汤泉、嘉宝田、棕榈岛、木墩湖高尔夫球场。惠州这个“风光秀丽、闻名国内外的休闲度假旅游基地”呈现雏形。

【自然景观】 自然景观在整个惠州地区旅游资源中的比例为75%，在惠州旅游业发展中起主导作用。

山 整个惠州市行政区域内海拔1000米以上的山有13座，最高的莲花山海拔1336米，比较有旅游特色的奇山16山是：罗浮山、南昆山、象头山、九龙峰、莲花山、白马山、五马归槽、白云嶂、红花嶂、蟹眼顶、坪天嶂、乌禽嶂、斧头石、仙人寨、桂峰山、三角山。开发和建成旅游风景区的有罗浮山风景区、南昆山国家森林公园和惠东九龙峰。

罗浮山 位于博罗县境内，离县城35公里，与龙门、增城两县接壤，方圆260多平方公里，有大小山峰432座，主峰飞云顶海拔1296米，飞瀑名泉980处，洞天奇观18处，石室幽岩72个，林木品种齐全，野生动、植物资源丰富，是我国十大名山之一，素有“岭南第一山”之称，是著名的风景区和避暑胜地。罗浮山又是我国的道教名山，是道教中的第七洞天，第三十四福地。

南昆山 位于龙门县境内，距广州97公里，与增城、从化两县接壤。旅游景区面积124平方公里。南昆山恰好位于北回归线附近，主峰天堂顶海拔1228米。境内重峦叠嶂，千山万壑、古木参天、青箩遍野。在4000多公顷的自然保护区内，有高等植物2500多种，经济林木50科123属500多种。开辟的旅游景观有“川龙飞瀑”、“石河奇观”、“盘龙古松”等30多处，被称为“国家森林公园”、“北回归线上的绿洲”。

九龙峰 位于惠东县城平山镇东南14公里处，因有九山脊似九条龙而得名，又因海拔563米的主峰挺拔如笔尖，也称尖笔峰。“山不在高，有仙则名”。这里有以祖庙为中心的10余座庙亭，有着动人的神话故事，传说600多年前，谭公童年常在此放牧，后得道成仙，法术无边，能伏龙驯虎、呼风唤雨，为民众造福，受人敬仰，后人为纪念他而建造庙亭。

九龙峰冬无严寒，夏无酷暑。古木参天，树荫蔽日。池清山碧，幽谷溪流，兼有秀、清、逸、媚、幽之长，为莲花山脉山水风貌的精华。加之庙亭其间，更显迷人景色。主要名胜古迹有祖庙、文昌宫、志荫亭、下棋亭、龙通寺等。

湖 在惠州市行政区域内，有大大小小的湖泊、水库130多个。主要有西湖、白盆珠水库、天堂山水库、显冈水库、花树下水库、角洞水库、水东波水库、红花湖、金山湖等。

惠州西湖　位于惠州市区的惠州西湖是国家重点风景名胜区，是以山水资源为主体，融自然景观和人文景观于一体的城市型湖泊。开放旅游的主要是平湖，面积3.2平方公里。惠州西湖有“五湖”、“六桥”、“十四景”组成。“五湖”即平湖、丰湖、南湖、鳄湖、菱湖，“六桥”即西新桥、拱北桥、烟霞桥、迎仙桥、明圣桥、圆通桥，“十四景”即留丹点翠、芳华秋艳、花洲话雨、红棉春醉、孤山苏迹、玉塔微澜、苏堤玩月、象岭飞云、西新避暑、荔浦风清、南苑绿絮、飞鹅揽胜、丰山浩气、水帘飞瀑。惠州西湖有“苎萝西子”的美誉，有诗曰：“西湖西子比相当，浓抹杭州惠淡妆，惠是苎萝村里质，杭教歌舞媚君王”。

泉　惠州境内有不少著名的温泉，开发的有：惠州市郊的汤泉、惠阳的沙田温泉、惠东的横岗温泉、龙门的永汉温泉等。

惠州汤泉　位于惠州市郊，有“东坡温泉”的美誉。它处于白水山麓右侧的白虎涧畔，终年不竭，水温高70℃，属于碳酸纳钾型高温泉，含有多种有益于人身健康的微量元素，对治疗各种慢性皮肤病、血管疾病及保健养颜具有显著的效果。汤泉宾馆内的所用沐浴热水全部用原泉热水，未经任何加工直通各房间，确保了温泉的水质，深受人们的青睐。

除温泉外，惠州还有比较著名的冷泉。主要有罗浮山冲虚观内的“长生井”、宝积寺的“卓锡泉”、酥醪观的“酿泉”等。

瀑布　惠州境内的瀑布主要有：汤泉的九龙飞瀑；西湖景区内的水帘飞瀑；罗浮山的白龙瀑布、黄龙飞瀑、飞云溅雪、白鹤瀑布；龙门县的南昆山穿龙飞瀑、沙迳川龙瀑、天堂湖的白马瀑布等等。惠州瀑布中以九龙飞瀑和穿龙飞瀑最为著名。

九龙飞瀑　位于惠州市郊的汤泉景区内。它顺山而下，有九处迂迴，每处迂迴曲折处潴成一潭，形成九级瀑布，每年丰水期所形成的瀑布最为壮观。从第八潭直泻第九潭的瀑布高程近20米。

穿龙飞瀑　位于南昆山下坪村，它是穿龙峡上的5级延续瀑布。最为壮观的是第一级，水从一形似龙头的石洞中飞流直下近10米，往右一折，又直泻6.6米，然后才直泻深潭，高20多米，挟涧出云，蔚为壮观，一年四季，水源不绝。

海　惠州市海岸线长223.6公里。海湾多，有霞涌湾、长沙湾、巽寮湾、盐洲湾、平海湾等；海滩多，可开发的海滨沙滩有18.1平方公里；100多个大小岛屿散落在境内海区。已开发利用的有稔平半岛旅游功能区和大亚湾旅游功能区。为游客到海滨游乐、休闲度假提供了好去处。

【人文景观】　惠州的人文景观主要有古建筑、历史遗迹、革命纪念地、民俗风情。

古建筑　现存最著名的有泗洲塔、古城墙、文笔塔和黄家祠。

泗洲塔　位于惠州西湖的西山之颠，又称“玉塔”，是惠州的标志性古建筑。它始建于唐朝末年，后因年久失修而坍倒，1618年（明朝万历四十六年）重建，至今已有300多年。

惠州古城墙　位于城区桥西上米街至北门渡口所，1300年（明洪武二十二年）扩惠州城时所筑，外包青红石条，内夯实土，城墙高6米，现仅存部分。

文笔塔　位于城区桥西东城基3号。建于清代，平面八角形，五层楼阁式砖塔，反映了清代建塔的特点。

黄家祠　位于桥西环城西二路。建于1842年（清道光二十二年），砖木结构，进深3栋，总面积700多平方米，现基本完好。

历史遗迹　主要有：王朝云墓、苏堤、苏东坡纪念馆、元妙古观、冲虚古观、黄龙观、平海古城、多祝黄狮村等。

王朝云墓　位于西湖孤山，1096年（北宋绍圣三年），北宋文豪苏轼侍妾王朝云年仅34岁时病逝，苏东坡（苏轼）将其葬于孤山，亲撰墓志铭，赞誉王朝云“敏而好义，事先生忠敬若一”。

苏堤　横贯于西湖的平湖与丰湖之间，连接孤山与市区。有诗曰：“苏堤如带五千尺”。

东坡纪念馆　建于孤山原栖禅寺遗址上，为两进式仿古建筑。馆内陈列有苏轼的生平简介以及有关寓惠的手迹、石刻及其它史料等。还有当代名人、专家、学者的题词等。

元妙古观　位于西湖的平湖北畔。始建于唐，是我国道教著名的古观之一。现存有明代所筑的山门和清代修建的左偏殿。观内尚遗存历代的碑刻、书画等文物。

冲虚古观　位于罗浮山中。始建于东晋咸和年间，复建于清代。为四合院式布局，砖木结构，面积3557平方米。1945年夏，广东人民抗日游击队东江纵队建立五岭根据地，设司令部于此。现建筑物保持良好，是著名的道观。

黄龙观　位于罗浮山南麓。是葛洪罗浮四庵之西庵孤青故址。现黄龙观是由香港清松观全力重建，历时5年（1992～1997），现仍在扩建中。

平海古城　位于惠东县平海镇，始建于1394年（明洪武二十六年），古城因开关酷似“燕尾钟”而称为“钟城”。现仍完整地保留着晚清时期修筑的4座城门，城东门正前方修弧形高墙，上端筑雉堞，谓钟城之“钟耳”，城内有七星井、戏台、寺庙、祠堂、民宅等。一排排、一座座的晚清建筑，构成“十字古街”，贯通4座城门楼。城门楼是当时最为高大雄伟的建筑，造型奇特，雕梁画栋，充盈着民族建筑特色。

多祝镇黄狮村　位于惠东县城东面25公里处。该村始建于明末清初，到清代中期形成规模，现存大部分建筑都属这一时期的遗物。建筑占地20多万平方米，是惠东县保存最完整、最具规模的古民居建筑群。黄狮古围村由外城和内城组成。外城由东、南、西、北4城门及围墙连结肖、杨、许、郑四大姓氏民居；内城由各姓氏筑墙围成。围内是以房姓为单位的四合院式结构的房屋，各院落间用鹅卵石、青石板铺砌成的小巷连接起来。建筑群内有城门、书院、祠堂、庙、观、牌坊等建筑。大户人家还内设有水井、花园、练武场，功能齐全。在古建筑群中，精美的木雕、石雕、灰塑、陶塑、壁画等建筑工艺，随处可见。特别是在村民手中，还保存两道清朝咸丰年间的“圣旨”，为丝绸织品。最具有代表性的古建筑和遗址有武魁楼，建于1790年（清乾隆五十五年）；大兴门，建于清嘉庆年间；石牌坊，建于1815年（清嘉庆二十年）。整个建筑群布局讲究，具有浓郁的岭南特色。著名人物有清朝一品大将军肖凤来。

黄狮古围村历来是兵家必争之地。国民革命军东征时，周恩来曾在此召开过会议，蒋介石曾率部在此驻扎，并作演讲。

革命纪念地　主要有中山纪念堂、邓演达故居、东江人民革命烈士纪念碑、叶挺纪念馆、叶挺故居、廖仲恺纪念碑、东征阵亡烈士纪念碑、高潭“东江红都”等。

中山纪念堂　位于城区中山公园内。1937年，各界人士集资为纪念孙中山先生而建。现主建筑保存完好。

邓演达故居　位于惠城区三栋镇鹿颈村。1931年被秘密杀害的邓演达是民主革命家，中国农工民主党的创始人，曾任黄埔军校教育长、国民革命军总司令部政治部主任、国民党中央执行委员、中央政治委员等职。现故居保存完好。

东江人民革命烈士纪念碑　位于西湖丰山。1987年由惠州市人民政府集资筹建。碑文由聂荣臻元帅题写。碑前、后分别排列着6组浮雕和6组圆雕，反映自鸦片战争以来东江流域人民的革命斗争历史。

叶挺纪念馆　建于1991年9月，位于惠阳淡水镇。匾额为叶剑英元帅所题。为现代建筑，占地8万多平方米，内设7个展室，展出400多件珍贵文物、文献和照片，较全面地反映了叶挺的光辉一生。

叶挺故居　位于惠阳秋长镇周田村，始建于清代。叶挺（1896～1946），是中国共产党的优秀党员、无产阶级军事家，早年跟随孙中山革命，曾任国民革命军独立团团长、南昌起义前敌总指挥、广州工农红军总司令、新四军军长等职。现故居保存完好。

廖仲恺纪念碑　位于惠阳陈江镇窑前村。1925年建成。廖仲恺是中国民主革命的先驱，国民党左派领袖，1925年8月20日被刺身亡。

东征阵亡烈士纪念碑　位于西湖北畔的五眼桥。1925年10月，国民革命军东征攻打惠州，在主要战地——五眼桥附近，牺牲官兵241名。1930年，由黄埔军校在“五眼桥”战场旧址建此碑。

高潭“东江红都”　位于惠东县高潭镇中洞村，地处海（丰）陆（丰）惠（东）紫（金）五（华）5县的接合部。距离惠东县城112公里。高潭中洞是全国最早的区级苏维埃政府所在地，又称“东江红都”。

民俗风情　惠州除保持传统的客家风情外，还有颇具特色的瑶族风情和平海古城民俗风情。

瑶族风情　在龙门县，居住着瑶族同胞。溯蓝田湾上行，至蓝田瑶族自治乡，有瑶族山寨及古代瑶族遗迹多处。瑶族的民俗风情，令人沉醉。

平海古城民俗风情　在惠东县平海镇平海古城的民俗风情颇具特色。流行在平海的方言“军声”是明代以来以北方方言为基础，融合粤语、客家话、潮汕话逐渐形成的一种独特的方言。现平海保留的主要民俗有：元宵闹花灯、三月三摆戏台、端阳赛龙舟、中秋拜月会等。还有民间舞蹈《鲤鱼追春》、《九凤朝阳》、《彩蝶恋花》和《平海渔歌》等形式多样的民间艺术。

旅游发展规划与管理

【查处超范围经营案件】　2月18日，市旅游管理部门依法对一家国内旅行社非法经营出国旅游业务，超出其法定的业务经营范围的违规案件进行查处。在查清事实后，依据《旅行社管理条例》及《旅行社管理条例实施细则》的有关规定，没收该旅行社非法所得，罚款5000元，停业整顿15天。

【预防控制非典型肺炎】　4月下旬至5月底，防止“非典”通过旅游途径传播，市旅游局停止全市旅行社的业务经营，全面贯彻落实国家旅游局、卫生部联合发布施行的《旅游经营单位预防控制传染性非典型肺炎应急预案》，先后制定《惠州市旅游行业预防控制非典操作细则》以及对景区（点）的一测温、一登记、一隔离、一消毒和星级饭店一晨检、一登记、一消毒、一告示的“四个一”制度，并组织防治“非典”的专项检查，采取有效的预防措施。

【滨海旅游区规划领导小组成立】 5月23日，环大亚湾滨海旅游区规划领导小组成立，常务副市长黄柏青任组长，副秘书长郑欣光任副组长，成员包括惠东县、大亚湾的政府分管领导和市旅游局、规划建设局、国土资源局、交通局、文化局、海洋渔业局、海事局的有关领导。领导小组办公室设在市旅游局。

【旅游消费抽样调查】 10月15日至11月15日，市旅游管理部门在全市主要宾馆（酒店）、景区（点）开展国内外游客在惠州市各项消费的旅游抽样调查活动。

【市领导到罗浮山现场办公】 11月21日，市主要领导柳锦州、黄业斌到罗浮山风景名胜区现场办公，提出罗浮山要整合资源，理顺体制，用3～5年时间把罗浮山打造成名副其实的“岭南第一山”。

【抓好旅游安检工作】 年内，市、县（区）两级旅游局均成立旅游安全检查领导小组，建立健全旅游安全工作档案，定期前往各景区、酒店等娱乐场所检查安全工作。市旅游局多次举办旅游安全管理人员培训班。在“春节”、“五一”、“国庆”旅游黄金周期间，会同市安监局、消防局、技监局、海事局、民族宗教局等到各旅游场所检查安全工作，加强整改，消除安全隐患。

【开展旅游安全生产状况评估】 年内，根据市安委会《关于在重点行业企业开展安全生产状况评估的通知》，市、县（区）两级旅游局与同级的安监、技监、消防等有关部门对全市旅游景区（点）、星级饭店进行安全生产状况评估，完成评估55家。通过安全评估，落实旅游经营单位安全生产管理。

【龙门县编制旅游规划】 年内，龙门县在资金紧缺的情况下，邀请有关规划专家编制《龙门县沙迳镇控制性详细规划》、《蓝田瑶族风情园旅游发展规划》。同时加强对香溪堡及“一河两岸”旅游资源的保护、开发和管理。至年底，共完成《龙门县旅游发展总体规划》及各旅游区的控制性详细规划等6个规划。如此规模的旅游发展规划，位居全省山区县的前列。

新开旅游景点

【香溪堡旅游区】 位于龙门县沙迳镇，总面积5平方公里。因其历史悠久、建筑独特，被誉为“华南第一古堡”。旅游区以“神秘的古堡风情和秀丽的田园风光”为主题，以溪河竹筏漂流、古堡探幽、竹林乐园等项目为特色，是融自然风光和文化古韵于一体，集知识性、娱乐性、趣味性、参与性于一身的新型旅游区。区内有始建于1644年的古堡、五宅和廖氏宗祠等古建筑群，独具岭南建筑艺术遗风，历史悠久，文化积淀深厚。2002年被省政府定为“广东省文物保护单位”。景区内的竹林乐园，别具一格，建有竹林餐厅、竹林别墅、竹林亭阁、竹林烧烤、竹林露营、水上竹苑等，可尽情享受“竹中游、竹中玩、竹中宿、竹中饮、竹中乐”的幽野情趣。

【龙门温泉】 位于龙门县王坪镇，占地50万平方米，其中温泉池区有8万平方米，区内三面环山，林木苍翠，空气清新，环境优雅。

龙门温泉有三特色。一是多元化的温泉泡浴文化，温泉池内有动感区、休闲区、养生区和趣味娱乐4个区域，其中养生区内有8个池：祛风祛湿池、护肤美容池、万应中药池、提神香酒池、壮腰健肾池、养心益脑池、舒筋活络池和黄金泉天然蒸汽浴池。二是独具特色的饮食文化，主要以客家饮食为主，并配以龙门的三黄胡须鸡、西溪笋、西林鲣鱼等特色菜式。三是新潮时尚的居住文化，客房全部是别墅式，根据不同的建筑风格分为客家山庄、四合院、碉楼等楼区，大部分别墅还配有室外泳池和

位于龙门县沙迳镇的被誉为“华南第一古堡”的五宅古堡　（市旅游局供）

后花园。

龙门温泉含有48种对人体有益的微量矿物元素，因含铁量偏高而被称作“黄金泉”，对关节痛、皮肤病、经络不适等疾病有特殊的疗效。“黄金泉”在省内为首创，在整个东南亚也极为罕有。泉区涌出的温泉水温最高达78℃。在不少地方挖2米即有温泉涌出，储量十分丰富。

【永记生态园】 位于惠东县大岭镇。1997年由香港永记食品集团独家投资超千万美元兴建，占地约100公顷。是一所集教学、会议、旅游、休闲、度假、娱乐、服务于一身的现代化生态农庄，该农庄引进外国高科技农业技术，按照自然生态平衡的模式管理，拓展生态农业、观光农业的功能，是一所国际级的生态示范园。园内所有景观设施项目采用澳大利亚进口的开放式建筑设计，具有浓厚的异国风情，其中重点设施包括全天候多功能透视式的会议中心。除园内独具匠心的绿色自耕地、陶艺广场等特色场所和捉鱼乐、迷你高尔夫、野火乐园等自助游项目外，生态园的绿色礼品店，薰衣草、灯笼椒等最吸引人。

永记生态园的生态农业品牌，于2001年获“广东省生态示范园”称号，2003年获颁“广东省无公害蔬菜生产基地”称号，2000年通过ISO9001国际质量管理体系认证。

旅游促销

【拍摄播放电视专题片】 1月16～27日，市旅游局会同市委宣传部、市电视台全力配合中央电视台海外节目中心中央电视台4台（CCTV4）摄制组莅惠拍摄21辑专题片《走遍中国——惠州专辑》。该专题片摄制完成后连续在中央电视1台、2台、4台播出，全方位报道了惠州的政治、经济、人文、历史、风土人情等各个方面，配合了中国惠州第二届国际数码节的宣传。

【万人游惠州启动仪式】 6月21日，市旅游局组织广大市民和游客在滨江公园举行“阳光之旅”万人游惠州启动仪式，旨在短时间内迅速消除“非典”影响，促进惠州旅游市场复苏。

【旅游花车游羊城】 8月16日，由市旅游局组织有关单位参加广州“夏日旅游欢乐月”活动，绘有南昆山、罗浮山及海滨亮丽风景图像的惠州旅游花车巡游羊城，惠州风光给广州市民留下印象。

【惠州旅游宣传日活动】 9月27日“世界旅游日”，市旅游局和市旅游协会在商业步行街举办“惠州旅游宣传日”活动，组织全市近40家旅游企业参展，吸引上万名市民和游客前往咨询。

【旅游歌曲宣传惠州】 10月初，市旅游局与罗浮山管委会联合推出一首“不辞长做岭南人”的旅游歌曲，将寓惠名人苏东坡的千古绝唱谱写成歌曲，宣传惠州名山秀水。

【旅游目的地营销系统开通】 11月11日，惠州旅游目的地营销系统（DMS）通过国家旅游局验收，并开通使用，惠州市旅游开始进入信息化系统管理阶段。惠州市是广东省首个开通DMS的地级市。

【名车游惠州】 12月19日，市旅游管理部门组织香港TYPE-R名车会33辆法拉利、保时捷、林宝坚尼等名车巡游惠州西湖、罗浮山、南昆山、龙门温泉等景区、景点，利用名车效应推介惠州旅游。

【《惠州旅游实用图册》出版发行】 12月底，市旅游局与广东旅游出版社合作出版的中英文版《惠州旅游实用图册》发行。该书概括了惠州旅游的游、行、住、食、娱、购“六要素”的基本情况，实用性强。

【组织旅游企业推介惠州】 年内，惠州市组织旅游企业参加2003广州国际旅游展销会；省旅游局组织的“活力广东”旅游专列赴鄂、冀、京、鲁4省（市）推介惠州，“精彩粤港澳、活力广东游”日韩推介会；组织旅游企业到岳阳、长沙、株洲、衡阳、郴州5市和云南、韶关等地推介。

【邀请媒体宣传惠州旅游】 年内，惠州市先后多次邀请《中国旅游报》、《羊城晚报》、《南方日报》、《新快报》、《南方都市报》、南方网、广东电视台、南方电视台、新华社、中新社广东分社及深圳、东莞和香港的新闻媒体分别到罗浮山、南昆山、龙门温泉、汤泉高尔夫水疗馆、大亚湾东升渔村、大甲岛、华海度假区及巽寮滨海旅游度假区前往采访报道、踩线，宣传惠州的优美风光和投资环境，提升了惠州旅游的知名度。

旅游教育及培训

【概况】 年内，惠州市旅游教育培训工作即使在“非典”疫情流行期间，旅游培训工作也一直未松懈过。市旅游服务中心担负起全市旅游从业人员在职培训和导游员年审等工作。全年举办各类培训班14期，参训人员2034人次。

【导游资格考试】 3月和9月是广东省全国导游员资格考试时间，惠州市考点负责惠州市及河源市共800多名考生的工作。市旅游局成立了考试领导小组，完成了两次全国导游员资格考试惠州考点工作。2003年惠州市有180人考取全国导游员资格证，至年底，全市持证导游员447人。

【培训管理人员】 4月2～4日，市旅游服务中心举办旅游行业安全管理人员培训班，34人参加。

8月20～25日，省旅游局举办饭店中高层管理人员岗位培训班，市旅游服务中心组织12名有关人员参加，经考核，全部取得饭店管理人员资格证。

【旅游教育研讨】 4月12日，由市旅游局首次与惠州学院合作举办。会上市旅游局组织本市旅游教育机构和企业的权威人士作学术研讨报告，30多家企业和200多名应届毕业生参加。为惠州市教企结合提供了平台，受到企业和院校的欢迎。

【质监员业务培训】 11月12～13日，市旅游质量监督管理所与市旅游服务中心联合举办一期旅游质监员业务培训班，全市58家旅游企业共60人参加培训，经考核全部合格。

【饭店服务员上岗培训】 11月21日，市旅游服务中心根据有关要求，举办“饭店服务员持‘职业资格证书’上岗培训班”，有30人参加。

【导游年审培训】 12月15～19日，惠州市部分导游人员计分制管理及导游员年审培训班在市旅游服务中心举办，邀请省内专家授课。从导游队伍的政治思想、职业道德、政策法规、服务意识、导游技能等方面进行强化训练。全市有400多名导游员参加。

文明单位创建活动

【档案管理达标升级】 市旅游局按照《档案法》和《广东省实施〈机关档案业务建设规范〉细则》的要求，从4月底起到9月底，完成了档案管理达标升级的各项工作，并于9月29日通过了市档案局的评审，上升为省特级单位。

【十佳导游员技能大赛】 10～11月，惠州市举办“惠州市首届十佳导游员技能大赛”。从全市350名持证导游中竞选出10名“十佳导游员”和10名“优秀导游员”。比赛结束后，在城区下埔滨江公园举行文艺颁奖晚会。

【“十佳文明饭店”评选】 年内，惠州市为配合创建文明城市活动，在旅游行业中开展了创建文明旅行社、文明饭店、文明景区（点）活动。根据市文明办的要求，重点在市区组织开展争创“十佳文明饭店”活动。创建标准以量化考核细则为基础，按照量化考核结果，由市旅游局向市文明办推荐惠州宾馆等11个候选单位。市文明办结合市民对饭店的评价，组织有关人员进行评定。

（侯　瑞）

财政·税务·审计

责任编辑：蔡楚标

财　　政

【概况】　2003年，惠州市财政部门按照中共惠州市第八次代表大会的决策和部署，以及市九届人大一次会议提出的工作任务，推进财政改革与发展，配合税务部门强化和完善税收征管，组织财政收入，调整、优化支出结构，保证重点需要；整顿和规范财经秩序，积极防范、化解金融风险；建立健全社会保障体系，确保社会稳定。全年财政运行良好，实现财政收支平衡，略有结余。

年内，全市一般预算收入完成241238万元，为市代编预算的113.30%，按可比口径（下同），比上年增收49380万元，增长25.74%。市本级一般预算收入完成85322万元，是市九届人大一次会议批准的预算80366万元的106.17%，超收4956万元，比上年增收14609万元，增长20.66%。全市一般预算支出完成387786万元，为市代编预算的108.88%，比上年增支57692万元，增长17.48%。全年一般预算收入加上税收返还及各项专项补助，全市财政总收入430140万元，总支出392883万元，收支相抵，年终滚存结余37257万元，其中净结余1322万元。

年内，各级财政部门抓好职业道德建设，开展“争先创优”活动。惠城区河南岸财政所、惠阳区沥林镇财政所和博罗县公庄镇财政所被评为全省财政系统文明财政所。

但是，在预算执行中仍存在一些困难和问题。首先是财政收支平衡压力较大，各县（区）收支都有不同程度的缺口；其次是政府债务重，税收返还被抵扣各项债务，致使资金调度困难，影响支出预算的执行；再次是区域财政经济发展不平衡，市直和惠城区、惠阳区、大亚湾经济技术开发区收入占全市总额的78.45%，惠东、博罗、龙门3县的收入只占21.55%。

【筹资支持创建文明城市】　年内，根据市委、市政府创建文明城市的部署，市财政部门从预算内、外筹资74460万元，新建和改造一批市政工程和基础设施。其中，投入9220万元完成市体育馆的建设，投入15779万元用于建设惠州大道、市民乐园和改造“穿衣戴帽”工程，投入7790万元用于建设先科大道。

此外，筹集“非典”防治资金1620万元，拨付防治经费1347万元。

【支持国有企业发展】　年内，市财政部门安排2958万元，支持TCL集团高新科技产品的研制和开发；安排220万元，奖励获取国优、省优产品的企业；安排出口补贴1475万元，支持外贸企业扩大出口；安排2000万元，用作出口退税账户托管贷款的保证金。

【支持城乡最低生活保障制度建设】　年内，市财政部门继续完善社会保障体系，支持城乡最低生活保障制度建设：发放最低生活保障金1662万元，全市35723人纳入低保范围；安排再就业资金1327万元，使8563个下岗失业人员实现再就业；拨付退市专项资金1820万元，安置30家退市企业的职工；安排100万元补助资金，支持杨村华侨农场改制；安排327万元用于潼湖华侨农场改制补缴职工养老金。

【基本完成农村税费改革】　年内，一项被称为“农村第三次改革”的农村税费改革在全市全面启动。6月26日，市委、市政府在惠州市会议中心，召开全市农村税费改革试点工作动员大会。会议宣布，按全省的统一部署，从7月1日起，农民只需缴纳农业税。农村税费改革的内容为“五取消、一改革、一种税”，即：取消乡统筹、村提留的农村教育集资等专门面向农民征收的行政事业性收费和政府性基金、集资，取消屠宰税，取消面向农民征收的农业特产税，取消劳动积累工和义务工，取消农业税附加；改革村级经费筹集和管理制度，实行村内事务"一事一议"制度；对农民征收农业税一种税。为确保农村税费改革顺利推进，专门成立市农村税费改革领导小组，下设税费改革、财政转移支付、宣传、纪检监督、并镇并村、并校等6个小组。全市农村税费改革分为组织准备、宣传培训、组织实施、检查总结、完善提高4个阶段进行。至8月底，惠阳区已完成农村税费改革，并将新的农业税任务下达到农户，农民减负幅度达到92%。10月，全市基本完成农村税费改革，基本实现"三个确保"（确保乡镇机构和村的组织正常运转、确保农村义务教育经费正常需要，确保五保户、优抚对象的正常开支）。

【减轻农民税费负担】 年内，市财政部门全面推进农村税费改革，切实减轻农民负担。市财政安排税费改革配套资金751万元，用作镇、村两级政权机构正常经费和农村义务教育经费。全市农民人均年负担税费由税费改革前的111.11元降至税改后的13.25元，减负率为88%，高出全省平均水平4个百分点。

【增加支农投入】 年内，市财政安排174万元用于贫困村干部的工资补贴；投入1249万元支持农业龙头企业、调整农业结构和推进农业产业化；投入2450万元用于中小型水库除险加固及水利建设、水毁工程维修；投入1139万元用于发展林业和林业生态保护；投入288万元用于人工渔礁建设。

【深化"收支两条线"改革】 年内，市财政部门深化"收支两条线"改革，拓宽管理范围，将公路、水路运输管理费纳入"收支两条线"管理，对全市摩托车、手扶拖拉机养路费实行银行代收；严格执行财政部有关规定，将法院等部门的44项行政事业性收费和11项政府性基金纳入财政预算管理。开展稽查试点，规范政府收费行为和财务管理。

【部门预算试点增加到11个】 年内，市级财政部门在总结2002年4个部门预算试点经验的基础上，增加试点单位。将市委办公室、市政府办公室、市公安局等7个单位纳入部门预算试点，市直部门预算试点单位增加到11个。对试点单位实行定员定额核定经费，按因素法细化预算，提高预算透明度，增强预算的约束力和严肃性。

【扩大国库集中支付范围】 年内，市本级组建国库集中支付中心，在实行统发工资的基础上，推进国库集中支付制度改革，扩大国库集中支付范围。选择26个党政机关单位分期分批进入国库支付中心运作。第四季度首批进入国库支付中心运作的有4个部门预算试点单位。对40多个城建项目4.3亿元资金实行国库集中支付，减少拨款环节，确保资金专款专用。

【规范政府采购行为】 年内，分设政府采购的管理机构与执行机构，扩大政府采购的规模和范围，政府采购资金由财政直接支付给中标供应商。全市政府集中采购金额12450万元，节约财政资金1026万元，资金节约率7.62%。其中，市本级政府集中采购金额7444万元，占全市总额的59.8%，节约财政资金647万元，资金节约率8.0%。

【理顺市与惠城区财政分配关系】 年内，制定《惠州市对惠城区财政体制改革实施方案》，市政府批准从2004年1月开始实施。实行税收属地统一征管、划分税种、比例分成的财政管理体制，理顺市与惠城区的财政分配关系，合理调整相应事权，初步建立起"水涨船高、利益共享、风险共担"的激励机制。

【强化财政监管】 年内，开展会计信息质量检查，加强会计监督，打击做假账行为；加强对会计事务所、资产评估机构等中介机构的监管，规范中介机构的执业行为，强化行业自律意识；加强支农、社保、农村中小学教育等专项资金使用情况的监督检查；对惠州大道四期等9个重点基建项目委派财务总监，实行全过程的监督；强化财政性基建工程预结算审核。全年全市完成审核工程预结算660宗，送审金额154217万元，核减15732万元，核减率10.2%。

（陈远扬）

国家税务

【概况】 2003年，惠州市各级国税部门贯彻全国、全省税务工作会议精神，致力服务于经济和社会发展大局，在组织收入、依法治税、优化服务、基层建设、队伍建设等方面取得新的成效。全年组织税收收入73.44亿元，比上年同期增长23.8%，增收14.12亿元，剔除海关代征税收后，实现国内税收收入32.06亿元，比上年同期（下同）增长14.7%，增收4.12亿元；计划考核税收23.91亿元，增长10.8%，增收2.34亿元；完成年度计划任务的103.7%。其中国内"两税"（增值税、消费税）收入17.89亿元，增长7.3%，增收1.22亿元，完成"两税"年度计划103.9%；其它各税收入6.02亿元，增长22.9%，增收1.12亿元，完成年度计划102.9%。

【加强税收征管】 年内，市国税局采用先进科技特别是计算机和网络技术，加强税收征管。

强化征管质量考核管理　制定并全面实施《惠州市国税局征管质量考核管理办法（试行）》，每月对基层分局上一月份的征管质量考核情况进行通报，提高税收征管质量和效率。

推行个体商业“双定户”电脑核定管理　上半年，先在市区试点。9月起，在全市国税系统全面推行个体商业“双定户”电脑核定工作。预计在2004年1月底全面完成。

强化基层分局征管档案管理　结合实施基层分局规范化管理达标等级考核，在全市基层分局开展税收征管档案达标升级活动。全系统各基层征收分局按档案升级达标标准，对历年征管档案资料进行整理、归档，设立专门的档案资料库，配备专人管理，实现与计算机信息网并联。12月8日，惠东县国税局直属征收分局征管档案率先顺利通过省档案评审组的检查验收，成为全市国税系统征管档案第一个被评为“省特级”的基层分局。

强化发票管理　年初，召开全市国税系统发票工作会议，对县级以下税务机关的内部发票管理，从领购存业务、进销存账册、领购审批程序和违章处罚等4个方面，提出具体规范的要求，并全面实施。根据省国税部门开展“两票”检查中发现的问题，结合提高增值税起征点后，起征点以下纳税人领购发票及窗口代开发票遇到的新问题，采取措施加以解决，堵塞税收征管漏洞。

【推进依法治税】　年内，市国税局有措施、有重点地推进依法治税。组织全系统税务人员学法、执法、守法和护法，开展《征管法》知识竞赛，提高税务人员依法行政水平。

加强税源监控　市国税部门做好所得税分享体制改革的有关工作，加强税源监控。与工商、地税等部门合作，达成信息共享协议，抓好新办企业的税务登记和管理，杜绝漏征漏管现象；抓好企业所得税税前扣除和优惠政策审批，定期开展全市所得税优惠政策执行情况检查，防止企业偷逃税款；抓好企业所得税汇算清缴工作，全市纳入汇算清缴企业611家，汇缴面达到100%，核实2002年度全市应缴企业所得税1436万元，已清缴税款入库1257万元。

查处、审理税务案件　组织税务人员，对实行“免、抵、退”税企业，重点企业，代销行业，税负偏低、长期亏损、财务不健全的企业，进行专项检查。查处结案各类税收违法案件949宗，查补税款、罚款和滞纳金4851万元；入库税款5051万元，罚款1019万元。同时，依法审理重大税务案件，查处各类转办举报案件。全年审理案件12宗，查补税款、罚款及滞纳金956.5万元，打击各种偷逃骗税行为，规范税收秩序。

开展税法宣传　市国税部门围绕“依法诚信纳税，共建小康社会”的主题，开展形式多样的税法宣传活动。配合省国税局组织的记者采访活动，召开“发挥税收职能作用，扶持大企业集团发展”的税企座谈会；开展“手机短信宣传税法”活动，“点面结合，上下联动”，在全市范围内给手机用户发送税收宣传短信，在报纸、电视台、电台及网络等媒介宣传税法；举办首届“国税杯”书画摄影比赛，扩大税法在社会的影响。

【优化税收服务】　完善纳税服务机制　市国税部门在规范纳税服务行为的同时，制定并实施首问责任制，修订办税服务承诺，完善行风评议制度，构建一个较为完善的纳税服务机制。

创新纳税申报方式　制定并实施《惠州市国税局双定户储税划缴简易申报操作办法（试行）》，为全市“双定户”提供高效便捷的简易申报方式。至年底，全市有2.1万户“双定户”选择储税划缴申报方式，占全市起征点以上“双定户”的98%。从12月起，对所有参加电子申报培训的企业进行模拟电子申报，及时解决模拟电子申报中遇到的问题，为2004年的正式运行打下基础。

推行和完善“一窗式”管理模式　市国税部门采用“一窗一人一机”模式，着重抓好重组业务流程、整合人力资源、搞好技术保障等方面工作，确保“一窗式”管理全面推行实施。研究解决推行“一窗式”管理中的问题，探讨临窗工作人员素质、操作权限设置、纳税资料审核比对、“I型机”存根数据采集、认证期限、《抵扣联认证明细表》打印、发票抵扣联扫描等问题的解决方法，提高“一窗式”管理和服务的效能。

办好国税网站　通过网站，做好国家税收政策及相关法律法规的发布、国税动态等情况的报道及网上咨询工作，拓展税收服务空间。在全市网站评比中，获“惠州市优秀机关网站”称号。

【加强信息化建设】　完善金税工程　年内，市国税部门抓好“金税工程”二期的完善与拓展，建立每周例会、每周简报、督促检查和奖惩等4项制度，保障各项工作的落实。从6月1日起，全面使用防伪税控开票系统，提前一个月完成任务。全市累计推广防伪税控机1500户，其中新推广763户，覆盖率达100%。举办增值税一般纳税人企业财会人员培训班15期，参训600多人，培训面达到100%。至年底，金税工程运行质量良好，防伪税控开票和认证子系统运行正常，数据采集率一直保持100%。

出口退税实行电子化管理　市国税系统全面启用出口退税软件（二期网络版）和“出口退税审核监控系统”，

提高审核进度和质量，规范出口退税管理。

完善办公自动化系统　市国税部门全面推广应用行政管理系统。在原使用办公自动化系统的基础上，从10月22日起，广东国税行政管理系统在市局机关正式启用，市国税局机关成为全省第一批全面推广应用行政管理系统的单位。

【落实税收优惠政策】 年内，市国税部门贯彻落实各项税收优惠政策措施，支持惠州经济与社会发展。

推行退税“阳光作业”　市国税部门争取出口退税指标，实行出口退税信息化管理和限时服务，实施出口企业分类管理办法，推行出口退税“阳光作业”，加快出口退税进度。同时，做好“倒交税”调研、退税基数核实和宣传解释等项工作，确保出口退税机制改革顺利推进。全年全市办理出口产品退税11.81亿元，创下历史新高，比2002年同期增长53%，增退4.10亿元，其中办理免抵调库8.15亿元。

开辟再就业人员办税绿色通道　市国税部门对下岗失业人员再就业，实行税收优惠，开辟再就业人员办税绿色通道，对下岗失业人员办理税务手续实行“三优先”（优先受理、优先审核、优先批复），对税务登记类、管理类、证照类等所有收费事项免收工本费。下岗失业人员从事生产销售货物月销售额在5000元（含5000元）以下的，免征增值税。

实行来料加工企业免税和外商投资企业再投资退税　市国税部门宣传来料加工企业免税政策，严格审核，对符合规定、手续齐备的企业及时办理免税，全年为来料加工企业免税5505万元。鼓励外商投资企业增资扩产，全年办理外商投资企业再投资退税4032万元。

执行应对“非典”疫情税收政策　市国税局根据省国税局统一部署，实施防治“非典”疫情十项税收措施，重点是大幅调高个体工商户增值税起征点。全市低收入群体纳税人减轻负担1300万元，受惠个体工商业户超过3万户。

【加强国税系统基层规范化建设】 年内，市国税局学习贯彻全国税务系统基层建设工作会议和省国税局党组中心组学习扩大会精神，明确抓好基层建设的方向和总体要求，强化各级领导抓好基层建设的信心和责任感。转变机关作风，推行机关科室基层联系点制度。本着资金向基层倾斜、向征管一线倾斜的原则，大幅度调高各基层单位的经费标准，在财力上为加强基层建设提供保证。2月，组织4个检查组对全市28个基层分局实施规范化管理达标等级考核，召开考核评比总结及现场观摩会，对先进单位进行表彰。建立示范点，供各地参观学习。重新修订《基层税务分局规范化管理达标考核方案》，检查基层分局存在问题，发现问题及时整改，促进基层分局落实执行税收政策法规、健全基本制度、完善基本配套设施建设和队伍建设等。

【加强国税系统思想政治建设】 年内，市国税局组织全市国税干部学习中共十六大精神和“三个代表”重要思想，组织党员干部到高潭中洞进行“两个务必”教育活动，全年全局干部撰写学习心得体会211篇。健全领导班子中心组理论学习制度，全年组织6个专题学习。领导干部深入基层调查研究。由局领导撰写的多篇调研文章，在省国税局《调研参考》及市委市政府刊物上发表。开好各级党组民主生活会，加强领导班子的作风建设。进行副科级干部缺位选拔，选拔5名科级干部充实各级领导班子。由监察室牵头，抽调人事、税政、计财、稽查等部门人员组成巡视检查组，巡视检查惠阳、惠东、大亚湾国税局领导班子和领导干部。

【加强国税系统党风廉政建设】 年内，市国税局落实领导干部廉洁自律的各项规定。对市国税局综合楼配套楼的基建工程实行公开招标，并成立基建项目领导小组，制定《惠州市国税局基建工程投资财物核算管理实施办法》，规范和完善基本建设会计核算手续，健全基建工程资金支付、结算制度。在各级国税机关成立大宗物品采购领导小组，大宗物品实行集中采购。继续清理小汽车配备使用情况，推行通讯费货币化改革，解决领导干部职务消费中存在的问题。落实党风廉政建设责任制，制定和实行《惠州市国税局领导干部党风廉政建设岗位职责》、《惠州市国税系统党风廉政建设责任制考核暂行办法》和责任制执行情况定期报告制度。开展“纪律教育学习月”活动，举办预防职务犯罪教育辅导讲座，组织专题学习讨论，有的县国税局与当地检察机关开展共建廉政单位活动。开展全市国税系统税票和普通发票管理情况执法检查，针对检查中发现的问题，提出18条执法监察建议。全系统基层分局纪检监察员，结合基层规范化达标考核，对基层分局税收执法权实行监督制约。

【加强国税干部业务培训】 年内，市国税局抓好干部学历教育，组织57名基层分局领导和新提任副科级干部，分两批到扬州税务进修学院，进行为期12天的知识更新业务培训，提高基层干部的科学管理水平和依法行政能力。进行《计算机应用技术考试证书》升级培训和考试，全年培训120人，占税务干部总人数的11.7%。

【开展文明创建活动】 年内，市国税系统开展创建“文明窗口”、“最佳办税服务厅”活动，做好国税系统“文明单位”、“优秀国税工作者”评比、推荐工作，做好“全市青年文明号”、“青年岗位能手”评选，在全系统形成争先创优的良好创业氛围。全年全系统有7个单位被评为“青年文明号”，2人被评为“青年岗位能手”；惠城区直属征收分局的创建经验被推荐到省文明委和省国税局，并参加广东省“百佳文明示范窗口”评选活动。

【存在问题】 龙头企业税收前景不明朗，消费税第一大户全面停产，中海壳牌南海石化项目一次性收入减少；出口退税机制改革后，受退税率降低影响，所得税下滑，相当部分出口企业重新调整经营策略以应对新的出口形势，对税收实现的利弊和影响程度难以估计。

（陈韵仪）

地方税务

【概况】 2003年，惠州市地税系统以“三个代表”重要思想为指导，围绕“收好税，带好队”两大中心工作，以“两个诚信”活动统筹全年各项工作，强化征管，加快信息化建设，深化机构人事改革，加强干部队伍建设，依法治税，完成全年地方税收各项任务。全市全年税收收入221680万元，比上年同期（下同）166928万元增收54752万元，增长32.8%，完成年度任务的119.8%。按可比口径比较，其中，中央级库收入46771万元，增收15189万元，增长48.1%，完成年度任务的131.2%；省级库收入58887万元，增收13776万元，增长30.5%，完成年度任务的115.5%；市县级库收入116022万元，增收25787万元，增长28.6%，完成年度任务的118%。全市社保费收入88248万元，比上年同期75464万元增收12784万元，增长16.9%；教育费附加收入4323万元，文化事业建设费及其它收入598万元。全市地税系统全年各项收入总计314849万元。

【个人所得税大幅增长】 年内，全市经济快速发展，个人所得税大幅增长，全市征收个人所得税6.06亿元，比上年同期增收2.24亿元，增长58.8%，完成年度任务的139.2%。

工薪阶层和个体工商户成为纳税主体　工薪阶层和个体工商户纳税，占个人所得税总收入80%以上，个人承包、承租、劳务报酬、稿酬、特许权、利息、股息、财产转让、财产租让、偶然所得等占20%。

年内，全市公务员的工资工薪提升幅度较大。全市各级地税部门落实工资工薪个人所得税全员申报，以3.0征管软件信息系统，建立个人所得税全员申报信息库，实施有效监控，征管效果日益明显。同时，税务部门出台一系列扶持个体民营经济的优惠政策，提高个体民营经济经营效益，个人所得税的缴纳也随之增加。

高收入阶层成为纳税重点　外籍人员、企业经理、中介机构、饮食娱乐服务行业部分管理人员等高收入阶层日益增多，高收入阶层成为纳税的重点。市地税局建立中介机构、高新技术企业、娱乐业等重点行业和个人的专项档案，对重点税源实行分级管理；对饮食娱乐服务行业部分管理人员实行定员定额和代扣代缴相结合的方式，加强对高收入者的纳税监控；加强对大企业集团的分红管理，大企业集团纳税入库近2000万元，是上年同期的两倍；加大对外籍人员个人所得税的征管，仅壳牌及其相关公司外籍人员全年个人所得税工薪收入达1005万元。

加强对偷逃税的专项检查　地税部门针对部分高收入者存在瞒报少缴的现象，开展全市个人所得税专项检查，查补个人所得税近1200万元，主要来自实行年薪制和股份制企业的薪金和参股分红收入。

【评定诚信纳税信誉等级】 年内，市地税局建立健全相关制度，完善征管基础，加强内外培训。全市举办纳税信誉等级学习培训班13期，参训的干部职工600多人次；举办纳税人培训班12期，培训纳税人1300多人次。全市地税系统按照市地税局总体实施方案的要求，部署本单位的评定工作，做到时间统一、步骤统一、操作统一，确保纳税信誉等级评定试点工作顺利进行。至年底，各级地税部门对试点单位的纳税户进行A、B、C等级评定，其中A级企业有321户。并在《惠州日报》公示。

【健全诚信纳税服务体系】 年内，市、县两级地税部门围绕《诚信服务工作实施方案》要求，加大人力、物力等方面的投入，做好方式、环境、设施、手段、流程、行为、承诺和素质等“八大优化”的办税服务，构建一个完善的诚信服务体系，提升为纳税人服务的档次和质量。

建立纳税人服务中心　市、县两级地税部门成立5个纳税人服务中心，工作人员20多人，为纳税人提供专门化和专业化服务。建立起以市地税局纳税人服务中心为核心，以12366-3服务热线、网站和为后台服务的纳税服务管理系统等为平台，并延伸到全市地税部门150多个单位的纳税服务网络体系，初步达到运作高效、方法简便、态度热情、服务优质。

提供“三个一”服务方式　市地税系统为纳税人提供“三个一”（即一条

热线、一个网站、一个台前服务）为主的服务方式，拓展对纳税人服务的范围和空间，拓宽服务渠道，在税务机关与纳税人之间架起沟通的桥梁，营造征纳双方诚信沟通的氛围。

优化办税环境　市地税系统投入250万元，统一规范办税服务厅的硬件设施，使各级办税服务厅环境优雅、功能齐全、设施完备、导向明确、氛围亲和。同时，创新服务方式，改进服务态度，公开服务承诺，提高服务质量，努力树立良好的地税形象。

【创建地税系统“六个一流”活动】　年内，市地税局把创建“六个一流”（一流的班子、一流的队伍、一流的管理、一流的执法、一流的服务、一流的形象）的活动和推广规范化建设结合起来，推动税收工作全面发展。

全市地税系统确定40个创建“六个一流”试点单位，重新修订创建“六个一流”暨规范化建设考核的标准、要求。组织市地税局党组成员和全市地税系统副科以上干部，参加“六个一流”暨规范化建设培训班，并进行闭卷考试，提高各级税务干部的工作能力和指导能力。充实创建“六个一流”活动纪实专题片，把制作的VCD送到各级党、政部门及各企业、纳税人手中，加强“六个一流”活动的宣传。9月，在大亚湾召开“六个一流”暨规范化建设现场会，总结、推广经验。12月1～16日，市地税局派出4个检查组分赴各县（区），对13个试点单位进行验收，对12个单位进行初评。

【加快科技与信息化建设进程】　年内，市地税局按照“科技+管理”的思路，加快科技化、信息化建设的进程，加强税收管理。

建立税源电子档案　市地税局结合个人所得税全员申报制度，开发个人所得税全员申报管理软件，建立个人所得税重点税源电子档案库，规范个人所得税管理。同时，开发“纳税信誉等级评定”管理系统，建立纳税人纳税电子档案，实行分类管理。完善“税控开票”系统　市地税局将税控和开票功能融为一体，使之具备登记、计税、控管、发票打印、存储等功能。多次在省地税局演示。省地税局将惠州市地税局税控开票的做法，融入新一代的全省大集中系统。

优化纳税服务　开发税务语音服务系统，提供税收基本知识、税法内容及举报等电话服务。

12366-3纳税服务热线的工作人员正在接听电话　（市地税局供）

简化纳税申报　完善3种电子申报方式的软件系统，开发支持预储划缴的批量缴款系统，简化纳税申报手续。

【实行重大涉税案件审理制】　年内，市地税局审委会办公室接收稽查部门移送的重大税务案件29宗，完成审理22宗，因证据不充分、材料不齐、事实不清而退查的5宗，拟处理意见不当、重新作出处理意见交稽查部门执行的2宗。通过落实重大税务案件审理，加强对税务执法行为的监督，提高稽查工作的执法水平和办案质量。

【加强税法宣传】　年内，市地税局围绕“依法诚信纳税，共建小康社会”的主题，开展各种宣传活动，营造公民诚信纳税良好氛围。

开展税收宣传月活动　在《惠州日报》头版头条刊登柳锦州市长《推进依法诚信纳税，共建惠州小康社会》的税收宣传月致辞，加大宣传力度。以惠州市举办第二届国际数码节为契机，在数码节展览厅开辟专门展区，推出宣传主题——打造“数码税收”，向参展的社会各界展示惠州市地税系统税收征管信息化建设的成就。据不完全统计，5天共派发12366—3宣传手册、征管法等宣传资料2.6万份，接待咨询1.3万多人次，送出有奖问答礼品150份。同时，利用新闻媒介及手机发短信等途径宣传税法。此外，还结合中国首届花鸟画邀请展惠州巡回展，发放税收宣传资料近6000多份。

开展税法进校园活动　市地税局组织税收业务骨干到10所中小学校举办税法知识讲座，约2000名师生参加。博罗县地税局组织2400多名小学生参加税法知识竞赛，并向小学生免费赠送8000多本附有税法宣传的作业本，通过小学生把税法带进千家万户。

【加强地税干部的教育培训】 年初，制定《惠州市地方税务局2003年教育培训实施意见》，加大教育培训力度，创新培训方法。4月中旬，用9天时间，组织全市56名科级以上干部，参加扬州税务学院的更新知识培训班和考察学习，帮助大家开拓视野，更新观念。请市纪委领导给干部职工上"增强法纪观念，树立正确的权力观、地位观、利益观"的辅导课。全年举办征管法、文秘、工资档案、效能监察、3.0征管软件、"六个一流"、持证上岗等培训班共50期，参训人员1600人次。全市地税系统举办各类培训班100期次，参训人员3000人次。

【加强地税系统领导班子建设】 年内，市地税局注意抓好各级班子党组中心组的理论学习，增强各级领导的责任感。召开民主生活会，听取群众意见和建议，总结工作，找出差距，进行整改。组织各级领导干部进行年度工作述职，并对新任职务满一年的领导干部进行考核，促使各级领导干部总结经验，查找差距，采取措施，提高自身素质和工作能力。组织科级干部参加省地税局的各类培训班，加强政治修养，更新业务知识，提高工作水平。创新人事管理，公开推选县（区）局稽查局局长和大亚湾税务分局副局长，5名素质较高、群众公认的干部走上科级领导岗位。

【开展"两权"监督】 年内，市地税局采取"三个结合"（即"两权"监督制约的检查考核工作，与日常税收执法检查相结合，与专项检查相结合，与日常管理考核相结合），进行"两权"监督，对违规、违纪实行责任追究，形成一个执法有依据，操作有程序，用权有监控，责任有追究的"两权"监督机制。

离任审计 年内，对3位即将离任的科级干部，从经费收支管理、党风廉政建设、规范化、信息化建设及执行税收政策、制度等方面的情况，进行离任审计。

充实内审干部 按照省地税局纪检组的要求，在全系统调入2名政治素质好、业务能力强的干部，专门负责内审。各县（区）地税局也按要求调整充实纪检监察干部。

税收执法监察 市地税局围绕"四个敏感环节"（"两票"管理和监控环节、"双定户"税收核定环节、减免税及税款缓缴审批环节、税务稽查的选案与税款入库、处罚环节）进行执法监察。由监察室牵头组织相关科室人员，抽查"二级评税"制度的执行情况和"两票"使用管理情况，发现问题及时纠正，堵塞现金交税、评税不公和定额偏低的漏洞。

行政执法监察 市地税局重点监督经费收支、车辆管理、基建工程和物资采购的招投标以及人员录用、干部提拔等方面。参与基建工程和大宗物品采购的招投标，参加公务员招考录用、干部提拔的考察，配合计财部门清理"小金库"和内设账户，及时清除不廉隐患，加强人事和经费管理，规范基建工程和大宗物资采购行为，遏制在行政管理上的不廉行为。

开展巡视检查 巡视检查全系统各级班子，了解各单位的党风廉政现状和工作计划。并对各级领导班子的民主生活会及整改意见的落实情况，进行跟踪检查。

【实施效能监察】 年内，市地税局加强对地税干部履行职责行为的效率与质量的监督检查，督促各部门加强自我管理和约束，规范运作程序和管理行为，明确规定各项政务由谁办、怎么办、什么时间办完。

制定效能监察实施方案 市地税局成立效能监察工作领导小组，制定全市效能监察实施方案，对机关工作作风、服务质量、管理水平等开展效能监察。建立效能投诉中心，受理群众的投诉，查处行政不作为和效率低下问题，强化行政监督，改善行政管理。

效能监察培训 市地税局监察室举办全系统纪检监察干部培训班，组织学习《惠州市地税系统行政效能监察工作暂行规定》、《惠州市地税系统限时办结制度》、《惠州市地税系统行政过错追究暂行办法》、《惠州市地税系统效能监察工作考评办法》等制度性文件，学习行政效能监察的原则、内容和任务，规范工作手段、方式和程序，保证效能监察顺利开展。

【开展精神文明创建活动】 年内，市地税局开展精神文明创建活动，做好省、市文明单位、青年文明号、百佳文明窗口评选工作，营造人人争当文明地税人、文明好公民的氛围。还组织市局乒乓球队、足球队参加全市和全省地税系统比赛。召开2000～2002年全市地税系统"双先"、"双优"、"七佳"评比表彰活动。通过开展一系列活动，调动税务人员的积极性，增强队伍的凝聚力。市地税局被中共广东省委、省政府评为广东省文明单位。

【存在问题】 部分基层征收单位偏重征管工作 对政治理论学习和纪律教育抓得不够，个别税务人员纪律要求不严，作风较为松散；有些税务机关对落实财务制度、税款管理制度、廉政监督制度不够重视，监督不到位，容易产生不廉行为；税收征管基础工作不够扎实，特别是在税务登记、纳税申报、税款征收、账簿凭证管理、税务检查、发票管理等方面存在薄弱环节，有待进一步加强和规范；人员素质参差不齐，税收各类专业人才和复合型人才还较缺乏，在业务培训、建立专业人才库方面有待加强。

（叶伟明）

审计

【概况】 2003年，惠州市审计部门按照“紧扣中心，服务大局，突出重点，提高水平，促进发展”的工作思路，加大对财政资金、专项资金、重大基建工程项目和国有资产保值增值情况的审计监督力度，提升审计质量和水平，为加强宏观经济管理、维护市场经济秩序、促进廉政建设和提高财政资金、公共资金的使用效益服务。全年完成审计单位（项目）221个，查出违规行为金额9.54亿元，直接为财政增收节支6524.64万元，提交监测和预警经济运行的重要审计报告、信息21篇，其中市审计局提交的报告、信息经领导批示或有关部门批转的有9篇，作为市政府决策重要依据的有3项。

【加强财政预算执行和决算审计】 年内，全面开展本级财政预算执行情况审计（简称“同级审”）和部门预算执行审计，着重检查财政预算管理是否规范，有无严格执行“收支两条线”规定，专项资金的管理和使用是否规范。全年全市完成审计单位27个，查出违规行为金额9688万元，应上缴财政收入23万元。市审计局在市本级“同级审”中，注重促进预算管理，提高资金使用效益，并有针对性地提出加大对专项资金和公共资金监管力度、加强对县镇级政府负债的管理等一系列加强财政预算管理的意见，为市人大和市政府加强宏观决策提供信息和依据。此外，各县（区）审计局选择1～2个乡镇进行镇级财政财务收支审计。

【加强行政事业审计】 年内，全市审计行政事业单位（项目）160个，查出违规行为金额5.75亿元，直接促进财政增收节支764万元，追回被侵占挪用资金98万元。行政事业审计采取统一部署、上下联动、集中检查、定期审计、全程监督等做法，规范财政资金和公共资金的征、管、用。加大对水利、住房、教育、医保、交通等重点资金和公安系统审计监督力度，重点审查资金管理和有关工程管理是否规范，资金使用是否存在挤占挪用、损失浪费、转移用途等问题，检查分析资金的使用效益，规范资金管理和核算。

开展公安机关财务收支审计 年内，县（区）审计局开展对本级公安机关财务收支审计，发现普遍存在无证、扩大范围或超标准“搭车”收费等现象，涉及金额2335.3万元。市审计局根据公安机关实际情况，经请示市政府同意，作出立即停止仍在执行的违规收费项目、对违规收费收入各县（区）结合本地实际研究处理、督促同级财政保证公安机关正常经费需要等处理意见。

加强水利专项资金审计 年内，市审计部门根据省审计厅统一部署，开展全市水利专项资金审计，发现部分水利专项资金存在管理不规范、使用效果差等突出问题，查出违规金额达1.14亿元。市审计局对惠东县水利局高息向私人借款、挤占挪用专项资金、水利建设项目管理混乱等问题，在全市范围内给予通报批评，引起上级及有关部门的关注。该县纪检监察部门根据审计建议，立案查处有关责任人3人。市财政局转发市审计局有关水利资金审计情况的“审计要情”，要求管理、使用水利资金的部门和单位认真落实审计意见，把加强水利资金管理、提高资金使用效益的整改措施落到实处。

开展基本医疗保险审计 年内，开展全市性基本医疗保险制度的建立、运行和基金管理情况的审计。发现2002年度市本级基本医疗保险统筹基金支付率过低，只占28.65%，有违基本医疗保险的初衷和“以收定支、收支平衡、略有节余”的原则，损害参保人的利益。市审计局经调查和分析后，提出适度提高统筹基金支付率，保护参保人利益等建议。大亚湾区审计局加大延伸审计力度，对参保企业特别是外资企业参保情况进行抽查，促进企业提高参保比例。市审计局还将审计结果通过《惠州日报》向社会公告。

开展住房资金审计调查 年内，市审计局抓住住房资金的安全性和效益性两个关键点，开展市直住房资金审计调查。根据资金的流向扩大延伸审计面，发现住房资金中存在借出资金余额大、可能形成损失，经济适用房开发未能实现预期目标、资金使用效益差，代表政府出资的责任主体不明确、出资人职责不落实，以及资金管理使用制度不完善等一系列问题。市审计局从制度和机制上，对住房资金的监管、经济适用房的开发等提出一些建设性意见，引起市人大、市政府的重视。市政府将审计调查报告批转有关部门执行。

开展学校财务收支审计调查 年内，市审计局审计调查市直6所中专、中技学校的财务收支，发现部分学校财务管理不规范，存在乱收费、私设“账外账”和“小金库”等问题。市审计局对市机电学校乱收费、私设“小金库”等违规行为资金150多万元作出上缴财政的处理决定，对其它问题分别向有关学校提出整改意见和建议。

【强化重点基建项目审计】 年内，市审计局强化对财政性重点基建项目的审计监督。全年完成对江北及平南市政工程项目结算审计、惠澳铁路工程建设国债项目的审计调查、梅湖污水处理厂及集污输水管道工程国债项目财务收支、工程管理情况的审计等，涉及投资额15.39亿元。在江北及平南市政工程结算审计中，发现部分工程量不实，累计加大造价约1135万元；部分工程高套定额，取费不当，累计加大造价约1396万元；部分工程计算错误，重复结算，累计加大造价约1622万元等问题，60个单项工程送审造价共2.7746亿元，经审计核实为2.2835亿元，核减4911.3万元，核减率17.7%。市审计局为加强市属财政性基本建设项目的审计监督，拟定《市属财政性基本建设项目审计实施办法》，由市政府24号令颁布实施。

【加强和改进企业审计】 年内，按照"摸家底、揭隐患、促发展"的思路，以加强国有资产监管为核心，加强和改进企业审计。全市全年完成企业审计项目28个，查出违规行为金额1.93亿元，应上缴财政金额825.4万元。

市审计局审计调查市直15家已完成改制或正在实施改制的国有企业，查明15家企业少计净资产、中介评估机构低估少评资产、国有资产管理部门对改制企业净资产确认不当造成少计净资产、有关部门在批准企业改制方案时未明确对改制企业占有的国有划拨土地的处理方式导致国有资产流失、个别企业借改制之机企图私分国有资产、改制后收回改制前已核销的坏账未缴财政、改制时流动资产损失核销的手续不完善、一些无形资产未能全面完整地进行评估等国有资产流失的主要环节，造成或可能造成国有资产流失2790.94万元，流失比例为7.18%。市审计局及时将审计调查结果向市政府提交专题报告，并从宏观层面提出加强监管的意见和建议，为市政府加强国有资产监督体系建设、规范企业改制行为提供信息和依据。

市审计局还对麦科特集团公司、市工贸总公司等重点企业资产负债损益情况开展审计调查，向市政府提交调查报告，帮助市政府摸清这些企业的"家底"。通过对审计情况的分析，有针对性地提出审计意见和建议，为市政府加强企业的监管提供信息和依据。

【加强经济责任审计】 全市全年对111人进行任期经济责任审计，查出违规行为金额1.5亿元，组织人事部门参考审计结果，对有关人员进行调整和处理，其中晋升10人、平调67人、免职25人。

年内，对县以下党政领导干部的审计，将一些收费、罚没收入、财政资金使用量较大或群众意见比较集中的部门和单位，以及财政收支数额较大或较具代表性的镇（办事处）的领导干部，纳入重点审计对象范围，优先安排审计；而对收费和罚没收入较少、财政资金和公共资金使用量小的单位和部门，以及经济欠发达的镇（办事处）的领导干部，暂缓审计。对县以上党政领导干部的审计，主要在市直19个行政事业单位中抓好试点。对国有及国有控股企业领导人员的审计，结合国有企业改革进度稳步推进、深化完善。提高审计质量和效果，促进有关部门加强干部监管和廉政建设。大亚湾区审计局对区动迁办原领导人进行经济责任审计，查出该单位挪用移民专项资金4098万元、截留财政性资金466万元等违规问题。龙门县纪监部门根据审计查出的龙城镇领导人任职期间擅自处置国有资产逾700万元等问题，进行立案查处。

【加强内部审计】 年内，全市建立有内部审计机构159个，其中专职机构96个，配备内审人员424人。全年审计单位（项目）138个，提出建议和意见被采纳的有384条。内部审计对促进企业管理，规范会计核算，提高经济效益等方面发挥了积极作用。

【重视审计队伍建设】 年内，各级审计机关重视审计人员的教育和培训，特别是加强对计算机、基建审计等专业人才的培训。11月，在市委党校举办计算机培训班1期，培训审计人员33人；选派11名审计人员前往北京、南京、广州等地，进行相关知识的强化培训。加强审计机关的廉政建设，审计人员严格执行审计纪律和廉政规定。据不完全统计，两级审计机关工作人员全年拒收、上交钱物15人次，拒绝宴请151人次、公费旅游3人次。市审计局实行人事制度改革，首次采取统一考试、面试择优的办法，录用4名应届大学毕业生为直属分局公务员。

（黄德兴）

金　　融

·综　　述·

【维护金融稳健运行】 2003年，惠州市金融机构执行稳健的货币政策，改善金融服务，加大信贷投入，维护金融稳健运行，促进地方经济稳定、健康、快速发展。年末，全市金融机构各项存款余额571.9亿元，比年初增加92.9亿元，增长19.4%；各项贷款余额313.8亿元，比年初增加47.9亿元，累计发放贷款136亿元；结售汇顺差14.9亿美元，同比增加4.5亿美元，增长42.9%；全市净回笼现金16.3亿元，比上年同期多回笼8.2亿元；不良贷款年末余额101.8亿元，比年初增加0.2亿元，不良率32%，比年初下降6.1个百分点；全市金融机构账面亏损4.6亿元，剔除核销不良贷款及消化历史包袱等因素的影响，实际盈利3.8亿元，同比扭亏增盈5.1亿元。

【存款大幅增长】 年末，全市金融机构各项存款比上年增加16.2亿元，增长19.4%。资金来源趋于宽松，全市金融机构拥有超过100亿元的超额备付金。

【贷款稳步增长】 年内，惠州市金融机构的信贷供给能力明显增强。年末，全市金融机构各项贷款余额增加47.9亿元，比上年多增加9.3亿元。全年全市金融机构累计发放贷款136亿元，同比多投放29.4亿元。主要投向是：向中小企业发放贷款46.5亿元，占贷款发放总量的34.2%；向TCL、德赛等集团企业贷款35.9亿元，占26.5%；向交通、通讯、水电等基础设施建设项目贷款23.9亿元，占17.6%；发放个人中长期消费信贷20.1亿元，占14.8%；向“三资”企业发放贷款9.5亿元，占7%；向中海壳牌南海石化项目发放贷款8.3亿元，占6.1%。

【结售汇再创历史最好水平】 年内，全市银行累计结汇收入24.1亿美元，同比增长28.7%；累计售汇支出9.2亿美元，同比增长10.4%；结售汇顺差14.9亿美元，同比增加4.5亿美元，增长42.9%，再创历史新高。

【现金回笼增加】 年内，全市金融系统累计现金收入1562.6亿元，累计现金支出1546.3亿元，收支轧差，净回笼现金16.3亿元，比上年多回笼8.2亿元。其中，储蓄存款现金收、支分别为1150亿元和1076亿元，占全市现金总收、支的73.5%和69.6%，储蓄存款现金净回笼74亿元，比上年多回笼10亿元。储蓄存款成为现金投放回笼的主要渠道。全市仅有大亚湾区为净投放，其余地区均为净回笼。

【农信社支付风险基本化解】 年末，全市农信社各项存款余额60.4亿元，比年初增加10.4亿元，增长20.7%；备付金余额14.7亿元，比年初增加5.3亿元；综合备付率24.6%，比年初提高5.5个百分点。农信社首次在资产结构上引入二级准备资产——流动性债券，资产负债结构明显改善，资产流动性明显增强。年末，全市农信社债券资产余额2亿元。困扰农信社达5年之久的支付风险，基本得到化解。

【不良贷款比例大幅下降】 年末，全市金融机构不良贷款余额101.8亿元，比年初增加0.2亿元，不良贷款比率32%，比年初下降6.1个百分点。剔除广发行并账因素，全市金融机构不良贷款余额实际比年初减少8.5亿元，不良率实际下降7.5个百分点。

【金融机构首次实现扭亏为盈】 年内，全市金融机构账面亏损4.6亿元，同比多亏损0.4亿元。核销不良贷款和冲销历年应收未收利息金额达13亿元，剔除核销不良贷款及消化历史包袱等因素影响，全市金融机构实际盈利3.8亿元，同比扭亏增盈5.1亿元。这是自1994年以来惠州金融业首次实现整体盈利。

【金融业发展需关注的问题】 房地产开发投资与销售增长呈背离趋势 全年全市房地产开发投资23.2亿元，增长46.2%，商品房销售金额15.8亿元，增长19.1%，前者比后者高出27.1个百分点；1～11月在建面积238.1万平方米，同比增长73.8%，全年商品房销售面积36.9万平方米，增长30.8%，前者比后者高出43个百分点；商品房空置面积71.3万平方米，同比增长8.2%。

区域和城乡协调发展受影响 年内，惠城区存款资金占全市56%，但90%的贷款投放在惠城区；各县区存款资金占全市44%，仅得到10%的贷款投放。资金向中心城市集中，削弱了县域和农村地区的发展，不利于区域协调发展和城乡协调发展。

境外“游资”流入 全年全市结售汇差额14.9亿美元，进出口差额11.7亿美元，贸易项下结售汇顺差额大于外贸顺差额3.2亿美元，境外资本呈加速流入态势。经营性资金通过因私收汇渠道流入大幅增加，上半年，全市有境外法人机构汇给境内个人1462笔，金额989万美元，占全部因私收汇的37.5%，与上年同期相比，增加1176笔，增加金额853万美元。

（杨伯凌）

【引进民生银行参与惠州建设】 年内，惠州市政府与中国民生银行签订全面合作协议。协议约定，中国民生银行将以新的方式在惠州市设立机构。提供6亿元贷款，用于惠州市工业园建设；启动民营企业金融服务工程，为惠州民营经济的发展提供全方位的金融支持。惠州市政府将发挥政府职能和管理协调优势，为民生银行提供政策支持。

（林国斌）

【签订银企合作协议】 年内，中国民生银行和惠州市政府联合举办金融服务恳谈会，惠州市民营企业100强中的大多数企业派出代表参加。会上，民生银行深圳分行与惠州市房产管理局、惠州市泰普建设发展有限公司、惠州市侨兴集团签订银企合作协议，共授予3家单位贷款额度6.8亿元。

（任已章）

【国家开发银行支持惠州开发建设】 年内，国家开发银行广东省分行与惠州市政府签署50亿元的开发性金融合作意向书。该笔贷款将用于支持惠州市城市基础设施、水利设施、支柱产业等的开发建设。

（曲哲等）

【签订政银合作协议】 年内，惠州市政府与工商银行广东省分行签订政银全面合作协议。协议约定在“十五”期间，工行广东分行将向惠州市政府提供20亿元贷款综合授信，支持惠州市政的基本建设、基础设施建设和支柱产业项目建设。其中首期贷款3亿元用于市政基础设施建设。

（臧守祥等）

·中国人民银行惠州市中心支行·

【概况】 2003年，中国人民银行惠州市中心支行（简称惠州中心支行）贯彻年初广州分行工作会议精神，按照“加强队伍建设，提升队伍素质，转变工作作风，提高办事效率，确保工作落实”的工作思路，强化内部管理，转变工作作风，加强金融监管，提升服务质量，完成全市各项任务，确保辖区金融稳健运行。

【加强贷款管理】 年内，惠州中心支行建立货币政策效应分析季度联系会议、定期信息沟通及定点企业联系等制度，对辖内经济金融形势加强分析判断，优化贷款结构。加大再贷款回收力度，全年累计收回1.9亿元再贷款。改进支农再贷款审批制度，加大检查监督力度，规范支农再贷款用途，全年收回支农再贷款6988万元。加强债权管理，净化信用环境。公开曝光5家逃废债企业，撤销“逃废债企业”14家，金额3085万元。

【加强金融行政管理】 全面推行贷款五级分类管理制度 惠州中心支行发挥贷款五级分类事前预警的作用，对大额贷款特别是“十大不良贷款户”（欠贷款本、息最多的10家企业）进行动态分析。12月末，辖内商业银行按“五级分类”口径，不良贷款余额82.6亿元，不良率30%，比年初减少5个百分点。超额完成五级分类不良贷款比例下降3个百分点的要求。

支持商业银行优化网点布局 年内，审核、批准辖内商业银行41个机构网点升格为支行，撤销24个机构网点，核准辖内20个商业银行机构网点迁址营业，提升商业银行服务功能。

推进农信社风险防化工作 加强大额贷款管理和监督，指导各联社制定大额贷款责任追究制度，对不良大额贷款进行逐户分析，落实清收责任。12月末，农信社不良贷款余额19.2亿元，比年初减少1.4亿元，不良率53.7%，下降8个百分点。

【加强外汇管理】 维护外汇市场秩序 惠州中心支行开展外汇专项大检查，规范商业银行外汇业务，完善内控制度。通过现场核查及电子化软件，对各外汇指定银行国际收支申报加强考核，将上报前的数据谬误减少到最低程度，提高国际收支申报质量。

清理出口收汇逾期未核销　惠州中心支行采取上门催核和找企业负责人座谈等形式，宣传外汇管理政策，对出口收汇逾期未核销进行催收，全年发出催核通知281份，清理出口逾期未核销25567万美元。

提升服务质量　惠州市外汇管理部门以建立“绿色通道”为契机，转变工作思路，提升服务质量，优化惠州外资投资环境，实现被动服务向主动服务、一般服务向特色服务转变，坚持监管、服务两手抓；主动出面协调解决困难，发挥基层银行的枢纽作用。

【加强内部管理】　年内，惠州中心支行超额完成广州分行下达的资产处置收现4亿元任务，实际收回47449.2万元，超额完成任务18.6个百分点。做好中央银行会计核算系统、财务系统的版本升级工作，落实会计内控制度和各项业务操作规程，加强会计管理和监督。针对“非典”时期的特殊要求，抓好货币投放与回笼工作，加强发行基金调拨管理，做好残损人民币的回收、复点、销毁工作，加大反假币宣传力度。完成惠州市银行卡联合联网工程，实现电子行务系统中心支行与各县支行联网，提高办公电子化水平。落实各项安全制度，加强办公场所管理，实现当年安全无事故。

【启动银行卡联网通用】　年内，惠州中心支行和各商业银行联合启动惠州市银行卡联网通用。惠州持卡人可以在惠州任何一家银行的柜员机上存取款，可以在任何一家银行的POS机上刷卡消费，所有的银行特约商户实现“一柜一机”，方便持卡人办理结算。

（杨伯凌）

·中国工商银行惠州市分行·

【概况】　2003年，中国工商银行惠州市分行紧扣质量和效益，加大市场开拓力度和不良资产处置进度，调整产品结构和客户结构，强化内部管理，推动业务流程改造，提高服务效率，各项业务取得长足发展。至年末，全行本、外币存款余额135.28亿元，比年初净增15.36亿元，存款增长创历史最高水平。本、外币贷款余额106.79亿元，比年初增加27.53亿元。但也存在本、外币发展不太协调，不良资产清收进展缓慢的问题。

【存款稳步增长】　年内，工行惠州市分行充实存款营销队伍，发挥资源配置作用，通过扁平化改革，争创百家支行劳动竞赛等专项活动，增强网点服务功能，存款保持稳步增长，本、外币各项存款比年初净增15.36亿元。

【突出壳牌石化建设等信贷重点项目】年内，工行惠州市分行突出信贷重点，确立大发展思路，主抓中海壳牌南海石化等一批大项目：与大亚湾石化工业区发展集团有限公司签订综合授信18亿元的银企合作协议，用于化工项目投资及配套项目工程建设；与惠州港业股份有限公司签订银企合作协议，向其综合授信5亿元；牵头组织商业银行向石化项目发放首笔3.5亿元人民币和1.96亿美元的境内银团贷款，其中工行惠州市分行单独发放14667.8万元人民币和6533.3万美元。同时，支持与项目相关的市政建设，奠定工行惠州市分行全面支持壳牌石化项目主体工程及相关下游项目建设金融服务的主导地位。

【个人消费信贷快速增长】　年内，工行惠州市分行个人消费贷款快速增长，比年初增加1.14亿元，签发银行承兑汇票180笔，银票贴现1184笔，银票转贴1108笔。

【推出多项外汇新业务】　年内，工行惠州市分行国际结算量17.12亿美元，国际结售汇5.1亿美元。新增外汇贷款1.12亿美元。推出福费廷、进口押汇、远期结汇等多项外汇新业务，首次为惠阳东亚电子制品有限公司办理第一笔远期结汇业务。

【稳步发展中间业务】　年内，工行惠州市分行实现中间业务收入3660万元，通过集团营销等方式，银行卡新增发5251张（其中国际卡145张）；通过代理保险、代销基金，实现手续费收入54.6万元。全行推广理财金账户2000多户。推广网上银行，实现电子银行交易额252.4亿元。

【推进财务体制改革】　年内，工行惠州市分行制订一系列财务体制改革方案，实行大宗物品集团采购，采用通行的招投标方法，阳光操作，统一全行费用开支标准和审批权限。创新人才机制，将德能才绩与岗位需求相结合，调整中层干部，提高队伍的战斗力。组建信贷审批中心、国际业务处理中心，启动个人理财中心，提高集约化办公水平，内部分工趋向合理。配合省行会计核算一体化等业务流程改造，推动综合柜员制，优化操作流程，提高劳动效率，建立标准化、规范化、程序化的会计核算体系。

【优化资源配置】　年内，工行惠州市

分行从网点布局和人员调整入手，增强组织效力，改善资源配置效率相对低下的局面。着手实施网点扁平化改革，加强市场调研，注重长远战略性规划，改变传统三部一室的设置方式。同时，完善网点的服务功能，突出其市场营销和开拓能力，全面提高网点竞争力和服务水平。实行竞争上岗，择优续订，完成全行的劳动合同续订和终止工作，分流101人，改善员工队伍结构，提高员工素质。

（罗　军）

·中国农业银行惠州分行·

【概况】　2003年，中国农业银行惠州分行坚持提高效益、改善质量的工作思路，各项业务全面超额完成上级行下达的任务，主要经营指标创历史最好水平，资产质量与经济效益显著提高。至年底，各项存款余额比年初增加17.1亿元，完成省行存款任务的217.1%，各项存款市场份额比年初上升0.5个百分点；各项贷款余额比年初增加7.1亿元，外币贷款一改多年停滞局面，增幅高达312%；不良贷款占比较年初下降6.6个百分点，资产质量大为改善；国际业务与银行卡业务保持快速发展势头，国际结算量同比增长50%，结售汇量同比增长32%，银行卡发卡量比年初增加16.9万张，持卡消费额完成省行下达年度任务的213%；中间业务收入在总收入中占比同比提高0.5个百分点，中间收入占比在全省农行保持领先地位。

但是，业务经营中仍然存在一些问题，主要是业务结构与收入结构不够合理，经营机制有待完善，机关各部门之间协作与上下级行之间联动能力有待加强。

【完善客户经理考核办法】　年内，农行惠州分行完善客户经理考核办法，引入国外商业银行客户经理风险金预期收入分配方式，调动客户经理市场拓展积极性。全年累计发放贷款18亿元，向优质客户、优质项目累计发放贷款占公司类贷款87.9%，优良客户贷款余额比上年提高3个百分点，取得明显的经济效益。

【加强网点管理】　年内，农行惠州分行完善网点等级管理，全面推行柜员制，制定出台《中国农业银行惠州分行分层服务实施办法》，实行分层服务，对优质客户提供个性化、差异化服务。组织开展第二届个人业务技术比赛活动和网点优质服务竞赛活动，抓好网点规范化服务，加强对营业网点服务质量的检查督导，做好客户的投诉处理工作，加大投诉问题责任人的处罚力度，促进网点服务质量、服务效率的提高和存款业务的发展。至年末，人民币储蓄存款市场占有率较年初提高1.2个百分点。

【延伸外汇业务至网点】　年内，农行惠州分行加大上下联动与部门联动营销力度，拓展一批优质大客户，为外汇业务的稳定、可持续发展奠定较好的基础。推广新的外汇业务产品，在分行及辖属各支行陆续开办远期结售汇和境内居民个人购汇业务等业务品种，将个人外汇业务延伸至营业网点，在辖属27个条件较优越的营业网点开办西联汇款和外币兑换业务。根据外向型企业大多数办在乡镇的实际，将外汇业务操作终端延伸至网点，在网点即可应客户需求直接进行外汇业务操作。为客户提供更加贴身和高效的服务。

【发展保险代理等新兴中间业务】　年内，农行惠州分行开办保险代理业务，先后与全市10家保险公司签定兼业代理合作协议，保费收入完成省行下达任务的200%，同比增长近10倍，银保合作取得全面发展。还开办开放式基金代销、记账式国债柜台交易、银证通、西联汇款等新兴中间业务。

【提升金穗卡服务功能】　年内，农行惠州分行通过发行彩照卡，开通现金服务功能、DNA安全支付服务功能，丰富金穗准贷记服务功能，提高金穗卡的市场竞争力，拓展一批收单商户、一批集团性、系统性的金穗卡用户。并加强与旅行社、出国培训基地的联系与沟通，使金穗国际借记卡发卡量有较大幅度增长。

【内控管理保持领先水平】　年内，农行惠州分行努力探索适应现代商业银行发展的内部管理机制，内控管理保持全省农行领先水平。

实行风险经理制度　农行惠州分行加大对信贷风险的责任追究力度，对出现信贷问题的主要责任人进行经济处罚。制定出台《中国农业银行惠州分行贷后管理实施细则》，实行风险经理制度，量化、细化贷后管理，使贷后管理逐步走向有章可循和绩效挂购的轨道，防范新增贷款风险。

完善财务资源配置　农行惠州分行充分发挥财务资源配置在全行业务经营中的“指挥棒”作用，完善费用开支报账、报审制，加强权限管理，规范各种费用开支行为，集中财务管理，控制各种行政性与非经营性费用开支，保证业务正常经营的需要。

依法合规经营　3月和10月，在全行员工中两次开展典型案例及规章制度巡回宣讲教育活动，增强员工的法规观念、制度意识和抵制错误行为的自我保护意识，依法合规经营。

【完善内部经营机制】 年内，农行惠州分行继续推进机构及人事、分配等制度改革，激发员工工作主动性与积极性，增强员工自我约束的自觉性，建立良好的内部经营机制，保障业务快速、稳健发展。

整合内部资源 农行惠州分行调整网点布局，重点优化城区网点布局，撤销缺乏发展后劲的低效营业网点，对有发展潜力的机构进行迁址或改造，并向省行和人行申报符合条件的36个网点升格为二级支行。重组内设机构，归并后台业务，建立后台业务处理中心。整合个人业务，建立个人银行部，提升专业服务水平。

完善考核、分配机制 农行惠州分行对分配机制中部门联动、新客户拓展不力及分配不公等问题进行调整，完善营业网点等级管理与绩效工资考核办法，调动网点人员的积极性。完善各经营前台部门的考核，制定信贷管理部、法律事务部等后台的考核办法，调动后台人员积极性，增强后台部门服务前台部门的意识。

改革用人机制 农行惠州分行疏通人员进出渠道，加大干部交流力度，合理使用各类人才。推行岗位资格准入制度，提高管理人员的素质及办事效率。

【加强农行队伍建设】 5月开始，在全行中层以上干部中，开展以"在行使权力的过程中把握住自己、在生活作风上把握住自己、在人际交往中把握住自己"为主要内容的学习教育活动，帮助各级领导干部树立正确的权力观、地位观、利益观。健全领导干部廉政、述廉评廉、民主评议、干部引咎辞职和责令辞职等制度，增强领导干部廉洁自律意识与依法合规经营的自觉性。与此同时，加强员工培训，全年举办国际业务、信贷业务等各类培训10多次，参训800余人次。公司业务部王全力被评为农业银行广东省分行十大杰出青年之一。

【发放助学贷款】 年内，惠州分行向惠州学院644名家庭经济困难的学生发放国家助学贷款，贷款总额320余万元。帮助这些学生顺利完成学业。

（袁国安）

·中国建设银行惠州市分行·

【概况】 2003年，中国建设银行惠州市分行实施结构调整和"三个经营"，开展违章操作专项治理，进行重组改制，消化历史包袱，推进人事管理机制改革，各项业务持续发展，取得良好经营业绩，全面完成省分行下达的各项指标任务。至年末，本、外币全口径存款余额138.01亿元，比年初新增20.69亿元。人民币一般性存款余额124.21亿元，比年初新增23.32亿元，在全市四大商业银行中占33.17%，排名第一位，其中企业存款新增9.7亿元、储蓄存款新增13.62亿元，在全市四大商业银行中均名列第一。新增贷款13.47亿元，实现经营利润16760万元。全国中心城市行排名由2002年的第68位，提升到第53位。

【推进人事管理机制改革】 年内，建行惠州市分行制定员工内部等级、领导干部及管理人员聘任、企业年金等制度、办法。分行本部经理、副经理级管理岗位全部实行竞聘，通过笔试、演讲答辩、组织考察等程序产生科级管理干部49人，其中新提拔25人，解聘18名，力度为历年最大。员工终止、解除劳动关系171人，全分行员工比上年末净减193人。

【强化内控管理】 年内，建行惠州市分行开展禁赌反赌和违章操作专项治理，在全行范围内对操作前台、经营前线以及后台管理，进行全面的防风险保安全大检查。对重要岗位、重点部位、重点环节、重点人员严加管理，成立督察检查小组，建立录像监控督查的非现场检查制度，构筑前台风控经理现场监控——后台管理部门事后稽核、监督——监察部门专项执法检查3道防线。完善信贷管理和风险预警制度，对信贷风险状况进行实时监控管理。制订《中国建设银行惠州市分行违规违章行为经济处罚实施细则》，开展全分行员工不记名行为排查和廉洁自律行为评价工作，提高综合经营管理水平。实现全年无重大事故、安全运营。

【实践"三个经营"】 年内，建行惠州市分行实践"三个经营"。

经营客户，进行差别化服务策略创新，与"双50工程"及VIP客户建立长期稳定的银企合作关系。

经营产品，进行营销方式及业务品种创新，提供和推广适应客户和市场的服务产品。

经营网点，进行功能、业务流程及管理创新，提高网点营销服务效能。创造性地开展业务及管理工作，提高整体市场竞争力。

【完善考核机制】 年内，建行惠州市分行加强财务管理，完善考核体系，制订和完善以经济增加值为核心指标的考核激励机制。全面推行管理会计，将全行的各项收支按利润中心、成本中心分解落实到有关部门，对执行情况进行核算、考核，与绩效挂钩。加大行务公开和集中采购力度。执行大额资金进出报告制度，完善现金备付管理考核。加强利率管理和价格管理，坚持效益原则，适时调整本、外币贷款比例，确保经营效益。

【开展“三项创新”】 年内，建行惠州市分行大力开展业务、技术和管理“三项创新”。

创新体制管理 实行弹性上班时间，灵活安排窗口和网点资源；推行网点风控经理和会计督导员竞聘上岗制度，加强前台风险现场监控。

创新业务产品 办理省分行系统首笔福费廷业务，新开办个人股权质押贷款、应收账款质押贷款和汽车合格证质押贷款，推出国内信用证、远期结售汇、外币调期、应收款买入、企业财务顾问等收益较高的中间业务品种。

创新技术 完善个人住房贷款后台管理系统，实现个人客户贷款从结果管理向过程监控的转变。

【发展中间业务】 年内，建行惠州市分行推出新的中间业务品牌，充实代扣代缴业务产品，拓宽收入来源，通过竞标取得市直财政零余额账户代理行资格，成功争办广州国家开发银行、深圳进出口银行的代理业务，全行实现中间业务收入大幅度增长，增幅达51%，中间业务成为利润新的增长点。

【开展精神文明创建活动】 年内，建行惠州市分行实施人文关怀，营造家园文化，组织“双文明”、青年文明号、“五好新女性”、青年岗位能手评比等群众性精神文明创建活动，提高行业文明服务水平。办好各级职工之家，组织有益的文体活动，培养团队精神，倡导健康文明的业余生活。年内，惠东支行被评为总行先进基层党组织，南湖支行被全国青年文明号活动组委会命名为“全国青年文明号”，黎健被评为“全国金融系统青年岗位能手”，姚国强被总行评为“老干部工作先进个人”。

（陈非凡）

·中国银行惠州分行·

【概况】 2003年，中国银行惠州分行围绕“三年规划”的发展目标，深入改革，开拓创新，各项业务保持健康、快速发展。至年底，全辖人民币各项存款余额1270045万元，比上年（下同）净增144946万元；全辖外币各项存款余额为28863万美元，净增1104万美元。本、外币储蓄存款余额继续雄居同业之首。全辖信贷全口径各项贷款余额为541276万元，增加90368万元；外币各项贷款余额为13785万美元，增加9024万美元。全辖完成进出口结算业务量336467万美元，新增有效长城信用卡2539张、借记卡141051张，中间业务收益明显提高。全辖实现汇总人民币营业利润2003万元，增盈8015万元，增幅达67%。辖内7个支行全面实现盈利，创下历史最好盈利水平。

【改革人事制度】 年内，中行惠州分行在全辖范围内通过公开竞聘方式，选拔30名副科级干部后备人才，在分行机关部室实行组长和副组长公开竞聘上岗。加强干部考核和交流，解聘中层干部3人，提拔中层干部11人，交流中层干部15人。

【支持地方建设】 年内，中行惠州分行继续支持优质“三资”企业、大型企业集团和外贸企业，重点支持市政、基础设施和教育项目。全年新增投放折合本、外币23亿元。其中，向中海壳牌石油化工有限公司发放贷款5.9亿元，投向优质“三资”企业4.5亿元，投向惠州市优质大型企业集团0.7亿元，支持外贸企业出口4870万元，投向市政建设3400万元，投向公路交通3.4亿元，投向教育行业1亿元。

【开通“报关即时通”业务】 年内，中行惠州分行加大网上银行业务的推广力度，举办网银新闻发布会暨网银业务推介会，到企业进行网银业务专题演示，拓展一批网银客户。还联系海关与中国电子口岸数据中心，率先在惠州地区开办网银主要产品之一的“报关即时通”业务。“报关即时通”是用于进出口企业缴纳海关税费的“中国电子口岸”网上支付系统，是国家“金关工程”的重要组成部分。它改变传统的税费支付方式，客户接到中国电子口岸查询税费通知后，只需在网上发布支付指令，即可从银行账户划转税费，办理相关的通关手续。“报关即时通”开通，帮助客户缩减通关时间，提高运作效率，降低运营成本，提高国际结算、贸易融资等一系列后续金融业务水平。标志着“金关工程”的推广在惠州市正式启动，标志着惠州市外向型企业在通关方面坐上电子商务快车。

【调整机构网点】 年内，中行惠州分行撤并辖属港口办事处、平海办事处、稔山办事处、罗浮山办事处、石湾分理处、中园分理处、中星办事处、南门东街分理处等8家机构网点。将辖属桥东办事处等30家机构升格为支行，对陈江支行、惠环支行、进港分理处等10家机构网点进行搬迁、装修。网点的布局更趋合理，整体竞争力提升。

【开展“安全经营年”活动】 中行惠州分行在全辖范围内开展“2003’安全经营年”活动。召开全辖“2003’安全经营年”动员大会，组织全辖开展“远离‘黄赌毒’宣誓、签名”活动、“警言警句”及防范风险合理化建议征集活动。在全辖范围内开展风险隐患查摆整改活动。强化内部管理，增强各级管理人员和员工的风险意识、自律意识。

【存在问题】 新账不良冒升，清收工作压力增大；整体服务水平与员工工作积极性有待提高。

（潘志军）

·广东发展银行惠州分行·

【概况】 2003年，是广东发展银行惠州分行实施三年发展计划的第一年。按照发展计划，广发行惠州分行落实措施，拓展市场，开展质量攻坚，加强内控管理，业务经营取得较好的成效。至年末，全辖人民币各项存款余额27.54亿元，比年初增加8.55亿元，存量、增量都突破历史最高水平。各项贷款业务运营状态良好，全年累计发放贷款5.7亿元，不良率为零。国际结算业务呈现良好的发展势头，出口退税账户托管贷款业务在惠州市保持较大份额。银行卡业务平稳运行，借记卡发行新增7.52万张。

【推行客户经理制】 年内，广发行惠州分行根据业务发展需要，全面推行客户经理制，实行全员营销，通过竞聘上岗，成立一支100多人的专职客户经理队伍，其他人员从行长到员工都是兼职客户经理，扩大金融产品分销队伍。调整原有考核分配机制，出台《责效工资分配方案》、《薪酬管理制度》和《行员奖惩条例》等，推行“优质客户管理模式”，完善客户经理制，为业务发展提供机制平台。

【机构网点实行扁平化管理】 年内，经人民银行批准，广发行惠州分行有9个网点升格为支行，6个网点升格为分理处。分行对全部机构网点实行扁平化管理，形成外向型经营模式。按照《营业窗口规范化服务标准》，对各网点进行装修改造，并在人力、资源等方面向一线倾斜，贷款业务、中间业务全面下沉，为支行的发展注入动力，支行服务功能齐全，各营业网点的市场竞争力增强。

【实施“广发民营100”金融服务方案】 年内，广发行惠州分行与78家民营企业签订银企合作协议，总授信额度8亿元，正式启动“广发民营100”金融服务方案，将民营企业作为重点的服务对象，为民营企业开辟“绿色通道”，提出与民营企业共进步的经营理念，从民营企业的产、供、销实际情况入手，量身定做，推出“广发民营100”专项金融服务平台。根据民营企业在创业、成长和发展3个阶段融资额度与方式的不同需求，综合运用各项金融创新工具和优势产品的组合，为民营企业提供全方位、全程式的服务。与侨兴集团、TCL集团等大型企业建立合作关系，拓宽授信业务市场。

【尝试开展厂商银授信等新业务】 年内，广发行惠州分行继个人消费贷款、出口退税账户托管贷款等新品种之后，根据市场需求创新业务品种，尝试开展厂商银授信业务和汽车合格证监管业务，为TCL移动通信、惠州市大众汽车销售服务公司等企业开办票据业务。

【发展社保IC卡等业务】 年内，广发行惠州分行以社保IC卡为银行卡的主要产品，推动银行卡业务稳步发展。参与人行牵头的惠州地区银行卡联网，加强对POS机、自助设备的维护和检修，改善用卡环境，提高广发卡的形象，方便市民使用社保、医保银行卡。

【提升中间业务科技含量】 年内，广发行惠州分行通过科技创新，提升中间业务的科技含量，“券银通”系统整合、代理业务新系统上线、电话银行系统和自助服务系统的多次升级、代收学费程序等新技术的实施和正常运行，为中间业务创建稳定的操作平台，为中间业务的发展打下坚实的基础。

【开展“规范管理年”活动】 年初，广发行惠州分行与全国35个总、分支

广发行规范管理年誓师大会主席台 （广发行供）

机构同一时间、不同地点举行“规范管理年”誓师大会，学习和贯彻总行有关文件精神，以规范促发展。完善各项规章制度，全年建立健全各项规章制度42项，并汇编成册，人手一份。分行各部门多次组织《商业银行内部控制指引》和《员工违规行为处罚暂行办法》等制度的学习和考试，开展内控知识竞赛，促进员工规范管理、规范操作。

【开展营业窗口规范化服务活动】 年内，广发行惠州分行结合总行“作风建设与规范化服务标准”活动，开展营业窗口规范化服务活动。对20个营业网点规范化服务标准达标情况进行检查，对辖属网点也进行多次检查、考评，对100多名业务人员进行应知应会和业务技能测试，提出整改意见和建议260多条。经过整改全部网点都达到《营业窗口规范化服务标准》的要求，服务水平明显提高。

【加强队伍建设】 年内，广发行惠州分行按照《党风廉政建设责任制》要求，对领导干部进行监督，开展纪律教育月活动，增强党员干部的法制观念。加强人员调配和轮岗管理制度，对支行负责人进行岗位轮换，轮换率达40%，对部分支行委派财务经理，对一些重要部门、重要岗位，也根据业务需要充实人员。坚持以人为本，加大员工培训力度。全年举办信贷基础业务、票据贴现业务、人民币可疑支付交易识别等各类业务培训30次，参训员工1300多人次。选送业务骨干38人次参加总行举办的新业务培训。首次对信贷基础业务培训班的76位员工颁发培训证书，并将培训和考试同时作为信贷业务从业资格的一项重要内容。

【存在问题】 客户经理制的实施还不到位，各项配套机制有待完善；内控工作有待加强，服务水平有待提升。

（赖绍梅）

·中国农业发展银行惠州市分行·

【概况】 2003年，农发行惠州市分行履行职能，配合粮食购销市场化改革，做好收购资金供应，防范化解风险，规范内部管理，改进金融服务，推进系统党的建设和精神文明建设，取得新成效。至12月底，市农发行系统8项经营指标全面完成或超额完成省行下达的考核任务。其中，新发放粮油购销贷款物资保证率100%，贷款综合收回率95.4%，利息综合收回率85.2%，粮油企业挤占挪用贷款下降率21.6%，信贷资金运用率95.4%，利润计划完成率100%，全面完成各项经营考核指标。

【优化信贷结构】 年内，市农发行根据惠州市粮食购销市场化改革和购销政策调整的新变化，以增强当地政府粮食宏观调控能力和确保国家粮食安全为目标，调整信贷结构，贷款继续向粮食储备和信用等级高、经营效益好的企业倾斜。年末，各项贷款余额27517万元。全年累计发放购销贷款14686万元，其中：发放储备贷款11962万元，占新发放贷款81%；收购贷款286万元，占比2%；调销贷款2438万元，占比17%，信贷结构明显优化。

【清收不合理占用贷款】 年内，市农发行坚持以风险防范为核心，开展“清资核贷”、“三查一落实”（查仓、查账物、查贷款风险，落实贷款管理制度办法）及“银企账实检查”，做到“有仓必查，有粮必查，查必彻底，不走过场”。清收不合理占用贷款，防范新增信贷风险，改善信贷资产质量。至年底，全行累收贷款10475万元，其中收回不合理占用贷款33万元。

【提升经营管理水平】 年内，市农发行围绕总行、省行规范化管理目标，对管理上存在的问题进行整改，规范操作，落实制度。同时，加强内控建设，推广现代化办公手段，从管理理念、业务操作到员工行为，行风行貌实现基本转变，全面提升经营管理水平。全系统申报规范化管理达标单位5个，占全行营业机构100%，经省行统一检查考核验收，全部达到总行和省行规定标准。

【存在问题】 粮食体制改革方案还没有完全到位，信贷风险加大，信贷风险防范将成为农发行信贷管理的突出问题。

（方如晓）

保险证券

·中国人民财产保险股份有限公司惠州市分公司·

【概况】 2003年，惠州人民财产保险公司面对保险费率市场化和公司实行股份制改革的新形势，树立以市场为导向，以效益为中心的经营理念，完成股份制改革和机构人员重组，抓改革促发展，求变创新，坚持效益型、质量型的发展道路，保险业务持续、稳定、健康发展。全年，公司承保风险总金额392.33亿元，比上年增长33.36%；保费收入1.68亿元，增长3.71%，完成年计划任务的101.52%；赔款支出1.06亿元，增长9.04%，有480家企业、45户家庭、10500台机动车辆出险获得经济补偿，呈现较好的社会效益。

【调整险种结构】 年内，公司把调整险种结构，改善经营质量，提高盈利水平，摆在重要位置。从经营的主力险种机动车辆险入手，主动放弃以前承保的高亏损业务，改造赔付率高的营运车辆业务，力求达到盈利水平。同时，根据保险市场的需要，注重发展非车险业务和效益型业务，提高其承保比重。家庭财产险保费增长222.38%，责任险保费增长20%，房屋消费贷款保证险保费大幅度提高，达到1200万元。险种结构日趋合理，业务健康发展。

【集中管理承保理赔】 年内，公司按照上级公司的要求，调整内部架构，成立承保中心、理赔中心、财务中心，集中管理全市系统的业务和财务。从8月开始，公司下属经营单位的所有业务承保、核保、出单，理赔、核赔、赔付，统一集中到“三个中心”，实行精细化管理，提高业务承保、理赔和财务管理质量，提升公司经营管理水平。

【抓好台风灾害理赔】 9月2日，惠州遭受03号台风“杜鹃”侵袭。台风来临，公司及时布置下属经营单位向保户发出预防台风通知，组织安全检查，并配合保户做好安全防范。台风过后，公司5位领导分别带领5个理赔小组迅速赶到受灾现场，会同下属支公司、营业部的16个理赔小组进行灾后查勘定损，并组织理赔人员加班加点结案赔付。对出险的231家企业、5户家庭、140辆汽车，共赔付1413.9万元，其中赔付天志家具广场198.9万元。

【存在问题】 在经营效益方面，业务质量亟待提高，经营管理力度仍须加大；员工的思想观念、管理水平有待提升。

（龚国民）

·中国人寿保险股份有限公司惠州分公司·

【概况】 2003年，中国人寿保险股份有限公司惠州分公司以股份制改革为动力，坚持“诚信为本、稳健经营”的企业宗旨，依托遍布全市的营业网点、庞大的代理人队伍和“95519”服务热线，为客户提供热情、真诚、准确、高效的服务。各项业务保持快速增长，保费收入达45766万元，较上年增长37%，增长速度在全省系统排第3位。公司占有当地寿险市场67.2%的市场份额，保持惠州、河源寿险市场的榜首地位。

公司注重经营效益，将效益险种营销期交和意外险作为重中之重，提高销售队伍的收入，促进队伍稳定发展。加强对保险案件的调查，杜绝假案错案，超额完成全年利润。

公司以市场为导向，加大对团险、银保业务的投入，团险以“永泰年金保险”为重点，银保以“鸿泰分红保险”为重点，促进业务规模发展，巩固市场占有率。

公司配合上级公司完成清产核资，按时完成集团、股份公司业务财务实质性分离。9月30日，公司正式更名为中国人寿保险股份有限公司惠州分公司。

公司增强服务意识，改善服务行为，坚持“快速、准确、合理”的理赔方针，全年处理赔案10514件，赔付2544万元。发挥“95519”服务热线的职能，全年受话达1.2万人次。

公司努力完善内部管理，全部保险业务实行计算机管理，业务、财务数据日清日结。加强有价单证的管理，统一系统银行账户管理的操作流程，实行“会计核算、财务管理、资金管理”的高度集中，保证资金安全和高效运转。加强事前监督，对从业人员中进行诚信教育，防范经营风险。

但是，也存在一些问题，主要是地区发展不平衡，业务结构仍须改善。

（李统升）

·联讯证券经纪有限责任公司·

【概况】 2003年，证券市场行情低迷，交投清淡，证券行业经纪业务的利润大幅度下降，全年实现证券交易额170亿。为更好地开发全国市场，2003年10月，经中国证监会批准，公司名称由“惠州证券有限责任公司”变更为“联讯证券经纪有限责任公司”。

【实施增资扩股】 年内，公司实施增资扩股。4月，经中国证监会批准，北京恒通信托有限责任公司以证券资产入股公司，公司注册资本从8997万元增至11584万元。增资后，在原有惠州2个营业部、2个服务部的基础上，公司拥有北京2个营业部、上海1个营业部。增资扩股使公司的经营范围从惠州走向全国，从地区性券商迈向全国性券商。

【创建联讯品牌】 年内，公司全力创建营销、咨询、服务、培训一体的经营模式，加强核心竞争力，创建联讯品牌。

发展客户经理队伍 公司制订《联讯证券经纪有限责任公司客户经理管理办法》，组建经纪人队伍，完善培训体系，系统培训客户经理，提高队伍素

质，增强营销力量。

建立绩效考核体系 公司结合各营业部的实际情况，推出《服务原有高端客户及发展新客户的激励办法》、《目标客户经纪服务激励办法》等，促使员工在开发、服务客户方面多创绩效，自主地提高自身投资分析和运用公司资讯产品的能力，为客户资产的增值提供专业化的服务，积累客户资源，让更多的员工在客户经纪方面取得成功，推动公司持续、较大地实现绩效。

提高公司咨询质量 公司建立咨询体系，提高咨询质量，推出良好的咨询产品，为股民投资提供帮助。

【开展证券优质服务活动】 6月，公司成立证券服务部工作领导小组，开展以“齐心协力、开拓市场、搞活交易、提高业绩”为目标的惠州地区服务部优质服务月活动。举办股民学校，开展投资咨询，解答投资者的疑难问题。通过广告、招聘客户经理、专访企业等活动，扩大公司服务部的知名度，拓展市场。

【存在问题】 公司的注册资本较小，证券经营网点偏少。为增强实力，公司计划再次增资扩股。

（苏　锋）

经济综合管理

责任编辑：钟考祥

计划管理

【概况】 2003 年，市发展计划局围绕建设经济强市和创建文明城市的目标，按照“把握宏观，主动服务，争取资金，多上项目”的工作思路，扎实有效地开展新时期的计划工作，发挥参谋和助手作用。

为适应中海壳牌南海石化项目全面动工建设和行政区划调整的新形势，按照市委、市政府的要求，找准新定位，明确新思路，完善修订全市的发展规划。完成《惠州市经济社会发展战略规划》、《惠州市城市发展战略规划》、《惠州市产业发展战略规划》、《惠州市基础设施战略规划》、《惠州市文化建设战略规划》和《惠州市生态环境建设战略规划》（初稿）的编制。

全面掌握“十五”计划前三年执行情况，根据环境和形势的变化，对未来两年经济社会发展情况进行科学预测，提出“十五”计划调整的建议，以增强“十五”计划的指导性、科学性和可操作性。

密切跟踪分析国内外经济形势和发展的新情况、新变化，加强对宏观经济的预测预警，定期发布全市宏观经济运行情况分析，及时提出政策建议，以提高宏观调控的主动性和预见性，促进国民经济协调发展。

【协调和检查重大项目建设】 年内，市发展计划局加强重点项目在立项审批、规划报建、土地征用、资金划拨等方面的协调，做好重点项目督查，及时解决项目实施中的难点问题。建立健全办事公开、首问责任、服务承诺、限时办结、责任追究等制度，业务办理实行“窗口服务”、“一站式办公”。简化办事程序，下放审批备案权限，缩短审批时间，把投资额 1 亿元以下项目的登记备案手续交由县区计划局办理，属于市局权限范围内的审批项目，符合条件、材料齐全的，登记 1 个工作日内办结，审批 1～3 个工作日办结，办结率达 100%。

全市年内重点建设项目 43 项，完成投资 120 亿元。其中，完工或基本完工项目 5 项，在建项目 21 项，正在进行前期工作、拟开工项目 17 项。广惠高速公路、惠河高速公路二期工程建成通车。中海壳牌南海石化项目建设进展顺利，累计完成投资 12.1 亿美元，占总投资的 28%。广东第二抽水蓄能电站、LNG 发电厂等工程正加紧建设。

【开展 20 多项专题调研】 年内，市发展计划局围绕园区经济发展、县（区）

惠州市经济社会发展战略规划领导小组成员会议会场一角　（市发改局供）

工业化、农民增收、农村饮用水、农产品流通设施建设、市区专业批发市场经营情况、医药产业生产企业情况、劳动力就业和再就业、粮食企业历史遗留问题、粮食风险基金的归集与管理等问题，先后开展20多项专题调研，向市委、市人大、市政府和上级部门提交调研报告。

（朱晓琴　李　娜）

统计工作

【概况】　2003年，惠州市统计局加强统计基础建设，推进统计方法制度改革，统计数据质量和服务水平有了新的提高，较好完成各项工作任务。年内，市统计局先后获全国和全省统计法制工作先进单位、全省统计技术资格考试工作先进单位等称号，被市委、市政府及有关部门分别评为全市文明单位、计划生育工作达标单位、政务信息工作先进单位，成为“万众评公务”活动受表彰单位，局党支部被市直工委评为先进基层党组织。

【开展统计调研和分析】　5月初，市统计局组织全市各级统计部门开展“非典”疫情对全市服务行业影响的专题调查，撰写出《“非典”疫情对我市经济影响情况综述》、《“非典”对惠州投资、消费及工业的影响》等统计分析文章，及时供市委、市政府决策参考。市统计局还围绕民营经济发展、农民收入、市场消费、经济结构和经济运行质量等“热点”问题，先后撰写多篇统计分析报告，在《惠州调研》等刊物上发表。

【推进统计调查方法制度改革】　年内，结合惠州市行政区划调整，落实属地统计制度，将原来由市统计局直接承担的市直企业统计任务交由惠城区负责，交接工作稳步进行。开始逐步实施《中国国民经济核算体系（2002）》。8月，召开全市新工业发展速度试算工作研讨会，总结和探讨采用价格指数缩减法计算工业发展速度的实践。经过两年的试点，在全市全面铺开农村统计多目标复合抽样调查。

【推进统计信息化建设】　年内，正式启用市统计局办公自动化系统，有关文件、政策信息、通知通告等基本实现网上流转。

完成主站点服务器、OA服务器的升级和网站主页版面的改版，举办3期OA系统操作和计算机技术培训班，加强市、县两级统计部门电脑知识培训。

市统计局对市直单位和各县（区）网上直报加强指导、督促，使统计报表的网上直报向纵深推进。年末，全市开展网上直报的基层企业、主管部门（含乡镇）有806家，规模以上工业企业网上直报率达70.6%。

5月下旬至6月，市统计局为迎接市九届人大、政协会议和第八次党代会的召开，专门制作、开通“三会”统计信息网络查询系统。

【开展统计执法检查】　年内，全市统计部门开展统计执法大检查。检查以确保统计数据质量为中心，以基层统计人员持证上岗和乡镇一级使用统计数字情况为重点。在各地自查的基础上，9月中下旬，由市统计局组成4个检查组，抽查22个乡镇（办事处）。全市立案查处统计违法单位9宗，其中通报批评3宗，经济处罚6宗，罚款金额1.3万元。

【统计法规宣传】　年内，市统计局组织全市统计人员举行统计法律法规知识竞赛活动。12月10日，《惠州日报》发表题为《宝剑锋从磨砺出——我市统计法制建设回眸》文章。12月上旬，市政府分管领导在《惠州日报》发表题为《实事求是　依法统计》的纪念文章。

【加强统计队伍建设】　年内，市统计局先后组织全市1423人参加统计上岗培训和考试，721名中专学校和职业高中的在校学生参加统计岗位资格证书的学习和考试。

市统计学会年内发动新会员入会，重新登记会员，会员由原来的130人发展到176人，成为全省各市统计学会中人数最多的学会。会员的行业、知识、年龄结构有新的改变。市统计学会还编辑出版全市第九次统计科学讨论会论文。

【统计信息工作取得新进展】　年内，市统计局通过网上向省统计局报送信息70多条，被省采用40多条，采用次数处于全省各市的前列。其中，《开通三会信息网络咨询系统》等6条信息还被国家统计信息网采用，这在惠州统计历史上尚属首次。

【存在问题】　统计分析的精品不多，个别乡镇统计基础仍比较薄弱，规模以下企业的统计人员上岗持证率还比较低。

（杨忠东）

物价管理

【概况】　2003年，市物价局按照全省物价工作会议和市委、市政府经济工作会议的要求，以发展经济、稳定社会为中心，在市场价格监控、价格（收费）管理、价格监督检查、价格服务等方面做了大量工作。

年内，全市各级物价部门贯彻省委、省政府防御“非典”的决策，落实市委、市政府有关防治“非典”的部署，开展价格执法，平抑市场价格，发挥价格主管部门对市场价格的监管作用。全市出动物价巡查和检查人员970多人次，查处哄抬物价、违反国家价格干预措施等价格违法行为82宗，实施经济处罚10.09万元，使全市出现的3次价格异动风波都能在短时间内得到平息。

电价管理　年内，市物价局贯彻执行省物价局关于直供直管地区实行峰谷电价的规定，加强宣传，全市的大工业用户及时调整生产时间，提高生产效率；降低龙门的县网售电价，理顺全市最后一个趸售县的电价矛盾；审核龙门县的密溪、担水坑、塘肚、大山等14座小水电站上网电价；根据有关规定，规范全市供电零星工程安装项目收费标准。

燃气价格管理　年内，市物价局根据国际液化石油气价格的变动情况，在调查测算的基础上，两次调整管道燃气价格。7月1日起抄表价格，居民用气每立方米9.80元。完善市区瓶装液化石油气的价格管理，市物价部门制定作价公式和作价办法，经营企业依据作价公式和作价办法具体制定销售价格。物价部门每半年对企业价格执行情况实行核算和检查。

医疗收费、药品价格管理　年内，市物价局与卫生部门联合下达2003年市直医疗机构医药费用收入“总量控制，结构调整”指标，调控医疗费用总水平。适当调整市中心人民医院的62项医疗项目收费标准，核定新增设的超激光等32个收费项目、游离甲状腺素等42个采用新的化学发光法检测的收费项目及老干病区病房收费、市疾控中心开设职业健康检查项目。市直医疗机构实行医疗价格公示。清理市中心人民医院、中医院、二院、皮肤医院、铁路医院、结核病防治所、计划生育服务中心等医疗服务机构的医疗项目的价格，审核各单位实际执行的收费标准，要求各单位在显眼位置采用电子触摸、电子荧屏或公示牌等形式向社会公布医疗服务价格。利用网站、报纸等媒体向市民公示部分医疗收费项目标准和药品价格。根据省有关规定，结合惠州市的实际，制定全市医疗废物集中处置费标准。

成品油、物业、交通等价格管理　年内，市物价局根据省物价局的有关规定，4次调整市区成品油价格，并在有关新闻媒体进行公布，接受社会各界的监督。规范生猪和牛肉价格管理，重新明确生猪、肉牛屠宰加工费实行政府定价管理，对猪肉、牛肉的价格实行市场调节。加强对客运票价的管理，做好春运票价上浮的审批，惠东县物价局重新审核专线客运票价。核定惠澳铁路客货运价格，经报省物价局批准，货运价为0.3元/吨公里，客运价为0.15元/人公里。核发电信行业的广东省经营服务性收费许可证500多份。理顺物业收费管理体制，市物价局委托惠城区物价局管理物业收费，市、区两级联动，共同搞好管理。

【专项治理越权定价行为】　年内，全市各级物价部门开展依法行政，专项治理越权定价行为。市物价局派出专项治理检查组到各县区进行检查。各县（区）清理1998年5月以来的文件，纠正、取消有越权定价的、过时的文件。惠东县物价局采取先查外、再查内的方式，清理出24项不合理收费项目并下文取消；降低4项收费标准，减轻企业和群众负担678万元。惠阳区物价局结合专项治理，规范治安联防、证、照等收费，年减负500多万元。

【开展行政事业经营服务性单位收费年审】　4月，全市各级物价部门根据省物价部门的统一部署，与审计、财政部门联合，对全市的行政事业单位和经营服务性单位进行综合年审。通过对2002年收费年审，完善收费监督管理机制，了解收费单位的收费规模、收支情况，纠正部分收费单位在执行收费项目、标准方面存在的问题。市物价局重点审查14个单位，惠阳区物价局重点审查24个单位421项收费，龙门县物价局在收费年审中发现有5个单位的部分资金未纳入“收支两条线”管理，与有关部门一起按规定进行处理。

【实行行政事业性收费公示制度】　年内，市物价局下发《关于全面实行行政事业性收费公示制度的通知》。9月，在惠东县召开公示工作现场会。至年底，全市需公示的行政事业性收费单位（含教育、医疗单位）2542个，已实行收费公示制度的单位2474个，其中教育1241个、医疗237个，公示率为97.3%。经过清理，全市废止文件133份，取消收费177项，其中市直清理废止文件9份、收费10项，县（区）清理废止文件124份、收费167项。

【规范管理收费】　年内，市物价局根据群众反映和创建文明城市的要求，抓好市区车辆停放收费的管理，拟定《惠州市机动车停放收费管理办法》和《惠州市区城市道路电子泊车收费标准》，制定惠州市道路交通事故、故障及违章车辆拖吊作业收费标准等。7月4日出台《惠州市机动车停放收费管理办法》。做好机动车辆收费自查及清理整顿，市直及各县区取消涉及车辆收费文件9份、收费13项，涉及金额约910万元。

贯彻落实下岗失业人员从事个体经营收费优惠政策，下达《关于下岗失业人员从事个体经营收费优惠政策的通知》，明确收费减免对象和减免范围，确定必须减免的收费项目 35 项，其中行政事业性收费 30 项，经营服务性收费 5 项。

贯彻落实“非典”期间减免行政事业性收费政策，市政府下发《帮助部分企业减轻“非典”影响维持正常生产经营的若干措施》，规定受“非典”影响严重的行业减免 36 项收费和基金。全市各级物价部门抓好落实，向有关收费单位发出《关于报送再就业和减轻“非典”影响收费减免情况的函》。

【价格监督检查】 年内，全市查处价格违法案件 136 件，查处违法金额 1335.92 万元，实施经济制裁 758.5 万元，其中上缴财政 580.18 万元，退还消费者及用户 178.32 万元，有力打击价格违法行为，稳定市场价格秩序。

春运期间，全市各级物价部门根据省物价局的部署，检查全市的汽车、火车等客运单位的春运票价执行情况。从检查情况看，市区各客运单位都能较好地执行公路、铁路春运票价上浮幅度的规定，没有发现哄抬票价和欺诈的价格违法行为，明码标价工作执行情况较好，博罗、惠东等县查出个别售票代办点提高标准、收取代办服务费等情况。

在春节、元旦等节假日开展市场价格检查。重点检查全市各大集贸市场的“菜篮子”、“米袋子”和“火炉子”，稳定市场物价，维护良好的节日市场价格秩序。

【专项收费检查】 6 月上旬，市检查分局全力配合支持省物价局直属分局检查组下查惠州市邮政部门，对邮政平信、特快专递、邮件包裹、报刊专送和邮政电汇等资费项目和收费标准进行全面检查。6 月下旬，市物价局组织人员对各县（区）的邮政单位开展下查工作。

年内，全市组织开展农业生产性费用和农村教育收费专项检查。博罗、惠东主要以检查乡镇供电价格为重点，对当地农村电价执行情况作了全面的检查。惠阳、龙门主要对农村学校教育收费进行检查，重点检查当地执行“一费制”和收费公示的落实情况，并对发现的问题予以纠正和处理。

10 月，市物价局在全市开展治理教育乱收费专项检查。召开动员会，对检查进行全面部署。与相关部门成立专项检查领导小组，加强专项检查组织领导机构。11 月底完成全市范围的治理教育乱收费检查。此次专项检查各级教育主管部门和大、中专、高中学校 739 间，查出自立项目收费、提高标准收费和扩大范围收费等各类不合理收费 820.4 万元。

【召开反不正当价格竞争告诫会】 1 月下旬，市物价局为规范市场价格秩序，促进公平竞争，净化投资、消费环境，召集城区人人乐商场、丽日购物广场等 10 间大、中型经营单位进行反不正当价格竞争告诫会。针对惠州市个别商家出现虚假标价、低价倾销、误导消费等不正当价格竞争现象，采用告诫手段等方式，提醒和告诫广大经营者，要严格遵守价格法律法规和规章，自觉规范自身的价格行为，严禁进行恶性低价竞争、价格欺诈、价格垄断、价格歧视等不正当价格竞争行为，倡导各商家企业共同营造“诚实信用，守法经营”的良好商业环境。

【重新规范商品标价签】 3 月中旬，全省开展明码标价专项检查。全市各级物价部门全力以赴，按照使用新的标价签的规定，对商品标价签的内容、监制、印刷及销售重新规范。抓好“五个一示范点”的明码标价，加强监督检查，经过努力，全市明码标价工作取得良好成绩，受到省物价局的通报表彰。

【价格投诉处理】 年内，全市各级物价部门的价格举报中心，受理群众投诉电话、来信、来访、电子邮件 1470 宗，其中上级交办 73 件，电话投诉及咨询 1143 宗，来信 100 宗，来访 61 人次，电子邮件 54 宗。已办结 1457 宗，待处理 13 宗，处理投诉结案率达 99.1%。退回消费者金额 198.58 万元，没收违法所得金额 51.97 万元，罚款金额 0.77 万元。

【开展价格认证服务】 年内，全市各级价格认证中心受理涉案物品认证 2301 宗，涉及金额 18974 万元。开展交通事故车辆及物品损失认证 5616 宗，涉及金额 4674 万元。认证各类交易车辆应费应税价格 8200 宗，评估车辆应费应税金额 19815 万元。

按照省成本队的部署，对农户存粮情况、农资购买情况、晚籼稻成本预测、生猪成本收益等项目进行调查，依时保质上报调查数据及分析材料，为国家制定农业和农村经济政策服务。

组织农业科技人员到调查点给农户传授农业技术和病虫防治知识，引导农民使用新技术，调整种植结构，提高产量，降低生产成本，增加收入。

开展中小学、中等职业学校教育培养成本调查，调查学校 165 间，其中小学 83 间，中学 72 间，中等职业学校 10 间。对民办学校的教育成本、市电子泊车管理经营项目成本、市环保局 COD、PH 在线自动监控系统运营成本、食盐生产经营成本和医院自制药品成本等进行核算监审。

加强价格调节基金的征收，市物价局全年征收基金 630 多万元。

【市场价格监测】 年内，全市各级物价部门按省物价局的监测目录和要求，做好市场价格的监测。在价格异动期间，市物价局连续下发通知，要求各县

（市、区）物价局做好当地的价格监测，密切注视市场价格动态，按省物价局的要求做到一天一报。市物价局价格监测中心昼夜值班，派出工作人员到市区各采价点进行采价，为确保数据的真实、全面、准确，让领导和上级部门掌握第一手材料，监测中心人员对每天收集的价格数据进行认真核对、整理，除省要求监测的65个项目外，还根据惠州市实际情况，增加26个监测品种，扩大监测覆盖面。按省的要求，按时、按质、按量完成数据上报。

根据市场价格的变动情况，对异动商品及时进行分析，写出价格走势预测和价格建议。

10月，惠州市建材、粮食等商品价格出现波动，都有不同程度的上涨。全市各级物价局密切关注市场动态，对出现波动商品进行跟踪监测，及时将市场情况向上级物价部门和政府汇报，为政府的决策提供参考。各县（区）物价局发动各镇的三级物价助理员监控市场价格进行，及时掌握乡镇一级市场的价格动态。

【存在问题】 依法行政意识有待加强，部分县（区）还存在越权定价批费的情况，干部的综合素质有待进一步提高，调查研究工作有待深入。

（刘飞标）

质量技术监督

【概况】 2003年，惠州市质量技术监督系统坚持“以质量为中心，标准化、计量为基础”的工作方针，按照年初制定的工作计划和工作思路，服务地方经济发展，服务企业，服务地方稳定。

组织全系统安全监察人员学习《特种设备安全监察条例》和《气瓶安全监察规定》，提高安全监察人员业务知识和工作技能。举办各相关企业法人代表、经理和安全责任人培训班。开展多种形式的宣传、咨询活动，充分利用报纸、电台、电视等新闻媒体，广泛宣传法定法规，提高全民安全意识。

市质监局根据省质监局关于事业单位机构改革方案，按照“改革和发展两不误”的原则，整合各种资源，做大做强，推动事业机构实行全员聘用制，形成“能上能下、能高能低、能进能出”的机制。通过笔试、面试、组织考察等程序，采取竞聘上岗的方式，产生事业机构领导班子。撤销惠州市产品质量监督检验所、惠州市计量检定测试所，组建广东省惠州市质量计量监督检测所；撤销惠州市锅炉压力容器监察所、惠州市特种设备监察检验所、惠州市钢瓶质量监督检验站、惠州市燃器用具及仪表监督检测中心，组建广东省惠州市锅炉压力容器与特种设备检验所；撤销惠州市质量保证咨询服务中心，组建广东省惠州市质量技术监督标准与编码所；撤销广东省（惠州）技术监督培训中心。通过机构改革，优化各所组织结构，选拔一批优秀人才。在搞好改革的同时，局党组高度重视政治思想工作，确保工作不断，秩序不乱，业务工作和改革两不误。

年内，安全监察、标准化与计量工作、打假治劣等方面基本实现政府、企业、群众满意的目标。市质监局被市委、市政府评为惠州市文明单位；办证大厅先后被团市委、团省委以及省质监局授予青年文明号称号。

【实施名牌产品战略】 市质监局年内拟订《惠州市关于实施名牌产品战略工作方案》和《惠州名优产品评价管理办法》。成立以市长为组长的惠州市名牌战略推进工作领导小组，以市政府名义组织召开全市名牌战略推进工作会议，表彰和奖励中国名牌产品和广东省名牌产品生产企业。按照《惠州名优产品评价细则（试行）》，确定2003年惠州名优产品评价范围，成立2003年惠州名优产品评审专业组。至12月中旬，已接受5个行业26家企业申请，评出博罗“罗仙”牌矿泉水等10个产品为惠州名优产品。制定有效措施扶持有发展潜力的企业，对符合条件的25家企业，列入《惠州市培育名优产品指导目录（工业类）》。推荐11家企业列入《广东省培育名牌产品指导目录（工业类）》，并将有关材料上报省经贸局。推荐8家企业申报2003年广东省名牌产品和3家企业申报中国名牌产品，3个产品获得“广东省名牌产品”称号，1个产品获得“中国名牌产品”称号。推荐4家获得中国名牌产品及广东省名牌产品称号的企业参加中国名牌产品展示会。制定《开展质量状况普查建立企业质量档案工作实施方案》，在小金口镇开展普查建档试点，逐步铺开。培训TCL、德赛、华阳、麦科特四大集团质管部负责人。12月底，市直属有规模企业255家，已建档130多家。市质监局和惠东县质监局经过多方努力，制订并以惠东县政府名义，向各镇和县直各有关单位印发《惠东县开展质量兴县活动实施方案》，推进“质量兴县”活动的开展。

【监督检验各类产品质量】 年初制订全年度定期监督检验目录和工作计划。年内监督检验各类产品（除油品和惠东鞋类产品）2551批次，比上年下降2.8%；合格2321批次，合格率为91%，增长7.4%。监督检验油品752批次。惠东监督检验鞋类产品875批次，增长39.5%；合格率93.3%，增长3.2%。

重点监督抽查供应节日食品，抽检产品28批次，合格率61%。开展防“非典”产品生产企业基本情况专项调查和监督抽查。调查5家企业，抽查2批次产品。监督抽查月饼生产企业，抽查企业262家，月饼301批次，合格率89.7%。监督检验食用植物油生产企业产品，抽样208批次，合格率65.8%。监督抽查外地厂家饮用水，抽查瓶装饮用水销售企业20多家。对108家省、市级监督抽查不合格产品生产企业进行跟踪整改，处罚一批产品质量问题较严重的企业。

年内，市质量计量监督检测所检定、校准在用计量器具36948台（件），比上年增长12.1%；检验产品4044批次，下降1.6%，其中监督检验2551批次，委托检验1493批次。

油品完成检验2748批次，增长10%，其中监检752批次，委托1996批次，委托占总量的72.6%。

市锅炉压力容器与特种设备检验所完成锅炉外部检验506台，内部检验465台，安装监检184台，锅炉检验数量增长23%，锅炉定检率98%；完成压力容器定期检验514台，压力容器压力管道安装监检81台（条），压力容器定检率96%；完成驻厂监检压力容器产品1493台；水质化验3025份，增长108%；检验电梯2435台、起重机438台、厂内机动车辆415台、常压容器117台。进行在用锅炉水压试验的试点，初步开展压力管道在线检验。

市标准编码所（质保中心）签订40宗全过程咨询合同，举办ISO9000内部审核员等各类培训班22期。除开展ISO9000和ISO14000系列标准咨询外，还增加3C认证、HACCP（危害分析和关键控制点）认证、ISO16949:2002标准和QS9000认证咨询及VL、CE、CSA产品认证。

【开展3C认证企业调查】 全市有93家企业通过“3C”认证，获得证书896份。做好大米等5类食品实行市场准入制度的有关工作，现场审查大米等5类食品生产企业60家，其中获证企业37家，另外23家企业已通过审查，待发证。对53家生产方便食品、罐头食品、冷冻饮品、膨化食品、速冻米面食品的企业，完成保证产品质量必备条件的专项调查。做好肉制品等10类食品市场准入制度的各项准备。

【打假治劣】 针对2003年全市打假形势，市打假办两次召开由有关职能部门参加的打假工作联席会议，讨论有关重点区域打假协调工作，组织系列联合打假行动。年内各打假职能部门的案件查处到位率以及追究制假售假犯罪分子的刑事责任等方面，取得新进展，全市拘留逮捕58人，判刑26人。

逐级签订“打假责任书”，把打假责任制落实到乡、镇一级，使打假责任制层层得到落实和完善。市打假办加强对责任制落实情况的督促检查，特别是已经戴上“打假重点区域”帽子的县、镇，督促其按照《广东省打假重点区域、重点市场、重点产品动态管理办法》要求，做好整治达标。市质监局成立打假责任制领导小组，制定《惠州市质量技术监督落实重点产品打假责任制工作方案》和《惠州市质量技术监督局落实打假责任制、考核奖惩办法》，确保打假责任制落到实处。

市质监局加大对关系国计民生和广大人民群众生命财产安全产品的执法检查力度。全年出动检查人员12970人次，检查门店14422间，检查生产厂411家，捣毁制假窝点10个，办理案件553宗。

在“非典”期间，市质监局组织力量巡查销售口罩、消毒用品的门店，查获劣质口罩、白醋和消毒水一批。

开展6次食品安全大检查，查处无证照的豆腐加工作坊6家、生产销售假冒“珠江”、“青岛”啤酒门店5家，销售假冒酱油、味精门店5家，没收假冒酱油和假冒味精一批。查获假冒伪劣食品9033公斤、饮料890箱、啤酒2544瓶、白酒1566箱及其它伪劣产品一批。监督检查生产、销售桶装饮用水企业，对检验不合格的生产、销售点进行查处。按照市政府紧急通知要求，开展查堵流入市面的有毒食用油行动，查获有毒食用油19吨。

对市面上销售的化肥，重点对可疑的复混肥料进行质量抽查，查获伪劣化肥118吨、农药300箱、农膜53捆、水泵34台、成品油14万升以及其它伪劣农资一批。

在全市范围内严厉查处生产、销售“地条钢”案件10宗，捣毁“地条钢”生产窝点7个，没收“地条钢”255吨。查处3宗利用“地条钢”轧制钢材的案件，没收原材料“地条钢”922吨。查处销售不合格钢材违法行为，没收不合格钢材25吨。同时打击制售假冒伪劣白水泥违法犯罪行为，捣毁2个生产假冒伪劣白水泥窝点。还开展建筑钢管脚手架扣件和建筑塑钢门窗专项打假行动。

检查各大商场定量包装商品计量违法行为，有4家商品量严重不足的商场被立案查处；检查17家酒楼餐馆，处罚存在短秤欠量行为的酒楼餐馆11家；依法查处8家煤气严重欠量的经销点；对大米批发市场进行计量监督检查，立案查处7家定量包装大米欠量较严重的门市。

开展3C认证执法检查，对第一批实行强制性产品认证的电冰箱、电视机、洗衣机、台式电脑、电线电缆和开关插座等产品认证违法行为进行查处。

年内，通过“12365”举报投诉热线，受理各类举报投诉129宗，其中举报39宗，投诉90宗，处理40件，移送其它部门处理8件，涉及商品总标值

160.8万元，挽回经济损失13.56万元。在博罗县查获假冒“adidas”运动鞋，在惠城区和博罗县查获假冒“LV”皮具产品，在惠阳区查获假冒“SONY”游戏机手柄，在惠阳、大亚湾、博罗、龙门、惠城区查获非法生产“地条钢”窝点。发挥“打假协作网”作用，查处假冒“adidas”产地案、假冒“LV”手袋产地案、销售假冒“canon”墨盒、硒鼓产品、生产假冒“营波牌”和“新光牌”莹光灯管、假冒“B0SS”T恤衫、假冒“Panasonic”收音机等案件。

【做好农业标准化工作】 年内，市质监局为促进惠州梅菜的国家农业标准化示范区建设，与市科协、矮陂镇密切配合，请农业专家到示范区对120名农户进行二期现场再培训，进入验收阶段。通过实施农业标准化工作，大大转变农民传统生产方式，达到梅菜增产、成本下降、质量提高、农民增收的效果。有6个农业标准化项目列入省农业标准化示范区，龙门年桔列入国家农业标准化示范区。制定、发布惠州农业地方标准6个。

【规范组织机构代码管理】 年内，市质监局调整办证大厅工作人员，明确职责，开展微笑服务，提高服务质量和办事效率，制定新的工作规程，确保3个工作日办好证。

搞好IC卡发行，规范组织机构代码管理。年内全市换发代码证11819个，比上年增长40%；年检代码证7036个，增长58.9%。对违反《广东省组织机构代码管理办法》的6062个单位予以行政处罚，办理IC卡10725张。10月，开通网上申办代码证的受理、审核程序，解除办证者来回奔跑的烦恼。

【促进企业按标准组织生产】 年内，全市办理标准登记、备案887个，增长16.4%；办理产品标识登记备案542个，增长213%；办理条码146家，增长26%；制作条码胶片1482个，增长30%。引导3家企业3个产品采标。

全面开展对加油机的流量计、传感器、计算机主板进行铅封。年内完成283个加油站1428台加油机2892条加油枪的流量计、传感器、计算机主板的铅封。对加油机的维修、更换、停用均作出监管要求。经营管理更加规范，消费者投诉也大为减少。

【监督检查定量包装商品】 年内，市质监局抽查54个定量包装商品生产企业的56批次产品，合格率60%。不合格企业经过整改后，其复查检验合格率95%。监督检查瓶装燃气、农资产品、农贸市场和超市定量包装商品，检查定量包装商品67批次，合格率58%。处罚一批不合格经营者。

与电信部门配合，对惠城区范围内的186间具有IP电话计时计费装置的经营点实行强制检定，一检合格率为68.8%。各电讯公司针对存在问题采取措施整改。监督检查26家检测技术机构，推动检测技术机构的计量认证转版，有8家通过转版认证；引导企业建立计量保证体系，确认和复查29家企业的三级计量保证体系。开展计量检定，强制检定计量器具44020（台）件，增长28.4%。与市物价部门合作，做好“价格、计量信得过单位”的复核评审，授予5个单位为“价格、计量信得过单位”。

【普查配镜场所】 9月底，市质监局完成全市108家配镜场所的普查，其中有85家接受计量器具强制性检查，受检率74.6%，合格率87.4%。10月，市质监局对74家检定周期到期和未经检定的配镜场所计量器具实施强检；对惠城区检定不合格的7家配镜场所发出限期整改通知书，并进行跟踪整改。市质监局于11月20日召开市区眼镜行业负责人会议，重点学习贯彻2003年12月1日起正式实施的《眼镜制配计量监督管理办法》，有42家眼镜店负责人到会。

【加强特种设备安全检查】 年内，市质监局检查游乐设施360多台（套），查封设备72台（套）。加大现场监察力度，检查电梯226台、起重机143台、厂内机动车辆30台，发出指令94份，查处违法违规案件13宗。开展在用载货升降机的现场监察，检查56个单位71台设备，发出特种设备安全监察通知书56份，要求限期整改。组织检查电站锅炉、医用高压氧舱、气体充装站等重特大事故危险源，发出安全监察通知书15份。组织5个组对全市27个液化石油气充装站进行检查，查获违规充装过期瓶的气站6个，立案查处其中5个。专项检查化学危险品、特种设备，发出安全监察通知书5份。

【受理安装改造报装业务】 年内，受理锅炉安装施工报装（告知）191台，换发证195台；压力容器报装（告知）17台，压力容器、压力管道安装改造施工报批（告知）5宗，换发证133台；压力管道报装（告知）3576米；培训考核厂内机动车辆、起重机、电梯等操作工643人，锅炉操作工、压力容器操作工、气瓶充装工、压力管道操作工和锅炉水处理人员346人。

市质监局根据全市的具体情况，重新登记列入重特大事故危险源的排查监控单位和设备。召开特种气体充装企业会议，学习、贯彻《安全生产法》、《危险化学品管理条例》和《锅炉压力容器压力管道特种设备安全监察行政处罚规定》等法律、法规。针对周边气站充装过期瓶屡禁不止的现象，率先与广州市增城质监分局建立增城、博罗、龙门边界液化石油气充装站联动监管制度，联合打击和遏制违规充装行为。

【开展气瓶安全整治】 年内，市质监局根据国家局《关于开展气瓶安全普查整治试点工作的通知》和《关于开展气瓶普查整治工作的通知》，利用全国开展气瓶大整治的契机，结合6月实施的《气瓶安全监察规定》，于5月召开全市气体充装企业动员大会，对气瓶的普查整治进行总动员，部署普查整治。7月，全市液化石油气和工业气体充装站开始做气瓶普查整治建档，市质监局每月均派人到气站督促检查核实钢瓶普查整治建档等有关事宜，对存在问题的企业及时发出整改指令书。10月23日，召开全市工业气体和液化气充装企业会议，总结普查整治进展情况，指出存在问题。12月底，全市液化石油气钢瓶完成建档的有36.87万个，工业气体钢瓶4.91万个。此项工作得到省质监局领导的充分肯定，惠州市普查整治气瓶经验在全省推广。

【全面开展压力管道普查】 年内，市质监局根据国家质检总局《关于开展压力管道专项普查工作有关问题的通知》，针对压力管道涉及面广、工作量大、政策性强的特点，经过周密安排，充分做好组织、协调和宣传，紧紧依靠企业，形成联动协作机制，普查登记全市1000多个企业3000多台锅炉、压力容器的相关压力管道。至10月底，全市完成230个单位计445条压力管道的普查，普查压力管道的总长度29.4千米。

主动与省锅检所、中海壳牌南海石化工程项目总承包商BSF公司联系和沟通，确立与省锅检所进行全面协作。市质监局在大亚湾设立中海壳牌南海石化项目服务联络站，锅炉所在壳牌工地设立办公地点，结合工程实际，编制《中海壳牌南海石化项目锅炉压力容器安装监检导则》，加强资料收集与检验人员培训，为监察工作顺利开展做好技术和人员准备。

【质量技术检测大楼建设顺利进行】 年内，市质监局党组本着科学、实用、方便企业和群众办事的原则，加强领导、精心筹划、严格把关，确保检测大楼建设顺利进行，进入全面装修阶段。该楼总面积11730平方米，建成后将是一个多功能的工作场所。加强县（区）质监局的基础建设，在省质监局、市质监局和当地政府的大力支持下，较好解决县（区）质监局办公条件差的问题。龙门质监局迁入建筑面积达1300平方米的现代办公大楼，惠东质监局、惠阳质监局的办公大楼正在全面装修，博罗质监局也确定要购买新办公楼，正在办理有关手续。

【开展质量监测中介服务】 年内，市金科达公司举办电梯、叉车、测量不确定度、玻璃量器校准等培训班，为3家检验监测机构提供计量认证咨询，并开设改装加油机铅封业务。其他中介机构也适应形势的发展变化，开展中介有关服务。

【加强质量技术监督法制工作】 年内，市质监局编印《行政案件办理实用手册》，规范和完善市局案件办理程序；修订《行政执法责任制手册》，健全和完善行政执法岗位职责和相关制度。调整市质监局案件审理委员会和行政复议案件审理委员会组成人员，确立案件分级审理制度，开展普法工作。举办稽查业务知识培训班1期、质量法律法规培训班1期。突击检查县（区）质监局年内的行政执法情况，及时通报发现的问题。全年依法审理案件达200宗（次），未发生错案，也未出现行政诉讼和行政复议案。对到期拒不履行的6宗钢材案件，依法申请法院强制执行。同时开展法律服务，完成全市质监系统执法人员执法证件的换证。

【开展质量技术监督宣传】 年内，市质监局在国家、省、市级各类新闻媒体上刊发稿件253多篇（次）。在惠州电台开办《质量行》专栏，进行6期专题访谈式的报道宣传。在《惠州日报》上策划专版报道5次。出版局《工作简报》12期、《简报特刊》5期和《行风专题简报》3期，在局信息网上刊发新闻稿件160篇，组织更新法律法规等信息65篇（次）。组织举办“3.15”宣传咨询活动。把宣传名牌战略和《质量法》实施10周年的宣传结合起来，由中介组织承办名牌战略推进暨“质量月”各项活动，开创市质监系统宣传新局面。举办“建质量强市、奔全面小康”大型文艺晚会、“侨兴杯”《产品质量法》知识竞赛、惠州市名牌战略推进工作成果展示会暨2003年“质量月”咨询活动，编辑出版纪念《产品质量法》颁布实施10周年暨2003年“质量月”宣传专版报纸，建立“惠州质量信用企业推介平台”、“惠州名牌”网站。启动《惠州企业/产品与服务质量年鉴》的编辑，在步行街LED显示屏、惠州电视台六大频道播放“质量月”公益宣传标语。组织新闻媒体采访获得中国名牌和广东省名牌产品称号生产企业，在惠州新闻媒体上广泛宣传惠州市推进名牌战略工作的政策、方案、奖励措施、内容和目标。

【存在问题】 内部管理标准化、程序化、规范化不够；技术机构改革还不够到位，竞争力还不够强；打假工作离群众的要求还有较大距离，力度有待进一步加大；多数县财政打假经费不落实，打假装备落后，队伍的管理还不够完善；在落实“三服务”（服务于地方经济发展、服务于企业、服务于地方稳定）工作方面还有待提高。

（赖妙中）

工商行政管理

【概况】 2003年，惠州市工商行政管理系统围绕惠州市建设经济强市、创建文明城市和打造现代石化数码名城的社会经济发展战略构想，履行企业登记注册和对企业、市场、合同、商标、广告进行监督管理及经济监督检查和消费者权益保护等工商行政管理职能，创新企业登记监管机制，扎实开展万众评公务活动，整顿和规范市场经济秩序，全力防御“非典”，严厉打击非法传销和变相传销，全面推进基层建设。营造统一开放、竞争有序的市场环境，促进全市经济持续、快速、协调、健康发展。市工商局被市委、市政府评为五好单位、文明单位、创建文明城市先进单位、依法治市先进单位和抗“非典”先进单位，在民主评议行风和万众评公务活动中，被评为优秀等次。

【服务地方经济建设】 年内，惠州市各级工商部门降低市场准入门槛，放宽登记经营范围，下放登记注册权限，简化登记发照程序。制定实施《惠州市工商局关于促进个体私营经济发展的意见》，对个体私营经济实行与其它经济成分同一受理、同一法规、同一程序、同一收费，促进个体私营经济快速发展。年内，各类市场主体呈现出良好的发展势头。

2003年度惠州市各类市场主体注册户数、资本一览表

市场主体类型	户数		注册资本	
	新登记	实有	新登记	实有
内资企业	1130	11822		2528400万元
外商投资企业	361	2826	67197万美元	887515万美元
私营企业	2544	8178	273106万元	1241197万元
个体工商户	18540	74398	50195万元	171772万元

【整顿市场经济秩序】 年内，全市工商系统以营造安全健康的消费环境和公平竞争的发展环境为目标，贯彻落实全国、全省整顿和规范市场经济秩序工作会议精神，按照省工商局、市委和市政府的部署，坚持“标本兼治、重在治本”的方针，采取日常监管与重点清查相结合、专项整顿与突击检查相结合，整顿和规范市场经济秩序，严厉查处各类违法违章行为。全市工商部门先后开展“元旦、春节”专项打假、打击走私贩私联合行动、移动电话市场整治、打假保春耕、音像市场整治、打击进口汽车及其切割件零配件走私、旧货市场整治、打击传销和变相传销、节前市场整治、“维权反欺诈”、食品农资打假、“扫黄打非”、取缔无照经营、防治“非典”、餐饮美容美发行业专项行动、打击非法拼装车、打击走私光盘、水果批发市场整治、专项整治废弃食用油脂市场、打击违法经营野生动物、打击违法经销禁

2003年12月，市工商行政管理局执法人员开展打假行动现场　（黄辉供）

用杀鼠剂等22项专项整治行动。查处各类违法违章案件3223宗，罚没上缴国库1179.8万元；取缔无照经营1656户；查处不正当竞争案件17宗，罚没上缴国库22.77万元。

【惩治制售假冒伪劣商品行为】 年内，全市各级工商部门以实施“食品、药品放心工程”为重点，严厉打击各类制假售假违法行为，先后组织开展打假保节日、打假防“非典”、打假保春耕、打击制售假冒伪劣食品药品、维护公平竞争打击仿冒、欺诈行为等10多项专项行动，努力营造安全健康的消费环境。全年出动执法人员27635人次，检查商品交易市场2037个（次）、工厂1039家、商业门店39666间（次），查处假冒伪劣案件243宗，捣毁制假窝点42个，罚没上缴国库110.6万元。与此同时，全面推行流通领域商品质量监督抽查制，抽查与人民群众生活息息相关的家电、食品、饮料、农资、汽油等商品160类、500批次，并责令商品质量不合格企业及时整改。

【维护抗“非典”期间市场秩序】 年初，突如其来的“非典”疫情发生后，全市工商系统从讲政治的高度，全力以赴投入防御“非典”斗争。针对市场上出现的哄抬物价、制假售假、囤积居奇、欺行霸市、发布虚假药品广告等行为，快速出击，严查严管，有力地维护市场秩序和社会稳定。从2月初开始，全市工商部门出动执法人员3888人（次），检查市场225个（次），门店7003间（次），查获劣质口罩3125个、白醋63箱、食油39.7吨以及劣质大米、食盐、副食品、过氧乙酸等物品一批。

【打击非法传销和变相传销活动】 年内，全市工商部门针对惠州市部分地区非法传销和变相传销出现回潮和蔓延之势，迅速制定打击非法传销和变相传销行动方案，联合公安、综治办、民政等有关职能部门，开展8次声势浩大的“打传”专项行动。4月以来，出动执法人员6551人次，取缔非法传销窝点188个，清理遣散传销人员3063人次。

【打击走私贩私】 年内，全市各级工商行政管理部门联合海关、公安、边防等职能部门，形成合力，深入开展反走私专项行动，严厉打击走私贩私违法活动。堵截私货进入流通领域，惩治市场私货交易行为，先后开展重大节日反走私、打击走私进口光盘、整顿和规范进口商品市场交易行为等专项行动。全年出动执法人员6941人（次），检查市场2936个（次）、油站308个（次）、汽车和汽配销售门店475间（次）、家电销售门店482间（次）、音像门店1260间（次）、其它门店602间（次）、船舶修造厂8家，查处走私贩私案件56宗，罚没上缴国库461.82万元。查获走私贩私物品主要有：汽车、摩托车配件1319件、钢材4.19吨、成品油208.63吨、食品49365公斤、光盘460万张、录像机347台、摄像机110台、传真机114台、电脑显示器1148个、旧电话机15.15吨、旧电脑配件10吨以及其它物品一批，市场标值785万元。

【开展“扫黄打非”】 自2月开始，市工商部门贯彻落实第十五次全国“扫黄打非”电视电话会议精神，联合公安、文化等部门，分3个阶段，开展“扫黄打非”，重点对出版物市场进行全面清查，取缔政治性非法出版物、“法轮功”等邪教组织出版物、淫秽色情出版物、盗版光盘、教材和教学辅导读物等，依法规范印刷、复制企业和音像、书报刊门店的经营行为，特别是对学校周边环境进行集中整治，切实维护青少年身心健康。全年出动执法人员2134人（次），检查书店731间、音像制品店685间、印刷厂12家，收缴政治性非法出版物12本、非法小报小刊4520本、盗版书刊103本、淫秽色情书刊1528本，查获黄色光盘86张、盗版音像制品19786盘，取缔无证照经营音像门店10间、影吧1间，立案查处28宗。

【加大市场监管力度】 年内，全市各级工商行政管理机关创新市场监管方式，加大市场监管力度，强化对各类市场运行中的事前、事中和事后的全方位监督管理，在开展对商品交易市场、废弃食用油脂市场和食品市场、旅游市场、地图市场、旧货交易市场、旧机动车交易市场和制售“毒鼠强”进行专项整治的同时，结合惠州市创建文明城市活动，创建文明诚信市场。

1～4月，在全市范围开展节前整治废弃食用油脂和食品市场专项整治，检查屠宰场37个、商品交易市场65个、酒楼和餐厅3434户，收缴过期、变质和“三无”食品等物品一批。

5月初，全系统在接到国家林业总局、国家工商总局《关于严格控制野生动物经营利用和驯养繁殖野生动物的紧急通知》后，迅速组织力量，联合林业、森林公安部门进行4次专项大行动，查处各类违法经营果子狸等野生动物行为，出动执法人员3281人（次），车辆471台（次），检查集贸市场112个、经营门店和摊档3402户（次），查处违法案件173宗，收缴各类野生动物一大批。

5月，针对惠阳新圩镇发生的食用受污染有毒食油中毒事件，开展全市清查污染毒油专项行动，检查门店3289个，查封嫌疑食用油39467公斤。

规范旅游市场秩序，加强对重点景区、景点和假日旅游市场的监督管理，并在“春节”、“五一”、“国庆”3个“旅游黄金周”组织专项整治。全年检查旅游经营单位和经营旅游门店53户，取缔无照经营24户，查处制售假冒伪劣商品案件8宗，受理消费者旅游方面投诉30宗，解决率93.33%，为当事人挽回经济损失5.96万元。

按照市委、市政府创建文明市场的总体要求，研究拟订《惠州市文明诚信市场标准》，督促市场开办单位完善市场设施和管理，改善市场环境，提升市场档次。全年省工商局会同省精神文明建设委员会评定8家省级文明诚信市场，市工商局会同市精神文明建设委员会评定20家市级文明诚信市场。

【创新企业监管机制】 年内，惠州市工商部门通过回访、巡查和年检等形式，加强对各类企业的监督管理。

改进企业年检方式，对部分诚信企业免予年检，在博罗县试行个体工商户滚动式年检，把注册资本50万元以下的企业交由辖区工商局年检，推行上门年检。全年免检企业200多家，上门年检企业150多家。

为促进基层工商所向综合执法所的转变，制定《惠州市工商系统基层工商所市场巡查责任制实施办法（试行）》，深化市场巡查责任制，开展市场巡查，完善巡查台账，强化"经济户口"管理。

全年查处未经核准登记擅自从事经营活动、改变经营项目、超越经营范围和虚假出资、抽逃出资等企业违法违章案件1667宗，罚没上缴国库302.61万元。

【推进商标发展战略】 年内，惠州市工商部门配合市政府实施名牌带动战略，推进商标发展战略。起草并报市政府颁布《惠州市知名商标认定和管理办法》，拟定《惠州市工商局关于推进惠州商标发展战略的实施意见》，对惠东县黄埠、吉隆两镇的鞋业商标发展进行调研，打造惠州品牌企业与品牌产品。

为了提高经营者的商标意识，结合《商标法》实施20周年和世界知识产权日，举行大型宣传咨询活动，加强商标法律宣传，指导企业进行商标注册，发放宣传资料5万多份，召集部分企业和个体工商户举办6期《商标法》培训讲座。

充分发挥商标监督管理职能，保护注册商标专用权。至年底，全市新注册商标449件，累计注册商标5390件，其中中国驰名商标1件，省著名商标8件，查处商标违法案件65宗、商标侵权假冒案27宗，罚没上缴国库34.45万元，收缴和销毁商标侵权标识33.13万件。

【加强广告经营监督管理】 年内，全市各级工商行政管理部门严把广告市场主体准入关，完善广告发布定期监测制度，加强广告经营资格管理，加大广告巡查力度，规范广告发布，严厉打击发布虚假违法广告行为。除加强日常监管外，根据不同时期广告市场存在的突出问题，分别开展大众媒体广告、医疗广告、烟草广告、户外广告和防治"非典"期间打击违法药品和野生动物广告等专项整治行动。通过新闻媒介和印发宣传资料等形式宣传《广告法》，深入企业开展广告法律法规宣传和咨询服务，引导广告经营者强化自律意识。

全年新登记广告经营单位91户，累计有广告经营单位579户，核准各类广告发布登记证1100份，查处违法虚假广告52宗，罚没上缴国库10.3万元，收缴违法印刷品广告2.3万份，拆除违规户外和店堂广告873条（块），责令媒体停播违规广告7条，指导修改广告23条。

【强化合同监督管理】 年内，全市工商系统加强合同管理，调解合同纠纷，强化对企业动产抵押物的登记管理和拍卖市场的监管，规范企业动产抵押和拍卖行为。

年内办理动产抵押物登记37宗，抵押物价值92463.5万元，主债权78929.9万元，备案委托拍卖合同295份，金额8.2亿元，拍卖成交确认书300份，金额3.2亿元，调解合同纠纷31宗，挽回当事人经济损失206万元。

改进"重合同守信用"命名方式，实行免收费和公平、公开、公正的原则，对申报企业征求有关部门意见，公示后报市政府批准命名，命名"重合同守信用"企业249家，被省工商局连续10年命名"重合同守信用"企业7家。

【维护消费者合法权益】 年内，惠州市各级工商行政管理机关为切实维护消费者合法权益，充分发挥"12315"消费者投诉举报中心的网络作用，指导消费者委员会做好调解工作，为消费者排忧解难。围绕"营造放心消费环境"主题，坚持商品消费与服务消费维权并举，深入开展"维权反欺诈"活动。为了提高消费者维权意识，加强消费者自我保护能力，在"3·15"国际消费者权益日和《消费者权益保护法》颁布10周年之际，举办大型宣传、咨询活动，现场指导消费者辨别商品真伪，受理消费者投诉，发放消费者维权资料5万余份，并与邮政部门合作，首创消费者信息反馈明信片，免费向消费者发放，受到社会各界好评。在市区数码街开展创建"放心消费商业街"活动，营造良好的消费环境。还深入各县（区）基层，对《消费者权益保护法》的普及和消费者权益保护的现状进行实地问卷调查，为消费者权益保护提供参考和决策依据。全年受理消费者投诉4306宗，解决592宗，移交查处41宗，为消费者挽回经济损失75万元。

【改善政务环境】 年内，全市工商行政管理系统为了改善政务环境，形成干净干事的良好氛围，开展纪律教育学习月、机关作风建设年、行风评议活动和万众评公务等活动。

成立行风督查队，分赴基层指导、督促和检查，走访乡镇、企业、市场、个体工商户，发放行风问卷2.38万份，在社会各界聘请义务监督员，广泛征求意见和建议，针对反映的问题，进行逐条整改。

严格执行国家工商总局和省工商局颁布的六项禁令，并对落实六项禁令的情况进行明查暗访、督查督办。

此外，还加强服务“窗口”软硬件建设，改善办事环境，完善服务设施。仲恺分局、惠城区局、龙门县局、大亚湾分局共投入90多万元，重新装修登记注册大厅，市局机关登记注册大厅更新部分服务设施，为群众提供良好的办事环境。

全市工商系统继续推行首问（首办）责任制、一审一核制和一站式服务的基础上，开展“引导服务、上门服务、跟踪服务、延时服务、预约服务”，提高服务质量和效能。

【加强基层工商所建设】 年内，惠州市工商部门为了满足监管重心下移和建设“小局大所”的现实需要，抓住省工商局3年基层建设规划这一大好机遇，全面实施“固本强基”工程，高起点、高标准推进基层工商所建设。全市新建、改建工商所16个。筹措资金为工商所配备电脑、执法用车等办公、办案设备，为基层工商所购置桌面电脑108台、手提电脑6台，市局机关调配29台电脑至基层。新配备执法用车19辆、传真机22部、打印机10部、复印机4部、摄像机5部。

【存在问题】 工商行政管理队伍素质、创新意识与履行职能要求尚有一定差距，“经济户口”管理不够完善，企业信用体系建设有待加强，市场长效监管机制和商品市场准入制度还不健全，信息化建设离“电子工商”目标仍有一定距离等。

（黄 辉）

安全生产监督管理

【概况】 2003年，惠州市各级领导贯彻中共中央和国务院领导关于安全生产工作批示精神，按照上级的统一部署，落实“打牢基础，抓住重点，落实责任，依法监管”的工作思路。全面实施《安全生产法》，实现安全事故控制目标，开展“安全生产月”活动，突出重点，治理隐患，加强安全生产基础性工作建设，构建“政府统一领导，部门依法监管，企业全面负责，群众参与监督，全社会广泛支持”的新时期安全生产工作新格局，为惠州市创建文明城市、建设经济强市和现代石化数码名城提供安全保障。

惠州市在历年来层层落实安全生产责任制的基础上，将省安委会下达的各类安全事故控制目标分解下达到各县、区和有关部门，层层落实，并以安全事故控制目标为导向，推动安全生产责任制工作的落实，同时对道路交通和工矿商贸企业伤亡事故实行预警制度。以压降道路交通事故为重点，各级政府层层签订预防道路交通事故工作目标责任书，市、县（区）政府建立有关部门参加的预防道路交通事故工作联席会议制度、道路交通事故旬报制度、道路交通事故多发路段整治重点督办制度，在国道、省道和高速公路的事故多发路段设立6个临时交警执勤点。这些措施，均收到比较明显的效果，将多年来交通事故一直上升的势头压了下来，全年全市交通事故4项指标全部下降，总体实现省下达的控制目标。

年内，全市发生各类安全事故2228宗，死亡808人，受伤2386人，直接经济损失2399万元，分别比上年下降9.98%、4.6%、18.57%和10.41%。其中：全市工矿商贸企业职工伤亡事故259宗，死亡25人，受伤244人，直接经济损失909万元，分别下降30.2%，上升25%，下降33.5%，上升6.5%。火灾95宗，死亡3人，受伤16人，直接经济损失341万元，分别上升21.8%、50%，下降42.9%和17%。道路交通事故1873宗，死亡780人，受伤2126人，直接经济损失1118万元，分别下降7.55%、5.4%、16.13%和20.84%。水上交通事故1宗，无伤亡，直接经济损失30万元，分别上升100%，持平、持平、上升100%。在以上20个指标中，有6个指标上升，全市工矿商贸企业职工伤亡事故死亡人数25人，火灾事故死亡3人，其中1宗死亡3人的重大责任事故，已经严肃查处结案；12个指标下降，2个指标持平，各类安全事故总量和交通事故的各项指标出现下降，完成省安委会下达的控制目标。

【开展安全生产宣传教育】 6月，在全市开展主题为“实施《安全生产法》，人人事事保安全”的全国安全生产月活动，10月开展《安全生产法》和《广东省安全生产条例》宣传月活动。全市出动60多台（艘）宣传车（船），悬挂横幅800多条，张贴标语2.5万多条，举办小型咨询活动、法规知识讲座和测验、演讲会300场，收看安全录像315场，组织模拟安全事故应急救援活动200多场等，全市40多万人次受到安全教育。加强安全生产教育培训，全市安监系统一年来举办各类安全生产技术培训班88期，有7927人参加，其中：生产经营单位主要负责人3期，178人；注册安全主任11期，1197人；危险化学品从业人员15期，1147人；特种作业人员50期，3317人。

【开展安全生产大检查】 春节前夕、4至5月和年终，开展3次全市安全生产大检查。国庆节前夕，全市组织安全生产专项检查。10月，全市又组织建筑工地安全生产专项检查。国庆节黄金周期间，全市没有发生一宗死亡事故。这是多年来所没有出现的好局面。全年组织检查组（次）2528个，抽调检查人员21805人（次），检查厂、矿、场、企业31135家（次），检查乡镇渡口110个（次）、渡船146艘（次），发出整改通知书3841份，依法责令241家企业停产停业整顿，依法关闭13家企业和查封1艘渡船，依法治安拘留422人（含违反交通安全管理条例），依法查封82台特种设备。全市安监系统加大安全生产行政执法力度，查处安全生产违法案件20宗，其中罚款案件17宗，罚款24.1万元。

【开展安全生产专项整治】 年内，开展道路和水上交通、非煤矿山、民爆器材、危险化学品、建筑工地、公众聚集场所、电气设施保护区安全隐患、职业危害等9个安全生产专项整治，消除一批事故隐患，促使企业增加投入，完善安全生产设施，加强安全管理。

【开展重点行业企业安全生产评估】 年内，在金属非金属矿山，危险化学品的生产、储存企业，道路运输企业，水上运输企业，民用爆破器材生产以及经营企业，建筑施工安装企业和旅游企业等8个重点行业企业组织开展安全生产状况评估。到12月止，全市非煤矿山企业184家，监评175家，占应评95.1%；道路运输企业106家，监评106家，占应评100%；水上运输企业22家，监评22家，占应评100%；建筑安装企业103家，监评90家，占应评87.3%；危险化学品生产、储存企业144家，监评140家，占应评97.2%；民爆器材生产企业1家，监评1家，完成100%；民爆器材经营企业8家，监评8家，完成100%；旅游企业63家，监评55家，占应评87.3%。8个重点行业企业经过评估，评出好的企业137家，一般的企业320家，差的企业98家，不合格企业14家。对不合格的企业，全部实行停产停业整顿。

【加强安全生产基础建设】 年内，在安全生产信息化管理方面，开设安全生产监管网页，对事故隐患进行管理，取得明显成效。查明的104宗事故隐患上网登记红灯警示，整改验收合格92宗，正在跟踪整改12宗。

8月，成立由22名专家组成的惠州市首届安全生产专家组，分化工、矿山、建筑专业，主要任务是开展安全技术咨询，参加全市重大项目安全评估评价、专业技术审查、事故隐患评估、事故调查和科技进步等，为制定全市有关安全生产政策措施和安全生产形势分析提供技术支持，已经开展相关工作。

建立健全安全生产档案，全市安监系统和负有安全监管职能的部门以及大中型企业初步建立安全生产档案。严格危险化学品生产、储存、经营单位市场准入。依据国家有关安全生产法律、法规的规定要求，对全市新办的危险化学品生产、储存单位，由有资质条件的中介机构进行安全预评价，市安监局会同专家组审查，报市政府审批后，发给设立危险化学品生产、储存批准书；危险化学品经营单位经过安全评价，符合国家标准或行业标准的，发给乙类《危险化学品经营许可证》。通过加强安全监管，推动危险化学品安全管理进入法制管理轨道。

加强社区消防和城镇消防规划的建设。全市199个社区，确定在惠城区的麦地社区、桥东新建社区开展消防建设试点，有84个社区完成消防建设。全市有建制镇83个，中心镇和重点镇13个，消防规划与总体规划同步进行，有9个中心镇、重点镇完成消防规划建设。

交通、公路部门认真治理公路病害桥梁、承载力不足桥梁、公路事故多发路段。整治国道、省道、县道和乡村道路病害和承载力不足桥梁41座。全市事故多发路段隐患28宗，整治验收合格27宗。

加强乡镇和行业安全生产，市交通局实行全市交通行业安全生产目标管理，市规划建设局建立健全建筑安装施工企业安全生产监管责任体系，加强施工全过程的监督管理，市质量技术监督局强制实行气瓶检验制度和过期报废制度。惠东县黄埠镇党政领导班子成员对街道及其企业、门店实行分片包干安全生产管理。龙门县在水泥行业企业全面开展“三级”安全教育，收到良好效果。

【规范燃气市场管理】 年内，惠州市采取措施强化燃气市场管理。规定各燃气企业和销售点必须建立和健全各项安全制度，并严格制度进行管理，认真落实各项安全措施。全年对全市燃气企业进行34次安全生产检查，检查气站（库）28个，瓶装气销售点400多个，查处各种违法行为221宗，没收不合格钢瓶315个，强制送检钢瓶11825个，妥善处理183宗群众信访及“110”投诉案件。

认真做好全市燃气企业资质和市区燃气销售经营许可证的年审及换证等工作，制定并下发《设立瓶装液化石油气销售点条件》、《申请设立燃气销售点应提交或验明文件》，为规范燃气行业管理提供依据，印制惠州市燃气行业管理、便民联系卡。

【存在问题】 部分乡镇政府领导和部门领导对安全生产极端重要性认识不足，安全管理没有真正落实到位；安全事故基数比较大，尤其是道路交通事故基数比较大，工矿商贸伤亡事故死亡人数已经超过省下达的控制目标；非公有制中小型企业安全管理问题较多，缺乏安全生产激励和约束机制，安全投入不足，安全生产规章制度不够健全；防御大亚湾港区油气库重特大安全事故的能力有待加强；安监机构的建设有待加强，尤其是在乡镇政府，没有相应机构和专职的安监人员。

（陈伟民　林乾森）

药品监督管理

【概况】 2003年，惠州市药监系统按照《广东省药品放心工程实施方案》要求，从本地实际出发，整顿和规范药品市场秩序，确保群众用药安全。坚持“以监督为中心，监、帮、促相结合”的方针，树立科学发展观，务实进取，抓作风、抓基础、抓基层，以改革创新的精神，促进医药经济发展，优化惠州投资环境。

年内，全市药监部门出动执法人员4947人次，检查涉药单位4087家，查处违法案件672宗，取缔无证经营149家，端掉制售假药窝点9个，移送公安机关案件6宗，移送卫生监督部门案件1宗，查办犯罪嫌疑人15名，查获违法制售药品200多个规格品种及制假原料一批，涉案金额827.5万元，没收医疗器械5个品种规格、造假机器16台（套）及造假包装材料一批。

在省药监局和市委、市政府的直接领导下，惠州市药监局与市公安局、打假办联合,开展打击制售假劣药品医疗器械专项行动，市、县两级药监部门查处违法案件296宗，没收假劣药品100多个品种规格，货值769.59万元。8月29日，在博罗县长宁镇召开“打击制售假劣商品犯罪分子宣判处理大会”，有6名制售假劣药品犯罪分子被判刑。为进一步规范药品、医疗具械市场秩序，自1月份起，每月公告制售假劣药品违法行为，接受社会监督。为树新风，引导诚信经营，专门建立药品从业人员信用档案，完成全市3700名从业人员的建档工作。

年内，全市有208人参加执业药师考试、2316人参加驻店药师考核，惠州市有各类药学技术人员3500多名，驻店药师人数超过2353人。开办药品和医疗器械企业不断增多，年内新增中药饮片生产企业5家，新增药品零售企业251家，新增医疗器械批发企业22家、医疗器械生产企业2家，新增经营一类医疗器械备案200余家，审核换发医疗机构制剂批准文号159个品种。

【防御“非典”行动】 市药监局在抗“非典”期间，迅速动员药品、医械生产、经营企业确保药品、医械质量和供应畅通，开辟快速审批、快速检验的“绿色通道”，促使红外体表测温仪等一批先进的抗“非典”医疗器械迅速投入市场；出动执法人员845人次，巡查566家涉药单位，查处25宗违法案件，抽查药品1100批次，严厉打击企图发国难财的不法行为；此外，药监局还向市党代会以及原市委书记肖志恒扶贫挂钩点紧急提供了900支体温计。通过“健康直通车”给农村送去防“非典”消毒药品和药品购置款、宣传挂图、手册等。

在防御“非典”这场没有硝烟的战争中，市药监局反应迅速，雷厉风行，受到省药监局及市委、市政府的肯定，被评为惠州市抗击“非典”先进单位、省药监系统抗“非典”先进单位，系统内涌现出一批抗“非典”先进个人。

【实施“药品放心”工程】 年内，市药监局重点加大对城乡药品市场监管，并与各有关部门协调配合，以全面规范药品生产经营秩序为远期目标，以加强日常监管工作为切入点，以推进农村药品“双网”（监督网、供应网）建设为新的突破口，扎实开展药品放心工程，取得显著成效。

加大监管力度，把特殊药品的监管摆在特殊的位置，规范特殊药品的生产、经营和使用。配合惠州市“禁毒03工程”，抓好责任制的建立和落实，严格按经营特殊药品验收标准审核确认企业的经营资格，审核认定二级麻醉药品批发企业2家、二类精神药品批发经营企业14家、医疗用毒性药品批发企业7家、经营二类精神药品零售药店94家。

加强药品技术监督，年内完成检品1463批次，其中抽验检品1301批次，抽验不合格率3.05%，呈逐年下降态势。治疗“非典”药品抽验全部合格。农村药品“双网”建设稳步推进，监督网不断延伸，从县、镇到村确定一批药品监督员、协管员、信息员，延伸监管的触角，供应网拓宽。

引导连锁企业向乡镇、城乡结合部、农村发展，年内各县城新办药店34家、乡镇新办药店151家、农村新办药店45家，促进农村药品供应网络建设，大大方便农村用药。

【药检大楼建设工程开工】 年内，市药监局克服办公用房紧张的困难，因地制宜开设“药品监管业务受理厅”，推出一站式服务，公开程序、公开承诺，改进服务质量，方便群众办事。为早日实现药检所易地重建这一民心工程，市药监局抓紧有关项目的申报，向省药监局、市政府和有关部门反映情况，得到积极响应，工程取得重大进展。2月28日药检大楼奠基，7月完成工程招标，9月正式动工，工程正有条不紊地进行。

【加强党风廉政建设】 年内，市药监系统开展党校脱产学习、调研讲座、执法专项培训、集中军训，促进依法行政和廉洁从政。5月，市药监局召集系统全体干部在龙门举行党组中心组学习扩大会及作风建设专题座谈会。与检察机关一起成立预防职务犯罪领导小组，与市纪委建立定期汇报、反馈制度，完善社会药品监督员制度。作为省药监系统唯一的地级市局集中报账制试点单位，市药监局从11月开始试行集中报账，实行全系统经费的统筹管理，进一步健全财务管理制度。

【开展药监文化建设活动】 年内，市药监局始终坚持“以人为本”，开展一系列富有创意的药监文化建设活动。年初，与博罗先锋药业联合举行人文气息浓厚的新春联欢。在防御“非典”期间，组织形式多样的体育活动，让广大干部职工增强体质，以饱满的精神投入工作。惠东药监分局创作歌曲《我们是光荣的药监队员》。《惠州药业》期刊获得省新闻出版局颁发刊号，并获惠州市期刊评比“三等奖”。年底，药监局举办药监书画摄影作品展，丰富干部职工的文化生活。注意规范社团建设，顺应形势发展需要，中止惠州市药品同业会，集中精力协助办好惠州市药学会。

（刘飞航）

科技·教育

责任编辑：赖兆周

科　　技

·综　述·

【获全国科技工作先进市、区称号】 2003年，惠州市科技工作围绕率先基本实现现代化的总目标，贯彻落实国家和广东省一系列科技法规、政策，加快实施“科教兴市”、科技强市发展战略的步伐，大力发展高新技术产业，提高综合竞争力，取得了明显的成效。全市已形成良好的科技创新环境，全市干部、群众科技意识增强，各项科技指标有较大幅度上升，科技工作有了快速发展。

经过严格的考核评估，惠州市及惠城区分别获得国家科技部授予的2001～2002年度“全国科技进步先进市”、“全国科技进步先进城区”的称号。

【高新技术产业】 高新技术产品　年内，全市高新技术产品产值达472亿元，比上年增长47.5%，占全市工业总产值的34%，高出全省平均水平9个百分点；出口创汇35.8亿美元，实现利税总额33.47亿元。在各类高新技术产品中，电子信息技术产品占92%，居主导地位，其次是光机电一体化、新材料技术等产品也占一定比例。高新技术产品的增长主要集中在电子信息技术的GSM移动通信手机、高档微型计算机、DVD视盘及播放设备、高保真音响设备、发光二极管、特种铜合金材料和汽车电子产品及关键零配件、锂离子电池等。

2003年高新技术产品保持强劲发展势头，为全市经济的快速、持续、健康发展提供有力支撑。从区域分布看，全市高新技术产品产值中，市直占65.9%（含大亚湾），县区占34.1%，其中：惠阳区109.8亿元，占23.3%；惠城区34.5亿元，占7.3%；博罗县16.7亿元占3.54%。大亚湾开发区的发展势头最猛，达22.9亿元，占该开发区工业总产值的62%，高出全市平均水平近14.5个百分点。从产品的分布企业看，增幅大、效益好的产品仍集中在TCL、德赛、华阳、LG、侨兴等几家研发能力强的大企业集团，表明惠州市以大企业集团为龙头带动全市发展的“榕树经济”模式效果明显。

高新技术企业　全市组织25家企业申报省高新技术企业，并通过省科技厅的认定；TCL王牌电器（惠州）有限公司经国家科技部认定为国家级高新技术企业。年底，全市有国家级高新技术企业6家，省级高新技术企业88家，产值超10亿元的16家，产值达100亿元的2家，进入广东50强的有TCL、德赛、华阳、LG等4家。技术领域包括电子信息、光机电一体化、新材料、生物医药等。申报省“两个密集型”（知识密集型和技术密集型）企业12家，均已通过认定。

高新技术产业园区　仲恺高新区全年实现工业总产值378亿元，技工贸总收入464亿元，工业增加值88亿元，分别占惠州市的28%、39%、36%；电子工业总产值341亿元，占惠州市电子工业总产值的45%；实际上缴税额4.99亿元，出口创汇26亿美元；新引项目15家，合同外资金额4521万美元，实际利用外资3268万美元；完成固定资产投资8.5亿元，科技活动经费投入9.5亿元，各项主要经济指标创高新区十一年新高。

【技术创新与科技成果】 全年组织申报省级以上的科技项目有96项，项目的科技含量和档次都高于往年，其中申报国家级火炬项目2项，承担省关键领域重点突破招投标项目2项，省工业攻关项目7项，省火炬计划项目8项，社会发展攻关项目3项，省级星火计划项目6项，列入省知识产权专利实施计划3项，重点新产品项目2项，成果推广11项。省科技厅下达10批科技项目共

32 项，拨付扶持资金 695 万元，加上建设惠州省级民营科技园所获得的 3000 万元和省知识产权局下达经费 15 万元，全市共争取到省无偿扶持资金 3710 万元。

市科技局批准市级各类科技计划项目 102 项，其中有 60 项获得三项经费和科技发展资金的支持，金额达 3835 万元（含 TCL 高技术研发专项经费 2958 万元）。组织科技成果鉴定 22 项。

年内，获得广东省科技进步特等奖 1 项（《TCL 集团科技创新系统工程建设》），一等奖 1 项（TCL 移动通信有限公司的《2 系列折叠双频 GSM 手机的研制》）和三等奖 3 项，在科技创新和科技成果推广方面取得历史性的重大突破。

年内，组建省级工程技术研发中心 2 家，其依托单位分别为侨兴集团和惠阳科惠电路有限公司。组建市级工程技术研发中心 5 家。惠州市有各级研究机构 21 家，其中国家级研发机构 2 家，省级 6 家（有 4 家为省重点），市级 13 家。以企业为主体的科技创新体系正在稳步发展，各级工程研发中心的运作出现良性循环态势，全市全年科技总投入近 20.87 亿元，其中投入研发经费 14.6 亿元，比上年增长 16%。21 家工程研发中心依托的企业去年工业总产值达 683.4 亿元，占全市工业总产值的 49.3%。

【专利工作】 年内，全市专利申请量为 854 件，同比增长 21%，其中发明专利 73 件，比上年增长 87.18%，实用新型 280 件，外观设计 501 件，在全省位居第 9；专利授权量为 532 件，同比增长 20%，其中发明 9 件，实用新型 156 件，外观设计 367 件。全年拨付专利申请资助 78 项，资助金额 9.92 万元。惠州市获得第八届中国专利优秀奖 1 项（TCL 集团），广东省专利金奖 1 项，优秀奖 2 项，新增省专利试点企业 2 家。

专利执法工作进入正常化，全年受理专利纠纷案两项，均已结案。为推进知识产权保护工作，由市知识产权办公会议牵头，开展打击流通领域冒充专利行为，召开销毁非法出版物现场会和在第二届惠州国际数码届期间开设知识产权咨询点，向参展单位及与会者提供知识产权方面的法律宣传、业务咨询、纠纷调解和查处侵权等服务，受到参展商和与会者的好评，被省知识产权局列为广东省首批“会展知识产权保护试点”。

【技术市场】 在技术市场方面，全市全年完成技术交易合同 61 项，合同成交金额 1292 万元，其中技术交易额为 1233.86 万元。

【民营科技企业】 年内，全市新认定省级民营科技企业 33 家，经省、市科技部门认定的民营科技企业累计有 84 家，其中省级 74 家，市级 10 家。据初步统计，全市民营科技企业从业人数 1 万人，全年技工贸总收入 78.19 亿元，占全市工业总产值的 5.63%。上缴税金 6000 万元，增长 50%。全市的民营科技企业中有 17 家为高新技术企业，占全市高新技术企业的 19.3%，其中国家级高新技术企业 2 家，占全市国家级高新技术企业的 33.3%。4 月，市政府授予侨兴集团、裕华集团、富绅服装公司等 13 家企业“惠州市民营企业 100 强”称号。

到年末，全市有 12 家民营科技企业（含改制后）先后建立市级工程技术研究开发中心，占全市工程中心总数的 54.2%。全年有 6 家民营科技企业承担省级科技项目，并获得省科技支持经费 100 万元。另有 9 家民营科技企业承担惠州市的科技计划项目，获得科技支持经费 131 万元。

【防震减灾工作】 年内，鉴于惠州市大部分地区被列入全国 21 个地震重点监测防御区之一的珠江三角洲辖区，在加强宣传，增强防震意识、普及防震知识的同时，把提高震害防御能力作为工作重点来抓。一年来，重点抓好制订《惠州市防震减灾“十五”计划》和“破坏性地震应急预案”的落实。2003 年初便开始启动“地震影响小区规划成果”的业务，着重抓好建筑工程的地震安全评估，及时向建筑工程施工单位提供科学合理的抗震设防标准。先后对市财政服务大楼等数十个项目提供小区规划成果，在更大的范围内对建设项目的抗震设防进行严格把关。

【县（区）科技工作】 年内，全市各县（区）科技局贯彻落实党和政府的科技工作方针和政策，充分发挥职能部门作用，努力开创科技工作的新局面。惠城区继 2002 年被授予“全国科技进步先进区”称号后，年内再次顺利通过国家科技部考核，经省科技厅推荐，向国家科技部申报“全国科技进步示范区”。博罗县注重依靠科技进步抓好特色农业发展，如“航天育种”项目，该县选送的 4 个优质蔬菜、水稻品种于 2002 年底乘“神州四号”飞船飞入太空顺利返回地面后，从 2003 年 2 月起，博罗县与中山大学和省农科院共同实施航天育种项目，目前研究工作进展顺利。中海壳牌石化项目落户并正式动工后，大幅度提高了大亚湾区经济发展的科技含量。年内，全区高新技术产品产值达 23 亿元，占其工业总产值的 62%。

【存在问题】 高新技术企业两极分化的现象较为明显。即大企业集团的产值占据了全市高新技术产业的半壁江山，中小企业规模过小，导致全市高新技术产业整体竞争力不强；电子信息产业所占比例大，高新技术产业各领域之间发展不平衡。

技术支撑能力不强。除几个大集团外，大部分企业资本少，既要开拓市场，又要维持生产，有限的资金不足以支持研究开发，因此研发投入普遍较低，且研究开发只处于跟踪、模仿阶段。

至今没有建立起风险投资机制，难以吸引民间投资，投资效率不高，对民营科技企业、特别是中小企业融资难、合作难、研究开发难等问题仍未找得到有效解决途径。

知识产权工作起步较晚，基础薄弱，全市各界对知识产权的认识深度不够、保护力度不强；相当部分企业的维权意识不够强，不能自觉依靠法律武器保护自己的知识产权；全市专利申请、授权的总量依然较少，与经济发展总量不相称；知识产权分布与工业结构发展状况不相适应；各县（区）知识产权工作发展不平衡；缺乏高层次人才、缺乏知识产权明星企业、知识产权中介服务体系还不健全等。

（赵　旋）

·气象事业·

【天气灾害预警服务】 2003年，市、县（区）气象台在执行省政府62号令中，认识到发布预警信号既是岗位任务，也是法律职责，熟练掌握《广东省台风、暴雨、寒冷预警信号发布办法》，总结以往预警信号发布经验，完善预警信号发布的操作流程，加强制度建设，制定预警信号发布应急预案，明确岗位职责，建立多种预警信号发布渠道，做好预警信号发布工作，以增强公众对天气灾害的防御意识。

年内，灾害性天气主要是热带风暴和台风。7～9月有“伊布都”、“莫拉克”、“科罗旺”和“杜鹃”4个台风或强热带风暴，对惠州会有不同程度的影响。

“伊布都”、“莫拉克”与“科罗旺”分别在闽南和粤西登陆，惠州只受其外围环流影响，下了一场暴雨或大暴雨，既缓解了伏旱，也未造成大的损失。

8月底，在西太平洋形成的台风“杜鹃”即将进入南海东北部海面时，又及时做出该台风将会登陆或严重影响本市的预报。根据台风可能造成的影响，建议海上船只回港避风，检查建筑工地上的手脚架、塔吊、工棚以及城乡危房、广告牌等，排除安全隐患，减少风灾损失。由于预报服务主动、及时、准确，各级政府部门的防灾措施科学到位，因此，减少了台风造成的损失。惠州市防御台风工作得到国家和省防总的肯定和赞扬。

惠州市各气象台都按照各自的职责范围和当地天气变化情况，及时发出不同等级的预警信号。市气象台全年在市区和大亚湾经济技术开发区发布各等级的台风、暴雨、寒冷预警信号34次。春节冷空气影响期间，市、县（区）气象台提前12小时发出黄色寒冷信号，市区红色寒冷信号持续生效137小时，龙门县连续两天发出黑色寒冷信号。

【公众天气预报服务】 年内，市、县气象台坚持气象服务为立业之本的原则，通过电视、报纸、网络、“121”等媒体，为市民提供天气、森林火险信号等内容的预报服务。从年初开始，在没有增加人员、资金投入的情况下，市气象台与市环保监测站合作，共同开展空气质量预报。在电视天气预报的节目中增加空气质量预报内容，通过电视向市民公布市区的大气环境质量和空气质量预报。

在全市“万众评公务”活动中，市气象局在112个参评单位中名列第二十二，在中央和省属驻惠单位中名列第一，被市委、市政府授予“万众评公务”先进单位称号。在“五一”、“十一”等长假期、6月中、高考期间，为社会不同层次需求提供有针对性的专题天气预报；就持续高温、冷空气入侵、连阴雨等公众关心的热点天气及时做出转折时间预报，通过报纸、电视、“121”等媒体为公众提供服务。

【决策预报服务】 年内，市、县气象台顺应社会的发展需求，以天气预报通俗易懂、贴近大众为目标，逐渐改变以往天气预报内容专业术语多，公众不易理解，社会适应性差的缺陷，在重大天气预报和专题预报中增加决策性建议。2月初，市、县气象台针对上年后汛期结束早、秋冬季节降雨偏少，冬季冷空气活动的实际，结合资料分析，主动向市、县（区）政府及有关部门发出春耕时节气温较高、春季降雨偏少、旱情还将延续的预报，建议做好防御春旱的准备工作。应公共事业管理部门要求，分析整理出《去冬今春江水情况及今年降水趋势》的天气气候预报，结合2002年东江出现低水位有可能影响城镇供水的实际情况，为制定城镇生活用水应急方案提供决策服务。3月，做出“2003年总降雨量比2002年有所增加，但降雨量仍偏少、开汛偏迟、龙舟水属一般年景，后汛期台风影响属正常年景”的预报，提交给各级政府有关部门，为当地防汛部署提供科学依据；4月16～20日举行“第二届国际数码节”期间，面对多变的天气和10多个国家和地区200多家企业派员参加，国内外70多家媒体采访，中央电视台国际频道直播开幕式等情况，从局、台领导到每一个预报员都高度重视，精心组织，认真应对，确保准确、及时预报，为市政府领导和组委会的数码节活动安排提供决策性气象服务。

6月10日，惠阳区政府在淡水镇举行挂牌仪式。时值前汛期多雨时节，市气象台和惠阳区气象台接受了提供大亚湾招商推介和惠阳区挂牌活动的天气预报任务，经过查阅历史的、现在的天气变化实况、卫星云图及雷达探测资料和充分讨论后，认为6月10日上午9～10时有1个小时左右的降雨间歇时间，挂牌仪式最好安排在这段时间进行，市、区政府根据预报尽量缩短仪式时间，安排在9～10时进行，结果挂仪式当天早上还在下雨，到8时50分雨停，10时多挂牌仪式结束后，又继续下雨。几天的活动按照天气预报进行安排，取得良好的效果。

【防雷减灾服务】 年初，市局对防雷机构进行调整，建立防雷中心，统一管理全市防雷减灾工作。在防雷减灾工作中，认真贯彻实施以科技服务为中心，以人为本的方针，认真、扎实地做好防雷减灾服务。加强防雷规范管理，提高工作人员素质。重点坚持“安全第一、质量第一、信誉第一”的原则。严格执行国家防雷安全规范要求，对新建建筑物的防雷设施加大监理力度，实行严格审查、质检和验收制度。全年审核280栋新建筑物的防雷设计，竣工验收198栋，杜绝建筑物防雷先天不足的隐患。全年检测旧建筑物1370栋，对不符合防雷规范的建筑物及时提出整改意见，避免雷电灾害损失，保障人民生命财产安全。

【气象业务现代化建设】 天气监测　按照国家“十五”规划中“曙光计划”的要求，3月上旬，完成县级自动站资料采集分中心建设。4月1日，各分中心正式运行，顺利交割采集。各资料采集分中心的资料采集上网率超过95%的技术要求，达到97.8%；9月，在惠阳区气象局的观测站站址上，完成遥测气象站的设备安装、调试和试运行，11月开始投入业务运行。至此，全市建成24个气象资料自动采集站、1个气象遥测站。加大气象资料的时、空采集密度，提高天气变化的监测能力，特别是汛期灾害性天气的监测能力。

网络建设　2月，开通VPN网，完善和提高省、市间网络通讯速度和数据信息处理能力。6月，对“121”气象信息服务系统的软硬件进行更新，成功与省级“121”中心平台对接并网，扩容升级为“121”惠州分中心，市民可以通过“121”查询到内容更多、范围更广的天气气候信息，使气象预报服务现代化手段增多，较大程度满足了公众需求。新的“121”气象信息查询系统，在台风“杜鹃”影响期间发挥了很好的作用。

预报业务技术　年内，全面更新MICAPS平台系统版本，并完成业务应用软件本地化改造，建立本地应用平台，提高数据采集分析能力，较好地提高天气监测预报业务技术水平。

【人才培养与引进】 年内，市气象局加强人才培养，实施人本战略，引进优秀人才，吸收本科以上学历的专业技术人员3人，并加强在职教育，全市有18人参加在职学习。

【存在问题】 高、精、尖技术人才不足，缺少科学带头人，人才引进和劳动工资等人事制度改革有待进一步完善。未能按要求开展涉及航空安全的系留气球的管理执法。提高长期天气预报和短期气候预报水平的技术进展缓慢，不易适应社会经济发展和市场需求，专业服务产品开发深度和应用技术推广工作的广度都不够，科技信息服务的潜在市场的开拓也不够。

（崔少萍）

教　育

·综　述·

【各类学校在校生人数】 2003年，惠州市考入大专以上学生0.88万人，比上年增加0.23万人，增长35.8%；考入中专学生0.54万人，减少7.6%。在校学生69.63万人，比上年增长7.2%，其中高等学校1.07万人，中等专业学校1.75万人，普通中学学校19.8万人，农、职业学校0.44万人，技工学校0.18万人，小学39.11万人，成人中等教育学校0.31万人，幼儿园6.97万人。

【中小学校撤并改造】 年内，全市撤并学校114所，其中小学103所、初中11所，改造薄弱学校59所，全面完成“改薄”任务。

【九年义务教育状况】 年内，全市学龄儿童38.38万人，入学儿童38.56万人（含部分外来工子女）；小学毕业生升学率100%，小学学生辍学率0.1%；普通初中毕业生升学率63.4%，普通初中学生辍学率1.5%。

【教师队伍与教育经费】 年内，全市现有各类学校专任教师36117人，其中高等学校专任教师380余人，中学教师12136人，小学教师20105人，中专教师987人，幼儿园教师2509人。

2003年，全市教育经费17亿元，比上年增长40.15%，其中预算内教育经费8.07亿元，增长33.73%。

【全力以赴防“非典”】 2003年，全市教育系统预防“非典”在新学期开学前就迅速开展。2月14～16日，先后3

次召开有关学校预防"非典"工作会议，布置学校预防"非典"工作，并研究全市教育系统如何预防"非典"传播，以确保学校如期开学。同时还邀请市卫生局的领导、专家在会上作预防"非典"的知识讲座，发放预防"非典"的有关资料。2月17日（新学期开学的第一天），市教育局又分头派人到学校检查卫生防疫以及开学情况。

市教育局党组在抓紧、抓实预防"非典"工作的同时，还坚持抓好学校正常的教育教学工作，做到预防"非典"与开展教育教学工作两不误。

由于教育系统防"非典"工作抓得早、抓得实，农村、城市一起抓，预防"非典"的知识普及到位，因此，保障了全市60多万师生的生命安全，取得了防御"非典"工作的阶段性胜利，并得到副省长李容根、惠州市委书记肖志恒、市长柳锦州等领导的充分肯定。市教育局也被省教育厅、市委、市政府授予"抗击非典先进单位"。市教育局局长庄焕照等被评为广东省抗击非典先进个人。

·普通教育·

【中小学校布局调整】 年内，市教育局按照小学就近入学，初中相对集中，高中向县城和中心镇转移的原则，制订全市中小学布局调整方案，对中小学校布局重新进行合理规划和调整。全市计划撤销330所小学、24所初中。博罗县是中小学布局调整试点县。它的各项工作进展顺利，在上年省安排专项资金880万改造8所小学、2所初中的基础上，年内省又安排1360万元给博罗县改造11所小学、4所初中。省下达全市2560万元布局调整专项资金，用于改造28所中、小学。试点工作取得经验后，全市布局调整工作全面铺开。年内，全市撤并学校114所，其中小学103所，初中11所。

【高中招生规模扩大】 2003年，全市通过挖掘潜力，扩大高中招生规模。年内全市普通高中招生14426人，比上年12478人增加1948人，增长15.61%，其中市直招生4727人，比上年增加1197人，增长33.9%。

【示范高中建设进展顺利】 年内，全市9所创建全国示范性普通高中的工作进展顺利。惠阳高级中学和惠阳崇雅中学，已按全国示范性普通高中标准建成并投入使用，惠州一中与惠州世纪置业公司签订合作协议兴建的惠州一中高中新校区将在2004年7月完工，并交付使用。该新校区由公司出全资兴建，占地300亩，是按全国示范性普通高中硬件标准配置（80个班规模）进行建设，并向政府移交学校产权。惠州市八中高中新校区在大湖溪南片的250亩用地也已正式落实。市实验中学则通过走综合高中发展途径创建示范性高中。惠东高级中学2800万元的建设项目贷款也已落实。博罗中学、惠东中学、龙门中学也采取了切实可行的措施，加快示范高中创建工作。

【继续改造老区小学】 2003年，继续实施老区学校危房改造工程计划。全市改造93所老区小学，其中省计划安排改造50所，市计划安排35所，调剂及发动群众集资安排8所。全市投入改造资金3538万元，其中省拨经费1500万元，市拨经费630万元，其余的由县（区）、乡镇政府及发动群众筹集。

【西藏班办学质量提高】 年内，市八中的西藏学生四个班214人。其中初中班学生200人，升读八中高一、高二的有14人。1999年入学的西藏班学生返藏统考，升学率100%，全部升上高中就读。市八中的西藏班学生，在全国22所内地西藏班中，考试成绩名列第三。

【法制教育形式多样】 年内，开展全市"法制教育大行动"，在各级各类学校中广泛开展"十个一"（读一本有教育意义的书，看一部爱国主义教育影视片，参加一次尊老敬老活动，提一条搞好社区治安或环保的建议，为家人做一件让他们放心如意的好事，改正一个不良的习惯，写一篇暑假活动心得，制订一份新学期目标计划）法制教育活动，进一步加强各级各类学校的法制教育。继续开展禁毒教育活动，举行大型禁毒教育文艺晚会，组织市八中和新墟镇共建开展无毒学校活动。整治校园周边环境，开展全市"安全文明校园"评比活动，为中小学校创造一个良好的教育教学工作环境。

【青少年德育基地建设】 年内，投资100多万元完善市德育基地建设，"惠州市青少年学生德育基地"正式挂牌投入使用。并在德育基地分期分批进行3个多月的军训，圆满地完成市直4235名高一新生的军训任务。投入400多万元的龙门县青少年宫建成，为青少年教育活动提供新的活动场所。惠阳区还与私营企业共同开发学生实践教育基地，以减少政府对教育实践基地的投入。

【开展中、小学心理健康教育】 暑假举办了"中小学心理健康教育教师培训班"。85名教师参加培训并获省颁发的心理健康教育"C级教师"资格证书，为加强中小学生的心理健康教育打下基础。此外，还组织第一届惠州市中小学心理健康教育优秀论文评选活动，收到论文158篇，评出获奖论文14篇，推动对中、小学生心理健康教育研究的开展。

【加强中、小学体育工作】 11月28～30日，举办全市中小学生田径运动会，开展篮球传统项目学校比赛，活跃第二课堂的教学内容和形式。开展全市体育传统项目学校的评估和新一轮体育传统项目学校的申报和命名活动。在全市全面推广全国第二套中小学生广播体操，开展学生体质健康标准试点。下发《关于进一步加强学校体育工作的通知》，确定每年11月为“学校体育活动月”。

【勤工俭学取得新成绩】 年内，完善各县（区）学生实践教育基地，为中、小学生提供更多的实践场所。在取得良好的社会效益的同时，也取得较好的经济效益。 全年全市勤工俭学总产值比上年增长约3%，达到8100多万元，总利润达到1800多万元，比上年增长近100万元。

【改革经费管理体制】 年内，全市实行“地方负责，分级管理，以县为主”的义务教育管理体制，重点改革中小学教育经费管理体制，推行县、镇教育经费收支财务结算中心管理制度。各县（区）成立县（区）、镇教育经费收支财务结算中心，学校为报账单位。这一制度的实施，规范了教育经费支出程序和内容，保证了学校的正常运作，并防止出现新的教育欠债现象。

【新课改实验稳步推进】 2003年，全市各中小学校积极参与九年义务教育阶段的新课改实验，迎接新课程标准改革。市教育系统全体干部、职工除了加强自身的学习，尽快转变教育理念外，还参加了省级课改培训，并派出骨干到北京、南京、海南、福州等地去学习。另外，还邀请中央教科所副所长田慧生教授、国家教育发展研究中心主任周满生教授来惠州为全市骨干教师作关于新课改的报告。同时，又将以往的教师创新优质示范课比赛改为新课改教学优质示范课比赛，在惠城区、龙门县两个实验区开展全市性的教学公开课活动，让非实验区教师为进入新课改作好思想准备。

【高考取得好成绩】 2003年，市高考成绩创新纪录，有3139人上一般本科线，比上年（下同）增长77%；705人上重点本科线，增长30%； 5279人上专科A线，增长35.8%；8612人上专科B线，增长44%；各批次上线人数的增幅全面超过全省的平均增幅。

惠州市一中姚荻笔同学以总分900分成绩，获全省高考第一名，惠州市一中罗银燕同学、博罗中学李小兰同学分别以政治、语文900分的成绩，获全省单科第一名。全市有6人次总分超过800分，比上年增加4人次；另外有11人参加学科竞赛，成绩优异被保送进入全国名校；全市有15所中学获高考进步奖，3所中学获高考特别奖。

【教师教学比赛获奖】 年内，惠州市组织教师参加全国、全省的教学比赛取得优异成绩。惠州市一中南山分校杜养生老师获全国政治科教学比赛一等奖，惠城区河南岸中学邹向敏老师获广东省中、青年初中语文教师阅读教学比赛一等奖。惠州市八中蓝玉凤老师获广东省生物教师教学比赛一等奖，惠州市一中向敏老师获广东省英语优质课比赛一等奖；惠州市八中物理科刘伟栋老师的教学论文获省一等奖，河南岸中学曾淑英老师获地理科省优秀论文评比一等奖。还有十多位老师获得各科教学比赛的二、三等奖。

【教育科研立项与获奖】 年内，全市在教育科研方面有3个课题在全国专业委员会立项，有4个课题在省立项，108个课题在惠州市立项，两项科研成果获创新成果奖。

【学生获奖项目】 年内，惠州市学生研究性学习成果参加省地理教育学习成果大赛获一等奖，惠东高中学生戴侃参加全国物理奥林匹克竞赛获广东省一等奖；惠州市一中学生黄远辉、王国胜在广东省第二届中学生物理实验设计展评中，获一等奖。

【教师资格认定与专业技术职称评审】 年内，全市受理各类教师资格申报人员12498人，审批认定11497人，其中高级中学教师资格623人，初级中学教师资格3007人，小学和幼儿园教师资格6716人，中等职业学校教师资格237人，中等职业学校实习指导教师资格40人。

全年受理各类教师专业技术资格申报材料2537份。其中报省评审的高级职称202人，组织评审中级职称2187人，初级职称148人。

【教师继续教育】 年内，全市大力做好教师继续教育工作，选送参加国家骨干教师培训8人，参加省级骨干教师培训108人，参加市级骨干教师培训1575人（其中中学教师518人、小学教师1057人）；选送赴英国参加小学英语教师培训2人；选派参加省英语课培训156人，信息技术培训200人；同时，还挑选了45岁以下、具有中级以上职称的骨干教师35人赴上海华东师范大学参加为期一年的“名师高级研修班”。

实施“十百千人才工程”暨市直学校中青年干部培训，参加人数205人。“十百千人才工程”培养对象经过历时4年的培训，即将结业。

【提高教师素质】 年内，通过开展师德教育、教学研究和教学改革、教师继续教育、以及系列教学竞赛活动，教师队伍素质有了明显的提高。全市各级各类学校教师 37510 人，其中专任教师 31365 人，小学教师学历达标为 99.46%，初中教师学历达标为 87.66%。其中教师学历达标为 81.51%，此外，组织评选广东省南粤优秀山区教师 17 人和“惠州市优秀山区教师”40 人，为教师树立学习榜样。

【加强中小学基层党组织建设】 年内，市教育局党组加强基层党组织建设，要求各党支部坚持学习制度和民主生活会制度。市直学校支部班子全部换届，并注重抓好各项规章制度落实，市直学校各党支部都通过了“六有达标”的验收（有年度工作计划、有坚持民主集中制的规定、有严格的组织生活制度、有党费收缴登记公布、有入党积极分子的培养考察、有党建工作的检查总结）。全年市直教育系统发展党员 58 名，培养入党积极分子 98 名。

市直属学校各党支部重视创建党员先锋模范岗活动，召开支部大会，确定模范岗人选，采取各种方式，凸显模范岗的地位，通过广泛宣传，扩大模范岗的影响。

【开展推广普通话工作】 年内，全市教育系统认真做好语言文字规范化及推广普通话工作。贯彻《国家通用语言文字法》，组织第六届“推普周”活动，进行普通话水平培训、测试的教师、学生共 4299 人。

【加快教育信息化建设步伐】 年内，通过卖方信贷方式，解决信息建设资金，筹建中心小学、县城小学电脑室和语音室。加快全市教育现代化、教育信息化建设步伐。在筹建中心小学、县城小学电脑室和语音室时，将 30 间 30+2 的山区初中电脑室，升级到 60+2，为山区学校普及电子计算机教育打下基础。全市建设校园网 7 个，电教室 368 间，电脑室 313 间，电脑 13590 台，语音室 106 间，制作室 112 间。设备总值 1.04 亿元，比上一年增加近 2000 万元。

【创建省市一级学校】 年内，惠阳高级中学、崇雅中学、惠阳一中和龙城二小等 4 所学校通过省一级学校的评估，全市省一级学校增加到 12 所，省一级学校的优质学位增加 14503 个。市直中学上等级学校工作也顺利推进，市二中、市三中、市五中、市侨中、市七中、市九中、市实验中学等 7 所学校进入市一级学校行列。全市市一级学校 68 间。幼儿园（省级）3 所。

【执行“一费制”】 年内，全市教育部门严格执行“一费制”，教育收费做到“六统一”（统一实行亮证收费、统一使用专用票据、统一持册交费登记、统一实行“收支两条线”、统一实行中小学校收费公示、统一实行中小学财务结算）、“三公开”（收费标准向社会公开、收费通知单向家长公开、收支情况向教师公开）。教育部门与全市中小学校长签订《惠州市中小学收费工作责任书》，这一举措得到省、市领导好评。由于工作扎实，全市实施“一费制”的工作取得明显的成效。自签订责任书以来，收到的投诉仅有 31 宗，比上年同期下降 76%；乱收费的金额下降，2003 年秋季入学至到年底查出的乱收费金额为 157 万元，比上年同期下降 34%；“一费制”实施以后，全市中小学一学期收费为 10355 万元，与上年同期比减轻人民群众教育费负担 2831 万元，学生人均减少收费 63 元。

惠州市执行“一费制”的经验得到国家有关部门肯定。“全国治理教育乱收费部际联席会议办公室”的简报（第 56 期）专门介绍了惠州市的做法。

·中等职业教育·

【中专学校归口管理】 年内，根据《惠州市中等职业学校布局调整实施方案》，稳步推进中专改革进程。市政府于 10 月 1 日召开市属中专管理体制改革会议，将市工业科技、农业、商业、外贸、旅游、卫生、建安等八所学校从行业中剥离出来，归口市教育局管理，理顺了管理体制。

【创新中专办学体制】 年内，市中专办学体制以商业学校组建教育集团并实行授权经营为突破口，实现五大突破：突破部门办学的框框，学校成为真正办学主体；突破财政管理体制，学校实行科学、合理、自主原则理财；突破人事管理体制，学校自主规划和管理人力资源；突破投资体制，学校自主融纳社会资金和组合教育资源；突破办学领域，学校以中职为核心自主延伸办学领域。商业学校授权经营对市属中专实行“事业单位、企业管理、自主经营、市场运作”的管理模式，对惠州市中职学校的加快改革和发展将起到推动作用。

【中专生创新技能培养】 2003 年，开始严格执行持“双证”毕业制度，要求中职学生至少考取 1 个职业资格证书，才能取得毕业资格。10 月上旬起，惠州市举行首届中职学生技能竞赛，竞赛项目包括计算机技能、会计电算化、旅游专业技能。全市中职学校 1 万多学生参与了不同形式、不同内容的竞赛，并表现出良好的业务技能。旅游学校代表队参加全省旅游专业技能竞赛，获得团体第三名。

【中专学校争上"国重"、"省重"】 年内，做好争创国家级重点中等职业学校和省级重点中等职业学校的复评工作，提升办学实力。惠州商业、农业学校争创国家级重点中等职业学校，已通过专家组评估。同时，博罗中专也通过专家组复评。此外，受省教育厅的委托，按照《广东省重点中等职业学校评估标准》，市教育局对惠东职中、惠州农校和卫校3所学校也进行了省级重点中等职业学校复评。

·民办教育与特殊教育·

【民办教育成为惠州教育新亮点】 9月1日，《中华人民共和国民办教育促进法》正式实施，惠州的民办教育进入了一个新的快速发展阶段，民办教育成为惠州教育的一个新亮点。

全市民办教育机构有325所，在校生共79033人，其中：民办幼儿园246所，在园幼儿31693人；民办小学52所，在校生28260人；民办初中16所，在校生10785人；民办高中3所，在校生共733人；民办中等职业学校6所，在校生共2306人；民办高等专修学校1所，在校生共256人。民办国际学校1所，在校生近50人。

民办教育的发展，对全市学前教育的普及和完成"普九"任务、特别是对解决外来人口子女入学和市区小学入学难问题起到了重要作用。市区全年安排小学一年级入学人数就超过8000人，但公办学位不足5000个；安排初一入学人数近7000人，但公办学位仅4000个。这样便减轻了公办学校的压力，有效地缓解了公办学位不足的矛盾。优质民办学校的发展，满足部分群众对优质学位的需求，惠州一中利用社会力量创办的南山学校，每年可提供初中优质学位达500个，惠阳高级中学建设了高中新校区后，每年不仅高中学位增加近700个（公办200个、民办500个），初中学位也增加近400个。

【民办学校成立党组织】 年内，市属11所民办学校成立中共党支部，并举行集中授牌仪式。扩大党组织在教育系统的涵盖面，加强党组织对民办学校的领导，开创惠州市教育战线党建工作的新局面。

【多渠道发展民办教育】 年内，利用名校、老校的品牌，通过合作方式扩大优质学校的办学规模。惠州一中南山学校、惠阳高级中学高中部、崇雅中学高中部等三所学校的建设，就吸纳社会资金近3亿元，其中惠阳高级中学和崇雅中学高中部规模分别扩大了两倍多，公办学位也增加了一倍。引导举办者与社区（村委会）合作，社会投资建校，按公办收费招收辖区学生。惠城区东江小学每年招收2个公办班，江北白盆珠水库移民村的龙珠学校按公办收费招收全部当地村民子女。金迪新苑与深圳文泰公司合作创办的外国语学校对住宅区内学生实行优惠。鼓励民办学校自我发展壮大，艺园学校从几千元起家，发展成为占地8万平方米、建筑面积2.5万平方米、固定资产2700多万元、在校生1900多人规模的综合性民办学校，成为省教育厅向教育部推荐的8所全国先进民办学校之一。鼓励公办学校走市场化路子，成立市商业学校教育集团，兼并卫国机械厂子弟学校。成立惠州八中教育集团，创办惠州八中附属中英文学校，利用市场资源做大做强原有的教育品牌，同时也迅速扩大了办学规模。

【关心支持特殊教育】 惠州市特殊学校在市委、市政府有关部门和社会各界的关心与支持下，得到初步发展。5月31日，市委、市政府领导肖志恒、陈仕其、徐志达率市妇联、民政、残联等部门负责人，到市特殊学校看望市特殊学校师生。该校年内在校生人数达171人，比上年增加50人。

【创建教育文明机关】 市教育局按市委、市政府开展创"五好"和"万众评公务"的部署，结合局机关工作的实际，把"万众评公务"与创建文明机关活动结合起来，推进市局机关党组织的作风建设；强化机关党员干部的公仆意识，提高机关的服务水平和办事效率。在创建文明机关活动中，分别确定市局教研室和考试中心为创建文明窗口。做到既抓点又抓面，以点带面，突出重点，收到较好的效果。市教育局被国家人事部、教育部、民政部等七部委授予全国支教工作先进单位、被市委、市政府授予文明单位等称号。

【存在问题】 农村义务教育以县为主的管理体制还需进一步完善；县与县、城市教育与农村教育之间发展不平衡；教育科研工作，尤其是对新课程改革有待进一步加强；中专的教育改革有待进一步探索和完善。教育经费投入不足，制约教育事业发展，尤其是直接影响到本市创办全国、全省示范高中的建设进程；办学经费的不足，同时也影响本市"改薄"的进程、"普九"成果的巩固提高和教育现代化、信息化的实现。

（彭红星）

·高等教育·

【惠州学院概况】 惠州学院是教育部批准建立的全日制多科性公办本科大学。拥有丰湖、金山湖两个校区。学院校园总面积172万平方米，校舍建筑面积27.8万平方米，绿化面积11.3万平方米，绿化覆盖率达到52%，连年被惠州市授予“花园式单位”称号。学院拥有建筑面积1.2万平方米的现代化图书馆，装备先进的实验室、计算机中心、电教中心、网络与信息中心等基础设施，70多个教学实践基地。教学科研设施先进，学生生活设施完备，体育运动设施齐全。教学仪器设备4600万元，馆藏图书62万余册，报纸、期刊1200多种。

学院现有全日制本、专科在校生6750余人，成人类学生7000余人，网络学院学生1800余人。有专任教师380余人，其中：高级专业技术职称的教师有120余人，具有硕士、博士学位的教师100余人。

学院设有中文系、政治法律系、经济管理系、外语系、数学系、电子信息系、理学系、服装系、建筑与土木工程系、体育系、艺术教育系等11个系。另设有成人教育学院、建筑规划设计院、高等教育研究室，莱佛士国际学院（合办）等教学科研机构。学院公开发行《惠州学院学报》学术期刊。

学院设有国际经济与贸易、财务管理、思想政治教育、体育教育、汉语言文学、英语、艺术设计、数学与应用数学、物理学、应用化学、生物科学、电气工程及其自动化、电子信息工程、计算机科学与技术、建筑学、服装设计与工程等16个本科专业和法学、旅游管理、音乐教育等20多个专科专业。

学院培养适应21世纪社会主义现代化建设需要、德智体全面发展、基础扎实、知识面宽、能力强、素质高、富有创新精神的高级应用型人才。根据国家资助经济困难学生的政策，学院设有综合奖学金、单项奖学金、企业奖学金（LG奖学金、金穗奖学金等）、国家助学贷款、勤工助学岗位、特困生资助基金和临时困难补助等。学院对学生的基本要求是学会做人、学会学习、学会做事。至今，学校已向社会输送3万余名毕业生，普遍受到用人单位的好评。

惠州学院金山湖校区校门　　（惠州学院供）

学院以“依法治校、学术自由、以人为本、提高效益”为办学理念，实施“非均衡跨越式赶超型”的发展战略。在办学实践中充分发挥教学、科研、社会服务三大功能，为地方经济建设服务，努力成为支撑惠州市经济和社会发展的人才摇篮。

首次党代会召开　11月15～17日，中国共产党惠州学院第一次党代会召开。会议总结回顾4年来的工作，确定今后几年的发展方向、改革目标和任务；选举产生新一届学院党委会和纪律检查委员会，刘卫国当选为学院党委书记，张岳恒、陈舜辉为学院党委副书记，赖美琴为学院纪委书记。会议号召全院师生员工同心同德，加快发展，努力把学院建设成合格的本科院校。

各级领导班子建设　年初，省委组织部宣布刘卫国为学院临时党委书记，配齐学院领导班子成员。学院党委坚持民主集中制，采取各种举措大力推进各级领导班子建设，先后公开选拔机关、教学系的中层领导干部26名，并对各系领导班子和部门机关领导进行述职考评，提高领导班子的服务水平和管理能力。

基础设施建设　学院完成丰湖校区的学生宿舍改造、实验室建设等九大工程，完成金山湖校区图书馆、08栋教师公寓、实习工厂等基础设施建设。办学条件得到明显改善，校园面貌发生可喜变化。同时，学院的绿化、美化工作亦取得进展。

人才引进　学院按照“按需设岗、公开招聘、平等竞争、择优聘任、严格考核、合同管理”的原则，制定《惠州学院引进专业教师暂行办法》和《惠州学院引进专业教师考核办法》，使人才引进更加科学化、规范化、制度化。全年引进学院急需的各类专业人才51人，其中有博士学位8人、硕士学位16人，有教授职称3人、副教授职称4人，优化了学院的师资结构。

“双评估”预评　学院坚持以“双评估”（学位授予权评估和本科院校教学工作水平评估）工作为中心。5月，开展三轮预评工作，首批参评的6个本科专业及“两课”和公共体育课已完成各自的评估主体报告，学院关于申请列为学士学位授予单位的综合汇报材料、院长的演示报告也初步定稿。

学科专业建设　学院新增农、法两大学科门类和电气工程及其自动化等4个本科专业；并申报10个本科专业和一个专科专业，根据学科及专业建设的需要，将体育、艺术与教育系调整为体育系和艺术教育系。

教学管理加强　学院为加强教学管理，启动了教学事故认定和处理办法、课堂教学质量评估工作，并与73个实习基地单位签订合作协议。

科研工作　年初，学院召开第二届科研工作会议，明确学院的科研任务，表彰赖美琴、周卫平等20多名先进科技工作者。全年争取到市级以上科研项目22项，科研经费181万元。全院教师发表学术论文367篇，其中核心期刊论文111篇，占论文总数的30.3%，专业期刊论文214篇，被国外检索性期刊收录45篇（次），其中被国际三大索引收录13篇，有32篇为美国化学文摘、美国数学文摘、德国数学评论所收录。全年资助出版著作12部。

与其它单位联合办学　学院于2月28日与惠州人民警察学校签订合作办学协议。按照协议，惠州学院每年安排300名一年级新生在警校就读，二年级回学院本部。警校提供教学、管理、学生生活使用的物业、场所、设备，并负责学生日常管理，保障正常的教学与生活秩序。

4月23日起，学院与香港百利宏实业投资有限公司经过充分协商，中止双方于2000年4月5日签订的《合作办学协议》，并于6月19日双方重新签订协议，学院回收学院附属中学的产权，整合教育资源，增强学院的综合办学实力。

6月19日，学院与惠州振邦教育发展有限公司签订联合办学协议。按协议，学院附属中学原有教师、学生全部移至振邦校区，学院继续对该校的教学、生活、后勤保障等方面进行指导。

此外，学院还与清华大学等5所名校联合创办网络远程教育，在读学生已达1100多人。

招生人数与就业率增长　学院全年共录取各类学生3827人，其中全日制新生2646人，比上年增加约79%。成人教育规模突破8000人大关。2003届毕业生就业率达97.36%，其中非师范生98.55%，师范生96.62%，居全省高校第12位，三年蝉联5所同类院校之首。就业率与上年同比提高2.15%。

（林少章　邹富联）

【惠州市广播电视大学概况】　惠州市广播电视大学（简称市电大）创办于1984年，内设办公室、教务科、教研室、实验中心，下辖惠阳、惠东、博罗、龙门、惠城区等5所县级电大。

市电大现有教职员工36人，其中高级职称4人，中级职称10人；外聘教师45名，其中高级职称11人，中级职称29人。学校拥有多媒体学习电脑室、开放教育网络课室、多媒体演播系统、Ku波段卫星电视接收系统、IP和VBI数据广播接收中心、录播控制中心、视频编辑制作系统、语音室等教学设备设施，校园网络连接Internet，安装有电大在线远程教学平台，形成了较为完善的现代远程开放教育教学支持服务系统。

年度内，市电大开设有金融学、工商管理学、人力资源管理学、法律学等4个本科专业和汉语言文学、会计学、行政管理学、护理学、计算机及应用、会计电算化、电子商务、供用电及管理等10多个专科专业。同时还负责组织惠州市计算机等级考试和保险代理人资格考试，形成文理兼备、本专齐全、学历教育和继续教育同步发展的格局。现有在校学生2888人，其中业余本科生532人、业余大专生2293人、普通大专生63人；2003年秋季至2004年春季有800名学生毕业。

市电大参与了国家教育部批准的“中央电大人才培养模式改革和开放教育试点”研究项目。在教学管理中，学校加强规范管理，提高教学服务水平，提升办学实力；深入开展教学领域的改革，探索远程开放教育规律，运用多媒体和计算机网络等现代教育技术，实行开放式的办学模式，采用体现自主学习、个体化学习为主的学习模式，以学生为中心的教学模式，努力提高教学效果和教育质量，为惠州经济建设和社会发展培养应用型专门人才。

根据省政府批复的《惠州市中等职业教育布局结构调整实施方案》和惠府办的文件要求，市电大、惠城区电大与市建筑成人中专于2004年1月起合并组建成市电大。

市电大存在的问题主要是师资力量相对比较薄弱、结构不够合理，教学资源利用有待加强。

（陈　强）

文化艺术·新闻媒体

责任编辑：蔡楚标

文化艺术

【概况】 2003年末，全市有各类专业艺术表演团6个，群众艺术馆、文化馆6间，乡镇文化站78个，县级以上公共图书馆5间，博物馆5间。全市各类电影放映单位31个，其中影剧院9座。

全市文化、文物事业机构107个，从业人员642人，其中艺术事业机构6个，从业人员172人；群众文化事业机构91个，从业人员349人；公共图书馆事业机构5个，从业人员75人；文物事业机构5个，从业人员46人。

全年全市文化、文物事业费总支出1296万元，其中艺术事业费支出289万元，群众文化事业费支出546万元，公共图书馆事业费支出327万元，文物事业费支出134万元。

但是，文化设施建设落后状况未得到根本改变；文化队伍总体素质偏低，文化事业单位内部运行机制不活；文化产业总量偏小，缺乏亮点；一些文化娱乐场所仍存在违规经营行为；文艺创作生产经费不足，群众文化活动开展不够平衡。

【开展文化下乡活动】 年内，惠州市文化部门围绕固本强基、计划生育、法制宣传、禁毒03工程等，开展以送戏、送电影和送书为主要内容的文化下乡活动。全年全市文化工作者下乡2万多人次，送戏下乡162场，观众近32万人次；送电影下乡5532场，观众276万人次；送书下乡5.1万多册，建立村级文体活动室68个，培训农村文艺骨干1400多人。

【举办大型文艺演出】 2月12日，市委、市政府主办，市文化局承办的中央歌舞团大型歌舞演出《秘境之旅》，在滨江公园文化广场举行，观众数万人。4月16日，市委、市政府主办，市文化局承办的惠州第二届国际数码节大型文艺晚会，在市民乐园举行，全国政协副主席李蒙、市领导与5万多群众观看演出。6月3日，市文化局承办的庆祝市八次党代会召开文艺晚会，在市会议中心举行，市领导与出席党代会的全体代表观看演出。

【组建歌舞剧团】 年内，市实验剧团、市歌舞团按照市委宣传部和市编制委员会批准的《惠州市直属艺术表演团体体制改革方案》和《惠州市直属艺术表演团体体制改革实施细则》，合并重组为市歌舞剧团。合并后，初步消除弊端，理顺关系，创新机制，激发动力，强化内部管理，提高工效和质量，增强竞争力。

【话剧《村官》公演】 年内，市文化局组织创作、市歌舞剧团排演话剧《村官》。该剧通过新旧势力、观念的冲突，塑造新时代农村致富带头人的形象，具有农村气息和时代感。7月8日，大型话剧《村官》在惠州大剧院举行首演式，省、市有关领导、专家及市直机关副处以上干部、各乡镇党政领导1200多人观看演出。9月12日，《村官》赴省委大礼堂汇报演出，省委副书记、纪委书记王华元等领导观看演出并给予较高的评价。该剧在全市巡回演出近40场，观众达5万多人次，受到社会各界的好评。

【开展文化交流】 8月5日，市演出公司应香港寰亚娱乐演出有限公司邀请，组织太极轻音乐团，赴港参加一年一度的盂兰节活动。在港半个月，演出26场，观众3万多人，表演有民间吹奏乐、大锣鼓和醒狮等，受到香港各界人士的好评。

同月，台湾著名画家、美术教育家李奇茂、江明贤、白宗仁到市博物馆参观交流。

10月18日，瑞士联络爵士乐团应邀在惠州市会议中心演出，演奏《几乎就在节奏上》、《你对我是如此的特别》和根据中国歌曲改编的《歌声与微笑》、《太阳出来喜洋洋》等11首爵士乐。

11月20日，孙中山的孙女孙穗芳博士率“爱我中华走进惠州”参观考察团访惠，在惠举行《国父孙中山先生纪念集》首发式。同时，到市博物馆参观并题字。

11月，中华两岸文化艺术基金会与国立国父纪念馆主办、市博物馆参与策划的“中华两岸近现代名家书画大展”在台湾展出。惠州市袁学军国画作品参展。

（李卫华　颜　乐）

12月10～14日，由江西省瑞金市委、市政府组织的大型音乐报告剧《红都·生命礼赞》在惠州大剧院演出。该剧分为序幕《红色摇篮》和《新婚出征》、《思念情深》、《奉命寻亲》、《八子凯旋》4场。演员的出色表演赢得观众好评。

（杨剑辉　高　彬　孔庆一）

12月13日，著名蒙古族歌唱家德德玛、藏族歌唱家容中尔甲、曲比阿乌和通俗歌手齐锋，应邀到惠州市风华世家演唱。民歌《美丽的草原我的家》、《高原红》、《远方的客人请你留下来》等给观众留下深刻印象。

（刘明霞　巴　山）

12月30日起，中华两岸文化艺术基金会策划、广东省美术家协会等单位主办的《齐参与·大家展——广东省中青年画家（9人）作品巡画展》开幕式，在惠州市博物馆举行。

（杨剑辉　高彬　孔庆一）

【开展广场文化活动】　年内，市文化局围绕市委、市政府的中心工作以及创建文明城市活动，开展迎春游园、大型歌舞、文艺晚会等广场文化活动。全年在滨江公园文化广场开展文化活动33场，其中文艺演出25场，放映电影8场，观众约30万人次。

【作品、演出获奖】　年内，市文化局组队参加“古风新韵唱小康——广东省客家山歌擂台演唱会”，获即兴斗歌比赛银奖、传统山歌唱腔比赛铜奖，3人被评为优秀山歌手，3人获优秀演出奖；组队参加省群众曲艺邀请赛，1人获铜奖，1人获优秀奖，4人获表演奖。相声《马年说马》获省群众文艺作品评选一等奖，小品《生日》、歌曲《美丽的港湾》获二等奖，歌曲《欢迎你到惠东来》、客家快板说唱《水的故事》获三等奖；选送作品参加广东省美术、书法、摄影联展，摄影作品《喜气盈村》获二等奖，摄影作品《暮归》、《盛会》获优秀奖。此外，还有一批书画、摄影作品入选全国、全省的展览。

【央视摄制、播放少儿艺术培训节目】　2月23～26日，中央电视台《走遍中国》栏目摄制组到惠州市群艺馆，摄制少儿舞蹈、声乐、器乐等艺术培训情况，并在中央电视台第四频道播出。

【举办少儿艺术花会】　7月18日，市文化局、市教育局、市妇联主办，市群众艺术馆承办的惠州市第六届少儿艺术花会在惠州大剧院举行。演员460多人，参评节目31个，18个节目获奖。

【组织少儿器乐大赛】　10月11～12日，由市文化局等单位主办、市群众艺术馆承办的市“第二届少儿器乐大赛”，在市郊“金迪星苑”民俗风情园举行。全市600多名少年儿童报名参赛，评出188个奖项。

（李卫华　颜　乐）

【八岁琴童获大奖】　8月7日，惠州市第七小学年仅8岁的女学生李心意进京，参加第10届全国推（文艺）新人选拔赛。李心意以一曲《哪吒闹海》荣获儿童电子琴组全国十佳奖。

9月8日，惠阳区淡水又一村小学年仅8岁的学生陈诚赴西班牙，参加第16届伊比莎国际钢琴比赛。陈诚弹奏肖邦的《回旋曲》OP16、贝多芬的《奏鸣曲》第一首、巴赫的《平均律》下册第十首。他以优秀的弹奏荣获少年钢琴家组第三名。这是伊比莎国际钢琴比赛上夺得少年钢琴家组奖项的第一个中国儿童。西班牙多家媒体作了报导。陈诚上台领奖的图片，被当地一家报纸放在头版头条的位置。

（杨振辉）

【举办纪念东纵成立60周年文化活动】　11月30日，惠阳区“两纵”老战士联谊会等单位在市文化中心举办“纪念广东人民抗日游击队东江纵队成立60周年大型书画展”。展出书画作品164幅，作者有老红军和新四军、东江纵队老战士及国内著名书画艺术家。

12月1日，惠州中华文化促进会在惠州市桃花源酒店会议厅，举行纪实小说《铁骨丹心——刘波传奇》首发式。该书描述惠州市“两纵”老战士、东江纵队香港地区抗日游击队老战士联谊会会长刘波，在革命、建设和改革年代中充满传奇色彩的故事。该书为惠州中华促进会副会长蔡楚标、杨城所著。市领导、市“两纵”老战士联谊会、市有关部门负责人及刘波本人参加首发式。

（冷　敏）

【举办企业文化建设成果展】　12月25日，惠州市企业文化建设成果展在市区举行。展出全市40家企业徽标、员工手册、经营理念、价值观、员工文娱活动、员工对企业的认同感等内容。市企业文化协会授予惠州电信、中国银行惠州分行等19家企业“企业文化建设示范单位”牌匾。同日，举行《新趋势、新思考、新方法》的企业文化论坛。

（李　俊）

文物　博物　图书

【宣传《文物保护法》】　年初，召开有社会各界参加的新颁布的《文物保护法》座谈会，协同市普法办将《文物保护法》编入干部普法教材。购买《文物保护法》单行本送给有关单位。通过惠州日报、惠州电视台宣传《文物保护法》。

【做好馆藏文物登记造册和保护】　年内，完成全市博物馆、纪念馆和图书馆馆藏文物的登记造册。全市博物馆、纪念馆馆藏文物 10.4 万件（其中古钱币 9.2 万枚），市图书馆馆藏古籍书 2.5 万册（其中善本 13 种 163 册）、古书画 164 件。组织对市区文物点进行调查摸底，为公布第五批市级文物保护单位做好前期准备工作。做好文物的安全防范，与公安部门建立联合打击文物犯罪的联络机制，并对全市博物馆、纪念馆和文物保护单位的安全系统进行检查。

【墓葬文物出土】　5 月，市博物馆配合省考古研究所工作人员，对西湖崇道山宋代至民初的 6 座古墓，进行抢救性发掘清理。清理发现，古墓葬形式各异，有较简单的宋元时期的骨灰葬，有较复杂的明清时期拱顶砖室墓。出土宋代青瓷直身罐、元代酱黄釉罐、明代铜镜、铜花钱、明清的清花瓷残片、陶盆等 30 余件。

7 月，市博物馆考古人员在市花边岭南路修路工地，对发现的清代古墓葬进行发掘，该墓为乾隆十七年二次葬所修的夫妇合葬墓，出土尚装骸骨的二陶埕及陶埕里盖墨书。该出土文物对研究惠州地区历代葬俗及其延伸和嬗变提供实物资料。

11 月 25 日，市博物馆考古人员在惠阳区秋长镇，清理发掘有关邓承修亲属的清代古墓葬，出土眼镜 1 副及铜器部件等，并取回墓志铭碑刻 1 块。对研究清末邓氏在惠阳淡水地区的文化活动及其贡献，提供重要史料。

【修缮东江民俗文物陈列馆】　年内，市博物馆协助市文化局，修缮东江民俗文物陈列馆（在“黄氏书室”内），并制订该馆布展方案，做好对外开放的各项准备工作。

【清出清代金漆木雕】　1 月，市博物馆在清理馆藏物品时，清理出一批罕见的清代金漆木雕。这批金漆木雕共 262 件，为清代嘉庆年间同一庙宇神龛的组件，樟木、黄花梨木、杉木等木质，大小不一，形状各异。制作工艺复杂，雕刻手法多样，精巧细密，描金绘漆，具有较高的研究、欣赏价值。中央电视台、凤凰卫视台、香港亚洲台作了播放，南方日报、羊城晚报、惠州日报等多家媒体作了报道。

（李　俊）

【发现珍贵文物】　年内，发现惠东县多祝镇黄狮村村民肖添礼收藏有一幅清代咸丰皇帝的圣旨。圣旨长 1.7 米，宽 30 厘米，两边有木制执手。黄色的绢丝布已褪色，印章与文字仍清晰可辩。

发现惠州市毛泽东系列藏品展览馆工作人员袁启人收藏有一枚晋代瓷制官印。瓷印长 42 毫米，宽 35 毫米，高 22 毫米，质地为白胎青釉。印柄为 1 只乌龟，呈爬行状，四肢直立，昂首向前。印章上刻有“建春门侯”4 字。这是晋代都城洛阳东门掌门官之官印。

（曾　鸣　张年才）

【庄汉生向市博物馆捐款】　6 月 23 日，举行中华两岸文化艺术基金会庄汉生会长向市博物馆无偿捐助 10 万元人民币捐赠仪式。该款专门用于文物、艺术品以及客家民俗文物的考察、征集、研究、出版宣传等。

【央视摄制、播放“惠州文物”专题片】10 月，市博物馆特邀中央电视台 2 频道《藏游天下》摄制组来惠拍摄“惠州文物”专题片，内容有东平窑址、明清古建筑、馆藏“金木雕”及惠州西湖美景等，共制作 5 集。在中央电视台 2 频道分 2 次播放。还制成 VCD 光碟，作为政府赠送外宾礼品。

（李卫华　颜　乐）

【兴建东江纵队纪念馆】　12 月 1 日，东江纵队纪念馆建成开放。该馆位于罗浮山麓冲虚古观旁，建筑面积 3500 多平方米，内设序幕厅、英烈厅、影视厅等。馆内安装中央空调和自动烟感监控防火系统，总投资 850 多万元，是惠州市迄今为止设施最现代化的展览馆。

（曾　鸣　杨怀玉）

【做好图书发行】　年内，惠州市新华书店总销售达 3208 万元，比上年同期的 2112 万元增长 52%。其中一般图书、音像、文具销售 1573.42 万元，比上年同期的 881.82 万元增长 127%，教辅教材完成 1222 万元，比上年同期的 1048 万元增长 16.6%，代运代发课本 3672 万元，与上年同期的 3762 万元对比持平。上缴国家税利 146 万元，比上年同期 95 万元增长 52%。以“三农”为主题，开展送书下乡优质服务活动，在防治“非典”期间，采用多种措施组织科技图书下乡。全年下乡 25 次，出动人员 118 人次，销售图书 2.32 万册。

1 月 23 日，惠州购书中心开业，为市民提供一个集文化、休闲于一体的购书环境。

【市新华书店试行改制】 年内，市新华书店作为全省市县书店改制试点单位，进行宣传发动、调查摸底、资产评估、咨询论证、上报审批等改革准备，制定改革实施方案。同时，按照“一业为主，多元发展”的战略方针，抓好新华书店报刊亭的建设和境外报刊发行。完善企业管理制度，变人管人为制度管人。加强党组建设，确保企业改制后党对图书发行阵地的控制权。

【惠州慈云图书馆主楼封顶】 年内，惠州慈云图书馆主楼封顶，土建工程基本完成，进入二次装修、设备安装阶段。

（王 玲）

新闻出版

【概况】 2003 年，惠州市新闻出版工作以抓发展、促繁荣作为主题，坚持正确的新闻出版导向，加快产业发展，规范出版物市场秩序，全市新闻出版事业健康有序地发展。

完善舆论导向机制 市新闻出版局落实《进一步加强新闻审评工作实施意见》，把审评对象扩大到全市的连续性内部资料出版物和一次性非营利性出版物。编辑出版 5 期《惠州新闻舆论》，帮助新闻媒体把握舆论导向。为市委办公室起草《关于改进会议报道和领导同志活动报道工作的意见》，强调新闻报道要符合新闻规律、符合“三贴近”（贴近生活，贴近实际，贴近群众）的要求。举办第二届内部刊物评优暨编辑经验交流会。制止多起外地媒体对惠州的有关负面报道和炒作，维护惠州以及惠州企业的正面形象。

加强出版物市场监管 市新闻出版管理部门加大出版物市场的监管力度。清查出版物市场，封堵和查处非法出版物及“法轮功”邪教宣传品，查处有害卡通画册和淫秽“口袋本”图书，遏制盗版教材、教辅读物的出版、印制、发行。清理整顿内部资料性出版物，制止非法刊物和违规资料性出版物的蔓延。整顿、规范印刷业，打击非法印刷活动。通过加强监管，重点地区、重点部门取得新的成效，面貌有明显改观。

依法办理出版业务 市新闻出版部门完善行政执法责任制。开展法律培训，组织执法人员学法，提高执法水平。全年办理各类许可证 188 张，受理各种备案登记 170 宗，变更手续 160 宗，审核加工贸易项下光盘进出口业务 156 宗，数量 300 万张，审批境外印刷品加工业务 240 宗，加工的出版物 1100 万册，包装装潢和其它印刷品 7300 万公斤。

宣传、维护版权法 开展一系列版权宣传、保护工作。结合著作权法实施 12 周年纪念活动，张挂宣传画，接受版权法律咨询。与市知识产权局和市工商局合编版权知识小册子，免费向市民派送。部署对全市政府部门使用正版软件的清理自查，印制《关于禁止销售盗版软件的通告》，张贴、发放到各电脑软件经营点，查缴盗版图书和电子出版物，举行“惠州市销毁非法出版物现场会”，上送可疑图书、音像制品到“省出版物鉴定委员会”鉴定。

但是也存在各县（区）新闻出版管理人员不足；行业整体水平不高，印刷业、出版物发行业规模偏小，档次偏低，竞争力不强；管理上的盲点、漏洞仍不少；版权保护比较薄弱，法制宣传教育有待改进。

【成立新闻出版（版权）局】 年内，惠州市新闻出版办公室升格为惠州市新闻出版（版权）局，设局长、副局长各 1 名，在原有 3 人的基础上增加专项编制 4 名。12 月 15 日，惠州市新闻出版（版权）局正式挂牌。

【评选“惠州新闻奖”】 年内，由市委宣传部、市新闻工作者协会联合开展 2002 年度“惠州新闻奖”评选活动，评出报纸类 27 项奖、电视类 31 项奖、广播类 25 项奖。

【举行记者节文艺汇演】 年内，惠州市新闻工作者协会举行“惠州市新闻界庆祝中国记者节文艺汇演”及评选活动，评选出一等奖节目 3 个，二等奖节目 4 个，三等奖节目 5 个。节目均为新闻工作者自编自演。

【开展内部刊物评优活动】 8 月，市新闻出版办公室联合市新闻工作者协会，举办第二届全市内部刊物评优暨编辑交流会，全市有 53 家内部刊物送样参加评比，评出一等奖 5 名、二等奖 7 名、三等奖 10 名。《TCL 动态》、《学习与宣传》、《鹅城》、《惠州研究》、《侨兴人》为一等奖；《惠州调研》、《惠州广播电视》、《德赛》、《惠州电信》、《隆生》、《惠州组工通讯》、《惠州房地产》为二等奖；《惠州日报通讯》、《人才研究通讯》、《LG 之声》、《惠州电力》、《惠州教育（刊）》、《鹅岭医院》、《惠州交警》、《市直党建》、《惠州检察》、《惠州药业》为三等奖。

【音像出版、制作与复制】 年内，全市有音像出版、制作、复制企业 11 家，出版、制作节目 126 个，复制录音带 1855 万盒、录像带 84 万盒，发行光盘 3184 万片。其中，惠州音像出版社（惠州市岭南影音总公司）全年经营总收入 862 万元，实现净资产 1335.3 万元，盈利 80 万元。改编大型秦腔传统剧《王宝钏》，荣获第三届全国优秀文艺音像制品奖三等奖。夏里巴实业公司全年编辑、录制、发行节目带10个版号，生产、销售录音带230万盒、录像带34万盒，产值146万元。惠州TCL文化有限公司完成增资扩股，注册资本增加到3452万元，从国外引进4条光盘生产线，改变产品结构，工业总产值达2亿元/年，录音带产能1000万盒/年，各类光盘产能3000万片/年。年底，公司获新闻出版总署批准，增加7条只读类、20条可录类光盘生产线。惠州音像出版社也获批准引进10条可录类光盘生产线。2个项目约需投资4.5亿元，投产后预计年产值可达40亿元，上交税利可达4亿元。

【惠州日报】 2003年，《惠州日报》为适应读者的需求，改革版面，增设《民营经济》、《点题调查》、《信访在线》等专栏，增办《消费周刊》和《时尚·职业》专版。

《惠州日报》全年平均日发行5.08万份，每份12版。报纸的版面、栏目、新闻作品等，多次获全国、省、市各级奖项。

4月31日，《惠州日报》报业大厦落成，改善了办公条件。

《惠州日报》坚持正面宣传为主，确保正确舆论导向，较好地发挥党报应有的作用。

重要会议精神报道　1月16～22日，围绕市委七届八次全体（扩大）会议提出的奋斗目标和战略思路，全面报道各地谋求发展新思路、改革开放新突破、新局面的做法。从5月18日起，陆续报道“三会”精神，安排版面23个，刊发文稿189篇，照片62幅。

民营企业报道　3月4日出版《惠州市表彰民营企业10强纪念特刊》，强势报道全市民营企业。

第二届国际数码节报道　从4月16日起，以质量高、信息容量大、报道方式创新等特色，多角度、全方位报道中国惠州第二届国际数码节的盛况。

“万众评公务”报道　5月13日起，贯彻新闻宣传工作“贴近生活，贴近实际，贴近群众”的原则，在A1版推出《论“万众评公务”》系列文章4篇。

防治“非典”报道　5月12日起，开辟《弘扬“抗非精神”大家谈》专栏，宣传“抗非精神”，激励全市人民斗志，维护社会安定。

经济建设成果专题报道　10月，推出《博罗：向工业化强县挺进》和《龙门：谱写生态经济精彩乐章》等系列文章，从不同侧面介绍各县（区）经济发展成就。

【惠阳日报】 年内，惠阳日报社一手抓采编业务，一手抓经营管理，共有10多件新闻作品获惠州市新闻奖、中国县市报新闻奖，有7人被中共惠阳区委评为年度优秀新闻工作者。全年完成发行量260多万份。

年底，惠阳日报社转制为惠阳区新闻中心，转制后机构性质、机构规格、人员编制、经费渠道及隶属关系不变，并出版内部资料《新惠阳》。

【惠州广播电视报】 年内，《惠州广播电视报》每周出版1期，每期发行量5万份，全年出版52期。年内进行扩版，由原彩色印刷20版增至广告旺季4开32版。在预告每周节目的基础上，报导与民生相关的信息，提供文化娱乐内容。7月，实行报社中层干部竞争上岗，改变工作作风，提高经济效益。全年经营收入达146.11万元，经营利润22.11万元。

（曾华流　王　玲）

广播　电视

【概况】 2003年末，惠州广播电视局总人数566人，全部实行聘用制。

全市广播电视从业人员1491人，其中具有中专以上学历的897人（在市级单位的382人、在县级单位的515人），市级单位有初级职称以上的226人，其中初级128人、中级29人、高级19人。县级单位有初级职称以上的204人，其中初级144人，中级60人。

年内，电台、电视台节目全面改版，加大新闻信息量，增加生活服务类节目份量。

全年各项播出、传输指标均达到或高于省局规定的指标，没有发生播出、传输、生产的重大事故。

但广电新闻中心建设资金短缺，电视台设备亟需更新，增加市电台、电视台在山区的信号覆盖面有待落实。

电台开设现场直播　年内，惠州人民广播电台每天播音19小时。全年播出本地新闻4000多条，编发新华社新闻1万多条，编发珠三角新闻协作网新闻600条。向中央电台、省电台提供新闻稿件246条。电台开设现场直播，全年现场直播5场。

电视台首次实现与央视连线直播　惠州市电视台一、二套节目每天播出24小时，全年播出11642小时，台内停播率0秒。全年播出本地新闻5760条，上送稿件被省电视台采用148条，被中央电视台采用17条。制作播出社会专题155部，完成市委、市政府布置的专题汇报片10部，其中送中央电视台播出的1部、省卫视台播出的3部、省电视台公共频道播出的10部、湖南卫视交流播出的1部。《东江之子》等栏目制作播出1166期。全年播出电视剧332部3056集、专题26部1367集，宣传推介影视剧300部集。全年完成电视现场直播11场、录播55场。首次采用有线电视光纤网，实现与中央电视台连线直播。

全市实现电视网络光纤联网　年内，惠州市有线广播电视网络中心在市区布设管线30公里，累计长度155公里；布设光纤40公里，累计长度215公里。年底前，全市实现联网，光纤总长度246.5公里。

有线广播电视网传输电视节目37套。市区新发展用户12987户，累计用户106472户。

电视转播台正常运转　惠州电视转播台全年发射两套电视节目8619小时，转播四套广播节目26941.5小时，传输7套微波信号63246.6小时，回传惠州电视新闻121次，电视新闻对播11次。象头山广播发射覆盖人口238万人，电视覆盖人口310万人。传输、发射台内停播、停传率为0秒。

广播、电视广告业务有所增长　惠州市电视广告中心经营惠州市电视台一、二频道、点歌图文信息频道、有线网络频道及其它广告业务，惠州人民广播电台广告业务量增加；广播、电视广告经营业务比上年增长26.3%。

【确保新闻宣传正确导向】　年内，市广播电视局把握导向，围绕中心，服务大局，发挥广播电视的"喉舌"作用，在"三会"（党代会、人大代表会、政协代表会）、南海石化项目、第二届国际数码节、防治"非典"等重大活动的宣传报道中，周密安排，精心策划，层层把关，确保新闻宣传的正确导向。

【加强有线电视网络改造】　年内，市广播电视局自筹资金2000万元，采用可寻址系统和增加带宽的方案进行网络改造。8月动工，到年底完成65个光节点、3万多个端口的改造，改造用户2万多户，完成用户资料普查4万多户。网改后，可在一个平台上进行有线电视网络的设计、管理，实现管理电脑化、用户收费自动化，为数字电视、IP网络等多功能数据业务的开发，搭建一条双向快速通道。

【加大广播电视事业建设投入】　年内，市广播电视局加大广播、电视事业建设的投入，共投资2495万元，比上年的1147万元增加近1倍。其中：投入1270万元，改造有线广播电视网络；投入685万元，实施市与县（区）光纤联网；投入218万元，完善广播、电视、有线电视信号的监控系统，改造部份应急供电设备；投入170万元，购置电台新的微波机、发射机，更新改造天、馈线系统，实现电台信号传输发射链路数字化；投入100多万元，自制设计、自行安装、自行调试市电视台第一部电视转播车；投入50多万元，对高榜山、象头山、百坑山、天堂山等4个发射台，进行防雷设施、供电线路、机房设备、发射塔的改造。

【建设广播电视新闻中心】　年内，做好广播电视新闻中心工程立项、可行性研究、地质钻探、外观设计、工程监理招标等前期准备工作，着手大楼建筑设计和施工设计。9月，举行广播电视新闻中心奠基仪式。

【扩大广播电视信号覆盖面】　年内，市委、市政府多次召开会议，讨论、解决惠东、龙门两县19个乡镇的收看收听惠州电台、惠州市电视台节目问题。市、县两级工程技术人员深入一线勘察，制定数字微波加光纤混合覆盖的方案。市政府拨款300万元。方案实施后，市两台在惠东、龙门两县的信号覆盖面从50%左右提高到85%以上。

【垂直管理惠城区乡镇有线电视系统】年内，市广播电视局在惠城区政府的支持下，对惠城区所有乡镇的有线电视系统实行垂直管理，完成收编管理的筹备工作。

【深化广电系统人事制度改革】　年内，市广播电视报社、电视转播台、惠州市电视台按照机构精简、人员精干，全方位竞争上岗的原则，开展"定岗定员、竞争上岗、双向选择、全员聘用"为主要内容的人事制度改革。3个单位有66人通过笔试、面试、民主测评、组织考察等程序，参加43个职位的竞争上岗。到年底，有14人被聘为中层领导。其中，电视转播台领导班子成员实行公选。

【加强广电队伍培训】　年内，市广播电视局组织有关人员参加在澳门、新西兰举办的管理、经营培训。分期分批到省内兄弟单位参观学习，请省委党校、汉斯、康特公司等单位的专家教授讲课。有31人参加北京广播学院惠州研究生课程进修班学习。全系统有234人参加国家广电总局组织的全国广播影视系统采编人员上岗培训，经全国统考，全部合格。此外，举办设备维护、网络管理、电脑操作、转播车应用等相关培训21场次，有533人参加。局系统培养入党积极分子13人，发展预备党员18人，预备党员转正11人。

【电视广告与栏目实行"八统一"管理】年内，市广播电视局对电视台和广告中心实行经济创收与分配挂钩。对电视广告、经济创收栏目实行"八统一"管理，即统一进账账户、统一开具发票、统一价格标准、统一折扣标准、统一合同经办人员、统一合同管理、统一制作串播和统一提成标准，保证广告市场的有序竞争，增加经济创收。

【广播电视作品获奖】 年内，市级评出146件广播电视获奖作品，其中特等奖1件、一等奖24件、二等奖46件、三等奖75件。市广电系统新闻、文艺等作品获省一等奖2件、二等奖6件、三等奖7件，省“五个一工程”入选作品3件。有4篇论文在省以上获奖或发表。

【惠州市启用首辆数字电视转播车】 年内，由惠州市电视台自行设计、自行安装的惠州市第一辆数字电视转播车正式启用。转播车运行稳定，可以胜任各种现场活动的直（录）播。

【加强广播电视行业社会管理】 年内，惠州市广播电视局加强广播电视法规的宣传，制作播放广播电视法规宣传广告6000条次，提高市民保护广播电视设施的意识。同时，加大清查、打击非法经营、私自安装、擅自使用卫星电视节目设施的力度。开展专项整治，理顺接收境外卫星电视节目的置换，对在规定时限内没有完成接收平台置换的23个单位，取消其接收资格。

（曾华流　杨剑辉）

文化市场

【整顿出版物市场】 2003年，惠州市新闻出版管理部门整顿出版物市场，开展“严查政治性非法出版物”、“打击无证经营和游商”、“打击盗版计算机软件”等行动。与公安、工商、文化单位联合采取33次集中行动，出动850人次，检查出版物经营单位320个，取缔非法出版物经营集散地28个，查处非法出版及非法经营案件75宗，收缴非法书刊2.8万册，收缴盗版电子出版物16890盒。

（王　玲）

【聘请首批文化市场监督员】 年内，市文化局制定《惠州市文化市场社会监督制度》和《惠州市文化市场社会监督员行为规范》，并从市人大、政协、教育、监察、妇联、法制、文化等部门和单位，聘请首批文化市场社会监督员13人，对市文化市场经营与管理进行监督。

【整治文化市场】 年内，全市文化行政部门采取日常巡查与集中整治相结合的办法，开展各类专项整治行动，重点打击演出、娱乐、音像、网吧等经营服务场所存在的各种违规违法行为。全市出动8132人次，1504车次，查处违法违规经营活动572起，收缴或扣押非法音像制品47454盘、游戏机及电路板424台（块）、影吧播放设备705套。对64家有严重违规行为的经营单位进行停业整顿，取缔影吧71家，提请工商部门取缔无证照非法经营的网吧、歌舞厅等文化经营单位67家。规范经营秩序，净化文化市场。

【开展“扫黄打非”行动】 年内，全市文化、公安、新闻、工商、海关等职能部门密切配合，齐抓共管，把查缴政治性非法出版物作为重点，全面清查音像、电子、书报刊出版物和印刷市场。全年全市出动5186人次，查处各类案件127宗，收缴各类非法出版物、非法音像制品和电子出版物1393万多册（盘），其中走私盗版光碟1387.3万盘。

【重新审核登记网吧】 市文化行政部门在公安、工商等部门配合下，经过近一年的努力，至年底，基本完成全市近200家网吧的重新审核登记。市文化局还举办2期网吧经营管理及技术人员培训班，邀请省专家对全市已重新审核登记网吧经营管理及技术人员进行法规及技术培训。同时，对全部网吧电脑安装网吧运营监控管理系统，通过互联网对全市网吧进行全程监控。

【加强音像制品鉴定工作】 年内，市、县两级文化行政部门成立音像制品鉴定小组，为执法部门及群众提供音像制品鉴定服务。市文化局还举办全市音像市场管理和音像制品鉴定工作培训班，培训全市负责音像制品管理鉴定的32名工作人员，提高业务人员的音像制品识别能力。

【举办音像制品从业人员培训班】 年内，市文化局举办音像制品经营单位从业人员培训班，参训160多人。培训班组织学习《音像制品管理条例》等有关法律法规和正版音像制品鉴别知识，并对参加人员进行考核。经考核合格，由市文化局发给上岗证，实行持证上岗。

（李卫华　颜　乐）

卫生·体育

责任编辑：赖兆周

卫　生

·综　述·

【医疗卫生机构人员与设备】　2003年底，全市有卫生机构197间，其中医院38间，卫生院88间，门诊部42个，采供血机构1间，专科疾病防治机构7个，疾病预防控制中心5个，卫生监督所4个，健康教育机构4个，疗养院1个，其他卫生机构5个，有村卫生室1078个。

全市卫生技术人员11907人，全市拥有病床7279张，平均每千人拥有病床2.54张；拥有CT、核磁共振、超声心动图机等一大批医疗设备及气相色谱仪、高效液相等一批卫生检验设备。

【卫生服务能力与人民健康水平】　年内，全市门诊部以上卫生机构诊疗病人670.85万人次，收治住院病人16.39万人次。市卫生服务能力和水平基本适应惠州市社会经济发展水平和人民健康需求。人民健康水平不断提高，全市居民期望寿命达74.94岁，高于全国70.8岁和全省74.54岁的平均水平。

【千方百计防治“非典”】　年初，惠州市发现“非典”病例后，市委、市政府按照中央和省的部署，迅速应对，成立由市委书记任组长，其他市领导任副组长的防治“非典”领导小组，制订预防和控制疫情的一系列有效措施。防治工作三大要求一是要做到“三个不漏”，即不使一个“非典”患者漏报，不使一个患者漏治，不使一个疑似病人漏查。二是要突出“四个重点”，即做好对农村、三资企业、学校和幼儿园、一线医护人员等重点部位和重点人员的防治工作；三是要做到“五个全面”，即全面治愈患病者，全面隔离疑似病人，全面控制接触者，全面监督相关者，全面检查入境者。

建立“七大防控网络”　1．建立疫情信息反馈网络，市、县、镇、村甚至村民小组都要确保通讯畅通；2．建立医疗系统的救治网络，各县（市、区）要有专门指定的医院收治“非典”患者和专门的隔离室，镇要建立隔离室，村要有卫生监督员收集、上报“非典”信息；3．建立村民自防自控网络，对外来人员和外出人员实行严格的健康检查，对各种种养窝棚进行重点防范；4．建立学校、家庭互对网络，落实学生家中测体温制度，并每天向学校报告；5．建立交通运输安全网络，各乡镇对进出车辆坚持每天消毒，并为客车配备体温计，方便检查乘客体温；6．建立旅游景区防护网络，搞好消毒和其它防护；7．建立城乡协调共管网络，对农民工返乡问题，严格按上级要求抓好落实。

落实“十大措施”　1．建立市、县两级救治应急中心，24小时值班；2．对全市重点部位和场所进行全面消毒；3．减少和取消不必要的群体性活动；4．对劳动密集型企业采取相对封闭的措施，尽量减少人员流动；5．不具备良好卫生条件的影剧院、录像厅、劳动市场暂不开放；6．劳教所、看守所、戒毒所设立隔离室；7．全市餐饮业提倡分餐制和公筷制；8．窗口单位提倡带口罩上岗；9．加强对公共场所人员的监控和监测；10．向农村派出医疗队，宣传预防知识，搞好医疗卫生服务。

同时，大力开展爱国卫生运动、全民健身运动和卫生知识普及运动，做到群防群治。全市各级财政、各机关部门、各企业事业单位共投入4937.7万元，企业及个人赞助518万元（含物资），用于“非典”防治工作。全市印发宣传资料239万份，出版近2万个非典防治宣传栏。此外，惠州市41万农民工无一人返乡，确保“非典”不向广大农村扩散。

【防治“非典”获阶段性胜利】 卫生部门在这场“没有硝烟的战斗”中，充分发挥主力军作用，卫生主管部门组织广大医务人员全力做好防治工作，强化疾控措施的落实，并率先在全省地级市举办“非典”防治知识培训班，推出《农村预防非典型肺炎措施指引》。全市累计收治的10例“非典”病例患者全部治愈出院，实现零死亡目标，为非典防治工作取得阶段性重大胜利作出突出贡献。全市卫生系统受省委、省政府表彰的模范集体2个、先进单位2个、先进集体4个、嘉奖单位2个、嘉奖集体7个、一等功1人、二等功15人、三等功22人、先进个人33人。7月11日，市委、市政府召开抗击“非典”表彰大会，表彰在抗击“非典”斗争中作出突出贡献的83个先进集体和410名先进个人。

在防御“非典”取得阶段性胜利后，市卫生局未雨绸缪，制订《惠州市防治非典型肺炎预案》，进行防治“非典”演练，全员培训全市各级医务人员，并联合有关部门，对市区的工厂、工地、学校、宾馆的2500名负责人和卫生管理人员，进行“非典”知识培训。经受了2003年冬及2004年春的广东省第二次“非典”疫情考验，严防“非典”疫情卷土重来。

【公共卫生体系建设】 *疾病预防控制体系建设* 市疾病预防控制中心综合大楼各项建设工作进展顺利。12月，大楼顺利封顶。项目的建设受到副省长雷于蓝、省委“十项民心工程”督查组、省“非典”防治督导组等各级领导的高度评价。同时，推进各县级疾控中心重建、改建和预防接种门诊规范化建设，有50间预防接种门诊已按《广东省预防接种门诊规范化建设标准(试行)》的要求基本建成。

医疗救治体系建设 惠州市九届人大一次会议将建设传染病专科医院列入议案，经市政府研究并经市人大常委会审议同意，决定在市内建设一所内设传染病区的现代化综合医院——惠州市第三人民医院。医院占地10万平方米，其传染病区和专科门诊计划投资3800万元，由市政府分3年预算安排。惠阳区第一人民医院的传染病区已按省的建设标准完成改建，其他各县（区）综合医院传染病区建设工程，也已完成规划。同时，专项建设经费指标也已由省下达。市中心人民医院江北新院、市妇幼保健院和市皮肤病医院也即将兴建或筹建。

完善卫生监督体系建设 各县（区）均按省、市卫生监督体制改革方案组建卫生监督所和疾病预防控制中心，初步形成惠州市“结构合理、运作协调、执法有力、廉洁高效”的卫生监督体系。

【农村卫生工作】 *改善农村卫生服务* 年内，市政府决定从2004年起，连续3年每年拨出300万元专款用于农村卫生院改造，县（区）和镇政府也将落实相应配套经费，这是惠州市继“一无三配套”后，改善农村卫生面貌的又一重要举措。

开展卫生支农工作 市卫生局组织7家县级以上综合医院与7家山区和贫困卫生院结对子帮扶；全市共组织近300名拟晋升主治或副主任医师的医务人员到乡镇工作，缓解了农村医技人才缺乏状况；组织296支下乡医疗队开展“巡回医疗”、“健康直通车”等活动，下乡医务人员3685人次，送药价值108.7万元，解决部分农民看病难问题。

建立农村新型合作医疗制度 惠州市开始试点建立新型农村合作医疗制度。至年底，有39个乡镇21.23万人参加新型农村合作医疗。理顺市、县两级农村合作医疗管理职能。市政府根据上级有关文件精神，制订印发《关于开展新型农村合作医疗工作的通知》，市卫生局制定《惠州市建立新型农村合作医疗制度实施方案》。全市新型农村合作医疗工作已开始运转。

【卫生改革工作有新突破】 （见“惠州概貌”）

【疾病预防与保健】 年内，惠州市加大疾病控制工作力度。全市霍乱、疟疾等传染病及碘缺乏病已得到有效控制。重点加强大亚湾南海石化建设工地的灭蚊和残留疟点的清剿，保障该项目建设顺利进行。加强对结核病控制工作的督导，扭转一些地区对结核病管理有所放松的被动局面。全年对3327名可疑患者进行免费检查，发现活动性肺结核病人1530例，1177人得到免费治疗。消灭丝虫病和基本消灭麻风病得到巩固。计免“四苗”接种率保持在95%以上，已连续10年未发现野毒株引起的脊髓灰质炎病例。开展乙脑的查漏补种和两轮糖丸强化免疫活动，服苗率均达到省95%的要求。结合防御“非典”，开展大规模的爱国卫生运动。狠抓妇幼两个系统管理，孕产妇死亡率和新生儿死亡率均低于全省平均水平。

【提高医疗服务水平】 年内，全市医疗系统开展创建省、市农村中医工作先进县（区）、先进镇活动，加强中医专科建设。确定市中医院和博罗县中医院骨伤科为惠州市首批重点中医专科，博罗县中医院康复科、惠阳区中医院和惠东县中医院骨伤科为惠州市重点中医专科建设单位。

根据社区护理工作存在的问题，有针对性地举办护理技能培训班1期，有150多人参加培训。

为提高医疗水平，全市加强医学科研工作。年内完成省级课题5项、市级课题34项的申报和6项市级课题的成果鉴定，获市科技进步奖8项。此外，市中心医院还与南方医院合作建立脑疾病中心。市皮防所建立了全市第一个规范化性病实验室。

【食品卫生监督执法】 年内，认真实施“食品放心工程”，开展8次大规模的食品卫生专项整治行动，取缔地下食品加工窝点和无证经营饮食摊档23家，处罚1012家违法经营单位，并没收违法经营工具，销毁“三无”食品20.15吨（中央电视台新闻联播进行了报道）。食品和公共场所卫生监督量化分级管理和卫生监督执法质量管理工作均走在全省前列。此外，市卫生局还与1161家食品生产经营单位签订“惠州市食品卫生安全责任状”，进一步落实食品卫生安全责任制。

【职业卫生安全整治】 年内，专项整治全市范围内的有毒有害化学品生产、销售和使用及乡镇企业、农村个体工商户职业危害，依法取缔存在重大职业病危害隐患的大东王宝石厂和博罗县罗阳镇小金村7间家庭作坊宝石厂。按照《惠州市建筑设计卫生监督预审办法》，继续做好涉及职业危害的城市规划建设项目“三同时”联审，此举得到了卫生部和省卫生厅的高度评价。

【整顿和规范医疗市场秩序】 制订《惠州市医疗机构监督管理扣分办法》，量化管理医疗机构。开展为期3个月的全市医疗市场专项整治大行动，取缔非法行医诊所54间，没收药品和医疗器械一大批，市场标值25万元。配合工商等部门对违规医疗广告进行专项清理。

【加强行风建设】 2003年上半年，市卫生局迅速组织全市卫生系统广大干部职工学习抗“非典”先进事迹。在防御“非典”关键时刻，局党组织批准23名医务工作者火线入党。

市卫生局荣获省文明单位挂牌仪式 （市卫生局提供）

年内，市卫生局还按市委组织部统一部署，对卫生系统125名副科以上干部的学历、学位进行了核查和清理。

围绕创建文明行业目标，惠州市卫生系统加强了职业道德建设，开展文明优质服务活动。市卫生局相继制定《惠州市卫生系统行风整治措施十六条》和“四心”（即省心、舒心、放心、安心）、“五满意”（即治疗满意、吃住满意、收费满意、安全满意、服务满意）、“六个一”（即致住院病人一封公开信、签订一份协议书、发放一份征求意见表、落实一日费用清单、送上一份康复指南、一张回访卡）等规定，使惠州市卫生系统的精神文明与行风建设得到巩固，市卫生局、市疾控中心因此被省委、省政府授予“文明单位”称号。

【存在问题】 全市卫生系统存在的主要问题是：卫生经费投入不足，卫生资源分配不尽合理，公共卫生应急体系比较薄弱，卫生事业改革还相对滞后，农村卫生工作任重道远，各县（区）工作发展不够平衡，行风建设还有待进一步加强，职能转变步伐还有待加快等。

（叶礼全　巫宇东）

·卫生监督·

【概况】 2003年末，惠州市卫生监督所有工作人员72人，设办公室、财务科、科教信息科、卫生案件稽查科、受理与发证科、食品卫生监督科、公共卫生监督科、职业卫生监督科、医疗消杀监督科等9个科（室）。年内先后被市委、市政府评为创建文明城市先进单位、抗击“非典”先进单位，市直工委评为先进党支部，市妇联评为巾帼文明示范岗，市卫生局评为卫生系统文明单位。全年全所出动人员8729人次，制作现场笔录5102份，发出监督意见书5722份，发出责令限期改正通知书518份。完成监督审查受理申请的4859个单位的现场卫生，对基本符合卫生要求的4774家单位发放卫生许可证，其中：食品卫生发证3988家，公共场所发证517家，职业卫生职业病危害项目申报269家。

【"非典"疫情监控】 年内，市卫生监督所为遏制疫情在市境范围的传播作了大量工作。做好对医院的监督管理，对市区各级医院及168间社会医疗机构突击检查，督导所有医院发热诊区隔离观察制度落实情况，并深入到有收住"非典"病人任务的医院督查消毒、隔离措施的落实情况，处罚个别乱倒医疗垃圾的单位。加强督导公共场所，要求全市各公共场所加强通风和对空气、顾客用品用具的消毒。中央空调主机房四壁必须安装紫外线光管，对回流空气消毒，滤网定期清洗。做好对工矿企业防治"非典"的宣传指导工作，深入工矿企业等外来人员集中的地方督促落实防"非典"措施，印发各种防治工作指引上万份，举办4期防"非典"卫生知识专题讲座，现场指导企业的通风消毒和健康防护。做好对疑似病例的调查处理工作，专门成立两个应急处理小分队，寻找并教育可疑病人，不放过丝毫疑点。

市卫生监督所由于组织严密、工作到位，市区的公共场所或集体单位未发生一例"非典"病例，圆满地完成卫生监督任务，被省委、省政府授予"抗击非典嘉奖集体"称号，喻超英、揭培华获个人三等功，瞿鸿鹰、周思东、练添贵获抗击"非典"先进个人称号；被市委、市政府授予抗击"非典"先进单位称号，15人被授予先进个人称号。

【食品卫生监督】 年内，市卫生监督所始终把食品卫生监督作为工作重点来抓。在市区大中型食品生产经营单位全面实施食品卫生监督量化分级管理制度，评出惠州市第二批"食品卫生等级A级单位"34家。加强了对大排档的整治，严格审查，对硬件达不到要求者决不发证，屡整不改者予以取缔，全年取缔地下食品加工窝点56个，没收并销毁伪劣食品74.5吨、假冒商品标识8万张，没收各类生产经营工用具265件，市场标值20多万元；开展重大活动和节日期间的卫生安全保障工作，派出专门小组，巡回监督检查疾病预防控制机构、各接待单位和医疗单位的报告制度、消毒措施落实情况，同时派员进驻各接待酒店全程监管，审查每餐菜谱，监督食品生产加工过程，杜绝不符合卫生要求的行为。因措施得力，一年来全市重大活动和节日期间未发生一起食物中毒和公共场所危害健康事故。此外，还开展对食用油市场专项检查整治行动，行动中对8间使用不合格容器盛装食用油的单位进行处罚，没收销毁不合格食用油4.77吨、油桶209个。

伪劣食用油销毁现场 （市卫生监督所供）

【公共卫生监督】 年内，市卫生监督所对全市桶装饮用水进行全行业整顿，加强生产厂家的硬件建设和卫生管理，将监督抽检结果在《惠州日报》公布。完成570家公共场所和供水单位的换发证，卫生许可建档率达100%。完成涉水产品、集中式供水卫生抽检，供水单位、二次供水清洗消毒队伍监督覆盖率100%，供水、清洗后水样抽查率100%。完成公共场所省级监督抽检任务，抽查各类公共场所52间，抽查样品1343份。抽查结果显示泳池水余氯合格率较低，旅业用化妆品标签合格率偏低，顾客用品、用具合格率有待进一步提高。全年处理案件36宗，罚款金额22990元，建档率100%，结案率100%。参照食品量化分级办法，在全省率先开展"旅业卫生等级A级单位"评比活动，评出9家企业为A级单位。

【职业卫生监督】 年内，市卫生监督所贯彻落实《职业病防治法》，利用新闻媒体、展版巡回宣传等形式，在市区步行街、工业区等地开展《职业病防治法》宣传周活动，散发各类传单3.8万多份，受教育人数达3万多人。抓好预防性卫生监督审查，实行职业病危害项目申报登记制度。开展有毒有害化学品生产销售和使用专项整治及乡镇企业、农村个体工商户职业病危害专项整治等工作，出动执法人员560人次，检查单位230余家，发出责令改正通知书139份，对违反《职业病防治法》相关条款的大东王宝石厂等4家企业执行行政处罚，消除职业中毒隐患。

【整顿医疗市场】 年内，市卫生监督所针对医疗市场存在的问题开展"整治食品、医疗市场”等5次专项整治行动，出动监督员1026人次，取缔无证诊所58间，查处药店坐堂行医16间，没收医疗用药品211箱，市场标值20多万元，没收医疗器械162件，罚款5.02万元，拆除户外违规广告19份（个），发出整改意见书145份，有效地维护正常的医疗秩序。同时，对社会医疗机构实行量化管理，开展“先进医疗诊所”评选活动。

（余利平）

·疾病预防与控制·

【概况】 2003年，刚组建1周年的惠州市疾病预防控制中心经受突如其来的“非典”疫情的考验，全体疾控人员迎难而上，以对人民的健康高度负责的责任感去抗击新的疫魔，在防治“非典”战斗中打了一场胜仗，并获省委、省政府和市委、市政府的嘉奖表彰。同时，在其他疾病预防和卫生监测方面也取得较大进展。

【防治“非典”】 年初，广东省部分地区发生“非典”疫情，接到疫情通报后，成立以中心主任为组长的“非典”防治领导小组，开展相关的预防控制指导工作，并派出人员分别到各县（区）和市属各医疗单位进行检查指导，布置“非典”防治工作。

市疾控中心结合以往的经验和实际情况，率先在全省编制多个防治指引，指导各部门各行业开展“非典”防治。先后编印《惠州市非典型肺炎疫情处理工作指引》、《惠州市非典型肺炎防治预案》、《工厂企业、农村地区防治非典肺炎措施指引》、《外商企业预防非典型肺炎措施指引》、《预防非典型肺炎知识》和《中小学校、幼儿园预防非典型肺炎措施指引》，这些措施与指引，对指导全市“非典”防治起到非常好的效果。

2月中旬，惠州市境内出现非典型肺炎病例，市疾控中心及时对所有“非典”及疑似病例进行流行病学调查及对接触者医学追踪、观察。进行流行病学个案调查135人，疫点调查61个，追踪观察接触者1065人，采集检验样品200多份。并严格按照上级要求，坚持24小时值班和每天报告疫情制度，及时、准确地上报疫情。

市疾控中心做好每个疫点、可疑疫点区域和相关生活、工作场所的消毒，准备充足的消毒药物，保障各级疾控机构、部门单位的预防性消毒药物的供应。中心先后从各科室迅速抽调58名工作人员加班加点，配制消毒药物2.65万公斤，灭菌净3万多公斤，及时供应有关单位。出动1210人次对确诊病例、疑似病例、观察病例和“110电话”接报的61个可疑疫点及244个单位、企业，进行过氧乙酸喷雾消毒，消毒面积达210万平方米，有效地防止二代病例发生。

惠州市第二届国际数码节准备和展出期间，惠州市九届政协、九届人大以及第八次党代会期间，大亚湾石化建设项目，以及高考、中考、公选干部、公务员招聘考试、家私城开张等大型活动，都派出精干人员夜以继日、扎扎实实地做好每一次消毒，有效地保障人民群众的身体健康。

【传染病管理与控制】 年内，疾控中心制订《惠州市2003年霍乱防治工作计划》和《惠州市2003年霍乱监测工作计划》，重点进行霍乱、艾滋病等传染病的预防控制。截至11月，开展霍乱监测检验材料3684份，其中腹泻病人3114份，海（水）产品250份，水体261份，其它59份，完成省下达全年监测任务，全年惠州市未发生霍乱疫情。坚持做好艾滋病监测，开展性病门诊就诊者和吸毒者的艾滋病哨点监测，其中就诊者哨点监测305份，吸毒者哨点监测519份，完成省下达的全年艾滋病哨点监测任务。

5月，启动《传染性非典型肺炎个案调查报告管理信息系统》。10月，安装疫情直报信息平台。组织对各县（区）疫情管理人员和直报员的业务技术培训，举办5期有128人参加的疫情监测报告技术培训班。根据上级的要求，先后进行5次疫情网络直报测试，确保惠州市“非典”疫情网络直报工作做到每天24小时人员到位，报告疫情及时准确，未出现疫情漏报、缺报现象。

6月初，广东省部分地区发生乙脑疫情，疾控中心接到省卫生厅关于乙脑疫情的通报后，及时下发《关于做好乙型脑炎疫情控制的紧急通知》，成立惠州市疾控中心流行性乙型脑炎防治领导、协调和指导小组，召开专题会议4次，印制《流行性乙型脑炎预防知识解答》2万份，广播和报刊宣传23次，发出公告、通知单1.3万张；组织开展防蚊灭蚊运动，全市派出500人次，范围涉及45个乡镇及城市街道，总面积达2.9万平方米。同时，组织乙脑疫苗查漏补种，落实防治措施，做好疫情报告和个案调查，使惠州市的乙脑疫情得到有效控制。

【免疫规划管理】 年内，根据市卫生局《关于印发惠州市免疫规划管理工作督查方案的通知》，组织各县（区）在自查的基础上进行复查，检查10个乡镇20个村，大部分被检查的单位基本上能按规范要求开展接种工作。惠城区卫生院增加到25个，加大了检查督导力度，先后召开座谈会，举办业务培训班6期，到部分乡镇检查督导12次，并针对部分乡镇免疫规划管理出现滑坡的问题，重点检查指导发生麻疹、乙脑疫情的乡镇和糖丸强化免疫等工作较薄弱的地方。

做好脊灰强化免疫工作，按省卫生厅、市卫生局的部署，制订实施方案，成立督导检查组，全市召开各种专题会议120次，采取自下而上摸底造册方法，全面掌握服苗对象，同时加强督导检查，确保服苗对象落实，使二轮服苗率均达到省厅规定的95%指标要求。

【寄生虫病防治与消毒监测】 年内，重点抓好大亚湾南海石化建设工地防疟，制定灭疟措施，指导开展各项抗疟工作，确保南海石化建设项目顺利进行。全市发生疟疾病人8例，发病率为0.34/10万。全市50个血检站，血检19378人，阳性10人，阳性率为0.041%。

按省的计划要求，完成惠东县1.5万人慢性丝虫病晚期病人的调查，未发现慢性丝虫病人。对惠城区315人流动人员开展丝虫病调查，发现1例微丝蚴血症者。

严格执行消毒管理办法，加强对医疗卫生保健机构、托幼机构常规性消毒监测工作。坚持对二级以上医院年监测4次，一级以下医院年监测2次。全年监测市级医院7间，县级医院8间，乡镇卫生院14间，共采集样品1866份，合格1740份，合格率93.2%；托幼机构监测21间，采集样品315份，合格264份，合格率83.8%。

【职业病预防与控制】 年内对260家生产企业进行监测，合格170家，合格率65%；监测布点2256点，合格1052点，合格率46.6%；监测放射装置48个，合格39个，合格率82%，监测布点623点，合格447点，合格率72%；对全市330名从事放射性工作人员进行个人剂量监测，并建立健康档案，按时完成企业的检测，及时发出评价报告。

【食品卫生监测】 年内，食品卫生方面监测市直管单位2956户，其中饮食服务业2529户，集体食堂371户，商场38户，食品加工18户，监测覆盖率97.39%；食品抽样监测5432份，合格4426份，合格率81.48%；食具监测71757份，合格58903份，合格率82.09%。

1～11月市属发生食物中毒35起，采集中毒样品85份，撰写食物中毒报告35份，及时调查率和调查判断准确率达100%，为卫生行政部门监督执法、行政处理及时提供了事实依据。

完成碘盐生产环节监测220份，合格100%；居民碘盐监测1300份，合格90.15%。

【公共卫生监测】 年内，市疾控中心按照《全国疾病预防控制机构工作规范》要求，完成本年度生活饮用水卫生监测和卫生学评价，采集样品524份，合格率84.9%。公共场所经常性卫生监测2098间次。共154008项次，室内空气采样10210份，公共物品采样13570件，卫生学评价3829份，公共场所监测覆盖率为100%、合格率为85.8%。监测化妆品厂12家，监测覆盖率76.9%。临监测二次供水、直饮水单位512个，监测覆盖率92%。

【计量认证复审】 8月28～30日，市疾控中心接受省质量监督局委托省卫生防疫专家评审组的计量认证现场评审，省评审组对本中心的质量体系运行取得的成绩以及对现场考核的14项盲样和其他38项考核结果表示肯定。市疾控中心针对评审组所提出的8个问题，把任务和责任落实到有关科室和个人，经过近一个月时间的认真整改，以B+顺利通过评审考核。于11月25日正式通过计量认证复审。

（欧伟延）

·爱国卫生·

【概况】 2003年，惠州市爱国卫生工作，继续围绕巩固、提高和发展国家卫生城市成果，加大对城市卫生管理的力度，城市卫生管理水平不断提高，为创建文明城市提供了有利条件。上半年，惠州市部分地区发生“非典”疫情。针对“非典”的发生与流行，惠州市各级领导对此非常重视，防“非典”工作抓得早、抓得紧。从2月中旬起，便采取有力措施，部署开展爱国卫生运动，取得明显效果。10月，惠州市的灭鼠、灭蝇达标巩固工作顺利通过广东省爱卫会的复查，4个城镇被评为广东省卫生先进镇。

【城乡环境卫生整治】 市爱卫会在3～6月间，连续开展6次大规模的“爱国卫生月活动”、“市区环境卫生整治大行动”、“全市城乡爱国卫生运动”、“清洁社区卫生大行动”，在市区和城乡各地掀起一次又一次的群众性爱国卫生运动高潮。据不完全统计，全市有48.15万人次参加城乡环境清洁行动，清理卫生死角1170多处，清理垃圾余泥3500多吨，使城乡环境卫生面貌焕然一新，为惠州防御“非典”作出重要贡献。

【除“四害”】 在防御“非典”期间，市爱卫会组织6次除“四害”统一大行动。持续控制处理横江沥、青年河、东江河滩、污水塘、停工工地以及在建工地地下室等大中型污积水98处，约25万平方米，投放灭蚊蚴制剂球形芽孢杆菌1600多公斤；填平积水152处，清理小积水500多处；发放使用灭蚊烟熏片30万片、灭蟑药笔5000支、家庭用灭蟑清5万包、灭蟑烟雾剂350公斤、粘蝇纸1.5万张、灭鼠药谷6100多公斤、粘鼠胶4800多块，市区“四害”密度得到有效控制。

【开展农村爱国卫生运动】 4月28日，市爱卫会印发《关于进一步开展农村爱国卫生运动、做好预防非典型肺炎工作的通知》，要求全市进一步加强农村爱国卫生工作，迅速掀起农村爱国卫生运动新高潮，努力改善农村的卫生环境，提高惠州市农村防御非典型肺炎的水平。5月2日，市爱卫办编印《农村开展爱国卫生运动、预防非典型肺炎方法指引》2万份，发到全市各村、村民小组，指导农村开展爱国卫生运动。从5月上旬开始，惠州市农村爱国卫生运动顺利开展，大部分卫生死角得到清理，农村环境卫生水平大有改观。

【卫生宣传和健康教育活动】 利用各种宣传阵地，向全体市民宣传预防疾病的各种措施。市健康教育所发放宣传画5000张、宣传小册子4万份、宣传单2万份，市爱卫办向农村发放宣传画2000份、农村爱卫工作指引2万份。各企事业单位、社区居委会利用黑板报等多种宣传形式，普及健康教育知识。并动员广大干部职工和市民开展大扫除，搞好室内外环境卫生。

【加强督促检查】 4月29日，市委书记、市人大主任肖志恒及市长柳锦州，分别带队前往农村检查爱国卫生和预防“非典”工作，深入到村委会和村民的家庭，察看村民居住环境和饮水、生活情况。当日，市爱卫办又组成3个检查组，分赴各县（区）、各乡镇农村，检查指导开展农村爱国卫生运动，督促各县（区）切实抓好农村群众性卫生清洁大扫除工作，彻底改善村容村貌。4月，吴石牛副市长带领各有关职能部门，突击检查市区城乡结合部、市场周边和居民区的卫生状况。5月7日，市卫生局组织5个检查组，分别到各县（区）检查指导“非典”防治，对卫生行业管理、医疗诊断、疾病控制、公共场所、爱国卫生等进行详细检查和指导。

【卫生先进城镇】 年内，惠州市大亚湾区澳头办事处、惠阳区镇隆镇、龙门县龙城镇、博罗县湖镇镇被省爱卫会评为“2003年度广东省卫生先进镇”。全市累计有10个镇（办事处）被评为广东省卫生先进镇。

【改善农村用水和户厕】 2003年9月，市爱卫会根据全国和省爱卫会的安排，加强农村自来水厂的卫生管理，在全市开展农村优秀水厂评选活动，其中博罗县的石湾镇自来水厂、圆洲镇自来水厂、湖镇镇自来水厂、惠城区汝湖镇自来水厂被评为广东省农村优秀水厂。

年内全市农村有243.37万人饮用清洁水，占农村人口的98.63%，新增受益5.29万人，其中饮用自来水的人数169.16万人，普及率为69.01%，新增受益6.18万人。农村使用卫生户厕的有41.99万户，卫生户厕普及率为72%，粪便无害化处理率为72.31%。

【存在问题】 全市爱卫机构还不够健全，县级以下爱卫机构的人员、编制、经费等不够落实，难于担负起本地爱卫工作的组织、协调、监督、检查的重任。除“四害”、改水改厕的经费投入仍然不足。

（黎伟荣）

·环境卫生·

【概况】 2003年，全市环卫基础设施主要有生活垃圾卫生填埋场1个，粪便无害化处理池1个，公厕112座，垃圾转运站12座，果皮箱960个，垃圾运输车69辆，洒水车13辆，吸粪车6辆，扫路车5辆。

市环卫局干部职工坚持以“三个代表”重要思想为指导，以高度负责的态度，团结一致，发扬不怕苦、不怕累的精神，努力工作，较好地完成各项工作任务，惠州市市容环境卫生面貌发生巨大变化。10月，该局被广东省政府授予全省城市市容环境卫生先进集体称号，被中共惠州市委、惠州市政府授予惠州市城市市容环境卫生先进单位。

【保持市容环境卫生高质量】 年内，市环卫局树立长效管理理念，建立健全科学的管理制度，以保持日常环卫工作的高质量。通过电台、电视、报刊、网络、宣传栏等宣传形式，宣传创建文明城市、爱护环境卫生、垃圾分类收集等的重要意义，提高市民的主人翁意识和环境卫生意识。各环卫所年初与沿街门店、单位签订“门前三包”责任书，让广大市民参与市容环境卫生管理。引入检查评比、激励机制。市环卫局局领导和业务科负责人等每月不定时地对各环卫所进行卫生检查评比两次，并于月底下发当月卫生检查评比简报。实行奖罚制度，连续3个月成绩第一名或年终总评成绩前两名的，奖励该所领导，反之则受到处罚。通过检查评比和奖罚制度，充分调动各环卫所人员工作积极性，促使各项业务工作规范化、制度化、科学化。

【加强市容环卫管理与执法】 根据《广东省城市市容和环境卫生管理规

定》、惠州市政府《关于加强市区市容环境卫生的通告》和《关于加强市区建筑垃圾、散体物料管理的通告》的要求，在执法队伍中建立健全严格的管理制度，培养良好工作作风，采取不定时上路对违章多发点进行执法。对市区乱丢、乱吐、乱张贴、乱刻画等不文明行为进行教育和处罚；加大对建筑垃圾排放和散体物料运输的监管力度。加强工地的管理，抓好出土点、消纳点和运输路线的监管，规范渣土排放。并会同市城管办、交警支队、公路局组成散体物料综合执法检查组，开展对违规运载散体物料车辆的整治；充分发挥城管“110”环卫网络的作用，坚持“有案必接，有难必帮，有求必应”的原则，依法办事，热情服务。全局案例处理率100%，反馈率98.3%，城管“110”环卫网络连续三年被评为先进网络。一年来，通过加大执法工作力度，取得了明显的环境效益、社会效益。全年处罚乱扔、乱吐等违法、违章行为罚款56.14万元，罚扫地人数3021人（次），查处各类违章案件2986宗，查处违章运输车辆881台（次），受理“110”投诉案件336宗，整改洗车场22个，整改石油厂36个，设立排放工地160个，排放渣土约160万立方米。

【加快环卫基础设施建设】 年内，完成花边岭广场、水门桥东岸桥底的两座公厕、两座垃圾站的建设。黄塘垃圾站及麦地垃圾站、公厕正进入施工建设阶段，惠州大桥桥头垃圾站、公厕已完成征地、选址、规划联审等工作。与加拿大瑞威环保有限公司合作建设的市垃圾焚烧发电厂，投资2.9亿元，日处理垃圾600吨，其发电项目初步设计于3月31日通过专家评审，该厂5月底正式开工，预计2005年建成投产。选址于市垃圾焚烧发电厂旁的灰渣填埋场已完成立项、经费预算、环境评价等工作，征地、设计工作也正在开展。

2003年5月21日，市垃圾焚烧发电厂建设工程动工仪式　（市环卫局供）

【表彰环卫工作先进单位和个人】 10月13日下午，在广东省第十届环卫工人节庆祝大会上，惠州市环卫局作为先进集体受到表彰。10月24日，市委、市政府在市会议中心召开广东省第十届环卫工人节庆祝大会，全市（包括各县区）1000多名环卫工人参加大会。会议宣读了市政府、规划建设局分别授予14个单位、20名环卫工人和60名环卫职工为“市城市市容环境卫生先进单位”、“市优秀城市美容师”及“市城市市容环境卫生先进工作者”。市有关领导到会祝贺，并为获奖单位和个人颁奖。

【存在问题】 市环卫工作存在的主要问题是：环卫基础设施落后于城市建设；机械化作业水平较低，道路机扫率只有21%，一线工人的劳动强度仍然很大；城市“牛皮癣”缺乏有效的管理机制；内街小巷、“城中村”的卫生状况不稳定；环境卫生管理的方法有待进一步科学化，卫生监督力度、执法水平有待加强和提高。

（黄婉华）

体　育

【概况】 2003年，惠州市各级体育部门全面贯彻落实中共中央和广东省委、省政府有关文件精神，提出立足发展，调整思想，抢抓机遇，乘势而上，推进群众体育、竞技体育、体育产业三大任务协调发展的工作思路。坚持把群众体育摆在突出位置，努力构建亲民、利民、便民的体育服务体系。坚持有所为、有所不为的开展竞技体育活动，强化业余训练，增强金牌意识和发扬为奥运争光精神。选送3名运动员参加2004年奥运集训，组织参加广东省少年儿童锦标赛，实现争金夺银的预期目标。坚持体育体制改革方向，适应社会主义市场经济要求，多元化发展体育产业，全市体育工作迈上新台阶。

年内，惠州市还出台《关于进一步加强和改进新时期体育工作的实施意见》，明确了加快惠州市体育建设步伐和实现体育现代化的指导思想、工作方针、目标任务以及总体要求，是惠州市做好新时期体育工作的文件。

年内，在开展抗击“非典”、全民

健身活动中，惠东县体育局、惠州市木兰拳协会、惠州市太极拳协会荣获广东省先进单位，谭惠坚、邱佳杞获先进个人；在广东省第四届“体育节”活动中，龙门县获先进单位，惠城区获优秀组织奖，惠东县电视台获优秀报导奖。惠州市的刘立志、张伟南、钟潭清被国家体育总局授予全国优秀社会体育指导员称号。

年内，全市体育事业建设经费投入13605万元。但对体育事业资金投入总体来说仍偏少，训练经费不足，各县（区）体育事业发展不平衡，体育改革有待深化。

【体育工作现场办公会】 12月17日下午，黄业斌代市长在体育馆主持召开体育工作现场办公会，听取惠州市体育工作情况汇报，专题研究惠州市体育工作存在的困难和问题，明确惠州市体育事业的发展目标和任务要求。会议强调，体育工作要兼顾群众体育、竞技体育、体育产业等3个方面，统筹发展，要实行两手抓，坚持一条路。“两手抓”，就是一手抓全民健身运动，坚持以人为本，树立群众观点，整合体育资源，开展群众性体育运动，发展群众性体育文化，提高全民健康水平；一手抓竞技体育，坚持“有所为、有所不为”，选准优势项目，完善体育设施，培养后备人才，谋求竞技体育有更大发展。“一条路”，就是坚持走产业化发展的路子，遵循市场规律，建立健全机制，创新发展模式，导入经营观念，搞好经营管理，做强做大体育产业。

【申办第13届省运会】 年内，市体育局为促进惠州经济、文化和体育事业的加快发展，向市政府请示申办2010年第13届省运会，经市长体育工作现场办公会研究，同意申办第13届省运会。

【体育经营管理改革】 年内，市体育局对体育馆经营管理实行重大改革。按照市政府提出的“政府监督，市场运作，企业管理，财政补贴，试行一年”的工作思路，市体育馆与市民乐园实行一体化管理。市体育局根据市政府体育工作现场办公会议要求，开展体育场馆经营管理工作调研，组建市民乐园与体育馆管理机构。新组建的体育公园不定级，不定编，实行市场化、企业化、社会化运作模式，员工统一招聘，采取定岗、定员、定责，实行绩效挂钩的工资分配制度，强化服务意识，壮大自身实力，逐步减少政府负担，达到以馆养馆的目的。

2003年12月17日，市政府召开体育工作现场办公会　　（市体育局供）

【开展竞技体育活动】 年内，惠州市坚持“有所为、有所不为”，开展竞技体育活动。制定了新时期惠州市业余训练布局方案，和2001～2010年竞技体育目标任务的规划，修订了2003～2006年竞技体育奖励方案，强化业余训练工作。惠州市有20岁以下业余训练人员559人，其中男运动员305人，女运动员254人，开设游泳、跳水、划船、柔道、射击、田径、举重等14个项目，全市有3人在国家队集训备战2004年奥运会。惠州市赛艇运动员张扬分别在2003年全国城市运动会和亚洲锦标赛获得冠军。惠州市组队参加广东省少年儿童锦标赛14个项目的比赛，获得金牌18枚，银牌23枚。

2月下旬，惠州学院派周志俊等7名武术队员，参加“2003香港国际武术节”，夺得金牌8枚，银牌1枚，铜牌2枚。

10月，惠州钓鱼协会会员黄志军参加在广州举行的省、港、澳、台钓鱼擂台赛，夺得冠军，获奖品“美日”牌轿车1辆。

【开展群众体育健身活动】 年内，惠州市各级体育部门落实省政府在中山市召开的社区体育现场会精神，实施全民健身二期工程，构建亲民、利民、便民的体育服务体系，积极引导、组织市民开展各类体育活动，广大群众积极参加体育锻炼，掀起全民健身热潮。

惠州市还根据广东省开展“体育节”活动的部署，开展第四届“体育节”活动。

年内，市、县（区）开展了各项群众性的体育活动，主要有：1月5日，惠州市举行第26届迎春长跑活动，惠州市四套班子领导和政府机关、企事业单位的干部职工、院校学生及普通市民万余人参加；市举办第三届木兰拳、太极拳活动月，在市区公园、文化广场等地设立 3 个辅导站，免费向市民传授 24 式简化太极拳；惠州首届残疾人运动会在龙门县举行，来自惠州各县（区）和龙门县 14 个乡镇的 500 余名残疾运动员参加田径、球类等项目的比赛。11 月 26～28 日，惠州市举行第五届老年人运动会，来自各县（区）500 余名老年运动员参加了门球、乒乓球、象棋、木兰拳、太极拳等项目的角逐；9 月 11 日，惠城区举办第十六届龙舟赛，来自城区各乡镇、办事处及新世界长湖苑社区等 15 支男子龙舟队和 3 支女子龙舟队参加比赛，数万名群众观看比赛；惠东县举行首届女子运动会和首届政协“东进杯象棋公开赛”；11 月 18 日，博罗县举行万人健身行活动，县直机关、企业单位、学校 1 万多人参此项活动。

全市各县（区）共举办各类体育健身活动 77 次，参加人数达 34 万多人；举办体育培训班 2 期，有 600 多人参加培训，全市社会体育指导员达 836 人；组队参加省级以上体育传统项目武术、门球、钓鱼、桥牌、羽毛球等各类比赛 12 次，荣获 8 个项目的团体第一名。

【体育交流】 年内，惠阳区体育馆举办中国乒乓球队备战 2004 年雅典奥运会热身赛，中国乒乓球名将孔令辉、马林、王励勤、王皓、王楠、张怡宁、牛剑锋等优秀选手云集惠阳。惠东县吕钦象棋馆举行第 22 届省港澳埠际象棋比赛，象棋国际特级大师吕钦、许银川和特级大师庄玉庭，代表广东队与特级大师张家鸿率领的香港队、特级大师余锦炎率领的澳门队切磋棋艺，广东队与香港队并列冠军。国家青年男篮与广东宏远男篮分别在惠东县和惠阳体育馆进行表演赛。

【组建体育协会组织】 年内，惠州市老年人体育协会在博罗县罗阳镇召开乡镇老年人体育工作现场会，新组建乡镇级老年人体协 58 个，占全市乡镇的 69.8%，新建村（居）老年人体育协会组织 60 个，基层体育站 162 个。新成立惠州市国际标准舞体育舞蹈协会，并举办比赛 36 次和培训班 2 期。

【体育传统项目学校评估】 年内，市体育局与市教育局为落实《广东省体育传统项目学校管理办法》，联合检查评估全市 38 所体育传统项目学校。

全市新组建 3 个青少年俱乐部，即市体育运动学校，市体育公园，惠东县平山第一小学经国家体育总局评估验收，已批准为青少年俱乐部。俱乐部有青少年会员达 2000 余人。

【《学生健康标准》实施】 全市中、小学《学生健康标准》实施情况，抽样调查 629 所学校，实施率为 99%。

【体育设施建设】 年内，惠州市体育设施建设加快。市体育馆建设按照市政府要求，4 月底前已完成总工程量的 90%以上，并提供举办第 2 届惠州国际数码节和市人代会、党代会场地，受到市委、市政府的表扬。惠阳区体育馆、惠东县体育馆和吕钦象棋馆也先后落成。全市还自筹资金建设“全民健身路径工程”。此外，又配套建设居民小区 2 个，体育广场 1 个，室内场地 1 个，室外场地 6 个，篮球场 20 个，网球场 1 个，室内外羽毛球场 30 个，乒乓球台 42 张，儿童场地 1 个，健身路径器械 4 套，鹅卵石健身路径 1 条。

【体育彩票销售增长】 年内，全市体育彩票销售总量 6610 万元，比上一年增长 16.22%，居全省第十位。

（胡新民）

社会事业

责任编辑：汤迪银

计划生育

【概况】 2003年，惠州市根据《人口与计划生育法》、《广东省人口与计划生育条例》及惠州市《关于人口与计划生育工作综合改革的意见》，一手抓人口和计划生育综合改革，一手抓计划生育经常性工作，取得一定成绩。全市出生26753人，人口出生率9.48‰，自然增长率5.08‰，计划生育率94.51%，较好地完成了省下达给惠州市的人口计划控制指标。连续9年受到省委、省政府通报表彰。

【综合改革初见成效】 1～3月，开展总结、研讨人口与计生综合改革经验活动，将各地的经验与研讨会的成果汇编成《惠州市人口与计划生育工作综合改革经验汇编》一书，初步总结出“十改十转变”的成功经验，即：改突击性工作向经常性工作转变、改“急风暴雨”向“和风细雨”转变、改统计业务以手工操作向信息化管理转变、改流动人口计划生育以流出地管理为主向流入地管理为主转变、改单纯说教式宣传教育向人性化宣传教育转变、改查环查孕向“三查一服务”转变、改落实节育措施“对号入座”向“知情选择”转变、改单一的服务向全方位优质服务转变、改单线考核向“三线”考核转变、改“旧四率”向“新四率”转变。

市委、市政府高度重视人口和计划生育综合改革进展。年底，市主要领导柳锦州、黄业斌等到市计划生育局召开现场办公会，提出“六项措施”，即：对省定的由市财政负担的计划生育技术服务经费146万元，市不再下调，从2003年开始执行；市计生局纳入市“公共财政”管理，适当增加专项经费；市计生服务中心设立发展、风险资金专账；同意市计生局收回办公楼一楼临街处已划归市机关事务管理局统一管理的2间档口，改建成计划生育生殖保健门诊部。改建靠近办公楼的部分铁皮屋档口；给市计生局增配一辆性能较好的工作用车；有关市计生局增设人口考核办公室和计生服务中心增编问题，由市编委统筹研究。

年底，全市完成人口和计划生育综合改革预定试点阶段的各项任务。

【推行计生包干责任制】 年内，市计生部门全面推行以“两员一干”（党员、计生协会会员和干部）计生包干责任制为主的经常性工作新机制，落实重心下移到村、组、户，扭转依靠“行动高潮”和“大突击”的被动局面，形成宣传教育、节育手术、技术服务经常抓的新局面。全市由“两员一干”包干联系的计生对象户达31万户，占全市计生对象总数的60%。

【实现计生信息化管理】 年内，全市计划生育信息化建设投入1300万元，组建1个市级、5个县级和5个镇级数据中心，共有12台服务器，所有镇、办事处实现信息化管理，完善育龄妇女信息系统网络版单机运作，改变过去统计业务依靠简单手工操作为主的落后方式，计划生育管理走向规范化轨道。

【综合改革目标责任制考核】 年内，市计生部门坚持“突出重点、注重实效、简便易行”的原则，对计生改革目标进一步明确考核对象和职责，科学设置考核指标，继续实行党委、政府和计生兼职成员单位、计生部门“三线”考核。严格落实“一票否决权”制度。经检查考核，均完成了与市政府签订的人口和计划生育综合改革目标管理责任书的各项考核指标。283个村（居）委会被市委、市政府评为“惠州市人口和计划生育村（居）民自治先进村（居）委会”。对未能完成年度计划生育率指标、“三为主”（即以宣传教育为主、避孕为主、经常性工作为主）工作基础差的镇（办事处）列入后进管理，限期改变落后面貌。

【开展“关爱女孩”行动】 年内，市计生部门确定惠阳区为市级“关爱女孩”行动的试点单位，各县（区）也确定一个镇（办事处）为试点单位。各级计生部门有针对性地通过优惠帮扶、加强与卫生部门协调治理、杜绝非法胎儿性别鉴定、开展妇女生殖保健服务四个方面工作，宣传和倡导“生男生女都一样”、“女儿也是传后人”、男女平等等科学理念，提高妇女的生殖健康水平和社会地位，从根本上解决出生人口性别比偏高问题。惠阳区教育局还为办理了计划生育优惠证的女孩家庭户，减免学费20%的优惠奖励。据年终考核结果显示，开展“关爱女孩”行动后，农村出生人口性别与上年同期相比下降了4.8个百分点。

2003年7月5～6日，国家人口计生委国际合作司副司长郝林娜（左二）到惠城区考察 （市人口与计生局供）

【继续开展“万人评计生”活动】 年内，全市人口计生系统按照“四少四多”（即“少开大会多做调查研究、少提口号多做落实工作、少发号令多做服务工作、少唱赞歌多找薄弱环节”）的要求，在全市范围内继续开展“万人评计生”活动。相继开展了“争做新时期最可爱的人”演讲比赛、人口和计划生育知识竞赛等计划生育系列竞赛活动，激发广大计生干部职工的学习和工作热情。较好地转变了全市人口计生系统的思想作风，改进了工作方式，群众满意率稳步上升，在全市的“万众评公务”活动中，市计生局在市直机关单位排名由2002年的中游上升到了2003年的中上游。

【人口和计划生育综合改革研讨会】 8月，由惠州市计生系统在惠城区陈江镇举行人口和计生综合改革研讨会，初步探索出推动综合改革重心下移的有效载体—“六个一”模式。研讨会主题集中表现为一堂计划生育生殖保健讲座、一场人口和计划生育论坛、一场计划生育知识竞赛、一场计划生育演讲比赛、一台计划生育文艺汇演、一个综合改革VCD专题片等“六个一”活动。会后，该模式在全市镇一级单位全面推广。

【建立流动人口计生管理新机制】 年内，市计生部门建立和完善了流动人口清查验证、信息反馈、“三查一服务”（即查环、查孕、查病、生殖保健服务）、婚育情况审核、跟踪管理服务等制度；在流动人口集中居住或散居的地方，推行楼栋长责任制、房东责任制、工厂职工宿舍舍长责任制、市场计生协会会员责任制以及治安计生联动责任制；将流动人口纳入现居住地实行同宣传、同管理、同服务、同考核，初步建立起“以流入地管理为主，流出地紧密配合”的流动人口计生管理新机制。

【弘扬先进婚育文化】 年内，市计生系统倡导以晚婚晚育、优生优育、生殖保健为主题的婚育新风，满足不同人群对计划生育和生殖健康知识需求。至年底，城镇和农村的计划生育知识知会率分别达到95%和90%。3月29日，市计生局与市委宣传部等单位在滨江公园文化广场联合举办了以弘扬先进婚育文化为主题的《阴差阳错》专场文艺演出，上万人在欢笑中受到一次深刻的“国策”教育。此后在全市进行巡回演出。

【开展“春风送温暖”活动】 年内，结合市委、市政府“送温暖”活动，市计生局领导深入博罗县石坝镇石联村，慰问计生困难户。各级党政领导也以各种形式慰问农村独生子女户、纯生二女户和计生困难户，及时送上党和政府的关怀与温暖。全市全年各级政府与计生部门在“春风送温暖”活动中直接投入经费58.61万元，慰问对象户4156户。

【多篇计生新闻作品获奖】 年内，全市计生系统在各级报刊、电台、电视台共刊播稿件187篇，其中国家级8篇，省级65篇，市级114篇。在2003年全省第六届计划生育优秀新闻作品评选活动中，惠州市作品《我们盼着计生干部来》、《春风徐徐入家门》分获报刊类二等奖、三等奖，《惠州开展“万人评计生”活动》获电视类三等奖。《我们盼着计生干部来》作品还荣获中国人口新闻报刊类二等奖。

【设立计划生育政务公开栏】 年内，市计生部门开展行政审批项目专项清理清查，取消了应当取消的项目，对保留的行政审批项目，实行阳光操作，制定严密的监督制约措施，规范审批行为，提高审批的透明度。

按照省统一要求，简化办事程序，全面推行计划生育服务证制度，用一证取代多证，深受群众好评。

将岗位职责、政策法规、办事程序、收费项目标准、服务承诺、责任人、投诉电话、“七个不准”（不准非法关押、殴打、侮辱违反计划生育规定的人员及其家属；不准毁坏违反计划生育规定人员的家庭财产、庄稼、房屋；不准不经法定程序将违反计划生育规定人员的财产抵缴计划外生育费；不准滥设收费项目、乱罚款；不准因当事人违反计划生育规定而株连其亲友、邻居及其他群众；不准对揭发、举报的群众打击报复；不准以完成人口计划为由而不允许合法的生育；不准组织对未婚女青年进行孕检。）等内容公布上墙，并在市政府公众信息网上协助设立《群众来信》栏目，加强与群众的沟通，公开接受群众的监督。全市所有村（居）委均建有计生政务公开栏。

【推行计生优质服务活动】 年内，市计生局按照“环境优美、技术优良、服务优质、管理优秀、群众满意”的要求，建立起多层次、系列化、产业化的计生技术服务体系，技术服务人员凭证执业、持证上岗。

拓宽技术服务领域，改过去单纯的查环查孕为“三查一服务”（查环、查孕、查病，生殖保健服务），组织医技人员，携带B超和妇科检查仪等设备，走村串户，巡回开展查环查孕和妇科病普查普治，对患病的育龄妇女给予低偿治疗，免费为已婚育龄妇女提供每年一次的妇科病普查普治服务。

健全育龄妇女生殖健康档案，实行微机信息化管理，建立定期的随访、质量分析制度。

实施避孕节育优质服务、出生缺陷干预和生殖道感染干预“三大工程”，加大性病、艾滋病预防力度，推广避孕节育、生殖保健新技术、新产品。

推行避孕节育方法的知情选择，育龄群众在计划生育医技人员的指导下，选择安全、有效的避孕措施，改变过去强制性的“一孩上环、二孩结扎”的做法，提高避孕的有效性，减少意外妊娠。至年底，全市所有机关、企事业单位和30%以上的村（居）委，已推行避孕节育“知情选择”。

各地开展优质服务活动卓有成效，涌现出一批先进单位。其中惠阳区被国家评为计划生育优质服务先进县（区）；惠城区、惠阳区、博罗县、惠东县被省评为计划生育优质服务县（区）。此外，桥东办事处等46个镇、办事处在创建计划生育优质服务镇（办事处）活动中，被市评为计划生育优质服务先进镇（办事处）。

【计划生育依法行政】 年内，市计生局重新调整了行政执法责任制领导小组，建立行政执法责任制。联合法制部门加强乡镇计生执法人员对《行政处罚法》、《行政复议法》等综合法律知识的培训，实现执法人员持证上岗。各级相继分批组织乡镇计生办工作人员参加培训，全市有125人取得行政执法证。龙门县委、县政府成立了县计划生育依法行政工作室和县计划生育执法大队，提高全县依法行政工作的水平。

全市全年受理群众来电来信来访192件（次），其中：来信125件，来访23次，来电44次。与2002年相比，信访总量下降了24.71%。其中，来访下降了36.11%，来电下降了54.64%。对192件群众来电来信来访及时处理，结案率100%。

【实施计划生育优惠政策】 年内，市计生局初步构建起计划生育家庭社会保障制度。惠东县、龙门县、博罗县、惠阳区、大亚湾区等5个县（区）在开展把计划生育工作与发展经济、帮助劳动群众致富、建设文明幸福家庭三者相结合的基础上，先后出台和实施了农村独生子女户、纯二女结扎户优先优惠政策，规定教育、卫生、劳动、工商、民政、人事、公安、建设、房产、供水、供电、农业、计生等部门为计划生育家庭户提供优先优惠政策。至年底，全市有独生子女户家庭18344户，纯生二女结扎户家庭8802户。其中7121户农村计生户家庭办理了优惠证（卡），占应办证（卡）户的26.23%。

【存在问题】 随着综合改革纵深推进，开展优质服务和宣传教育、实施避孕节育技术免费服务、开展信息化建设、建立完善计划生育社会保障体系都必须投入大量经费，目前的经费投入与实际需要仍有差距；流动人口管理还不够到位，特别是在工业区、厂矿、城乡结合部等流动人口聚居的地方还存在死角。有的地方经常性工作不够扎实，已婚育龄夫妇避孕节育措施落实率和及时率较低，季度查环查孕和妇科病普查普治工作不够落实。

（曾旭彪　张国锋）

劳动和社会保障

【概况】 2003年，惠州市劳动和社会保障部门开展创新服务，以发展为第一要务，促进就业和再就业，完善社会保险体系、维护劳动者合法权益，一手抓劳动保障队伍建设，一手抓劳动保障工作创新，调整社保资金征集与待遇发放基数，开展下岗人员再就业培训，出台下岗人员从业优惠政策，做好下岗人员再就业工作，各项工作上了一个新台阶。

就业与再就业工作 年内，以再就业工作为重点，制订就业与再就业配套措施，提出新增就业岗位3万个，加大财政投入，落实再就业优惠政策，拓展社区就业岗位，推进就业与再就业。仅龙门县平陵镇就安排了2000多名居民上岗就业。

年末城镇登记失业人员12500人，登记失业率2.7%，实现了将城镇登记失业率控制在3.0%以内的目标。

社保制度安全运行 继续强化社保扩面、征缴，完善社会保障措施，提高服务水平，抓好社会保险基金征收、待遇支付和社会保险关系各个环节管理，保证各项基金的安全运行，落实“两个确保”，保障广大参保人员的合法权益。

至年底，全市参加社会养老、基本医疗、失业、工伤、生育保险的人数分别达到442028人、305759人、374013人、419359人、200630人，比上年有较大幅度增长。

职业技能培训和鉴定 加强对职业培训和技能鉴定机构的管理，开展再就业培训和各专业工种职业技能培训与鉴定，加强技工学校和就业训练中心的教育管理与改革，继续做好农村贫困家庭子女免费就读技工学校的智力扶贫招生。

劳动领域宏观管理 加强劳动保障统计基础和企业工资总额调控管理，制定并公布惠州市2003年度企业工资指导线和工资指导价位。根据省政府的有关通知精神，测算、调整了2003年度的最低工资标准，报市政府批准实施。完成“军嫂”和退役士兵的安置任务。

劳动关系协调和劳动保障权益维护 加大劳动保障执法力度，开展劳动保障专项检查监察和劳动保障执法监督检查；完善劳动关系调整机制，抓好劳动合同管理，及时处理劳动突发事件及信访、上访案件，维护劳动者合法权益，保障社会稳定。

年内，惠州市劳动和社会保障局被评为惠州市维护稳定及社会治安综合治理先进单位。

存在和亟待解决的主要问题 下岗失业人员年龄偏大、素质偏低，就业观念陈旧，再就业工作难度大；社保扩面工作与上级要求有一定差距；企业离退休人员的养老待遇偏低，劳动保障水平与广大群众的要求还存在一定差距；企业拖欠工人工资等侵犯劳动者合法权益问题突出，容易引发劳动突发事件，影响社会稳定。

【向社会作出服务承诺】 年内，市劳动社会保障局为了更好地接受社会与群众监督，确保依法行政、廉洁高效，按照公平、公开、公正和优质服务的原则，向全市就办理各类有关证件、劳动争议仲裁、企业职工退休审批、公伤认定等15项服务作出承诺，并在《惠州日报》公布。

【清理回收各项社保基金】 年内，市劳动保障局规范各项社会保险基金的管理，完善并落实各项制度，加强与有关部门联系，对欠缴社会保险费单位逐一进行清理，做好违纪挤、占、挪用社保基金回收。全年全市回收、处理各项社保基金3923万元。

【实行凭卡办证就业制度】 年内，市劳动保障部门落实凭卡办证、凭证就业管理制度，全年办理外来工就业证32.68万人，占流动就业人员的78.7%；向二、三产业新转移本市农村富余劳动力16465人。

【劳动力市场建设】 （参见“惠州概貌”）

【加强涉外就业管理】 年内，市劳动和社会保障部门加强对外国人就业管理，拓展对外劳务合作与境外就业渠道，办理境外人员就业证2011人，输出劳务人员136人。

【免费培训下岗失业人员】 年内，市劳动社会保障部门在市就业训练中心设立培训工种30多个，多次举办下岗、失业人员培训班，讲解再就业的30多项优惠政策，树立再就业的信心，帮助掌握自主创业的本领。全年免费培训下岗、失业人员3500人，超额完成任务。通过培训，92%拿到职业资格证书，再就业率达78%。免费创业培训650人。

【促进下岗失业人员再就业】 年内，市委、市政府召开全市再就业工作会议，提出要开发3万个就业岗位，其中再就业1.5万个。市劳动保障局落实再就业各项优惠政策，引导下岗失业人员转变就业观念，采取鼓励下岗失业人员自主择业、灵活就业与政府推荐就业、企业积极吸纳就业有机结合的方法，促进下岗失业人员再就业。全市就业形势基本稳定，“三资”、民营与个体经济对劳动力需求旺盛。惠州市全年共有8563名下岗职工实现了再就业。9月，副省长谢强华、省劳动保障厅厅长方潮贵及有关部门负责人组成省政府调研组，来惠州市调研就业与再就业及社会保障工作。

【下岗失业人员从业优惠政策出台】 年内，由市劳动和社会保障局、物价局、财政局根据有关通知精神出台《惠州市下岗失业人员从事个体经营有关收费优惠政策》，规定从2003年1月1日起，凡惠州市下岗失业人员从事个体经营的，除国家限制的行业（建筑业、娱乐业以及广告业、桑拿、按摩、网吧、氧吧等）外，凭劳动社保部门颁发的再就业优惠证享受有关收费优惠政策。下岗企业人员一人办有多个经营执照的，其中的一个经营执照享受涉及的收费优惠。减免的35项收费中，行政事业性收费30项，经营服务性收费5项。按国家有关规定，该项政策暂定执行至2005年12月31日。

【职业技能鉴定】 年内，全市参加技能鉴定的有28504人，获得职业资格证书的有25116人，合格率为88.1%。其中初级工16438人、中级工8058人、高级工620人，涉及工种54个。

【技工学校增招新生】 年内，全市技工学校招收新生1649人，比上年增招212人。其中市技校招生891人，比上年增招67人。另外，智力扶贫招生280人，涉及招生的学校5所，100%完成省下达的招生计划。

【劳动保障基层服务机构建设】 年内，全市85个乡镇、办事处中有82个建立劳动保障事务所。98个社区全部建立了劳动保障工作站，有1124名下岗失业人员通过社区实现了再就业。

【调控管理企业工资总额】 市劳动和社会保障局做好企业工资总额调控管理，搞好2002年度企业工资总额同经济效益挂钩的结算。年内，完成2002年度52家国有企业工资总额同经济效益挂钩结算，确定了2003年度工效挂钩基数，办理57家非挂钩企业工资总额包干使用，换发工资总额使用手册71家。

【调整企业职工最低工资标准】 根据省政府《关于调整我省企业职工最低工资标准的通知》，经惠州市人民政府批准，惠州市从1月1日起，实施新的最低工资标准。市区（含惠城区各乡镇、办事处）内的各类企业职工最低工资标准为400元/月，各县（区）及其乡镇、办事处内的各企业职工最低工资标准为330元/月。

【规范劳动力市场工资价位】 年内，市劳动保障部门开展劳动力市场工资指导价位的调查，制定并公布了2003年度60多种职位(工种)工资指导价位213个，规范了劳动力市场工资价位。

【制定企业工资指导线】 市劳动和社会保障部门制定、公布2003年度企业工资指导线：企业货币平均增长基准线为8%，警戒线为11%，下线为零增长或负增长。

【办理企业职工退休手续】 年内，市劳动和社会保障局全年审批市直企业职工正常退休及全市特殊工种、因病提前退休职工772人，其中审批特殊工种、因病提前退休职工238人。

【推行劳动合同制度】 年内，市劳动和社会保障局审核市直集体劳动合同2家，涉及职工3302人；办理劳动合同鉴证50472人，比上年减少1607人；依法办理解除、终止劳动合同29356人，比上年下降32%。

【审理劳动争议】 全年处理市直劳动争议案件154宗，其中正式立案处理118宗、不予受理的29宗、逾期未缴费的7宗，涉及劳动者221人、经济标的458.89万元，已结案110宗、结案率93.22%。

【受理劳动监察案件】 年内，市劳动和社会保障局受理群众投诉举报案件1925件，结案1906件，结案率99%；办理劳动监察案件2588宗，比上年上升48.5%；主动监察用人单位4553户，降低0.7%。

【维护农民工合法权益】 惠州市根据国家与省劳动和社会保障部门的要求，从12月1日开始，先后派出255人次，对全市450家企业就招工、工资支付情况进行执法检查，涉及农民工25940人。发现拖欠农民工工资的企业93家，涉及农民工24980人，拖欠工资618.49万元，劳动监察部门对拖欠职工工资的企业发出整改令和处理决定书，并为4050名劳动者追回了拖欠工资361.87万元，其中农民工3840人，追回拖欠工资334.6万元。年内博罗县劳动保障部门对全县范围1350个用工企业，开展保障农民工合法权益执法大检查，为4500名外来工领回被拖欠的工资。

【处理劳动突发事件】 年内，全市处理劳动突发事件100宗，涉及8712人，其中集体上访56宗、罢工22宗、其它形式22宗，分别涉及3677人、3110人、1925人，为劳动者追回工资等待遇3026.84万元。

【办理劳动用工年审】 全市办理劳动用工年审单位9872户，比上年减少163户，下降1.6%，其中市劳动保障局办理用人单位劳动用工年审2118户，减少3.9%。

2003年8月6日，市劳动保障局举行市社保服务大楼奠基仪式 （李伟平摄）

【社保服务大楼动工】 8月6日，惠州市社保服务大楼作为全市的一项民心工程和公共设施重点建设项目，在市区江北三新南路奠基动工。该大楼占地面积1.5万平方米，建筑面积2.25万平方米，设有医保、就业等服务大厅，集劳动保障部门各直属单位于一体。将实现劳动保障“一站式办公”和“一条龙服务”

（郭双歧）

·社保基金管理·

【概况】 2003年，惠州市社会保险（简称社保）经办管理部门，按照“对象就是服务”的要求，坚持以人为本，规范管理，改善服务，抓好社会保险扩面征缴工作。全市全年征缴社会保险基金90718.71万元，比上年同期增长17%。同时，落实确保企业离退休人员基本养老金和国有企业下岗职工基本生活费发放，按时、足额发放社会保险各项待遇，全市全年发放社保待遇49675.64万元，切实保障了广大参保人员的合法权益。

【社保覆盖面扩大】 年内，惠州市以中小企业、非公有制经济组织和灵活就业人员为重点，进一步扩大社会保险覆盖面。至年底，全市企业养老保险参保人数364348人，比上年增长8.16%；失业保险参保人数374013人，增长2%；工伤保险参保人数419459人，增长11%；生育保险参保人数200630人，增长11%；医疗保险参保人数305759人，增长4%。

【社保基金征缴增长】 年内，全市征集社会保险基金90718.71万元，比上年同期增长17%。其中：征收养老保险基金53793.71万元，增长17.54%；征收失业保险基金6989.82万元，增长10.27%；征收工伤保险基金2945.64万元，增长13.5%；征收生育保险基金1369.28万元，增长18.17%；征收医疗保险基金25620.26万元，增长18.22%。社会保险基金征缴稳步增长，保障了各项社会保险待遇的发放。

【社保待遇按时足额发放】 全市全年支付各项社保待遇49675.64万元，比上年增长45.29%。其中：支付养老保险待遇28534.92万元，增长27.50%；支付失业保险待遇3454.37万元，增长6.94%；支付工伤保险待遇1577.88万元，增长17.70%；支付生育保险待遇693.21万元，增长93.21%；支付医疗保险待遇15415.26万元，增长124.02%。按时足额发放各项社保待遇，维护了惠州社会的稳定。

【社保基金结存情况良好】 至年底，全市社会保险基金历年累计结存195365.01万元。其中，养老保险基金结存142377.52万元，失业保险基金结存13710.60万元，工伤保险基金结存9191.31万元，生育保险基金结存1674.35万元，医疗保险基金历年结存（含个人账户）28411.23万元。社会保险基金结存状况良好，为提高惠州市的社会保障能力提供了有力保证。

【社保费征集与待遇计发基数调整】 根据2002年全市职工月平均工资为911元，从7月起，市直、城区和大亚湾区的各项社会保险费征集基数和待遇计发基数作如下调整：

养老保险征集基数和待遇计发基数自7月1日起，参加市直、惠城区、大亚湾区养老保险统筹的单位和个人，其养老保险费按照职工工资总额的一定比例计征，职工个人月工资总额低于911元的60%，即547元的，以547元为基数计征；高于911元的3倍，即2733元的，以2733元为基数计征。参保离退休人员的各项养老保险待遇按911元的基数计发。

工伤、失业、生育保险征集基数和待遇计发基数：为统一社会保险各险种的缴费基数，便于操作，自7月1日起，工伤、失业、生育保险的缴费数统一按全市上年度职工月平均工资标准911元为基数征集。工伤、失业、生育保险费征集基数调整后，工伤、生育待遇计发基数也相应调整为按911元计发；失业保险待遇按原规定执行。

医疗保险征集基数和待遇计发基数：参加医疗保险的单位职工，其医疗保险费按照工资总额的一定比例计征，自7月1日起，职工工资总额低于911元的80%，即729元的，以729元为基数计征，职工工资总额高于911元的3倍，即2733元的，以2733元为基数计征。调整医疗保险费征集基数后，参加医疗保险职工的医疗保险待遇，如起付标准、统筹基金最高支付限额等也相应调整按911元为基数计算。

【基本医疗保险制度改革】 （参见“惠州概貌”）

【社保市级统筹筹备启动】 年内，惠州市为完善社会保障体系，提高社会保险的统筹层次，根据省政府《关于提高我省社会保险区域统筹层次的通知》和副省长谢强华9月初在惠州调研劳动和社会保障工作时的指示精神，9月中旬惠州市启动社会保险市级统筹筹备工作。市劳动保障部门和社保经办机构组织相关人员，对惠州的养老、失业、医疗、工伤、生育各险种实施市级统筹进行调查摸底和测算，确定社会保险市级统筹的基本原则。从2004年7月1日起，市直和各县、区的社会保险各险种实行统一制度，统一征收，统一调剂，统一管理；统一社保经办机构；统一社保信息系统。

【社保费地税全责征收准备】 为配合社会保险市级统筹工作，落实《广东省社会保险费征缴办法》的有关规定，年底，启动了社会保险费地税全责征收的准备工作。市地税部门和市社保经办机构就2004年7月1日起实行社会保险费地税全责征收后相关业务的划分情况进行了研究。实行全责征收后，地税部门将全面负责社会保险费征收各个环节工作；社会保险机构将主要负责社会保险登记、年审及相关待遇的审核发放；财政部门将负责社会保险基金账户的管理，审计部门将负责对社会保险基金的审计监督。

【做好行政区划调整后的社保关系接续】 年内，经国务院批准，惠州市部分县（区）实行区域调整，市社会保险机构及时做好区域调整有关社保关系接续工作，多次召集惠城区、惠阳区、博罗县的社保部门协商，解决转移企业和人员的社保关系接续问题，使11个镇的600多家单位、1.9万多名参保人员的社保关系平稳接续。

【社保服务承诺】 结合通过“万众评公务”活动，市社保基金局依照群众评议意见，落实整改。从简化办事程序、方便办事出发，推出29项办事服务承诺。并每个季度向市直参保的单位和个人派送社保缴费清单，使其明明白白缴费，清清楚楚享受待遇。

11月，完善监督机制，聘请市政协李靖国等20位同志为社保机构行风监督员。

【存在问题】 社会保险统筹层次不高，地区发展不平衡；扩面征缴工作仍然阻力较大，离“覆盖全社会”的目标有一定距离；基础管理较薄弱，特别是计算机管理方面，专项资金投入不足，造成网络建设速度慢，仍有个别县（区）未实行系统管理，处于单机操作状态。

（凌任达）

民　　政

【概况】 2003年，惠州市民政部门根据上级民政部门的要求，从自身实际出发，认真抓了思想、组织与作风建设，制定完善了各项规章制度，加强了党建、人事、财务、文秘和后勤保障工作，保障了各项民政业务的有效开展；进一步开展“双拥”工作，对市军休所、救助管理站、福利场、复员退伍军人医院等4个直属单位的领导班子进行了全面考察与适当调整，提拔4人分别担任各班子的主要领导；在资金上向直属单位倾斜，落实其硬件建设、运作经费、设施改造；在帮村富民、基层政权、社区建设、福利彩票与民间组织管理及社会捐助、救助、殡葬管理体制与婚姻登记等方面都取得了较好成绩。

【帮村富民】 年内，市民政局牵头，会同气象局、移动通信惠州分公司组成联合工作组，进驻博罗县横河镇，帮助该镇摆脱贫困落后、尽快让村民致富。9月23日，总投资600万元（市、县帮扶单位筹集450万元、镇筹资150万元）的横河镇油甘潭、石湖、石桥头等3座水力发电站开工，计划于2004年5月完工投入使用，目前工程进展顺利。同时，还帮助横河镇筹建饮食一条街、农副产品批发市场、横博公路等，各项工程都已经进入了实质性阶段。另外，帮助惠东县松坑镇白沙村修建的第二个水电站，进展也顺利，预计2004年6月可以建成发电。同时支持村里与深圳热心人士联系，来村“结村助学”。目前村里30名家庭困难的学生可以免费读至小学毕业。

【拥军爱民】 （参见“中共惠州市委员会”）

【基层政权社区建设】 1月1日，惠州市社区建设工作领导小组制定《惠州市社区建设示范社区基本标准》，社区规范化建设试点单位工作效果明显，麦地、观园、莲花、金光、经星、平陵等社区已成为惠州市社区的“亮点”。根据惠州市委《关于实施固本强基工程三年规划》的要求，全市157个无办公用房的村委会已有93个完成了建房任务，356个贫困村委会的村干部每月拿到了不少于300元的报酬。年末，以市委、市政府名义表彰了11个村民自治模范乡镇（办事处）。惠城区被评为全省、全国的村民自治示范区。

【调查村委会规模】 7月，市民政部门对全市村委会规模进行一次全面调查。7月全市有村民委员会1032个。村民小组9238个，村民户375454户，人口1845834人。村集体经济纯收入共20330万元。

【婚姻登记管理】 年内，进一步宣传《婚姻登记条例》，新建、改造了一批婚姻登记办公场所，提高了婚姻登记的服务质量。全市国内结婚登记22747对，离婚登记1269对；涉外结婚登记342对，离婚登记11对。

【最低生活保障面扩大】 年内，市民政部门按照最低生活保障标准，向全市生活困难居民发放保障金。城镇低保标准：惠城区215元，惠阳区195元，惠东县182元，博罗县169元，龙门县162元，大亚湾区208元。农村低保标准：惠城区130元，惠阳区125元，惠东县105元，博罗县125元，龙门县100元，大亚湾区130元。全市纳入最低生活保障范围的有14026户35723人（其中城镇居民2118户6795人，农村村民11908户28928人）。比上年增加3337户9824人，分别增长31.1%和37.9%。支出最低生活保障金1662.42万元，比上年增加了455.6万元。在纳入最低生活保障范围的户数、人数中，有残疾人家庭3922户4730人，分别占总户数、总人数的28%和16.4%。

【救济灾民】 9月2日，0313号强台风“杜鹃”在惠东港口登陆，是珠江三角洲地区近20年来破坏力最大、造成损失最为严重的一次台风。惠州市各级政府及民政等有关部门高度重视，及早、及时做好防风抗风工作，力图把损失减少到最低限度。全市有84个乡镇（办事处）134.6万人受灾，因灾死亡9人，紧急转移安置灾民10822人（其中前期安置4309人），倒塌住房2038间，损坏房屋36826间，农作物受灾面积3.1公顷，直接经济损失4.905亿元。其中惠东县1.78亿元，大亚湾1.08亿元，博罗县0.812亿元，惠城区0.613亿元，惠阳区0.55亿元，龙门县0.07亿元。灾后，各级民政部门做好救灾工作，市委市政府还将救灾复产工作列入了“八项民心工程”。至年底，全年已下拨救灾资金800多万元（其中中央126万元，省200多万元，市150万元，县以下387万元）。其中用于维修房屋和重建家园223.4万元，用于生活救助372.5万元，用于其它救济212.2万元。

【落实“五保”供养经费】 在春节期间，各级领导部门与五保老人共进除夕晚餐，欢度新春佳节。至年底，全市有“五保户”6426人，其中：集中供养788人，人年供养标准为2547元；分散供养5638人，人均供养标准1737元。市政府全年下拨116万元，用于补助人均年纯收入3000元以下乡镇的五保户，确保五保供养经费的落实。

【加强防治“非典”捐赠款物管理】 2003年春节前后，广东省部分地区发生传染性非典型肺炎疫情，惠州市受到波及。根据民政部和省政府做好防治“非典”的要求，制定了《惠州市民政局防治非典型肺炎应急处理预案》。全市社会各界纷纷捐款、捐物，各级民政、卫生部门组织协调社会捐赠工作，积极主动接受捐款捐物。据不完全统计，全市各界人士捐赠500.5007万元，其中捐款370.2607万元（含县、区捐款215.68万元），捐物折款130.24万元。所捐款物均严格按国务院办公厅《关于加强防治非典型肺炎社会捐赠款物管理工作的通知》要求，使用和管理。

【福利彩票购销活跃】 年内，全市组织12场（次）大奖组销活动。11月8～13日，分别在惠城区数码广场和水口镇组织即开型福利彩票大奖组销售活动，场面十分火爆，购销十分活跃。12月28日“中福在线”即开型彩票惠州销售厅在下角文化中心正式开卖。各类福利彩票销售组织严密操作规范，受到彩民好评。全年销售各类福利彩票7044.2万元，其中电脑型福利彩票6144.2万元、即开型福利彩票900万元，筹集福利资金2465.47万元，并严格按照国家有关规定上交与使用。

【双拥优抚安置】 （参见“中共惠州市委员会”）

【殡葬管理】 年内，全市火化率100%，完成了殡葬工作目标考核和全市经营性公墓的年检。清理“三道两区”（国道、省道、铁道和城市规划区与旅游风景区）坟墓1.8万个，完成应清坟任务的98%。投入400余万元资金用于全市殡仪场馆建设。龙门新殡仪馆开始动工建设。

【为老年人服务】 年内，市民政部门坚持为老年人服务，“星光计划”按方案实施。至年底，全市建成并投入使用的“星光老年之家”28个，其中街道项目3个，社区居委会19个，其它项目6个，总建筑面积6316平方米，总投入资金1000万元（其中彩票福利金500万元）。全市有各类社会福利机构

92个，设有床位2003张，至10月止，收养对象999人，其中收养城乡孤寡老人823人，社会弃婴（孤儿）82人，社会老人94人。全市共办理收养登记67件，其中，国内公民58件，港澳同胞9件。

【设立救助管理站】 年内，市各级民政部门根据国务院关于《城市生活无着的流浪乞讨人员救助管理办法》第二条，“县以上城市人民政府应当根据需要设立流浪乞讨人员救助站”的规定，结合惠州经济发展水平和流动人口情况等综合因素，提出设立救助管理站的建议，经市、县（区）人民政府同意，撤销原有的惠城区等5个收容遣送站，并在通过改造的原址设立救助管理站，机构和人员编制重新核实。8～12月，全市救助管理站共接待受助人员804人（次）。

9月28日在惠州宾馆召开全市救助管理工作会议，传达全国、全省贯彻《城市生活无着落流浪乞讨人员救助管理办法》工作会议精神，部署惠州全市实施“救助管理办法”及实施细则的任务、措施。各县（区）分管民政工作的副县（区）长、民政局长及有关部门领导及市、县（区）救助管理站长参加了会议。

【民间组织管理】 年内，市民政部门执行《社会团体登记管理条例》和《民办非企业单位登记管理暂行条例》等有关法规，取得一定成效。开展社会团体、分支机构复查登记，重新登记1个、整改2个，撤销基金会组织5个。年检市直民间组织156个。配合有关部门引导近千名原气功练习者参加其他强身健体的体育活动。发展行业社团、公益性民间组织，核准成立登记91个，办理变更、注销登记68个，并在《惠州日报》予以公告。组织行业社团代表参加全省行业社团发展研讨会。与地方税务部门共同印制了民间组织专用发票3000本。同时，协助有关部门全面落实民间组织党建工作，建立民间组织党支部5个。

【编辑勘界电子文档】 年内，市民政部门根据省民政厅要求，对地、县、乡（镇）三级界线进行了勘界电子文档编辑与制作。其中：地级界线有惠州汕尾线、惠州河源线、韶关惠州线、广州惠州线、东莞惠州线等6条；县级界线有惠城惠阳线、惠城博罗线、惠阳惠东线、惠阳博罗线、博罗龙门线等5条；惠城区、惠阳区、惠东县、博罗县、龙门县的乡、镇界线共215条。

【存在问题】 民政干部职工的思想观念、工作方法还不能完全适应形势发展的要求，民政队伍依法行政的意识要进一步增强，能力还需提高。救灾资金专用户管理不够规范，专项财务管理制度不够健全。最低生活保障标准偏低，个别县的部分地方尚未达到省订的脱贫标准。地方财政对民政事业的投入与实际需求差距较大。

（陈晓明）

民族宗教

【概况】 2003年，市民族宗教工作围绕团结、稳定、发展的工作思路，全面贯彻落实党的民族宗教政策。扶持和帮助全市民族地区发展生产和经济，推动民族团结进步事业，依法加强对宗教事务的管理，引导宗教与社会主义社会相适应，为维护惠州市政治、社会稳定和促进三个文明建设，取得了一定的成绩。

【预防“非典”】 年初，广东省部分地区发生“非典”波及惠州市，市民族宗教局（简称民宗局）及时协助市辖各县（区）做好少数民族地区和宗教活动场所的预防“非典”。先后到龙门县蓝田瑶族乡，惠东县多祝镇陈湖村、大湖洋村，博罗县嶂背村及西湖准提禅院、元妙观，罗浮山冲虚观、黄龙观、华首寺等地区和场所检查预防情况，加强疫情监控。同时，开展爱国卫生运动，暂停大型民族与宗教集体活动。有效地防止了“非典”在少数民族地区与宗教活动场所的传播。

【帮助少数民族地区发展经济】 年内，市民宗局抓好龙门县蓝田乡东山羊养殖项目的跟踪，全乡已养种羊100多头，小羊800多头，初步产生了经济效益。同时，争取省民宗委分别拨款8万元帮助博罗嶂背畲族村种植鱼腥草项目、5万元帮助惠东增光种植澳洲油茶树项目。另外，省政府还拨款86万元，扶持蓝田瑶族乡广大瑶胞发展生产和经济项目。

【少数民族代表团参观蓝田瑶族乡】 6月24日，全省少数民族和民族地区脱贫奔康表彰会在广州召开，惠州市的蓝田瑶族乡政府及林火胜、盘乙兴两人分别被评为先进集体和先进个人。6月25～26日，参加全省少数民族脱贫奔康表彰会的50多名代表，来龙门县蓝田瑶族乡参观考察，先后参观了蓝田乡文化中心、金菇厂、上东村及蓝田田心瑶族新村等。全村42户中已有39户新房建好或正在建设之中，部分村民已住上了新房。

【慈辉基金会资助畲族小学】 年内，香港慈辉（佛教）基金会捐助3万多元，为博罗横河嶂背畲族小学打了一口深水井，更换了8间教室的黑板和门、窗，解决了该校教学设施陈旧和饮水难等实际问题。

【少数民族和宗教界人士参政议政】 年内，为了发挥少数民族和宗教界人士参政议政的作用，惠州市及县（区）人大、政协换届时，全市有47名少数民族和宗教界人士被选为省、市、县（区）人大代表或政协委员。其中20名少数民族干部为市、县（区）人大代表或政协委员，27名宗教界人士为省、市、县（区）人大代表或政协委员。

【加强宗教事务管理】 1月25日，市民宗局在惠州城区元妙观召开了全市宗教界代表人士座谈会，以加强对神职人员宗教政策、法律法规教育。参加会议的宗教界代表30多人，市政协副主席、统战部长谢仕强出席会议并讲了话。4月25日，召开全市宗教场所年检工作会议，部署年检，市、县（区）宗教部门按省民族宗教委对宗教场所的年检要求，对所属宗教场所进行量化考核，还抽查了20%的宗教场所。经考核和抽查，全市69间正式登记开放的宗教活动场所全部合格，并颁发了年检合格证。

年内，还打击、制止违法、非法宗教活动，及时制止两宗境外人员组织的非法宗教活动，依法取缔了3宗违法、非法宗教活动，制止和查处了两宗乱建寺庙事件。

【开展宗教界“双文明”活动】 年内，为响应市委、市政府关于创建文明城市的号召，全市宗教界广泛开展创建“文明宗教活动场所”和“文明教职人员”的“双文明”活动。经逐级推荐、评选，授予元妙观等20个宗教场所为“文明宗教活动场所”，赖保荣等27人为“文明教职人员”。由此促进宗教活动场所的规范化管理。

【加强宗教团体自身建设】 年内，市民族宗教局组织各县（区）民宗局负责人与市基督教新一届“两会”负责人举行座谈会，共同研讨、协商解决全市基督教存在的问题和对策；市基督教“两会”举行纪念中国基督教三自爱国会成立53周年座谈会，办好教牧同工退休会，协助省道教协会在罗浮山黄龙观举办全省道职人员培训班和在元妙观举办广东道教万缘法会等，取得了较好的效果。先后选送4名宗教界代表人士，参加省民宗委组织的学习中共十六大精神参观考察团参观、考察学习，选送2人分别参加全国天主教负责人培训班和全省天主教爱国会负责人读书班学习。协助市道教协会、市基督教“两会”、佛教界等积极、稳妥地开展对外友好交往活动，共接待来访友好宗教团体和宗教界人士20多批，1000多人次。

2003年12月12日，市道教协会举行第四次代表会议 （市民宗局供）

做好爱国宗教团体的换届和筹备工作。7月，市基督教爱国会、协会召开换届会议，金利国长老当选新一届爱国会主席，吴瑞林、詹少初当选爱国会副主席；曹建国、祝侍主当选协会副会长。市道教协会于12月12日举行第四次代表会议，赖保荣道长当选新一届会长，王诚廉、黄伟新、黄健虹当选副会长，叶青春当选秘书长。经市政府同意，10月，市民宗局成立了市佛教协会筹备委员会。

【宗教界扶贫济困】 年内，市民宗局发动全市宗教界为连南少数民族贫困户移民搬迁捐款6.78万元，华首古寺为博罗华侨中学捐资140万元，礼佛禅院捐资修路170万元，明月寺支持石湾教育基金会6万元，冲虚观支持学校6万元，酥醪观支持学校、修路4万元。全年，全市宗教界支持、捐助社会公益事业627.75万元。

【开展信息调研】 年内，完成了民族、宗教志初稿。加强了调查研究工作，撰写调研文章1篇，经验材料2篇，形成了《我市宗教渗透面临的问题与对策》等调查报告。《闯入百强的基督教民营企业家》、《惠州市实实在在帮助民族乡村发展》两篇经验材料被省民宗委《民族宗教工作》刊物采用。全年共编写民族宗教信息28期，其中，省委、省政府各采用1期，省委统战部采用4期，省民宗委采用11期，还有3期信息被省民族宗教网采用。市民族宗教局已连续两年（2002年、2003年）被省民族宗教委评为全省信息工作先进单位，朱观荣被评为全省优秀信息员，并得到表彰和奖励。

【存在问题】 爱国宗教团体和宗教教职人员的队伍建设滞后，不适应宗教活动和管理的需要；境外宗教渗透日趋严重，反渗透工作有待加强；违法、非法宗教活动时有发生，仍需加大监控和打击力度；扶持民族地区发展经济和文化教育卫生事业的力度仍需加大；民族宗教工作任务越来越繁重，干部队伍的综合素质还有待进一步提高。

（朱观荣）

水库移民工作

【概况】 2003 年，惠州市进一步加大水库移民安置力度，移民工作又取得了新的进展。年内，全市移民总收入 52013 万元，比上年增长 9.4%，人均纯收入 1870 元，增长 4.5%。市移民办被省政府评为实施省人大议案先进集体，受到通报表彰。

【编制水库移民工作五年规划】 年内，省人大根据全省水库移民历史遗留问题仍然十分突出的现状，提出从 2003 年起，继续实施原水库移民议案。加大对移民专项资金的投入，把做好今后五年的移民工作作为全市移民工作的重点来抓，迅速调查摸底。先后召开县（区）移民办主任、移民群众等各种类型的座谈会，举办了 3 次各县（区）移民办安置股股长培训班，编制出一套基本适合惠州市移民工作实际的、有较强的可操作性并被省移民工作部门通过的五年工作规划。

【精简移民机构】 惠州市各级移民办由于历史原因，超编情况较为严重。年内，根据粤机编办有关文件精神，对全市各级移民工作人员情况进行调查、核实，经过反复论证，制订了切实可行的移民机构精简和富余人员分流方案及其实施细则。撤销了镇一级的移民机构；各县（区）移民机构人员按省编制办要求，定岗、定员、定编，编后人员纳入地方财政预算；全市 175 名富余人员的分流已基本完成。

【帮村富民】 年内，根据市委指示精神，市移民办会同消防局等单位深入惠城区潼湖镇玳瑁村驻点。帮助村委会加强领导班子建设，引导村民大力种植马铃薯等经济作物。帮助该村筹资 30 余万元，建了一幢 400 多平方米的商住楼等。预计该村集体经济和村民的收入将有大幅度的增加。

【关心水库移民】 1 月 25 日，省人大常委会副主任李近维、惠州市领导叶月坚、陈幼荣、林添好及惠东县领导到白花镇慰问贫困移民，并送上慰问金与慰问品。1 月 30 日，副市长林添好与市移民办领导到移民村，与贫困、孤寡移民、老党员共度除夕。年底，市委副书记、代市长黄业斌率市财政、建委、交委、移民办等单位领导到淡水银坑村移民择地重迁新址调研，重迁移民 160 户、695 人。水库移民省补助经费从过去 1650 万元增加到 6300 万元。

【加强移民经费管理】 年内，市移民办每月按时追收白盆珠水库移民经费，确保移民经费及时到位；实行季度财会制度；定期检查各县（区）移办移民经费财务管理，及时纠正存在问题。通过这些措施，确保移民经费专款专用，提高移民经费使用效益。

【解决山林土地纠纷】 年内，根据省府有关文件精神，各级移民办主动配合当地政府及有关部门，处理移民民事纠纷，解决山林土地纠纷 8 宗，有效地维护了移民的合法权益。

【做好来信来访工作】 年内，市移民办共收到移民来信 19 件，接待移民来访 101 人次。对移民提出的问题都作了妥善处理，保持了移民的稳定。

【存在问题】 水库移民工作由于移民经费不能按时到位，影响年度计划实施；移民收入水平与当地农民相比差距较大，经济增长缓慢，生活水平提高幅度不大；移民区的生产生活条件和基础设施仍很落后，移民区的食水、交通、水利、住房、通信、教育等问题仍较突出；少数移民仍不够稳定，上访情况时有出现。

（贾桃英）

老龄工作

【概况】 2003 年，惠州市老龄工作从自身实际出发，贯彻党和国家有关老龄工作的方针政策，完成了全年工作计划，老龄工作做到社会认可，老年人满意。市老龄办在全市“万众评公务”活动中名列前茅。

【开展老龄人工作情况调查】 3 月下旬，市老龄办与市老年学学会联合派出 3 个调研组，历时近十天，对全市各县（区）、10 个乡镇、3 个办事处、15 个居委会、9 个村委会、10 个老年活动中心、8 家敬老院进行调研。重点调查“老有所养”尤其是特困老年人的问题，老年机构、《老年法》实施等情况。向市委、市政府写出《对我市老龄工作有关问题的调查报告》、《我市特困老年人现状、原因及对策》等调查报告，引起有关部门的重视。8月初，市老龄办还就乡镇基层老年人协会建设问题到惠东、惠阳开展调查。

【为老年人办好事】 1月1日，市老年服务中心正式为老年人开放。服务中心设有健身室、阅览室、电教室、交谊舞厅、棋牌室、老年公寓等文体娱乐和生活场所，还有法律咨询、家政服务、卫生保健等多种功能机构。年内，市老龄办收集有关老年健康保健方面的资料，并汇编成《健康知识手册》，在老人节期间赠送给老人们阅读。在春节和老人节期间，市老龄委慰问全市90多名百岁老人、特困老人。明确了持“惠州市老年人优待证”在市区内免费乘坐公共汽车的范围，并在《惠州日报》公布。

【组建老年文艺社团】 4月，惠州市为活跃老年业余文化生活，组建了夕阳红曲艺社和东江粤曲协会，共发展会员70多人。市老龄办无偿投资近万元为合唱团购买乐器、服装、道具等。9月下旬，夕阳红曲艺社到西湖红棉水榭为群众作演出，市东江粤曲协会与广州、深圳等地艺术团体多次开展了联欢。

5月，组建的老年书画会，于8月举办首届老年书画展。参展作品近300幅，有来自市直与惠城区的700多名书画爱好者参观了书画展。11月，举办了全市老年人书画大赛，有200余幅作品参展，对获奖作品给予了奖励。

【举办老年健康知识讲座】 8～9月，市老龄办分别邀请中国医学科学院何国疆教授、北京中医学院薄云智教授来惠州市进行健康知识讲座。讲授老年常见病对老年人生活质量影响和威胁、人体生态环境与疾病的关系、腹针与保健等知识。全市600多名老年人参加了讲座。

【评选惠州最佳金婚伴侣】 4月初，市老龄委和惠州日报社联合发起寻访、评选及表彰惠州最佳金婚伴侣活动，并在惠州日报上刊登启事。参与报名的有180多对。惠州日报陆续报道了21对金婚夫妇的事迹。评选出王占奎等20对夫妻为惠州最佳金婚伴侣，9月下旬召开表彰大会，给金婚夫妇颁发金婚证书和奖金。会后，获奖金婚伴侣乘车从市民乐园出发，绕市区一周，游览了市容市貌。

【摄制老龄电视专题片】 年内，市老龄办和惠州电视台组成摄制组，深入到各县（区）10多个乡镇、市各有关部门和老年团体进行摄影，制作了《日暮红霞尚满天》3集电视专题片。老人节期间在惠州电视台播出。受到广大老年人及社会各界好评。

【老年法律援助】 9月23日，市老龄办和市司法局联合在滨江公园敬老游园大会现场开展《老年法》宣传、咨询服务活动，还向老年人免费派发了《老年法》和《广东省法律援助条例》等资料。

年内，市老年服务中心设立了法律援助老年人权益部，规定周三为法律咨询日。接待老年人咨询近百人次。对咨询者提出的围绕老年人的财产、赡养、再婚等诸多问题，给予法律方面的指引和帮助。对老年人的来访投诉，不推诿，不积压，根据实际情况，能解答的及时给予解答，涉及有关部门的及时与他们沟通，依法妥善处理。

【老人节游园活动】 老人节前夕，惠州市在滨江公园举行老人节庆祝游园大会。有5500多名老年人参加。林添好副市长代表市委、市政府祝全市老年人节日愉快，健康长寿。老年人参加猜谜、套物、套鸭子、投飞标、钓鱼、投球、棋牌和即席挥毫等各种游园活动，整个游园活动到处欢声笑语，洋溢着浓厚的节日气氛。

【“敬老月”活动】 年内，为弘扬敬老爱幼的优良传统，市老龄委在老人节前夕专门发出通知，要求在全市广泛开展“敬老月”活动。市属各县（区）和市直各单位先后开展了一系列敬老活动，博罗县举办首届十大敬老标兵表彰大会。龙门县拨款3万元开展敬老月活动和老年游园活动。惠东县组织老年文艺汇演，惠州学院组织了近150名离退休教职工到外地参观旅游等。

（王东红）

婚姻·家庭

【概况】 2003年，惠州市各级妇联落实市委、市政府关于创建文明城市的部署，围绕社会共同关心的家庭问题，提高家庭成员对新环境的适应力和对新事物的创新能力，走家庭文明促社会文明的道路，贯彻“以家庭为阵地，以家庭文化建设为突破口，以活动为载体”的工作方针，开展家庭系列活动，使健康、文明、进步的婚姻家庭观念逐步取代落后保守的婚姻家庭观念。

【开展家庭读书活动】 年内，市妇联将开展家庭读书活动作为创建文明家庭活动的重要内容来抓。广大家庭积极参加各种读书竞赛活动，要求每个家庭拥有一个书橱、两份报纸、三百册图书。通过导读、助读、读书征文、知识竞赛、评比“优秀书香家庭”等活动，引导广大家庭的文化消费，使好书、好思想、好风气真正进入百姓家庭，促进家庭成员学有所获、学以致用。

【开展创建文明家庭活动】 4月，市妇联与市创建办一道，通过不同层面，不同年龄，不同境遇的家庭，开展以提高家庭成员素质、家庭生活质量、城乡文明程度，促进三个文明建设协调发展为目标的文明家庭创建活动。评选出127户惠州市文明家庭，并发动广大家庭积极参与市委、市政府关于争创文明城市活动，将文明家庭的创建活动延伸到文明楼院、文明小区、文明城市。

【援助特困单亲母亲家庭】 年内，全市各级妇联继续推进援助特困单亲母亲家庭活动。从2月开始，各县（区）妇联用 1 个多月的时间对有困难的单亲母亲家庭作了进一步的调查摸底。在此基础上采取切实可行的帮扶措施，重点援助特别困难的家庭。母亲节期间，市、县两级妇联共援助特困单亲母亲家庭402户，发放援助金289500元，其中市妇联发放援助金87000元。

【《惠州家教》停刊】 《惠州家教》是由惠州市家庭教育促进会主办的、惠州市唯一面向中、小学和幼儿园学生家长的家庭教育期刊，因该刊主要面向家长学校发行，在家长学校取消收费后，发行量急剧下降，至使其被迫停刊。

《惠州家教》停刊后，为拓展家教知识和扩大家庭教育宣传面，全市各地充分发挥媒体作用，通过电视、广播、报纸中设立《家教知识》、《家教园地》等栏目，向社会广泛宣传家教知识，让更多的家长了解家教工作的重要性及基本教育方法。

【建立家庭暴力投诉站】 5月，市妇联和惠城区妇联开展社区家庭暴力投诉站试点工作，分别在惠城区桥东办事处上塘街和河南岸办事处石桥社区居委会建立家庭暴力投诉站。投诉站依托社区警务室，设有家庭暴力投诉热线电话和邮箱，成立由派出所和居委会人员组成的调解小组，调解和处理社区内家庭暴力投诉案件，及时救助家庭暴力受害者。

（王家延）

城市居民收入与消费
（惠州市区200户家庭抽样调查）

【概况】 2003 年，城市居民年人均可支配收入 12673.50 元，比上年增长18.5%，扣除物价上涨因素后，实际增长 18%；年人均消费性支出 10303.91元，比上年增长19.8%，扣除物价上涨因素后，实际增长19.2%。收、支大幅增长，居民购买力增强。

【各类收入均有增长】 2003 年，城市居民年人均收入除财产性收入下降外，其余类别收入比上年均有不同程度的增长。平均每一居民得到的工薪收入10657.34元，比上年增长28.8%；人均得到的个体经营净收入 733.92 元，增长11.9%；人均转移性收入2179.36元，增长 3.2%。收入增长的主要原因是：惠州市经济快速发展，企业经济效益提高，机关事业单位干部职工增加岗位津贴及通讯费补贴。

【各项消费支出】 年内，市区居民在八大类年人均消费支出中，食品支出3755.28 元，比上年增长 11.5%；衣着支出657.24元，增长21.4%；家庭设备用品及服务支出709.56元，增长30.4%；医疗保健支出721.08元，下降2.7%；交通通讯支出1682.16元，增长58.3%；教育文化娱乐服务支出1472.28元，增长36.0%；居住支出1004.63元，增长2.9%；杂项商品和服务支出301.68元，增长5.7%。

【耐用消费品拥有量】 年末，调查样本家庭每百户拥有彩色电视机 149.5台，影碟机89台，家用电脑58.5台，空调器163台，家用汽车2.5辆，摩托车 64.5 辆，电冰箱 99 台，洗衣机 97台，移动电话154.5台，钢琴4台，照相机57架。

【居住条件改善】 2003 年，随着居民收入水平的提高，居住条件不断改善。市区调查样本家庭人均使用面积25.25 平方米；89%的家庭拥有私房；95%的家庭住上配套楼房，其中：7%的家庭住上单栋配套楼房（100平方米以上）；99.5%的家庭安装了电话；28.5%的家庭用上管道燃气，71.5%的家庭用上液化石油气。

（谭绮华）

农村村民纯收入与消费
（惠州农村500户家庭抽样调查）

【概况】 2003 年，惠州市各级政府贯彻中央和省的有关农村工作会议精神，把农业、农村和农民问题，特别是把增加农民收入作为农村工作的重点工作来抓，农民生产积极性仍然很高，据农村500户村民抽样调查，农民收入稳步增长。

【各类收入均有增长】 2003 年，农村村民年人均纯收入为 4054 元，比上年增长3.9%，其中：工资性收入1678元，占收入的41.4%；家庭经营纯收入1974元，占收入的48.7%；财产性纯收入 254 元，占收入的 6.3%；转移性纯收入 148 元，占收入的 3.6%。

【各项消费支出】 2003 年，农村村民年人均生活消费支出 3005 元，比上年增长 7.1%，其中：食品消费支出 1475 元，增长 6.2%；衣着消费支出 137 元，增长 10%；居住消费支出 383 元，增长 31.6%；家庭设备用品消费支出 99 元，下降 30.8%；交通和通讯消费支出 332 元，增长 21.2%；文化教育、娱乐消费支出 291 元，下降 4.9%；医疗保健消费支出 130 元，增长 23.8%；其它商品和服务消费支出 156 元，下降 9.8%。

【耐用消费品拥有量】 年末，农村村民家庭每百户拥有洗衣机 14 台，电冰箱 26 台，空调机 6 台，抽油烟机 15 台，摩托车 101 台，汽车（生活用）1 辆，电话机 74 部，移动电话 66 部，彩色电视机 95 台，摄像机 1 台，影碟机 45 台，组合音响 41 台。

【居住条件】 2003 年，农村每百户农户人均居住面积 22.56 平方米，有 57.6%的面积为钢筋混凝土结构；有 59.6%的面积为楼房面积。全年新建住房面积 1994 平方米，新建住房总价值 82.55 万元，有 89.8%的资金来源为自筹。每百户中有 37 户用上液化气，有 45 户农户用上了自来水。

（陈定国）

人　物

责任编辑：赖兆周

换届后厅级领导

肖志恒　男，汉族，湖南安化人，1953年1月出生。在职研究生学历，硕士学位。1968年9月参加工作，1970年1月加入中国共产党。

1968年9月后，从湖南省滑翔学校转入步兵某师381团2连，历任战士、班长、代理排长。1970年4月后任步兵某师381团政治处干事；1971年2月后任陆军某军政治部组织处干事。1973年8月后，任武汉军区政治部组织部青年科干事、副科长、副处长；1983年5月后，任武汉军区政治部组织部青年处处长（1983年8月至1984年7月在武汉大学中文系学习。1984年8月至1985年6月在长沙解放军干部文化学校学习）。1985年7月后，任工程兵舟桥某旅政委、党委书记（1986年8月至1988年7月在湖北师范学院党政干部专修科学习）；1988年8月后，在国防大学基本系（指挥员班）当学员；1989年7月后，任步兵某师纪委副师职专职委员、副政委；1990年6月后，任团中央常委、青工部部长（1992年9月至1995年6月在吉林大学研究生院国民经济计划与管理专业学习并毕业。1994年1月至1996年1月，挂任清远市副市长）；1996年2月后，任清远市副市长（保留正厅级）。1997年12月后，任省经委副主任、党组副书记（保留正厅级）。2000年2月后，任惠州市委副书记、副市长、代市长；4月后任惠州市委副书记、市长；2001年4月后任惠州市委书记；2002年3月后，任惠州市委书记、市人大常委会主任。

2003年6月在中共惠州市第八届一次会议当选为市委书记，同月下旬调中共广东省委，任秘书长兼办公厅主任。

共青团第十至十三次全国代表大会代表、第十至十三届团中央委员、第十二至十三届团中央常委。中共十六大代表，中共广东省第九次代表大会代表、中共广东省委第九届委员会委员，广东省九、十届人大代表，中共惠州市八次代表大会代表，中共惠州第七、八届市委委员。市八、九届人大代表。

柳锦州　男，广东潮阳人，汉族，1948年10月生，中央党校研究生部政治经济学专业毕业，在职研究生学历，1966年9月参加工作，1974年11月加入中国共产党。现任中共惠州市委书记。

1963年9月后，在广东水产学校读书；1966年9月后，任汕头地区水产公司、副食品公司资料员，商业局、财办干事；1982年2月后，任汕头地区财办调研科副科长；1983年9月后，任汕头市商业局业务科科长；1984年6月后，任汕头市商业贸易中心(副局级)总经理、党总支书记；1984年10月后，任汕头市财办副主任、党组副书记；1987年10月后，任汕头市财办主任、党组书记；1990年4月后，任普宁县委书记；1992年3月后，任揭阳市人民政府负责人；1992年9月后，任揭阳市委常委、副市长；1993年10月后，任揭阳市委副书记、副市长(1994年9月至1995年7月参加中央党校中青年干部培训班学习，1994年9月至1997年1月参加中央党校研究生部政治经济学专业学习并毕业)；1998年7月后，任清远市委副书记、副市长；1998年10月后，任清远市委副书记、市长；2001年3月后，任惠州市委副书记；2001年4月后，任惠州市委副书记、市长；2003年8月后，任惠州市委书记。

十届全国人大代表，省九次党代会代表，省九、十届人大代表，七、八届市委委员，市八次党代会代表，市八、九届人大代表。

黄业斌　男，汉族，广东阳江人，1957年9月出生。在职研究生学历，南京大学国际商学院国际企业管理专业毕业，1975年9月加入中国共产党。1980年2月参加工作。现任中共惠州市委副书记、代市长。

1977年3月后，广州中医学院读书；1980年2月后，任广东省医药管理局计划处科员；1983年7月后，任广东省医药管理局办公室副科长；1985年8月后，任广东省医药管理局办公室科长；1987年8月后，任广东省医药管理局办公室副主任；1990年11月后，任广东省医药管理局办公室主任；1993年4月后，任广东省政府领导秘书，并担任省政府办公厅秘书组组长、党支部书记（1993年9月至1995年6月在职参加南京大学国际商学院国际企业管理专业研究生学习并毕业）；1996年10月后，任广东省计委副主任、党组成员；2000年2月后，任广东省发展计划委员会副主任、党组成员（2000年2月至4月在省委党校厅级干部读书研学习）；2001年3月后，任广东省政府副秘书长（正厅级）；2003年8月后，任惠州市委副书记、代市长。

市八次党代会代表，市九届人大代表。

叶月坚　男，汉族，广东龙川人，1944年12月生，华南师范大学中文系毕业，学历大学，1968年12月参加工作，1970年2月加入中国共产党。现任惠州市政协主席。

1964年9月后，在华南师范大学

中文系读书；1968年12月后，在惠阳潼湖军垦农场锻炼；1970年4月后，在龙门县中学任教，县革委会政工组任干事；1972年2月后，任惠阳地区革委会办事组、地委办、行署办干事、主办干事（副科级）、副科长（正科级）；1983年8月后，任惠阳地区外经委副主任；1984年8月后，任惠东县委副书记；1986年2月后，任惠东县委书记(1987年9月至1988年7月参加中央党校中青年干部培训班学习)；1988年2月后，任惠州市政府负责人；1988年6月后，任惠州市副市长；1994年后，任惠州市常务副市长；1998年6月后，任惠州市委副书记（1998年7月后，兼任惠州市委党校校长）；2003年5月后，任惠州市政协主席。

省八次党代会代表，省十届政协委员，五、六、七、八届市委委员，市五、六、七、八次党代会代表，市六、七、八、九届人大代表，市九届政协委员。

李汝求　男，汉族，广东东莞人，1954年5月生，华南师范大学科学技术哲学专业毕业，学历在职研究生，1972年12月参加工作，1975年3月加入中国共产党。现任中共惠州市委副书记、纪委书记。

1972年12月后，参加中国人民解放军，历任雷达兵、班长、分队长、参谋（1985年12月至1987年12月参加中山大学哲学函授大专班学习并毕业）；1986年11月后，任东莞市委调查研究室干事；1988年6月后，任东莞市委政策研究室调研科副科长；1990年4月后，任东莞市委政策研究室信息科科长；1990年11月后，任东莞市委办公室信息科科长；1994年11月后，任东莞市委副秘书长；1996年10月后，任东莞市委副秘书长、市纪委副书记（1996年3月至1998年1月参加华南师范大学科学技术哲学专业研究生课程进修班学习并毕业）；1997年5月后，任东莞市纪委副书记、监察局局长；1998年5月后，任东莞市委常委、纪委书记、监察局局长；1999年3月后，任东莞市委常委、纪委书记；2001年9月后，任惠州市委副书记、纪委书记。

省九次党代会代表，省九届纪委委员，七、八届市委委员，市八次党代会代表，市七届纪委委员，市八、九届人大代表。

陈仕其　男，汉族，广东博罗人，1957年4月生，中山大学中文系毕业，学历大学，1974年8月参加工作，1976年3月加入中国共产党。现任中共惠州市委副书记兼市委党校校长。

1974年8月后，任博罗县麻陂公社艾埔大队团支部书记、博罗县路教工作队队员；1977年3月后，在中山大学中文系读书；1980年5月后，任中央组织部研究室理论处干事；1982年2月后，到河北省挂职任怀来县大黄庄公社党委副书记；1983年3月后，任中央组织部研究室理论处正科级干事；1988年2月后，任中央组织部研究室办公室副主任；1991年6月后，任中央组织部研究室调研处副处长；1993年4月后，任中央组织部研究室办公室主任（1995年9月至1998年1月参加中央党校领导干部经济管理班学习）；

1997年6月后，任中央组织部研究室副局级调研员（1997年2月起，兼任全国加强国有企业领导班子建设协调小组办公室调研组组长）；1998年6月后，任惠州市委常委、组织部部长（2002年3月至7月省委党校厅级干部进修班学习）；2003年6月后，任惠州市委副书记兼市委党校校长。

省九次党代会代表，六、七、八届市委委员，市八次党代会代表，市八、九届人大代表。

刘耀辉 男，汉族，广东惠阳人，1953年11月生，中山大学研究生院哲学系毕业，学历在职研究生，硕士学位，1971年8月参加工作，1976年1月加入中国共产党。现任中共惠州市委副书记、宣传部部长。

1971年8月后，在惠阳县澳头晓联小学当民办教师；1973年9月后，在惠阳地区师范学校读书；1975年9月后，在惠阳县澳头、陈江中学当教师、团委书记、副校长；1977年8月后，任惠阳县路线教育工作队副队长，县教育局复案办干事；1978年9月后，任惠阳县公安局助理员、县委组织部干部；1983年12月后，任共青团惠阳县委书记、县八届人大常委；1984年9月后，在省委党校党政班学习；1986年8月后，任惠阳县淡水镇委书记；1987年4月后，任惠阳县副县长兼大亚湾开发区澳头港建设总指挥（1989年9月至1990年1月在省委党校第三期中青年干部培训班学习）；1990年9月后，任共青团广东省委副书记、党组副书记、省青联副主席（1991年9月至10月在省委党校参加厅级干部读书班学习；1991年3月至1993年12月在中山大学研究生院攻读哲学硕士学位）；1993年10月后，任惠州市委常委兼博罗县委书记，1998年5月后，不再兼任博罗县委书记职务，1998年6月后，兼任惠州市委宣传部部长（1998年9月至1999年1月在中共中央宣传部培训班研修）；2003年6月后，任惠州市委副书记、宣传部部长。

团十三届中央委员，省九次党代会代表，省七、八届人大代表、人大常委，六、七、八届市委委员，市七、八次党代会代表，市七、八、九届人大代表。

黄仕芳 男，汉族，广东博罗人，1953年2月生，省委党校经济学专业毕业，学历在职研究生，1972年11月加入中国共产党。1975年1月参加工作。现任中共惠州市委副书记、政法委书记。

1972年9月后，任博罗县福田公社依岗大队团支部书记、民兵营长（参队时间认定为1975年1月）；1973年9月后，在华南农学院读书；1976年12月后，任惠阳地区农业处种子科干部；1983年12月后，任惠阳地区农业处种子科副科长、种子公司副经理（主持全面工作）；1985年12月后，任惠阳地区农业处副处长、党组副书记；1988年10月后，任惠州市农业局副局长、党组副书记（1989年3月至1990年5月挂任博罗县政府副县长）；1990年5月后，任博罗县委副书记、县长（1995年3月至7月参加省委党校中青年党政干部培训班学习）；1996年7月后，任惠城区委书记；1998年6月后，任惠州市委常委、惠城区委书记；2002年8月后，任惠州市委常委、政法委书记；2003年6月后，任惠州市委副书记、政法委书记。

省八、九次党代会代表，省八届人大代表，七、八届市委委员，市六、七、八次党代会代表，市八、九届人大代表。

黄柏青 男，汉族，广东博罗人，1954年11月生，省委党校经济专业毕业，学历在职研究生，1972年7月参加工作，1974年4月加入中国共产党。现任中共惠州市委常委、市政府常务副市长。

1972年7月后，任博罗县平安公社山前大队团支部书记；1974年6月后，任博罗县路线教育工作队队员、工作组组长；1975年1月后，任博罗县泰美公社革委会副主任、团委书记、办公室主任；1981年10月后，任博罗县泰美公社党委副书记（1982年9月至1984年7月参加华南师范大学干部专修科中文专业脱产学习并毕业）；1984年3月后，任博罗县委常委、县政府党组成员（曾被省抽调到深圳市外贸集团公司挂任副经理半年）；1987年5月后，任博罗县委副书记（1989年4月至7月参加省委党校第一期中青年干部培训班学习）；1990年5月后，任惠州市劳动局副局长；1991年2月后，任惠州市经贸委副主任；1991年12月后，任惠州市经贸委主任、市直属机关经贸系统党委书记；1994年3月后，任惠州市人民政府副市长(1994年9月至1996年12月参加省委党校经济管理专业函授本科班学习并毕业，1995年9月至1998年7月参加省委党校经济专业在职研究生班学习并毕业)；2001年11月后，任惠州市人民政府常务副市长。2003年6月后，任惠州市委常委、市政府常务副市长。

省九次党代会代表，六、七、八届市委委员，市五、六、七、八次党代会代表，市八、九届人大代表。

马新民　男，汉族，陕西绥德人，1953年11月生，中央党校法律专业毕业，学历大学，1969年3月参加工作，1971年7月加入中国共产党。现任中共惠州市委常委、惠州军分区司令员。

1969年3月后，任步兵第四师十一团一营战士、班长；1974年1月后，任步兵第四师十一团司令部军务、作训参谋；1977年7月后，任步兵第四师司令部作训参谋；1979年1月后，任乌鲁木齐军区司令部作战部参谋；1982年12月后，任乌鲁木齐军区司令部作战部一处副处长；1986年1月后，任兰州军区司令部办公室第二秘书处处长；1986年12月后，任兰州军区司令部办公室第一秘书处正团级秘书；1988年8月后，任兰州军区司令部直属工作部副部长；1990年9月后，任广州军区司令部编研室副师职参谋；1992年9月后，任广州军区司令部动员部副部长；1995年12月后，任惠州军分区司令员；2001年7月后，任惠州市委常委、惠州军分区司令员。

省九、十届人大代表，七、八届市委委员，市八次党代会代表，市八、九届人大代表。

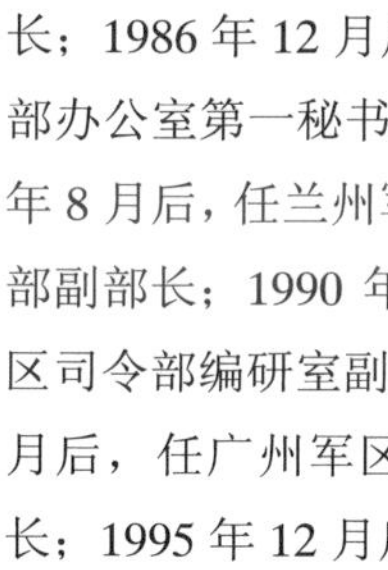

李秀峰　男，汉族，河南汝南人，1950年9月生，省委党校经济管理专业毕业，学历在职研究生，1969年2月参加工作，1970年2月加入中国共产党。现任中共惠州市委常委、惠州大亚湾经济技术开发区党委书记、大亚湾石化工业区建设领导小组副组长、中海壳牌石化项目配套工程建设指挥部副总指挥兼办公室主任。

1969年2月后，在海军南海舰队海测大队服役，历任战士、班长、分队长、中队长、中队指导员、党支部书记；1981年3月后，任海军南海舰队海测大队副营教导员、教导员、党委书记、团党委委员（1983年12月至1986年12月在海军政治学院政工专业函授大专班学习）；1984年8月后，任海军南海舰队海测大队（团）政治处主任、党委常委、纪委书记（1985年9月至1988年7月参加广东商学院经济管理专业干部专修科大专班半脱产学习并毕业）；1987年3月后，任海军南海舰队海测大队（团）政治委员、党委书记、海军广州基地（军）党委委员（1988年9月至1989年2月在中央党校部队分部培训班学习）；1990年8月后，任广东省委直属机关工委副处级干部、办公室副主任；1992年8月后，任广东省人大办公厅副处级干部、组织处副处长；1993年7月后，任广东省人大办公厅组织处处长（1995年9月至1998年7月在省委党校经济管理专业在职研究生班学习并毕业）；1996年7月后，任广东省人大办公厅副主任；1999年6月后，任惠州市委常委，兼任市委农村基层组织建设领导小组副组长、中海壳牌石化项目配套工程建设指挥部副总指挥兼办公室主任；2002年2月后，任惠州市委常委、中海壳牌石化项目配套工程建设指挥部副总指挥兼办公室主任，2003年5月后，兼任惠州大亚湾经济技术开发区党委书记、大亚湾石化工业区建设领导小组副组长。

七、八届市委委员，市八次党代会代表，市九届人大代表。

吴华立　男，满族，籍贯黑龙江双城，1956年10月出生，出生地广州市，学历大专，韶关教育学院中文专业毕业，1974年5月参加工作，1983年12月加入中国共产党。现任中共惠州市委常委、政法委副书记，市公安局局长、党委书记。

1974年5月后，在湛江生产建设兵团八师十八团四连当战士；1976年1月后，在韶关曲江县小坑林场当工人；1976年12月后，在韶关钢铁厂试验车间当工人、任团总支书记；1980年3月后，任韶关钢铁厂钢研所干事、团总支书记；1982年6月后，任韶关钢铁厂团委干事、副书记、书记；1985年4月后，任韶关钢铁厂党委办公室副主任（1982年9月至1985年12月参加韶关教育学院中文专业函授班学习并毕业）；1986年12月后，任韶关市委政法委调研科副科长、科长；1988年3月后，任汕尾市公安局副局长、党委副书记，市委政法委委员、市综治办副主任（1996年2月定为正处级）；1997年12月后，任广东省公安厅刑侦局缉毒处副处长（正处）；1998年12月后，任湛江市委政法委副书记，市公安局局长、党委书记；2003年2月后，任湛江市委常委、政法委副书记、市公安局局长、党委书记；2003年4月后，任湛江市政法委副书记、公安局局长、党委书记；2003年8月后，任惠州市委常委，市公安局局长、党委书记；2003年9月后，任惠州市委常委、政法委副书记，市公安局局长、党委书记。

八届惠州市委委员，八届湛江市委委员，惠州市八次党代会代表，惠州市九届人大代表，湛江市十、十一届人大代表。

陈训廷 男，汉族，广东海丰人，1956年7月生，省委党校经济学专业毕业，学历在职研究生，1974年12月参加工作，1976年7月加入中国共产党。现任中共惠州市委常委、组织部部长。

1972年10月后，任海丰县海城公社圆山大队团支部副书记；1974年12月后，历任铁道兵第九师战士、排长、正连职干事；1979年12月后，任铁道兵第三指挥部政治部正连职干事；1982年11月后，任炮兵11师政治部副营职干事（1984年6月至1986年12月参加辽宁大学、辽宁省高等教育自学考试汉语言文学专业学习并取得大专学历；1985年3月至1987年12月参加辽宁省锦州市委党校业大党政干部基础专业学习并毕业）；1987年12月后，任惠州市妇联科员、副部长；1991年8月后，任惠州市委组织部秘书二科副科长；1993年11月后，任惠州市委组织部秘书二科科长；1996年7月后，任惠州市政府行政督察办公室副主任（1996年9月至1999年7月参加省委党校经济学在职研究生班学习并毕业）；1997年9月后，任惠州市政府办公室副主任；1998年8月后，任惠州市政府副秘书长；2000年3月后，任惠州市委副秘书长、市委办主任（2000年7月至2001年6月任市直属机关党群系统党委书记）；2003年6月后，任惠州市委常委、组织部部长。

八届市委委员，市八次党代会代表。

杨富生 男，汉族，广东惠阳人，1949年6月生，中国人民公安大学证书班法律系毕业，学历大专，1968年2月参加工作，1969年1月加入中国共产党。现任中共河源市委常委、公安局局长（已调离惠州）。

1968年2月后，在部队历任战士、文书、排长、正连职干事；1978年2月后，在解放军南京政治学院学习；1980年1月后，任122师政治部宣传科正营级干事、科长；1984年4月后，任41军政治部宣传处副处长；1984年11月后，任122师炮兵团政委；1986年12月后，任惠阳地委政法委秘书科科长；1989年9月后，任惠州市委政法领导小组副秘书长；1991年1月后，任惠州市委政法委副书记、市直属机关政法系统党委副书记（1991年5月后兼惠州市综治办主任，1992年2月至7月参加中国政法大学政治培训班学习并结业）；1993年7月后，任惠州市委政法委副书记、市直属机关政法系统党委书记（正处级）；1995年7月后，任惠州市社会治安综合治理委员会办公室主任（正处级）；1998年2月后，任惠州市委政法委副书记、市公安局局长、党委书记（1999年2月至2000年5月参加中国人民公安大学证书班法律专业学习并毕业）；2003年6月后，任惠州市委常委、政法委副书记、公安局局长；2003年8月后，调任河源市委常委、公安局局长。

惠州市六届市委候补委员、七、八届市委委员，市六、七、八次党代会代表，市七届政协委员。

黄雁行 女，汉族，广东龙川人，1962年10月生，省社科院政治经济学院经济学专业毕业，学历在职研究生，1982年7月参加工作，1986年12月加入中国共产党。现任中共惠州市委常委、秘书长、市直工委书记。

1979年7月后，在惠阳师范专科学校英语专业读书；1982年7月后，任惠阳地区税务局涉外税政科办事员、科员、副科长（1987年7月至12月在中山大学国际税收专业进修）；1988年6月后，任惠州市税务局第三分局副局长（主持全面工作）；1992年5月后，任共青团惠州市委副书记（1994年2月至6月参加广东省委党校中青年干部培训班学习，1994年6月起主持全面工作）；1995年3月后，任共青团惠州市委书记（1995年9月至1997年12月参加省委党校经济管理专业本科班学习并毕业，1995年9月至1998年7月参加省社科院政治经济学院经济学专业研究生班学习并毕业，1999年12月至2000年12月赴美国参加省委组织的第一批高层次管理人才国外进修班学习进修）；2000年6月后，挂任惠阳市委副书记；2000年12月后，任惠阳市委副书记（保留正处级）；2001年6月后，任惠州市对外贸易经济合作局局长、党组书记；2003年6月后，任惠州市委常委、秘书长、市直工委书记。

共青团全国十四大代表，省八次党代会代表，七、八届市委委员，市七、八次党代会代表，市七届人大常委。

邓海光 男，汉族，广东雷州人，1968年10月出生。在职研究生学历。1987年4月加入中国共产党。1991年7月参加工作。

1991年7月华南师范大学毕业后，在该校任政治辅导员，团委副书记、团委书记；1999年10月后，任中共博罗县委委员、县委常委、县委副书记、县政府党组副书记（正处级）（1999年9月～2002年5月，在中共中央党校在职研究生班学习）。2002年8月后，任中共博罗县委书记。2003年5月后，任中共惠州市委七届常委，7月调任共青团广东省委书记。

郑永和 男，汉族，广东惠州人，1945年12月生，上海水产学院机械系毕业，学历大学，1970年8月参加工作，1974年7月加入中国共产党。现任惠州市人大常委会常务副主任（正厅级）。

1964年9月后，在上海水产学院机械系读书；1970年8月后，任惠阳县澳头造船厂技术员、政工员；1979年11月后，任惠阳县委组织部干事、主办干事；1984年4月后，任惠阳县委常委、宣传部长；1986年3月后，任惠阳县副县长；1988年4月后，任惠阳县委副书记、县长；1990年9月后，任惠阳县委书记；1993年2月后，任惠州市政府副市长兼大亚湾规划区党委书记、管委会主任；1993年5月后，任惠州市政府副市长兼大亚湾经济技术开发区党委书记、管委会主任（1995年7月至1997年12月，兼任惠阳市委书记）；1998年2月后，任惠州市副市长兼惠州大亚湾经济技术开发区党委书记；1998年6月后，任惠州市委常委、常务副市长兼大亚湾经济技术开发区党委书记；2003年5月后，任惠州市人大常委会常务副主任；2003年8月后，任惠州市人大常委会常务副主任（正厅级）。

省八、九次党代会代表，省十届人大代表，六、七、八届市委委员，市五、六、七、八次党代会代表，市六、七、八、九届人大代表。

刘品谋 男，汉族，广东惠阳人，1947年11月生，惠州教育学院中文系毕业，学历大专，1968年10月参加工作，1971年1月加入中国共产党。现任惠州市人大常委会副主任。

1968年10月后，任惠阳县革委会政工组干事；1969年1月后，任惠阳县化肥厂政工干事；1969年8月后，任惠阳县委宣传部报道组通讯员；1970年7月后，任惠阳县对台办、宣传部、农村部干事；1979年1月后，任惠阳县两委办、县委办干事；1980年11月后，任惠阳县委办公室新闻秘书；1981年8月后，任惠阳县委办公室副主任（正科级）（1983年4月至1985年10月参加惠州教育学院中文函授大专班学习并毕业）；1984年3月后，任惠阳县委副书记、县长；1988年4月后，任惠州市计委主任、市直属机关计委系统党委书记（1989年4月至7月参加省委党校第一期中青年干部培训班学习）；1991年11月后，任惠东县委书记；1993年4月后，任惠州市委常委、惠东县委书记、惠东县人大主任；1994年4月后，任惠州市委常委、秘书长、市直属机关工委书记；2003年5月后，任惠州市人大常委会副主任。

省七、九次党代会代表，省七届人大代表，五、六、七届市委委员，市五、六、七、八次党代会代表，市六、七、八、九届人大代表。

陈幼荣 男，汉族，广东平远人，1945年4月生，华南师范学院中文系毕业，学历大学，1968年9月参加工作，1969年10月加入中国共产党。现任惠州市人大常委会副主任。

1964年9月后，在华南师范学院中文系读书；1968年9月后，在潼湖军垦农场劳动锻炼；1970年3月后，任惠阳县革委会政工组干事；1973年9月后，任惠阳县路线教育办干事；1978年9月后，任惠阳县农村工作部干事；1981年3月后，任惠阳县政府办公室副主任；1984年4月后，任惠阳县副县长；1985年8月后，任惠州市（现惠城区）委副书记；1988年3月后，任惠州市经贸委副主任；1991年12月后，任惠州市劳动局局长；1996年6月后，任惠东县委书记；2001年4月后，任惠州市人大常委会副主任。

省八次党代会代表，七届市委委员，市六、七、八次党代会代表，市七、八、九届人大代表，市七届政协委员。

林燕华 女，汉族，广东汕头人，1948年10月生，海南师专英语系毕业，学历大学，职称副教授，1970年5月参加工作，1990年7月加入中国民主同盟会。现任惠州市人大常委会副主任、民盟惠州市委会主委。

1970年5月后，下乡到海南澄迈县知青点；1973年9月后，在海南师专英语系学习；1976年8月后，在海口市第一中学当教师；1980年8月后，在惠阳师专、惠州大学英语系当教师（1984年9月至1987年1月在广州外国语学院英语系语言学与应用语言学专业硕士研究生班学习）；1993年12

月后，任惠州大学大学外语部副主任、副教授，1996年3月任民盟惠州市委会副主委（1996年3月至9月在广东外语外贸大学博士点以访问学者身份参加学习），1996年12月任民盟惠州市委会主委；1998年6月后，任惠州市人大常委会副主任、民盟惠州市委会主委。

省九届政协委员，市八、九届人大代表，市七届政协委员。

陈恩强 男，汉族，广东博罗人，1945年9月生，华南工学院造船系船舶设计与制造专业毕业，学历大学，职称高级工程师，1969年9月参加工作，1974年5月加入中国共产党。现任惠州市人大常委会副主任。

1964年9月后，在华南工学院造船系读书；1969年9月后，任广东省东江船厂技术员、助理工程师；1983年1月后，任惠阳航运局助理工程师；1983年8月后，任广东省惠阳航运局船厂副厂长；1984年3月后，任广东省惠阳航运局副局长、惠阳航运公司副经理、工程师（1989年9月至12月参加省委党校第二期中青年干部培训班学习）；1989年11月后，任惠州市航运总公司总经理；1991年11月后，兼任惠州市航运总公司党委书记；1993年7月后，任惠州市交通委员会主任、市直属机关交通系统党委书记、高级工程师；2001年4月后，任惠州市人大常委会副主任。

七届市委委员，市七、八次党代会代表，市八、九届人大代表。

庄志鹏 男，汉族，广东兴宁人，1946年11月生，解放军国防大学毕业，惠州教育学院函授政治专业毕业，学历大专，1963年12月参加工作，1965年8月加入中国共产党。现任惠州市人大常委会副主任。

1963年12月后，任42军126师376团一连战士、班长；1968年9月后，任42军126师376团一机炮连排长、副政治指导员；1969年11月后，任42军126师376团二连政治指导员、一营副政治教导员；1976年9月后，任42军126师376团副政治委员、政治委员（1979年9月至1980年8月在解放军政治学院学习）；1982年8月后，任42军126师副政治委员、政治委员（1982年9月至1985年12月参加惠州教育学院政治专业函授大专班学习并毕业；1985年9月至1988年7月参加解放军国防大学基本系学习并毕业）；1988年8后，任42集团军政治部代理副主任、副主任；1993年3月后，任惠州市委党校党委副书记、副校长(保留副市长级)；1993年7月后，任惠州市委党校党委书记、常务副校长(保留副市长级)；1996年4月后，任惠州市人民政府秘书长(保留副市长级)、政府党组成员、政府系统党委书记；2003年5月后，任惠州市人大常委会副主任。

七届市委委员、市七、八次党代会代表，市八、九届人大代表，市政协七届委员。

易敬典 男，汉族，广东平远人，1947年10月生，广东省委党校政治专业毕业，学历大专，1968年2月参加工作，1969年4月加入中国共产党。现任惠州市人大常委会副主任。

1968年2月后，任三门岛守备团一连战士、班长、排长；1970年3月后，任三门岛守备团政治处书记、干事；1972年5月后，任惠阳军分区政治部干事；1981年6月后，任博罗县人民武装部政工科副科长、科长、党委委员；1983年9月后，任和平县人民武装部政委、党委书记、县委常委（1985年3月至1988年3月在省委党校党政干部函授大专班政治专业学习并毕业）；1986年6月后，任博罗县人民武装部政委、党委书记、县委常委（1987年2月起定为正处级）；1990年5月后，任博罗县人民武装部政委、党委书记、县委副书记（1991年4月至6月在省委党校书记、县长轮训班学习）；1992年5月后，任博罗县委副书记（1995年8月至10月在省委党校书记、县长轮训班学习）；1996年8月后，任博罗县委副书记，副县长、代县长；1997年5月后，任博罗县委副书记，县长；1997年12月后，任博罗县委书记；2002年8月后，任惠州市人大常委会党组成员、城市建设与环境保护工作委员会主任（保留正处级）；2003年5月后，任惠州市人大常委会副主任。

省七、八、九次党代会代表，市五、六、七次党代会代表，七届市委委员，市八、九届人大代表。

许光 男，汉族，广东汕头人，1960年1月生，华中师范大学物理系毕业，学历研究生，硕士学位，职称高级工程师，1976年9月参加工作，1990年1月加入中国共产党。现任惠州市人民政府副市长、党组副书记。

1976年9月后，在湖北省罗田县三里桥公社知青点锻炼；1978年3月后，在华中师范大学物理系读书；1982年1月后，在湖北黄冈师范专科学校任教；1985年9月后，在华中师范大学物理系攻读硕士学位；1988年10月后，任惠州市中欧电子有限公司副总经理助理；1991年4月后，任惠州市工业发展总公司引进部副主任、主任；1993年3月后，任惠州市德赛实业总公司总经理；1993年7月后，任惠州市工业发展总公司副总经理，德赛集团公司副总裁、党委副书记（1996年3月至6月参加省委党校中青年党政干部培训班学习）；1996年8月后，任惠州市工业发展总公司总经理，德赛集团公司总裁、党委书记；2001年9月后，任惠州市人民政府副市长、党组副书记。

省八次党代会代表，市八届市委委员，市七、八次党代会代表，市八、九届人大代表。

林惠纯　女，汉族，广东惠阳人，1954年3月生，暨南大学财政金融专业毕业，学历大专，1971年12月参加工作，1974年5月加入中国共产党。现任惠州市人民政府副市长。

1971年12月后，在惠阳县马安公社工作；1974年7月后，任惠阳县路线教育工作队驻水口公社组副组长；1975年9月后，任惠阳县水口公社党委副书记、书记（1976年5月至7月在广东省委党校学习）；1980年8月后，任惠阳县横沥公社党委副书记；1982年9月后，在暨南大学干部专修科财政金融专业读书；1984年5月后，任惠阳县财办副主任；1985年2月后，任惠阳县副县长（1986年9月至12月在广东省干部管理学院学习）；1990年11月后，任惠阳县代县长；1991年1月后，任惠阳县委副书记、代县长；1991年5月后，任惠阳县委副书记、县长（1991年9月至11月在广东省委党校学习）；1994年5月后，任惠阳市委副书记、市长；1996年6月后，任惠州市人民政府副市长。

省八届人大代表，七、八届市委委员，市五、六、七、八次党代会代表，市六、七、八、九届人大代表。

林添好　男，汉族，广东惠东人，1952年5月生，中山大学法律专业毕业，学历大专，1971年4月参加工作，1973年10月加入中国共产党。现任惠州市人民政府副市长。

1971年4月后，在惠东县港口东海中学当民办教师；1974年8月后，任惠东县路教工作队队员；1975年8月后，任惠东县大洲公社党委副书记（1976年4月至8月在惠阳地委党校脱产学习）；1982年9月后，在中山大学干部专修科法律专业读书；1984年8月后，任惠东县稔山镇（区）委副书记、镇（区）长；1987年4月后，任惠东县人民法院院长、党组书记；1991年2月后，任惠州市中级人民法院副院长（1991年9月至1992年1月在中国人民大学高级法官培训中心学习）；1993年6月后，任惠州市中级人民法院院长、党组书记；1998年6月后，任惠州市人民政府副市长（2000年8月至11月在广东省委党校学习）。

省八次党代会代表，六、七、八届市委委员，市六、七、八次党代会代表，市七、八、九届人大代表。

徐志达　男，汉族，广州人，1949年10月生，焦作工学院机电系毕业，学历大学，职称经济师，1968年8月参加工作。现任惠州市人民政府副市长、中国民主建国会惠州市委会主委。

1968年8月后，在惠阳县沥林公社当知青，任大队团总支部副书记；1971年10月后，在惠阳地区汽修厂当工人；1973年9月后，在焦作工学院机电系读书；1976年9月后，任惠阳地区燃化局矿山科、基建科技术员；1982年3月后，任惠阳地区煤炭公司节燃办助理工程师、煤炭购销部主任；1985年7月后，任惠阳地区煤炭公司副经理、惠州市燃料工业总公司副总经理；1992年1月后，任惠州大亚湾规划区（1993年5月后改为大亚湾经济技术开发区）管委会副主任、惠州市荃湾实业总公司总经理兼惠州市青年联合会副主席；1992年6月后，任惠州市政府副秘书长；1997年5月后，任惠州市港务管理局局长；1998年4月后，任民建惠州市委主委；1998年6月后，任惠州市人民政府副市长、中国民主建国会惠州市委主委。

省八、九届人大代表，省九届政协委员、常委，市七、九届人大代表，市八届政协委员、常委，中国民主建国会广东省六届常委。

黄锦辉　男，汉族，广东惠阳人，1952年8月生，华南农业大学干部专修科农业经济管理专业毕业，学历大专，1971年9月参加工作，1974年6月加

入中国共产党。现任惠州市人民政府副市长。

1971年9月后，任惠阳县永湖公社资料员、办公室副主任；1983年9月后，在华南农业大学干部专修科农业经济管理专业读书；1985年8月后，任惠阳县政府办副主任、主任；1987年5月后，任惠阳县委常委；1988年4月后，任惠阳县副县长；1993年4月后，任惠阳县（市）委常委、常务副县（市）长；1996年7月后，任惠阳市委副书记、代市长；1997年3月后，任惠阳市委副书记、市长；1997年12月后，任惠阳市委书记（2001年3月至7月在中央党校进修三班学习）；2002年12月后，任惠州市人民政府党组成员（保留正处级）；2003年5月后，任惠州市人民政府副市长。

省八、九次党代会代表，七、八届市委委员，市七、八次党代会代表，市七、八、九届人大代表。

杨有义 男，汉族，广东惠阳人，1948年8月生，惠州教育学院中文专业毕业，学历大专，1969年9月参加工作，1973年1月加入中国共产党。现任惠州市政协常务副主席、党组副书记。

1969年9月后，在惠阳县良井中心小学任教，良井公社办公室任资料员；1970年12月后，任惠阳县革委会办事组、政工组干事；1974年8月后，任惠阳县委宣传部、农村部、县委办、县府办干事、主办干事；1981年3月后，任惠阳地委组织部干部科主办干事、副科长；1983年9月后，任惠阳地委组织部青干科科长（副处级）；1986年1月后任惠阳地委组织部副部长；1988年1月后，任河源市委常委、组织部部长；1990年5月后，任惠州市委常委、组织部部长；1998年6月后，任惠州市政协副主席、党组副书记；2003年5月后，任惠州市政协常务副主席、党组副书记。

省六、七、八次党代会代表，五、六届市委委员，市六、七、八次党代会代表，市七、八、九届人大代表，市八、九届政协委员。

吴石牛 男，汉族，广东惠州人，1945年10月生，惠州师范学校毕业，学历中师，1965年7月参加工作，1965年12月加入中国共产党。现任惠州市政协副主席。

1961年9月后,在惠州师范学校读书；1965年7月后，在原惠州市（现惠城区）第二、第八小学任教师；1969年4月后，任惠州市（现惠城区）革委会政工组、办事组干事；1975年5月后，任惠州市（现惠城区）党委、革委会办公室秘书组组长、副主任；1981年6月后，任惠州市（现惠城区）副市长；1984年5月后，任惠州市（现惠城区）委副书记、市长（1985年9月至1986年1月参加中央党校市长研究班第四期学习）；1988年3月后，任惠城区委副书记、区长；1990年4月后，任惠州市劳动局局长；1991年12月后，任惠州市计划委员会主任；1992年5月后，任博罗县委书记；1993年11月后，任惠州市副市长（1997年9月至10月参加全国市长研究班第24期学习）；2003年5月后，任惠州市政协副主席。

省六、七次党代会代表，省七届人大代表，六、七届市委委员，市五、六、七次党代会代表，市六、七、八届人大代表，市政协九届委员。

谢端 女，汉族，广东肇庆人，1962年9月生，省社科院行政管理专业毕业，学历在职研究生，职称讲师，1982年7月参加工作，现任惠州市政协副主席、惠城区人民政府副区长、民进惠州市委会主委。

1978年9月后，在华南师范大学数学系读书；1982年7月后，在肇庆教育学院任助教；1984年9月后，在惠阳师专、惠州大学工作，历任助教、讲师、教研组长、计算中心实验室主任；1994年12月后，任惠州市科委副主任(1995年10月增选为民进惠州市委会副主委)；1997年1月后，任惠城区人民政府副区长(1997年4月当选民进惠州市委会主委，1997年5月当选为民进省委委员)；1998年6月后，任惠州市政协副主席、惠城区人民政府副区长、民进惠州市委会主委（1999年9月至2002年7月在省社科院行政管理专业在职研究生班学习并毕业，1999年12月至2001年1月被省委选送到美国参加“广东省首批高层次管理人才国外培训班”学习，2002年12月当选为民进中央委员）。

民进中央八大、九大代表，民进省委四大、五大代表，市七、八、九届政协委员。

李靖国 男，汉族，上海人，1944年12月生，北京师范大学汉语言文学系毕业，学历大学，职称教授，1968年12月

参加工作。现任惠州市政协副主席、惠州学院副院长、致公党惠州市委会主委。

1963年9月后，在北京师范大学读书；1968年12月后，在内蒙古大兴安岭林区任教；1986年11月后，在中国人民解放军企业管理学校任教，任讲师、中文教研室主任；1992年11月后，在惠州学院中文系任教，任讲师、副教授、教授，曾任系副主任；1996年8月被增选为致公党惠州市第四届委员会副主委，1997年1月当选为致公党惠州市第五届委员会主委；1998年6月后，任惠州市政协副主席；2001年4月后，任惠州市政协副主席、惠州学院副院长，2002年5月当选为致公党惠州市第六届委员会主委。

省八、九届政协委员，市七、八、九届政协委员。

谢仕强 男，汉族，广东龙川人，1948年10月生，省委党校政治专业毕业，学历大专，1968年9月参加工作，1969年12月加入中国共产党。现任惠州市政协副主席、中共惠州市委统战部部长。

1968年9月后，在龙川县龙母镇龙邦小学当民办教师；1970年4月后，任龙川县革委会政工组办事员；1972年1月后，任惠阳地区革委会生产组科员；1973年6月后，任惠阳地委直属机关党委干事；1978年9月后，任惠阳地委办公室干事；1982年6月后，任惠阳地委办公室主办干事；1983年10月后，任惠阳地委办公室秘书科科长（副处级）；1986年1月后，任惠阳地委办公室政策研究室副主任；1988年5月后，任惠州市委政策研究室主任（副处级）；1988年9月后，任惠州市委副秘书长；1991年3月后，任惠州市委政策研究室主任（正处级）（1991年8月至1992年7月在省委党校中青班学习）；1993年7月后，任惠州市委副秘书长、市委办公室主任、市直属机关党群系统党委书记；2000年7月后，任惠州市委统战部部长；2001年3月后，任惠州市政协副主席、市委统战部部长。

七、八届市委委员，市六、七、八次党代会代表，市八、九届人大代表，市八、九届政协委员，省八、九届政协委员。

叶青 男，汉族，广东龙川人，1953年4月生，省委党校在职研究生班经济学专业毕业，学历在职研究生，1970年6月参加工作，1974年8月加入中国共产党。现任惠州市政协副主席。

1970年6月后，任龙川县展览馆讲解员；1972年10月后，任龙川县文化局资料员、团总支书记；1975年1月后，任龙川县第二、三批路线教育工作组组长、县委运动办资料员；1976年3月后，任龙川县贝岭公社党委常委、革委会副主任；1976年7月后，任惠阳地委组织部干事；1980年1月后，任惠阳地区人事处科员、主办科员、副科长、科长（1985年至1987年在惠州教育学院党政专修班学习）；1988年3月后，任河源市人事局副局长；1990年4月后，任河源市人事局局长；1991年7月后，任惠州市纪委副书记（1995年9月至1998年7月在省委党校在职研究生班经济学专业学习并毕业）；1998年8月后，任惠州市纪委副书记、市监察局局长；2003年5月后，任惠州市政协副主席。

惠州市六、七届纪委委员，市六、七次党代会代表，市八、九届人大代表，市政协九届委员。河源市一届市委委员、纪委委员，河源市一次党代会代表，河源市一届人大代表。

廖锦堂 男，汉族，广东博罗人，1962年10月生，武汉水利水电学院水工建筑专业毕业，学历大学，职称工程师，1983年8月参加工作。现任惠州市政协副主席、惠阳区人民政府副区长、民革惠州市委会主委。

1980年9月后，在广东省水利电力学校机电设备专业读书；1983年9月后，任惠阳地区（惠州市）水电勘测设计室干部（1984年5月至1989年12月在武汉水利水电学院水工建筑专业本科函授班学习并毕业）；1990年9月后，任惠州市水利水电勘测设计室副主任（副科级）；1992年4月后，任惠州市水利水电勘测设计院副院长（副科级，1995年12月评为水工建筑工程师）；1996年4月后，任惠州市水电局副局长，1996年7月增补为民革惠州市委会委员、副主委；1997年1月后，任惠阳市人民政府副市长，1997年5月当选民革惠州市委会副主委，2002年5月当选民革惠州市委会主委，2003年5月后，任惠州市政协副主席；2003年6月后，任惠州市政协副主席、惠阳区人民政府副区长、民革惠州市委会主委。

省十届人大代表，市八届人大代表，市政协八、九届委员。

刘冠贤 男，汉族，广东兴宁人，1961年9月生，中山医科大学临床医学专业毕业，在职研究生学历，硕士学位，职称主任医师，1982年1月参加工作。1995年9月参加农工党。现任惠州市政协副主席、市中心人民医院副院长、农工党惠州市委会主委。

1978年12月后，在惠阳卫校大专班学习；1982年1月后，任惠州市中心人民医院内科医师；1992年6月后，任惠州市中心人民医院主治医师；1994年2月后，任惠州市中心人民医院血液透析中心副主任；1995年2月后，任惠州市中心人民医院肾内科副主任（1997年3月晋升为副主任医师）；1999年3月后，任惠州市中心人民医院内五区副主任（负责区全面工作，1999年9月至2002年6月参加中山大学临床医学专业本科学习并毕业,获学士学位）；2000年3月后，任惠州市中心人民医院内五区主任(2000年5月至2002年10月参加华中科技大学生物医学工程在职研究生课程学习并结业,获硕士学位);2001年10月后，任农工党惠州市委会副主委;2002年5月后，任惠州市中心人民医院副院长、农工党惠州市委会主委（2002年11月晋升为主任医师）。2003年5月后，任惠州市政协副主席、市中心人民医院副院长、农工党惠州市委会主委。

市九届人大代表，市政协九届委员。

魏同斌　（见《惠州年鉴》2002年卷325页）

黄新林　男，汉族，广东兴宁人，1950年1月生，广西师范大学政治函授专业毕业，学历大学，律师，1968年2月参加工作，1969年6月加入中国共产党。现任惠州市人民检察院检察长、党组书记。

1968年2月后，任步兵第371团战士、班长、司令部保密员;1973年10月后，任步兵第371团一连指导员、一营副政治教导员；1977年12月后，任桂林陆军学校正营职副政委、政治教导员；1983年6月后，任桂林陆军学校政治部宣传处副团职干事（1983年8月至1986年7月在广西师范大学政治系函授本科班学习并毕业）；1983年9月后，任步兵第371团政治处主任；1985年4月后，任42军政治部秘书处处长；1986年2月后，任惠州市（现惠城区）人武部政委；1986年6月后，任惠州市（现惠城区）委常委、人武部政委；1988年4月后，任惠城区委常委、人武部政委；1991年4月后，任惠城区委常委、政法委书记；1992年7月后，兼任惠州市地产总公司副总经理、惠州市直国土系统党委副书记；1993年7月后，任惠州市委政法委副书记(正处级)；1998年3月后，兼任惠州市综治办主任、市直政法系统党委书记（1999年参加全国律师资格统一考试合格，取得律师资格）；2001年3月后，任惠州市人民检察院副检察长、反贪局局长（2001年3月参加国家检察官学院第17期拟任检察长资格培训学习并获合格证书）；2003年1月后，任惠州市人民检察院代检察长、反贪局局长、党组书记；2003年7月后，任惠州市人民检察院检察长、党组书记(2003年9至12月参加省委党校厅级领导干部进修班学习)。

七届市委候补委员，八届市委委员，市七、八次党代会代表，市九届人大代表。

何碧霞　女，汉族，广东连平人，1954年1月生，省委党校经济学专业毕业，学历在职研究生，二级高级法官，1971年12月参加工作,1972年9月加入中国共产党。现任惠州市中级人民法院院长、党组书记。

1971年12月后，任连平县忠信公社溪南大队团支部书记兼妇女主任；1974年5月后，任连平县翁潭水库民兵营三连指导员；1975年7月后，任连平县忠信公社党委副书记；1977年4月后，任连平县油溪公社党委副书记；1979年4月后，任连平县人民法院助审员、审判员、副庭长；1984年5月后，任连平县法院副院长；1985年9月后，在中山大学法律系干修科读书；1987年8月后，任连平县法院副院长（正科级）；1988年3月后，任河源市中级人民法院筹备组成员；1989年6月后，任河源市中级人民法院审判员、审判委员会委员；1989年9月后，任河源市中级人民法院副院长（1992年9月至12月参加中国人民大学高级法官班学习，1995年3月至7月在省委党校中青班学习，1995年4月定为正处级，1995年9月至1998年7月参加省委党校经济学专业在职研究生班学习并毕业）；1997年12月后，任河源市中级人民法院代院长；1998年4月后，任河源市中级人民法院院长；1999年3月后，任惠州市中级人民法院副院长、代院长；1999年5月后，任惠州市中级人民法院院长、党组书记（2001年3月至6月参加省委党校厅级干部培训班学习）。

省八、九次党代会代表，八届市委委员、市八次党代会代表，市八、九届人大代表。

刘卫国 男，汉族，广东台山人，1954年5月出生于广州。研究生学历，讲师。1973年加入中国共产党，1970年参加工作。

1970年后，在海南岛生产建设兵团锻炼，任司务长、团委委员。1974年后，在广州体育学院体育专业学习；1977年毕业，分配到广州外国语学院，任体育教师、学生政治辅导员；1983年后，任团委副书记、任学生思想品德课教师至2003年，1984年后任团委书记。1986年后任学生工作部（处）副部长兼团委书记、学院第六届党委委员。1987年后，通过研究生入学考试，进入广东省委党校研究生班学习，任班长、党支部书记。1989年后，在广州外国语学院任学生工作部（处）副部长兼团委书记。1990年后，在四川外国语学院和北京语言学院参加教育部出国留学人员培训班学习。1992年后，通过EPT考试，被教育部选派为访问学者，到美国威廉玛丽大学，研修高等教育管理。1993年后，任广州外国语学院学生工作部（处）副部长兼德育教研室主任。1996年后，在湛江市坡头区挂任区委副书记。1998年后，任广东外语外贸大学党委常委、副校长。1999年后，通过考试、考察，被选入广东省第一期高层次管理人才培训班学习。2000年后，在美国加州州立大学洛杉矶分校学习公共行政管理专业研究地方政府管理课题。2001年后，任广东外语外贸大学党委常委、副校长，继任思想品德课教师。2003年1月任中共惠州学院党委书记。

张岳恒　陈舜辉　赖美琴　杨小清　（均见《惠州年鉴》2002年卷326页）

第十届全国人大代表

柳锦州　（见本栏前面）

李东生 男，汉族，广东揭西人，1957年7月出生。大学本科毕业，中共党员。1975年1月参加工作。现任TCL集团股份有限公司董事长、总裁、党委书记，工程师。

1975年1月后，在惠阳马安知青场锻炼。1978年3月～1982年7月，在华南理工大学无线电专业读书。1982年7月后在惠阳地区TTK公司任车间主任，1984年6月后，在惠阳地区电子工业总公司驻香港办公室业务经理，1985年9月后，任TCL通讯设备有限公司总经理，1986年3月后，任惠阳地区（1988年改称惠州市）工业发展总公司引进部部长。1990年3月后，任惠州市电子通讯工业总公司副总经理，1993年3月后，任TCL集团公司总经理，1996年12月后，任TCL集团公司董事长、总裁、党委书记，1997年5月后，任TCL集团有限公司董事长、总裁、党委书记，2002年4月后，任TCL集团股份有限公司董事长、总裁、党委书记。

他领导的TCL集团在全体员工努力下取得了卓著成绩，连年获全国、全省、市的文明单位殊荣。该集团党委评为先进党委。其个人获得“惠州十大杰出青年”后，又获“发展中国家电事业特殊贡献功臣”、“全国优秀青年企业家”，广东省和全国劳动模范等称号。

2003年被选为第十届全国人大代表。

黄细花 女，汉族，江西上高人，1966年1月出生。硕士研究生毕业。中共党员，1991年7月参加工作。现任惠州市环境保护局总工程师，高级工程师。

1984年9月后，在江西农业大学农学系读书，1988年9月后在该校攻读农业环境保护方向硕士研究生。1991年7月后，在该校国土资源与环境保护学院任助教。1993年8月后，在广东省惠州市环保局办公室任科员、副主任、主任等职，2001年3月后任惠州市环境科学研究所所长。

2003年被选为第十届全国人大代表。

陈雪英 女，汉族，广东龙川人，1968年11月出生。大专学历。中共党员，1986年12月参加工作。现任惠州市信华精机有限公司现场主管。

1986年12月后，在惠州信华精机有限公司工作。先后任工人、生产线线长、分场现场主管、公司现场主管（期间参加广东广播电视大学大专班读书并毕业）。

她自参加工作以来，努力工作，勤奋学习，严格要求自己。10多年来连续被评为单位、市工业战线的优秀生产工作者、“五好女职工”、“巾帼建功奖”、“全国电子工业系统劳动模范”、“首届中国百名优秀务工青年”、“广东省十大杰出青年”等荣誉称号。1998年被选为第九届全国人民代表大会代表。荣誉多了，她对自己要求也更高、更严，她乐于助人，认真培养技术骨干，经其带出的 20 名班、组长全部都是公司的优秀工作者或惠州市的“十佳外来工”。2002 年 5 月她荣获全国“五一”劳动奖章。

2003 年荣获广东省优秀共产党员称号。2003 年被选为第十届全国人民代表大会代表。

五一劳动奖章获得者与劳动模范

黄辉球 男，汉族，广东龙川人，1956 年 10 月出生。本科学历，经济师，中共党员。1974 年 6 月参加工作。现任惠州九惠制药有限公司董事长、总经理。

1996 年评为第四届惠州市十大杰出青年，1997 年评为广东省劳动模范，1999 年获广东省创建文明活动积极分子。他既当“官”又干事，作出了突出的成绩。

他主持超微粒粉碎机传动系统改造，每月多生产药粉 40 多吨，工序单位成本下降 15%。他主持冲剂生产线联机改造，减少蒸汽用量，减少环境污染，提高产品收得率，减轻工人劳动强度，生产率提高，使生产成本下降，每年可增加效益 10 万元。他主持高炉热水回收装置改造，使两条生产线的冷凝蒸汽基本回收，每年可减少能源消耗费用 80 万元。通过对设备革新改造，每年可创造效益 100 多万元。

新设备安装时，黄辉球与员工们一起发扬吃苦耐劳、顽强拼搏精神。为抢时间，他吃、睡在厂，保证新设备按时投产。在“增产节约、增收节支”活动中，与员工们一起修旧利废，回收利用物资价值达 20 多万元。

2000 年，他建议成立技术研发中心，并担任负责人。几年来，研发出一批列入国家基本药物的有二类新药安胃疡胶囊、三类新药复方西咪替丁胶囊、抗感、消炎、补益等 30 多个产品系列。在全国 30 多个城市建立销售网点，形成了“生产一代，储存一代，研发一代”的格局。他和员工一起研究解决了三九胃泰溶化性和性状质量关，攻克皮炎平细菌超标关，产品合格率逐年提高，从而保证出厂合格率达到 100%。由于他运用“科技兴药”策略，投入 2000 多万元用于技术改造、更新设备，使公司 2002 年 1 月通过了国家 GMP 认证。

几年来捐资助学 20 多万元，资助灾区和贫困地区物资、款项折合人民币 100 多万元。在被选为省、市人民代表之后，履行参政、议政的职责。当选市劳动模范协会会长后，努力为协会办实事。

2003 年 4 月荣获全国五一劳动奖章。

欧洪浩 男，汉族，广东博罗县人，1966 年 11 月出生。大专学历，中共党员。1986 年 1 月参加工作。现任博罗县公安局刑警大队大队长。

他在 1995 年、1998 年和 2001 年分别被惠州市公安局记三等功各 1 次，1996 年和 2002 年被广东省公安厅记二等功各 1 次。2001 年被评为全市维护稳定及社会治安综合治理先进个人。

他以身作则，用模范行为带动、影响刑警队伍。哪里有刑事案件，就在哪里冲锋陷阵。2002 年 9 月 14 日，博罗县园洲镇惠园染织厂 47 万元工资款被两名持枪蒙面歹徒抢走。他闻讯赶赴现场开展侦查和围追堵截，跟踪到南海市，仅用 8 个小时抓获犯罪嫌疑人，缴获手枪 1 支，赃款 44 万元。2000 年以来，他与队友们一起侦破、勘查现场 600 余次。

为规范队伍建设，落实侦察员破案责任制，他勇于探索，在侦查中队实行分片包干制度，推行岗位目标量化考核制度。他亲自制订《侦查员侦查破案件考核办法》、《刑警大队各队（室）工作量化考核标准》，按月给民警工作记分，在墙上公示，及时表彰奖励成绩突出的组和个人，由此调动大家的积极性，增强大队的综合战斗力。

他处理各种错综复杂的刑事案件时，总是精心策划、周密部署，把群众利益放在首位， 2000 年 3 月，经周密侦查，连续作战，打掉欧守仁、聂文斌等为首的盗窃、抢劫、强奸、杀人犯罪团伙。7 月，率反“双抢”专案组，摧毁了刘维新为首的飞车抢夺犯罪团伙，破获抢手机案件 17 宗，缴回手机 15 部。3 年来率领、参与侦破重、特大刑事案件 1119 宗，抓获犯罪嫌疑人 657 人，摧毁犯罪团伙 180 多个，挽回经济损失 800 多万元。

2003 年 4 月荣获全国五一劳动奖章。

万明坚 男，汉族，四川省犍为人，1964 年 3 月出生。博士，高级工程师，中共党员。1991 年 5 月参加工作，现任 TCL 移动通信有限公司总经理。

他是享受国务院特殊津贴的专家，2002 年 4 月荣获第五届中国杰出青年科技创新奖，同年又被团中央、全国青联授予“全国十大杰出青年”荣誉称号。

他爱党爱国，德才兼备，对振兴中国民族工业有强烈的责任心和使命感，为中国移动信息产业的崛起和国家经济发展做出了突出贡献。

他不畏艰难，勤于思考，勇于创新，率领资金、品牌、技术都十分弱小的国产手机生产企业在手机市场率先突围，TCL 手机为中华民族工业的发展开辟了新路。

他尊重人才、重用人才，对人才有着特殊的感情，具有较超前的选人、用人、留人理念，为民族工业的持续发展聚集了一大批世界级的优秀专家。

他锐意科技创新，竭诚铸造民族工业品牌。着力改变民族工业科技含量低的历史，坚定不移地走科技兴企、实业强国之路。从博士研究生毕业到现在，他一项又一项的发明新产品，攻克了一个又一个科技难题，直接和间接创造巨大的经济效益。

他善于学习，精于管理，以超前的观念、敏锐的眼光、独特的见解和不拘一格的市场手段享誉中国通信行业。他积极应对 WTO 对民族通信工业的冲击，变压力为动力，形成了一整套科学有效的国际化经营思路和方法。他潜心价值创新，在国产手机企业中第一个提出“打价值战，不打价格战”。2002 年，TCL 手机销售额超过 10 亿美元，实现利税 16 亿元人民币。名列德勤首届亚太区高科技高成长 500 强企业排行榜首，成为亚太地区成长最快的高科技企业。

2003 年 4 月被省委、省政府授予“广东省劳动模范”称号。

陈成才　男，汉族，广东东莞人，1950 年 10 月出生。大专学历，高级经济师，无党派人士。1978 年 1 月开始从事个体商业活动。现任惠州市富绅服装实业有限公司董事长。

陈成才是惠州市著名的私营企业家。他通过股份合作方式，凭着丰富的管理经验，创立富绅服装实业有限公司，于 1991 年，在国内创立了“富绅”牌男士衬衫品牌，产品经销网点遍及全国。1994 年以其产品的优秀和广泛影响，被评为“中国明星企业”，并跻身于全国 500 家最大工业企业，缝纫业 50 家最佳经济效益企业。1995 年 8 月，经世界名牌消费品认证委员会认证，“富绅”牌衬衫成为世界名牌消费品。1998 年中国举办时装周时，“富绅”牌衬衫被中国服装协会、中国服装设计师协会共同认证为“中国十大著名男装品牌”。同年，被评为“广东省名牌产品”、“广东省著名商标”。2001 年“富绅”牌衬衫荣获当年全国商场销售前五名。

他不忘回报社会，至 2003 年止，向“希望工程”捐赠 500 多万元，公司还出资 400 万元设立“中国十大杰出青年”富绅基金；向全国“光彩事业”赞助 30 万元，为残疾人福利厂购买 50 多万元产品；支持惠州市教育基金 10 万元；支援驻惠部队 30 万元。1998 年 8 月，向湖北、江西、湖南、黑龙江 4 省灾区赠送价值 387 万元的赈灾物资；进入新世纪后，赞助惠州城市建设 100 万元。据统计，从富绅公司成立至 2003 年，陈成才先后回报社会捐赠财物超过 1500 万元。他引进的目前惠州规模最大的购物中心——“人人乐购物广场”，既改变了惠州的购物环境又促进了惠州经济的发展。他在办民营企业方面做出了重大成绩，2003 年 4 月，被省委、省政府授予“广东省劳动模范”称号。

潘田方　男，汉族，广东紫金人，1958 年 9 月出生。大专学历，中共党员。1981 年 7 月参加工作。现任惠州市江北阅粮饲料有限公司技术总工程师。

他长期从事动物营养、饲料产品研制及禽畜水产养殖研究工作，要创立自己的品牌。他所在的公司创建 10 多年来从未引进过任何成套的产品技术，所有产品及配方都是在他的带领下靠自身的技术力量研制出来的。公司已成功开发出猪、鸡、鸭、鱼 4 大系列全价饲料及预混料、浓缩料等 60 多个品种。其中，蛋鸭料系列产品已达到国内先进水平，成为远近闻名的名优品牌产品，其它产品也达到同类中档水平，企业也发展成为粤东地区规模较大的专业厂家。

近年来，他根据国家入世 WTO 形势和市场需求的变化，不断改良产品，并提出开发绿色环保饲料产品；把微生物技术运用于饲料生产，研制出各种非常规饲料安全应用技术，实现饲料产品的有机化，使禽畜产品更符合营养、安全要求。他还摸索出高密度立体淡水养殖技术、阶段性浓缩料生猪饲养等新技术。其中高密度立体淡水养殖技术可使水面亩产收益达 3000 元以上；阶段性浓缩料生猪饲养技术可使每头生猪的饲养成本下降 10%，提高了养殖效益，为农村经济的发展开辟了新的途径，也为企业发展奠定了良好的市场基础。

由于其做出了突出贡献，先后获得广东省饲料工业先进工作者和惠州市劳动模范等荣誉称号。2003 年 4 月，被省委、省政府授予“广东省劳动模范”称号。

徐润森　男，汉族，广东龙门人，1948 年 12 月出生。大专学历，中共党员。1968 年 10 月参加工作。现任龙门县广播电视局局长、工程师。

徐润森在30多年来，致力于龙门广播电视事业的发展，勤勤恳恳，大胆探索，无私地奉献，使龙门的广播电视从无到有，从小到大，发展成为一个以县城为中心，乡镇为基础的广播电视覆盖网络。全县拥有45座电视差转台，5座调频广播转播站，9个卫星地面接收站、14个有线电视网点。

龙门地处山区，地形复杂，工作条件艰苦。为了选好、选准一个台址，建好一个台，徐润森亲自与同事们一起翻山越岭，风餐露宿，熬夜守更。30多年来，他踏遍了龙门的大小山头，战胜了艰难险阻，发展龙门山区广播电视事业。1986年，龙门县广播电视局被国家广播电影电视部评为全国广播电视系统先进单位，2000年被评为全国广播电视系统“三五”普法宣传教育先进单位，其本人于2002年荣获广东省五一劳动奖章。随后，着力搞好广播电视的技术改造，加快县城光纤网络建设，继续创造新成绩。2003年4月，被省委、省政府授予“广东省劳动模范”称号。

冉军英 女，汉族，贵州省松桃县人，1967年2月出生。本科毕业。1988年8月参加工作，现任奇胜电器（惠州）工业有限公司工程师、五金组组长，负责五金件技术工作。

她对E426/10S—4A模具改进的原材料利用率从19%提高到56%，生产效率从4000件/时提高到8000件/时。类似的改良设计达数十套，解决了停工待料问题，降低了成本。设计新产品模具图，促进新产品开发，先后独立设计多种落料模、弯曲模、引伸模、自动送料器、连续模等120全套模具图，上千张零件图，为公司建立起一套五金模方面较为完整的技术资料系统。

她在WIS技术创新活动中，献计献策。自费购买同行厂家产品进行分析、比较，博采众家之长，深入生产第一线，发现产品及生产流程不合理时，便进行改进工艺制作样板测试，验证可行性，使奇胜公司生产成本下降，设备改进，环境改变。

她还努力学习生产管理知识，协助主管搞好生产，制订规章制度，编写模具调较维修讲义，培训技工，指导技工掌握排除故障方法，解决实际难题。带5位大专毕业实习生时，毫不保留地传授技术。鼓励员工进行技术创新，改进工艺，使生产率由42件/人时上升到56件/人时。

2002年初，她负责新产品开发、指定供方的审核。她发挥团队精神，起到带头、示范作用。一年里，她带领的3人小组，承担了过去11人的全部工作量。顺利推行对供方驻厂检查流程，协助供方建立质量管理体系，进行8次审核，推动供方生产按ISO程序运作。承担对供方的技术援助和培训，完成工作单近百份，使来料合格率达到99%以上。建立供方表现导航图CPC以监控品质与准时交货率，发出CPC图表37份，使供方准时交货率由30%提高到97%。此外，她所承担的9个开发项目，均全部投产。

2003年4月，冉军英被省委、省政府授予“广东省劳动模范”称号。

刘沐权 男，汉族，广东大埔人，1971年10月出生。大学本科毕业，工程师，中共党员。1995年10月参加工作。现任广东省电信公司大亚湾电信局技术发展部副主任。

他勇于创新，善于运用现有的设备资源实现各类通信。大亚湾管委会自搬到新办公楼后，与澳头交换局无直接电缆相连，原用电话会议系统无法使用，需安装1套系统，将语音信号传送到新办公楼。刘沐权组织维护站技术人员利用“头脑风暴法”，设计了7套方案，最后选择了“利用CC08机半永久连接电路传递电话会议信号”的方案，按时按质按量开通了电话会议系统，节省了10多万元的设备投资。该系统开通后运行稳定，通信质量良好，受到上级的好评，并得到推广。1997年他领导的班组被授予“南粤之星”称号，1998年被授予“全国质量信得过班组”称号。

在日常的维护工作中，他快速行动、严格要求、高效服务，较了的满足客户的各种业务需求。在网络优化中，他大胆取消不必要的环节，重整业务流程，使大亚湾局的通信DDN电路，网络随时处于最佳运作状态。传输路优化方面，该局南边灶局的传输设备较为落后，无法满足新申请的10M上网业务。为解决这一难题，他提出取消南边灶转接点，利用新建的澳霞96芯光缆，直接延伸到澳头的方案。

2002年12月，安惠大厦、CSPC等特大型客户要求30日前提供电话服务。在无用户号及配线资料的情况下，他组织装机和维护人员运用倒装法，先调线，并放置测试号，然后根据实际的号码进行调整，在3天内完成了这两用户要求提供600多个号码的业务，为企业赢得了信誉。

2003年4月，刘沐权被省委、省政府授予“广东省劳动模范”称号。

顾利娟 女，汉族，广东河源人，1974年1月出生。大专学历，小学语文高级教师，中共党员。1993年8月参加工作。现任惠州市光彩小学教师。

她热爱教育事业，师德高尚，勇于改革创新，自参加工作以来曾获省、市、区各级各类表彰21次。

顾利娟在教学工作中勇挑重担，不断摸索新路子，实验新课题。1997～1998年参加“加强语言文字训练”实验，获市实验一等奖；1999～2002年6月，参加“目标·异步教学”课题研究，并担任课题助理研究员。2001年3月全区在该校召开教学现场会，她虽身怀六甲，仍坚持克服身体不适的困难，代表课题组承担观摹课的任务，反复试教，精益求精。

她所教班的语文成绩在同级中名列前茅。她教的学生参加作文比赛，曾获全国三等奖。她带的班班风好，学习风气浓，年年被学校评为“先进中队”。其中1995年、1997年还被惠城区评为先进中队。她也两次被评为优秀辅导员。

她任团支部书记时，工作搞得有声有色，先后被惠城区教育局团委和团区委评为先进支部，她被评为优秀团干。

任教导主任时，主抓语文教学，带领全校语文老师实验新课题，2000～2002年语文科组连续被惠城区教育局评为先进科组，她本人连续3年被区教育局评为优秀党员。2001年被市教育局评为先进科组。

她作为学科带头人，虚怀若谷对青年教师传、帮、带。她辅导下3名老师均获“优”等级。

2000年顾利娟被评为惠州市劳动模范后，2003年4月，被省委、省政府授予“广东省劳动模范”称号。

李育林 男，汉族，广东惠阳人，1967年8月出生。大专学历，中共党员。1993年3月参加工作。现任惠阳区市容环境卫生管理局环卫三所所长。

他参加环卫工作以来，主要从事市容监察工作。近年来，负责清扫保洁的街道43条，总面积54.52万平方米，任务繁重艰巨。

多年来，淡水叶挺中路因乱摆乱卖，引起群众投诉最多，意见最大。为了根治这种状况，他组织监察队员做好宣传教育，要每个摊档设立箩筐、扫把自觉维护环境卫生。经过艰苦工作和在有关部门配合下的多次整治，终于杜绝了乱摆、乱卖、乱扔、乱倒和污染街道现象，从根本上改变了叶挺中路的面貌。

铁湖河边的“城中村”住着五六十户以捡破烂为生的“三无”人员，乱扔、乱堆、乱烧垃圾现象十分严重。李育林带领监察队员，利用能找到“三无”人员的早、晚时间，挨家挨户去做疏导工作。经过一个多星期的细致工作，彻底治理好该地区的脏乱现象。

2002年8～10月，是惠阳创建广东省卫生城市迎检时间，他带领全所职工，全力以赴做好环卫保洁等工作。与市民签订门前三包责任书2000多份，组织市民清理砖头、石块、余泥、杂草1500多吨，清除卫生死角300多处，连续3天3夜清洗主要街道30余平方米。他经常中午、晚上顾不上休息，同工人们一起流汗奋战，终于顺过了“创卫”的验收。

李育林在环卫工作岗位上9年间，加班加点时间累计400多天。在局的劳动竞赛中，他领导的环卫三所，连续5年名列第一，连续荣获惠阳市先进单位。李育林连续被评为局所长标兵，2003年4月，被省委、省政府授予“广东省劳动模范”称号。

林福如 男，汉族，广东惠东人，1951年7月出生。初中文化，中共党员。1970年9月参加工作。现任惠东县公路管理局黄排道班班长。

他在公路养护岗位上奋斗了30余年，其中任班长10余年，凭着对公路事业的执着追求，以路为业，以班为家。

在强化公路养护时，他带领全班人员，以主人翁态度，克服“等、靠、要”的思想，充分发挥大家的主动性、积极性和创造性，自己动手，把黄排道班建成园林式的花果园。

他是在路烂、人心散的困难情况下接任班长的。他做职工的思想工作，树立信心，统一全班人的思想，带领大家苦干巧干，严格抓工作效率和质量。就任班长10多年间，在该班管养的18公里路段上来回走了10多万公里。昔日的烂路变成了“畅、洁、绿、美”的路。该道班面貌焕然一新，连续10多年评为先进道班。由人心不稳变成了人人情系公路。

他尽力抓好生活的改善。利用该班地缘优势，发展养猪、养鸡，出租门店增加经济收入。自1989年办起食堂后，免费为职工供应午餐。每年春节自养的猪、鸡都每人一份带回家去。职工生病或有经济的困难，他和工会小组长都会去看望病员，救济困难户，从而增强了凝聚力。

林福如始终把为民修路、养路，甘当铺路石。他领导的道班1989～2003

年连续被县、市、省评为先进单位，他个人也先后被评为“五好工作者”、“优秀共产党员”。2003年4月，他还被省委、省政府授予“广东省劳动模范”称号。

赖坤昌 男，汉族，广东惠阳人，1942年8月出生。高中学历，中共党员。1962年1月返乡参加农业生产。现任惠阳马安镇鹧鸪岗村村民小组长，广东省第十届人大代表。

赖坤昌多年来，勤勤恳恳，努力工作，切实关心村民，廉洁奉公，在经济建设和党风廉政建设方面做出突出的成绩。

他劝说在所罗门经商的兄长捐款10万元建起锦江桥，架设一座与外界交流的桥梁，为发展经济铺平道路。用征地款30万元建起了3000多平方米的厂房，引进7家“三来一补”企业和7个共近千亩的甲鱼养殖场。村里每年出租厂房及土地承包款收入近30万元，每人每年可分红1000元，并集体每年统交公购粮资助小学1万元。

他切实抓好村里的基础设施建设。投资30万元建成自来水厂，免费向村民供水；投资130万元铺设了水泥村道；投资20万元修建排污水道；投资2万元建成有线电视接收站；组成8人的治安联防队及清洁卫生队，开辟绿化带及花池，给厂商及村民创造一个优美的工作环境。

他关心人民群众的疾苦。对村里的残疾人和寡妇等困难户给予无微不至的关怀，优先安排工作，解决他们的生活困难。

他一心为民造福，真正做到清正廉洁，村里富裕了，他仍然两袖清风。10多年来，他只报销公款215元的餐费，所花费的差旅费和电话费，全部是自己支付的。他在带领群众致富时，即使有人诬告，也没有动摇他带领群众致富的决心和信心。

2003年4月，被省委、省政府授予“广东省劳动模范”称号。

精神文明创建活动积极分子

柳锦州 男，汉族，广东省潮阳人，1948年10月出生。在职研究生学历，中共党员。1966年9月参加工作。现任中共惠州市委书记、惠州市人大常委会主任。

他2001年春任惠州市人民政府市长时，正是惠州市创建国家园林城市处于攻坚阶段。他对“创园”工作高度重视，按照“三个代表”重要思想的要求，认真组织、落实，成效显著。2001年，惠州市政府被全国绿化委员会授予“全国绿化先进集体”称号，同年10月惠州创建国家园林城市工作顺利通过国家验收，2003年3月获建设部正式命名。

他担任惠州市创建国家园林城市领导小组组长，带头发动群众，认真抓督促检查，参加大型造林绿化、环境整治劳动，起到了率先垂范作用。他发动开展义务绿化市区主干道，新增绿地34公顷。发动36个单位义务绿化绿色通道市区段裸露山体边坡，绿化面积达121公顷。他还发动TCL、德赛、华阳、麦科特等企业集团出资改造市区道路，投入资金数千万元，取得明显的社会和环境效益。

他倡导开展“认捐一棵树，造福下一代”活动，营造了“千年林”、“青梅林”等，他还将自己获评国家环保模范城市优秀市长的5000元奖金全部捐出用于种植纪念树。

他带队外出参观学习，借鉴兄弟市的先进经验，同时邀请上级领导和园林专家为惠州市“创园”工作建言献策。他想方设法多渠道筹措资金，有力地保障了“创园”整改项目的实施，使市区绿化档次明显提高。至2001年底，城市建成区绿化覆盖率达47.3%，绿地率42.1%，人均公共绿地面积10.69平方米。“三大绿化指标”均位居全国先进行列，2003年惠州市摘取了国家园林城市金牌。其个人被国家建设部评为“创建园林城市优秀市长”。

陈贵兴 男，汉族，广东省惠阳人，1952年7月出生，大专学历，中共党员。园林工程师。1968年12月参加工作。现任惠州市园林管理局局长、党委书记。

陈贵兴在上世纪曾多次荣获省、市有关部门的“先进工作者”、“优秀党员”称号，新世纪又获得“全国建设系统精神文明建设先进工作者”、“全国风景区先进个人”等荣誉称号。

他不断创新。在局里学习理论，做到“三个亲自，五个带头”（亲自审定学习计划、上辅导课、检查学习笔记；带头自学、遵守学习制度、辅导发言、调查研究、写学习心得），发表了《抓好人力资源建设，促进创建国家园林城市工作》、《与时俱进，开拓创新，巩固和发展“创园”成果》等文章，指导城市园林的创新发展他紧跟形势，深入调查研究。2003年惠阳撤市设区，园林绿化滞后。他经认真调查研究，提出惠城、惠阳两区园林绿化协调发展的整治方案，报市政府批准实施，以形成惠州园林从小城区向大城区发展的格局。

他求真务实，为城市园林建设做了许多创造性工作，从组织队伍、筹集资金、拟定方案到具体实施都尽职、尽责、尽心、尽力。在拿到“国家园林城市”金牌之后，为巩固成果，提升园林城市品位等方面动脑筋、想办法，提出了“长效管理与种、管并重”的独特意见，并切实将“抓管护，上档次，出精品”的措施和责任落到实处。

他主持召开园林系统的经济研讨会，探索园林绿化走市场化发展路子。通过研讨，转变观念，强化市场经济意识，使园林部门的经济状况随园林化水平的提高而改善，下属15个单位600多名干部、职工都住上新房。

他关心群众生活，在局里设立“解困基金”，带头捐款，救济困难职工。

2003年，陈贵兴再次被建设部评为创建园林城市先进个人。

钟越海 男，汉族，广东惠城区人，1954年4月出生。大专学历，助理经济师，中共党员。1970年12月参加工作。现任惠州市西湖风景区管理局副局长。

他长期分管西湖风景区工作。工作认真负责、扎实，有开拓创新精神。能较好地贯彻执行风景区管理工作方针和《风景名胜区管理暂行条例》，为推进西湖风景区发展成为4A级方面作出了较大的贡献。

市委、市政府于2000年和2001年先后组织军、警、民进行西湖清淤大行动，共清淤泥7万多立方米。他作为职能部门的分管领导，全力以赴做好任务分工、现场协调、卫生保洁、交通管理等方方面面大量细致的工作。他身先士卒，有力地保障了清淤大行动的顺利进行。

他按市委、市政府的部署和要求，主动协助局主要领导抓好对西湖逐年分湖整治的组织实施工作。整治工程量大，涉及面广，他注重宣传发动和沟通协调，深入现场解决实际问题。整治西湖期间，他深入工地，扎扎实实把整治工程的各项工作落到实处。

在西湖综合整治工作中，亲自制订实施方案，检查落实，严格按照有关规定，督促有关部门全面整治西湖景区不规范的标识、标识牌。整治工作受到省建设厅检查组的好评。

他工作细心，管理到位，分管地形复杂的红花湖景区多年未发生人为山火，水库连续8年安全渡汛，景区的绿化美化一年上一个台阶。他擅长摄影，精心拍摄西湖整治和建设的各种场面，制作了许多照片、资料，还主动邀请省、市书法名家为西湖建设题写景名，对提升西湖文化品位起到了积极作用。

2003年12月被建设部授予国家重点风景名胜区综合治理先进个人。

陈柏培 男，汉族，广东新会人，1957年7月出生。大学学历，内科副主任医师，中共党员。1982年12月参加工作。现任惠州市卫生局副局长、局党委副书记、纪委书记。

他按“三个代表”重要思想的要求，认真学习党和政府有关加强精神文明建设的方针政策，尤其是中共十六大通过的有关精神文明建设的新论述。正确处理精神文明建设与业务工作的关系，做到“两手抓，两手都要硬”，促进了惠州市卫生事业的新发展。

惠州市摘取“四块金牌”之后，提出了创建文明城市的部署。他根据创建文明城市分给卫生系统的职责，按市卫生局党组的分工，认真组织实施该部门的有关创建工作任务，推进了卫生部门的精神文明创建工作。

在行风评议的基础上，他负责组织开展全市卫生系统向省中医院学习的活动年，把市卫生局提出的每一项任务落到实处，并取得了显著成绩。

他围绕市卫生局的中心任务抓好党的建设，做到党的建设与精神文明建设相互促进、紧密结合，使精神文明建设更加深入开展。在防治“非典”斗争中，他按分工履行职责，沉着指挥，做好组织协调，并大力开展宣传工作，将防治“非典”斗争中出现好人、好事、好苗子，除认真宣传外，还加大培养力度，让先进分子尽快成长、成熟起来。

2003年6月被评为抗“非典”先进个人，12月又被省委、省政府授予“广东省精神文明建设活动积极分子”称号。

黄添强 男，汉族，广东惠阳人，1954年5月出生。大专学历，中共党员。1972年9月参加工作。现任惠州市惠阳区财政局局长。

他多年被市委、区委和政府评为“五好工作者”、“优秀共产党员”、“精神文明创建活动积极分子”，2003年被省委、省政府授予“广东省精神文明创建活动积极分子”称号。

他抓好机关作风建设。在建章立制之后，从工作制度、后勤管理到财务管理等方面建立起35项制度，完善20多项制度、规定。使各项工作规范化、制度化。

他能充分认识财政工作要秉公执法，不徇私情，在惠阳区财政局内成立管理制度监督小组，3人组成一组，经常对全局上下执行制度情况进行不定期的突击检查，做到"制度面前人人平等"，达到制度管人的目的。同时，以层次管理与责权结合，使全局形成"同心不分心，补台不拆台，尽力不惜力"的良好氛围。

在规范行为和服务方面，他从整顿服务态度入手，狠抓"服务承诺制度"和"首问责任制"的实施，以优质服务，树立良好的机关形象，使机关做到民主决策，和睦沟通。坚持民主制中集，严格执行议事规则和民主决策程序。

他以求真务实的做法，促机关作风质的飞跃。近几年，他开辟"改进作风，争当表率"、"让党旗更鲜艳"的专题教育，多层面，多形式，全方位进行宣传动员，营造出一个各方支持，全员参与的良好氛围。在唯才是举，举贤纳才上，他重视人才培养，严肃人事纪律和干部人事制度。通过竞争上岗，形成"班子有力，中层得力，全局努力"的开拓创业新局面。他坚持领导干部的带头和表率作用，用自己模范行动带动党风、政风和工作作风的根本好转。

李伟良　男，汉族，广东惠东人，1952年10月出生。大专学历，中共党员。1969年参加工作。现任惠东县电信局局长。

李伟良认真抓好企业的两个文明建设，推动了惠东电信事业的发展。

他坚持学习邓小平理论及党在各个时期的路线、方针、政策和电信业务知识，注意提高自身的理论素质和业务水平。同时，还认真抓好企业员工的政治理论和业务学习，为企业的发展打下了坚实的理论基础。

多年来，他把身心投入到电信事业的发展中，勤奋工作，艰苦创业，兢兢业业，无私奉献，带领和组织全系统员工搞好通信服务，在企业的发展中取得了优异的成绩。

在李伟良的主持下，惠东电信局先后开展了一系列创文明行业活动。实行了电信服务承诺制度和"首问负责制"；坚持每年开展创文明服务班组、文明服务支局、文明服务窗口、文明服务标兵等职业道德建设活动。同时，结合行业特点，对电信服务网点按美化、净化、绿化的要求进行整治，对服务人员进行规范化培训，全局上下形成功能齐全、质量优良、服务规范的通信服务新格局，2002年被省授予"五一劳动奖章"。

按照上级有关规定，惠东电局制订了"企务公开制度"、"党风廉政建设责任制"和"公务接待工作管理办法"等一系列廉政建设规章制度。李伟良带头遵守规章制度，以身作则，时刻用自己的言行来影响干部、职工，有很强的组织纪律观念，凡是该局通过的规章制度，自己率先遵守执行。在他的带领下，全局形成了廉洁高效、求真务实的良好风尚。2003年12月，李伟良被省委、省政府授予"广东省精神文明创建活动积极分子"称号。

黄小雄　男，汉族，广东博罗人，1954年3月出生。大专学历，中共党员。1972年9月参加工作。现任博罗县教育局机关党委副书记、纪委书记，副局长。

他除自己自觉坚持学习理论，带头做好学习笔记和撰写心得体会等理论文章之外，还组织领导博罗县教育战线干部、职工的理论学习。

为落实党风建设任务，他主持修订或制订了有关局领导班子党风廉政建设岗位责任制及其考核办法，并将各项规章制度汇编成册。牵头成立了局规章制度检查领导小组、局政务公开工作监督小组，建立、完善中层干部廉政建设卷宗，而促进了党风廉政建设，较好地转变了行风。对案件也能依法依规进行查处。全县358所中、小学校校务全部公开。

他还根据教育战线的难点、热点认真工作，对于乱收费、考风考纪等问题，提出了一系列行之有效的建设和处理意见，从而有效地维护了学校正常的教育、教学秩序。他还按上级领导和"610"办公室的要求，经过艰苦细致的工作，10多位参与练功者，全部与"法轮功"决裂。

他带领工作组在挂钩扶贫和农村"三个代表"学教活动中，驻点3个月，与村民同吃、同住、同劳动，为挂钩点的班子建设、经济建设做了大量工作，促进了该村脱贫致富的目标的实现。县教育局被评为农村基层建设先进单位，其自己也被评为先进个人。

他善于通过组织文娱体育活动来广泛团结友邻单位。两年来，他多次组织篮球、乒乓球的业余比赛，亲自组织老干部文艺节目排练、演出，并参与组织创建文明学校的中、小学校学生文艺汇演、女教师演讲比赛等文体活动。全县有17所学校评为市文明学校，25所学校评为县文明学校。

2003年12月，黄小雄被省委、省政府授予"广东省精神文明创建活动积极分子"称号。

陈玉屏　女，汉族，广东龙川人，1955年4月出生。中专学历，中共党员。1971年7月参加工作。现任龙门县信访局局长。

她曾经获得过县、市、省多项荣誉，她领导的信访局也连续多年评为省、市先进单位。善于运用政策、法律、法规来处理群体性和突发性事件。

她热爱本职工作，把来访者视为亲人，上访者的倾诉她耐心听，细心解答，待人和蔼。

她勤政廉政，秉公办事，从不收上访者礼物和“红包”，更不接受宴请。使信访局成为文明廉洁的单位。她认为群众向信访局反映情况，是对党和政府的信任。信访人员要用真心、爱心、诚心和责任心来处理来信来访，为群众排忧解难，才能赢得民心。

她对来访者反映的问题，在政策允许范围内，则认真负责地帮助解决，不能解决的做好解析工作，让来访人心平气和地回去。她还经常深入基层调处群众反映的热点、难点。

在中共十六大及省、市、县“两会”召开前后，她千方百计捕捉信息，竭尽全力遏制群众集体上访，认真做好化解矛盾的工作。近两年有8宗拟集体上访事件被她及时化解。

她工作认真，作风严谨，原则性强，待人和蔼，对上访者的合理要求，尽力协调解决；对无理纠缠的上访户（人），她动之于情，晓之于理，让他们愉快回去。

2003年12月，被省委、省政府授予“广东省精神文明创建活动积极分子”称号。

优秀干警

蔡浩枢 男，汉族，广东省郁南人，1951年3月出生。大专学历，中共党员。1968年2月参加工作。现任惠州市人民政府副秘书长、打击走私综合治理办公室主任。

蔡浩枢认真贯彻、执行中共中央、国务院和广东省委、省政府打私工作方针政策，结合本市实际，组织开展辖区反走私综合治理，较好地扭转了辖区打私工作的被动局面。

1998年以来，他精心组织辖区打击走私联合行动和专项斗争。他在实践中认真探索，总结创新，理顺关系，有力促进新缉私体制的实施。推进综合治理，在全省率先清理整顿来往港、澳运输船，实行工作重心下移，开展反走私创建活动，2000年在全省打私工作会议上作经验介绍。他深入调查研究，及时为领导提供决策依据。领导作出批示30多次。实施长远战略，力主预防为主，在沿海加强反走私设施建设，炸毁简易码头22个，拆除私货上岸点16个，取消立项建设码头3个，同时在有关地段建立反走私设施50多处，筹资160多万元，建4个前沿反走私执勤点。加强对打私工作理论研究，撰写8篇文章，发表于《跨越》等省、市有关刊物上。他坚持打私、反腐两手抓，个人率先垂范，廉洁状况多年被市纪委评为“优秀”档次，他所管单位多年没有发生违法违纪和不廉洁行为。其本人连续3年被市委、市政府评为优秀公务员。

2003年7月，被国家人事部、海关总署、公安部、工商行政管理总局联合评为“全国反走私先进个人”。

刘来发 男，汉族，广东龙川人，1963年4月出生。本科学历，中共党员。1983年7月参加工作。现任惠州市公安局行动技术侦察支队支队长。

在2001～2003年的“严打整治”专项行动中，他带领技侦支队全体民警参与“严打整治”专项斗争，连续作战，攻坚克难，配合侦察部门侦破了大量重大案件。两年来，刘来发共参与、指挥400多宗大要案件的侦查，抓获犯罪嫌疑人百余人，为国家挽回1亿多元的经济损失。

他从警以来，一直战斗在技侦战线，积极进取，谦虚好学，专业技术日益提高。他侦办案件，善于及时总结办案经验，不断优化整体作战能力。支队每年要侦办280多起大要案件，每起案件他都亲自把关，严密组织实施技侦措施。2002年惠州市发生“3·4”特大汽车纵火案后，他带领技侦民警模拟汽车行驶路线，层层抽丝剥茧，连续作战3天4夜，终于成功抓获两名犯罪嫌疑人。

他既是一个出色的指挥员，又是一个优秀的侦察员。遇有危急的抓捕行动，他都亲临一线指挥，冲锋在前。2003年3月抓捕毒枭陈某某时，他第一个冲向在前面，从其枕下搜获子弹已上膛的五四式手枪，并当场缴获4支钢笔手枪。同年10月一天深夜，惠州支队奉命密捕黄某时，他明知黄某家门口安装监视设备，家中藏有枪支，他命令同事隐蔽起来，独自敲门，出奇不意将其抓获。

2002年初惠州技侦实行队建制后，他出任支队长。他从严治警，全力打造现化型技侦队伍。组织编写《惠州公安技侦警务规范化汇编》。与班子成员一起，组织开展政治理论、技侦传统、政策法规和现化科技教育，提升队伍整体素质。他时时处处以身作则，并要求支队每一个人向自己看齐。为了克服队伍中存在的“稀、拉、松”问题，他要求支队民警的联系电话24小时保持畅通，分管领导随时掌握民警8小时以外的活动，遇有工作需要，保证“召之即来，来之能战，战之能胜”。支队每天安排支队领导带领1/3警力值晚班，随时应对各种突发事件。在他的带领下，全体民警热爱技侦，奉献技侦。全年人均加班超过 150 个工作日，却毫无怨言，保持高昂的斗志。

2003 年 6 月，刘来发被中共中央政法委员会、综合治理委员会评为全国“严打整治”斗争先进工作者。

何继强 男，汉族，广东惠东人，1961 年 1 月出生。大学本科毕业，中共党员。1978 年 10 月参加工作。现任惠州市公安局刑警支队二大队大队长、党支部书记。

自开展严打整治斗争以来，他认真领会贯彻落实国家、省、市三级打私工作会议精神，狠抓队伍的业务素质训练，广开情报信息来源，主动出击，严厉打击走私、制贩盗版淫秽光盘违法犯罪活动，取得了显著成效。在破获的 7 宗案件中，其中一次查获盗版光盘最多达 112.2 万张，每次查获的淫秽光盘均超过 10 万张。同时，带破其它走私案件 16 宗，查扣走私物品价值 300 多万元。2001 年，何继强被评为广东省反走私斗争先进个人、荣立个人三等功、优秀党员。

为克服二大队人员少、任务重的困难，他狠抓队伍的管理和思想作风建设，培养队员。他还主动向领导汇报光盘走私的现状，在市局和刑警支队的统一部署下，对沿海地区复杂场所，尤其对一些货物上落码头，走私分子运输车辆的必经之路，巧妙运用各种侦查手段，严密监控，不让走私犯罪分子漏网。

2001 年 8 月以来，何继强率队共破获走私、制贩盗版淫秽光盘案件 7 宗，抓获犯罪分子 6 人，共缴获盗版光盘 384 万张，其中淫秽光盘 63.5 万张。在与犯罪斗争中，何继强牺牲了大量的个人休息及和家人团聚的时间。无论刮风下雨，只要是工作需要，就奔波在惠东、大亚湾、博罗等地重点码头、重点路段及易形成上货点的湾堤、油库。有一次，他冒着大雨率反走私人员到惠东吉隆镇察看码头时，扭伤了脚，造成左脚小骨骨折。忍痛坚持工作，肿得连鞋都穿不进。医生要他住院治疗，但他缠着绷带，拄着拐杖，每天坚持到办公室处理公务，还坚持与队员一道到海边实地察看情况。10 月 7 日，当他得知有走私光盘要从大亚湾澳头上货时，不顾脚伤尚未痊愈，立即率领民警赶赴犯罪分子的必经之路大亚湾到淡水路口设伏守候。一守就是两天两夜，终于在大亚湾海军码头附近查获走私光盘 56.1 万张。

他以实际行动感染着队伍，二大队在打私工作中取得突出的成绩。2002 年，刑警支队成为全国打击走私光盘工作的有功集体。2003 年 7 月，他被国家人事部、公安部和海关总署评为全国反走私先进个人。

邢燕妮 女，汉族，山东省青岛市人，1960 年 5 月出生。大专学历，中共党员。1982 年 4 月参加工作。现任惠城区公安分局副局长。

邢燕妮从警 20 年，以勇于献身、高效办案、秉公执法、为警清廉，被刑警大队官兵赞颂。

她担任反“双抢”案件审结组组长时，为侦破林长福恶势力团伙案件，采取“钓鱼”方法，以自己为“饵”，租住在林犯情妇住的楼下。经过 5 天 5 夜跟踪、观察，当确认犯罪嫌疑人林长福出现时，她不顾个人安危，冲在最前面，和组员们一起将其捕获。

1998 年“6·10”特大犯罪团伙案，涉嫌罪犯与受害者多达 70 余人，案发时间前后两年之久。当时，她任审讯组组长，用 43 天高效快速完成辨认、指认、询问等方面证据材料，全案犯罪嫌疑人口供 3000 份，整理卷宗 21 册。全案的侦察、逮捕、移送、起诉等全部工作都在 43 天完成。解救受害妇女 23 人。该案办成惠州市自 1983 年开展“严打”以来最快速的一宗。“6·10”案涉及嫖客数十人，其中有党员、干部，也有她认识的人。那些嫖客企图用各种手段托人讲人情，找她疏通关系。但邢燕妮对罪犯决不心慈手软。此案曾被当地派出所误为一般治安案件处理，案中有些犯罪嫌疑人几抓几放。对此，她如实记入案件卷宗里。到该结案时有 7 名主犯被判处死刑，所在派出所领导也被撤职。

她在侦破何养黑恶势力团伙案时，犯罪嫌疑人叫嚣“要用 50 万元摆平公安分局和法院”。她不为金钱所动，排除各种困难，查清全部疑犯。法院一审判何养无期徒刑。

她带病坚持工作，腿上长了一个肿瘤，一直因侦破案件无暇治疗，肿瘤从核桃大长到碗口大，实在没法了才不得已住院切除。

1999 年省公安厅给邢燕妮记二等功 1 次，2000 年被评为南粤优秀女警，2001 年 7 月被广东省委授予优秀共党员称号，参加省委组织的先进事迹报告团到各地巡回演讲。

2003 年 7 月，国家人事部、公安部授予她“全国特级优秀人民警察”称号。

刘晓阳 男，汉族，广东龙川人，1963 年 8 月出生。大学本科毕业，中共党员。1985 年 7 月参加工作。现任惠州市公安局国内安全保卫支队支队长。

他参加工作以来，一直在国家安全保卫部门工作。

他以高度的政治责任心和敏锐的洞察力，及时、果断地处理多起危害国家安全的案件，为确保惠州市社会政治稳定，经济稳步发展做出了突出的贡献。

刘晓阳把“对党的绝对忠诚，对工作的极端负责”作为自己行为准则，以高度的政治敏锐性和责任感全心投入工作，同各种危害国家安全、破坏社会稳定的违法犯罪作斗争。

刘晓阳在国家安全保卫战线上，付出了心血和汗水，也得到很多赞誉，但他居功不傲，处处从严要求自己。严格遵守各项规章制度，严格执法，廉洁奉公，坚决拒绝办人情案、金钱案，时刻牢记“全心全意为人民服务”的宗旨，以身作则，身先士卒，时刻展示出新时期人民公安的风采。

2003 年 6 月，国家公安部授予他“全国优秀人民警察”称号。

罗伟东 男，汉族，广东惠阳人，1956 年 3 月出生。高中学历，中共党员。1976 年 12 月参加工作。现任惠阳区公安局刑警大队队长。

罗伟东到部队服役后，从警十余年中，他在刑警这个充满艰辛和挑战的特殊岗位上，不断增强为人民服务意识，把一切为了群众作为工作的出发点与归宿点，以疾恶仇犯的气概坚决除恶务尽，重锤打击惠阳地方刑事犯罪，有力地维护社会安宁。长期以来，他历任刑警大队副大队长、教导员、大队长等职。他作为一名一线的刑侦指挥员，率先垂范，从严治警，把惠阳刑警大队锻炼成能吃苦、能打硬仗的破案尖刀。在实际工作中，罗伟东带领惠阳刑警冲锋陷阵，艰苦作战，先后成功侦破了淡水城区桥背的“3·30”双命案、周明建特大系列盗窃摩托车案、陈魁峰涉枪贩毒特大团伙案等一系列大要恶性案件，有力地震慑惠阳地方刑事犯罪分子。

自从警后的罗伟东十数年如一日，默默地奉献自己的聪明才智和青春年华，忠实地践行着自己的从警诺言，在刑警的特殊岗位做出了突出业绩。

2003 年 4 月，国家公安部授予他 2002 年度“全国优秀人民警察”称号。

林彩权 男，汉族，广东惠阳人，1955 年 9 月出生。初中学历，中共党员。1981 年 4 月参加工作。现任惠州市公安局惠阳区分局强制戒毒所所长。

他以“在位一分钟，做好 60 秒”为座右铭。在远离家庭，远离城市的偏僻山沟里，以所为家。他从部队退伍后加入了警队，在艰苦的监管所工作。他发扬军人的优良作风，严格要求，强化管理和铁的纪律带到戒毒所。他雷厉风行，刚直不阿、铁面无私。

他针对拘留收教所管理混乱，发生违法人员逃脱，互相斗殴致伤、致死事故等情况，提出加强管理和建立奖惩机制和办法。1997 年被任命为戒毒所负责人后，他痛下决心，努力工作，较快扭转了被动局面，逐步使强制戒毒所的工作走上规范化、制度化管理轨道。

他时刻关心人民群众，认识到戒毒所的工作是特殊的工作，戒毒人员又是特殊的群体。戒毒瘾首先要戒心瘾。他为此工作想方设法，勇于开拓，大胆创新，以做好戒毒人员的思想教育工作为主线，心理治疗作为治本之策。用满腔热情和情爱的胸怀感动每一个人。

他还利用戒毒所的工作优势，组织民警开展深挖扩线工作。2003 年 1 月以来，挖出各类违法犯罪线索 45 条，其中重大案线索 4 条，抓获犯罪嫌疑人 5 人，破刑事案件 7 宗。捣毁贩毒团伙 5 个 25 人，抓获贩毒人员 140 人。同年 9 月开展“两打一盗”专项行动中，他带领民警挖掘吸、贩毒线索 30 多条，配合公安分局抓捕涉嫌吸、贩毒人员 200 多人，经检尿证实吸毒者 121 人，其中贩毒 15 人，有效地消除了治安隐患，促使惠阳区刑事案件持续下降。

全国妇联、国家禁毒办公室授予他“不让毒品进我家活动的先进工作者”称号。

农业科技先进工作者

黄海万 男，汉族，广东和平人，1951 年 2 月出生。大专学历，农艺师，中共党员。1975 年 10 月参加工作。现任惠州市农业局副局长。

黄海万长期从事农业工作，事业心、责任心较强，业务熟悉，在新时期抓农作物结构调整，办示范点和发展惠州特色农业，增加名优农业产品和高效农业，参与组织创办 27 个国家级和省级无公害农产品基地建设，为实现农业增效、农民增收做出贡献。

他在推广良种、良法和科技服务方面，使全市水稻抛秧面积达到 94%，在惠州推广马铃薯优质高产高效综合栽培技术取得了显著效果，曾被省农业推广评委会评为二等奖。在引进、培育和推广良种方面做了大量工作，使惠州市的水稻、玉米、花生等良种普及率达到90%。2002年10月惠州市农作物新品种展示会上有水稻、花生、蔬菜、花卉等321个优新品种。

他重视农科技术服务农民，组织、带领农技干部到田头地里，指导农民掌握农技知识和致富本领。还根据不同季节和农民的需求，组织农技人员开展数百场（次）的农科下乡及科技扶贫活动。

他重视农民“绿色证书”培训，组织科技人员到培训班讲课，有时亲自到场讲解。2003年全市举办123期，3961人参加学习，2107人获得“绿色证书”。

他在单位考核时多次评为优秀处级干部。2003年4月，被国家科技部、农业部评为全国实施星火计划先进个人，2004年2月又被国家农业部评为全国农业科技活动的先进工作者。

戴伟平 男，汉族，广东惠东人，1958年4月出生。学历大学本科，中共党员。1975年9月参加工作。现任惠州市林业局副局长。

戴伟平一直从事林业生产建设工作，任副局长后，经常到山区乡村调查研究，提出多项有效措施，推动了惠州生态公益林和商品林基地建设的发展，他提出以点带面的方法，在各县建立优良速生丰产林造林示范基地330公顷，推动了惠州林业产业发展，出现非公有林业投资热潮。几年来全市共有520户客商来惠州市投资造林，投入资金1.9亿元，造林面积47.2万亩。

他先后参与落实惠州市人代会提出的保护西枝江水源水质、保护沿海红树林、建设绿色通道、保护东江水源水质的议案，特别是近年参与落实惠州市人大关于切实保护西枝江水源水质议案，通过组织沿江有关县的林业技术员到白盆珠水库、西枝江、淡水河流域的每个山头调查规划水源林整治方案，采用乡土树种营造多树种混交林取得显著成绩。1995～2001年，惠州市高标准完成水源林整治面积6600公顷，有效地改善西枝江流域生态环境和水质。他主持的西枝江水源涵养林营造技术推广项目获得惠州市农业技术推广奖二等奖。

2001年，他为惠州市“三年消灭宜林荒山”作出具体的规划方案，为灭荒的稳步推进作出贡献，使惠州市在2003年底如期实现了“三年灭荒”的目标。

2003年9月，国家人事部、林业局授予他“全国林业先进工作者”的荣誉称号。

张志伟 男，汉族，广东博罗人，1959年1月出生。大学学历，兽医师，中共党员。1981年7月参加工作。现任惠州市农业局畜牧兽医办公室主任。

他一贯从事畜牧兽医行政管理和技术工作。2000年以来，他先后主笔起草《惠州市动物防疫责任制》、《惠州市动物防疫责任制考核指标及评分标准》等规范性文件，使惠州市在全省率先建立动物防疫责任制，惠州市的各项动物防疫指标达到全省先进水平，重点动物疫病得到较好控制。这种做法得到省政府的高度评价，在全省范围推广。

他组织推广动物防疫科技，推动惠州市的W强制免疫和高致病性禽流感免疫示范工作，有效地预防重大动物疫病的发生和流行。他主持组织推广的“口蹄疫O型灭活疫苗的推广应用”项目，获惠州市农业科技推广一等奖。2003年在全市组织推广“禽流感灭活疫苗的推广应用”项目，取得显著成效。他还认真督导各县（区）及时扑灭突发性疫情，确保畜牧安全生产。每当县（区）有突发性动物疫情报告时，他立即到现场，主持诊断鉴定疫病，指导制订扑灭措施，尽快扑灭疫情，预防扩散蔓延。他为惠州市畜牧生产稳定发展，维护人民身体健康尽职尽责。

2003年5月，被省政府评为广东省动物防疫工作先进工作者。

廖志欢 男，汉族，广东博罗人，1969年9月出生。大学学历，助理兽医师，中共党员。1989年7月参加工作，现任惠州市兽医卫生防疫检疫站站长。

他参加工作以来，一直从事动物防疫工作。担任站长后，在动物疫病的强制免疫、检疫、防疫监督管理、依法制疫和动物免疫标识等方面，做好大量工作。尤其动物防疫网络、动物疫病检测实验室建设方面，从无到有，从部分检测到全面开展国家规定的各项动物疫病检测。他参与建立岗位责任制和各规章制度、实验室操作的《程序文件》和《质量标准》，为惠州市的动物防疫工作走在全省的前列起到了良好的作用。

自1998年实施对市肉联厂的牲畜屠宰检疫管理工作以来，做到强化管理，依法施检，严格把关，公平、公正、公开地进行工作。多年未出现过一宗检疫事故，也没有接过一宗检疫质量的投诉，确保了市民能吃上“放心肉”。他经常利用休息时间带领技术人员到农村诊治和处理突发的动物疫情。为了保护惠州畜牧业的安生全产，维护人民的身体健康，他坚持原则。

他参加牛“O 型”口蹄灭活疫苗试验推广，取得了较显著的成效，荣获市农业技术推广一等奖。

2003 年 5 月，被省政府评为广东省动物防疫工作先进工作者。

温荫生 男，汉族，广东紫金人，1954 年 9 月出生。大专学历，中共党员。1973 年 2 月参加工作。现任惠州市惠城区畜牧水产局局长。

他把发展惠城区畜牧水产业为已任，肯学习，善管理，敢于探索一切有利于农民增收的路子。对惠城区的畜牧水产结构进行调整，达到农业产值增长，农民增收的目的。

他勤于调查研究，组织带领局里工作人员走村串户，指导和推广良种，奔走于市场和养殖基地，了解生产、经营情况，建立科技档案，无偿地为养殖户提供跟踪服务，改变了专业户饲养土猪的状况。

他通过不断强化改良品种与推广养殖技术，80%的专业户改养瘦肉型肉猪。此项改良，惠城区农民可增加纯收入 500 万元以上。同时，全区推广 80：20 的池塘养鱼技术发展到 1.8 万亩，此项技术比传统养殖方法年新增纯收入 1014.6 万元。

在发展畜牧业生产中，他认真解决动物防疫工作中的免疫难问题。他组织全局学习《动物防疫法》，2000 年开始率先在全省推行《动物防疫工作责任制》的目标管理新机制。对牛口蹄疫、猪瘟、猪口蹄疫、鸡新城疫进行春、秋两季防疫注射和佩戴耳标均 100%完成。为此，1999～2002 年惠城区畜牧水产局获农业部颁发的农牧渔业丰收二等奖、广东省水产技术推广先进单位等荣誉的基础上，2002 年、2003 年连续被市动物防疫工作考评为动物防疫工作先进单位。

2003 年 5 月，他被省政府评为广东省动物防疫工作先进工作者。

黄东宣 男，汉族，广东博罗人，1964 年 10 月出生。大学学历，兽医师。中共党员。1988 年 6 月参加工作。现任博罗县畜牧局办公室主任，广东省高致病性禽流感现场诊断专家成员之一。

黄东宣参加工作后，一直从事畜牧生产和兽医防疫，成为单位的技术骨干，负责种鸭场、肉鸡场和养猪场的技术主管。他制订全县畜禽防疫免疫程序，诊断和鉴定各种畜禽疾病，负责技术人员培训，主持科研课题项目，在口蹄疫、禽流感等烈性传染病的临床诊断和血清普查、疫苗推广应用及疫情扑杀等方面做了大量工作。2001 年，博罗县被指定为禽流感血清普查摸底县，进行禽流感疫苗的推广应用、抗体水平测定和免疫机理的探索。黄东宣耐心说服养殖户，为禽流感疫苗免疫效果的跟踪做了大量繁杂的数据收集，他吃苦耐劳，自始至终坚持在第一线，使疫苗推广顺利，家禽生产受到有效保护。

他科研成绩显著。1994 年他负责的《北京南口鸭北种南繁的生产性能观察与推广》研究课题，获惠州市农业技术推广奖一等奖。1995 年被广东省农业厅评为全省畜禽改良先进工作者。近年来在《广东畜牧兽医科技》上发表《山羊疥螨和绦虫混合感染的诊治》、《山羊痘和羊口疮混合感染的诊断与防治》等学术研究成果，引起同行专家的关注和好评，推动了禽畜养殖业的发展。

除此之外，他还被华南农业大学聘为兼职教师。2003 年 5 月，被广东省人民政府评为广东省动物防疫工作先进工作者。

防治“非典”记功人员

许岸高 男，汉族，广东紫金人，1962 年 10 月出生。博士研究生毕业，医学博士，主任医师、教授，中共党员。1984 年参加工作。2001 年被批准享受国务院特殊津贴专家。现任惠州市中心人民医院党委书记，院长。

他认真学习，跟踪本专业国内外新理论、新技术，然后确定本专业的工作重点，带领科技人员钻研业务，勤奋工作。他主持上消化道大出血、肝性脑病、爆发性肝衰竭等一系列重症病人的抢救工作，并诊断出曾被长期误断的、典型的或少见的疾病。主持或参与主持上消化道出血急诊内镜止血术、食管静脉破裂出血硬化治疗等技术的研究。

他带领研究小组开展细胞水平、分子水平的实验研究，获得省、市科研立项和资助。建立基因表达检测技术、细胞培养技术等。现已发展成拥有分子实验室、肝病实验室等重点学科实验室。他主持的“单克隆抗体偶联物与碘油制成混悬剂肝动脉栓塞治疗肝癌”等两个项目课题获省科技进步奖。

他医德高尚。待病人如亲人，不管什么时候，不管病人什么身份，他都随叫随到，有求必应。

他吃苦在前，享受在后。抗击“非

典"时，他是惠州市救治专家组组长，一直在救治"非典"病人的最前线。除做好有关救治的组织领导工作外，他还作过多次防"非典"知识讲座，培训2000多人次。他认为对病人只要有1%希望，就要尽100%的努力去抢救。他经常加班加点直接参与救治工作，坚持24小时待命。在许岸高的关心、带动下，惠州市中人民心医院取得防治"非典"的可喜成绩，全院没有出现"非典"死亡病例，也没有二代传染病例，更没有一个医务人员被感染。市中心人民医院传一区被省委、省政府评为"模范集体"。

2003年许岸高又先后被省委、省政府记抗击"非典"一等功，授予"广东省精神文明创建活动积极分子"称号。

张舜玲 女，汉族，吉林省人，1956年11月出生。大学本科毕业，主任医师，中共党员。1973年12月参加工作。现任惠州市中心人医院副院长。

她在2003年防治"非典"战斗中，担任医院和惠州市救治专家组副组长，要承担医院内外"非典"病人的会诊诊治，随时待命出诊。在一个多月里，她曾与专家组2次到城区人民医院，7次到惠阳区第一人民医院，3次到博罗县人民医院会诊。常常会诊回来顾不上喝一口水又被请去会诊。2月14日，当博罗县某医院转来第一位已确诊的"非典"病人时，她全然不顾自己身处危险当中，立即会同专家组的几个人进行会诊，确定隔离及诊治方案，使病人得到及时有效的救治。后来收到的几十例发热留院观察及疑似病人中，她都参与会诊。

在防治"非典"日子里，她全心投身到帮助患者摆脱病魔的工作中去，不分上下班的时间，不分节假日，就连上高三的女儿也顾不上多关照。她亲自为本院医护人员和惠州市区医务人员授课，耐心向基层医务人员讲述"非典"的诊治及预防，启示大家做好防护工作。她结合参与救治工作，不断总结经验，与同行共同探讨防治方案。她经常亲自探望一线护理人员，关心她们的食宿，消除她们的心理压力，解决她们的实际困难，使一线工作的护理工作者团结协作，树立信心，共同预防"非典"。

她出色地完成了各项任务，被中共广东省委、省政府记抗击"非典"二等功，被全国教科文卫系统评为抗击"非典"优秀干部。

刘庆荣 男，汉族，广东河源人，1962年8月出生。本科学历，副主任医师，中共党员。1984年8月参加工作。现任惠州市疾控中心主任，兼任党总支部书记。

他在防治"非典"的战斗中，以身作则，带领全体党员、群众，齐心协力，战斗在预防控制疾病的工作岗位上。

他针对开学前学校的预防工作，组织人员编写印发《中小学校、幼儿园预防非典型肺炎措施指引》及《预防非典型肺炎知识》，与教育局联合部署学校防治工作。针对农村地区卫生条件的薄弱环节，他布置编写了《农村地区预防非典型肺炎措施指引》、《惠州市非典型肺炎防治预案》等宣传资料，迅速下发给有关单位，做到非典型肺炎防治知识早宣传、早普及。

为防治"非典"，他身先士卒，冒着可能被感染的危险，夜以继日奋战在第一线。经常带领流行病学调查组深入到医院、疫点和可疑疫点，与患者零距离接触，进行流行病学调查，采集血样、分泌物标本，掌握第一手材料。2月15日，惠州市发现了第一例输入性非典型肺炎病例后，他率流行病学调查组到博罗县龙溪镇"非典"疫点调查，布置疫点消毒处理及对密切接触者的医学观察，为疫情处理积累经验。5月29日晚、30日上午连续接到"非典"救治中心电话，说在K105、1539次列车上与发热乘客接触者部分在惠州站下车，需派人处理。这时，他迅速带领"非典"防治小组人员赶往现场，对47名乘客分别进行询问、检查、观察、隔离等流行病学的处理、场地消毒，在现场制定、布置下一步的工作方案。经过连续近20个小时的工作，终于排除了可疑问题。

6月3日5时，市医院收治一位可疑"非典"男性患者后，刘庆荣火速带领调查小组成员前往市医院进行流行病学、病史调查、血样、口咽分泌物标本采集。晚上8时对疫点进行大规模的、严格的空气、物体表面的消毒，当晚11时又亲自驾车赶赴博罗，与县政府领导商讨工作步骤，直至凌晨4时才返回惠州。天刚蒙蒙亮又投入了紧张的战斗。

在近4个月的防治"非典"工作中，他的足迹遍布全市城乡、厂矿企业、学校、机关、农村，各县（区）及大亚湾石化项目建设工地。行程上万公里，没有休息过一天。每天早晨提前半小时上班，中午他长期吃快餐盒饭。由于劳累，变得面容憔悴，身体消瘦，体重减轻10斤。但是，他毫不退缩，没有半句怨言。

6月被中共惠州市委授予优秀党员称号，被广东省委、省政府记抗"非典"二等功，7月卫生部授予"全国卫生系统抗'非典'先进个人"荣誉称号。

曾球瑛 女，汉族，广东连平人，

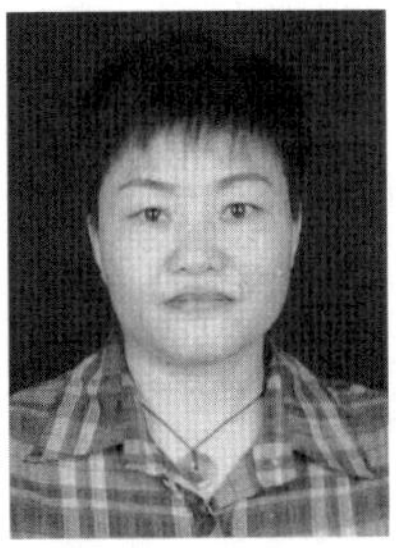

1964年1月出生。大专学历，中共党员。1986年1月参加工作。现任惠州市大亚湾经济技术开发区西区办事处计划生育办公室主任。

曾球瑛全心全意投身于计划生育事业，成为西区计划生育的带头人。她从西区的客观实际出发，推进人口与计划生育的综合改革，逐步转变以往“重管理轻服务”的工作方法，开展计划生育优质服务，建立利益导向机制，提高了广大群众执行计划生育政策的自觉性。多年来，使西区人口增长稳定在低水平上。

2003年，全国发生传染性非典型肺炎疾病期间，坚决执行党中央、国务院关于防治“非典”的决策和部署，扎实做好农村跨省人口流动情况的调查、登记和统计。辖区港澳同胞较多，流动人中集中。为详细、准确掌握流动人口信息，她放弃节假日的休息，哪里有困难，她就出现在哪里。白天带领该办公室人员深入农村、工厂和单位调查登记，晚上回到办公室整理汇总调查材料，经常忙到深夜。她及时、准确地为防治“非典”提供了大量有价值的信息。

2003年7月，曾球瑛被国家人口和计生委授予“全国人口和计划生育系统防治非典肺炎工作先进个人”称号。

揭培华 男，汉族，广东高州人，1952年6月出生。大专学历，医师，中共党员。1969年12月参加工作。现任惠州市卫生监督所科长。

揭培华在防治非典型肺炎工作中，按要求，采取具体、有效的得力措施，为惠州防治“非典”工作取得了显著成效作出贡献。

他认真组织市区社会医疗机构全体医务人员进行防治“非典”的业务培训。2003年2月、4月，先后举办两期共450余名参加的培训班，提高了医务人员对“非典”的预防、诊断业务水平，增加了医疗场所、医疗器械、医疗用具的消毒、使用等相关知识，使惠州各医疗机构在防治“非典”工作做到早发现、早诊断、早隔离、早治疗的要求。

他努力做好对医疗机构防治“非典”工作的督促、检查和指导，经常加班到深夜，带领全科人员深入到收有发热病人的门诊、隔离观察病房检查，发现问题及时提出改进意见。防治“非典”期间，全科检查市区466个医疗机构。

在抓消毒产品生产、销售、使用方面，他和全科人员一起日夜奋战，深入两间消毒产品企业和457个销售单位进行检查。查封无卫生许可证企业生产的过氧乙酸645箱，医用酒精221瓶及一次性使用的医疗用品一批。

他经常利用双休日带领全科人员，到市区400多个医疗机构检查医疗垃圾的无公害化处理情况，以切断传染病的传染源。

6月，中共广东省委、省政府为其记抗击“非典”三等功。

任永礼 男，汉族，广东鹤山人，1947年5月出生。大学本科毕业，主任医师，中共党员。1970年8月参加工作。现任惠州市疾病预防控制中心主任助理。

早在1993年、1994年至2001年，他分别评为全国或全省防治传染病方面的先进工作者。2003年春，惠州市抗击“非典”的战役中，他责无旁贷地勇挑重担，担任惠州市“非典”流行病学调查与控制指导组组长，肩负全市“非典”相关病例的流行病学调查、疫点调查处理、疫情控制和预防控制措施策略的制订、业务指导、培训等任务。他在全省率先编制了《惠州市非典型肺炎疫情处理工作指引》，《疫情应急控制方案》，中小学校、幼儿园和工厂、外商企业以及农村地区预防控制“非典”的措施指引等，及时部署和指导基层、工厂企业、农村、学校开展预防。

2月中旬至6月初，惠州市先后发生“非典”疑似、确诊病例和相关可疑病例数十例。他率先垂范，临危不惧，带领流行病学调查和预防控制指导组到医院、疫点进行调查处理，与“非典”相关病例及其接触者零距离接触，开展流行病学调查、追踪观察和疫点消毒。及时掌握疫情资料，进行有效防控，防止疫情扩散，使惠州市发生的“非典”疫情及时得到有效控制，没有发生二代病例。惠州市这些做法和措施指引受到省抗“非典”督查组的高度评价。

6月19日，省委、省政府给任永礼记广东省抗击“非典”二等功。

梁立环 男，汉族，广东紫金人，1962年7月出生。本科学历，副主任医师，中共党员。1985年7月参加工作。现任惠州市疾病预防控制中心流行病与艾滋病防治科科长。

在防治“非典”期间，他深感肩上的责任重大，自从2月14日发生首例非典型肺炎疫情以后，他和同事们对惠州市所有的非典型肺炎病例和可疑病例均进行了流行病学个案和疫点调查，及时指导开展疫点消毒处理，有效控制疫情，防止疫源扩散。

他非常重视宣传工作。编写《非典型肺炎防治知识讲座》、《天变无常，谨防呼吸道传染病》以及《预防非典型肺炎知识》等资料，在全市学校校长会议上宣讲和散发。他们科每天24小时为市民提供知识宣传、咨询服务。他白天坚持上班，做好科里管理，处理疫情，晚上，他还在办公室工作到深夜。即使深夜回到家里，只要有疫情报告，他就要起身投入到紧张的工作。他不仅自己每天超负荷工作，而且还影响了家里人的正常生活，但家人毫无怨言，并给予他工作上的最大支持。防治"非典"期间，从未休假，就连双休日也在办公室里度过的。

6月19日，省委、省政府为梁立环记广东省抗击"非典"二等功。

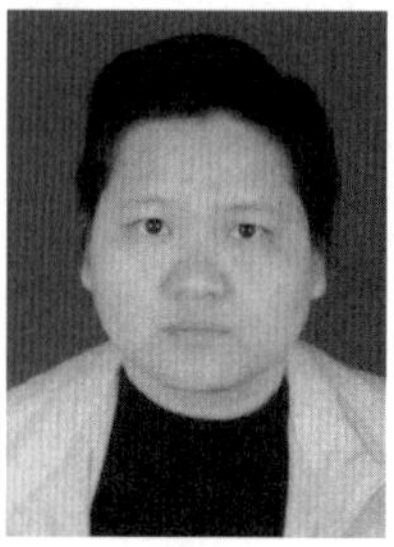

黄爱萍 女，汉族，广东惠阳人，1969年10月出生。中专学历，中共党员。1988年7月参加工作。现任惠阳区第一人民医院护理师。

她于2002年12月竞争护士长岗位。上任不到3个月，就参与了防治"非典"的工作。她制订了护理计划和医护人员的防护措施，上、下班工作流程，落实病人的各种污染物处理和后勤物资供应等方案。她带领全科护士，坚守在既危险又光荣的岗位上。她专挑最艰苦、最困难、最危险的工作来做，每天与护士们一样排班。有人问她："护士长为什么还要参加护理值班？"她回答道："护士长没有特权，在这特殊的战斗中，只能和全科护士同甘共苦。"她每天一上班就进入病房，为病人治疗，耐心地和病人谈心，鼓舞病人战胜病魔的信心。

4月2日她下班休息。下午4时，值班护士电话告知她"病人不合作"。她二说没说，立即到隔离病房，和护士们一道，克服重重困难，为4名患者抽血作血气分析检查。直到晚上7点才回到宿舍。晚饭未来得及吃，又接到"20床病人病情危重，要立即上呼吸机"的报告。她又立即奔赴隔离病房。尽管很累，但她觉得这是护士的职责。

在隔离区生活40多天，她有家不能回，连女儿患病也顾不上回去看一眼。面对委屈无怨无悔。她既做好护理工作又全力做好护士们的思想工作，使全科护士情绪稳定，出现了很多动人的事例。在护士们心目中，她是一个既坚强又乐观的好护士长。

5月6日，8例非典型肺炎病人全部治愈出院。6月19日，她被中共广东省委、省政府记抗击"非典"二等功。

陈浩 男，汉族，广东惠阳人，1953年9月出生。大学学历，外科副主任医师，中共党员。1977年11月参加工作。现任惠阳区第一人民医院党支部书记、院长。

2003年防治"非典"期间，他首先建立一整套严密的防护系统，订出预防隔离、防交叉感染的"四线、三类、二区、二诊室、一焚烧"措施。再者，成立以党支部委员为骨干的防"非典"领导小组及以党员为组长的7个工作小组，把任务分解到各小组进行具体落实。同时，强调把防"非典"作为实践"三个代表"的政治任务来完成。

陈浩自己有冠心及心绞痛病，但他深知防治"非典"责任重大，时常吃在会议室，住在办公室，与医护人员工作在一起。关心医护人员，关注病员，连星期天也带院领导班子成员深入第一线与病员谈心，解决工作中的问题，鼓舞医护人员，振奋精神，做好工作。他全心投入工作，其母身患重病，说话、行走都不便，吃饭不能自理。为了全心投入工作，他把外地的弟弟叫来惠州照顾母亲。

他还十分关注本地区疫情，经常向惠阳市委、市政府和市卫生局领导请示、汇报有关防"非典"工作。他每天接听电话很多。对这些咨询电话，不管怎么忙，也热情、耐心、细致的解释。宣传工作，除争取媒体重视支持外，他还到崇雅及惠阳市二中等单位作预防"非典"的报告。由于他带领全院医护人员尽职尽责，收治的8名"非典"患者全部治愈，实现了低感染、零死亡的目标。惠阳区第一人民医院内科三区被省委、省政府评为抗击"非典"模范集体，他被记抗击"非典"二等功。

魏文辉 男，汉族，广东五华人，1968年10月出生。大学学历，内科主治医师，农工民主党党员。1993年8月参加工作。现任惠阳区第一人民医院副院长。

在防治"非典"期间，他配合院长出台了一系列防治措施。在该院收治"非典"病人的第一天，他连续工作16小时，制订治疗方案、工作人员的防护措施。他不分上下班、节假日，多次冒着被感染的危险来到"非典"病人床前。

他还精心组织医务人员培训，主持了10多场的专题讲座，讲授防治"非典"的知识。为了防止医务人员被感染和疫情的扩散，经常深入到各科（室）检查预防措施的落实情况。对于疫情的统计、汇报，他实事求是，注重掌握第一手资料。只要病人病情有变化或者有新的疫情发生，他总是及时给予治疗和预防的指导及追踪，直至病人的病情和本地区疫情的稳定。他为防止污水、污物对社会造成影响，又提出了一连串的对病人厕所、用物、用水等的消毒方法，付诸实施。

至5月6日止，惠阳市第一人民医院收治的8例“非典”病人全部治愈出院后，他又及时召开了医务工作会议，指出防治“非典”工作任务的艰巨性和长期性，防止松懈情绪，坚持了院内消毒隔离的各项措施。

6月，省委、省政府给他记抗击“非典”三等功。

刘定南 男，汉族，广东大埔人，1947年8月出生。大学学历，传染病主任医师，1970年8月参加工作。现任惠阳区第一人民医院传染科主任。

2003年3月28日，由香港回惠阳治病人的陪护亲属及其亲人们都有发热，刘定南看了各人的X线胸片后，向副院长报告，至下午有6人确诊为患“非典”，并立即实施隔离治疗。

与各种传染病打过30多年交道的刘定南，对突如其来的“非典”初时有点害怕，但仔细一想，既然选择了白衣战士这个职业，就应知危而上。他和主治医师、护士长，带领全科医护人员，做好各种隔离和自我防护工作。

他亲自深入病房，向不合作治疗的病人做安慰、疏导、解释工作，建议医院写信慰问病员，逐渐消除病人对恐惧心理，配合管理接受治疗。他掌握每位病人的病情，及时向“非典”指导小组提供详细临床资料。按指导小组意见，结合病人情况，给病人皮质激素、气道给氧等合理治疗。

刘定南为减少医护人员受感染的危险，从病房的通风、消毒，医护人员的休息与生活，以及防护，都作了细致的安排，对受污染物品慎重消毒处理。经过全体医护人员的努力，“非典”病人早发现、早隔离、早治疗，有效地切断了疫情在惠阳的传播，较快地治愈8例病人。

他除了负责病人治疗之外，还担负惠阳区的“非典”诊断与鉴别。他不分上班还是休息，不管院内院外，也不管白天还是深夜，只要病情电话一响，他就立即出诊或提出处理意见。

刘定南是无党派人士。在防治“非典”过程中尽心尽力，尽职尽责，完成了组织交给的任务。

2003年6月，被省委、省政府记抗击“非典”二等功。

黄福涛 男，汉族，广东龙川人，1954年10月出生。中专学历，主管医师，中共党员。1973年9月参加工作。现任惠阳区疾病预防控制中心计免科主任。

2003年春，黄福涛是惠阳区防治非典型肺炎流行病学调查小组的主要成员之一。他参与制订惠阳区非典型肺炎防治方案，担负编印《预防非典型肺炎系列指引》，带领全科疾病控制流行病学调查人员战斗在防“非典”第一线。2月16日，接惠州市疾控中心转来报告，称市中心医院收治首宗惠阳区疑似“非典”病人。他立即向惠阳区疾病预防控制中心领导报告，并赶赴疫点，对密切接触人员进行流行病学调查，与当地政府、医院一齐落实预防隔离措施，对病人活动场所彻底消毒。4月10日，淡水镇有现症“非典”病人因某些原因脱逃离开医院。他知道这一情况后，他会同淡水镇、惠阳区一院等领导苦口婆心地做病人及家属的劝说工作。在病人同意返回医院后，他又连夜带领消毒人员赶往患者家中，进行全面消毒，有效地防止疫情的蔓延和扩散。

他参与惠阳区所有“非典”病人和疑似病人及密切接触者的流行病学调查处理和医学观察，放弃公休日，日夜坚持在第一线。4月27日，他84岁的父亲肺部感染，哮喘病发作，出现发烧、抽搐等症状。家中仅有妻子一人，身体又不好，多次打电话叫他速回家处理。为了更多的家庭幸福，黄福涛选择了以小家服从大家，委托他人照管父亲，又义无反顾地赶回单位，一心扑在防治“非典”工作上。

6月，省委、省政府给他记抗击“非典”三等功。

张国良 男，汉族，广东惠阳人，1970年8月出生。大学毕业，主管医师，中共党员。1994年8月参加工作。

现任惠阳区疾病控制中心防疫科副主任。

张国良作为疾控中心流动调查组成员，一直战斗在防治“非典”的最前线。既担负全区“非典”病例及疑似病例的流行病学调查，又直接或间接指导消毒剂配制及疫点终末消毒和全区的“非典”疫情报告工作。在“非典”疫情最严重的那段日子里，其妻怀孕8个多月，正是最需要呵护和关怀的时候。但是为了随时参加疫情处理，他毅然搬到疾控中心宿舍居住。每当接到疫情报告，他就毫不犹豫地奔赴现场，冒着随时被感染的危险与病人近距离接触，面对面地进行个案调查，力争在最短时间内拿到第一手资料，为控制疫情争取主动。

至2003年5月6日止，他为8例“非典”病例和2例疑似病例做个案，为切断传播途径、控制疫情蔓延提供重要的依据。5月21日，初为人父的张国良仅陪护妻子3天，又与其他共产党员一道投入到防治“非典”的战斗中。夜以继日地忘我工作，使惠阳区“非典”疫情得到有效遏制。

6月，省委、省政府给他记抗“非典”二等功。

杨振彭 男，汉族，广东惠阳人，1948年4月出生。大学学历，副主任医师，中共党员。1969年4月参加工作。现任惠阳区疾病预防控制中心主任。

杨振彭在防治“非典”的过程中，本着实事求是、尊重科学、不畏艰难、勇于牺牲的精神，高度负责，周密制订部署防治“非典”工作计划，落实预防、控制措施，亲自参加咨询活动，与疾控人员一道深入防治“非典”第一线，行程2000多公里，直接参与指导惠阳8例“非典”病例和9例疑似病例流行病学调查与疫点处理。

发现疫情，他即时组织带领疾控人员奔赴医院，深入病房，面对病人进行个案调查，迅速了解和掌握病人的发病情况、传播途径和密切接触者，对密切接触者进行隔离和医学观察，组织消毒杀菌人员及时对现场及周围环境进行消毒处理，阻断传播途径。

他直接参与、指导18例病人和疑似病人的疫情处理。由于劳累过度，引起小腿抽搐疼痛，站立不稳，他义无反顾地坚持站在最前沿，言传身教，引领全体干部、职工自觉投身于防治“非典”这场斗争中。

2003年6月，省委、省政府给他记广东省抗击“非典”二等功。

郑文宽 男，汉族，广东惠阳人，1974年6月出生。大专学历，中共党员。1996年4月参加工作。现任惠阳区第一人民医院内科医师。

2003年3月底，郑文宽在处理一宗肝癌合并胸积液的病例过程中，因受到患者家属的传染，患上非典型肺炎。由此，惠阳区第一人民医院防治“非典”揭开序幕。由于病前对传染性非典型肺炎有了初步的认识，郑文宽在初期担心自身疾病是否可治，同时担心同事及家人会受感染，承受着沉重的精神负担。但疫症发生后，郑文宽坚信“非典”是可防可治的，并不可怕。他充满胜利的信心，与治疗、护理他的同事互相鼓励，互相支持，同时还安慰关怀病友，协助医护人员做好病友的心理辅导工作。4月16日郑文宽病愈出院，于5月1日即主动回到工作岗位上，投入到继续防治“非典”的第一线，得到惠阳市、惠州市领导及社会各界很好的评价。

通过大量临床及基础研究证实，“非典”康复者血液中存在病毒抗体。经过检测合格后，郑文宽主动捐献了200毫升血液，希望以这种特殊形式，为防治“非典”工作作出更多的贡献。

通过这一场防治“非典”战斗及多年临床工作，使郑文宽主动向党组织递交了入党申请书，并被吸收为中共预备党员。

2003年6月，被中共广东省委、省政府记抗击“非典”三等功。

陈其光 男，汉族，广东潮阳人，1955年9月出生。大专学历，中共党

员。1973年1月参加工作。现任惠东县疾病预防控制中心主任，党支部书记。

2003年初，广东及惠州市部分地方发生传染性“非典”疫情。为做好防疫工作，陈其光负起总责，从2月初后放弃了公休日、节假日的休息，带领班子成员和全体干部职工落实县委、县政府的有关决策和部署，执行上级卫生主管部门制定的各项防控措施，统揽全局，全力投入，深入第一线指挥，狠抓落实。半年间未回过老家港口镇看望瘫痪在床8年多的老母亲。

在他的带领和影响下，县疾病防控中心没有一名干部职工请假休息或临场退缩。凡发现有疑似病人，不管是在什么情况下，都亲自带领卫生防疫人员深入现场调查、消毒。还亲自为学校师生和公共场所的业主、经理传授预防“非典”知识。同时，认真抓好后勤保障，及时组织有关防护用品和消毒药品，严格按国家限价供应，确保了预防工作的顺利开展，为惠东实现零“非典”病例作出了贡献，多次受到上级的表扬。

2003年6月，陈其光被中共广东省委、省政府给予记抗击“非典”三等功。

李继友 男，汉族，河南省光山县人，1964年11月出生。大学本科学历，副主任医师，中共党员。1986年8月参加工作。现任惠东县人民医院副院长。

2003年，任医院感染科主任的李继友担任县人民医院非典型肺炎医疗

救护指导小组副组长。他一直战斗在防治“非典”第一线，吃苦在前，享受在后，没有真正休息过一天。在病房每天都能看到他的身影，事事处处起模范带头作用。5 月 11 日，县人民医院发热门诊收到一名外省病人，正在发热，又身无分文，入院后不愿意回答医生的提问。李继友不顾有被传染的危险，近距离与患者交谈两个多小时。后来该患者经县、市“非典”专家小组会诊，确定为传染性非典型肺炎疑似病例。5 月 13 日晚 11 时，病人拒绝治疗，甚至产生轻生念头，李继友冒着被传染的危险上前阻止，又与病人面对面交谈，耐心做病人的思想工作，使病人打消了轻生的念头。为防止病人再次出现情绪不稳，他当晚守护在患者身旁，再三向病人解释，使病人彻底打消自杀念头，配合治疗。至 5 月 23 日，病人被排除“非典”后出院。李继友在防治“非典”的斗争中成绩突出，

2003 年 6 月，被中共广东省委、省政府记抗击“非典”三等功。

社团先进个人

吴瑞光 男，汉族，广东惠城区人，1953 年 6 月出生。大专学历，经济师，中共党员。1971 年 11 月参加工作。现任惠阳区总工会主席。

他任总工会主席前，曾被评为惠阳市五好工作者、惠阳市优秀工产党员。

担任区总工会主席后，在新建企业组建工会方面，尽心尽力，想方设法多做工作，做好工作。他团结各副职领导，充分发挥各副职领导和各部（室）人员的主观能动性。决不主观武断，善于调查研究和发扬民主。为广大职工办好事，办实事，维护职工的合法权益。

在协调处理港泰塑胶厂、惠阳机械工业总公司、惠阳南旋毛织厂等劳资纠纷过程中，他在协调、宣传《劳动法》和有关法律、法规时，做过细的解释说服工作，使之维护职工合法权益的同时，也维护了企业的合法利益，深受广大职工的赞扬，受到惠州市和省总工会的肯定。区委、区政府也认为他在区总工会的工作，为惠阳的社会稳定和经济发展做出了贡献。

2003 年 12 月，中华全国总工会授予他为“全国新建企业工会组建工作先进个人”称号。

姚海鸥 男，汉族，广东惠城区人，1969 年 12 月出生。大学本科毕业，中共党员。1990 年 7 月参加工作。现任惠阳区总工会副主席、政协惠州市第九届委员、政协惠阳区第二届委员。

他参加工作以来一直从事工会工作，在工会工作方面做出了一定的成绩，被评为“惠州市优秀职工之友”后又被评为“惠州市优秀工会工作者”，并获“广东省优秀职工之友”称号。

他一贯工作认真负责，经常带领工会干部深入基层，对各类型企业进行调研，找外商商讨组建工会事宜。他的努力加快惠阳工会组织发展。1998～2001 年，惠阳基层工会由 450 个发展到 1698 个，会员从 3 万多人发展到 7 万多人。他了解职工所想、所需，为职工鼓与呼。他工作踏实，大胆探索，善于协调总工会各部门，发挥各自的作用。在“维护、建设、参与、教育”四项工会社会职能方面做出了显著成绩。

2003 年 9 月，中华全国总工会授予他“全国优秀工会工作者”称号。

卢俊雄 男，汉族，广东海丰人，1979 年 7 月出生。大专学历，共青团员。1997 年 10 月参加工作。现任博罗县公安交警大队交警股副股长。

2001 年度被惠州市公安局记三等功，2002 年评为惠州市优秀青年志愿者、全省优秀警察。

他参加公安工作后一直在基层工作艰苦，生活无规律。有人劝他通过其父找熟人调至机关。他却说：“我是一块砖，任由党去搬，服从党安排”。在机动巡逻中队时，尽管风吹雨打，严冬酷暑，都任劳任怨，拼命工作。他被派到福田事故组当组长，任务相当重。他知难而上，认真学习，深入调查研究，依靠群众，团结带动全组民警，艰苦努力做好工作，把个人的探家、谈婚等全抛脑后，取得了令人信服的成绩。

他处理交通事故做到严格执法，不徇私情。2002 年 10 月一外省民工被车压死，肇事司机逃逸。他发动群众，深入调查，最终使肇事者自首归案。死者家属为表达感激之情，给他送了 1000 元红包，被他当场拒绝。他任事故组长以来，他拒收红包 13 次，合人民币 1.7 万元。领导全组调解结案 238 宗，其中重大案 30 多宗刑事和治安拘留 57 人；抢救伤者 80 多人，侦破肇事逃逸案 8 宗，抓获嫌疑人 12 人。接访群众 3000 多人次。该辖区“四项发案指标”明显下降。

他生活俭朴，乐于助人。一位从贵州来福田寻找亲人的女孩，因身无分文，一天没有吃饭，找到卢俊雄。他当

即带她去吃饭，给100元零用钱，尔后帮她找到亲人，并找到一份工作。他还经常为当地孤寡老人洗衣、煮饭、搞卫生，定期送老人到医院检查身体。若发现有病则掏钱给老人治病，自己钱不够，便发动单位民警捐款。他带动捐款8次，共7000多元，其中他捐出1000多元。除每年为贫困学生捐1000多元外，每学期拿出600元为两名贫困学生交学费，一直使他俩读完小学。

卢俊雄还经常向广大群众宣传法律知识，到学校讲授法律常识19次。处理交通事故，抢救受伤人员，弄得满身血污，是经常的事。自己掏钱为伤员治病也屡见不鲜。

2003年5月，被共青团中央评为全国优秀共青团员。

周卫平 女，汉族，浙江宁波人，1953年7月出生，硕士研究生学历，中国九三学社社员。1969年3月参加工作。现任惠州学院教授，广东省第十届人民代表大会代表。

她从事高校教学和科研27年，开设反应工程、分离工程等8门课程。从事无机合成、精细化工及阻燃科学方面研究。主持并完成科研14个项目，先后开发出3.5水硼酸锌、7水硼酸锌、改性氢氧化镁、FR—J不饱和聚酯阻燃剂、铝酸钙、聚磷酸铵、FR—X等系列有效阻燃消烟剂，用于塑料电缆、人造革、矿用橡套电缆、玻璃钢、胶粘剂等材料的阻燃消烟，多数已向工业生产转化。研究成果中有8项通过省级鉴定，两项获得国家专利，其中6项填补国内空白，属国内首创，达到国内领先水平，被国家科委收入《中国技术成果大全》。1995年获得国家发明专利（铝酸钙的）合成及应用，专利号（ZL921122151，2）。在此基础上，申请广东重大科技攻关项目“超细粉体与高聚物的相容性研究及在阻燃材料中的应用”和广东省自然科学基金项目“多功能无机材料对高聚物抑烟降低毒性及阻燃问题的研究”。研究项目均通过省级鉴定，并进入产业化，获得了一定的经济效益和社会效益。

在1999年，研究成果被国际经济评价中心（香港），评选为世界华人重大科学技术成果，同年获广东省科技进步三等奖。其它研究成果亦曾先后获新疆第三届发明展金奖，中国第五届发明展银奖，法国巴黎世界第八十二届发明博览会铜奖和法国政府特别项目奖。1992年获北京国际发明展铜奖。1994年获省科技进步奖。发表论文40余篇，多次被《美国化学文摘》和著名的美国DIALOG数据库工程索引收录。研究简历因此被选入《国家级科技成果研制功臣名录》和《中国发明家大辞典》，2000年被美科学传记学会评选载入新千禧年世界科学名人录。

2002年12月，全国妇女联合会授予“第四届中国十大女杰”提名奖。

钟秀云 女，汉族，广东惠城区人，1963年10月出生。在职研究生学历，中共党员。1983年7月参加工作。现任惠城区妇联副主席。

2001～2003年她任中共惠州市人民医院总支委员、工会主席和女职工委员会主任期间，善于根据行业特点，求真务实，开拓创新，开展工会的各项有意义的活动。

她以“四有”教育为主题，开展岗位练兵、岗位成才活动。组织女职工学政治、学文化、学技术，举办技术操作培训班，通过培训、考核使女职工队伍技术素质显著提高。

她以“有为才有位”为主题，创建“巾帼文明示范岗”，采取一系列有效措施，改革护理模式，更新护理内容，开展技术竞赛，举办礼仪培训，编印文明服务手册。使示范岗被医院评为“先进护理小组”、“文明窗口”，被惠州市妇联授予“巾帼文明示范岗”称号。

她还以维权为主题，帮助困难女职工，维护弱势群体利益。落实女职工“五期”劳保待遇，千方百计想方设法解决女职工住房难问题。此外，她还经常深入职工家庭了解生活状况，帮助解决家庭矛盾。她还组织职工开展丰富多彩的文体活动，丰富业余生活，做到劳逸结合，以利身心健康。

2003年3月8日，钟秀云被中华全国总工会评为全国先进女职工。

曾梦棠 男，汉族，广东紫金人，1950年8月出生。大学本科毕业，中共党员。1969年1月参加工作。现任惠城区政府残工联工作委员会副主任、区残疾人联合会理事长。

他热爱残疾人工作，任职后全心投入残人事业，努力学习残疾人事业的方针、政策和各项具体业务。他对残疾人有深厚的感情，灵活运用多年来从事党、政领导的工作经验，结合残疾人的实际，创造性地开展残联工作。

他善于从大处着眼，抓住区残联工作在每个阶段的关键环节，带动全局。他还善于争取各级党委、政府领导对残疾人事业的重视、支持，协调政府各部门和社会各界共同发展残疾人事业。为发展残疾人事业和维护残疾人的权益，敢于承受压力，理直气壮地据理力争。

他有一股不达目标不肯罢休的勇气和毅力。

他主持惠城区残联工作以来，取得了显著成绩，受到国家、省、市多次表彰奖励。在取得“全国残疾人工作先进区”后，又被评为“全国残疾人扶贫先进单位”、“广东省残疾人劳动就业工作先进单位”称号。最近4年，除连续被评为“惠州市残联系统先进单位”外，连续两年被区委、区政府评为“五好单位”。其本人2001年评为“惠州市优秀党员”。

2003年9月被国家人事部和中国残联授予“全国残联系统先进工作者”称号。

其他先进个人

吴瑞林 男，汉族，福建省晋江市人，1952年2月出生。高中学历。1972年3月参加工作。现任惠州市侨兴集团有限公司董事长。全国工商联执委、广东省工商联执委、常委，惠州市人大代表、政协常委、侨联副主席，惠城区政协副主席，北京外贸大学、江苏三江大学客座教授等职。是惠州市著名的私营企业家。

他有一股艰苦创业精神。他创办的侨兴集团，由小到大，越做越强，产品品种越来越多，至2002年已挤身于中国企业500强。

吴瑞林创办侨兴以来，一直致力于通信终端产品的研究、开发、生产和销售。其经营的侨兴电讯在美国纳斯达克（NASDAQ）全国证券市场上市后，成功收购中国电子信息产业集团下属的北京中电通信科技有限责任公司等18家公司。该集团成为拥有20多家从事通信终端产品、直饮水净化设备、仿生无毒艇船防污涂料、稀土金属等项目的开发、制造、销售系统企业。有国内外350个销售点，产品进入20个国家和地区。有员工7832人，其中20%具有大学或以上学历。拥有两个科技工业园，面积达22.58万平方米，60多万平方米的第三工业园也正在兴建中；侨兴第四工业园也获国家和科技部批准；两个生产科研制造基地有数百万平方米，生产多种国际公认的一流产品。该集团在北京、上海、深圳、惠州设立通信终端产品科研中心，从事手机、电话机、传真机、电子玩具等的研发。同时与国内多所高等学校建立研发基地。

由于他坚持“市场先导，创新为本”的策略，产值、利润年年攀升。2003年度营业额达69.5632亿元。

近几年该公司向社会捐赠3000多万元，其中以1000万元在中国扶贫基金会设立侨兴扶贫基金。向国家确定的贫困县提供价值1275万元的30万部电话机。热心于西部开发，主动安排三峡移民200名到该公司就业。建立残疾人电子技术培训就业基地，安排347名残疾人到企业就业。他获得2003～2004年度世界经理人成就奖、中国光彩事业奖章、广东优秀外来投资商以及关心下一代工程贡献奖及“广东优秀民营企业家”称号。

钟潭清 男，汉族，广东惠东人，1963年12月出生。大学本科毕业，中共党员，1985年参加工作。现任惠东县体育局副局长。

钟潭清参加工作后，一直在基层体育部门工作。他工作责任心和业务能力强，曾多次参与组织、策划全县性大型群众性体育活动，为群众举办科学健身知识讲座，深入基层指导群众进行科学健身，推动全民健身活动，培训社会体育指导员和测试国民体质，为惠东县创建“全国体育先进县”做了大量工作，受到全县体育爱好者的信赖。

2003年，国家体育总局授予他为“全国优秀社会体育指导员”称号。

刘立志 男，汉族，湖南湘谭市人，1931年9月出生。高中学历，中共党员。1951年参加工作。现任惠州市人民政府对外友好协会副会长。1998年后被选为协会会长。

他是筹建惠州市太极拳协会主要成员之一。经过10年的办班授拳，普及提高，使全市拥有1100多名会员，设25个练拳活动站。为发展惠州市太极拳协会，做出了重大贡献。

他坚持以拳会友，真诚待人，团结会员，无私奉献。把交流拳艺，增进友谊，弘扬太极，科学锻炼作为推动全民健身活动的宗旨。不论风雨寒暑都坚持练习太极拳、剑。他经常身背宝剑，安步当车，深入各辅导站了解情况，倾听会员意见，做到言传身教，诲人不倦。既当教练又当学生，并注重看书，观看光盘和录影带，不断“充电”，提高拳艺水平。

1999年以来，他接受TCL国际电工、市国税局、惠城区财政局、南坛小学、第五小学等单位邀请，组织教练人员为TCL国际电工培养50名中层管理人员学会打太极拳，又为机关工作人员和教师200多人传授简化24式太极拳。2002年5月至2003年4月，按市体育局的布置和要求，组织协会理事在市区设立5个义务教拳点，教会500多人打太极拳。

他年逾古稀，身患多种老人病，由于坚持锻炼，增强了体质和抗病能力。他以切身体会向人们宣传练太极拳是集健身、治病、娱乐、审美为一体的多功能体育活动。在他的努力下，几年来培训裁判员15人，教练员23人，辅导员25人。

2003 年国家体育总局授予他“全国优秀社会体育指导员”称号。

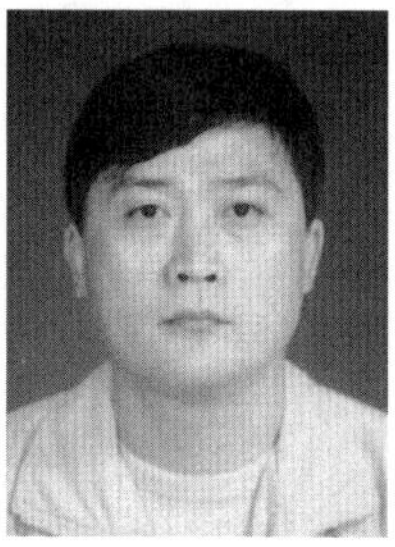

张伟南 男，汉族，黑龙江人，1958年11月出生。高中学历，中共党员。1976年参加工作。现任惠阳区体育局科长。

多年来一直从事群众体育工作。1998 年被评为全省群众体育工作先进个人，1999 年被惠阳区评为先进党员和五好工作者，多次带领运动队参加市级比赛并取得较好的成绩。在各种比赛中，负责组织和裁判工作，得到上级领导的一致好评。

2003年国家体育总局授予他为“全国优秀社会体育指导员”称号。

罗东平 男，汉族，广东惠东人，1970年出生。本科学历，中共党员。1990年6月参加工作。现任平山镇农业推广服务中心主任兼平山镇治安联防大队大队长。

罗东平在任平山镇莲花社区居委党支部书记期间，先后制订了《固本强基工程工作三年规划》、《党建工作制度》、《发展党员目标》、《党支部“三会一课”制度》等，汇集成册，发给每个党员。在社区开展健康有益活动，坚持“三会一课”制度，组织支部委员、党小组长、新党员到高潭中洞、平山百坵田等革命纪念地参观学习，接受革命传统教育。

罗东平以党建为动力，着力促进社区各项工作。筹集资金100多万元铺设水泥路3条，共长1000多米。清理、整治垃圾堆放点22个，新建垃圾堆放点 8 个，社区的大街小巷全部装上路灯。千方百计筹集资金动工兴建办公楼。在社区内还建立了政务公开栏、计生宣传栏、读报栏，同时还建成一个集科普党员活动室、婚育学校、妇女学校于一体的多功能文化娱乐教育场所，建立了办事服务大厅、办证窗口、咨询窗口，方便群众办事。建立、健全社会治安联防制度，实行群防群治，常抓不懈，并设立社会警务室，在22个小区建立治安岗亭，并配备保安员。他全力以赴投入到防“非典”斗争中，全区社区无出现“非典”疫情。

罗东平所在党支部于2003年7月先后被惠东县委、县政府授予“先进基层党组织”和“综合治理先进单位”。2002 年 7 月罗东平被中共惠州市委评为优秀共产党员，2003 年 9 月，被中共中央组织部、国家民政部评为全国优秀社区工作者。

邹日亮 男，汉族，广东博罗人，1952年10月出生。大专学历，中共党员。1974年6月参加工作。现任惠州市人民政府移民办公室主任。

他用共产党员的标准严格要求自己，做到立党为公，执政为民，为移民办实事、好事，清政廉洁，无私奉献。

多年来，省政府每年拨给惠州的移民经费很少，只有1650万元。这是难以做好移民工作的。在他的领导下，经过深入调查了解和论证之后，向省政如实反映惠州移民的困难，得到了省的大力支持，从2003年起省分配给惠州的移民经费增到6300万元，为妥善解决多年累积的移民问题，提供了资金保证。他还协调有关部门筹措30万元，为惠城区潼湖镇玳瑁移民村建厂房、办工厂，使该村的集体经济收入从零上升到3万多元。

郭日亮能做到真诚友善，维护领导班子团结，为人正直，干净干事，清白做人，政绩显著。

2003 年市移民办公室首次被省政府评为先进移民工作单位，他本人也被省政府评为移民工作先进个人。

崔国华 男，汉族，广东惠东人，1949年10月出生。大专学历，中共党员。1971年9月参加工作。现任惠东县人民政府常务副县长、政府党组成员。

1995 年 3 月，崔国华开始分管武装部门工作后，8年间，心里始终装着武装部门的事，坚持以推进武装部门建设、发展为己任，主动架起联络武装工作部门与县政府及各职能部门的桥梁，为武装部门工作排忧解难，推动“双拥”建设工作的发展，做“维权”工作的有心人，使惠东县武装工作捷报频传：2001 年惠东县首次被中共广东省委、省政府、省军区授予“双拥模范县”称号，县人武部党委 3 次被省军区评为“先进人武部党委”、4 次被省军区评为“先进人武部”，部长、政委3次被省军区评为“一对好主官”；“港口英雄民兵连”连续三届被中共广东省委评为“精神文明建设先进单位”，2002年又被总参、总政评为“基层建设先进单位”，县民兵武器装备仓库也于2001年被解放军总参谋部评为“全国民兵武器装备仓库管理先进单位”。

2003年5月，崔国华被中共广东省委、省政府、省军区授予“党管武装工作先进个人”称号。

陶启慈 男，汉族，广东惠阳人，1955年11月出生。大专学历，中共党员。1973年9月参加工作。现任惠阳区教育局局长。

他较能正确理解和掌握马列主义、毛泽东思想和邓小平理论的精神实质，牢固树立正确的世界观、人生观和价值观，在平时的工作和生活中自觉讲学习、讲政治、讲正气，身体力行地用“三个代表”要求指导自己的思想和行动，成为大家的表率，体现出其思想品质好，政治态度鲜明和信仰的坚定。

他曾担任区委组织部常务副部长，并长期分管组织、干部工作，主持区委基层办的日常工作。结合“三讲”教育，抓好新形势下的农村发展党员工作，惠阳区农村涌现出优秀青年纷纷申请入党热潮；非公有制企业的党建工作取得突破性进展，早在1994年惠阳市成立第一个非公有制企业党支部，受到上级组织部门的肯定和好评；由他具体指导并参与的“如何做一名合格党员”教育活动等亦收到良好效果，较好地促进了全区的党建工作。

他任教育局局长、党总支书记以后，抓好各校教学质量和素质教育，区内3所完全中学均评为“省一级学校”。他经常带领业务科（室）的人员深入基层第一线搞调研，研究工作的新情况、新问题，创造性地做好新时期的党建工作和教育改革。他时时处处按廉洁自律有关规定要求自己，公道正派，不贪不占，在群众中享有较高的威信。

2003年6月，被中共广东省委评为广东省优秀党务工作者。

杨土林 男，汉族，广东惠东人，1948年10月出生。大专学历，中共党员。1969年2月参加工作。现任惠东县计划生育局局长。

杨土林担任惠东县计划生育局局长以来，一心扑在人口与计划生育事业上，忠于职守，竭尽全力。他一方面认真学习时事、政治；另一方面利用各种可以利用的时间钻研学习中央《决定》、《人口与计生法》、广东省的计生《条例》等法规和业务知识，不断提高自己的政策水平和业务水平。他经常深入基层、深入乡村进行调查研究，掌握第一手材料，为惠东县委、县政府提供决策依据。

在他的努力下，县委、县政府先后出台《关于进一步落实计划生育包干责任制的通知》、《关于进一步加强计划生育“网底工程”建设实现工作重心下移到村的决定》等文件，并制订有关人口与计划生育工作综合改革的有关经常性工作、优质服务、信息化建设、村民自治、依法行政、流动人口计生管理等6个实施办法。

2003年被省委、省政府评为全省计划生育先进工作者。

陈仕敏 女，汉族，广东和平人，1955年3月出生。大专学历，主管护理师，中共党员。1973年1月参加工作。现任惠城区计划生育服务站站长。

她曾多次被区委、区政府评为优秀党员、先进工作者、“三八”红旗手、记大功。并曾受到省政府的表彰。她任站长18年，坚持学习马克思主义、毛泽东思想、邓小平理论，并不断实践“三个代表”的重要思想。敬业爱岗，任劳任怨，以身作则，务实奉献，带领惠城区计划生育服务站医护人员，齐心协力，艰苦创业，拓宽技术服务领域，把一个丙级服务站建设成特级计生服务站，连续多年被市、区政府评为“文明窗口”单位。

她依法行政，推动计划生育技术服务规范化。通过婚育学校、宣传栏、优生咨询热线向育龄群众宣传科学知识，提高服务站的知名度和满意度。她完善了26种规章制度，实行以制度管人，采用医护人员工作业绩与奖金、晋级挂钩的管理模式，调动工作人员积极性。

该站对业务人员进行定期培训，以提高理论水平与临床操作技术水平。同时，争取市卫生行政部门给计划生育站颁发了医疗机构执业许可证，被社保局定为医保定点医疗机构。陈仕敏经常深入基层，指导服务所（室）开展技术服务，规范节育技术常规，使全区的服务网络化，规范管理。在全站医护人员努力下，率先在惠州市、区范围内开展优生筛查、宫腔镜检查和手术、妇科肿瘤手术等。服务站经济和社会效益一年上一个台阶，为计生服务站的生存、发展闯出了新路子。

她和市、区有关部门协调，争取更多单位组织群众到服务站体检和诊病。管理上认真总结经验，及时向上级汇报。她所写的多篇经验性论文，先后在国家、省、市的专业刊物上发表。

2003年陈仕敏被国家人口计生委

评为全国人口与计划生育科技工作先进个人。

2003年评定的惠州市高级技术职称人员名单

（排名不分先后）

·主任医师

张舜玲 刘志红 申源生 杨立宪 黄贵南 钟凯人 钟启腾 凌 红 孟 宏 邓 剑 吴修信 陈 超 谭志明

·教授

伍世昭 潘庆年

·副教授

金 伟 吴映萍 郇振明 吴新章 汪 浩 周天来 魏江华 杨 红 黄雪娥 周润书 王立民 蓝国彬 马毅红

·副主任医师

李桂梅 张学军 赵叶平 李 欣 张树平 詹云丽 翁雪萍 陈长江 洪 澜 庄绍君 刘于肇 曾少平 黄 涵 蔡锦荣 李华清 梅月志 蔡铨宁 顾 卫 王小勇 黄志勇 彭向理 黄建华 王 臻 李佰钰 刘日阳 陈小凯 蓝博文 郑绍军 王 革 刘国荣 林启平 李余红 雷 丽 陈翠萍 张元森 冯其斌 谢志林 陈庆生 李立新 温中华 刘 俊 石咏军 黎民希 王 霞 李碧娟 龚小琦 刘尝君 李继友 毛 慧 邱彩霞 欧阳卓谊 刘瑞玉 盛海云 戴哲凡 纪燕琴 叶自力 杨伟忠 陈惠新 邓冬梅 钟小鹏 郭秀东 骆 彪 郑秀先 扶 玲 钟道临 罗伟新 陈彩会 彭来勤 程建萍

·高级讲师

董英斌 徐晔春 陈志旭 顾 磊 罗 芳 石盛林 钟立明 彭学龙 张峰浩 刘树根 朱梦照 陈丽兰

·高级教师

王恒起 叶警莎 刘太文 曾月亮 刘志勇 陈 彪 叶南珍 李海柱 李仕强 毛建军 徐正田 祝学泽 王 心 谢祝荣 黄瑞兰 龙海平 范瑞琼 张云义 侯京红 曾桂祥 羊富珍 李志英 曾锡良 蒋 辉 骆富泉 易和国 刘伙平 刘小光 李彩新 高湘辉 缪玉如 刘文清 文玉英 李云华 郭伟雄 李 华 黎来佑 钟舜斌 张秀清 刘维荣 舒伟平 练伟平 袁 慧 马秀霞 沈桂芝 马娘汉 刘远明 王美燕 孟国权 蒋明德 陈 静 范桂芳 秦朝银 胡玉成 蓝宝斌 张 辉 徐国生 沈小珍 施丽佳 杜华南 刘建梅 哈文刚 张广德 邱启浩 蓝世剑 骆 睿 崔小青 曾兰方 郭 健 张和平 姚升光 夏秋林 廖曼香 古兆丽

·高级工程师

甘文静 孔少仪 江仁成 孙桂斌 林健康 卿卫华 李常贵 吴振贵 黄远为 石 艳 曾国良 曾 群 陈 璐 叶泽雄 郑国行 谢 诚 饶岭南 张文良 张惠文 吴纪昌 李 宝 胡远鹏 杨云海 王冬梅 谢光华 张桂明 刘晓东 刘 军 蔡少峰 周 超 邝晓东 黄建宏 陈文新 吕天平 丘慧澄 朱永中 李瑞奇 马松林 钟 晨

·高级农艺师

钟元和 许利新

·新闻出版

出版编审 王启鹏
新闻主任记者 王 艳
新闻主任记者 张海燕
新闻主任编辑 潘小明
新闻主任编辑 曾传山
出版副编审 肖力华

·二级律师

杨择郡 曾学智

·其它

高教研究副研究员 廖克玲
群众文化副研究员 文艳平
教育学高级实验师 张 锐
高级会计师 张 杰
高级经济师 骆伟泽
主任播音员 吴 炜

（以上名单由市人事局提供）

县（区）

责任编辑：舒仲顺

惠城区

【概况】 惠城区建制于 1988 年，是惠州市中心区，地处东江中下游与西枝江交汇处，东至汕头 290 公里，西去广州 130 公里，南往深圳 80 公里，北接河源，京九、惠澳、广梅汕铁路和广惠、惠深、惠河高速公路贯通全境。全区面积 1471 平方公里，总人口 115 万人，辖 9 个街道办事处和 11 个镇。

惠城是中国优秀旅游城市、国家卫生城市、国家园林城市和国家环保模范城市，又是一座历史文化名城。这里是邓演达、廖仲恺的故乡，是孙中山、周恩来等革命先辈活动过战斗过的地方，苏东坡、杨万里等文人墨客曾旅居此地，并留下了千古传诵的诗篇和众多的文物古迹。长期以来广府文化、客家文化、潮汕文化在此交汇融合，形成惠城海纳百川、有容乃大的文化胸襟和独具特色的文化魅力。

【工业主导地位加强】 惠城区的工业对经济的增长起到强劲的支撑作用，对 GDP 的贡献率达 64.8%，拉动经济增长 8.9 个百分点。规模企业、优势产业增长幅度大。侨兴电子、住润电装、皇冠制罐等一批规模企业，产值增长都在 20%以上，电子通讯等优势产业增长也达 17%以上。中心镇对工业增长的贡献较大。陈江镇工业产值超过 75 亿元，水口镇达到 28 亿元，小金口镇突破 20 亿元，增长幅度均达 13%以上。

坚持以园区吸引项目，以项目支撑园区，搞好规划，集中建设，规模经营，工业园区真正成为聚集园内外高新技术项目和资金的有效载体。利用社会资本，探索市场化开发经营园区新办法，由泰豪、兆星、三栋镇投资建设的三栋数码工业园，完成前期主要基础设施建设，并引进 4 宗外资项目；依托优势产业，促进产业链和产业集群的形成和发展，小金口科技产业园引进了住润电装、住润汽车线业、沃特新材料等项目，陈江五一、罗群、东升工业区逐步形成规模效应和产业聚集效应；园区规划建设由零星分散向规模化发展，水口镇合众国际工业园目前已投入资金 1.5 亿元，沥林镇把英光工业区、山陂工业区、山陂环保工业城整合成英山工业园区。

惠州数码街　　（惠城区府办供）

【第三产业加速发展】 惠城区全年社会消费品零售总额达 53.67 亿元，比上年增长 21.8%。

民营经济成为第三产业发展生力军。全区新增个体工商户 5427 户，新增私营企业 834 家，个体私营企业吸纳务工人员达 30 万人。个体私营企业社会消费品零售总额占全区的 85.2%。

以建设具有较强辐射力的专业批发市场为重点，发展大商贸，培育大市场，搞活大流通。引进和开办了国美电器、亚太市场环球家居超市、陆洲建材市场等一大批商贸流通项目，推动全区商贸流通产业向深层次、高品位方向发展。

引导和鼓励流通企业突破地域局限，积极开拓国内外市场。年内组织侨兴、富绅等企业参加“武洽会”。

年内，惠州西湖通过国家旅游局“创 A”评审组检查验收，成为惠州市第一个“4A 级”旅游区。引进计划投资 30 亿元的白鹭湖度假区、总投资约

3亿元的蓝波湾等一批上规模、上档次的旅游和房地产项目。全年商品房销售面积26.9万平方米，比上年增长320%。

【城郊型商品农业初具规模】 年内，全区调减水稻面积1.5万亩，粮、经比例达到32∶68。汝湖火龙果、马安西瓜、矮陂梅菜等特色农业已初具规模，全区"一村一品"、"一镇一业"的城郊型商品农业格局逐步形成。引进国家级农业龙头企业天俊实业股份有限公司，新创办陈江鸵鸟场、惠泰菜篮子等2家农业龙头企业，全区农业龙头企业已发展到13家。矮陂镇的"悠久"牌梅菜系列产品获得了广东省农业名牌产品称号。

【行政区划调整】 6月10日，惠州调整行政区划，原属惠阳区的陈江、水口、沥林、马安、横沥、矮陂、潼湖、芦洲、芦岚、大岚以及博罗的仍图镇、市属潼湖华侨农场划归惠城区管辖。按照"确保稳定、顺利交接、平稳过渡、促进发展"的要求，有计划、有步骤地推进实施行政区划调整，坚持做到有原则、负责任地做好交接，各部门各单位顺利完成人、财、物、事的对口衔接。同时，做好乡镇撤并和农场转制。10月28日，仍图、芦岚两镇分别并入汝湖、芦洲镇；12月27日，潼湖华侨农场撤销，设立潼侨镇。还根据中共广东省委、省政府《关于调整我省乡镇行政区划的通知》精神，将河南岸、惠环、陈江、水口4镇改设街道办事处。区划调整后，惠城区管辖桥东、桥西、江南、惠环、江北、龙丰、河南岸、陈江、水口9个街道办事处，汝湖、三栋、小金口、沥林、潼湖、潼侨、马安、横沥、矮陂、大岚、芦洲11个镇，面积1471平方公里，跨入百万人口大区行列。

【全面实施固本强基工程】 年内，各级各部门筹措资金210万元，重点帮扶68个集体经济年收入3万元以下的贫困村，有11个村摘掉了贫困帽子，获得"全国村民自治模范区"称号。全区每个村建立完善的村民自治制度、村民代表会议制度、村委会工作制度、村务管理制度、村务公开制度、财务管理制度、民主监督制度、民主选举制度，村民自治走上规范化、制度化轨道。特别是实行党员联系村务工作责任制，通过党员的先锋模范作用、示范带动作用、说服教育作用、正确引导作用和帮助扶持作用，使广大联系户积极做好各项村务工作。每个村都有卫生站，多数村有图书室，道路硬底化及村庄绿化、美化、净化均达到标准。

【开展精神文明创建活动】 根据中共中央《公民道德建设实施纲要》，惠城区举行"公民道德教育宣传月"暨"塑造美好心灵"教育系列活动启动仪式。区领导作动员讲话，宣读致市民倡议书，组织"争做文明市民"青年志原者队伍，发放公民道德格言、文明公约，布置大型连环画宣传长廊。

深入开展公民道德教育实践活动。公民道德建设在城乡做到"天天有主题、月月有内容、季季有活动、年年有成效"。

组织科教、文体、卫生、法律"四进社区"活动。开展内容包括有法律援助、科技指导、送医送药、健康咨询、义诊体检、计生术后随访等为民服务一条街活动。并组织军民、警民、校街共建等多种形式的社区共建活动。

开展"特色家庭"、"文明家庭"评选活动，评出"书香之家"10个、"书法之家"4个、"摄影之家"4个、"美术之家"9个、"体育之家"8个、"文艺之家"8个和城区百户"文明家庭"并予以表彰。

编辑乡土教材，树立公民道德典范。编绘城区公民道德建设模范人物连环画，宣扬12个典型人物先进事迹，使大家学有榜样，赶有目标。

组织"摒弃陋习，争做文明市民"万人承诺大行动。发放、收回答卷和签名承诺书逾20万份，其中参加家庭和单位签名承诺的近40万人次。

开展"十佳文明小区"、"十佳文明小城镇"、"文明社区"和在创建工作中的先进单位、先进个人评选表彰活动。评选出"十佳文明小区"15个、"十佳文明小城镇"4个、"文明社区"20个。

【减轻农民税收负担】 年内，惠城区农民人均负担由税改前的73.22元减至税改后的12.15元，减负率83.41%，超过省要求减负50%的任务。

【科技工作有新进步】 年内，惠城区以创建"全国科技进步示范区"为契机，实施"科技兴区"战略，依靠科技进步推动全区经济社会的全面发展。扶持侨兴集团组建惠州市惠城民营科技园。引导和帮助企业组建工程技术研发中心，全区申报省级科技项目10个、市级科技项目18个。安排专项科技经费，支持九惠、日升等企业13个项目的研究开发工作。全区现有23家省级民营科技企业。区再次获得"全国科技进步先进区"和"广东省科普工作先进集体"称号。

【发展教育事业】 年内，惠城区坚持把教育放在优先发展的地位，初步形成公办、公办民助、民办、民办公助等多种形式相结合的办学格局。社会力量办学进一步发展，全区现有民办学校26所。加快教育现代化、信息化建设，在城区19所学校实施校园信息网络"校校通"工程。投入460万元用于扩建、改危、改薄和麻雀学校的撤并。

【计生工作水平有新提升】 年内，惠城区开展计划生育优质服务先进县（区）创建活动，全面推进人口与计划生育综合改革和实施中国、联合国人口基金第五周期生殖健康、计划生育项目3项工作，进一步建立健全基层基础建设，促进全区计划生育工作平衡发展，人口素质不断提高。2003年，全区人口出生率9.66‰，自然增长率5.3‰，计划生育率96%，完成省、市下达的人口控制指标。区连续七年被省委、省政府评为计划生育先进单位，同时被省计生委评为“广东省人口与计划生育优质服务先进县（区）”。

【文化 体育 卫生】 年内，惠城区举办区第二届文化艺术节、区第二届“东坡文艺奖”评选、“惠城人民一家亲”文艺巡回演出等活动，编辑出版《惠州历代书法选萃》，桥西街道办事处图书馆被评为“全国百家优秀青少年新世纪书屋”，营造健康向上的文化氛围。

举行元旦长跑、第四届体育节、第十六届龙舟赛等一系列群众体育活动，全民健身运动呈现蓬勃发展的良好态势。江南、河南岸、惠环街道办事处被评为广东省城市体育先进社区，桥西街道办事处被评为“全国城市体育先进社区”。实施奥运争光计划，加强体育后备人才的培养，在2003年省青少年体育锦标赛上取得了5个第一名、11个第二名、11个第三名。

城乡医疗服务质量和公共卫生水平不断提高。推行新型农村合作医疗制度，在医疗技术、资金、物质上对边远山区医院给予支持，为农村卫生事业提供更多服务。年内，惠城区被评为“广东省爱国卫生运动先进单位”。

【社会保障工作稳步推进】 年内，惠城区新增公益性就业岗位4061个，安排下岗失业人员再就业1982人，失业率控制在2.6%以下。解决拖欠工资问题，全年为5119名工人追回拖欠工资561.6万元，维护了劳动者的合法权益。完成社会保险扩面任务，养老金社会化发放率保持100%。完成社会保险费征收基数和待遇计发基数的调整，政府安排200多万元，提高离退休人员的养老金，上年7月起人均每月增加40元。基本完成退休人员分流到社区居委会实行社会化管理，全区退休人员社区分流率占全区离退休人员的80%。全面落实最低生活保障制度，扩大低保救济面，凡低于标准的村、居民都享受最低生活保障待遇，年发放低保金400多万元。

【城乡环境建设进一步完善】 年内，惠城区配合市政府对惠州大道4期、城区主要街道实施“穿衣戴帽”工程，做好先科大道、过境公路的征地拆迁和施工保障。基本完成水北村的动迁安置任务。加强建筑行业的管理和服务，规范建筑市场，查处违章建筑。开展市容环境专项整治，扎实开展除“四害”工作，重点整治临时市场及周边内街小巷占道经营和卫生保洁，提高了社会公共卫生的整体水平。投入404万元，完成23条内街小巷的硬底化建设。筹资370多万元，完成矮陂镇黄沙洞村、汝湖镇古仙村等4个村的改水工作。

【推进全区信息化建设】 年内，惠城区加快电子政务建设，应用电子公文交换和网络视频会议系统，降低行政成本，提高了工作效率。全区信息化综合指数值为58.9%。区政务专网全面连通市政府和区直26个单位，并有25个单位建立办公局域网。实施山区镇“信息技术扶贫”工程，推进全区信息化建设的协调发展。

【安全生产工作落实】 年内，惠城区继续落实安全生产目标责任制，强化安全生产领导和管理。做好事故隐患的排查和整改，开展安全生产大检查活动。对容易造成安全生产事故的公共场所和生产单位进行排查和专项整治，全面完成了各项指标。年内，全区没有发生重特大安全生产事故，没有突破市下达的事故指标，一般事故比上年下降33%。

【征兵和双拥工作有成效】 年内，惠城区完成冬季征兵工作。全面提高优抚对象抚恤补助标准，为361户烈军属优抚对象发放优待金127.85万元。43名退伍军人全部得到妥善安置，29名选择自由择职的退伍军人的补助经费也全部落实到位，37名随军家属得到妥善安置。

【存在问题】 区域经济发展不平衡，特别是山区镇经济发展缓慢，民营经济总量偏小，质量不够高；财政支付压力较大，尤其是农口项目投入大幅增加，教育欠债、交通欠账问题较突出；部分农村集体经济相对薄弱，群众生活仍有困难。

（姚治生 邓秉文）

惠 阳 区

【概况】 惠阳区位于广东东南部，居东江中下游南岸，东邻惠东县，北与惠城区接壤，南临大亚湾，与香港隔海相望，西与深圳、东莞交界。区内平原丘陵交错，矮山浅谷广布，山势为东低西高，西枝江和淡水河穿境而过。属南亚热带季风气候，年均气温22.2℃，年降水量1618.2毫米。2003年6月，惠阳撤市设区，行政区划进行调整，惠阳区下辖淡水、秋长2个街道办事处，沙田、新圩、镇隆、永湖、良井、平潭6个镇（不含大亚湾开发区的西区、澳头、霞涌3个街道办事处），将陈江、水口、沥林、马安、横沥、矮陂、潼湖、芦洲、芦岚、大岚10镇划归惠城区管辖。区政府所在地淡水。全区面积1184平方公里，海域面积600平方公里。2003年末有人口33.16万人，其中非农业人口15.30万人（不含西区、澳头、霞涌3个街道办事处人口）。

全区交通发达，电力充裕，通信网络健全。惠澳铁路连接广梅汕铁路。广汕公路和惠深、深汕、广惠高速公路穿越境内。

全区沙、石、粘土矿产资源较丰富。花岗岩、火山岩夹沉积岩、变质杂岩，多为块状构造，石质坚硬，是理想的建筑材料。粘土矿主要分布于西枝江流域和淡水河流域，以泻湖沉积型含水硅铝型粘土矿为主，土质好，厚度大。

区内盛产稻谷、花生、甘蔗、大豆、蔬菜、水果、禽畜等农产品。海产品有海螺、石斑、龙虾、膏蟹等50多种。“镇隆荔枝”、“良井三黄鸡”等是驰名中外的土特产品。

【举行惠阳撤市设区挂牌仪式】 6月10日上午，在惠阳区行政中心大院门前广场举行。省人大常委许道生、省民政厅副厅长赖道民、惠州市委书记肖志恒、市长柳锦州等出席。宣布区五套班子主要领导任职通知，要求各有关部门做好行政区划调整的交接工作。

【国民经济保持快速增长势头】 年内，惠阳区完成生产总值67.08亿元，增长12.5%；财政收入4.76亿元，增长17.3%；金融系统各项存款余额80.6亿元，贷款余额33.7亿元，分别比年初增长4.3%和3.7%；新签利用外资合同98宗，合同利用外资2.78亿美元，实际利用外资1.9亿美元，分别增长4%、16%和15%；外贸出口总额8.87亿美元，增长17%；固定资产投资17.6亿元，增长21.3%；社会消费品零售总额27.1亿元，增长11%；农民人均收入4371元，增长5.4%。

【农业经济稳步发展】 年内，惠阳区进行农业生产结构调整，进一步扩大市场适销经济作物的种植面积，全年粮、经种植比例42∶58，经济作物种植面积调增8%，粮食作物调减5%。全区有200亩以上的菜场21个，100亩以上的果场20个，初步形成镇隆荔枝、永湖花卉、平潭蔬菜、优质稻等具有特色的区域性种植基地。

完善农业和农村基础设施，全年投入资金6600万元，完成水利工程223宗。

年内，惠阳区开展农村税费改革，全区农民减负2452万元，农户年均减负690元，农民人均减负137元，减负率均达92%。这项工作受到广大群众的拥护，得到省委张德江书记的充分肯定并批示在全省推广。

争取国家级农业综合开发项目和李容根副省长挂点的省级水稻优质高产示范片在平潭实施，并获得每年1000万元的建设资金支持。

成立区农产品质量安全监督检测中心和动物疫病检测中心，对进入市场的农副产品进行全面检测，确保群众吃上放心食品

年内，全区实现农业总产值7.26亿元，农民人均纯收入4371元，增长5.4%。

【工业生产与销售持续快速增长】 年内，惠阳区完成工业总产值167.38亿元，比上年增长18.4%，其中规模以上工业产值118.63亿元，增长22.3%；规模以下工业产值48.75亿元，增长8.9%。工业产品销售产值165.29亿元，增长13.8%，产品销售率达到98.8%。

【工业组团经济发展规模扩大】 年内，惠阳实施工业组团经济发展战略，采取整合工业组团和构建有特色的大型工业组团等形式，推进了一批工业组团建设。全区在建的工业组团总面积达23.2平方公里，实现工业产值98亿元，占全区工业总产值的59%。

【对外经济贸易成绩显著】 年末，惠阳区有外资企业649家，其中来料加工企业416家，“三资”（独资、合资、合作）企业233家。年出口值在100万美元以上的企业有86家，其中500万美元以上的企业16家，1亿美元的有3家。外商投资的行业主要为电子、塑胶、五金、制衣、玩具、家具、化工、手袋、皮革、机械设备制造、工艺品、房地产等。至年底，累计实际利用外资19.7亿美元（原惠阳市29.5亿美元）；年内出口总值14.4亿美元，占全区工业产值的79.1%。年产值超1亿元的上规模外资企业有13家。东亚、东威、东弘3家电子厂生产的电子音箱产量占全球的23%。

【民营企业迅速成长】 年末，惠阳区民营企业有1119家，其中当年新增企业260家，进入“惠州民营企业100强”的有13家。民营企业上交税收1.1亿元，占全区税收总额的20%。

【成功举办首届惠阳投资环境推介会】 4月，参加中国惠州第二届国际数码节，签约38宗，投资总额3.4亿美元。8月，又成功举办首届惠阳投资环境推介会，签约外资项目55宗，协议投资额9.2亿美元。

【建立农村合作医疗保障制度】 年

内，惠阳区农村合作医疗保障制度改革全面铺开。全区8个镇和三和开发区都基本建立了农村合作医疗保障制度，筹集保障资金达136.7万元。

【加强税收征管】 年内，惠阳区推广“金财工程”，加大对增值税、消费税、营业税、所得税等重点税的征管力度。严格企业财务制度和会计监督，严厉打击各种偷、逃、骗、抗税行为。全年全区查补税款1687万元。

【大力化解金融风险】 年内，以创建金融安全区为中心，加大对地方经济发展的支持，做好化解金融风险工作，重点清收处置不良贷款和城信社、农金会资产，使不良贷款的不良率下降12.6%；城信社和农金会保存资产总额达6.8亿元。全年追收贷款本息1736万元，累计追收2.9亿元，占应收资产额的42%。

【基础设施进一步完善】 年内，惠阳区按照组团式开发思路，致力打造“主题社区、品牌城市”的惠阳新形象。交通公路建设投入4500多万元，改造平龙公路东门至马骝岭段，铺设东华大道等城区道路；投入9000多万元，推进新圩至秋长一级公路改造；投入190万元完成平潭川龙大桥工程建设；镇隆至沥林二级混凝土路面改造已完成大部分工程。电力建设投入1.8亿元，完成永湖、沙田、约场等8个110KV变电站建设或扩建；全区新增220V、380V低压电用户4529户，新增10KV高压电用户264户。通信建设投入6200万元，完成小灵通网优工程建设，建成大小基础546个；全年电话放号2.1万户，电话用户总数达19.59万户，电话普及率29%；发展宽带用户3620户，比上年增长62.36%。

【房地产业再掀热潮】 年内，惠阳区成功盘活一批烂尾楼，上马一批标志性、景观性、组团化的城建项目，其中按五星级标准设计的世纪华园大饭店投入使用；河畔城花园酒店、承修路宏坤酒店等正在建设中。大力推进瑞景居、中铭豪园、泗水湖滨高尚住宅社区、新阳城商住区等一批上规模上档次的新开发商住项目建设，使房地产业再掀热潮。全年完成房产交易2463宗，交易金额3.98亿元，比上年增长42%；预售商品房面积13多万平方米，创1993年以来历史新高。大力推动商贸流通业的发展，万联购物广场竣工投入使用，淡水富民时代广场和丽景花园酒店等一批商贸项目动工兴建。

【教科文事业蓬勃发展】 年内，惠阳区投入1200多万元，完善文化设施建设。修缮叶挺故居，建成秋长将军路，举行纪念叶挺将军诞辰107周年暨江泽民题词揭匾、全国爱国主义教育示范基地和惠州市党史教育基地揭牌、叶挺将军铜像揭幕、叶挺故居重新开放剪彩仪式。

年内，惠阳区开展科技创新，先后组织实施“无公害梅菜生产”、“水稻节水技术”、“环保色浆”3个省级攻关项目；惠阳科惠电路有限公司创立全省第一家由外资组建的省级研发中心；全区实施省级以上“星火”、“火炬”计划10多项；深入开展科技下乡活动，指导农村科技服务站工作，发挥科技对农村经济发展的促进作用。

年内，惠阳区教育经费投入8358万元，深入推进素质教育，全区高考上省第三批A线人数1292人，上线率54.1%，居惠州市各县（区）之首；筹集2000多万元完善一批中小学校建设，使惠阳一中、惠阳高级中学和崇雅中学被评为“省一级学校”。

【卫生 体育 计划生育工作成绩显著】 年内，惠阳区筹集640多万元购置多项医疗设备，兴建第一人民医院门诊大楼。大亚湾澳头办事处被评为“省卫生先进镇”。完善区体育馆建设，8月，惠阳体育中心乒乓球馆开馆，邀请国家乒乓球队前来举行热身赛，体育中心第二期工程的休闲健身中心即将交付使用，羽毛球馆即将动工。抓好人口与计划生育工作，全区符合政策生育率为95.52%，再次被评为全国99个创建国家计划生育优质服务先进县（市、区）之一。

【抗“非典”取得阶段性胜利】 年初，惠阳全力以赴开展抗击非典型肺炎的斗争，全区9例“非典”病人全部治愈出院，创造没有一例死亡、没有一例第二代病例、没有一位医务人员被感染的优异成绩。在抗“非典”斗争中，受省委、省政府表彰的模范集体、嘉奖单位、嘉奖集体各1个，荣立二等功5人，荣立三等功3人，被省评为先进个人3人；获惠州市“抗击非典先进集体模范单位”称号的单位有3个，有35人受到惠州市表彰；战斗在第一线的卫生工作者有6人被吸纳为中共预备党员。

【推进就业和再就业】 年内，惠阳重点抓好下岗失业人员的再就业。全年新增就业岗位7950个，有1183名下岗失业人员实现再就业，再就业率30%。

【社会治安稳定】 年内，惠阳区深入开展“禁毒03工程”和打击“两抢一盗”专项斗争，营造良好治安环境。全区刑事案件比上年下降2.4%，破案率上升7%。信访工作受理群众来信来访760件，其中立案150宗，结案146宗，有效化解人民内部矛盾，确保社会稳定。

【精神文明建设取得新成果】 年内，

惠阳区把精神文明建设工作纳入经济社会发展总体规划，从实践“三个代表”重要思想的战略高度加强精神文明建设。健全和完善党委统一领导、党政主要领导亲自抓的工作机制，全区8个镇、三和开发区和区直副局级以上单位都成立了精神文明建设领导小组。加强对党员干部理论学习的指导，制定区委理论学习中心组的学习计划和《惠阳区兴起学习贯彻“三个代表”重要思想新高潮的工作方案》，成立“三个代表”重要思想宣讲团，进行巡回宣讲并举办“三个代表”重要思想理论学习骨干培训班，把思想信念教育与日常生活实践统一起来，构建终身教育体系，形成全民学习、终身学习的学习型社会。

年内，惠阳区开展丰富多彩的文化活动，推进“广场文化”、“企业文化”、“村（社区）镇文化”的深入发展。年内在市政广场举办大型文艺晚会6场，在惠阳大剧院举办大型交响音乐会、庆祝抗美援朝胜利50周年大型文艺会演。开展“三下乡”活动，送科技下乡3次，发放科普资料近2万册，送戏下乡6场，观众近5万人，送电影下乡近百场，观众达10万人以上。

开展创建文明单位、文明窗口、文明村（社区）镇活动，评选出55个文明单位、18个文明村（社区）、2个文明镇、25个文明窗口、40个精神文明创建积极分子。年内，全区业余作者在省、市报刊发表作品150多篇，阿樱的诗集《风吹向陌路》和秦蓝的文学作品集《种月亮》分别由海风出版社和中国文联出版社出版，其中，阿樱的诗集《风吹向陌路》获得广东省第十四届新人新作提名奖。

在全区广泛开展“改陋习，树新风”活动，引导人们从一点一滴做起，养成良好生活习惯，全区有1.6万多人参加了签名，把9月20日定为“公民道德宣传日”。在全区范围内发放了500多幅公民道德宣传挂图，充分发挥新闻媒体的作用，加强《公民道德建设实施纲要》的宣传。10月中旬至11月中旬，开展评选2002～2003年惠阳区文明诚信市场活动，商贸广场、威廉商场等8个市场被评为2002～2003年度惠阳区诚信市场。

【事故和灾害情况】 8月19日，在市政广场举行烟花晚会，因使用不合格烟花发生意外，造成2人重伤后死亡，1人轻伤。20日，东莞市烟花爆竹试验厂厂长就烟花事故责任问题向惠阳人民致歉。

9月上旬，0313号台风“杜鹃”在惠阳区毁房260多间，受灾人数约3万人，经济损失1.6亿多元。副省长李容根、市委书记柳锦州先后到惠阳区督促检查防台风工作。国家防总工作组抵惠阳区察看灾情，要求迅速开展灾后复产工作。

【存在问题】 惠阳区部分农村基础设施还不够完善，农业产业化、工业化程度仍不够高；建设与用地矛盾仍存在；撤市设区后各类经济资源有所减少，建设资金仍较紧缺。

（郭三潮　张冠强　陈伟青）

惠 东 县

【概况】 惠东县濒临大亚湾、红海湾。全县陆地面积3396平方公里，海域面积3000平方公里。地势自东北向南倾斜，山地、丘陵、台地、平原交错。全县有大小河流55条，东江支流西枝江为主要河流，自东北向西南贯穿全境。属南亚热带海洋性季风气候，年均气温22.2℃，年降雨量2248.4毫米。辖20个镇（原石塘镇并入安墩镇、巽寮镇并入平海镇）和1滨海旅游度假区管委会。总人口70余万人。惠东籍的港、澳、台同胞、海外侨胞和华裔17万余人。

县城平山镇距广州180公里、深圳特区95公里、汕头特区240公里、京九铁路惠州站38公里、惠州机场15公里，海路距香港仅50海里。广汕公路、深汕公路、深汕高速公路和广惠高速公路穿境而过。县城每天有多班豪华巴士直通香港，仅需2小时车程。全县公路通车里程1895.7公里，公路密度55.8公里/百平方公里。全县海岸线长172公里，有数处可兴建深水码头的优良港区。目前已建成3000吨级码头2个、2000吨级码头1个，年吞吐能力达650万吨。已设立惠东海关，惠州检疫局、边防检查局、港务局均在县内设立了办事处。有港口大澳塘、平海碧甲、稔山阿婆角3个国家二类口岸,正在申报国家扩大开放口岸。全县已形成以光缆、数字微波为主的大通路国内、国际长途传输网，实现交换程控化、传输数字化。淡水资源丰富，水能蕴藏量23万千瓦，生产、生活用水充足。日供电负荷能力35万千瓦，能满足大工业发展的需要。

农业资源丰富　沿海盛产龙虾、蚝、白鳗、石斑、鲍鱼、海胆等优质水产品，山区、沿江盛产优质粮、蔬菜、马铃薯、龙眼、荔枝、芒果、春甜桔等农副产品，已建成优质粮、生态用材林、禽畜养殖、水果种植、海水养殖、蔬菜种植等六大基地。全县初步形成电子、电器、纺织、机械、制鞋、食品、建材等工业体系，其中制鞋、制衣、电子、农产品加工等行业已成为支柱产业。商贸兴旺，以银基商贸城为龙头，以成衣批发、女装鞋批发、鞋材批发、副食品批发和农副产品批发等为主的商贸专业市场健康发展，成为粤东地区重要的商品集散地。

旅游资源丰富　有国家级海龟自然保护区、古田自然保护区、巽寮海湾、平海古城、白盆珠温泉、南山漂流、九龙峰祖庙、高潭中洞红色旅游等自然人文景观，建有南湖公园、文化广场、高尔夫球场、广东体育惠东基地、德泽园、华侨宾馆等设施，是旅游休闲胜地。

惠东巽寮海滩风情　　（惠东县府办供）

【招商引资取得新突破】　年内，惠东通过改善投资环境，落实招商引资责任制，招商引资出现良好势头。全年新签利用外资项目93宗，合同投资总额1.76亿美元，实际利用外资2.2亿美元，分别增长2.2%、56.7%和21.3%；新签内联项目（协议）128宗，协议投资总额6.44亿元，实际到位资金4.1亿元，分别增长12.3%、30.7%和35.6%。全县有35家外资企业增加投资1.06亿美元，占实际利用外资总数的48.6%。年内，平海电厂、大亚湾钢铁厂及台湾统一集团、坂田工业园、国华滨海旅游等项目签订了协议或合同，其中台湾大统营等项目已动工。

【民营经济不断壮大】　年内，惠东县出台《关于加快民营经济发展实施细则》、《关于激活民间投资的意见》，把“外商投资服务中心”更名为“投资服务中心”，继续实行“通行绿卡”制度，进一步营造有利于民营企业大发展的良好氛围。全年新发展个体私营企业2008户，从业人员1.05万人，注册资金2.69亿元。至2003年止，全县有个体私营企业15943户，从业人员13万多人，注册资金11.56亿元；全年上交税收1.27亿元，比上年增长13.4%，占全县工商税收的36%。

【区域特色经济进一步发展】　年内，惠东县启动实施构建对外加工、商贸、鞋业、海洋、滨海旅游和山区等“六大经济区”以及营造鞋业、旅游、商贸和特色农业等“四个亮点”的区域经济发展战略。抓好以黄埠、吉隆为重点的鞋业园区建设，成立惠州鞋业商会，开展惠东鞋“十大品牌”评选，全年产鞋3.8亿多双，产值54亿元，分别增长13.8%和17.6%；全年新增制鞋企业156家，注册资金1.2亿元，新上流水生产线18条。至2003年止，全县制鞋企业已发展到1900多家。

抓好一批旅游景点及配套设施建设，全年接待游客87万人次，旅游营业收入8900万元，分别比上年增长11%和13%。

抓好全县56个批发、零售市场的管理、调整和改造，鼓励发展社区连锁便利店和仓储性超市。全年社会消费品零售总额47.33亿元，城乡集市贸易成交额17.5亿元，分别增长9%和10%。

通过抓特色、抓规模、抓品牌、抓效益，初步形成山区资源生态型、沿江城郊型、沿海出口创汇型特色农业格局。全县农业增加值36.52亿元，农民人均纯收入4106元，分别增长7%和4%。规模农业产值占农业总产值的54%，全县50家农业龙头企业带动3.42万户农户年均增收2630元。

【财税、金融运行平稳】　年内，惠东县加大税收征管和土地等政府资源的盘整力度，实行“一个窗口”收费和“收支两条线”管理。全年完成工商税收3.53亿元，比上年增长16.1%。财政总收入4.78亿元，比上年增长24.03%，其中一般预算财政收入1.73亿元，比上年增长18.27%；财政总支出4.58亿元，比上年增长23.12%，实现财政收支平衡。年末金融机构各项存款余额67.29亿元，各项贷款余额19.56亿元，分别比年初增长18.2%和8.1%。

【各项改革继续深化】　年内，惠东县坚持以改革促发展，推进干部人事、国有企业、社保和医疗保障、教育管理、农村税费等体制改革。面向社会公开选拔了2名副科级干部，公开招考和录用98名公务员。全年有13家国有企业实施改制。新征社保各项基金6367万元，增长16%。撤销19所中小学校和8所完小高年级，4所初中调整为九年一贯制学校。进行农村税费改革，农民负担农业税减少5402万元，减负率达

89.9%。

【增加基础设施建设投资】 年内，惠东县继续多渠道筹集资金近8亿元，投入基础设施建设。其中公路投资5706万元，完成一批公路桥梁建设工程；电力投资1.73亿元，完成第二期农（城）网改造和稔山、白花输变电站等工程；电信投资8000万元，完成一批网点新建、线路扩容和“小灵通”首期工程；水利投入3922万元，完善354宗水利工程，平山大堤第二期工程和蟹洲海堤加固达标工程建设进展顺利；投入5000多万元，完成东华路、南湖路、营盘路、解放南路、解放中路和广汕、平深路穿城段等县城主要道路改造以及银基商贸城周边的道路建设工程；首期投资5000多万元的县城第三水厂和投资6000万元的平山污水处理厂已动工兴建。

【社会各项事业协调发展】 深入开展严打整治斗争和反走私专项斗争，全面推进“禁毒03工程”，各类刑事案件比上年下降20%。实施“固本强基”工程，全年筹集资金821万元，为镇、村创办集体经济项目72个；投入350万元，为基层群众办好事实事304件；投入319万元，新建村级办公楼29幢。科技进步对经济增长的贡献率提高到42%。“普九”成果得到巩固提高，民办教育进一步发展，教育教学质量再上新台阶。防治“非典”工作实现了零病例的目标，县人民医院门诊大楼动工兴建，县疾控中心综合大楼完成了选址规划。文化设施建设逐步完善，广电大楼交付使用，市、县广电节目传输覆盖首期工程完成。成功举办全县第二届体育运动会。计划生育工作完成了省、市下达的人口控制计划指标。妇女儿童事业发展的社会环境不断优化。

【台风灾害】 9月2日晚8时，0313号台风“杜鹃”正面袭击惠东，平均风力10级，阵风12级，夹带暴雨。造成大面积农作物受灾，一批供电、水利、通讯设施和水产养殖严重受损，死亡2人，受伤24人，直接经济损失2.19亿元。

【存在问题】 县内区域经济发展不够平衡，山区与沿江、沿海的差距进一步拉大；农业产业化程度较低，农民收入增长缓慢；县、镇财政仍比较困难，基础设施建设尤其是公路建设任务较重；精神文明和民主法制建设仍存在一些薄弱环节。

（郭县良）

博 罗 县

【概况】 博罗县位于惠州西北部，珠江三角洲东北端，总面积2795.16平方公里。县政府驻罗阳镇。辖20个镇，330个行政村，30个居民委员会。

2003年末，全县总人口75.8万人。

【工业快速发展】 2003年，博罗县工业总产值211.45亿元，比上年增长12.5%。全县完成工业销售产值203.6亿元，增长14.1%，完成工业增加值57.86亿元，增长11.1%。其中，国有工业及年销售收入500万元以上非国有企业完成增加值22.25亿元，增长14.2%。工业增加值占全县生产总值比重为54.6%，对全县经济增长贡献率为46.6%。规模以上工业企业产品销售率为96.3%，实现利润1.77亿元，比上年增长28.9%。传统的建材、医药等地方支柱产业快速发展，新兴的IT、化工、纺织、家具等产业不断形成规模，产业门类逐步健全。全年新增省级高新技术企业1家，高新技术企业产值23.76亿元，比上年增长24.5%。

【农业向高科技发展】 2003年博罗县农业总产值36.45亿元，比上年增长4.1%。粮食总产量18.23万吨，粮、经比例由上年的4.5∶5.5调整为4∶6。完成造林作业面积7.2万亩，林业产值1.36亿元，增长6.7%；牧业产值11.33亿元，增长14.4%；水产品总产值2.75亿元，增长4.8%。

科技兴农战略不断推进，与国家有关部门合作，开展了8个品种的“航天育种”试验。10月15日，“神舟五号”飞船成功发射，博罗种子随飞船遨游太空的有观音阁红瓜、湖镇冬瓜、平安大桔、公庄豆角种，这些将成为优良“太空种子”。

新增省级农业龙头企业1家，市级农业龙头培育对象5家，全县农业龙头企业带动农户6万多户。横河“绿卡”公司等一批生产基地被认定为国家级或省级无公害生产基地，石湾韭黄等产品被认定为省级无公害产品，福田菜心被香港渔农署列为进口免检产品。

全省水稻生产全程机械化作业现场展示会在石湾成功举办，石湾、园洲、杨村等11个国家级农业综合开发区和石湾省级农业现代化示范区建设进一步加强。

【对外经济贸易事业兴旺】 年内，博罗县新签各类利用外资合同117宗，合同利用外资3.39亿美元。实际利用外资2.79亿美元，同比增长15.8%。引进的大项目不断增多，其中超千万美元的项目有8个。全年完成外贸出口总额6.33亿美元，比上年增长16%，超额完成年初预定目标任务。

【基础设施建设得到加强】 年内，博罗县完成固定资产投资17.66亿元，比上年增长12%。镇村路网规划建设和县道改造得到加强，完成新园公路园洲段、观蓝公路观音阁段一期工程等的改造，启动公庄官山至桔子公路改造工程。广惠、惠河高速公路、罗浮山旅游大道建成通车。惠州抽水蓄能电站已正式动工兴建，50万伏、22万伏各2座变电站建设进展顺利。

完成县城东江大堤加固首期工程，县城污水处理厂上马建设，中小型水库除险加固工程进度加快。城镇化步伐加快。修编县城总体规划，扩大了县城规划区范围，进一步明确县城的建设定位和发展目标。

新建县城文化广场等一批公共设施，完成葫芦岭改造、县城第二水厂吸水口改造、东北路扩宽、北门路沥青路面铺设、商业街东西段建设等一批市政基础设施建设工程。新上罗阳大道、教师新村等一批建设项目。主要街道进一步美化、亮化、绿化、净化，县城面貌得到较大改观。

小城镇建设不断推进，罗阳、石湾、杨村三大中心镇建设力度加大，辐射带动力加强。园洲、龙溪、福田等镇都借助工业项目不断增多的有利时机，加快小城镇建设。

【交通、邮电业迅速发展】 年内，博罗县完成货物周转量92868万吨公里，比上年增长44.6%。邮电通信业全年完成业务收入2.28亿元，比上年增长11.0%。电话交换机总容量22.54万门，增长20.5%；电话用户21.06万户，增长44.6%。全县城乡电话普及率27.8部/百人（不含移动电话），比上年增加9.1部/百人。

【财税　金融】 年内，博罗县财政总收入6.59亿元，比上年增长18.72%；财政总支出5.82亿元，增长20.62%。税收方面，国税完成5.55亿元，下降40.2%；地税完成2.15亿元，增长22.3%。全县金融机构各项存款83.98亿元，各项贷款余额25.76亿元。

【旅游、商贸业不断扩大】 年内，初步理顺罗浮山风景名胜区旅游管理体制。罗浮山旅游大道、“东纵”纪念馆等一批旅游设施项目建成并投入使用。全年全县接待游客120万人次，营业收入7000多万元。商贸流通购销两旺，专业市场和商业网点增多，完善了县城中心市场，新建龙华水果批发市场，引进“天天购物广场”。

【民营经济发展迅速】 年内，博罗县出台《关于加快民营经济发展的实施意见》，召开民营经济工作会议，成立县发展民营经济办公室，重点研究解决一批民营企业发展中遇到的实际问题。引进罗氏净化水、友钢钢铁、温氏畜牧等10多家较大型民营企业。全年新增私营企业193家，其中注册资金100万元以上的有47家。新增个体工商户2285户，新增从业人员1.49万人，注册资金4.31亿元。个体和私营企业上缴国家和地方税收1.31亿元。

【科教事业成绩突出】 年内，博罗县组建了罗浮山药业、先锋药业两个市级研发中心，以企业为主体的技术创新体系逐步建立。全县有4个科技项目被省、市立项，县级科技计划项目启动，科技进步对全县经济增长的贡献率提高。

年内，博罗县中小学布局调整扎实推进，“改薄”工作基本完成。育英中学、罗阳六小校舍基本建成并投入使用，博罗中学创建国家级示范性普通高中的各项工作正式启动。贫困家庭子女入学难问题逐步得到解决。2003年高考取得历史最好成绩，上省线1297人，比上年增加514人。

【文、体、卫事业蓬勃发展】 年内，博罗县按建设文化大省要求，加强文化工作。建成县城文化广场、“东纵”纪念馆等一批文化基础设施。文化网络建设加强，组建了县文学艺术界联合会、作家协会等6个协会。县广播电视大楼竣工并投入使用，广播电视传输网络光纤改造全面完成。县人民医院住院大楼主体工程完工，农民“看病难”问题逐步得到解决。湖镇镇被评为“省卫生先进镇”。体育运动蓬勃开展，全民健身运动不断深入。

【行政区划调整】 按照中共广东省委、省人民政府《关于调整我省乡镇行政区划的通知》精神和惠州市委、市人民政府的要求，博罗县撤销蓝田镇并入石坝镇、撤销义和镇并入罗阳镇、撤销平安镇并入柏塘镇、撤销九潭镇并入园洲镇，仍图镇划归惠城区管辖。

【撤场建镇】 按广东省人民政府2002年9月12日决定，对全省华侨农场实行体制改革，撤场建镇，批准杨村华侨柑桔场撤场，设立博罗县杨侨镇。2002年4月11日，惠州市政府在惠州汤泉举行移交仪式，将杨村华侨柑桔场正式移交给博罗县管理。4月14日博罗县委研究决定成立中共博罗县杨侨镇临时委员会，并开展新建镇的筹备工作。5月依法选举产生了镇委、镇人大、镇政府三套领导班子，博罗县杨侨镇正式挂牌运作。

【评为人口与计划生育先进县】 2003年，博罗县人口与计划生育工作在巩固中提高。人口出生率10.57‰，人口自然增长率5.71‰，被评为2003年度全省人口与计生工作先进县。

【人民生活】 全年博罗县农民人均纯收入4067元，比上年增长5.2%。在岗职工年均工资收入11028元，增长14.5%。全县居民消费价格总指数99.78%，商品零售价格总指数101.07%。年末，全县城乡居民储蓄存款余额64.29亿元。

【加强民主法制建设】 博罗县全年办理人大代表议案1件、建议75件，政协提案54件。基层民主扩大，依法治县工作加强，依法行政水平提高。深入开展以打击“两抢一盗”等多发性犯罪为重点的严打整治斗争和“禁毒03工程”，着力解决影响社会治安突出问题。“阳光政府”建设初显成效。开展政务公开、行风评议和“万众评公务”活动，政府工作效率和服务水平提高，廉政建设和反腐工作得到落实。

【存在问题】 经济结构性矛盾突出，第三产业发展滞后；区域经济发展不平衡，东、北部地区发展缓慢；主要行业的骨干企业不多不强，主导产业不明显；民营经济总量不足，质量不高；城镇建设不够快，城镇化水平偏低；农民增收困难较多，城乡居民收入差距扩大；政府机关作风建设存在薄弱环节，个别地方市场秩序和社会治安问题较突出。

（谢文稳　钟育华）

龙　门　县

【概况】 龙门县位于惠州市西北，东经113°48′至114°24′，北纬23°20′至23°57′之间。东毗河源、博罗，南邻增城，西接从化，北靠新丰。山地、丘陵、盆地占全县总面积80%。

全县下辖13个镇（原南昆山镇并入永汉镇、田美镇并入王坪镇），1个瑶族乡，1个生态旅游区，1个建制林场，153个村民委员会，26个居民委员会。总面积2295平方公里。总人口317109人。县人民政府设在龙城镇。

境内河流均属东江支流水系，主要河流7条，小支流8条，山塘水库130座。属南亚热带季风气候。2003年，平均气温21.3℃，年总日照1808.4小时，年降雨量1522.7毫米。

全县山地面积275.71万亩，占总面积的80%；耕地面积26.3581万亩，占总面积的7.5%；水域面积58431.05亩，占1.7%；其它60794.17亩，占1.8%。

年均总产水量48.966亿立方米，年径流量30.659亿立方米。龙门县河流理论水能总蕴藏量15.52万千瓦，其中可开发的有10万千瓦，年发电量可达3.94亿千瓦时。2003年发电量2.7亿千瓦时。

县内矿产资源丰富，共有27种矿产，大型矿藏4处，中型13处，小型4处，矿点46处。金属矿产有铁、铅、锌、钨、锡、汞、银等；稀有矿产有铌、钇、镉；非金属矿产有石灰石、高岭土、煤、大理石、花岗岩等。其中石灰石储量2亿多吨，煤507万吨。

境内野生动物100多种，鸟类80多种，鱼类30多种。昆虫300多种。属国家一级保护的野生动物有白鹳、白颈长尾雉、巨蜥、蟒蛇；二级保护动物有海鸬鹚、白鹇、毛鸡、穿山甲、灰鹤、苏门羚、鸳鸯、大灵猫、小灵猫、水鹿等。

有热带、亚热带和温带等高等植物2000多种，其中具有经济价值的树木52科、123属、500多种。珍贵树种有穗花杉、格木、竹柏、红椎、孔雀豆、观光木等40多种，野生纤维植物30多种，野生油料70多种，野生药材164种，观赏植物70多种。

土特产有龙门鸡、年桔、蜂蜜、草菇、西溪笋、粉丝等。

【经济发展步入正轨】 2003年，龙门县以“五年打基础，十年上台阶，二十年实现小康”为总目标、总任务，龙门经济发展步入正轨，增长速度开始攀升。全县完成国内生产总值22亿元，比上年增长10.1%，增长速度为1995年以来最快，首次达到了两位数。其中，第一产业增长5.0%，第二产业增长15.3%，第三产业增长11.3%。增加值比重由上年的38.34:29.52:32.14变为36.09：31.35:32.56。全社会固定资产投资总额完成4.17亿元，增长29.5%。社会消费品零售总额完成7.35亿元，增长9.0%。地方财政一般预算收入5564万元，增长15.5%。

【农业生产平稳发展】 年内，龙门县围绕农业增产、农业增收、农村稳定，着力培植好农业和农村经济结构调整、农业龙头企业、绿色食品品牌、农产品加工流通和富余劳动力转移5个经济增长点，以发展水果和蔬菜为突破口，进一步调整优化农业结构，打造龙门地方特色农产品，农业结构调整有新突破，农业产业化有新发展，全县完成农业总产值11.99亿元，比上年增长4.5%。粮食作物产量下降15.3%，蔬菜产量增长7.6%。水果产量增长74.6%，产值增长61.4%，其中橙柑桔产量增长81.6%。水果的迅猛发展成为拉动农业总产值增长的主要因素。粮、经种植面积比例调整到41:59。农民人均年纯收入3300元，增长0.5%。税费改革顺利推进，农民减负率83.7%。

【工业生产发展提速】 年内，龙门县新增工业企业18家，全年完成工业总产值18.05亿元，增长14.8%，其中限额以上工业产值增长17.7%，限额以下工业产值增长13.5%。把建材行业作为第一支柱产业来抓，规范石灰石资源开发，引进转窑水泥生产线，加强对现有水泥厂的挖潜改造，在市场的拉动下，水泥价格大幅提升，经济效益大幅提高。全年完成水泥产量89万吨，增长50.9%。大力发展水力发电业，全年完成发电量2.7亿千瓦时，增长51%。用活用足政策，着力培育扶持民营企业，民营企业有长足发展，重点企业实现工业产值5000万元。

【招商引资卓有成效】 年内，龙门县对重点投资项目实施“直通车”服务制度，落实项目跟踪责任人和协调单位，实行“保姆式”、“贴心式”服务，招商引资取得重大突破，对外经济快速增长。投资1.2亿美元、年产200万吨水泥的台湾环球水泥项目落户平陵镇，标志县建材行业登上新的台阶。全年引进外引内联项目41宗，项目计划投资总额10.2亿元，增长34.2%。全县外贸出口总额完成3691万美元，增长11.6%。

【固定资产投资不断增长】 年内，龙门县全社会固定资产投资完成4.17亿元，增长29.5%,其中国有固定资产投资增长25.6%、集体单位投资增长49%、城乡私人投资增长10.6%。

【财政金融保持稳定】 年内，龙门县地方财政一般预算收入5564万元，比上年增长15.5%；全县地方财政一般预算支出2.41亿元，比上年增长7.4%。全县金融系统各项存款余额17.93亿元，增长17.5%，其中城乡居民储蓄存款余额14.08亿元，增长15.7%。

【基础设施日臻完善】 年内，龙门县天堂山至上仓公路、路溪至公庄公路建成通车，增马线龙门路段、省道S244线蓝田板岭路段改造完成，沙麻线硬底化改造和通行政村公路规划建设正加紧进行。完成县城环城北路、文化路、沿江东路等路面改造和下水道工程，县城市容市貌不断改观。完成电站建设工程12宗，装机容量6355千瓦。完成5个乡镇的变电站增容和省下达农网改造任务。邮政通信设施不断完善，县城、平陵小灵通成功放号。继续抓紧白沙河水库的除险加固，完成龙平渠龙江支渠段“三面光”工程。

【生态旅游发展迅猛】 年内，龙门县以南昆山和龙门温泉为龙头，加大旅游促销力度。加强软硬设施建设，战胜“非典”对旅游的不利影响，旅游业发展明显加快。“生态旅游”在全县第三产业占主导地位的格局初步形成。全年接待旅客61.73万人次，比上年增长52.9%，实现旅游总收入1.54亿元，增长29.5%。

【社会事业同步发展】 年内，龙门县多渠道增加教育投入，县青少年文化宫投入使用。完成第二阶段的中小学校布局调整工作和11所薄弱学校改造任务。全面推进素质教育，高考成绩前3批上线人数达305人。

县城有线广播电视光纤网络竣工投入使用，巩固和扩大“村村通广播电视”工程成果。体育竞技创佳绩，在省级体育比赛中获得奖牌22枚。

推进卫生监督改革，建立较为完善的疾病预防控制体系。面对突如其来的“非典”疫情，落实各项预防措施，及时、妥善处理因“非典”引起的抢购涨价风潮，动员和组织全县人民沉着应对，抗击“非典”取得阶段性胜利。做好爱国卫生工作，龙城镇获得“省卫生先进镇”称号。

【存在问题】 龙门县农业增产不增收，农村劳动力素质仍需提高；工业经济量小质弱的格局仍未打破，工业企业经济效益不好，工业发展不快仍是制约全县经济发展的主要原因之一；旅游经济总量偏小；重点项目推进力度还不够理想；财政形势严峻，收支缺口大，税费改革后，财政负担加重，财政风险明显增大，乡镇的年可支配财力偏小且极不平衡；部分干部、群众思想观念有待进一步更新，机关作风、投资环境等有待进一步改善。

（吴慧玲）

重点年份土地面积与人口情况

年　份	土地面积（平方公里）	年末总人口（万人）	城　镇	乡　村	出生率（‰）	死亡率（‰）	自然增长率（‰）
1988	11158	218.06	34.93	183.13	14.17	4.61	9.56
1990	11158	226.16	43.42	182.74	17.71	5.04	12.67
1995	11158	255.90	61.69	194.21	16.30	4.85	11.45
1998	11158	270.00	72.25	197.75	14.26	5.08	9.18
1999	11158	271.82	73.21	198.61	11.76	4.60	7.16
2000	11158	277.81	77.34	200.47	10.62	4.69	5.93
2001	11158	280.45	78.59	201.86	9.66	4.26	5.39
2002	11158	283.02	88.52	194.5	9.16	4.27	4.88
2003	11158	286.36	89.56	196.8	9.48	4.40	5.08

重点年份全市从业人员情况

年　份	从业人员（万人）	第一产业	第二产业	第三产业	职工人数（万人）	国有经济单位	城镇集体单位	城镇私营企业与个体从业人员（万人）	农村从业人员（万人）
1988	110.44				22.14	14.55	6.02	2.18	86.12
1990	119.85	62.91	24.79	32.15	23.77	15.60	5.50	6.88	89.20
1995	172.85	64.54	48.80	59.51	43.44	20.08	10.71	13.81	115.60
1998	183.03	68.62	50.97	63.44	42.76	18.41	8.00	14.48	125.79
1999	185.05	69.33	50.79	64.93	42.15	17.55	7.95	13.17	129.73
2000	186.70	69.37	51.90	65.43	42.19	16.47	7.77	9.95	134.56
2001	196.84	69.82	53.44	73.58	42.71	16.56	7.84	11.49	142.44
2002	198.18	69.26	82.64	46.28	47.43	16.29	6.07	17.40	151.29
2003	206.67	69.56	88.38	48.73	50.24	15.34	5.37	17.21	138.55

说明：2002 年起从业人员数为新口径。

2002～2003 年全市各县（区）土地面积与人口情况

	2002				2003			
	土地面积（平方公里）	年末总人口（万人）	城镇	乡村	土地面积（平方公里）	年末总人口（万人）	城镇	乡村
合　计	11158	283.02	88.52	194.5	11158	286.36	89.56	196.8
惠城区		67.07			1410	68.62		
惠东县		69.73			3396	69.85		
惠阳区(市)		32.28			994	33.16		
博罗县		75.28			2795	75.81		
龙门县		31.77			2295	31.97		
大亚湾区		6.89			268	6.95		

重点年份地区生产总值情况

年　份	地区生产总值（万元）	第一产业	第二产业	第三产业	地区生产总值指数 %	第一产业	第二产业	第三产业
1988	323416	130478	84675	108263	117.6	107.1	116.3	129.1
1990	487913	175371	144398	168144	123.1	120.5	130.6	119.6
1995	2304263	404380	1155012	744871	125.4	108.0	136.5	115.4
1998	3560062	570608	2025235	964219	115.7	112.0	117.2	113.4
1999	3923696	618658	2239189	1065849	112.6	109.7	114.1	109.8
2000	4403450	653704	2553900	1195846	112.3	106.4	114.4	108.9
2001	4763938	691596	2732903	1339439	110.3	107.6	110.7	110.9
2002	5228591	716615	3024340	1487636	111.1	108.1	112.0	110.6
2003	5909772	730407	3479122	1700243	113.9	100.7	116.8	114.4

说明：地区生产总值指数以上年为 100，按可比价格计算。

2002～2003 年全市各县（区）地区生产总值情况

（按可比价格计算）单位：万元

年　份	合　计	惠城区	惠东县	惠阳区(市)	博罗县	龙门县	大亚湾区
2002	5228591	2252799	1039507	628808	982913	200789	185424
2003	5909772	2623740	1140476	681644	1089232	222089	342507
2003 年比 2002 年增长（%）	13.9	18.1	10.3	9.5	11.5	10.5	81.8

说明：惠城区数据含市直。

重点年份农业生产条件情况

年份	农林牧渔劳动力（万人）	耕地面积（千公顷）	农业机械总动力（万千瓦）	化肥施用折纯量（吨）	农村用电量（万千瓦时）
1988	65.43	148.95	52.23	61691	12421
1990	62.44	147.53	59.17	74800	17235
1995	62.78	135.83	91.71	74221	42406
1998	68.62	131.99	85.71	74708	42947
1999	69.34	131.60	84.24	73500	46206
2000	69.36	131.34	83.69	79107	55479
2001	69.82	130.11	85.86	82860	70351
2002	76.92	130.38	90.89	77832	76815
2003	68.17	93.82	91.27	79042	57869

重点年份农业生产情况

年份	农林牧副渔总产值（现价：万元）					农林牧副渔总产值				
		种植业	林业	牧业	渔业	指数：%	种植业	林业	牧业	渔业
1988	196082	95186	15150	47794	20690	105.21	105.25	105.21	104.97	105.32
1990	268284	134302	15274	58856	33409	109.14	115.14	106.53	110.99	154.02
1995	643321	316017	25894	150382	93909	110.09	110.52	106.30	108.00	114.02
1998	925217	463751	38755	148648	209021	111.58	108.23	109.39	119.78	117.91
1999	980798	469682	42111	179641	217202	108.35	109.31	100.35	117.77	107.35
2000	1046334	504524	42387	200616	218164	107.14	105.74	106.83	109.92	105.30
2001	1111067	533386	46308	215692	229664	106.60	107.00	109.70	107.90	104.90
2002	1090562	619038	43993	230270	189237	109.07	114.7	90.89	106.9	98.32
2003	1147530	637159	46944	254940	198619	102.5	98.9	109.7	109.3	107.5

说明：1、农林牧副渔总产值指数以上年为100，按可比价格计算；2、2002年农林牧渔总产值为新口径。

重点年份乡镇企业情况

年份	乡镇企业单位数（个）	乡镇企业从业人员（万人）	乡镇企业营业收入（万元）	乡镇企业实际缴纳税金（万元）	乡镇企业税后利润净额（万元）	乡镇企业年末固定资产原值（万元）
1988	43662	15.74	104002	3199	11400	52170
1990	48502	18.77	170080	4798	15900	93232
1995	67199	46.07	1787844	39972	130081	734549
1998	63964	52.45	3209414	49211	204905	1155989
1999	63048	52.68	3642073	47816	220964	1202510
2000	63187	52.12	4179241	54104	255245	1257916
2001	67949	56.18	4705359	65306	291224	1545891
2002	70706	63.65	5283795	78604	352754	1715350
2003	69523	70.38	5492988	92024	403868	1985793

重点年份工业总产值情况

年份	全部工业总产值（现价：万元）	#轻工业	重工业	#乡镇及镇乡以上	国有	全部工业总产值指数（%）	#轻工业	重工业	#乡镇及镇乡以上	国有
1988	206642	136684	69956	171932	69148	144.19	157.76	118.36	142.79	122.94
1990	393304	260644	132660	323757	86096	135.42	133.05	141.06	137.36	133.74
1995	4002860	2746207	1256653	3314818	235483	140.73	156.67	114.76	133.55	94.92
1998	7021884	5012025	2009859	4885887	219542	117.43	117.07	118.39	102.87	78.47
1999	8047088	5729622	2317466	5472135	321532	124.60	124.75	124.06	124.88	187.24
2000	9478608	6431935	3046673	6578284	154508	120.66	117.62	128.79	124.60	31.69
2001	10483729	6638801	3844928	7081192	151628	116.20	110.10	130.40	116.30	83.06
2002	12163008	7100942	5062066	8623884	149933	120.45	115.17	144.88	127.02	92.36
2003	13882219	8174519	5707700	10204438	144330	118.0	120.8	114.0	121.1	118.5

说明：①从 1998 年起乡镇及镇乡以上统计口径，为全部独立核算国有工业企业和全年收入 500 万元以上的非国有独立核算工业企业。②工业总产值指数以上年为 100，按可比价格计算。

2002～2003 年全市各县（区）全社会工业总产值情况

（按当年价计算）单位：万元

年份	合计	惠城区	惠东县	惠阳区(市)	博罗县	龙门县	大亚湾区
2002	12163008	6790369	1486764	1602865	1884954	157487	240570
2003	13882219	7764317	1658630	1789909	2115462	180482	373419
2003 年比 2002 年增长（%）	18.0	20.2	13.4	10.9	12.9	14.8	51.5

说明：惠城区数据含市直。

重点年份电子工业总产值及主要产品产量情况

年份	电子工业总产值（万元）	电视机产量（万台）	电话机产量（万部）	程控交换机产量（万线）	微型电子计算机产量（万部）	激光视盘机（万台）	移动电话机（万部）
1990	112883		207.2				
1995	1629874	157.3	2055.3	23.9			
1998	1985484	328.5	1373.2	12.83	0.75		
1999	3452070	543.9	1583	3.4	13.2	100.4	
2000	4302619	499.2	2959.7	0.39	23.9	226.7	21.8
2001	4784378	578.17	2743.93	0.75	19.01	203.44	137.23
2002	6313792	438.00	3073.9	0.09	66.35	323.07	522.44
2003	7680798	726.78	2988.53		55.19	362.83	803.63

重点年份全市交通运输情况

年份	1995	1998	1999	2000	2001	2002	2003
客运量（万人）	3612.6	3007	4123.0	4287.5	4771.0	4696.3	4332
公路客运量	3603	2808	3927.0	4058	4521	4486	4136
货运量（万吨）	2530	2191	3837.0	4328.9	4498.26	4666.45	4196
公路货运量	1962	1276	2802	3099	3189.0	3221.4	2785
公路客运周转量（万人公里）	288753	161280	186435.8	216293.3	236050	234836	196477
公路货运周转量（万吨公里）	95314	97733	228598.7	260120.6	265687.0	265799.4	209944
水运客运量（万人）	9.6	2	3.0	8.4	8.6	17.0	
水运货运量（万吨）	568	413	407	480	510	534	495
水运旅客周转量（万人公里）	1248	331	417.8	898.9	918.2	1616.6	
水运货物周转量（万吨公里）	64777	48324	49532.3	56640	57630	58875	56925
港口货物吞吐量（万吨）	74	532	668.1	824.8	833.5	955.6	1098

重点年份邮电业务情况

年　份	邮电业务总量（不变价：万元）	长话电路（路）	城镇电话机（部）	农村电话机（部）
1988	2171	458	14950	8875
1990	7434	1190	29460	15708
1991	12836	1645	37281	21400
1995	91630	16652	151016	113046
1998	151230	30000	203248	195086
1999	184241	30000	213564	243513
2000	259727	30000	270070	305125
2001	286167	52080	321510	345605
2002	325371	45000	562331	357186
2003	375465	45000		

说明：2003 年只有年末城乡电话机（量）：10556984 部，没有细分成城镇电话机和农村电话机。

重点年份电信通讯情况

年　份	城乡固定电话拥有量（台）	移动电话用户（户）	无线寻呼用户（户）	互联网用户（户）	电话普及率（部/百人）	#市区电话普及率（部/百人）
1990	45168	195	7801		2.041	8.97
1995	264062	41416	230000		11.90	37.94
1998	398334	150000	299800	2266	20.03	52.62
1999	457077	229329	354500	6546	25.25	65.77
2000	575195	378800	300000	39134	34.34	82.48
2001	667115	864516	206759	115737	53.5	132.14
2002	919517	1180548	85341	322186	73.2	
2003	1056984	1705459	62578	502064	105.3	

说明：2002 年电话普及率含固定电话和移动电话，2003 年电话普及率含固定电话、小灵通和移动电话，两年数不可比。

2002～2003 年全市各县（区）社会消费品零售总额情况

单价：亿元

年　份	合　计	惠城区	惠东县	惠阳区(市)	博罗县	龙门县	大亚湾区
2002	161.00	60.51	41.25	24.27	24.49	6.74	3.74
2003	181.67	70.01	44.96	26.95	28.04	7.35	4.36
2003 年比 2002 年增长（%）	12.8	15.7	9.0	11.0	14.5	9.1	16.5

说明：惠城区数据含市直。

2002～2003 年旅游情况

年　份	旅游总人数（万人次）				旅游总收入（亿元）		
	合　计	接待过夜旅游者	国际旅游者	国内旅游者	合计	国内旅游收入	国际旅游外汇收入（万美元）
2002	605.01	301.14	30.23	270.9	31.05	25.75	6404
2003	521.58	271.56	22.25	249.4	26.21	21.45	5756

重点年份旅游者人数情况

单位：万人次

年 份	全市合计	市 直	惠城区	惠东县	惠阳区(市)	博罗县	龙门县	大亚湾区
1995	212.15	38.84	48.66	11.81	16.25	58.66	18.27	19.66
1998	329.26	54.47	68.15	30.73	31.96	85.80	25.21	32.94
1999	443.24	59.71	75.29	40.66	47.51	140.89	36.47	42.71
2000	446.06	59.85	76.45	41.04	47.96	141.00	36.78	42.98
2001	458.42	61.58	78.62	42.23	49.22	145.27	37.28	44.22
2002	605.01	114.01	135.79	59.00	54.19	153.00	40.38	48.64
2003	521.58							

说明：2003年旅游者人数没有分县（区）数。

重点年份全社会固定资产投资情况

单位：万元

年 份	全社会固定资产投资总额				#国有及其他经济单位投资（万元）					
		基本建设	更新改造	房地产开发		城镇集体	农村集体	城镇私人	农村私人	其 他
1988	94932	12219	23976		36195	9109	20676	6749	22203	
1990	165399	61989	28382	8900	99271	7313	23806	6259	28750	
1995	616145	222967	88556	90969	402492	15685	103726	22026	72216	
1998	603754	265638	67220	55355	388213	15937	125912	11095	62597	
1999	665760	295597	84285	66655	446537	17755	125489	9575	65198	1206
2000	774104	310141	97556	92069	499766	25016	149556	19807	79174	785
2001	844273	319534	103430	106472	536391	14403	201015	19077	73387	6955
2002	1047340	417237	131176	158773	717190	16187	212278	19617	82068	10004
2003	2284704	1516088	133923	272724	1954087	20475	197198	19928	93016	31352

2002～2003年全市各县（区）房地产开发投资情况

单价：万元

年 份	合 计	惠城区	惠东县	惠阳区(市)	博罗县	龙门县	大亚湾区
2002	158773	119194	8017	8600	13378	430	9154
2003	272724	192540	5527	23549	14486	170	36452

说明：惠城区数据含市直。

2002～2003年全市商品房建造、销售与空置情况

项目	单位	合计		住宅		住宅中别墅高档公寓		办公楼		商业营业用房		其它	
		2002	2003	2002	2003	2002	2003	2002	2003	2002	2003	2002	2003
房屋造价与面积													
施工房屋建筑面积	平方米	2109661	3357782	1650280	2545836	57650	100380	63817	193736	282009	543878	113555	74332
竣工房屋建筑面积	平方米	872739	1039551	678958	865313	55000	47889	24876	26893	105092	119627	63813	27718
竣工房屋价值	万元	139443	137649	90369	113238	9500	9952	4812	3446	35298	17439	8964	3526
竣工房屋造价	元/平方米	1597.76	1324.12	1330.99	1308.64	1727.27	2078.14	1934.39	1281.37	3358.77	1457.78	1404.73	1272.09
房屋实际销售													
实际销售面积	平方米	563633	861267	529864	818804	11514	26944	1296	4358	32373	36110	100	1995
实际销售额	万元	132421	167033	105544	150364	4770	9500	318	1017	26549	15069	10	583
实际销售平均价格	元/平方米	2349.42	1939.39	1991.91	1836.39	4142.78	3525.83	2453.70	2333.64	8200.97	4173.08	1000	2922.31
空置与出租房屋													
空置房屋	平方米	474757	698476	369438	544308	31340	16842	20121	22213	67448	117776	17750	14179
出租房屋	平方米	99234	304122	36027	137875	1660	9093	7180	23740	50027	85788	6000	56719

2002～2003年全市各县（区）商品房建造、销售与空置情况

项目	单位	合计		惠城区		惠东县		惠阳区(市)		博罗县		龙门县		大亚湾	
		2002	2003	2002	2003	2002	2003	2002	2003	2002	2003	2002	2003	2002	2003
房屋造价与面积															
施工房屋建筑面积	平方米	2109661	3357782	481990	2452649	143809	79231	42650	235000	172745	154554	17775	10000	113872	436348
竣工房屋建筑面积	平方米	872739	1039551	193690	817759	104189	44456	40000	51850	97495	98983	7775	6000	9582	20503
竣工房屋价值	万元	139443	137649	22679	109195	9744	4248	8000	9864	6468	8603	600	500	1124	5239
竣工房屋造价	元/平方米	1597.76	1324.12	1170.89	1335.29	935.22	955.55	2000	1902.41	663.42	869.14	771.70	833.33	1173.03	2555.24
房屋实际销售															
实际销售面积	平方米	563633	861267	93524	622916	62130	48133	8278	62900	74320	80263	5443	6000	9582	41055
实际销售额	万元	132421	167033	32346	125223	6441	5735	4450	17120	8689	10955	367	800	1789	7200
实际销售平均价格	元/平方米	2349.42	1939.39	3458.58	2010.27	1036.69	1191.49	5375.69	2721.78	1169.13	1364.89	674.26	1333.33	1867.04	1753.74
空置与出租房屋															
空置房屋	平方米	474757	698476	6463	460994	45586	24240	111347	113620	60648	59602			3200	40020
出租房屋	平方米	99234	304122	8484	224539	9498	4200	1660	17613	31250	57770				

说明:2003年惠城区含市直，与2002年惠城区数据不可比。

重点年份新增固定资产投资情况

年 份	新增固定资产投资（万元）	国有单位	基本建设投资财务拨贷款（万元）	国家预算内	国内贷款	利用外资	自筹资金	其它资金
1988	79671	24944	13036	806	3221	273	7984	752
1990	138344	76049	64973	2244	19212	21696	18834	2987
1995	337770	376394	231826	2787	31101	78547	83170	36221
1998	578269	159961	242360	4453	30994	96593	94169	16151
1999	551361	341600	309613	4727	28139	126180	116250	34317
2000	717371	140781	299280	12821	40500	118973	114241	12745
2001	729930	186366	831944	23058	66175	235295	321988	92934
2002	778366	126696	1042528	26307	92236	266178	558251	99556
2003	1042687	289908	1516280	5375	107774	647050	736876	19205

重点年份出口与利用外资情况

年 份	外贸出口总额（万美元）	利用外资签订合同数（宗）	实际利用外资（万美元）	实际利用外商直接投资额（万美元）
1988	19751	805	8178	4577
1990	28703	747	19136	15662
1995	233211	984	88834	79802
1998	389982	475	97026	83643
1999	367612	484	98383	78526
2000	449746	477	105016	83319
2001	490928	446	118015	96015
2002	588957	578	132648	108208
2003	714614	581	169035	140703

说明：外贸出口总额从1999年起改用海关统计口径。

2002～2003年全市各县（区）一般预算地方财政收支状况

单位：万元

年份	合计		惠城区		市本部		惠东县		惠阳区(市)		博罗县		龙门县		大亚湾区	
	收入	支出	收入	支出	收入	支出	收入	支出	收入	支出	收入	支出	收入	支出	收入	支出
2002	197153	330094	117176	163525	73365	109629	14833	36014	21756	42062	24951	48210	4819	22408	13618	17875
2003	241238	387786	135871	186643	85322	120668	17283	44531	26688	46575	29130	57001	5564	24060	26702	28976
2003年比上年增长(%)	25.7	17.5	21.0	14.1	20.7	10.1	18.2	23.6	19.0	10.7	18.3	18.2	17.4	7.4	103.2	62.1

2002～2003 年全市银行货币投放、回笼情况

单位：万元

项　目	合　计		惠城区		惠东县		惠阳区		博罗县		龙门县		大亚湾区	
	2002	2003	2002	2003	2002	2003	2002	2003	2002	2003	2002	2003	2002	2003
现金总收入	12305341	15625973	2184077	6650168	2434243	3005812	2268302	2420044	2158356	2727716	267956	324711	322913	497522
现金总支出	12223919	15463299	2134935	6592327	2374043	2994624	2249847	2342029	2138454	2676962	272749	316555	353724	540801
现金投放（+） 回笼（-）	(-) 81422	(-) 162674	(-) 49142	(-) 57835	(-) 60200	(-) 11189	(-) 18455	(-) 78013	(-) 19902	(-) 50756	(+) 4793	(-) 8160	(+) 30811	(+) 43279

说明：2003 年惠城区含市直，与 2002 年惠城区数据不可比。

重点年份职工及居民收支情况

年　份	在岗职工工资总额（万元）	国有经济	职工平均货币工资（元）	职工平均工资指数（%）	城乡居民储蓄存款余额（万元）	市区居民人均可支配收入（元）	市区居民人均生活费支出（元）	农村居民人均纯收入（元）	农村居民人均生活消费支出(元)
1988	43385	29605	2057	140.70	107628	1512.23	1462.68	785	678
1990	63016	40874	2786	117.80	243080	2602.65	2349.60	1131	1062
1995	275711	128326	6716	107.25	1434177	7857.39	7156.83	2641	2563
1998	329725	143869	7835	112.47	2314576	8983.00	7363.00	3422	2579
1999	367557	165464	8883	113.38	2515692	9436.85	8194.60	3531	2738
2000	399339	175953	9607	108.15	2493084	9824.71	8555.08	3630	2737
2001	446319	197786	10482	109.11	2740804	10551.19	8877.99	3750	2724
2002	522965	216224	11318	107.97	3191087	10691.04	8603.16	3903	2805
2003	644073	254571	13265	117.2	3795484	12673	10303	4054	3005

重点年份教育事业情况

年　份	小学在校学生人数	普通中学在校学生人数	中等专业学校在校学生人数	普通高等学校在校学生人数	学龄儿童入学率（%）	小学毕业生人数
1988	300094	82197	11915	1498	99.30	40860
1990	317220	93739	12434	1961	99.57	36595
1995	346242	131499	10706	2419	99.86	50328
1998	335053	163476	14376	3629	99.74	52341
1999	337362	168464	20936	4562	99.84	52439
2000	335551	174526	15436	6915	99.83	55889
2001	345222	182123	14486	5841	99.66	54926
2002	360649	188425	21805	5449	99.82	54227
2003	391082	198004	24897	6586	100	57435

重点年份科技与卫生事业情况

年　份	科研开发机构数（个）	科研开发机构职工人数	科研开发机构经费收入总额（万元）	科研开发机构经费支出总额（万元）	医院（卫生院）数（个）	医院床位数（张）	卫生技术人员数		个体医务人员数
								医生数	
1988					107	4079	6139	2157	185
1990	21	552	243	243	105	4098	6398	2284	230
1995	23	497	1290	1305	112	5261	8923	3744	780
1998	23	256	1249	1132	114	5682	9893	4030	592
1999	23	266	866	975	115	5702	10335	4263	604
2000	25	260	879	980	116	5869	10552	4371	625
2001	26	292	1386	1360	116	5931	10815	4472	618
2002	25	347	2493	1801	166	6472	9936	3566	184
2003	28	319	2742	2025.7	121	6577	11907	3999	257

2002～2003年全市文化艺术事业情况

项　目	2002		2003	
	机构数（个）	人数（人）	机构数（个）	人数（人）
文化艺术事业	114	642	108	660
艺术事业	7	179	6	172
图书馆事业	5	75	5	75
群众文化事业	96	324	91	349
其他文化事业	6	64	6	64
文物事业	6	46	6	48
文物保护管理机构	1	2	1	2
博物馆	5	44	5	46
图书馆事业	5	75	5	75
公共图书馆	5	75	5	75
群众文化事业	96	324	91	349
群众艺术馆	1	25	1	26
文化馆	5	72	5	74
文化站	90	227	85	249
#乡镇文化站	84	206	78	224

2001～2003年全市科技创新与投入增长情况

项　　目	单　位	2001	2002		2003	
				比上年增减		比上年增减
科技活动经费支出总额	万　元	69387	114174	44787	184877	
#研究与开发机构	万　元	1360	1801	441	2025	
全日制普通学校	万　元	195	224	29	256	
大中型工业企业	万　元	67832	112149	44317	182596	
研究与发展（R&D）经费支出	万　元	37180	34170	-3010	45013	
R&D经费占国内生产总值比例	%	0.77	0.65	-0.12	0.76	
科技三项经费支出	万　元	1804	3504	1700	2064	
科技三项经费支出占财政收入比例	%	0.95	1.69	0.74	1.08	
从事科技活动人员总数	人	4299	4395	96	5777	
#研究与开发机构	人	292	347	55	319	
全日制普通学校	人	420	449	29	460	
大中型工业企业	人	3587	3599	12	4998	
获市及市以上科技成果奖励数	项	46	1	-45	33	
#获省部级以上奖励	项	5	1	-4	5	
专利申请数	件	331	708	377	854	
专利授权数	件	283	443	160	532	
主要农产品良种推广率	%	94.65	94.59	-0.06	95.5	
三类因素对工业经济增长的影响						
#科技贡献率	%	49.16	49.81	0.65	50.77	
资金贡献率	%	23.6	23.18	-0.42	22.72	
劳动力贡献率	%	27.24	27.01	-0.23	26.78	
高技术产品产值	万　元	2016400	2872239	855839	4300000	
高技术产品产值占工业总产值比重	%	19.23	23.61	4.38	31	

说明:2003年起为新口径，与2002年指标不可比。

重点年份广播与电视事业情况

年份	电视发射台和转播台（座）	有线广播电视台（套）	卫星电视地面接收站（个）	广播人口覆盖率（%）	电视人口覆盖率（%）	事业经费（万元）	职工人数	微波传送线路站站数	录像制品制作（万盘）	广播电视报发行量（万份/年）
1988	54		11	90	87	241.4	777	3		
1990	57		16	90	90	397	798	3	8	
1995	60	4	54	90	92	550	906	3	474	39
1998	27	5	91	92.57	90.93	5395	1006	23	14.5	24
1999	24	5	289	95.40	94.68	7318	1131	21	26.8	150
2000	24	5	289	98.52	95.60	6618	1199	21	23	52
2001	25	5	314	98.56	96.38	8649	1328	21	3.8	30
2002	22	5	306	98.76	96.90	11387	1378	35	21	104
2003	6	6	234	98.81	97.31	13660	1300	23	84	

2002～2003年全市体育事业情况

项目	合计		惠城区		惠东县		惠阳区(市)		博罗县		龙门县		大亚湾区	
	2002	2003	2002	2003	2002	2003	2002	2003	2002	2003	2002	2003	2002	2003
运动员人数（人）	790	729	620	615	40		30		60	80	40	34		
体委系统年末职工数（人）	114	118	107	111					4	4	3	3		
#专职教练员（人）	31	35	24	28					4	4	3	3		
专职文化教师（人）	18	17	18	17										
管理人员（人）	54	55	54	55										
其他人员（人）	11	11	11	11										
举办县以上运动会次数（次）	92	49	21	14	10	4	7	5	9	4	45	22		
参赛运动员(人次)	45264	35310	21907	17460	3551	4560	7800	5270	2270	1640	9736	6380		
举办乡镇运动会次数（次）	4	4			1	1	1	1		1	2	1		
参赛运动员(人次)	6340	4240			1000	1320	1240	1200		120	4100	1600		
比赛次数（次）	11	12		4	3	4	3	3	2	1				

说明：惠城区数据含市直。

2002～2003 年全市社会救济福利事业情况

项　　目	单位	合　计		惠城区		惠东县		惠阳区(市)		博罗县		龙门县	
		2002	2003	2002	2003	2002	2003	2002	2003	2002	2003	2002	2003
救灾扶贫捐赠情况													
*接收现金	万元	5	75.3		0.3		75						
*物品衣被折价	万元	654	50.56	103	0.06	63	50.5	152		114		15	
*接收捐赠衣被件数	万件	44	0.3	7		4	0.3	10		8		1	
城镇居民最低保障情况													
保障对象人数	人	6043	6795	627	1173	927	1197	1551	1942	1537	922	1401	1561
保障资金投入总额	万元	314	494.7	49	91.6	53	75	93	213.2	74	39.7	45	75.2
社会困难户	户												
临时救济人次数	人次	72092	54426	2390	6782	16203	30891	52302	3840	205	12100	992	813
国家定救人数	人	78	1574	8		11		17	571	33	71	9	932
集体供养五保户人数	人	811	789	34	178	144	180	275	116	272	272	86	43
供养金额	万元	182.5	200.96	8.7	45.34	32.1	45.85	71.9	29.55	58.8	69.28	11	10.95

说明：1、大亚湾区数字统计在惠阳区内。2、上述带*号指标 2002 年数据为救灾扶贫捐赠情况，2003 年数据只为捐赠情况。

2002～2003年全市城市居民家庭现金收入构成情况

（按年人平均计算）

项　　目	2002		2003	
	金额（元）	构成（%）	金额（元）	构成（%）
家庭总收入	11284.44	100.0	13770	100.0
#可支配收入	10691.04	94.7	12673	92.0
工薪收入	8275.32	73.4	10657	77.4
#工资及补贴收入	8155.83	72.3	10586	76.9
#其它劳动收入	119.49	1.1	70	0.5
经营者净收入	656.16	5.8	733	5.3
财产性收入	241.08	2.1	199	1.5
#股息与红利收入	17.88	0.2	23	0.2
转移性收入	2111.88	18.7	2179	15.8
#养老金或离退休金	1075.68	9.5	1279	9.3

2002～2003年全市城市居民家庭现金支出构成情况

（按年人平均计算）

项　　目	2002		2003	
	金额（元）	构成（%）	金额（元）	构成（%）
消费性支出	8603.16	100.0	10303	100.0
食品支出	3368.89	39.2	3755	36.5
#饮食服务	619.56	7.2	736	7.2
衣着支出	541.59	6.3	657	6.4
家庭设备用品及服务	544.09	6.3	709	6.9
#家庭设备消费品	272.64	3.2	326	3.2
医疗保健	741.21	8.6	721	7.0
交通和通讯	1062.65	12.4	1682	16.3
教育文化娱乐服务	1082.79	12.6	1472	14.3
#文化娱乐用品	318.60	3.7	434	4.2
居住支出	976.59	11.3	1004	9.7
#住房	256.68	3.0	327	3.2
#水电燃料及服务	666.84	7.8	762	7.4
杂项支出	285.35	3.3	301	2.9

重点年份每百户市区居民家庭耐用商品拥有量情况

年份	彩色电视机（台）	空调器（台）	家用电脑（台）	洗衣机（台）	电冰箱（台）	组合音响（套）	摩托车（辆）
1990	90	6		86	79	14	3
1995	128	88		96	96	42	22
1998	130	101	11	89	93	42	37
1999	150	119	15	91	93	41	39
2000	137.0	103.5	16.5	90.5	96.5	43.0	51.0
2001	140.5	115	25	88	96	46.5	51.0
2002	143.5	135.5	44.5	89.5	98	53	58.5
2003	149.5	163	58.5	97	99	52	64.5

重点年份每百户农民家庭耐用商品拥有量情况

年　份	电视机（台）	#彩色电视机（台）	电冰箱（台）	收录机（台）	录像机（台）	沐浴热水器（台）	液化气炉具（个）	摩托车（辆）
1990	69	16	2	51				2
1995	97	43	9	56	6	6	63	29
1998	107	67	15	53	11	13	79	54
1999	105	72	16	47	15	18	83	61
2000	106	81	15	23	5	19	87	77
2001	106	90	21	15	6	23	86	83
2002	106	93	25	13	13	25	91	91
2003	105.6	95.4	26	9	6	32.4		101.2

2003年惠州市主要指标在全省排位

项　目	本地生产总值(GDP)(亿元)		本地生产总值增长速度(%)		人均GDP(元)	
	绝对值	位次	绝对值	位次	绝对值	位次
广东省	13449.93		13.6		16990	
广州市	3466.63	1	15.0	7	47900	3
深圳市	2860.51	2	17.3	4	53887	2
珠海市	476.73	13	18.1	2	37951	5
汕头市	525.1	8	8.6	21	10856	10
韶关市	268.11	14	12.9	12	9660	13
河源市	136.56	21	16.9	5	4102	21
梅州市	226.81	17	10.3	18	4634	20
惠州市	**590.98**	**7**	**13.9**	**8**	**20758**	**7**
汕尾市	187.43	20	13.2	10	7379	18
东莞市	947.53	4	19.5	1	60130	1
中山市	497.1	11	17.8	3	36287	6
江门市	731.09	5	11.1	16	19157	8
佛山市	1379.93	3	16.0	6	40437	4
阳江市	231.61	16	12.6	13	8930	15
湛江市	519.43	9	10.1	19	8390	16
茂名市	656.99	6	11.3	14	9833	11
肇庆市	501.15	10	11.2	15	12794	9
清远市	196.33	19	13.7	9	5030	19
潮州市	236.46	15	10.0	20	9517	14
揭阳市	488.55	12	10.8	17	8314	17
云浮市	214.74	18	13.1	11	9816	12

（续一）

项　目	年末户籍总人口(万人)			地方一般预算财政收入（亿元）		
	绝对值	位次	比上年%	绝对值	位次	比上年±%
广东省	7723.42		1.0	1313.32		14.8
广州市	725.2	1	0.6	274.8	2	15.5
深圳市	151.2	19	8.4	290.5	1	15.7
珠海市	82	21	4.3	34.8	6	14.8
汕头市	484.6	6	1.1	20.7	9	5.8
韶关市	314.9	12	0.4	14.3	12	14.7
河源市	334.1	11	0.7	4.4	19	27.5
梅州市	490.6	5	0.5	9.5	14	12.7
惠州市	**286.36**	**14**	**1.2**	**24.1**	**8**	**25.7**
汕尾市	306.4	13	1.3	5.1	18	13.7
东莞市	159	18	1.8	67.4	4	25.3
中山市	137.9	20	1.4	36.6	5	19.9
江门市	382	9	0.2	29.4	7	16.3
佛山市	344.2	10	1.5	95.4	3	15.9
阳江市	259.5	16	0.5	6.6	16	25.9
湛江市	713.9	2	1.0	16.8	10	10.7
茂名市	668.1	3	1.0	14.3	12	18.5
肇庆市	392.7	7	0.5	14.4	11	13
清远市	390	8	0.3	8	15	23.4
潮州市	249	17	0.4	5.9	17	15.7
揭阳市	590.5	4	1.0	10.6	13	8.4
云浮市	261.3	15	0.5	5.9	17	30.6

（续二）

项　目	农业总产值(亿元)			常用耕地面积(万亩)	
	绝对值	位次	比上年±%	绝对值	位次
广东省	1908.66		2.8	2133.97	
广州市	180.67	3	0.7	202.4	5
深圳市	33.74	20	9.8	5.04	21
珠海市	29.44	21	6.5	27.91	20
汕头市	74.26	15	0.5	65.5	16
韶关市	78.36	14	3.7	195.01	7
河源市	53.89	17	5.9	155.72	9
梅州市	93.78	12	2.8	189.61	8
惠州市	**114.75**	**9**	**2.5**	**140.73**	**11**
汕尾市	92.04	13	6.5	84.72	15
东莞市	49.02	18	-20.3	49.24	18
中山市	45.18	19	4.3	46.32	19
江门市	142.62	6	1.3	202.85	4
佛山市	148.82	5	0.8	114.37	14
阳江市	118	7	6.4	153.89	10
湛江市	183.52	2	3.8	449.59	1
茂名市	241.34	1	4.5	336.15	2
肇庆市	165.35	4	5.7	199.87	6
清远市	99.76	10	3.1	246.68	3
潮州市	56.99	16	3	59.71	17
揭阳市	115.77	8	4.3	138.06	12
云浮市	96.77	11	5.5	137.57	13

（续三）

项　目	规模以上工业增加值(亿元)			全社会固定资产投资额(亿元)		
	绝对值	位次	比上年±%	绝对值	位次	比上年±%
广东省	5606.28		21.9	4988.9		25.6
广州市	1141.06	2	24.4	1128.8	1	13
深圳市	1420.66	1	23.5	946.5	2	18.3
珠海市	226.73	8	24	140.8	8	16.8
汕头市	107.61	12	14.6	119.2	9	10.2
韶关市	82.22	13	22.7	103	12	42.3
河源市	20.88	20	36.3	55.3	19	33.6
梅州市	38.82	16	16.4	78.3	16	24
惠州市	**233.37**	**7**	**19.2**	**228.47**	**6**	**118.1**
汕尾市	12.76	21	16.7	57	18	23.9
东莞市	501.54	4	20.9	318.1	4	66.1
中山市	317.98	5	29.2	261.1	5	19.2
江门市	251.65	6	14.6	150.8	7	19.6
佛山市	649.95	3	22.1	422.5	3	45.5
阳江市	37.08	17	21.2	49.3	20	15.6
湛江市	146.97	9	17.7	113.5	11	21.7
茂名市	128.07	11	12.3	93.3	14	3.7
肇庆市	135.05	10	17.8	113.9	10	20.9
清远市	32.27	19	29.6	99.6	13	73.9
潮州市	36.02	18	16.1	46.6	21	18.1
揭阳市	57.58	14	15	85.5	15	8.7
云浮市	45.99	15	12.4	59.2	17	42.1

（续四）

项　目	外贸出口总额(亿美元)			实际利用外资(亿美元)		
	绝对值	位次	比上年±%	绝对值	位次	比上年±%
广东省	1529.44		29.1	189.41		14.2
广州市	168.9	3	22.6	30.64	2	15.5
深圳市	629.8	1	35.3	50.42	1	2.9
珠海市	69.1	7	32.8	9.42	7	0.5
汕头市	18.9	9	20.6	2.02	11	27.6
韶关市	2	20	40.2	3.05	10	15.1
河源市	1.6	21	18.2	1.76	13	32.2
梅州市	2.1	19	30.7	1.59	15	24.8
惠州市	**71.46**	**6**	**21.3**	**16.9**	**4**	**27.4**
汕尾市	2.7	18	10.4	1.75	14	33.1
东莞市	280	2	18	25.63	3	19.3
中山市	82.5	5	44.2	9.47	6	23.8
江门市	36.5	8	23.7	8.57	8	15.6
佛山市	102.3	4	29.6	12.4	5	23.7
阳江市	6.9	14	38.4	1.33	17	31
湛江市	9	13	65.1	1.8	12	61.8
茂名市	12.6	10	43.6	1.01	19	13.6
肇庆市	11	11	21.9	6.82	9	25
清远市	3.1	16	39.8	1.8	12	58.7
潮州市	9.4	12	15.8	1.19	18	13.5
揭阳市	6.8	15	54.5	1.42	16	-29.6
云浮市	2.8	17	37.3	0.43	20	41.2

（续五）

项　目	社会消费品零售总额(亿元)			在岗职工年平均工资(元)		
	绝对值	位次	比上年±%	绝对值	位次	比上年±%
广东省	5587.2		11.4	19986		12.2
广州市	1494.28	1	9	28806	2	9.9
深圳市	801.77	2	16.3	30611	1	8.5
珠海市	159.18	12	11	19202	5	3.8
汕头市	254.46	6	5.8	14426	7	6.3
韶关市	113.29	15	10.5	13976	8	15.1
河源市	51.86	21	13.1	12494	12	22.2
梅州市	90.61	18	11.1	11916	16	8.2
惠州市	**181.67**	**9**	**12.8**	**13265**	**10**	**17.2**
汕尾市	116.56	14	13.3	11442	18	9.7
东莞市	257.94	5	14.7	22598	3	26.9
中山市	151.71	13	13	21020	4	11.8
江门市	277.84	4	11.9	12405	14	11.1
佛山市	473.19	3	12.7	17641	6	11.1
阳江市	108.05	16	12	10718	19	15.2
湛江市	226.44	8	10.1	11918	15	13.3
茂名市	241.26	7	12	12439	13	19.8
肇庆市	171.19	10	10.7	13071	11	16.9
清远市	95.99	17	10.2	13956	9	14.0
潮州市	81.63	19	10.2	10714	20	14.6
揭阳市	166.86	11	12.2	10267	21	9.6
云浮市	74.25	20	12.4	11648	17	11.5

（本栏目各表数据由市统计局提供）

TCL 集团改革与发展调查

中共惠州市委调研组

TCL 集团是广东省惠州市地方国有（控股）企业。23 年前，它只是一个名不见经传的小企业，起步时只有 5000 元贷款作为资本金；到 2003 年，已成长为一个年销售额达 393 亿元的企业集团，位居中国电子信息百强企业第四位。竞争性领域的国有企业究竟如何做大做强？TCL 集团的发展，为我们提供了有益的启示。

一、国家控股的混合所有制是做大做强的制度保证

早在 1997 年，中共惠州市委、惠州市政府就把产权改革作为国企改革的重点，通过股权稀释策略，将地方政府的全资公司 TCL 集团，逐步改造成产权多元化的新型国有企业。

第一，实行“授权经营、增值奖股”，实现资产的合理重组。上世纪 90 年代中期，中共惠州市委、惠州市政府在国有企业改革的实践中认识到，在竞争性领域，从根本上解决对经营者的长效激励问题，是实现国有资产保值增值、企业做大做强的关键。从 1997 年起，市政府与 TCL 集团的管理层签订了为期 5 年的《授权经营考核奖惩责任书》，明确规定：在核定现有国有净资产的前提下，TCL 须确保国有净资产和净利润年环比增长率达到 10%以上，超出部分按一定比例奖励股权；达不到上述指标，则责任人受罚。这一改革，不但激发了企业管理层的积极性和责任感，而且有效地激活了国有资本。实行“授权经营、增值奖股”以来，TCL 国有资产从 1996 年的 3.2 亿元增长到 2001 年底的 11.5 亿元，国有资产增值率高达 261.7%。

第二，抓住世界产业转移的契机，将国有资本、集体资本和非公有资本有效融合，建立现代企业制度。通过 5 年时间的企业改革，TCL 从一个国有全资企业转变为一个国有控股企业。此时如再实行增值奖股，国家将丧失对企业的控股地位，也违背了国企改革的本义。在新形势下，如何进一步激发经营者积极性，同时又确保和扩大国有资本控制力？2002 年，惠州市政府在“授权经营、增值奖股”考核期满后，对 TCL 实行了股份制改造，加快了建立混合所有制企业的步伐。一是在企业经营班子已有部分获奖股权的基础上，政府再鼓励企业中高层管理者和技术骨干出资认购一定的股权。二是以出售部分国有股权的方式，成功引入菲利浦、东芝、住友、金山、南太等 5 家国外战略投资者。三是通过吸收合并上市子公司，实现 TCL 集团整体上市。此举，在国内首创了集团上市融资新模式，进一步奠定了混合所有制企业产权制度的基础。

TCL 通过投资主体多元化，建立起相互制衡的股权结构，形成混合所有的股份制企业。借助于产权改革，TCL 改变了过去国有国营的单一产权主体，将职工的切身利益与企业的经营效益紧紧地连结在一起，彻底根除了企业职工对国有资产运营缺乏关心和监督，导致国有资产严重流失等诸多弊端。同时，混合所有制使得 TCL 能够充分利用国有企业与政府的“血缘”关系，发挥政策、信息、资源等优势，为创建具有国际竞争力的世界级企业打下了坚实的基础。

二、利益捆绑是做大做强的长效激励、约束机制

企业作为资源配置和创造社会财富的实体，以利润最大化和可持续发展为目标。国有企业要实现上述目标，就必须建立起对企业经营者与生产者的长效激励机制。在TCL改革中，中共惠州市委、惠州市政府着力推动企业建立以利益捆绑为特征的长效激励、约束机制，使企业保持了可持续发展的不竭动力。

一是实行经营者和骨干员工持股。激励不足是国有企业普遍存在的一个问题。仅靠提高经营者工资、奖金等货币性激励，容易导致经营者的短期行为。如果政府直接从存量资产中无偿给经营者股权，又有国有资产流失之虞。让经营者出资购买企业股权，经营者一时又买不起。为破解这一难题，中共惠州市委、惠州市政府决定：在集团层面推行以“授权经营、增值奖股”为核心的改革基础上，国有资产增幅超过10%的增量部分以股权形式奖励给主要管理人员。之后，在经营者和企业员工有能力购买时，政府再出让部分股权。经营者和骨干员工持股后，企业经营者、企业员工与企业形成了新型的产权关系，结成了利益共享、风险共担的命运共同体，从而使各种生产要素的活力充分迸发。6年来，在政府没有增加直接投资的条件下，TCL保持了持续快速发展，国有资产增值3倍，等于再造了3个TCL。

二是实行股票期权制。在股份制改造后，2002年TCL董事会又借鉴西方国家普遍采用的股票期权制，利用在香港成功上市的TCL国际控股有限公司这个平台，决定从2003年起对公司中优秀的中高层管理人员实行股票期权激励。公司对符合条件的员工授以股票期权，员工行使期权须出资认购；每次发行期权有效期为3年；在3年内每年只能行使期权总额的1/3；期间若员工离职，其期权作废；员工在有效行使期内，如股价低于行权价格，员工可以放弃行使。只有当企业业绩增长，股价高于行权价格时，员工才能从期权中获益。这种机制使管理层、员工与股东结成利益共同体，更加关注企业的可持续发展，从而有效地克服了经营者的短期行为。

三是实行年薪制。实行股票期权激励虽然能够刺激经营者长期经营的积极性，但经营者往往更加注重自己很快可以到手的“现实利益”，因而短期激励也非常重要。为此，TCL董事会在对高层经营者实行股票期权激励的基础上，又对集团所属公司副总经理以上高层管理人员实行年薪制，从而建立了更为合理、有效的激励机制。TCL年薪制分为基本年薪和效益年薪，集团每年两次对各公司进行KPI（关键指标）述职考核。完成考核指标的，发给全额年薪；完不成的，取消全部效益年薪，甚至扣减部分基本年薪。

这种利益捆绑的激励机制，对管理层而言，不仅解决了“责任心”问题，而且从源头上缓解了“59岁现象”、“在职消费”等腐败问题；对员工来说，则增强了归属感和成就感，有效减少了“跳槽”现象。

三、“品牌为王、营销制胜”是做大做强的正确战略

“品牌为王、营销制胜”的企业经营战略，是TCL在市场竞争中快速发展壮大的一个重要条件。TCL决策层认识到，在日益激烈的市场竞争中，同类企业的产品性能和质量已走向趋同，决定企业生死存亡的最关键、最直接的因素就是如何基于品牌赢得市场。谁拥有市场，谁就把握了企业的生命线，这是市场经济铁的规律。

TCL创业伊始，就以“创中国名牌，建一流企业”为宗旨。有外商多次提出使用外方品牌，进行合资生产，均被TCL拒绝。上世纪90年代中后期，TCL针对国内企业生产能力过剩，提出“把自己的帆插到别人的船上去征战商海”的发展理念。这一全新理念，使TCL以自己的品牌为软资本，一次次兼并别人的彩电项目，创造了国有企业“以软吃硬”——低成本扩张的模式。1996年，TCL成功兼并香港陆氏彩电项目，开创了国企收购外资企业的先河。之后，又通过兼并、重组、无偿接收等方式，收编了河南美乐、江苏无锡、内蒙古彩虹和江西彩星等电视机厂，到2003年彩电销售量达1160多万台，成为中国彩电的“龙头老大”。通过兼并重组，TCL不仅增强了国有资本的控制力，而且提高了品牌的知名度。2003年，TCL以267亿元的品牌价值位居中国消费类品牌第四位。目前，TCL已在国内44类产品中注册了144件商标，“TCL”商标已成为“中国驰名商标”。

金质品牌是产品进入市场的旗帜和通行证，营销网络是企业赢得市场的载体与保证。TCL树立“销售力适度超前生产力”的营销理念，把“营销制胜”确立为企业战略重点，使企业在市场竞争中始终保持竞争优势。具体做法是：

建立强大的营销网络。从1990年起，TCL就开始致力于营销网络建设。他们根据行业特点和客户群体的差异性，构建了电器、空调、电脑、手机、小家电、多媒体、电工等7个相对独立的营销网络。如今TCL在国内拥有320家销售分公司、经营部和代理处，销售人员达1.4万人。2002年，仅TCL电器销售公司就实现销售收入130亿元。

延伸营销“触角”。TCL在巩固现有营销网络的同时，通过开展“幸福快车”、“千店工程”、“建百家服务样板店”等系列营销创新活动，将营销网络从大中城市延伸到县城乃至广大乡镇。目前，在全国除西藏外，平均每个乡镇均设有一个销售点。

加快网络资源整合。最近，TCL加强了网络资源整合力度，对属下多媒体事业本部与电器销售公司进行业务重组，进一步理顺研、产、销价值链，使研发、制造环节更加紧密地贴近市场前端，促使营销网络从粗放型向集约型转变，提升了销售速度和竞争力。

拓展国际化营销。在东南亚等发展中国家，TCL 直接推广自己的品牌，迄今已在越南、印尼、菲律宾、印度等国直接设厂；在欧美等发达国家，TCL 采用收购当地企业等方式，使产品顺利打入当地市场。TCL 的国际化营销策略，显著提高了它的国际竞争力，2003 年出口创汇 15.7 亿美元，比 1997 年增长 6.8 倍。

建立高效的资金运转机制。TCL 在销售渠道建立了电子实时汇划系统，实行收支两条线管理，并开设了 JXC 内联网和物流管理中心，对各分支机构和销售点进行进度监控，最大限度地降低了存货和应收账款等资金的沉淀，实现了“用最少的资金调动最大的资源”。

四、“引进、消化、吸收、创新”是做大做强的“八字宪法”

从当前经济发展和国际竞争态势看，企业的创新能力和关键性技术，已成为抢占行业制高点及扩大市场占有率的最重要法宝。上世纪末以来，TCL 以“引进、消化、吸收、创新”作为技术创新的“八字宪法”，逐步提高技术研发和产品创新能力，为企业在竞争中立于不败之地提供了强大的技术支撑。

“拿来”世界领先技术，逐步消化为自有技术。TCL 把研发前沿设在美国等发达国家，通过与微软、英特尔、爱立信等世界著名企业合作，“拿来”先进技术，逐步吸收转化，很快在视听、电脑、通信终端、电工及锂电池等相关领域占据国内同业研发水平前列，在某些领域甚至还达到了国际领先水平。

以产品设计为切入点，进行局部创新。1999 年初，TCL 在进军手机产业时，就绕开核心技术的研发，从手机外观设计入手，走局部创新、外围突破的路子。TCL 把手机和珠宝、名表之类的时尚饰品联系起来，率先向市场推出了全球第一款钻石、宝石系列手机，拓展了手机产品的文化内涵，取得了差异性优势，提升了产品的附加值。

加大投入，着力提高产品核心竞争力。从 1997 年起，TCL 每年的研发投入占产品销售收入的 4%以上，仅 TCL 移动通信公司的研发投入就达 4 亿多元。此外，TCL 还与清华大学等著名高校和科研院所联手，对引进的世界先进技术进行二次开发和创新，不断推出自己的新技术产品。通过二次开发，TCL 推出的产品都具有较高技术含量，甚至在核心技术方面实现了创新。目前，由 TCL 自行设计的固态聚合物锂离子电池生产线，达到了国际领先水平。

以人为本，加强技术创新体系建设。TCL 特别重视科研队伍建设，以优厚待遇和充分授权，吸引了一批海归派人才和国内高层次技术人才，建立了一支以教授、高级工程师为技术带头人，以博士、硕士和工程师为主体的 1200 多人的高水平研发队伍。TCL 还注重加强技术创新载体建设。目前，TCL 集团技术中心已是国家认定的企业技术中心，研发力在国内同行业中已处领先地位。1997 以来，TCL 取得技术成果 513 项，其中具有国际先进水平的 7 项、国内领先水平的 67 项；开发新产品 419 项，研发成果转化率达 90%，新产品产值率达 78%。在 2003 年国家有关部门对全国企业技术创新能力的调查评比中，TCL 的技术创新能力排在前五名。

（李春荣　罗凯戈　吴庆华　翁日红）

惠州市农村税费改革情况调查与思考

惠州市人大常委会农村工作委员会

2003 年 8 月，惠州市人大常委会农村工作委员会组织了有部分常委会委员参加的调查组，在市人大常委会副主任陈幼荣的带领下，对各县（区）农村税费改革（以下简称税改）工作进展情况进行了调查。调查组首先听取了市农村税费改革领导小组办公室和市财政局、民政局、教育局、农业局的有关情况汇报，然后深入到各县（区）进行检查。通过对 9 镇、9 村的调查摸底，较全面地掌握了全市税改工作的进展情况。

一、税改工作开展情况

惠州市税改工作分为组织准备、宣传培训、组织实施和检查总结 4 个阶段。从 5 月 27 日广东省在惠州市汤泉举办粤东片培训班开始，至 9 月上旬，历时 3 个多月，现已进入第三阶段。主要开展如下工作：

（一）成立机构，落实责任　6 月中旬，惠州市成立了市农村税费改革领导小组（简称市税改领导小组），由市长柳锦州任组长，中共惠州市委副书记黄仕芳、市政府副市长林添好、徐志达任副组长，成员由中共惠州市纪委、中共惠州市委组织部、宣传部和市财政局、农业局、教育局、人事局、国土资源局、民政局、物价局等有关领导担任。领导小组下设办公室，抽调 8 名专职人员负责具体工作。各县（区）及镇（办事处）也相应成立了税改领导小组，村委会则成立了村税改工作组。7 月 9 日，市委副书记黄仕芳主持召开市税改领导小组第一次会议，研究工作分工和近期的主要工作。会议决定设立6个工作小组：税费改革组，由市财政局牵头，物价局、农业局和国土局协助；财政转移支付组，由市财政局负责；宣传组，由市委宣传部负责；纪检监督组，由市纪委、市监察局负责；并镇并村组，由市民政局牵头，市委组织部、市人事局协助；并校组，由市教育局牵头，市委组织部、市人事局协助。通过设立 6 个工作小组，进一步明确了各有关部门的工作职责。此外，市级财政还专门安排30万元作为税改工作经费。从而在组织机构上和经费上保障了全市税改工作的落实。

（二）做好宣传发动，打好税改工作基础　一是从市到县（区）、村委会、村民小组，层层召开动员大会。二是借助各种媒体进行宣传。中共惠州市委宣传部按照市税改领导小组的分工和要求，制订了宣传工作方案。惠州日报、惠州电视台、惠州广播电台等新闻单位重点刊登、播放税改有关政策，报道全市税改工作进展情况。各县（区）新闻单位也相应制订了工作方案，进行宣传报道。三是组织大学生志愿者服务队到乡镇去宣传税改有关政策。7月13日至8月13日，惠州市由19名在校大学生组成3支服务队，分赴博罗、惠东、龙门 3 县开展税改政策宣传活动，取得了好的效果。四是各县（区）在网站上公布税改方案和省政府《致全省农民的公开信》，并将公开信派送到各农户。五是设立宣传栏、组织宣传车，宣传税改内容、政策和意义。通过以上宣传活动，使全市广大干部群众进一步明确了税改的主要内容、重要意义、指导思想、基本目标和基本原则，为搞好税改打下良好的思想基础。

（三）学好有关文件，组织业务培训　5 月底，市财政局将省税改方案（送审稿）送交市党政主要领导、分管领导和有关的职能部门，还将税改简报送给市四套班子和各县（区）；同时，各级财政局还召开党委（组）会议，认真学习有关文件，把握政策，制订措施。各县（区）税改办先后举办了税改办负责人和镇、村税改业务骨干培训班，对如何填报表格、确定农业税常年产量、核查登记计税土地等工作进行了讲解，并提出了时间要求。为了扎实做好税改的前期工作，惠城区还专门组织人员到佛山等地参观学习，并结合本区实际制定了《惠城区承耕人应税土地核实税负到户统计表》等 6 份报表，这些报表操作性强、较为规范，既能反映基本情况，又便于基层填报和上级审查。各县（区）税改办除举办培训班外，还多次召开税改工作研究会，针对存在问题研究解决办法，确保税改工作规范、平稳、有序地进行。

（四）开展调查摸底，制订税改实施方案　全市各县（区）早在 5 月底就参照试点地区的做法，设计出多种表格，调查了解计税土地面积、耕地占用、常年产量、教育基建负债、测算税改前后农民负担等情况，并于6月22日前制订出税改具体实施方案报市政府审批。各县（区）实施方案经市政府审核后，又于27日送交省税改领导小组办公室（简称省税改办）审批。7 月 3 日，惠州市各县（区）税改实施方案获省税改办批准。市财政局还于 5 月底组织县（区）财政局负责税改工作的同志到兴宁市（省税改试点区）参观学习，具体了解该市税改工作的程序、机构设置、人员抽调、重点问题和注意事项等，为市政府审批各县（区）实施方案提供参考。

（五）加强检查指导，交流工作经验　为确保税改工作顺利进行，市、县两级领导经常听取税改办的情况汇报，深入基层进行检查、指导和督促，遇到实际问题及时研究解决。7 月 28～29 日，市税改办负责人陪同省调研组负责人，到博罗县检查指导工作。8 月 5～6 日，市税改领导小组组织两个工作组，分赴各县（区）进行检查指导。同时，县、镇两级税改工作人员，也深入基层了解情况，释疑解难。各级税改办还编发税改简报，通报情况，反映问题，交流经验。9 月 3 日，市税改办在惠阳区召开全市税改工作经验交流现场会，惠阳区在会上介绍了税改工作的具体做法和成效。

（六）从实际出发，解决税改实际问题　一是实事求是调整和争取省的转移支付补助。根据惠州市 2003 年调整行政区划的实际情况，市财政局经与惠城区、惠阳区和博罗县协商后，按照新区划和省确定的转移支付补助办法，于 8 月 1 日将省下达给原惠阳市和博罗县的补助资金调整划转1127万元给惠城区，其中从惠阳划转 1025 万元，从博罗县划转 102 万元（均为全年数）。此外，还向省政府、省财政厅汇报惠城区和大亚湾区税改收支缺口资金达 650 万元的情况及两个华侨农场撤场设镇后进行农村税费改革收支缺口 402 万元的情况，要求省里给予补助。二是做好税改过程中的财政保障工作。这次税改工作，各级财政部门任务重，压力大。据省测算，惠州市税改收支缺口 15032 万元，省每年补助 8872 万元，补助比例为 59%。除惠城区（不含新划入的乡镇）和大亚湾区省不予补助外，其余各县（区）省的补助比例为：惠阳区和博罗县均为60%，惠东县 62%，龙门县 91%。按照省的规定，市财政要按全市税改收支缺口的10%安排专项资金，即每年安排1503万元。今年下半年为752万元，年初预算已安排700万元，追加52万元。8月21日，市级配套补助资金已全部下达到各县（区）。9月上旬，市又安排10万元工作经费给各县（区）税改办。同时，各级政府还积极筹集调度资金，保障农村学校、乡镇机关和村委会的正常运转，保障五保户和优抚对象的正常供给。

二、税改工作基本成效

由于全市各级党委和政府的高度重视以及各级有关部门的密切配合，全市税改工作已取得初步成效。

（一）确定了计税面积和常年产量　各县（区）经过深入的调查摸底，征求了各方面的意见，经市协调平衡后，实事求是地确定了计税面积和常年产量。各县（区）标准耕地的常年产量为：惠城区760斤，惠阳区800斤，惠东县和博罗县850斤，龙门县680斤，大亚湾区707斤。计税面积按农民实际耕种和占用的土地计算。据确定的计税面积和常年产量估算，各县（区）农民减负率均在79%以上，其中大亚湾区达到98%，惠阳区达到92%，惠东县达到87%，龙门县达到84%。惠阳区和大亚湾区工作抓得较紧，于8月底将新的农业税任务下达到农户；惠城区也于9月上旬将新的农业税任务张榜公布。10月底前，全市将新的农业税任务下达到农户。

（二）农民负担明显减轻　在税改过程中，惠州市始终把减轻农民负担作为改革的首要目标，严格执行税改的有关规定，特别是不准向农民清收税费尾欠。因此，农村税费改革后，全市农民负担明显减轻。据初步统计，税改前全市农民负担总计为18638万元，税改后总计为2778万元，减负比例达到85%。对以前因公益事业及道路建设等占用土地导致农民“有税无地”的情况，经过这次税改认真核实土地的工作后，得到较为彻底的改变，确确实实减轻了农民负担。

（三）建立了减轻农民负担责任制和监督机制　全市各级党委和政府为了落实税改政策，切实减轻农民负担，建立了减轻农民负担责任制。一是建立税改党政一把手负责制和部门负责制，各县（区）、镇党政一把手是当地税改的第一责任人。如有对税改和减轻农民负担政策落实不到位，对直接管辖范围内发生的严重违反税改和减轻农民负担政策行为不制止、不查处或处理不当造成严重后果者，则首先要追究当地党政一把手的责任。各级政府有关部门一把手是部门实施税改的第一责任人，对于本部门的税改工作和配套改革工作全面负责。二是建立减轻农民负担“一票否决”制度。税改工作列入各级政府及有关部门领导干部年度考核内容。凡在本行政区域发生加重农民负担事件、造成恶劣影响或危及农村社会稳定，受到责任追究的有关党政领导干部，对其考核任用实行“一票否决”。此外，各级党委和政府还建立了各项监督机制。由于全市税改检查监督到位，目前还未发现有向农民乱收费、乱罚款、乱集资和乱摊派等现象。

（四）“三并”工作有序进行　并镇、并村、并校（简称三并）是税改工作的重要组成部分，全市调整农业税工作初步完成后，便着重开展“三并”工作。对于并镇工作，省里有明确的比例规定，要求2003年底完成15%。惠州市民政局等有关部门已制订出具体的并镇方案。全市拟定撤并24个镇，现已撤并16个镇；对于并村、并校工作，因省里未明确规定比例，惠州市各地教育部门从实际出发制订方案，也进行了有计划的撤并。全市拟定撤并24所中学，330所小学，现已撤并5所中学，13所小学，撤销小学教学点18个、小学高年级21个。

三、存在的主要问题

（一）农业税常年产量统计数与实际产量出入较大　省计算转移支付补助，是按统计资料测算的。根据惠州市统计资料，1998年前5年水稻平均亩产量，惠城区1300斤、惠阳区1069斤、惠东县1356斤、博罗县1350斤、龙门县1232斤、大亚湾区707斤。如按上述产量计征农业税，除大亚湾区的农民外，其余5县（区）的农民意见较大，难以接受，均认为产量不是自己上报的，自己也没有签字。有的县1994～1998年统计年报的平均常年产量，比现在实际产量高出近1倍，如按统计年报的常年产量计征农业税，农民肯定不认可；有的县还采用“一刀切”的办法确定平均常年产量计征农业税，违背了农民群众的意愿。这种情况，增加了今后各级政府征收农业税的困难，主要在于：如要农民自愿交纳农业税，就要实事求是地降低常年产量，但这样做，就必然要减少农业税，从而增大各级政府收支缺口，势必影响各级政府的正常运转，进而影响税改的顺利推进。

（二）税改前后农民耕种土地面积出入太大　据调查摸底，税改前，全市统计的农民耕地面积有203万亩，税改后统计只有133万亩，减少了三分之一强。龙门县农民耕地面积现有数（含占用数）比原统计数少了7万多亩。全市耕地面积减少的主要原因有：一是计划经济时期，农民为了多拿点平价柴油、化肥，报大了田亩数；二是近几十年来由于经济的发展，未办手续占用耕地（包括公益事业占用和其他方面占用的土地）的情况相当严重；三是1995年全省以航测的形式进行土地详查，导致航测数与实际数偏差较大。

（三）财政收支缺口增大　税改后，由于取消了各种税费，全市各级财政收支缺口增大，因此造成财力不足。目前财政收支缺口增大的主要原因：一是计税土地面积减少，常年产量调低，使农业税收入大幅减少；二是两个华侨农场撤场设镇，分别划给博罗县和惠城区管辖，而省确定的转移支付补助未考虑行政区域调整的因素，致使博罗县和惠城区的财政收支缺口增加。据初步测算，全市市、县（区）、镇三级财政收支缺口达1.8 亿元（省财政厅在计算固定性转移支付时，确认惠州市缺口1.5 亿元），其中仅教育费附加一项就有1.07 亿元。

（四）部分土地确认困难，丢荒、弃耕土地税负难以落实　税改前，一些农民利用低洼地新挖的渔塘和耕地，一直未负担农业税；税改后，这些农民不同意将这些土地列入核查面积而承担税负；一些山区镇，不少农民举家外出打工，导致土地丢荒、弃耕，应征收的农业税无法找人签名确认，这部分土地税负无法落实。

（五）预征农业税面临很大困难　惠东、博罗、龙门 3 县农业税征收的数额较大，预征农业税工作也面临较大困难。由于计税面积还是按以前的征收基数，而且所下达的计税产量均偏高，惠东县、博罗县、龙门县分别为 1000 斤、1080 斤、1110 斤，因此，导致农民难以接受，不愿签字。这势必增大征税工作的压力，使农业税的预征工作困难重重。

（六）“户户减负”目标难以达到　省税改方案中曾有明文规定 “对改革前有直接负担的农民，要做到户户减负”。但根据我们调查了解的情况看，目前全市很难达到“户户减负”的目标，其主要原因：一是税改前征收教育费附加时，农民不是按上年收入的一定比例交纳，而是按子女上学人数交纳的。这样，无子女上学的纯种粮农户，税改前便不用交纳教育费附加；而税改后由于计税产量提高，农业税负担增加，结果不但没减负，反而增负；二是税改前全市有不少镇（办事处）基本杜绝了农村乱收费、乱摊派、乱集资的现象，而且很多应由农民负担的收费（如农业税和特产税等）基本上由镇（办事处）或村集体代垫了，因此，税改后这些镇（办事处）的农民则无法真正体现已达减负目标。惠城区为减轻农民负担，在税改前，基本未向农民征收农业税、特产税等，税改后因调整合并特产税改征农业税，原 9 个镇（办事处）的农业税则由税改前的 89 万元增加到税改后 101 万元，这对种粮大户来说，税负反而有增无减。

（七）“三并”措施实施难度大　并镇、并村、并校，减少财政供养人数，是税改的重要配套措施。全市上年并镇只完成 9%，乡镇人员超编的问题仍十分严重。全市推进“三并”工作的重点和难点，是人员的安置、分流，而并校扩建校舍以及边远山区小学生上学难与食宿难等问题，各县（区）因财政困难也难以解决。

（八）实现“三个确保”难度大　税改后，由于全市各级财政收入减少（全市仅农村教育费附加一项每年就减收1.07 亿元）、支出增加，而且缺乏资金来源，因此，各地均存在“农民叫好，政府增压”的现象，要真正做到“三个确保”难度确实很大。

四、意见和建议

（一）进一步提高对税改的认识　全市各级政府及有关部门领导，要认真学习中共中央、国务院和省政府有关税改的文件，充分认识实行税改是中共中央、国务院为切实减轻农民负担，规范农村税费制度，促进农村经济持续、健康发展而作出的一项重大决策；是关系到农民增收、农业发展和农村稳定的大事；是我国农村继土地革命和联产承包责任制后的第三次大变革。要从战略的高度充分认识税改的重大意义，从而增强做好税改工作的自觉性；要进一步明确税改的基本目标，切实把握税改的基本政策，坚持以减轻农民负担为根本出发点，认真落实好税改的各项配套措施。

（二）实行“四抓”，确保税改工作的正常运行　一抓核心。税改的核心问题是合理确定农民的税赋水平，切实减轻农民负担。各级政府要按照“减轻、规范、稳定”的方针，做到税改前有直接负担的农民户户减负：对种地较多的农户通过实行减免税的办法，使其负担控制在合理水平；对农业和农民的各种补贴，要重点照顾粮食生产区和种地多的农户；人力整治和规范农村收费，把非税费用负担坚决压下来。有关部门要进一步明确责任，各司其职，确保农民减负。二抓关键。配套改革是税改的关键。要认真抓好配套改革，整体推进税改工作。三抓难点。镇、村不良债务是历史形成的一个不可回避的矛盾，是税改的一个难点。随着税改的推进，镇、村财政收入逐步趋于单一、规范，债务问题将日益凸显出来。这个问题如得不到妥善解决，不仅会拖垮农村集体经济，加重镇级财政和农民的负担，还可能影响税改政策的落实和农村基层政权的巩固。因此，各级政府要采取有效措施，妥善解决。四抓根本。税改的根本目的是为了促进农村经济社会发展，提高广大农民群众的生活水平。各地要以此为契机，以改革促发展，以发展促改革，大力推进农业产业化。要通过发展龙头企业引导农民调整产业结构，增加农业收益，提高农民收入；要加强规划，统筹城乡，积极推进农村工业化、城镇化进程；要加强对农民的就业培训，帮助农民到城镇的二、三产业就业；要不断发展壮大集体经济，培植新的税源；要全面推进农村各项社会事业的发展，尤其是要加强农村文化、卫生保健、社会保障体系的建设，以促进农村全面繁荣。

（三）加大税改宣传力度　当前，税改宣传的重点应放在农民特别是纯种粮农户上，要细致地向他们宣传税改的有关政策规定，防止他们产生抵触情绪，使他们真正理解税改、支持税改并积极参与税改；要引导广大农民算好减负账，向他们公布税改前本应由他们负担实际由镇、村代垫的费用，并折算人均应负担的费用，使他们真正理解税改减负的实在性；要大力宣传税改的主要目标是减轻农民负担，使农民懂得运用法律手段保护自身的利益；要通过宣传增强农民的纳税意识，主动交纳国家规定的税金，明白这是自己应尽的义务，从而实现农民权利与义务的有机结合。

（四）实事求是确定计税土地面积和常年产量　各级政府要实事求是地确定计税土地面积，采取有效措施，彻底解决占用耕地问题。在确定常年产量时，要避免“一刀切”，认真按省里规定的5个原则（实事求是，就低不就高，绝大多数农户能够接受认可，同区域、同类型、同等级土地大体一致，对种植大户给予适当照顾）确定常年产量。

（五）切实处理好丢荒、弃耕土地问题　不将丢荒、弃耕无法确认的土地强行分摊给农户，应由镇、村负责重新落实承包人，确定税负承担者；对找不到原承包人，一时无法确定税负承担人的土地，可重新落实承包人，签订承包合同，予以公示，并补办确认手续；对因承包人举家外出打工而丢荒、弃耕的土地，可以由村集体收回、转包，但要依法签订合同，也可以由村集体直接经营或出租；对举家外出打工而又不愿意交回土地的，则责令其承担税负，依法交纳农业税。

（六）加大“三并一减”工作力度　全市各级政府要统筹可支配的人力物力资源，在调整农业税工作完成后，立即开展“三并一减”（并镇、并村、并校，减轻农民负担）工作。按照上级批准的行政区划调整方案，做好并镇工作；调整学校布局，由市、县两级教育局对现有的学校布局进行调研，制定方案，逐步撤并规模小、布点不合理的学校和教学点；对于并村问题，市、县（区）民政部门，要加大调研力度，做好合并方案，抓好落实。要通过税收切实把农民负担减下来。

（七）严格执行税改政策，确保社会稳定　各级各有关部门都要严格执行税改的各项政策和纪律，正确处理改革、发展、稳定三者的关系。各县（区）要组织工作组，驻村进户，加大检查、督促、指导力度。各级领导要到基层去，到农民群众中去，把工作做深做细，保证不出乱子。

（八）培植新的经济增长点　各级政府要把缓解财政困难的着眼点放在培植新的经济增长点上。要重点抓好园区经济建设，逐步建立工业主导型经济格局；要加大招商引资工作力度，制订优惠措施；要开发旅游资源，构建旅游新格局，带动第三产业发展；要重视发展民营经济，培植新的财源增长点。乡镇不仅要从实际出发发展工业经济，还要通过调整农村产业结构，促进农业产业化生产，培植农村新的经济增长点，以扩大税源，增加地方财政收入。

（2003年9月28日）

惠城区发展镇域经济调查报告

惠城区人民政府办公室

镇域经济承上启下，是统筹城乡经济的结合点，是提高区域竞争力的关键。大力发展镇域经济，做大做强镇域经济，是惠城区落实科学发展观，实现经济和社会以及人与自然全面、协调、可持续发展的重大举措，是解决“三农”问题的根本出路，也是实施固本强基工程的基础工作，对促进惠城区协调发展，全面建设小康社会，具有重大的现实意义和战略意义。

一、全区镇域经济发展现状

惠城区现有13个镇。自改革开放后，全区人民经过20余年的努力奋斗，镇域经济得到了长足发展，并开始凸显出各镇镇域经济的发展特点。

小金口镇是全区镇域经济发展的佼佼者。1995年曾被国家11个部委评为“首届全国乡镇投资环境100强”，是国家第一批“全国小城镇建设综合改革试点镇”，也是广东省重点发展的“中心镇”。近年来，小金口镇坚持实施“外向带动”战略，充分利用区位、交通优势，努力营造良好的投资环境，不断加大招商引资的力度。至2003年底，全镇实现国内生产总值14亿元，工农业总产值达21亿元，已建设工业园区11个，有来自日本、韩国、美国、香港、台湾等国家和地区的各类外商投资企业250多家，初步形成了以电子、灯饰、五金、线束、制衣为主的外向型工业体系。同时，小金口镇作为广东省可持续发展示范区，还规划建设了小金口科技产业园和白石等物流基地，着力打造成惠州第一镇。

陈江镇现有各类企业357家，其中包括引进的三星、大欣、蔚盛等一批国际知名企业，以汇佳购物广场、三阳酒店、陈江宾馆为龙头的民营企业也异军突起，掀起了第三产业的发展浪潮。2003年，该镇还提出了建设经济文化大镇的发展目标。

此外，水口镇的房地产开发已成为惠城区第三产业发展的一大亮点。沥林镇的产业集群也初步形成，目前肯通、国威等30多家运动器材厂家的产值已占全镇工业总产值的50%。汝湖镇则利用白鹭湖旅游度假风景区落户的机遇，将汝湖镇建设为高品位、大客流、特色鲜明的旅游名镇。三栋镇则紧紧依靠惠澳大道这一黄金通道，迅速融入了市数码信息产业带的建设之中。

二、制约惠城区镇域经济发展的主要因素

（一）乡镇资源优势和发展潜力尚未得到充分挖掘，部分乡镇领导对发展镇域经济认识不足 主要表现在：一是对本地的资源优势和发展潜力认识不足。部分乡镇领导对本地的有利条件到底有哪些，资源利用的潜力到底能有多大，还没有充分认识，其发展思路还仅仅局限于本辖区，未能和区、市的发展思路相对接。二是小城镇功能定位不明确。从总体上看，各乡镇发展相对缓慢，经济结构雷同、单一，功能不全。三是规划相对滞后，小城镇形象设计缺乏特色。

（二）基础、交通设施建设水平与经济快速发展的要求不相适应 基础设施是经济发展的重要条件。根据第五次普查，惠州市城市化水平仅51.66%，远低于珠三角城镇化水平72.7%，甚至低于全省平均水平55.7%。从惠城区来看，一是基础设施不配套、档次底，大部分基础设施建设仍然停留在较低水平，缺乏整体性和超前性；二是基础设施建设资金缺乏，目前基础设施建设主要以政府投入为主，而惠城区本级财政又力不从心。

（三）产业发展与建设特色乡镇的要求还有差距 一是发展主导产业思路不清晰。主导产业是镇域经济进一步发展的支撑。惠城区的乡镇只是近几年才意识到要培育主导产业，目前基本上还没有形成新兴的支柱产业，传统产业仍占相当比例。二是产业结构不尽合理。第二产业基本上为传统产业，投入高、产出低，整体实力不强，产品缺乏特色；第三产业仍以传统的商业、服务业为主，新兴的第三产业尚未得到充分发展。三是缺乏有力的政策引导。有的乡镇虽然确立了自己的主导产业发展方向，但是，在落实过程中本地区鼓励发展什么，限制发展什么，尚无明确要求。

三、发展镇域经济的模式选择

惠城区在发展镇域经济过程中选择的模式是大力发展循环经济，努力实现经济增长、资源利用与环境保护的统一。这种经济增长模式其实就是生态经济模式，它既不同于上世纪80年代的“温州模式”和90年代的“苏南模式”，也不同于广东“四小虎”的“族群—专业镇”经济模式，其出发点在于减少资源消耗，保护生态，实现环境和经济建设的协调统一；它始终围绕壮大经济规模、增加财政收入和提高人民生活水平这一目标，以最少的资源和环境成本获得经济社会发展最大的效益。

（一）突出实业兴镇、产业强镇在发展镇域经济中的核心地位 发展镇域经济说到底是为了全面建设小康社会，率先基本实现现代化。无论是增加就业，还是增加镇域财政收入，都必须大办实业；而经济发展基础较好的乡镇则需进行产业的优化升级，往产业强镇的方向迈进。其具体途径如下：

1、以工业化促进城镇化 如何统筹资源来发展镇域工业？其重要方法就是要千方百计聚集资源，为市场机制的有效运行创造条件。

一是要依托资源优势和原有工业基础，确立主导工业或者产业方向，大力培育优势产业、优势企业和优势产品。电子信息产业、纺织服装业、机械制造业是惠城区的支柱产业。例如电子信息产业，不但总量大，而且有三星、侨兴、讯强、东洋等国际和国内著名企业和品牌，其产品市场占有率较高，发展前景也十分看好。又比如纺织服装业，随着富绅工业园的如期建成投产，以及圣马龙、真维斯等著名企业和品牌作支撑，惠城区将成为服装特别是男士服装王国。再如机械制造业，由于广州的汽车制造业的迅速崛起，汽车配件也将是一块大“蛋糕”。小金口镇现已落户了住润电装、住润线业等项目，并将把这一产业链拉长。

二是强化工业园区的载体作用，实施园镇互动。大力发展园区经济是惠城区经济发展的一大战略。各个乡镇纷纷以工业项目带动城镇化，实现工厂进园区，农民进城镇，即“生产在园区，生活在城镇”，使工业化和城镇化互相促进。当前应加快潼侨、沥林、潼湖片区的建设。

2、激活民营资本，增强镇域产业“核心竞争力” 近几年来惠城区城镇民营经济蓬勃发展，并成为镇域经济发展的主导力量，这就使镇域经济的发展具有巨大的潜力。惠城区还具有很大的区域优势：它距深圳80公里，距广州100公里；陆路交通有广惠、惠河、惠盐等高速公路以及惠澳、京九铁路；海路交通有正在建设为综合枢纽港的惠州港。已经上马的中海壳牌大项目所带来的物流、资金流、信息流等，又为惠城区发展现代服务业提供了很好的机遇。因此，惠城区应充分发挥自身优势，实行“谁投资、谁受益”的政策，多方引导民营企业开发旅游资源，发展社区和中介服务业，以此来带动商贸流通、旅游服务等第三产业的繁荣。例如，当前汝湖镇应积极做好白鹭湖风景区项目带动效应这篇大文章，

广泛开展以商引商、网上招商等活动，创新工作思路，打造旅游品牌，大力引导和鼓励民营企业发展该镇的第三产业，尤其是旅游服务业，使之成为惠城区乃至惠州市发展旅游产业的新亮点，以发挥其集聚效应和规模效应，全面推动惠城区民营经济健康快速发展。

3、*发展特色经济* 镇域经济的发展，必须走特色经济之路。发展特色经济的本质是要发挥比较优势，依托本地优势资源发展特色产业，并努力将本地的资源优势转换为市场优势。全区各乡镇特别是北部山区镇可以着力发展资源型经济，优先发展生态农业、旅游业和休闲产业，把更多的农村剩余劳动力转移到加工、运输、餐饮等服务领域，逐步实现"一镇一品"，以改变竞争的区位劣势。例如矮陂镇，可以通过开发黄沙洞温泉来带动当地经济发展；芦洲镇，可以通过芦荟种植来发展观光生态农业。

（二）突出中心镇在发展镇域经济中的主体地位 惠城区乡镇普遍存在着"亦乡亦城"的现象。这种城镇化格局是因上世纪90年代大量港澳台中小资本大量进入后而形成的，并与当时企业规模小、产业层次低的状况相适应。当今，新一轮以日韩乃至欧美大资本为主体、以重化工业等更高层次为转移对象的国际产业大转移正在进行。为适应这一形势，惠城区目前这种集聚化程度低的经济格局必须进行整合。一是优化城镇空间布局，优先安排中心镇的建设，形成以陈江、水口、小金口3个中心镇为增长极，以交通运输主干线为依托的中心积聚、轴线拓展的集约发展态势。二是重点抓好中心镇的城市功能规划、居住小区、工业小区和城市公共设施的建设，以促进生产要素和人口的聚集（农村劳动力的有效转移）。

（三）突出以道路交通建设为发展镇域经济的先导 惠城区在道路交通方面已日益成为制约全区富民强镇的瓶颈。目前惠城区县道砂土路仍有97.5公里（2003年划入），村道砂土路497公里（2003年划入468.4公里）。市政府提出"十五期内消灭县道砂土路，2010年前所有通行政村公路实现硬底化"的奋斗目标。惠城区可通过以下办法加快交通建设：一是请求市政府除省、市补助外，将道路建设资金由市交通局与惠城区按一定比例共同承担；二是提高全区范围内的农用车、摩托车车辆养路费的使用效率，除部分用于公路养护外，大部分将其作为全区道路改造的专项资金；三是根据陈江五一大道建设的成功经验和惠府办有关文件精神，采取以地换路方式，以筹集部分道路建设资金；四是优先安排建设对经济和社会发展影响较大和见效较快的道路。

（四）突出招商引资和项目推进作为快速发展镇域经济的主要形式 惠城区在2003年元宵节期间成功举办了大型的投资环境推介会，签订项目协议31宗、投资总额13.5亿美元，其中外资项目21宗，每宗投资额都在1000万美元以上；内资项目10宗，每宗投资额都在3000万元人民币以上。目前已开工建设的10宗，进入筹建阶段的项目有16宗。同时，惠城区还把2003年确立为招商引资项目推进年，安排了35宗重点建设项目和20宗重点推进项目。在这35宗重点建设项目中有27宗分布在15个镇、办事处，而20宗重点推进项目中有13宗分布在14个镇、办事处。随着这一大批投资额大、带动力强的项目的建设和推进，惠城区镇域经济必将跃上一个新的台阶。

惠州市中心镇建设情况调查与报告

中共惠州市委政策研究室

高标准推进中心镇建设，是加速农村城镇化进程，走中国特色城市化道路的必然选择；也是贯彻落实中共广东省第九次代表大会和中共惠州市第八次代表大会关于增创新优势，全面建设小康社会，率先基本实现社会主义现代化战略部署的迫切需要和重要任务。最近，我们就惠州市中心镇建设情况进行了一次专题调研，查阅了省划定的13个中心镇经济社会发展情况汇报材料，重点走访了新墟、吉隆、杨村3个省划定的中心镇和多祝、横沥两个重点镇（未列入省划定的中心镇）。调查结果显示，惠州市中心镇建设情况有喜有忧，需加大落实广东省政府《关于加快中心镇发展的意见》的力度，搞好政策倾斜，理顺体制，加快发展。

一

从惠州市经济社会发展的历史和现状看，在全市居区域中心地位，对周边地区起辐射带动作用的镇，除2002年进入省划定的 13 个中心镇(小金口、水口、陈江、新墟、平山、稔山、吉隆、罗阳、石湾、杨村、龙城、永汉、平陵)外，还有因部分指标差距未进入省划定的中心镇行列的多祝、横沥两个重点镇。这批中心、重点镇，虽仅占全市建制镇的 20.5%，但 GDP、人口却分别占全市建制镇的 55.4%、36.8%，经济发展速度、城镇建设规模和社会各项事业的发展均走在各区域乡镇的前列，是惠州市促进区域协调发展，加速农村城镇化进程，全面建设小康社会的主力军。近年来，它们在推进城镇化的进程中做了大量的工作，取得了初步的成效。

（一）形成工业立镇共识　调查发现：无论是沿海经济发达的镇，还是地处山区、经济欠发达的镇，其领导班子都充分认识到，只有工业化才能城镇化，工业是核心，城镇是依托；班子主要成员的主要精力均致力于改善投资环境、大力招商引资和加快工业发展工作，积极为城镇化奠定坚实的经济基础和拓展广阔的发展空间。吉隆镇实施“以鞋富镇”战略，以鞋业为龙头，带动全镇工业的发展。至 2003 年 6 月，全镇已拥有制鞋业 1059 家，与鞋业配套的企业有印刷、包装、皮革塑料、化工原料、鞋料生产加工等 480 多家，形成了以鞋业为主导的特色工业镇。2002 年，全镇工业总产值 16.5 亿元，其中鞋业 13.8 亿元，分别比 1990 年增长 19.9 倍、18.2 倍。新墟镇坚持工业立镇发展战略，多方拓展工业发展空间，推动工业快速发展。2002 年，全镇工业总产值达 43.1 亿元，比上年增长 41.8%。

（二）勾画城镇化建设宏图　全市 15 个中心、重点镇，早在上世纪 90 年代前期便基本完成城镇发展期限不一的总体规划编制工作，部分中心镇还编制了近期发展地段的控制性详规和修建性详规。2000 年前后，中心镇、重点镇根据形势变化和发展需要，又着手对城镇总体规划进行新一轮调整和修编。目前，此项工作正在进行之中。水口镇，于 1993 年斥资 80 多万元编制了城镇总体规划。2000 年又对城镇总体规划进行了修编，并编制 2000～2010 年《水口镇经济发展总体规划》和《水口镇新中心区规划》。陈江镇为使城镇总体规划更科学、合理，先后 5 次邀请专家对《陈江镇总体规划》进行修改、完善。

（三）初具城镇建设规模　上个世纪 90 年代，是惠州市工业高速发展期，也是全市城镇化进程加速的启动期。全市的中心镇和重点镇，经过 10 年的发展，无论是城镇建成区面积、城镇人口集聚，还是城镇基础设施建设都发生了较大变化，沿海地区和靠近市区的中心镇已初具小城市雏型。我们走访的 5 个镇（新墟、吉隆、杨村、多祝和横沥），建成区面积、城镇人口都以成倍的速度增长，交通、通讯、能源、供水等基础设施基本适应城镇发展的需要。其中，新墟镇建成区面积由上世纪 90 年代初期的 1 平方公里扩展至 6 平方公里，外来人口近 10 万，95%以上的户籍人口从事二、三产业，拥有 11 万伏变电站两座，程控电话容量两万门，日供水能力 2.5 万吨，村道网络纵横交错。

惠州市中心镇的发展从纵向序时比较，虽取得了一定的成效，但是与珠江三角洲先进市相比较，在经济实力、城镇规模、规划建设管理水平、集聚度和辐射带动力等方面均有较大差距，突出表现在：

（一）工业化进程缓慢，集约程度低　至 2002 年底，上述 15 个中心、重点镇中，工业总产值不足 10 亿元的镇 7 个，其中工业总产值 1 亿元以下的镇两个，中心镇发展的动力严重不足。除少数几个靠近市（县、区）的中心镇外，其余镇的工业布局散乱，尚无集中连片规模较大的工业园区；个别镇工业总量虽达一定规模，但布点无序，厂区、居民区、商业区混杂在一起，既给安全生产埋下隐患，也给城镇建设、环境保护与治理形成极大压力。

（二）城镇功能区分不清，建设无序，市政设施不配套　全市有相当部分的中心镇在城镇的发展过程中，对建成区的区域功能缺乏科学的界定和划分，违反“先地下后地上”城市建设规律，基础设施欠账较多。产、居、商合一，标高不一，同一街道宽窄不一，外观景致杂乱，排水与排污同渠的现象普遍存在，有新区无新城，新城区尚未建设起来又要进行旧城改造。上述问题究其原因：一是规划滞后，建设在先，或规划在后，无序建设；二是对经济社会的发展形势估计不足，规划缺乏前瞻性，标准低、深度低、规模小、适用期短，指导性不强；三是建设与规划脱节，执行规划不力。

（三）城镇发展用地与可利用土地资源矛盾突出　在推进工业化、城镇化过程中碰到的最为棘手的问题是建设用地的供需矛盾。一方面表现为建设用地的总量不足。惠州市属于珠江三角洲次发达地区，历史上是广东的主要产粮区，工业化、城镇化起步较晚，在国家划定农田保护区时，对工业化、城镇化的形势认识不足，没充分考虑工业化、城镇建设用地的需要，几乎将所有的耕地划为农田保护区，工业化、城镇化的空间狭小。随着工业化城镇化进程的加快，建设用地需求越来越大，建设用地与农田保护区的矛盾也越来越突出，而改变农田保护区土地用途，门槛高，手续繁，时间长，在一定程度上制约了中心镇的发展。如杨村镇，上年引进的杨村历史上最大的年产值达 20 亿元的宝亿、德源家具工业项目，首期占地 1200 亩，计划于 2003 年底投产，但用地手续至今仍未办妥。另一方面表现为城镇存量土地利用率不高。中心镇的综合开发率普遍偏低，尤其是住宅开发建设，单家独院，遍地开花，土地资源浪费严重。

（四）城镇建设资金匮乏 一是各个镇的经济基础薄弱，镇级可支配的财力非常有限。绝大部分中心镇的财政属于“吃饭”财政，山区镇甚至连工资也无保障，市政建设专项资金无力筹措，无法落实；二是中共广东省委关于扶持中心镇发展的有关税、费、收入返还的政策得不到兑现，市政基础设施建设资金缺乏正常的渠道来源，经费得不到保障；三是融资难，镇政府仍是单一的投资主体，吸引、利用社会资金参与建设的措施不多，更难取得银行部门的信贷支持。

（五）城镇管理体制不顺 中共广东省委关于加快中心镇发展，赋予中心镇的七大管理权和审批权，至今得不到落实。主要表现为：①机构设置不健全，不统一。2000年机构改革后，镇级的墟镇规划管理机构，有的被撤销，有的已更名，编制被压缩，人员配备不足，弱化了中心镇政府对城镇发展管理的力度。②责权不统一。中心镇政府负有城镇建设管理的责任与义务，但执法权往往在县以上的职能部门，镇政府不具备执法主体资格，难以实施对城镇发展的有效管理。③财权与事权分离。县、镇两级政府的事权划分是清晰的，但财权的划分是模糊的。至今为止，全市没有按照中共广东省委有关文件精神明确中心镇政府的财权，合理划分收支范围，建立独立、规范的镇级财政。因此，不利于充分调动中心镇的积极性，也不利于中心镇的长远发展。

（六）中心镇人口聚集水平不高 城镇化的过程，实际上是农村人口伴随经济的发展向城镇集中，实现转业、转居、转户的过程。虽然惠州市中心镇人口规模有所扩大，有的已突破10万人。但是这种人口集中，是一种自发式的集中，主要体现在工业发展，外来人口增加这一层面上，当地农民进城转居转户的比重并不大，农民“转业不转居”、“转居不转户”和“城中村”的现象普遍存在。政府没有出台鼓励当地农民进城转业转居转户、外来人口落户等可操作的政策措施；在户籍管理上，城乡二元体制依然存在，农民进城门槛仍然较高；进城农民进城前的集体经济分红、土地承包使用权、自留地、宅基地等源于土地的既得利益保障机制尚未建立，进城后涉及住房、就业、社会保障、教育、最低生活保障等权益的配套制度的改革尚未启动。这些问题不解决，直接影响到中心镇人口集聚功能的发挥，制约了城镇化进程。

二

根据惠州市经济社会发展的历史和现状，全市加快中心镇建设步伐，加速农村城镇化进程，要着力做好如下工作：

（一）走新型工业化道路，夯实中心镇发展的经济基础

工业是城镇化的根本动力，城镇化和现代化是工业化的直接结果，并成为工业化进一步发展的载体。加快中心镇发展，必须紧紧扭住工业化。各中心镇要坚持实施工业立镇、工业强镇的发展战略，把发展工业作为中心镇发展的头等大事来抓，加快工业发展步伐。要在抓好现有企业，使其上规模、上档次、增效益的同时，采取积极措施，切实改善投资软硬环境，多渠道多形式招商引资，扩大工业规模。要大力发展民营经济。对民营企业要政治上关心，政策上扶持，发展中引导，工作上帮助。要采取园区经济模式，走集约发展之路。每个中心镇要根据城镇发展的总体规划布局，集中力量办好一至两个工业园区。新上项目原则上均应进人园区，并引导散落在镇中心区、村的企业向工业园区集中。市、县（区）党委和政府要做好中心镇工业园区的协调工作，处理好中心镇与周边乡镇、镇与村之间的利益关系，采取原地统计产值、税收分成等办法，引导鼓励企业向中心镇集聚。严格控制在工业区以外批准新的工业用地和工业增量项目。

（二）高标准调整、修编规划，提高中心镇规划管理水平

规划是城市的灵魂，规划决定城市发展的水平、速度和质量，中心镇建设也一样。提高中心镇建设水平，必须根据形势的变化，对中心镇发展总体规划进行调整和修编。新一轮的总体规划调整和修编，要依据市、县域城镇体系规划，起点要高，突出中心镇的特色，科学、合理规划城镇的面积规模和定位城镇的区域功能，体现规划的长远性、前瞻性、权威性和可持续发展思想。总体规划期限一般应不少于20年，面积要达到10—20平方公里，做到功能定位准，设施配套齐， 50年不落后。总体规划经权威部门论证后，一经上级政府批准，要通过本级人大固定下来，长期执行，成为城镇建设管理中的行为准则。工业区、商住区等功能区域的开发建设必须严格按照中心镇总体规划和土地利用总体规划，遵循“先地下后地上”的建设规律，实行统一规划、统一征地、统一开发、统一出让、统一管理。对成片开发的片区和街道建设，必须编制修建详规，有效控制其平面布局、建设容量和风貌特色。市、县（区）党委和政府要围绕以发展中心镇，扩大规模、增强实力、拓展空间、优化环境的原则，整合城镇行政区划，协调解决好中心镇与周边镇、村基础设施和公共设施的共建、共享问题。规划建设主管部门要加强对中心镇镇长、主管副镇长及镇规划建设管理工作人员的培训，提高他们规划建设管理的素质和水平。

（三）营造宽松政策环境，扩大中心镇规模

扩大规模，增强集聚力，是中心镇辐射带动功能有效发挥的基础和前提。各级党委和政府要为中心镇规模的扩大，营造更为宽松的政策环境。

一是切实解决中心镇发展建设用地的困难。各县（区）要用足用好省政府《关于加快中心镇发展的意见》中对中心镇建设用地的优惠政策，全力支持和保证中心镇发展建设用地。在此基础上，市、县（区）有关部门应对中心镇发展用地需要采取总体解决方案，即根据批准的中心镇总体规划，对农田保护区实行市、县层面的占补平衡，将规划区内的土地一次性转为建设用地；根据发展需要，下达年度用地指标，从根本上解决制约中心镇快速发展的土地问题。鼓励农民在中心镇规划区内，按镇区规划统一建设公寓楼、公寓式农民新村，限制、停止划地给私人建单家独院式住宅，以便优化土地资源的开发利用。

二是加大引导农民进城的力度。农民“转业不转居”、“转居不转户”问题的症结，表层表现为户籍管理的二元体制，实质上是农民对利益权衡的问题。要在深化户籍管理制度改革的同时，尽快制定既有利于农民进城前既得利益的保护，又有利于农民进城后权益保障的政策措施，积极主动引导农民向中心镇集聚。政策措施应包括：农村土地使用权流转制度的改革；农村集体经济股份制改造，量化资本，固化股份；农村社会保障体系与城镇社会保障体系的衔接；对放弃农村宅基地使用权退宅还田的进城农民，地价上给予优惠，报建费用和房产交易费用给予减免；降低农民进城经商办企业的门槛，减免税费等。

（四）拓展建设资金渠道，加快中心镇建设步伐

大力拓展中心镇建设资金渠道，是加快中心镇建设步伐，加速农村城镇化进程的关键。市、县（区）党委和政府要落实广东省政府有关文件规定的 10 条拓展中心镇建设资金渠道扶持政策，并视财力的增长，增加投入。要通过贴息贷款、转移支付等方式，支持中心镇完善城镇的交通、能源、通讯、供排水、污水处理等基础设施和文化场所、医疗卫生、公共服务等公共设施。鼓励中心镇大胆探索改革城镇建设制度，以“经营城市”的理念，市场化的方式来筹集建设资金。要改变基础设施建设全由政府投入的单一模式，放宽基础设施有偿使用和有偿服务的范围，采取以地换路、以地换厂房、以经营权换基础设施等形式，广泛吸纳社会资金，以加快中心镇建设步伐。

（五）深化改革，建立有利于中心镇发展的管理体制

目前，深化改革，创新体制的重点：

一是深化财政制度改革，建立中心镇的镇级财政　要按照省政府《关于加快中心镇发展的意见》，根据财权与事权相统一的原则，明确中心镇的事权和财权，合理划分收支范围，建立完善、稳定、规范和有利于中心镇长远发展的分税制财政体制，建立完善统一的预决算制度。

二是深化机构改革，建立健全中心镇的规划管理机构　为加强中心镇规划建设管理的力度，提高效率，建议设立中心镇城镇规划建设管理办公室，由镇党委副书记或副镇长挂帅，全面负责中心镇规划建设管理工作。县（区）职能部门或派驻代表，联合办公；或通过“分权、放权、授权”的方式赋予中心镇相应的管理权限，以便及时办理规划、报建手续和处理违章行为。

三是深化户籍制度改革，取消本地农民进城门槛　按照实际居住地登记户口的原则，以落户条件取代计划指标，取消审批手续，实行城乡统一的户口登记管理制度。凡在中心镇有固定住所和相对稳定生活来源的均准予落户。对城镇郊区和“城中村”村民委员会，在保护集体经济组织前提下，成建制转为城镇居委会，原村民全部转为居民，切实解决农民“转业不转居”、“离土不离乡”的问题。在本镇务工经商的外来人口，有固定职业和住所，也应允许落户。

（六）加强领导，分类指导，扎实推进中心镇发展

市、县（区）党委和政府要由一名常委或副市长、副县（区）长，专门负责此项工作，以加强对中心镇建设的领导，扎实推进中心镇建设。要区分不同情况，因地制宜，分类指导，整体推进中心镇发展。对纳入省划定的这 13 个中心镇，可分为三种类型：第一类是城市型。这些镇已成为城市的有机组成部分，其规划应与城市市区相统一，发展目标要服从城市发展整体要求，基础设施配套要服从城市需求。如惠城区的水口镇便属于这一类型，各县（区）驻在地的中心镇也属于这一类型。第二类是卫星镇。这些镇靠近市区，经济发展接受城市辐射，承接市区相关产业的转移，服务于城市。在规划建设和制定发展目标时，要充分考虑与城市的吻合与对接，最终要成为城市的组成部分。如惠城区的小金口镇、陈江镇。第三类是区域中心型。这些镇离城市（县城）较远，是一个区域各个乡镇的经济、文化中心，形成对周边地区聚集和辐射，影响一个区域的经济社会发展。应使其壮大经济实力，加快建设步伐，扩大城镇规模，完善城镇的基础设施和市政设施，增强聚集和辐射能力。如新墟、稔山，吉隆、石湾、杨村、永汉、平陵等镇。这一类型是全市加快中心镇建设，加速农村城镇化工作的重点。除上述 13 个省划定的中心镇外，还有惠东的多祝、惠城区的横沥两个重点镇，也应纳入惠州市加快中心镇建设工作重点的行列。这两个镇，地处郊区，发展条件较差，经济总量不大，未能列入省划定的中心镇，但其人口、经济、集聚规模等均居于区域中心地位，起中心镇的作用，它们在加速农村城镇化进程，促进区域协调发展中的地位至为重要。因此，必须做好工作，创造条件，争取进入省划定的中心镇行列。

（戴华圣　赖炳辉　邓友平）

惠州市滨海旅游发展情况调查报告

惠州市政协视察团第二分团

2003年10月14～15日，惠州市政协视察团第二分团就惠州市滨海旅游发展的情况，分别在惠东县、惠阳区和大亚湾开发区进行考察，听取了县（区）政府及其职能部门的情况汇报，总结了滨海旅游发展的经验，分析了存在的问题。现将视察的有关情况综合报告如下。

一、基本现状

惠州市有海岸线223.6公里，岛岸线133.7公里，海岛140个，领海线以内面积4520平方公里，为陆域面积的40%，海洋生物种类1300多种。全市海岸线长度和领海线以内面积分别居全省沿海各市第五位和第六位，其中海滨旅游岸线20多公里，沿岸海滩6处，可开发为颇具规模的海滨沙滩浴场，海滨度假、游钓地和海上文体运动中心。沿海重要的景区（点）主要有被誉为“海上小桂林”的大亚湾景区和具有“东方夏威夷”之称的巽寮－平海旅游区。这些景区有柔软的细沙海滩，有天然的海滨浴场以及星罗棋布的大小岛屿上百个，是我国少有的天然海滩浴场，是旅游度假、避暑休闲的理想地。此外，这里还拥有全世界仅16处、全亚洲仅3处、全国唯一的港口海龟自然保护区等。因此，相对于其它旅游资源来说，滨海旅游资源的特色及其发展前景是十分明显的。

上述旅游景区（点）目前开发利用的基本现状是：

巽寮 位于大亚湾东岸正中，稔平半岛的西南角，是久负盛名的滨海旅游风景区。它的总面积为105平方公里，人口8800多人。1994～2002年，历经几届政府的努力，先后出台了“惠东县巽寮镇域总体规划”、“惠州大亚湾经济技术开发区总体规划”等5个规划方案，为巽寮的发展设计了蓝图。2001年，惠东县政府投入2000多万元，修建高标准的巽寮海滨公路，并对供水设施进行了更新改造。2003年3月13日，惠州市政府批准成立“惠东县巽寮滨海旅游度假区管理委员会”，由管委会对巽寮滨海旅游度假区实行统一规划、统一保护、统一管理。目前在巽寮旅游区征地的单位有20多家，广东体育（惠东）基地、德泽园假日酒店、三角岛潜水俱乐部、巽寮湾度假村、金海湾度假村、森林公园等已建成投入使用，接待床位达1500张，景区建设已初具规模。旅游业的发展带动了巽寮经济的全面发展，2002年接待游客50万人次，旅游业产值近5000万元。

海滩游泳场 环大亚湾海域的“小径湾”、“熊猫湾”等滨海沙滩绵延曲折，沙质细白，是天造地设的优质沙滩浴场。目前，环大亚湾海域开设的游泳场有华海度假区游泳场、熊猫金海岸游泳场、海上滩海滨游泳场、大甲岛休闲乐园游泳场、大甲岛君豪休闲度假营游泳场等，其中较具规模的是华海度假区游泳场。它位于大亚湾区霞涌办事处，占地面积12万平方米，拥有双标房50间，别墅35间套，床位170张，还有鲤鱼门海鲜坊拥有餐位600个。经营的旅游项目有沙滩游泳、出海观光、水上摩托、水上降落伞、潜水、射箭、动物乐园、照相、购物等。2002年接待游客26万人次，旅游业产值近680万元。

大甲岛休闲乐园 位于大亚湾区大甲岛东南部，占地约37万平方米，拥有双标房6间，别墅28套，共有床位40张。经营的旅游项目有沙滩排球、射箭、跑马、潜水、海上摩托、游泳、烧烤等，年接待游客3万人次。

红树林 是珍贵的海洋生态资源。大亚湾区海域拥有红树林面积约200亩。为加强对红树林的保护和规划利用，大亚湾区管委会于2003年投资200多万元（首期），动工兴建红树林公园。红树林公园规划面积15万平方米，采用保护和观赏、休闲相结合的发展思路，既要保护红树林原有的自然风貌，以利于两栖动物、鸟类、昆虫、藻类的生长繁殖，又要让人们观赏到南国红树林特有的动植物和自然景观。

平海古城 是广东省第一批省级历史文化名城（镇），也是岭南地区唯一尚存的古城遗址。古城文化古迹较多，其中建于1385年（明洪武年十八年）的东、西、南、北4个城门，已有600多年历史，至今仍保存完好。该城明代的古迹还有龙船庵、普照庵、城隍庙、龙泉寺、榜山寺等。此外，还有其它朝代的古迹，如东庵、白衣庵、铁炉庵等。这些旅游资源由于缺乏资金投入和整体规划，目前，还没有得到有效开发和利用。

海龟自然保护区 港口海龟自然保护区是全球大陆架上唯一的海龟自然保护区，也是唯一与人类最接近、实现人与自然和谐统一的自然保护区，堪称“中国一绝”。保护区三面

环山，一面濒海，沙滩陆地面积2平方公里，海洋面积16平方公里，沙岸面积约0.1平方公里。这里环境僻静，阳光灿烂、空气、水质均达一级（类）标准。近岸为沙质海底，有少量礁石，水深5—15米，夏秋水温28℃左右，海水盐度在30%以上。沙滩坡度平缓、沙粒细小，利于海龟爬行、挖洞和产卵繁殖。该保护区目前已投入近600万元用以修建道路、养殖馆和展览馆等设施，尚未完全对外开放。

二、存在问题

目前，惠州市滨海旅游发展中存在的主要问题有：

1、旅游总体规划滞后，海岛权属关系不清晰，旅游资源保护责任不明确　由于各种原因，惠州市至今没有出台1个完整的全市发展滨海旅游的总体规划。1993年编制的大亚湾区旅游总体规划，经过十多年的变迁，已不能适应发展的要求。同时，由于旅游用地不明确，权属关系不清晰，三门岛、辣甲岛等海岛的权属问题长期得不到解决，在很大程度上制约了旅游资源的保护、开发和利用。

2、景点建设布局不合理，旅游产品老化，缺乏新亮点　惠州市滨海旅游景点虽多达十几处，但由于受历史条件限制，大部分景点建设缺乏规划和创意，开发建设单位和投资商各自为政，只考虑海上风光或是自身需要，忽略了人文景观和山水结合的综合开发，造成景点建设布局不够合理，旅游设施建设品位不高，特色不明显，吸引力不强。同时，由于旅游景区建设滞后、资源整合力度不够、旅游线路的编排特色不明显以及旅游产品和项目内容单调等原因，因此，尚未形成滨海旅游的拳头产品，也未把资源优势转化为旅游产品的优势。

3、旅游专项发展资金缺乏，宣传促销力度不够，旅游环境有待改善　目前，惠东、惠阳、大亚湾开发区等沿海县（区）尚未把旅游专项发展资金列入财政预算，在资金上严重地制约了沿海旅游资源的保护、开发和利用，造成旅游景点普遍规模较小，经营水平较低，经济效益较差。又由于旅游管理部门的宣传促销经费严重不足，使得关于保护、开发和利用旅游资源的宣传难于到位。加之，政府个别职能部门还没有充分认识旅游业在国民经济中的重要作用，在实际工作中存在不够重视，不够协调，甚至出现扯皮推诿现象，这就使得重视、关心、支持旅游业，促进旅游业健康协调快速发展的大环境还没有完全建立起来。

4、土地资源得不到充分利用，旅游基础设施较差　巽寮的1.2万亩旅游开发用地，大部分是上世纪90年代初期所征收，由于历史遗留问题，长期困扰着景区土地资源的开发和利用。已经开发的旅游资源由于基础设施（通讯、电力、供水、交通等）、游乐设施不够完善，不能满足日益兴旺的旅游业的需求，如旺季节假日移动电话信号经常空中“塞车”；电力、供水方面也在高峰期供给不足；海滨公路直达新村湾至磨子石一带的路还不通等，这些问题就使得该景区的自然资源和人文资源的优势无法得到较好的发挥。

5、资源管理不到位，旅游经济总量偏低　惠州市滨海旅游资源开发项目，由于缺乏统一的管理和协调，一直处于分散的、各自为政的状态，造成旅游资源不能有效利用，资源优势与效益发挥二者反差相当大。特别是资源的分割占用和闲置，已成骑虎之势。由于缺乏统一有效的管理，许多基础设施和配套服务设施不够完善，直接影响了滨海旅游区的容量，每到滨海旅游黄金周季节，大部分游客无法在旅游区内过夜停留消费，旅游行为仅限于游泳。而到了淡季，又由于无法实现区域及游乐项目的优势互补，故造成旅游区经济总量偏低。

“惠州居民期望什么”调查

惠州市社会经济调查队　林　玉

为使惠州市的改革决策更加科学，更能反映和代表民意，2003年7月市社调队在市区范围内随机抽取200个居民家庭进行问卷调查。本次调查内容都是市党政领导和群众关心的热点、难点问题，被调查者覆盖不同职业、不同年龄和不同文化水平，具有广泛的代表性，调查结果反映了民情、民意、民声。

一、基本情况

本次调查的200户城市居民家庭总人口749人，平均每户3.75人。在被调查的200人中（每户调查1人），从性别看，男99人，女101人；从年龄看，20～30岁的48人（占24%），31～40岁的64人（占32%），41～50岁的56人（占28%），51～60岁的19人（占9.5%），61岁以上的13人（占6.5%）；从文化程度看，初中以下学历的占22%，高中学历（中专）的占44%，大专以上学历的占34%；从职业情况看，机关事业单位人员和国有集体企业人员各占25.5%，其他就业人员占13.5%，私营雇主或个体劳动者占13%，失业人员占9.5%，三资企业人员占7.5%，离退休人员占5.5%。

二、市民对本届政府的主要期望是什么

在调查问卷中，我们专门设计了“您对本届政府的主要期望是什么？”又结合当前惠州市社会经济发展中的热点和难点问题，提出了6个问题供被调查者选择，并按照自己认为重要程度选出前三项。调查结果如下：

1. 按首选人数列前三位的问题是：(1)提供就业机会：有109人首选（占54.5%）；(2)完善社会保障体系：有38人首选（占19%）；(3)提高居民生活水平：有32人首选（占16%）；紧随其后的是加快环境保护搞好城市建设、加大反腐败力度和确保社会治安3个问题，首选的人数也不少。

2. 按调查者选择的前三个问题计算，选择人数最多的问题依次是：

（1）提高居民生活水平。有130人选择，占65%，在各项问题中选择人数最多，名列对政府主要期望的榜首。

（2）提供就业机会。有117人选择，占58.5%，居对政府主要期望的第二位。充分说明居民对就业的需求。

（3）完善社会保障体系。有92人选择，占46%，说明广大市民已深刻认识到，建立完善的社会保障体系是推进改革，维护社会稳定的重大举措，也是正确引导消费，进一步扩大内需的迫切需要。因此，老百姓迫切希望政府能尽快建立起一套科学、合理的社会保障制度。

（4）确保社会治安。有84人选择，占42%。这说明老百姓期望加强社会治安管理，加大打击力度，严惩犯罪分子，给市民提供一个安定祥和的生活和工作环境。

（5）加大反腐败力度。有79人选择，占39.5%。市民期望领导带头反腐败，花力气抓好各行各业的反腐倡廉工作。

（6）加强环境保护，搞好城市建设。有78人选择，占39%。老百姓期望政府在加快经济发展和加强环境保护的前提下，突出抓好城市建设，特别是优先抓好城市基础设施建设。

除上述6个主要期望外，还期望政府务实为民，不图虚名，依法治市，依法行政，使社会协调发展。

“居民期望什么”问卷调查汇总表

单位：%

比例 / 主要期望的内容	合计	第二位	第三位	首选
提供就业机会	58.5	1.5	2.5	54.5
完善社会保障体系	46.0	21.0	6.0	19.0
提高居民生活水平	65.0	37.5	11.5	16.0
加强环境保护	39.5	13.5	23.0	3.0
加大反腐败力度	39.0	18.0	17.0	4.0
确保社会治安	42.0	7.0	32.0	3.0
其　　它	2.5	0	2.0	0.5

三、居民对社区服务的认知和需求情况怎样

（一）居民对发展社区服务业潜力的认知

问卷：“您对发展社区服务业的看法如何？”有90人认为“潜力很大”，占总人数的45%；回答“不知道”的占27%；认为“潜力不大”的占24%；认为“没有潜力”的仅占4%。

惠州发展社区服务业起步较晚，市民对小巷深处就业潜力的认同要有一个过程，再加上市区内的许多老居委会、老街道，甚至是新的生活小区，尚未建立起完善的社区服务业，社区服务方便人民生活的优势还没有显现出来。因此，认为发展社区服务业潜力很大的人，仍不到半数，还需大力宣传。

（二）居民最需要的社区服务是医疗保健服务

问卷："您最需要的社区服务项目是什么？"共提出 9 个服务项目供被调查者选择，并根据自己家庭最需要的程度选出其中的前三位。调查结果表明，居民家庭需求最大的社区服务项目是医疗保健服务，中选率为 70.5%，其中有 62%的人将其列为首选。其他需要社区服务项目按中选率高低依次排列为：困难援助（53.5%），就业咨询（39.5%），卫生与家政服务（32%），政策咨询（23.5%），老人娱乐服务（21.5%），上门照顾老人（9%），低龄学童临时托管服务（8.5%），对社区的安全保卫及对周围环境污染的解决等其他服务项目（3.5%）。

上述数据表明，一方面居民家庭根据各自的需要向社区提出各种不同的服务需求；另一方面社区可根据居民家庭的不同需要开展各种社区服务业，突出发展家庭劳动服务和精神生活服务业，形成新的第三产业支柱。发展社区第三产业促进就业潜力的开发，在众多的社区服务业中可吸纳更多的就业人员，尤其可安排年龄偏大，学历偏低，无技术专长的下岗失业人员和闲散人员从事社区服务工作，从而缓解市内就业压力，提高他们的生活水平。开发社区就业潜力是一项新的事业，政府及有关部门要高度重视，并在政策上给予优惠，在资金、场所等方面给予支持，使惠州市区各个街道、居委会的社区服务功能得到完善，有针对性地开发出更多的社区服务项目，让更多的无业人员加入到社区服务行业中来。

四、居民担心和需解决的主要问题是什么

调查数据显示，市民最担心的问题是养老、就医无保障，最需要解决的第一位问题是增加收入。

（一）市民担心的七个问题

1．担心养老、就医无保障。调查中有 128 人将它列为最担心的前三位问题之一，是担心人数中最多的一项，占总人数的 64%。有 61 人把此项列为最担心的第一位问题，占总人数的 30.5%。从年龄段看，40～50 岁的人担心养老、就医无保障所占比率最高，达 76.8%；从职业上看，离退休人员和国有、集体企业人员担心养老、就医无保障的比率分别高达 81.8%和 72.5%。产生市民在这个问题上担心比率高的原因：一是养老、医疗保险向社会统筹制度转轨的时间不长，许多规定、制度还不够完善；二是社会保险资金筹措渠道少，部分效益差的企业职工担心单位交不出社保、医保费，今后的养老、就医无保障；三是覆盖面不全，除国有、集体、三资企业覆盖面较高外，私营企业的职工、个体户和无固定工作单位的其他劳动者覆盖面极小，尤其是商业和服务业覆盖面更小。企业制度改革和经济结构调整，使后者就业人数不断增加，但不能公平享受基本养老、医疗保险的权益，后顾之忧大；四是目前社会保障标准偏低，仅能勉强满足基本生存需求，尤其是企业的退休职工每月的退休金多数在四五百元，医疗费每月仅有三几十元，他们非常担心生大病医疗无保障，微薄的养老金难以维持家庭生活。

2．担心生活水平下降。在被调查者中，有 111 人列为最担心的前三位问题之一，占调查总人数的 55.5%。其中有 93 人将此列为第一位最担心的问题，占调查总人数的 46.5%。这个数字表明，居民对今后提高生活水平的信心不足，期望值较低。由于经济结构调整，市场经济竞争激烈，下岗失业问题显得越来越严重，尤其是 40 岁以上和一部分没有大学学历的青年极容易失业。一部分青年即使找到一份工作，其工资收入也很低，而且多数单位没有为他（她）们办理社会养老保险和医疗保险。他们一旦失业，什么保障也没有，怎能不担心生活水平下降呢？在现实生活中，父母用离退休金和历年的积蓄资助下岗失业的子女，供孙儿辈读书，这种现象也很普遍。因此，工作不稳定，收入低，社会保障体系不健全，这些是影响市民担心生活水平下降的主要因素。

3．担心社会腐败现象。这次调查反映出广大市民对腐败问题的忧患，在各项最担心的社会问题中，仅次于"养老、就医无保障"和"生活水平下降"，与担心"社会治安状况不好"并列为第三位，担心率为 46%，其中有 17 人（占 8.5%）将其列为最担心的社会问题的首位。这说明，尽管多年来中国共产党一直致力于惩治腐败，并不断加大其惩治力度，但到目前为止，其效果远未达到群众满意的程度。广大市民列举了社会生活中的各种腐败现象，如权钱交易、以权谋私、贪污受贿、吃拿卡要、跑官要官、贪赃枉法、生活糜烂、奢侈堕落等，严重损害了党和政府的形象，给国家和人民财产造成重大损失，也从某种程度上助长和诱发了犯罪，影响了社会的稳定，因此希望党和政府加大惩治腐败的力度。

4．担心治安状况不好。调查数据显示，有 92 人将此列为担心的前三位问题之一，占调查总人数的 46%。可见，居民对社会治安的担心和忧虑程度。市民迫切希望市政府和公安、司法部门加强社会治安管理，严厉打击各种犯罪活动，保障人民的生命财产安全。

5．担心子女上学费用过高。不少居民对学校名目繁多的收费项目非常反感。上年全市实行"一费制"后，学校的各种收费还是没完没了，群众仍然不满意。调查结果显示，被调查者中有72人把“担心子女上学费用过高”列为最担心的前三位问题之一，占总人数的36%。现在教育收费越来越高，已成为家庭开支的重要部分，有的市民说“现在是养得起孩子，供不起（孩子）上学”。

6．担心伪劣商品泛滥。调查数据显示，有22%的市民把假冒伪劣商品泛滥列为最担心的前三位问题之一。面对防不胜防的伪劣产品，老百姓心里很不安，他们最担心的是食品、药品及家用电器中的伪劣产品会给家庭成员带来伤害。迫切希望政府及有关部门在大力开展诚信教育的同时，建立有效的监管机制，加大打击力度，切实履行安全监管职能，采取各种手段、措施和途径，坚决查处假冒伪劣商品，严厉打击制假售假的犯罪分子，以维护正常的市场秩序。

7．担心环境污染得不到治理。调查数据显示，被调查者中把环境污染列为最担心的前三位问题之一，占20%。2003年我国发生"非典"疫情后，市民深感环境问题同自身的生活、健康关系十分密切。在被调查者中，不少人希望政府有关部门彻底治理环境污染，搞好城市环境卫生，尤其要花大力气搞好居民住宅小区的环境卫生，清除卫生死角，从根本上构筑保障人民群众身体健康的“防疫大堤”，使居民生活在环境优美、卫生，空气清新的都市中。

上述7个社会热点问题是惠州市广大市民最为担心的主要问题。

“您最担心的问题是什么”的调查结果汇总表

单位：%

比例 最担心的问题	合计	第一位	第二位	第三位
生活水平下降	55.5	46.5	7.5	1.5
养老、就医无保障	64.0	30.5	28.5	5.0
假冒伪劣商品泛滥	22.0	6.5	10.5	5.0
社会腐败现象严重	46.0	8.5	22.0	15.5
社会治安状况不好	46.0	3.0	21.5	21.5
环境污染得不到治理	20.0	0.5	3.5	16.0
子女上学费用过高	36.0	4.0	5.0	27.0
其　　它	2.5	0.5	0.5	1.5

（二）市民最需要解决的六个问题

1．增加收入。这是百姓最迫切需要解决的问题。有160人选择此项（占总被调查人数80%），其中有46人（占23%）将其列为最需要解决的第一位问题。调查说明，当前有相当一部分城市居民收入较低，且不稳定，他们为此感到担心和忧虑。从被调查的200个居民家庭中，月人均收入在200元以下的家庭占1.5%，这部分家庭往往入不敷出，生活处境极端困难，迫切需求政府给予帮助。因此，党和政府要采取切实有效的政策措施，在普遍增加居民收入的同时，重点增加弱势群体的收入。

2．解决就业。这是市民最需要解决的第二个问题。被调查者有94人（占47%）将此列为家庭最需要解决的问题，其中有82人将它列为首选，占被调查者总人数的41%。这说明当前社会就业形势的严峻程度和它在市民心目中的地位。随着改革的深化，经济结构的调整，一些年龄偏大、文化程度较低、技能低下的职工往往下岗失业；再加上农村劳动力向城市流动，大学扩招后的第一批大学毕业生急需就业，这就更增加了就业的压力，使就业形势更加严峻。在这次调查的200户居民家庭中，就业人口有425人，其中有固定工作的298人，临时工作的127人，固定工仅占就业人口的七成多，有近三成的就业人员是不稳定的，还有失业和待业人员需要就业。这200户家庭的就业面仅有56.7%，就业者的负担系数为1.74人。同时，在调查中，发现全家无1人有固定工作的家庭占15%，这些家庭更需政府提供一个较为稳定的就业岗位。面对大批失业人员，政府和各有关部门应千方百计开辟就业渠道，通过就业解决他们的经济收入和生活保障问题。

3．养老保险。被调查者中有86人将此列为最需要解决的问题之一，占被调查者总人数的43%，其中有18.5%的人将此列为首选。从这次接受调查的200户市民中，参加社会养老保险的有134人，占总人数的67%，未参加者占33%；参加社会医疗保险的129人，占总人数64.5%，未参加者占35.5%。问卷对未参加社会养老保险人的设问：“您认为参加社会养老保险是否必要？”回答“必要”的有49人，占未参加社会养老保险总人数的74.3%，“无所谓”的占24.2%；“没必要”的占1.5%；“您迫切需要参加社会医疗保险吗？”选择“是”的有53人，占未参加社会医疗保险总人数74.6%，“不是”的占25.4%。在目前仍未参加社会养老和医疗保险的3成多的被调查者，多是失业人员和工作不稳定的其他劳动者，他们及其家属迫切需要社会保障。

4．住房。被调查者中有69人（34.5%）把住房列为最需要解决的前三位问题之一，其中将其列为首选的占2%。调查数据显示，最需要解决住房的是失业人员和20～30岁年龄段的人，分别占该类人员的62.2%和该年龄段人数的52.1%。失业人员连基本生活来源都无法保障，住房问题又怎能解决呢？20～30岁这个年龄段的人一般工作时间不长，家庭积累不多，只有采取信贷消费，才能购房。但有的年青人工作不稳定，收入又低，虽很需要购买住房，却因无稳定的工资收入来作信贷消费的保障，也只好是“望房兴叹”。怎样解决失业人员及低收入家庭的住房问题，值得政府及有关部门研究解决。

5．教育。这个问题被列为最需要解决的问题之一，被调查者中有 58 人将其列入前三位，占总人数 29%，其中有 21 人（10.5%）列为第一位最需要解决的问题。一部分市民之所以如此重视，究其原因：一是随着时代的发展，人们普遍认识到知识、技术的重要性；二是独生子女的父母都有“望子成龙”、“望女成凤”的愿望，故舍得智力投资，日子再苦也要省吃俭用供子女上学，甚至供子女上最好的学校；三是教育收费标准高、项目多，并呈逐年上涨之势，逐渐占据家庭支出的重要部分。尤其是对那些全家月收入不足 1000 元的低收入家庭，实难应付子女每年数千上万元的学费。他们迫切希望政府及有关部门能切实解决好教育收费高的问题。

6．就医。被调查者中有 57 人将此列为最需解决的前三位问题之一，占总人数 28.5%。广大市民对医院服务存在的收费和药费项目多、标准高、透明度低等问题，既十分担心，又无可奈何。因此，希望政府和有关部门加强对药品价格和医院收费项目、标准等的监管力度，合理降低药价和收费标准。

此外，提供生产经营信息和惩治腐败现象等，也是市民十分关注的问题之一。

“您最需要解决的问题是什么”调查问卷汇总表

单位：%

比例 最需解决的问题	合计	第一位	第二位	第三位
就业	47.0	41.0	4.5	1.5
养老保险	43.0	18.5	19.0	5.5
教育	29.0	10.5	15.0	3.5
就医	28.5	4.0	20.0	4.5
增加收入	80.0	23.0	24.0	33.0
住房	34.5	2.0	7.0	25.5
提供生产经营信息	6.0	0.5	3.0	2.5
其它	2.5	0.5	1.0	1.0

国务院关于同意广东省调整惠州市行政区划的批复

（2003年3月6日）

国函[2003]36号

广东省人民政府：

你省《关于调整惠州市行政区划的请示》（粤府[2003]19号）及有关补充报告收悉。现批复如下：

一、同意撤销县级惠阳市，设惠州市惠阳区。惠阳区辖原县级惠阳市的淡水、永湖、良井、平潭、沙田、霞涌、澳头、秋长、新圩、镇隆等10个镇。区人民政府驻淡水镇金惠大道。

二、将原惠阳市所辖的陈江、潼湖、潼侨、沥林、水口、马安、横沥、矮陂、芦洲、大岚等10个镇以及博罗县的仍图镇划归惠城区管辖。惠城区人民政府驻新联路。

上述行政区划调整所涉及的各类机构，要按照“精简、效能”的原则设置，所需经费和人员编制由你省自行解决。惠城区、惠阳区以及博罗县的行政区域界线，要按照有关规定及时勘定。

转发国务院关于同意广东省调整惠州市行政区划的批复

（2003年3月14日）

粤府函[2003]69号

惠州市人民政府，省府直属有关单位：

现将《国务院关于同意广东省调整惠州市行政区划的批复》（国函[2003]36号）转发给你们，请认真贯彻执行，并按规定办理有关手续。所需经费和人员编制，由惠州市自行调剂解决。

中共惠州市委　惠州市人民政府
关于开展创建文明小城镇活动的实施意见

（2003 年 3 月 17 日）

惠市委发[2003]14 号

为贯彻落实党的十六大和省第九次党代会、省委九届二次全会精神，实践“三个代表”重要思想，进一步推进城乡、区域协调发展，加快我市的城镇化建设步伐，决定以 13 个中心城镇为重点，在全市范围内开展创建文明小城镇活动。提出如下实施意见：

一、指导思想

高举邓小平理论伟大旗帜，以“三个代表”重要思想为指导，认真贯彻党的十六大和省第九次党代会、省委九届二次全会精神，促进社会主义物质文明、政治文明、精神文明建设协调发展，以全面建设小康社会，率先基本实现社会主义现代化为总目标总任务统揽工作全局，以创建文明户、文明家庭、文明小区为基础，以搞好城镇规划建设为龙头，以整治脏乱差为突破口，以思想教育、乡规民约、法规约束的有机结合为途径，因地制宜，分类指导，广泛动员、组织群众积极参与创建文明小城镇活动，力争建成一大批经济富裕，环境优美，秩序良好，文明向上的现代化城镇。

二、创建、评选范围

市级文明小城镇的创建、评选范围：第一批为中心镇；第二批为沿路、沿江、沿海城镇（符合条件的可参加第一批创建、评选）；第三批为山区乡镇。由各县（市、区）党委、政府遴选符合条件的城镇作为具体创建单位，并将创建名单报惠州市创建文明城镇活动领导小组办公室。

三、组织实施

（一）从市文明办、创建办、规划建设局、农业局、科技局、卫生局、爱卫办、综治办、计生局、文化局、教育局等部门抽调人员组成惠州市创建文明小城镇活动领导小组办公室（简称“市文明小城镇办”，设在市创建文明城市工作领导小组办公室，电话：2816910），具体负责创建市级文明小城镇活动的组织实施、评比表彰和动态管理等工作。

（二）各县（市、区）可参照市级文明小城镇活动的组织实施成立相应的创建机构。县（市、区）级文明小城镇的组织实施和命名、管理可参照本意见制定实施办法。

（三）创建活动要在各级党委和政府的统一领导下进行，纳入目标管理责任制，一起布置、一起检查、一起考核、一起总结。

四、创建标准

（一）班子建设

1、领导班子全面贯彻市委、市政府关于建设经济强市，创建文明城市、文明小城镇的战略决策，做到思想认识、实际工作、经费投入“三到位”，有创建规划和工作计划。

2、建立一把手负总责的创建领导机制，实行目标管理，建立既挂钩包片又有专人负责抓落实的工作机制，把创建实绩作为考核领导干部政绩的重要依据。

3、党政领导班子团结坚强，务实高效，遵纪守法，清正廉洁，公道正派，以身作则，勤政为民，党群、干群关系良好。

4、发动和引导广大群众积极参与文明小城镇创建活动，在活动中切实解决群众生产和生活中的各种困难和问题，每年都抓好若干个项目为群众办好事实事。

5、本镇机关和站（所）全面实行政务公开制度，依法行政、依法管理，做到民主决策、民主管理、民主监督。

（二）规划建设

1、高起点规划。城镇规划适度超前，规划科学、布局合理、功能完善。对城镇建设的布局、土地资源的使用、建设项目的安排进行统一规划，并严格按规划组织实施。按《城市规划法》和《城市规划编制办法》的要求，完成城镇总体规划的编制和修编工作，并按规定程序完成上报审批；近期规划用地范围内的新建和旧城改造地块要做好详细规划，并按规定程序完成审批工作；镇区范围近期内要完成1至2个中心村的建设规划。

2、高标准建设。新区要严格按规划建设，老镇区改造步子较大。城镇建设要有标志性道路、公园、广场、体育场、文化中心等，建设工程质量合格率达100%。从2003年2月起的城镇新建和旧城改造项目，按法定程序报批建率（含依法补办报批建手续）达100%。

3、高效能管理。城镇管理法规制度比较完善，管理机构和管理队伍比较健全，建立环卫队伍、绿化队伍、城管队伍、灭“四害”队伍等。管理机构内，中专以上技术人员达30%以上。

4、有多个高品位标志性建筑。

（三）经济发展

1、坚持以经济建设为中心，面向市场，发挥本地优势，选准发展经济的路子。依靠科技，实施工、农业产品名牌战略，产业结构合理，三大产业协调，贸、工、农协调发展。经济效益有较大提高，主要经济指标稳定增长，经济发展水平居于全市先进行列。

2、建立完善统分结合的双层经营体制，社会服务体系齐全，各种组织健全，各项工作管理制度落实，各项任务如期完成。

3、全镇人均收入逐年增长，达到全市平均水平之上。努力实现共同富裕，社会福利明显改善。

4、切实减轻农民负担，向农民收取的费用在改革规定范围之内。

（四）镇容镇貌

1、镇容镇貌整洁美观，有效治理“七乱”（乱摆卖、乱停放、乱堆放、乱搭建、乱丢、乱吐、乱张贴），落实“门前三包”（包卫生、绿化、秩序）。主要街道两侧有果皮箱。镇区清扫率达100%。取消垃圾桶，推行垃圾袋装化和上门收集，普及率达85%以上，垃圾日产日清，城镇建有垃圾卫生处理场，垃圾无害化处理率达到85%以上。建筑施工场地设隔离护栏。城镇卫生检查验收达市卫生城市标准。

2、镇区绿化美化较好，绿化覆盖率达30%以上，人均绿地10平方米以上。至少建有一个公园。连续5年以上无乱砍滥伐和随意侵占、破坏林地绿地现象。

3、环境保护达到国家规定标准，工业废水、废气、噪音得到有效治理。按省、市下达的计划完成生活污水处理厂；集中式饮用水源水质和地表水功能达标率均达95%以上；工业废水排放达标率达90%以上；危险物处理率100%。所辖区域建设项目“三同时”达到100%。推广使用清洁能源。

4、镇与镇、镇与村通硬底化道路。城镇所在地道路（含内街）硬底化率达90%以上，下水道覆盖率达90%，配套建设垃圾收集、运输、处理设施，镇区每平方公里不少于3座公厕，全部为水冲式三格化粪池厕所，有专人管理，并保持清洁。粪便无害化处理率达98%。

5、除“四害”（灭蚊、灭蝇、灭鼠、灭蟑螂）工作有一项达到省规定的标准，其它三项密度不超过省标准的三倍；镇建成区内不放养牲畜三鸟。

6、镇区自来水普及率为98%以上，水质合格率98%以上。

7、镇区建成农贸市场，地面硬底化，给排水设施配套完善，环境清洁，排水畅通，划行归市，高台摆卖；垃圾日产日清，公厕卫生符合要求；除害措施落实；交易秩序良好，食品卫生符合要求，坚决杜绝出售假冒伪劣商品。

8、交通设施齐备，标志、标线清楚，建有停车场，各种机动车和非机动车停放有序，交通秩序良好，交通事故得到有效控制。

9、影剧院、车站（或码头）、录像厅、舞厅、商场等公共场所开展健康教育宣传，有明显禁烟标志。

（五）社会治安

1、社会治安综合治理机构健全，人员落实，形成网络，社会治安综合治理领导责任制和目标管理责任制落实，打防结合机制完善；坚持依法治镇，依法行政，法制宣传教育经常化、制度化，认真完成普法任务。社会治安稳定，刑事和治安案件能及时组织侦破和调处。

2、坚决扫除“黄、赌、毒、黑、私”等社会丑恶现象，依法取缔邪教、非法宗教和封建迷信活动。镇辖区内无黄赌毒窝点，不发生重大、恶性事件，无流氓黑恶势力。

3、加强对出租屋和外来人员的管理，出租屋管理许可证核发率85%以上，外来人口《暂住证》、《流动人口婚育证明》申领率达90%以上。

4、文化市场管理严密有序，公共娱乐场所秩序良好。

5、建立“四长”（派出所长、法庭庭长、司法所长、国土所长）接访制度。做好人民调解工作，民事调解成功率不低于95%，无发生影响恶劣的群体性事件和宗族械斗事件。

6、维护妇女儿童合法权益，无虐待和拐卖妇女儿童、买卖包办婚姻现象。

（六）科教文卫

1、科技投入不断增加，对群众有计划地进行科普教育，积极推广农民致富实用技术。

2、普及九年制义务教育得到巩固提高，不断增加教育投入，改善办学条件。小学入学率100%，小学升初中率在98%以上，15周岁初等教育完成率100%；小学、初中辍学率分别控制在 0.11%和 1%以下。

3、基本普及高中教育；职业技术教育和成人教育成效显著。

4、中小学德育教育效果明显，有良好的校园校纪和师德师风，形成尊师爱生风气，师生无违法犯罪现象，无安全事故，无乱收费现象。

5、建有中心幼儿园，镇区幼儿入园率在 90%以上，农村学龄前儿童入园率达 70%以上。

6、镇文化中心达到省三级以上文化站的要求，公共文化、体育设施较为完善，30%的村建有文化室，经常开展各种文体活动。建有青少年和老年活动中心（室）。文物保护措施完善，无出现破坏文物的现象。

7、镇区内建卫生院，医疗卫生设备齐全，医护人员有良好的医德医风。镇村卫生站覆盖率达 100%，成为省级卫生镇。

8、镇建有计划生育服务所和婚育学校，开展计划生育技术服务、宣传教育、避孕药具发放等工作；服务所和婚育学校经市验收达到甲级以上标准。

9、建有有线电视前端和广播电视站，有线电视进村入户。

（七）社会风气

1、开展移风易俗教育，不搞封建迷信活动，婚事新办、丧事简办。制定完整配套的殡葬法规和管理制度，遗体火化率达到与上级政府签订殡葬管理目标责任书的任务目标。建公益性骨灰楼（山区镇除外），严禁骨灰入土（合法性公墓除外）。

2、计划生育实行规范化管理与服务，上一年完成上级下达的年度人口计划控制指标。计划生育合格村（居）委会达到 80%以上。

3、职业道德、社会公德、家庭美德以及村民教育有特色，成效好，镇内各基层单位普遍开展创“三优”（优质服务、优良秩序、优美环境）活动，“三优”水平有明显提高。镇区内主要地段设有社会公德宣传牌。

4、建有敬老院，并管理得较好。形成优抚、敬老、助残等风气，建立社会保障网络。

5、弘扬团结友爱、扶危济困、见义勇为、崇尚先进、邻里互助、家庭和睦等良好的传统美德。

6、广泛开展创建文明户、文明家庭、文明小区活动，活动开展率达 95%以上。

五、文明小城镇的评选、命名和表彰

（一）凡有创建规划、持续开展创建活动并取得显著成绩的城镇，均可向所在市、县（市、区）文明办申报，参加评选。评选工作以日常考察与集中验收相结合，上级部门考核、群众评议、社会监督相结合的方法进行。

（二）市级文明小城镇的评选、命名、表彰实行届期制，从 2003 年评选第一届开始，三年一届，使届期与乡镇领导班子的届期制一致。期满应重新申报，未申报或申报后未被批准的，不再享有文明小城镇的称号。（三）文明小城镇分市、县（市、区）两个级别，分别经市、县（市、区）文明委考核后，报请同级党委、政府批准命名。

（四）市级文明小城镇在县（市、区）级文明小城镇中产生。

（五）市级文明小城镇的评选程序为：

1、自评申报。申报城镇对照标准进行自我评估，认为基本符合条件的，向所在县（市、区）创建文明城镇活动领导小组办公室提出书面参评申请。

2、初评推荐。市创建文明城镇活动领导小组办公室根据县（市、区）创建文明城镇活动领导小组办公室的推荐，组织有关部门进行初评，初评合格的单位填写惠州市文明城镇推荐审批表，并附相应材料，由各县（市、区）文明委签署意见、加盖公章，汇总上报至市文明办。

3、考核验收。考核验收工作由市文明办负责。市文明办可委托各县（市、区）文明办组织实施，并在此基础上进行抽查验收。

4、审批命名。市文明办根据考核验收情况，经研究审核后，对符合条件的，由市文明委审核，报市委、市政府审批命名。

（六）在评选年度有下列情况之一者，不得参加本年度的评选：

1、计划生育工作不达标的；

2、发生重大治安案件、严重刑事案件、重大安全事故和领导班子主要领导发生严重违法违纪案件的；

3、出现与文明小城镇极不相符的事件与行为，造成恶劣社会影响的。

六、文明小城镇的创建管理

（一）对文明小城镇实行条块结合，以块为主，分级管理。市级文明小城镇委托所在县（市、区）文明办管理。

（二）各县（市、区）文明委、文明办负责对文明小城镇创建活动的日常管理，做好组织、指导、协调、检查、考评、建档等工作。

（三）对文明小城镇实行动态管理，凡符合标准的，保留称号。有滑坡现象的，视其情况予以通报批评、限期整改。有下列情况之一者，撤销其荣誉称号：

1、领导班子腐败行为严重的；

2、发生重大刑事案件的；

3、封建迷信、"黄赌毒黑"等丑恶现象得不到有效遏制的；

4、计划生育工作受"黄牌警告"的；

5、违反环保法、森林法和土地法规严重的；

（四）撤销荣誉称号的城镇，经两年以上时间创建，重新达到标准的，可在原级别重新申报。

中共惠州市委　惠州市人民政府关于加快民营经济发展的实施意见

（2003 年 4 月 25 日）

惠市委发[2003]16 号

为深入贯彻党的十六大和省第九次党代会精神，按照政治平等、政策公平、法律保障、放手发展的方针，促进我市民营经济快速发展，增强我市综合经济实力，根据省委、省政府《关于加快民营经济发展的决定》等法规政策，结合我市实际，提出如下实施意见：

一、落实公平待遇，力促民营经济发展

（一）要放宽投资领域和经营条件。除国家明确限制投资的行业和领域外，所有行业和领域以对国有资本和外资同等的条件和待遇对民营资本开放；鼓励民营资本投资我市的支柱产业、高新技术产业、现代服务业和医疗、卫生、科技、文化、教育、体育等领域以及城乡基础设施和公用事业建设，有关部门实行项目跟踪，提供优质服务；鼓励民营企业以收购、兼并、参股等方式参与国有、集体企业的改组改造，并享受国有和集体企业改革的优惠政策。

（二）要降低市场准入门槛，放宽注册资本限制条件，降低民营有限责任公司注册资本要求。申办民营有限责任公司的，其注册资本可以分期到位。下岗失业人员申办民营企业和个体工商户的，3 年内免征营业税、城市维护建设税、所得税和教育附加费，并免收属于管理类、登记类和证照类的所有各项行政事业性收费；服务性收费按低限标准收取。简化工商登记发照程序，个体户可在所属工商所登记发照，民营企业可在所属县（市、区）工商局（分局）登记发照；外地人员在我市开办个体业和民营企业，凭本人身份证到当地工商部门申办营业执照。除法律法规规定外，取消企业登记的前置审批条件，或改为后置审批登记备案制。

（三）各级管理部门要按照公开、公平、公正、竞争的原则，坚决取消体现所有制差别和不利于民营经济发展的政策和管理规定。民营企业进出口、用地、引进人才、办理证照、收费以及在科技经费、技改贴息等政府专项资金使用、进出口配额、出口退税、国内外经贸展洽活动摊位分配等方面，享受与其他所有制企业同等的待遇。

（四）各行政执法机关要切实保护民营企业的合法经营和权益。不得随意抓走民营企业法定代表人和技术业务骨干，不得随意冻结民营企业银行账号，不得随意查封民营企业帐册，不得堵塞民营企业流通渠道，不得侵犯民营企业合法权益，为民营经济发展保驾护航。

（五）要加强对民营企业的财政和金融支持。各金融机构要努力改善金融服务，努力为民营企业解决融资难题；帮助现有的信用担保公司完善担保条件，积极开展担保业务，有条件的民营企业可依法申请成立再担保机构，鼓励企业之间依法开展多种形式的互助性融资担保。对不以营利为主要目的的中小企业信用担保和再担保机构从事担保业务的收入，按国家规定从开展第一笔担保业务起 3 年内免征营业税。

从 2003 年起连续 5 年，市财政每年安排中小企业专项资金 1000 万元，建立中小企业发展基金，主要用于支持民营企业技术创新、中小企业信用担保体系建设、国家中小企业发展基金和科技型中小企业技术创新基金的配套资金等。

（六）各级党委、政府和各部门要按照多服务、少干预，多帮忙、不添乱，多设路标、不设障碍的要求，积极改进对民营企业的管理与服务。市、县（市、区）投资服务中心除对民营企业做好"一站式"服务外，要妥善处理民营企业投

诉，提供优质信息服务，每年结合“万众评公务”活动组织民营企业对政府各职能部门的管理和服务情况进行民主评议，并向社会公布评议结果。严禁对民营企业乱收费、乱罚款、乱摊派、乱拉广告、乱拉赞助。

二、发展园区经济，扩大产业规模

（七）要大力扶持民营工业园建设。各级政府要优惠提供土地，建设集生产和科研于一体的民营工业园，并制定相应的扶持措施，引导民营企业进入园区，促进民营科技企业向集约化、规模化发展。

（八）增加发展民营经济的土地供应。民营工业园和其他民营企业的重大项目用地，由市统一调剂安排用地指标，保障供给。新增建设用地有偿使用费市、县（市、区）留成部分，从2003年起5年内全部统筹用于促进民营经济的发展。

三、重点扶持四类民营企业和“民营企业100强”

（九）市财政从2003年起5年内，在原有基础上，每年增加安排科技三项经费300万元，重点用于扶持民营科技企业关键技术、共性技术的研发和中试等。

（十）从2003年起连续5年，市财政每年安排150万元，扶持外向型民营企业，用于设立中小企业开拓国际市场资金，资助民营企业参加各类国际展销会，采用国际标准，申报国外知识产权，建立国外营销网络和研发机构，开展进出口业务培训等。

（十一）市财政从2003年起连续3年，在按照国家和省规定设立再就业专项资金规模不变的基础上，每年增加安排再就业资金250万元，专项用于吸纳下岗失业人员就业的民营企业作为下岗人员的社会保险、岗位、就业服务、技能和创业培训等补贴以及下岗失业人员开办民营企业的小额贷款贴息担保。

（十二）实行市、县（市、区）按比例分担的办法，以贷款贴息为主要形式，支持民营企业从事农产品种养加工、深加工和保鲜技术的开发应用等；盐业管理部门对农产品加工所需食用盐列入计划，实行价格优惠和专户供应，大力扶持从事农产品加工的民营企业的发展。

（十三）工商、环保、卫生、国税、地税、质监等部门，从2003年起，对“民营企业100强”实行两年年检一次制度（质量、安全检测除外）。

（十四）公安、工商、国税、地税、劳动、卫生、环保、消防、质监、海关、检验检疫等行政执法部门要规范检查，对没有违法违规行为和不存在不安全因素的民营企业一般不随意检查。到“民营企业100强”检查，必须经该部门主管领导批准并出示有关文件、证件，否则企业有权拒绝检查。

（十五）公安部门要采取积极有效措施，方便和支持民营企业的法定代表人和员工申办商务往来港澳通行证及签注。“市民营企业100强”的正副董事长、总经理、业务骨干以及上年度纳税人民币10万元以上的民营企业的董事长、总经理可办理有效期1年以上的商务往来港澳通行证及签注。

（十六）民营企业在投资经营中碰到的重大问题，可随时向投资服务中心反映；“民营企业100强”的重大问题可以通过市个体私营办“坐直通车”直接向市政府反映，寻求帮助解决。

（十七）市外经贸部门、市个体私营办要积极协助有条件的民营企业申办进出口经营权，有关部门在安排广交会和其他国内外经贸展销洽谈活动摊位，市财政和税务部门在安排退税指标时，对民营企业要与国有、集体、外资企业一视同仁。

（十八）对民营企业引进符合我市人才引进政策规定的技术、管理人员，市、县（市、区）人事、劳动保障部门减半收费为其管理档案；公安部门准许其本人及其配偶、父母和符合计划生育政策生育的子女在企业所在地入户。

（十九）“民营企业100强”的法定代表人可参加市、县（市、区）政府召开的有关经济工作会议；非人大代表、政协委员的企业法定代表人应市、县（市、区）人大、政协邀请，可以列席所在市、县（市、区）的人大、政协会议。

（二十）公安、工商、国税、地税、劳动保障、规划、国土、卫生、环保、消防、质监、海关、检验检疫等行政执法部门和工商银行、中国银行、建设银行、农业银行、发展银行，应采取多种形式，每半年一次听取民营企业代表的意见和建议，积极帮助他们解决投资和生产经营中的困难和问题。

四、提高民营企业素质，增强我市整体竞争优势

（二十一）坚持定期评选“民营企业100强”制度。从2003年起每三年根据企业投资规模、产值或营业收入、利税和自主知识产权拥有量等指标，评选一次100强民营企业，并大力加以宣扬，推动100强民营企业上规模、上档次、上水平。

（二十二）鼓励民营企业成立研发队伍，实行科技创新，创立自主知识产权。从2003年起，个人和民营企业申请发明专利的，市专利部门按市政府颁发的《惠州市专利申请费用资助暂行办法》给予资助和奖励；对专利技术被授予“中国专利金奖”和“中国专利优秀奖”的民营企业，除省政府给予奖励外，市政府给予同等的奖金奖励。

（二十三）支持民营企业实施名牌战略。市有关职能部门应制定实施创建鞋、服装、电子、建材等行业的区域性品牌规划，工商、国土、规划、城监、文化等部门给予优先安排用地、优先办理证照手续、减半收取有关费用。从 2003 年起，市每年进行一次知名商标评审和名优产品评价，并在本市媒体予以免费宣传；市政府对获得中国驰名商标、省著名商标和市知名商标以及产品被评为中国名牌产品、省名牌产品和市名优产品的企业每项分别奖励 30 万元、10 万元和 3 万元；出口商品被列为国家商务部重点支持的名牌出口商品的民营企业，除省政府给予奖励外，市政府给予同等的奖金奖励。

（二十四）积极推动国有、集体、外资企业与我市民营企业之间，推动大企业、企业集团与中小企业之间开展多种类型的经济技术合作，逐步形成以大企业为主导、大中小企业专业化分工、产业化协作的产业组织体系，防止和减少恶性竞争，建立我市整体竞争优势。从 2003 年起，采取各种优惠措施，引导和推动 TCL、德赛、麦科特、华阳、百路宝等集团公司生产的成品、半成品以及零配件、原材料的加工和采购，优先与我市符合条件的民营企业合作，使大企业集团和民营企业相互促进，共同发展。

（二十五）进一步建立健全行业协会组织，广泛吸收民营企业加入行业协会，扩大行业协会的覆盖面和代表性。逐步赋予行业协会制定行业规范和标准，参与行业规划和资质审查，维护行业公平竞争和行业利益等职能，充分发挥行业协会的作用。加强行业协会自身的规范化建设，建立高素质的协会专业化管理队伍。2004 年以前，全市要基本完成各行业协会的组建工作。

五、完善民营企业的信息服务

（二十六）市、县（市、区）的投资服务中心应会同发展计划、商贸、信息产业等部门，运用现代电子信息手段，收集国内外及本市的经济信息、投资动态，高效率、全天候地为民营企业等投资主体提供投资项目、政策法规、企业供求等信息服务，引导企业正确选择投资方向、投资行业。

六、加强对民营经济的法律服务与支持，切实保护民营企业的合法权益

（二十七）各级法院应重视涉及民营企业的诉讼活动，对已经生效的判决要加大执行力度；各级检察机关应为民营企业预防犯罪提供条件，积极查处企业内部的侵权行为；公安部门应严肃处理侵犯民营企业权益的违法犯罪活动；司法部门应积极为民营企业提供法律服务和援助；各级法制机构应及时依法处理民营企业的行政复议申请、行政执法投诉，纠正违法行政行为，维护民营企业的合法权益。

七、加强对民营经济工作的领导

（二十八）各级党委、政府要把发展民营经济纳入国民经济和社会发展总体规划，加强与民营企业家的联系，尽快建立和完善各级民营经济管理服务机构，负责组织实施国家、省、市有关政策、法规。政府各职能部门要加强协调与协作，对民营企业进行指导与服务。鼓励和支持民营企业家参政议政，各级人大、政协要增加民营企业类别的代表、委员名额。鼓励支持民营企业和民营企业家参加各类评选活动。加强对民营企业家的培训，不断提高民营企业家素质，壮大民营企业家的队伍。积极开展民营企业的党建工作，促进民营企业健康发展。重视对民营企业的宣传和报道，加强正面宣传，为民营经济的发展营造良好的氛围。

各县（市、区）、市直各有关部门要按照本实施意见，抓紧制定具体的实施细则，付诸实施并加强监督落实。

中共惠州市委　惠州市人民政府
关于加快山区发展的实施意见

（2003年4月13日）

惠市委发[2003]17号

为贯彻落实省委、省政府《关于加快山区发展的决定》精神，开创我市山区工作新局面，推进区域经济平衡、协调发展，根据我市实际情况，现提出如下加快山区发展的实施意见：

一、加快山区发展的指导思想

以邓小平理论、党的十六大精神和“三个代表”重要思想为指导，以全面实现脱贫奔康为总目标总任务，在充分发挥山区人民内因作用的基础上，加大外部扶持力度，突出抓好以公路交通为重点的基础设施建设，大力改善山区投资环境；加快山区优势资源开发和产业发展，积极推进农业产业化、工业化和农村城镇化进程，全面提升山区生产力水平；坚持开发式扶贫的方针，加大扶贫攻坚力度；实行资源深度开发与环境保护相结合，切实加强山区生态屏障建设，促进山区经济社会全面进步。

二、加快山区发展的目标要求

按照省委、省政府提出的加快山区发展“五年打基础，十年上台阶”的要求，2003年至2007年，全市山区县、镇经济发展有所加快，财政状况明显好转；全面实现脱贫奔康，人民生活水平明显提高，贫困人口的比重大幅下降；以公路交通为重点的各项基础设施显著改善，形成较为完善的公路交通网络；农业产业化经营上新水平，产业结构进一步优化，二、三产业占GDP的比重有较大提高；生态建设和环境保护效果显著；教育科技文化卫生等各项事业全面发展。到2010年，山区经济社会发展迈上一个新的台阶，人均国内生产总值达到1665美元。

三、加快山区发展的具体措施

（一）加快山区交通基础设施建设。重点加大山区省道、县通镇公路、镇通镇公路的建设力度。提升省道、县道干线公路的技术等级，省道、县通镇公路达到重丘三级公路以上标准。2010年，镇通镇公路达到重丘四级公路以上标准，所有行政村公路基本改建为水泥或沥青路面。“十五”期间消灭省道、县道砂土路，用十年时间逐步改造乡道。建设资金采取争取上级交通主管部门补助一点，市财政拨一点，县和乡镇出一点的方式筹措。

（二）建设与改造山区农村电网。加快建设一批山区电网基础设施，改造山区110千伏及以下电压等级的电网，改善山区农村电网结构，实现城乡同网同价目标。“十五”期间将由广电集团投资，在龙门、惠东两县及惠阳、博罗的山区镇陆续新（扩）建和改造220千伏、110千伏输变电工程5宗，35千伏及以下输变电工程及输电线路1宗，新增主变容量3150千伏安，新建（改造）220千伏和110千伏输电线路170.8公里，35千伏输电线路27公里。

（三）加快山区水利基础设施建设。2003年，完成山区县、镇重点水利项目的前期准备工作，报省立项，尽量争取更多项目列入省水利发展“十五”计划并按新标准给予补助。2007年前完成龙门、惠东两县水利规划。新建水库6座，综合治理小流域6个，基本解决全市困难镇的饮水难问题，完成山区小型水库除险加固工程87宗、防洪除涝工程7宗、灌区改造工程7宗、机电排灌工程279宗、山区供水项目18宗。

（四）推进山区信息化建设。利用广东省发展山区信息化专项资金，扶持山区普及邮政、电信、宽带网络，实现“网络到镇，信息到村”。2005年前在山区基本形成包括邮递、金融、集邮、邮政在内的综合业务体系；2007年前，全面建立山区农话网络，移动通信人员覆盖率达到100%。全部山区镇配备计算机并实现终端设备上网，县、镇两级政务实现信息化管理。建立县、镇、村三级综合信息服务体系，山区各行业信息上网流通，完成惠东鞋业数据库及电子商务平台、惠东水产养殖信息服务网站、龙门农副产品信息与技术服务网站、山区旅游信息服务网站等建设项目。

（五）进一步调整山区农业结构，推进农业产业化经营。积极实施省人大“一乡一品”议案，抓好山区农产品生产基地建设；5年内粮经比例由目前的5∶5调整到4∶6。贯彻落实推进农业产业化的各项政策，扶持山区农业龙头企业发展；制定优惠政策，引导和支持民营经济投资兴办农业龙头企业，鼓励农民入股参与产业化经营，鼓励发达地区涉农企业与山区农业龙头企业联合经营农产品加工与流通业；利用山区资源优势，发展标准化生产，2004年完成山区重点农作物生产技术规程及产品质量规程的制定工作；分期分批培训农业龙头企业管理人员。

（六）抓好山区农产品市场体系建设。支持山区大力发展农产品深加工工业，搞好农产品分类、包装、储运、销售等市场配套设施建设。山区县及中心镇2～3年内要有规划地改造和提升农村集贸市场，建立一批农产品中高级批发市场；加快供销社系统的改革与发展步伐，充分发挥其在加快山区流通业发展中的积极作用；在满足农业生产和农民多样化需求的同时，依托现代流通网络发展订单农业。市将协助山区举办具有地方特色的展销会、推介会、洽谈会、艺术节等市场开拓活动，加强山区与发达地区的经贸联系和经济技术合作，带动山区的资源开发和产业升级。

（七）加快山区工业发展。市政府将积极引导和扶持珠江三角洲地区及本市的大企业向山区县、镇转移部分产业或生产基地，把发达地区企业的技术、管理、营销、品牌、资金等优势与山区的资源优势、成本优势结合起来，推动山区工业发展。山区要大力改善投资软硬环境，营造土地、水电、厂房设备及用工的低成本优势，制定优惠政策，接受发达地区的产业转移。积极争取珠三角发达地区乃至全国的企业到山区县、镇合作造林，建设工业原料基地。

（八）大力发展山区特色旅游服务业。2002年至2007年，以龙门县、惠东县部分山区镇为重点，结合地方特色、文化内涵、生态环境等优势，重点发展山区旅游业，并以此促进一、二产业发展。发展山区旅游业坚持走政府引导、以企业投入建设和经营为主的路子，市财政将视财力情况逐步增加对山区旅游业的投入，以旅游扶贫的形式重点扶持山区的旅游基础设施建设。

（九）加大对山区县的财政支持。2002年至2007年，市财政补助惠东和龙门两县财政各以1000万元为基数，以后每年根据市级财力情况，逐年增加补助数额。对惠东、龙门尚未偿还的市级财政周转金70%予以减免，占用费全部减免。对山区“普九”期间形成的历史债务，在争取省支持的基础上，采取市、县（区）、镇三级合理负担的办法逐步解决，市财政将配合教育部门及乡镇政府，全力征收教育附加费用于偿债。

（十）加快山区科技进步。各类科技计划项目的立项适当向山区倾斜。逐年增加科技预算资金，重点支持山区的火炬、星火、成果推广等各类科技项目的发展。5年内，在全市40个山区镇新建4个区域性良种推广中心站并实现网络互通，山区良种推广面积达95%以上。加大力度向山区推广农业先进适用技术，扶持一批优秀科技项目实现产业化。筹建惠东民营科技园，争取将其纳入广东省民营科技园组建计划。围绕畜牧、水产、林产、蔬菜、水果、茶叶等农业产业化发展需要，选择有示范带动作用的企业或场区组建农业科技园，申报省级农业科技园。选择吉隆、黄埠两镇作为专业技术创新试点镇，加快建立技术创新体系，组建市、省级农业科技创新中心和相关的服务机构，全面提升其产业结构和科技开发水平。加强科技培训，5年内有计划地培养一批农业科技研发、咨询、推广和服务人才，山区县级及镇农技推广人员100%和80%达到大专以上学历。“十五”期间力争使山区每10户农户中有一名“绿色证书”持有者，80%以上的农民接受过科技培训。

（十一）加强山区基础教育建设。进一步加大山区教育尤其是基础教育的投入力度，重点改造山区薄弱学校。鼓励社会力量、外商和个人在山区办学。认真落实免收农村困难家庭子女义务教育阶段学杂费政策，确保每个贫困家庭的子女都能享受义务教育。按照“以县为主”的原则进一步理顺农村基础教育管理体制，按照合理布局、提高规模效益的原则对山区教育资源进行整合，解决农村办学过程中遇到的困难和问题。加快培训山区教师队伍，提高师资水平。积极推进山区素质教育，逐步建设山区中小学电脑室与校园网，支持山区中小学推进信息技术教育和英语教育。

（十二）对山区劳动力进行技能教育和岗前培训。积极筹措资金培训山区劳动力。2003年到2005年，每年资助280名人均收入1500元以下家庭子女中的初高中毕业生免费入读技工学校。2003年至2007年，每年免费对700名贫困家庭子女进行岗前短期职业实用技能培训。2003年至2006年，每年转移农村劳动力1.5万人。

（十三）加快山区文化卫生事业发展。促进山区普及广播电视，2003年消灭本市地方广播电视覆盖盲区；加快山区文化设施建设，积极开展送科技、卫生、文化“三下乡”活动，向农村社区推广健康向上的社区文化，丰富农民群众的业余文化生活。加强基层计生服务站（所）建设。2004年前解决部分山区卫生院的危房及常规急救、检验和产科医疗设备配备不齐的问题。加强医疗卫生队伍建设，对40岁以下中专学历或初级职称的医护人员分批进行大专学历培训，县级医院和镇卫生院的医生力争分别于2005年和2008年前全部达到大专以上学历，2010年农村卫生站所有乡村医生完成向执业医师或执业助理医师的转变。帮助山区推进医疗服务体系建设，2002年至2006年全市乡镇建立起合作医疗保障制度，保障人口覆盖率达60%，2007年至2010年力争达到85%。

（十四）加强山区生态建设与环境保护工作。搞好山区生态屏障建设，加强对古田、南昆山、罗浮山、象头山等重要生态功能区的保护，重点抓好东江、西枝江流域地区水源涵养林、生态公益林的建设和保护。加大对山区环保基础设施建设的投入，重点加强对饮用水源、农业生产环境和自然资源的环境保护，2005年，山区县城镇生活垃圾处理厂和生活污水处理厂首期工程建成并投入使用，城镇生活垃圾得到有效处置，城镇生活污水处理率达50%以上。山区在承接发达地区的产业转移时，要严禁在饮用水源保护区和自然保护核心区兴办污染企业。轻纺、矿冶、水泥、造纸等利用山区资源的企业必须达到国家规定的建设规模和环保标准。列入省、市重点的工业污染源的污染物排放在2005年前全面达标，并实施在线自动监控。到2007年，工业污染源排放全面达标，生态环境破坏得到有效遏制，环境保护能力明显提高。

（十五）加大扶贫开发工作力度。扶贫开发工作向革命老区、水库移民区和少数民族地区重点倾斜。认真组织开展“大禹杯”竞赛活动，抓好欠发达地区的农田基本建设，每年争取在两个山区县选择3～4个参赛项目列入省的扶持范围，加快改善这些地区的农业生产条件。继续实施“帮村富民”工程，加强对贫困村干部的农业科技、经济管理等知识培训，提高村级集体带动农民脱贫致富的能力。扶持山区贫困村发展集体经济，采取合作制或股份制的投资和经营形式兴办小水电、龙头企业等集体经济脱贫项目，争取在2005年使贫困村的集体经济年净收入达到3万元以上。加快解决水库移民的历史遗留问题，力争用10年的时间基本解决省属水库移民和市县面上水利移民的危房、饮用水、道路交通等问题，使移民的生产生活条件根本改善，生活水平达到移民安置地农村人口的平均水平。继续落实好贫困山区农户的“四个一”（有一块“保命田”，输出一个劳动力，挂上一个龙头企业，学会一门实用技术）工程，2005年基本解决人均年收入1500元以下的贫困户的脱贫问题。

（十六）对山区建设用地实行政策倾斜。改革现行征地办法，山区工业用地按项目落实和资金投入情况，分年度分批次征地。山区工业和城镇建设等非农建设用地指标，以县为单位，在确保生态环境不受破坏和耕地占补平衡的前提下，优先安排、优先审批。山区县非农建设项目凡落实的，经市批准，在一定时限内可先占用耕地，耕地补充开垦费可以缓缴。优先安排山区补充耕地易地开发项目。进一步简化现行用地审批程序，城镇建设规划范围内的项目用地，涉及农地转用和征用土地审批的，上报审批用地只需申报农地转用和征用土地手续，不需要具体项目材料，山区县用地材料上报市国土资源局5个工作日内审查办毕。已办理农地转用和征用审批手续的用地，具体安排项目的审批权下放给县镇。山区重点工程项目急需用地的，在一定条件下允许其控制性工程先行开工用地后补办手续。加快旧城旧厂矿和旧村庄改造，允许在符合规划的前提下通过土地置换、归并方式调整使用土地；搬迁改造旧村庄需占用农用地的，经山区县人民政府批准，可用新增耕地面积的60%置换。允许集体建设用地在一定范围内流通。基础设施建设和工业企业使用集体土地，只要投资方和地方协商同意，允许集体土地租赁或作价入股。从2003年开始，山区土地有偿使用费、耕地开垦费省、市留成部分全部留给山区县。

四、加快山区发展的组织领导

（一）抓好统筹协调，加强对山区发展工作的领导。市成立加快山区发展工作领导小组，由市委、市政府领导任正副组长，市直有关部门领导为成员；领导小组下设办公室，与市扶贫开发领导小组办公室合署办公，负责加强对山区工作的指导，组织协调有关工作的开展，并检查督促山区政策的落实。山区发展工作任务较重的地区要根据工作的需要成立相应的组织领导机构。市直各有关部门要把支持山区发展作为义不容辞的职责，结合部门工作实际，抓紧制定支持山区发展的具体实施意见和配套政策。要继续开展“结对子”帮扶活动，以帮助农民群众解决“八难”问题为切入点，帮助改善贫困山区农民的生产生活条件，推动贫困山区经济发展。各部门要指定一名党政领导负责对贫困村的帮扶工作，制定5年帮扶规划，逐年实施，县（市）要统筹协调各镇、村的帮扶工作，市对各部门扶持山区的资源进行必要的整合，统筹起来形成合力，并及时总结帮扶工作中的经验与教训，不断提高帮扶水平。

（二）多方筹措资金，增加对山区经济发展的实际投入。加快山区发展是一个长期的工作任务，是一个庞大的系统工程，需要大量的人力、物力、财力投入，依靠省、市政府的财政拨款不可能解决所有问题，山区的开发必须采取政府引导，企业运作的方式进行。山区各级领导要克服“等、靠、要”等无所作为的思想，依靠广大干部群众自身的力量克服困难，充分发挥主观能动性，挖掘民资，引进外资，动员群众出资，多渠道筹措资金，但严禁任何单位向山区的企业乱摊派、乱收费、拉赞助，对山区的各种不合理收费要彻底清理。山区要解放思想，发扬自力更生，艰苦奋斗，真抓实干的精神，把每一分钱都用在发展山区经济这个刀刃上，发挥出最大的效益。

（三）加强干部队伍建设和基层组织建设，提高对山区发展的实际领导水平。山区各级党委、政府要把加快山区发展作为首要任务，按照“三个代表”的要求搞好班子的建设，不断增强执政能力、科学决策能力、自主创新能力、驾驭复杂局面解决复杂矛盾和处理实际问题的能力，切实提高对经济工作的领导水平。要加强农村基层组织建设，选配好镇、村两级领导班子，加强对镇、村基层干部的培训，提高他们带动群众发展经济的实际能力，增强农村基层党组织的战斗力和凝聚力。进一步加大干部交流的力度，从市直机关和发达乡镇抽调一批具有开拓创新精神、政治素质好、工作能力强、政策水平高、年富力强的优秀干部，到山区县、镇担任领导职务，推动山区工作的开展。

（四）狠抓落实，打好山区经济发展的基础。上年省里出台了一系列加快山区和贫困地区经济发展的政策，各级、各部门要分门别类地做调查研究，根据省的山区政策出台后的新情况，加紧对山区原有的一些发展规划进行调整。对一些具体的建设项目，要根据需要与可能，分出轻重缓急，突出有造血功能的项目，拿出可行性方案，做好向省申报前的准备工作，尽量争取道路、水利、教育、卫生等困难较大的部门能有更多的项目纳入省的山区建设规划。对山区配套产业的发展要抓紧研究资金的筹措办法，花大力气做好工业、农业和旅游项目的招商引资工作。加快山区经济发展要全力争取群众的理解与支持，各山区县、镇，市直各相关部门要协调做好对群众的宣传、教育、发动和组织工作，让发展意识、机遇意识、自力更生和艰苦奋斗的意识深入人心，成为改变山区生产生活环境的持久动力，推动山区全面脱贫奔康目标的早日实现。

附：全市山区镇一览表

附：

全市山区镇一览表

（共40个）

惠阳市（5个）：

横沥镇、矮陂镇、大岚镇、芦岚镇、芦洲镇

惠东县（10个）：

增光镇、多祝镇、松坑镇、石塘镇、新庵镇、高潭镇、马山镇、宝口镇、安墩镇、白盆珠水库管理区

博罗县（10个）：

公庄镇、麻陂镇、石坝镇、柏塘镇、响水镇、横河镇、泰美镇、平安镇、长宁镇、福田镇

龙门县（15个）：

龙城镇、王坪镇、平陵镇、龙江镇、路溪镇、龙华镇、沙迳镇、永汉镇、麻榨镇、铁岗镇、左潭镇、地派镇、天堂山镇、蓝田瑶族自治乡、南昆山生态旅游管理区

关于修改《惠州市改善外商投资环境若干规定》的通知

惠府〔2003〕14号

各县（市、区）人民政府，市府直属有关单位：

市人民政府决定对《惠州市改善外商投资环境若干规定》（惠府〔2000〕48号）作如下修改：

一、第三条第一段“行政公示”修改为“政务公开”；删除第二段“市、县（市、区）人民政府相关工作部门应坚持每个星期一天联合办公的制度”。

二、删去第六条第一项中的“基建类及第三产业生产性”这11个字。

三、第六条第八项修改为：“工商行政管理部门对外商投资企业的名称核准，应在1个工作日内完成；为其办理开业、变更登记，应在2个工作日内完成。”

四、第九条第一段“应严格依法进行”修改为“应严格依照《惠州市控制对企业进行经济检查的暂行实施办法》（惠府〔2002〕19号）进行”。

五、第十八条修改为：“市人民政府授权市投资服务中心监督投诉站，负责对外商投资企业投诉的处理。市投资服务中心监督投诉站应向社会公布投诉电话。各县（市、区）人民政府应参照办理。

市投资服务中心监督投诉站接到投诉后，应视具体情况分送有关部门处理，并负责督促办理。

具体承办外商投资企业投诉的部门，应按照《惠州市行政执法投诉办法》第十四条规定的办理时限将受理事项办理完毕。”

本通知自2003年3月10日起施行。

《惠州市改善外商投资环境若干规定》根据本通知作相应修改后重新公布。

二〇〇三年二月二十六日

惠州市改善外商投资环境若干规定

（2000年3月2日市人民政府以惠府〔2000〕48号发布。根据2003年2月26日市人民政府《关于修改〈惠州市改善外商投资环境若干规定〉的通知》修订）

第一章　总　　则

第一条　为改善外商投资环境，保护外商投资企业的合法权益，提高利用外资的规模和水平，促进我市对外开放和经济发展，根据国家、省的有关规定，结合本市实际，制定本规定。

第二条　各级人民政府及其所属部门，以及有关公用事业组织，在办理外商投资企业审批、实施收费、执法检查及其他与外商投资企业有关的活动时，均应遵守本规定。

本规定所称外商投资企业，包括中外合资企业、中外合作企业和外商独资企业。

第三条 各级人民政府及其所属部门，以及有关公用事业组织，在办理外商投资企业的事务时，应当坚持方便、快捷、高效的原则，实行政务公开和服务承诺制度，公开办事程序。

对外商申请设立外资企业实行一个窗口服务制度，为外商投资企业办理相关审批事项和有关手续。

对外商投资企业的审批、登记等事项，应优先办理，急事急办，对符合条件，又在本级政府、本部门办理权限内的，不得以任何理由拒绝、拖延为其提供服务。

第四条 各级人民政府和企业可结合实际，对引进外资工作做出突出贡献的境内外法人或者个人授予一定的荣誉或颁发一定数量的奖金。

第二章 对外商投资企业的审批

第五条 有关部门在办理外商投资企业的审批事项时，应当一次告知开办外商投资企业应具备的条件、所需的资料及文件，对具备条件、资料及文件齐备的，应当在规定的时限内，完成审批手续并提供相应的服务。

第六条 各级人民政府所属或国家、省派驻本市的下列各部门，办理外商投资企业的审批事项，在权限内的应在本条规定的时限内完成：

（一）计划部门或者有关部门，对开办外商投资企业申请人提交的中外合资、中外合作经营项目的项目建议书及外资项目报告，凡符合国家法律、法规、规章和政策规定的，应在2个工作日内审批完毕；可行性研究报告或者项目建议书与可行性研究报告合并审批的应在4个工作日内完成。

（二）经济贸易管理部门或者有关主管部门，对开办外商投资企业申请人提交的现有企业利用外资项目的项目建议书和可行性研究报告，应在3个工作日内完成审批。

（三）对外经贸主管部门，对开办外商投资企业申请人提交的中外合资、中外合作经营企业合同、章程及外商独资企业章程，应在3个工作日内完成审批；颁发批准证书，应在1个工作日内完成。

（四）涉外建设项目安全选址部门，对开办外商投资企业申请人提出的安全选址要求，应在2个工作日内完成审批。

（五）国有资产管理部门，对中方拟投资资产产权的界定，及对资产评估立项的审批，应在2个工作日内完成；审批确认评估结果并出具确认函，应在4个工作日内完成；办理国有资产产权登记发证，办理国有资产划转审批并发通知书，应在1个工作日内完成。

（六）国土行政主管部门，对开办外商投资企业申请人提出的土地评估，应在5个工作日内完成；用地项目使用原有建设用地的，应在10个工作日内完成审批手续；使用新增建设用地的，应指派专人负责，依法尽快办理用地审查报批手续。

（七）环境保护管理部门，对开办外商投资企业申请人提交的项目建议书出具环境保护意见，应在3个工作日内完成；对环境影响报告表（书）批文，应在10个工作日内完成；审查环境保护设施竣工报告并核发排污许可证，应在15个工作日内完成。

（八）工商行政管理部门对外商投资企业的名称核准，应在1个工作日内完成；为其办理开业、变更登记，应在2个工作日内完成。

第七条 各级人民政府所属或国家、省派驻本市的下列各部门，为外商投资企业办理以下审批事项，在权限内的也应在规定的时限内办结：

（一）质量技术监督部门对申报全国组织机构代码赋码的外商投资企业发放代码证书，应在2个工作日内完成。

（二）财政部门为外商投资企业办理财政登记，应在2个工作日完成。

（三）税务部门为外商投资企业办理税务登记，应在2个工作日内完成；对增值税一般纳税人的确认，应在5个工作日内完成。

（四）海关为外商投资企业办理企业报关手续的注册登记，应在2个工作日内完成；办理进出口货物报关，应在2个工作日内完成；办理加工贸易合同备案和减免税备案及征免税证明手续，应在3个工作日内完成；

（五）出入境检验检疫部门，对外商投资企业申报备案的，应即时办理；普惠制产地证书签证，应在1个工作日内完成；对进出口商品的检验和对外商投资企业进口设备的检查、鉴定、评估，必须按规定的工作流程时限完成。

（六）公安消防部门对外商投资企业的消防审查，应在5个工作日内完成并批复。

（七）卫生部门对外商投资企业申报的预防性卫生监督的审批，应在5个工作日内完成，并办理完相关证件。

（八）外汇管理部门及有关金融机构，为外商投资企业办理《外商投资企业外汇登记证》、开立外汇帐户、外债变动登记业务，应在1个工作日内完成；对其符合国家有关规定的结、售汇及外汇汇入、汇出，应及时予以办理。

（九）电力部门对外商投资企业提出的用电申请，应及时予以答复；对申请使用低压电的，应在10个工作日内批复；

对申请使用高压电的，应在 30 个工作日内批复；因维修设施等原因需计划停电的，应提前 7 日予以通知或者进行公告；有关供电设施发生故障的，维修人员应及时到场，尽快修复。

（十）对外商投资企业提出的供水、供气申请，凡手续完备、资源条件允许的，有关主管部门或单位应在 5 个工作日内完成审批；需要计划停水、停气的，应提前 48 小时通过新闻媒介发布通告；因事故停水、停气的，一般应在 36 小时内抢修完毕。

第八条 有关部门办理外商投资企业事务时，因不可抗拒原因确实不能在规定的时限内完成的，应经本级人民政府批准，方可延长时限，并向外商投资企业作出书面解释。

第三章 对外商投资企业的检查与收费

第九条 各级文化、公安、税务、财政、卫生、劳动、环保、工商、消防、物价等部门依法确需对外商投资企业实施检查的，应严格依照《惠州市控制对企业进行经济检查的暂行实施办法》（惠府〔2002〕19 号）进行，不得干扰企业正常的生产和经营秩序。

各部门对外商投资企业实施一般性的工作普查和有关部门组织的对外商投资企业的较大规模的或综合性的检查，必须事先征得同级人民政府同意，未经同意的，不得进行。禁止打着“加强监管，严格执法”的招牌对外商投资企业进行多层检查、重复检查和交叉检查。

第十条 对外商投资企业的收费必须依法进行。确应收费时，收费人员应出示物价部门核发的《收费许可证》和《收费员证》，填写物价部门监制的《企业交费登记卡》，并使用由财政部门统一印制的收费票据。对纳入“一个窗口”收费的项目应严格按照“一个窗口”收费规定执行。否则，外商投资企业有权拒绝交纳。

《企业交费登记卡》由企业保管，各级物价部门会同有关部门根据《企业交费登记卡》对收费情况进行审核，发现违法行为的，依法予以查处。

第十一条 有关部门对外商投资企业违法违规行为的处罚，要做到证据确凿，事实清楚，定性准确，处罚恰当，依法实施。外商投资企业对处罚不服的，可依法申请行政复议或者提起行政诉讼；不愿通过行政复议、诉讼途径解决的，可按照《惠州市行政执法投诉办法》规定的投诉办法解决。

第十二条 禁止任何单位和个人以任何名义和形式向外商投资企业进行各种摊派；不得强迫或者变相强迫外商投资企业提供各种赞助、捐赠。需要由外商投资企业赞助、捐赠的，由市、县（市、区）委、政府统筹办理，并向外商投资企业发出赞助、捐赠通知书，没有市、县（市、区）委、政府发出的赞助、捐赠通知书的，外商投资企业有权拒绝交纳。

第十三条 吸收外商投资企业或者外商参加各种社会团体的，均应实行自愿原则；向参加者收取的费用，法律、法规、规章有规定标准的，应严格按照规定标准收取，无规定标准的，不得收取。

第十四条 凡在本市注册的外商投资企业，在使用供水、供电、供气、排水、通讯、交通等基础设施方面，均应与市内其他企业享受同等权利，执行统一收费标准；在金融、保险、劳动用工、咨询、评估、产品设计、广告宣传等社会服务收费及过桥、过路、城市管理收费方面，均应执行与市内其他企业统一的收费标准。

第十五条 外商投资企业在生产经营中，涉及实行计划管理的产品、原材料、交通运输、流动资金贷款等安排时，享有与本市其他企业同等的权利。

第十六条 在本市投资的外商，其住宿、就医、子女就学、购置物业、购买车船票、机票和旅游景点门票时，有关部门应对其执行与市内居民统一收费标准。

第四章 对外商投资企业合法权益的保护

第十七条 外商投资企业的合法权益受法律保护，任何单位和个人不得侵犯，其合法权益受到侵犯时，有权向各级人民政府设立的外商投资企业投诉受理机构进行检举、控告和投诉。

第十八条 市人民政府授权市投资服务中心监督投诉站，负责对外商投资企业投诉的处理。市投资服务中心监督投诉站应向社会公布投诉电话。各县（市、区）人民政府应参照办理。

市投资服务中心监督投诉站接到投诉后，应视具体情况分送有关部门处理，并负责督促办理。

具体承办外商投资企业投诉的部门，应按照《惠州市行政执法投诉办法》第十四条规定的办理时限将受理事项办理完毕。

第十九条 有关部门在处理中外合资、合作企业的经济纠纷时，对中方投资者原有的债务纠纷或者其他经济纠纷，凡法律、法规及有关司法解释无明确规定的，不得责令合资企业承担连带责任；确需查封、扣押、划拨企业财物的，应严格依法进行；不得随意查封外商的汽车、住宅等个人财产。

第二十条 中外合资、合作企业中中方的上级主管部门，应通过中方董事传达对企业的意见、建议，不得违法干预企业正常的生产经营活动。

第五章　对相关部门工作的监督检查

第二十一条　由市政府办公室牵头，监察局、法制局和各有关部门参加的市改善投资环境监督检查小组，负责对各级人民政府涉及外商投资企业管理部门的行政执法、管理服务问题进行监督检查，对发现的问题，责令限期改正，必要时对检查情况和存在的问题应予以通报；对情节恶劣，造成严重后果的，应依法追究直接责任人员及其主管人员的责任。

第二十二条　有关部门的工作人员，有下列行为之一的，将其调离涉外工作岗位，并由其所在单位或者上级主管部门给予批评教育或者行政处分，情节严重，构成犯罪的，由司法机关依法追究刑事责任；对典型案件，新闻媒体应予以曝光：

（一）利用工作之便，向外商投资企业索取财物的；

（二）未按本规定第五条规定履行告知义务的；

（三）未经批准，擅自延长办理外商投资企业事务时限的；

（四）未在规定时限内办理完审批、登记等事项，又未向外商投资企业说明理由的；

（五）其他刁难外商投资企业的行为。

第六章　附　　则

第二十三条　香港、澳门、台湾同胞以及海外华侨在本市投资开办的企业和来料、来件、来样、补偿贸易企业适用本规定。

第二十四条　本规定自发布之日起施行。

惠州市人民代表大会常务委员会工作报告

——2003年5月27日在惠州市第九届人民代表大会第一次会议上

惠州市人大常委会副主任　欧　珍

各位代表：

现在，我受市委书记、市人大常委会主任肖志恒同志的委托，代表惠州市第八届人民代表大会常务委员会，向大会作工作报告，请予审议。

五年来主要工作回顾

惠州市八届人大常委会于1998年6月开始履行职责。常委会任期的五年，是我市社会主义现代化建设事业取得显著成绩的五年，也是我市人大常委会依法履行职责，与时俱进，努力进取，各方面工作取得重大进展的五年。五年来，常委会在中共惠州市委的领导下，高举邓小平理论伟大旗帜，努力实践“三个代表”重要思想，认真履行宪法和法律赋予的职责，主要做了如下工作：

一、以营造文明法治环境为目标，积极推进依法治市工作

营造文明法治环境，是市委提出的目标要求。五年来，人大常委会在营造文明法治环境、推进依法治市工作中充分发挥了主导作用。

努力推进全民法制宣传教育深入开展。常委会以领导干部学法和基层普法为重点，深入推进法制宣传教育工作，使干部学法形成制度化和经常化。五年来共举办了市直机关正科级以上领导干部法制讲座9期，参加人数6000多人次，邀请专家学者讲授了依法治国理论、宪法、刑法、香港基本法、澳门基本法、世贸规则、职务犯罪预防等34个专题；指导普法机构开展了4次包括市级领导在内的各级干部共20多万人次参加的干部年度统一法律考试，使干部队伍的法律意识和法制观念不断增强，依法决策、依法行政、依法管理水平不断提高。与此同时，常委会还大力推进基层普法工作，深入

开展面向基层的“法律进万家”活动，实现了每个行政村有一个法制宣传栏，每个城乡家庭、机关干部、在校学生、外来工有一本普法手册，每间中小学聘有一名法制副校长（法制辅导员）的工作目标，送法下乡、法律咨询、法律知识竞赛等活动也在城乡广泛开展，基层普法工作在广度和深度上取得了新进展，广大基层干部群众学法守法的自觉性和依法维护自身合法权益的能力有了较大提高。

努力推进行政执法责任制的不断落实和完善。按照市依法治市工作领导小组关于全面实行行政执法责任制的部署，常委会把全面落实行政执法责任制作为推进依法治市进程的一个重要工作来督办。通过听取和审议专题汇报、深入基层调查研究、开展多次专项视察检查、召开督办会和经验交流会等形式，推动了市、县两级政府各部门、全市各乡镇政府（办事处）全面建立了行政执法责任制。会同市政府制定了一系列相关规范性文件，对政府机关进行了行政执法考评，有力地促进了执法责任制的落实和完善。常委会还着力推动行政审批制度改革，推进政权机关政务公开，督促行政执法部门清理、清退了一批从事执法工作的合同工、临时工。会同市、县两级政府清理了一大批规范性文件。组织人大代表对有关部门“万众评公务”活动后的整改工作进行了视察检查，督促他们完善管理机制，改善政务环境。

努力推进基层民主政治建设和专项治理。为推进农村基层民主政治和政权建设，常委会认真贯彻实施村民委员会组织法和省实施办法、省村民委员会选举办法，深入各地农村检查指导撤区设村民主选举工作，积极推进民主选举、民主决策、民主管理、民主监督和政务公开、财务公开的落实。配合市委对首届村民委员会的选举工作进行了检查验收，确保了全市理顺农村基层管理体制工作的顺利完成，维护了村民的民主权利，促进了农村基层的稳定和发展。此外，常委会还在各项专项整治工作中积极发挥监督推动作用。加强了对“重典治乱”工作的监督检查，推动了严打整治斗争的深入开展，促进了重点地区的整治和重点问题的解决。为配合全国整治市场经济秩序和社会治安秩序的深入开展，常委会安排了近两个月的时间检查了全市“两项整治”工作情况，促进了全市市场经济秩序和社会治安秩序的持续好转。

二、切实加强对“一府两院”的监督，努力推动依法行政、公正司法和社会经济发展

常委会坚持“抓住本级、深入实际、突出重点、督促整改”的工作方针，增强监督力度，提高监督实效，监督工作取得了新进展。

加强了对法律法规贯彻实施的监督。常委会重点开展了环境保护法、城市规划法、科技进步法、科技成果转化法、教育法、省法律援助条例、社会力量办学条例等48部与我市经济发展和群众切身利益密切相关的法律法规的执法检查，并积极参与省人大常委会统一开展的执法检查活动。通过执法检查，推动了城市“脏、乱、差”的整治，加强了城市环保硬件建设，改善了“普九”教育条件，增强了科技兴市、人才强市的意识，保障了弱势群体法律援助的落实，推动了法律法规在本市的正确贯彻实施，使我市执法工作不断改善。

加强了对政府重点工作的监督。一是抓好计划和预算的监督。每年听取和审议市政府关于市级决算、上半年计划和预算执行情况的报告、市级预算执行情况和其他财政收支的审计工作报告、市级一般预算支出调整方案的报告。二是加强了对财政性投资重大建设项目建设管理情况的监督，促进了政府投资管理的规范化、法制化，提高了投资效益。三是听取和审议了市政府关于农业产业化、农业经济结构调整、减轻农民负担、扶贫开发、扶持少数民族地区发展、建筑市场管理、外贸出口和利用外资、打击走私贩私、打击产销假冒伪劣商品、维护金融秩序、医疗市场管理、个体私营经济发展、建立完善人才培养和引进机制、市区房地产开发建设和物业管理、药品市场管理、下岗职工基本生活保障和再就业、社会保险、社会治安综合治理等工作情况的汇报。四是围绕我市创建国家优秀旅游城市、卫生城市、园林城市和环保模范城市，多次组织专项视察检查、听取汇报，全程跟踪、检查督导，督促整改，解决难点，对我市提升城市品位和顺利摘取“四块金牌”，起到了推动和保障作用。

加强了对司法工作的监督。常委会突出以公正司法为重点，对司法队伍和执法工作情况进行了问卷调查，连续三年检查了刑事、民事、行政三大诉讼法的执法情况，对司法机关执行办案期限规定和换押制度进行了监督，运用个案监督形式，重点监督了40多宗案件。督促司法机关着力抓了教育整顿，提高司法队伍的综合素质和办案质量，健全内部监督机制，全面建立了错案责任追究制，开展了案件大清查，使一些案件久拖不决、超期羁押、滥用权力等违法现象得到了遏制，强化了司法机关的程序法律意识，有效地预防了司法工作中各种违法、腐败现象的发生。

加强了对国家机关工作人员的监督。五年来，常委会坚持“抓住本级”的原则，把监督主要对象始终放在本级“一府两院”及其工作人员上，凡由常委会任命的国家机关工作人员在任职期间，每年必须向常委会递交书面述职报告。同时，对25名政府组成人员和“两院”领导依法履行职责和廉洁自律的情况进行了调查，通过常委会或主任会议的述职评议，肯定成绩，指出不足，举一反三，督促整改，使其扬长补短，进一步开创工作新局面，有效地增强了“一府两院”

及其工作人员接受人大监督、依法履行职责、勤政廉政的自觉性。

三、依法行使重大事项讨论决定权，推进地方重大事项决策民主化、法制化

为保障《广东省各级人民代表大会常务委员会讨论决定重大事项规定》在我市的贯彻执行，常委会对讨论决定重大事项问题进行了积极的探索和实践，在深入调查研究、广泛征求意见并与市政府充分沟通、征得市委同意的基础上，结合惠州实际，制订通过了《惠州市人民代表大会常务委员会讨论决定重大事项规定》，进一步明确了必须提请常委会审议并作出决议和决定的有关重大事项，以及必须向常委会报告并听取意见和建议的重大事项，使常委会行使重大事项讨论决定权进一步走向规范化和法制化。

五年来，经市政府提请，常委会审议和批准了中海石化项目配套工程贷款偿还有关问题、惠州市城乡用电同网同价实施方案、惠州市旅游行业管理规定、惠州市旅游发展总体规划、惠州市海域开发利用总体规划、惠州市区域卫生规划（2001-2010 年）、惠州市教育发展规划、惠州西湖综合整治规划（草案）、市区自来水价格调整方案等重大事项，共作出决议 26 项，决定 22 项，促进了地方重大事项的依法决策、民主决策和科学决策，使经过审议、修正的规划和方案更具有科学性、合理性和前瞻性。

四、依法搞好换届选举和人事任免工作，切实加强地方政权建设

五年来，在市委的领导下，常委会会同市委组织部部署和指导了本届任期内的一次县级人大、两次镇级人大换届选举工作，以及市九届人大的换届选举工作。为确保换届选举工作的顺利进行，常委会按照“坚持党的领导、充分发扬民主、严格依法办事”的原则，及时部署，精心组织，周密安排，加强检查指导，认真解决工作中的困难和问题，及时纠正一些地方违背选民意志、违反法定程序的做法，认真落实广大选民和各级人大代表的知情权、参与权、选举权和监督权，保障了各次换届选举工作的依法顺利完成。

为依法做好人事任免工作，常委会正确处理好党管干部与人大依法行使人事任免权的关系，按照干部队伍“四化”标准和德才兼备的原则，以“三个代表”为准绳，以对党对人民高度负责的态度，依法任命、决定任命和批准任命国家机关工作人员 189 人，决定免职和批准免职 69 人，接受辞职 11 人，确保了国家机关工作的正常运转。为提高人事任免工作质量，不断规范和完善人事任免程序，常委会建立了国家机关工作人员任命前法律知识考试和供职发言两项制度，坚持考试合格后才予以任命，对获得任命的人员颁发任命书，增强了被任命人员依法履行职责、廉洁自律和自觉接受人大监督的意识。

五、加强和改进代表工作，充分发挥代表作用

为提高人大代表的整体素质、职责意识和履职能力，充分发挥代表的作用，常委会主要抓好三方面工作：

*切实加强了代表的学习培训，提高代表履职水平。*常委会在换届后的第一次代表大会前一天，组织全体市人大代表集中学习了宪法、地方组织法、选举法和代表法，开创了代表大会前集中学法的先河，使代表明确自己的职责和义务，尽快进入代表角色。闭会期间坚持组织代表在检查、调研、视察前学习相关法律知识，举办代表培训班、妇女代表培训班，选送代表小组长参加省人大常委会举办的人大代表培训班，为代表订阅和寄送学习资料，组织新老代表交流工作经验，使代表及时了解人大工作动态，不断加深对人大工作和代表职责的认识，增强代表意识，提高参政议政能力，提高履职水平。

*拓宽了代表参政议政、反映民意的渠道。*常委会进一步健全和落实了常委会组成人员联系代表办法，坚持走访代表，召开代表座谈会，邀请代表列席常委会会议和参加视察检查，听取代表对常委会工作的意见和建议。开设了代表反映民意“直通快车”制度，拓宽代表反映民意的渠道，充分发挥代表联系群众、反映民意、集中民智的作用。五年来，常委会共收到代表在闭会期间提出的建议 45 件，全部按“直通快车”的途径进行了办理，使代表提出的重要建议都能得到党政领导和有关部门及时办复。

*认真做好代表议案、建议的交办、督办工作。*本届市人大代表向历次大会提出并经大会主席团通过的议案 11 件，建议、批评和意见 470 件，常委会及时进行了审议和交办，批准了市政府关于议案办理方案的报告，并加强了对省、市议案、建议的跟踪督办工作。目前各项议案办理工作顺利推进，所有建议、批评和意见的办复率达到 100%，省、市人大议案确定的一批事关农业、水利、城建、环保、交通、绿化、药检等关系到全市经济社会发展和人民群众反映强烈的问题得以解决或正在解决。

此外，常委会的其他工作也取得了新的进展：

*人民代表大会制度宣传不断深入。*常委会制定了宣传报道工作制度和奖励办法，坚持每年开展“人大好新闻奖”评选和表彰工作，召开全市人大新闻宣传工作座谈会，使宣传工作机制不断规范和完善。加强了与新闻媒体的沟通与联系，充分发挥新闻媒体的主渠道作用。认真办好本会会刊、《惠州人大通讯》和《惠州人大信息》，设立惠州人大信息网，拓宽了人大宣传渠道，进一步扩大了人大工作的社会认知度和影

响力。

*信访监督作用进一步发挥。*常委会把信访工作作为密切联系群众、为群众排忧解难、维护社会稳定的重要渠道，五年来共收到群众来信2983件，接待群众来访1724人次，对信访反映的问题，全部予以当面答复或转给有关部门办理。对那些重复上访、社会影响较大、事关社会经济发展大局的信访案件进行了重点督办，督促“一府两院”认真解决好群众反映强烈的问题，促进社会稳定与发展。

*加强了与各县（市、区）人大常委会的联系和指导。*常委会坚持邀请各县（市、区）人大常委会派员列席人大常委会会议，加强上下级人大的工作协调。坚持每年召开一次全市人大常委会主任座谈会，围绕强化人大司法监督工作、正确行使重大事项决定权、充分发挥人大代表作用、充分发挥乡镇人大职能作用等专题开展研讨。各工作委员会每年也召开一次工作座谈会，通报情况，加强沟通，交流经验，促进整体作用的发挥。举办了市、县、镇三级人大干部学习培训班和乡镇人大主席培训班，努力提高全市人大干部的整体素质。

过去五年，常委会的各项工作取得了明显成效，但也还存在一些薄弱环节：监督工作力度不足，跟踪督促力度不够；代表整体素质和履职水平不够高；调查研究工作仍比较薄弱；常委会机关的自身建设与新形势的要求还有一定差距。上述问题，需要在今后的工作中认真研究，采取切实措施，努力加以解决。

五年来工作的基本经验

经过五年的探索实践，常委会如何在改革开放和现代化建设中进一步发挥宪法和法律赋予的职能作用，有了更深的体会。

一、必须坚持和依靠党的领导，这是做好人大工作的根本保证

人大是党领导下的国家权力机关，坚持党的领导是做好人大工作的根本保证，是人大工作必须遵循的政治原则。五年来，常委会的工作取得了重大进展，根本原因是市委不断加强和改进对人大工作的领导，高度重视、支持人大常委会依法履行职责，发出了《中共惠州市委关于加强人大工作的意见》，发挥了总揽全局、协调各方的核心领导作用，协调好人大常委会与“一府两院”的关系，认真解决好人大工作中的困难与问题，为人大常委会发挥好国家权力机关作用提供了保障。人大常委会自觉增强核心意识，把各项工作置于同级党委的领导之下，自觉接受党的大政方针和全局工作的政治领导，把坚持党的领导、充分发扬民主和严格依法办事有机地结合起来，主动向市委请示汇报和提出建议，努力发挥好人大代表和常委会组成人员中的中共党员作用，积极贯彻市委的意图，严格依法办事，从法制上实现党的意图和人民意志的统一，确保党的路线、方针、政策的贯彻实施，保证人大各项工作顺利开展。

二、必须服从和服务于经济建设这个中心，这是做好人大工作的基本要求

经济建设是党和国家的中心工作。人大常委会虽然不直接抓经济工作，但必须围绕经济建设这个中心发挥职能作用，服从和服务于“改革、发展、稳定”的大局。常委会坚持以经济发展为主题，积极响应市委关于建设经济强市的号召，围绕全市经济发展中的重大问题，依法开展视察检查、调查研究，听取工作汇报，提出建设性意见，作出相关决议、决定，督促和支持“一府两院”切实解决好在经济建设中的重点难点问题，使人大的工作与“一府两院”的工作形成合力，有力地推动了我市经济持续、快速、健康发展。

三、必须密切联系人大代表和人民群众，这是做好人大工作的重要基础

人大代表是国家权力机关的组成人员，分布在各条战线、各行各业，与人民群众有非常紧密的联系，是我们实行人民代表大会制度的一大优势。常委会坚持把充分发挥代表作用、密切联系群众作为一项基础性工作来抓，加大了代表法的宣传贯彻力度，努力提高代表素质，不断完善代表工作制度，积极组织代表开展闭会期间的活动，认真督办代表议案和建议、批评、意见，开展了代表积极分子和办理代表议案、建议先进单位评选和表彰活动，积极为代表参与管理国家社会事务创造条件，使人大工作始终紧贴群众，增强凝聚力和向心力，使人大代表为民代言、参与国事的意识不断增强，有效地发挥了人大代表的议政督政作用、密切联系群众的桥梁纽带作用、两个文明建设的表率作用。

四、必须加强常委会及其机关自身建设，这是做好人大工作的重要保障

加强常委会及其机关的自身建设，是人大常委会不断适应新形势发展要求，充分发挥职能作用的重要保障。常委会及其机关建设关键是要求组成人员和机关干部思想到位、工作到位和作风到位。提高对人大的性质、地位和作用的认识，增强做好人大工作的责任感和使命感。敢于和善于依法加强对“一府两院”的监督，依法行使好重大事项讨论决定权、人事任免权，使人大的各项工作有新突破、新发展。深入基层、深入群众，大兴调查研究之风，使人大工作全面体现“三个代表”重要思想的要求，反映和体现广大人民群众的根本利益。

五、必须以开拓进取的精神履行职责，这是推进人大工作的不竭动力

创新是人大工作、人大制度在实践中不断发展和完善的力量源泉。全面提高人大工作水平，必须解放思想，保持与时俱进、昂扬向上、奋发有为的精神状态，消除固步自封、满足现状、无所作为的思想，以创新的思维，积极探索拓展履行职责的新领域。五年来，常委会在依法治市工作中突出了机关学法和基层普法；在监督工作中突出了重点；在依法行政、公正司法，全面推进了行政机关执法责任制和司法机关错案责任追究制，加强了个案监督；在加强代表工作方面，建立了快速办理代表重要建议和反映民意的“直通快车”制度；在人事任免工作中，建立了任命前法律知识考试和供职发言制度；在重大事项决策方面，制定了《惠州市人民代表大会常务委员会讨论决定重大事项规定》；同时实施了公民旁听人民代表大会、人大代表无记名投票表决议案等改革措施。这些创新和探索，与党委合拍、与政府合力、与群众合心，使人大工作进一步走向民主化，使人大工作始终充满着生机和活力。

对今后人大工作的建议

今后五年是我市全面建设小康社会关键的五年。在新阶段新形势下，市人大常委会必须在中共惠州市委的坚强领导下，以十六大精神为指导，全面贯彻“三个代表”重要思想，紧紧围绕“改革、发展、稳定”这个大局，坚持与时俱进，开拓创新，依法履行职责，努力做好各方面工作，为促进我市率先基本实现社会主义现代化作出新的更大的贡献。

一、全面贯彻“三个代表”重要思想，维护和发展人民群众的根本利益

贯彻“三个代表”重要思想，核心在于维护最广大人民群众的根本利益。人大作为人民群众选举产生、代表人民行使国家权力的机关，尤其要把维护好、实现好、发展好人民群众的根本利益作为一切工作的立足点和着力点。一是要进一步畅通人民群众反映意见的渠道，确保群众的意愿和要求可以通过正常的渠道得到重视和正确处理，使群众反映强烈、意见集中的重大问题得到妥善地解决。二是要积极推进全面建设小康社会、建设经济强市和文明城市等事关全局和人民群众切身利益的重大工作。三是要加强对行政、司法机关及其工作人员的监督，加强对人财物管理和使用的监督、对权力行使的监督，确保人民赋予的权力真正为人民谋取利益。四是要积极推进农村基层民主政治建设，把“四民主两公开”真正落实到基层，促进农村的稳定和发展。

二、深入推进依法治市进程，为经济建设和社会各项事业发展提供法制保障

营造一个良好的文明法治环境是全面建设小康社会的重要内容，也是我市建设经济强市和文明城市的重要保障。人大及其常委会要积极发挥主导作用，进一步推进我市依法治市进程。一是要继续推进全民法制宣传教育，立足点是提高各级干部的法律意识和依法办事能力，依法行政、公正司法。要把各级干部的法制教育和法律服务工作作为一个突出的重点长期坚持不懈地抓下去。二是要进一步加大行政法制监督力度，不断完善和落实行政执法责任制，不断推进行政审批制度改革、政务公开和城市管理相对集中行政处罚权工作，不断加强对政府规范性文件和其他政策措施的审查监督。三是进一步加强和改进司法监督工作，健全和完善人大司法监督工作制度，把强化人大司法监督与督促司法机关健全内部监督机制结合起来，把加强司法个案监督与加强对法官、检察官的监督结合起来，提高监督实效，促进公正司法。

三、加强和改进代表工作，支持和保障人大代表依法履行职责

代表工作是人大工作的基础和保证。充分发挥代表作用，必须立足于提高人大代表的素质，抓好培训、服务、引导和监督四个环节，推进代表工作的制度化、规范化。一是要坚持不懈地做好人大代表培训工作，使代表不断深化对人大制度的认识，了解掌握人大工作的内容和特点，明确代表职责，提高参政履职能力。二是要进一步改进代表服务工作，完善向代表通报政情的措施，组织好代表开展闭会期间的活动，加强对代表小组活动的指导，为代表在大会期间审议各项报告、议案和闭会期间提出意见建议拓宽议政督政的渠道。三是要进一步完善和落实代表反映民意“直通快车”制度，引导代表围绕事关全局和群众切身利益的重大问题，以及党委、人大和政府的工作，积极建言献策，反映社情民意。要进一步加强对代表议案建议的督办工作，切实维护人大代表参政议政的积极性，维护人大的权威和法律尊严。四是要积极探索对代表履职情况进行监督的有效途径，促进人大代表增强职责意识，提高履职水平。

四、突出重点，注重实效，不断提高监督水平

监督“一府两院”及其工作人员，是宪法和法律赋予人大及其常委会的职责，也是没有立法权的地方人大及其常委会的一项最重要的职权。监督权的行使是否到位，是人大及其常委会职能作用能否有效发挥的重要环节。要把监督工作放到更为重要的位置，围绕市委工作的重点、政府工作的难点、人民群众关注的热点，进一步提高人大监督工作的实效。

一是要加强对宪法和法律实施的监督，把开展专项执法检查和督促执法机关实行执法责任制紧密地结合起来，明确执法重点，落实执法措施，坚决纠正有法不依、执法不严、违法不究、以言代法、以权压法的现象。二是重点围绕政府宏观经济政策和重大决策、财政性投资重大建设项目、计划和预算、政府采购、预算外资金等方面，改进对政府经济工作的监督，推动国民经济持续健康发展。三是切实加大司法监督力度，突出抓好对办案机关遵守法律程序、执行生效裁判文书、重大违法案件、内部监督机制和队伍建设的监督，遏制司法腐败现象，促进公正司法和秉公办案。四是加强对国家机关工作人员的监督，深化评议，突出重点，提高评议层次，坚决纠正滥用权力以及其他超越法律的行为，促进依法行政、勤政廉政。在监督工作中，要始终坚持依法监督，坚持监督与支持相统一、坚持集体行使职权、监督大事、监督本级、坚持党的领导等六项原则，正确处理好既不失职又不越权的关系、监督者与被监督者的关系，监督的程序性与实质性的关系，确保监督工作的科学性、合法性和实效性，确保国家机关及其工作人员依法行使权力，依法行政，公正司法，预防和治理腐败。

五、切实加强人大常委会及其机关的自身建设，不断提高履职水平

加强人大常委会及其机关建设，提高队伍素质，要从思想、作风、制度和队伍等方面入手。要深入学习十六大精神，把思想统一到十六大精神上来，增强做好人大工作的责任感和使命感。学习和掌握人大制度的基本理论，熟悉人大工作的特点和规律，克服“退居二线”的思想，尽快做到“思想、工作、作风三到位”，依法行使好宪法和法律赋予的各项职权。要确立“以民为本”的工作方针，加强调查研究，密切联系群众，使人大工作建立在全面了解实情和群众意愿上面。要改进会风，讲实话、办实事、求实效，努力提高议事质量，促进人大职权的有效行使。要大胆探索实践，注重总结经验，适时制定相关工作制度，不断完善人大工作的运行机制。要关心和重视人大机关干部队伍教育培训，鼓励和支持干部参加继续教育，提高干部队伍的整体素质。积极推动人大机关干部的交流，增强人大干部队伍的活力。此外，还要加强人大制度理论研究，促进人民代表大会制度的实施和完善。加强人大制度宣传，使这一国家根本政治制度深入人心，为人大工作的深入开展创造良好的社会氛围。

各位代表：

市八届人大常委会的历史使命已经完成，常委会所取得的工作成果是在历届人大及其常委会工作的基础上取得的，离不开市委的坚强领导，也离不开人大代表、“一府两院”和全市人民的大力支持。在此，我谨代表市八届人大常委会，向各级人大代表和全市人民，向关心和支持我们工作的各级领导、老同志和各界人士，表示衷心的感谢，并致以崇高的敬意！

新一届市人大常委会即将选举产生，让我们更加紧密地团结在以胡锦涛同志为总书记的党中央周围，高举邓小平理论伟大旗帜，以党的十六大精神为指导，全面贯彻“三个代表”重要思想，在中共惠州市委的坚强领导下，解放思想，与时俱进，开拓创新，团结奋斗，为建设经济强市和文明城市、率先全面建成小康社会和基本实现社会主义现代化而努力奋斗！

中国人民政治协商会议
惠州市第八届委员会常务委员会工作报告

（2003年5月22日在政协惠州市
第九届委员会第一次会议上）

杨　有　义

各位委员：

我受中国人民政治协商会议惠州市第八届委员会常务委员会的委托，向大会作工作报告，请予审议，并请列席会议的同志提出意见。

一、五年工作回顾

政协惠州市第八届委员会任期的五年，是我们国家改革开放和现代化建设取得巨大成就的五年，是惠州市经济建设和社会各项事业取得丰硕成果的五年，也是我市人民政协工作与时俱进、开拓创新的五年。五年来，市政协在中共惠州市委的领导下，以十五大、十六大精神为指导，高举邓小平理论伟大旗帜，全面贯彻“三个代表”重要思想，围绕改革发展稳定的大局，充分发挥政协优势，积极履行政治协商、民主监督、参政议政职能，在以往各届工作的基础上，各项工作取得了新的进展，形成了民主求实、团结和谐、活跃有序、创新发展的良好局面。

（一）紧紧围绕中心，协商议政工作卓有成效

八届市政协在继承和发扬已有成功做法的基础上，注重发挥会议协商议政的作用，不断改进协商议政的内容、形式和方法，逐步形成了“全委会、常委会、主席会、专委会不同层次协商议政”的格局。五年来，共召开5次全体会议、20次常委会议、29次主席会议、10次对口协商座谈会议。协商议政的质量和水平不断提高。

全体会议是政协履行职能最重要、最有效的形式。八届市政协认真开好每年一次的全体委员会议，对市政府工作报告等事关全局的重大方针、政策，组织委员认真讨论，提出意见和建议，并就涉及全市经济和社会发展的突出问题，以及人民群众关心的热点问题，积极组织委员进行大会发言。五年来，参加政协的市各民主党派、人民团体及政协参加单位共提交大会发言96份。这些发言有理有据，有较强的针对性和可操作性，对市委、市政府的决策起到了一定的参谋作用。每次全会期间，我们还以界别或界别联组的形式安排3～5场专题座谈会、恳谈会或咨议会，有针对性地与市委、市政府领导及有关部门负责人进行协商议政，提高了协商议政的成效。

常委专题议政、专题协商是政协进行协商议政一种最基本的形式。五年来，八届市政协紧紧围绕市委、市政府“掀起八大发展潮”、“提高六大竞争力”、“建设四个基地一个中心”、“建设经济强市和创建文明城市”的工作思路和工作目标，先后选择了“促进惠州农业可持续发展”、“加快惠州小城镇建设”、“加快发展惠州现代物流业”、“发展惠州农村经济，增加农民收入”和“扩大惠州民企规模总量，提高惠州民企层次和外向化程度”等五个方面的问题进行了常委专题议政，积极建言献策，形成了5件质量较高的《常委会议建议案》，得到市委、市政府的高度重视，主要领导亲自作出批示，促进了市委、市政府重大决策的贯彻落实。每年年初，都安排一次政协常委专题协商会，讨论市政府工作报告(征求意见稿)，提出修改意见。我们还组织召开政协常委会议，对我市“十五”计划草案进行专题协商，就计划中涉及我市城市发展定位、加强“三农”工作、增加财政收入、提高工业科技含量、发展第三产业等多个方面，提出36条修订建议。不少意见、建议被采纳，协商议政成果得到较好的落实。

专委会对口协商议政是政协履行职能的常规形式。我们重视发挥专委会的基础性作用，选择人民群众关心、党政部门工作需要、政协有条件做的课题，在“专”字上作文章，主动开展调研。五年来，先后就落实下岗职工再就业优惠政策、干部队伍道德建设情况、发展我市外向型经济、社区卫

生服务建设情况等20个问题，组织了深入的调查研究，撰写出专题调研报告。在此基础上，采用大范围讨论、小范围座谈、公开协商、内部沟通等灵活多样的办法进行协商议政。此外，专委会还先后就争创“四块金牌”、“两江四岸”建设规划方案、全民健身计划纲要的实施方案、公民道德建设实施纲要等10个重要课题，进行了一系列的对口协商议政。由于我们选实题、知实情、讲实话、想实招、求实效，受到市委、市政府及有关职能部门的高度评价。

（二）探索有效途径，民主监督工作有新突破

民主监督是政协的一项重要职能。几年来，我们按照政协章程，结合惠州实际，充分利用会议、民主评议、反映社情民意、视察、提案等形式，努力拓宽民主监督的渠道，完善民主监督的形式，取得了较好的效果。

民主评议工作有新进展。本届政协把民主评议作为履行民主监督职能新的探索和实践，先后组织委员对我市文化局、卫生局、公安局等有关工作进行了民主评议。委员们在明确指导思想，掌握评议程序、方法、步骤的基础上，通过深入细致的调查研究，坦诚直言，提出意见和建议。由于坚持实事求是、客观公正的原则，立足于促进受评单位的工作，采取与人为善、热情诚恳的态度，将民主监督寓于促进受评单位反思和改进工作的过程中，受到有关单位的肯定与欢迎，评议活动收到了“领导满意、委员满意、受评单位满意”的效果。

反映社情民意有好开端。了解和反映社情民意是政协加强民主监督的重要组成部分，是履行职能的重要基础和关键环节。近年来，我们加大了这项工作的力度，做到有组织领导、有骨干力量、有布署安排、有信息载体，使这项工作迅速开展起来。在反映过程中，我们坚持实事求是，讲真话、报实情，有喜报喜，有忧报忧，努力使基层的真实情况和群众的意见愿望得以如实、客观地反映。仅两年来，我们就收集社情民意158条，编印了主送市委、市政府的《惠州社情民意》40期，一些重要问题得到市党政领导的高度重视，及时批示办理，为党委、政府了解社情、体察民意、广集民智、正确决策提供了重要参考。

专题视察工作有新举措。本届政协继续坚持“小型、专题、节约、实效”的原则，组织了24个专题视察团，就我市乡镇医院建设与发展，民办教育发展现状，杨村、潼湖华侨农场改制发展情况，宗教场所管理情况，《统计法》的贯彻执行情况等进行了较为深入的调查研究，写出了专题视察报告，供市委、市政府及有关部门决策参考。此外，八届市政协还组织了主席视察团、香港委员视察团，先后就“发展个体私营经济”、“加快大亚湾开发区建设步伐”、“万众评公务整改状况”、“惠州检验检疫局服务我市经济发展情况”等进行了视察。这类视察活动，人员精干、规格高、选题准、影响大，促进了相关工作，收到了较佳的效果。

提案工作质量有新提高。市政协按照“提高质量，讲求实效”的要求，改进提案工作方法，采取更加得力措施，努力实现“两个转变”。一是从追求提案数量到更注重质量的转变。通过制定提案工作的规章制度、召开提案工作经验交流会、编发提案汇编、表彰优秀提案等措施，调动了委员的积极性。五年共收到提案863件，立案735件，分别比上届增加了56.6%和64.8%。这些提案内容广泛，批评监督有理有据，意见建议切实中肯，质量较高。二是从追求提案答复率到更注重落实的转变。建立了主席会议督办重点提案制度。五年来共有42件提案通过现场视察、协商座谈、联合调研和跟踪督办等形式得到了重点办理落实。735件立案的提案答复率达100%，80%以上的提案所提意见和建议得到承办单位的重视和采纳。

（三）拓宽联系渠道，团结凝聚各方力量有新进展

人民政协工作的主题是团结和民主。五年来，八届市政协始终把加强团结，发扬民主，协调关系，凝聚人心，鼓舞士气，为惠州改革和发展减少阻力，增加助力，形成合力贯穿于整个工作的全过程。

加强了与市各民主党派、工商联的团结合作。市政协经常就一些共同关心的问题与各民主党派、工商联主要负责人进行座谈、协商，融洽了感情，密切了关系。在开展调研、视察等活动中，注意邀请各民主党派、工商联的专家、学者和有关人士参加，充分发挥他们在政协中的作用，进一步活跃了合作共事的氛围。不定期召开各民主党派、工商联秘书长会议，分别就提案撰写工作、调研视察、大会发言等问题进行座谈，主动沟通，互相尊重，形成共识。大力支持、积极参与各民主党派、工商联组织的文化、科技、卫生“三下乡”等活动。每年召开市政协新春茶话会，邀请社会各界人士代表欢聚一堂，畅谈我市经济建设和社会发展所取得的成绩，为新的一年工作进言。八届政协期间，我们还成功举办了中华人民共和国、人民政协成立50周年，中国共产党成立80周年，辛亥革命90周年暨孙中山先生诞辰135周年纪念大会，邓演达第二次国际学术研讨会等，弘扬了爱国主义精神，增进了统一战线内部的团结和围绕大目标共同奋斗的凝聚力。

拓宽了与港澳台同胞和海外侨胞的联谊渠道。全会期间，组织香港委员召开恳谈会，考察贫困山区和市政府客商投资服务中心等。积极派员参加香港惠州社团联合总会、同乡会、商会组织的各项活动及在港委员的聚会活动，介绍市政协的

工作情况和我市经济社会发展情况，加强了与在港委员和有关社团的联系。邀请在港的委员来惠考察，向他们介绍惠州日新月异的投资环境，动员更多的外商来惠投资。对在惠已有投资的“三胞”，主动加强联系，协助政府有关部门为其解决问题和困难，增强他们在惠的投资信心。五年来，共接待港澳台侨团组25批800多人次。通过这些活动，进一步加深了友谊，增强了团结，对我市实施外向带动战略，促进交流合作，起到了积极的作用。

本届市政协还加强了与外地政协的横向联系。五年来，先后与东莞市政协共同主办了全国部分城市政协秘书工作第六次研讨会，与河源市政协共同主办了“京九”铁路沿线地市区政协第三次联系协作会，单独主办了闽、粤、赣三省七市政协第十一次联系协作会。同时每年还积极派员参加了由外省市政协主办的上述会议和珠江三角洲城市政协联谊会等。多次组织委员赴外省及省内部分市学习、考察。热情接待了来自省内外的政协学习、考察团组220批2000多人次。通过这些活动，开阔了眼界，扩大了交流，密切了本届政协与社会各界各方面的联系合作，有利地促进了八届市政协各项工作的改进和完善。

充分发挥文史资料“存史、资政、团结、育人”的作用。出版《惠州文史》9—11辑，刊文40多万字。完成近20万字《惠州市志政协篇》和30多万字《惠州政协志》的编撰任务。完成约15万字的《惠州政协年鉴》的组稿工作。约20多万字的《孙中山与惠州》一书在审稿之中。《叶挺将军》电视剧也在筹拍之中。与兄弟市政协、兄弟单位交换文史资料上千册。

(四)适应形势要求，自身建设得到切实加强

市政协八届委员会是跨世纪的一届政协委员会，面对新形势、新任务、新要求，本届政协在继承了历届政协的好经验、好做法的基础上，采取得力措施，加强委员队伍和机关建设，使政协整体功能得到较好的发挥。一是注重实践，推进履行职能的规范化、制度化建设。把建立和完善政协与党政机关之间协商监督的具体操作制度作为重点，发挥参谋和助手作用，起草了《关于进一步加强人民政协工作的意见(征求意见稿)》。在实践的基础上，对进一步做好专题议政、专题协商、专题视察、专题调研、民主评议和专委会的工作进行了总结和规范，进一步完善了会议、活动、视察、调研．提案等各项工作，明确和规范了履行职能的内容、形式、方法、步骤和程序，保障了各项工作规范有序地进行。二是注重学习，努力提高委员的综合素质。市政协领导班子通过开展以党性党风教育为主要内容的“三讲”教育，加强了班子建设。坚持市政协学习中心组学习制度，学习邓小平理论和“三个代表”重要思想，学习党和国家的重大方针政策，发挥了表率作用。常委会和专委会根据形势和任务的需要，适时举办报告会、学习班、座谈会，组织委员学习加入WTO有关知识，学习统一战线和人民政协理论，学习经济、法律、历史和现代科技知识，并积极开展对现实问题的研究，提高了履行职能的能力。三是注重机关建设，增强机关的凝聚力和战斗力。以建设“团结、勤政、务实、高效”的政协机关为目标，着力加强了机关的思想政治建设、作风建设、制度建设、廉政建设、党的建设和干部队伍建设。结合实际，在财务管理、车辆管理、对外接待及机关工作职责等方面制定完善了10多项制度；调整充实了机关领导班子，选配了经验丰富的专委会领导；按照德才兼备的原则，经民主推荐、组织考核，选拔了一批年轻干部；增强了服务领导、服务委员、服务基层的“三为”服务意识，服务质量和服务效率也不断提高。

各位委员、各位同志！五年来，市政协的各项工作做得比较扎实，取得了一定成绩，在一些方面有新进展，这是中共惠州市委加强领导、市政府大力支持的结果，是市各民主党派、工商联和人民团体、社会各界通力合作的结果，是广大政协委员和机关全体同志共同努力的结果。同时，也是与历届政协打下良好的工作基础和市直各部门、各县(市、区)政协密切配合分不开的。在此，我谨代表政协惠州市第八届委员会，向所有为我市人民政协事业辛勤劳动和所有关心、支持市政协工作的同志们、朋友们致以崇高的敬意和衷心的感谢！

二、主要经验和体会

五年来，八届政协在继承中发展，在发展中创新，大胆探索新形势下政协工作的新形式、新方法新路子，取得了扎实的进展。总结起来，主要经验和体会有：

(一)坚持和依靠中国共产党的领导，才能保证政协工作正确的政治方向。多年来，中共惠州市委十分重视政协工作，不断加强和改善对政协工作的领导。2000年4月，市委制定下发了《中共惠州市委关于进一步加强人民政协工作的意见》，为全市政协工作顺利开展创造了良好的外部环境。五年来，我们坚持自觉接受、积极争取中共惠州市委对政协工作的领导，主动向市委汇报政协工作思路、活动安排，请市委出题目进行调研；重要问题及时征求市委意见，重要建议及时报送市委。我们积极贯彻市委的重大决策和重要会议精神，坚持在履行职能过程中维护党的领导，支持政府的工作。政协党组在工作中发挥政治核心作用，努力保证市委的决定、决议和工作意图在政协工作中得到贯彻落实。注意加强与市人大、市政府工作的联系，密切政协与各方面的关系，保证了我市政协工作沿着正确的道路健康稳步地向前发展。

(二)坚持服从服务于全市工作大局，才能发挥政协的重要作用。紧紧围绕党政中心工作来确定调研协商议题，紧紧围绕党政重大决定建言献策，政协才能有所作为。八届政协期间，我们每年抓住4—6个重点课题，由市政协领导牵头，深入开展调查研究，认真抓好专题调研、专题议政、专题协商、专题视察和民主评议。在专题调研方面，有的放矢，找准切入点；在专题议政方面，议深议透，议出成效；在专题视察方面，虚实结合，虚功实做；在民主评议方面，肯定成绩，注重整改，大大提高了政协履行职能的效果，体现出政协自身的价值。

(三)坚持与时俱进、开拓创新，政协工作才能充满朝气、常做常新。创新是政协工作不断发展的动力，是政协工作开创新局面的重要保证。五年来，市政协努力在思想认识上树立新观念，在履行职能上探索新方法，在服务全局上追求新作为，在自身建设上开创新局面，使政协工作在继承中创新，在创新中发展。如：在提高全会质量方面，我们采取了大会自由发言、设置旁听席、在港澳委员中召开恳谈会，在大会分组讨论中召开专题咨议会的做法；在提高常委议政效果方面，我们采取走出去，下基层，边看边议的方法；在专题视察方面，组织高规格的主席视察团和港澳委员视察团；在民主监督方面，大胆开展民主评议，等等，使八届市政协工作开展得既有声有色，又扎扎实实，收到了明显的成效，受到了社会各界的好评。“专题议政、专题视察、民主评议、恳谈会、咨议会”已成为八届市政协工作颇有特色的一条基本经验。

(四)坚持把握团结、民主两大主题，才能营造和谐宽松的环境。人民政协是协商议事的机构，是合作共事的组织，是交友联谊的场所，应该有一个民主、和谐、宽松、活跃的氛围。八届市政协高度重视并努力营造这样的工作氛围。一方面，进一步增强了团结观念。充分利用政协组织具有广泛代表性和较大包容性的特点，发挥人民政协的“纽带”与“桥梁”作用，通过走访、拜访、探访、协商、座谈、约谈等各种方式，密切与各党派、团体及各族各界人士的联系，广交朋友，深交朋友，巩固统一战线的基本力量，凝聚新的社会力量。另一方面，进一步强化了民主意识。充分发扬统一战线内部的民主，在人民政协的各种会议和活动中，与各界人士平等相待、相互尊重，坚持坦诚相见、合作共事、求同存异的原则，努力营造出心情舒畅、民主和谐的协商议政环境。

(五)坚持激发委员的积极性和创造性，才能充分发挥委员的主体作用。政协委员是政协工作的主体，政协的优势蕴藏在委员之中，政协履行职能以委员的智慧、能力和主动性、创造性为基本要素。只有充分调动委员的积极性，才能真正发挥委员的主体作用。八届市政协科学设置专委会，选拔经验丰富的专委会领导及年富力强的专职干部，进一步完善专委会工作制度，定期走访委员，加强与委员单位沟通联系，为委员积极性和创造性的发挥提供了有力的组织保证。在活动过程中我们尊重和维护委员的各项权利，鼓励委员说真话、讲实情、进诤言，提倡委员通过提案、信息等渠道以及调研、视察、座谈等形式，经常性地开展协商议政等活动。我们建立政协委员履行职能激励和奖励机制，大力宣传、表彰委员中的典型人物，扩大政协委员的知名度和影响力，使广大委员充满光荣感和荣誉感。

上述经验和体会，是八届市政协广大委员五年工作实践和探索的重要成果和心血结晶，是对历届政协经验的继承和发展，对我市政协工作具有长远的指导意义，值得我们珍惜。

在肯定成绩的同时，我们也应该看到，我们的工作也存在一些问题和不足。比如：如何按照中共惠州市委的要求，进一步推进履行职能的制度化、规范化和程序化；如何深化专题调研，提出高质量有价值的意见和建议；如何采取多种形式，拓展委员知情参政的渠道；如何结合实际，进一步丰富委员活动的形式，等等。这些需要我们继续认真研究，在实践的过程中总结经验，逐步加以改进和解决。

三、对今后工作的几点建议

各位委员，今后5—10年，是惠州必需紧紧抓住的重要战略机遇期，也是政协工作大有作为、政协事业蓬勃发展的新时期。中共十六大提出了全面建设小康社会，开创中国特色社会主义事业新局面的宏伟蓝图，市委七届八次全会提出了我市全面建设小康社会，率先基本实现社会主义现代化的规划纲要。新目标、新任务，对人民政协提出了新的要求，为人民政协事业发展提供了新的机遇。我们要在中共惠州市委领导下，继续以邓小平理论和“三个代表”重要思想为指导，全面贯彻十六大精神，坚持和完善共产党领导的多党合作和政治协商制度，围绕团结民主两大主题，认真履行职能，继往开来，与时俱进，不断开创市政协工作新局面。为此，我代表八届市政协常委会，向九届市政协提出如下工作建议：

(一)不断加强学习，努力提高素质。人民政协履行三大职能涉及政治、经济、文化和社会生活的各个领域、各个方面，直接关系到国家和人民的根本利益。政协委员必须有较高的政治素养和专业知识，才能很好地履行职能，发挥委员应有的作用。因此，每一个政协委员必须通过努力学习，用科学的理论武装自己的头脑，用现代科学知识来提高自身素质，不断提高履行职责的水平。首先要加强邓小平理论和“三个代表”重要思想以及十六大精神的学习，加强统一战线和人民政协理论、方针、政策的学习，努力提高政治素养，增强政治意识。同时，还要学习经济、法律、科技、历史等知识，全面了解国情、市情，做到有的放矢，参政参到点子上，议政议在关键处。政协委员是政协工作的主体，政协的优势在于委员之中。因此，我们要增强责任意识，自觉学习，不断学习，提高自我，丰富自我，完善自我，才能发挥聪明才智，为经济建设多谋善计，为社会稳定勤献良策，为政协组织增光添彩。

(二)抓住第一要务，认真履行职能。发展是党执政兴国的第一要务，也是人民政协工作的第一要务。人民政协履行职能，必须围绕党委和政府的中心工作，为促进发展协商监督，为促进发展参政议政，把有利发展、促进发展、实现发展作为各项工作的出发点和落脚点。一是为发展、促发展的思路要清。工作部署和计划安排要突出发展这个主题，在确定主席会议、常委会议的协商议题和各专委会调研课题时，围绕党委、政府一个时期的主要工作和关注的重大问题，进行调研、协商，积极建言立论，以有创建的建议和意见献发展之计，谋发展之策，促发展之实。二是为发展、促发展的思路要新。在不同的时期，发展的环境、条件、内容、要求都不尽相同，发展的思路必须因地因时而异。政协应因时因势而动，及时调整思路，在工作内容、工作机制、工作方法上大胆创新，不断探索符合政协工作特点的新思路、新方法，力争体现特色，多出精品，从而有效地促进发展。三是为发展、促发展的思路要宽。发展不单纯是经济的增长，而是以经济为中心的全面发展。政协在围绕经济建设这个中心履行职能时，也要十分注意关注政治、文化、教育、科技等各方面的发展，要对人民群众关心的热点、难点问题给予重视，为促进经济和社会的全面发展献计出力。

(三)凝聚各方力量，共铸惠州辉煌。全面建设小康社会，率先基本实现社会主义现代化，是一项伟大的事业。伟大的事业需要广泛的团结，需要把一切积极因素充分调动和凝聚起来。人民政协是最广泛的爱国统一战线组织，是党团结各界的重要渠道。通过政协的工作，特别是其平衡心态、理顺情绪、求同存异、体谅包容的工作，可以把不同观点、不同利益的人群团结起来，把他们的积极性、创造性调动起来。要发挥政协自身代表性强、联系面广的优势，紧紧依靠全体委员，密切联系各界群众，以惠州的发展定位和奋斗目标来团结群众，凝聚人心，增强加快发展的信心。深入研究我市改革发展建设过程中出现的新情况、新特点，通过《惠州社情民意》，及时反映社会各方面的愿望和呼声，积极协助市委、市政府做好沟通思想、协调关系的工作，努力化解一些影响社会稳定的不利因素。进一步加强与各民主党派、工商联和人民团体的合作，在政协的各种会议上和各项活动中，坚持民主协商、平等议事、广开言路，营造融洽和谐、生动活泼的氛围，尊重各方面代表人士充分发表意见的权利，求同真心实意，存异体谅包容。积极与港澳台侨各界人士开展多层次多渠道多形式的交往和联谊活动，深入宣传惠州的社会发展成就，宣传惠州的投资环境，积极牵线搭桥，协助引资引智，力促有影响的公司、企业落户惠州。密切与非公有制经济代表人士的联系，积极宣传党的方针政策，鼓励和支持他们在惠州创业和发展，切实维护他们的合法权益，努力帮助解决实际问题。关注新出现的社会阶层和利益团体，加强沟通、联谊、引导的力度，及时反映他们的诉求，不断扩大团结面，凝聚各方面的智慧和力量，共铸惠州今天和明天的更大辉煌。

(四)加强自身建设，夯实工作基础。加强政协自身建设，是开创人民政协工作新局面的必然要求，也是政协工作保持生机与活力的重要基础。要适应新形势新任务对政协工作的新要求，努力加强思想建设，不断提高全体政协委员及机关工作人员的政治、业务素质，增强做好政协工作的历史责任感和使命感。进一步加强专委会的组织建设和制度建设，配齐配强专委会专职领导和办事人员，提高专委会工作的组织能力，探索开展专委会工作的新方法和新途径，使专委会工作更具活力。正确处理好继承与创新的关系，自觉摒弃不合时宜的观念和做法，根据市委、市政府的中心工作适时调整工作思路，改进工作方法，拓展工作领域，完善工作机制，推进政协工作的创新与发展。按照“讲质量、讲效率、讲规范、讲协作”的要求，继续加强机关建设，进一步明确工作职责，加强工作规范，提高办事效率和服务质量。力求解放思想有新突破，转变职能有新举措，服务水平有新提高，干净干事有新气象，把政协机关建设成“学习型”、“创新型”、“服务型”、“文明型”机关。

各位委员、各位同志！市政协第九届委员会肩负着光荣而神圣的使命，任重道远，大有可为。我们深信，新一届政协在中共惠州市委的领导下，高举邓小平理论伟大旗帜，深入贯彻“三个代表”重要思想，依靠全体政协委员，团结各方面的力量，解放思想，实事求是，与时俱进，一定能够开创新的局面，再上新的台阶，为推进惠州改革开放和现代化建设作出新的贡献！

认真贯彻落实党的十六大精神
全面推进党风廉政建设和反腐败斗争

——李汝求同志在中共惠州市纪委第八次全体会议上的工作报告

（2003年3月5日）

同志们：

我代表市纪委常委会，向市纪委第八次全体会议作工作报告，请予审议。

这次全会的主要任务是：以邓小平理论和“三个代表”重要思想为指导，贯彻落实党的十六大、中央纪委第二次全会、省委九届二次全会、省纪委第二次全会和市委七届八次全会精神，总结2002年我市党风廉政建设和反腐败工作情况，明确当前及今后一个时期党风廉政建设和反腐败斗争的总体要求和思路，对2003年工作作出部署，解放思想，实事求是，与时俱进，扎实工作，全面推进党风廉政建设和反腐败斗争。

一、2002年党风廉政建设和反腐败工作情况

2002年，我市各级党委、政府和纪检监察机关及有关职能部门认真落实广东省第九次党代会和省纪委第七次全会的工作部署，全面贯彻“三个代表”重要思想，与时俱进、开拓创新，加强和改进党风廉政建设和反腐败工作，争创“三个一流”（一流的工作，一流的成绩，一流的队伍），努力营造文明法治的良好环境，为实现惠州社会经济的新跨越，推进社会主义现代化建设提供了有力的政治保证。

（一）领导干部廉洁自律工作继续深化。各级领导干部的作风明显转变，廉洁从政的自觉性进一步提高。通过清理检查，较好地纠正了党政机关、企事业单位违反规定购买和使用小汽车、公款为个人购买商业保险，领导干部违反规定收受“红包”、借用公款、配偶子女从业、出国（境）证照管理，党员干部公款吃喝和打麻将变相赌博，乡镇领导干部“走读”等问题。加强了国有和国有控股企业的党风廉政建设和领导人员的廉洁自律工作。各级领导干部廉洁从政的意识进一步增强，从政行为进一步规范，一些不符合廉洁自律规定的突出问题得到有效治理。全市有16名乡镇领导干部纠正“走读”问题，追回领导干部违反规定借用公款320万元，2个单位办理了用公款为个人购买商业保险退保手续。深入开展党风廉政教育，举办了全市领导干部党纪政纪法纪教育培训班，开展了以“加强党的作风建设”为主题的纪律教育学习月活动，组织市级领导干部及其配偶、身边工作人员和全市党员干部观看党风廉政教育专题片。评选了“全市十佳廉政公仆”，弘扬浩然正气，树立廉政新风。

（二）查处大案要案力度持续加大。全市纪检监察机关立案调查党员和监察对象违法违纪案件199件，给予党纪政纪处分234人，其中处级干部5人。通过办案，为国家和集体挽回经济损失2500多万元。查处的主要案件有：大亚湾区少数村民伙同村委会、办事处等单位一些干部骗取中海壳牌南海石化项目征地拆迁补偿款1300多万元案，涉案63人，大亚湾区霞涌办事处书记、主任张汉辉等国家机关干部从中收受巨额贿赂；龙门县政府副县长陈杰文、惠州市卫生学校校长韩贵生违反建设工程招投标法规案；惠州学院党办副主任张晨霞、宣传部副部长陈军、人事处副处长陈天枢挪用公款65万元炒股案；惠阳市排坊派出所干警违反枪支管理案；惠东县交警在重大交通事故处理过程中群体腐败案等一批有影响的大案要案。同时，为受到错告或诬告的69名科级以上干部澄清了是非。

（三）纠正部门和行业不正之风工作不断深入。县级以上非营利性公立医疗机构和年业务收入500万元以上的乡镇卫生院全部实行药品集中招标采购，药价平均下降14.5%。农村到户电价降至0.78元／千瓦时以下；推行中小学校收费“一费制”，免收农村人均收入1500元以下的贫困家庭子女义务教育阶段书杂费。在102个市直党政机关和事业单位中

首次开展了"万众评公务"活动，在交通、物价、技术监督、旅游等系统开展了民主评议行风工作，促进了行风建设，改善了投资软环境。中纪委、省纪委领导对我市开展"万众评公务"活动给予了高度评价，认为"这是纠风中行风评议的拓展"，肯定"惠州这方面的工作上了新台阶"。

与此同时，全市各级纪检监察机关认真履行纪检、监察两项职能，加强执法监察工作，开展102项的执法监察，查出违法违纪金额185万元。对国债和社保资金管理使用、查处重大责任事故等情况开展专项检查。清理整顿了基金会。积极开展行政效能监察。

（四）从源头上预防和治理腐败工作稳步推进。建立了重大工程预防腐败体系，制定了《惠州市重大工程预防腐败暂行规则》和《中海壳牌石化项目征地拆迁安置工作监督管理暂行办法》，对中海壳牌石化项目二期征地拆迁补偿安置及配套工程、市体育馆工程、北门直街拆迁工程、"两江四岸"建设工程等市属重大工程进行了有效监控，确保成为"干净工程"和"阳光工程"。清理了市直机关物业，统一发放工资报酬，从源头上铲除"小钱柜"等滋生腐败的土壤。政务公开在市、县两级政权机关同步推进，厂务公开进一步向非公有制企业扩展，村务公开进一步规范。积极推进行政审批、财政和干部人事制度改革，领导干部公开选拔、任前公示、竞争上岗、干部考察预告等制度普遍推行。要素市场建设进一步完善，建设工程交易中心与建设行政主管部门全部脱钩。除土地、建筑等要素外，矿山、河沙、小汽车客运经营权等纳入了招投标。会计委派、派驻财务总监、经济责任审计等工作稳步推进，政府采购范围进一步扩大。认真落实党风廉政建设责任制，完善和深化了村级党风廉政建设责任制，责任制实施范围普遍延伸至村、组一级；建立科以上干部任前廉政谈话制度，增强廉洁从政的责任感。强化廉政责任考核，严肃实行责任追究，全市追究违反责任制规定的领导干部22名。

（五）纪检监察队伍建设进一步加强。组织全市纪检监察干部认真学习党的十六大精神，纪检监察干部实践"三个代表"重要思想的自觉性和做好反腐倡廉工作的责任感、使命感不断增强。严格执行省纪委《关于纪检监察机关错案及执纪执法过错责任追究的暂行规定》，严格规范执纪办案行为。在信访举报、案件检查、案件审理等重要环节建立内部监督制约机制，建立对纪检监察干部监督和对市纪委机关工作人员党风廉政建设量化考核测评的制度，构筑纪检监察干部抵御腐蚀的制度防线。加强对派驻（出）机构的管理，中央关于地方纪委书记由同级党委副书记担任的要求得到落实。大力倡导知识更新和观念更新，要求在职纪检监察干部参加学历教育，举办纪检监察干部培训班12期。在市纪委中层领导岗位实行全员竞争上岗，形成纪检监察干部成长的良好机制。加强和改进纪检监察机关作风建设，树立纪检监察机关的良好形象。对纪检监察队伍出现的苗头性倾向性问题抓好整改，防患于未然。

上年，我市党风廉政建设和反腐败工作虽然取得了新的成效，但也存在一些突出问题。主要有：一是反腐倡廉的覆盖面不够宽，力度还不够大。有的地方和部门对党风廉政建设责任制执行不够有力，致使反腐败任务不够落实。一些领域的腐败现象还比较突出，甚至还在滋生蔓延；二是严重损害群众利益的案件和群众越级上访的问题时有发生。个别基层单位及其领导干部不顾中央和省三令五申，顶风违纪，侵害群众利益，影响社会稳定；三是机关和部门的办事效率、服务意识、执法水平和廉政自觉性有待提高；四是查处大案要案发展不够平衡，一些违纪违法案件未能受到及时查处；五是查处诬告以及领导干部廉洁自律工作需要进一步加强。此外，有的地方纪检监察机关创新精神不够，队伍的政治素质和业务能力有待提高。对这些问题，各级党委、纪委要高度重视，采取措施认真解决。

二、全面贯彻落实党的十六大精神，明确新形势下我市党风廉政建设和反腐败斗争的总体要求和工作思路

党的十六大提出了加强党风廉政建设和反腐败工作的重要思想和基本观点，中纪委第二次全会进一步明确了当前及今后一个时期反腐倡廉工作的总体要求、思路和目标，省纪委第二次全会结合我省实际对今年党风廉政建设和反腐败工作作出了新的部署。2003年工作的总体要求是：全面贯彻党的十六大精神，按照"反腐倡廉要有新思路，源头治腐要有新突破，勤政廉政要有新局面，纪检监察工作要有新举措"的思路，整体推进反腐倡廉各项工作，增创反腐倡廉工作的新局面。

——必须以"三个代表"重要思想统领党风廉政建设和反腐败斗争，把始终做到"三个代表"作为衡量反腐倡廉工作成效的根本标准。深入推进党风廉政建设和反腐败斗争，要自觉贯彻"三个代表"的要求，始终坚持与时俱进这个关键，始终坚持党的先进性这个核心，始终坚持执政为民这个本质，不断取得反腐倡廉工作成效，促进先进生产力和先进文化的发展，维护好人民群众的根本利益。

——围绕发展这个执政兴市的第一要务开展反腐倡廉工作，为实现全面建设小康社会的奋斗目标创造良好的政治环境。党风廉政建设和反腐败工作要围绕经济建设这个中心，

维护和促进改革发展稳定的大局，为不断解放和发展生产力服务；要寓于建设中国特色社会主义事业的进程中，及时解决在党风政风方面严重影响建设和改革的问题，综合考虑政治、经济和社会效果，促进物质文明、政治文明和精神文明的协调发展，努力营造党员干部干净干事、勤政廉政、昂扬向上的良好环境。

——坚决贯彻党要管党、从严治党的要求，在党的建设新的伟大工程中发挥积极的推动作用。要围绕提高党的领导水平和执政水平，提高拒腐防变和抵御风险能力这两大历史性课题，按照党的十五届六中全会提出的“八个坚持、八个反对”的要求，切实解决党的作风和纪律方面的突出问题。要坚决维护民主集中制，在改革和完善党的领导方式和执政方式，加强党的执政能力建设，增强党的活力和团结统一，始终保持党同人民群众的血肉联系等方面，充分发挥反腐倡廉工作的促进和保证作用。

——坚持标本兼治、综合治理的方针，逐步加大治本的力度。从严治标，又要着力治本，把治标与治本统一于党风廉政建设和反腐败斗争的进程。要继续保持查办违纪违法案件的强劲势头；要切实纠正以权谋私、与民争利等直接损害群众利益的不正之风。要立足教育，着眼防范，关口前移，防微杜渐；健全党风廉政法规制度，强化对权力的制约监督。深化改革，创新体制，铲除产生腐败的土壤。

——发扬与时俱进的精神，推动反腐倡廉理论和实践的不断发展。成立市纪检监察学会，认真总结交流反腐倡廉经验做法，深入探索新形势下反腐倡廉的特点和规律，用发展的理论指导和推动反腐倡廉新的实践。要解放思想，实事求是，与时俱进，及时制定完善法规制度、纪律规范和对策措施，不断改进纪检监察工作的方式和方法，增强工作主动性和创造性。要结合解决热点难点问题，研究解决腐败问题新的方法、措施，提出从严治标和着力治本之策。

——全面履行党章赋予的任务和职责，充分发挥纪律检查委员会作为党的监督机关的职能作用。各级纪委要在党委的统一领导下，全面履行党章规定的各项职责，认真维护党的章程和其他党内法规，认真检查党的路线方针政策和决议的执行情况。要协助党委加强党风廉政建设和组织协调反腐败工作，通盘谋划党风廉政建设和反腐败的战略任务，及时提出对策和建议；抓好反腐败工作部署和任务分解，积极发挥职能部门的作用，健全和完善组织协调机制，增强反腐倡廉的整体合力。

各级党委和纪委一定要增强忧患意识，居安思危，清醒认识腐败现象的极端危害性和反腐败斗争的长期性、艰巨性、复杂性，增强政治责任感和工作紧迫感，更好地担负起反腐倡廉的历史使命。要通过努力，使我市反腐倡廉工作在今后五年内实现以下目标：党员干部廉洁从政的自觉性明显提高，部门和行业风气普遍好转，对领导干部行使权力的监督切实加强，防范腐败的机制基本形成，反腐倡廉法制化程度有新的提高，腐败现象蔓延的势头进一步得到遏制。

三、结合实际、突出重点，认真抓好我市2003年党风廉政建设和反腐败工作

2003年是我市全面贯彻落实党的十六大精神，全面建设小康社会，加快推进建设中国特色社会主义现代化的重要一年。要认真贯彻落实中央纪委第二次全会、省委九届二次全会、省纪委第二次全会和市委七届八次全会的部署，结合实际，在抓深入、抓巩固、抓落实、抓提高上狠下功夫，不断取得党风廉政建设和反腐败工作新成效。

（一）坚持以干净干事为目标，深化领导干部廉洁自律工作。

针对当前存在的突出问题，重点抓好以下工作：（1）领导干部不准利用职权违反规定干预和插手建设工程招标投标、经营性土地使用权出让、房地产开发与经营等市场经济活动。对违反规定的，无论有无以权谋私，都要严肃处理。（2）严格执行领导干部不准收受与其行使职权有关系的单位、个人的现金、有价证券和支付凭证的规定。注意查处借节假日和婚丧喜庆等事宜敛财的违纪行为。（3）继续落实领导干部配偶、子女从业的有关规定。通过采取个人申报、在一定范围内公示、加强组织核查等措施，推动这项工作的落实，尤其要加强对党政主要领导干部执行规定情况的监督检查。领导干部要加强对自己的配偶、子女以及身边工作人员的教育和管理，不准默许或授意他们打着领导干部的旗号以权谋私。对放任、纵容他们违纪违法的，要追究领导干部的责任。

坚决防止和克服形式主义、官僚主义。不准弄虚作假、虚报浮夸。不准搞脱离实际、沽名钓誉的各种“形象工程”、“政绩工程”。严格控制各种名目的节庆、达标评比活动。严肃查处以虚报等手段获取荣誉和其他利益，以及搞形式主义、官僚主义引发群体性事件、造成重大经济损失或不良政治影响的问题，追究有关领导干部的责任。

坚决反对和制止各种奢侈浪费行为。大力精简会议和严格控制出国（境）团组，压缩会议费、招待费、出国考察费等。禁止以开会、考察、培训等名义变相公费旅游，禁止超编制超标准配备使用小汽车和在住房问题上以权谋私。禁止以各种名义用公款互相宴请、大吃大喝和安排私人旅游、高消费娱乐。继续从严控制党政机关新建办公楼和培训中心。

要加强审计和监督检查，对违反规定的要追究直接责任人和主要领导的责任。积极探索用改革的办法解决领导干部职务消费中存在的问题，推行通信话费货币化改革，鼓励和支持有条件的地区和单位积极稳妥地实行公务接待、公务员福利制度改革，推进公务用车制度改革的试点工作。

认真执行国有企业领导人员廉洁自律的各项规定，进一步落实：（1）不准利用职权在企业物资购销、项目开发等经营活动中谋取私利。（2）不准个人及其亲属投资入股与其所在国有企业有关联交易、有依托关系的私营、民营企业和外资企业。（3）不准将国有资产私自委托、租赁、承包给自己的配偶、子女及其他亲属经营。（4）不准违反国有资产监管程序和企业规章制度，擅自决定对外投资、借贷、融资、担保等重大事项。（5）不准利用企业的商业秘密、业务渠道从事个人谋利活动，或将其提供、泄露给他人及其他企业。

结合我市实际，认真清理党政机关和事业单位利用单位物业、资产进行经营获利和国有企业领导人员违反规定兼职和取酬问题。健全制度，加强对党员干部和企业管理人员出国和赴港澳证件的管理。认真解决领导干部在从政行为方面出现的突出问题，注意抓好城乡基层干部的廉洁自律工作。

抓好各级干部的廉洁自律，各级领导干部要起模范作用，市委常委要带头，市委、市政府、市纪委机关要带头，为全市作出表率，以良好的党风政风带出全社会的良好风气。

（二）坚定不移地抓好查办大案要案工作，严惩腐败分子。

坚决贯彻党的十六大强调的“对任何腐败分子都必须彻底查处、严惩不贷”的要求，不断加大查处大案要案力度。针对近年来新经济领域、资金高密集领域、垄断性行业中的案件以及侵吞国有资产案件频发多发，跨地区、跨行业、跨国（境）案件和“窝案”、“串案”增多，违纪违法人员作案手段趋向隐蔽化和高智能化等新情况，采取新的对策和措施，突破一批危害大、涉案金额多、社会影响恶劣的大案要案。在重点查办贪污、受贿、挪用公款案件和县（处）级以上领导干部违纪违法案件的同时，着重查办建设工程招标投标、经营性土地使用权出让、金融、物资采购等领域和环节发生的案件，国有企业改革过程中国有资产严重流失案件，违反政治纪律和组织人事纪律案件，司法领域中的贪赃枉法、徇私舞弊案件，领导干部和执法人员为黑恶势力充当“保护伞”案件，以及参与走私护私、骗取出口退税、虚开增值税发票、制售假劣商品等案件。重视查办基层干部严重以权谋私、侵害群众利益的案件。

加强对查办大案要案的组织协调。进一步完善纪检监察机关与司法机关、行政执法机关和审计机关查办案件工作的协调机制。纪检监察机关在查办案件中，对涉案党员干部的主要违纪问题查实后，要按照规定作出党纪政纪处分，可以先在党内或一定范围内通报；对涉嫌犯罪、具备移送司法机关条件的案件，要及时移送。坚决克服好人主义，纠正查案不力、处理偏宽的现象。对瞒案不报、压案不办甚至干扰办案的，追究有关人员的责任。加大对违纪违法人员经济处罚和追缴违纪违法款物力度。帮助和督促发案单位健全制度，加强管理，堵塞漏洞。

进一步拓宽、畅通信访举报渠道，提倡和鼓励实名举报，保护举报人的合法权益，营造信访举报的良好环境。规范办信程序，强化内部监督制约，保证信访举报事项件件有落实。健全信访谈话制度。各级党委、政府要重视群众信访举报反映的问题，妥善化解矛盾，把问题解决在基层，维护社会稳定。

坚持惩处与保护相结合，及时为受到错告或诬告的党员干部澄清事实，保护广大党员干部干事创业的积极性。

（三）下大气力纠正部门和行业不正之风，认真解决人民群众反映强烈的“热点”问题。

要抓住与世界500强企业合作的机遇，学习其公开、公平、透明、高效的先进管理经验，大力纠正部门和行业不正之风，努力建立廉洁、公正、高效的政务环境。重视解决发生在人民群众身边、严重损害群众切身利益的不正之风和热点问题，加强综合治理，从改革入手深化纠风工作。

1、深入治理教育乱收费。全面推行农村中小学义务教育收费“一费制”。严格规范学校的收费行为，坚决禁止和纠正中小学校擅自立项、提高收费标准和扩大收费范围的乱收费行为；认真执行公办高中招收择校生收费“限分数、限人数、限钱数”的政策；严肃查处巧立名目收取赞助费、建校费和捐资助学费等违反规定乱收费行为。进一步规范高等学校的收费。实行教育收费公示制度。坚决制止基层政府和部门的摊派和搭车收费。加强对招生考试工作的管理监督，严肃查处弄虚作假和营私舞弊行为。

2、继续纠正医药购销中的不正之风。要严肃查处药品和医疗器械购销中给予和收受回扣等商业贿赂行为。对药品生产经营企业过多过滥而引发恶性竞争、药品价格虚高、制售假劣药品和医疗器械、虚假药品广告等问题进行综合治理，县级以上人民政府、国有企业等所办非营利性医疗机构，都要对国家规定列入招标采购范围的药品实行集中招标采购，并进一步扩大乡镇一级的覆盖面。加强医德医风建设，认真解决医疗服务中索要和收受“红包”的问题。

3、进一步减轻农民负担。全面推行农村税费改革，不准出台新的收费项目和提高原有的收费标准，不准违规搞突击清欠。继续抓好农业生产性费用、农民建房收费和各种搭车收费等专项治理工作，纠正和取消面向农民工的不合理收费。全面实行涉农税费“公示制”，涉农负担案（事）件责任追究制。坚决执行“一项制度”,做到“八个禁止”，使农民税费负担逐步减轻。

4、坚决纠正一些党政机关及群众团体摊派报刊征订任务的行为。继续严格执行省《关于纠正报刊发行工作中不正之风的若干规定》，对违反规定的，要追究主要责任者及主管部门、主管领导的责任。进一步落实村级订阅报刊费用“限额制”。

5、进一步巩固治理公路“三乱”成果。搞好日常性的检查监督，特别是要加大明查暗访的力度。对搞公路“三乱”的行为，发现一起坚决查处一起。同时继续治理向机动车辆乱收费问题，抓紧对路桥收费站点进行审核清理，市内路桥收费站该撤销的要坚决撤销，能合并的要坚决合并。

6、大力推进党政机关作风和行业作风建设。今年要认真抓好市、县两级党政机关作风建设，突出解决官僚主义问题。要从加强学习和教育入手，按照“八个坚持、八个反对”的要求，认真进行自查自纠，接受群众监督。坚决纠正脱离群众、脱离实际的作风，防止搞华而不实或瞎指挥的“形象工程”、“政绩工程”；狠刹弄虚作假、欺上瞒下的歪风，严肃查处“吃、拿、卡、要”现象，切实解决有些机关工作人员耍威风、搞特权、刁难群众和不给好处不办事、给了好处乱办事等问题；克服人浮于事、拖拉疲沓现象，提高为基层服务工作质量和效率，真心实意为群众办实事，创造投资营商和文明法治的良好环境。要继续深化“万众评公务”活动，并将全市工商、劳动和社会保障、广播电视等3个系统开展民主评议行风活动纳入其中。要开展政务信息发布会、热点问题大家谈等活动，强化解决“热点”问题的舆论监督。各级纪检监察机关及政府纠风办要设立部门和行业不正之风举报投诉电话，抓住典型事件，严肃查处，公开曝光。

（四）充分发挥行政监察和审计的职能作用，促进党风廉政建设和反腐败工作。

各级纪检监察机关要在全面履行纪检监察两项职能中，进一步发挥行政监察职能作用。要善于利用行政监察与政府各项业务联系密切、与经济工作贴得较紧，便于对政府机关及其公务员的施政行为进行了解和监督的有利条件，主动深入到政府机关的行政管理活动中，加强事前、事中监督。要充分运用审计手段，促进党风廉政建设的开展。（1）围绕国家和省的法律法规颁布和重大改革决策实施，认真开展执法监察，保证政令畅通。（2）加强对国有企业和国有资产管理体制等改革，以及赈灾款物、国债和社保资金管理使用等情况的监督检查，确保资金安全运作。（3）继续参与整顿和规范市场经济秩序工作，积极开展专项整治和打击活动。（4）加大事故调查处理力度，强化行政责任追究，并注意发现和查处事故背后的腐败问题。（5）结合贯彻市委提出的建立文明法治环境要求，认真开展行政效能监察，提高行政效率。（6）加强对财政基金收支情况、重大工程项目资金和专项资金使用情况、国有资产保值增值情况的审计，查处违规违法行为。

（五）推进体制机制制度的改革和创新，从源头上预防和治理腐败问题。

进一步深化行政审批制度改革，坚决取消不符合政企分开、政事分开原则，不符合我国加入世贸组织所作承诺和世贸组织规则，妨碍市场开放和公平竞争以及实际上难以有效发挥作用的行政审批。重点深化土地和工程项目审批制度的改革。通过公开评议和听证的方式，加强对政府各部门审批制度改革的监督。对确需保留的行政审批，建立科学的管理机制、规范的运行机制和严密的监督机制；对取消的审批事项要加强后续监管。开展对有关职能部门运用权力的调查，加强监督。按照责权统一的原则和政府部门的职能定位，建立和完善行政审批责任追究制度。大力推行联合审批和“窗口式”、“一站式”服务制度，乡镇以上人民政府要逐步建立行政服务中心或办证中心，方便群众办事。开展综合行政执法试点，积极探索适应新形势需要的综合行政执法体制和运行机制。

积极推进财政管理体制改革，加快建立公共财政。要结合机关清理和处置物业，规范和完善“收支两条线”管理，逐步把行政事业单位具有政府垄断性质的收入和物业经营收入纳入“收支两条线”管理。县以上财政管理全面实行财政集中支付。县以上政法、行政执法部门要全面推行部门预算，实现部门预算内外资金的统一管理。发挥人大财政预算委员会的作用，加强对财政审批的监督。积极推行工资福利制度改革，按照标准化、规范化、货币化的原则，统一财政供养人员的福利补贴，对实行统发工资福利后乱发钱物的行为要严肃查处。在市直党政机关、事业单位全面实行通信话费货币化改革。继续做好向行政事业单位和国有企业派驻财务总监的工作。要加强国有企业改革和公有资产增值保值的监督，防止国有资产流失。要加强会计监督管理，严厉惩处做假账行为。

深化干部人事制度改革。加强对执行《党政领导干部选拔任用工作条例》的监督，建立和执行干部选拔任用的监督制度和用人失察责任追究制；建立由组织、纪检监察、审计等部门参加的干部监督工作联席会议制度。完善干部考察、评价制度，推进干部能上能下。全面推行县级以下党政领导干部、国有企业领导人员经济责任审计，扩大县级以上党政领导干部经济责任审计试点范围，重视经济责任审计结果在干部任用和奖惩中的运用。进一步落实党员和群众对干部选拔任用的知情权、参与权、选择权和监督权。严肃查处领导干部拉票贿选以及投机取巧、弄虚作假谋取“文凭”、学历、职称和其他荣誉称号的腐败问题。

抓住深化经济和管理体制改革的时机，完善用市场机制遏制腐败的各种手段。进一步完善和规范对有形建筑市场、有形土地市场、产权交易市场和政府采购中心的管理。强化有形建筑市场中介服务功能，切实做到与政府主管部门机构分立、职能分离、人员分开、财务分帐。认真贯彻执行《广东省土地使用权交易市场管理规定》，全面实行经营性土地使用权招标拍卖挂牌出让制度，严禁以其他方式出让经营性土地使用权，规范和限制协议出让行为。建立严格的企业产权交易管理制度。围绕以广州、深圳、珠海三个区域性产权交易中心为核心的市场格局，建立与其对接的惠州交易平台。贯彻执行《政府采购法》，进一步推广政府采购的范围和规模；政府采购管理机关与执行机构必须分设；加强对政府采购工作人员和所聘专家的监督管理。积极应用现代信息技术手段，对上述“四个市场”进行网络化管理，提高工作效率和透明度。强化对政府资源审批、招标、处置工作的监控。

要抓住中海壳牌石化项目动工建设的契机，进一步完善预防腐败体系。要突出预防腐败的重点，将中海壳牌石化项目及其配套工程尤其是第二期征地拆迁安置工程、市政建设重大工程、大企业集团、农村热点问题地区作为监控的主要对象。继续完善重大工程预防腐败体系，特别是建立起国有或国有控股企业集团、领导干部、党政机关及窗口单位、农村基层等全方位的预防腐败体系。

积极推进司法体制改革，从制度上保证司法权公正行使。稳步实施金融体制改革，加强金融监管，强化金融机构内控机制建设。加强对行业协会、学会和社会中介机构的管理和监督，特别是加强对律师事务所、拍卖行等中介机构的廉政监督，严肃查处违规违法行为。要结合建立社会信用机制，运用电子政务和现代管理手段源头治腐，提高社会经济的管理和廉政水平。

（六）不断改进监督体制，加大对党员领导干部的监督力度。

坚持把维护党的政治纪律放在首位。党员干部必须坚决执行党的十六大决议，把思想和行动统一到党的十六大精神上来，统一到“三个代表”重要思想上来。各级纪委要加强监督检查，维护党章的严肃性，对有令不行、有禁不止、各行其是等严重违反纪律的行为，必须坚决查处。

坚持以发展党内民主促进人民民主的发展，充分发挥各方面的监督作用。要加强对党员干部特别是主要领导的监督。积极探索党的代表大会闭会期间发挥代表监督作用以及党的委员会发挥监督作用的途径和形式。进一步建立健全党的民主集中制的各项具体制度，并加强对执行情况的监督检查。重大事项必须经集体讨论作出决定。完善领导干部民主生活会制度、党内情况通报制度、情况反映制度和重大决策征求意见制度。认真执行领导干部报告个人重大事项制度。实行领导干部述职述廉制度。根据省的要求，市、县党委主要负责人每年要在全委会上报告本人及领导班子廉洁从政的情况，自觉接受监督。充分发挥人大代表、政协委员、各民主党派、工商联以及各群众团体的民主监督作用，市、县在今年适当时候召开一次由人大代表、政协委员参加的咨询会，征求对党风廉政建设和反腐败工作的意见、建议；并在今后形成制度，每年举行一次。深化政务公开、厂务公开、村务公开工作，不断扩大公开的范围和形式，拓宽群众监督渠道。在市、县两级政权机关全面推行政务公开的基础上，医院、学校和其他与群众利益密切相关的公用事业单位都要实行办事公开制度。要认真落实《广东省厂务公开条例》、《广东省村务公开条例》，推进厂务公开、村务公开工作的法制化。重视发挥新闻舆论的监督作用。

改革和完善党的纪律检查体制。建立和完善巡视制度，实现巡视工作制度化、经常化。上半年，省委将派出巡视组，对地级以上市和省直党政机关、事业单位、国有企业进行巡视，着重对党政领导班子贯彻落实党的十六大精神、执行党风廉政建设责任制和勤政廉政等情况进行监督检查。市、县也要参照省的做法，建立巡视制度，选派巡视组对管辖的党政机关、事业单位和国有企业进行巡视。各级纪委对派驻（出）机构实行统一管理，加强对驻在部门领导班子及其成员的监督。

实行纪委负责人同下级党政主要负责人谈话制度。各级纪委负责人要围绕加强党风廉政建设、保证廉洁从政等情况，同下级党政主要负责人交换意见，研究问题，以利于共同做好反腐倡廉工作。实行领导干部任前廉政谈话制度，有针对性地提出廉洁自律的要求。建立诫勉谈话制度，发现党员干部存在苗头性问题，要早打招呼，及时提醒，严格要求，使他们少犯或不犯错误。要建立窗口单位、垂直管理部门廉政工作汇报等制度，强化反腐倡廉的合力。

四、落实工作任务需要把握好的几个问题

（一）严格执行党风廉政建设责任制，促进各项工作的

落实。

实行党风廉政建设责任制，是落实党风廉政建设和反腐败工作任务的重要保证。各级党委、政府要按照党风廉政建设责任制的要求，切实负起反腐倡廉工作的重大责任。党政班子正职要负总责，管好班子，带好队伍，亲自部署反腐败工作并抓好落实；班子成员要明确分工，抓好分管部门的党风廉政建设和专项治理工作；职能部门要各负其责。要实行责任制报告制度，将执行责任制情况定期向上级党委、纪委报告。各级纪委要充分履行组织协调职责，在党委统一领导下抓好反腐倡廉工作部署和实施。要严格对责任制执行情况的考核，严格责任追究，对因工作失职造成严重后果的，要按照规定作出组织处理或纪律处分。要认真抓好村级和乡镇基层站所、企业、学校、医院等单位党风廉政建设责任制的落实。

（二）深入开展党风廉政宣传教育，构筑党员干部拒腐防变的思想防线。

要抓住建设经济强市和文明城市的机遇，深入开展党风廉政宣传教育，提高党员干部和国家公务员执法执纪和勤政廉政的水平。要把党风廉政宣传教育纳入党委宣传教育的总体部署，完善宣传教育制度、健全工作机制、改进方式方法，增强宣传教育的针对性和有效性。要深入开展以学习党的十六大报告和党章为重点、以"三个代表"重要思想和保持党的先进性为主要内容的教育活动；要结合新的实际在全体党员干部中广泛开展发扬党的优良传统的教育，尤其要进行"两个务必"的教育；继续开展党纪条规、法律法规教育和正反面的典型教育，特别是要经常反复地对干部进行示范教育和警示教育。运用省纪委编写的《领导干部腐败警示录》和电教片及我市反面典型的剖析材料，作为领导干部教育的教材。要按照省纪委的部署，在今年 7 月继续开展以"勤政廉政、艰苦奋斗"为主题的纪律教育学习月活动。要把党风廉政教育贯穿到对党员干部培养、选拔、管理和奖惩的各个环节，作为党课教育、党校培训和党委（党组）中心组理论学习的重要内容，形成党风廉政教育的整体效应。要加强职业操守教育，提高道德水平，促进机关作风的转变。

要加大反腐倡廉宣传工作力度。要积极参与省纪委、省监察厅组织开展的"党风廉政建设南方行"、开设广东廉政宣传教育网站、拍摄政论片等活动，我市也采取相应的做法，宣传中央、省、市开展反腐倡廉工作的主要做法、基本经验和成效。要结合实际，加强反腐倡廉宣传教育工作。要坚持正确的舆论导向，严肃宣传纪律，注意政治和社会综合效果。

（三）把握大局，讲究政策，严格执行和维护党的纪律。

党风廉政建设和反腐败斗争，是全面建设小康社会、率先基本实现社会主义现代化大业的重要组成部分。一定要从维护和促进我市改革发展稳定大局，从调动广大党员干部干事创业的积极性、创造性的高度出发，正确处理改革开放和社会主义市场经济条件下严肃党的纪律的问题。首先要严格执行党的纪律，坚决维护党纪国法的严肃性，对违纪违法的，该给予纪律处分的必须给予纪律处分，该给予法律制裁的必须给予法律制裁。同时要体现党的政策，对虽有严重错误但能够主动承认和改正，并配合组织查清自己和其他人问题的，可以按照规定从宽处理；对犯有一般性错误的，主要给予批评教育，帮助其吸取教训。对坚持原则、秉公办事、勇于创新的党员干部，要给予支持；对受到诬告、错告和打击报复的党员干部，要给予澄清和保护。

（四）坚持发扬艰苦奋斗的作风，以扎实的工作努力实现反腐倡廉各项目标。

艰苦奋斗的精神和作风，是共产党人的政治本色，也是实现反腐倡廉工作目标的强大精神动力。现在，党风廉政建设和反腐败斗争的大政方针已定，任务、目标和要求非常明确，最重要的是要以艰苦奋斗的精神和真抓实干的作风，扎扎实实工作。要清醒地看到我们肩负的任务和责任的艰巨性、紧迫性，清醒地认识我们工作中存在的问题，坚定理想和信念，增强工作自觉性。要注重实践，改进作风，脚踏实地，埋头苦干，讲实效，办实事，坚决纠正搞花架子、做表面文章的形式主义做法，真正把心思和精力用在抓工作落实上。要突出重点、抓住典型，以典型带动反腐倡廉工作的深入开展。要加强调查研究，善于发现苗头性、倾向性问题，科学总结规律和经验，牢牢把握工作的主动权。要善于把中央和省的部署同各地区各部门的实际结合起来，与时俱进，创造性地开展工作。

（五）进一步加强纪检监察机关自身建设，适应新形势、新任务的需要。

我市纪检监察干部队伍的整体素质是好的，但还存在一些不能适应形势发展和职责要求的问题。必须按照江泽民同志提出的"政治坚定、公正清廉、纪律严明、业务精通、作风优良"的要求，进一步加强自身建设。要加强学习，用邓小平理论和"三个代表"重要思想武装头脑，做学习和实践"三个代表"的表率，提高政治素质。要认真学习经济、金融、法律、科技、管理等现代科学知识，深入进行工作调研和政策理论研究，提高业务素质。纪检监察干部要牢记使命、勤奋工作，坚持宗旨、执政为民，改进作风、求真务实，爱岗敬业、无私奉献。要健全和完善内部监督管理制度，建立健全民主集中制、学习制度、审批制度和请示报告制度等。要严肃工作纪律特别是办案纪律和保密纪律，始终做到严格要求、严格管理、严格监督，“小题大作”、警钟长鸣，不断增强纪检监察干部自身的免疫力和抵御腐蚀的能力。要坚持工作向高标准看齐，生活向低标准看齐；该得到的不一定都要，不该得到的绝不伸手去捞，努力做“干净干事”的模范。要抓好市、县（区）纪检监察机关领导班子的换届工作，配强配齐纪检监察领导班子。地方各级纪委书记由同级党委副书记担任后，要保证用主要精力抓好纪检监察工作。要积极开展教育培训工作，针对今年换届调整后纪检监察机关人员结构发生的变化，加强对新任领导干部的培训，使他们尽快熟练地掌握纪检监察业务，适应新领导岗位的需要。要在纪检监察干部中开展在职自学活动，通读一、两本书。要加快纪检监察信息化建设，提高纪检监察工作的科技含量。各级党委、政府要继续加强对纪检监察工作的领导，支持纪检监察机关全面履行职责，从政治上、工作上、生活上关心和爱护纪检监察干部。要建立有效保护纪检监察干部履行职责的机制。

同志们，今年是全面贯彻落实党的十六大精神的第一年，各方面的工作任务都十分繁重。我们要紧密地团结在以胡锦涛同志为总书记的党中央周围，高举邓小平理论伟大旗帜，全面贯彻“三个代表”重要思想，进一步振奋精神，扎实工作，开拓进取，确保党风廉政建设和反腐败各项任务的落实，为全面建设小康社会，率先基本实现社会主义现代化而努力奋斗。

附　录

责任编辑：钟考祥

关于鼓励外商在惠投资兴业的若干规定

为了改善投资环境，更好地吸引外资，引进先进技术，促进惠州市国民经济发展，市委、市政府出台了《关于鼓励外商投资的若干规定》。《规定》的主要内容如下：

凡设在大亚湾经济技术开发区内的外商投资生产性企业、设在仲恺高新技术产业开发区内的外商投资企业以及其他地区外商投资在3000万美元以上的生产性企业，被确认为高新技术企业的，减按15%的税率征收企业所得税；新办的高新技术企业自投产年度起2年免征所得税，免税期满后仍有困难的，经有关部门批准，可延长2年免征企业所得税。

凡设在惠城区、惠阳市、惠东县、博罗县等沿海地区和经济开发区的外商投资的生产性企业，减按24%的税率征收企业所得税；设在龙门县、惠东县山区的外商投资企业暂免征收地方所得税。

设在惠州市经确认为出口型企业的外商投资企业，按规定减征企业所得税期满后，凡当年企业出口产品产值达到当年企业产品产值70%以上的，可按规定税率减半征收企业所得税和免征地方所得税；已按15%的税率征收企业所得税的出口型企业，可减按10%的税率征收企业所得税。

设在惠州市经确认为先进技术型企业的外商投资企业，按规定减征企业所得税期满后，仍为先进技术型企业的，可按规定的税率延长3年减半征收企业所得税和免征地方所得税；已按15%的税率征收企业所得税的先进技术型企业减半后的企业所得税低于10%的，按10%征收企业所得税；凡经确认为高新技术企业，当年出口额占其销售额70%以上的，按15%的税率征收所得税。

鼓励外商投资企业扩大再生产，对外商投资企业外方以利润增资扩产或投资新项目，经营期不少于5年的，经税务机关批准，退还其再投资部分已缴纳所得税的40%；同时，被确认为出口型和先进技术型企业的，退还已缴纳的全部所得税。

对外商投资工业项目的用地，按成本价提供土地使用权；对投资农业项目的征用土地，免收市以下地方各种规费；对投资交通、能源、环保项目的用地，只收取支付给农民的征地费和上缴给国家、省的有关税费。

对设在大亚湾经济技术开发区和仲恺高新技术产业开发区内的高新技术项目、中海壳牌石化中下游产品开发加工项目和总投资超过1500万美元的大中型项目，建成投产后头5年只收取上缴国家和省的规费，免收地方收取的各项规费。

外商投资企业的设立审批，除法律、法规、规章规定需前置审批以外，市、县（市、区）政府及其工作部门的规范性文件规定的审批事项，不作为前置审批条件。按法律、法规、规章规定需前置审批的，按规定前置审批后登记注册；外商投资企业不能按合同约定的时间缴齐注册资本，经审查，确有实际困难的，允许外商投资企业按照规定的程序修改有关合营合同和企业章程，延缓出资期限或相应修改注册资本数额；凡在法律允许的范围内，生产经营范围由外商投资企业自主选择，可以按照国民经济行业大类给予登记。

建立招商引资奖励制度，对在招商引资工作中作出积极贡献、成绩显著的单位和个人给予记功和授予先进称号，可给予现金奖励，并作为干部提拔任用政绩考察的重要依据。对于非国家公职人员在招商引资工作中牵线搭桥引进项目成功的，可按项目实际投资额一定比例给予现金奖励。

建立对外商投资企业检查申报审批制度。禁止向外商投资企业乱收费、乱摊派、乱拉赞助、乱罚款。

外商投资企业需从市外调入或招聘中级职称以上科技和管理人员及其随迁家属，户口迁入本市给予优先办理；外商投资企业的中方管理人员因业务需要按规定申办多次往返港澳通行证的，外事、公安、组织、人事等部门应给予支持办理；对外资企业的中方人员户口不在本地，因业务需要出境的，给予办理所需的护照或港澳通行证。

惠州市外商投资服务中心审批办证程序

一、向市工商局申领核准企业名称。

二、300万美元以下的中外合资、合作项目和3000万美元以下外商独资项目向市外经贸局申报项合同章程批准；300万美元以上的中外合资、合作项目向市发展计划局申报批准立项，由市外经贸局审批项目合同、章程。

1、所需提供资料：⑴申办项目的请示；⑵项目可行性研究报告；⑶项目合同（独资企业填申请表）、章程；⑷董事会名单；⑸设备清单；⑹工商名称登记；⑺中、外方商业登记（营业执照）、银行资信证明、法人身份证复印件。

2、审批时限：⑴受理后3个工作日内完成审批手续；⑵对三资项目批准证书的发放，受理后1个工作日内完成发放手续；⑶对转报省和国家审批的项目，自受理之日起3个工作日内完成转报手续。

三、向环保局申报签发环保许可证

1、需提供如下资料：⑴申请报告和可行性研究报告；⑵项目位置图、平面布置图；⑶用地证明材料（房地产证、租赁合同等复印件）。

2、审批范围：工业建设项目：饮食、商业娱乐服务项目，设有中央空调设施项目；电讯工程项目；养殖业、农业开发项目；各类开发区（含工业区）旅游区、房地产开发项目、体育设施开发项目等。

四、向消防局申请消防报建

1、填写《建筑消防设计审核申请表》。

2、提供规定的材料：项目批文、规划红线图、工程简要说明等。

3、审批范围：工业建设项目；饮食、商业娱乐服务项目，设有中央空调设施项目；电讯工程项目；各类开发区（含工业区）旅游区、房地产开发项目、体育设施开发项目等。

五、向工商局申领营业执照

1、所需提供资料：⑴外商投资企业注册登记申请书；⑵名称登记核准通知书；⑶审批机关批准文件和批准证书；⑷有关项目建议书或可行性研究报告的批准文件；⑸合同、章程；⑹中国投资者的合法开业证明（复印件）；⑺外国（地区）投资者的合法开业证明（复印件）；⑻投资者的资信证明（复印件）；⑼住所证明（厂址所在地工商所看厂后出具）；⑽法人身份证明及任职文件董事会成员名单及董事会成员委派文件。

2、审批时限：提交齐全资料后5个工作日内签发营业执照。

六、向国土资源局申报建设用地《土地使用证》

1、填写《建设项目用地申请表》；

2、提供资料：⑴建设项目批准立项文件；⑵建设项目用地预审报告；⑶建设项目总体平面布置图。

3、审批范围：涉及兴建厂房、使用土地的非国家禁止外商投资的企业。如工业建设项目；饮食、商业娱乐服务项目，设有中央空调设施项目；电讯工程项目；养殖业、农业开发项目；各类开发区（含工业区）旅游区、房地产开发项目、体育设施开发项目等。

4、审批时限：⑴建设用地审批，申报材料齐全的，自受理之日起7个工作日内完成；需报市级以上政府审批的，7个工作日内审核上报，自接到上级批复之日起，3个工作日内办好批文；⑵办理《国有土地使用证》，申报材料齐全，自受理之日起，15个工作日内完成发证。

七、向规划建设局申报办理《建设用地规划许可证》和《建设工程规划许可证》

1、根据规划建设的分类填写申请表；

2、提供规划建设局规定的材料；

3、审批时限：办理规划方案和建设项目联审的，4个工作日内由业务科室答复联审意见。

八、向市技术监督局申领企业组织机构代码证书

1、需提供资料：⑴企业营业执照副本原件及复印件1份；⑵外资企业批准证书；⑶法定代表人和办证的身份证复印件各1份；⑷申请表上须加盖单位公章。

2、审批时限：从受理之日起第3个工作日领证。

九、向劳动和社会保障局申请办理劳动用工许可证。

需提供外经、工商部门核发的批准证书和工商营业执照。

惠州港海关支持辖区内重点企业发展的十项措施

为进一步优化辖区内投资软环境，支持和促进地方经济发展，惠州港海关决定推出支持辖区内重点企业发展的十项措施，为其提供直通车式的通关服务。内容如下：

一、实行关领导与重点企业的直接联系制度

成立惠州港海关支持重点企业发展工作领导小组，由关长任组长，一名副关长负责具体工作，成员由其他关领导组成。领导小组定期与重点企业负责人举行座谈，听取意见，了解企业的需求；不定期走访企业，实行现场办公，解决通关难题；建立日常联络机制，每位成员挂点联络企业，提供点对点的服务，切实为企业排忧解难。

二、建立海关重大改革征询重点企业意见制度

对涉及企业权利义务的重大通关业务改革，事先征询重点企业意见，确保重大改革实现海关监管绩效和企业通关效益的双赢。

三、全面推行联网监管，实现快速通关

将重点企业全部纳入推行联网监管范围，并加快推行进度，以提高通关效率，降低通关成本，保证企业进出口货物的快速通关，实现海关监管与企业自管的契合。

四、设立专办窗口，实行专门服务

设立重点企业专办窗口，对预归类、备案、结转、核销、变更、进出口货物申报、征税、签发付结汇、退税报关单证明联等各类业务手续实行即来即办，限时办结。

五、简化海关业务审批手续

简化业务审批程序和手续，根据《深圳海关关于对〈深圳海关支持深圳市重点企业发展的十项措施〉的实施意见》的文件精神，下放重点企业的海关业务审批权限，原则上按三级审批权限规定下放一级办理。

六、以企业通关需求为导向，提供个性化通关服务

根据重点企业的不同通关需求，提供提前报关、货到放行，联网监管、电子通关，网上支付，无纸通关，加急通关，预约通关，上门验放等个性化服务。

七、对重点企业进出口货物实施直通式通关

对重点企业进出口货物实施预审价、预归类，实行诚信管理、信任放行。进口应税货物实行“先放后税”；进口急用物资，实行凭保放行，事后报关。

八、建立与口岸海关的直接联系配合机制

与口岸海关建立直接联系配合制度，及时协调解决辖区内重点企业在口岸海关通关时遇到的困难和问题。必要时，我关将联合有关口岸海关与辖区内重点企业召开座谈会，听取意见及建议，解决通关疑难问题，改进海关工作。

九、建立与各区口岸办等单位的直接协调机制

与国检、外管、外经、口岸等有关部门建立直接协调机制，快速解决重点企业通关时遇到的、涉及上述单位的有关问题。

十、对重大项目实行全程跟进式的服务

对重点企业重大项目的通关监管，及时、全面提供海关政策咨询，实施全程跟进式服务，为企业做大做强创造条件。

市经贸局办事指南

生猪肉牛屠宰管理行政处罚办理程序

一、简单程序：对公民处50元以下、对法人或其他组织处1000元以下罚款或警告的行政处罚，由市生猪屠宰执法检查组按各自的职责分工，分别作出行政处罚决定。处罚程序包括以下内容：表明身份、说明理由、告知权利、听取意见、作出行政处罚决定、送达、执行、备案。

二、一般程序：立案、调查取证、作出行政处罚决定、制作行政处罚决定书、送达。

三、听证程序：当事人要求听证的，行政机关应当组织听证。听证申请在行政机关告知后3日提出，行政机关应当在听证的7日前，通知当事人举行听证的时间、地点。

四、办事期限：

（一）一般案件的处理在7个工作日内完成，复杂案件的处理，在20个工作日内完成。

（二）行政机关作出行政处罚决定书后，必须在7日内送达当事人。当事人向行政机关申请复议，复议机关应当在收到申请收之日起2个月内作出决定。

（三）行政处罚决定书送达后，当事人申请行政复议或提起行政诉讼的，行政处罚不停止执行。当事人必须在接到处罚决定书之日起15天内到指定的银行交款，逾期不交款的按违法罚款额的3%加收滞纳金。

申办商品交易市场（含5000平方米以上的大型商场）的基本程序：

一、发起单位提供有关资料；

二、经办人初审后提出意见报科室领导审阅；

三、局主管领导审定；

四、受理申请报告后30个工作日内答复。

申办单位提供资料：

一、发起单位的申请报告；

二、建立市场的可行性报告；

三、建设计划和实施措施；

四、章程、交易规则、内部管理规章草案。

申办废旧物资经营网点的基本程序：

一、申办单位填写《惠州市废旧物资经营资格审查表》；

二、经办人实地调查了解、掌握情况后，参照设立条件，提出意见报科室领导审阅；

三、报局主管领导审定；

四、受理审查后30个工作日内答复。

申办单位提供资料：

一、《惠州市废旧物资经营资格审查表》；

二、主管单位意见。

设立拍卖企业程序

一、申请登记

新办企业要向市经贸局提出设立申请书，并按要求提供有关证件和资料。

二、资质初审

市经贸局收到收面申请和相关资料后，在30个工作日内组织人力进行调查了解和资质初审工作。对不符合条件的按以上规定工作日内给予答复并退回申请材料。

三、上报审批

经市经贸局初审后，对符合条件的企业由本局上报省经贸委审批。申报企业经省经贸委审核许可，持有关批准文件向工商行政管理部门申请登记，领取营业执照。

四、申办企业应提供的材料

按《拍卖法》第十二条规定：设立拍卖企业，应当具备下列条件：

有100万元人民币以上的注册资本；

有自己的名称、组织机构、住所和章程；

有与从事拍卖业务相适应的拍卖师和其他工作人员；

有符合本法和其他有关法律规定的拍卖业务规则；

公安机关颁发的特种行业许可证；

符合国务院有关拍卖业发展的规定；

法律、行政法规规定的其他条件。

申办企业必须按以上条件提供相应的有关资料。

申报设立典当行程序

一、申请单位经所在县（市、区）经贸局同意后，以书面形式向市经贸局、省经贸委提交申请报告及有关材料。符合惠州市典当行发展规划且布局合理的，予以受理。

二、市经贸局按照《典当行管理办法》的规定和省经贸委的要求，对已受理申报单位的材料及经营资格进行初审。

初审内容如下：

（一）申报材料；

（二）申报单位的必备条件；

（三）法人代表及高级管理人员的任职资格；

（四）法人股东及自然人股东的基本情况；

（五）营业场所。

审查结果，在60个工作日内告知申报单位。

三、经资格审查不符合设立条件的，申报材料全部退回，符合条件的，经市经贸局提出初审意见后，报省经贸委审批。

四、申报单位经省经贸委批准和核发《典当经营许可证》后，持批准文件和《典当经营许可证》到市公安局申领《特种行业许可证》，到工商行政管理部门申请登记注册和领取营业执照。

发展计划局办事指南

固定资产投资项目审批制度

固定资产投资项目审批包括项目建议书审批和可行性研究报告审批两个阶段。当建设条件具备时，项目建议书和项目可行性研究报告可合并审批。

一、审批依据

自筹基建项目审批：粤府[1992]131号、粤府函[1999]380号

利用外资项目审批：粤府办[1992]36号、粤府函[1999]380号

二、审批权限

市发展计划局审批权限：符合国家产业政策、自行筹措资金、自行平衡生产配套条件、不严重污染环境的建设项目，自筹固定资产投资项目3000万元以下（不含3000万元），利用外资项目3000万美元以下（不含3000万美元）。

限额以上项目及属国家产业政策限制发展、上级规定须专项报批的项目（无论投资额大小），审核后报上级计划部门审批。

三、项目报批需提供的材料

1、申请报告；

2、项目建议书或可行性研究报告；

3、项目资本金证明（利用外资项目须提供投资各方资信证明材料）；

4、营业执照副本复印件（利用外资项目提供外方商业登记复印件）

5、法定代表人身份证明；

6、合营协议或合同、章程（合营项目、利用外资项目提供）；

7、环境保护部门的审查意见；

8、各项建设条件落实的证明文件（如规划选址、土地、资金等）。

四、承办科室：

农村经济科：农业、水利、林业、水产、畜牧业、华侨场项目；

工业科（基础产业科）：工业、能源、交通、通讯等项目；

投资科（国外资金利用科）：市政建设、房地产、利用外资等项目；

社会发展科（高技术产业科）：教育、计生、卫生、旅游、劳动、社会保障、民政、文化、体育、广播电视、新闻出版、高技术产业化等项目；

经贸流通科（经济体制改革科）：市场、物流、加油站等项目；

宏观经济运行监测中心：信息行业工程等项目。

五、服务承诺

在市发展计划局审批权限内、资料齐全的项目，2个工作日内给予审批；资料齐全、需上报上级计划部门审批的，4个工作日内转报。

工商办事指南

一、广告公司申请《广告经营许可证》需要提供的材料：

1．领取并填写《广告经营资格申请登记表》；

2．股东的法人资格证明或者自然人身份证明（营业执照复印件加盖经营单位印章）；

3．公司章程；

4．公司法定代表人的任职文件和身份证明；

5．房产权证复印件， 租赁用房需提交租赁合同和房产权证复印件；

6．名称预先核准通知书或营业执照复印件加盖经营单位印章；

7．验资报告；

8．广告经营单位管理制度；

9．具有大专以上从业人员的毕业文凭复印件 4 份。

二、个体工商户申请《广告经营许可证》需要提供的材料：

1．领取并填写《广告经营资格申请登记表》；

2．户主身份证复印件及学历证书(需提交原件核对)；

3．房产权证复印件，租赁用房的需提交租赁合同和房产权证复印件；

4．广告经营单位管理制度；

5．已领取营业执照要求增加广告经营范围的个体工商户须持营业执照复印件加盖经营单位印章。

三、广告发布登记须知

(一) 申请户外广告发布登记，应提交下列材料：

1．《户外广告申请登记表》；

2．广告设施经城市规划部门或政府有关部门审批同意的有效文件；

3．营业执照有效复印件；

4．《广告经营许可证》复印件；

5．广告合同；

6．发布广告的场地证明；

7．户外广告小样。

(二) 申请印刷品广告发布登记，应提交下列材料：

1．《印刷品广告申请登记表》；

2．营业执照有效复印件；

3．《广告经营许可证》；

4．印刷品广告小样；

5．载明发布形式、时间、地点、商品服务名称的申请报告；

6．其他证明文件。

（三）申请店堂广告发布登记，应提交下列材料：

1．《店堂牌匾广告申请登记表》；

2．营业执照有效复印件或其他法定主体资格的证明文件；

3．含有广告发布地点、形式的申请报告；

4．广告样件；

5．场地证明。

四、申请认定知名商标须知

惠州市工商行政管理局负责知名商标的认定和管理工作，各县、区工商行政管理局、分局负责辖区内知名商标的推荐和管理工作。

（一）申请认定知名商标应当具备下列条件：

1．申请人必须是申请认定商标的所有人，是在惠州市行政区域内的自然人、法人或其他组织；

2．商标自核准注册之日起连续使用满 3 年并继续有效，且无权属争议；

3．商标为相关公众所熟知，在相关市场具有较高的知名度；

4．商标核定使用的商品近 3 年来的年销量、营业收入、净利润和税收等主要经济指标在本市同行业中领先；

5．申请人拥有良好的信誉，具备完善的商标管理机构和管理制度，近 3 年无违法行为；

6．商标核定使用商品为出口商品的，其商标应当在相关国家（地区）注册且广泛销售。

(二) 申请认定知名商标，应当填写《惠州市知名商标认定申请表》，并提交以下材料：

1．商标所有人的主体资格证明；

2．申请认定商标的《商标注册证》及其变更、续展、转让证明的复印件；

3．带有该商标标识的商品实物照片；

4．使用该商标的商品近 3 年的销售量、营业收入、净利润和税收等主要经济指标（应提供各年度财务报表或其它报表复印件，并加盖申请人财务专用章。其中，税收必须经有关税务部门确认，同行业排名情况证明应由市级以上行业协会或行业行政主管部门出具）；

5．使用该商标商品近3年的广告发布情况；

6．使用该商标商品在国内和境外的销售或经营情况；

7．该商标专用权遭受侵害的情况；

8．申请认定知名商标需要提交的其它文件。

《惠州市知名商标认定申请表》由惠州市工商行政管理局印制。

（三）知名商标认定与管理

1．申请认定知名商标须经申请人所在地县、区工商行政管理局、分局推荐。县、区工商行政管理局、分局，应当自收到知名商标认定申请之日起30日内，按规定进行审查。符合申请认定条件的，签署意见后向知名商标认定委员会推荐；对不符合申请认定条件的，不予推荐，并将审查结果通知申请人；

2．申请人对县、区工商行政管理局、分局审查意见有异议的，可以自收到通知之日起15日内向惠州市工商行政管理局申请复审。惠州市工商行政管理局自收到复审申请之日起30日内予以复审。申请理由成立的予以受理；申请理由不成立的不予受理，并将复审决定书面通知申请人；

3．知名商标认定委员会自收到县、区工商行政管理局、分局推荐的知名商标认定申请之日起60日内，对申请材料进行审查，作出受理与否的决定，并书面通知申请人。凡决定不予受理的申请材料，由知名商标认定委员会书面说明理由后退回申请人，同时告知推荐单位；

4．知名商标认定委员会对决定受理的申请材料作进一步审查，并进行必要的调查；

知名商标认定委员会认定知名商标，应当征询有关部门、行业组织、社会团体和专家的意见；

5．知名商标认定委员会主任根据申请认定知名商标的情况，不定期召开会议，审议知名商标认定申请，并作出认定或者不予认定的决定；

6．知名商标认定委员会召开认定知名商标审议会议，须有五分之四以上委员参加。知名商标认定申请经参加审议的三分之二以上委员通过的，予以认定，并由惠州市工商行政管理局颁发《惠州市知名商标证书》，发布公告；未予认定的，由惠州市工商行政管理局将申请材料退回申请人，并书面说明理由。

7．知名商标有效期为3年，自认定之日起计算。期满可以提出延续申请，经认定同意延续的，每次延续的有效期为3年。

8．有效期满需继续保留“惠州市知名商标”称号的，商标所有人应当在其知名商标有效期满前三个月内提出延续申请。

申请再生育一个子女审批程序须知

符合《条例》规定可再生育一个子女的已婚育龄夫妇，应先申请，经审批后方可怀孕、生育。再生育一个子女的申请按下列程序办理：

一、申请人提出申请，填写1式4份的《再生育申请表》。

二、由单位的计生专（兼）职干部携带已婚育龄妇女的《服务证》、《身份证》、《户口簿》、《结婚证》、《再生育申请表》，并附加符合特殊情况再生育一个子女的证明材料到市计生局机关科审核，其中：第一个子女为残疾儿的，应有地级以上市病残儿医学鉴定组织的鉴定结论材料；再婚的，应附有离婚证或法院民事调解书或判决书或丧偶的死亡证明书（无证明原件的，复印件应加盖“婚姻登记处”章，注明复印件与原件相符）；患不孕症的，应有计生部门同意其收养第一个小孩的批复、民政部门出具的收养证和女方近期孕检证明；已批准生二孩的，胎儿流产、婴儿夭折的要出具证明材料；独生子女与独生子女结婚的，要出具其父母所在单位[无单位的由户籍所在地乡镇（办事处）计生办]出具的独生子女证明材料。

已批准生育二孩，胎儿流产、婴儿夭折的需要重新填写申请表、需要再审批和更换《服务证》，并在《服务证》备注栏作相应说明。

惠城区鼓励外商投资优惠暂行办法

为进一步推动招商引资工作，根据有关法规、政策的规定，结合惠城区实际，特制定本办法：

一、税收优惠政策

（一）凡设在城区的生产性外商投资企业，减按24%的税率征收企业所得税。

（二）经营期在10年以上的生产性外商投资企业，从获利年度起，第一年和第二年免征企业所得税，第三年至第五年减半征收企业所得税。

（三）经确认为产品出口型企业的外商投资企业，按规定减征企业所得税期满后，凡当年企业出口产品产值达到当年企业产品产值70%以上的，可按规定税率减半征收企业所得税和免征地方所得税；已按15%的税率征收企业所得税的出口型企业，可减按10%的税率征收企业所得税。

（四）经确认为先进技术型企业的外商投资企业，按规定减征企业所得税期满后，仍为先进技术型企业的，可按规定的税率延长3年减半征收企业所得税和免征地方所得税；已按15%的税率征收企业所得税的先进技术型企业减半后的企业所得税低于10%的，按10%征收企业所得税；凡经确认为高新技术企业，当年出口额占其销售额70%以上的，按15%的税率征收企业所得税。

（五）对外商投资企业外方以利润增资扩产或投资新项目，经营期不少于5年的，经税务机关批准，退还其再投资部分已缴纳所得税的40%；同时，被确认为出口型和先进技术型企业的，退还已纳全部所得税。

（六）外商投资企业发生年度亏损，可以用下一纳税年度的所得弥补；下一纳税年度的所得不足弥补的，可以在不超过5年逐年延续弥补。

（七）外商投资企业采购国内设备，具备税务规定条件的，可享受退税优惠。

（八）以“来料加工”贸易方式加工复出口，按法定程序予以出口货物加工费增值税免税待遇。

二、地方扶持政策

（九）根据国家颁布的《外商投资产业指导目录》，结合城区自身发展规划和资源分布，惠城区设立若干重点工业园区，对入园企业实行“无费区”优惠政策，给予免收惠城区收取的行政事业性规费等一系列的重点扶持。

（十）对到城区其他工业园区投资的重点鼓励类项目，参照“无费区”政策减半征收城区收取的行政事业性规费。

（十一）在城区新办的外商投资企业，视投资额大小及从事产业实行梯度递减土地价格政策。对投资额超500万美元的鼓励类外商投资企业，购买土地按最低标准缴交征地成本和办证费用。

（十二）对到城区投资新办的投资额超500万美元的企业（不含改制企业和更名、变更法人及地址的企业），经营期在5年以上的，其企业所得税、增值税和营业税属区财政留成部分，从企业纳税年度起，3年内每年按财政实得额的50%作为扶持企业发展基金。

（十三）对到城区投资且投资额特大，或有特殊贡献的企业，尤其是世界500强投资的企业，实行地价优惠等“一厂一策”的重点扶持政策。

（十四）对到城区投资且实际投资额超100万美元（按外管及海关口径）并符合法定条件的企业予以免费办理中港直通私家车一辆，对具有一定生产规模并有实际需要的企业予以免费办理直通货车。

（十五）对到城区投资的企业在用水、用电、通信方面与本区企业实行统一价格，并以不高于深圳、东莞等周边地区为基本原则。

三、其他优惠政策

（十六）对到城区投资的企业急需的科技管理人员及其随迁家属，可向当地申请，由劳动人事部门优先办理。在子女入托、入园、入学、就业等方面政府给予优惠和照顾，企业急需员工可由区劳动保障部门协助进行招聘或委托其进行上岗培训。

（十七）对到城区投资的企业如需报关服务，原则上可由城区报关公司在各镇、办事处设立代办点代理报关业务，实行优先办理、上门服务，所有服务均以最低成本予以受理。

（十八）对到城区投资的企业收取规费实行收费许可证和缴费登记卡制度，并设立“一个窗口”收费。有关部门向企业收费时，必须出示收费许可证并填写缴费登记卡，不出示收费许可证和不填写缴费登记卡的，企业有权拒交。

（十九）对到城区投资的企业提供行政和司法保障，保证企业的正常生产经营活动。企业要求提供保障服务和协助时，有关部门必须派员到场，依法协调处理相关问题。公安部门及其派出机构要与本辖区企业签订治安合同，明确治安责任人，作出治安承诺。

（二十）对到城区投资企业的各类检查必须依照法律法规执行，属行政性检查的必须经政府同意方可执行，不得擅自检查，不得擅自查封企业财务和账户，不得干扰企业正常生产经营活动，否则企业有权拒绝。

四、附则

（二十一）本暂行办法所称企业指中外合资经营企业、中外合作经营企业、外资企业和来料加工企业，内资企业可参照执行。

（二十二）本暂行办法由惠城区人民政府负责解释，具有最终解释权。

（二十三）本暂行办法从发布之日起实施。

二〇〇三年七月二十二日

惠城区招商引资奖励暂行办法

为进一步推动招商引资工作，大力表彰和鼓励为城区经济建设做出贡献的行为，调动社会各方面参与招商引资工作的积极性，特制定本办法。

一、奖励对象

（一）在招商引资工作中做出贡献的中介为奖励对象。

（二）中介是指引荐外商到惠城区投资的个人或组织。涉及多个中介的，其内部关系自行处理。中介由项目承办单位、受益单位、投资者三方共同确定。

（三）项目是指在惠城区新注册落户的外商投资或来料加工项目。

二、奖励标准

（一）对成功引进项目到惠城区注册落户的中介的奖励，以项目外商实际到位资金为计奖依据。奖励视具体项目的外商投资额或年结汇额按比例确定，幅度如下：

每引进一个外商投资项目，外商投资额：

1、在20~100万美元（含100万美元）的给予2000~1万元人民币的奖励。

2、在100~300万美元（含300万美元）的给予1~3万元人民币的奖励。

3、在300~1000万美元（含1000万美元）的给予3~10万元人民币的奖励。

4、在1000~3000万美元（含3000万美元）的给予10~30万元人民币的奖励。

5、投资额在3000万美元以上的大项目给予30万~100万元人民币的奖励。

每引进一个来料加工项目，实际年结汇额：

1、在300万港元以下的（含300万港元），给予3万元人民币以下的奖励。

2、在300~1000万港元的（含1000万港元）给予3万~10万元人民币的奖励。

3、在1000万港元以上的给予结汇额1%的奖励。

（二）对引进投资额超过1000万美元以上项目的中介人，由政府聘为引资顾问，顾问期1年，另行发给顾问津贴1万元人民币，是否续聘视顾问期内引资情况而定。

（三）成功引荐外商向惠城区单位租赁场地、厂房的中介按租赁合同约定予以1个月租金的奖励；购买场地、厂房或其他基础设施的按实际成交价格予以1%的奖励。

（四）以上各项奖励如有多重适用，按就高不就低的原则，只适用其中一项。

（五）引进内资项目可参照以上标准执行。

三、奖励兑现

（一）对引进项目的奖励，原则上由项目承办单位和受益单位1年兑现1次。外商投资项目每年初按上一年度外商实际到位资金计奖；来料加工项目经营期满1年后，按外管口径实际产生年结汇额计奖。

（二）对引荐租售厂房、场地、土地的奖励，原则上由项目受益单位取得收益后兑现。

四、本暂行办法由惠城区人民政府负责解释，具有最终解释权。

五、本暂行办法从发布之日起实施。

二〇〇三年七月二十二日

惠城区扶持重点工业园区暂行办法

为高起点、高标准建设重点工业园区，掀起招商引资的新高潮，促进城区经济结构的调整与升级，推动经济持续快速发展，特制定本办法：

一、设立重点工业园区

（一）设立若干个重点工业园区，具体由区人民政府审定。该园区的投资开发、管理服务、税收规费和招商引资实行有利于企业生产发展的优惠扶持政策。

（二）根据国家颁布的《外商投资产业指导目录》，结合城区发展规划和资源分布实际，走新型工业化道路。园区鼓励外商重点投资电子信息、软件、生物医药、电气机械、新产品研发中心等行业。凡项目投资额在 200 万美元以上并属园区重点鼓励投资的项目，经区外经贸局审核批准均可落户在重点工业园区。

（三）重点工业园区设立园区管理处。采取“封闭式”管理，实行“一站式审批、一个窗口收费”的全程服务管理体系，园区内的企业与各有关部门的联系直接由园区管理处统筹协调。

二、主要优惠措施

（四）实行“无费区”特别优惠措施。进入重点工业园区的企业，税收优惠和地方扶持政策严格执行《惠城区鼓励外商优惠暂行办法》。对新到城区兴办的企业（不含改制企业和更名、变更法人及地址的企业），以及原来在城区再到重点工业园区增资扩产的企业的增资部分，免收惠城区收取的行政事业性规费。

1、对进入园区的企业自投产之日起免收惠城区收取的行政事业性规费（使用流动人口调配费、劳动合同鉴证费、劳动年审费、暂住人口治安联防费、义务植树以资代劳费、流动人口婚育证明费等）。上缴国家和省、市的行政事业性规费由园区管理处一个窗口统一代收。

2、对进入园区的企业实行地价优惠措施。尤其对投资额大并属城区鼓励行业，或有重大贡献的项目，在用地方面实行“一厂一策”的特殊政策，地价实行最低标准，还可采取分期付款和年租制等灵活措施。

3、对进入园区的企业实行人才引进扶持措施。凡在重点工业园区长期工作并入户城区的具有博士学位或副高以上职称的优秀人才，除享受城区现有生活津贴的待遇外（硕士每月 500 元，博士每月 1000 元）增加一次性安家费 2 万元。

（五）加强园区管理处的财力。对新到城区兴办的企业或原在城区再到重点工业园区增资扩产的企业的增资部分，经税务部门审定后，区级财税收入按城区财政占 50%，重点工业园区占 50%的比例分成，一定 5 年。

（六）园区内实行“资源共享、利益分成”鼓励投资开发和招商引资的措施。引资方把项目落户到重点工业园区，园区实行“谁引进，谁受益”的资源共享与利益分配机制。引进项目宗数、合同外资金额、实际利用外资和外贸出口等有关外经工作考核指标视为引进方的任务完成数；各镇、办事处引进的项目，税收园区分成部分按引进方占 40%、园区占 60%的比例分成。

三、附则

（七）内资企业参照该暂行办法执行。

（八）本暂行办法由惠城区人民政府负责解释，具有最终解释权。

（九）本暂行办法从颁布之日起实施。

二〇〇三年七月二十二日

惠阳区工业园区招商引资优惠试行办法

第一条 为了改善投资环境，更好地吸引国内外客商到工业园区投资置业，进一步加快我区经济的发展，根据有关法规和政策的规定，结合惠阳实际，制定本优惠办法。

第二条 本办法适用于经区政府审批认定的区级和镇级工业园区。

第三条 本办法所称的外商是指境外以及港、澳、台投资商。

第四条 凡落户区政府确认的工业园区的投资项目，其国土、规划、建设报建办证将实行减免收费.

(一)建设用地的国土办证收费，其中已报批库存建设用地减按每平方米15元标准收取；新征水田、旱地、菜地减按每平方米46元标准收取，新征鱼塘、园地、林地减按每平方米41元标准收取，新征其他用地减按每平方米33元标准收取。

(二)项目的规划、施工报建收费，其中市政设施配套费减按建筑面积每平方米10元标准收取，并免收工程安全监督费和价格调节基金，免收工业厂房建筑的人防工程易地建设费。

(三)实际出资额在2000万美元以上的大型项目、高科技项目，可按照“一事一议、特事特办”的原则，实施更加优惠的办法。

第五条 加大对投资企业在当地各商业银行办理贷款力度，对先进技术型企业和产品出口创汇型企业的贷款，银行给予优先考虑，以缓解企业流动资金及其他配套资金的不足。

第六条 外商投资企业的税收实行以下优惠政策：

( )企业所得税减按24%税率征收，地方所得税率按3%征收。

(二)生产性外商投资企业，经营期在10年以上的，从开始获利的年度起；第一年度和第二年度免征企业所得税，第三年至第五年减半征收企业所得税。

(三)外商投资举办的产品出口企业，在依照税法规定免征、减征企业所得税期满后，凡当年企业出口产品产值达到当年企业产品产值70%以上的，可按规定的税率减半征收企业所得税；已按15%的税率征收企业所得税的出口型企业，可减按10%的税率征收企业所得税。

(四)外商投资举办的先进技术企业，依照税法规定免征、减征企业所得税期满后，仍为先进技术型企业的，可按规定的税率延长3年减半征收企业所得税。

(五)从事农、林、牧业的外商投资企业，实行“两免三减”后，经企业申请报税务部门批准，在以后10年内可继续按税额减征企业所得税15%～30%。

(六)鼓励外商投资企业扩大再生产，对外商投资企业外方以利润增资扩产或投资新项目，经营期不少于5年的，经税务机关批准，退还其再投资部分已缴纳所得税的40%税款；被确认为出口型和先进技术型企业的，退还其再投资部分已缴纳的全部企业所得税。

第七条 加工装配的优惠政策：

(一)对外加工装配合同项目进口的由外商不作价提供的机器设备、零配件，除国家规定不予免税外，一律免征关税和进口环节增值税。

(二)为加工出口产品而由外商提供进口的原辅料、零配件、元器件、袋装物料等，海关予以免税进口和免领进口许可证，产品出口免领出口许可证；由海关监管的不作价设备，如涉及进口配额、特定或登记的产品，免予办理配额许可证、登记或进口证明(国家另有规定的商品除外)。

(三)对经确认和授予对外加工装配业务商务资格，并取得进出口经营权的企业承接的来料加工业务，免征其加工或委托加工货物及其工缴费的增值税、消费税；各类加工企业通过经营企业代理承接来料加工业务，取得的来料加工工缴费收入免征增值税和消费税。

(四)外商可用外汇向惠阳区外贸公司、工贸公司、对外加工装配服务公司及有进出口经营权的企业，购买料、件进行对外加工装配。

(五)承接对外加工装配业务的企业，年加工费达100万港元以上，外商可申办自货自运粤、港、澳直通车；实际投资额达100万美元以上的外商投资企业，可申办粤、港、澳直通生活用车；如同一商号外商同时兴办几个项目时，可合并计数。

第八条 加快投资项目的审批效率。计划、外经、环保、消防、工商等职能部门实行服务承诺制，在审批权限内将进一步缩短对新上投资项目的审批时间，提高审批效率。凡新上外商投资企业的初审和“三来一补”企业登记注册发照涉及环保、消防等前置审批，属区一级审批权限的，可由惠阳区发展计划局、环保局、消防大队等部门先核发同意立项的批复，由区工商局审核发给半年有效期的筹建营业执照，外商据此可先办理外资合同审批、银行开户、海关备案、征地报建等有关手续，经环保、消防部门审核批准后可进行环保、消防设施建设。企业试生产时，再由环保、消防部门检查验收，符合要求后正式发给有关环保、消防许可证，区工商局据此核发营业执照。

第九条 惠阳区政府积极帮助企业引进各类人才。惠阳区人才交流服务中心和惠阳区劳务市场交流中心定期举办人才招聘会，为企业招聘员工提供服务；对工业企业急需的科技人员，人事、劳动、公安部门优先办理有关劳动用工和户口迁移手续；对户籍不在惠阳而在本区工作具有国民教育大专以上学历或中级职称以上人才，属干部的由惠阳区人事部门发给《人才工作证》，属工人的由惠阳区劳动部门发给《中高级技术人才就业证》，享受本区市民待遇，可免办外来人口暂住证和免收使用流动人员调配费。

第十条 投资企业的管理、技术人员因业务需要，申办出入境签证、涉外就业证的，公安、劳动、外事等部门给予提供方便。

第十一条 允许投资商自主选择具备资质并在当地注册备案的消防、环保等施工企业进行消防、环保工程建设，职能部门负责工程方案的审核和竣工验收；投资企业可选择当地具有废旧物资经营权的公司回收其废旧物料。

第十二条 建立招商引资奖励制度。凡引进外资项目的社会各界人士，港、澳、台同胞和海外侨胞以及国外人士(区及镇属机关公务人员除外)，只要引进项目投资金额达到奖励标准的，均按《惠州市惠阳区招商引资奖励试行办法》的有关规定给予奖励。

第十三条 本办法自 2003 年 8 月 15 日起执行，以往有关文件与本办法不一致的，以本办法为准。在执行过程中如因国家税费政策调整，本办法将作相应调整修改。本办法由惠阳区招商领导小组办公室负责解释。

旅游指南

一、2003年惠州市旅行社一览表

名称	类别	地址	总经理	电话	传真	邮编
惠州环宇国际旅行社	国际	市南坛南路23号	钟娘应	2183988	2229473	516001
惠州市中国旅行社	国际	市鹅岭北路22号2楼	袁国富	2121887	2122397	516001
惠阳区泰阳国际旅行社	国际	惠阳区淡水镇白云三路27号	董银彬	3370977	3363678	516211
惠州西湖中国旅行社	国内	市南坛北路27号D栋2楼	王　夏	2247328	2217777	516001
惠州市虹海旅行社有限公司	国内	市下角东路5号	沈红兵	2225002	2234111	516001
惠州市东江旅行社有限公司	国内	市下埔南三街侨裕楼2楼	陈国庆	2285275	2280537	516001
惠州市西湖旅游公司	国内	市鹅岭北路登山楼	陈晋文	2123840	2123840	516001
惠州市汤泉中国旅行社	国内	市环城西二路老政府上院	郭　斌	2222257	2222257	516001
惠州康辉旅行社有限公司	国内	市下埔滨江公园水上乐园内	祝基棠	2114886	2114686	516001
惠州市金山旅行社有限公司	国内	市下埔南二街3号	廖秋梅	2118770	2118771	516001
惠州市青年旅行社	国内	市花边北路7号鸿升大厦2楼	李永光	2106733	2106729	516001
惠州市畅游旅行社有限公司	国内	市南坛南路20号之二	刘　海	2218777	2234747	516001
惠州市国泰旅行社有限公司	国内	市下埔北二街省水电二局大楼5楼	杨文基	2116523	2116523	516001
惠州市新之旅旅行社有限公司	国内	市麦新路18号	邹　卿	2285773	2285362	516001
惠州市广之旅旅行社有限公司	国内	市惠沙堤14号滨江花园A座堤上一层	李锦绣	2117788	2117799	516001
惠州市芳华旅行社	国内	市下角南路8号附楼3楼	范流灵	2242566	2247882	516001
惠州市华之旅旅行社有限公司	国内	市鹅岭北路15号	陈正喻	2261093	2260056	516001
惠州康达旅行社有限公司	国内	市国商大厦A座7楼H	杨健雄	2693480	2502789	516001
惠州市永记旅行社有限公司	国内	市河南岸螺仔湖一路2号A栋	钟雄文（副总）	5813111	5813666	516001
惠东县中国旅行社	国内	惠东县平山镇南湖路二路	林建华	8875089	8891335	516300
惠州市大亚湾旅游总公司	国内	大亚湾管委会行政大楼5楼	苏国光	5562292	5562290	516081
惠东县旅游服务公司	国内	惠东县平山镇平深路爱华围	骆伟成	8890611	8890611	516300
博罗县旅游总公司	国内	罗阳镇北门路133号	钟燕良	6733442	6622042	516100
博罗县中国旅行社	国内	罗阳镇桥西四路乐园里	杨海明	6625735	6622830	516100
罗浮山旅游开发总公司	国内	博罗县罗浮山风景名胜区	古壬奎	6668178	6668638	516133
龙门县旅游公司	国内	龙门县城香滨路3号	廖志斌	7781888	7781888	516800
龙门县新华旅行社有限公司	国内	龙门县龙城镇新兴路1号	廖世华	7791968	7791968	516800
龙门县南昆山旅游公司	国内	龙门县南昆山生态旅游区	钟永房	7690054	7690065	516876
龙门县南昆山盈泰旅行社有限公司	国内	龙门县南昆山生态旅游区	邓开华	7691333	7690769	516876
惠阳区联华旅行社有限公司	国内	惠阳区淡水镇人民四路45号	颜志英	3361288	3381228	516211
惠东县新世纪旅行社有限公司	国内	惠东县平山镇建设路331号	曾伟军	8820012	8820012	516300
博罗县新青年旅行社有限公司	国内	罗阳镇罗阳二路富华花园D2座2号	郑礼强	6261182	6261182	516100
博罗县联运旅行社有限公司	国内	博罗县罗阳镇建设路5栋	罗伟辉	6217888	6227999	516100

二、惠州市星级酒店（宾馆）一览表

饭店名称	星级	评定时间	地　址	总经理	电话	传真	邮编
三阳酒店	四	2003.1	惠城区陈江仲恺大道	杨满芳	3898888	3323828	516229
惠州宾馆	四	2003.9	惠州市环城西二路17号	曾木坤	2232333	2231439	516001
惠东华侨宾馆	三	1990.6	惠东县平山镇广汕公路60号	许崇阳	8822988	8822838	516300
汤泉酒店	三	1990.6	惠州市郊汤泉旅游度假区	郑小平	2290900	2290901	516023
西湖宾馆	三	1991.6	惠州西湖芳华洲	苏永华	2181111	2228332	516001
金叶大厦	三	1992.6	惠州市鹅岭南路3号	李灶良	2261118	2260247	516001
龙苑大酒店	三	1993.7	惠州市鹅岭西路7号	吴烈胜	2260988	2260285	516001
丰湖大酒店	三	1994.8	惠州市鹅岭北路28号	陈中良	2123456	2129277	516001
惠阳金叶大酒店	三	1998.9	惠阳区淡水镇开城大道南9号	姚秋生	3366688	3372709	516211
君豪大酒店	三	1999.9	惠州市下角南路3号	郑合辉	2228899	2201828	516001
大亚湾中海酒店	三	1999.9	惠州市大亚湾澳头镇新澳大道1号	李燕琴	5552288	5574438	516081
惠阳百老汇酒店	三	2000.12	惠阳区淡水镇开城大道88号	陈海坚	3822222	3821516	516211
海湖大酒店	三	2000.12	惠州市南坛路8号	杨海兴	2223888	2200888	516001
麦科特酒店	三	2000.12	惠州市麦地路63号	梁衍强	2119999	2108588	516001
西湖大酒店	三	2000.12	惠州市环城西二路10号	谭容青	2226666	2228000	516001
园洲宾馆	三	2001.8	博罗县园洲镇兴园2路	李达芬	6680888	6681138	516123
惠阳中惠酒店	三	2001.8	惠阳区淡水镇湖工业区1号	李航辉	3822388	3371122	516211
新丽晶大酒店	三	2002.10	惠阳区淡水开城大道	曾克群	3822822	3388266	516211
玉滩宾馆	三	2003.4	惠州市鹅岭东路7号	林潮香	2389999	2389988	516001
南方大酒店	三	2003.4	鹅岭北路12号	倪锡泉	2380288	2276989	516001
广成酒店	三	2003.4	惠阳区淡水镇南门大街1号	巫天送	3351338	3341067	516211
星旗宾馆	三	2003.4	惠阳区淡水镇中山2路39号	张长斌	3823999	3823996	516211
惠富酒店	二	2002.12	惠州市麦地路59号	曾志雄	2119991	2119992	516001
常荣宾馆	二	2001.12	惠州市东湖西路2号	叶乔侠	2359388	2359390	516001
锦绣宾馆	二	1999.12	惠州市水门路117号	欧阳乐其	2202888	2202888	516001
罗浮山狮峰宾馆	二	2002.11	博罗县长宁镇罗浮山朱明洞		6668638	6669915	516133
乐都宾馆	二	2001.1	惠州市麦地路43号	李强华	2114123	2112923	516001
阳光酒店	二	2001.1	惠州市下埔大道2号	冯国建	2108888	2108888	516001
惠盈宾馆	二	2001.1	惠州市环城西二路2号	胡东兵	2248118	2225214	516001
博罗恒丰大酒店	二	2001.12	博罗县麻陂镇	张森仁	6131868	6131888	516155
博罗县银城大酒店	二	2000.12	博罗县罗阳镇商业街	卢容胜	6629889	6629498	516100
博罗新世纪大酒店	二	2000.9	博罗县罗阳镇北门路25号	何焕冲	6737333	6737328	516100
惠东美丽华宾馆	二	2000.11	惠东县城广汕路59号	周自清	8839333	8815798	516300
度假山庄	二	2001.7	龙门县南昆山旅游风景区	张少青	7690398	7690378	516876
新美丽酒店	二	2003.1	龙门县百担新城区百合路	黄　立	7795163		516800
百花酒店	二	2002.6	惠州市环城西路21号	叶乔侠	2249808		516001
盛龙酒店	二	2004.4	龙门县城新城开发区	罗继就	7786888	7780866	516800
昆竹大酒店	二	2003.9	南昆山生态旅游区	刘锦花	7691111	7691112	516876
金都酒店	一	2002.6	惠州市国庆路36号	叶乔侠	2248240		516001
华达宾馆	一	1999.12	惠州市下埔大道18号	蓝红红	2101222	2101222	516001

三、惠州市各县（区）邮编

各县（区）	邮　编
惠城区	516001
大亚湾区	516080
惠阳区	516211
惠东县	516300
博罗县	516100
龙门县	516800

四、常用电话号码

常用电话类别	电话号码
公安局 110 报警指挥中心	110、120
旅游投诉电话	2238354
旅游咨询电话	2227167
消费者投诉电话	12315
物价投诉电话	12358
信息台	160（0.96 元/分钟）
天气预报查询	121
查号电话	114（0.22 元/次）
交通事故求救电话	122
火警	119

五、惠州市金融、医疗部门资讯

医疗机构名称	电话	地址
惠州市中心人民医院	2288288	惠州市鹅岭北路 41 号
惠州市人民医院	2359748	惠州市黄家塘学背街 1 号
中国人民解放军第 173 医院	5878113	惠州市鹅岭南路 20 号
惠州市中医院	2231548	惠州市下角菱湖三路 1 号
惠城区中医院	2256863	惠州市城背路 4 号

金融机构名称	电话	地址
中国银行惠州分行	2289988	惠州市麦地路 22 号
中国工商银行惠州市分行	2224742	惠州市长寿路 5 号
中国农业银行惠州分行	2249201	惠州市环城西一路 20 号
中国建设银行惠州市分行	2227296	惠州市南门路 4 号
中国农业发展银行惠州市分行	2359088	惠州市东平东湖西路 72 号
广东发展银行惠州分行	2119882	惠州市下埔大道 19 号

六、惠城区部分歌舞娱乐场所名录

名称	电话	地址
金迪星苑民俗风情园	2274666	惠州市南线客运站
西湖宾馆	2181111	惠州市下角芳华洲
麦科特酒店歌舞厅	2119495	惠州麦科特大道 63 号
达利歌舞厅	2281333	惠州市龙丰上排路 6 号
天鹅湖交谊舞厅	2114232	惠州市横江三路竹苑花园
金色年华娱乐城	2395152	惠州市麦地南路麦地综合市场三楼
金色时代娱乐城	2275928	惠州市鹅岭南路金叶大厦三楼
欢乐人间娱乐城	2268222	惠州市鹅岭东路 2 号
四季酒店歌舞厅	2118666	惠州市下埔横江四路 5 号
丽都歌舞厅	2278888	惠州市鹅岭东路 4 号
大世界娱乐城	2129308	惠州市鹅岭北路 26 号

交 通 指 南

一、公共汽车线路一览表

2004 年 7 月 15 日

线路次序	首末站	途经站点	车辆(台)	车型	首末班时间	线路里程
1 路	东湖花园 梅湖市场	东湖花园 双语学校 东湖五街 东湖四街 东湖三街 女子学校 东平市场 东湖西路 东坡公园 永平路 城背塘 西门口 包公巷 港务局 东新桥 小东门 渡口所 邮电局 埔前物资局 机械厂 糖厂 县农机厂 小中堂 附件厂 梅湖市场	7	空调大巴	首 6:00 末 22:30	7.3
2 路	汽车站 卫国苑	丽都宾馆 公共汽车总公司 天悦酒店 中国烟草 国际电工 升平苑 裕丰花园、三环装饰城 汽车站 中心医院 银湖大厦 丽日广场 平湖门 文化宫 渡口所 邮电局 （单向）惠州大桥北 体育中心 行政中心 云山 东江工业区园 电装厂 卫国苑	6	空调大巴	首 6:30 末 22:30	7.2
3 路	汽车站 东平汽车站	汽车站 中心医院 长寿路 南湖 水门桥 水门 中山南 东新桥 港务局 包公巷 西门口 城背塘 二小 东坡亭 黄家塘 市医院 江景花园 东江沙公园 三鸟市场 华东花园 水果市场 东平汽车站	8	空调大巴	首 6:30 末 22:30	7.8
4 路	红花湖 三 新	红花湖 上排 大岭路 八中 汽车站 丽都宾馆 公共汽车总公司 中行 军分区 花边岭 国商大厦 东鑫大厦 东湖西路 东平市场 东平乡 东平 东江大桥 东化厂 自来水公司 云山 松子岭 三新	10	空调大巴	首 6:30 末 22:30	13
5 路	陈 江 汤 泉	陈江 仲恺中学 大岭背 马过渡 红旗路口 长城电子厂 惠环镇府 古塘坳 南线 海关党校 啤酒厂 亚美厂 汽车站 中心医院 银湖大厦 丽日广场 平湖门 文化宫 渡口所 邮电局 惠州大桥北 体育中心 行政中心 市公安局 江北新苑 松子岭 三新路口 东风村 火车北站 大树岭 小金镇府路口 汝湖路口 小金邮电局 小金 地质队 农科所 汤泉路口 汤泉	25	空调大巴	首 6:30 末 18:30	32.5
6 路	三星电子 火车北站	三星电子 陈江商业街 陈江证券 陈江 仲恺中学 大岭背 马过渡 红旗路口 长城电子厂 惠环镇府 古塘坳 南线 高级中学 麦地路口 演达路口 河南岸 苏屋墩 邮电分局 市场 花边岭广场 国商大厦 东鑫大厦 东湖西路 东平市场 东平乡 东平 东江大桥 东化厂 自来水公司 云山 松子岭 三新路口 东风村 乌石 火车北站	25	大巴	首 6:30 末 18:30	30.1
7 路	渡口所 惠州大学	渡口所 文化宫 平湖门 丽日广场 银湖大厦 长寿路 南坛 百佳 源东商场 市建委 市九中 国商大厦 花边岭广场 河南岸市场 邮电分局 苏屋墩 河南岸 九惠制药厂 马庄 鹅埔角 惠州大学	9	空调大巴	首 6:30 末 22:30	9.7
9 路	长 湖 苑 火车西站	长湖苑 交警支队 东平 东平乡 东平市场 东湖西路 东鑫大厦 国商大厦 花边岭 军分区 天悦酒店 公共汽车总公司 丽都宾馆 汽车站 八中 无线电厂 火车站路口 石坳 牛夹 共联派出所 火车西站	7	大巴	首 6:30 末 18:00	11.4
10 路 A 线	汽车站 汝 湖	汽车站 中心医院 银湖大厦 丽日广场 平湖门 文化宫 渡口所 邮电局 惠州大桥北 体育中心 行政中心 云山 松子岭 天怡广场 望江 新寮工业区 虾村 虾村小学 岗头圩 水苑工业区 枕头岭 汝湖	6	空调大巴	首 6:30 末 18:00	16.5
10 路 B 线	东湖花园 渡口所	东湖花园 双语学校 东湖五街 东湖四街 东湖三街 女子学校 东平市场 东湖西路 下埔九中 国商大厦 花边岭 军分区 中行 公共汽车总公司 丽都宾馆 汽车站 中心医院 银湖大厦 丽日广场 平湖门 文化宫 渡口所	8	空调大巴	首 6:30 末 22:30	8.3
11 路	城市花园 潼湖部队	城市花园 惠州大桥北 渡口所 文化宫 平湖门 金带街口 银湖大厦 中心医院 汽车站 亚美厂 啤酒厂 党校 海关 南线客运中心 古塘坳 惠环镇府 长城电子厂 红旗路口 马过渡 大岭背 仲恺中学 陈江 农机三厂 甲子铁路口 甲子桥 侨场油站 侨场 邮局路口 学汰 绿峰鸡场 宏村路口 茶四队 社汰 羊苓路口 宝岗路口 砖厂 三和路口 潼湖部队	14	空调大巴	首 6:30 末 20:00	30.7
12 路	汽车站 陶前工业区	汽车站 丽都宾馆 公共汽车总公司 天悦酒店 军分区 花边岭 国商大厦 花边岭广场 河南岸市场 邮电分局 河南岸 九惠制药厂 马庄 鹅埔角 金山花园（惠大路口） 冷水坑 福祥山庄 河林路口 福长岭 沙澳路口 山下路口 新兴北路口 革新街路口 新兴南路口 帽山路口 三栋 陶前工业区	8	空调大巴	首 6:30 末 18:00	15.4
13 路	渡口所 南旋毛织厂	渡口所 文化宫 平湖门 丽日广场 银湖大厦 长寿路 南坛 百佳 横江三路 花边岭 国商大厦 东鑫大厦 东湖西路 东平市场 东平乡 东平 交警支队 长湖苑 大湖溪 大湖市场 农行 龙湖市场 比澳德 龙津市场 新屋仔路口 农中 洛塘三叉桥 张村 水口中学 水口路口 水口镇 澳背 太和 南旋毛织厂	14	大巴	首 6:30 末 18:30	23.4
14 路	长湖苑 城区政府	长湖苑 交警支队 东平 东平乡 市医院 东平市场 东湖西路 西枝江桥 永平路 城背塘 华侨中学 下板塘 水门大桥 南湖 南湖公园 市皮肤医院 丽都宾馆 汽车站 市八中 大岭路 上排 红花湖 龙丰路口 红花湖路口 火车站路 城区政府	9	空调大巴	首 6:30 末 22:30	11.1

（续上表）

线路次序	首末站	途经站点	车辆(台)	车型	首末班时间	线路里程
15路	梅湖市场 冷水坑	梅湖市场 附件厂 小中堂 县农机厂 糖厂 机械厂 物资局 埔前 邮电局 渡口所 小东门 东新桥 中山南 水门 水门桥 南湖 南坛 百佳 源东商场 市建委 市九中 国商大厦 新岸路 河南岸镇府 河南岸市场 河南岸中学 广厦新苑 群芳苑 邮电分局 苏屋墩 河南岸 九惠制药厂 马庄 鹅埔角 金山花园 冷水坑 一中新校路口 一中新校	9	空调大巴	首 6:30 末 22:30	17
16路	梅湖市场 湖滨公园	梅湖市场 附件厂 小中堂 农机厂 三中 机械厂 物资局 埔前 邮电局 惠州大桥北 体育公园 市政府 公安局 江北新苑 云山 自来水公司 东化厂 东江大桥 东平 东平汽车站 交警支队 大湖溪 农行 龙湖市场 园科电子厂 水口派出所 镇府 天德厂 TCL 鸿桥 湖滨公园	2	大巴	首 7:00 末 17:00	7.8
17路	南线客运中心 丰 山	南线客运中心 高级中学 三环路口 五中 附小 税务分局 博美堂大厦 麦兴路 花边岭 国商大厦 东鑫大厦 下埔 市建委 源东商场 百佳 南坛 长寿路 银湖大厦 丽日广场 平湖门 文化宫 渡口所 邮电局 埔前 中医院 丰山路口 工业科技学校	12	大巴	首 6:30 末 22:00	12
18路	国商大厦 亚太市场	国商大厦 九中 市建委 源东商场 百佳 南坛 南湖 长寿路 银湖大厦 丽日广场 平湖门 文化宫 渡口所 惠州大桥北 体育中心 行政中心 市公安局 江北新苑 望江路口 亚太市场环球家居超市	10	空调大巴	首 6:30 末 22:30	8.5
19路	城区政府 下梅湖	城区政府 火车站路口 红花湖路口 龙丰路口 红花湖 龙丰酒店 八中 八中路口 汽车站 中心医院 银湖大厦 丽日广场 平湖门 文化宫 渡口所 邮电局 埔前 物资局 机械厂 三中 农机厂 小中堂 附件厂 梅湖市场 织布厂 上梅湖 七联 下梅湖	11	大巴	首 6:30 末 22:30	10.8
20路	南线客运中心 金河工业区	南线客运中心 高级中学 麦地路口 演达路口 河南岸 苏屋墩 邮电分局 河南岸市场 花边岭广场 国商大厦 东鑫大厦 东湖西路 东平市场 东平乡 东江大桥 东化厂 自来水公司 云山 市政府 市公安局 江北新苑 松子岭 三新 东风村 火车北站 大树岭 小金镇府路口 汝湖路口 小金邮电局 小金口 河源路口 金河工业区	14	空调大巴	首 6:30 末 20:00	20
21路	黄田岗 梅湖市场	黄田岗 黄田岗路口 五中 附小 光明中学 博美堂大厦 税务分局 人人乐 花边岭广场 军分区 大悦酒店 公共汽车总公司 市皮肤医院 南湖公园 长寿路 银湖大厦 丽日广场 平湖门 文化宫 渡口所 七中 日化厂 电力局 禾塘 惠华纸厂 糖厂 县农机厂 小中堂 附件厂 梅湖市场	11	大巴	首 6:30 末 22:30	10.6
22路	汽 车 站 西坑村	汽车站 公汽总公司 万佳 天悦酒店 博美堂大厦 光明中学 附小 五中 麦地南路口 市高级中学 南线客运中心 古塘坳路口 惠环办事处 惠环市场 惠台路口 仙道科技 西坑工业区 骏洋厂 西坑村	6	大巴	首 6:30 末 22:30	13
23路	下马庄 红花湖	下马庄 下马庄路口 演达路路口 三环路口 邮电局 河南岸中学 河南岸市场 河南岸医院 花边岭广场 税务分局 麦兴路 横江三路 百佳 南坛 长寿路 中心医院 汽车站 八中路口 八中 龙丰大酒店 红花湖	9	大巴	首 6:30 末 22:30	9.5
24路	机关幼儿园 石 湖 苑	机关幼儿园 三新一村 技工学校 阅粮饲料公司 市公安局 市政府 体育中心 惠州大桥北 渡口所 文化宫 平湖门 丽日广场 银湖大厦 长寿路 南湖 水门桥 下板塘 华侨中学 城背塘 永平路 西枝江桥 东鑫大厦 国商大厦（人人乐） 花边岭广场 河南岸市场 石湖路 石湖苑	11	大巴	首 6:30 末 22:30	12.8
26路A线	车管所 金世界花园	车管所 信华 平南 平南路口 大岭背 马过渡 仲恺广场 东晖宾馆 TCL 王牌 松山工业园 惠环镇府 古塘坳 海关 党校 啤酒厂 亚美厂 汽车站 中心医院 银湖大厦 丽日广场 平湖门 文化宫 渡口所 惠州大桥北 体育中心 行政中心 云山 东江工业园 云山购物广场 金世界花园	8	大巴	首 6:30 末 18:00	21
26路B线	松 山 亚太市场	松山 LG 电子 赤岭市场 仲恺区 仲恺广场 松山路口 惠环镇府 古塘坳 海关 党校 啤酒厂 汽车站 丽都宾馆 公共汽车总公司 中行 军分区 花边岭 国商大厦 东鑫大厦 东湖西路 东平市场 东平乡 东平 东江大桥 东化厂 自来水公司 云山 松子岭 亚太市场环球家居超市	15	大巴	首 6:30 末 21:30	21.6
27路	东江工业园 惠台总站	东江工业园 天祥 和宏 国威 药厂 新屋仔路口 龙津市场 比澳德 农行 龙湖市场 大湖市场 大湖溪 长湖苑 东平 东平乡 东平市场 东湖西路 东鑫大厦 国商大厦 横江三路 百佳 南坛 长寿路 中心医院 汽车站 亚美厂 市党校 海关 703 地质队 古塘坳 古塘坳路 惠环镇府 惠环市场 惠环中学 同心路 惠台管委会 惠台总站	17	大巴	首 6:30 末 18:00	23.1
28路	黄 塘 冰 塘	黄塘 黄塘路口 中心医院 长寿路 南湖 南坛 百佳 横江三路 花边岭 国商大厦 新兴花园 低地 河南岸镇政府 河南岸市场 河南岸中学 广厦新苑 群芳苑 邮电分局 苏屋墩 河南岸 九惠制药厂 马庄 鹅埔角 冰塘	10	空调大巴	首 6:30 末 22:30	9.6
29路	火车北站 马 安	火车北站 乌石 东风村 三新路口 松子岭 云山路口 行政中心 体育中心 惠州大桥北 邮电局 埔前 中医院 城区党校路口 部队 火车站路口 无线电厂 八中 汽车站 丽都宾馆 公共汽车总公司 天悦酒店 军分区 花边岭 国商大厦 东鑫大厦 东湖西路 东平市场 东平乡 东平 交警支队 长湖苑 大湖溪 马安高级中学 新乐路口 超能学校路口 惠阳农科所 新群 鹧鸪岗路口 新江 变电站 马安	30	空调大巴	首 6:30 末 20:00	26.2

（市公用事业局提供）

一、惠州汽车客运站开车时间班次表

开往地点		班次	惠州开出时间	
惠州市境内	博罗	101～137	7：00～19：50	开出 37 班
	罗浮山		6：25～18：00	每 10～20 分钟一班
	仍图		6：10～19：50	每 20 分钟 1 班
	淡水	540～590	6：33～19：40	开出 51 班
	惠东	900～965	6：10～20：00	开出 66 班
	龙门	233～250	6：30～18：00	开出 18 班
		361～362	11：10、16：30	
广东省内各市、县	广州	833～885	6：15～20：30	开出 53 班
	花都	970～975	7：30～17：30	开出 6 班
	深圳东湖	6300～6339	6：10～19：10	开出 40 班
	深圳罗湖	400～439	6：40～19：40	开出 40 班
	深圳宝安	451～474	7：00～19：00	开出 24 班
	深圳蛇口	475～490	7：00～19：30	开出 16 班
	深圳机场	49～76	6：30～18：50	开出 28 班
	珠海拱北	279～287	8：00～16：45	开出 8 班
	东莞	725～794	5：50～19：00	开出 70 班
	东莞太平	601～644	6：35～19：05	开出 44 班
	东莞常平	6001～6025	6：30～18：30	开出 25 班
	桥头		6：25～17：40	每 25 分钟一班
	佛山	363～370	7：20～17：50	开出 8 班
	顺德	378～381	8：20～14：45	开出 4 班
	江门	288～289	9：30、14：30	
	开平	397	9：00	
	恩平	391～392	7：20、13：40	
	新会	399、394	7：50、13：50	
	中山	385～389	8：10～16：00	开出 5 班
	中山小榄	390	7：15	
	清远	382～383	8：50、13：40	
	肇庆	371～373	8：50、11：40、14：00	
	四会	375	14：50	
	阳春	327	7：30	
	鹤山	393、398、395	13：20、6：50、14：10	
	韶关	320～322	7：40、9：30、14：40	
	梅州	332～333	8：20、15：00	
	河源	160～183	7：00～18：30	开出 24 班
	连平	336～338	8：00、13：40、12：40	
	和平	350～352	8：40、13：40、15：00	
	老隆	330	12：30	
	紫金	223、225	8：20、15：10	
	汕尾	260～267	7：30～17：30	开出 8 班
	海丰	218～221	10：00～17：40	开出 5 班
	陆丰	206～209	8：00～17：00	开出 4 班
	普宁	204	14：15	
	汕头	700～705	8：30～17：00	开出 6 班

开往地点		班次	惠州开出时间
广东省内各市、县	潮阳	720、722	9：00、13：30
	潮州	200、201	8：10、14：40
	碣石	215	12：30
	廉江	325	11：20
	云浮	224	7：15
	罗定	323	7：25
	化州	328、326	7：10、18：00
	信宜	329	14：50
广西	博白	520	8：30
	玉林	521	9：10
	北海	522	10：00
	南宁	523	12：00
	宜州	524	10：40
	富川	525	11：10
	桂林	527	11：00
	梧木	529	10：00
	百色	531	10：00
	贵港	532	9：30
	横县	533	13：00
	平南	534	16：30
云南	自贡	7200	12：20
海南	海口	530	12：30
湖南	常德	6168	15：00
	邵阳	7003	10：00
	洞口	7001	11：00
	武岗	7002	11：40
	桃江	7004	9：30
	桃源	504	13：00
	永州	7000	10：38
	涟源	506	9：30
	靖州	507	11：15
	嘉禾	508	16：00
	泸洪市	7005	10：30
	江华	510	11：30
	新田	511	9：00
	永顺	512	9：10
福建	厦门	515～516	10：30、17：30
	福州	7401	17：30
湖北	荆州	7100	10：30
	德江	7300	14：30
贵州	贵阳	7301	11：30
浙江	宁波	7400	14：00
	苍南	537	9：50

二、旅客列车时刻表

广州东—九江（麻城）

麻城	始发站	广州东
广州东	到达站	九江
普快 2277/6	车次 站名	普快 2275/8
16:45	麻城	
35 39	黄州	
59 18:03	浠水	
25 29	蕲春	
55 59	武穴	
19:44 54	九江	— 13:19
20:11 25	庐山	55 52
51 55	德安	17 12:15
21:20 44	永修	51 49
22:23 35	南昌	16 11:06
↓	樟树东	14 9:09
0:15 19	新干	44 8:40
1:24 30	吉安	36 7:30
57 2:01	井冈山	59 6:57
3:01 06	兴国	59 56
4:02 10	赣州	5:05 57
30 33	南康	30 4:26
5:01 05	信丰	58 3:54
5:54 58	龙南	↑
6:24 28	定南	52 2:48
7:40 50	龙川	59 0:22
8:57 9:03	河源	22 23:16
10:12 18	**惠州**	12 22:06
11:04 10	东莞东	16 21:10
13:13 —	广州东	18:42

广州东—鹰潭（上饶）

上饶	始发站	广州东
广州东	到达站	鹰潭
普快 2093/2	车次 站名	普快 2091/4
15:27	上饶	
16:00 04	横峰	
18 22	弋阳东	
46 50	贵溪	
17:07 22	鹰潭	— 6:18
40 44	余江	6:00 57
18:01 05	东乡	40 5:37
18:34 38	进贤	07 5:04
19:10 19	向塘	27 4:05
20:08 14	丰城南	3:15 2:48
29 35	樟树东	31 2:28
21:11 15	峡江	↑
22:07 13	吉安	08 1:04
22:40 43	井冈山	33 0:29
23:43 46	兴国	31 23:27
0:36 46	赣州	36 22:26
1:06 10	南康	↑
38 42	信丰	35 21:33
2:31 33	龙南	48 20:46
4:31 50	龙川	24 18:14
5:56 6:01	河源	15 17:08
7:19 25	**惠州西**	15:55 15:47
8:02 14	东莞东	15:07 14:54
9:45 —	广州东	12:50

广州东—青岛

青岛	始发站	广州东
广州东	到达站	青岛
特快 T159/62	车次 站名	特快 T161/60
8:31	青岛	— 22:50
10:31 34	潍坊	38 20:35
11:45 48	淄博	28 19:25
13:18 26	济南	18:02 17:50
14:14 17	泰山	56 16:50
15:08 11	兖州	16:02 15:54
16:48 56	徐州	14:13 14:05
18:06 09	淮北	13:00 12:57
18:19 34	青龙山	43 12:28
20:48 56	阜阳	16 10:06
21:58 22:02	潢川	52 8:50
23:15 21	麻城	42 7:36
1:12 18	九江	42 5:40
2:46 56	南昌	12 4:02
5:08 14	吉安	45 1:42
7:10 20	赣州	47 23:41
10:01 09	龙川	21:06 20:56
12:11 14	**惠州**	07 19:02
12:57 13:05	东莞东	14 18:08
14:17 —	广州东	16:52

广州东—蚌埠

蚌埠	始发站	广州东
广州东	到达站	蚌埠
普快 1403/2	车次 站名	普快 1401/4
14:03	蚌埠	— 16:30
15:00 04	水家湖	22 15:18
16:07 23	合肥	19 14:07
16:50 58	合肥西	40 13:33
17:40 43	庐江	49 45
18:13 16	桐城	12:02 50
18:47 53	安庆西	26 11:19
19:16 19	天柱山	56 10:52
45 48	太湖	26 10:22
20:14 17	宿松	56 9:52
20:36 45	黄梅	33 9:29
21:22 28	九江	44 8:38
21:44 54	庐山	16 8:08
22:19 22	德安	↑
23:35 45	南昌	33 6:23
↓	向塘	6:02 5:52
1:21 25	新干	↑
2:29 35	吉安	23 3:19
3:59 4:03	兴国	52 1:48
4:59 5:07	赣州	57 0:51
5:52 56	信丰	↑
6:45 49	龙南	18 23:16
8:27 41	龙川	40 21:11
9:47 53	河源	44 19:40
11:11 17	**惠州西**	29 18:21
11:54 12:04	东莞东	43 17:07
13:32 —	广州东	15:23

广州东—九江

九江	始发站	广州东
广州东	到达站	九江
快速 K87/6	车次 站名	快速 K85/8
16:01	九江	— 10:43
17:40 50	南昌	44 8:34
20:26 30	吉安	53 5:49
20:59 21:01	井冈山	18 5:16
22:01 05	兴国	↑
23:25 33	赣州	30 3:20
2:40 52	龙川	0:18 0:00
4:59 4:05	河源	23:00 23:52
5:14 20	**惠州**	48 21:42
6:06 16	东莞东	52 20:42
7:30 —	广州东	19:30

广州东—厦门

厦门	始发站	广州东
广州东	到达站	厦门
普快 2282/3/2	车次 站名	普快 2281/4/1
17:47	厦门	— 11:50
18:45 50	郭坑	41 10:37
21:45 56	漳平	8:01 7:49
23:05 11	龙岩	37 6:31
0:10 13	永定	31 5:28
1:09 12	大埔	29 4:26
2:20 26	梅州	19 3:11
3:29 32	兴宁	07 2:01
4:25 34	龙川	1:08 0:58
5:38 42	河源	0:03 23:59
6:47 53	**惠州**	23:02 22:56
7:37 45	东莞东	22:08 21:58
9:25 —	广州东	20:30

深圳—北京西

北京西	始发站	深圳
深圳	到达站	北京西
特快 T107	车次 站名	特快 T108
20:30	北京西	— 13:35
0:24 32	聊城	36 9:28
1:53 55	菏泽	8:07 8:05
4:26 34	阜阳	40 5:32
6:45 47	麻城	16 3:14
7:21 23	黄州	30 2:28
8:44 46	九江	13 1:11
10:16 24	南昌	44 23:34
12:30 32	吉安	23 21:21
14:21 29	赣州	32 19:24
17:12 20	龙川	53 16:45
19:22 25	**惠州**	56 14:54
20:47 —	深圳	13:28

深圳—郑州

郑州	始发站	深圳
深圳	到达站	郑州
普快 1538/9	车次 站名	普快 1540/37
9:12	郑州	— 20:51
58 10:03	开封	57 53
38 42	兰考	19:03 59
11:06 09	民权	35 18:31
51 12:01	商丘	54 17:44
12:52 56	亳州	37 16:33
13:36 40	三堂集	57 53
14:14 26	阜阳	20 15:10
15:11 15	淮滨	25 14:21
15:50 54	潢川	31 13:27
16:33 37	新县	49 12:45

17:21 27	麻城	06 12:00
18:08 11	黄州	13 11:10
18:49 52	蕲春	32 10:29
19:17 19	武穴	04 10:01
20:00 04	九江	24 9:18
21:02 06	永修	55 7:52
21:44 54	南昌	19 7:11
↓	向塘	46 6:39
23:08 14	樟树东	↑
39 43	新干	↑
0:56 1:06	吉安	16 4:12
3:29 44	赣州	57 1:49
5:56 6:00	定南	58 23:55
6:28 31	和平	23:28 22:57
7:19 29	龙川	11 22:01
8:35 41	河源	21:02 20:56
9:50 55	**惠州**	53 19:45
10:41 51	东莞东	55 18:45
12:10 —	深圳	17:40

深圳—潢川

潢川	始发站	深圳
深圳	到达站	潢川
普快 2013	车次 站名	普快 2014
16:21	潢川	— 20:32
36 39	光山	17 20:11
17:06 09	新县	44 19:41
17:53 59	麻城	19:02 18:56
18:20 23	新洲	29 26
18:46 50	黄州	03 18:00
19:10 14	浠水	39 36
19:35 39	蕲春	15 17:12
20:04 08	武穴	47 16:44
51 57	九江	07 16:01
21:12 15	庐山	46 15:22
40 44	德安	↑

22:41 51	南昌	14:06 13:58
23:12 16	向塘	33 13:16
0:00 04	丰城南	↑
0:41 45	新干	↑
1:48 54	吉安	11:01 55
2:21 25	井冈山	24 10:22
3:25 29	兴国	24 9:20
4:24 34	赣州	19 8:10
54 58	南康	41 37
5:26 30	信丰	09 7:05
6:19 23	龙南	20 6:16
49 53	定南	56 5:55
8:05 17	龙川	59 3:48
9:23 29	河源	49 2:43
10:38 46	**惠州**	40 1:24
11:32 36	东莞东	34 0:05
12:12 22	平湖	23:18 43
13:06 —	深圳	22:25

深圳—北京西

北京西	始发站	深圳
深圳	到达站	北京西
快速 K105	车次 站名	快速 K106
13:58	北京西	— 5:54
15:01 03	霸州	52 4:49
36 39	任丘	10 4.07
16:04 06	肃宁	42 3:40
17:05 11	衡水	44 2:38
18:04 06	清河城	46 1:44
18:56 19:06	聊城	53 0:42
19:42 43	台前	0:02 0:01
19:59 20:00	梁山	23:45 23:44
20:48 20:50	菏泽	58 22:55
22:08 11	商丘南	44 21:41
22:55 58	亳州	52 20:49
0:07 15	阜阳	44 19:36

1:31 33	潢川	11 18:05
2:52 58	麻城	51 16:45
3:39 41	黄州	58 15:55
5:20 26	九江	21 14:17
6:58 7:08	南昌	44 12:36
8:22 24	樟树东	15 11:13
9:50 52	吉安	53 9:51
10:19 20	井冈山	20 9:19
12:14 22	赣州	33 7:23
14:16 19	定南	34 5:32
15:31 41	龙川	18 4:08
16:48 54	河源	08 3:03
18:03 11	**惠州**	59 1:53
18:57 19:03	东莞东	1:03 0:57
19:18 21	樟木头	41 0:38
20:09 —	深圳	23:55

深圳西—合肥

合肥	始发站	深圳西
深圳西	到达站	合肥
普快 1505	车次 站名	普快 1506
16:50	合肥	— 16:18
17:18 24	合肥西	50 15:40
53 55	舒城	08 15:02
18:11 13	庐江	49 14:36
43 46	桐城	12 14:06
19:17 23	安庆西	42 36
46 49	天柱山	13 13:10
20:15 18	太湖	44 41
44 47	宿松	15 12:12
21:06 10	黄梅	53 11:50
21:47 51	九江	11:02 10:56
22:07 17	庐山	41 10:33
22:42 45	德安	09 10:06
23:09 12	永修	39 9:23
23:50 0:00	南昌	50 8:42
0:21 29	向塘	↑

2:48 54	吉安	34 5:30
3:21 25	井冈山	59 4:55
5:18 28	赣州	3:09 2:59
6:13 17	信丰	08 2:04
7:34 39	定南	1:02 0:58
8:51 59	龙川	34 23:24
10:05 11	河源	25 22:22
11:20 26	**惠州**	19 21:16
12:12 35	东莞东	21 20:03
13:13 18	平湖	07 19:02
13:53 58	坂田	29 18:24
14:22 —	深圳西	18:00

深圳—九江

九江	始发站	深圳
深圳	到达站	九江
普快 2117	车次 站名	普快 2118
— 16:49	九江	— 7:46
17:05 08	庐山	26 7:23
18:29 44	南昌	6:09 5:53
19:05 08	向塘	32 5:24
20:04 08	樟树东	21 4:19
33 37	新干	54 3:51
21:40 46	吉安	53 2:49
22:13 17	井冈山	18 2:15
23:17 21	兴国	17 1:13
0:16 26	赣州	22 0:12
46 50	南康	48 22:45
1:18 22	信丰	17 22:14
2:11 15	龙南	29 21:26
2:42 46	定南	06 21:03
3:58 4:12	龙川	46 19:30
5:18 21	河源	31 18:28
6:30 34	**惠州**	25 17:19
7:20 23	东莞东	30 16:23
7:57 8:04	平湖	22 15:17
9:05 —	深圳	14:50

深圳—福州

福州	始发站	深圳
深圳	到达站	福州
普快 2274/1	车次 站名	普快 2272/3
21:08	福州	— 17:56
22:40 44	古田	↑
23:47 51	南平	15:02 14:57
0:26 36	来舟	24 14:15
1:35 38	沙县	19 13:13
2:08 14	三明	35 12:24
3:33 44	永安	31 11:23
5:43 53	漳平	20 9:07
7:10 18	龙岩	56 7:48
8:40 43	永定	48 6:45
9:31 35	大埔	47 5:43
10:39 45	梅州	41 4:33
11:38 42	兴宁	30 3:26
12:41 50	龙川	25 2:06
13:57 14:00	河源	1:06 0:59
15:09 15	**惠州**	55 23:50
16:01 06	东莞东	23:00 22:55
17:38 —	深圳	21:55

东莞东—阜阳

阜阳	始发站	东莞东
东莞东	到达站	阜阳
普快 1435	车次 站名	普快 1436
18:20	阜阳	— 13:05
40 44	三塔镇	44 38
59 19:05	阜南	23 12:17
24 28	淮滨	59 11:55
20:03 07	潢川	13 11:09
21:26 32	麻城	55 9:49
22:30 34	浠水	40 8:36
22:55 59	蕲春	15 8:12
23:24 28	武穴	47 7:44

0:10 16	九江	07 7:03
1:48 58	南昌	25 5:17
↓	向塘	56 4:51
4:45 49	吉安	29 2:25
6:40 43	兴国	59 0:55
7:39 47	赣州	33 23:25
8:32 37	信丰	38 22:34
10:18 21	和平	06 21:01
11:07 17	龙川	14 20:04
12:24 27	河源	45 18:42
14:11 17	**惠州**	29 17:24
14:54 —	东莞东	16:46

东莞东—成都

成都	始发站	东莞东
东莞东	到达站	成都
特快 T126/7	车次 站名	特快 T128/5
18:40	成都	— 5:52
20:52 54	遂宁	46 3:41
21:45 53	南充	49 2:37
22:40 45	营山	50 1:47
0:05 17	达州	27 0:15
1:56 59	万源	28 22:25
4:11 20	安康	27 20:16
6:46 48	十堰	57 55
7:07 15	六里坪	35 17:29
9:00 08	襄樊	49 15:41
10:27 29	随州	11 14:09
12:28 36	武昌	22 12:14
16:26 34	庐山	09 8:00
18:02 10	南昌	41 6:33
20:50 53	吉安	53 3:49
23:10 18	赣州	35 1:25
2:10 20	龙川	32 22:22
4:22 25	**惠州**	33 20:30
5:08 —	东莞东	19:42

东莞东—合肥

合肥	始发站	东莞东
东莞东	到达站	合肥
普快 1019	车次 站名	普快 1020
11:02	合肥	— 8:16
33 51	合肥西	38 7:28
13:38 53	安庆西	37 5:21
15:18 24	黄梅	4:03 3:58
16:18 22	九江	07 3:04
16:38 46	庐山	49 2:41
18:10 20	南昌	27 1:19
18:41 44	向塘	58 0:50
21:08 13	吉安	22 22:18
23:40 48	赣州	20:03 55
0:33 37	信丰	04 19:00
1:26 30	龙南	18:15 17:59
3:10 20	龙川	29 16:18
4:26 30	河源	19 15:13
5:39 44	**惠州**	09 14:02
6:30 —	东莞东	13:12

惠州北—长沙（岳阳）

岳阳	始发站	惠州北
惠州北	到达站	长沙
快速 K511/4	车次 站名	快速 K513/2
16:30	岳阳	
17:11 15	汨罗	
18:03 14	长沙	— 6:11
58 19:06	株洲	31 5:25
20:03 07	衡山	↑
20:39 46	衡阳	4:00 3:53
21:30 33	耒阳	↑
22:36 44	郴州	08 2:02
23:41 45	坪石	↑
0:53 1:03	韶关	15 0:09
↓	广州北	22:04 21:53

3:59 4:15	广州东	18 21:04
5:24 34	东莞东	52 18:39
6:22 —	**惠州**	17:53

汕头—深圳

汕头	始发站	深圳
深圳	到达站	汕头
快速 K562/59	车次 站名	快速 K560/1
21:08	汕头	— 7:33
38 43	潮州	7:02 59
22:02 10	揭阳	40 37
32 38	丰顺	15 6:12
23:51 0:02	梅州	5:01 53
52 1:00	兴宁	4:02 56
18 21	华城	25 3:23
2:23 35	龙川	43 2:29
3:38 44	河源	24 1:14
4:49 55	**惠州**	17 0:11
5:39 56	东莞东	23 23:17
7:07 —	深圳	22:37

汕头—广州东

广州东	始发站	汕头
汕头	到达站	广州东
5464/4/1	车次 站名	5462/3/2
10:04	广州东	— 19:15
11:27 12:14	东莞东	51 49
12:11 14	**惠州**	08 17:05
13:06 08	河源	10 16:08
58 14:04	龙川	16 15:08
15:02 07	兴宁	19 14:16
52 16:00	梅州	32 13:24
17:09 11	丰顺	18 12:16
17:32 35	揭阳	55 53
54 56	潮州	34 32
18:24 —	汕头	11:02

汕头—茂名东

茂名东	始发站	汕头
汕头	到达站	茂名东
快速 K555/8/5	车次 站名	快速 K556/7/6
9:50	茂名东	— 22:11
10:07 10	霞洞	48 21:46
21 25	沙琅	35 21:33
11:19 27	阳春	39 36
53 12:02	春湾	10 20:06
14 17	天堂	54 19:52
42 48	新兴县	↑
13:24 34	肇庆	53 18:45
14:20 41	三水	54 17:30
15:08 14	佛山	17:02 53
15:45 16:00	广州	28 11
11 20	广州东	16:00 15:47
18:09 12	**惠州**	48 13:45
19:51 59	龙川	12:01 53
20:47 50	兴宁	06 11:04
22:05 08	揭阳	50 48
27 29	潮州	29 27
22:58 —	汕头	9:00

梅州—深圳

梅州	始发站	深圳
深圳	到达站	梅州
快速 K563	车次 站名	快速 K564
16:32	梅州	— 15:02
17:21 24	兴宁	18 14:02
39 41	华城	49 46
18:21 29	龙川	08 13:02
19:30 32	河源	12 12:09
20:36 39	**惠州**	17 11:13
21:22 24	东莞东	31 10:28
↓	平湖	52 46
22:03 —	深圳	9:10

索　　引

说　明

1. 本索引采用主题分析法编制，对年鉴主要内容以主题词、中心词或简称进行标引。
2. 标引词中，凡属惠州市的单位或事、物名称，均省去“惠州市”3字。
3. 标引词按汉语音序排列。
4.《特载》、《大事记》、《文献选编》、《调查报告》、《附录》及各表格，仅标引标题内容，并分别标明“题”、“表”。
5. 标引词后的阿拉伯数字为本年鉴的页码，数字后的汉语拼音字母 a、b、c 分别表示在该页的左、中、右位置。

A

B

C

D

F

G

H

J

K

L

M

N

P

Q

R

S

T

W

X

Y

Z

惠州市盈图农业发展有限公司

该公司于1993年创办，主要从事农副产品的购销订单农业发展。1997年参加博罗县仍图镇农副产品（甜玉米）流通协会，被镇政府指定为产销大户，并代表农副产品（甜玉米）协会签订农业产销定单。2002年博罗县人民政府授予农产品流通加工先进大户。2003年行政区域调整后，成为惠城区汝湖镇农产品协会会员，2004年被惠城区政府批准为惠城区农业龙头企业，同年被惠州市政府批准为惠州市农业龙头企业培育对象。2004年春，代表汝湖镇农副产品协会签订农业订单以及甜玉米的生产发展计划。甜玉米全年定价订单18000吨，不定价订单8500吨。该公司现有甜玉米生产基地4000亩，示范基地1000亩，技术人员2名。省有关科研单位技术人员为该公司技术顾问指导，对加快农业产业结构调整，增加农民收入起到积极作用。2003年带动农户9228户，甜玉米种植面积达47753亩，产量达47684吨。农户从中增收5730万元，户均增收6210元。

地址：惠州市汝湖镇仍图圩镇永盛街
电话：0752-6270293　　传真：0752-6273233

惠城区沥林鸿兴铝合金（钢铁）五金制造厂

香港金鸿工程公司于1991年在惠城区沥林镇成立，面积2.4万平方米，员工400人，是建筑装修工程五金企业。主要产品为铝合金、钢铁、不锈钢各种几何形状，各种颜色的门窗、幕墙、扣板、圆柱、栏杆、信箱、广告箱、蚀刻丝印件、预埋件、结构件、折弯、辘弯、拉弯件等。

该厂管理、设计、绘图、制作各方面技术力量雄厚，办公及生产机器设备齐全。有电脑自动镭射激光切割机、电脑自动多头冲床、折床、剪床、刨床、线切割机等20部；大小型拉弯机、辘弯机、起重机、多用剪机、各种切割机、车床、铣床、磨床、60至300吨冲床等数十部；各类型焊机、捭机、钻床、打沙、抛光、开料、撞角、开凹凸机等200多部。

经十多年的拼搏进取，参与的工程遍及港九新界。奉行“遵纪守法、坚守信誉、确保质量、价格合理”的经营方针，获得政府、海关和广大客户的信任和赞扬。企业已通过ISO9001：2000国际质量管理体系认证。让我们携手共进同创美好明天！

地址：沥林镇惠樟公路南边沥林中学路口
电话：0752-3861399　传真：0752-3856011
E-mail:h3838838@pub.huizhou.gd.cn

七海工业村

惠州市惠城区七海工业村位于惠环镇斜下仲恺工业区，于1990年3月成立，是大型来料加工企业，包括工业村村务、七海玩具厂、中星制衣厂、海宝么打制造厂、有容五金厂、友诚制造厂。占地约5万平方米，员工数千人。公司以来料加工形式生产玩具、服装、玩具马达、五金制品，产品畅销欧美、日本及香港等地。该村环境优美，交通便利，设施齐全，管理科学，已通过ISO9001国际认证。被评为“花园式单位”、“劳动用工先进单位”、“社会治安综合治理先进单位”、“劳动用工先进单位”、“爱国卫生达标工作先进单位”、“绿化达标表扬单位”。

● 电话：0752-2600085　● 传真：0752-2600017

天龙复印机维修中心

宗旨：完善的售後服務、可靠的服務信譽、先進的維修技術、讓客户放心滿意。

业务范围

复印机、电脑、传真机、打卡钟、打印机出售、出租及收旧换新等业务。全年保修、保养，消耗材料送货上门服务。

十几年丰富的维修经验，让您更加无后顾之忧！

地址：惠阳区淡水农机二厂斜对面 电话：0752-3344449 3344523 传真：0752-3356098

惠州市惠城区恒昌五金厨具厂

该厂1993年成立，是一家私营企业。专业制造和销售不锈钢成套厨房设备、热水炉和不锈钢自满水塔三大系列。该厂宗旨：创造更大的节能效益，创造更多的环保产品，为祖国的环保事业出一份力。

该厂制造的主要产品，均以经济、环保为主要理念。12年来，一直走在行业前沿，不断开发新的产品，改良产品。该厂设备配套齐全，质量可靠，价格合理，交货快捷和优质的服务。欢迎国内外客户洽谈业务，光临指导。

电话：0752-3892896
传真：0752-3892164

惠州阳光电子实业有限公司

该厂是一间专业生产各种高精密双面、多层及软性电路板的中外合资企业，设备精良，技术力量雄厚，已通过ISO9001：2000国际质量体系认证。产品涉足通讯、家电、机床仪表、高级玩具及电脑类等。

公司秉承“以人为本”的管理理念和“品质为本，由我做起”的品质政策，以及“品质至上，客户满意”的承诺。为客户制造出高质量的产品，准时的交货期及优质的售后服务，令客户完全满意。热忱欢迎新老客户惠顾。

执行董事：梁汉枝　　总经理：杨永国
地址：广东省惠州市博罗县园洲镇禾山管理区
电话：0752－6816000　6816183　　传真：0752－6816300
Email：sunraytech@21cn.com
网址：www.sunray@sunpcb.com

博罗县园洲镇联丰制衣厂

各类时装，新颖美观，质地优良。

地址：博罗县园洲镇上南工业区
电话：0752-6685677　6687677

蓝星宝石首饰厂

该厂专业生产马来西亚玉、韩国玉、新疆白玉、昆仑玉、缅甸玉及各种彩玉、杂玉、锻压金饰品，兼营批发新江白玉、青白玉等昆仑山原石材。

广州销售处：广州市长寿西路荔湾广场1楼FB46号
TEL：020-81390800　FAX：020-81393391
广州销售处：广州市长寿西路荔湾广场1楼FB57号
TEL：013825120310
北京销售处：北京市虹桥市场3楼A16楼
TEL：013910680643
地址：广东省惠州市罗阳镇金城工业区四角楼
TEL：0752-6830330　FAX：0752-6830832
网址：http://www.hzlanxing.com
E-mail:lanxing@hzlanxing,com

博罗县园洲镇上南电器厂

创　　立：2004年4月

主要产品：DVD主轴马达、CD随身听主轴马达

最大产能：400万台/月(2005年3月目标)

地址：惠州市博罗县园洲镇上南工业区
电话：0752-6822288
传真：0752-6822222

广东省博罗县园洲镇惠园染织厂

该公司备有各类针织及染整先进设备。经营各类针织胚、色布，竭诚代客加工、织造、染整、定型、磨毛、抓毛、缩水，各种成品布。

地址：广东省博罗县园洲镇梁屋高头
网址：www.huifang.com.cn
电话：0752-6680027
传真：0752-6683448

博罗县园洲大昌纸业有限公司

该公司位于园洲镇福园公路侧，地处园洲镇、东莞、石排等地通往广汕公路的枢纽地带，交通便利。公司的纸机机型为2920长网（14.8米）多缸(26个)型。

若贵方有意，请来电，公司将登门拜访和洽谈业务，价格及付款方式面议，多谢合作。

地址：博罗县园洲镇福园公路侧
电话：0752-6821740
传真：0752-6820740

博罗园洲韦志五金电镀厂

韦志五金电镀厂是由台湾韦志企业股份有限公司投资于1998年2月25日在广东设立的分公司，专营连续性光泽铜板、连续性端子镍、锡的电镀加工。

电镀种类：镍（光泽、半光泽）、锡（光泽、雾锡）、各项选择性局部电镀（镍、锡）。

能处理底材种类：铁材、纯铜、黄铜、磷青铜、铍铜、不锈钢（SUS304、SUS316）等，带状连续片、端子电镀加工。

产业分类：AC、DC电器、电脑用横送、直送连续端子、带料电镀加工。PC、PDA、NOTEBOOK、TVGAME用接插件端子、USB、1394、外壳连续铜片，电镀及各项周边、相关产品的电镀配套开发。电器、电子封装导线架电镀加工。汽机车用接插件端子及其相关产品零件之联续电镀加工。

目前该厂生产线状况：连续带状生产线两机18线，分为光泽锡，各有镀铜、镀镍之能力，最大日产量20吨、带状最大加工宽度175毫米。连续端子生产线6套共17线。选择性电镀生产线一机双线，镀镍、镀锡功能，能符合各种功能性与膜厚要求，最大加工宽度55毫米。雾锡生产线二机5线，目前以生产汽端车及各光电镀雾锡（纯锡）连续端子为主。光泽锡三机9线，主要生产各类需求联线端子为主。

该厂台湾公司：台北新莊市琼林南路118之13号
TEL：（02）22056930　FAX：（02）22038394　联系人：王锦文（总经理）
大陆：广东省博罗园洲深沥管理区
电话：0752-6820858　6820889　传真：0752-6820833

怡栢印刷厂

该厂是一家港资厂家专业印刷精美产品，有孔电脑标贴纸、电子业胶贴及配件、彩色裱胶、烫金贴纸、丝带印唛、彩卡、彩盒、时装吊牌、彩色广告纸及各类表单。现有员工100余人，其中专业技术人员20多人。

该厂设有电脑设计、版房制版、印刷、啤机、业务、丝印6个部。印刷部具有先进的印刷设备，其中有进口海德宝印刷机4台，海德宝双色机2台，罗兰4开印刷机1台，商标机5台，啤机4台，圆盘加码机1台。

本着“客户至上、客户的要求就是我们的责任”的宗旨，也是公司发展永续经营之原动力，竭诚为您服务。

负责人：林明靓　13829958410
地址：香港葵涌大连排道162—170号金龙工业中心第二期18楼D座
电话：(852)24287082　传真：(852)24289725
地址：博罗县石湾镇光裕路石湾管理区办公大楼地下
电话：0752-6901429　传真：0752-6615769

惠阳区永湖镇麻溪村民委员会

书记：黄佰培
地址：惠阳区永湖镇麻溪
电话：0752-3711988

惠州市环美降解树脂制品有限公司

该公司应消除“白色污染”之运而生，创建于1996年，是专业从事降解塑料研究、开发、生产的高新技术企业，是中国较早开展降解塑料研究开发并获取成功，形成商业化大生产，产品大量供应国内外市场的少数企业之一。现是中国塑料加工工程协会降解塑料研究会、中国塑料加工协会降解塑料专业委员会常务理事单位之一。

该公司成立之初即与华南理工大学建立长期合作关系，联合研制成功的热塑性可降解淀粉树脂吹塑薄膜和发泡快餐具系列产品，通过了由广东省科委组织的专家组的鉴定，技术水平处于国内领先，并达到国际先进水平。1997年被列入国家“火炬”计划、国家和省重点新产品试制计划，还获得省、市科技进步奖，其中一次性光/生物双降解快餐是中国首家通过国家环境标志认证的产品，在“96南京广东省商品博览会”上被评为最受欢迎产品之一。近年，该公司又成功研制、开发了植物纤维复合材料发泡餐具新一代产品，进一步提高了降解快餐具的使用性能和降解性能。

经理：蔡奕辉
地址：广东省惠州市三栋镇演达四路31号　邮编：516025
电话：0752-2596854　2590099　传真：0752-2597039
E-mail：hzhm@pub.huizhou.gd.cn

惠阳荣丰制衣有限公司

惠阳荣丰制衣有限公司属“三资”企业，1992年自建厂房、员工宿舍、饭堂，其建筑面积共5600平方米。公司主要生产女装内衣（胸围、背心、短裤等），产品100%外销。由于公司优质的产品和良好的服务，赢得了广大客户的好评。公司领导层一贯以诚信、务实的态度去对待各项工作，同时不断地提高员工待遇，善待员工，坚持以人为本的理念办企业，企业得到稳定、健康地发展。

地址：惠州市惠阳区淡水古屋俄之塘
电话：0752-3360983

祝贺单位

联想工业实业发展（大亚湾）有限公司
惠州市工商业联合会
惠州市人事局
惠州市海事局
惠城区公路局
惠州市邮政局
惠州市供销社
华阳集团有限公司
惠州市土地交易中心
中国农业发展银行惠州分行
惠州市惠阳区淡水镇桥背村民委员会
惠阳区新联业实业有限公司
惠州市惠阳区镇隆镇高田村民委员会
惠州美廉包装制品有限公司
永昌(惠阳)塑胶五金电子有限公司
惠阳区永湖镇麻溪村民委员会
惠城区沥林淼森手袋厂
广州市名匠装饰有限公司惠州分公司
惠州市惠华服装厂
惠阳区自来水发展总公司
惠州市富兰克林工业有限公司
惠州市畜牧发展有限公司
乾瑞化工（惠州）有限公司
广东惠州公路建设总公司
龙门百翔手袋厂
惠州市惠阳区镇隆镇黄洞村民委员会
惠阳区新圩生达实业公司
惠阳区电信局
逢威工业（惠阳）有限公司
惠州市江南鸿图织造厂
惠州市轻工业总公司
广东省惠阳建筑设计院

博罗县公安局罗阳分局
博罗县石湾计划生育服务中心
中国人民银行博罗县支行
博罗县石坳鸡场
博罗县交通局
博罗县司法局
博罗县国土资源局
博罗县电信局
广东省杨村华侨实业总公司
博罗天天购物广场
博罗县园洲上南村委会
博罗工商行政管理局
博罗县园洲刘屋村委会
博罗县园洲镇卫生院
博罗县卫生局
中国建设银行博罗支行
博罗县石湾人民医院
博罗县九潭人民医院
博罗县九潭食品公司
博罗县妇幼保健院
博罗县农村信用合作联社
中国农业银行博罗支行
博罗县人民防空办公室
博罗县粮食局
博罗县对外贸易经济合作局
博罗县林业局
博罗县卫生防疫站
博罗县石湾国土资源所
博罗县建设局
盛龙纺织（惠州）有限公司

（以上排名不分先后）

博罗固力水泥有限公司

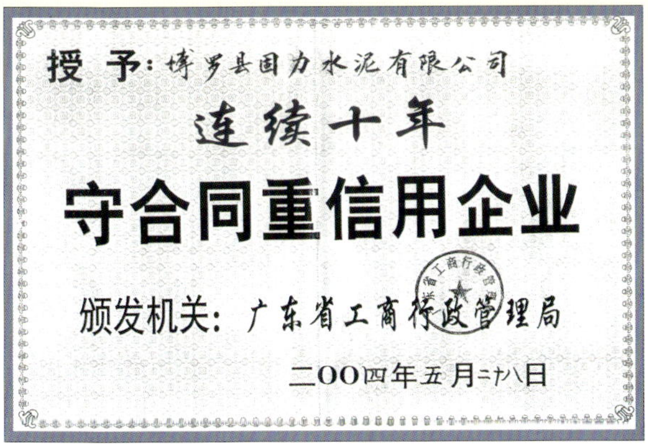

博罗固力水泥有限公司占地18万平方米，现有员工500多人，其中各类专业技术人才80人，固定资产总值1.14亿元，拥有新型干法旋窑生产线和现代化机立窑生产线各1条，年水泥生产能力100万吨。

该公司产品注册商标为“固力”牌，于2004年获得“惠州市知名商标”称号。公司生产的32.5R、42.5R普通硅酸盐水泥质量稳定、富余强度高，各项质量指标均超过或优于国家标准要求，并于2003年获得“惠州市名优产品”称号，是惠州市质量技术监督局认可的“质量优胜产品”，深受用户信赖。公司于2003年被评为“惠州市民营企业100强”，同年获得“2003~2004”年度惠州市名牌战略推进活动创先单位和质量信用平台推介企业”、连续10年获得广东省工商行政管理局授予“守合同、重信用企业”等光荣称号。

该公司已通过了ISO9001-2000质量管理体系认证。

该公司一贯坚持“质量第一、信誉第一”的经营服务宗旨，努力争创一流的管理、一流的产品、一流的服务报效社会。

- 地址：博罗县公庄镇尖石角
- 电话：0752-6125282
- 传真：0752-6125167
- 网址：http://www.gulichina.com
- 电子邮箱：guli@gulichina.com